ÉCONOMIE, SOCIOLOGIE ET HISTOIRE

DU MONDE CONTEMPORAIN

2021-2022

Ouvrage dirigé par

Pierre-André Corpron

Rédigé par

Florent Aubry-Louis
Agrégé de sciences économiques et sociales
Professeur de classes préparatoires au lycée Montaigne
(Mulhouse)

Pierre-André Corpron
Agrégé de sciences économiques et sociales
Professeur de chaire supérieure au lycée Jean-Baptiste-Corot
(Savigny-sur-Orge)

Rémi Darfeuil
Agrégé de sciences économiques et sociales
Professeur en classes préparatoires au lycée Janson-de-Sailly
(Paris)

Daniel Didier
Agrégé de sciences économiques et sociales
Professeur en classes préparatoires au Prytanée national
militaire (La Flèche)

Nathalie Gineste
Agrégée de sciences économiques et sociales
Professeur en classes préparatoires au lycée Saint-Charles
(Marseille)

Charline Lucazeau
Agrégée de sciences économiques et sociales
Professeur en classes préparatoires au lycée Bellevue
(Fort de France)

Stéphane Moussiegt
Agrégé de sciences économiques et sociales
Professeur en classes préparatoires au lycée militaire
de Saint-Cyr (Saint-Cyr-l'École)

Patrice Pourcel
Agrégé de sciences économiques et sociales
Professeur en classes préparatoires à l'Institut Stanislas
(Cannes)

Mickaël Sylvain
Agrégé de sciences économiques et sociales
Professeur en classes préparatoires
au lycée Gustave-Flaubert (Rouen)

Sandrine Yvaniès
Agrégée de sciences économiques et sociales
Professeur de chaire supérieure au lycée Saint-Charles
(Marseille)

Bréal by Studyrama

Édition : Myriam Pasek
Maquette : Loïc Pennanéac'h
Mise en page et infographies : Alain Béthune et Loïc Pennanéac'h
Correction : Le champ rond et Marie-Noëlle Garnier

ISBN 978 2 7495 5085 5

www.librairie.studyrama.com

Avant-propos

Ce manuel est conforme au programme 2021 d'Économie, Sociologie et Histoire du monde contemporain enseigné dans les classes préparatoires économiques et commerciales, voie générale.
Suivant fidèlement le programme des deux années d'enseignement, il permettra aux étudiants d'acquérir les connaissances nécessaires pour se présenter aux concours des écoles de management. Il les accompagnera au cours de leurs années de scolarité en classes préparatoires et au-delà encore, éclairant les grands enjeux et débats contemporains en les replaçant dans leur contexte historique et théorique.
Les auteurs, enseignant tous en classes préparatoires économiques et commerciales, ont eu à cœur de présenter de manière approfondie les thèmes étudiés, tout en s'assurant de la clarté de l'exposé.
Afin d'apporter le maximum d'éléments nécessaires à la préparation des concours et dans un souci d'efficacité, nous proposons à la fin de chaque chapitre une bibliographie et une chronologie. Nous proposons également une méthodologie de la dissertation, une liste exhaustive des sujets posés aux concours depuis 1999 ; ainsi que de nombreuses dissertations corrigées. Un double index (noms propres et notions) clôture l'ouvrage.
Destiné particulièrement aux étudiants de classes préparatoires, cet ouvrage s'adresse naturellement à tous ceux qui cherchent à comprendre les problèmes économiques et sociaux contemporains.

Pierre-André Corpron

Sommaire

CHAPITRE 2

Le comportement des agents et le fonctionnement du marché

par Stéphane Moussiegt et Patrice Pourcel

1

L'équilibre microéconomique du producteur et du consommateur

2

L'offre, la demande et l'équilibre sur le marché concurrentiel

3

Les défaillances de marché

CHAPITRE 3

Les fondements de la sociologie

par Daniel Didier

1

Les grands courants de la pensée sociologique depuis le XIXe siècle

CHAPITRE 2

Les transformations des structures économiques, sociales et démographiques depuis le XIXe siècle

par Rémi Darfeuil

1 Transformations des structures économiques

2 Mobilité sociale et transformations des structures sociales

3 Transformations démographiques et évolution des modes de vie

CHAPITRE 3

Entreprise et organisation

par Nathalie Gineste et Sandrine Yvaniès

1 Les transformations de l'entreprise et de sa gouvernance depuis le XIXe siècle

2 Concurrence imparfaite et stratégies des firmes

3 Éléments de sociologie du travail et des organisations

MODULE 3
La mondialisation économique et financière

CHAPITRE 1
La dynamique de la mondialisation économique

par Charline Lucazeau et Pierre-André Corpron

1 L'ouverture des économies depuis le XIXe siècle

2 L'analyse économique des échanges internationaux

CHAPITRE 3

L'intégration européenne

par Florent Aubry-Louis

1 Un projet d'intégration régionale ambitieux

2 La construction d'une gouvernance macroéconomique originale

3 Une intégration économique et sociale inachevée

MODULE 4

Déséquilibres, régulation et action publique

CHAPITRE 1

Équilibres et déséquilibres macroéconomiques

par Stéphane Moussiegt, Sandrine Yvaniès et Daniel Didier

1 L'inflation et le chômage

CHAPITRE 3

Les politiques sociales

par Mickaël Sylvain

1

Justice sociale et légitimation de l'intervention publique

2

État-providence et protection sociale

MÉTHODOLOGIE

Les épreuves d'ESHMC

Sujets corrigés

Sujets de concours de 1999 à 2021

Module 1

Les fondements de l'économie et de la sociologie

Chapitre 1

Les fondements de l'économie

1

Les acteurs et les grandes fonctions de l'économie : une introduction à la comptabilité nationale

Les États ont depuis longtemps lancé la réalisation d'enquêtes, plus ou moins rigoureuses, afin de rassembler des informations économiques et financières sur leurs territoires, notamment dans l'objectif de trouver les moyens de financer les guerres. Dès le XVIe siècle, de grands commis de l'État souhaitent le développement d'un système statistique fiable (comme William Petty en Angleterre, ou Vauban et Colbert en France) et proposent des évaluations du revenu national et du patrimoine national. Pour le fondateur de l'« arithmétique politique », W. Petty (1665), le revenu global annuel de l'Angleterre et du Pays de Galles s'élève à son époque à 40 millions de livres sterling, pour un patrimoine physique et humain total de 667 millions de livres sterling.
Au tournant des années 1930, avec la révolution keynésienne, les chiffres de la comptabilité nationale doivent désormais permettre de mieux évaluer la situation économique et de contribuer à élaborer les politiques économiques dans la mesure où ils offrent une base de prévision solide (pour une mise en perspective historique, A. Vanoli, *Une histoire de la comptabilité nationale*, 2002). Aujourd'hui encore, les statistiques issues de la comptabilité nationale sont un outil majeur de la politique économique et sociale.
Une façon de représenter le fonctionnement de l'économie est ainsi celle de la comptabilité nationale, puisque c'est justement son rôle. Fondamentalement, elle aborde l'économie comme un quasi-organisme vivant composé d'organes spécialisés et complémentaires : si les différents acteurs jouent leur rôle, alors l'économie peut se reproduire dans le temps. La comptabilité nationale s'inscrit ainsi dans une approche descriptive de l'économie.
L'élaboration de la comptabilité nationale est en France sous la responsabilité de l'Institut national de la statistique et des études économiques (INSEE). Toutefois, le système statistique mis en place est largement harmonisé au niveau international puisque la comptabilité nationale en France obéit aux normes édictées au niveau mondial par le Système de comptabilité nationale (SCN 2008), et plus précisément au niveau européen par le Système européen des comptes (SEC 2010), en vigueur depuis 2014.

1 Les caractéristiques des principaux acteurs et leurs interactions à travers le circuit économique

Les acteurs de base identifiés par la comptabilité nationale sont les unités institutionnelles. Un ménage, une entreprise ou une administration publique sont, par exemple, des unités institutionnelles. Celles-ci sont rassemblées dans des secteurs institutionnels.

On comptabilise cinq secteurs institutionnels résidents : les sociétés non financières (les entreprises, à l'exception des institutions financières et des entreprises individuelles), les sociétés financières (les banques, les organismes de crédit, les assurances, etc.), les administrations publiques, les ménages (y compris les entreprises individuelles), les institutions sans but lucratif au service des ménages (ISBLSM, essentiellement des associations). L'ensemble des unités non résidentes – c'est-à-dire qui ont une activité à l'étranger ou depuis moins d'un an sur le territoire économique national, qui ont des relations avec des unités résidentes – sont regroupées dans le « reste du monde ». Le circuit économique de la comptabilité nationale représente les interactions entre ces cinq secteurs institutionnels et le reste du monde.

A. Les sociétés non financières selon la comptabilité nationale : les entreprises, à l'exception des institutions financières et des entreprises individuelles

Les sociétés non financières (SNF) sont des acteurs économiques qui ont pour fonction de fournir des biens et services pour un marché. L'activité des entreprises est la production. La plupart d'entre elles (mais pas toutes) ont pour objectif de réaliser du profit : cellules de base de l'activité économique, lieux de formation du profit, elles font l'objet d'enjeux de pouvoir entre partenaires sociaux. Pour l'INSEE, l'entreprise est une entité disposant d'une autonomie de décision dans la production. Non seulement elle peut comprendre un ou plusieurs établissements (la plus petite unité de production géographiquement localisée et juridiquement dépendante de l'entreprise), mais elle peut aussi combiner d'autres entités juridiquement autonomes mais économiquement totalement dépendantes. Cette définition[1] économique plus que juridique de l'entreprise permet de compter pour une entreprise (sens économique) un ensemble composé de plusieurs entreprises (sens juridique). La comptabilité nationale distingue donc parmi ces entreprises les entrepreneurs individuels, les sociétés non financières et les sociétés financières.

Les entreprises ont depuis longtemps retenu l'attention des économistes, des sociologues et des historiens (*cf.* module 2, chapitre 3). Pour ces derniers, les travaux de l'historien américain Alfred Chandler ont joué un rôle déterminant en établissant un lien entre concentration et performances des entreprises, en célébrant les avantages de la grande entreprise et le rôle des managers, cette nouvelle catégorie de patrons non propriétaires. Dans cette perspective, de

1 Dans la loi de modernisation de l'économie (2008), l'entreprise est définie dans son article 1 comme « la plus petite combinaison d'unités légales qui constitue une unité organisationnelle de production de biens et services jouissant d'une certaine autonomie de décision, notamment pour l'affectation de ses ressources courantes ».

nombreuses monographies ont été consacrées aux grandes entreprises. Dans son édition 2020 de ses *Tableaux de l'économie française*, l'INSEE dénombre 257 « grandes entreprises » – au sens de l'article 51 de la loi de 2008 – qui emploient 3,4 millions de salariés, soit 26 % des actifs salariés, et réalisent 31 % de la valeur ajoutée en 2017. En comparaison, les 5 700 entreprises de taille intermédiaire (ETI) et les 148 000 petites et moyennes entreprises (PME), hors micro-entreprises, emploient respectivement 25 % et 30 % des salariés et réalisent 26 % et 23 % de la VA. Une partie seulement d'entre elles sont associées à un groupe (ensemble de sociétés liées entre elles par des participations au capital et contrôlées par une même société) : le capitalisme de groupe n'a pas fait disparaître les PME. À l'opposé, 3,7 millions de micro-entreprises emploient 2,4 millions de salariés, soit 19 % du total, et contribuent à 20 % de la VA en 2017. Enfin, derrière une apparente stabilité du nombre d'entreprises, il faut souligner des changements importants : des entreprises se créent, d'autres disparaissent. La destruction créatrice renouvelle le système productif.

La mondialisation des échanges et la globalisation financière modifient l'horizon de décision des entreprises. Depuis vingt ans, le développement des nouvelles technologies de l'information et de la communication (NTIC) favorise la modularisation du processus productif, c'est-à-dire la segmentation de la production entre plusieurs entreprises spécialisées. Organisée à l'échelle internationale, elle devient une division internationale des processus productifs (DIPP) ou chaîne de valeur mondiale (CVM). On utilise aussi l'expression « firme-réseau » (*cf.* module 2, chapitre 3) pour traduire ce processus. Une modalité en est l'externalisation, qui consiste à faire faire par d'autres entreprises ce que l'entreprise ne fait plus en se recentrant sur son « cœur de métier » (dont elle attend une baisse de ses coûts). La progression rapide des services aux entreprises ces dernières années traduit l'existence d'importants transferts d'activité, par externalisation, de l'industrie vers les services. Selon l'INSEE, de nombreuses filiales tertiaires de grands groupes industriels sont donc à réintégrer dans l'industrie, ce qui augmenterait son poids dans l'emploi et dans la valeur ajoutée.

B. Les administrations publiques

L'État exerce un pouvoir politique et entretient des rapports complexes – qui ont évolué depuis la révolution industrielle – avec les entreprises, lesquelles détiennent le pouvoir économique en régime capitaliste. Depuis la seconde moitié du XIXe siècle, les interventions économiques et plus encore les interventions sociales de l'État se sont multipliées. La comptabilité nationale distingue les administrations publiques centrales, locales, et de sécurité sociale : ce sont des acteurs économiques dont la fonction principale est d'offrir des services non marchands et de mettre en œuvre une redistribution. L'administration publique prélève divers impôts et taxes, qu'elle redistribue sous forme de subventions, d'allocations, de salaires et de production non marchande.

De fait, après deux guerres mondiales au XXe siècle pendant lesquelles l'État a dû prendre en main le fonctionnement de l'économie, la vie économique et sociale a été profondément bouleversée par cette intervention, qu'on la mesure par l'ampleur des dépenses publiques (de fonctionnement, d'investissement et de transfert, monétaires ou en nature) ou par celle des prélèvements obligatoires (impôts, cotisations sociales et taxes fiscales). Selon l'OCDE, les dépenses publiques sont passées en France de 11,2 % du PIB en 1880 à 56 % en 2018 et les prélèvements obligatoires atteignent 53,5 % du PIB en 2018. À l'occasion de la crise sanitaire de la COVID-19, de nombreux États, à l'instar de l'État français, ont dû fortement augmenter leurs dépenses publiques : celles-ci s'élèvent par exemple en France à 65,1 % du PIB à la fin de l'année 2020.

Au-delà de la part des dépenses publiques dans le PIB, les écarts entre pays dans la structure de ces dépenses révèlent des préférences collectives et des articulations État-marché bien différentes. La typologie de R. Musgrave (1959) distingue la fonction d'allocation des ressources (l'État planificateur), de régulation de l'activité économique (l'État keynésien) et de redistribution (l'État-providence). Aux États-Unis, la politique économique conjoncturelle est traditionnellement très réactive depuis les années 1960 (régulation), mais l'État laisse en revanche très largement au fonctionnement de l'économie de marché le soin d'allouer les ressources et n'intervient que très peu au titre de la redistribution. La spécificité européenne par rapport aux États-Unis apparaît dans le développement d'un État-providence généreux dans l'après-Seconde Guerre mondiale alors que les inégalités avant redistribution sont plus fortes aux États-Unis et que la mobilité sociale n'y est pas plus élevée. A. Alesina et E. L. Glaeser (*Combattre les inégalités et la pauvreté. Les États-Unis face à l'Europe*, 2004) identifient ainsi une redistribution supérieure en Europe. Elle tient à la fois à l'ampleur des dépenses publiques en faveur des pauvres (deux tiers de l'écart des 10 points de pourcentage de dépenses publiques entre UE et États-Unis), mais aussi à la progressivité du système fiscal et à la réglementation des marchés en faveur des plus défavorisés.

Depuis les années 1980 cependant, l'intervention économique et sociale de l'État est remise en cause par une triple crise de financement, d'efficacité et de légitimité que P. Rosanvallon (*La Crise de l'*État-providence, 1981) a initialement mise en évidence pour l'État-providence, mais qui peut être étendue à l'ensemble des administrations publiques :

– la crise financière : le ralentissement de la croissance, la montée du chômage et l'ampleur de la crise économique de 2008 pèsent sur les recettes et les dépenses du système de protection sociale (le « trou de la Sécu »). L'accumulation récurrente de déficits budgétaires a progressivement élevé la dette publique au point que la question de sa soutenabilité s'est imposée durant la dernière décennie, pour un certain nombre de pays européens notamment ;

– la crise d'efficacité : le système de protection sociale n'a pas empêché le maintien d'inégalités sociales devant la mort et, depuis les années 1990, la protection sociale est de plus en plus perçue comme contre-productive du fait de l'exigence de compétitivité et d'effets pervers (les trappes à pauvreté). Les fréquents échecs des politiques de relance menées par l'État dans les années 1970 ont nourri depuis leur contestation et ont conduit à leur abandon relatif selon les pays (plus en Europe qu'aux États-Unis, notamment) ;

– la crise de légitimité : l'expansion de la protection sociale depuis 1945 n'a pas été portée par les mouvements sociaux mais décidée par l'État, et la propension à cotiser en fonction de ses revenus (et non pas en fonction de son risque) a fortement baissé. De même, l'école du *public choice* a montré (J. Buchanan et G. Tullock, *The Calculus of Consent*, 1962) que l'action de l'État, ne serait-ce que dans son action pour la sécurité civile, pouvait obéir à une optimisation politique bien plus qu'économique. Le décideur politique dispose d'une asymétrie d'information qui ne permet pas aux usagers de l'obliger à limiter son budget pour produire les services collectifs.

Néanmoins, la violence de la crise de 2007-2008 a remis en valeur le rôle d'amortisseur social de l'État redistributeur et redonné sa place, au moins aux États-Unis, à la politique budgétaire discrétionnaire. La crise de la COVID-19 a quant à elle exercé une pression sans précédent sur l'État-providence et révélé les moyens limités dont il disposait. Néanmoins, la hausse de 20 points de PIB de la dette publique, en France comme dans la zone euro, a permis d'amortir considérablement le choc des confinements à répétition.

C. D'autres acteurs importants

Au-delà des entreprises et des pouvoirs publics, les ménages, les institutions financières et l'extérieur sont des acteurs importants de l'économie. Les associations ont un rôle économique en revanche plus limité dans la perspective de la comptabilité nationale, qui regroupe ces institutions fournissant des services non marchands aux ménages dans le secteur des ISBLSM (institutions sans but lucratif au service des ménages).

Les ménages

66,6 millions de personnes habitent dans 29,2 millions de résidences principales en France en 2016, constituant autant de ménages au sens de l'INSEE. Depuis les années 1970, la taille des ménages diminue, passant de 3,1 personnes en moyenne en 1968 à 2,2 personnes en 2013, du fait notamment du vieillissement de la population et de la plus grande fragilité des unions. 90 % des actifs étant salariés au tournant du XXIe siècle, les ménages français sont le plus souvent offreurs de travail sur le marché du travail où ils acquièrent des revenus salariaux leur permettant d'accéder à la consommation de biens et de services marchands vendus par les entreprises. Les ménages sont ainsi au cœur du fonctionnement de l'économie française.

L'accélération de la moyennisation de la société française dans la seconde moitié du XXe siècle (H. Mendras, *La Seconde Révolution française [1965-1984]*, 1986) a coïncidé avec le plein-emploi d'actifs organisés syndicalement. Les ménages ont connu alors une forte intégration par le travail professionnel qui en même temps permettait d'accéder à un niveau de vie croissant. Une société de consommation s'est mise en place. Depuis le milieu des années 1980 en revanche, cette dynamique est infléchie. Les inégalités face à l'emploi sont devenues fortes (chômage massif des non-qualifiés, précarisation de l'emploi pour les jeunes, etc.), la désyndicalisation est patente et le ralentissement de la croissance freine la progression du pouvoir d'achat, notamment pour les ménages médians (1,1 % par an contre 1,3 % par an pour le ménage moyen entre 1979 et 2009) pour lesquels le poids des dépenses contraintes (logement, eau, gaz, etc.) a doublé sur cette période (CREDOC, décembre 2011). Pour l'INSEE, un tiers de la dépense de consommation des ménages est « pré-engagée » en 2016 (*INSEE Première*, n° 1815, septembre 2020).

Les sociétés financières

La comptabilité nationale identifie des sociétés financières dont l'activité principale est de financer (c'est-à-dire de collecter, transformer et répartir des moyens de financement) ou de gérer des moyens de financement. Les banques sont des institutions financières de dépôts qui créent de la monnaie par le crédit, mais il existe d'autres institutions financières qui offrent des services d'intermédiation financière en gérant des moyens de financement.

Les activités de ces institutions financières ne sont pas simples à mesurer, à commencer par les activités traditionnelles de collecte de dépôts et d'octroi de crédits, évaluées par une marge d'intérêts réalisée (par exemple, la différence entre le taux d'intérêt du crédit et le taux d'intérêt sur le marché monétaire). Or, le financement externe intermédié a perdu de son importance, une nouvelle forme d'intermédiation s'est développée depuis les années 1980, celle qui consiste, pour les institutions financières, à acheter des titres émis par les entreprises ou collectivités qui désirent se procurer des capitaux et, symétriquement, à se procurer des capitaux en recourant au marché. On parle alors d'intermédiation de marché. Les chiffres de la finance peuvent ainsi faire les grands titres des médias sans que ces activités soient bien prises en compte par la comptabilité nationale.

Enfin, l'activité bancaire s'est internationalisée. Un peu plus de la moitié des effectifs des grands groupes bancaires français travaillent ainsi dans des filiales à l'étranger. Cette internationalisation s'accompagne d'une concentration bancaire, amorcée dans les années 1990. L'impact de ce processus de concentration sur la solidité du secteur bancaire est pourtant apparu clairement négatif à l'occasion de la crise de 2008 en ayant fait naître des « entités systémiques ». L'instabilité financière menace de plus en plus les économies.

L'extérieur, un nouvel acteur de l'économie

On ne peut plus traiter les relations économiques extérieures comme une annexe de la vie économique nationale. L'étranger, ou le « reste du monde » dans la dénomination de la comptabilité nationale, est devenu un véritable acteur, au même titre que les agents intérieurs. La balance des paiements (*cf.* module 3, chapitre 2) enregistre les opérations avec le reste du monde. Les échanges internationaux de biens et de services se sont développés : le taux d'ouverture (la moyenne des exportations et des importations en % du PIB) de l'économie française a plus que doublé de 1965 à 2019, passant de 13 % à 32 % du PIB. L'ouverture concerne aussi les flux de capitaux étrangers. Le solde des investissements directs à l'étranger (IDE) est légèrement créditeur en 2019 de 4,2 milliards d'euros : les investissements directs français à l'étranger, d'un montant de 34,5 milliards d'euros, sont supérieurs aux investissements directs étrangers en France évalués à 30,3 milliards. En 2019, le stock d'IDE investis en France, de 773 milliards d'euros, est bien inférieur au stock français d'IDE de 1 364 milliards d'euros. Les firmes multinationales (FMN) sous contrôle étranger emploient 1,8 million de salariés en France en 2010, soit 12,5 % des salariés des entreprises, tandis que les firmes multinationales sous contrôle français emploient en France 4,9 millions de salariés. 64 % des emplois industriels sont désormais situés dans une multinationale. Cette internationalisation de l'ensemble de l'économie française la rend plus sensible aux chocs qui affectent l'économie mondiale.

Les relations avec l'Europe, notamment avec l'Allemagne, constituent néanmoins un espace privilégié (deux tiers des exportations de l'UE-27 vont vers d'autres États membres). La construction européenne pèse sur les contenus et les modalités de la politique économique en France (*cf.* module 3, chapitre 3) et constitue un choc d'offre qui contribue à remodeler le capitalisme français en stimulant la concurrence, et en encourageant le passage aux grandes unités de production.

D. Le circuit économique décrit les interactions entre les acteurs

Chaque acteur, lorsqu'il échange, est source de flux. Lorsqu'un acteur reçoit un flux monétaire, il s'agit d'une ressource. Avec cette ressource, un nouveau flux pourra naître. Cette ressource est donc employée à de nouvelles dépenses : c'est un emploi. De ce fait, tout agent économique utilise ses ressources pour des emplois. Aussi, dans ses opérations, chaque agent est caractérisé par un équilibre emplois-ressources.

La comptabilité nationale prend en compte trois types d'opérations : les opérations sur les biens et services, relatives à la production et à son utilisation ; les opérations de répartition, relatives à la formation des revenus ; les opérations financières, relatives aux créances, dettes et patrimoines. Ayant identifié les différents acteurs ainsi que leurs activités, la comptabilité nationale représente les interactions qui existent entre eux, au travers d'un circuit. Ce faisant, elle met l'accent sur l'interdépendance des acteurs au sein d'un système, dont la reproduction s'effectue perpétuellement tant que le circuit ne connaît pas de dysfonctionnements.

Figure 1 - Un circuit économique simplifié

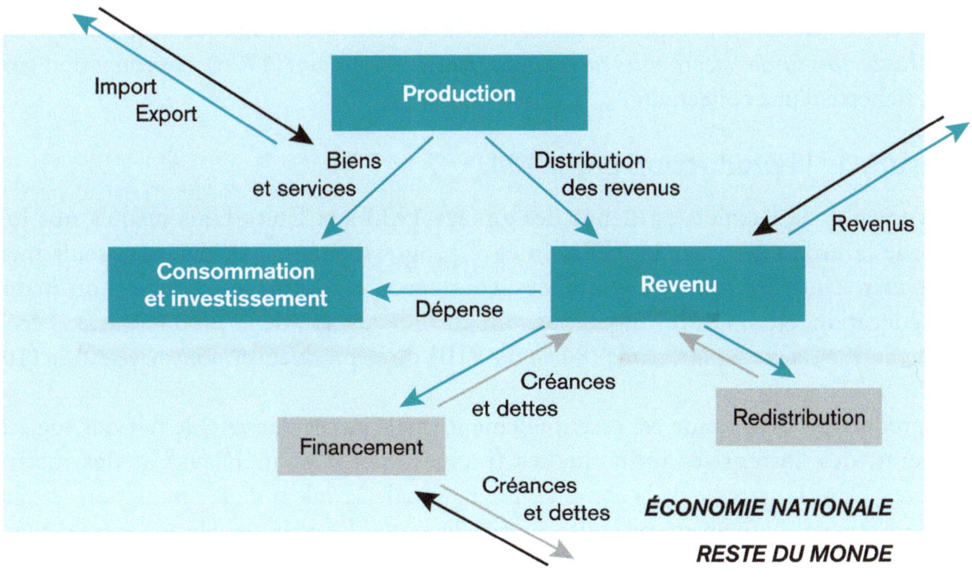

Source : J.-P. Piriou, J. Bournay et V. Biausque, *La Comptabilité nationale*, 2019, p. 9.

Le circuit fait apparaître ainsi un cycle composé de trois fonctions : la fonction de production, la fonction de répartition, la fonction de consommation. À l'origine, on retrouve bien la production, qui est l'acte économique originel, destiné à satisfaire des besoins économiques. Cette production donne lieu à une création de richesses, qu'il s'agit ensuite de répartir entre tous ceux qui ont participé à cette production. C'est la deuxième phase, celle de la répartition. Apparaît enfin la dernière phase, celle de la consommation, qui permet de satisfaire directement les besoins économiques, en détruisant (plus ou moins rapidement) les richesses produites. Toutefois, une partie des richesses réparties n'est pas consommée. Elle peut être utilisée sous forme d'investissements, pour favoriser une amélioration de la fonction de production. On obtient donc bien un cycle qui peut prendre la forme suivante :

2 Les grandes fonctions de l'économie

Le sous-titre du *Traité d'économie politique* (1803) de J.-B. Say désigne celle-ci comme la « simple exposition de la manière dont se forment, se distribuent ou se consomment les richesses » qui satisfont aux besoins des sociétés.

A. La production

La production est une activité de création de biens et de services dont l'utilisation va permettre de satisfaire un certain nombre de besoins (consommation). La production est ainsi au cœur d'une économie des besoins, c'est-à-dire de désirs, de manques, qui peuvent être comblés par l'utilisation de biens et de services rares (disponibles en quantité limitée car produits par les hommes). Depuis la naissance de la science économique avec l'œuvre d'Adam Smith, *Recherches sur la nature et les causes de la richesse des nations* (1776), la production constitue donc la richesse d'une collectivité.

La mesure de la production par le PIB

Des travaux de Kuznets au début des années 1930 aux États-Unis jusqu'à nos jours, la mesure de la production par le PIB a intégré progressivement, au-delà des seuls biens, les services marchands (transports, assurances, commerce, etc.) puis les services non marchands (santé, éducation, etc.). On distingue donc en général, au sein de la production de l'économie française, la production marchande (84 % du PIB) de la production non marchande (16 % du PIB).

La production marchande est essentiellement (mais pas seulement) le fait des sociétés non financières, des entreprises individuelles (incluses dans les ménages) et des institutions financières. Dans le système de la comptabilité nationale, la valeur de la production se calcule de la manière suivante : quantité produite × prix de vente. Le prix de vente s'entend hors taxes (TVA principalement). On y ajoute les subventions – surtout pour l'agriculture, qui visent à améliorer le revenu des producteurs, à faciliter la modernisation de leur exploitation. C'est ce que l'on appelle en comptabilité nationale le prix de base, c'est-à-dire la recette effective du producteur par unité produite.

Il faut donc que l'activité des producteurs soit déclarée, or une partie de la production marchande ne l'est pas : c'est le cas des activités légales non déclarées, mais aussi des activités illégales. Si les secondes ne sont pas prises en compte, les premières le sont grâce à des estimations puisque, par définition, on ne connaît pas le montant des productions non déclarées – pourtant essentielles pour les comparaisons internationales (*cf.* l'Italie du Sud ou la Grèce).

Encadré 1 – Le problème de l'évaluation de « l'économie non observée » (OCDE, *Manuel sur la mesure de l'économie non observée*, 2003)

La production souterraine (2,6 % du PIB) : production légale et déclarée mais sous-estimée volontairement par les unités productives pour échapper à l'impôt, aux cotisations sociales, etc.
La production illégale (0,03 % du PIB) : activités interdites par la loi ou réalisées par des agents qui n'en ont pas l'autorisation (trafic de stupéfiants, contrebande de cigarettes, exercice illégal de la médecine, etc.).
La production informelle (0,8 % du PIB) : activité légale mais non déclarée car exercée par des unités non enregistrées parce que trop petites ou basées sur des contrats informels (emploi informel). Bien sûr l'emploi informel peut être très présent dans les pays en voie de développement où l'État n'a pas une grande capacité à réglementer l'économie, mais les emplois informels sont aussi présents dans les pays développés à économie de marché (PDEM), pour certains travaux domestiques notamment (garde d'enfants, cours particuliers, etc.).
La production manquante (3,3 % du PIB) pour raison des carences des dispositifs de collecte des données. En revanche, le PIB français incorpore la production pour emploi final propre des ménages.
L'ensemble des corrections au titre de l'activité dissimulée représente 3,4 % du PIB français. « L'économie non observée » (ENO) représente donc 6,7 % du PIB de l'économie française, mais monte à 17,5 % du PIB de l'Italie et est seulement de 2,3 % du PIB du Royaume-Uni en 2010.

En 1976, le passage de la production intérieure brute au produit intérieur brut dans la comptabilité nationale a consisté à prendre en compte la production non marchande. Or celle-ci n'est pas vendue sur un marché. On n'en connaît donc pas la valeur – ou on la connaît mal – dans la mesure où justement le marché ne lui a pas donné de prix. D'une part, il s'agit de la « production pour emploi final propre » (5 % du PIB), c'est-à-dire de l'autoproduction (et donc de l'autoconsommation). Typiquement, le propriétaire d'un appartement qui le loue en tire un revenu. Il offre un service qui est comptabilisé dans le PIB puisque, dans le cas présent, il y a bien production. Le propriétaire d'un logement qui l'occupe offre le même service… mais à lui-même. On considère par conséquent qu'il se loue son propre logement et se verse ainsi un revenu pour ce service qu'il s'offre à lui-même. Cette procédure a l'avantage de neutraliser l'effet de structure que constitue historiquement l'accès croissant de la population à la propriété : la diminution de la part des locataires dans la population se traduirait sinon par une baisse du PIB. Sur la base des loyers réels versés pour un logement équivalent, on considère donc que les propriétaires se versent un loyer fictif. Toutefois, toute l'autoproduction n'est pas intégrée par la

limite du PIB

comptabilité nationale. Ainsi, le travail domestique – ménage, éducation des enfants, entretien d'un potager, etc. – ou de nombreuses autres activités créatrices de richesses non marchandes ne sont pas pris en compte. Il est de toute manière difficile d'évaluer ces activités : si aider son enfant à faire ses devoirs est, d'un certain point de vue, une création de richesses, quelle en est la valeur ? Toujours est-il que la non-prise en compte de ces activités peut poser un problème : si on décide de ne plus payer une société d'aide aux devoirs et d'aider soi-même son enfant, on réduit le PIB tel qu'il est calculé par la comptabilité nationale. D'autre part, une fraction importante de la production non marchande (11 % du PIB) est destinée à d'autres unités institutionnelles. Les administrations publiques (APU) et les ISBLSM fournissent de nombreux services aux ménages, sans pour autant qu'ils passent par le marché. On les évalue au niveau du coût de leur production, lequel est alors censé refléter la valeur des richesses créées par ces acteurs économiques, ce qui peut, à bien des égards, sembler relativement imprécis : ainsi, augmenter les fonctionnaires conduit mécaniquement à accroître la valeur du PIB, quand remplacer des enseignants âgés par des plus jeunes, payés moins cher, fait baisser le PIB. Il est néanmoins apparu préférable aux comptables nationaux de prendre en compte la production de ces services non marchands dans la mesure de la production. Au final, dans l'agrégat utilisé traditionnellement pour mesurer la production, le produit intérieur brut (PIB), on comptabilise la production marchande légale et déclarée et on tente d'y comptabiliser également la production marchande légale non déclarée, ainsi qu'une partie de la production non marchande. Ce sont là des corrections opérées afin de rendre les comparaisons internationales fiables et significatives.

À l'échelle d'une unité résidente, c'est-à-dire qui, quelle que soit sa nationalité, a son activité économique depuis au moins un an sur le territoire économique national, la création de richesse est évaluée par la valeur ajoutée brute (VAB) : c'est la différence entre la valeur de la production vendue et le coût des consommations intermédiaires – la valeur des produits détruits ou incorporés au cours du processus de production. À l'échelle de l'économie nationale, le PIB est alors la somme des VAB des secteurs institutionnels résidents, augmentée de la TVA et des droits de douanes, mais diminuée des subventions sur les produits.

Cette valeur ajoutée (VA) est dite brute car l'unité résidente n'a pas fait que consommer des consommations intermédiaires pour produire, elle a aussi utilisé ses équipements, ses bâtiments, ce que l'on appelle son capital fixe. Cette usure économique correspond donc à la consommation de capital fixe. La valeur ajoutée nette est donc la valeur ajoutée brute moins la consommation de capital fixe. Cependant, les données économiques sur lesquelles les économistes travaillent sont en général exprimées en données brutes, donc en VAB.

Le PIB peut être évalué en valeur ou en volume. Le passage des valeurs au volume suppose d'éliminer l'effet des variations de prix. À ce titre, la mesure du niveau et de l'évolution des prix est un enjeu essentiel de la détermination du PIB en volume. De l'après-guerre au début des années 1980, les critiques portent principalement sur la mesure de l'inflation en ce qu'elle sous-estime l'inflation réelle qui rogne le pouvoir d'achat. Dans les années 1990 aux États-Unis en revanche, l'idée se répand que la hausse des prix à la consommation est surestimée et, en conséquence, que celle de la production est sous-estimée. Elle conduit le gouvernement américain à nommer une commission d'experts, présidée par le professeur Boskin. Le rapport, publié en 1996, fait état d'une surévaluation de l'indice des prix de 1,1 % par an (avec un intervalle de confiance assez large allant de 0,8 % à 1,6 %). Cette surévaluation a principalement comme origine l'écart entre le panier de biens représentatifs du PIB utilisé dans le calcul et la transformation, au cours du temps, des biens qui composent le PIB (développement des produits « génériques » dans les magasins *discount*, nouveaux produits, en particulier liés aux technologies de l'information et de la communication). La croissance en volume en est alors sous-évaluée.

L'évaluation monétaire de la production d'une économie n'est donc pas si évidente qu'elle peut paraître au premier abord.

La critique du PIB comme indicateur de bien-être

Tout ce qui se vend augmente le PIB, indépendamment de son impact sur le bien-être individuel ou collectif. On ne déduit pas du PIB les dégâts actuels du modèle de croissance, les externalités négatives, de pollution par exemple, mais on ajoute en revanche les productions réparatrices : une marée noire augmente ainsi le PIB[2]. En dehors des services non marchands produits par les administrations publiques et privées, tout ce qui est produit et ne se vend pas n'ajoute rien au PIB, même si l'impact sur le bien-être est positif : les externalités positives[3], le temps libre, les activités bénévoles et le travail domestique notamment. Dans une évaluation de novembre 2012, l'INSEE estime le travail domestique à 60 milliards d'heures en France, dont la valorisation monétaire au SMIC représente un tiers du PIB.

Le PIB est donc une « convention de richesse » (J. Gadrey) qui mesure imparfaitement le « beaucoup avoir » et assez mal le bien-être, c'est-à-dire la satisfaction de vie. On sait d'ailleurs, au moins depuis les travaux d'Easterlin (1974), que dès lors qu'un seuil de confort matériel est atteint, la satisfaction de vie stagne. Depuis la fin des années 1960, les Américains sont même un tiers de moins à se dire « heureux » alors que le PIB par habitant a dans le même temps poursuivi sa progression. Cette divergence entre la progression des revenus et du produit intérieur brut (PIB) par habitant, d'une part, et du bien-être, c'est-à-dire l'évaluation subjective de sa satisfaction personnelle, d'autre part, s'explique par deux facteurs principaux :

– d'abord, toute richesse est relative : au fil de la croissance économique les aspirations personnelles sont constamment relevées à la hausse ;

– ensuite, la richesse n'est pas tout : le bien-être personnel dépend également de quantité de facteurs plus ou moins éloignés de la croissance économique proprement dite, comme les risques de la vie quotidienne, les conditions de travail, le lien social, la santé, l'environnement ou la qualité de la gouvernance.

Depuis 1990, le Programme des Nations unies pour le développement (PNUD) élabore de nouveaux indicateurs de développement dont l'IDH est le plus connu. Les travaux d'Amartya Sen, prix Nobel 1998, ont servi de base à sa construction. L'IDH est un indicateur composite de trois indicateurs : de santé (espérance de vie), d'éducation (durée moyenne et attendue de

2 La marée noire va en effet nécessiter de nombreuses activités - pour la contenir et l'évacuer, pour réparer les dégâts qu'elle a occasionnés à l'environnement, etc.

3 Lorsque vos voisins font ravaler les façades de leurs maisons, ils augmentent un peu la valeur de votre maison en donnant aux potentiels acheteurs une impression favorable sur le quartier.

scolarisation) et de niveau de vie (RNB par habitant en PPA, c'est-à-dire en parités de pouvoir d'achat). En 2019, la France est classée 26e selon cet indicateur de l'IDH, loin derrière les pays d'Europe du Nord, absolument pas en termes d'espérance de vie, mais notamment du fait d'un RNB par habitant et surtout d'une durée de scolarisation plus faibles. Néanmoins, l'IDH est peu classant pour les pays à IDH élevé, les trois quarts des pays ayant un IDH faible ou moyen. En ce qui concerne ces pays, des indicateurs spécifiques sur la pauvreté, les inégalités, notamment de genre, ont été développés depuis 1995 : l'IDH ajusté aux inégalités, l'indicateur de pauvreté multidimensionnelle et l'indicateur de genre. Enfin, en 2020, à l'occasion des trente ans de l'IDH, celui-ci a été « ajusté aux pressions exercées sur la planète » : il est devenu l'IDHP (IDH ajusté aux pressions exercées sur la planète) par la prise en compte des émissions de CO_2 par habitant et de la consommation de matières premières (biomasse, combustibles fossiles, minerais métalliques et non métalliques) nécessaires pour satisfaire la demande finale par habitant. Pour les pays à faible IDH, l'ajustement n'a en général qu'un faible impact. Pour les pays à développement humain élevé et très élevé, la correction est en revanche de plus en plus forte. La Norvège, 1re selon l'IDH, se retrouve 16e avec l'IDHP, quand la France passe de la 26e à la 10e place en 2019.

Le paradoxe d'Easterlin (1974), le développement des inégalités intranationales au sein de l'OCDE depuis les années 1980 (OCDE, 2011), mais aussi l'affirmation de la problématique du développement durable suscitant un scepticisme croissant autour de la réduction de la richesse et du bien-être au PIB, d'autres indicateurs ont été construits ces dernières années (*cf.* Jean Gadrey et Florence Jany-Catrice, *Les Nouveaux Indicateurs de richesse*, 4e édition, 2016) :

– les indicateurs composites à dominante sociale : l'indice de santé sociale, le BIP 40, l'indice de sécurité personnelle ou la mesure du « bien-être économique » par Nordhaus et Tobin ;

– les indicateurs à dominante environnementale : le PIB vert, l'indice de bien-être économique durable (IBED), l'indicateur d'épargne véritable de la Banque mondiale, l'empreinte écologique ou l'indice du bien-être économique d'Osberg et Sharpe.

La commission Stiglitz-Sen-Fitoussi (2008), officiellement nommée « Commission sur la mesure des performances économiques et du progrès social », a développé une réflexion sur les moyens « d'échapper à une approche trop quantitative, trop comptable de la mesure de nos performances collectives » et sur l'élaboration de nouveaux indicateurs de richesse. Dans son rapport final (2009), elle fait des recommandations visant à dépasser le PIB pour retenir le bien-être comme nouvel indicateur, dans une approche pluridimensionnelle, tant objective que subjective, mais aussi à évaluer la soutenabilité du bien-être, afin que ce bien-être puisse être maintenu dans le temps et transmis aux générations futures sans pressions environnementales excessives. Un tableau de bord peut offrir une présentation synthétique du suivi d'un ensemble d'indicateurs du bien-être matériel, de la qualité de vie et de la soutenabilité (*Rapport du CAE*, n° 95, décembre 2010, p. 44).

B. La répartition primaire et secondaire des revenus

Les revenus primaires sont versés aux facteurs de production (travail et capital) pour leur contribution à la production. La croissance économique élève donc *a priori* les revenus et le niveau de vie. Néanmoins, le revenu disponible pour la consommation dépend aussi de l'action redistributive opérée par les pouvoirs publics. Elle modifie une répartition primaire des revenus jugée souvent trop inégalitaire.

Pour la comptabilité nationale, chaque secteur institutionnel est caractérisé par un compte courant qui fait le point sur l'ensemble des opérations menées. Ainsi, on comprend mieux la formation et l'utilisation du revenu de chaque secteur.

La répartition primaire des revenus et le partage de la valeur ajoutée

La valeur ajoutée (*cf. supra*) mesure la création de richesse imputable aux différents acteurs de la production et constitue par conséquent la source des revenus :
- les salariés perçoivent des salaires ;
- les apporteurs de capitaux touchent des dividendes, des intérêts, des loyers, etc. ;
- l'État prélève des impôts sur la production.

Le partage entre salaires et profits caractérise donc fondamentalement la répartition primaire des revenus, mais révèle aussi des types d'économie. Une économie d'exportation comme l'économie allemande privilégie les profits, car « les profits d'aujourd'hui font les investissements de demain et les emplois d'après-demain » selon le théorème du chancelier Helmut Schmidt. Les débouchés sont recherchés d'abord à l'étranger, de sorte que la hausse des salaires ne peut être qu'une conséquence et non une cause de la croissance. En revanche, une économie d'abord centrée sur elle-même, comme l'économie française jusqu'à ces dernières années, donne la priorité aux salaires dans le partage de la valeur ajoutée car elle alimente le dynamisme de la consommation des ménages, donc accroît les débouchés internes pour la production : l'augmentation des salaires est une cause et non une conséquence de la croissance.

Cette opposition dans la priorité à avoir concernant le partage de la valeur ajoutée recouvre en partie une opposition théorique en macroéconomie. Elle est inaugurée en Angleterre en 1815 lors du débat sur les *Corn Laws* entre D. Ricardo et T. R. Malthus : pour Ricardo, l'élimination des droits de douane pesant sur les importations de blé permettrait de faire baisser le prix du blé, donc le prix du pain, et par là les salaires versés par les entrepreneurs capitalistes. Un partage des profits en leur faveur soutient l'investissement et la croissance. En revanche, Malthus met en avant une autre conséquence du démantèlement des droits de douane sur le blé : l'effondrement des rentes des propriétaires fonciers, donc de leur demande et des débouchés pour les entreprises. La croissance nécessite une demande effective pour laquelle, à l'époque, celle des propriétaires fonciers est cruciale (*cf. infra*, p. 76 et suiv. pour plus de détails).

Éclipse et réapparition de l'antinomie entre salaires et profits depuis 1945

Cette antinomie entre salaires et profits a cependant été surmontée au cours des Trente Glorieuses (1945-1975). Selon l'école française de la régulation, dont R. Boyer est l'un des principaux représentants, la hausse des profits alimente l'investissement qui permet des gains de productivité (« production de masse ») dont la distribution est organisée en augmentation de salaires (« convention fordienne ») qui ouvrent les débouchés nécessaires (« consommation de masse ») et une nouvelle hausse des profits. Le partage de la valeur ajoutée cesse d'être conflictuel car la progression des salaires est organisée par les négociations collectives des partenaires sociaux (patronat et syndicats de salariés) et grâce au soutien de l'État-providence aux bas salaires, notamment par exemple par la création en France d'un salaire minimum quels que soient la profession et le secteur (en 1950, le SMIG pour salaire minimum interprofessionnel garanti). La croissance économique rapide jusqu'aux débuts des années 1970 permet de toute manière une progression générale des revenus qui limite les tensions dans le partage de la valeur ajoutée.

L'ouverture progressive des économies puis la mondialisation ont cependant détruit le cadre national dans lequel les évolutions de la production, des revenus et des débouchés avaient été rendues compatibles par les institutions mises en place progressivement après la guerre. Dans la concurrence pour les débouchés extérieurs, les salaires sont d'abord un coût pour les entreprises, et les profits une ressource pour l'investissement et la croissance. Le ralentissement de plus en plus marqué de la croissance en France depuis les années 1970 aurait donc pour cause une part excessive des salaires dans la valeur ajoutée. Le partage de la valeur ajoutée est redevenu conflictuel.

L'intégration européenne conduit à ce que le marché européen soit désormais le niveau pertinent de coordination de l'offre, des revenus et de la demande (deux tiers du commerce extérieur en Europe est intra-européen). En l'absence d'institutions de coordination, la croissance européenne est victime d'une externalité négative de demande que le marché unique ne parvient pas à internaliser : la baisse de la part des salaires dans la valeur ajoutée des années 1980 en France et dans les années 2000 en Allemagne limite les débouchés et produit en partie le ralentissement de la croissance. L'augmentation de la part des profits dans la valeur ajoutée en France n'est donc pas une condition suffisante de l'investissement et de la croissance.

La redistribution modifie une répartition primaire trop inégalitaire

La redistribution modifie sensiblement la répartition primaire des revenus au motif en général que les inégalités de revenus primaires sont excessives. La distribution des revenus ne peut pas alors être laissée au fonctionnement libre de l'économie de marché, l'État et les pouvoirs publics doivent intervenir. Il demeure que cette intervention est plus limitée dans les pays anglo-saxons que dans les pays d'Europe du Nord ou continentale (France, Allemagne).

En France, l'action redistributive relativement forte opérée par les pouvoirs publics passe tout à la fois par des revenus de transfert (indemnités chômage, retraites, allocations familiales, etc.), des prélèvements obligatoires (cotisations sociales, impôt sur le revenu, sur les sociétés, etc.) et des règles institutionnelles contraignant la fixation des revenus primaires, comme le SMIC. Le développement de l'État-providence après la Seconde Guerre mondiale s'est organisé autour de la Sécurité sociale, un système d'assurances sociales financé conjointement par les entreprises et les salariés au moyen de cotisations sociales ouvrant des droits à percevoir les revenus de transfert en cas de réalisation du risque social. C'est donc au départ un système contributif et de mutualisation, et non d'assistance sociale.

Les modifications de la répartition primaire des revenus opérée par le marché sont ainsi sous-tendues par des conceptions de la justice sociale (*cf.* module 4, chapitre 3) et des modes de régulation différents géographiquement (B. Amable, *Les Cinq Capitalismes*, 2005 : néolibéral, continental européen, social-démocrate, méditerranéen et asiatique), mais aussi historiquement (capitalisme fordiste puis actionnarial dans la seconde moitié du XXe siècle). Depuis les années

1980, les politiques de l'offre (de libéralisation et d'activation) se sont imposées dans tous les pays de l'OCDE, occasionnant une nouvelle hausse des inégalités des revenus presque partout (OCDE, 2011) par le recul des actions redistributives (revenus de transfert moins généreux, prélèvements obligatoires moins progressifs, déréglementation de la relation salariale).

C. Consommation, épargne, investissement et échanges extérieurs

En dépensant les revenus, les productions sont acquises pour être utilisées à divers titres (consommation, investissement) et par différents acteurs nationaux ou étrangers (échanges extérieurs). La comptabilité nationale établit ainsi l'équilibre ressources-emplois global d'une économie nationale. Le système financier permet de désynchroniser les ressources et les dépenses en reportant dans le futur des revenus présents par l'épargne ou en transférant aujourd'hui des revenus futurs, *via* le crédit par exemple.

L'évolution de la consommation et les comportements de consommation

Pour J.-B. Say, « consommer, c'est détruire l'utilité qui est dans un produit, et par là lui ôter la valeur que cette utilité lui donnait » (*Catéchisme d'économie politique*, 1815). L'INSEE peut ainsi distinguer les biens, produits matériels, selon leur rythme de disparition : non durables (alimentation), semi-durables (habillement) et durables (automobile). Les services sont des produits immatériels dont la consommation est souvent concomitante de sa production : un service de transport est consommé en même temps qu'il est produit, il en est de même pour le cours d'un enseignant. La comptabilité nationale mesure la « consommation effective » des ménages en ajoutant aux dépenses payées par le ménage (« dépense de consommation ») les sommes engagées par les administrations publiques et privées pour la santé, l'éducation, le logement et la culture qui sont individualisables, c'est-à-dire attribuables à un ménage bénéficiaire (les ménages avec enfants bénéficient de l'accès gratuit à l'Éducation nationale par exemple).

Depuis le XIXe siècle, la consommation a fortement augmenté et sa structure s'est modifiée. La croissance économique élargit l'accès aux biens et aux services. À l'issue d'une étude sur le budget de 157 familles belges, le statisticien E. Engel met en évidence en 1857 que la hausse du revenu s'accompagne de la baisse de la part de la consommation alimentaire dans celui-ci (première loi d'Engel). À mesure que le pouvoir d'achat des ménages augmente, ils diversifient leur consommation au-delà des « biens de première nécessité ».

Pendant l'entre-deux-guerres, avec le triomphe du taylorisme et du fordisme aux États-Unis, une production de masse se met en place. Les débouchés sont assurés par une consommation de masse de biens d'équipement ménager (réfrigérateur, lave-linge, etc.) et d'automobiles. La solvabilisation des ménages est permise par le compromis fordien (5 $ par jour chez Ford en janvier 1914) et le développement du crédit à la consommation. Les actifs américains, puis européens après la Seconde Guerre mondiale, se définissent de plus en plus par leur consommation ; c'est l'avènement d'une « société de consommation » (J. Baudrillard, 1970) où la consommation est une communication de signes, un moyen de différenciation symbolique au service de la construction des identités. Derrière l'uniformisation que représente la consommation de masse, sont à l'œuvre des stratégies de différenciation menées et constamment renouvelées par les milieux sociaux les plus favorisés au service du maintien de leur « distinction » (P. Bourdieu, 1979). La sociologie insiste donc sur les contraintes sociales pesant sur les choix de consommation.

La microéconomie standard fait en revanche du consommateur un individu rationnel et souverain qui fait des choix optimaux de consommation en égalisant les utilités marginales pondérées par leurs prix (W. S. Jevons, *The Theory of Political Economy*, 1871). Certes, la société de consommation offre *a priori* de nombreuses opportunités de consommation pour les individus, mais encore faut-il que le revenu courant ne soit pas une contrainte trop forte pour eux. En effet, pour J. M. Keynes (*Théorie générale de l'emploi, de l'intérêt et de la monnaie*, 1936), la consommation varie avec le revenu courant, quoique dans des proportions moindres : c'est la « loi psychologique fondamentale ». M. Friedman (*A Theory of the Consumption Fonction*, 1957) défend au contraire que la consommation est largement indépendante du revenu courant puisque les individus peuvent transférer du revenu dans le temps. Elle dépendrait surtout du « revenu permanent », c'est-à-dire des revenus perçus sur l'ensemble du cycle de vie. Cependant, les contraintes de liquidité sont inégales selon les individus et le développement du système financier : pour les ménages les plus défavorisés, la consommation est plus fréquemment contrainte par le revenu courant.

Épargne et investissement

L'épargne est la partie non consommée du revenu. La comptabilité nationale définit ainsi l'épargne brute des ménages comme la différence entre leur revenu disponible brut (RDB) et leur consommation finale. Le taux d'épargne (EB/RDB) est de 23,9 % en 2019. L'épargne non financière consiste en l'investissement en logement et l'épargne financière en placements et avoirs liquides. Les entreprises épargnent une partie de leurs profits pour financer des investissements (autofinancement), mais ont en général besoin de faire appel à des financements externes (*cf. infra*, p. 59 et suiv.). L'investissement productif des entreprises est mesuré par la formation brute de capital fixe (FBCF) dans la comptabilité nationale. Le taux d'investissement des entreprises (FBCF/VA) est de 24,9 % en 2019.

Pourtant, le lien entre épargne et investissement fait l'objet d'une opposition entre théorie classique et théorie keynésienne.

Pour les classiques (*cf. infra*, p. 76 et suiv.) et les néoclassiques, l'épargne est un préalable à l'investissement. Chez les néoclassiques, le taux d'intérêt équilibre la demande de fonds (l'investissement) et l'offre de fonds (l'épargne) sur le marché des fonds prêtables. Le taux d'intérêt est ainsi, du point de vue de l'épargnant, le prix de la renonciation à la consommation, et du point de vue de l'investisseur le coût de financement de l'investissement. Leurs intérêts égoïstes antagonistes sont donc réconciliés par le marché qui détermine un taux d'intérêt d'équilibre. Dans le modèle néoclassique de croissance de Solow (*cf.* module 2, chapitre 1), le taux d'épargne détermine le taux d'investissement, donc le niveau de PIB par habitant que l'économie pourra atteindre. Un partage de la valeur ajoutée en faveur des profits permet aux entreprises d'épargner, donc d'investir, et la libéralisation financière doit leur favoriser l'accès au moindre coût à l'épargne (Gurley et Shaw, « Money in a theory of finance », 1960).

Pour les keynésiens (*cf. infra*, p. 88 et suiv.), l'investissement crée l'épargne dont il a besoin. Les décisions d'investissement des entreprises sont premières. Elles sont fondées sur la demande anticipée. Si les entreprises sont optimistes sur leurs débouchés, elles mettent en route des plans de production ambitieux et investissent. Par l'effet multiplicateur du revenu, l'épargne dégagée *ex post* permet de financer les investissements décidés *ex ante*. Le marché des fonds prêtables n'existe pas au sens où le taux d'intérêt est fixé sur le marché de la monnaie, il est le prix de la renonciation à la liquidité. Il ne fait donc que déterminer la forme de l'épargne, entre monnaie et actifs, et non son montant. Si la demande effective est insuffisante, l'État peut en conséquence décider d'investissements publics, voire d'une socialisation de l'investissement selon J. M. Keynes (*Théorie générale de l'emploi, de l'intérêt et de la monnaie*, 1936), pour maintenir un équilibre économique de plein-emploi.

Les échanges extérieurs : les relations commerciales et financières avec le reste du monde

En comptabilité nationale, le reste du monde désigne l'ensemble des agents non résidents, c'est-à-dire qui n'ont pas d'activité économique sur le territoire économique national. Les agents résidents entretiennent des relations économiques, commerciales et/ou financières, avec ces agents non résidents à l'occasion, respectivement, d'exportations et d'importations de biens et de services et/ou de mouvements de capitaux liés à divers motifs (investissements à l'étranger, de portefeuille, de crédits, etc.). La balance des paiements (*cf.* module 3, chapitre 2) est le document comptable qui retrace l'ensemble de ces opérations entre résidents et non-résidents.

Comment mesurer les échanges extérieurs ? Les exportations représentent la valeur des biens et des services fournis à des unités non résidentes, c'est-à-dire celles qui sont situées à l'étranger ou qui sont situées en France pour une durée de moins d'un an. Ainsi une exportation peut être réalisée à l'intérieur du territoire national : par exemple, lorsqu'un touriste étranger en visite en France achète un produit sur le territoire national ou va au restaurant, il s'agit d'une exportation de service touristique ; à l'opposé, quand un résident en voyage à l'étranger dépense, il augmente les importations de services de tourisme en France. Les procédures d'évaluation de ces échanges sont indirectes. Jusqu'en 1998, la comptabilité nationale évaluait les importations et les exportations de biens selon deux méthodes : les importations de biens étaient évaluées CAF (coût, assurances et fret) c'est-à-dire qu'elles incluaient les frais de transport et d'assurance jusqu'à la frontière française : à la valeur du bien à la frontière du pays exportateur s'ajoutaient les frais de transport et d'assurance jusqu'à la frontière française. Les exportations de biens étaient évaluées FAB (franco à bord), c'est-à-dire qu'elles excluaient les frais de transport et d'assurance au-delà de la frontière française. Le solde des échanges de biens était donc un solde CAF-FAB. Depuis 1999, avec la mise en place de la base 1995 des comptes nationaux qui permet de meilleures comparaisons internationales, les importations et les exportations sont évaluées FAB. La valeur des importations évaluées FAB est donc moins élevée que la valeur des importations évaluées CAF. (Toutefois les importations de biens détaillés par produit ou pays d'origine restent mesurées CAF : elles incluent les frais d'assurance et de transport jusqu'à la frontière française.) Les flux totaux (et non pas les données détaillées sur les importations qui restent exprimées CAF) de commerce extérieur sur les marchandises sont mesurés FAB et le solde des échanges de biens est désormais un solde FAB-FAB. Le traitement du transport entre frontières des biens importés s'effectue désormais ainsi : si le transport est effectué par un résident, il est comptabilisé dans la production de transport ; si le transport est effectué par un non-résident, il est comptabilisé dans les importations de services.

Bien sûr, les opérations sur biens et services peuvent être déséquilibrées et donner lieu à un excédent ou à un déficit courant[4]. En 2019, le déficit commercial de l'économie française, c'est-à-dire l'excès des importations de biens par rapport aux exportations de biens, s'élève à 46,8 milliards d'euros et alimente un déficit courant de 16,2 milliards d'euros.

À défaut de financer les importations par des exportations suffisantes, il ne reste que trois solutions :

- payer comptant en puisant sur les réserves de devises, ce qui a l'inconvénient de dépendre de la quantité de réserves et n'est, de toute manière, pas soutenable ;
- payer à crédit en empruntant en devises à l'étranger, ce qui devient de plus en plus difficile à mesure que la dette augmente ;
- obtenir des entrées de capitaux, mais qui peuvent être plus ou moins stables, respectivement des investissements directs à l'étranger et des investissements de portefeuille. Les premiers ne posent pas de réels problèmes au premier abord, les seconds peuvent se révéler en revanche assez volatils et ne pas constituer en conséquence une ressource de financement pérenne.

De la fin des années 1990 à la crise de 2008, la mondialisation – au sens ici de l'ouverture commerciale et financière croissante des économies – a favorisé les déséquilibres courants. Le déficit courant américain et l'excédent commercial chinois atteignent chaque année plusieurs centaines de milliards de dollars. L'économie chinoise dégage des excédents commerciaux colossaux qui lui permettent de financer le développement de son activité économique (aspect offre) tout en achetant massivement l'endettement privé et public américain afin de contenir la dépréciation du dollar, maintenir sa compétitivité-prix et donc assurer les débouchés américains (aspect demande). Devant l'incapacité des pays émergents tels que la Chine à enclencher une dynamique de consommation en mettant en place les conditions d'un développement de la demande intérieure (crédit à la consommation, négociation centralisée des salaires, protection sociale), le déficit courant des États-Unis a été une condition de la croissance mondiale. Sa réduction après la crise de 2008 a d'ailleurs été en partie à l'origine du ralentissement de la croissance chinoise.

3 Les comptes de la Nation

La comptabilité nationale est un outil indispensable aux acteurs et aux pouvoirs publics. Elle offre un cadre conceptuel et pratique des statistiques dont l'harmonisation, notamment européenne, est visée. L'adoption des critères de Maastricht (1992) a par exemple nécessité et

4 En première approximation ici, on peut assimiler les transferts de revenus (les bénéfices réalisés à l'étranger par des entreprises françaises et rapatriés en France, notamment) à des services.

contribué à organiser la comparabilité des systèmes nationaux de comptabilité des pays participants à l'euro (et à l'UE).

A. L'équilibre ressources-emplois de la comptabilité nationale

Quelles sont les ressources d'une économie ? Sa production (mesurée par le produit intérieur brut, PIB), évidemment, mais aussi les biens et services qui peuvent être proposés par le « reste du monde », c'est-à-dire les importations (M). Quant aux différents emplois possibles de ces ressources, c'est-à-dire leur utilisation, il s'agit des dépenses de consommation (C), d'investissement (FBCF), de variations de stocks (VS), et enfin de production réalisée sur le territoire mais consommée par le « reste du monde », les exportations (X).

La question de la mesure des ressources et des emplois pose des difficultés, à l'instar, on l'a vu, de celle de la production par le PIB voire des échanges extérieurs. Arrêtons-nous sur celle de l'investissement.

Un investissement est l'achat d'un bien ou d'un service qui est utilisé pendant plus d'une année dans le processus de production, ce que la comptabilité nationale nomme la formation brute de capital fixe (FBCF). La FBCF est un flux, c'est le capital fixe (essentiellement bâtiment et machines – pour les ménages, l'achat d'un logement neuf ou les gros travaux de rénovation font partie de la FBCF) que l'on ajoute pour renouveler et accroître son stock de capital. La comptabilité nationale a adopté une conception moins restrictive de l'acte d'investissement à travers la FBCF depuis le SEC 2010. Jusque-là, seule une petite partie des investissements immatériels était prise en compte : les achats de logiciels, les dépenses de prospection minière et pétrolière et enfin les achats d'œuvres artistiques (audiovisuelles notamment). Avec le SEC 2010, les dépenses de recherche et développement (R&D) sont désormais incorporées à la FBCF. En revanche, les dépenses de formation, de campagnes de communication comme la constitution de réseaux commerciaux, ne le sont toujours pas et restent des consommations intermédiaires aux yeux des comptables nationaux. La langue de la comptabilité nationale est affaire de convention. Et cela concerne également la valorisation des produits.

Pour un produit, la production est évaluée au prix de base (*cf. infra*). Les emplois sont en revanche valorisés aux prix d'acquisition, en conséquence de quoi l'équilibre ressources-emplois pour un produit n'est pas vérifié puisque le prix d'acquisition incorpore des marges commerciales (MC), des coûts de transport (CT) et des impôts sur les produits (IP) qui ne sont pas comptés dans le prix de base (et inversement ce dernier comprend des subventions à la production [SP] du produit qui ne sont pas pertinentes pour l'acquéreur). Ainsi, l'équilibre ressources-emplois une fois corrigé pour un produit s'écrit-il :

$$P + M + MC + CT + IP - SP = CI + CF + FBCF + VS + X$$

où CI, les consommations intermédiaires, apparaissent au niveau d'un produit, alors que globalement, déduites des productions, elles disparaissent, comme les productions, pour faire apparaître des valeurs ajoutées (VA) dont la somme constitue le PIB à la correction près de la somme des impôts nets des subventions. Par définition, la somme des marges commerciales et de transports correspond à la production de la branche transport et de la branche commerce.

$$S\ VA + S\ IP - S\ SP + S\ M = S\ CF + S\ FBCF + S\ VS + S\ X$$

En effet, l'équilibre ressources-emplois d'une économie est alors le suivant :

$$PIB + M = C + FBCF + VS + X$$

Ce qui peut encore s'écrire : PIB = (C + FBCF + VS) + (X – M). Autrement dit, le PIB est égal à la demande intérieure nette (C + FBCF + VS) et au solde extérieur (X – M), c'est-à-dire la demande extérieure nette de la demande intérieure pour les produits étrangers.

L'analyse de l'équilibre ressources-emplois permet de proposer une lecture keynésienne de l'évolution de la conjoncture économique : les inflexions du PIB (croissance ou récession) sont alors la conséquence des inflexions dans la demande intérieure et extérieure. À court terme en effet, il n'y a pas de raison *a priori* que la production s'effondre pour des raisons d'offre[5]. Ainsi, lors du dernier trimestre 2008, l'économie française entre en crise et son PIB est plus faible un an plus tard, fin 2009 (*cf.* tableau ci-dessous) : le PIB a baissé de 2,8 % en euros courants.

Tableau 1 – La crise de 2009 dans l'équilibre ressources-emplois

	2008	2009	Taux de variation (en %)	Poids dans le PIB (en %)	Contribution à la récession
	(en milliards d'euros courants)				
Dépenses de consommation finale	1 534,7	1 538,6	0,3	77,0	0,2
Formation brute de capital fixe	470,1	427,3	-9,1	23,6	– 2,1
Variation des stocks	9,7	– 14,7	– 251,7	0,5	– 1,2
Acquisitions moins cessions d'objets de valeur	0,9	0,5	– 43,4	0,0	0,0
Exportations de biens et de services	560,2	480,9	– 14,2	28,1	- – 4,0
TOTAL EMPLOIS	2 575,7	2 432,7	– 5,6		
Produit intérieur brut	1 992,4	1 936,4	– 2,8	100,0	– 2,8
Importations de biens et de services	583,3	496,2	– 14,9	29,3	– 4,4
TOTAL RESSOURCES	2 575,7	2 432,7	– 5,6		

Source : INSEE, *Les comptes nationaux.*

Les différents emplois ne contribuent pas également à cette baisse du PIB. Si la dépense de consommation des ménages pèse lourd (77 % du PIB), elle est peu volatile et augmente même un peu (+ 0,3 %), alors que l'investissement, mesuré par la FBCF, ne représente que 23,6 % du

5 La baisse de 9 % du PIB de l'économie française en 2020, et surtout l'effondrement de la production lors du 2e trimestre de l'année 2020, s'explique en revanche largement par les mesures de confinement décidées par le gouvernement français face à la pandémie de COVID-19 qui ont empêché de nombreux actifs de travailler, ce qui a réduit la capacité d'offre de l'économie.

PIB, mais diminue de 9,1 %. Résultat, la dépense de consommation des ménages apporte 0,2 point (77% × 0,3) de croissance alors que l'investissement contribue à faire baisser le PIB de 2,1 points (23,6 % × – 9,1). Avec 0,5 % du PIB, la variation des stocks pourrait avoir un rôle négligeable mais, comme souvent dans les crises ou les reprises, elle amplifie fortement le phénomène par l'importance des stockages ou déstockages. Ici, les variations de stocks sont devenues négatives (les stocks ont baissé) alors qu'elles étaient positives l'année précédente. Le passage de + 9,7 à – 14,7 se traduit par une variation de – 251,7% et donc au total par un effet de 1,2 point de PIB (– 251,7 × 0,5 %). À noter que les variations de stocks sont particulièrement difficiles à analyser : si les entreprises constituent des stocks de matières premières ou de produits intermédiaires, cela peut signifier qu'elles anticipent une reprise ou alors une augmentation de leurs prix ; une augmentation de stocks de produits finis peut traduire l'anticipation d'une demande croissante… ou l'impossibilité à écouler la production. Enfin, la baisse des importations ayant été supérieure à celle des exportations, la contribution du solde extérieur à la croissance est positive : + 0,4 point. La baisse du PIB en 2009 de 2,8 % par rapport à 2008 apparaît ainsi avant tout comme l'effet des comportements des entreprises qui réduisent fortement leurs investissements et leurs stocks (plutôt que de produire).

B. L'architecture des comptes des secteurs institutionnels dans la comptabilité nationale

Plutôt que d'appréhender l'économie comme un système productif de biens et services demandés pour être utilisés à différents titres, on peut la représenter sous la forme d'un circuit économique dans lequel des opérations non financières et financières sont en jeu. À l'échelle d'un secteur institutionnel au cours d'une période, ces opérations sont regroupées dans les comptes courants, qui traitent de la production, de la formation et de l'utilisation du revenu au cours de la période considérée, et dans les comptes d'accumulation (comptes de capital et comptes financiers), qui présentent la variation des actifs, des passifs et de la valeur nette (actifs moins passifs).

Un compte courant est divisé en deux colonnes. La première enregistre toutes les opérations correspondant à des flux de monnaie versés par le secteur (les emplois) et la seconde celles qui correspondent à des flux de monnaie reçus par le secteur (les ressources). Ainsi, les ménages touchent des salaires (ressources) qu'ils dépensent partiellement en consommation et en investissement (emplois) et dégagent une épargne (capacité de financement). Au contraire, les sociétés non financières réalisent un chiffre d'affaires (ressources) et font face à des coûts de production, notamment salariaux, et réalisent des investissements (emplois) qui peuvent conduire à un besoin de financement.

En plus du compte de capital et du compte financier, le compte courant est divisé en cinq comptes : le compte de production, le compte d'exploitation, le compte d'affectation des revenus primaires, le compte de distribution secondaire du revenu, le compte d'utilisation du revenu. Ces comptes sont articulés l'un à l'autre, c'est-à-dire qu'ils sont présentés dans un ordre précis, traduisant une progression de la création de richesse à son utilisation et que le solde d'un compte (toujours présenté du côté des emplois) est repris en ressources du compte suivant.

Arrêtons-nous particulièrement sur les comptes des sociétés non financières (SNF) pour les présenter.

S'agissant des SNF, leurs ressources dans le compte de production proviennent de ce qu'elles ont produit (leur production marchande vendue et leur production pour emploi final propre). Pour produire, elles emploient des consommations intermédiaires. La différence, qui est le dernier emploi de la production, est donc la valeur ajoutée brute (VAB). Cette valeur ajoutée devient ensuite la ressource du compte d'exploitation. Une partie de cette ressource est employée sous forme de rémunération des salariés, en impôts divers sur la production, en subventions d'exploitation (comme elles sont reçues par les SNF, logiquement, elles devraient se situer du côté des ressources ; cependant, préférant laisser la valeur ajoutée comme l'unique ressource du compte, on les fait paraître, mais négativement, dans les emplois), et le reste de la valeur ajoutée est l'excédent brut d'exploitation (EBE), qui est un indicateur de profit. Cet EBE apparaît ensuite comme ressource du compte d'affectation des revenus primaires. Toutefois, de nouvelles ressources apparaissent à ce niveau : les intérêts reçus (pour les prêts), les revenus distribués des sociétés (dividendes des actions possédées par les SNF par exemple). Ces ressources vont ensuite être employées sous forme d'intérêts versés (pour les emprunts), de revenus distribués (aux actionnaires des SNF par exemple). Un nouveau solde apparaît : le solde de revenus primaires. Ce solde de revenus primaires est la ressource du compte de distribution secondaire du revenu. Certains transferts complètent ces ressources, et le tout est employé en impôts sur le revenu ainsi qu'en prestations sociales. Le reste des ressources est employé sous forme de revenu disponible brut (RDB). Le RDB devient la ressource du compte d'utilisation du revenu. Il est employé sous forme d'épargne brute (EB).

Dans le compte de capital, cette épargne devient une ressource qui, ajoutée à d'autres ressources secondaires, est employée en formation brute de capital fixe. S'y ajoute la variation des stocks. S'il reste quelque chose de cette épargne, cela deviendra une capacité de financement. Au contraire, si l'épargne n'est pas suffisante, alors apparaîtra un besoin de financement. Le dernier compte, le compte financier, conclut en faisant le point sur les variations de dettes, de créances, auxquelles s'ajoutent les capacités ou besoins de financement. Il n'est pas représenté ici.

Le rôle des ISBLSM est relativement faible dans l'économie. Si celui des institutions financières est en revanche important dans l'économie, celles-ci sont des entreprises dont le compte courant est semblable à celui des sociétés non financières. On peut par contre s'attarder sur les spécificités des comptes courants des ménages et des administrations publiques.

Dans la comptabilité nationale, les entreprises individuelles ne sont pas séparées des ménages qui les gèrent. C'est pourquoi il existe un compte de production dans lequel on retrouve, parmi les ressources, la production marchande. Mais s'y ajoute également une autre ressource, la production pour emploi final propre, c'est-à-dire l'autoproduction destinée à l'autoconsommation (*cf. supra*). Ces ressources sont employées en consommations intermédiaires, et il reste donc une valeur ajoutée. Cette valeur ajoutée se retrouve comme ressource dans le compte d'exploitation. Elle est employée pour rémunérer les salariés, pour payer des impôts sur la production. On se retrouve ici dans le schéma identique aux SNF. Il n'est donc pas étonnant que reste un EBE. Cet EBE devient la ressource du compte

Tableau 2 – Les sociétés non financières en 2019
(en milliards d'euros)

Emplois	Ressources
Compte de production	
Consommation intermédiaire 1 758,2	Production marchande 2 952,6
VAB 1 267,5	Prod. pour emploi final propre 73,1
Compte d'exploitation	
Rémunération des salariés 812,1	**VAB 1267,5**
Autres impôts sur la production 74,0	
Autres subventions à la production – 39,1	
EBE 420,6	
Compte d'affectation des revenus primaires	
Intérêts 62,8	**EBE 420,6**
Revenus distribués des sociétés 202,2	Intérêts 50,2
Bénéfices réinvestis d'IDE 3,5	Revenus distribués des sociétés 165,9
Loyers 4,6	Bénéfices réinvestis d'IDE 1,4
Solde des revenus primaires 367,1	Autres revenus d'investissement 2,1
Compte de distribution secondaire du revenu	
Impôts sur le revenu et le patrimoine 48,5	Solde des revenus primaires 367,1
Prestations sociales en espèces 13,8	Cotisations sociales 13,9
Autres transferts courants 42,6	Autres transferts courants 17,4
RDB 293,6	
Compte d'utilisation du revenu disponible	
EB 293,6	**RDB 293,6**

Variations des actifs	Variations des passifs
Compte de capital	
FBCF 310,4	**EB 293,6**
Variation des stocks 10,0	Transferts en capital (+) 21,5
Acquisitions nettes d'actifs non produits 0,0	Transferts en capital (–) – 2,1
Besoin (–) de financement –7,5	

Source : INSEE, *Les comptes de la Nation en 2019.*
https://www.insee.fr/fr/statistiques/4494175?sommaire=4494218

d'affectation des revenus primaires. Ce qui est nouveau, c'est que l'on y retrouve également toutes les rémunérations, liées directement à une participation à la production, reçues par les salariés : les intérêts qu'ils perçoivent, les revenus distribués par les sociétés et d'autres revenus divers. Ces ressources sont employées notamment à verser des intérêts. Mais il reste un résidu important, le solde des revenus primaires. Le solde des revenus primaires devient une ressource du compte de distribution secondaire du revenu, avec également les prestations sociales reçues et d'autres divers transferts. Ces ressources sont utilisées en impôts sur le revenu, en cotisations sociales (on considère que ce sont les ménages qui paient l'ensemble des cotisations sociales, *via* les entreprises pour les cotisations patronales). Le résidu sera ici le RDB, revenu disponible brut. Ce RDB est la ressource du compte d'utilisation du revenu. Il sera utilisé en dépenses de consommation individuelle et le reste constituera l'épargne. Mais les ménages accèdent également à des transferts en nature (éducation et santé principalement) qui élèvent leur revenu disponible, c'est le revenu disponible ajusté (RDBA) : la dépense de consommation est augmentée de ces consommations individualisables ; seuls les ménages ayant besoin de ces transferts en nature y accèdent, pour donner la consommation effective. L'épargne dans le compte de capital devient une ressource qui sert à financer une formation brute de capital (pour les entreprises individuelles, mais également pour acheter des logements). Ce qui en reste est une capacité de financement. Si le solde est négatif, il s'agit d'un besoin de financement. La description du dernier compte, le compte financier, est identique à celle des SNF.

Le compte de production des administrations publiques (APU) comptabilise une faible production marchande, mais surtout une production non marchande (évaluée par la somme des coûts qui ont contribué à sa production). Ces ressources sont amputées des consommations intermédiaires. Reste donc la valeur ajoutée. Dans le compte d'exploitation, cette valeur ajoutée est utilisée en rémunérations des fonctionnaires. Reste donc l'EBE. Cet EBE devient la ressource du compte d'affectation des revenus primaires, à laquelle s'ajoutent la taxe sur la valeur ajoutée, les impôts sur la production et diverses autres ressources. Ces ressources servent à payer quelques intérêts, mais le principal reste sous forme de solde des revenus primaires. Le solde des revenus primaires, dans le compte de distribution secondaire des revenus, s'ajoute aux impôts sur le revenu et aux cotisations sociales pour donner les ressources. Celles-ci sont utilisées en prestations sociales. Il reste le RDB. Dans le compte d'utilisation du revenu, ce RDB devient la ressource qui est employée en dépense de consommation finale. Pour les APU, cette dépense est celle qui est nécessaire à la production non marchande qu'elles réalisent et en constitue justement la mesure (*cf.* ci-dessus). L'épargne restante devient la ressource du compte de capital. Elle est employée en formation brute de capital et le solde est une capacité ou un besoin de financement. La description du dernier compte, le compte financier, est identique à celui des SNF.

Tableau 3 – Les ménages en 2019 *(en milliards d'euros)*

Emplois	Ressources
Compte de production	
Consommation intermédiaire 80,7	Production marchande 241,3
VAB 369,0	Prod. pour emploi final propre 208,4
Compte d'exploitation	
Rémunération des salariés 42,5	**VAB 369,0**
Autres impôts sur la production 22,3	
Autres subventions à la production – 7,9	
EBE 312,1	
Compte d'affectation des revenus primaires	
Revenus de la propriété 16,4	**EBE 312,1**
	Rémunération des salariés 1 264,3
	Revenus de la propriété 105,8
Solde des revenus primaires 1 665,9	
Compte de distribution secondaire du revenu	
Impôts sur le revenu et le patrimoine 249,2	**Solde des revenus primaires 1 665,9**
Cotisations sociales nettes 465,2	Prestations sociales 520,3
Autres transferts courants 72,0	Autres transferts courants 73,9
RDB 1 473,7	
Compte d'utilisation du revenu disponible	
Dépense de conso individuelle 1 253,2	**RDB 1 473,7**
EB 220,5	

Compte de redistribution du revenu en nature	
	RDB 1 473,7
Revenu disponible ajusté brut 1 888,7	Transferts sociaux en nature 415,0

Compte d'utilisation du revenu disponible ajusté	
Conso finale effective 1668,3	**Revenu disponible ajusté brut 1888,7**
EB 220,5	

Variations des actifs	Variations des passifs
Compte de capital	
FBCF 140,1	**EB 220,5**
Variation des stocks 1,8	Transferts en capital (+) 4,3
Acquis. nettes d'actifs non produits – 2,3	Transferts en capital (–) – 17,8
Besoin (–) de financement 67,4	

Source : INSEE, *Les comptes de la Nation en 2019.* https://www.insee.fr/fr/statistiques/4494184?sommaire=4494218

C. Le tableau entrées-sorties (TES) et son intérêt pour l'analyse de la conjoncture.

Le « père » du tableau entrées-sorties est probablement l'économiste américain d'origine russe Wassily Leontief, dans les années 1930, dont l'objectif était d'élaborer un outil pour analyser l'évolution de l'économie américaine. Ce tableau analyse chacun des produits de la nomenclature selon l'origine (production nationale ou importations) et sa destination (consommation finale, exportations, investissements). Pour chaque produit, le TES établit l'équilibre comptable ressources-emplois. Ce tableau est en réalité un regroupement de cinq tableaux différents :

Figure 2 – Organisation du TES

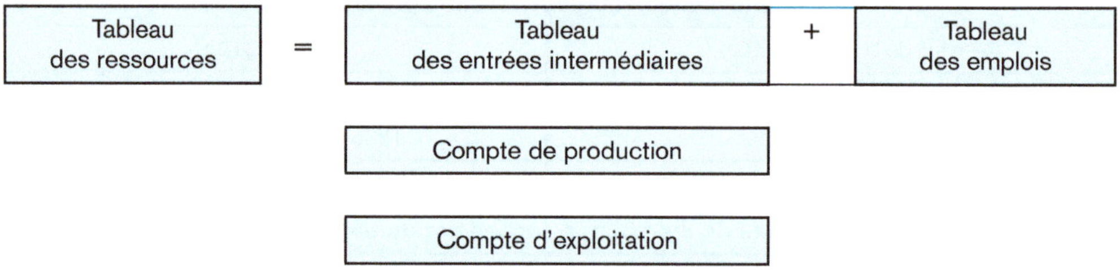

Source : INSEE.
Le TES est consultable sur le site de l'INSEE : https://www.insee.fr/fr/statistiques/4494213

Le tableau des ressources en produits (à gauche dans l'organisation ci-dessus) présente l'offre de produits, qui se compose des productions en valeurs et des importations. Le tableau des emplois finals (à droite dans l'organisation ci-dessus) décrit l'utilisation finale par produits, c'est-à-dire sous forme de consommation finale (CF), d'investissement (FBCF), de variation de stocks (VS) et d'exportations (X). Le tableau des entrées intermédiaires (au centre dans l'organisation ci-dessus) est composé de lignes (les produits) et de colonnes (les branches). Ainsi, il précise l'origine sectorielle des consommations intermédiaires utilisées pour produire chaque produit. Par exemple, la colonne pour la « fabrication de denrées alimentaires, de boissons et de produits à base de tabac » met en évidence l'importance de « agriculture, sylviculture et pêche », qui fournit une quantité importante des consommations intermédiaires : pour une production de 100 euros, la branche a consommé en moyenne 73,1 euros de consommations intermédiaires dont 24 euros en produits de « agriculture, sylviculture et pêche » en 2018. C'est le coefficient technique, c'est-à-dire le rapport entre la consommation intermédiaire d'un produit par une branche et la production totale de la branche. L'ensemble des coefficients techniques constitue la « matrice structurelle » de l'économie (*cf.* exemple ci-dessous) : ils évoluent avec les techniques utilisées, mais aussi avec les prix relatifs et les rendements d'échelle.

Le compte de production par branches comme le compte d'exploitation par branches (au-dessous des trois tableaux précédents) présentent, pour chaque branche, pour le premier le compte de production (qui permet de faire apparaître la production, les consommations intermédiaires et donc la valeur ajoutée de chaque branche), et pour le second l'utilisation de la valeur ajoutée pour chaque branche (qui donne la répartition de la valeur ajoutée entre ses différents usages : salaires, EBE et impôts sur la production).

Les TES, et plus particulièrement le tableau des entrées intermédiaires (TEI), sont des outils de prévision économique. Il est en effet alors possible de prévoir les effets économiques de chocs, comme la hausse du prix des matières premières (*i.e.* le pétrole), mais aussi les effets de politiques menées par un gouvernement.

Dans le cadre d'une économie fermée avec deux secteurs, le premier produisant des biens de production, le second des biens de consommation, on peut construire un TES simplifié, qui ne regroupe que les trois premiers tableaux où les ressources se limitent à la production sans les importations, et simuler l'impact d'un choc sur l'économie.

Tableau 4 – Un TES simplifié (a)

	Production	Biens de production	Biens de consommation	Demande finale
Biens de production	200	**40**	**40**	120
Biens de consommation	320	**20**	**80**	220

On trouve le tableau des entrées intermédiaires de notre économie (en gras), c'est aussi la matrice structurelle des coefficients techniques à la division par la production près ainsi que la production de chaque secteur, et enfin la demande finale qui vient compléter les consommations intermédiaires du tableau des entrées intermédiaires.

Soit : Q = vecteur des productions ; E = vecteurs des emplois finals ; M = matrice structurelle. Alors, MQ + E = Q. Pour les biens de consommation par exemple, (20 + 80) + 220 = 320. Si la demande finale de biens de consommation augmente de 40 (ΔE) à la suite d'une politique de hausse des dépenses publiques par exemple, c'est-à-dire qu'elle passe de 220 à 260, alors l'impact de ce choc positif de demande sur la production (Q) peut alors être évalué.

$$[I\text{-}M].Q = E \text{ et donc } [\Delta Q] = [I\text{-}M]^{-1}. \Delta E$$

La matrice des coefficients techniques [M] et la matrice [I-M] sont :

40/200 = 0,2	40/320 = 0,125
20/200 = 0,1	80/320 = 0,25

1 – 0,2 = 0,8	0 – 0,125 = – 0,125
0 – 0,1 = – 0,1	1 – 0,25 = 0,75

La matrice inverse $[I\text{-}M]^{-1}$ vaut alors :

60/47 = 1,277	10/47 = 0,213
8/47 = 0,170	64/47 = 1,362

Et comme [ΔE] = [0 ; 40], alors [ΔQ] = [8,52 ; 54,47]

On sait désormais qu'une hausse de 40 de la demande de biens de consommation, dans une économie dont on a décrit la structure de la production à l'aide de la matrice des coefficients techniques, aboutit à une augmentation de la production des biens de consommation de 54,47 et des biens de production de 8,52, soit le nouveau TES ci-dessous :

Tableau 5 – Un TES simplifié (b)

	Production	Biens de production	Biens de consommation	Demande finale
Biens de production	208,52	**41,71**	**46,81**	120
Biens de consommation	374,47	**20,85**	**93,62**	260

C'est bien l'interdépendance des branches des biens de consommation et des biens de production qui conduit à une hausse des deux productions, et non de la seule production de biens de consommation en réponse à une hausse de la demande de ceux-ci de 40.

D. Le TEE, les principaux agrégats et la logique de circuit de la comptabilité nationale.

Le tableau économique d'ensemble se veut une synthèse, puisque y sont rassemblés tous les comptes de chaque secteur et du reste du monde. Il porte ce nom en référence à François Quesnay qui avait, en 1758, proposé un *Tableau économique* dont l'objectif était de synthétiser le fonctionnement de l'économie française de l'époque (*cf. infra* p. 74).

Les emplois des comptes courants, les variations des actifs des comptes d'accumulation, les actifs des comptes de patrimoine figurent dans la partie gauche du TEE, et, symétriquement, les ressources, les variations des passifs et les passifs sont inscrits à droite. Pour chacune des deux parties, emplois et ressources, des colonnes : une première « économie nationale » (qui est la somme des secteurs institutionnels sauf « le reste du monde »), une colonne pour chaque secteur institutionnel, une colonne « non ventilé » qui reprend les montants des opérations concernant l'économie nationale mais qui ne peuvent pas être attribués à un secteur en particulier (impôts et subventions sur les produits), une colonne « reste du monde », une colonne « biens et services » (d'ajustement entre ressources et emplois).

Pour mesurer les performances d'une économie, on utilise les agrégats, qui sont des grandeurs synthétiques. Le plus important, déjà abordé, est le PIB. Il s'obtient à partir de la production, de la demande, mais aussi à partir de l'ensemble des revenus. Ces trois approches se complètent, et il est logique que ces trois calculs aboutissent toujours au même PIB (ci-dessous de 2 425,7 milliards d'euros en 2019) : ce qui est produit est forcément demandé par les acteurs économiques résidents (consommation et FBCF, auxquelles on retranche les importations), mais aussi par le reste du monde (les exportations). Enfin, cette production et cette demande finissent nécessairement par donner lieu à une distribution de revenus. Ainsi la valeur ajoutée fait-elle l'objet d'un partage entre tous les acteurs qui participent à la production : les revenus du travail (ceux des salariés), les revenus du capital (ceux des propriétaires), mais aussi les revenus qui reviennent légitimement aux pouvoirs publics (impôts sur la production) puisque ceux-ci participent, indirectement, à la création de richesses.

Tableau 6 – Les trois approches du PIB
(en milliards d'euros)

Produit intérieur brut (approche production)	**2 425,7**
Valeur ajoutée brute au prix de base	2 157,1
+ Impôts sur les produits	291,9
– Subventions sur les produits	– 23,3
Produit intérieur brut (approche demande)	2 425,7
Dépense de consommation finale	1 863,5
+ Formation brute de capital	586,0
+ Exportations de biens et de services	770,7
– Importations de biens et de services	794,4
Produit intérieur brut (approche revenus)	**2 425,7**
Rémunération des salariés	1 242,9
+ Excédent brut d'exploitation et revenu mixte brut	846,5
+ Impôts sur la production et les importations	412,0
– Subventions	– 75,8

Source : INSEE, *Les comptes de la Nation 2019*, 2020.

Une partie de l'activité enregistrée dans un pays (PIB) sert à rémunérer des capitaux étrangers, ainsi que le travail transfrontalier effectué par les non-résidents. À l'inverse, une partie des ressources des résidents provient des revenus de placements à l'étranger, ainsi que de salaires perçus suite à des activités réalisées à l'étranger. En 2009, la commission Stiglitz-Sen-Fitoussi a recommandé en conséquence de mettre l'accent sur le revenu national brut (RNB) plutôt que sur le produit intérieur. Cette démarche peut s'étendre jusqu'au revenu national disponible brut (RNDB), qui prend également en compte d'autres flux de revenus avec l'extérieur (contributions à l'Union européenne, prestations sociales, etc.).

À partir du PIB, on peut donc calculer le revenu national brut (RNB) : il suffit d'ajouter au PIB les revenus et subventions reçus du reste du monde et de retrancher les revenus et subventions versés par le reste du monde. Le revenu national disponible brut (RNDB) est quant à lui la somme des revenus disponibles de toutes les unités résidentes. À partir du RNB, on lui ajoute les transferts courants reçus du reste du monde et on lui retire les mêmes transferts versés au reste du monde. En règle générale, et c'est le cas de la France, le PIB, le RNB et le RNDB sont peu différents, car les relations entre la France et le reste du monde sont à peu près équilibrées.

Tableau 7 – Du produit intérieur brut au revenu national disponible brut
(en milliards d'euros)

Produit intérieur brut (2019)	**2 425,7**
Rémunération des salariés versée par le reste du monde	22,9
– Rémunération des salariés reçue par le reste du monde	1,6
Revenus de la propriété versés par le reste du monde	155,8
– Revenus de la propriété reçus par le reste du monde	130,1
Subventions versées par le reste du monde	7,9
– Subventions reçues par le reste du monde	0,0
– Impôts sur la production et les import. reçus par le reste du monde	4,7
Revenu national brut (2019)	**2 476,0**
Impôts courants sur le revenu et le patrimoine versés par le reste du monde	5,3
Cotisations et prestations sociales versées par le reste du monde	5,4
– Cotisations et prestations sociales reçues par le reste du monde	15,2
Autres transferts courants versés par le reste du monde	16,1
– Autres transferts courants reçus par le reste du monde	58,0
Revenu national disponible brut (2019)	**2 429,6**

Source : INSEE, *Les comptes de la Nation 2019*, 2020.

Ainsi, la comptabilité nationale offre-t-elle une représentation du fonctionnement de l'économie utilisant la métaphore organiciste d'un corps, à l'instar du *Tableau économique* du physiocrate François Quesnay (*cf. infra*, p. 74). Chaque acteur individuel est pensé comme un organe ayant une fonction et les acteurs individuels sont regroupés à partir de leurs fonctions communes. Avec cette perspective holiste, on entre dans la macroéconomie : pour comprendre le fonctionnement de l'économie, on s'intéresse aux relations de causalité entre des grandeurs économiques (des agrégats comme l'investissement ou le PIB par exemple) dégagées par les interactions entre acteurs collectifs (les ménages, les entreprises ou les administrations publiques). On peut représenter les interactions entre ces acteurs dans un circuit qui permet de mettre en évidence les conditions de la reproduction des richesses dans une économie. Dans une économie de production, les entreprises et les institutions financières sont au cœur de l'économie : en effet, c'est le financement d'une décision de production qui initie le circuit économique, occasionnant la distribution des revenus. Toute une tradition économique a adopté cette logique du circuit, depuis notamment un précurseur français, Pierre Le Pesant de Boiguilbert (XVIIe et XVIIIe siècles), jusqu'au courant physiocrate (dans le dernier tiers du XVIIIe siècle) ou encore John Maynard Keynes au XXe siècle (*cf. infra*, p. 67 et suiv.). Elle s'oppose au courant qui a préféré la logique du marché où le comportement économique de chaque acteur est rationnel, c'est-à-dire où l'individu raisonne en effectuant un calcul coûts-avantages pour maximiser son bien-être (*homo œconomicus*). Se présentant sur le marché de deux seules manières possibles, comme offreur ou comme demandeur, chaque acteur de l'économie est régulé sur ce marché par l'équilibre qui s'établit entre l'offre et la demande : les intérêts de chaque acteur sont rendus compatibles par une autorégulation naturelle, dont Adam Smith rend compte par la métaphore de la « main invisible ». Dans cette perspective, la poursuite par chacun de son intérêt égoïste conduirait à l'intérêt général. En conséquence, dans la logique du marché, ce n'est pas la production qui est centrale dans l'économie, mais l'échange marchand. Ce ne sont plus les conditions de reproduction et de croissance de l'économie qui importent, mais celles de son équilibre général.

La science économique telle qu'elle s'est imposée depuis les néoclassiques a vu la logique microéconomique du marché prendre l'avantage sur la logique macroéconomique du circuit dans la manière de construire une représentation des interdépendances entre les acteurs (*cf. infra*, partie 3 de ce chapitre). Pourtant, au quotidien, les indicateurs que les économistes utilisent le plus souvent demeurent ceux de la comptabilité nationale. Et celle-ci repose largement sur la logique du circuit.

2

Le financement de l'économie

La monnaie est l'ensemble des liquidités permettant les transactions marchandes, sur biens et services comme sur actifs. Le financement est le problème posé par l'absence de parfaite adéquation entre les dépenses et les revenus des différents acteurs, les laissant face à un besoin ou une capacité de financement. Bien sûr, ces deux questions sont liées, ne serait-ce que du fait que les banques créent de la monnaie en accordant des crédits qui constituent un moyen de financement.

1 Formes et fonctions de la monnaie

À quoi sert et à quoi ressemble la monnaie ? Au fil de l'histoire, des instruments différents ont pu servir de monnaie et dans les économies, mêmes développées, la confiance dans les billets de banque et la monnaie scripturale a été longue à construire.

A. L'approche fonctionnaliste de la monnaie

Pour de nombreux économistes, la question pertinente que l'on doit se poser s'agissant de la monnaie n'est pas celle de sa nature, mais de sa fonction. Autrement dit, ce qui sert de monnaie, c'est de la monnaie.

Trois fonctions pour la monnaie

Depuis Aristote, trois fonctions habituelles de la monnaie sont avancées :

(a) *l'unité de compte :* la monnaie facilite l'évaluation relative des biens et des services, et simplifie par là les échanges par rapport au troc. Dans une économie à n biens en effet, seuls (n–1) prix exprimés dans le prix du numéraire sont nécessaires au lieu de n (n–1) 2 prix dans le cas du troc : dans une économie à 10 biens, on diminue donc le nombre de prix de 45 à 9, mais dans une économie à 100 biens, de 4 950 à… 99 ! Plus le nombre de biens échangés est élevé, plus l'avantage à l'utilisation d'un numéraire est évident ;

(b) *l'intermédiaire des échanges, ou équivalent général :* la monnaie permet de dissocier les échanges dans le temps et dans l'espace par rapport au troc, là où le troc nécessite la « double coïncidence des désirs », c'est-à-dire que les individus possèdent chacun le bien désiré par l'autre et qu'ils sont d'accord sur le rapport d'échange des deux biens ;

(c) *une réserve de valeur :* la fonction précédente impose que la monnaie conserve sa valeur au cours du temps. En conséquence, est-ce une qualité ou une fonction de la monnaie ? Les économistes sont partagés. Clairement, on échange un bien contre de la monnaie parce que le pouvoir d'achat de celle-ci se maintient dans le temps et permet d'acheter demain un autre bien : lorsque la monnaie perd de sa valeur dans le temps, il y a un risque de fuite devant la monnaie.

Défendant cette approche fonctionnaliste de la monnaie, les économistes néoclassiques font de celle-ci un objet économique régi comme les autres par la loi de l'offre et de la demande, à ceci près qu'elle n'est pas demandée pour elle-même (donc pour être consommée), mais pour le service qu'elle rend, celui d'intermédiaire des échanges. Fondamentalement en conséquence, comme l'écrit John Stuart Mill en 1848 dans ses *Principes d'économie politique*, « il n'est pas dans l'économie d'une société quelque chose de plus insignifiant que la monnaie ». Pourtant, dans la lignée de J. M. Keynes, nombreux sont les économistes à contester cette position : s'appuyant au contraire sur la fonction de réserve de valeur de la monnaie, ils en font un lien entre présent et futur au cœur d'une économie monétaire de production marquée par l'incertitude.

Un long processus de dématérialisation de la monnaie…

Entre 1950 et 2018, la part des pièces et des billets est passée de 51 % à 14 % de la monnaie pendant que celle des dépôts à vue progressait symétriquement de 49 % à 86 %. La monnaie que nous utilisons aujourd'hui est donc principalement scripturale, c'est-à-dire *via* des jeux d'écriture sur les comptes courants que nous détenons dans les banques. Des moyens de paiement (chèques et cartes bancaires principalement) font circuler cette monnaie scripturale. Certes, subsistent les pièces et les billets en euros émis par la Banque centrale européenne (BCE), mais ils n'ont qu'une valeur faciale : ils constituent une monnaie fiduciaire, c'est-à-dire qui repose sur la confiance en sa valeur. La monnaie est donc largement dématérialisée.

La monnaie n'étant qu'un intermédiaire des échanges dans la conception fonctionnaliste de la monnaie, il est logique que des formes de plus en plus dématérialisées se substituent aux précédentes, moins dématérialisées, et donc moins faciles d'usage. Ainsi, la monnaie fut un temps une monnaie marchandise (les coquillages ou le sel, par exemple), mais elle a bientôt été remplacée par une monnaie métallique dès lors que les métaux précieux devenaient monnaies par le privilège de la frappe des souverains. La banque est alors gardienne des espèces métalliques. Les banques veillent sur les lingots et pièces d'or, et en échange remettent aux déposants des certificats d'or, représentatifs de la monnaie métallique. Ces récépissés ont autant de valeur que l'or mais sont plus maniables : ils remplacent progressivement l'or dans la circulation monétaire.

Les banques se rendent rapidement compte que les demandes de conversion en or des certificats de dépôt sont faibles et que des nouveaux dépôts d'or viennent largement compenser les retraits. Les banques prêtent alors une partie de l'or déposé contre une commission en exigeant une garantie, puis, à mesure que la circulation des certificats d'or augmente, vont pouvoir prêter directement des certificats d'or qu'elles créent sans autre contrepartie que la promesse du remboursement. Ces certificats prennent bientôt le nom de billets de banque dont l'invention est attribuée au banquier suédois Johan Palmstruch vers 1650. Évidemment, rien ne permet de distinguer les billets de banque émis contre un dépôt d'or préalable et ceux émis contre la promesse d'un remboursement : tous sont convertibles en or, ce qui fonde la confiance. Tant que la confiance est là, les billets circulent, c'est-à-dire qu'ils constituent une monnaie fiduciaire. Mais des crises de confiance interviennent régulièrement car la création monétaire des banques comporte un risque d'illiquidité. La définition de règle de couverture, voire la déclaration par l'État du cours légal et forcé des billets de banque, viennent limiter ces crises de confiance.

La circulation des billets dans l'économie se généralise. L'utilisation de l'or ne concerne bientôt plus que les règlements interbancaires. Mais les coûts et les risques associés aux déplacements d'or incitent les banques à trouver un autre moyen d'effectuer ces règlements interbancaires. Par exemple, utiliser les billets émis par une banque jouissant d'une réputation et d'une confiance sans faille : c'est ainsi que les billets de cette banque sont bientôt détenus au même titre que l'or par les autres banques pour effectuer la compensation interbancaire. Le système bancaire se hiérarchise en une banque centrale et des banques de second rang. Ainsi, à la convertibilité-or se substitue progressivement la convertibilité en billets de la banque centrale, « aussi bons que l'or ». Les billets des banques de second rang deviennent inconvertibles en or car convertibles en monnaie centrale.

En Europe, la banque centrale d'un pays est une banque comme les autres qui est simplement sortie du lot : elle entretient des relations privilégiées avec l'État, qu'elle soit nationale ou qu'elle reste privée. Elle peut soutenir l'État et recevoir en échange le monopole d'émission qui, de fait, devient de droit. C'est le cas de la Banque de France : créée en 1800 par Napoléon, elle détient le monopole d'émission du franc, d'abord pour Paris en 1803 puis pour l'ensemble du territoire en 1848. Elle le conserve de 1848 à la naissance de l'euro. Au moment des guerres, l'État est souvent amené à déclarer le cours forcé – c'est-à-dire l'abandon de la convertibilité-or – et légal de tous les billets de banque : c'est le cas en France sous John Law en 1719, mais aussi entre 1848 et 1850, 1870 et 1878, 1914 et 1928, et définitivement depuis 1936. Dans ces cas, les billets de banque centrale sont une pure monnaie fiduciaire inconvertible.

Dépourvues de la possibilité de créer des billets de banque à partir de la seconde moitié du XIXe siècle, les banques de second rang développent de plus en plus une monnaie scripturale : le chèque, légalisé en France en 1865, permet de faire circuler cette monnaie qui consiste en un jeu d'écritures comptables. Cependant, la diffusion des comptes de dépôts parmi les agents non financiers va prendre du temps : en France, jusque dans les années 1960, la majorité des salariés sont payés en monnaie fiduciaire et à la semaine, de sorte que 17 % des français ont un compte chèque en 1966. Les ménages français font certes confiance aux banques depuis longtemps pour leur épargne – comme en témoigne la diffusion plus forte et ancienne des livrets d'épargne (créés en 1818) – mais, pour leurs paiements, leur utilisation de la monnaie scripturale est plus récente. Avec l'avènement de la société de consommation dans les années 1960, le recours au crédit se banalise : les banques créent la monnaie scripturale en contrepartie d'une créance, c'est-à-dire de la reconnaissance de dette d'un agent économique, et la détruisent au fur et à mesure des remboursements du crédit par l'agent. Globalement, les crédits font les dépôts. Et la monnaie scripturale est une « *fiat money* » : elle n'a aucune contrepartie directe en or ou en argent, sa valeur dépend de la capacité des banques à l'émettre avec suffisamment de prudence (une émission excessive en contrepartie de crédits non remboursés crée une inflation qui lui fait perdre sa valeur).

La masse monétaire est aujourd'hui composée pour l'essentiel de la monnaie scripturale émise par les banques de second rang en contrepartie de crédits, et de la monnaie centrale, fiduciaire, créée par la banque centrale.

... qui se poursuit et se complexifie depuis dix ans

La révolution informatique a entretenu ce processus de dématérialisation de la monnaie dans les années 1980 et 1990. La banque centrale crédite sous forme d'écritures électroniques les comptes des banques commerciales dans le cadre d'un système de paiement de gros montant et les particuliers effectuent également de plus en plus leurs paiements électroniquement par virements et au moyen de la carte bancaire. En 2020, les confinements à répétition à l'occasion de la pandémie de la COVID-19 ont donné un coup d'accélérateur à l'usage de ces paiements électroniques à la faveur de la hausse du plafond du paiement sans contact et du recours au e-commerce. Alors que la part des paiements en liquide a de ce fait encore diminué, la demande de billets a pourtant fortement augmenté en 2020 dans la zone euro, nous révèle la BCE dans son *Bulletin économique* de février 2021. C'est le « paradoxe des billets de banque » : la demande de billets a augmenté de 11 % en 2020 – contre 5 % en moyenne annuelle au cours des dix dernières années, et, rapporté au PIB nominal, les billets de banque représentent en valeur 10,83 % du PIB de la zone euro, soit le double fin 2020 de ce qu'ils représentaient en 2002. Si la demande étrangère de billets de banque en euros a notamment pu alimenter cette hausse depuis vingt ans (au point que 30 à 50 % des billets de banque sont détenus hors de la zone euro selon la BCE) – traduisant la confiance dans l'euro comme réserve de valeur plutôt que dans la monnaie nationale dans nombre de pays en développement –, la forte hausse en 2020 est avant tout le fait selon la BCE d'une demande de précaution dans la zone euro : elle est « due à la hausse de l'incertitude et à une mobilité réduite » générées par la crise de la COVID-19 et les confinements à répétition. Le liquide – la monnaie sonnante et trébuchante (ce dernier terme faisant référence au trébuchet, petite balance que l'on utilisait pour vérifier le poids en métal précieux des pièces) – est une valeur refuge en temps de crise. En 2020, seuls 20 à 22 % des billets serviraient aux transactions quand 28 à 50 % des billets seraient stockés par les ménages et les entreprises, sans qu'il soit possible de connaître directement – faute de pouvoir par définition observer les comportements des acteurs – leur utilisation précise (moyen de paiement ou réserve de valeur), présente et à venir.

Au tournant du XXIe siècle, les systèmes de paiement électroniques se diversifient. Aux systèmes fermés de paiement électroniques administrés par les banques, sont venus s'ajouter des réseaux ouverts avec l'essor de différentes formes de monnaies digitales. Si bien que, selon M. Aglietta et N. Valla dans *Le Futur de la monnaie* (2021), pas moins de cinq formes de monnaie coexistent désormais :

– « *La monnaie de banque centrale* comprend le cash pour les paiements au détail et les réserves bancaires pour régler les paiements en gros. Elle est libellée en unité de compte officielle et émise par la banque centrale. Une forme digitale est possible ; ce serait la monnaie digitale de banque centrale. Il s'agit d'une monnaie fiduciaire.
– *La monnaie émise par les banques commerciales* (b-monnaie), exprimée en unités de compte officielles, est une créance sur la monnaie fiduciaire. Les formes usuelles de transfert des fonds utilisent des techniques de paiement centralisé (cartes de crédit, chèques, girotransferts). Des techniques fondées sur la blockchain dite « permissionnée » sont utilisées par les banques d'affaires pour transférer des fonds entre des clients institutionnels.
– *La monnaie électronique offerte par des fournisseurs de services non bancaires* (e-monnaie) est une créance sur la monnaie fiduciaire exprimée en unité de compte officielle et donc utilisable pour les paiements en monnaie fiduciaire. Les émetteurs ne sont pas des banques, les paiements utilisent des applications sur internet (Alipay et WeChat Pay en Chine) ou des téléphones mobiles (M-Pesa au Kenya). Les règlements demeurent centralisés et garantis par les banques centrales.
– *La monnaie émise dans sa propre unité de compte dont la technologie de paiement est la blockchain* (i-monnaie). Ce sont des créances sur des actifs qui sont utilisés par des fonds spéculatifs (*money market funds, exchange-traded funds, hedge funds*). Ces droits de propriété peuvent aussi être représentés par des jetons (*token*) créés sur des registres (*ledgers*) digitaux.
– *Les cryptodevises* exprimées dans leurs propres unités de compte, créées par des non-banques et émises sur des *blockchains* entièrement ouvertes (non permissionnées). Le bitcoin ou l'ethereum sont des jetons publics. »

Pour M. Aglietta et N. Valla, ces « cryptoactifs ne doivent pas être considérés comme des monnaies virtuelles ou numériques, bien que ces termes soient souvent utilisés (de manière erronée) pour identifier des cryptoactifs utilisés et acceptés par certains comme substituts de l'argent dans des circonstances particulières. L'absence d'institutions spécifiques (telle qu'une banque centrale ou une autorité monétaire), protégeant la valeur des cryptoactifs, empêche leur utilisation en tant que monnaie, car leur volatilité empêche leur utilisation en tant que réserve de valeur, décourage leur utilisation comme moyen de paiement et rend difficile leur utilisation en tant qu'unité de compte ».

En revanche, le développement de la e-monnaie pour les paiements au détail, notamment en Chine, permet à des millions de personnes non bancarisées d'entrer dans le système de paiement. Les paiements sans coûts (contrairement aux paiements par carte de crédit et virements bancaires) et les effets de réseau expliquent le succès rapide de la e-monnaie en Chine. C'est également, dans le cas chinois, le contrôle de la chambre de compensation pour les règlements finaux par la banque centrale qui contribue de manière décisive à la confiance dans cette e-monnaie.

B. La monnaie comme institution politique et sociale

La clé de voûte de l'émission monétaire – hier le souverain, aujourd'hui la banque centrale – est la garantie politique et juridique. Pour l'économiste allemand G. F. Knapp (*Théorie étatique de la monnaie*, 1905), la monnaie est donc « une création de la loi ». Plus exactement, il y a monnaie lorsque les trois conditions suivantes sont remplies : la monnaie apparaît lorsque l'État sélectionne une certaine unité de valeur et proclame sa validité ; l'État accepte de manière inconditionnelle cette monnaie ; cette monnaie est séparée de toute valeur intrinsèque. Cette définition institutionnaliste de la monnaie a l'avantage d'introduire un acteur majeur, l'État, mais le double inconvénient de ne reconnaître que la seule monnaie exogène créée *ex nihilo* par l'État ou la banque centrale, et de postuler que l'État l'impose aux acteurs.

Or, plus que l'État, c'est la société tout entière qui fonde une communauté de paiement, c'est-à-dire qui définit l'espace au sein duquel la monnaie est acceptée. Pour les anthropologues et les historiens, la fonction de la monnaie est même immédiatement sociale avant d'être marchande. Le troc de marchandises contre d'autres marchandises s'efface largement devant des échanges cérémoniels dont la logique est souvent ostentatoire : pour affirmer sa supériorité, on se doit de donner davantage que l'on reçoit. Les monnaies des sociétés dites primitives, les paléomonnaies, avaient ainsi avant tout une fonction sociale et politique (B. Courbis, É. Froment, J.-M. Servet, « Enrichir l'économie politique de la monnaie par l'histoire », *Revue économique*, n° 2, 1991). Contrairement à l'approche fonctionnaliste, la monnaie ne s'autonomise pas des autres biens pour en faciliter les échanges. L'origine marchande de la monnaie paraît ainsi très improbable.

Dans la lignée des travaux du philosophe René Girard, M. Aglietta et A. Orléan (*La Violence de la monnaie*, 1982) voient dans la monnaie un moyen de sublimer la violence et de stabiliser le lien économique et social. En effet, R. Girard (*La Violence et le Sacré*, 1972) affirme que les sociétés se formant et se pacifiant par un processus de dérivation de la violence sur un bouc émissaire, la monnaie est absolument nécessaire à la constitution de la société. Au lieu de tuer un rival, on lui prend son argent – sans forcément le tuer, car la monnaie est le pouvoir substantialisé. La monnaie est ainsi un moyen de substituer l'échange marchand au rapt : elle permet de se procurer légalement ce que l'on souhaite acquérir. Par là, la monnaie exorcise la violence des relations interindividuelles – « la violence à travers la monnaie s'inverse et se concentre en un principe de souveraineté » (M. Aglietta et A. Orléan, 1982) – et permet la société. Cependant, la monnaie est ambivalente : elle est au fondement du contrat social, car elle signifie l'appartenance à une même communauté, mais c'est aussi sur elle que se fixent les convoitises et les violences. Comme équivalent général, la monnaie est ainsi recherchée par les acteurs, même si elle ne permet pas de tout se procurer. Dans toutes les sociétés, un certain nombre d'échanges marchands sont interdits (les échanges de sang et d'organes en France restent des dons, par exemple).

A. Orléan (*L'Empire de la valeur*, 2011) trouve que la monnaie est le principe de la valeur économique : un pouvoir d'achat universel organisant la circulation des marchandises. Dans cet ouvrage, A. Orléan propose un modèle de genèse conceptuelle de la monnaie. Son point de départ est un individu marchand séparé de tous et recherchant par quoi il pourrait inciter autrui à volontairement lui céder les biens dont lui-même a un besoin impératif pour survivre et vivre. Il s'ensuit la quête par chacun d'un objet susceptible d'être désiré par le plus grand nombre. Cet objet convoité par tous, c'est ce qu'on nomme monnaie, et elle permet la formation de l'ordre marchand.

À l'instar de K. Marx, caractérisant l'avènement du capitalisme par la séparation du travailleur de ses moyens de production, et d'É. Durkheim, mettant en avant l'approfondissement de la division du travail, le philosophe et sociologue G. Simmel (*La Philosophie de l'argent*, 1900) souligne que le processus de différenciation croissante de la société favorise le développement de l'échange marchand, un échange ternaire et non binaire comme l'est le troc puisqu'il introduit un intermédiaire : le marchand et l'argent. La coordination des activités marchandes nécessite la monnaie, c'est la monnaie qui rend le marché possible et non l'inverse. Pour être clair : il n'existe pas d'économie peuplée de sauvages qui, constatant les limites du troc, aurait alors inventé la monnaie. Cette « fable du troc » (J. M. Servet, « La fable du troc », 1994) n'est bien qu'une fable, qui anticipe et légitime une « société de commerçants » (A. Smith, *Recherches sur la nature et les causes de la richesse des nations*, 1776).

Dans la société peu différenciée des Baruya qu'étudie M. Godelier, le sel est une « monnaie-marchandise » qu'ils troquent avec les tribus voisines contre des outils, des armes, des plumes, et d'autres biens qu'ils ne produisent pas. Mais le sel ne sert jamais de monnaie entre les Baruya et circule entre eux sous forme de dons (*Au fondement des sociétés humaines*, 2007). L'économie des Baruya est fondamentalement non marchande et seulement marchande à la marge : elle est dépourvue de monnaie… sauf à ses marges. Dans nos sociétés occidentales modernes, les échanges marchands se sont généralisés entre des individus à la faveur du développement de l'usage de la monnaie qui permet la coordination marchande d'individus spécialisés.

Le développement de l'usage de l'argent est le signe tout à la fois d'une autonomisation croissante de l'individu et de son intégration à une communauté. La monnaie détache l'individu de l'objet, mais oblige la communauté dans son ensemble : c'est à la condition que la monnaie dépossède d'autres de leurs biens qu'on accepte la monnaie en échange du bien en notre possession. L'usage de l'argent est le signe de la confiance dans son pouvoir d'achat, donc le signe d'une intégration sociale plus encore que le signe de la capacité de l'État à monnayer : « Ce qui libère le particulier peut signifier obligation pour la communauté dans son ensemble. » Avec l'argent, on participe à une communauté, mais en tant qu'individu autonome. L'espace au sein duquel la monnaie est acceptée définit une communauté de paiement. La division du travail peut donc être particulièrement approfondie (É. Durkheim), le travail social particulièrement divisé (K. Marx), ces travaux sont rendus comparables et unifiés par la monnaie en ce qu'elle est une « assignation sur la société » (G. Simmel).

La confiance qui fonde la monnaie ne découle pas d'une foi transcendantale mais se construit sur l'expérience accumulée : « l'échange est bien plutôt une socialisation » selon G. Simmel. Cette socialisation crée des attentes réciproques dans la monnaie dont la stabilité va manifester la légitimité de l'ordre social. Inversement, en Allemagne, dans les années qui suivirent la défaite de 1918, les tensions très fortes entre les groupes sociaux et la fragilité de la République de Weimar produisent un désordre social dont l'hyperinflation n'est que la traduction monétaire, une « violence de la monnaie » (M. Aglietta et A. Orléan).

In fine, « la monnaie est un lien social à double face : celle de la nécessité et de l'obligation d'un côté, celle de l'ouverture à l'échange et de la confiance de l'autre » (M. Aglietta et A. Orléan, *La Monnaie souveraine*, 1998). Dans nos économies où les métaux précieux sont démonétisés, la valeur de la monnaie n'est en effet rien d'autre que ce que les membres de la société lui reconnaissent : c'est une convention. Dans *La Monnaie : entre violence et confiance* (2002), M. Aglietta et A. Orléan distinguent par ordre croissant trois niveaux de la confiance : la « confiance méthodique », la « confiance hiérarchique », la « confiance éthique » :

- la confiance méthodique s'appuie sur l'utilisation au quotidien de la monnaie qui construit, de manière inconsciente, la confiance dans sa valeur. C'est la force de l'habitude ;
- la confiance hiérarchique résulte de la légitimité reconnue à une autorité supérieure déclarant la valeur de la monnaie (hier le roi qui apposait son sceau sur les pièces, aujourd'hui la banque centrale déclarant la valeur faciale de billets sans valeur intrinsèque) : « La confiance hiérarchique est supérieure à la confiance méthodique parce que l'autorité politique sur la monnaie a le pouvoir de changer les règles. Mais ce pouvoir n'est pas arbitraire. En effet, la souveraineté de chaque nation est limitée par celle des autres nations, l'espace des échanges privés déborde des frontières » (M. Aglietta et A. Orléan, 2002) ;
- enfin, la confiance éthique est fondée sur des valeurs partagées par les membres de la communauté de paiement, l'individualisme en l'occurrence, s'agissant de nos sociétés modernes. La monnaie, en ce qu'elle renforce l'autonomie et la liberté de choix des individus, est conforme à la valeur de l'individualisme. « Il s'ensuit que la confiance éthique borne l'exercice de l'autorité politique sur la monnaie [...] Pour être légitimes d'un point de vue éthique, les politiques de la monnaie devraient être conformes à un ordre monétaire. Cet ordre est censé subordonner l'exercice de la régulation monétaire des États au primat de la conservation de la valeur des contrats privés dans le temps » (*ibid.*).

2 La création monétaire

Comme souligné plus haut, l'émission monétaire est désormais totalement détachée de l'or. La monnaie est créée par les banques en contrepartie d'une créance sur un agent.

A. Création et destruction de monnaie

La banque émet une dette en contrepartie de la reconnaissance de dette de cet agent. Pourquoi une telle opération ? La monnaie créée par la banque a simplement un pouvoir libératoire que n'a pas la reconnaissance de dette de l'agent : la monnaie a le pouvoir d'éteindre la dette. C'est une dette qui efface les autres dettes : quel que soit l'échange, réel ou financier, accepter la monnaie de quelqu'un, c'est détenir la dette d'une banque à la place de la dette qu'il avait envers moi.

Prenons un exemple : le client 1 de la banque A, noté 1A, a besoin de 1 000 euros pour régler un achat. Il reconnaît une dette de 1 000 euros auprès de sa banque et s'engage à la rembourser dans un an : la banque lui fait crédit de 1 000 euros, c'est-à-dire qu'elle reconnaît une dette envers l'individu 1A. Pour 1A, l'intérêt est qu'il a désormais une reconnaissance de dette de la banque A de 1 000 euros en sa possession, or celle-ci est acceptée de tous… au lieu de la sienne, acceptée par personne. La banque A accepte évidemment cette opération car elle lui rapporte l'intérêt.

Faisons comme s'il n'y en avait pas. Alors ?

Le client 1A signe un chèque de 1 000 euros tiré sur la banque A et le remet à son fournisseur, qui l'accepte évidemment puisqu'il y a la signature de la banque. Lui-même, individu 2B, remet ce chèque à sa propre banque B, qui lui reconnaît alors une dette de 1 000 euros en créditant son compte de 1 000 euros. Les crédits font donc les dépôts.

La quantité de monnaie dans l'économie a ainsi été augmentée du montant du crédit accordé par la banque A à son client 1, du moins tant qu'il n'a pas remboursé son emprunt. Le remboursement occasionne la destruction de ce supplément de monnaie.

En conséquence, les chèques modifient à la fois la situation des individus, mais aussi celle des banques : toute avance qu'une banque accorde à ses clients est dépensée en totalité (comme ici) ou en partie auprès d'autres banques. La banque B détient une reconnaissance de dette de la banque A qu'elle a acceptée de porter puisqu'elle a reconnu elle-même en contrepartie une dette envers son client 2B. En général, la banque B accepte les chèques venant de A car la réciproque est vraie. Pourtant, comme ici, la compensation n'est pas forcément parfaite entre les banques : il se peut que les reconnaissances de dette détenues par une banque soient supérieures à celles détenues par celle-là sur celle-ci. Les banques ne peuvent régler, c'est-à-dire annuler leurs dettes, que s'il existe un moyen de paiement supérieur accepté par toutes les banques : c'est la monnaie banque centrale, la reconnaissance de dette émise par la banque centrale… que les banques de second rang n'ont pas le pouvoir de créer. Elles doivent donc se la procurer auprès de la banque centrale qui la leur fait payer. Or, plus une banque crée de la monnaie scripturale et plus elle est confrontée à des fuites (retraits de billets banque centrale à ses guichets de la part de ses clients, virements au profit de clients d'autres banques, etc.). Sauf à prendre un risque d'illiquidité (la banque manque de monnaie centrale), ces fuites l'obligent à emprunter la monnaie centrale, ce qui augmente le coût de production de son activité bancaire et diminue sa rentabilité.

Le pouvoir de création monétaire des banques n'est donc pas illimité. La quantité de monnaie qui existe dans l'économie est même un multiple de la quantité de monnaie banque centrale.

B. Multiplicateur, diviseur de crédit et agrégats monétaires

Il est possible d'aborder la création monétaire de deux manières qui s'appuient toutes deux sur l'existence des fuites évoquées ci-dessus : le multiplicateur et le diviseur de crédit. Il restera alors à mesurer la quantité de monnaie par des agrégats monétaires.

Multiplicateur et diviseur de crédit

Reprenons l'exemple précédent de la banque A accordant un crédit de 1 000 euros à son client 1. Si la banque A a obtenu 1 000 euros en monnaie centrale de la banque centrale et si le coefficient de réserves est de 10 %, alors les fuites en monnaie centrale associées à ce crédit de 1 000 euros ne sont que de 100 euros. La banque A peut donc encore prêter 900 euros de monnaie centrale, qui eux-mêmes n'occasionneront qu'une fuite de 90 euros. Un nouveau prêt de 810 euros est donc envisageable, etc. La création totale de monnaie est donc la somme des termes d'une suite de premier terme 1 000 et de raison 0,9, soit : $1\,000 \times (1 / [1 - 0{,}9]) = 10\,000$ euros ! Le multiplicateur de crédit est donc l'inverse du coefficient de réserve ($1/0{,}1 = 10$) : 1 000 euros de monnaie centrale permettent de créer 10 000 euros de monnaie au total. Dans la zone euro par exemple, la BCE impose aux établissements de crédit la constitution de telles réserves indépendamment du besoin qu'elles ressentiraient à en accumuler : depuis le 18 janvier 2012, le taux de réserves obligatoires est de 1 %.

Le diviseur de crédit est identique : pour 10 000 euros de monnaie créée, 1 000 euros de monnaie centrale devront être fournis par la banque centrale, soit 10 fois moins. Techniquement, le résultat obtenu est le même et dépend du coefficient de réserves nécessaires aux banques, mais son interprétation est opposée. Le multiplicateur de crédit donne à la banque centrale une capacité de contrôle du pouvoir de création monétaire des banques : la plus (ou moins) grande disponibilité de monnaie centrale encourage (ou décourage) les banques à créer de la monnaie. Le diviseur de crédit donne au contraire aux banques l'initiative de la création monétaire : elles créent la monnaie et se retournent vers la banque centrale qui ne peut que satisfaire leurs demandes en monnaie centrale, sauf à faire courir au système bancaire un risque d'illiquidité, donc de crise monétaire.

Les agrégats monétaires

La monnaie n'étant qu'une dette parmi les autres et un actif parmi les autres pour celui qui la possède, la mesure de la quantité de monnaie (la masse monétaire) dans une économie est à géométrie variable.

La mise en place de l'euro a conduit à la définition d'agrégats communs et harmonisés (BCE, 1999). Ils sont emboîtés et classés par ordre décroissant de liquidité. La base monétaire, ou monnaie banque centrale, désigne l'ensemble des pièces et billets en circulation auquel on ajoute les réserves des banques de second rang déposées à la banque centrale. On appelle cet agrégat monétaire M0.

À moins d'un taux de réserves obligatoires de 100 % (ce serait le « 100 % monnaie » où toute la création monétaire est effectuée par la banque centrale), les banques de second rang contribuent à l'émission monétaire par les crédits qu'elles accordent. De fait, il existe un lien, même étroit, jusqu'en 2009 dans les pays de l'OCDE, entre la dynamique du crédit et l'agrégat M2 qui mesure la monnaie comme M0 augmenté des dépôts bancaires des agents non bancaires (*cf.* graphique page suivante). Cependant, depuis 2009, l'encours de crédit dans l'OCDE a globalement stagné alors que M2 poursuivait sa progression : c'est avant tout la création monétaire des seules banques centrales qui en est donc à l'origine.

Figure 3 – OCDE* : masse monétaire M2 et encours de crédit à l'actif des banques
(en milliards de dollars)

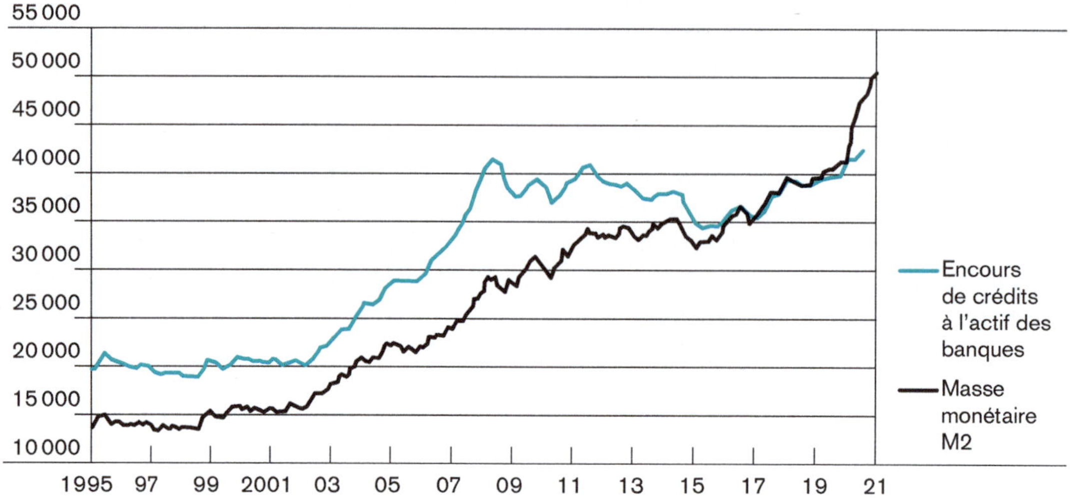

* : États-Unis + Royaume Uni + Zone euro + Japon.

Sources : Datastream, Fed, BoE, BCE, BoJ, NATIXIS.
Source : P. Artus, « Se dirige-t-on vers le 100 % monnaie dans les pays de l'OCDE ? », *Flash Économie*, n° 262, 9 avril 2021.

Les banques centrales ont de fait fortement augmenté leur base monétaire (M0), notamment à l'occasion des politiques de rachats de titres de la dette publique mises en œuvre depuis la crise de 2009 (politiques dites de *quantitative easing*, *cf.* partie 4, chapitre 3).

P. Artus peut ainsi conclure que « la création monétaire passe en tendance et depuis 2009 d'une création monétaire par les banques à une création monétaire par les banques centrales. Cela est dû à la fois au freinage du crédit bancaire après la crise des *subprimes*, et à l'utilisation du *quantitative easing* ».

Ces dernières années, l'attention pour les agrégats monétaires s'est donc en quelque sorte déplacée de M1 (mesure étroite de la monnaie, celle qui a un pouvoir libératoire immédiat) et M3 (rassemblant aussi des actifs moins liquides [M2 – M1] et beaucoup moins liquides [M3 – M2]) à M0 et M2. Certes, en Europe, la BCE retient toujours l'agrégat M3 comme mesure pertinente de la quantité de monnaie dans l'économie mais, du point de vue de l'évolution récente de la création monétaire, on l'a vu, le suivi des dynamiques respectives de M0 et M2 apparaît pertinent.

Tableau 8 – Agrégats monétaires pour l'eurosystème, fin février 2021
(en milliards d'euros)

<table>
<tr><th colspan="3">M3 : 14 668</th></tr>
<tr><th colspan="2">M2 : 13 915</th><td rowspan="3">Pensions : 109
Titres d'OPCVM monétaires et instruments du marché monétaire : 609
Titres de créance (durée < 2 ans) : 35</td></tr>
<tr><th>M1 : 10 457</th><td rowspan="2">Dépôts à terme (durée < 2 ans) : 986
Dépôts remboursables avec préavis < 3 mois : 2 472</td></tr>
<tr><td>Billets et pièces 1 390
Dépôts à vue : 9 067</td></tr>
</table>

Source : site Internet de la BCE, actualisation début avril 2021.

Sous l'appellation « institutions financières monétaires » (IFM), la BCE regroupe trois groupes d'institutions : les banques centrales, les établissements de crédit et les autres institutions financières. Ces IFM créent la monnaie en contrepartie des crédits qu'elles accordent aux agents non financiers (les ménages, les sociétés non financières), qui peuvent détenir de la monnaie mais n'en créent pas.

Les ménages détiennent cependant de moins en moins d'actifs monétaires, définis comme des liquidités destinées à servir de moyens de paiement, en proportion de leur patrimoine financier. L'avènement d'une économie de marchés financiers depuis la fin des années 1980 desserre la contrainte de liquidité des agents non financiers en offrant des actifs rémunérés transformables immédiatement en moyen de paiement : les ménages détiennent ainsi de plus en plus d'actions, d'assurances-vie et de produits de l'épargne contractuelle (PEL, plan d'épargne logement, par exemple). La frontière entre actifs monétaires et avoirs non monétaires, représentatifs d'un comportement d'épargne à plus long terme, est donc devenue plus floue.

Enfin, la globalisation financière permet aux agents non financiers une diversification de leurs financements par endettement. Ce dernier ne résulte plus seulement des crédits distribués par le système bancaire, mais est aussi obtenu sur les marchés monétaires et obligataires internes, voire sous forme de crédits et d'émissions obligataires auprès de l'étranger. L'endettement intérieur total (EIT) recense ces trois types de financement par endettement.

3 Les différents modes de financement de l'économie

Aujourd'hui, lorsqu'un ménage ou une entreprise doit ou veut dépenser plus qu'il ne gagne – autrement dit qu'il a un besoin de financement –, il peut s'adresser au système financier. Depuis la révolution industrielle, ce dernier a néanmoins singulièrement évolué.

A. Financement, financements

À défaut d'autofinancement (ou financement interne), un agent en besoin de financement fait appel à un financement externe. Le système financier désigne l'ensemble des institutions (marchés financiers et intermédiaires financiers) qui permettent aux agents ayant un besoin de financement de se procurer les ressources nécessaires à la mise en œuvre de leurs projets sans attendre d'avoir préalablement accumulé l'épargne suffisante.

Financement direct et financement intermédié

Le premier mode de financement externe est appelé « direct », dans la mesure où les titres émis par les agents à besoin de financement (les demandeurs de capitaux) sont achetés sur le marché financier par les agents à capacité de financement (les offreurs de capitaux). Le marché financier est le marché des capitaux à long terme. Il est constitué de deux compartiments : le marché primaire, sur lequel les agents à besoin de financement émettent des titres, et le marché secondaire sur lequel se négocient les titres déjà émis. Le marché secondaire ne contribue pas directement au financement des agents qui ont émis les titres, mais permet aux apporteurs de capitaux de revendre facilement les titres achetés sur le marché primaire, leur procurant ainsi de la liquidité. Ces titres, constitués notamment d'actions et d'obligations, représentent des droits (respectivement de propriété et de créance) acquis par leurs détenteurs sur l'organisme émetteur (société privée ou collectivité publique). Le marché monétaire est le marché des capitaux à court et moyen terme, sur lequel l'échéance des transactions est comprise entre une journée et un an. Il comprend trois compartiments : le marché interbancaire, réservé aux banques, le marché des billets de trésorerie et le marché des bons du Trésor, sur lesquels se financent à court terme respectivement les entreprises et l'État.

Le second mode de financement externe est dit « intermédié », dans la mesure où un intermédiaire financier, comme une banque, octroie un crédit après analyse de la probabilité de remboursement de l'emprunteur. Il peut mobiliser une épargne déjà existante, notamment celle des ménages, qui globalement dégagent une capacité de financement – il se fait alors intermédiaire financier –, ou créer *ex nihilo* de la monnaie, ce qui est le privilège des banques. Les entreprises et les administrations publiques ont généralement un besoin de financement et font inégalement appel aux deux modes de financement : si les grandes entreprises et l'État peuvent s'adresser au marché financier, la plupart des entreprises (petites et moyennes) et des collectivités locales n'ont pas d'autres choix que de recourir au crédit bancaire.

La frontière entre les deux formes de financement est cependant relative, les banques d'investissement assistant les entreprises lors des émissions de titres sur le marché financier et conservant une partie de ces titres, sous forme d'épargne, dans leur portefeuille. Plus largement, les intermédiaires financiers, notamment les banques, sont devenus des acteurs importants sur les marchés de capitaux : si le financement externe indirect a perdu de son importance, une nouvelle forme d'intermédiation s'est développée, celle qui consiste, pour les institutions financières, à acheter des titres émis par les entreprises ou collectivités qui désirent se procurer des capitaux et, symétriquement, à se procurer des capitaux en recourant au marché. On passe alors d'une intermédiation de bilan à une intermédiation de marché.

Économie de marchés financiers et économie d'endettement

Quel système financier favorise la croissance ? Le marché ou les banques ? Ce débat chez les économistes, notamment entre néoclassiques et keynésiens, trouve selon A. Gerschenkron (*Economic Backwardness in Historical Perspective : A Book of Essays*, 1962) sa traduction dans l'opposition d'expériences historiques différentes : si l'Angleterre a longtemps donné l'exemple de la séparation entre un financement de court terme bancaire et un financement de long terme sur le marché boursier (tradition néoclassique), l'Allemagne a accéléré sa croissance grâce à des banques mixtes capables de stimuler l'investissement par le crédit dans des secteurs encore incapables de recourir au marché (tradition keynésienne).

La grande dépression des années 1930 ayant été attribuée à la spéculation boursière, une tradition planificatrice parvient à imposer après la guerre, dans un certain nombre de pays (dont la France), l'idée d'une efficacité de la gestion de l'économie par l'État. J. Hicks (*La Crise de l'économie keynésienne*, 1974) a construit dans les années 1970, sur une base keynésienne, le concept « d'économie d'endettement » pour désigner le système financier stable alternatif à l'économie de marchés financiers qui se met en place notamment en France et au Japon après la Seconde Guerre mondiale. L'économie d'endettement est intermédiaire entre une économie dont le financement est administré et celle dont le financement est libre et de marché. Elle accorde une place prédominante aux banques. La création monétaire ou une transformation massive d'une épargne liquide en moyens de financement d'investissement à long terme doivent permettre de stimuler la croissance. L'État incite les banques à prêter en régulant l'activité économique et la banque centrale est prêteur en dernier ressort (PDR). Ainsi peut-on voir l'histoire financière française de l'après-guerre comme la construction progressive d'une économie d'endettement dont les faiblesses – allocation de plus en plus inefficace des crédits et accélération de l'inflation de plus en plus pénalisante à mesure que l'ouverture économique progresse – conduiront à sa réforme dans les années 1980.

Les avantages de l'économie de marchés financiers ont été avancés au début des années 1970 par deux économistes américains – R. McKinnon (« Money and capital in economic development », 1973) et E. S. Shaw (« Financial deepening in economic development », 1973) – qui soulignent, indépendamment l'un de l'autre, les avantages de la libéralisation interne des marchés financiers. Selon McKinnon par exemple, l'épargne est un préalable nécessaire à l'investissement. Un système financier, animé par le libre jeu de la concurrence entre les banques et sur le marché financier, doit contribuer à augmenter l'épargne (service de liquidité, diversifications des risques et des rendements) et l'investissement (réduction des coûts de financement du fait de l'intensification de la concurrence). Les exigences des agents à capacité de financement – les ménages épargnants (faible montant épargné, durée courte de placement pour motif de liquidité) – sont rendues compatibles avec celles des agents à besoin de financement, les entreprises et les États emprunteurs (montant élevé de l'investissement, durée longue). Les marchés financiers contribueraient aussi à une meilleure allocation de l'épargne dans des projets d'investissement mieux choisis : c'est l'argument de l'efficience informationnelle des marchés financiers, pilier de la théorie de la finance contemporaine. Dire que les marchés financiers sont efficients en termes d'information, c'est dire que le prix de marché reflète à chaque instant la totalité de l'information disponible. Il est égal en moyenne à la valeur fondamentale (E. Fama, « Efficient capital markets : a review of theory and empirical work », 1970).

Cependant, et en premier lieu, la gratuité de l'information est une condition nécessaire au fait que les prix reflètent toute l'information. Si l'information a en revanche un coût, même très réduit, alors l'efficience disparaît. Pire, si tout le monde sait qu'il n'y a rien à gagner à faire l'effort de rechercher une information nouvelle parce qu'elle est immédiatement répercutée dans le prix (marché efficient), alors l'incitation à chercher de l'information disparaît. Tout le monde se contente d'observer le prix et il n'y a plus de contenu informationnel dans le prix. La mise à disposition immédiate et universelle de l'information tue l'information (S. J. Grossman et J. E. Stiglitz, « On the impossibility of informationally efficient markets », 1980). En second lieu, la libéralisation des marchés financiers depuis le tournant des années 1980 coïncide avec le retour régulier des crises financières à la fin des décennies 1980, 1990 et 2000. De nombreux économistes font le lien entre les deux et redécouvrent la critique de Keynes (*Théorie générale de l'emploi, de l'intérêt et de la monnaie*, 1936) : les marchés financiers seraient loin d'être efficients, ils seraient fondamentalement instables (*cf.* partie 4, chapitre 1).

B. Petite histoire des systèmes financiers

Avant de tirer un revenu de la production, il faut en verser aux facteurs de production pour les réunir dans la production. Développement de la production et développement financier iraient donc de pair. On ne présente ici que des points de repères historiques très succincts.

Développement industriel et développement financier

La faiblesse de la division sociale du travail dans l'économie préindustrielle et le tabou sur l'activité financière – être « banquier », être capitaliste est une spécialisation condamnée par la morale religieuse – sont remis en cause à partir du XVIIe siècle. Les activités bancaires embryonnaires se moulent sur la structure et les échanges du commerce international qui se développe alors, et le tabou de l'argent est progressivement levé : selon A. O. Hirschman (*Les Passions et les intérêts*, 1977), l'amour de l'argent devient « une passion paisible » et un monde où les hommes suivent leur intérêt avec constance apparaît comme un monde souhaitable car prévisible et stable. L'activité bancaire est au XVIIIe siècle plus le fait de banquiers que de banques : la « haute banque » désigne les familles (les Rothschild, par exemple) qui engagent leurs fortunes obtenues dans le négoce international dans le métier de banquier. Ces banquiers n'ont pas de dépôts à vue mais des fonds propres, voire des dépôts à long terme de clients fortunés qui leur font confiance pour valoriser leur patrimoine financier, plutôt dans les prêts aux États d'ailleurs que dans l'économie. Jusque dans les années 1830 en Angleterre et en France, l'autofinancement est en effet le principal moyen de financement d'une première révolution industrielle (RI) qui a, de fait, de faibles besoins en capitaux. L'investissement dans les « jouets mécaniques » (E. Labrousse) repose ainsi sur l'importance du taux de profit. Les besoins de financement externes des entreprises lors de la première RI concernent surtout le capital circulant. Les banquiers offrent néanmoins un utile crédit à court terme, au travers de l'escompte, pour financer les consommations intermédiaires et les salaires.

Au XIXe siècle, développement financier et développement industriel vont ensuite de pair, mais pas forcément de la même façon pour toutes les économies. La révolution des chemins de fer puis la seconde révolution industrielle vont nécessiter des financements externes en Grande-Bretagne ou en France tandis que l'absence d'accumulation en Allemagne d'une épargne préalable conduit au choix d'impulser la croissance industrielle à partir des banques.

En Angleterre, l'évolution du système bancaire se caractérise par une spécialisation précoce des banques du fait à la fois de l'avance réglementaire anglaise (en 1826, les banques par actions sont autorisées) et de l'importance commerciale et financière de la place de Londres. Les *merchant banks* sont des banques d'affaires au capital élevé qui ne reçoivent pas de dépôts à vue. Elles ont une activité au service des investissements longs des entreprises. Les *commercial banks* sont les banques commerciales modernes qui collectent des dépôts et offrent du crédit commercial à court terme. En France, la spécialisation bancaire est plus tardive, autour des années 1860. Dans les années 1830, des banques par actions comme la banque Laffitte (1837) sont créées, mais elles collectent aussi des dépôts à vue. Elles développent principalement des opérations de financement à long terme dans les chemins de fer. Les difficultés de ces banques lors de la crise de 1846-1848, notamment la faillite de la Caisse générale du commerce et de l'industrie de J. Laffitte, conduisent à l'évolution vers une spécialisation bancaire à l'anglaise : aux banques d'affaires, comme le Crédit mobilier (1852) des frères Pereire, la Banque de Paris (1869), les crédits industriels longs, et aux banques de dépôts, comme le Crédit lyonnais (1863), les crédits commerciaux courts. Pour Henri Germain, fondateur du Crédit lyonnais, « les ressources courtes ne doivent être affectées qu'à des crédits courts » (1870). Cependant, les banques de dépôts ont souvent cherché à faire de la transformation. Les plus imprudentes ont fait faillite, les plus prudentes ont eu des difficultés au moment des crises économiques lorsque les déposants se ruaient pour retirer leurs dépôts. Néanmoins, elles se dégagent largement du financement à long terme de l'industrie et leurs dépôts sont de plus en plus à vue et de moins en moins à terme. Il faut attendre cependant les années 1870 pour voir les réticences du grand public à laisser son épargne dans une agence de ces banques de dépôt s'estomper. Dès lors, l'usage du billet de banque se généralise et le règlement par chèque se développe (distingué de la lettre de change en 1865, création de la première chambre de compensation parisienne en 1871). La diffusion de la monnaie scripturale va accompagner désormais le développement économique.

À l'opposé de la spécialisation bancaire précoce en Angleterre, quelques banques universelles se développent à la fin des années 1860 en Allemagne. Leurs ressources sont composées de fonds propres (actions et obligations) et des dépôts collectés grâce à un dense réseau d'agences et à un taux d'intérêt plus élevé que ceux de leurs homologues françaises et britanniques. Elles opèrent donc une intense activité de transformation de dépôts à vue de court terme en prêts à long terme. En 1870, Georg von Siemens crée sur ce modèle la Deutsche Bank. La banque universelle allemande s'occupe de la totalité des problèmes de financement de son client, tant de court que de long terme. En contrepartie de cet engagement, la banque contrôle la direction de l'entreprise. Elle possède ses propres spécialistes pour évaluer les projets commerciaux et industriels. Elle est fidèle aux entreprises qu'elle a contribué à lancer (elle ne revend pas les titres qu'elle a souscrits pour faire une plus-value) et soutient même le développement des entreprises partenaires. Les industriels allemands n'ont donc pas peur de la commandite par une banque. Durant le dernier quart du XIXe siècle, la structure bancaire allemande devient très concentrée. Dans les années 1880, les grandes banques absorbent de nombreuses banques locales en difficulté et multiplient les agences sur l'ensemble du territoire du Reich. À la veille de la Première Guerre mondiale, les « 4D » (Deutsche Bank, Dresdner Bank, Disconto-Gesellschaft et Darmstädter Bank) représentent 40 % du capital bancaire total et les deux tiers de l'activité bancaire allemande. La commandite des banques s'accompagne donc d'une concentration bancaire qui encourage la concentration industrielle et la formation d'un « capitalisme de groupes » dont l'effort d'investissement est dynamique et permet à l'Allemagne d'être un des fers de lance, avec les États-Unis, de la seconde révolution industrielle. Ce système de banque universelle est plus approprié pour les pays qui connaissent un démarrage tardif : les structures économiques sont oligopolistiques et leur financement ne peut pas être assuré par une épargne nationale qui n'existe pas encore.

L'éclipse de l'économie de marchés financiers au XXe siècle (1933-1984)

Entre 1921 et 1929 aux États-Unis, les cours des actions cotées à la Bourse de New York sont multipliés par quatre. La crise financière de 1929 clôt brutalement cette euphorie financière. La commission Pecora (mars 1932-mars 1933) montre aux Américains la turpitude de Wall Street en inculpant le premier des banquiers, Charles E. Mitchell (National City Bank). L'opinion publique devient très favorable à la régulation financière au moment où F. D. Roosevelt accède au pouvoir, le 4 mars 1933. Le *Banking Act* de 1933 comporte trois volets : la séparation de la banque d'affaires et de la banque commerciale – ce qu'on appelle le *Glass Steagall Act* –, *la* Federal Deposit Insurance Corporation garantissant les dépôts des ménages, et le renforcement du rôle du Federal Reserve Board dans la fourniture de liquidités à l'économie par un pouvoir de coordination des banques de réserve régionales. Ces évolutions offrent quarante ans de stabilité financière aux États-Unis dans le respect du triangle de Roosevelt (rentabilité économique des banques, crédit bon marché, stabilité financière) en sacrifiant largement la concurrence. Dans l'après-Seconde Guerre mondiale, les marchés organisés jouent un moindre rôle, mais ce sont moins les banques qui prennent leur place que des marchés financiers internes aux très grandes entreprises : elles utilisent les revenus tirés de leurs activités « mûres », florissantes, pour financer de nouvelles activités selon un processus d'élargissement voire de diversification de leurs activités conçu par des managers que les actionnaires ne contrôlent pas (A. Berle et G. Means, *The Modern Corporation and Private Property*, 1932). Le capitalisme devient managérial, de l'après-Seconde Guerre mondiale jusqu'au début des années 1980 (A. Chandler, *La Main visible des managers*, 1977).

Les pays européens n'adoptent pas de réformes aussi radicales dans les années 1930, mais partout l'activité boursière recule durablement. En Angleterre, aucune réforme sérieuse n'est faite. En Allemagne, la fermeture des banques en juillet 1931 débouche sur leur recapitalisation massive par l'État qui devient leur principal actionnaire. La loi bancaire de 1934 renforce la supervision étatique. Après l'effondrement de l'Allemagne nazie, la tradition de l'appui des banques à l'industrie n'est pas remise en question : la loi bancaire de 1961 réaffirme le modèle de la banque universelle. Fortement dotées par l'autofinancement et par l'aide de leurs banques, les entreprises allemandes sont rarement cotées en Bourse (la moitié seulement des cent premières entreprises). En France, aucune vraie réforme bancaire n'a lieu avant 1942, et la prise de contrôle de la Banque de France par l'État lors du Front populaire est plutôt symbolique. Pourtant, l'État prend le contrôle du financement de l'économie juste après la guerre grâce à un système bancaire largement nationalisé, qu'il contrôle, pour financer la reconstruction et la modernisation de l'économie. Les banques sont sollicitées par les ménages et les entreprises pour financer leurs consommations de biens durables et leurs investissements à crédit. Après les réformes Debré-Haberer dans les années 1966-1967, la plus grande liberté accordée aux banques de second rang dans l'octroi du crédit est pensée comme permettant une meilleure allocation des ressources, au plus près de l'information disponible. Mais dans les économies d'endettement, la banque centrale valide *ex post* ces décisions d'offre de crédit des banques de second rang en les refinançant, assurant par là leur liquidité. Cette stabilité « bancaire » est acquise au prix d'une inflation rampante, puis galopante dans les années 1970 : assurées d'être refinancées, les banques ne sont pas incitées à allouer les crédits avec efficacité et les performances de l'économie réelle en sont amoindries (P.-C. Hautcoeur, « Le marché financier français de 1945 à nos jours », 1996).

La transformation financière depuis les années 1980

À la suite d'Henri Bourguinat (*Finance internationale*, 1995), on a coutume de synthétiser l'ensemble des transformations financières que connaissent les pays de l'OCDE à partir du milieu des années 1970 à l'aide de la règle des trois « D » :

- le décloisonnement, qui produit une intégration financière croissante, tant géographique des marchés nationaux (globalisation financière ou constitution d'un marché mondial du capital) que selon les produits financiers qui ne constituent plus des marchés segmentés ;
- la déréglementation, qui libère les intermédiaires financiers des contraintes légales, tel le contrôle des changes qui limite les mouvements internationaux de capitaux ;
- la désintermédiation, qui accorde une place croissante aux marchés financiers dans le financement de l'économie au détriment des banques.

La mutation du système financier français est ainsi menée par Pierre Bérégovoy à partir de 1984 (et surtout entre 1988 et 1991) dans la perspective du marché unique européen. Le système financier français converge progressivement vers un modèle consensuel d'économie de marchés financiers. Il s'agit d'instaurer une économie de « fonds propres », c'est-à-dire une économie où les entreprises ne sont plus dépendantes de leur endettement bancaire, mais investissent avec l'apport en capital d'épargnants-actionnaires rémunérés par un dividende et par les plus-values de leurs titres. Les ménages financent les entreprises en achetant les actions et les obligations qu'elles émettent selon un schéma de finance directe (J. G. Gurley et E. S. Shaw, *Money in a Theory of Finance*, 1960), ce qui nécessite un processus de libéralisation financière pour créer un marché financier profond et décloisonné : des actions et obligations (règlement mensuel et second marché en 1983), des produits dérivés (MATIF et MONEP en 1986). Le laisser-faire (avec la fin du monopole des agents de change en 1988) et l'intégration au marché financier international (entre 1985 et 1989, le contrôle des changes est supprimé) sont privilégiés.

La désintermédiation s'affirme dans les années 1980 et produit une exacerbation de la concurrence entre les banques qui pousse à la restructuration du secteur bancaire. Dans les années 1990, le financement externe direct devient le premier mode de financement des sociétés non financières. Jusqu'au milieu des années 1990, la marge d'intermédiation (la différence entre taux d'intérêt débiteurs et créditeurs) est ainsi peu pentue, voire inversée (1989-1993), ce qui signifie que les marges d'intermédiation sont faibles, voire négatives, pour les banques entre 1989 et 1993. Un processus de restructuration bancaire s'enclenche, notamment au moyen de fusions-acquisitions qui font émerger de grands conglomérats bancaires, des « champions nationaux » (Citigroup en 1998, BNP-Paribas en 1999, Allianz-Dresdner Bank en 2002), puis des fusions transfrontalières (comme celle de HSBC et du CCF en 2000). L'objectif offensif d'une fusion est de réaliser des économies d'échelle (pour de mêmes activités) ou de gamme (pour des activités différentes, comme dans la bancassurance), mais aussi d'élever le pouvoir de marché pour retrouver des marges satisfaisantes. Mais il peut être aussi défensif lorsque l'augmentation de la taille doit permettre d'échapper au rachat par un concurrent (modèle proie-prédateur).

Les banques n'entendent donc pas se laisser dépouiller du financement de l'économie, et plus qu'une économie de financement direct, c'est une « finance de marché intermédiée » qui s'impose. Les agents à besoin et à capacité de financement ne contractent pas mutuellement sur des marchés financiers libéralisés, mais passent par des intermédiaires financiers qui sont bien souvent liés aux banques, telles des sociétés financières satellites (OPCVM, FCP, SICAV, etc.). Pour les banques, le métier change, il évolue « de l'intermédiation de bilan à l'intermédiation de marché » (B. Courbis, É. Froment et M. Karlin, « Banque et finance », *in* X. Greffe, J. Mairesse et J. L. Reiffers (dir.), *Encyclopédie économique*, 1990). Une conséquence est qu'à l'actif des banques, il y a non plus seulement des crédits, mais surtout de plus en plus de titres émis par des intermédiaires. Au risque essentiellement lié à la baisse de la demande de produits industriels ou de services qui pouvait dégrader la capacité de remboursement de l'emprunteur, a succédé un risque lié aux mouvements spéculatifs des marchés financiers et à leurs accidents de parcours. M. Aglietta et P. Moutot (« Le risque de système et sa prévention », 1993) ont ainsi souligné l'existence d'un risque systémique des économies de marchés financiers libéralisés. Certes, les innovations financières protègent certains acteurs contre le risque en le transférant à d'autres acteurs qui souhaitent le porter (les spéculateurs), mais le développement des comportements spéculatifs élève le risque systémique, c'est-à-dire « l'éventualité qu'apparaissent des états économiques dans lesquels les réponses rationnelles des agents individuels aux risques qu'ils perçoivent, loin de conduire à une meilleure répartition des risques par diversification, amènent à élever l'insécurité générale ». L'apparition de grands conglomérats bancaires a de surcroît fait naître des « entités systémiques » selon le FMI, autrement dit « *too big to fail* », sauf à prendre le risque de l'effondrement du système financier. Ces entités peuvent alors prendre des risques excessifs, étant assurées d'être sauvées. Ce serait pour décourager cet aléa moral que l'État fédéral américain aurait laissé Lehman Brothers faire faillite le 15 septembre 2008. Mais il a été contraint ensuite de soutenir les banques.

3

Les grands courants de l'analyse économique depuis le XVIe siècle

Selon l'économiste J. Viner, « la science économique consiste en l'activité des économistes »[1]. De fait, l'élaboration des théories économiques est aujourd'hui l'apanage de professionnels dont les controverses font évoluer la science, mais cela n'a pas toujours été le cas.

1 La préhistoire de l'analyse économique

Les activités économiques ont d'abord dû s'émanciper de la tutelle religieuse pour qu'on puisse commencer à s'interroger sur leurs fonctionnements et motivations.

A. La longue gestation de la science économique

De la condamnation antique des activités marchandes à leur réhabilitation à partir de la Renaissance

La distinction entre économie et chrématistique chez Aristote est une opposition entre des activités économiques naturelles car orientées par la recherche de la satisfaction des besoins (*oïko-nomia*, les lois qui règlent le fonctionnement de la maison) et des activités capitalistes car animées par la recherche du profit pour lui-même. L'art d'acquérir des richesses, qui est celui du marchand (*kapelos*), est condamnable car non borné : le désir d'accumulation est présenté comme insatiable et donc dangereux pour la communauté. L'économie est au service de la communauté, elle est condamnable si elle s'autonomise et ce faisant perd son sens.

Jusqu'à la Renaissance, cette distinction s'impose. Dans la pensée théologique du Moyen Âge, l'économie est d'abord vue comme une chrématistique, une activité immorale que la loi doit contraindre à respecter les principes de justice. Les activités économiques sont contrôlées et encadrées au sein de l'organisation domaniale de l'économie féodale. Les activités financières, comme le prêt à intérêt, sont condamnées moralement par la religion catholique (et musulmane).

1 À notre connaissance, l'expression « economics is what economists do » est attribuée à J. Viner, mais il n'y a pas d'écrits publiés de cet auteur où l'on peut la trouver.

Depuis le XVIe siècle en revanche, l'économie se libère de la morale au nom de l'individualisme et de l'efficacité. L'économique va construire une idéologie qui va « libérer » l'économie des soupçons qui pesaient sur elle jusqu'alors. Le point de départ est la doctrine mercantiliste (XVIe-XVIIIe siècle) et le point d'arrivée est la pensée des économistes classiques (XVIIIe-XIXe siècle). Durant cette période, l'économie est passée de l'immoralité à l'amoralité : de la condamnation de l'économie au nom de la morale à la condamnation de la morale au nom de l'économie.

L'œuvre des mercantilistes vis-à-vis de la morale est la justification de la chrématistique. Les auteurs mercantilistes se caractérisent *a posteriori* par leur place dans la transition entre le monde féodal et le monde industriel : ils abandonnent la critique féodale des activités marchandes sur une base morale, mais sont incapables de penser l'économie sur ses bases réelles (*cf. infra* p. 76 et suiv.). Selon les mercantilistes, la puissance d'un État dépend de la puissance économique du pays à laquelle est liée sa capacité à lever et entretenir une armée. La puissance économique repose sur la monnaie (ce sont les quantités d'or et d'argent qui circulent dans le royaume) qui peut être amassée dans le cadre du commerce international (un excédent commercial permet l'accumulation de métaux précieux). En conséquence, le commerce, surtout international, doit être soutenu par l'État (soutien au développement du commerce au long cours, aux exportations, protectionnisme et limitation des importations). Ainsi se développe une approche pragmatique de l'économie, la timide défense d'une activité vulgaire mais utile au prince. L'économie abandonne la référence aristotélicienne au bien public et devient un art au service du prince. La monnaie, le profit, l'activité marchande sont justifiés, non au nom de la morale, mais de l'efficacité.

Du triomphe de l'idéologie économique à celui de la science économique

Quels sont les éléments de l'idéologie économique, ici entendue au sens de système de valeurs et de pensée ?

Les mercantilistes sont parvenus à défaire l'emprise de la religion sur les activités économiques, mais sans les rendre indépendantes du bon vouloir du souverain. Ce sera l'œuvre des libéraux : l'économie forme un ordre naturel, indépendant du pouvoir politique. Dans la tradition libérale des « droits naturels », la propriété privée est naturelle (J. Locke, *Traité du gouvernement civil*, 1690) et les physiocrates représentent en 1758 le fonctionnement de l'ordre naturel de l'économie à l'aide d'un « tableau économique » (*cf. infra*, p. 75). L'économie devient un tout autonome séparé du politique.

L'abandon de la défense de la moralité est définitivement acquis avec *La Fable des abeilles*[2] de Mandeville en 1714 : la vertu y naît du vice, l'amoralité y est supérieure à la moralité, car

---

2 Dans *La Fable des abeilles, ou Les vices privés font le bien public*, le poème « La ruche mécontente ou les coquins devenus honnêtes » tente de montrer comment la convoitise, la recherche du profit individuel et la vanité sont les ressorts de l'opulence. La vertu cherche à faire le bien public en s'opposant aux impulsions de la nature, alors que le vice consiste à satisfaire ses appétits sans considération pour le bien public. Et pourtant, les vices sont utiles à l'économie. La recherche du luxe par l'élite est présentée comme un moteur de l'économie. Lorsque, croyant redevenir vertueux, les habitants de la ruche veulent rétablir l'honnêteté dans le commerce, tous y perdent. Ainsi les passions ne sont pas condamnables en soi mais doivent seulement être orientées.

l'intérêt privé et égoïste est plus efficace que la recherche du désintéressement ou de l'action en faveur de l'intérêt général. Cet ordre naturel est ainsi fondé paradoxalement sur les actions d'individus amoraux. La recherche de l'intérêt privé par tout un chacun aboutit à l'harmonie naturelle des intérêts grâce à « une main invisible », affirme A. Smith en 1776 : « Ce n'est pas de la bienveillance du boucher, du marchand de bière et du boulanger que nous attendons notre dîner, mais bien du soin qu'ils apportent à leurs intérêts » (*Recherche sur la nature et les causes de la richesse des nations*, 1776).

Dès lors, avec Smith, l'économie comme science s'impose au XIXe siècle. La science économique dégage des lois économiques témoignant, comme les lois physiques, de l'existence d'un ordre naturel des phénomènes. Cependant, au moins trois biais s'imposent avec Smith dans la science économique classique et néoclassique : les lois économiques sont universelles, l'échange marchand est naturel, et la monnaie est un simple intermédiaire des échanges.

Le caractère historique des lois économiques et l'importance des facteurs institutionnels ont rapidement été soulignés par Marx, plus tard par les institutionnalistes et Keynes. Dans *Misère de la philosophie*, publié en 1847, K. Marx explique ainsi que « les économistes ont une singulière manière de procéder. Il n'y a pour eux que deux sortes d'institutions, celles de l'art et celles de la nature. Les institutions de la féodalité sont des institutions artificielles, celles de la bourgeoisie sont des institutions naturelles. Ils ressemblent en ceci aux théologiens, qui, eux aussi, établissent deux sortes de religions. Toute religion qui n'est pas la leur est une invention des hommes, tandis que leur propre religion est une émanation de Dieu. En disant que les rapports actuels – les rapports de la production bourgeoise – sont naturels, les économistes font entendre que ce sont là des rapports dans lesquels se crée la richesse et se développent les forces productives conformément aux lois de la nature. Donc ces rapports sont eux-mêmes des lois naturelles indépendantes de l'influence du temps. Ce sont des lois éternelles qui doivent toujours régir la société. Ainsi il y a eu de l'histoire, mais il n'y en a plus. Il y a eu de l'histoire, puisqu'il y a eu des institutions de féodalité, et que dans ces institutions de féodalité on trouve des rapports de production tout à fait différents de ceux de la société bourgeoise, que les économistes veulent faire passer pour naturels et partant éternels ».

Le deuxième biais consiste à réduire la création de richesses aux seules marchandises. Seules les relations marchandes créent des richesses, en conséquence le libre-échange doit être favorisé pour élever la richesse des nations. Or, ce n'est pas l'absence de marchandisation d'une valeur d'usage qui l'empêche d'être une richesse : ainsi en est-il du travail domestique par exemple (*cf. supra*, la critique du PIB).

Enfin, les lois économiques portent sur les grandeurs réelles, indépendantes de la monnaie : la détermination de la valeur des marchandises, exprimée en termes de l'une d'entre elles, devient le point de départ de l'analyse économique. Or, là aussi, l'analyse de la monnaie et des relations monétaires est au contraire au cœur des théories antérieures (le mercantilisme) ou postérieures (Keynes). Pour Keynes, la monnaie n'est pas simplement un intermédiaire des échanges sans influence sur l'économie réelle, mais au contraire un pont entre le présent et le futur, un refuge contre l'incertitude inhérente aux économies de marché, dont les effets sur l'économie sont massifs.

Au XIXe siècle, une idéologie libérale et réelle de l'économie se constitue en science autour des analyses classiques et néoclassiques. Selon K. Polanyi (*La Grande Transformation*, 1944), c'est pour le pire : la misère sociale et les troubles politiques (ferments révolutionnaires, idéologies totalitaires du tout-État) prennent leur source dans la tentative de réalisation au XIXe siècle de cette idéologie économique, et notamment de la fiction du marché autorégulateur. Cette utopie économique a menacé la société de destruction et a entraîné un retour de balancier : le tout-État contre le tout-marché, que vont dramatiquement expérimenter les sociétés allemande avec le nazisme et russe avec le stalinisme.

B. Les mercantilistes au service du prince, une approche pragmatique de l'économie

Qu'est-ce que le mercantilisme ?

Le mercantilisme est un phénomène européen qui émerge au milieu du XVe siècle, se précise au XVIe, atteint son apogée au XVIIe et décline au XVIIIe siècle avant d'être définitivement enterré par Smith (1776). Le mercantilisme accompagne donc le développement du capitalisme marchand : les marchands, les financiers sont liés au prince, ils veulent des privilèges, et l'État veut des recettes supplémentaires. À partir du XVIe siècle, les États modernes, centralisés, sont en voie de formation, ils recherchent en effet des moyens de financement. L'économie doit servir la puissance du prince. Les activités économiques sont vassalisées par le pouvoir politique, mais vont y gagner leur indépendance vis-à-vis de la morale.

Pour autant, la notion même de mercantilisme est contestée. Non seulement ce terme n'existe pas pour ses auteurs, mais ses adversaires, les physiocrates et Smith, lui préfèrent l'expression « système mercantile », de sorte que le « mercantilisme » est un terme que l'on doit à l'Allemand Schmoller dans le dernier tiers du XIXe siècle. Ce n'est qu'avec Heckscher (*Le Mercantilisme*, 1931) qu'est défendue pour la première fois la thèse d'un système cohérent de pensée économique.

Mais les critiques restent vives. Pour certains, le mercantilisme réside dans le contenu d'un certain nombre de pamphlets destinés à conseiller le prince et rédigés par des marchands (Mun), des hommes politiques (Colbert) ou des financiers (Law). Pour d'autres, tel Schumpeter (*Histoire de l'analyse économique*, 1954), qui considère l'expression mauvaise, il s'agit de pratiques mercantilistes, des politiques concrètes menées dans tel ou tel pays, débouchant sur des mercantilismes nationaux singuliers bien que développant trois thèmes communs : la primauté de la richesse monétaire, la balance du commerce et la réglementation dans l'industrie et du commerce extérieur.

Le chryshédonisme est la croyance selon laquelle la richesse consiste uniquement en métaux précieux. Le bullionisme est l'ensemble des pratiques gouvernementales qui interdisent les exportations de métaux précieux (les lingots évidemment, mais aussi les pièces parfois) dans l'objectif de constituer un trésor. Quel que soit le mercantilisme, il faut accumuler de la monnaie : pour se procurer davantage de biens, pour accroître la production et favoriser la circulation des biens et services (la métaphore organiciste de la circulation sanguine est souvent utilisée), et pour investir dans le commerce (Angleterre) ou l'industrie (France).

La notion de balance du commerce émerge en 1614 chez Antonio Serra (des biens et des services), puis chez Thomas Mun (*A Discourse of Trade from England unto the East-Indies*, 1621) : les exportations et les importations de biens sont augmentées de « postes assimilés », à savoir les dépenses des voyageurs, des ambassades et des militaires à l'étranger. La balance du commerce doit permettre d'évaluer l'excédent commercial recherché, notamment par le commerce de réexportation : selon Mun, une sortie d'or pour importer le coton brut d'Inde permet d'exporter des cotonnades pour une valeur cinq fois supérieure.

La réglementation dans le commerce extérieur et l'industrie est très présente car le commerce international est envisagé comme un jeu à somme nulle : « Il n'y a personne qui gagne que d'autres qui perdent », écrit J. Bodin (*Les Six Livres de la République*, 1576). Le libre-échange – tout du moins au sens où nous l'entendons aujourd'hui – est banni. L'expression, que l'on croise dans les écrits mercantilistes, signifie au contraire l'obtention de monopoles, c'est-à-dire de privilèges, ceux des grandes compagnies de commerce anglaises et françaises (face aux hollandaises) en premier lieu. La France souhaite développer des manufactures royales à l'abri du protectionnisme : les droits de douane s'élèvent de 5 % vers 1620, à 20 % vers 1720.

Les mercantilismes nationaux

Le mercantilisme se conjugue au pluriel. Selon Schumpeter, des mercantilismes nationaux peuvent être distingués.

≫ Le bullionisme espagnol

Les mercantilistes espagnols ont davantage insisté sur cet aspect pour mériter un tel qualificatif. Les pratiques sont bullionistes incontestablement : 18 000 tonnes d'argent et 200 tonnes d'or sont transférées d'Amérique en Espagne entre 1521 et 1660 selon les données officielles… et vraisemblablement le double selon les estimations des historiens. Certes, dans l'Espagne du XVIe siècle, des intellectuels envoient des mémoires au roi d'Espagne proposant des réponses aux difficultés du moment (« l'arbitrisme ») qui ne se résument pas au bullionisme. Luis Ortiz est un des premiers à le faire en 1558 et beaucoup d'autres par la suite recommanderont comme lui d'élever la productivité du travail agricole et de mettre en place en Espagne une culture d'élevage. Le développement industriel pourrait être suscité par des expositions de nouvelles machines pour mécaniser l'Espagne. Mais les pratiques bullionistes sont plus consensuelles.

≫ L'industrialisme français

Il y a en France une plus grande méfiance sur les effets positifs de l'accumulation de métaux précieux depuis la controverse entre Malestroit et Bodin à la fin des années 1560. Selon Malestroit, en 1566, l'inflation provient des mutations monétaires opérées par les rois. Les Français ne sont pas dupes face à la baisse du poids en métal des pièces frappées : ils augmentent les prix. L'explication de Jean Bodin en 1568 avance d'abord d'autres causes à l'inflation : l'existence de monopoles, la pénurie des biens du fait de leur sortie du royaume, les gaspillages des princes et des seigneurs, mais la cause principale est identifiée dans l'afflux de métaux précieux du Nouveau Monde en Espagne. La hausse des prix en Espagne provoque un déficit commercial espagnol qui se traduit par des sorties d'or et d'argent d'Espagne à destination des pays européens, dont la France. Cette irrigation de l'Europe par les métaux précieux espagnols crée une inflation partout en Europe, également en France. On a ici la première formulation de la théorie quantitative de la monnaie : le pouvoir d'achat de la monnaie baisse à mesure de sa quantité disponible pour les échanges.

Ainsi, le mercantilisme français est-il industrialiste, comme si toute entrée d'or n'était pas bonne en soi, mais seulement celle obtenue par le développement d'une industrie compétitive. Pour le prédécesseur de Colbert, Antoine de Montchrestien (*Traité d'économie politique*, 1615), conseiller de Louis XIII, il faut réglementer et développer les manufactures et la production, produire en France et exporter plutôt qu'importer, s'appuyer sur les corporations car le travail y est qualifié, ce qui permet une production de qualité. Il est nécessaire également de favoriser le commerce, c'est-à-dire défendre le commerce intérieur des étrangers qui « sont des poux affamez qui en sucent le suc et s'en nourrissent jusques au crever, mais qui le quitteroient, s'il estoit mort. Ils amassent, pour parler ouvertement et sans figure, tout l'or et l'argent de France, afin de l'emporter, qui à Siville, qui à Lisbonne, qui à Londres, qui à Amsterdam, qui à Mildeburg. » Gagner la guerre économique du commerce extérieur passe par un protectionnisme temporaire et ciblé (interdire les importations de biens manufacturés, les exportations de matières premières et de denrées agricoles) afin de développer l'industrie par substitution aux importations. Montchrestien est favorable en ce sens aux conquêtes coloniales pour s'approvisionner en matières premières.

Le commercialisme britannique

Les mercantilistes anglais sont d'abord commercialistes. Le commerce de réexportation est promu par Thomas Mun et Josiah Child, les dirigeants de l'East India Company, la Compagnie des Indes orientales, dont le monopole du commerce dans l'océan Indien est accordé en 1600 pour vingt et un ans par la reine Élisabeth Ire. C'est la première des grandes compagnies européennes créées au XVIIe siècle. Elle va se partager les positions avec la Compagnie néerlandaise des Indes orientales et éliminer la Compagnie française des Indes orientales en reprenant tous ses comptoirs indiens. Elle ne disparaît qu'en 1874.

Mun, en 1621, on l'a vu, s'attache à décrire la balance du commerce, alors que Child (*New Discourse of Trade*, 1668) encourage le développement de la marine marchande. C'est un fervent partisan des Actes de navigation qui réservent à la marine marchande anglaise – contre la suprématie de la marine marchande hollandaise – le monopole du commerce des colonies d'Afrique, d'Asie ou d'Amérique, et du transport de marchandises avec la métropole. Le premier Acte est signé par Cromwell en 1651, ce qui occasionne une guerre avec les Provinces-Unies entre 1652 et 1654. La victoire des Anglais détruit par là même l'amorce de révolution industrielle d'une économie très dépendante du commerce international étant donné l'étroitesse de son marché intérieur.

Charles II signe le deuxième Acte en 1660, qui interdit aux colons anglais d'exporter certains produits – principalement le tabac, le riz et l'indigo – ailleurs qu'en Angleterre ou dans d'autres colonies de la Couronne britannique. De nouveaux Actes sont signés en 1666 et 1673. Ils ne seront abrogés qu'en 1849 avec la victoire des libre-échangistes.

Condamnation ou réhabilitation du mercantilisme ?

La condamnation du système mercantile par l'école classique est très claire. La position de Smith n'est cependant pas caricaturale. Il critique l'assimilation des métaux précieux à la richesse : la richesse des nations, c'est la production réelle de biens et de services. Il réfute les positions de Mun et Child sur la balance du commerce excédentaire par la théorie des avantages absolus dont découle la recommandation du libre-échange : il ne faut pas décourager les importations, ni encourager les exportations et encore moins coloniser (toujours au bénéfice de quelques monopoles comme la Compagnie des Indes orientales). Smith condamne le protectionnisme car il a des effets redistributifs en faveur de quelques-uns (des producteurs) au détriment d'autres, plus nombreux (les consommateurs). Smith soutient en revanche les Actes de navigation et des mesures protectionnistes dans certains cas : au nom de l'indépendance nationale (la défense), d'une concurrence déloyale, voire de manière transitoire et progressivement réduite pour faciliter la réallocation des facteurs de production.

L'école historique allemande avait contribué dans la seconde moitié du XIXe siècle, notamment par Schmoller en 1884, à la réhabilitation du mercantilisme, principalement au titre de son rôle positif dans l'unification des États-nations. Mais c'est Keynes, dans le dernier chapitre de la *Théorie générale de l'emploi, de l'intérêt et de la monnaie* (1936), qui œuvre à réhabiliter le mercantilisme sur le plan économique et souhaite rendre « l'élément de vérité scientifique contenu dans la doctrine mercantiliste », à savoir qu'une balance commerciale pas trop excédentaire stimule la croissance et l'emploi. Si celle-ci est obtenue en stimulant les exportations sans chercher à prohiber les importations, elle permet d'accroître l'investissement intérieur, et donc la production, car l'entrée de métaux précieux permet la baisse des taux d'intérêt. Cet effet peut cependant être limité, selon Keynes, si la fuite de capitaux vers l'étranger, où les taux d'intérêt sont désormais relativement plus attractifs, est excessive, c'est-à-dire limite le financement pour l'investissement intérieur.

C. La physiocratie, une doctrine libérale et la première véritable analyse économique de l'ordre naturel

La physiocratie ou le pouvoir de la nature

François Quesnay (1694-1774), chirurgien de Louis XV, rédige des articles sur l'économie (« Évidence », « Fermiers », « Grains ») pour l'*Encyclopédie* de Diderot et d'Alembert (35 volumes, publiés entre 1751 et 1772), qui vont le faire connaître comme économiste sur la fin de sa vie. En 1758 – il a donc 64 ans –, il publie son *Tableau économique*, un schéma en zigzag qui décrit la production et la circulation des richesses d'un « royaume agricole ». Quesnay fonde une école, la physiocratie, dès 1767 : ses disciples (Pierre Samuel du Pont de Nemours par exemple) ont des relations fluctuantes avec les libéraux, comme Vincent de Gournay, et avec les encyclopédistes.

Les physiocrates rompent avec les mercantilistes : la richesse est réelle et réside dans les biens agricoles du fait du rôle de la nature dans l'agriculture. L'industrie et le commerce ne font que reproduire (absence de valeur ajoutée) alors que l'agriculture est productive : elle crée un « produit net » dont l'ampleur détermine la richesse du « royaume agricole ».

Les physiocrates ont une vision de la société comme un ordre naturel. Ainsi, la maximisation du produit net agricole passe par la libéralisation de l'économie de manière à ce que l'activité des fermiers soit plus profitable. Il faut supprimer toutes les taxes qui pèsent sur la production agricole et supprimer toutes les entraves à la circulation des produits agricoles, y compris extérieure.

Les physiocrates sont donc des libéraux. Les lois ou institutions humaines sont bonnes si elles sont conformes à l'ordre naturel. C'est le libéralisme des « droits naturels » de Turgot, Condorcet, Jefferson et Paine, les principaux auteurs de la doctrine des droits de l'homme : selon Condorcet, « tout doit tendre non à la plus grande utilité de la société, principe vague et source profonde de mauvaises lois, mais au maintien de la jouissance des droits naturels » (Condorcet, *Vie de M. Turgot*, 1786). La condamnation de l'esclavage par ces libéraux classiques du XVIIIe siècle découle ainsi du droit naturel : « les hommes naissent et demeurent libres et égaux en droits », des contrats de servitude volontaire ne peuvent donc pas être signés. Condorcet (*Réflexions sur l'esclavage des nègres*, 1781) conclut : « Les sociétés politiques ne peuvent avoir d'autre but que le maintien des droits de ceux qui la composent. » La justice fait ainsi respecter l'ordre naturel, notamment les droits de l'homme de la Déclaration de 1789 (la liberté, la propriété, la sûreté et la résistance à l'oppression) en France.

Des recommandations libérales sont ainsi fondées sur une analyse économique de l'ordre naturel permettant d'en dégager les lois de fonctionnement. Le législateur doit donc se contenter de fournir le cadre institutionnel dans lequel des agents non éclairés servent le bien public sans avoir à le rechercher. Ainsi Turgot dit-il au roi Louis XVI de gouverner avec des « lois générales », c'est-à-dire de ne pas interférer dans le commerce des grains, par exemple. Laisser faire les marchands, accorder la liberté d'entreprise, c'est optimal si le cadre est bien posé. L'influence politique et pas seulement intellectuelle des physiocrates est maximale en France au tournant des années 1760. La libre circulation du blé à l'intérieur des frontières du territoire français est décidée sur leurs conseils en 1763 et en 1764 la libre exportation du blé est même autorisée : le blé devient une marchandise.

Le *Tableau économique*, un circuit monétaire macroéconomique

Le *Tableau économique* , conçu par Quesnay, est la première représentation macroéconomique des relations économiques au sein de la société française du XVIIIe siècle. Pour la première fois, une véritable analyse économique globale est menée, une abstraction ayant vocation à rendre compte de manière intelligible de l'ordre naturel de la société est produite. Elle consiste en cinq flèches représentant des flux monétaires correspondant aux achats (dépenses) et ventes (recettes) entre trois pôles, trois classes sociales définies comme des secteurs d'activité. Un « coup de génie », écrit Marx. Les trois classes identifiées par Quesnay sont :

– la classe productive, c'est-à-dire ceux qui ont une activité agricole ;

- la classe des propriétaires, propriétaires de la terre, qui touchent en conséquence un revenu de la propriété, la rente foncière ;
- la classe stérile, c'est-à-dire ceux qui ont une activité non agricole (industrielle et commerciale). Leur stérilité s'entend ici non pas comme absence de production (c'est la situation des propriétaires), mais comme une simple reproduction (pas de valeur ajoutée aux consommations intermédiaires).

Au départ, la classe stérile a touché 2 M de rentes de la part de la classe productive, qu'elle dépense de manière égale auprès de la classe stérile (1 M) et de la classe productive (1 M). La classe productive produit pour 5 M, conserve 2 M pour l'année suivante (reconstitution des avances annuelles) et vend pour 3 M (1 M auprès de la classe des propriétaires et 2 M auprès de la classe stérile). Elle dépense 1 M auprès de la classe stérile (reconstitution des avances primitives qui se déprécient chaque année) et dégage donc 2 M de surplus, versés aux propriétaires fonciers qui les dépenseront l'année suivante.

Figure 4 – Le tableau économique de François Quesnay (1758)

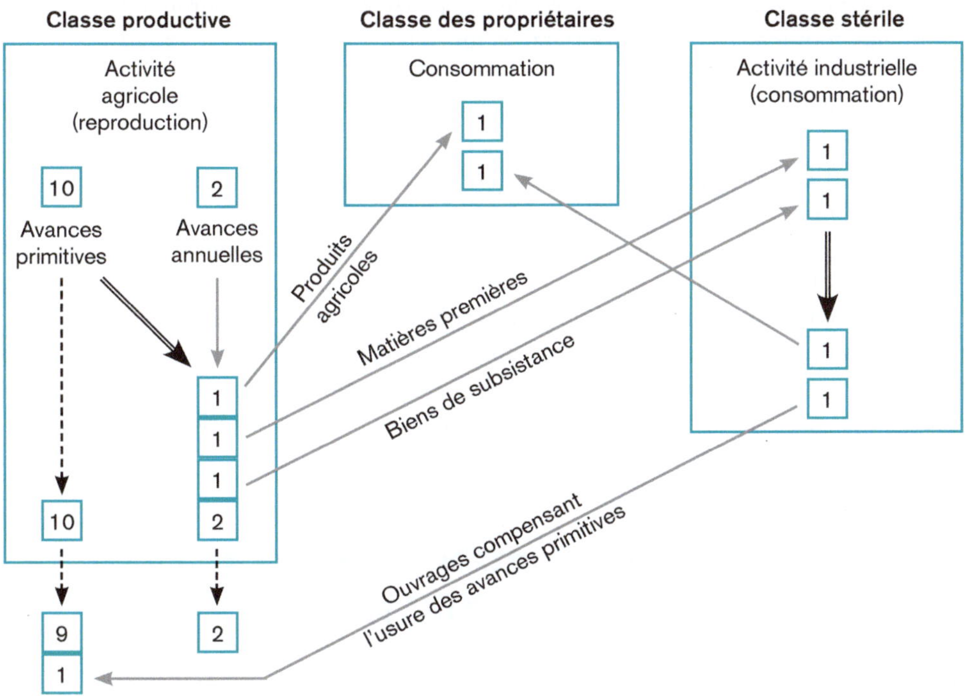

Source : tiré de G. Deleplace, *Histoire de la pensée économique*, Dunod, 2009.

Intérêts et insuffisances du circuit de Quesnay

La rupture avec le mercantilisme sur la théorie de la valeur (réelle et non monétaire) et l'analyse de l'ordre naturel du « royaume agricole » font de la physiocratie une analyse classique avant Smith. Le concept de reproduction, « la reproduction annuelle de la nation », qui rend compte des conditions de la perpétuation de l'ordre naturel de la société, c'est-à-dire de la restauration des conditions d'existence des classes, traduit une conception scientifique de l'économie. De même, le concept d'avances comme somme de monnaie avancée à la production précède celui de capital qui sera développé par Smith et ses successeurs. Des crises « classiques » peuvent apparaître en cas d'insuffisante prévoyance des fermiers : « les reprises » sont nécessaires pour reconstituer les avances primitives et annuelles, c'est-à-dire pour entretenir le potentiel de production.

Mais le *Tableau économique* anticiperait aussi le circuit économique keynésien : circulation des biens, circulation de revenus et circulation monétaire. La comptabilité nationale a donné le nom de « Tableau économique d'ensemble » (TEE) à sa représentation synthétique de l'économie nationale en l'honneur du tableau économique de Quesnay. La question de la croissance aujourd'hui y est déjà posée à travers celle de la reproduction de l'économie et repose sur l'écoulement de toute la production : des crises de débouchés peuvent intervenir en cas de thésaurisation de la classe des propriétaires.

Cependant, l'agriculture reste seule productrice de valeur chez Quesnay. Ce postulat n'est pas une simple idée naturaliste car, si la fertilité de la terre est un don, pourquoi ne profite-t-elle pas d'abord aux fermiers avant les propriétaires fonciers ? Ce postulat est en fait le seul moyen de justifier l'existence des propriétaires : il faut bien que la rente vienne de quelque part. Le « produit net » qu'ils récupèrent est l'expression économique de la réalité sociale (la domination des propriétaires fonciers) qu'on euphémise en la naturalisant (origine naturelle du produit net). Quesnay prétend dégager des lois naturelles du fonctionnement de l'économie, mais reste enfermé dans une vision non scientifique en justifiant ainsi l'existence de la classe des propriétaires. Il peut donc affirmer que la classe des propriétaires joue un rôle central parce qu'ils détiennent la source de toute richesse : « La sûreté de la propriété foncière est une condition essentielle de l'ordre naturel du gouvernement et des empires. »

Enfin, le travail salarié et les salaires sont absents. Si on a souligné la présence du capital, le profit est en revanche lui aussi absent, et en conséquence l'accumulation du capital et la croissance. Le produit net est d'ailleurs totalement dépensé par les propriétaires fonciers.

2 Les développements controversés de l'analyse économique classique au XIXe siècle

Adam Smith (*Recherches sur la nature et les causes de la richesse des nations*, 1776 ; noté RDN par la suite) est le père fondateur de la science économique pour avoir isolé l'objet d'étude de celle-ci : la production est la richesse des nations. Le Français Jean-Baptiste Say, un des premiers lecteurs de Smith, écrit en 1803 que la science économique « enseigne comment se forment, se distribuent et se consomment les richesses qui satisfont aux besoins des sociétés » (*Traité d'économie politique*).

A. Les classiques : libéralisme et théorie économique

Les classiques adhèrent aux valeurs du libéralisme

L'école classique naît en 1776 avec la RDN d'A Smith et s'achève en 1848 avec les *Principes d'économie politique* de John Stuart Mill. Elle se développe dans le contexte historique de la révolution industrielle en Angleterre et en France. La RDN est le socle commun à partir duquel les auteurs classiques vont forger leurs propres conceptions et prolongements. En Angleterre, David Ricardo impose son empreinte à l'école avec *Des principes de l'économie politique et de l'impôt* (1817). John Stuart Mill souhaite prolonger la théorie ricardienne. Selon lui, la production est gouvernée par des lois naturelles immuables (analogues à des lois physiques), mais la répartition dépend de lois sociales perfectibles. Le libre-échange et le laisser-faire peuvent ainsi connaître des exceptions. En France, J.-B. Say est un héritier de Smith et sa principale contribution à l'école classique est la loi des débouchés. Mais il est aussi issu d'une lignée qui remonte à Cantillon (le circuit), à Turgot (l'entrepreneur) et à Condillac (l'utilité), qui en font un dissident parmi les classiques, voire un précurseur des néoclassiques par sa théorie de la valeur utilité. Au-delà de l'affiliation problématique de K. Marx à l'école classique, l'unité analytique de celle-ci autour de l'œuvre de Ricardo ne doit donc pas être surévaluée.

Mis à part le radicalisme de Marx, le libéralisme doctrinal des autres classiques est très partagé. C'est un libéralisme « utilitariste », celui de Hume et de Smith : « Toutes les institutions de la société [...] sont jugées uniquement par le degré avec lequel elles tendent à promouvoir le bonheur de ceux qui vivent sous leur juridiction. C'est leur seule utilité et leur unique but » écrit Adam Smith dans *Théorie des sentiments moraux* en 1759. L'ordre naturel se concrétise alors grâce à la liberté individuelle, à la poursuite de l'intérêt personnel qui mène à l'harmonie naturelle et à la satisfaction de l'intérêt général par le fait d'une « main invisible » (A. Smith, 1776). On ne doit restreindre la liberté que si cette restriction accroît le bonheur collectif. Ainsi en est-il de l'esclavage, condamné par les utilitaristes parce que la productivité d'un esclave est inférieure à celle d'un homme libre. Ces auteurs libéraux ne sont donc pas partisans d'une intervention minimale de l'État, limitée aux seules tâches de sécurité.

La théorie objective de la valeur travail de Smith à Ricardo

La richesse est réelle et non monétaire pour les classiques. La monnaie mesure certes la valeur des choses, mais sans en avoir elle-même puisqu'elle n'est qu'un équivalent général. Le prix nominal, c'est-à-dire exprimé en unités monétaires, ne peut pas mesurer la valeur, seul le prix relatif, c'est-à-dire le rapport de prix de deux biens, le peut. Il traduit l'existence d'un élément commensurable entre les biens, et c'est le travail qui fonde la valeur d'échange des biens.

Utilisant le paradoxe de l'eau et du diamant – l'eau est plus utile que le diamant et sa valeur d'échange est pourtant plus faible –, A. Smith rejette la valeur d'usage, l'utilité, comme fondement de la valeur d'échange. Ricardo considère que la valeur d'échange des biens non reproductibles dépend de leur rareté relative, tandis que celle des biens reproductibles est fondée sur la quantité de travail incorporée. Ainsi la valeur d'échange d'un verre d'eau dans le désert risque-t-elle d'être élevée parce que son coût de production (trouver un puits, transporter l'eau, etc.) l'est. Selon Ricardo, dans le cas général, les biens sont reproductibles et leur difficulté de production en détermine la valeur d'échange. Dans les sociétés développées, la production incorpore du travail, mais aussi du capital et de la terre, nécessaires à la production. Mais le capital est lui-même le produit d'un travail passé. De même, les « différentes espèces de travail » sont présentées comme des multiples du travail le plus simple. Ainsi la valeur d'un bien dépend-elle de la valeur du travail le plus simple, qui est affectée par les prix des biens de subsistance nécessaires à la survie du travailleur. Les gains de productivité, dans l'agriculture par exemple, peuvent modifier les prix relatifs, et pour Ricardo la théorie de la valeur travail n'est donc qu'une approximation, mais la meilleure.

La distinction entre prix de marché et prix naturel (ou valeur) permet à Ricardo d'intégrer les fluctuations conjoncturelles des prix. Le prix naturel est fondé sur la quantité de travail incorporé, c'est-à-dire sur les difficultés de production du bien, mais le prix de marché résulte de la confrontation entre l'offre et la demande. Face à une augmentation de la demande, le prix de marché s'élève, si bien que les profits et/ou les salaires augmentent dans cette activité. Des capitaux et/ou du travail supplémentaires affluent alors dans ce secteur, élevant les capacités de production et ramenant le prix de marché vers le prix naturel. La contradiction apparente entre une théorie de la valeur stable et des fluctuations observées des prix des marchandises est ainsi résolue. Le prix peut s'écarter de la valeur, mais transitoirement seulement. La question de la valeur est donc bien indépendante de celle du prix. La valeur dépend des difficultés de production et la question du prix est annexe, et renvoie au domaine de l'échange.

Répartition et classes sociales chez les classiques

Les classes sociales se définissent par leurs revenus : les salariés gagnent des salaires, les capitalistes touchent des profits, les propriétaires perçoivent des rentes. Le prix naturel est à la fois le coût de production du bien et la clé de répartition entre rente, salaire et profit.

Évidemment, la terre n'est pas un bien libre, elle fait même l'objet d'une appropriation et d'une transmission par héritage dans la plupart des pays du monde. Ricardo explique le montant de la rente par la différence de fertilité des terres qui conduit à la mise en culture de terres de moins en moins fertiles à mesure que la population augmente, et donc à la hausse du coût de production des biens agricoles. La dernière terre à avoir été mise en culture détermine le prix naturel puisqu'elle a le coût de production le plus élevé et ne verse pas de rente. La rente différentielle est la conséquence des écarts entre ce prix naturel et les coûts de production inférieurs sur les terres plus fertiles.

La hausse de la rente est donc la conséquence et non la cause de la hausse du prix. Elle est pour Ricardo un revenu provenant non d'une utilité particulière dans la production, mais d'une difficulté croissante dans la production. Les revenus des propriétaires terriens chez les classiques ne sont donc pas socialement justifiés, ce qui explique la position de Ricardo en faveur de l'abolition des *Corn Laws*. La baisse du prix du blé sacrifie la rente, mais restaure les profits en favorisant la baisse des salaires de subsistance. La croissance est alors entretenue par l'accumulation du capital. Seul Malthus (*Principes d'économie politique*, 1820) trouve une utilité sociale à ceux que Quesnay qualifiait de « rentiers fainéants » : leur accroissement de revenus permet d'absorber le surcroît de produits et d'éviter les crises de surproduction.

Ricardo juge que le salaire minimum se fixe au minimum vital nécessaire à la survie de l'ouvrier. C'est « la loi d'airain » des salaires (F. Lassalle). La loi de population de Malthus (1798) est au fondement du salaire naturel de subsistance : en l'absence de contrainte morale (le « frein préventif » de l'abstinence), les pauvres s'arrêtent de faire des enfants quand ils n'ont plus les moyens de les nourrir (« frein positif » de la mort). Que le salaire s'élève et la mortalité baisse, favorisant la hausse de la population. Bientôt un excès de population active apparaît et conduit à la baisse du salaire, à la hausse de la mortalité et à la baisse de la population. Le salaire de marché gravite ainsi autour d'un salaire naturel défini comme un minimum vital, bien que relatif, selon Ricardo, puisque dépendant des prix des biens de subsistance. Ces derniers peuvent baisser, par exemple du fait de gains de productivité dans leur production ou d'importations en provenance des pays « neufs » (États-Unis, Russie, etc.), ou augmenter du fait de la fertilité décroissante des terres. Dans les deux cas, en dépit des variations du salaire naturel nominal, le salarié conserve le même pouvoir d'achat de subsistance.

Dans la théorie économique classique, le profit se définit et se justifie comme le revenu de celui qui avance les fonds nécessaires à la production, aussi bien le fonds de capital que le fonds de roulement ou les fonds de salaires, nécessaires à la survie de travailleurs qui ne peuvent pas, par définition, attendre.

C'est bien parce qu'il est possesseur d'un patrimoine que le capitaliste recueille un profit, mais pas seulement : à la différence du salarié ou du rentier, son revenu n'est pas garanti. La seconde justification selon Smith est donc la prise de risque. À risque identique, la conséquence de la mobilité du capital et du travail est l'égalisation des taux de profit et des salaires entre différentes branches et régions, nous dit Ricardo. Dans tous les cas, le profit dépend du taux de salaire et du capital avancé, c'est-à-dire de l'intensité capitalistique. La hausse des salaires réduit les profits, sauf à accroître l'intensité capitalistique. Les capitalistes sont donc incités à mécaniser au maximum et la répartition est fondamentalement conflictuelle.

Crises et avenir du capitalisme chez les classiques

Selon J.-B. Say, le capitalisme est harmonieux. La loi des débouchés (l'offre crée sa propre demande) affirme en effet que la monnaie n'est qu'un voile jeté sur les échanges, les produits s'échangeant fondamentalement contre des produits. La valeur de l'offre globale des produits se décompose en revenus qui sont intégralement dépensés et suscitent donc une demande globale en valeur nécessairement égale. Quand bien même une partie de la monnaie est épargnée, elle est recyclée et prêtée, si bien que la crise générale de surproduction est impossible. Les crises sectorielles sont quant à elles liées à la mauvaise répartition des ressources rares, la surproduction d'un secteur n'étant que la contrepartie de la sous-production d'un autre. L'économie de marché les résout automatiquement, par des variations des prix et du profit. Les crises durables sont la conséquence du blocage des mécanismes naturels de retour à l'équilibre par des agents interventionnistes, comme l'État. La seule solution est alors la libéralisation.

Pour Ricardo, la loi des rendements décroissants dans l'agriculture condamne la croissance économique. Elle élève le prix des biens de subsistance, donc le niveau des salaires de subsistance et des rentes foncières. En contrepartie, le taux de profit baisse, ce qui conduit à l'arrêt de l'accumulation du capital et ainsi de la croissance. Il faut alors abroger les *Corn Laws* et importer du blé bon marché pour restaurer le taux de profit. Cela va diminuer les rentes foncières, mais cela n'a aucune conséquence puisque la loi de Say s'applique. Ricardo fonde sa recommandation du libre-échange sur sa théorie des avantages comparatifs (*cf.* module 3, chapitre 1) : l'économie anglaise délaisse les productions agricoles comme le vin ou le blé aux économies dont la productivité dans ces activités y est supérieure, et se spécialise dans la production industrielle où elle dispose à l'époque d'un avantage comparatif indéniable. Dans le chapitre 31 des *Principes de l'économie politique et de l'impôt*, intitulé « Des machines », Ricardo envisage une autre façon de faire reculer l'état stationnaire : le progrès technique. S'il augmente notamment les rendements dans la production des biens de subsistance, le progrès technique restaure le taux de profit.

B. Marx ou l'exploitation au cœur du système économique capitaliste

Marx formule une critique radicale de l'économie classique

Marx rejette la science détachée de l'histoire qui prétend à l'universalité. L'économie classique, en ce qu'elle recherche les lois de fonctionnement d'un ordre naturel, n'est donc pas scientifique, mais « spéculative ». L'observation de l'histoire doit néanmoins faire apparaître des lois. L'objectif de Marx est de démonter le moteur de l'histoire, c'est-à-dire d'analyser les conditions de production des choses et non leur fonctionnement dans un système que l'on ne questionne pas.

La compréhension de l'économie (et de la société) ne peut donc se faire en dehors de leur cadre historique : c'est à travers la recherche de types historiques que les économistes peuvent comprendre les phénomènes économiques. En prétendant que les caractéristiques propres du capitalisme appartenaient à la nature humaine – Smith s'appuie ainsi sur « un certain penchant naturel à tous les hommes [...] à trafiquer, à faire des trocs et des échanges d'une chose pour une autre » –, les économistes classiques ont naturalisé un fait historique. Pourquoi ? Parce que l'économie scientifique est en fait une idéologie, une « conscience fausse », c'est-à-dire une représentation du monde qui se présente comme universelle mais qui n'est que le produit de la place des économistes dans la société : en cachant et en naturalisant la réalité de l'exploitation capitaliste, ils défendent les intérêts de la classe bourgeoise.

L'état des techniques, des connaissances utilisées dans la production, détermine la manière dont les hommes rentrent dans des rapports sociaux de production, des rapports nécessaires, indépendants de leur volonté. Ces rapports qu'entretiennent les hommes entre eux sont tant des rapports techniques que sociaux (d'échange, de domination/aliénation, etc.) qui s'expriment à travers la nature de la propriété : la propriété directe des hommes fait le mode esclavagiste, la propriété indirecte des hommes et directe de la terre fait le mode féodal, la propriété privée des moyens de production fait le mode capitaliste, et la propriété commune fait le communisme. Le type de propriété et le type de mode de production déterminent des classes sociales : « Homme libre et esclave, patricien et plébéien, baron et serf, maître de jurande et compagnon, en un mot oppresseurs et opprimés » (Marx et Engels, *Manifeste du parti communiste*, 1848).

Le mode de production capitaliste se caractérise par des forces productives gigantesques. La concentration de nombreux travailleurs sur le lieu du capital permet de réaliser les forces productives. La manufacture puis l'usine s'imposent donc. Cette production importante doit être écoulée en dehors de la sphère de la production, nécessité qui transforme la production en marchandise. Il est donc indispensable que le travail soit acheté par le capitaliste pour empêcher le travailleur d'être maître de sa production, afin de contraindre le travailleur non propriétaire du produit de son travail à l'acheter au capitaliste.

Le changement historique de mode de production passe par le bouleversement des rapports sociaux de production désormais inadéquats : un nouveau mode de production émerge et s'affirme pour un temps. Le passage du mode de production féodal au mode de production capitaliste résulte ainsi du développement des forces productives capitalistes au sein du mode de production féodal qui produisent inévitablement la révolution économique, donc politique (*enclosures* sur la propriété au Royaume-Uni, décret d'Allarde qui libère le travail en France), c'est-à-dire le renversement de l'Ancien Régime. En conséquence, nous dit Marx, le développement des forces productives prolétariennes (les prolétaires regroupés par le capitalisme lui-même dans les usines) produira tôt ou tard le renversement du capitalisme.

Le cœur du capitalisme : la marchandise

Le Capital (1867) s'ouvre sur l'analyse de la marchandise : « La richesse des sociétés dans lesquelles règne le mode de production capitaliste s'annonce comme une "immense accumulation de marchandises". » Toute marchandise a une valeur d'usage, une utilité, mais, pour être échangée, elle doit aussi être une valeur d'usage pour autrui, donc une valeur d'usage sociale. La valeur ne peut exister en dehors de l'usage et de l'échange : c'est parce qu'elle a une valeur d'usage qu'une chose est réalisable dans l'échange, et c'est parce qu'elle est une valeur d'échange (donc commensurable) qu'elle permet de quantifier la valeur d'usage sociale.

Comme chez Ricardo, le travail est l'élément social commun à tous les hommes, partagé par tous les hommes et mis en commun dans la production et l'échange. C'est lui qui détermine la valeur. Concrètement, le travail est divers, hétérogène, dépend des hommes, de leur métier, de leur efficacité. Marx distingue travail simple et complexe afin de prendre en compte la qualification et, à l'instar de Ricardo, oppose le travail vivant et le travail mort (le capital). Le capitalisme n'est donc que l'appropriation du travail mort par des individus qui le rendent indispensable à la production. Le « travail socialement nécessaire » est alors la quantité moyenne de travail que nécessite la production d'un bien.

Si Marx reconnaît sa dette vis-à-vis de Ricardo sur la théorie de la valeur travail, il s'en sert pour abattre les fondements du capitalisme : si le travail est à l'origine de toute richesse, pourquoi des non-travailleurs, les propriétaires des moyens de production, s'accaparent-ils une partie de la valeur créée par le seul travail ?

La répartition chez Marx est marquée par l'exploitation capitaliste

Deux types de revenus pour deux classes sociales : les salariés touchent des salaires et les capitalistes perçoivent la plus-value.

Le travail (fondement de la valeur dans toute société) ne doit pas être confondu avec la force de travail (la transformation du travailleur en marchandise). Comme toute marchandise, la force de travail a deux valeurs : valeur d'usage et valeur d'échange. La valeur d'échange de la force de travail est le salaire. Comme chez Ricardo, la valeur d'échange de la force de travail dépend de la quantité de travail nécessaire pour la (re)produire, c'est-à-dire de la valeur des biens et services nécessaires à la survie du travailleur et à l'entretien de sa famille. Le salaire est forcément un salaire de subsistance, un minimum vital.

La « loi d'airain des salaires » (Lassalle) est provoquée par une surpopulation relative. Marx affirme, contrairement à Malthus, que l'excès de population, de main-d'œuvre, n'est pas « naturel », mais qu'il est causé par le capitalisme lui-même. Le capitalisme réduit sa demande de travail (par substitution du capital au travail), ce qui crée une « armée industrielle de réserve » qui fait pression sur les salaires, ce qui accroît la concurrence et fait augmenter l'offre de travail par un effet revenu : progressivement, les femmes, les enfants, sont mis au travail et la famille ouvrière court après un niveau de subsistance qui recule à mesure qu'elle travaille davantage puisque cela fait baisser le salaire.

La magie du capitalisme réside dans l'excès de la valeur d'usage par rapport à la valeur d'échange de la force de travail. La valeur d'échange de la force de travail est déterminée par le salaire de subsistance, or l'achat de la force de travail à ce prix donne au capitaliste le droit à la valeur d'usage de la force de travail, c'est-à-dire la valeur produite par le travail (mort et vivant) dans l'usage de la force de travail. L'écart entre les deux est le surtravail ou plus-value (Pl) qui mesure l'exploitation. Le taux de profit mesure alors le rapport entre la plus-value (Pl) et le capital avancé par le capitaliste qui se décompose en capital constant (C, qui sert à financer le capital fixe et les consommations intermédiaires) et capital variable (V, correspondant au paiement des salaires). Or, la concurrence entre capitalistes pousse à accroître le capital constant par rapport au capital variable (la composition organique du capital), à substituer du capital au travail. À terme, le taux de profit diminue, sauf à augmenter le degré d'exploitation, c'est-à-dire Pl/V. La loi de baisse du taux de profit n'est donc que tendancielle, les capitalistes pouvant en effet :

- augmenter la plus-value absolue : intensification, augmentation du temps de travail (en fait, limité), baisse du niveau de salaire (limitée déjà au niveau du minimum vital) ;
- augmenter la plus-value relative : augmentation de la productivité des secteurs qui fabriquent les biens de subsistance par l'innovation ; recours à l'impérialisme pour se les procurer.

Néanmoins, le capitalisme est condamné : socialement par la concentration des prolétaires dans les usines où une socialisation ouvrière se développe et fait naître une conscience de classe, et surtout économiquement par la loi de surpopulation relative qui produit une insuffisance structurelle de la demande par le maintien dans la pauvreté de bataillons toujours plus nombreux de prolétaires à mesure que la déqualification progresse et que la concurrence des usines fait disparaître les travailleurs indépendants.

Le paradoxe d'une révolution industrielle qui s'accompagne à la fois de la croissance économique et du développement de la pauvreté dès le début du XIXe siècle interroge. Selon Marx, cette nouvelle pauvreté de masse des travailleurs (paupérisme) résulte du mode d'organisation des économies et de la répartition des richesses. La surpopulation est le produit du mode de production capitaliste parce qu'elle est utile à l'accumulation de richesses. Les capitalistes ont en effet intérêt à avoir des hommes en trop qui constitueront « l'armée industrielle de réserve ». Cette dernière permet un maintien d'un taux de chômage élevé, bloque le niveau de salaire et donc pérennise la plus-value. La pauvreté des travailleurs est ainsi une conséquence du fonctionnement libre du marché du travail.

C. Les néoclassiques : de la révolution marginaliste à la nouvelle microéconomie

Si les néoclassiques sont dans une grande continuité doctrinale, libérale, par rapport aux classiques, ils rompent analytiquement avec eux : la théorie de la valeur utilité se substitue à celle de la valeur travail. Pour autant, les approches néoclassiques sont diverses.

Les néoclassiques, ruptures et continuités par rapport à l'école classique

Au tournant des années 1870, une « révolution marginaliste » menée parallèlement par Menger (*Principes d'économie politique*, 1871), Walras (*Éléments d'économie politique pure*, 1874) et Jevons (*The Theory of Political Economy*, 1871) met au centre de l'analyse le raisonnement à la marge, d'où son nom. L'utilité d'une unité supplémentaire d'un bien diminue avec la quantité consommée, ce qui signifie que l'utilité marginale est décroissante (Gossen, L'Exposition des lois de l'échange, 1854). Ainsi, l'eau étant consommée en abondance, l'utilité associée à une unité supplémentaire est faible, ce qui explique que les consommateurs ne sont pas prêts à la payer cher.

Substituant l'utilité au travail comme fondement de la valeur d'échange, les marginalistes se débarrassent surtout de la critique de Marx de l'économie classique. La valeur utilité explique désormais la valeur d'échange qui n'est plus que psychologique, et n'est donc plus liée à un quelconque rapport social. La problématique de la valeur disparaît même avec les néoclassiques. La question de la rareté (utilité et quantité limitée par rapport aux besoins) remplace alors celle de la valeur : la production est un calcul économique sous contrainte de ressources rares, de techniques rares, etc.

Pour les économistes néoclassiques du dernier tiers du XIXe siècle, la science économique constitue d'abord une méthode d'appréhension des activités économiques par les calculs coûts-bénéfices qu'effectuent les hommes à leur occasion. Elle conduit à scientifiser l'homme à l'origine de ces activités économiques : l'*homo œconomicus* est rationnel, au sens où il combine des moyens logiques pour atteindre une fin : un producteur recherche le profit qu'il pourra atteindre en minimisant les coûts, un consommateur recherche la satisfaction de ses besoins en dépensant le moins possible compte tenu de sa contrainte de revenu et des prix des produits.

La consommation passe au premier plan avec cette approche microéconomique. Le cœur de l'économie pour les néoclassiques, en effet, c'est l'échange et non la production. La question pertinente devient celle de la coordination par le marché et non plus celle de la création de richesses par la production : le capitalisme a eu besoin de montrer un temps qu'il produisait de la richesse, mais ce n'est plus le problème. Le problème – soulevé par Marx – est de montrer sa capacité à durer au-delà des crises, à s'auto-organiser. La problématique de la croissance disparaît avec les néoclassiques au profit de celle de l'équilibre concurrentiel.

La répartition ne fait plus question chez les néoclassiques. L'antinomie ricardienne entre les revenus de différentes classes sociales (salaires, rentes et profits) n'existe plus. Avec les néoclassiques, les revenus sont simplement les prix de vente des facteurs de production. Ainsi, le salaire est le prix du travail et le profit est le prix de location du capital. Ces revenus sont des revenus individuels, chaque unité de travail, chaque unité de capital se vend à un certain prix : les classes sociales disparaissent. La fin de la lutte des classes résulte aussi du fait que ces revenus sont justes puisqu'ils dépendent de leur contribution productive. À l'équilibre, le salaire est égal à la productivité marginale du travail. De même, s'agissant du capital, la distinction entre intérêt, dividende, loyer, etc., perd beaucoup de son sens puisque, dans un contexte concurrentiel, les revenus du capital s'égalisent, à leurs liquidité et risque près : les loyers sont moins liquides, les dividendes sont plus risqués.

De l'équilibre partiel à l'équilibre général

La méconnaissance de Walras en Angleterre au tournant du XXe siècle a conduit à créditer Marshall de la loi de l'offre et de la demande. L'apport de Marshall est d'appliquer à la détermination des quantités le principe du raisonnement marginaliste en faisant l'hypothèse des rendements décroissants dans la production : « Les tendances à l'utilité décroissante et à la productivité décroissante trouvent leurs racines, la première dans les qualités de la nature humaine, la seconde dans les conditions techniques de l'industrie » (*Principes d'économie politique*, 1890). La loi de l'offre et de la demande se traduit par le croisement de la courbe de demande décroissante et de la courbe d'offre croissante sur chaque marché, déterminant un prix et une quantité d'équilibre (p*, q*) simultanément pour chaque bien sur son propre marché. C'est une théorie qui fait disparaître la question de la valeur pour construire directement une théorie du prix de marché. Il n'y a plus la distinction classique entre une théorie du prix naturel (la valeur), fondée sur les difficultés de production, et une théorie du prix de marché, fondée sur l'économie de marché.

Or, Marshall observe que la tendance à la décroissance des rendements n'est pas toujours la règle. Il met en évidence l'existence d'économies d'échelle externes : l'augmentation de la production du secteur permet aux entreprises de ce secteur de faire baisser le coût unitaire de production. Les infrastructures de transport développées dans une région dynamisée par un secteur d'activité créent en effet un avantage en retour pour les producteurs individuels. On sort forcément dans ce cas de l'équilibre partiel, sauf à considérer ces économies d'échelle externes… comme internes à la branche.

L'économie politique pure, telle que la présente Léon Walras (1834-1910), est une théorie de l'équilibre général du marché, selon une approche formalisée qui va du plus simple au plus compliqué, en l'occurrence des modèles successifs d'échange – pur, de production, de capitalisation, d'économie monétaire (*Éléments d'économie politique pure*, 1874). L'économie d'échange pur est constituée des seuls marchés de biens et services. L'économie d'échange et de production y ajoute les marchés des services producteurs. L'économie de capitalisation introduit en plus les marchés des capitaux dont les équilibres découlent de l'égalisation des taux de revenus nets (revenus nets/prix des capitaux) des différents capitaux. C'est une présentation pédagogique qui vise à identifier les lois économiques fondamentales. L'hypothèse de la concurrence parfaite est levée dans « l'économie politique appliquée » qui étudie les situations concrètes et réelles de concurrence.

Les ménages possèdent des capitaux (dont le « capital humain », même si Walras n'emploie pas ces termes) dont ils tirent des revenus en vendant leurs services producteurs (dont le travail). Ils dépensent leurs revenus et en épargnent une partie, placée en titres qu'ils achètent sur le marché financier, titres qui leur rapportent un revenu : l'objectif des ménages est de maximiser leur utilité sous contrainte budgétaire. Les entreprises tirent des recettes de la vente des biens de consommation, de production et de titres, avec lesquelles elles achètent les services producteurs et des biens de production neufs : l'objectif est celui de la maximisation du profit sous la contrainte des techniques de production.

La théorie de l'équilibre général walrassien traduit l'objectif de Walras ainsi : il existe une solution (p*, q*) au système d'équations linéaires que représente l'égalité entre l'offre et la demande sur chacun des marchés de l'économie. C'est un équilibre général du fait de l'interdépendance des marchés qui se traduit dans la « loi de Walras » (Oskar Lange, 1942). Il existe, sous certaines hypothèses, un équilibre général walrassien (EGW) en concurrence parfaite, c'est-à-dire un ensemble de prix qui permet l'équilibre simultané sur tous les marchés. La puissance de l'analyse néoclassique est là : il y a un état de l'économie où les décisions individuelles égoïstes sont mutuellement compatibles.

Au-delà des conditions très restrictives nécessaires à l'obtention d'un tel résultat, il reste que l'existence possible d'un équilibre n'établit pas qu'on l'atteint dans une économie de marché : c'est la question de la stabilité de l'EGW. Smith était convaincu que la libre concurrence est cette main invisible qui conduit à l'ordre naturel. Pour Walras, l'équilibre général se forme par tâtonnements sur les prix. Un crieur de prix, une institution de coordination des marchés qui n'est pas le marché lui-même – Walras utilise l'image du commissaire-priseur ou celle de la criée du marché aux poissons –, engage un processus d'ajustement des prix criés par l'augmentation des prix des biens dont les demandes dépassent l'offre, et la baisse des prix des biens dont les demandes sont inférieures à l'offre. Les prix convergent vers le vecteur de prix d'équilibre (p*) et les transactions peuvent avoir lieu. La loi de l'offre et de la demande est pour Walras un processus centralisé. La décentralisation des décisions n'est ainsi obtenue qu'à la condition d'une hypercentralisation des ajustements du prix. Walras a donc le mérite d'expliciter le mode de formation du prix d'équilibre sur un marché. Pour lui, les marchés réels se rapprochent plus ou moins des bourses de valeurs, des criées aux poissons. Mais les économistes néoclassiques auront tendance à prendre moins de précaution et à faire « comme si » ce processus de formation du prix d'équilibre ne posait pas problème, autrement dit à adopter la position de Smith.

Vilfredo Pareto (1848-1923) succède à Léon Walras à la chaire d'économie politique de l'université de Lausanne. Il se présente comme un disciple critique. Il adopte en effet la théorie de l'équilibre général de Walras, mais apporte la notion de maximum « d'ophélimité », appelé désormais optimum de Pareto. Une allocation est un optimum de Pareto si l'on ne peut améliorer la situation d'un agent sans dégrader celle d'un autre agent. Un EGW en concurrence parfaite est un optimum de Pareto (premier théorème du bien-être). Mais, là encore, les conditions d'obtention d'un tel résultat sont excessivement restrictives : concurrence parfaite, absence d'effets externes et de biens collectifs... Il demeure aussi que l'optimum de Pareto ne dit rien du maximum d'utilité (on ne peut pas additionner les utilités individuelles), ni de la répartition et de la justice (une allocation absolument inégalitaire est un optimum de Pareto), ni de l'organisation économique (une société collectiviste peut atteindre le maximum d'ophélimité).

Du marginalisme à la nouvelle microéconomie

L'Américain Gary Becker a reçu le prix Nobel 1992 pour avoir « étendu le domaine de l'analyse microéconomique à un vaste éventail de comportements et d'interactions humaines, y compris à des comportements qui ne relèvent pas du marché ». G. Becker développe ainsi une économie de la famille (*A Treatise on the Family*, 1981) où il applique la théorie des choix rationnels. Il affirme ainsi que les couples riches ont un taux de divorce plus faible parce qu'ils ont des coûts de divorce plus élevés. Il étudie l'impact de salaires réels élevés sur la « valeur du temps » et donc sur les coûts de la production domestique, comme l'éducation des enfants. Comme les femmes ont augmenté leur investissement en capital humain et entrent davantage sur le marché du travail, le coût d'opportunité de l'éducation d'un enfant augmente. De plus, l'augmentation de la rentabilité de l'éducation (en tant qu'investissement) élève le désir de fournir à ses enfants une éducation coûteuse. La conséquence de ces deux phénomènes est un taux de fertilité plus bas. Cette intrusion hors des sentiers battus de la production et de la consommation *stricto sensu* est souvent présentée comme un « impérialisme de l'économie ».

Sommes-nous en toutes circonstances assimilables à des *homo œconomicus* ? Ceci est infirmé par les résultats de l'économie expérimentale, qui est une branche de la science économique utilisant l'expérimentation comme méthode d'investigation. L'expérimentation en économie consiste en la restitution, en laboratoire, d'une situation économique simplifiée pour laquelle l'ensemble des variables est contrôlé par l'expérimentateur. Dans les « jeux de biens publics », on teste par exemple le comportement de passager clandestin *a priori* induit mécaniquement par l'hypothèse d'égoïsme des individus. John Ledyard (« Public goods : a survey of experimental research », 1995) trouve que les individus contribuent au contraire à hauteur de 40 % à 60 % de leur dotation initiale au financement du bien public. Ce type de résultat fait douter de l'universalité du comportement purement égoïste défendu par la théorie économique standard. Amartya Sen, prix Nobel 1998, a d'ailleurs traité avec humour l'*homo œconomicus* « d'idiot rationnel ». Il vaut donc mieux faire l'hypothèse d'un consommateur raisonnable plutôt qu'optimisateur, dont la rationalité est limitée et procédurale (Simon, « From substantive to procedural rationality », 1976), car l'environnement est incertain et les capacités de calcul des agents sont limitées.

L'approfondissement critique du schéma initial de l'équilibre en concurrence parfaite proposé par Marshall et Walras est passé par la levée des hypothèses. En situation de concurrence monopolistique par exemple, c'est l'hypothèse d'homogénéité du produit qui n'est pas respectée (Chamberlin, *Théorie de la concurrence monopolistique*, 1933). Chaque consommateur choisit les produits en fonction des prix de ces produits, mais aussi de l'éloignement relatif des produits à son produit idéal (Lancaster, « Une nouvelle approche de la théorie du consommateur », 1966). Les producteurs ne peuvent pas en effet produire tous les produits idéaux, mais seulement un certain nombre. La demande adressée à la firme dépend alors du prix et des caractéristiques du produit, mais aussi des prix et des caractéristiques des produits substituts. Il y a donc une interdépendance des demandes des différents produits : une firme sera en concurrence avec les firmes dont les produits sont très proches, mais en monopole par rapport aux firmes dont les produits sont éloignés. Dans ce cas, le prix de vente peut être supérieur au coût marginal qui serait le prix de concurrence pure et parfaite. Chaque entreprise présente est spécialisée dans une variante du produit et en profite pour maximiser son profit à la manière d'un monopole, en tenant compte de la courbe de demande des consommateurs.

Il ne faut pas confondre cette situation avec celle de l'oligopole, où les producteurs sont peu nombreux et peuvent donc tenir compte dans leur décision de production de la présence des autres vendeurs, et construire une fonction de réaction aux décisions de production que prendront les autres vendeurs ou l'autre vendeur – au singulier dans le cas d'un duopole, de Cournot ou de Stackelberg par exemple. L'analyse de ces structures de marché non concurrentielles a été renouvelée par la théorie des jeux, notamment non coopératifs (Von Neumann et Morgenstern, *Theory of Games and Economic Behavior*, 1944). Les joueurs ont des stratégies auxquelles sont associés des gains ou des pertes, représentés le plus souvent dans une matrice des gains. En 1950, lors d'un séminaire au département de psychologie de Stanford, le mathématicien Albert Tucker rend populaire le « dilemme du prisonnier », un équilibre en stratégies dominantes (une stratégie qui doit être jouée quelle que soit celle de l'adversaire) qui a la particularité d'être sous-optimal pour les acteurs. La poursuite par chacun de son intérêt égoïste ne conduit pas à la meilleure situation globale. Cet équilibre se trouve être aussi un « équilibre de Nash » (Nash, « Non cooperative games », 1951) puisqu'il est en même temps sans avantage pour un des joueurs de changer unilatéralement de stratégie.

La nouvelle microéconomie, ou « économie de l'information », lève l'hypothèse d'information parfaite. Les acteurs ont rarement le même accès à l'information, de sorte que des asymétries d'information caractérisent leurs relations économiques. L'aléa moral et l'antisélection résultent de l'imperfection de l'information sur les marchés concrets. Sur le marché des voitures d'occasion, de l'assurance, du travail, l'antisélection menace ; dans les relations principal/agent (relation salariale, relation d'expertise, relation d'assurance), l'aléa moral est fréquent. Les asymétries d'information multiplient ainsi les échecs de marché. Selon George Akerlof (« The Market for "lemons" », 1970), lorsque les acheteurs de voitures d'occasion ne peuvent pas discriminer entre les « bonnes » et les « mauvaises » occasions, ils proposent un prix moyen qui évince les voitures de « bonne » qualité et fait par-là disparaître le marché. Le modèle principal/agent de Jensen et Meckling (« Theory of the firm : managerial behavior, agency costs and ownership structure », 1976), appliqué à la relation d'expertise par exemple, met quant à lui en évidence l'opportunisme de l'expert (agent) qui impose des travaux et des productions inutiles au commanditaire sous-informé (principal). L'intervention de l'État doit permettre d'augmenter le bien-être collectif en modifiant l'équilibre sous-optimal de marché en présence d'asymétries d'information. Des règles institutionnelles peuvent ainsi être élaborées et imposées aux acteurs : le *screening*, par exemple, désigne un ensemble de règles qui contraignent l'agent le mieux informé à dévoiler son information – en France, le contrôle technique est ainsi obligatoire avant la vente d'une voiture sur le marché de l'occasion.

3 Les développements controversés de l'analyse économique keynésienne au XXe siècle

Après la Seconde Guerre mondiale se forge un « consensus keynésien ». Son déclin s'amorce dans les années 1970 avec un retour en force des analyses classiques qu'avait enterrées Keynes à la fin des années 1930. Mais la restauration classique est bousculée par le renouvellement des lectures de la pensée économique de Keynes.

A. La révolution keynésienne

La légitimité traditionnelle et légale-rationnelle des « classiques », c'est-à-dire selon Keynes tous les économistes classiques et néoclassiques[3] qui l'ont précédé en somme, ne peut appeler que le projet d'une théorie générale alternative : ce sera la *Théorie générale de l'emploi, de l'intérêt et de la monnaie* en 1936 (TGEIM ensuite).

Une économie monétaire orientée par la demande effective

Contre l'économie d'échange des classiques, Keynes représente l'économie comme une économie de production, principalement orientée par la demande effective. Les entreprises sont premières en ce qu'elles élaborent des plans de production dont elles espèrent la validation par le marché. Pour cela, elles anticipent la demande. En découlent des plans de production dont l'agrégation a cependant un résultat largement autoréalisateur : que l'optimisme gagne les entreprises et elles s'ouvriront mutuellement de vastes débouchés. Il faut donc prévenir le pessimisme des acteurs pour maximiser la production.

À l'opposé de l'économie réelle des classiques, Keynes représente l'économie comme une économie monétaire. Face à l'incertitude inhérente aux économies de marché, les acteurs se réfugient dans la monnaie, dont ils espèrent qu'elle va leur permettre de figer leur position en attendant de trouver des signes d'optimisme dans l'évolution de l'économie. C'est la préférence pour la liquidité. La demande de monnaie permet d'articuler monnaie et finance en tant que demande de monnaie pour motif de spéculation, c'est-à-dire moyen de détention du patrimoine. La monnaie n'est donc pas seulement demandée au titre de sa fonction d'intermédiaire des échanges (le motif de transaction selon Keynes) comme le défendent les classiques.

3 Keynes regroupe les analyses classiques et néoclassiques sous les termes « théorie classique » ou « école classique ». À la première page de la TGEIM, il précise en effet qu'il entend par là « les successeurs de Ricardo, c'est-à-dire les économistes qui ont adopté et amélioré sa théorie, y compris notamment Stuart Mill, Marshall, Edgeworth et le professeur Pigou ».

Dans le chapitre 12 de la TGEIM, Keynes met en avant que le capitalisme n'est plus ce qu'il était : au XXe siècle, les grandes sociétés anonymes (SA) remplacent les entrepreneurs aventuriers des débuts de la révolution industrielle, et donc la Bourse des valeurs remplace l'autofinancement. L'investissement et le placement en sont facilités : sur le marché financier, les acteurs en besoin de financement empruntent aux agents en capacité de financement d'autant plus facilement que la Bourse assure la liquidité de ces emprunts. Ainsi, une action acquise sur le marché primaire peut-elle être revendue rapidement et à faible coût sur le marché secondaire (la Bourse). Mais l'instabilité du financement de l'économie augmente à mesure que les marchés financiers se développent, car l'incertitude caractérise la prise de décision de placement comme d'investissement. La Bourse assure certes la liquidité du capital, mais permet surtout la révision permanente de décisions malheureusement marquées par la fragilité de leur fondement. L'efficacité marginale du capital peut en effet être calculée – d'ailleurs Keynes en déduit la fonction d'investissement décroissante du taux d'intérêt –, mais la confiance dans sa valeur reste faible puisque dépendante des anticipations sur l'évolution de l'économie à l'avenir (niveau de la demande, progrès technique, inflation, etc.). Cette incertitude sur l'avenir produit des révisions des anticipations permanentes. Le « climat des affaires » génère des révisions mimétiques (c'est la métaphore du concours de beauté), pessimistes ou optimistes, de l'efficacité marginale du capital dont la liquidité du marché financier permet la réalisation : « C'est comme si un fermier, après avoir tapoté son baromètre au repas du matin, pouvait décider entre dix et onze heures de retirer son capital de l'exploitation agricole, puis envisager plus tard dans la semaine de l'y investir de nouveau » (Keynes, TGEIM, chap. 12). Le fermier retire alors son capital en le transformant en monnaie : il y a une interdépendance très forte entre le marché financier et le marché de la monnaie par la demande de monnaie pour motif de spéculation. C'est la préférence pour la liquidité. Ne rapportant aucun revenu, la monnaie est détenue parce qu'elle endort notre inquiétude : sinon, « pourquoi quiconque en dehors d'un asile d'aliénés devrait-il souhaiter utiliser la monnaie comme réserve de valeur ? » (Keynes, « La théorie générale de l'emploi », 1937).

Les instruments de la régulation économique

Les voies de la politique monétaire discrétionnaire expansionniste abaissant le taux d'intérêt pour relancer l'investissement sont donc étroites : à anticipations inchangées seulement, cette baisse du taux d'intérêt augmente l'investissement qui, par l'effet multiplicateur, augmente la production. La banque centrale influence alors l'économie réelle par son action monétaire, il n'y a plus de dichotomie entre sphère réelle et sphère nominale chez Keynes. Mais si l'offre de monnaie accrue provoque une hausse de la demande de monnaie, alors le taux d'intérêt n'est pas modifié : les agents souhaitent détenir davantage de monnaie qu'avant parce qu'un choc de pessimisme s'est abattu et l'investissement n'augmente pas. C'est la trappe à liquidité. Selon Keynes, cette situation est fréquente, si bien que la politique budgétaire, voire la socialisation de l'investissement, est un meilleur levier pour assurer la régulation de l'économie.

Une économie monétaire de production égalise donc l'épargne (S) et l'investissement (I), non par les variations du taux d'intérêt sur un marché des fonds prêtables comme chez les classiques, mais par les variations de la production et du revenu. Le taux d'intérêt est en effet déterminé sur le marché de la monnaie. Il récompense le renoncement à la liquidité et non à la consommation. L'épargne est alors la partie non consommée du revenu. L'effet multiplicateur permet l'égalisation *ex post* de I et S : l'investissement crée toujours l'épargne dont il a besoin. Les entreprises initient le circuit économique par leurs décisions d'investissement et d'emploi, fondées sur leurs anticipations, plus ou moins optimistes, de la demande. Le volume d'emploi est donc déterminé en dehors du marché du travail par le refus du « second postulat classique », c'est-à-dire d'une offre de travail résultant d'un arbitrage entre consommation et loisirs. Dans une société salariale, les ménages n'ont pas d'autre choix que de travailler et se retrouvent fréquemment rationnés par les entreprises dont la demande de travail est faible compte tenu de l'insuffisance de la demande effective. Le chômage est ainsi involontaire.

Mais la pensée économique de Keynes a très rapidement (dès 1937) été résumée avec un certain brio par J. Hicks dans son article « Mr Keynes and the Classics : a suggested interpretation », imposant sa lecture de Keynes dans l'après-guerre à travers le modèle IS/LM. Les économistes pensent avoir trouvé la pierre philosophale de l'économie de marché régulée par l'État. La politique conjoncturelle est justifiée par le diagnostic largement partagé que la dépression des années 1930 avait été causée par une chute de la demande globale non enrayée par l'action des pouvoirs publics. Durant les années 1950 et 1960, le réglage fin (*fine tuning*) de l'économie s'impose. Au cours de ces années-là, l'inflation rampante pose problème aux keynésiens de la synthèse puisque le modèle IS/LM est à prix fixes. Comment prendre en compte les effets prix ? En 1958, A. W. Phillips (« The relation between unemployment and the rate of change of money wage rates in the UK, 1861-1957 ») met en évidence une relation statistique non linéaire entre le chômage et les variations des salaires nominaux. Cette « courbe de Phillips » est intégrée au modèle IS/LM par Samuelson et Solow en 1960 : c'est la « synthèse néoclassique », dite offre globale/demande globale. La relation de Phillips entre chômage et prix (les prix étant considérés proportionnels aux salaires) offre au modèle IS/LM une cohérence externe supérieure : le réglage fin de l'économie demande seulement à arbitrer entre l'inflation et le chômage à défaut de pouvoir être réduits simultanément. Au tournant des années 1970, l'inflation s'accélère et le chômage augmente : c'est la stagflation, qui invalide la relation de Phillips et met à terre le modèle de la synthèse, ouvrant une période de déstabilisation du « consensus keynésien ». La politique économique conjoncturelle n'apparaît plus en mesure de réguler l'activité économique.

B. Monétaristes et nouveaux classiques : contre-révolution ou restauration ?

L'article de Milton Friedman publié en 1968, « The role of monetary policy », apporte une critique théorique au modèle offre globale/demande globale : son absence, à la fois, de fondements microéconomiques et de marché du travail. Or, la prise en compte de l'illusion monétaire des offreurs sur le marché du travail permet de rendre compte de la disparition de l'arbitrage inflation-chômage : c'est la surprise d'une inflation plus forte qu'anticipée qui conduit les travailleurs à confondre hausse du salaire nominal et hausse du salaire réel et à offrir davantage de travail, réduisant par là un chômage forcément volontaire. À long terme, les autorités monétaires ne peuvent pas accélérer constamment l'inflation et l'arbitrage inflation-chômage disparaît. Le chômage se maintient à son niveau naturel. Le monétarisme de Friedman est donc à bien des égards une restauration plutôt qu'une contre-révolution keynésienne : c'est la restauration du « second postulat classique » et d'un marché du travail néoclassique traditionnel. Ce faisant, Friedman ne fait que compléter le cas n° 1 dit « classique » présenté par Hicks (1937) d'une macroéconomie monétaire (la théorie quantitative de la monnaie détermine les prix en fonction de l'offre de monnaie) par une sphère réelle réduite au marché du travail (le niveau de production résulte d'un volume de travail utilisé selon les techniques existantes).

Les travaux de Lucas, Sargent et Wallace fondent une « nouvelle macroéconomie classique » (NMC) à partir de la seconde moitié des années 1970. L'idée classique d'une parfaite flexibilité des prix, assurant le maintien permanent à l'équilibre des marchés, est retrouvée en s'appuyant sur l'hypothèse d'« anticipations rationnelles » des agents (Muth, « Rational expectations and the theory of price movements », 1961). Ces derniers sont certes rationnels, mais leur information est supposée imparfaite : ils mobilisent au mieux toute l'information disponible pour prévoir l'évolution des variables sur lesquelles ils font leurs choix. Selon Lucas (« Expectations and the neutrality of money», 1972), ils connaissent mieux l'évolution des prix des biens qu'ils produisent que celle du niveau général des prix. Cette imperfection de l'information conduit à ce qu'une accélération de l'inflation produite par une politique monétaire discrétionnaire augmente la production, l'agent prenant l'inflation pour une hausse du prix du bien qu'il vend. La hausse de la production appelle celle de la demande de travail et la baisse du chômage. Pour autant, la courbe de Phillips ne réapparaît pas ici. Les agents intègrent rapidement le changement de politique monétaire et la production retrouve son niveau initial. Si les pouvoirs publics tentent ainsi d'utiliser des relations statistiques entre inflation et production (ou inflation-chômage), alors les anticipations rationnelles les font disparaître. Les chocs monétaires peuvent donc avoir des effets réels sans que les pouvoirs publics puissent s'en servir pour la politique économique. La critique de Lucas (« Econometric policy evaluation : a critic », 1976) affirme ainsi que les modèles keynésiens sur lesquels s'appuie la politique économique sont fragiles puisqu'ils ne tiennent pas compte de la manière dont les agents économiques modifient leurs anticipations suite à une décision de politique économique. Ainsi, il y a peu de chance que les agents économiques soient surpris par une politique monétaire expansionniste devenue systématique à la fin des années 1960 : la surprise d'inflation justifiait l'arbitrage inflation-chômage à court terme chez M. Friedman, elle disparaît donc lorsque Sargent et Wallace (« "Rational" expectations, the optimal monetary instrument, and the optimal money supply rule », 1975) retiennent l'hypothèse d'anticipations rationnelles dans leur analyse de la courbe de Phillips. On peut tromper les agents économiques une fois (Friedman), mais pas systématiquement. La politique monétaire est alors inefficace dès le court terme : aucun arbitrage entre inflation et chômage n'existe, même à court terme. La courbe de Phillips est verticale.

Au début des années 1980, la théorie des cycles réels (TCR) se constitue autour des articles de Kydland et Prescott (« Time to build and aggregate fluctuations », 1982) et Long et Plosser (« Real business cycles », 1983). Elle s'appuie sur la même idée classique qu'une parfaite flexibilité des prix caractérise le fonctionnement des économies, de sorte que les fluctuations économiques empiriquement constatées sont la conséquence de chocs exogènes, mais en l'occurrence réels et principalement technologiques. Les deux chocs pétroliers des années 1970 ont déplacé l'intérêt des économistes des chocs monétaires (la surprise d'inflation) aux chocs d'offre (dont technologiques). La notion de cycle ne signifie pas ici un écart à une tendance, mais bien les variations de la tendance elle-même. Les agents économiques ont des anticipations rationnelles et modifient en effet leurs comportements d'offre et de demande de manière optimale en réaction aux chocs qui se produisent : on parle de « cycles à l'équilibre ». Du coup, la distinction entre les fluctuations de court terme et la tendance de long terme n'a plus lieu d'être, ce qui se traduit par l'utilisation du modèle de croissance optimale de Solow (« A contribution to the theory of economic growth », 1957, *cf.* module 3, chapitre 1). La politique économique conjoncturelle comme moyen de réduction des déséquilibres n'a ainsi plus de sens et devient néfaste puisqu'elle viendrait perturber une économie à l'équilibre.

Un choc positif transitoire de productivité doit ainsi conduire les offreurs de travail à augmenter leur offre de travail pour profiter de la hausse transitoire de salaire qui l'accompagne (le travail est rémunéré à sa productivité marginale) ; au contraire, dans le cas d'une hausse permanente de la productivité, l'effet revenu compense l'effet substitution et l'offre de travail n'augmente pas (Nelson et Plosser, « Trends and random walks in macroeconomic time series », 1982). La fréquence et l'ampleur de chocs technologiques transitoires expliqueraient ainsi les fluctuations économiques. La mesure habituelle du progrès technique est le résidu de Solow (1957) : ses variations représentent 70 % de la variation de la production américaine dans l'après-guerre pour Kydland et Prescott (« Hours and employment variation in business cycles theory », 1991). Les fréquentes et fortes variations du résidu attesteraient de l'importance des chocs technologiques. Pourtant, le néokeynésien Mankiw (« Real business cycles : a new keynesian perspective », 1989) conteste que le résidu soit une mesure satisfaisante de la technologie à court terme, et aussi que les récessions puissent être empiriquement identifiées comme résultant de reculs technologiques. De même, les variations de l'emploi au cours du cycle sont trop fortes pour être imputables au seul comportement de substitution du travail au loisir des individus. En cas de récession, la hausse du chômage n'est pas pleinement volontaire, c'est pourquoi la théorie des cycles réels ne parvient pas non plus à rendre compte du cycle de la productivité pourtant observé empiriquement. Enfin, l'hypothèse d'un agent représentatif de l'ensemble des individus laisse de côté les questions de coordination et d'asymétries d'information entre les individus. Ces critiques ont conduit à relativiser l'apport scientifique de la théorie des cycles réels et ont nécessité d'intégrer des apports néokeynésiens, comme les rigidités nominales des prix et des salaires, à travers de nouveaux modèles d'équilibre général dynamiques stochastiques (DSGE pour le sigle anglo-saxon).

C. Néokeynésiens et postkeynésiens : les héritages pluriels de la révolution keynésienne

Dans les années 1970, la recherche des fondements microéconomiques de la macroéconomie keynésienne s'est aussi inscrite à l'agenda des keynésiens, notamment dans le programme de recherche de la « théorie du déséquilibre » : les travaux de Barro et Grossman (« A general disequilibrium model of income and employment », 1971), Bénassy (« Théorie du déséquilibre et fondements microéconomiques de la macroéconomie », 1976) et Malinvaud (*Réexamen de la théorie du chômage*, 1980) introduisent des rigidités de prix et de salaires sur des marchés désormais en déséquilibre, notamment sur le marché du travail où apparaît un chômage involontaire.

La rigidité des prix

En abandonnant l'hypothèse de parfaite flexibilité des prix et d'information parfaite, la théorie du déséquilibre introduit une rigidité des prix qui produit des rationnements : c'est le côté court du marché. S'effectuent dès lors des échanges en dehors de l'équilibre. Le rationnement sur un marché a des effets de report sur les autres marchés. Par exemple, si les offreurs de travail sont rationnés sur le marché du travail, alors ils demandent moins que prévu sur le marché des biens et services, et les entreprises vendent donc moins. Les déséquilibres se diffusent ainsi de marché en marché. Cette situation est celle du « chômage keynésien » : insuffisance de la demande effective – rationnement des entreprises sur le marché des biens et services – et chômage – rationnement des ménages sur le marché du travail. À l'opposé, la situation de « chômage classique » se caractérise par un rationnement des ménages sur les deux marchés : le salaire élevé conduit les ménages à vouloir offrir beaucoup de travail et à demander beaucoup de biens et services, mais que les entreprises ne peuvent pas produire faute de rentabilité suffisante étant donné le niveau élevé du salaire. La politique économique doit donc être adaptée au déséquilibre diagnostiqué : face au chômage, les prix doivent-ils baisser (insuffisance de la demande) ou augmenter (excès de demande) ? Dans le premier cas, une politique de relance de la demande *via* l'effet multiplicateur parvient à terme à réduire le chômage par l'élévation de la demande de travail ; dans le second cas, une politique de rigueur salariale doit conduire à la baisse de la demande de biens et de l'offre de travail.

Il demeure que les rigidités de prix et de salaires ne sont pas expliquées. Au tournant des années 1990, la nouvelle macroéconomie keynésienne (NMK) va chercher à donner des fondements microéconomiques à ces rigidités. Dans le cadre de l'équilibre général walrassien utilisé par la NMC, la NMK peut alors trouver des résultats keynésiens, comme le chômage involontaire. Si l'hypothèse des anticipations rationnelles est ainsi largement utilisée par la NMK, ce n'est donc pas dans le même environnement de parfaite flexibilité des prix.

Lorsque la demande varie ou que les coûts de production varient, le prix ne s'adapte pas immédiatement. Parmi d'autres explications, celle de l'existence de coûts de catalogue (*menu costs*) est proposée par Akerlof et Yellen (« A near-rational model of the business cycle, with wage and price inertia », 1985). Les coûts liés à la modification des prix, à l'image de ceux liés à l'impression de nouveaux menus pour un restaurant, ne seront supportés que si les variations de prix sont suffisantes. De même, de nombreuses explications sont avancées pour rendre compte des rigidités de salaire sur le marché du travail (*cf.* module 4, chapitre 1). À titre d'exemple, l'opposition *insiders/outsiders*, étudiée par Lindbeck et Snower (« Wage setting, unemployment and insider-outsider relations », 1986), fonde une rigidité des salaires sur l'importance des coûts de rotation de la main-d'œuvre. Les entreprises préfèrent en effet payer plus cher un *insider* opérationnel plutôt que d'embaucher un *outsider* d'abord peu productif puisqu'il faudra le former (et encore faut-il qu'un *insider* accepte de le faire). Le salaire moyen se fixe donc au niveau du salaire concurrentiel augmenté des coûts de rotation de la main-d'œuvre récupérés par les insiders. Le chômage des outsiders apparaît donc involontaire.

L'introduction de rigidités nominales ou réelles et des imperfections de marché est au cœur des modèles les plus récents d'équilibre général stochastiques dynamiques (DSGE). Christiano, Eichenbaum et Evans (« Nominal rigidities and the dynamic effects of a shock to monetary policy », 2005) retiennent ainsi une structure de marché en concurrence monopolistique, des rigidités nominales (les prix et les salaires ne s'adaptent pas immédiatement) et réelles (la consommation des ménages est marquée par une dépendance aux habitudes prises, donc à la consommation passée, et les variations de l'investissement des entreprises sont beaucoup plus faibles que celles de la demande du fait de l'existence d'un coût d'ajustement du stock de capital). Ce modèle a la propriété de reproduire de manière satisfaisante les « faits stylisés » et sert donc au FMI, aux banques centrales ou encore au ministère français de l'Économie et des Finances pour simuler l'impact de mesures de politique économique.

Les défauts de la coordination marchande

Quand bien même les prix et les salaires sont flexibles, certains travaux de la NMK mettent aussi en avant des défauts de coordination marchande qui produisent des résultats keynésiens, comme du chômage involontaire. Ce sont notamment des externalités de demande négatives dans des économies décentralisées qui expliquent les récessions selon Ball et Romer (« Sticky prices as coordination failure », 1991) : lorsqu'une entreprise décide de licencier pour adapter ses capacités de production au niveau plus faible de la demande à laquelle elle fait face désormais, elle ne tient pas compte de l'effet négatif sur la demande pour les autres entreprises qui risquent alors de prendre elles-mêmes la même décision et d'emmener l'économie dans une spirale dépressive. L'intervention d'une autorité centrale permet de coordonner ces acteurs et d'atteindre un équilibre « haut ». Autrement dit, les équilibres économiques sont multiples et dépendent des coordinations marchandes qui se mettent en place. Ces derniers travaux néokeynésiens ont souvent plus de proximité intellectuelle d'ailleurs avec les analyses postkeynésiennes.

Les postkeynésiens et l'importance de la demande effective

Comme leur nom l'indique, les postkeynésiens s'inscrivent aussi dans la lignée des travaux de Keynes et de sa TGEIM de 1936. Ils en ont simplement une lecture différente de celle des économistes de la « synthèse », qui lisent Keynes et la TGEIM à travers l'article de Hicks de 1937, comme de celle des néokeynésiens, tel Mankiw, qui s'appuient sur le même canevas théorique que les nouveaux classiques tout en recherchant des résultats « keynésiens » (le chômage involontaire, par exemple). Au cœur des analyses postkeynésiennes, on trouve le principe de la demande effective et l'importance de la trajectoire, du temps historique d'une économie (Lavoie, *Foundations of Post-Keynesian Economic Analysis*, 1992).

Certes, la demande globale détermine le niveau de production chez les néokeynésiens, mais seulement à court terme. À long terme, les contraintes d'offre sont prédominantes, du modèle offre globale/demande globale jusqu'aux modèles DSGE les plus récents, de même, donc, que dans le modèle néoclassique canonique de Solow (1957). Pour les postkeynésiens en revanche, le principe de la demande effective s'applique aussi à long terme : il y a ainsi une infinité d'équilibres de longue période dont la réalisation, forcément d'un seul, dépend des contraintes sur la demande et notamment sur l'investissement (qui crée l'épargne dont il a besoin) ainsi que des institutions mises en place. Les postkeynésiens partagent l'idée de Keynes d'un capitalisme efficace pourvu qu'il soit encadré par l'État et des institutions démocratiques qui en limitent les excès et les errements. Le capitalisme laissé à lui-même est instable, limite les investissements productifs et ne garantit pas une demande globale suffisante pour assurer le plein-emploi. En effet, non seulement le futur est incertain, mais le temps n'est pas réversible. De nouveaux investissements ne sont donc jamais entrepris à la légère. Certes, la Bourse permet de les rendre liquides pour un individu, mais jamais pour la collectivité tout entière (Keynes, TGEIM, chapitre 12). Toute décision économique a un coût qui peut se révéler plus élevé que prévu et donc modifier l'équilibre final : c'est la « dépendance au chemin parcouru » (*path dependency*) mise en évidence par N. Kaldor ou H. Minsky. Les équilibres sont donc multiples. Les politiques d'austérité qui diminuent la demande globale à court terme ont ainsi des effets à long terme car la diminution des capacités de production qu'elles ont provoquée s'avère définitive. L*a priori*té des pouvoirs publics doit donc toujours être le plein-emploi, ce qui n'est pas le moindre des marqueurs d'une pensée keynésienne.

1694 Création de la Banque d'Angleterre.

1758 *Tableau économique* de F. Quesnay.

1776 *Recherches sur la nature et les causes de la richesse des nations* d'A. Smith.

1800 Création de la Banque de France.

1815 Débat sur les *corn laws* entre D. Ricardo et T. R. Malthus.

1817 D. Ricardo, *Principes de l'économie politique et de l'impôt.*

1857 1re loi d'Engel.

1867 K. Marx, *Le Capital.*

1874 L. Walras, *Éléments d'économie politique pure.*

1913 Création du Federal Reserve System (Fed).

1914 *$5 day* chez Ford.

1933 *Banking Act* qui comporte la séparation de la banque d'affaires et de la banque commerciale, ce qu'on appelle aussi le *Glass-Steagall Act.*

1936 *Théorie générale de l'emploi, de l'intérêt et de la monnaie* de J. M. Keynes.

1937 J. Hicks, « Keynes *versus* Classics : a suggested interpretation ».

1968 M. Friedman, « The Role of Monetary Policy ».

1974 Formulation du paradoxe d'Easterlin.

1981 G. Becker, *A Treatise on the Family.*

1999 Création de l'euro.

2008 Faillite de la banque Lehman Brothers le 15 septembre.

2015 Mise en place du Quantitative Easing (QE) de la BCE.

2018 Au 31 décembre, fin du QE de la BCE.

2020 Les confinements à répétition ont conduit à des reculs inégaux du PIB au cours de l'année 2020 : – 3,3 % pour l'économie mondiale, – 4,7 % dans les économies avancées et – 8,2% pour l'économie française selon le FMI, *Perspectives de l'économie mondiale*, avril 2021.

- **Aglietta (M.) et Valla (N.)**, *Le futur de la monnaie*, O. Jacob, 2021.
- **Beitone (A.) et Rodrigues (C.)**, *Économie monétaire – Théories et politiques*, Armand Colin, 2017.
- **Buisson-Fenet (E.) et Navarro (M.)**, *La Microéconomie en pratique*, Armand Colin, coll. « Cursus », 3e édition, 2018.
- **Couppey-Soubeyran (J.)**, *Monnaie, banques, finance*, PUF, 2010, 3e édition, 2015.
- **Deleplace (G.)**, *Histoire de la pensée économique*, Dunod, 3e édition 2018.
- **Échaudemaison (C.-D.) (dir.)**, *Les Grands Textes de l'économie et de la sociologie*, Nathan, 2000.
- **Gadrey (J.) et Jany-Catrice (F.)**, *Les Nouveaux Indicateurs de richesse*, La Découverte, coll. « Repères », 4e édition, 2016.
- **Krugman (P.) et Wells (R.)**, *Microéconomie*, De Boeck, 4e édition, 2019.
- **Mignon (V.)**, *La Macroéconomie après Keynes*, La Découverte, coll. « Repères », 2010.
- **Piriou (J.-P.), Bournay (J.), Biausque (V.)**, *La Comptabilité nationale*, La Découverte, coll. « Repères », 18e édition, 2019.
- **Plihon (D.)**, *La Monnaie et ses mécanismes*, La Découverte, coll. « Repères », 7e édition, 2017.
- **Ruffini (P.-B.)**, *Les Théories monétaires*, Seuil, coll. « Points », 1996.
- **Vanoli (A.)**, *Une histoire de la comptabilité nationale*, La Découverte, 2002.
- « L'économie. 1. Concepts et mécanismes », *Problèmes économiques*, HS n° 7, 2015.
- « Le Financement de l'économie », *Cahiers français*, n° 331, mars-avril 2006.

Chapitre 2

Le comportement des agents et le fonctionnement du marché

1

L'équilibre microéconomique du producteur et du consommateur

À partir des années 1870, le courant néoclassique s'intéresse en particulier aux comportements économiques des individus. Cela aboutit à une modélisation des choix du consommateur et de l'entrepreneur-producteur considérés comme des acteurs rationnels, poursuivant des objectifs de maximisation, respectivement de la satisfaction retirée de la consommation et des profits tirés de la production.

1 La théorie microéconomique du consommateur

À partir des travaux de Stanley Jevons (*Theory of Political Economy,* 1871), Carl Menger (*Principles of Economics,* 1871) et Léon Walras (*Éléments d'économie politique pure, ou théorie de la richesse sociale,* 1874), prolongés notamment par ceux d'Alfred Marshall (*Principles of Economics,* 1890), le courant néoclassique est le cadre de l'élaboration d'une théorie microéconomique du comportement du consommateur. C'est au milieu du XXe siècle que ce programme de recherche aboutit à la formalisation stabilisée d'un modèle décrivant un consommateur rationnel, après une refondation de la théorie du consommateur dans l'entre-deux-guerres (John Hicks, 1939). La présentation ici condensée de ce modèle s'appuie sur ces diverses approches.

A. Les principales hypothèses et les limites du modèle

Les préférences du consommateur sont supposées connues. C'est-à-dire qu'elles peuvent être représentées par une fonction d'utilité de la forme $U = U(x ; y)$ avec x et y correspondant aux quantités de deux types de produits différents situés dans le « panier » du consommateur. Une fonction d'utilité associe à une certaine quantité de ces produits un niveau de satisfaction ou d'utilité totale ressenti par le consommateur.

Le consommateur est considéré comme parfaitement rationnel. Il est supposé capable en particulier de calculer son panier de consommation optimal s'il connaît précisément ses préférences, les prix et les caractéristiques des produits, ainsi que le budget qu'il souhaite affecter à sa consommation. Ses préférences sont en outre transitives, c'est-à-dire que s'il préfère le produit X au produit Y et le produit Y au produit Z, alors il préfère le produit X au produit Z. La transitivité des préférences est une facette de cette rationalité du consommateur.

Figure 1

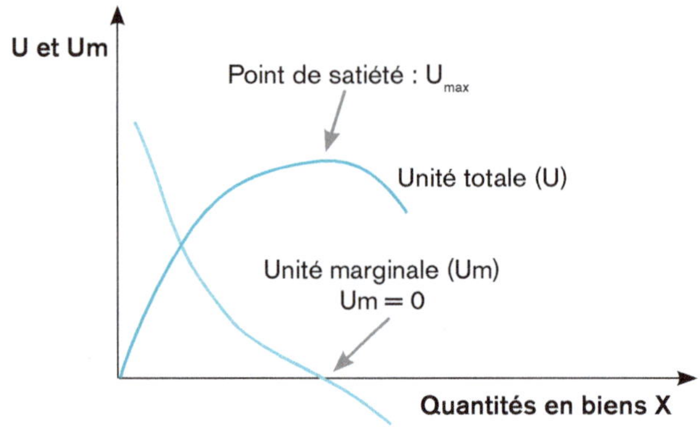

L'utilité marginale d'un produit est posée comme étant décroissante en fonction des quantités consommées de ce produit (figure 1). Le consommateur est présenté comme soumis à la loi de Gossen, du nom d'un Allemand qui, en 1853, avait déjà formulé le principe selon lequel, pour un individu, le supplément d'utilité fourni par des quantités consommées croissantes d'un bien va en diminuant jusqu'à devenir nul au point de satiété. Ainsi, le supplément d'utilité qu'apporte la consommation d'unités supplémentaires d'un bien ou d'un service se réduit progressivement. Une hypothèse mise en avant par les premiers marginalistes du début des années 1870 à l'occasion de la refondation de la théorie des prix des produits (*cf.* p. 83). Cette hypothèse admet des exceptions, avec par exemple le comportement–type du collectionneur, mais elle apparaît suffisamment plausible dans la plupart des situations. Si l'utilité marginale d'un produit baisse quand la quantité consommée augmente, elle reste cependant positive si le consommateur est rationnel. On suppose en effet dans ce modèle qu'il n'a pas encore dépassé son point de satiété, qui désigne la quantité consommée d'un produit telle que la satisfaction tirée par l'individu de la consommation de ce produit est maximale. Autrement dit, dans le modèle ici présenté, le consommateur préfère consommer plus que moins, l'utilité marginale ne devient pas négative.

Les produits sont envisagés comme parfaitement divisibles (on peut consommer 1, 2 ,3 produits mais aussi 1,27 ou 2,645 produits), ce qui permet à la fonction d'utilité d'être continue et dérivable. Ainsi, le traitement mathématique du comportement du consommateur est plus facile.

La théorie microéconomique du consommateur est un modèle, donc simplifie nécessairement l'analyse des comportements tels qu'on peut les observer empiriquement. Ces réductions, inévitables dans tout travail de modélisation, n'empêchent pas le modèle d'être instructif, tant par ce qu'il montre que par ce qu'il laisse dans l'ombre. Le constat des limites du modèle néoclassique invite ainsi à des investigations complémentaires, en particulier pour à la fois comprendre et expliquer la genèse des préférences individuelles et aussi les facteurs autres que la pure rationalité en finalité qui orientent les comportements des individus. Des pistes explorées dans des œuvres classiques tant par d'autres économistes (voir par exemple : Thorstein Veblen, *Théorie de la classe de loisir*, 1899 ; Herbert Simon, « Theories of decision-making in Economics and behavioral science », 1959 ; John K. Galbraith, *Le Nouvel État industriel*, 1967) que par des sociologues (voir par exemple : Georg Simmel, *Philosophie de la mode*, 1905, ou Pierre Bourdieu, *La Distinction*, 1979).

B. Les difficultés de la mesure de l'utilité

La mesure de l'utilité du consommateur a donné lieu à des débats entre économistes à la fin du XIXe siècle et au début du XXe siècle. La satisfaction apportée par la consommation d'un produit peut être mesurée en unités monétaires, même si une telle approche, développée notamment par Alfred Marshall, n'est pas exempte de fragilités. On peut en effet considérer que l'utilité d'un produit équivaut pour un individu à la somme monétaire maximale qu'il serait prêt à débourser pour se procurer ce produit. Cette démarche de mesure de l'utilité, dite « cardinale », exprime donc celle-ci en unités concrètes pour les individus. Une telle approche est encore parfois utilisée dans certaines analyses économiques. Toutefois, elle comporte une faiblesse : l'étalon de mesure de l'utilité est censé être constant, autrement dit l'utilité marginale d'une unité monétaire est considérée comme fixée. C'est à cette condition que l'on peut comparer les utilités de plusieurs individus et à des moments différents dans le temps pour un même individu. À préférences inchangées, l'utilité varie dans ce cas uniquement selon la quantité consommée d'un produit. Mais cette hypothèse de constance de l'utilité marginale de la monnaie est fragile : lorsque le revenu de l'individu se modifie, ou lorsque l'on compare des individus avec des revenus différents, l'utilité marginale de la monnaie n'a pas de raison de rester inchangée. Il est possible qu'elle décroisse avec le revenu. De plus, si la valeur interne de la monnaie diminue en cas d'inflation, l'utilité d'une unité monétaire baisse. Dans ce cas, la valeur de l'utilité ne dépend pas uniquement de la quantité consommée. L'approche cardinale a donc une portée qui reste limitée.

Pour dépasser ce point de fragilité de la théorie, une approche ordinale de l'utilité propose d'abandonner le projet de la mesurer par une grandeur concrète (Vilfredo Pareto, *Manuel d'économie politique*, 1906, ou John Hicks, *Valeur et Capital*, 1939). Il n'est dès lors plus envisageable de comparer ou d'additionner les utilités de plusieurs consommateurs et il n'est même plus possible de donner un sens précis à une valeur d'utilité pour un panier de consommation. Les grandeurs d'utilité peuvent être calculées, mais uniquement pour classer les différents produits ou les différents paniers par ordre croissant ou décroissant d'utilité. Les chiffres d'utilité sont des indices abstraits selon l'approche ordinale. Ce qui n'empêche pas de continuer d'analyser les choix des consommateurs, notamment à l'aide des courbes d'indifférence. La théorie néoclassique du consommateur n'est donc pas un ensemble homogène, mais nous ne développerons pas plus avant ces controverses théoriques et continuerons pour des raisons pédagogiques à lier théorie du consommateur et utilité.

C. Les caractéristiques du panier optimal du consommateur

Si le consommateur cherche à *maximiser* sa satisfaction, ce qui revient à atteindre une situation pour laquelle les utilités marginales des produits qu'il consomme sont nulles, il est soumis à des contraintes qui l'obligent à se contenter d'un panier de consommation *optimal*. Le budget qu'il est disposé à consacrer à ses achats et les prix des produits limitent en effet ses possibilités de consommation. Dans le cadre de son budget, et lorsque les prix de deux produits différents sont identiques, le consommateur privilégie l'achat du produit dont l'utilité marginale est la plus forte. L'accroissement de la consommation du produit réduit alors son utilité marginale. À prix identiques, l'équilibre du consommateur, la situation optimale pour lui, se caractérise donc par une égalité des utilités marginales des deux produits. En tenant compte cette fois des différences de prix entre les produits, les utilités marginales doivent être pondérées par les prix des produits pour que le panier de consommation soit optimal : Umx/Px = Umy/Py à l'optimum du consommateur.

Pour un panier de consommation composé de deux types de biens, la fonction d'utilité est en trois dimensions. Deux axes correspondent aux quantités consommées des deux produits et le troisième correspond au niveau d'utilité atteint. On obtient ainsi une surface non plane représentant les différents niveaux d'utilité (figure 2). Les lignes de niveau de cette représentation en relief correspondent à l'ensemble des paniers composés des deux types de biens et qui apportent un niveau de satisfaction identique. Le projeté orthogonal de ces lignes sur le plan (x ; y) permet de tracer la carte des courbes d'indifférence du consommateur (figure 3). Chacune de ces courbes correspond à un ensemble de paniers qui est associé à un certain niveau d'utilité, d'autant plus élevé que l'on se trouve en haut à droite, loin de l'origine du repère. Le consommateur cherche donc à atteindre la courbe d'indifférence la plus haute, celle sur laquelle se trouvent les paniers qui apportent la plus grande satisfaction.

Figure 2

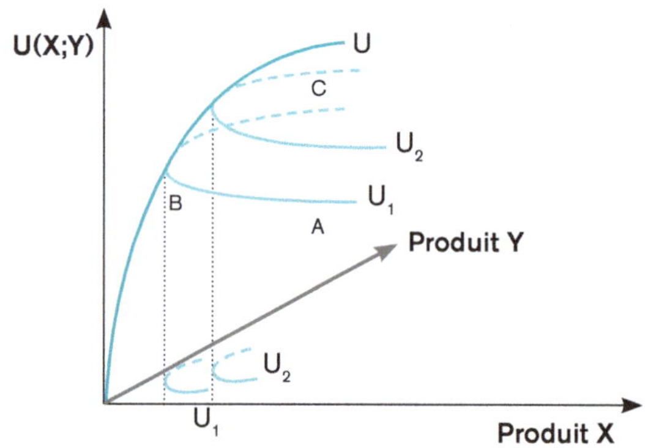

Figure 3

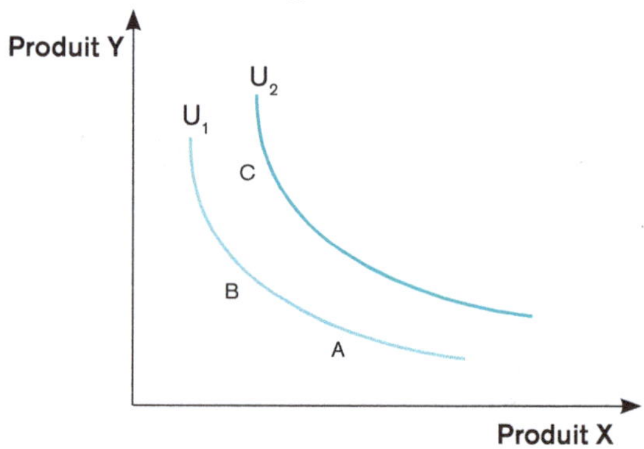

La forme de ces courbes est décroissante puisque l'utilité marginale des produits est positive : la baisse de la consommation du bien X ne peut être compensée en termes de satisfaction que par une hausse de la consommation du bien Y. Par ailleurs, la convexité des courbes d'indifférence résulte de la décroissance de l'utilité marginale : une diminution de la quantité du bien consommé en faible quantité est compensée par une hausse plus marquée de la consommation du bien plus abondamment présent dans le panier. Lorsque la courbure des courbes d'indifférence est faible, cela indique que les deux biens sont relativement proches quant à la satisfaction qu'ils procurent au consommateur ; ils sont donc assez substituables. Des courbes d'indifférence fortement coudées par rapport à l'origine du repère indiquent au contraire des produits très différents. Lorsqu'une hausse de la consommation du seul bien relativement abondant ne permet pas de faire progresser la satisfaction du consommateur, on considère alors que les biens sont complémentaires : les courbes d'indifférence sont dans ce cas chacune formées de deux segments de droite se coupant à angle droit.

Les consommateurs subissent une contrainte budgétaire qui, dans ce modèle, implique qu'ils dépensent la totalité de leur budget de consommation (B) mais pas davantage. Cette contrainte peut être exprimée sur la forme d'une équation de droite tenant compte des prix (P_x et P_y) et des quantités (x et y) des deux produits. Cette droite de budget peut être positionnée sur le graphique figurant les courbes d'indifférence.

$$B = P_x \times x + P_y \times y$$

$$y = -P_x/P_y \times x + B/P_y$$

Figure 4

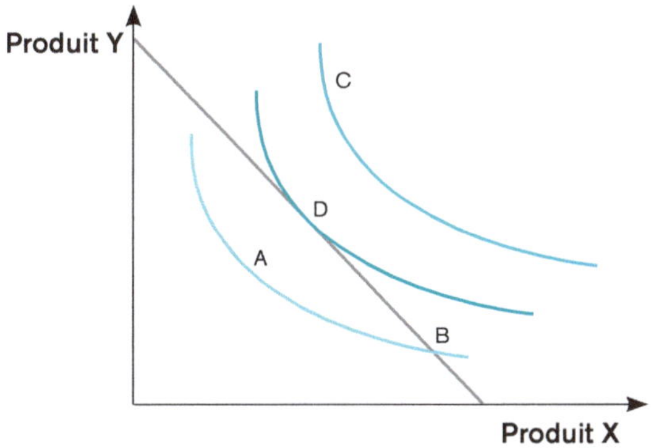

Le panier optimal pour le consommateur est situé sur cette droite de budget et aussi sur la courbe d'indifférence la plus élevée possible (figure 4). Le panier C est hors d'atteinte pour le consommateur car il sort de son espace budgétaire. Le panier A ne permet pas de dépenser tout le budget. Les paniers B et D conduisent le consommateur à dépenser tout son budget et le panier D apporte plus de satisfaction que le panier B puisqu'il est situé sur une courbe d'indifférence plus haute. C'est donc au point de tangence entre la droite de budget et une courbe d'indifférence que l'on trouve le panier de consommation optimal. À ce point, la pente de la courbe d'indifférence est égale à celle de la droite de budget, c'est-à-dire au rapport des prix des deux biens, au signe près. Or, la pente d'une courbe d'indifférence en un point correspond au rapport des utilités marginales des deux produits, ce que l'on appelle le taux marginal de substitution (TMS). Au panier optimal, le TMS est donc égal au rapport des prix des deux produits. Par exemple, pour un grand nombre de produits consommés et pour un

TMS égal à 4, à l'optimum du consommateur, on peut considérer qu'une hausse d'une unité du produit X dans le panier peut compenser une baisse de quatre unités du produit Y, de sorte que la satisfaction du consommateur reste inchangée.

Le panier optimal correspond à un équilibre pour le consommateur, c'est-à-dire qu'il n'a pas intérêt à modifier sa composition tant que sa fonction d'utilité, les prix des produits et son revenu restent inchangés. Examinons cependant les effets d'une modification des revenus et des prix relatifs sur le comportement du consommateur.

D. La modification du panier optimal du consommateur

Le panier optimal peut se modifier notamment suite à un changement du revenu du consommateur ou à une évolution des prix des produits. Il est possible de mesurer la sensibilité du consommateur à la modification de ces déterminants du panier de consommation optimal.

Les effets d'une évolution du revenu sur les postes de consommation : l'élasticité-revenu

Figure 5

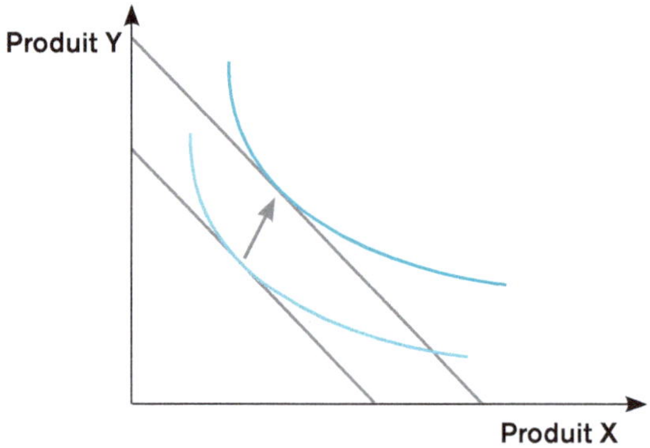

Hausse du budget, diminution de la contrainte budgétaire

Si le revenu du consommateur augmente, la contrainte budgétaire se déplace vers la droite sur le graphique, ce qui permet au consommateur d'acheter plus de produits (figure 5). Généralement, la consommation des deux biens progresse, mais pas nécessairement à la même vitesse.

Si la consommation d'un bien progresse plus vite que le revenu, on a affaire à un bien normal supérieur, ou bien de luxe. Les produits de haute qualité ou répondant à des besoins de confort entrent souvent dans cette catégorie.

Si la consommation d'un bien progresse moins rapidement que le revenu, il s'agit d'un bien normal de première nécessité. La première loi d'Engel montre qu'en moyenne les produits alimentaires sont des produits « normaux » puisque ces achats progressent moins vite que les budgets de consommation.

Il est par ailleurs possible que la consommation d'un produit baisse quand le revenu progresse : il s'agit alors d'un bien inférieur, souvent un produit bas de gamme et de première nécessité.

L'élasticité-revenu de la demande d'un produit désigne la sensibilité de la demande de ce produit à la variation du revenu du consommateur. Pour calculer cette élasticité-revenu, on peut utiliser la formule suivante :

$$e_r = \frac{\frac{\Delta Q}{Q}}{\frac{\Delta R}{R}}$$

L'élasticité-revenu est positive dans le cas des biens normaux : la consommation progresse quand le revenu du consommateur s'élève. On distingue cependant les « biens normaux supérieurs » ou « biens de luxe » ($e_r > 1$) des « biens normaux de première nécessité » ($0 < e_r < 1$). Lorsque l'élasticité-revenu est négative, on a affaire à un « bien inférieur » du point de vue de ce consommateur. La classification d'un produit dans l'une de ces trois catégories ne tient pas qu'à ses caractéristiques intrinsèques. En effet, elle dépend aussi du revenu du consommateur. Ainsi, un steak haché surgelé pourra être considéré comme un bien de luxe pour un consommateur pauvre et comme un bien inférieur du point de vue d'un consommateur fortuné.

L'élasticité-revenu de la demande des différents produits est en général plus faible à court terme qu'à long terme en raison du poids des habitudes de consommation. Toutefois, dans le cas des biens de consommation durables, la situation est souvent différente : suite à une hausse de revenu, un ménage peut décider d'anticiper un achat de biens d'équipement du logement sans pour autant renouveler ensuite rapidement cette dépense. L'élasticité-revenu est dans ce cas faible à long terme et forte à court terme.

Les effets d'une évolution des prix relatifs : l'effet substitution et l'effet revenu

Figure 6

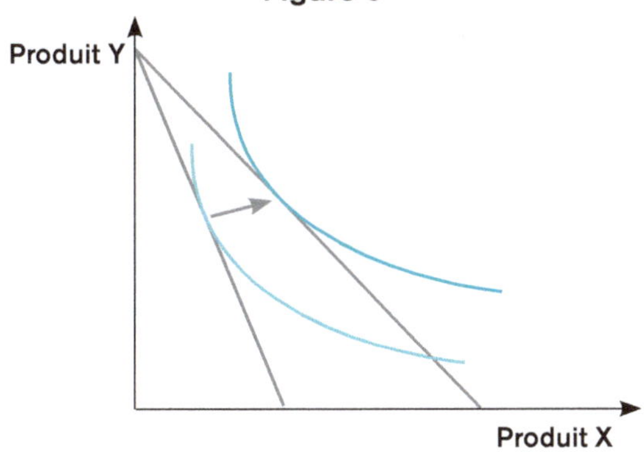

Effet de la baisse du prix du produit x

Si le prix relatif du produit X par rapport au prix du produit Y diminue, alors la consommation du produit X généralement augmente. Et la modification de la consommation du produit Y est incertaine (figure 6). L'effet prix peut être analytiquement décomposé en un effet substitution et un effet revenu. L'effet substitution signifie que la baisse du prix du produit X accroît le coût d'opportunité de la consommation du produit Y. Autrement dit, consommer un produit Y implique de renoncer à davantage de produits X qu'auparavant. Dès lors, le consommateur diminue sa consommation de produits Y et accroît celle des produits X. À cet effet substitution s'ajoute un effet revenu. Il est ici positif pour le consommateur (son pouvoir d'achat augmente), ce qui pousse en général à la hausse la consommation des deux produits. Le cumul des deux effets conduit donc à la hausse de la consommation du produit X et à une quasi-stabilité de la consommation du produit Y. Il existe deux méthodes pour mettre en évidence les effets substitution et revenu : celle de Slutsky et celle de Hicks. Les résultats sont très proches, l'effet substitution apparaît cependant un peu plus important avec la méthode de Slutsky.

Figure 7

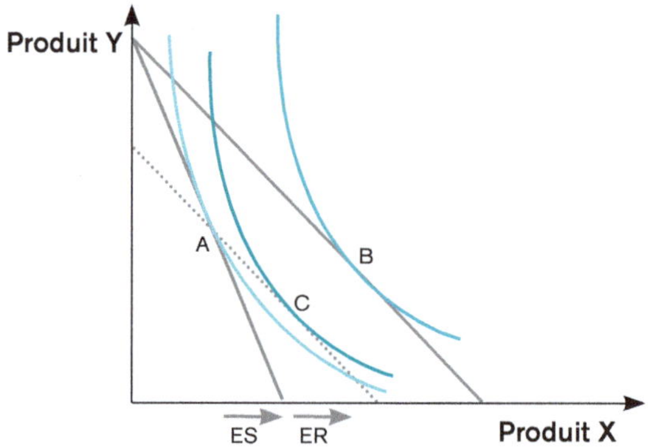

Sur la figure 7, on visualise la décomposition de l'effet-prix par la méthode de Slutsky. Le passage du panier A au panier C résulte de l'effet substitution seul. Celui-ci est obtenu en traçant une droite de budget fictive passant par le panier optimal initial (A) et parallèle à la droite de budget d'arrivée. Le passage du panier C au panier B reflète l'effet revenu. On remarque que cet effet revenu renforce pour le produit X la variation de la consommation due à l'effet substitution. C'est le cas général. Par contre, les deux effets se compensent en partie pour le produit Y : dans le panier B, la quantité de biens Y est assez proche de celle présente dans le panier A.

Figure 8

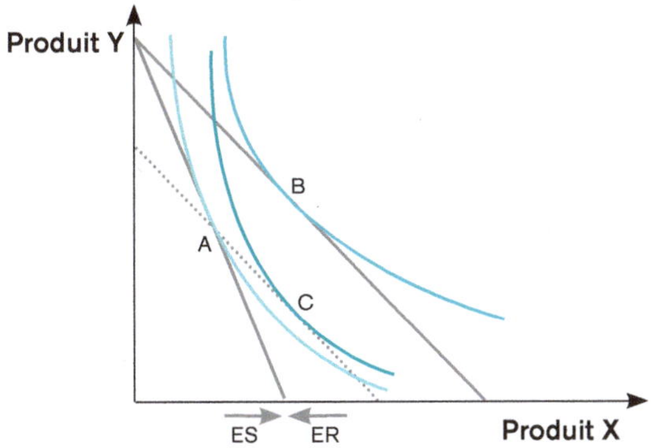

Sur le graphique de la figure 8, la baisse du prix du produit X provoque des conséquences atypiques : si l'effet substitution, en permettant le passage du panier A au panier C, fait bien progresser le nombre de produits X et baisser le nombre de produits Y, l'effet revenu provoque des modifications inhabituelles puisqu'il fait baisser la consommation de produits X. L'effet revenu n'annule cependant pas pour ce produit les changements induits par l'effet substitution. On en conclut que le produit X est un bien inférieur, à la différence du produit Y.

Figure 9

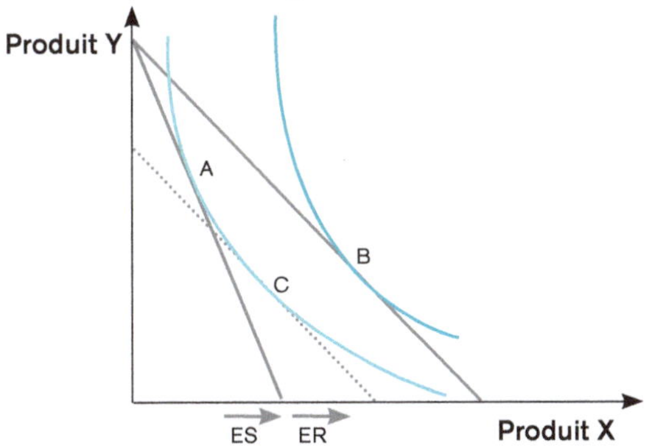

Sur la figure 9, on visualise la décomposition de l'effet-prix par la méthode de Hicks. Comme avec la méthode de Slutsky, le passage du panier A au panier C résulte de l'effet substitution seul. Ce panier C est obtenu en traçant une droite de budget fictive parallèle à la droite de budget d'arrivée, pour refléter le nouveau rapport des prix de deux biens, mais dans cette méthode la droite est tangente à la courbe d'indifférence initiale. Elle est donc un peu plus basse qu'avec la méthode de Slustky, ce qui explique que la méthode de Hicks indique une part plus faible de l'effet substitution dans l'effet-prix.

L'élasticité-prix de la demande mesure les effets de la variation du prix d'un produit sur sa consommation

Le calcul de l'élasticité prix permet de mesurer la sensibilité de la consommation d'un produit à une modification du prix de ce produit ou d'un autre produit. Voici une formule de calcul de l'élasticité-prix :

$$e_p = \frac{\frac{\Delta Q}{Q}}{\frac{\Delta P}{P}}$$

Le cas de plus fréquent est une élasticité-prix négative : la hausse du prix d'un produit provoque une baisse de sa consommation. On dit alors que la demande de ce produit est « normale ». La sensibilité de cette demande est cependant plus ou moins marquée. Ainsi, lorsque la valeur absolue de l'élasticité-prix est inférieure à 1, la demande est considérée comme peu élastique, tandis que pour une valeur absolue supérieure à 1, la demande est considérée comme très élastique. Il est possible aussi de calculer la sensibilité de la consommation d'un produit à une variation du prix d'un autre produit, en mesurant l'élasticité-prix croisée :

$$e_p = \frac{\frac{\Delta Qx}{Qx}}{\frac{\Delta Py}{Py}}$$

Le signe de l'élasticité-prix croisée peut nous renseigner sur la relation qui existe entre les deux produits. Ceux-ci sont « indépendants » si l'élasticité-prix croisée possède une valeur proche de 0, ils sont « complémentaires » si le signe de l'élasticité-prix croisée est négatif (par exemple, la hausse du prix du carburant réduit la consommation de pneus) et ils sont « substituables » si ce signe est positif (par exemple, la baisse du prix de la viande de dinde réduit la consommation de viande de poulet).

L'élasticité-prix de la demande est souvent plus forte à long terme qu'à court terme : il faut un certain temps au consommateur pour modifier ses habitudes de consommation. Le cas des biens de consommation durables est cependant particulier ici aussi : l'élasticité-prix est plus forte à court terme qu'à long terme. Lorsque le prix des voitures baisse, les consommateurs anticipent des renouvellements ou des achats supplémentaires mais, une fois ceux-ci effectués, ils ne reproduisent pas rapidement ces comportements d'achat.

Encadré formalisé 1

Soit un consommateur affectant un budget pour sa consommation annuelle de viande et de poisson et dont les préférences peuvent être exprimées par la fonction d'utilité suivante :
$U = V^{0,5} \times P^{0,4}$ *avec V et P correspondant à des portions individuelles de viande et de poisson.*
Le consommateur dispose d'un budget annuel de 1 600 € et le prix du poisson P_p *est de 4 € tandis que le prix de la viande* P_v *est de 6 €.*

Exprimer la contrainte budgétaire du consommateur sous la forme d'une équation de droite

Budget = dépenses

Les dépenses correspondent à l'addition des quantités de chaque produit notés P et V multipliées par les prix unitaires :

$$B = P_p \times P + P_v \times V$$
$$P = -(P_v / P_p) \times V + B / P_p$$
$$P = -1{,}5V + 400$$

Écrire le programme du consommateur

En tenant compte de la reformulation précédente de la contrainte, on a :

$$\begin{cases} \text{Max. } U = V^{0,5} \times P^{0,4} \\ \text{Sous contrainte : } P = -1{,}5V + 400 \end{cases}$$

Déterminer le « panier de consommation » optimal annuel de ce consommateur

Le panier optimal de consommation se trouve au point de tangence entre la droite de budget et une courbe d'indifférence du consommateur. En ce point, les pentes de la droite et de la courbe sont égales et donc le TMS (qui correspond à la pente d'une courbe d'indifférence en un point) est égal au rapport des prix des deux biens :

$$TMS = P_v / P_p \text{ au panier optimal de consommation}$$
$$\text{Or } TMS = UmV / UmP \text{ par définition}$$
$$TMS = [\partial U/\partial V] / [\partial U/\partial P] = [0{,}5 \times V^{-0,5} \times P^{0,4}] / [0{,}4 \times P^{-0,6} \times V^{0,5}]$$
$$TMS = 5P / 4V$$

À l'optimum du consommateur :

$$(5P / 4V) = 6 / 4$$
$$V = 5P / 6$$

Il convient maintenant de tenir compte de la contrainte, ce qui donne :

$$P = -1{,}5V + 400$$
$$P = -1{,}5 \times (5P / 6) + 400$$
$$P = 177{,}7$$
$$V = 5P / 6 = 148{,}1$$

Le panier optimal de ce consommateur est de 178 portions de poisson et de 148 portions de viande dans l'année.

Interpréter la valeur du taux marginal de substitution entre les deux biens

$$TMS = 5P / 4V = 1{,}5$$

Au panier optimal, ce consommateur peut remplacer une portion de viande par une portion et demie de poisson et conserver le même niveau d'utilité totale. Il restera ainsi sur la même courbe d'indifférence.

Indiquer l'équation de la courbe d'indifférence sur laquelle se trouve le panier optimal du consommateur

$$U = V^{0,5} \times P^{0,4}$$
$$\text{Avec } V = 148 \text{ et } P = 178,\ U = 96{,}7$$

Équation de la courbe d'indifférence :

$$96{,}7 = V^{0,5} \times P^{0,4}$$
$$P = 91\,953 / V^{1,25}$$

2 La théorie microéconomique du producteur sur un marché concurrentiel

La microéconomie du producteur en univers concurrentiel est aussi développée par le courant néoclassique, notamment à la suite des travaux d'Alfred Marshall (*Principes d'économie politique*, 1890). Cette théorie, élaborée en parallèle de la théorie microéconomique du consommateur, s'insère dans un paradigme commun qui emprunte une même méthode de raisonnement à la marge, utilise des notions comme le taux marginal de substitution technique qui rappelle le TMS du consommateur, ou encore s'appuie sur le principe de la loi des rendements décroissants qui n'est pas sans rappeler celui de l'utilité marginale décroissante du consommateur. Comme la théorie du consommateur, la théorie du producteur est perfectionnée dans l'entre-deux-guerres, notamment avec les travaux de Jacob Viner (« Courbes de coût et courbes d'offre », 1931) et Ragnar Frisch (« La théorie de la valeur d'Alfred Marshall », 1950).

A. Les principales hypothèses et les limites de cette approche

La théorie microéconomique du producteur s'inscrit dans une démarche hypothético-déductive typique de la plupart des néoclassiques, même si certains auteurs comme Marshall s'efforcent de trouver des ancrages empiriques à leurs raisonnements. Plusieurs hypothèses fortes sous-tendent le modèle du producteur intervenant sur un marché concurrentiel :

- La firme est si petite qu'elle ne peut influencer le prix des produits sur le marché. Sa production trouve nécessairement des débouchés et le prix du produit est indépendant de la quantité offerte par la firme. Une telle hypothèse impose une simplification importante, voire excessive si l'on suit l'appréciation de Steve Keen (*L'Imposture économique*, 2014) mais elle conduit en tout cas à la représentation d'une économie dont les branches d'activités sont composées chacune d'un très grand nombre de firmes de taille réduite. On parle d'atomicité de l'offre.
- Le producteur est parfaitement informé des meilleures techniques utilisées dans son activité et a la capacité de calculer une combinaison productive optimale, celle qui lui permet de maximiser son profit. Les techniques sont donc données et le produit fabriqué est parfaitement homogène au sein de la branche.
- La firme peut être représentée sous la forme d'une fonction de production telle que $Y = Y(L,K)$, avec donc deux types de facteurs de production, plus ou moins substituables entre eux, qui sont le travail et le capital. La production réalisée et les facteurs utilisés sont parfaitement divisibles, ce qui permet d'obtenir une fonction de production continue et dérivable. Comme pour la théorie du consommateur, le traitement mathématique du comportement du producteur en est facilité.

Le raisonnement est décomposé en deux temps, la courte période et la longue période. En courte période, le facteur capital est considéré comme fixe dans la combinaison productive. En raison du problème de l'irréversibilité des investissements, les producteurs font en effet varier d'abord le facteur travail lorsqu'il s'agit de modifier le volume de la production. La longue période se caractérise par la possibilité de faire varier aussi la dose de capital dans la combinaison productive.

La théorie microéconomique du producteur connaît des difficultés dans son développement qui ne sont pas moindres que celles de la théorie du consommateur. Le raisonnement en courte période aboutit à des résultats relativement robustes dans le cadre des hypothèses du modèle, grâce à l'utilisation de la loi des rendements factoriels décroissants. Sur la base en particulier de l'observation des travaux agricoles, les économistes, depuis le XVIIIe siècle, remarquent en effet que, si l'on augmente dans une combinaison productive le volume d'un facteur de production, les autres étant fixes, la production progresse de plus en plus lentement. Transposée à la théorie du producteur en courte période, cette loi des rendements décroissants permet d'analyser le comportement d'un offreur faisant varier le volume de travail utilisé sans changer celui du facteur capital. L'absence cependant de loi des rendements décroissants en longue période fragilise considérablement la théorie du producteur en univers concurrentiel, en particulier lorsqu'il s'agit de déterminer la forme de la courbe d'offre de long terme. Une telle fragilité favorise dans les années 1930 une évolution de la théorie du producteur vers l'étude des situations de concurrence imparfaite.

Par ailleurs, la théorie microéconomique du producteur présente l'entreprise comme une « firme-point », sans aucune épaisseur organisationnelle : le producteur est un entrepreneur qui combine des facteurs de production comme on résout un problème mathématique. Cette approche laisse de côté l'étude des relations qu'entretiennent les acteurs au sein de la firme – managers, salariés d'exécution, propriétaires – et les liens que celle-ci noue avec son environnement – ses clients, ses fournisseurs, ses créanciers, etc. La figure même de l'entrepreneur est réduite à celle d'un calculateur-optimisateur, sans prendre en compte son rôle d'impulsion, sa capacité à innover ou à déceler les tendances du marché. Ainsi, la théorie microéconomique du producteur est loin d'épuiser la compréhension du fonctionnement de l'entreprise. Mais après tout, tel n'était pas le projet des premiers néoclassiques qui cherchaient plutôt à penser le fonctionnement théorique d'un monde économique réduit à des modèles simples figurant le comportement d'individus laissés libres de poursuivre leur intérêt personnel.

B. La modélisation de la production en courte et en longue période

Le producteur détermine sa combinaison productive optimale. En courte période, le facteur capital est considéré comme fixe alors qu'en longue période les deux facteurs sont variables. La demande optimale de facteurs du point de vue du producteur est celle qui lui permet de maximiser son profit.

La demande de travail à court terme émanant du producteur

Figure 10

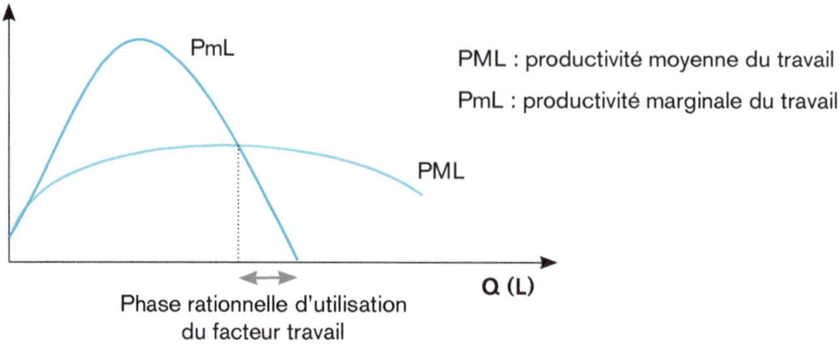

En courte période, le facteur capital est considéré comme fixe et la production d'une entreprise peut se modifier en faisant varier le volume de facteur travail utilisé. La loi des rendements factoriels décroissants s'applique car, après une phase possible et plus ou moins longue de rendements croissants au cours de laquelle la production peut augmenter plus rapidement que le volume de travail utilisé, les rendements décroissants apparaissent forcément : l'absence de hausse du facteur capital conduit à ce que les unités supplémentaires de travail utilisées soient progressivement de moins en moins efficaces (figure 10). La productivité marginale finit donc pas être décroissante.

Le producteur rationnel a intérêt à utiliser un nombre d'unités de travail situé entre deux bornes : celle à partir de laquelle la productivité moyenne est à son maximum et jusqu'à celle correspondant à une productivité marginale nulle. Tant que la productivité moyenne augmente, il est justifié pour le producteur d'accroître le nombre d'unités de travail, quand bien même la productivité marginale décroît. En effet, même si celle-ci diminue, elle est encore très élevée, ce qui signifie que la hausse du nombre de travailleurs contribue encore à augmenter le profit. Dans ce modèle, le but du producteur n'est pas de maximiser la productivité marginale du travail mais d'obtenir le profit le plus élevé. Et même une fois que la productivité moyenne décroît, il peut être malgré tout profitable pour le producteur de continuer à augmenter le volume du facteur travail, tant que la productivité marginale est positive, si le coût du travail n'est pas trop élevé et si le prix du produit fabriqué est suffisant. Ainsi, avec des unités de travail désignant un nombre de salariés dans l'entreprise, la loi des rendements décroissants conduit à considérer que la baisse du coût du travail, à prix inchangé du produit fabriqué, favorise les embauches. Celles-ci peuvent aussi être accrues du fait d'une hausse de la valeur du produit fabriqué, si le coût du travail reste inchangé.

L'évolution de la combinaison productive sur le long terme

Figure 11

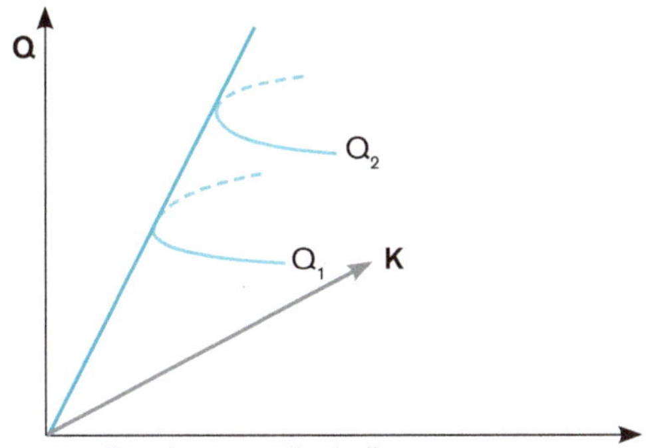

Rendements d'échelle constants

En longue période, la fonction de production de la forme $Q = Q(L,K)$ avec $Q = A \times K^{\alpha} \times L^{\beta}$ comporte deux variables, K pour le capital et L pour le travail (figure 11). Selon une démarche similaire à celle appliquée au traitement de la fonction d'utilité du consommateur, la représentation en trois dimensions de la fonction de production permet d'identifier des courbes de niveaux associées ici à des niveaux de production ayant une signification concrète. Dans la représentation graphique proposée, Q_2 correspond ainsi à un niveau de production plus élevé que Q_1. La forme de la représentation Q en trois dimensions dépend de la nature des rendements d'échelle de la fonction de production. Sur ce graphique, ils sont constants, c'est-à-dire que la production progresse aussi vite que le volume des facteurs de production utilisés. La pente du relief est dans ce cas constante, comme la génératrice d'un cône. Mais des rendements d'échelle décroissants ou croissants sont tout à fait possibles, le relief représenté, lié à la courbe de production, ressemble alors plus dans le premier cas à celui d'une colline (forme concave) ou, dans le second cas, à une pente de plus en plus abrupte et sans sommet (forme convexe).

Figure 12

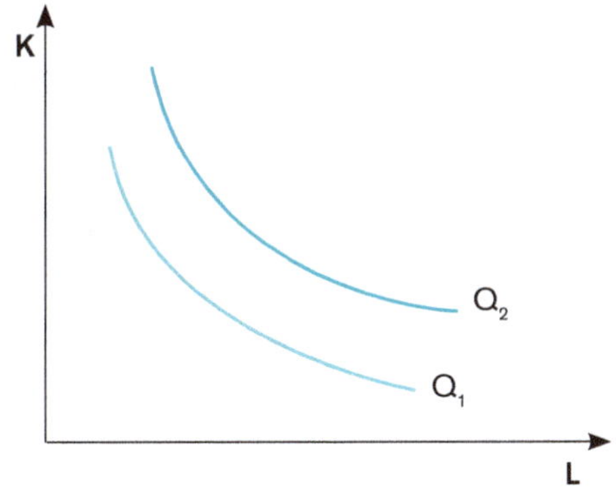

Le graphique en trois dimensions permet, par projection orthogonale, de tracer la carte des isoquantes du producteur sur le plan (L;K) comme on le voit sur la figure 12. Chaque isoquante correspond à l'ensemble des combinaisons productives associées à un même niveau de production. Les isoquantes ou courbes d'isoproduits sont décroissantes car la productivité marginale des facteurs reste positive dans leur phase rationnelle d'utilisation. Elles sont convexes du fait de la décroissance de la productivité marginale des facteurs. La courbure de ces isoquantes renseigne sur le degré de substituabilité des facteurs de production : moins cette courbure est prononcée, plus les facteurs capital et travail sont facilement substituables dans la combinaison productive. La pente d'une isoquante en un point est le taux marginal de substitution technique (TMST) qui désigne, lorsque le nombre de facteurs utilisés est élevé, le nombre d'unités de capital qui peuvent remplacer une unité de travail tout en maintenant le même niveau de production. Le TMST se calcule en divisant la productivité marginale du travail par la productivité marginale du capital.

Figure 13

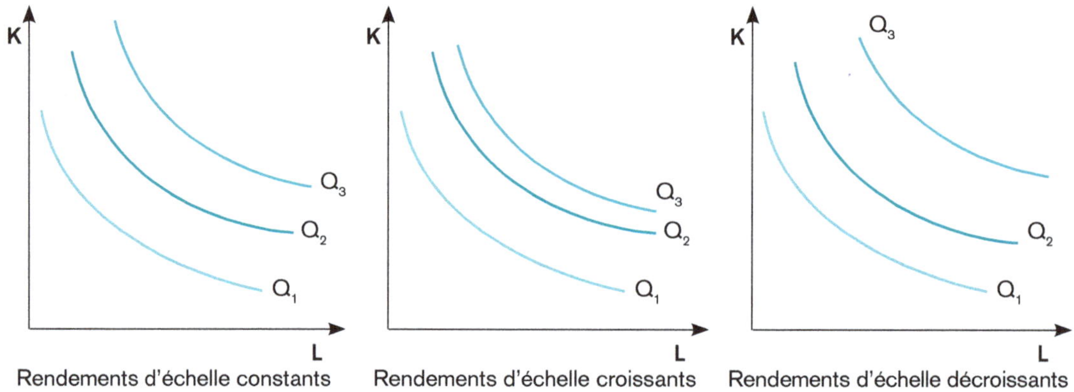

La figure 13 permet de visualiser l'effet de la nature des rendements d'échelle sur la carte des isoquantes du producteur. Si l'écart entre les isoquantes est proportionnel à l'écart entre les niveaux de production dans le cas des rendements constants, ce n'est pas le cas lorsque les rendements d'échelle sont croissants ou décroissants. Dans cette dernière situation, il est clair que la hausse de la production est de plus en plus difficile à réaliser car le nombre de facteurs de production utilisés doit augmenter toujours plus rapidement pour maintenir un même rythme de hausse de la production.

La demande de facteurs de production par le producteur

Le producteur gagne à utiliser davantage de facteurs de production jusqu'à un certain point. En effet, chaque facteur de production étant considéré comme homogène (toutes les unités de travail se ressemblent et toutes les unités de capital également dans ce modèle), les premières unités utilisées d'un facteur ont une productivité marginale plus élevée que les suivantes, en raison de la loi des rendements décroissants, alors qu'elles sont toutes rémunérées au même niveau (le salaire de marché pour le facteur travail et le taux d'intérêt d'équilibre pour le facteur capital).

Ainsi, les premières unités de travail utilisées dans la combinaison productive rapportent plus au producteur qu'elles ne lui coûtent. La productivité marginale en valeur (exprimée en unités monétaires) dépasse le coût du facteur (salaire pour une unité de travail) :

Productivité marginale physique du travail (PmL) × Prix de vente du produit (P) > salaire (W)

Le producteur développe ses embauches jusqu'à ce que, en raison de la loi des rendements décroissants l'égalité suivante soit atteinte : PmL × P = W.

La demande optimale de travail pour l'entreprise est alors : PmL = (W/P).

Cette demande est donc une fonction décroissante d'un indicateur de salaire réel. Plus le coût réel du travail élevé, plus le volume de travail dans la combinaison productive est faible.

Le raisonnement est le même pour la demande de capital. Avant de prendre une forme technique et d'être sujet aux irréversibilités, celui-ci se présente sous une forme financière et est emprunté par les entreprises sur le marché des capitaux. Cette demande de capital exprimée par un producteur progresse tant que : PmK × P > r.

La loi des rendements décroissants appliquée au capital conduit à une hausse de l'investissement jusqu'à ce que l'égalité suivante soit atteinte : PmK ×P = r.

Ainsi, la demande de capital est une fonction décroissante d'un indicateur de taux d'intérêt réel (r/P) selon l'analyse néoclassique.

C. L'équilibre du producteur

L'objectif de maximisation du profit du producteur peut être atteint en maximisant la production pour un coût total donné ou bien en minimisant le coût total une fois le niveau de production optimal déterminé.

Figure 14

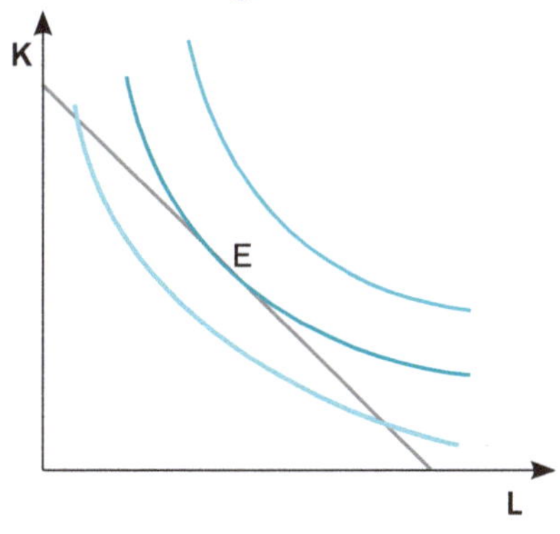

Le coût total de production dépend du prix et du volume utilisé de chacun des facteurs de production. Le coût total peut être formulé sous la forme d'une équation de droite exprimant K en fonction de L :

$CT = P_K \times K + P_L \times L$

$K = - (P_L / P_K) \times L + CT / P_K$

Cette droite dite d'isocoût représente l'ensemble des combinaisons productives associées à un même coût total de production. Pour un coût total donné, l'entreprise maximise son profit en atteignant l'isoquante la plus élevée possible (figure 14). Le point E sur le graphique correspond donc à la combinaison productive optimale du producteur. À ce point de tangence, la pente de la droite de budget est par définition égale à celle de l'isoquante. Le TMST est alors égal à P_L / P_K. Autrement dit, la combinaison productive optimale est associée à la propriété $PmL / P_L = PmK / P_K$.

La combinaison optimale peut être modifiée si le coût total de production change ou si les prix des facteurs se modifient.

Figure 15

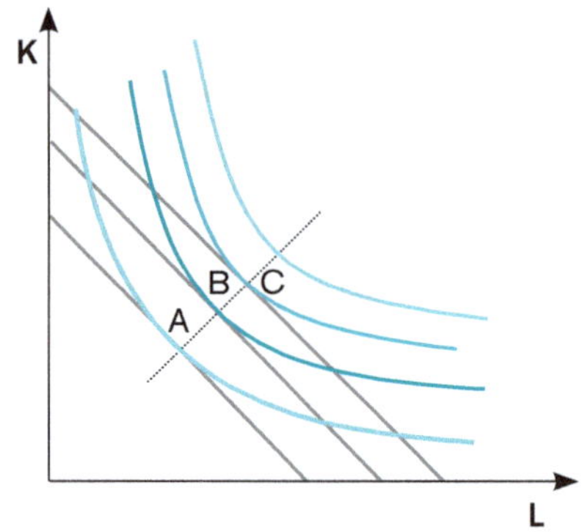

Lorsque, sur le long terme, le coût total progresse à mesure que le producteur grandit en taille, de nouvelles droites d'isocoût apparaissent, parallèles aux précédentes et qui permettent d'atteindre des isoquantes plus hautes (figure 15). La production se développe et l'entreprise croît en suivant un sentier d'expansion composé de combinaisons productives optimales, figuré ici en pointillés. A, B et C sont des exemples de ces combinaisons productives associées à un profit maximum à mesure que l'entreprise grandit.

Figure 16

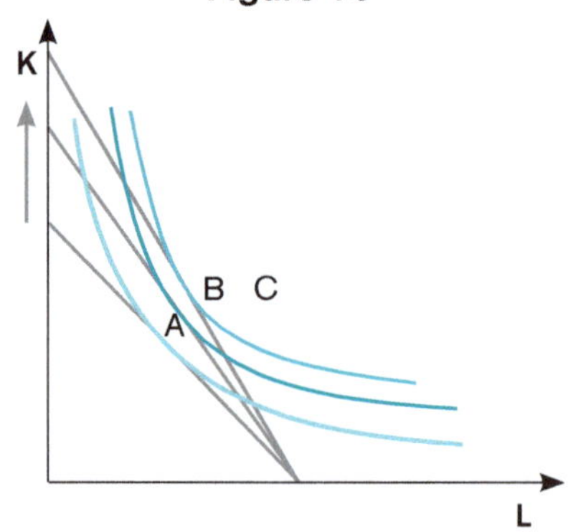

Lorsque le prix relatif des facteurs de production change, la pente de la droite d'isocoût se modifie. Par exemple, on représente sur la figure 16 l'effet de la baisse du prix du capital, le prix du facteur travail restant inchangé. Le producteur peut, avec un même budget, atteindre des niveaux de production plus élevés. Les combinaisons productives optimales évoluent, passant de A à B et à C. Il est possible analytiquement de décomposer cet effet prix en un effet substitution et un effet revenu. La baisse du prix du facteur capital augmente le coût d'opportunité de l'usage d'une unité de facteur travail, ce qui réduit dans la combinaison productive le poids du facteur travail et augmente celui du capital. C'est l'effet substitution. L'effet revenu est ici positif, il permet au producteur d'acquérir davantage des deux facteurs de production. Au total, le volume de capital s'accroît et l'évolution du nombre d'unités de travail est incertaine. Il est possible, si l'effet revenu dépasse l'effet substitution, comme cela apparaît ici graphiquement, que le volume de facteur travail utilisé progresse suite à la baisse du coût du capital.

D. La forme des coûts de production

Figure 17

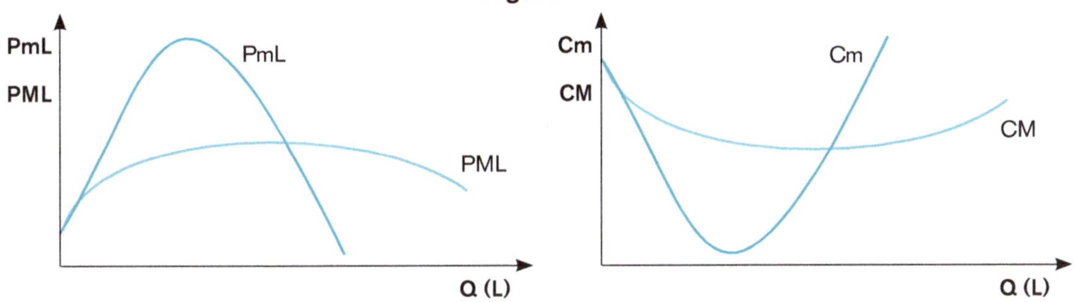

Outre le coût total, le modèle invite à raisonner sur le coût moyen de production (CM = CT / Q) et sur le coût marginal [Cm = CT'(Q)], pour comprendre le comportement du producteur. La forme de ces coûts découle de celle des courbes de productivité (figure 17). C'est parce que la productivité marginale du travail est décroissante que le coût marginal de production des produits finit par progresser. La loi des rendements factoriels décroissants fonde sur courte période une loi des coûts marginaux croissants.

Le coût moyen de production évolue aussi sous l'influence des changements de la productivité moyenne. Si les coûts fixes sont répartis sur un volume croissant de produits fabriqués quand Q augmente, la baisse de la productivité moyenne du travail, qui finit cependant par intervenir, élève le coût variable moyen. Au total, le coût moyen augmente car la baisse des coûts fixes moyens est de plus en plus lente alors que la hausse du coût variable moyen est de plus en plus rapide. Remarquons sur la figure 17 que le coût moyen progresse lorsque le coût marginal lui est supérieur. Tant que le coût marginal reste inférieur au coût moyen, ce dernier diminue.

En longue période, la forme des coûts de production est plus incertaine. L'entreprise grandit en passant d'un volume de capital à un autre, ce qui lui permet de décaler graphiquement vers la droite sa courbe de coût moyen de courte période (figure 18). Elle glisse alors de CM_1 à CM_2

puis à CM_3, etc. En effet, la progression du coût moyen de courte période devient excessive si l'entreprise laisse inchangé son volume de capital. À long terme, l'entreprise grandit donc en augmentant la quantité de ses deux facteurs de production.

Figure 18

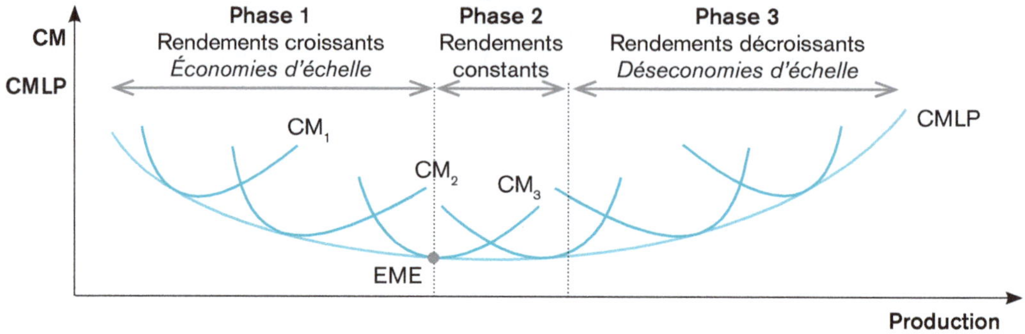

Source : J. Généreux, *Économie politique*, tome 2, 2016.

L'entreprise va certainement rencontrer une phase, plus ou moins longue selon les producteurs et les types d'activités, de rendements d'échelle croissants. Dans ce cas, la production progresse plus vite que le volume de chaque facteur de production. Un producteur de plus grande taille peut en effet mieux exploiter les avantages de la spécialisation de ses salariés et celle de ses sites de production. La division du travail est plus difficile à l'intérieur d'une firme très petite. L'entreprise peut aussi mieux négocier avec ses fournisseurs, ses créanciers, répartir certains frais de production sur un plus grand nombre de produits fabriqués (dépenses de recherche, de conception des produits, frais de communication par exemple). Le producteur a donc intérêt à grandir au moins jusqu'à l'échelle minimum efficace (EME). Ensuite, après une phase de rendements constants, il est possible que le coût moyen de longue période se mette à croître : la taille excessive de l'entreprise lui fait perdre en efficacité. Plusieurs explications sont possibles : des frais généraux qui progressent excessivement, des coûts d'organisation en hausse, des lenteurs dans les prises de décision, des difficultés à vendre les produits supplémentaires fabriqués.

La théorie du producteur en longue période en univers concurrentiel rencontre ici une difficulté, celle qui consiste à concilier l'hypothèse d'atomicité de l'offre avec l'existence de rendements croissants. Une solution théorique de facilité consiste à considérer que ces rendements d'échelle croissants sont externes aux firmes mais internes aux branches (externalités positives), ce qui évacue la possibilité d'économies d'échelle internes, pourtant significatives dans nos économies pour nombre d'activités. Ces rendements internes croissants conduisent à l'apparition dans certaines activités de grandes firmes plus efficaces que les petits producteurs. Dans ce cas, on assiste à une concentration de l'offre sur le marché. D'où le besoin d'une autre élaboration théorique permettant de rendre compte du fonctionnement des marchés d'oligopoles. Les économies d'échelle externes aux firmes mais internes aux branches signifient au contraire que tous les producteurs de la même branche gagnent en efficacité à mesure que leur nombre grandit dans cette activité. Par exemple parce que l'apparition de structures de formation spécifiques permettent d'améliorer la qualification de la main-d'œuvre utilisée par l'ensemble des firmes de la branche. Il est alors possible de concilier une atomicité de l'offre et des rendements d'échelle croissants.

L'offre du producteur sur le court terme

Figure 19

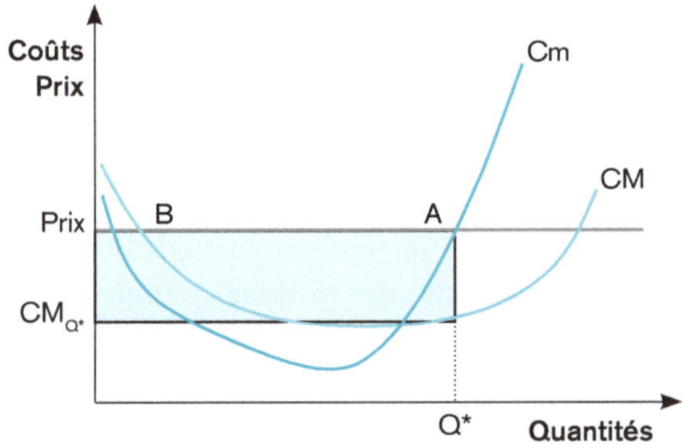

La figure 19 reprend les courbes de coût moyen et de coût marginal de courte période et ajoute une droite horizontale qui figure le prix du produit, un prix supposé par hypothèse indépendant du volume de la production de l'entreprise et fixé sur le marché (voir la partie 2 du chapitre). La quantité de produits Q* est celle qui est associée au profit maximum du producteur. En effet, pour toute quantité produite plus faible, le coût marginal est inférieur au prix de vente, ce qui signifie que la hausse de la production fait progresser le profit total. Par contre, au-delà de Q*, le coût d'un produit supplémentaire (Cm) dépasse le prix auquel il est vendu. Il n'est donc pas rationnel pour le producteur de dépasser la quantité Q*. En effet :

Profit (π) = Chiffre d'affaires (CA) – Coût total (CT)

$\pi = CA - CT$

$\pi = P \times Q - CT$

On a π_{max} pour $\pi' = 0$ et $\pi'' < 0$

$\pi' = P - Cm$

On pose : $\pi' = 0$

Et donc on obtient : **Cm = P** avec $\pi'' = - Cm'$

Or, on a : $\pi'' < 0$ lorsque $Cm' > 0$ et donc lorsque le coût marginal est croissant. On retrouve ainsi le même résultat que celui obtenu précédemment par raisonnement graphique.

Le rectangle grisé représente le profit du producteur, puisque :

$\pi = CA - CT$

$\pi = P \times Q - CM \times Q$

$\pi = Q \times (P - CM)$

Figure 20

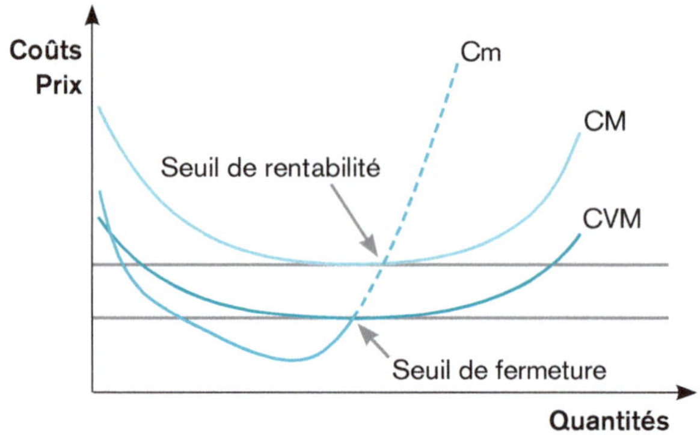

Par définition, l'offre individuelle du producteur nous indique les quantités produites qui maximisent son profit en fonction des différents prix possibles du produit. La courbe d'offre est confondue avec une partie de la courbe du coût marginal, puisque c'est sur le coût marginal que nous lisons les quantités que souhaite produire le producteur en fonction du prix du produit.

Sur le graphique correspondant à la figure 20, la courbe en pointillés correspond ainsi à l'offre individuelle. À court terme, cette offre existe pour tout prix supérieur au minimum du coût variable moyen (CVM). L'entreprise perd de l'argent lorsque le prix est inférieur au coût moyen mais, pour un prix qui reste au-dessus de CVM_{min}, l'entreprise couvre encore ses coûts variables grâce à ses recettes, plus une partie de ses coûts fixes. C'est pour cela que, transitoirement, le producteur peut se maintenir dans l'activité en espérant une remontée du prix de vente de ses produits. Pour tout prix inférieur ou égal au minimum du coût variable moyen, le producteur cesse par contre immédiatement son activité.

La situation du producteur en longue période sur un marché concurrentiel et l'offre de long terme

Figure 21

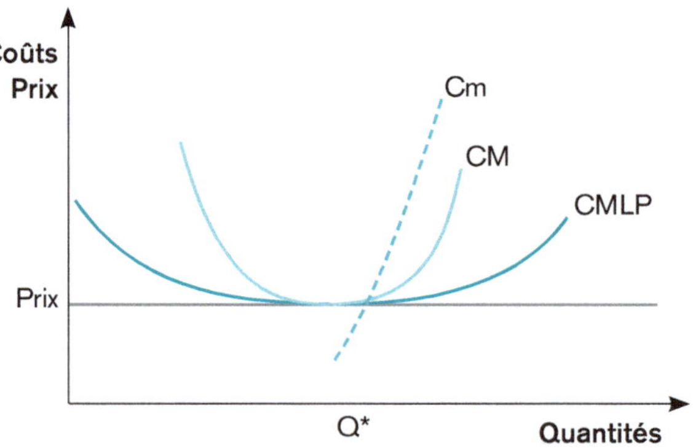

En longue période, sur un marché concurrentiel, les profits réalisés par les producteurs attirent de nouvelles entreprises et cette hausse de l'offre provoque une baisse du prix du produit. La baisse s'interrompt lorsque le nombre d'offreurs cesse de s'accroître au moment où les profits tombent à zéro (figure 21). Le prix est alors aligné sur le minimum du coût moyen. L'activité du producteur correspond dans ce cas à Q*. Les économies d'échelle associées à la phase décroissante du coût moyen de longue période ont été exploitées et le producteur, poussé par la concurrence à être efficace, ne s'engage pas dans la phase où les rendements d'échelle sont décroissants (CMLP croissant).

En Q*, le profit des producteurs est nul puisque le prix de vente est égal au coût moyen de production. Dans ce modèle, les producteurs peuvent continuer leur activité malgré un profit nul car celui-ci est calculé une fois les facteurs de production rémunérés, par versement des salaires et des intérêts. L'entrepreneur producteur ne dégage plus de revenu propre associé à sa fonction de direction de l'entreprise, mais le modèle considère qu'il possède d'autre sources de revenus lui permettant de subsister. Une fois cette situation de profits nuls atteinte, si la demande progresse sur le marché et suscite une remontée du prix, alors le producteur augmente son effort de production, mais de manière limitée puisque le coût marginal de long terme est considéré ici comme croissant. Une telle hypothèse permet de préserver des marchés fortement concurrentiels, avec un grand nombre de producteurs de taille réduite. Il en résulte une offre individuelle de long terme qui reste croissante. Les fondements théoriques de cette courbe apparaissent cependant fragiles, ils reflètent surtout la volonté de ne pas abandonner l'hypothèse d'atomicité du marché afin de conserver un cadre de concurrence pure et parfaite. Une limite au modèle qui ne sera surmontée que par les travaux sur la concurrence imparfaite.

Encadré formalisé 2

Exercice 1

Soit un producteur dont la fonction de production peut s'exprimer sous la forme : $Q = 10K^{0,5} L^{0,5}$
K représente le nombre d'unités de capital et L le nombre de salariés. On considère ici par hypothèse que les facteurs de production sont homogènes et que le producteur est rationnel.

a. Sachant que chaque produit vendu rapporte à l'entreprise 100 €, que le volume de capital utilisé est de 36 unités et que le coût d'emploi d'un salarié est de 1 000 €, déterminer le nombre de salariés employés par le producteur.

Le producteur étant rationnel, il emploie un nombre de travailleurs tel que : $PmL \times P = W$.
$PmL = \partial Q / \partial L = 5 \times L^{-0,5} \times K^{0,5}$
Avec $P = 100$, $K = 36$ *et* $W = 1\,000$, *on obtient* $L = 9$

b. Le producteur emploie désormais 16 salariés car sa production se vend bien et il souhaite l'accroître. Déterminez les conditions qui peuvent rendre l'embauche de 7 salariés supplémentaires rentable pour le producteur.

On suppose toujours que le producteur rationnel vérifie l'égalité suivante : $PmL \times P = W$.
Possibilité 1 : augmenter le stock de capital par travailleur pour accroître leur productivité :
Avec $P = 100$, $L = 16$ *et* $W = 1\,000$
On obtient $K = 64$

Possibilité 2 : augmenter le prix de vente du produit fabriqué, ce qui suppose d'améliorer sa qualité :
Avec $K = 36$, $L = 16$ et $W = 1\,000$
On obtient $P = 133{,}33$
Possibilité 3 : baisser le coût du salarié :
Avec $P = 100$, $K = 36$ et $L = 16$
On obtient $W = 750$

Exercice 2

Le grand restaurant d'un navire de croisière de luxe propose un nombre q de repas chaque soir et supporte dans son activité des coûts de production qui peuvent s'exprimer de la manière suivante :

$CT = 0{,}05 \times q^2 + 5\,000$

On considère donc, pour simplifier, que le coût total peut être représenté par une fonction mathématique continue. Le nombre de repas servis peut varier grâce à la modification du nombre de salariés dans le restaurant. Les passagers peuvent dîner à la brasserie du bord plutôt qu'au restaurant.

a. Exprimer, en fonction du nombre de repas au restaurant, le coût moyen (CM) et le coût marginal (Cm) des repas.

$CM = 0{,}05q + 5000/q$
$Cm = 0{,}1q$

b. Si le prix d'un repas pris par les clients est en moyenne de 50 €, indiquer le nombre de repas que le restaurant doit servir chaque soir pour maximiser son profit. Calculer le profit réalisé alors par le restaurant.

Le restaurateur cherche par hypothèse à maximiser son profit.
$\pi = CA - CT = P \times q - CT$
Le profit est maximum quand $\pi' = 0$ et $\pi'' < 0$.
$\pi' = P - Cm$
$\pi' = 50 - 0{,}1q$
$\pi' = 0 \Leftrightarrow Cm = P \Leftrightarrow 0{,}1q = 50$
$q = 500$

$\pi'' = -Cm'$

On a donc $Cm' > 0$ et donc $\pi'' < 0$.
On a bien un profit maximum pour $q = 500$.

$\pi = CA - CT = 25\,000 - 17\,500 = 7\,500$ €

c. En dessous de quel prix en moyenne pour un repas le restaurant cesse-t-il d'être rentable ?

Le seuil de rentabilité est le prix correspondant au minimum du coût moyen.

$CM = 0{,}05q + 5\,000/q$
On a CM_{min} pour $CM' = 0$ et $CM'' > 0$
$CM' = 0{,}05 - 5\,000 / q^2$
$CM' = 0$

$5000 / q^2 = 0,05$
$5\,000 = 0,05q^2$
$Q^2 = 100\,000$
$Q = 100\,000^{0,5}$

$CM'' = 10\,000q / q^4$
$CM'' > 0$ et donc on a bien un minimum du coût moyen en $Q = 100\,000^{0,5} \approx 316$.

Le coût moyen d'un repas pour ce restaurant est minimum lorsque 316 couverts sont servis au cours d'une soirée.

Le seuil de rentabilité est le prix associé à cette quantité :
$CM(100\,000^{0,5})$ = seuil de rentabilité $= 0,05 \times 100\,000^{0,5} + 5\,000 / 100\,000^{0,5} = 31,63$ €

Pour un prix du repas inférieur à 31,63 €, le restaurant cesse d'être rentable.

2

L'offre, la demande et l'équilibre sur le marché concurrentiel

L'étude du comportement individuel des producteurs et des consommateurs présentée en première partie s'inscrit dans une démarche visant à comprendre comment les mécanismes de marché peuvent coordonner des décisions décentralisées d'acteurs guidés par leur propre intérêt. La microéconomie néoclassique agrège donc les comportements de ces acteurs, dans le cadre d'abord d'un modèle de marché fortement concurrentiel. Sur la base de celui-ci, il est possible, de manière simplifiée, de simuler les effets d'une intervention publique sur ce type de marchés.

1 Les fonctions d'offre et de demande sur un marché concurrentiel

Le marché d'un produit regroupe l'ensemble des offreurs qui produisent et vendent ce produit et les demandeurs qui souhaitent l'acquérir. Lieu physique ou espace dématérialisé, sur Internet par exemple, le marché est le cadre d'interactions entre offreurs et demandeurs souhaitant échanger un produit.

A. Le marché concurrentiel vu par la théorie néoclassique et les limites de cette approche

Dans le modèle ici présenté, le marché figure de manière abstraite la rencontre de l'offre totale et de la demande totale pour le produit considéré. Sur ce marché se fixe un prix pour le produit résultant de la confrontation des souhaits des offreurs et de ceux des demandeurs. Le prix pratiqué sur le marché peut être envisagé comme une donnée émergente issue des mécanismes impersonnels de confrontation de l'offre et de la demande sur le marché, même si les économistes ont du mal à modéliser ce processus émergent (voir plus bas). L'offre et la demande peuvent être exprimées sous forme mathématique, par des équations, et l'équilibre sur le marché peut être calculé en égalisant les équations d'offre et de demande.

Les hypothèses du modèle

Le marché ici étudié respecte les conditions de la concurrence pure et parfaite (Frank Knight, *Risque, incertitude et profit*, 1921). Sur un même marché, **les produits sont homogènes**, si bien que le prix est le seul critère des demandeurs lorsqu'ils choisissent l'offreur auquel ils s'adressent. **Les intervenants sur le marché sont en outre parfaitement informés** des caractéristiques du produit et des prix proposés par les producteurs. Ces deux conditions obligent les offreurs à s'aligner sur les prix pratiqués par leurs concurrents, sinon ils perdent toute leur clientèle. Chaque offreur et chaque demandeur sont de taille réduite, leur nombre est suffisamment important pour qu'aucun ne puisse peser à titre individuel de manière significative sur le prix pratiqué : c'est **l'atomicité du marché**. Les producteurs utilisent tous par hypothèse les mêmes techniques de production, les meilleures disponibles étant donné l'état des techniques. Ils sont donc très nombreux et tous identiques. Par ailleurs, il n'existe **pas de barrière à l'entrée et à la sortie du marché**, ce qui permet en particulier à de nouveaux entrepreneurs-producteurs d'apparaître sur le marché si des profits peuvent y être réalisés. Ceci renforce le climat concurrentiel du marché. Enfin, **les producteurs peuvent faire varier librement le volume des facteurs de production** qu'ils emploient dans cette activité, ce qui permet l'ajustement des combinaisons productives et fournit les services producteurs « capital », « travail » et éventuellement « terre » aux nouveaux offreurs entrant sur le marché.

Les résultats du programme néoclassique d'étude des marchés concurrentiels

Le modèle néoclassique du marché concurrentiel aboutit, sur la base des hypothèses initialement formulées, à l'idée que la coordination par le marché est généralement efficace. Les mécanismes concurrentiels fonctionnent au bénéfice de la collectivité pour les néoclassiques. Pour répondre à la demande exprimée par les acheteurs, les producteurs sont obligés, afin de rester compétitifs, de proposer des biens et des services adaptés et de les produire de manière efficace. En effet, les entrepreneurs-producteurs qui se lancent dans des productions ne répondant pas aux attentes des demandeurs font faillite et ceux qui réalisent des produits utiles mais de manière inefficace ne restent pas longtemps sur les marchés. Les facteurs de production sont donc orientés vers les producteurs les plus efficaces dans une économie. C'est ce que les néoclassiques appellent l'efficience allocative du marché. En outre, sur les marchés, lorsque des entrepreneurs-producteurs réalisent des profits, cela suscite l'apparition de nouveaux concurrents. L'offre accrue de produits permet une baisse des prix jusqu'à ce que ceux-ci soient alignés sur les minima des coûts moyens de production (*cf.* partie 1 de ce chapitre). À long terme donc, si l'on suit ce raisonnement, les prix des produits sont aussi faibles que les techniques de production dans une économie le permettent : c'est l'efficience productive à laquelle conduit en principe le marché. Avec des prix bas et des quantités offertes abondantes sur chaque marché, le bien-être collectif – envisagé par les néoclassiques sous l'angle des capacités de consommation – est maximisé. La situation correspond alors à un optimum de Pareto : les facteurs de production et les technologies disponibles sont utilisés au mieux pour produire, tous les échanges marchands mutuellement profitables ont eu lieu, la production de richesses et donc la formation de revenus est à son maximum, si bien qu'il n'est pas possible d'améliorer la situation économique d'un seul individu sans détériorer celle d'un autre. L'optimum de Pareto (Vilfredo Pareto, *Manuel d'économie politique*, 1906) est un optimum d'efficacité économique, il ne dit rien cependant de la manière dont les revenus, les richesses, sont à répartir entre les individus d'une société. Sur la base de leur modèle qui conclut que les mécanismes de marché sont efficaces, les néoclassiques adoptent souvent une démarche normative visant à promouvoir la coordination économique par le marché et la concurrence.

Jusque dans l'entre-deux-guerres, c'est le courant néoclassique anglais qui domine parmi les travaux analysant le fonctionnement des marchés concurrentiels, avec une approche en termes d'équilibre partiel. On modélise alors surtout des marchés particuliers : celui du produit A, celui du produit B, etc., tout en laissant de côté le problème de l'interdépendance des marchés. Cette fragilité théorique favorise, surtout après la Seconde Guerre mondiale, le renouveau d'une approche en termes plutôt d'équilibre général, initiée par Léon Walras dès les débuts du courant néoclassique (*Éléments d'économie politique pure*, 1874) mais longtemps moins considérée car plus abstraite et très complexe. Lorsque l'on raisonne en équilibre général, les demandes et les offres de chaque produit dépendent, dans des proportions variables, de l'ensemble des prix des produits et de ceux des services producteurs. Les néoclassiques, qui prolongent ce travail de Walras sur l'équilibre économique général, cherchent à déterminer s'il existe un ensemble de prix permettant l'équilibre simultané sur l'ensemble des marchés. Une deuxième question est de savoir si, lorsque l'économie quitte une situation d'équilibre, les mécanismes de marché permettent d'y revenir. La question de l'existence de l'équilibre économique général dans une économie de marché est étudiée par Kenneth Arrow et Gérard Debreu, qui publient en 1954 un article (« Existence d'un équilibre dans une économie concurrentielle ») dans lequel ils montrent que les hypothèses de la concurrence parfaite font partie des conditions suffisantes à l'existence d'un équilibre général. D'autres travaux portent sur la stabilité de cet équilibre, mais celle-ci repose sur des conditions très particulières dont l'existence n'est pas assurée (théorème de Sonnenschein-Mantel-Debreu de 1972-1974). Ainsi, les néoclassiques ne parviennent pas à démontrer que les mécanismes de marché permettent d'arriver à une situation d'équilibre général qui soit porteuse, à un instant donné, d'une efficacité économique maximale dans l'utilisation des ressources productives d'une économie, même sur des marchés parfaitement concurrentiels. Ceux-ci peuvent être relativement efficaces, mais le marché n'est donc pas, même en théorie, un mécanisme parfait de coordination des activités économiques.

D'ailleurs, déjà pendant l'entre-deux-guerres, certains néoclassiques évoquent des situations où les mécanismes de marché ne permettent pas de rejoindre l'optimum collectif, quand bien même le cadre de la concurrence pure et parfaite est respecté (Arthur C. Pigou, *L'Économie du bien-être*, 1920). Ces exceptions sont qualifiées par les néoclassiques eux-mêmes de « défaillances du marché » (*cf.* partie 3 de ce chapitre).

Les limites de la modélisation néoclassique des marchés concurrentiels

Le modèle de concurrence pure et parfaite aboutit à des résultats limités et ce d'autant plus que les hypothèses du modèle sont assez restrictives. À partir de l'entre-deux-guerres, il devient clair que l'analyse d'un marché composé d'un grand nombre d'offreurs, sans barrière à l'entrée, avec des produits parfaitement homogènes et une information parfaite, ne permet guère de comprendre de nombreuses configurations de marché. Certaines entreprises sont de plus en plus grandes, certains dirigeants – à l'exemple d'Alfred Sloan à la tête de General Motors – explorent les effets de la différenciation de leurs produits. La théorie de la concurrence imparfaite constitue donc un complément indispensable à l'analyse du marché de concurrence pure et parfaite.

L'influence de la démarche utilisée en physique et l'aura dont bénéficie cette discipline au sein du monde scientifique à la fin du XIXe siècle ont conduit certains néoclassiques, dont Léon Walras, à considérer que l'usage des mathématiques en économie permettrait à cette discipline de réaliser des avancées majeures. Le programme de recherche initié par l'école de Lausanne a favorisé une mathématisation croissante de l'analyse du fonctionnement du marché, jusqu'aux travaux très techniques sur l'équilibre économique général. Dès la fin du XIXe siècle pourtant, certains économistes, notamment autrichiens, soulignent les limites de cette approche du marché. De Menger à Hayek, en passant par Mises, plusieurs économistes considèrent en effet que le marché concurrentiel doit être envisagé comme un espace d'interactions entre des acteurs économiques agissant de leur propre initiative et cherchant certes à maximiser leur intérêt, mais qui modifient en continu leurs choix en tenant compte des signaux de prix qu'ils parviennent à percevoir. Le marché est dans cette approche un processus permettant, par des micro-ajustements, de coordonner les activités productives et de satisfaire les besoins des individus. La notion d'équilibre de marché n'a dans ce cas pas de sens et les offres et les demandes ne peuvent être mises en équation. Une telle présentation mathématisée relèverait d'une illusion scientifique produisant un contre-sens sur la nature même du phénomène qu'est l'échange marchand.

Par ailleurs, attachée à une démarche de formalisation mathématique, l'analyse néoclassique ne fait pas assez ressortir les spécificités de l'échange marchand comme forme particulière des transactions économiques. Loin d'être un mécanisme naturel et anhistorique, l'échange marchand correspond à des caractéristiques très particulières. Il est d'initiative décentralisée, librement consenti ; il vise prioritairement la poursuite par les coéchangistes de leur intérêt personnel, le prix étant un compromis entre les intérêts divergents de celui qui vend et de celui qui achète. La transaction réalisée entre l'acheteur et le vendeur est impersonnelle, grâce à l'usage de la monnaie qui éteint instantanément la dette de l'acheteur envers le vendeur. Enfin, les prix peuvent en principe varier sans entrave et les quantités échangées s'ajuster aux souhaits des échangistes.

Tous les échanges économiques ne correspondent pas à ces caractéristiques. D'autres formes d'échanges peuvent en effet remplir des obligations sociales sans être guidées par la seule recherche de l'intérêt personnel, au sein des groupes de parenté, à l'intérieur ou entre des structures communautaires (Karl Polanyi, *La Grande Transformation*, 1944). Les logiques de don contre-don existent depuis longtemps dans les diverses sociétés humaines, notamment à l'échelle locale, sous forme d'échanges de services ou de biens dans le cadre de relations de confiance entre des personnes qui se connaissent. Imbriquées dans des considérations sociales, il s'agit bien pourtant de formes d'échanges économiques. Au sein de nombre de familles encore aujourd'hui, les services, les produits, sans même parler des revenus, circulent aussi en partie de manière désintéressée. Une confrontation entre une offre et une demande est pensable en dehors de logiques marchandes dans un cadre plus large : les réseaux sociaux, le web, sont des espaces d'échanges de logiciels, de contenus, de vidéos, répondant à des besoins de leurs utilisateurs et n'apportant parfois aucun gain financier aux producteurs, alors même que leur réalisation a parfois demandé du matériel et un temps de travail significatif. Le modèle néoclassique du marché concurrentiel élaboré il y a un siècle environ constitue alors cependant une étape permettant de mieux comprendre la logique marchande dont l'affirmation sur le long terme dans la vie économique est alors soulignée par plusieurs sociologues (Ferdinand Tönnies ou Émile Durkheim par exemple). Cette étape s'inscrit dans le projet d'ensemble des premiers néoclassiques qui est notamment de savoir si un système économique fondé sur l'échange libre et la poursuite de l'intérêt personnel peut aboutir à un résultat économiquement efficace.

B. La courbe d'offre

L'offre indique les quantités d'un produit qu'un producteur (offre individuelle) ou que les producteurs d'une branche (offre totale) souhaitent produire et mettre en vente aux différents prix possibles du produit considéré. Les offreurs cherchent à maximiser leurs profits et, de ce fait, l'offre n'existe qu'à partir d'un certain prix permettant aux producteurs d'au moins couvrir leurs coûts de production.

Figure 22 – Présentation de Walras

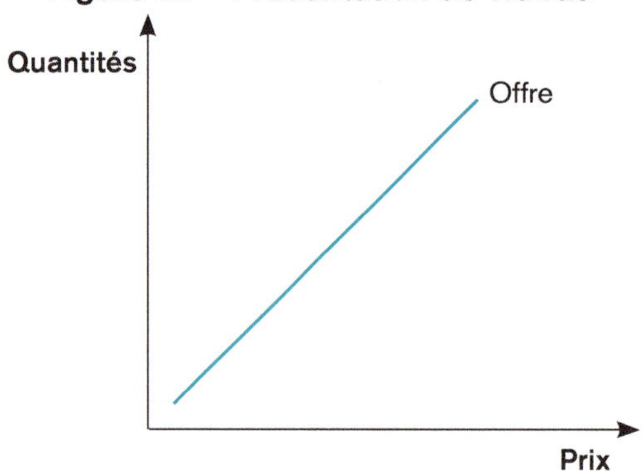

Figure 23 – Présentation de Marshall

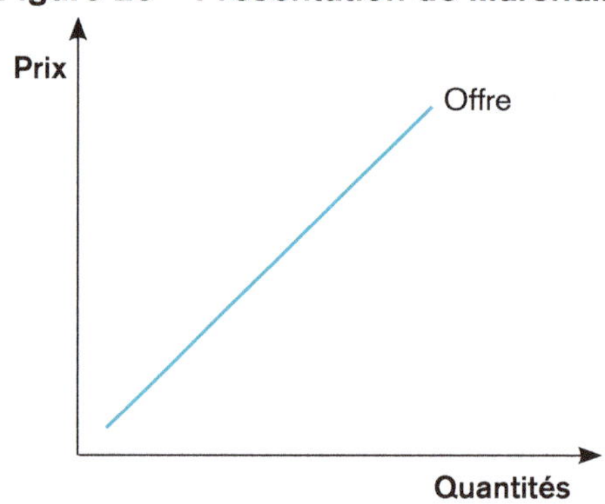

La signification économique de la courbe d'offre est d'exprimer des quantités en fonction des prix. Il semblerait donc logique de faire figurer sur l'axe des abscisses les prix et sur l'axe des ordonnées les quantités (*cf.* présentation de Walras). Toutefois, on utilise en pratique la présentation de Marshall qui positionne les prix sur l'axe vertical et les quantités sur l'axe horizontal. Cette mise en forme graphique ne doit pas cependant conduire à un contre-sens sur la signification de la courbe d'offre.

La courbe d'offre de court terme

L'offre individuelle est généralement présentée comme croissante quand les prix des produits progressent, toutes choses égales par ailleurs. L'offre individuelle n'existe pas pour tous les niveaux de prix : le producteur est disposé à produire à partir du moment où le prix de vente couvre au moins ses coûts variables moyens. En présence de coûts fixes, le producteur ne reste cependant sur le marché que si le prix est au moins égal au seuil de rentabilité de son activité, c'est-à-dire au minimum du coût moyen. La forme de l'offre résulte ensuite de celle du coût marginal du producteur, croissant en courte période. Plus le prix est élevé, plus le producteur est disposé à engager des frais pour développer sa production en augmentant le nombre d'unités de travail qu'il utilise. C'est pour cela que l'offre individuelle est croissante : la production souhaitée par le producteur augmente quand le prix s'élève. L'offre totale n'est que l'addition des offres individuelles, considérées comme identiques par tous les producteurs dans le modèle du marché concurrentiel.

Une pente plus ou moins forte nous renseigne sur le degré d'élasticité-prix de l'offre. Si l'offre est presque verticale, l'élasticité est faible, ce qui signifie que les producteurs ne sont pas capables d'augmenter les quantités produites de manière significative en cas de hausse du prix du produit. Au contraire, une offre peu pentue indique que le coût marginal est faiblement croissant dans cette activité, si bien que la production peut assez facilement progresser quand le prix s'élève, même à court terme.

La courbe d'offre de court terme se déplace vers la droite pour d'autres raisons qu'une hausse du prix du produit vendu. Un tel déplacement signifie une hausse de l'offre sur le marché. L'offre individuelle glisse ainsi vers la droite, notamment suite à une baisse des coûts des facteurs de production ou grâce à une hausse de la productivité du travail (effet d'un progrès technique ou d'un niveau supérieur du stock de capital par travailleur). L'offre totale sur le marché peut aussi se déplacer vers la droite lorsque de nouveaux producteurs s'installent dans la branche étudiée, par exemple attirés par les profits réalisés par les producteurs déjà en place. La courbe d'offre peut au contraire se déplacer vers la gauche pour des raisons symétriques à celles conduisant à son glissement vers la droite : difficultés accrues de production dans cette activité ou baisse du nombre de producteurs.

La courbe d'offre de long terme

La forme de la courbe d'offre sur le long terme est incertaine car il n'existe pas de loi des rendements d'échelle décroissants. C'est pour cela que l'on raisonne en général plutôt sur des courbes d'offre de court terme, c'est-à-dire à stock de capital stable dans la combinaison productive. La forme de l'offre de long terme résulte de la capacité des producteurs à réaliser les investissements nécessaires pour, en parallèle de la hausse du facteur travail, développer leurs capacités productives. Alfred Marshall (*Principes d'économie politique*, 1890) considère que, dans nombre d'activités, la courbe d'offre de long terme est horizontale, ce qui signifie que la quantité produite peut augmenter sans accroissement du prix de vente. Le raisonnement en microéconomie sur les marchés fait pourtant généralement intervenir une courbe d'offre totale croissante, sans explicitement préciser qu'il s'agit d'un raisonnement à court terme. De manière générale, sur une durée longue, la forme de la courbe d'offre est spécifique à chaque type d'activité. Tout dépend de la nature des rendements d'échelle dans l'activité considérée. Il convient donc d'analyser les particularités de chaque marché pour déterminer la forme de la courbe d'offre de long terme sur un marché précis.

Si les rendements d'échelle sont décroissants, cela signifie que les producteurs individuels peinent à grandir sans perdre en efficacité. Par exemple, sur le marché immobilier du centre d'une grande ville, il est de plus en plus coûteux de construire de nouveaux logements : l'espace est congestionné, ce qui accroît le coût de construction, il faut d'abord abattre ou rénover d'anciens bâtiments avant d'en produire de nouveaux. Dans ce cas, la courbe d'offre de long terme est croissante ; elle peut même être très pentue.

Si en revanche les rendements d'échelle sont constants, alors la courbe d'offre de long terme est horizontale. On peut imaginer par exemple que les producteurs de T-shirts dans le monde soient à long terme capables de construire de nouveaux sites de production et d'embaucher, de sorte que le nombre de T-shirts puisse augmenter fortement si la demande s'élève, sans que le prix des T-shirts croisse.

Il est même possible que, pendant une phase de rendements d'échelle croissants sur un marché, la courbe d'offre soit décroissante. Cette situation contre-intuitive s'explique par le fait qu'en grandissant les producteurs gagnent en efficacité et sont dès lors disposés à produire davantage, même si les prix sont en baisse, car leurs profits sont préservés. Par exemple, les premiers téléphones portables étaient chers. Leur prix a baissé ensuite, certes, parce que de nouveaux producteurs sont entrés sur le marché (déplacement de la courbe d'offre de court terme vers la droite), mais aussi parce que les producteurs en place ont pu baisser leurs coûts avec l'augmentation des volumes, notamment en répartissant les frais de conception sur un plus grand nombre de produits vendus ou en obtenant des matières premières à moindre prix. Il est plausible dans ce cas de considérer que la courbe d'offre de long terme a été, un temps au moins, décroissante.

La décroissance de la courbe d'offre peut aussi s'observer dans certains contextes économiques, comme dans les sociétés paysannes. La chute des prix des produits agricoles en dessous d'un certain niveau, loin d'entraîner une réduction de l'offre individuelle de produits, peut inciter les petits agriculteurs pour lesquels il n'est pas envisageable de se reconvertir à augmenter encore le volume des récoltes. Il s'agit, en vendant davantage, de tenter de compenser la chute des cours afin de maintenir les revenus.

C. La courbe de demande

La demande indique les quantités d'un produit qu'un consommateur (demande individuelle) ou des consommateurs (demande totale) souhaitent acheter sur le marché pour les différents prix possibles de ce produit. Bien que la demande exprime donc une quantité en fonction du prix, on place usuellement les quantités en abscisses et les prix en ordonnées sur le repère (*cf.* figure en page suivante). La demande existe uniquement en dessous d'un prix pour lequel le ou les consommateurs se retirent du marché, ce que l'on appelle le prix de réserve. Pour tout prix inférieur au prix de réserve, la demande est positive.

La forme de la courbe de demande

Figure 24

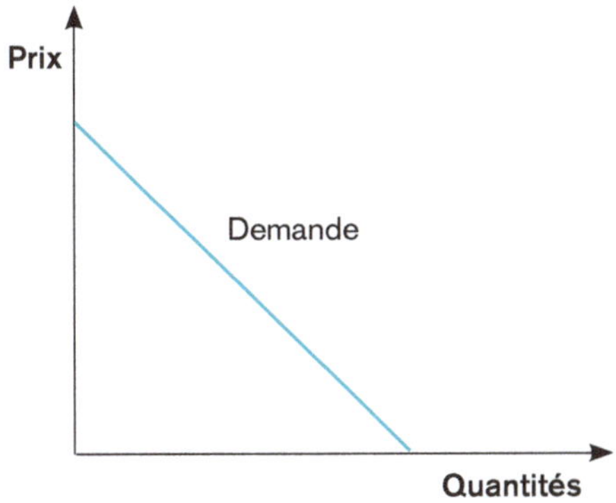

La demande individuelle est généralement décroissante quand le prix du produit augmente, toutes choses égales par ailleurs. On dit alors que la demande a une forme « normale ». Cette forme de la demande découle notamment de celle de l'utilité marginale du produit pour le consommateur : l'utilité marginale diminuant à mesure que les quantités consommées augmentent, le consommateur n'est disposé à consommer davantage que si le prix du produit baisse. On peut aussi comprendre cette forme décroissante de la demande en fonction du prix à l'aide des effets substitution et revenu que provoque la baisse du prix (*cf.* partie 1 de ce chapitre). Si le prix des autres produits reste inchangé, le consommateur remplace certains de ces produits par celui dont le prix a diminué (effet substitution). De plus, l'effet revenu est positif puisque la baisse du prix du produit élève le pouvoir d'achat du consommateur, ce qui favorise aussi une progression de la demande du produit.

La pente de la courbe de demande nous renseigne sur l'élasticité-prix de la demande : toutes choses égales par ailleurs, plus la pente de la demande est forte, plus la sensibilité (l'élasticité) de cette demande à la variation du prix est faible. En un point de la courbe de demande, l'élasticité se calcule ainsi :

$$e_p = \frac{P}{Q} \times Q'(P)$$

Si l'on obtient une élasticité-prix égale à – 2 en un point de la courbe de demande, cela signifie qu'à la quantité correspondante une hausse de 1 % du prix du produit entraîne une baisse de 2 % de la quantité consommée. La demande est alors de forme normale et elle est en ce point très élastique.

Il existe des cas exceptionnels où la demande est une fonction croissante du prix. Les économistes associent ces situations à certains types de biens inférieurs (les biens Giffen) et à certains produits satisfaisant surtout une consommation ostentatoire (effet Veblen). Les biens Giffen sont des produits indispensables pour les consommateurs. Si leur prix augmente, les consommateurs sont poussés à diminuer la consommation de produits relativement substituables pour continuer d'en acquérir et, de ce fait, sont obligés d'en acheter davantage pour répondre à leurs besoins. L'économiste Robert Giffen observe ainsi au XIXe siècle qu'en Irlande, chez certaines familles pauvres, la consommation de pommes de terre peut progresser lorsque leur prix s'élève, au détriment d'autres denrées alimentaires moins nourrissantes. Phénomène très différent, l'effet Veblen est un effet de démonstration qui s'applique à des produits haut de gamme dont la consommation est socialement affichée avec ostentation. Dans ce cas, la hausse du prix du produit renforce son utilité car l'effet démonstratif est accentué. Par exemple, des voitures de luxe ou certains vins réputés peuvent dans une certaine mesure voir leur demande progresser quand leur prix augmente.

Le déplacement de la courbe de demande

Le déplacement vers la droite de la courbe de demande permet de figurer une hausse de la demande due à toute autre cause que la baisse du prix de vente du produit. Plusieurs facteurs peuvent provoquer une telle hausse de la demande. Tout d'abord l'augmentation de l'utilité du produit pour le consommateur : effet de mode, circonstance particulière accroissant l'intensité du besoin que ce produit satisfait (ex. : la crème solaire en été). Ensuite, la progression du revenu du consommateur ou une diminution de son taux d'épargne : avec un revenu à consommer plus haut, le consommateur est disposé à acheter une quantité plus grande d'un produit dont le prix est stable. Autre explication au déplacement vers la droite de la courbe de demande : l'anticipation de la pénurie et de la hausse future du prix du produit, en particulier si ce produit est stockable. Par exemple, les automobilistes achètent du carburant à l'annonce d'une grève dans les raffineries de pétrole. La baisse du prix d'un produit complémentaire ou la hausse du prix d'un produit substituable sont encore des explications possibles au déplacement vers la droite de la courbe de demande. Ainsi, la baisse du prix des forfaits dans une station de ski peut élever la demande adressée aux loueurs de matériel de ski (produits complémentaires), tandis que la hausse du prix des voyages en Turquie peut accroître la demande de séjours en Grèce (produits substituables). Un déplacement vers la gauche de la courbe de demande modélise une baisse de la demande du produit due à toute autre cause que la hausse de son prix de vente. Des raisons symétriques à celles provoquant le glissement vers la droite de la courbe de demande peuvent être invoquées.

② L'équilibre sur un marché concurrentiel

Les marchés concurrentiels sont considérés comme pouvant en général coordonner de manière efficace les souhaits des offreurs et des demandeurs, et l'échange librement consenti est en général à l'avantage des deux parties prenantes. Toutefois, la « loi de l'offre et de la demande » n'est pas sans faille.

A. La détermination de l'équilibre par la confrontation de l'offre et de la demande

Figure 25

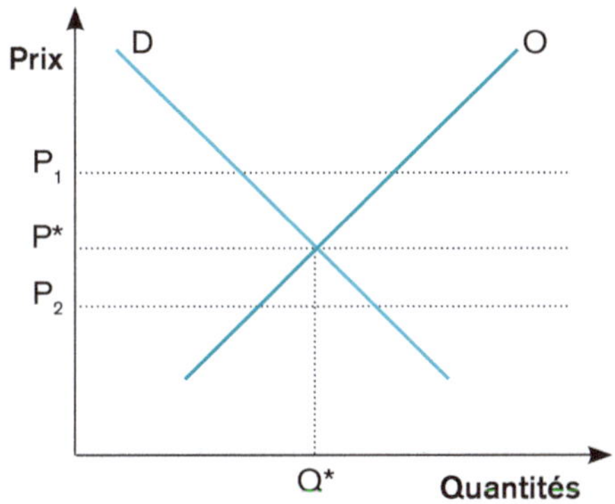

Le marché est un espace abstrait de rencontre entre l'offre totale et la demande totale pour un type de produit. Demande et offre expriment les souhaits des acheteurs potentiels et des producteurs. La rencontre de l'offre et de la demande conduit à déterminer le nombre effectif de produits achetés et vendus ainsi qu'un prix de vente auquel ces transactions s'effectuent. On peut en première analyse considérer que le prix s'ajuste de manière abstraite jusqu'à l'obtention de l'équilibre sur le marché. Pour un prix P_1, les quantités que souhaitent acquérir les demandeurs sont plus faibles que celles que les offreurs sont disposés à mettre en vente. Un tel prix n'est pas tenable car il engendrerait une surproduction dont les producteurs feraient les frais, plaçant donc les demandeurs en position de force pour obtenir un prix plus bas. Pour un prix P_2, les quantités que souhaitent acquérir les demandeurs dépassent largement celles que les producteurs sont disposés à mettre en vente. Un échange à ce prix entraînerait une pénurie au détriment des demandeurs, ce qui place les offreurs en position d'exiger un prix plus haut. Au prix P*, les quantités que souhaitent acquérir les demandeurs sont égales aux quantités que souhaitent mettre en vente les offreurs. Le prix d'équilibre est associé à une quantité d'équilibre Q*. Cette compatibilité des souhaits caractérise l'équilibre sur un marché. Nous verrons plus loin qu'en seconde analyse le processus d'obtention de l'équilibre n'est pas évident à penser pour les économistes et que le déséquilibre des marchés peut être la règle plutôt que l'exception.

Figure 26

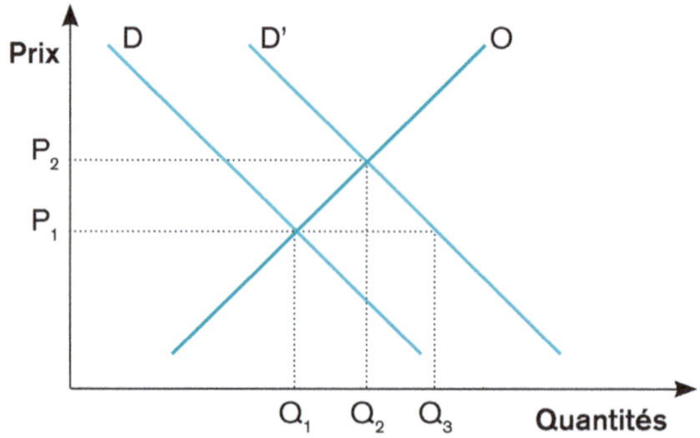

L'équilibre sur le marché peut se modifier lorsque la courbe de demande et/ou la courbe d'offre se déplacent. Par exemple, une hausse de la demande d'un produit suite à un effet de mode provoque un glissement de la courbe de demande vers la droite, de D à D'. Un nouvel équilibre de marché est trouvé, associant une quantité échangée plus élevée (Q_2) à un prix de vente accru (P_2). La hausse de la demande a poussé le prix à la hausse, ce qui a incité les offreurs à augmenter leur production. Le libre fonctionnement du marché a permis ici, à court terme, de satisfaire un besoin accru exprimé par les consommateurs : l'élévation du prix du produit a assuré aux producteurs la couverture des frais induits par la hausse du volume du facteur travail utilisé pour produire, dans un contexte où les unités de travail supplémentaires nécessaires sont moins productives que celles déjà présentes dans les combinaisons productives (loi des rendements factoriels décroissants). La hausse du prix a modéré la progression de la demande. Si le prix était resté au niveau P_1, la nouvelle quantité demandée aurait été Q_3, alors que les producteurs auraient continué à mettre en vente une quantité Q_1. Les quantités échangées auraient alors été les quantités offertes et certains consommateurs n'auraient pas été servis. Ici, la libre fluctuation des prix conduit ceux-ci à augmenter jusqu'à P_2 car les vendeurs sont en position de force face à l'afflux de demandeurs et augmentent donc les prix. En P_2, les quantités que les offreurs sont disposés à produire et à mettre en vente sont égales aux quantités que les consommateurs souhaitent acheter étant donné la nouvelle courbe de demande. L'équilibre est donc rétabli.

B. Les gains à l'échange

Pour un consommateur, les gains à l'achat d'une certaine quantité d'un produit sur un marché viennent de l'écart entre la somme déboursée pour se procurer ces produits et le budget que ce consommateur était disposé à dépenser pour les acquérir. On nomme ainsi « surplus du consommateur » le gain de satisfaction, mesuré en unités monétaires, que le consommateur retire de l'achat d'une ou plusieurs unités d'un produit.

Figure 27

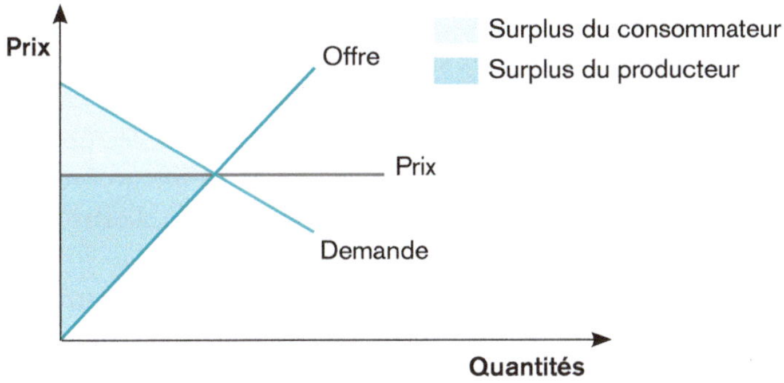

En raison de la décroissance de l'utilité marginale d'un produit, le consommateur est en effet disposé à payer plus cher les premières unités consommées que les suivantes. Il paie pourtant toutes les unités du produit au même prix sur le marché : c'est ce qui permet son gain à l'échange. La surface comprise entre la courbe de demande et la droite de prix correspond au surplus du consommateur. Ce raisonnement à l'échelle d'un consommateur peut être étendu à l'ensemble des consommateurs sur le marché si la courbe de demande correspond à la demande totale et non plus à la demande individuelle. Dans ce cas, c'est l'aire comprise entre la courbe de demande totale et la droite de prix qui est calculée, alors on obtient le surplus total des consommateurs sur le marché.

Le producteur gagne aussi en bien-être par la vente de ses produits sur le marché. En effet, seule la dernière unité produite est vendue à un prix égal à son coût de production. Pour les unités précédentes, à compter du minimum du coût moyen (l'offre existe durablement à partir d'un prix correspondant à ce montant), le prix de vente dépasse le coût marginal. Le surplus du producteur équivaut donc à la surface exprimée en unités monétaires comprise entre la courbe d'offre individuelle et la droite de prix. Il est possible de calculer le surplus total des producteurs en additionnant leurs surplus individuels (rappelons que dans ce modèle les offreurs sont tous identiques). À côté du calcul du profit, le surplus du producteur est une autre manière d'envisager le gain du producteur dans une activité. Le surplus du producteur correspond à l'écart entre le prix de chaque produit et le coût marginal, le tout multiplié par la quantité vendue, ce qui équivaut à l'écart entre le chiffre d'affaires et le coût *variable*. On comprend dès lors que le surplus du producteur est plus élevé que le profit qu'il réalise, lequel se calcule en retirant le coût *total* au chiffre d'affaires.

C. La loi de l'offre et de la demande et ses fragilités

Ce qui est connu sous l'expression de « loi de l'offre et de la demande » peut se formuler ainsi : *lorsque sur un marché, à un prix donné, les quantités que les demandeurs souhaitent acquérir sont différentes des quantités que les offreurs sont disposés à produire et à mettre en vente, alors le libre fonctionnement du marché, c'est-à-dire la libre variation des prix et des quantités, permet d'atteindre l'équilibre du marché.* En effet, pour un prix donné, un excès de demande dû à un prix trop bas place les producteurs en position de force pour imposer des prix plus hauts, tandis qu'un excès d'offre dû à un prix trop élevé met les demandeurs en situation d'obtenir des rabais sur les prix. Toutefois, un tel mécanisme, pour intuitif qu'il soit, pose des difficultés. Par exemple, si la production est réalisée avec un signal-prix erroné, trop élevé, les producteurs se retrouveront avec des invendus, même s'ils baissent leurs prix ; le prix d'équilibre ne permet pas en effet d'écouler tout l'excès d'offre. Si le signal-prix initial est trop bas, les produits manquants ne pourront surgir soudainement, quand bien même les prix de vente progresseraient. Lorsque la production est ainsi réalisée avant la fixation du prix d'équilibre, l'offre devient en effet une donnée fixe et non plus une courbe croissante.

Les premiers néoclassiques ont essayé de formaliser les mécanismes d'ajustement des marchés. Léon Walras (1874) suggérait dans son modèle que les décisions de production et les échanges n'aient lieu qu'une fois le prix d'équilibre déterminé. Dans une présentation très abstraite, il imaginait un « commissaire-priseur » tâtonnant en criant des prix jusqu'à déterminer sur chaque marché celui pour lequel l'offre et la demande s'égaliseraient. Alors les échanges pourraient avoir lieu. C'est aussi l'image classique de la fixation des prix des titres à la corbeille de la Bourse, actuellement réalisée ordinateur. Alfred Marshall (1890) imaginait quant à lui une solution par laquelle l'offre s'ajusterait progressivement à la demande ; un ajustement reposant davantage que celui de Walras sur les variations des quantités produites et moins sur les mouvements de prix, avec une approche plus dynamique et également plus décentralisée du fonctionnement du marché, sans la figure du « commissaire-priseur » :

Figure 28

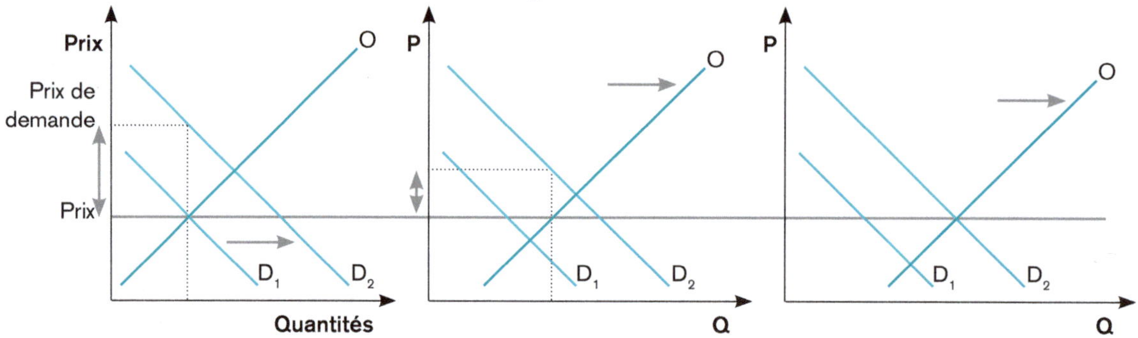

Par exemple (figure 28), si la demande augmente de D_1 à D_2, une pénurie temporaire sur le marché apparaît, ce qui signifie que le prix que les consommateurs sont prêts à payer pour acheter les quantités mises en vente est plus élevé que le prix de marché (le prix de demande est supérieur). Cela incite de nouveaux producteurs à entrer sur le marché et conduit à un déplacement vers la droite de la courbe d'offre de court terme, jusqu'à ce que le prix de demande corresponde au prix du marché. L'ajustement se réalise ici uniquement par les quantités, à la condition que l'offre sur le marché puisse ainsi progresser.

Figure 29

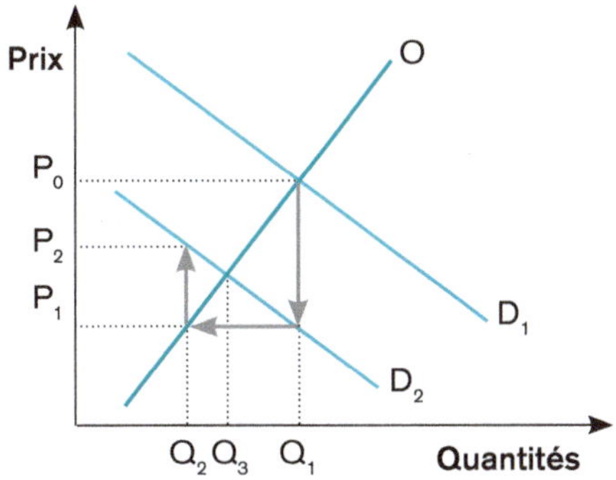

La réintroduction du temps dans la dynamique d'équilibrage du marché peut aussi être modélisée par le mécanisme du cobweb (figure 29) qui fait dépendre la production à l'instant t du prix observé sur le marché à l'instant t-1. Par exemple, la demande sur un marché diminue en passant de D_1 à D_2. Le Prix P_0, ancien prix d'équilibre, continue de guider à la période 1 la production réalisée (Q_1). Au prix P_0, la nouvelle demande est cependant beaucoup plus faible, ce qui oblige à une baisse de prix jusqu'à P_1 pour écouler les quantités offertes par les producteurs. Ce nouveau prix P_1 détermine la quantité produite à la période 2 (Q_2). À ce prix P_1, la demande est cependant plus élevée que l'offre, ce qui pousse le prix à la hausse jusqu'en P_2. À ce prix, la quantité demandée équivaut en effet à la quantité offerte Q_2. On observe ainsi, graphiquement, une convergence vers l'équilibre du marché si les courbes de demande et d'offre cessent un temps de se déplacer. Une telle convergence vers l'équilibre est cependant soumise à une autre condition : que la pente de la courbe d'offre soit plus marquée que la pente de la courbe de demande. Sinon, le marché diverge de plus en plus de l'équilibre ou connaît des fluctuations régulières des prix et des quantités.

Les marchés des produits agricoles illustrent certains dysfonctionnements de la loi de l'offre et de la demande. Le modèle du *cobweb* est souvent utilisé pour comprendre ce type de marchés pour lesquels un décalage temporel existe entre le moment du choix de la culture ou du type d'animaux élevés et le moment de la mise sur le marché des produits agricoles. Si une année donnée le prix du blé est élevé, cela incite les agriculteurs à consacrer des surfaces importantes à la culture du blé. Il est à craindre que, l'année suivante, les récoltes de blé dépassent la demande, ce qui provoquera une chute des cours. La troisième année, moins de surfaces seront ensemencées avec du blé, ce qui provoquera une remontée des prix. Il est possible que les fluctuations des prix et des volumes s'adoucissent ou qu'au contraire elles s'accentuent au fil du temps. L'obtention d'un équilibre stable est donc loin d'être garantie. Il est possible par ailleurs que la courbe d'offre des producteurs agricoles devienne décroissante en dessous d'un certain niveau de prix. Un tel mécanisme a pu être observé par exemple au cours de la Grande Dépression aux États-Unis au début des années 1930. La surproduction agricole provoque la baisse des prix mais celle-ci est telle que les producteurs, à titre individuel, essaient de produire davantage pour maintenir leurs revenus. Dans ce cas, la chute des prix s'auto-entretient et le marché est incapable de résoudre la tendance à la surproduction : les récoltes sont pour partie perdues faute d'acheteurs. L'intervention des pouvoirs publics peut alors être utile pour organiser la baisse de la production.

3 L'intervention publique sur le fonctionnement d'un marché concurrentiel

Sur un marché concurrentiel, on envisagera ici les effets de trois formes d'intervention publique : un contrôle des prix, un contrôle des quantités échangées et une taxation du produit.

A. Les effets d'un prix maximum sur un marché

Les pouvoirs publics peuvent fixer un prix maximum à un produit sur le marché. Cette réglementation a des effets perturbateurs si ce prix maximum est fixé en dessous du prix d'équilibre du marché. Le prix maximum, plus bas que le prix d'équilibre, entraîne alors une progression de la demande sur le marché et une diminution des quantités offertes par les producteurs : une situation de pénurie s'installe à court terme (figure 30). Les quantités échangées sont les quantités offertes (le côté court du marché l'emporte). Des personnes sont disposées à payer le prix maximum fixé pour acheter le produit mais ne sont pas servies (segment (2)).

Figure 30

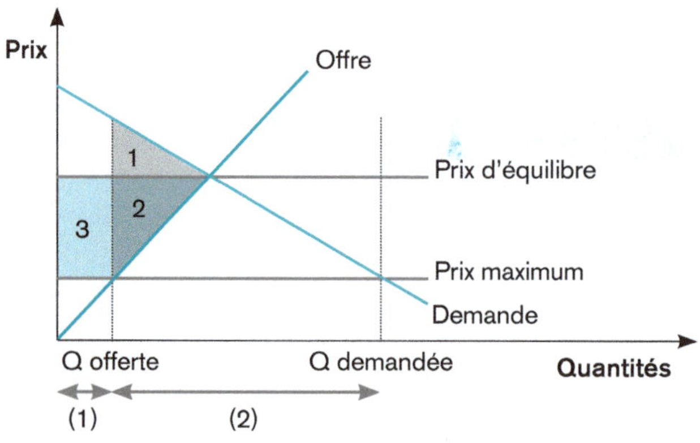

(1) Quantités demandées par les personnes servies.

(2) Quantités demandées par les personnes qui attendent sans être servies.

Cette pénurie permet cependant à des consommateurs modestes, dont la disposition à payer est inférieure au prix d'équilibre mais supérieure ou égale au prix maximum, d'entrer sur le marché pour acquérir le produit. Un prix maximum peut donc être une mesure sociale pour élargir l'accès au marché à des consommateurs à faibles revenus. Cependant, l'ordre dans lequel les consommateurs sont servis dépend surtout de leur place dans la « file d'attente » pour l'accès au produit, en raison de la pénurie. Et le nombre total de produits vendus est finalement plus faible.

Suite à l'instauration d'un prix maximum, le surplus des producteurs diminue car ils vendent les produits moins cher (surface du rectangle 3) et parce qu'ils réduisent plus ou moins leur production (triangle 2) suite à la baisse du prix de vente des produits. Le surplus des consommateurs évolue de manière incertaine car, si certains consommateurs peuvent obtenir le produit à un prix inférieur au prix initial (ces consommateurs gagnent l'aire correspondant au rectangle 3), le nombre de produits vendus diminuant (l'offre est plus faible), moins de produits peuvent être achetés par les consommateurs (perte de la surface correspondant au triangle 1). Sur le court terme, le surplus total des agents économiques diminue donc. Fixer un prix maximum semble alors peu pertinent pour la collectivité.

Pourtant, la fixation d'un prix maximum peut être acceptable économiquement pour les consommateurs si l'offre est inélastique (la courbe d'offre est très pentue). Dans ce cas, le nombre de produits vendus ne diminue pas trop suite à la baisse du prix de vente. Dans un contexte de hausse brutale et temporaire de la demande, si l'offre est inélastique, il peut être ainsi justifié de fixer un prix maximum afin d'empêcher une élévation trop brutale du prix d'équilibre. Par contre, si l'offre est élastique, la perte de surplus pour les consommateurs peut être importante, il est donc souhaitable de laisser les prix varier. Par exemple, dans un contexte de crise, si des ressortissants d'un pays se trouvant à l'étranger veulent rentrer en grand nombre simultanément, on pourra observer une hausse rapide de la demande de billets d'avion. Si l'offre est élastique, l'amorce de la dynamique de hausse des prix des billets incitera les compagnies aériennes à augmenter le nombre de vols, ce qui permettra à davantage de passagers de rentrer dans leur pays et limitera finalement la progression des prix des billets. En revanche, si l'offre est inélastique, la hausse du prix des billets suite à la progression de la demande aura comme seule conséquence d'élever le profit des compagnies aériennes sans permettre à davantage de clients de voyager. Dans ce dernier cas, la fixation d'un prix maximum temporaire peut être rationnelle.

Sur le long terme cependant, une réduction du surplus des producteurs due à la fixation d'un prix maximum devenu durablement plus faible que le prix d'équilibre peut encourager certains offreurs à se reconvertir vers des activités plus rentables. On risque dès lors d'assister à un déplacement vers la gauche de la courbe d'offre, au détriment de l'ensemble des agents économiques.

B. Les effets d'un prix minimum sur un marché

Figure 31

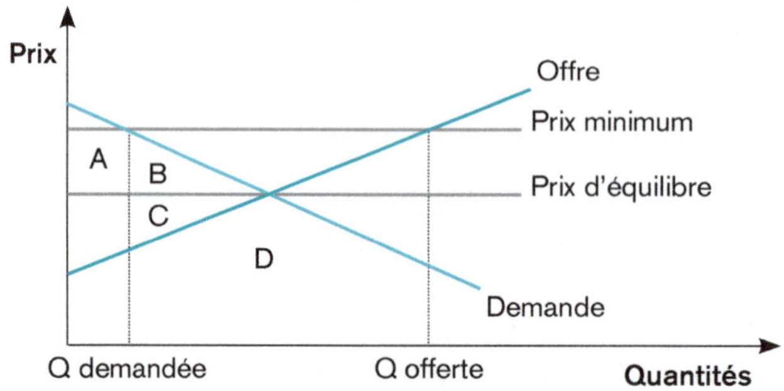

Il arrive que les pouvoirs publics souhaitent fixer un prix minimum sur un marché (figure 31). Par exemple, la Communauté européenne a massivement utilisé cette technique sur les marchés agricoles européens des années 1960 aux années 1980 pour encourager la hausse de la production agricole. Lorsque le prix minimum est supérieur au prix d'équilibre, il modifie le fonctionnement du marché. Sur le court terme, cela conduit à une surproduction car les quantités offertes dépassent les quantités demandées. Les quantités finalement échangées sur le marché sont en effet les quantités demandées (le côté court du marché l'emporte ici encore une fois). Le surplus des consommateurs est réduit car ils paient plus cher le produit et en consomment moins (perte des surfaces du rectangle A et du triangle B). Les producteurs vendent leurs produits à un prix plus haut (gain de bien-être correspondant à la surface du rectangle A) mais ils en vendent moins (perte de la surface correspondant au triangle C). Il est aussi à craindre que, dans un premier temps, produisant une quantité trop élevée, ils perdent toute la surface correspondant au trapèze D situé entre la droite d'offre, l'axe des abscisses et les pointillés des quantités demandées et offertes. Sauf si, comme dans le cadre de la politique agricole commune européenne des premières décennies, les pouvoirs publics leur garantissent d'acheter les invendus.

C. Les effets d'un plafonnement de la production dans une activité

Figure 32

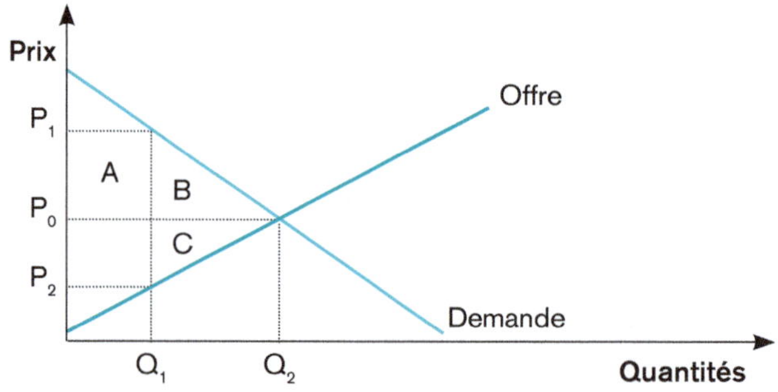

Les pouvoirs publics peuvent décider de fixer des quotas de production dans une activité (figure 32). La pêche par exemple dans les pays de l'Union européenne est soumise à ce type de réglementation. Le quota de production (Q_1 ici) a des effets s'il est inférieur à la quantité d'équilibre (Q_0) sur le marché. Le prix pratiqué sur le marché est le prix P_1, c'est-à-dire le prix tel que la quantité demandée équivaut à la quantité du quota. Ce dernier conduit donc à élever le prix du marché au-dessus du prix d'équilibre (P_0). Les producteurs vendent donc plus cher leurs produits et récupèrent le surplus correspondant au rectangle A, une aire perdue par les consommateurs. Cependant, les ventes sont plus faibles en raison du quota et, pour cette raison, les producteurs perdent le bien-être équivalant à la surface du triangle C et les consommateurs perdent la surface du triangle B. Globalement, sur le court terme, la perte collective de bien-être (perte sèche) équivaut aux surfaces B et C. On note aussi que, pour la quantité Q_1, le coût marginal de production équivaut à P_2 alors que le produit est vendu à un prix P_1. L'écart entre ces deux valeurs indique le montant de la rente de quota dont bénéficient les producteurs. Si, sur le long terme, une politique de quotas peut être justifiée par une volonté de préservation du renouvellement d'une ressource naturelle, une telle réglementation a sinon peu de justification économique.

D. Les effets de la taxation du produit vendu sur un marché

Figure 33

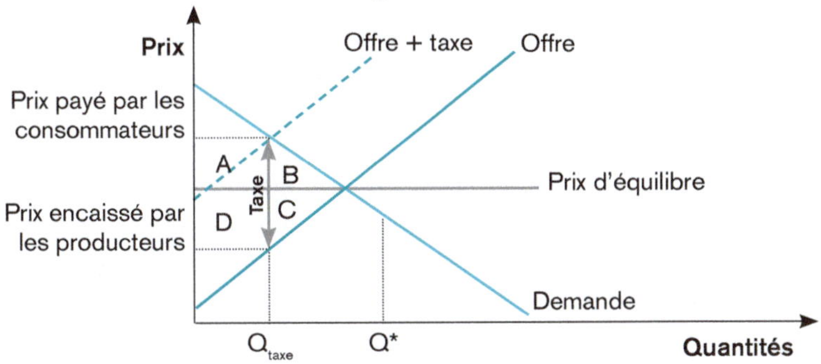

La taxation du produit échangé sur le marché conduit à la formation de deux prix et non d'un seul prix : le prix payé par les consommateurs comprend la taxe alors que le prix encaissé par les producteurs est un prix hors taxe (figure 33). Ces deux prix sont différents du prix d'équilibre initial : la taxe en effet ne vient pas simplement s'ajouter au prix d'équilibre, elle modifie la situation à la fois des demandeurs et des offreurs. Sur la figure 32, la taxe est répartie de manière presque équilibrée entre les offreurs et les demandeurs. Les premiers récupèrent des recettes unitaires plus faibles et souhaitent vendre moins de produits, tandis que les seconds réduisent leurs souhaits d'achats puisque le prix est désormais plus élevé. Le bien-être des agents économique intervenant sur ce marché est diminué des surfaces correspondant au rectangle A et au triangle B pour les consommateurs et des surfaces correspondant au triangle C et au rectangle D pour les producteurs. Les quantités échangées sont réduites par comparaison avec la situation de marché sans taxation du produit ($Q_{taxe} < Q^*$). Il est difficile de déterminer si le bien-être global de la population est abaissé car les recettes fiscales récupérées par l'État (surfaces A et D) sont en principe utilisées pour financer des services non marchands utiles, qui seraient peut-être sous-financés par les mécanismes de marché, en particulier s'il s'agit de biens collectifs (*cf.* p. 150 et suiv.). Les surfaces B et C indiquent cependant une perte sèche de bien-être pour les agents intervenant sur le marché du produit taxé.

Figure 34

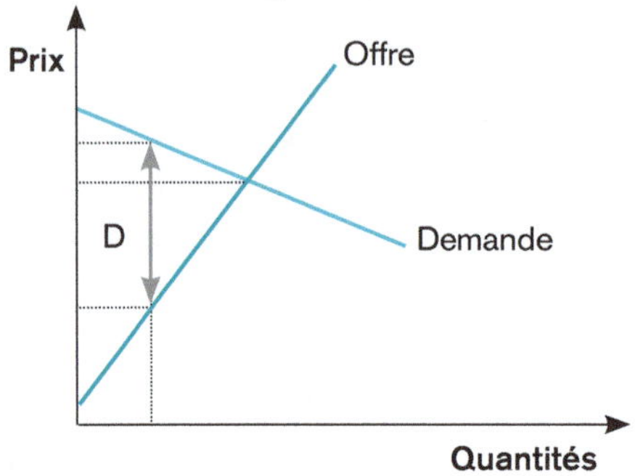

Figure 35

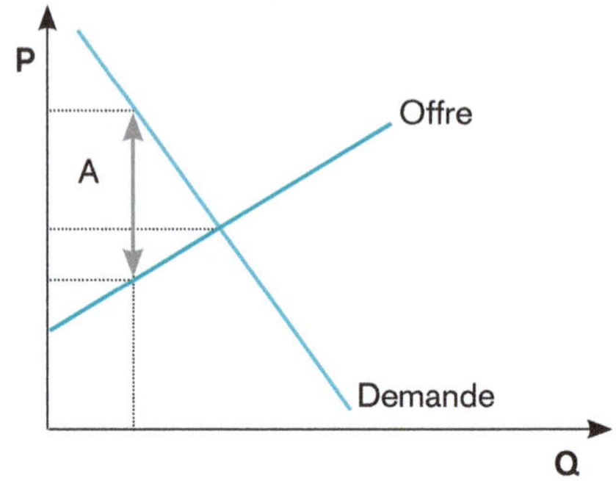

La différence d'élasticité de l'offre et de la demande au prix d'équilibre du marché avant la taxe permet de déterminer le type d'agent économique qui supportera principalement la perte de bien-être générée par la taxation du produit échangé. Si l'élasticité-prix de la demande est plus forte que l'élasticité-prix de l'offre, alors ce sont les producteurs qui supportent l'essentiel du paiement de la taxe (figure 34). Si c'est l'élasticité-prix de l'offre qui est plus forte, alors ce sont les consommateurs qui supportent l'essentiel de la taxe (figure 35). Ce modèle indique ainsi, par exemple, qu'une taxe sur le tabac, produit qui crée un phénomène de dépendance, est plus supportée par les fumeurs que par les fabricants de cigarettes. À la condition toutefois que les consommateurs ne se fournissent pas à l'étranger pour échapper à la taxe… L'incidence fiscale permet ainsi de déterminer les agents économiques qui paient réellement une taxe. Par exemple, si un gouvernement décidait de taxer les banques en instaurant une fiscalité sur les services de tenue de comptes courants, le paiement de la taxe pèserait en réalité sur les consommateurs de services bancaires. La population ayant besoin de ces services, l'élasticité-prix de la demande de services bancaires est très faible. La taxe reposerait ainsi sur les usagers des banques et non sur les banques elles-mêmes, quand bien même ce serait elles qui, formellement, verseraient la taxe à l'État.

3

Les défaillances de marché

Le marché est généralement considéré comme le moyen de tirer le meilleur parti des ressources disponibles et de maximiser le bien-être collectif. Sous réserve que certaines conditions soient remplies, les mécanismes de marché permettent de réaliser le plus haut niveau de production compte tenu des moyens disponibles (optimum de Pareto). Alors pourquoi l'État intervient-il dans le jeu du marché ? Parce qu'il existe des imperfections de marché qui légitiment une action palliative de l'État visant une réalisation efficace des échanges. Reste à déterminer les moyens les plus efficaces pour que l'État atteigne une allocation optimale des ressources tout en garantissant l'intérêt général.

1 Pour l'économie du bien-être, les défaillances de marché ne permettent pas une allocation optimale des ressources

En situation de monopole naturel, d'externalités et de biens collectifs, l'équilibre de marché ne conduit pas à une allocation optimale des ressources. Ce sont les théoriciens de l'économie du bien-être qui ont les premiers analysé ces défaillances de marché (*market failures*).

A. Les monopoles naturels

Lorsque, pour des raisons techniques, une seule entreprise est appelée à servir l'ensemble du marché, les pouvoirs publics doivent intervenir pour réglementer la tarification du monopole naturel.

Une situation de monopole naturel s'explique par des raisons techniques et par la taille du marché du bien considéré

La structure du marché qui émerge « naturellement » en situation de rendements d'échelle croissants est le monopole ; toute hausse de l'échelle de production de l'entreprise se traduit par une baisse de son coût moyen. C'est généralement le cas d'activités présentant des coûts fixes importants, lesquels nécessitent d'atteindre un volume de production très élevé pour pouvoir être rentabilisés. Pour un marché donné, la production est alors assurée par une seule entreprise dont le coût moyen est minimal. Un nombre plus élevé de producteurs se traduirait par une production inférieure par entreprise et un coût moyen supérieur. En effet, l'entreprise la plus grande sur le marché a des coûts nécessairement inférieurs aux autres (à la condition qu'elle soit bien gérée), ce qui empêche l'entrée de nouvelles firmes dans la mesure où elle peut pratiquer des prix plus faibles. Cette situation de monopole naturel est caractéristique d'activités qui utilisent des réseaux de distribution : eau, gaz, chemin de fer, électricité, télécommunications ; dupliquer ces réseaux est difficilement rentable pour un nouvel entrant. Alors que le monopole est généralement condamné car produisant insuffisamment et à un prix excessif, une situation de monopole naturel est optimale pour la collectivité puisque le monopoleur produit plus efficacement (car à moindre coût) que si le marché était atomistique. Cependant, le modèle de concurrence pure et parfaite est mis en échec dans le cas d'un monopole naturel. En effet, la théorie économique indique que l'allocation des ressources est optimale lorsque l'entreprise égalise le prix au coût marginal. Or, dans le cas d'un monopole naturel, le coût marginal est toujours inférieur au coût moyen ; la tarification au coût marginal conduit dans le cas présent à produire à perte (*cf.* module 2, chapitre 3). Pour maximiser son profit, le monopole va donc fixer sa production de façon à ce que le coût marginal soit égal à la recette marginale. Le prix qui en découle est nécessairement supérieur au coût marginal. L'intervention de l'État est alors nécessaire pour que celui-ci réglemente la tarification du monopole naturel.

La nécessaire réglementation par l'État des monopoles naturels

L'État doit réglementer les monopoles naturels de façon à ce que les économies d'échelle ne soient pas captées par le monopole sous la forme d'une rente (surprofit) ; cela correspond à la quantité Qm et au prix Pm sur la figure 35 ci-dessous.

≫ Les fonctions de coût et de recette du monopole naturel

Figure 36

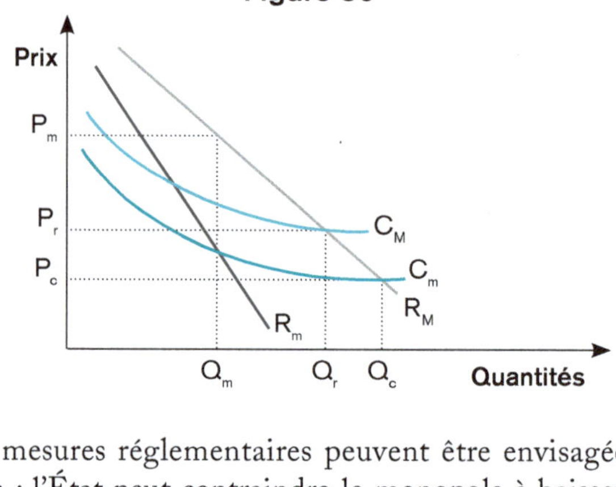

Plusieurs types de mesures réglementaires peuvent être envisagées dans le cadre d'une tarification administrée : l'État peut contraindre le monopole à baisser ses prix jusqu'au coût marginal (soit dans le cadre d'une nationalisation, soit dans un cadre contractuel avec une entreprise privée), ce qui correspond à un optimum de premier rang (quantité de concurrence

Qc au prix de concurrence Pc). Mais comme à ce prix l'entreprise réalise une perte, l'État doit lui verser une subvention d'exploitation pour compenser le déficit. Se pose alors le problème du financement de cette subvention qui oblige l'autorité publique à lever des impôts, lesquels peuvent générer des effets distorsifs préjudiciables pour le bien-être collectif. L'alternative consiste alors à obliger le monopole naturel à tarifer ses produits au coût moyen, lui évitant ainsi de subir des pertes et donc de lui verser des subventions (optimum de second rang ; quantité Qr au prix Pr). Il existe enfin une autre variante qui consiste, pour un monopole naturel, à moduler les prix de vente en fonction du degré de sensibilité de la demande par rapport au prix : la tarification est d'autant plus élevée que les clients sont disposés à payer ; *on parle alors de monopole discriminant*. De cette façon, les usagers prêts à payer plus cher financent le déficit du monopole naturel.

La régulation des monopoles naturels prend plus souvent la forme de nationalisations dans les pays européens ; l'approche américaine privilégie la réglementation.

B. Les externalités

La théorie néoclassique considère que l'existence d'effets externes constitue une défaillance de marché dans la mesure où le prix du marché ne reflète pas l'ensemble des coûts et des bénéfices supportés ou produits par les agents. Il en résulte un niveau de production et d'échanges qui ne correspond pas à un optimum social. Si des solutions privées sont envisageables pour internaliser les effets externes, l'action de l'État s'avère souvent indispensable pour favoriser le bien-être collectif.

En présence d'externalités, les quantités produites ou consommées ne sont pas optimales

C'est l'économiste néoclassique Arthur Cecil Pigou (1877-1959) qui a le premier défini le concept d'externalité (*The Economics of Welfare*, 1920). Cet auteur anglais est le père fondateur de l'économie du bien-être (avec Vilfredo Pareto), une branche de l'économie dont l'objet est d'étudier les moyens à mettre en œuvre pour maximiser la satisfaction des individus. Il observe que certaines situations ne sont pas optimales dans le sens où il est possible d'améliorer la satisfaction d'un individu sans détériorer celle d'un autre. C'est notamment le cas en présence d'externalités. On parle d'externalités lorsque les actions d'un agent économique modifient le bien-être d'autres agents sans donner lieu à une compensation. En effet, les effets d'un contrat sont censés se limiter aux seules parties contractantes. Or, cette transaction peut avoir des effets sur d'autres agents sans que ces effets soient prévus par le contrat. Les externalités peuvent être positives (on parle aussi d'économies externes) ou négatives (déséconomies externes) : fleurir son balcon et en faire profiter ses voisins peut s'apparenter à une externalité positive puisque les voisins en profitent gratuitement ; en revanche, jouer de la batterie dans son appartement produit une externalité négative puisque les voisins ne sont pas dédommagés pour la diminution de leur bien-être. Les externalités peuvent apparaître du côté de la production ou du côté de la consommation : la pollution des nappes phréatiques que génère un éleveur en pratiquant l'épandage est une externalité de production négative puisqu'elle résulte d'une activité productive et les coûts indirects de cette activité (par exemple, l'achat de bouteilles d'eau minérale que doit consentir la population locale en raison d'une eau du robinet devenue non potable) ne sont pas supportés par l'entreprise. Fumer en public correspond à une externalité de consommation négative puisque la fumée de cigarette inhalée par les fumeurs passifs réduit leur bien-être sans qu'ils bénéficient d'une compensation pour le préjudice subi de la part du fumeur indélicat.

Les externalités constituent une défaillance de marché dans la mesure où les agents économiques produisent ou consomment une quantité excessive (ou insuffisante) de certains biens par rapport au niveau qui serait socialement souhaitable. Dans le cas d'une externalité de production négative, les coûts privés de production sont inférieurs au coût social (le coût social correspond à la somme des coûts de production privés et des coûts supportés par les victimes). Parce que l'émetteur de l'effet externe négatif ne prend pas en compte dans son calcul économique le coût de la nuisance, le niveau de production sera trop élevé par rapport à l'optimum. Symétriquement, dans le cas d'externalités positives, les bénéfices sociaux sont supérieurs aux bénéfices privés, ce qui conduit à un niveau de production sous-optimal. On peut citer le cas des dépenses en recherche-développement (R&D) ; l'entreprise supporte l'intégralité du coût de l'investissement mais n'est pas rémunérée pour sa contribution au bien-être collectif. L'entreprise limitera donc ses efforts en R&D, ce qui est socialement préjudiciable.

Figure 37 – Effet externe négatif

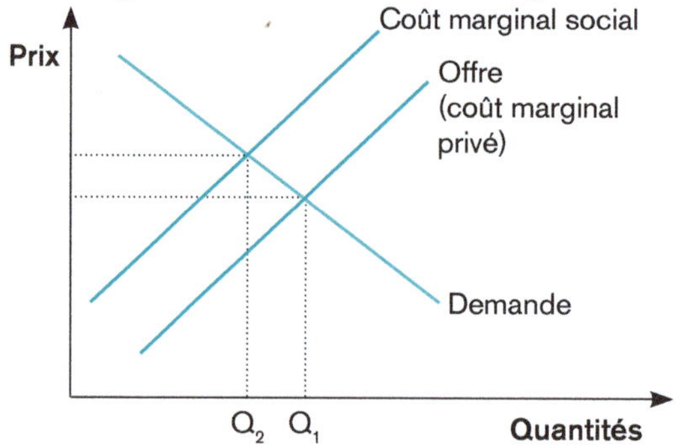

Figure 38 – Effet externe positif

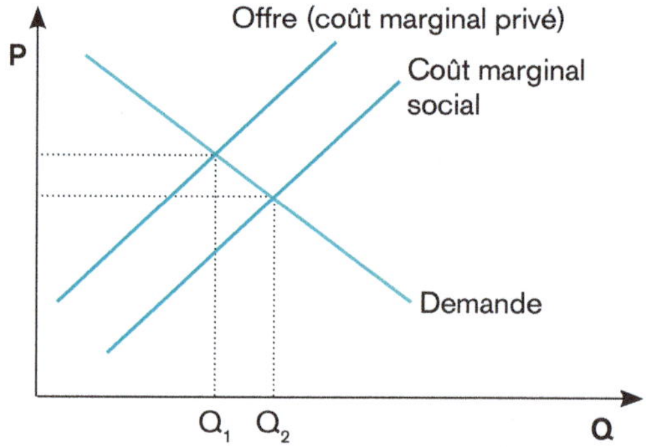

Des solutions privées peuvent parfois résoudre le problème des externalités

L'intervention de l'État n'est pas toujours nécessaire pour internaliser les effets externes. Tout d'abord, les normes sociales peuvent conduire les agents à prendre en compte les conséquences de leurs actes sur autrui. Par exemple, dans une copropriété, les individus respectent généralement la propreté des lieux communs sans que des sanctions (réglementaires) soient nécessaires. Les prescriptions morales et sociales suffisent bien souvent à internaliser les externalités (ici de consommation).

Dans certains cas, les intérêts respectifs des entreprises privées peuvent les conduire à fusionner pour internaliser les effets externes. On peut citer l'exemple classique d'un apiculteur et d'un arboriculteur qui développent leur activité à proximité. Grâce à l'arboriculture, la quantité de miel produite est plus importante (ce qui accroît les revenus de l'apiculteur). Réciproquement, les abeilles pollinisent les fleurs sur les arbres, ce qui accroît les rendements de l'arboriculteur. Dans ce cas, l'apiculteur et l'arboriculteur bénéficient d'externalités positives. Mais chacune de ces entreprises sous-estime généralement les économies externes générées par son activité au moment de prendre des décisions ; il en résulte une sous-production qui nous éloigne d'une allocation optimale des ressources. La solution serait que ces deux activités se regroupent pour évaluer la quantité optimale d'arbres et d'abeilles. C'est une des raisons qui explique que certaines entreprises fusionnent et/ou se développent dans des activités différentes.

Enfin, dans certains cas, le recours au marché peut s'avérer efficace pour corriger les externalités. Ces analyses reposent sur le théorème de Coase (qui dérive de l'article de l'économiste britannique Ronald Coase intitulé « Le problème du coût social », 1960) qui stipule que, si les droits de propriété sont définis (ils appartiennent soit à l'émetteur soit au récepteur ; le fait que les droits de propriété appartiennent à un agent prive l'autre agent de lui imposer quoi que ce soit) et les coûts de transaction nuls, les agents corrigent d'eux-mêmes les externalités. Imaginons que votre voisin mitoyen achète un coq, lequel vous réveille tous les matins au lever du jour (externalité négative). D'après le théorème de Coase, le recours à une transaction (donc au marché) permet de trouver une solution optimale d'un point de vue social. Il convient de comparer la satisfaction que procure ce coq à votre voisin à l'insatisfaction que produit sur vous le chant du coq. Si la satisfaction du premier est supérieure à l'insatisfaction du second, alors la situation doit rester inchangée. Dans le cas inverse, votre voisin doit se séparer de son coq. C'est le marché qui doit permettre de déterminer la solution optimale : vous pouvez proposer d'indemniser votre voisin pour qu'il se sépare de son coq. Votre voisin acceptera si le montant que vous lui proposez est au moins égal à la satisfaction que lui procure son coq.

On peut aussi imaginer que ce soit votre voisin qui vous indemnise pour pouvoir conserver son coq. Si l'avantage pour votre voisin excède l'insatisfaction que vous subissez, un accord permettra à votre voisin de conserver son oiseau. La répartition initiale des droits de propriété permet de trouver dans les deux cas une solution efficiente bien que l'impact sur les revenus des agents ne soit pas le même.

Toutefois, le théorème de Coase se heurte à une difficulté majeure : les coûts de transaction sont rarement nuls. L'identification des parties concernées, la rédaction du contrat et le contrôle de sa bonne exécution, la mise en œuvre de sanctions en cas de non-respect du contrat, sont autant de coûts qui rendent la coordination par le marché très complexe. C'est la raison pour laquelle l'État est souvent plus efficace pour internaliser les effets externes dans la mesure où il est détenteur d'un pouvoir légitime de contrainte.

L'État peut internaliser les effets externes

L'État est donc appelé à internaliser (par rapport à des activités qui sont extérieures au marché) les effets externes en appliquant une taxe aux biens générateurs d'externalités négatives (on parle de taxe pigouvienne) ou en instaurant une taxe négative (subvention) sur les activités produisant des externalités positives. L'imposition d'une taxe permet d'accroître le coût marginal privé de l'entreprise de manière à le rendre égal au coût marginal social : c'est le principe du pollueur-payeur. L'État peut utiliser le produit de cette taxe pour dédommager les victimes des externalités négatives. Dans le cas d'externalités positives, l'État peut distribuer des subventions ou accorder des exonérations de façon à stimuler des comportements ou des activités favorables au bien-être collectif. Par exemple, dans le domaine de la formation, l'État peut subventionner l'école (gratuité, bourses…) dans la mesure où le bénéfice privé de l'éducation d'un individu est plus faible que le bénéfice social. En effet, en investissant dans la formation, l'individu accroît sa productivité mais contribue aussi à élever la productivité de l'ensemble des agents. En ce qui concerne l'innovation, l'État peut renforcer les droits de la propriété intellectuelle pour inciter aux efforts de recherche par la mise en place de brevets permettant à l'entreprise de bénéficier d'un monopole temporaire. Le brevet internalise l'externalité en donnant à l'entreprise un droit de propriété sur son invention. Une entreprise qui voudrait utiliser la même technologie pendant la période couvrant la protection devrait obtenir l'autorisation de la part de l'inventeur et lui verser des royalties. Dans ce domaine, l'Europe a renforcé le système de brevet en adoptant la Convention sur le brevet européen en 1973 (encore appelée « convention de Munich ») : le brevet européen protège le demandeur-déposant dans tous les pays membres de l'UE. Les pouvoirs publics peuvent aussi financer de grands programmes de R&D sources d'externalités positives : le soutien financier de l'État accordé à des projets collaboratifs entre entreprises dans le cadre des pôles de compétitivité en est un exemple. Les théories de la croissance endogène mettent l'accent sur le rôle de la gestion des externalités positives par la puissance publique comme facteur de croissance.

Si la taxe pigouvienne est efficace pour internaliser les coûts externes, elle est en pratique difficile à mettre en œuvre du fait des problèmes informationnels. Il faut pouvoir évaluer correctement le préjudice subi par les victimes pour fixer une taxe correspondante ; connaît-on réellement le coût social des activités de production et de consommation émettant des gaz à effet de serre ? Il faut ensuite s'assurer que l'introduction de la taxe a bien modifié les comportements ; cette activité de contrôle génère des coûts de transaction. La taxation relève d'une intervention étatique autoritaire qui ne permet pas aux agents de révéler leur préférence ; or, on peut imaginer que les agents soient plus ou moins enclins à subir un préjudice. En ce qui concerne les subventions, se pose la question du financement. La décision ne peut résulter que d'un calcul coût/avantage ; le bénéfice social du prélèvement doit être supérieur à l'usage alternatif qu'auraient pu en faire les agents (coût d'opportunité du prélèvement). Enfin, peut se poser un problème d'aléa moral : est-ce que les entreprises utiliseront bien les subventions obtenues pour les usages auxquels elles étaient destinées ? En situation d'asymétrie d'information, on peut craindre des comportements opportunistes (voir *infra*).

C. Les biens collectifs

Les biens collectifs purs ne peuvent pas être produits par le marché. Parce qu'ils présentent une utilité sociale, l'État doit pallier cette défaillance de marché.

En présence de biens collectifs, le marché ne permet pas de répondre à une demande socialement utile

Selon la théorie libérale, l'État doit prendre en charge ce que les économistes appellent des biens collectifs. C'est l'économiste Paul Anthony Samuelson (1915-2009), prix Nobel d'économie en 1970, qui a conceptualisé cette notion. Il l'a définie de la manière suivante :

« C'est un bien dont tous peuvent bénéficier en commun, c'est-à-dire dont la consommation par un individu ne diminue en rien la quantité disponible de ce bien pour n'importe quel autre individu. » Ces biens (qui sont en réalité des services) ont deux propriétés :

- ils sont non rivaux (ou indivisibles), ce qui signifie que la consommation de ce bien par un individu ne réduit pas la quantité disponible pour les autres individus (c'est le sens de la définition de Samuelson) ; la non-rivalité implique qu'une fois que le bien est produit, il peut être utilisé par plusieurs individus simultanément, sans coût de production supplémentaire ; le coût marginal engendré par un utilisateur supplémentaire est nul ; la tarification au coût marginal est donc impossible ;
- ils sont non exclusifs (ou non excluables), ce qui signifie qu'il n'est pas possible d'empêcher un individu de consommer ce bien ; une fois ce bien produit, il est à la disposition de tous. Il n'est techniquement pas possible de réserver l'usage d'un tel bien à ceux qui en auraient payé le prix ; le consentement à payer sera donc nul (passager clandestin).

Il découle de ces deux propriétés que ces biens collectifs ne peuvent pas faire l'objet d'un marché.

Un bien collectif est dit pur lorsqu'il répond à ces deux propriétés. Il est qualifié d'impur si une seule de ces deux propriétés est remplie. Une séance de cinéma est un bien collectif impur : il répond au principe de non-rivalité (sauf problème de congestion) mais pas à celui de non-exclusion : on peut exclure l'individu qui ne voudrait pas s'acquitter du prix du billet d'entrée. Il faut préciser que l'évolution de la technologie modifie les propriétés d'un bien : les chaînes de télévision étaient des biens collectifs purs jusqu'à ce que la technologie du cryptage permette une exclusion par les prix (chaînes à abonnement). Les biens exclusifs et non rivaux sont appelés biens de club. Les biens qui sont rivaux mais non exclusifs sont appelés biens communs. C'est le cas des ressources naturelles telles que les ressources halieutiques : chaque pêcheur souhaite prélever la plus grande quantité de poisson possible (il y a rivalité, les poissons prélevés par l'un ne le seront pas par les autres) pour améliorer ses gains. Mais ce comportement de passager clandestin contribue à l'épuisement de la ressource (on parle de « tragédie des biens communs » depuis l'article de Garret Hardin publié en 1968).

Tableau 1 – Exclusivité et rivalité : la définition des biens collectifs

	Non exclusif	Exclusif
Non rival	Biens collectifs purs (ex. : phare, Défense nationale…)	Biens de club (ex. : programme de télévision crypté…)
Rival	Biens communs (ex. : banc de poisson)	Biens privés (ex. : pomme, paire de chaussures)

Source : d'après A. Bénassy-Quéré (*et alii.*), *Politique économique*, De Boeck, 2009.

Les cas de biens collectifs purs sont bien connus : le phare maritime, l'éclairage public, la Défense nationale, la diplomatie. Le fait qu'un individu profite de l'un de ces services ne réduit pas la possibilité pour d'autres usagers d'en profiter (non-rivalité) ; c'est aussi le cas des biens commun ; il est par ailleurs impossible d'exclure certains citoyens de ce service : personne n'acceptera d'en payer le prix alors qu'il peut en bénéficier gratuitement (non-exclusion). Dans le cas de biens collectifs purs, l'intervention de l'État est toujours nécessaire du fait qu'il y a défaillance du marché. En effet, ces biens donnent lieu à des comportements de passager clandestin qui empêchent l'offre privée de répondre à une demande sociale pourtant utile ; autrement dit, il n'y a pas de demande solvable pour ce type de bien. Par exemple, il est économiquement inenvisageable pour une entreprise de vouloir organiser un feu d'artifice pour le 14 juillet en raison du comportement de *free rider* des spectateurs. Or, on peut considérer que certains services sont souhaités par la population sans que cette population soit disposée à en payer le prix : tout le monde souhaite disposer de trottoirs éclairés pour se rendre à son cinéma de quartier le samedi soir... Le libre jeu du marché conduit à une situation sous-optimale au sens de Pareto.

Comment prendre en charge les biens collectifs ?

Puisque la main invisible du marché est tenue en échec pour produire les biens collectifs, l'État est tenu d'intervenir. L'intervention publique peut prendre plusieurs formes selon que l'on a affaire à des biens collectifs purs, à des biens de club ou à des biens communs.

Les biens collectifs purs sont en réalité peu nombreux. Ils renvoient pour l'essentiel aux fonctions régaliennes de l'État (Défense, police, diplomatie), qui doit naturellement assurer leur production. Par exemple, la sécurité intérieure est assurée en France par les forces de police et de gendarmerie ; il s'agit d'une production publique réalisée par des fonctionnaires et du capital public.

En ce qui concerne les biens de club (biens exclusifs mais non rivaux), l'État peut produire lui-même le bien, le faire produire en déléguant cette fonction à une entreprise privée (délégation de service public, DSP) en contrepartie d'un cahier des charges, ou encore laisser l'initiative au marché (chaînes de télévision cryptées...). Le recours à une production privée a la préférence des libéraux pour qui les monopoles publics sont intrinsèquement inefficaces dans la mesure où l'absence de pression du marché ne les pousse pas à améliorer leur efficacité. Autrement dit, la production d'un bien collectif impur n'est pas forcément assurée par le secteur public. Si, comme en France, l'école ou la santé relèvent d'une production publique, c'est qu'il s'agit d'un choix collectif.

En ce qui concerne les biens communs, l'État doit concilier droit d'usage et préservation de la ressource. Il dispose de deux types de mesure : la réglementation et la privatisation des biens communs. Le cas de la pêche peut illustrer ces deux types d'intervention ; il peut réglementer les équipements (la taille des mailles des filets), les dates d'ouverture des pêches, le nombre de bateaux autorisés à prendre la mer, ou encore introduire des quotas de pêche ; il peut aussi privatiser les droits de pêche en distribuant aux exploitants des zones de pêche de manière à les responsabiliser (solution adoptée aux États-Unis). Dans les deux cas, les coûts de contrôle et de surveillance sont élevés, d'autant que la gestion de ce type de bien nécessite généralement une coopération entre États.

Elinor Ostrom a renouvelé l'approche des biens communs en montrant qu'il existe d'autres formes de gouvernance que celles passant par la privatisation ou la nationalisation, autrement dit par l'imposition aux individus de règles extérieures contraignantes qu'ils ne pourraient pas faire émerger par eux-mêmes. Elle a publié de nombreux ouvrages et articles, dont *Governing the Commons* (1990), et a reçu le prix Nobel d'économie en 2009 (avec O. Williamson) « pour avoir démontré comment les biens communs peuvent être efficacement gérés par des associations d'usagers ». Elle montre que la gestion des ressources partagées peut aussi passer par la construction d'arrangements institutionnels, formels ou informels, qui permettent à des communautés de préserver les ressources partagées dont ils ont la charge. Par des enquêtes de terrain, elle met au jour la grande variété, la résilience et l'inventivité de communautés réelles pour autogérer, de manière décentralisée, les *commons*, et ainsi éviter la tragédie des biens communs. Il n'existe donc pas un modèle de gouvernance unique pour gérer les *commons*, pas de solution universelle, « chaque commun est un cas particulier », le produit d'une ressource partagée et d'une communauté spécifique.

Elinor Ostrom a construit un nouveau cadre théorique pour analyser les facteurs expliquant les expériences réussies de gestion des biens partagées, c'est-à-dire lorsque les institutions mises en place ont permis une gestion durable de la ressource. L'observation montre que plusieurs conditions doivent être remplies :

- des groupes aux frontières bien délimitées ;
- des règles spécifiquement adaptées à la gestion locale des commons ;
- la possibilité de modifier en interne les règles établies ;
- le respect de ces règles par les autorités extérieures ;
- le contrôle du respect des règles par la communauté, laquelle a défini un système de sanctions graduées ;
- le recours à des mécanismes de résolution des conflits peu coûteux.

L'analyse d'Elinor Ostrom remet donc en cause la prédiction fataliste de Garrett Hardin (*La Tragédie des biens communs,* 1968) selon laquelle les *commons* sont condamnés à disparaître en raison de leur surexploitation, ce qui rend inéluctable l'intervention de l'État pour en assurer la pérennité. Comme le déclarait E. Ostrom en recevant le prix Nobel : « Ce que nous mettons trop souvent de côté est ce que les citoyens peuvent faire et l'importance d'un investissement réel des personnes concernées. »

Reste une interrogation majeure : comment déterminer le niveau de production de biens collectifs sachant que l'absence de prix ne permet pas de révéler les préférences des agents ? Pour Paul Samuelson, parce que l'État est au service de l'intérêt général, il saura quelle quantité de biens collectifs offrir pour promouvoir le bien-être social. Une conception altruiste qui sera battue en brèche par le courant de l'économie politique.

2 Les autres défaillances de marché

Les asymétries d'information peuvent aussi perturber le fonctionnement des marchés ; le fait que l'une des parties au contrat dispose de plus d'informations (et puisse en tirer profit) que l'autre peut empêcher une allocation optimale des ressources. Par ailleurs, l'hypothèse de rationalité optimisatrice des agents sur laquelle se fonde l'analyse néoclassique se heurte à de nombreux contre-exemples, si bien que leurs choix peuvent se révéler sous-optimaux par rapport à leurs objectifs poursuivis. L'État peut, dans certains cas, apporter des solutions pour résoudre ces défaillances de marché.

A. Les asymétries d'information

Trois économistes néokeynésiens sont à l'origine de l'économie de l'information : il s'agit de Joseph Stiglitz, George Akerlof et Michael Spence. Ces trois économistes ont reçu le prix Nobel d'économie en 2001 pour leurs travaux portant sur l'imperfection de l'information. L'économie de l'information analyse les situations de marché dans lesquelles l'information est incomplète et/ou asymétrique. Dans ce contexte, les échanges sont réduits, voire impossibles puisque les contrats ne répondent pas au principe de transparence. Il y a asymétrie d'information dans le cas où, dans une situation d'échange, une seule des parties a une information complète. Cette asymétrie d'information peut concerner les caractéristiques du produit ou le comportement de l'un des agents à la suite de la transaction. On parlera de sélection adverse dans le premier cas et d'aléa moral dans le second. La différence entre la situation de sélection adverse et celle d'aléa moral provient du moment où l'asymétrie d'information se produit. L'information est imparfaite dans les deux cas avant l'échange, mais c'est uniquement dans le modèle de l'aléa moral que le comportement d'une des parties peut être modifié de manière postérieure à la transaction.

La sélection adverse ou l'opportunisme précontractuel

Lorsque l'information est imparfaite, le prix ne mesure pas forcément la qualité intrinsèque du produit. En situation d'information asymétrique, une seule des deux parties dispose d'une information parfaite ; dans ce cas, l'agent qui manque d'information peut être victime d'une sélection adverse (anti-sélection) en choisissant un mauvais produit ou un mauvais client. L'hypothèse implicite du modèle repose sur le caractère opportuniste de l'agent qui dispose de l'information parfaite.

La sélection adverse se manifeste lorsqu'il n'est pas possible pour un agent d'évaluer la qualité intrinsèque d'un bien ou d'un service. George Akerlof, dans un article fondateur intitulé « The Market for lemons » (marché des voitures d'occasion de mauvaise qualité), publié en 1970, montre que la qualité d'une voiture d'occasion n'étant pas facilement observable, le consommateur n'achète qu'une voiture affichée au prix du marché (argus) ; il n'a pas les moyens de savoir si une voiture vendue à un prix supérieur vaut vraiment le coup ; il ne peut construire son opinion que sur l'aspect du véhicule convoité. Sur ce marché, il y a asymétrie d'information au niveau des caractéristiques du produit. En effet, seul le vendeur connaît parfaitement l'état du véhicule mis en vente. En l'absence de solution à ce problème, les vendeurs de véhicules de bonne qualité, ne trouvant pas d'acheteurs prêts à payer pour un produit de bonne qualité, auront tendance à se retirer du marché, si bien qu'il ne restera à la vente que les véhicules de mauvaise qualité. Les consommateurs finissent par s'en rendre compte et demandent une baisse des prix… Les mauvaises voitures ont chassé les bonnes. Sans une réglementation publique, on assisterait à la disparition du marché, les mécanismes du marché conduisant à sélectionner les mauvais produits au lieu des bons.

Pour remédier à cette imperfection de marché, l'État peut obliger les producteurs à offrir une garantie contractuelle (garantie de deux ans pour les véhicules neufs, contrôle technique obligatoire pour les voitures d'occasion, garantie pour vices cachés). Il existe aussi des solutions privées pour restaurer le niveau d'information, par exemple la presse spécialisée qui indique la cote des véhicules en fonction de leurs caractéristiques.

On observe aussi une asymétrie d'information intrinsèque entre le banquier et l'emprunteur. Le banquier en sait forcément moins que l'emprunteur quant à sa capacité réelle à rembourser. La détermination du taux d'intérêt doit donc tenir compte du risque de non-remboursement d'une partie des prêts qu'il accorde. À ce niveau de taux d'intérêt, les « bons » emprunteurs (ceux présentant les meilleures garanties) risquent de renoncer à leur projet. Ne restent que les mauvais risques qui obligent le banquier à augmenter ses taux, et ainsi de suite ; c'est une politique commerciale qui peut conduire l'institution bancaire à la faillite. Elle préférera alors rationner le crédit. Pour pallier cette asymétrie d'information, l'État peut se porter caution auprès de certaines catégories d'emprunteurs, comme les étudiants par exemple.

L'aléa moral ou l'opportunisme post-contractuel

L'aléa moral (ou aléa de moralité) survient lorsque l'une des parties au contrat ne respecte pas ses engagements contractuels sans que l'autre partie puisse l'en empêcher. Cette deuxième forme d'asymétrie d'information est donc celle qui concerne le comportement dissimulé d'une des parties au contrat, mais après que la transaction a été effectuée. Quand ce comportement d'une des parties a un effet sur les gains de l'autre partie, on dit qu'il y a aléa moral. Ce comportement opportuniste est rendu possible par le fait qu'il n'est pas toujours possible d'observer et de contrôler la pertinence des actions engagées par le partenaire. Ce type de situation est observable sur un grand nombre de marchés. Par exemple, sur le marché de l'assurance, l'assuré peut décider de ne pas se conduire « en bon père de famille » car il sait qu'il sera couvert en cas de réalisation du risque pour lequel il s'est assuré ; l'aléa moral provient du fait que l'assureur ne peut pas contrôler le comportement de l'assuré. Être assuré incite donc à prendre plus de risques et à minimiser les dangers. L'aléa de moralité peut aussi s'observer dans la relation entre un réparateur automobile et son client, ou entre un chirurgien et son patient ; dans les deux cas, le client et le patient ne peuvent pas juger de la pertinence de l'intervention effectuée. La solution consiste à instaurer une règle juridique qui stipule une obligation de résultat dans le premier cas, une obligation de moyen dans le second.

Les pouvoirs publics peuvent eux-mêmes générer de l'aléa moral lorsqu'ils s'engagent à soutenir des entreprises en difficulté compte tenu des effets potentiellement négatifs que ferait peser leur faillite pour l'ensemble de l'économie. Ce phénomène s'observe tout particulièrement dans la relation entre banques centrales et institutions financières. En cas de crise financière, les banques centrales peuvent être contraintes de sauver les plus grands établissements bancaires (*too big to fail)* dans la mesure où un effondrement du système financier pourrait avoir des conséquences économiques majeures. Une telle protection est de nature à inciter les banques à prendre des risques inconsidérés sachant que les pertes sont socialisées et les profits privatisés. Les moyens de limiter le risque d'aléa moral sont tout d'abord de laisser planer un doute quant à l'intervention effective de la banque centrale (le non-sauvetage de Lehman Brothers en 2008 répondait à cet objectif) et de leur imposer des règles prudentielles à respecter.

B. Une rationalité limitée

L'économie comportementale montre que les agents économiques, considérés habituellement comme rationnels et optimisateurs par la théorie économique standard, prennent souvent des décisions sous-optimales. L'État peut les aider à éclairer leurs choix.

Les agents sont soumis à des biais cognitifs

Dans un contexte d'informations multiples et complexes, le processus décisionnel est rendu difficile, si bien que le choix des agents peut se révéler sous-optimal par rapport à leurs objectifs. De telles situations sont tout particulièrement observables dans le domaine des placements financiers : les paramètres sont nombreux et complexes, le facteur incertitude est important, le risque encouru par les épargnants est potentiellement élevé (imaginons le cas où cette épargne doive servir au financement de la retraite). Les décisions de ces derniers peuvent être entachées d'un biais cognitif qui pourrait les conduire à faire des choix sous-optimaux qu'ils pourraient être amenés à regretter.

L'un des pères fondateurs de l'économie comportementale, Daniel Kahneman, prix Nobel d'économie en 2002, a exploré la prise de décision en condition d'incertitude. Il montre, dans un article paru en 1979 et intitulé « Théorie du prospect », que les individus sont souvent victimes d'illusions cognitives. Parmi les nombreuses illustrations qu'il en donne, on peut citer « l'art de la négociation ». Il observe qu'il y a une asymétrie des comportements entre les pertes et les gains parce que les individus ont une aversion pour les pertes. L'activité de négociation est rendue de fait délicate : « Les concessions que je fais aux autres sont souvent considérées comme des pertes pour moi et des gains pour eux, alors que les concessions que les autres font à mon égard, je les considère comme des gains et eux comme des pertes. Donc, l'aversion aux pertes crée des obstacles dans les négociations. » L'État peut intervenir de manière à éclairer le choix des individus, par exemple en incitant les agents à utiliser des contrats standardisés susceptibles de réduire les biais cognitifs dans la prise de décision.

Les agents sont soumis à une incohérence temporelle

Contrairement à ce que prédit l'analyse standard (modèle de l'*homo œconomicus*), l'économie comportementale insiste sur le fait quel les individus peuvent être soumis à une incohérence temporelle (*time inconsistency*) dans leurs préférences. C'est en particulier l'économiste américain Richard Thaler (prix Nobel d'économie en 2017) qui en a fait la démonstration. À partir d'une expérience conduisant des participants à choisir entre « consommer une pomme immédiatement » (option 1) et « consommer deux pommes demain » (option 2), puis « consommer une pomme dans un an » (option A) et « consommer deux pommes dans un an et un jour » (option B), la plupart choisissent l'option 1 à court terme, l'option B à un an. Si les préférences étaient cohérentes dans le temps, on devrait avoir des choix [1/A] ou [2/B]. Thaler montre en particulier que les individus sont souvent plus impatients face à un arbitrage à court terme que face à un arbitrage de plus long terme.

Ces résultats montrent que les choix intertemporels des individus peuvent se révéler sous-optimaux. Une décision qui peut s'avérer rationnelle sur un horizon temporel long (par exemple décider d'épargner une partie de ses revenus dans la perspective de sa retraite) peut s'avérer irrationnelle si l'agent diffère sa décision à une échéance ultérieure, tout en sachant qu'il ne s'agit pas d'un choix optimal. L'État peut alors les aider à rendre leur comportement cohérent sur l'ensemble du cycle de vie, et sans que cela soit contraire à leur volonté, en les obligeant dans le cas d'espèces à prélever une partie de leur salaire sous la forme de cotisations sociales, lesquelles sont affectées au financement des pensions de retraite.

Publications théoriques de référence

- **Allen (R.), Hicks (J.)**, « A Reconsideration of the Theory of Value », *Economica*, 1934.
- **Arrow (K.), Debreu (G.)**, « Existence of an Equilibrium for a Competitive Economy », *Econometrica*, 1954.
- **Arrow (K.), Hurwicz (L.)**, « On the Stability of the Competitive Equilibrium », *Econometrica*, 1958.
- **Debreu (G.)**, « Excess Demand Functions », *Journal of Mathematical Economics*, 1974.
- **Frisch (R.)**, « La théorie de la valeur d'Alfred Marshall », *Q.J.E.*, 1950.
- **Hicks (J.)**, *Value and Capital*, Clarendon Press, 1939.
- **Jevons (S.)**, *The Theory of Political Economy*, Macmillan, 1871.
- **Knight (F.)**, *Risk, Uncertainty and Profit*, Houghton Miffin Company, 1921.
- **Mantel (R.)**, « On the Characterization of Aggregate Excess Demand », *Journal of Economic Theory*, 1974.
- **Marshall (A.)**, *Principles of Economy*, Macmillan, 1890.
- **Menger (C.)**, *Grundsätze der Volkswirtschaftslehre*, Braumüller, 1871.
- **Pareto (W.)**, *Manuale di Economia Politica*, Piccola Biblioteca Scientifica, 1906.
- **Pigou (A.)**, *The Economics of Welfare*, Macmillan, 1920.
- **Sonnenschein (H.)**, « Do Walras Identity and Continuity Characterize the Class of Excess Demand Functions ? », *Journal of Economic Theory*, 1973.
- **Viner (J.)**, « Courbes de coût et courbes d'offre », *Zeitschrift für Nationalökonomie*, 1931.
- **Walras (L.)**, *Éléments d'économie politique pure*, Corbaz, 1874.

Manuels à usage des étudiants

Ouvrages d'initiation

- **Barou (V.), Montoussé (M.), Waquet (I.)**, *Microéconomie*, Bréal, 2018.
- **Généreux (J.)**, *Économie politique, tome 2, microéconomie*, Hachette éducation, 2016.
- **Montoussé (M.)**, *100 fiches de micro et de macroéconomie*, Bréal, 2018.

BIBLIOGRAPHIE

Pour aller plus loin

- **Aprahamian (F.), Besancenot (D.), Huynh (K.), Montoussé (M.), Lavialle (Ch.)**, *Microéconomie*, Bréal, 2019
- **Bien (F.), Méritet (S.)**, *Microéconomie, les défaillances de marché*, Pearson, 2014.
- **Keen (S.)**, *L'imposture économique*, Editions de l'atelier, 2014.
- **Krugman (P.), Wells (R.)**, *Microéconomie*, De Boeck, 2019.
- **Mankiw (G.), Taylor (M.)**, *Principes de l'économie*, De Boeck, 2015.
- **Pindyck (R.), Sofer (C.), Sollogoub (M.)**, *Microéconomie*, Pearson, 2017.

Chapitre 3

Les fondements de la sociologie

1

Les grands courants de la pensée sociologique depuis le XIXe siècle

La sociologie fait partie de la grande famille des sciences humaines, dont l'objet d'étude sont les activités d'individus faisant partie de groupes sociaux. En tant que discipline scientifique, elle produit un savoir par un mécanisme d'essais et d'erreurs et stabilise des connaissances réfutables. Contrairement aux sciences dures qui construisent un savoir sur la base d'un paradigme dominant, la sociologie se caractérise par l'existence de très nombreux courants de pensée. Chaque courant propose une explication différente d'un même phénomène social, et permet d'enrichir la compréhension du social.

1 Un zeste d'épistémologie...

Le mot « sociologie » est une combinaison du *socius* latin et du *logos* grec. Le *logos*, au sens premier du terme, est un discours, une parole. Il désigne également la connaissance technique d'une langue par l'utilisation de la raison. Étymologiquement, la sociologie a partie liée avec les disciplines du savoir. Mais sur quoi porte ce savoir ? Sur le *socius*, c'est-à-dire l'association d'êtres humains. Le sociologue aurait donc pour tâche d'étudier, à l'aide de sa raison, les pratiques de plusieurs individus réunis.

A. Ce que fait la sociologie

On pourrait considérer que l'approche étymologique résout l'énigme de ce que fait la sociologie ; pourtant, elle pose plus de problèmes qu'elle n'en résout. Car les actions d'hommes et de femmes en société sont extrêmement diverses : on peut interagir avec son voisin de table pour lui demander du sel, avec un collègue dans le cadre d'une entreprise, avec un ami lors d'une soirée, mais également collectivement lors d'un culte religieux ou d'une manifestation sportive. Par ailleurs, les associations que nous formons sont de natures diverses : la famille n'a rien à voir avec un conseil d'administration d'entreprise, une classe d'élèves n'est pas de même nature qu'un syndicat. Enfin, il existe de multiples façons de s'interroger sur des rassemblements d'individus. Que l'on songe par exemple aux rites religieux : il est possible d'en décrire la forme, d'en rechercher les origines historiques, d'envisager les impacts de leur pratique sur les comportements quotidiens, sur les mentalités, sur l'organisation politique.

La liste n'est pas exhaustive, mais la conclusion est évidente : il est difficile de savoir précisément ce qu'étudie la sociologie en adoptant une démarche étymologique. Tentons alors une approche plus directe du problème : se référer à ce qu'en pensent les principaux intéressés, les sociologues. La sociologie est volontiers définie par celles et ceux qui la pratiquent comme une discipline scientifique. En tant que discipline, c'est-à-dire une branche de la connaissance, elle se compose d'un ensemble de propositions intellectuelles, stabilisées dans un corpus de textes. Mais son ambition va au-delà de simples propositions, si réfléchies soient-elles : elle revendique le statut de science. Cette question de la scientificité de la sociologie est à la fois au cœur du projet de ses fondateurs et l'enjeu de débats actuels très vifs : est-elle véritablement une science ? Si c'est le cas, s'agit-il d'une science comparable à la physique ? Aux mathématiques ? Ou a-t-elle un statut particulier, qui en fait une discipline à part ?

Aborder frontalement ces interrogations reviendrait à mobiliser des outils conceptuels complexes issus de l'épistémologie, discipline prenant précisément pour objet la connaissance scientifique. Commençons par une question plus simple : quelle différence y a-t-il entre le « sens commun » (entendez par là le discours de parents, de camarades, du quidam rencontré dans la rue, etc.) et les connaissances produites par la sociologie ? En quoi la proposition « un individu n'adopte un mode de consommation régulier de la marijuana que s'il a appris à l'aimer » de Howard S. Becker (*Outsiders*, 1963) est-elle différente de l'explication du fumeur lui-même lorsqu'il parle de sa consommation de drogue ? Quel complément d'information la proposition de Becker apporte-t-elle à la compréhension du comportement de fumeur de drogue régulier par rapport à une connaissance intuitive ? Évidemment que le fumeur aime fumer, sans quoi il cesserait aussitôt ! Et pourtant, le processus est plus complexe qu'il n'y paraît. Car l'individu n'apprécie pas immédiatement la marijuana, et sa consommation va connaître différentes phases : de débutant, il passe à utilisateur occasionnel, puis au statut de confirmé. Le plaisir retiré de l'acte de fumer est directement lié à la progression dans cette « carrière » et à l'apprentissage qu'elle nécessite. Les contrôles sociaux directs (la difficulté de se procurer de la drogue, substance illicite) et indirects (le jugement d'un proche qui découvrirait cette consommation, par exemple) se relâchent progressivement, et le fumeur commence à éprouver un réel « plaisir » à partir du moment où cette émotion est partagée avec d'autres fumeurs qui, comme lui, s'engagent dans la déviance. Il y a donc, derrière le jugement de goût, un processus complexe d'apprentissage et de connaissance de la substance, mais également d'un milieu social dont les règles s'opposent à celles que respecte la majorité de la population. La citation de départ, qui se distingue peu de la connaissance immédiate du phénomène, recèle donc divers degrés de compréhension qui n'ont plus rien d'évident ! De l'intuition initiale au concept de carrière déviante de Becker, un vrai travail de construction de connaissances sur la consommation de drogue a été nécessaire. La sociologie a donc quelque chose de particulier à dire sur ce phénomène social, quelque chose de qualitativement différent d'une compréhension spontanée et irréfléchie du phénomène en question.

Un premier pas a été fait dans le sens d'une meilleure compréhension de ce que fait la sociologie. Nous savons maintenant qu'elle produit des connaissances, construites à partir de l'expérience et de l'observation, sur des phénomènes sociaux. Toutefois, plusieurs professions reposent également sur cette pratique : les journalistes, les médecins, les historiens, et parfois même les philosophes. Parmi ces professions, certaines sont qualifiées de scientifiques, d'autres ne le sont pas. En quoi la connaissance sociologique peut-elle être rangée dans la première catégorie ?

B. Les trois apories[1]

Pour répondre à cette question, nous avons fait le choix de montrer ce que la sociologie n'est pas, ou, en d'autres termes, d'explorer des pistes de réflexion qui débouchent toutes sur des apories (des problèmes insolubles) ou des impossibilités épistémologiques. Cette manière de débuter par des impasses n'est pas simplement une forme de masochisme intellectuel, mais la façon la plus pratique de se débarrasser de critères qui ne sont pas efficaces pour définir la spécificité de la connaissance sociologique au sein de l'espace des sciences.

Première aporie : définir la connaissance sociologique par son objet

Une manière simple de définir une science consiste à préciser son objet de recherche. Pour cela, les scientifiques choisissent parmi l'ensemble des phénomènes physiques et sociaux un sous-ensemble dont ils développent une connaissance spécifique, avec des compétences qui leur sont propres. Par exemple, la géographie, dans son acception étroite, s'intéresse à la dimension spatiale des phénomènes. La psychologie s'intéresse, dans l'ensemble des comportements humains, à leur dimension psychologique ou psychanalytique. L'économie isole les faits relevant de la production, de la consommation et de la distribution des ressources considérées comme rares. L'avantage de cette stratégie de découpage permet de savoir précisément de quoi l'on parle, ou plutôt de quoi il est légitime de parler, lorsqu'on se revendique de telle ou telle science.

L'inconvénient est d'isoler artificiellement un ensemble de comportements, de phénomènes, qui dans la réalité ne sont pas isolés. Par exemple, lorsqu'un économiste dit s'intéresser aux phénomènes de production, de consommation et de distribution des ressources rares, il le fait en se donnant pour outil conceptuel une construction anthropologique, l'*Homo œconomicus*, un individu rationnel, calculateur, égoïste. L'utilisation de cet outil conceptuel l'incite à méconnaître le fait que les individus sont insérés dans un réseau de relations sociales, amoureuses, familiales, professionnelles, religieuses, et que ces relations peuvent avoir, par exemple, un impact sur leurs comportements de consommation ou de production. C'est le sens de l'argument développé par le sociologue allemand Max Weber dans son ouvrage de 1905, *L'Éthique protestante et l'Esprit du capitalisme*. Il y soutient l'idée que les valeurs diffusées par une branche du protestantisme, le calvinisme, ont eu pour conséquence d'orienter les comportements des croyants et sont ainsi à l'origine de la naissance du capitalisme dans sa forme occidentale ! Cette religion suggère aux fidèles une grande modération dans l'usage des biens de consommation (ascétisme), mais valorise également le travail assidu. L'application au travail est plus qu'une nécessité économique : c'est une vocation voulue par Dieu. La combinaison de l'ascétisme et de

1. Cette partie s'inspire largement du cours d'introduction à la sociologie donné par M. François aux étudiants de l'IEP de Paris.

l'accumulation du profit constitue pour Weber une explication possible de l'accumulation du capital à l'origine du capitalisme moderne.

Les premiers sociologues sont d'ailleurs opposés au découpage disciplinaire. Émile Durkheim affirme par exemple que la sociologie a vocation à étudier tous les phénomènes sociaux. De fait, certains objets apparaissent au premier abord intimement liés à la connaissance sociologique. Par exemple, les groupes sociaux, les réseaux d'amitié, les classes sociales, les manifestations et autres phénomènes sociaux dits « de masse ». Mais d'autres faits sociaux étudiés par la sociologie sont moins évidents : la gêne au détour d'un regard insistant dans le métro, les diverses manières de montrer l'angoisse, l'amour, la honte, l'activité onirique, etc. Et les questionnements sont aussi divers que les objets d'étude : quelles sont les multiples façons de se nourrir ? Quand cesser de faire laver son linge à ses parents ? Qui peut se dénuder sur la plage ? Une multiplicité de questionnements et une infinité d'objets d'étude potentiels : pour le dire de façon provocante, la sociologie ne semble pas être discipline à se laisser définir par son objet.

Deuxième aporie : définir la connaissance sociologique par la langue qu'elle utilise

Assez spontanément, une personne à qui l'on demanderait de définir une science le ferait par un critère simple : le langage qu'elle emploie. Selon toute vraisemblance, les premières images qui viendraient à l'esprit de cette personne seraient un homme, en blouse, devant un tableau couvert de formules mathématiques complexes. Pourquoi le langage mathématique est-il spontanément associé à la représentation de la science ? Peut-on définir une science, par exemple la sociologie, par le langage qu'elle emploie ? Ce principe épistémologique très fort a été théorisé par un auteur italien, Galileo Galilei (Galilée en français), qui, dès le début du XVIIe siècle dans un ouvrage intitulé *L'Écriture mathématique du livre de l'univers* (1623), affirme que le monde peut se lire comme un ensemble de propositions mathématisables. Il est donc possible de décrire et d'expliquer l'ensemble des phénomènes liés directement ou indirectement à l'activité humaine au moyen de lois mathématiques.

Pour les tenants plus contemporains de cette approche, la science est par « essence » une description du monde dans un langage mathématique. Et il est vrai que le langage mathématique présente des avantages certains : il est universel, totalement dénué d'ambiguïté, et permet de ramener à quelques propositions relativement simples les phénomènes les plus complexes. Décrire la chute d'un corps ? Le langage mathématique le permet à l'aide de quelques éléments : la masse de l'objet, la valeur de la force de gravitation, les frottements de l'air. Comprendre les préférences d'un individu ? Le langage mathématique le permet en supposant l'individu doté de raison et de préférences définies à l'avance. La science physique dans le premier cas, la science économique dans le second reposent toutes deux sur l'utilisation intensive des mathématiques pour expliquer les objets qu'elles se sont donnés.

La sociologie décrit le monde en manipulant un autre langage : la langue naturelle. Bien entendu, elle peut se servir des mathématiques comme d'un outil, en raisonnant à l'aide de statistiques par exemple. Néanmoins, une étude sociologique est rarement constituée d'une suite ininterrompue d'équations. Surtout, un sociologue n'exprime pas ses idées uniquement à l'aide des mathématiques. Ce travail se fait à l'aide d'une langue qui n'est en rien différente de la langue de l'écrivain, du journaliste, de l'historien ou des individus qu'il étudie. C'est là un immense avantage : la sociologie a à sa disposition toute la richesse descriptive de la langue vivante. Elle peut saisir avec de multiples nuances les relations au sein d'un couple. Elle peut exprimer avec force détails les déterminants d'un vote au cours d'une élection. Cet avantage peut toutefois rapidement se transformer en inconvénient : si le sociologue partage la richesse de la langue des individus qu'il étudie, il gagne au passage en équivocité. La polysémie de la langue le renvoie aux limites mêmes du langage : comment expliquer ce qu'est un conflit social si l'on utilise les termes de ceux qui en sont les acteurs ? Comment dépasser la compréhension commune de l'accès aux œuvres d'art en se servant du mot qui le résume dans le langage courant, la culture ? Cette langue partagée se heurte par ailleurs à un autre problème : la compréhension, par les individus engagés dans l'action sociale, de ce que le sociologue écrit. Pour reprendre l'idée développée par trois sociologues français, J.-C. Passeron, J.-C. Chamboredon et P. Bourdieu (*Le Métier de sociologue*, 1983), la malédiction de la sociologie est d'avoir affaire à des sujets qui parlent… et pensent. Il est rare de voir un caillou s'étonner que le physicien décrive sa chute en utilisant le concept de gravité. Il n'est pas rare en revanche de voir des policiers critiquer la compréhension sociologique de la délinquance, car « elle excuse tout ». Ce langage de la science, si facilement identifiable dans le cas des sciences de la nature, est difficilement identifiable en sociologie. Ce ne peut donc être une voie de compréhension sûre de la nature des connaissances qu'elle produit.

Troisième aporie : définir la connaissance sociologique par la théorie sur laquelle elle repose

Troisième et dernière façon d'aborder la spécificité d'une science : par l'univocité du discours scientifique. Reprenons l'exemple de la chute d'un objet vu plus haut : il est acquis qu'aucun physicien ne proposera un modèle qui verrait l'objet en question s'envoler au lieu de tomber. Si la totalité de la communauté des physiciens peut, à un moment donné de son histoire, se mettre d'accord pour expliquer la chute d'un objet en utilisant les mêmes outils intellectuels, alors la science physique se trouve dans un état particulier qu'un historien des sciences, Thomas Kuhn, nomme science « normale » (*La Structure des révolutions scientifiques*, 1962). Une science normale, au sens de Kuhn, se caractérise par un accord de ceux qui la pratiquent autour d'un paradigme, sorte de compilation de grands principes théoriques et d'outils servant à résoudre les questions posées dans le cadre de cette science. Mais Kuhn n'arrête pas son investigation à l'état de science normale. Dès lors que le cadre de référence théorique commun est remis en cause, dès lors que les scientifiques contestent radicalement le pouvoir explicatif de la théorie unique et lui opposent d'autres modèles alternatifs, la science entre en période de crise. Cette crise ne peut être dépassée que par une révolution scientifique, voyant l'ancien paradigme remplacé par un nouveau sur lequel les scientifiques s'accordent. En adoptant la perspective historique de Kuhn, on peut affirmer qu'une science se définit par une alternance de périodes de science normale (périodes longues) et de révolutions scientifiques (périodes plus courtes).

D'un point de vue kuhnien, la sociologie n'est ni dans un état de science normale, ni dans un état de révolution scientifique : elle serait en crise constante. En effet, la sociologie se caractérise par l'opposition d'« écoles », de « courants de pensée », proposant chacun des explications différentes d'un même phénomène social. Prenons l'exemple canonique de cette concurrence des théories dans la sociologie française : l'explication de l'échec de l'école républicaine à réduire les inégalités scolaires. Dans les années 1960 en France, des sociologues s'aperçoivent que, contrairement à son objectif affiché, l'école n'est pas à même de garantir l'égalité des chances de réussite. Un groupe social, issu de la frange des ménages favorisés, apparaît surreprésenté dans les filières les plus sélectives et prestigieuses (par exemple, les classes préparatoires). Un autre groupe, issu des ménages les moins favorisés, se trouve surreprésenté dans les formations professionnelles moins cotées, les étudiants provenant de ce groupe se trouvant plus souvent en situation d'échec scolaire que les autres. Comment expliquer l'échec de l'école républicaine ? Deux grandes théories s'affrontent sur l'explication à donner à ce phénomène :

- Jean-Claude Passeron et Pierre Bourdieu, auteurs d'un ouvrage paru en 1970 intitulé *La Reproduction*, partent du principe que l'échec de l'école républicaine n'a rien d'un hasard et ne résulte pas d'un dysfonctionnement. Car le véritable rôle de l'école ne serait pas de réduire les inégalités, mais de les reproduire ! Plus encore, le rôle de l'école serait de nous faire croire qu'elle cherche à réduire les inégalités alors que ce n'est, dans les faits, pas le cas. Mais comment l'école reproduit-elle les inégalités ? L'institution scolaire va prétendre mettre sur un pied d'égalité des individus qui fondamentalement ne le sont pas. Pour cela, elle va dispenser le même savoir à l'ensemble des élèves. Or, au moment de leur entrée à l'école, les élèves ont été socialisés dans des milieux différents. Il est raisonnable de penser qu'un enfant dont la mère est cadre supérieure dans une grande entreprise et dont le père est professeur agrégé de philosophie sera confronté à un autre type de savoir qu'un enfant dont la mère est caissière dans un supermarché et le père docker au Havre. Les thèmes abordés à table lors des repas, par exemple, ne seront pas les mêmes. Le vocabulaire employé différera ; l'intérêt porté par les adultes à l'avis de l'enfant également. Dans un cas, on demandera à étayer précisément une opinion ; dans l'autre, on se contentera de formules moins nuancées. En clair, l'enfant ne sera pas armé de la même façon pour comprendre ce que l'institution scolaire lui demande. D'autant plus si l'institution considère comme légitime de valoriser le savoir des catégories de la population plus privilégiées, à travers la surreprésentation de l'écrit ou la valorisation d'une « culture générale » lors des examens. L'école fait donc comme si les inégalités sociales n'existaient pas et les légitime par l'octroi d'un diplôme ;
- Raymond Boudon, dans un ouvrage intitulé *L'Inégalité des chances* paru en 1973, propose une tout autre vision de l'échec de l'école. Écrivant après Bourdieu et Passeron, il cherche à mettre à distance l'idée avancée par ces auteurs d'un complot de la classe dominante souhaitant légitimer par l'école les inégalités sociales existantes. Pour Boudon, l'explication de l'inégalité des chances se trouve dans le calcul d'individus confrontés à un dilemme : poursuivre ou non des études longues. Au moment du choix d'études à poursuivre, les individus ont un raisonnement très simple : ils mettent en rapport les bénéfices attendus de la filière choisie et l'investissement que cela leur demande. Si l'investissement est supérieur aux bénéfices attendus, alors les individus renoncent à la poursuite de ce type d'études. Inversement, si le coût de l'investissement est inférieur aux bénéfices attendus, alors les individus poursuivent leurs études. Ce que Boudon ajoute à cette notion de calcul coût/avantage classique, c'est l'idée que l'évaluation des coûts et des bénéfices attendus de la poursuite d'études sera

différente selon le milieu social d'origine de l'étudiant. Ainsi, un étudiant provenant d'un milieu aisé aura tendance à sous-estimer les coûts liés aux études et à en surestimer les bénéfices. Soutenu financièrement par sa famille, dont les parents ont eux-mêmes fait des études longues, poussé par l'exemple de voisins ou d'amis et connaissant l'importance d'un diplôme validant des études longues, notre étudiant n'hésitera pas à se lancer dans des filières longues. L'étudiant issu d'un milieu populaire évalue la situation différemment : il envisage en premier lieu la probabilité de l'échec, et est soumis à une contrainte financière plus forte. Son milieu le porte à sous-estimer les bénéfices attendus des études longues et à en surestimer les coûts. Ainsi, l'échec de l'école républicaine s'explique par les calculs d'individus qui évoluent dans des milieux sociaux différents.

L'illustration de la concurrence des théories peut amener l'observateur à une conclusion simple : la sociologie n'est pas une science « normale », puisqu'il est impossible aux sociologues de s'accorder sur une théorie unique. Les plus malintentionnés y voient le symptôme d'une immaturité scientifique de la discipline. Il est toutefois possible de l'envisager différemment : la concurrence théorique est le symptôme de la complexité des phénomènes sociaux, que l'on peut et doit aborder sous différents angles pour en saisir la complexité. Cette seconde thèse est évidemment celle vers laquelle penchent les sociologues : un éclectisme paisible plutôt qu'une compétition stérile.

2 Les classiques

La sociologie se construit comme savoir scientifique autonome à la croisée des XIXe et XXe siècles. Les fondateurs de la sociologie, formés aux idées des auteurs utopistes, socialistes et scientistes, ambitionnent de faire de la sociologie une science à part entière. Émile Durkheim souhaite construire un savoir nomologique du social, se rapprochant du modèle des sciences dures. Max Weber propose au contraire une science historique, dont les connaissances sont contextualisées dans le temps et l'espace. Tous deux déploient leurs pensées dans un contexte particulier. Leurs contemporains partagent une vision pessimiste du monde dans lequel ils vivent, perçu comme désenchanté, en proie à une perte de valeur et de sens. Ce contexte influence le choix de leurs objets d'étude privilégiés : l'existence du lien social pour le français, le sens des actions vécues pour l'allemand. Le choix est également épistémologique : Durkheim privilégie une analyse des faits sociaux par le groupe, dans une perspective holiste, tandis que Weber donne la primauté à la compréhension des activités sociales, c'est-à-dire d'actions individuelles dotées de sens et dirigées vers autrui.

A. Les précurseurs de la sociologie

Les précurseurs de la sociologie ne font pas référence explicitement à la sociologie comme science : par leurs enquêtes de journalistes, par leurs écrits d'hommes de lettres, par leur statut d'observateurs politiques, ils posent les jalons du raisonnement sociologique développé à la fin du XIXe siècle. De nombreux auteurs peuvent prétendre à ce titre : nous avons fait le choix de présenter la pensée de trois d'entre eux, Alexis de Tocqueville, Auguste Comte et Karl Marx.

Alexis de Tocqueville (1805-1859)

Homme de lettres et fin observateur politique, fils d'une famille de vieille noblesse, Alexis de Tocqueville poursuit d'abord une carrière de magistrat durant laquelle il est amené à se rendre en Amérique, avec pour mission d'étudier le système pénitentiaire. De ce voyage, il ressort profondément marqué par le régime politique démocratique qui s'est construit sur le territoire américain : il rassemble ses réflexions dans un ouvrage qui paraît en deux temps, en 1835 puis en 1840, *De la démocratie en Amérique*. De retour en France, il poursuit une carrière politique : il sera député puis conseiller général de la Manche entre 1839 et 1851. Faisant œuvre d'historien et de sociologue avant l'heure, il est élu académicien en 1841 et propose une analyse des changements politiques en cours en France dans *L'Ancien Régime et la Révolution* (1856).

≫ La démocratie se caractérise par l'égalité sociale

Pour Tocqueville, la société démocratique américaine est marquée par la notion d'égalité. Cela ne signifie pas que les individus soient également intelligents ou également riches, mais plutôt que les différences visibles, telles que les distinctions d'ordre ou de classes, s'effacent au profit d'une égalité sociale. Cette dernière combine une égalité des conditions juridiques (on ne peut hériter d'une position sociale car le droit l'interdit) et une égalité des chances (les positions sociales sont en théorie accessibles à tous). Un des apports essentiels de Tocqueville, par rapport à un auteur comme Montesquieu, est de considérer que la démocratie n'est pas seulement un système politique, mais un état social.

L'égalité des chances autorise la mobilité sociale : « [Les riches] sortent chaque jour du sein de la foule et y retournent sans cesse. » Toutes les positions sociales étant accessibles, les individus sont, dans une certaine mesure, libres de choisir leur existence. Il ne s'agit toutefois pas d'un processus mécanique : cela ne signifie pas, par exemple, que les inégalités économiques n'existent plus. Mais la possibilité d'accéder à une position sociale supérieure permet de mieux les accepter.

≫ Égalité sociale et uniformisation des modes de vie

Sur le long terme, la mobilité sociale accélère la circulation des fortunes, qui se font et se défont au gré des réussites économique et sociale des individus. La mobilité sociale s'accompagne donc sur longue période d'une homogénéisation des niveaux de richesse, ce que le vocabulaire contemporain désigne sous le terme « niveaux de vie ».

À cela s'ajoute la généralisation d'une instruction élémentaire (lecture, écriture) à la portée de tous. L'accession aux connaissances élémentaires, associée à la circulation des richesses, permet aux sociétés démocratiques de viser une forme d'homogénéité des modes de vie.

L'égalité à long terme des modes de vie et des niveaux de vie conduit à la moyennisation de la société. Tocqueville observe avec intérêt que les citoyens n'ont alors pas assez de biens pour susciter l'envie (puisque tout le monde possède à peu près la même chose), mais assez pour désirer l'ordre. Ils redoutent par-dessus tout de perdre leurs propriétés : « Ainsi, dans les sociétés démocratiques, la majorité des citoyens ne voit clairement ce qu'elle pourrait gagner à une révolution, et elle sent à chaque instant, et de mille manières, ce qu'elle pourrait y perdre. »

Un régime politique adapté à l'égalité sociale

Les gouvernants sont choisis parmi les membres de la bourgeoisie mais également parmi le peuple américain. Il s'agit d'un gouvernement démocratique, élu, qui représente les volontés de la majorité. L'État concentre en ce sens le pouvoir politique issu du peuple.

Cette concentration du pouvoir, même émanant du peuple, peut conduire à des situations de confiscation du pouvoir. La majorité, en s'appropriant les droits législatifs *via* ses représentants, exerce une pression sur les minorités. Il n'y a pas, pour Tocqueville, de différence de nature entre la tyrannie d'un souverain et le « despotisme de la majorité ». Pour lutter contre cela, il est nécessaire que le régime démocratique organise, en son sein, des contre-pouvoirs : c'est l'équilibre de ces pouvoirs et le contrôle du législatif qui permettront de pérenniser la démocratie.

Karl Marx (1818-1883)

Si certains ouvrages de Karl Marx comme *Le Capital* (1867) ou *Le Manifeste du parti communiste* (écrit en collaboration avec Friedrich Engels en 1848) sont connus du grand public, c'est autant en raison de leur caractère scientifique et polémique que de leur postérité historique. L'œuvre sociologique de Marx, considérable, a en effet donné lieu à de multiples analyses et prolongements. Cette fécondité théorique continue d'inspirer les sociologues contemporains, et c'est à ce titre que nous le présentons ici comme un précurseur de la sociologie. Né dans une famille aisée de Trèves (Prusse) en 1818, Karl Marx est étudiant en droit et en philosophie, proche du mouvement des « jeunes hégéliens », avant de devenir journaliste. S'opposant au despotisme prussien, il va, sa vie durant, connaître de nombreux exils (France, Belgique) avant de s'installer définitivement en Angleterre. Poursuivant un travail théorique critique et une activité de militant (il est un des fondateurs de la première Internationale des travailleurs), il vit avec sa famille dans des conditions précaires. De son travail de théoricien du capitalisme, il retire à la fin de sa vie une notoriété croissante, qui ne lui permet pourtant pas d'améliorer ses conditions de vie matérielles. Il s'éteint en 1883.

L'existence de classes sociales en soi et pour soi

Au fondement de l'approche sociologique de Marx se trouvent les classes sociales. De ce concept polysémique que Marx lui-même définit de diverses façons au cours de son œuvre, on retient en général qu'il repose sur la place qu'occupent les individus dans les rapports de production. Plus précisément, c'est la propriété des moyens de production qui détermine l'appartenance à la classe dominante (celle des bourgeois), la classe dominée (les prolétaires) ne détenant que sa force de travail. Cette inégalité permet aux premiers d'exploiter les seconds. La position objective d'un individu dans le monde du travail suffit à déterminer son appartenance de classe : on parle de classe en soi. Mais cette vision réaliste des classes sociales, défendue par Marx et Engels dans *Le Manifeste* (1848), n'en épuise pas la définition. Dans *Misère de la philosophie* (1847), Marx précise que « les conditions économiques avaient d'abord transformé la masse du pays en travailleurs [...] ; dans la lutte [...], cette masse se réunit, elle se constitue en classe pour elle-même. Les intérêts qu'elle défend deviennent des intérêts de classe ». La classe pour soi va donc au-delà du socle des conditions matérielles de vie communes :

elle implique une prise de conscience collective et débouche sur une organisation et une représentation politiques. L'identité des intérêts se traduit en une communauté d'intérêts.

≫ La lutte des classes comme moteur de l'histoire

La lecture en termes de classes en soi/pour soi permet à Marx de préciser la nature des regroupements sociaux qu'il observe : les prolétaires et les bourgeois constituent des classes pour soi, les paysans parcellaires français, dont il étudie la spécificité dans *Le 18 brumaire de Louis Bonaparte* (1852), ne sont rien d'autre qu'une classe en soi. Mais Marx va plus loin encore : ce qui fonde véritablement une classe, c'est la lutte dans laquelle elle est engagée avec d'autres classes. La lutte des classes conduit à une polarisation de l'espace social en deux groupes antagonistes : les « intermédiaires », petits patrons, artisans, commerçants, se retrouvent ruinés par la concurrence que se livrent les capitalistes et se « prolétarisent ». Seuls l'association et l'accroissement de la taille des industries peuvent permettre à quelques-uns de survivre et de basculer dans la classe des bourgeois. Marx construit donc un modèle de société conflictuelle, conflit dont l'issue conduira nécessairement à la défaite des bourgeois, sous le poids démographique et la force politique croissants des prolétaires. Vision sociale téléologique, la lutte des classes imprime un sens à l'histoire : dépasser les contradictions du mode de production capitaliste du XIXe siècle et entrer dans le communisme moderne.

Auguste Comte (1798-1857)

Penseur hors norme né à la fin du XVIIIe siècle, Auguste Comte laisse à la postérité le néologisme « sociologie » et la doctrine positiviste, devenue devise officielle du Brésil : « L'Amour pour principe, l'Ordre pour base, le Progrès pour but. » Un des maîtres à penser d'Émile Durkheim, Comte a connu une vie riche en rebondissements : reçu à Polytechnique en 1814 mais exclu pour insubordination, secrétaire du comte de Saint-Simon de 1817 à 1824, il n'obtient jamais de poste universitaire et fait cours dans son propre appartement, devant un public choisi. Le *Cours de philosophie positive* (paru entre 1830 et 1842) qu'il dispense à partir de 1826, à défaut d'en faire un homme riche, lui octroie une notoriété importante auprès d'illustres contemporains : Dunoyer, Mill, Littré, etc. À partir de 1845, il change d'orientation intellectuelle et fonde sa propre religion (la religion de l'humanité) dont il se proclame grand prêtre. Il fonde la Société positiviste en 1847 et se brouille avec nombre de ses soutiens. Il vulgarise ses théories en 1852 dans le *Catéchisme positiviste* et meurt dans de grandes difficultés financières en 1857.

≫ La doctrine positiviste

Comte n'est pas le créateur du terme « positivisme » (dont la paternité revient à Saint-Simon), mais il en est le théoricien : les sociétés seraient, comme les phénomènes physiques, soumises à des lois invariables et naturelles. La science de la société – ou sociologie – aurait pour tâche de les mettre au jour en adoptant une posture inductiviste et holiste : les lois du fonctionnement social doivent être déduites de l'observation attentive des faits sociaux.

La loi des trois états

Étudiant « le développement de l'intelligence humaine », Comte applique sa doctrine positiviste et met au jour une loi qu'il considère comme fondamentale : « Cette loi consiste en ce que chacune de nos conceptions principales [...] passe successivement par trois états théoriques différents : l'état théologique, ou fictif ; l'état métaphysique, ou abstrait ; l'état scientifique, ou positif » (*Cours de philosophie positive*). Les connaissances construites par l'esprit humain subissent nécessairement une évolution dont l'aboutissement est l'état positif, c'est-à-dire scientifique, se caractérisant par la recherche de lois objectives. Or, toutes les branches de la connaissance ne se sont pas développées à la même vitesse : la science des phénomènes sociaux est la seule à ne pas encore avoir atteint l'état positif. La tâche que se donne Comte consiste précisément à faire atteindre à la connaissance des faits sociaux ce dernier stade de l'évolution.

La place de la sociologie et sa méthode

Comte se livre à un classement des sciences positives en fonction de leur degré de généralité et de complexité. Au sein de cette classification, la sociologie est considérée comme la science la moins générale et la plus complexe. Elle dispose en outre d'un statut particulier : elle doit aider à l'action sur la société. Pour Comte, la sociologie ne saurait être confondue avec la biologie et la psychologie. L'observateur des phénomènes sociaux doit se détacher d'une étude des individus et se concentrer sur les grandes lois qui organisent la société : il doit adopter une démarche holiste.

B. Émile Durkheim : l'explication holiste des faits sociaux

Émile Durkheim (1858-1917) est l'un des deux grands fondateurs de la sociologie. Né à Épinal dans une famille juive mais n'adhérant pas au projet de faire de lui le neuvième rabbin de la lignée, il se dirige vers des études de philosophie à l'École normale supérieure de la rue d'Ulm. Agrégé de philosophie à l'issue de ses études, il est d'abord professeur dans le secondaire puis à l'université de Bordeaux (1887), avant de venir à Paris, en 1902, occuper en Sorbonne la chaire de « science de l'éducation », transformée à sa demande en « science de l'éducation et sociologie », qu'il occupera jusqu'à sa mort en 1917. Cette trajectoire fait de lui l'héritier du système de formation des élites françaises ; il est intellectuellement marqué par la IIIe République et les idéaux de Jules Ferry, tandis que sa formation philosophique le confronte aux auteurs des Lumières (Rousseau, Voltaire), mais également à la pensée des « conservateurs », dont Auguste Comte est le représentant qui aura le plus d'influence sur Durkheim.

Les fondements de la pensée durkheimienne

La pensée scientifique apparaît à Durkheim comme le modèle d'une pensée rigoureuse et efficace, le « modèle unique de la pensée valable » (R. Aron, *Les Étapes de la pensée sociologique*, 1967). Cette idée, loin d'être originale en cette fin de XIXe siècle, ne représente qu'une partie d'une ambition plus vaste : il souhaite expliquer scientifiquement un objet très particulier, la société, et veut s'assurer que la science de la société permettra de trouver les solutions pour recréer du lien social. Durkheim est, sur ce point, l'héritier de penseurs « conservateurs » : ses idées ont une base morale. La société française qu'il cherche à expliquer scientifiquement lui apparaît désordonnée et individualiste. Pour lui, l'archétype de cette société en déliquescence est la Commune de Paris de 1871 : cette guerre civile, qui se solde par plusieurs milliers de morts, est une blessure profonde pour la société française. Pour Durkheim, c'est le symbole d'une société dans laquelle les Français s'affrontent et ne semblent plus partager d'idéaux communs. En digne héritier de Saint-Simon et de Comte, il affirme que c'est à l'étude scientifique des faits sociaux de fonder une morale et de contribuer à recréer du lien social.

La cohésion sociale vue par le prisme de la division du travail social

Dans un ouvrage extrait de sa thèse intitulé *De la division du travail social* (1893), Durkheim lie deux problèmes pour lui fondamentaux : le lien existant entre l'homme et la société, et la division du travail entre les hommes. Cette approche n'est pas nouvelle : de nombreux économistes, en particulier Adam Smith et John Stuart Mill, ont contribué à définir la nature et les fonctions de la division économique du travail, qu'ils associent à la supériorité de la condition humaine : la division technique du travail accroît l'habileté des travailleurs et permet l'augmentation de leur productivité. Pour ces économistes, la division du travail est la condition du progrès économique et de l'accumulation de richesses. Durkheim reconnaît qu'il s'agit d'une fonction importante de la division du travail, mais, élargissant cette perspective, il affirme qu'elle touche l'ensemble de la société : « Les fonctions politiques, administratives, judiciaires se spécialisent de plus en plus. Il en est de même des fonctions artistiques et scientifiques. »

Cette division « naturelle » du travail lui apparaît comme le fondement du lien entre les hommes. Se positionnant contre l'avis de ses contemporains les plus pessimistes qui voient dans la division du travail la source d'une perte de valeur et de l'individualisme, mais également contre les libéraux qui saluent l'avènement d'une société spécialisée où les individus seraient liés par contrat, Durkheim met en avant la deuxième et plus importante des fonctions de la division du travail : elle crée des liens de solidarité entre les individus. La division du travail ne détruit pas le lien social, elle le constitue et permet aux individus de s'intégrer à la société : c'est là son unique valeur morale.

Partant du constat que la société n'a pas toujours été aussi complexe et les fonctions sociales aussi divisées, Durkheim va alors chercher à expliquer l'évolution d'un type de société « archaïque », où la division sociale du travail est peu poussée, à un type « moderne », où la division sociale du travail est forte. Dans les sociétés archaïques, l'organisation sociale est fondée sur la similarité des individus : les liens sociaux y sont très étroits et les rôles peu différenciés. La solidarité est dite mécanique, car elle procède de cette similitude : je n'ai pas de problème à échanger avec mon semblable car il me ressemble en tous points. Dans les sociétés modernes, les individus sont plus fortement différenciés. Ils n'exercent pas le même emploi, ne partagent pas forcément les mêmes valeurs ni les mêmes traditions : ils sont différents culturellement. Dès lors, la solidarité se fonde sur cette différenciation. Je n'ai pas besoin que mon voisin me soit identique pour nouer des liens avec lui, seul me suffit ce qui peut me compléter en tant qu'individu, ce qu'il peut m'apporter : la solidarité est dite organique.

Pour Durkheim, le passage de l'une à l'autre de ces formes de sociétés ne réside pas dans le pur intérêt économique, mais est généré par l'augmentation de la densité démographique et morale. Étant plus nombreux, les individus ne peuvent établir des liens aussi riches et aussi complets que dans les sociétés archaïques. Ils séparent les liens comme ils divisent les fonctions sociales. La solidarité sociale étant difficilement observable à l'échelle d'une société, il faut à Durkheim recourir à un fait extérieur visible et objectif qui le renseigne sur la nature de cette solidarité. Ce « symbole visible », c'est le droit : en étudiant la forme prise par le droit dans une société donnée, on pourra ainsi déterminer le type de la solidarité sociale et la rapprocher de la division du travail. Il est possible de déterminer la nature des règles établies par le droit en étudiant les sanctions qui y sont attachées. Celles-ci sont de deux types :

- les sanctions répressives, qui ont pour objet de priver l'individu qui dérogerait au droit de quelque chose dont il jouit : sa liberté, son argent, ses droits, etc. Elles sont caractéristiques du droit pénal. On les trouve de façon privilégiée dans les sociétés à solidarité mécanique. Les individus y étant semblables socialement, toute atteinte aux règles y est perçue comme une attaque contre l'ensemble des individus : il faut punir fermement pour maintenir le lien social ;
- les sanctions restitutives, qui « remettent les choses en l'état » : c'est le cas du salarié injustement licencié à qui le juge des prud'hommes permet de reprendre le poste qu'il occupait avant son licenciement. Elles sont caractéristiques du droit civil ou du droit administratif, et on les trouve principalement dans les sociétés à solidarité organique. Les individus y étant interdépendants, envoyer un individu en prison ou le condamner à mort signifierait prendre le risque de briser cette chaîne de complémentarité.

Éducation et socialisation

Durkheim accorde une grande importance à l'analyse des systèmes éducatifs, qu'il associe étroitement au processus de socialisation. Deux synthèses de sa pensée sur cette thématique ont été publiées : *Éducation et sociologie* (1922) et *L'Évolution pédagogique en France* (1938).

Un système éducatif est une institution sociale dont la structure dépend du moment historique étudié. Considérer l'école comme une institution sociale équivaut à lui conférer une unité et une organisation propre. C'est aussi en faire un produit de l'histoire : les Grecs et les Romains n'enseignaient pas de la même façon que la chrétienté médiévale ou la Réforme. Dans l'Antiquité, l'éducation est affaire d'aristocratie. Leurs enfants reçoivent des enseignements de plusieurs maîtres différents et acquièrent des connaissances comme une « parure », pour développer des « dons innés ». Le maître accompagne la révélation des dons, mais ne façonne pas l'esprit profondément. Ce système éducatif ne cherche pas à agir sur l'« unité fondamentale » de la personnalité des individus. Le modèle éducatif du christianisme est différent : l'éducation n'est pas affaire d'ornement ou de révélation de l'inné, mais la création « d'un *habitus* de [l'] être moral », un milieu qui englobe maître et élève. Il faut modeler l'esprit et la volonté de l'individu de telle manière qu'il perçoive le monde d'une certaine façon. Il faut inculquer à l'individu les valeurs vitales spécifiques d'une société. La chrétienté s'engage ainsi dans un combat idéologique : expliquer, diffuser la doctrine chrétienne et combattre les autres croyances.

L'éducation est donc essentiellement une « socialisation méthodique ». Elle sert à construire et orienter le point de vue de l'individu sur le monde. Ce n'est pas simplement une instruction (apprendre des connaissances) mais un façonnement d'un être moral. La socialisation est une inculcation d'un système d'idées, de croyances, de pratiques morales, de traditions (professionnelles ou de classe). L'individu soumis à ce processus est capable de trouver sa place dans la société, car il en partage le motif fondamental : les idées inculquées forment un tout cohérent. Si différentes instances assurent la socialisation, l'école est donc pour Durkheim celle qui a le rôle plus fondamental.

Le sociologue reconnaît toutefois que les sources de socialisation peuvent être multiples : par exemple, un individu souhaitant pratiquer une profession devra se socialiser aux us et coutumes, à l'idéologie du métier. Il peut, à ce titre, exister des socialisations différenciées : professionnelles, de classe, de groupe religieux, etc. Mais les dissonances avec la socialisation générale, qui fait le lien entre les individus, doivent être réduites.

La méthode sociologique d'Émile Durkheim

Afin de répondre à l'objectif d'explication scientifique des faits sociaux, Durkheim va développer une méthode propre à la sociologie. Elle est synthétisée dans un ouvrage paru en 1895, *Les Règles de la méthode sociologique*. On peut résumer cette démarche aux éléments suivants :

- premièrement, le sociologue doit s'assurer que le phénomène qu'il cherche à étudier est de nature sociale, et non psychologique ou philosophique. Durkheim définit un fait social comme un ensemble de « manières d'agir, de penser, de sentir, extérieures à l'individu [...] et douées d'une puissance impérative et coercitive de telle sorte que les faits sociaux s'imposent aux individus ». Deux caractères sont donc fondamentaux pour définir un fait social : son extériorité par rapport à l'individu et le fait qu'il s'impose à lui. L'individu et la société sont ainsi situés à des niveaux radicalement différents : le social existe en dehors de l'individu, lui préexiste et le contraint ;
- deuxièmement, le sociologue doit traiter les faits sociaux comme des « choses » : il doit les mettre à distance en identifiant ses préjugés (les « prénotions » dans le vocabulaire de Durkheim) et en les écartant. Pour remplir cette tâche, le sociologue doit se concentrer sur la manifestation objective des faits sociaux, lorsqu'ils sont « dégagés des faits individuels qui les manifestent », par exemple en utilisant des statistiques concernant l'ensemble de la population ;
- troisièmement, le sociologue doit distinguer ce qui relève du « normal » et du « pathologique », et n'analyser que les faits sociaux normaux. « Un fait social est normal [...] quand il se produit dans la moyenne des sociétés de cette espèce. » Le fait « normal » se confond avec le fait moyen, que l'on retrouve dans la plupart des sociétés : le crime en constitue un exemple ;
- quatrièmement, un fait social ne peut s'expliquer par la fonction qu'il remplit, car cette fonction peut changer au cours du temps (exemple de la division du travail). Pour expliquer un fait social, il faut en rechercher la cause, qui est nécessairement antérieure chronologiquement et réside toujours dans un autre fait social. Il faut toujours expliquer le social par le social. L'explication de ce principe de causalité réside dans l'idée que « le tout n'est pas identique à la somme des parties » : la société et les faits sociaux présentent des caractères propres indépendants des individus ;
- cinquièmement, l'administration de la preuve se fera au moyen de la méthode des variations concomitantes, à l'aide de comparaisons expérimentales.

L'ensemble de ces cinq éléments montre l'importance accordée à une explication globalisante des phénomènes sociaux, irréductibles à leurs manifestations individuelles. On peut parler à ce propos de holisme méthodologique.

Un exemple d'application des règles de la méthode sociologique : le suicide

Durkheim met en application sa méthode sociologique en choisissant un objet très particulier : le suicide. À première vue, il n'existe rien de plus intime que le suicide. Son interprétation traditionnelle le lie à la dépression, à un divorce douloureux, à la perte d'un être cher, tous éléments en rapport avec la psychologie de chaque individu. En ce sens, il ne s'agit pas d'un fait social : il n'est pas extérieur à l'individu, puisqu'il dépend de son état de santé mental. Pourtant, dans son ouvrage *Le Suicide*, paru en 1897, Durkheim affirme qu'il s'agit bien d'un fait social. En observant les taux de suicide dans divers pays, il remarque que ce taux est relativement constant au cours du temps et dans un espace géographique donné : le phénomène est donc « normal ».

Ce nombre constant de suicides interroge : est-ce que tous les individus se mettent d'accord avant de se tuer ? Bien évidemment non. Mais alors, pourquoi ce chiffre est-il stable ? C'est bien que ce phénomène dépasse l'individu qui commet l'acte de suicide : c'est un fait social. On peut certes le « lire » au niveau individuel comme le signe d'une insatisfaction profonde par rapport à son propre sort. Mais cette lecture est incomplète : il est avant tout la manifestation concrète d'une inadaptation à la vie en société. Plus précisément, Durkheim établit que les variations des taux de suicide sont liées à deux paramètres : l'intégration à un groupe social et la régulation à laquelle l'individu est soumis :

- dans le premier cas, l'individu se suicide car il est trop peu intégré au reste de la société (suicide égoïste, caractérisant par exemple le taux de suicide plus important des protestants par rapport aux catholiques), ou au contraire trop intégré à son groupe (suicide altruiste, caractérisant le suicide du soldat qui voit son frère d'armes mourir au combat) ;
- dans le second, l'individu se suicide car il est insuffisamment contraint par des règles (suicide anomique, caractérisant le suicide des périodes de crise), ou au contraire trop contraint (suicide fataliste, caractérisant le suicide des époux mariés trop jeunes).

C. La naissance de la sociologie en Allemagne : la perspective de Max Weber

S'il est considéré comme l'autre grand fondateur de la sociologie, Max Weber (1864-1920) n'en reste pas moins également un juriste, un économiste et un historien du droit et des religions. La sociologie est pour lui une découverte « en cours de route » (Florence Weber, *Max Weber*, 2001). Pour reprendre l'expression de Raymond Aron, c'est en tant que « spectateur engagé » qu'il cherche à comprendre les difficultés économiques et politiques de l'Allemagne au tournant des XIXe et XXe siècles.

Weber et le débat allemand sur la spécificité des sciences sociales

L'approche de Weber est à la croisée des sciences sociales dont il cherche à montrer la spécificité par rapport aux sciences de la nature. De son attrait pour l'histoire, il conserve l'idée de l'importance d'une connaissance empirique. Mais pour lui, la quantité infinie de faits observables implique un travail de conceptualisation. De sa pratique de la science économique, il conçoit la nécessité de se détacher de la description pour formuler des lois. Mais la sociologie doit formuler des lois différentes de celles des sciences de la nature : elles ne sont pas une finalité, mais un outil au service de la connaissance. Elles s'apparentent à des relations causales limitées permettant de mettre en relation des faits historiques. Weber promeut donc une science de la réalité, qu'il construit de manière originale en mêlant l'approche par les faits historiques et la formulation de relations causales limitées historiquement.

Lorsqu'il conçoit l'idée d'une science de la réalité, Max Weber prend position dans un débat intellectuel qui agite les milieux universitaires allemands de son époque. Ce débat est celui de la spécificité des sciences sociales ou humaines par rapport aux sciences de la nature. Deux conceptions s'affrontent :

- Wilhelm Dilthey et d'autres historiens allemands à sa suite avancent l'idée d'une différence de nature entre les phénomènes historiques, qui relèvent des « sciences de l'esprit », et les phénomènes naturels, qui relèvent des « sciences de la nature ». Ceux-ci se répéteraient à l'identique selon un schéma déterministe, et pourraient être expliqués à l'aide de lois générales. Ceux-là seraient également déterminés, mais ne sauraient être compris sans se référer aux intentions des individus qui pensent leurs propres actions. Cette approche s'oppose radicalement à celle du penseur français Auguste Comte, qui ne souhaite faire aucune différence entre les deux types de phénomènes ;
- en Allemagne toujours, des universitaires s'opposent à l'approche de Dilthey et contestent la distinction portant sur la nature des phénomènes. On regroupe ces savants sous la bannière de néokantiens. Pour l'un d'entre eux, Wilhelm Windelband, la différence entre les sciences doit être trouvée dans la méthode employée par les scientifiques. Il oppose ainsi les sciences nomothétiques (qui recherchent des lois universelles) et les sciences idiographiques (qui s'intéressent aux phénomènes historiques particuliers). Cette classification ne recouvre que partiellement la distinction entre sciences de la nature et sciences de l'esprit. Par exemple, l'histoire est à la fois une science de l'esprit au sens de Dilthey et une science idiographique au sens de Windelband. Mais la psychologie se range du côté des sciences nomothétiques alors qu'elle forme le cœur des sciences de l'esprit pour Dilthey. Pour Windelband, les phénomènes de l'esprit n'échappent pas au règne de la causalité et peuvent faire l'objet d'explications par des lois générales.

L'approche proposée par Weber peut se comprendre comme une synthèse des oppositions théoriques qui le précèdent. Comme les néokantiens, il estime qu'il est possible d'établir des relations de causalité, même dans le cas des phénomènes historiques. Mais ces relations de causalité ne peuvent être que partielles, probabilistes et historiquement fondées. D'autre part, comme Dilthey, il ne conçoit pas l'idée de lois sans référence à la compréhension des motifs de l'action humaine. Tout être humain qui agit s'engage dans l'action pour certaines raisons : au sociologue la tâche de les comprendre afin d'expliquer la portée du geste humain. Ce qui intéresse

Weber au premier chef, ce sont les actions humaines qui ont une portée historique, dépassant le niveau des individus qui l'accomplissent pour s'ancrer dans le temps long de l'histoire.

La sociologie comme science de l'action individuelle

Max Weber définit la sociologie comme « une science qui se propose de comprendre par interprétation l'activité sociale et par là d'en expliquer causalement son déroulement et ses effets » (Weber, *Économie et société*, 1922). Le sociologue doit comprendre les motifs de l'action, puis les expliquer au moyen de relations causales. Weber précise cette définition : « Nous entendons par “activité” un comportement humain [...] quand et pour autant que l'agent ou les agents lui communiquent un sens subjectif. Et par activité “sociale”, l'activité qui, d'après son sens visé par l'agent ou les agents, se rapporte au comportement d'autrui, par rapport auquel s'oriente son déroulement. » Le motif de l'action est condensé dans le concept de « sens subjectif ». L'individu n'agit pas dans le vide, mais dispose d'une ou plusieurs raisons de le faire. Le sociologue s'intéresse aux comportements dotés de sens, mais surtout orientés, directement ou indirectement, vers autrui.

Il ne faut toutefois pas se méprendre : si le sociologue a pour tâche de « comprendre » le sens de l'action, cela ne signifie pas qu'il s'intéresse à la psychologie de l'individu. Il doit reconstruire (« interpréter ») ce sens au vu des éléments objectifs dont il dispose : le contexte, les événements historiques qui précèdent, la finalité réelle de l'action, etc. De cette perspective théorique découlent plusieurs conséquences méthodologiques concernant le métier de sociologue :

- le sociologue, comme l'historien, doit se préoccuper de la compréhension de phénomènes uniques, qui ne se répètent pas au cours de l'histoire ;
- l'individu est au cœur de la démarche intellectuelle du sociologue : « Si je suis devenu sociologue, comme l'indique mon arrêté de nomination, c'est essentiellement afin de mettre un point final à ces exercices à base de concepts collectifs dont le spectre rôde toujours. En d'autres termes, la sociologie, elle aussi, ne peut procéder que des actions d'un, de quelques, ou de nombreux individus séparés. C'est pourquoi elle se doit d'adopter des méthodes strictement individualistes » (extrait d'une lettre de M. Weber, 9 mars 1920). Cette affirmation a conduit les sociologues contemporains à voir en lui le fondateur de la démarche individualiste dans les sciences sociales ;
- la compréhension, résultat du travail du sociologue, constitue une forme d'explication causale. Le sociologue doit rechercher les causes d'une action par une démarche méthodologique de construction du sens. Par ailleurs, les individus n'ayant que très rarement des motivations claires, le sociologue ne doit pas se fier à la façon dont l'individu justifie son action et doit replacer ce comportement dans un contexte plus large ;
- toute conduite sociale dépend de l'adaptation d'un individu à son contexte, à des idées, des valeurs.

Les idéal-types de l'activité sociale

L'outil méthodologique privilégié pour reconstruire le sens des actions individuelles est l'idéal-type. Il consiste à réduire le comportement social à ses traits les plus significatifs. Cette tâche de simplification et de typification du réel constitue le cœur du travail du sociologue.

Weber applique sa méthode de l'idéal-type à la compréhension de l'activité sociale. Il distingue ainsi quatre grands types, qui recouvrent tous les motifs des comportements sociaux. L'activité sociale peut être déterminée (*in* Weber, *Économie et société*, 1922) :

- « de façon rationnelle en finalité » : c'est la rationalité au sens fort. L'action individuelle est motivée par un calcul qui met en rapport les coûts et les avantages du comportement adopté. Par ailleurs, l'individu détermine les moyens les plus efficaces de parvenir à l'objectif qu'il s'est fixé. Il s'agit du comportement typique d'un entrepreneur visant à sélectionner les moyens les plus efficaces de faire du profit ;
- « de façon rationnelle en valeur, par la croyance en la valeur intrinsèque inconditionnelle – d'ordre éthique, esthétique, religieux ou autre – d'un comportement déterminé » : l'action individuelle est fondée sur les valeurs de l'individu, qui ne tient pas compte de toutes les conséquences de son comportement. La rationalité est ici comprise au sens faible. Il s'agit du comportement typique du kamikaze japonais durant la Seconde Guerre mondiale, ou encore de l'homme politique refusant un pot-de-vin pour des raisons éthiques ;
- « de façon affectuelle, et particulièrement émotionnelle, par des passions et des sentiments actuels » : l'action est motivée par l'émotion, par l'affection, par tout ce qui relève de l'irrationnel. L'individu n'a que faiblement conscience du sens qu'il donne à son action. C'est le comportement typique de l'amoureux transi traversant le pays pour retrouver sa bien-aimée ;
- « de façon traditionnelle, par coutume invétérée » : le comportement est guidé par la tradition, par l'habitude, par une croyance de longue date. Il n'est donc pas réfléchi. C'est l'exemple du catholique faisant le signe de croix en entrant dans une église, ou encore celui d'embrasser machinalement ses enfants au sortir de l'école. Ce sont les actions les plus nombreuses, mais également les moins intéressantes pour le sociologue.

L'ensemble de ces types d'action permet, pour Weber, de comprendre la totalité des comportements réels. En tant qu'idéal-types, ils ne se rencontrent pas tels quels dans la réalité : on les trouve sous une forme avachie, qui correspond le plus souvent à une combinaison de types. Une action peut en effet être comprise comme relevant de plusieurs motifs : un coup de crampon trop appuyé d'un footballeur sur le tibia de son adversaire peut relever de l'énervement (action « affectuelle »), de la tradition si le joueur a un « historique » de fautes graves (action « traditionnelle ») ou du calcul si le joueur touché par le tacle est le meilleur buteur de l'équipe adverse (action « rationnelle en finalité »). Cette classification est un outil au service du sociologue, qui peut classer les comportements et en déterminer l'importance historique. Il s'agit bien d'une construction intellectuelle qui aide le scientifique à comprendre le monde social.

Rationalisation et désenchantement du monde

Replaçant son analyse sur le long terme, Weber estime que le processus historique qui mène aux sociétés modernes est une forme de rationalisation des conduites, que celles-ci soient d'ordre social, politique, religieux, économique, juridique, artistique… La rationalité en finalité tend à s'imposer dans tous les domaines. Ainsi la science utilise-t-elle les mathématiques et l'expérimentation, l'économie moderne la gestion et le calcul, la finance d'entreprise la comptabilité, les techniques de gestion, la rationalisation des tâches (comme l'illustre la division du travail avec l'OST). Ce processus concerne également les rapports sociaux qui deviennent des rapports formels et impersonnels : c'est l'exemple du rapport entre le capitaliste et le salarié régi par des lois universelles et écrites (contrat de travail, loi sur les conditions de travail). Il peut également toucher le domaine des arts à travers l'écriture très codifiée de la musique, par exemple.

Le processus de rationalisation des activités sociales se caractérise par un recul des valeurs traditionnelles. Les sciences et le développement des techniques mettent à mal les croyances religieuses et les mythes : c'est ce que Weber nomme le « désenchantement du monde ». Ce processus de très long terme traduit le fait que les individus n'ont plus recours de manière privilégiée, pour expliquer un phénomène qu'ils ne comprennent pas, aux explications religieuses, mystiques ou surnaturelles. Le processus de rationalisation est également facteur d'insatisfaction. D'une part, l'explication scientifique est toujours incomplète car toute découverte ouvre de nouvelles perspectives de recherche et peut réduire à néant celles qui l'ont précédée. D'autre part, la science ne peut pas donner un sens à la vie en « disant » aux hommes selon quels principes ils doivent vivre. Ce que font très bien, en revanche, les religions. Ce dernier point est paradoxal car il ramène l'analyse wébérienne au point de départ : les individus ont d'abord cherché à rationaliser leur comportement pour combler un vide, mais, paradoxalement, l'excès de science et de technique agrandit ce vide.

3 La sociologie se structure en grands courants

Prenant appui sur les travaux des fondateurs de la discipline, la sociologie va se structurer en grands courants de pensée et traditions nationales. Aux États-Unis, elle s'inspire de la philosophie pragmatique de Dewey, et place le travail de terrain au cœur de ses préoccupations. En France, la discipline s'organise dans l'après-guerre autour de grandes figures intellectuelles et d'une opposition entre individualisme méthodologique et structuralisme génétique.

A. La sociologie américaine

Plusieurs « écoles » constituent la tradition sociologique américaine. On trouve, sur la côte est, des départements de sociologie très actifs à Harvard ou à Columbia. Dans le premier cas, on produit un savoir essentiellement théorique, dans le second une analyse quantitative des faits sociaux. Plus à l'Ouest, c'est à Chicago que s'élaborent des pratiques sociologiques novatrices : les fondateurs de la première École de Chicago sont des hommes de terrain (anciens journalistes d'investigation ou travailleurs sociaux), se méfient des théorisations abusives et donnent à l'empirie une place fondamentale.

Le fonctionnalisme de Talcott Parsons

Talcott Parsons (1902-1979) est un sociologue américain, professeur à Harvard, considéré comme le fondateur du courant fonctionnaliste. D'un point de vue épistémologique, Parsons s'oppose à l'empirisme : pour lui, toute observation doit être précédée de la formulation de questions de recherche (des théories). En tant que fonctionnaliste, il considère que la société est un système dans lequel tous les éléments (individus, groupes, institutions) remplissent une fonction unique et positive : faire en sorte que le système vive et se reproduise. Pour expliquer les actions sociales, le sociologue doit comprendre leurs fonctions vis-à-vis de la structure dans laquelle elles se déploient. L'ouvrage de référence en français est *Éléments pour une sociologie de l'action* (1955).

Une sociologie de l'action sociale

Prenant l'exemple d'un malade appelant un médecin pour se faire soigner, Parsons liste les éléments nécessaires à la définition de l'action. Pour qu'il y ait action sociale, il faut la conjonction de quatre éléments :

– une situation de départ (la maladie et la nécessité de recevoir des soins) ;
– un acteur (un individu malade) ;
– une fin ou état futur des choses en vue duquel l'action est orientée (obtenir la venue du médecin et la guérison) ;
– une mise en relation entre ces trois éléments (face à une situation de maladie, j'appelle le médecin).

De cette combinaison d'éléments, Parsons déduit les caractéristiques générales d'une action sociale, qui est :

– un processus pouvant ou non être engagé ;
– un processus pouvant réussir ou échouer ;
– toujours subjective : l'individu agit dans un but précis que lui-même définit.

L'action se construit dans une situation toujours particulière : l'individu agit en fonction de l'interprétation qu'il conçoit des événements. Or, toute situation sociale implique la rencontre d'autres acteurs sociaux. Le sociologue doit également envisager le point de vue de l'ensemble des personnes qui participent à la situation. Toutes ont des attentes vis-à-vis du premier acteur, attentes qui dépendent de leur propre interprétation de la situation. Ainsi, le malade attend que le médecin se comporte en professionnel de la médecine vis-à-vis de lui, et le médecin attend que le patient se comporte en malade vis-à-vis de lui. L'action sociale a donc une fonction : elle est utile socialement. En outre, elle s'inscrit dans un contexte normatif : pour que les individus puissent se comprendre, ils doivent se référer aux mêmes « codes » sociaux, aux mêmes normes. Pour que l'action sociale puisse avoir lieu, il faut que les normes d'action soient connues et acceptées par les individus en présence. L'action sociale est donc « toute conduite humaine motivée ou guidée par les significations que l'acteur découvre dans une situation, significations dont il tient compte, auxquelles il répond et dont l'orientation est structurée par des normes ou des modèles collectifs » (*Éléments pour une sociologie de l'action*, 1955).

L'interaction sociale du malade et du médecin : la structure des rôles sociaux

La pratique médicale est étudiée avec intérêt par Parsons dans la mesure où elle contribue à maintenir l'organisation sociale. Dans ce système, la maladie risque de remettre en cause les bases de l'activité sociale : c'est une conduite déviante. L'action du médecin et celle du malade constituent des processus de contrôle social qui permettent d'éliminer cette déviance. La situation du malade est définie par trois caractéristiques :

– le malade est en situation d'impuissance ;
– il est incompétent d'un point de vue médical ;
– la maladie le bouleverse, engendrant une forte implication émotionnelle.

La situation du médecin est plus complexe : il utilise ses compétences médicales pour obtenir la guérison du malade. Il est attendu qu'il fasse de son mieux, mais son action rencontre deux types de limites :
– le diagnostic peut faire apparaître que le malade est condamné. Aucun traitement médical, aucune des compétences du médecin ne peuvent le sauver ;
– le médecin doit s'occuper du malade dans des situations qui touchent à l'intimité physique et émotionnelle.

La pratique médicale ne peut donc se développer que dans un contexte extrêmement particulier, contexte qui doit permettre au malade et au médecin de surmonter les tensions auxquelles ils se trouvent confrontés. Comment la pratique de la médecine est-elle dès lors possible ? Par l'existence d'une structure normative de l'action, qui se traduit par des modèles de comportement à adopter et connus de tous : ce sont les rôles sociaux. On est dans la vie sociale comme au théâtre : les individus adoptent des comportements réglés à l'avance en fonction de la situation dans laquelle ils se trouvent. Un rôle social est un ensemble de comportements qu'un individu attend de la part d'un autre individu, compte tenu de la position qu'il occupe dans la société (son statut social). Ainsi conçue, la société n'est qu'un réseau de rôles sociaux organisés en un ordre spécifique cohérent et rationnel à travers des institutions. Chaque individu est constitué par la somme des rôles qu'il joue ou qu'il est amené à jouer en fonction des interactions dans lesquelles il se trouve impliqué. Deux questions se posent alors :
– Quelle est la relation de la personne à ses rôles ? (Comment les apprend-elle ? Peut-elle s'en écarter ?)
– Comment coordonner des rôles sociaux multiples ?

Ces questions renvoient au problème de la socialisation et à l'analyse des rapports entre personnalité, culture et société.

≫ Culture, personnalité, société

Toute action sociale peut être interprétée en fonction de trois niveaux analytiques, constituant des sous-systèmes de l'action :
– la personnalité, qui recouvre les dispositions psychologiques et biologiques de la personne (besoins organiques et émotionnels) ;
– le système social, qui désigne l'interdépendance des individus (*via* les rôles sociaux) ;
– la culture, qui désigne les valeurs et les normes dans lesquelles se déploient les interactions.

Ces niveaux sont liés entre eux. Quand ils ne le sont pas, des tensions peuvent apparaître. La différence entre culture, personnalité et système social permet au sociologue de comprendre la relation entre l'individu et la société. Pour Parsons, le problème est de comprendre comment les besoins et dispositions personnels peuvent compléter les obligations de rôle qui forment le système social. Le rôle ne vient donc ni de la culture seule, ni de l'individu seul : c'est une interaction entre les deux. Or il existe une correspondance entre les rôles offerts par le système social et les processus de socialisation qui font entrer l'individu dans la société. L'apprentissage des rôles et la formation de la personnalité adulte vont de pair. Le processus de socialisation est donc un processus essentiel de stabilité et d'équilibre au sein de la société. Un dernier problème se pose : comment les différents rôles peuvent-ils être coordonnés les uns avec les autres ? Il faut pour cela que les individus puissent se référer à une seule et même culture. Pour Parsons, une société fonctionne parfaitement si les idéaux des rôles sociaux correspondent aux valeurs de la culture ainsi qu'aux dispositions de la personnalité.

Chaque sous-système de l'action remplit une fonction particulière, ou « impératif fonctionnel », qui contribue à la stabilité de l'ensemble du système d'action sociale. Parsons résume cette conception à l'aide d'un schéma connu sous l'acronyme AGIL :

- A : *Adaptation*, l'adéquation entre le système et son environnement (c'est la fonction de l'économie) ;
- G : *Goal Attainment*, ou réalisation des buts, recouvrant le choix des moyens pour obtenir le but visé par le système (c'est la fonction de l'organisation politique) ;
- I : *Integration*, ou intégration des différentes parties du système en vue de le stabiliser (c'est la fonction de la justice) ;
- L : *Latent pattern maintenance*, ou maintien des modèles latents de contrôle ; cette fonction regroupe la production de valeurs par le système qui seront apprises au cours du processus de socialisation (c'est la fonction de la famille ou de l'école, par exemple).

Ainsi l'action sociale suppose-t-elle l'existence d'un acteur et d'une situation. Cette action se place toujours dans le cadre d'une interaction : l'action sociale présente le caractère d'un système. Parsons emploie le terme de système d'action sociale. Pour que l'interaction soit organisée, il faut qu'elle remplisse un certain nombre de fonctions, mais il faut aussi qu'elle se place dans une certaine configuration normative définie par des variables particulières, qui combinent les dispositions personnelles, la culture et la structure sociale. Cette dernière détermine les orientations d'un acteur, fixe un cadre à ses préférences, mais ne met pas en cause son individualité.

Le structuro-fonctionnalisme de Robert Merton

Robert King Merton (1910-2003) est un sociologue américain appartenant au courant fonctionnaliste, analysant la société comme un système d'institutions répondant à des besoins. L'ouvrage de référence en français est *Éléments de théorie et de méthode sociologiques* (1953), regroupement d'articles parus entre 1936 et 1950.

≫ Un fonctionnalisme de moyenne portée

Contrairement à la théorisation à outrance prônée par Parsons, Merton souligne que la sociologie doit se restreindre à un ensemble de « conceptions logiquement reliées entre elles, et d'une portée non pas universelle mais volontairement limitée » (Merton, *Éléments de théorie et de méthode sociologiques*, 1953). Ces théories à moyenne portée sont des « théories intermédiaires entre les hypothèses mineures qui jaillissent […] dans le travail quotidien de la recherche, et les larges spéculations qui partent d'un maître schéma conceptuel […] ». Merton a ainsi recours au paradigme fonctionnaliste en l'« aménageant ». Il considère que chaque individu occupe au sein de la société une position sociale (statut), à laquelle est adossé un certain nombre de comportements (rôles sociaux). Chaque individu, chaque institution contribue à pérenniser la structure en y exerçant une ou plusieurs fonctions. Le travail du sociologue consiste à faire apparaître puis à expliquer ces fonctions. Toutefois, le système social ne fonctionne pas toujours parfaitement. Chaque élément de la structure sociale pris séparément peut être dysfonctionnel ou a-fonctionnel : il n'a pas toujours une fonction unique et positive comme le pensait Parsons. Merton avance également l'idée d'une différence au sein de la société : un groupe social peut tirer avantage d'un élément du système (il est en ce cas fonctionnel pour ce groupe) tandis qu'un autre groupe social peut en pâtir (il est dysfonctionnel pour ce groupe). La structure sociale est soumise à des tensions, qui amènent à remettre en cause sa stabilité. Le changement social, qui naît de ces tensions, touche l'ensemble de la structure dont les éléments sont interdépendants (c'est la « servitude structurelle »).

≫ Fonctions manifestes et fonctions latentes

Pour Merton, chaque élément de la structure sociale peut remplir deux types de fonctions :

- les fonctions manifestes sont « les conséquences objectives qui contribuent à l'ajustement ou à l'adaptation du système [...] comprises et voulues par les participants du système » ;
- les fonctions latentes sont « celles qui ne sont ni comprises, ni voulues ».

Le sociologue doit veiller à bien distinguer les deux types de fonctions. Lorsqu'il observe un comportement social et cherche à en déterminer la fonction, il ne doit pas confondre les conséquences sociales observables et les intentions subjectives des individus. Merton donne l'exemple des danses de la pluie pratiquées par les Hopis, peuplade d'Amérique du Nord apparentée aux Apaches. La fonction manifeste de ce rituel est de faire pleuvoir : elle est connue et voulue par tous les participants à la cérémonie. L'observateur qui assimile ces pratiques à une superstition ne fait pas un travail scientifique. Pour déterminer la fonction latente du rituel, il faut en examiner les conséquences non voulues explicitement par les participants. Dans le cas des Hopis, la fonction latente du rituel est de rassembler en un même lieu les membres de la tribu qui vivent disséminés afin de renforcer la cohésion du groupe. « Grâce à l'application systématique du concept de fonction latente, un comportement irrationnel peut [...] apparaître comme ayant une fonction positive pour le groupe. »

≫ Groupe d'appartenance et de référence

Pour Merton, tout individu appartient à au moins un groupe social, dont il partage les valeurs et les normes transmises au cours du processus de socialisation. Toutefois, il peut se produire qu'un individu souhaite ne pas se référer aux valeurs et normes de son groupe d'appartenance mais à celles d'un autre groupe auquel il désire appartenir : on parle alors de groupe de référence. Ce comportement n'est pas forcément synonyme d'un dysfonctionnement du processus de socialisation. Un individu peut, très rationnellement, vouloir s'élever dans la hiérarchie sociale en calquant son comportement sur celui des membres du groupe supérieur. Cette socialisation anticipatrice prépare l'entrée de l'individu dans son futur groupe d'appartenance. Il arrive toutefois que ses aspirations soient déçues, l'inadéquation entre le comportement adopté et la réalité de la situation de l'individu entraînant une « frustration relative ».

Lorsque cette frustration est collective, elle peut engendrer des révoltes ou, dans le cas le plus extrême, des révolutions. Merton utilise l'exemple développé par le psychologue Samuel

Stouffer dans un ouvrage sur les soldats américains engagés dans la Seconde Guerre mondiale, intitulé *The American Soldier* (1949). Des entretiens qu'il mène avec les soldats, Stouffer dégage un résultat paradoxal : les soldats de l'armée de l'air sont déçus de ne pas faire carrière aussi vite qu'ils l'auraient souhaité. Les soldats de l'armée de terre en revanche, se disent plutôt satisfaits de leur progression de carrière. Et pourtant, c'est dans l'armée de l'air qu'on gravit le plus vite les échelons. C'est le décalage entre aspirations individuelles et position sociale effective, ou « frustration relative », qui explique le mécontentement des soldats de l'armée de l'air et la satisfaction des soldats de l'armée de terre.

≫ La prédiction créatrice

Merton emprunte au sociologue américain W. I. Thomas (*The Child in America*, 1928) le théorème suivant : « Quand les hommes considèrent certaines situations comme réelles, elles sont réelles dans leurs conséquences. » Il en ressort que :

- les hommes réagissent non seulement aux caractères objectifs d'une situation, mais aussi au sens qu'ils donnent à cette situation ;
- la définition de la situation par les individus détermine leurs comportements et les conséquences qui résultent de ces comportements.

Resté à la postérité comme une des seules « lois » que la sociologie ait produites, le théorème de Thomas s'interprète à l'échelle d'une société comme une prédiction créatrice. Merton illustre ce principe par l'exemple de la Last National Bank. En 1932, cette institution est florissante. Un mercredi, le directeur de la banque constate avec étonnement que son établissement est particulièrement animé. Fait encore plus étrange, il remarque deux douzaines d'ouvriers de l'aciérie de la ville faisant la queue à la caisse pour récupérer leurs salaires. N'étant d'ordinaire payés que le samedi, la présence des ouvriers inspire au directeur une remarque faite à voix haute : « J'espère qu'on ne les a pas débauchés au milieu de la semaine. Ils devraient être à l'atelier en ce moment. » Simple phrase sans importance au départ, elle provoque parmi les habitants de la ville une vague de doute sur la santé financière de la banque. C'est le début du « mercredi noir » pour la Last National Bank : malgré les liquidités dont elle dispose effectivement, la rumeur d'insolvabilité, une fois acceptée par un assez grand nombre de déposants, mène à sa faillite. « Prophétiser son effondrement suffisait à le provoquer [...]. La prédiction créatrice débute par une définition fausse de la situation, provoquant un comportement nouveau qui rend vraie la conception, fausse à l'origine » (Merton, *Éléments de théorie et de méthode sociologiques*, 1953). Ainsi les croyances collectives, vraies ou fausses, engendrent-elles leurs propres réalisations, bien réelles.

L'interactionnisme symbolique

≫ Tradition sociologique à l'université de Chicago et naissance de l'interactionnisme

Dès le début du XXe siècle, l'université de Chicago constitue un centre de recherche en sociologie très dynamique. Les fondateurs de cette première École de Chicago, Robert E. Park (1864-1944) et Ernest W. Burgess (1886-1966), goûtent peu l'abstraction théorique. Leur objet de recherche privilégié est la ville, et ce sont surtout les aspects conflictuels et la désorganisation sociale qui les intéressent : les thèmes traités sont l'organisation spatiale des villes, l'existence de

« ghettos », la délinquance, les relations ethniques, le phénomène des gangs, l'intégration des migrants, etc. Ces chercheurs se distinguent également par l'application de méthodes d'observation très rigoureuses : ils privilégient les enquêtes longues, l'observation participante, les monographies.

C'est dans cette tradition de recherche empirique que se développe toute une génération de chercheurs, que l'on regroupe sous l'appellation de deuxième École de Chicago. Howard S. Becker (né en 1928) et Erving Goffman (1922-1982) en sont les représentants les plus connus en France. Appliquant les principes de l'enquête de terrain, utilisant de manière privilégiée l'observation participante, ces sociologues vont également focaliser leurs recherches sur les interactions entre les individus au sein d'un groupe social. Pour eux, les interactions ne sont pas totalement dictées aux individus par les règles sociales. Elles sont construites par les individus en fonction de leur interprétation de la situation et du cadre social dans lequel ils se trouvent. L'important, c'est la représentation que se font les individus de leur situation et de leur rencontre avec autrui : c'est donc la dimension symbolique des interactions qui doit constituer l'objet de la sociologie.

≫ Howard Becker et la carrière déviante

Becker (né en 1928) adopte une approche méthodologique qualitative : ses enquêtes sur les musiciens de jazz, les institutrices américaines et les fumeurs de marijuana sont basées sur la pratique de l'observation participante et des entretiens approfondis. Les trois principes de l'approche qu'il propose sont les suivants :

- l'observation de la réalité sociale se fait au niveau microsociologique, celui des individus. On change ici complètement d'échelle d'analyse par rapport à ce que préconisait Durkheim un demi-siècle plus tôt ;
- les individus sont pris dans des interactions : leur vie sociale est organisée en fonction des actions et de la perception d'autrui ;
- la manière dont les gens interagissent dépend de la nature et du déroulement des interactions.

Pour Becker, la déviance ne saurait se résumer au défaut d'obéissance aux normes du groupe. D'abord, car un individu appartient à plusieurs groupes sociaux, et peut très bien transgresser la norme d'un groupe et se conformer à celle d'un autre groupe. Ensuite, parce qu'elle est la conséquence d'une interaction : « Les groupes sociaux créent la déviance en instituant des normes dont la transgression constitue la déviance, en appliquant ces normes à certains individus et en les étiquetant comme des déviants » (*Outsiders*, 1963). Il s'agit donc de bien distinguer déviance et transgression des normes. Un individu peut être pleinement déviant, c'est-à-dire transgresser la norme, et être stigmatisé par les autres pour cela. Mais il peut aussi transgresser la norme sans être reconnu comme tel par les autres membres de la société (il est « secrètement » déviant), ou encore désigné comme déviant alors qu'il ne l'est pas (il est « faussement » déviant). Pour qu'il y ait déviance, il suffit donc que l'individu soit reconnu et désigné « officiellement » comme déviant par le reste de la société : nulle nécessité d'avoir transgressé une norme.

Ce processus de désignation, que Becker nomme étiquetage, est complexe : il dépend des circonstances historiques, de la différence de statut ou de classe sociale entre celui qui désigne et celui qui transgresse, et des conséquences de l'acte déviant. L'étiquetage dépend de l'interprétation qui est donnée d'un acte : celle-ci n'est donc pas fixée une fois pour toutes et peut varier dans le temps. Certaines personnes sont spécialisées dans la création de normes et la formulation de jugements de déviance : ce sont les « entrepreneurs de morale ».

Becker ne s'arrête pas à une analyse synchronique de la déviance comme stigmatisation d'une personne commettant une transgression. Pour lui, la déviance constitue un processus, une construction au cours du temps. On apprend à être et à être désigné comme déviant. Il parle à ce propos de carrière déviante, qui se construit en plusieurs étapes :

- la première étape est l'apprentissage de la transgression de la norme, processus au cours duquel l'individu passe de l'expérience occasionnelle à la répétition de l'acte déviant. Avant de se livrer à une activité déviante, la personne n'a qu'une idée vague des plaisirs qu'elle peut en retirer : les interactions avec des déviants plus expérimentés lui apprennent à en prendre conscience et à les considérer comme agréables. Becker illustre l'importance de cet apprentissage avec le cas des fumeurs de marijuana ;
- la deuxième étape est la désignation publique. L'individu acquiert un nouveau statut social, son identité change, le regard d'autrui sur lui également. Une fois le statut acquis, l'identité déviante est perçue comme ce qui le définit entièrement. Toutes les autres caractéristiques de sa personnalité sont analysées au regard de sa déviance. On dit que l'individu est étiqueté déviant ;
- la dernière étape est l'adhésion à un groupe déviant, ce qui entraîne deux types de conséquences. Premièrement, les groupes déviants élaborent des rationalisations dans le but de légitimer l'identité déviante, ce qui permet de penser positivement sa différence et de mettre en accord ses propres valeurs et l'image de soi que l'on a. Deuxièmement, l'appartenance à un groupe déviant facilite les pratiques déviantes, car la sous-culture déviante transmet au nouvel arrivant un ensemble déjà construit de valeurs et de normes en accord avec la pratique déviante.

≫ Erving Goffman et les rites d'interaction

L'analyse d'Erving Goffman (1922-1982) occupe une place à part dans le courant de pensée interactionniste. Pour lui, la vie quotidienne ressemble à un immense théâtre dans lequel les individus se mettent perpétuellement en scène. Dans un ouvrage de 1959 intitulé *La Mise en scène de la vie quotidienne*, Goffman prête une attention toute particulière aux interactions directes entre les individus. Ces interactions peuvent apparaître, au premier abord, relativement libres. Or c'est précisément l'inverse qui se joue pour Goffman : l'interaction est « cadrée », normée, et doit respecter des limites strictes. Même pour les échanges les plus élémentaires, la vie sociale puise dans un répertoire fini de pratiques qui permettent de mettre à distance ou, au contraire, de se rapprocher (dans des limites raisonnables) de l'individu avec lequel on interagit. Il suffit de penser à une rame de métro bondée, et aux multiples « codes » dont nous disposons pour éviter de croiser le regard des personnes à qui nous sommes collés : fixer un point fixe imaginaire sur une porte, regarder fixement ses chaussures, ne pas bouger, ne pas toucher, etc.

Goffman prolonge la métaphore théâtrale. L'individu se met en scène dans ses interactions quotidiennes, mais doit également répondre à un impératif de l'interaction : ne pas « perdre la face » (E. Goffman, *Les Rites d'interaction*, 1967). Goffman fait une distinction entre le moi (la personnalité de l'individu) et la face (l'image qu'il souhaite renvoyer à autrui). L'enjeu de l'interaction est de « garder la face », de correspondre à l'image sociale positive attendue. Garder la face, c'est jouer parfaitement un ou plusieurs rôles sociaux. C'est permettre qu'entre le moment où deux personnes entrent dans une interaction puis en sortent, aucun des deux participants ne se soit ridiculisé socialement. Il faut donc que chaque individu maîtrise parfaitement les règles sociales qui s'incarnent dans l'interaction. C'est en ce sens que l'on peut dire que Goffman constitue le plus durkheimien des interactionnistes. Plusieurs règles permettent à l'individu de tenir son rang et son rôle :

- la règle de l'amour-propre implique que l'individu préserve son image tout au long de l'interaction ;
- la règle de la déférence implique que l'individu fasse tout son possible pour préserver également la « face » de son interlocuteur ;
- la règle de félicité cherche à s'assurer de la compréhension par son interlocuteur du rôle préétabli que l'on incarne ;
- la règle de la figuration s'assure que le comportement adopté (verbal et non verbal) corresponde au rôle que l'on joue.

Il existe donc des rites d'interaction très précis qui empêchent l'interaction de basculer dans l'incontrôlable. L'interaction peut être mise en péril dès lors que l'un des deux interlocuteurs ne peut plus tenir son rôle convenablement. C'est le cas par exemple de l'étudiant fondant en larmes devant un jury de concours. Ce dernier dispose de multiples stratégies (les « échanges réparateurs » au sens de Goffman) pour lui permettre de réintégrer l'interaction convenablement : par exemple laisser le candidat se calmer. Si le comportement déviant de l'étudiant perdure, l'interaction est définitivement rompue. Dans l'analyse de Goffman, l'interaction est donc ce lieu où se joue la société : le système social tout entier dépend de la bonne tenue des interactions quotidiennes. Dès lors que l'individu montre de façon durable des difficultés à respecter ces règles sociales, il est mis à l'écart dans des institutions spécialisées pour « préserver » le reste de la société. Ces institutions, qualifiées par Goffman de totalitaires (*Asiles*, 1961), gèrent la vie de l'individu en lui imposant une normativité construite différemment des échanges extérieurs, dans le monde.

B. La sociologie française

À la mort de son fondateur É. Durkheim en 1917, l'école de pensée qu'il a fondée structure la sociologie en France. Pourtant, ce courant va connaître un coup d'arrêt durant l'entre-deux-guerres. Il faut attendre les années 1960 pour voir la discipline se reconstruire autour de grandes figures qui émergent : Henri Mendras, Pierre Bourdieu, Jean-Claude Passeron, Raymond Boudon, Alain Touraine vont, chacun à leur façon, contribuer à redonner toute sa vigueur à la sociologie française.

L’opposition structurante de la sociologie française : structuralisme génétique contre individualisme méthodologique

La sociologie française de l’après-guerre se construit dans l’opposition de deux grandes pensées : le structuralisme génétique de Pierre Bourdieu (1930-2002) et l’individualisme méthodologique de Raymond Boudon (1934-2013). Ils sont les chefs de file éclairés de courants radicalement différents et le plus souvent opposés. Le débat qui les oppose est intellectuel tout autant que médiatique, s’entrelaçant avec des événements politiques (mai 1968) et aboutissant à une reconstruction du champ universitaire de la sociologie en France.

≫ Le structuralisme génétique de Pierre Bourdieu

Né dans le Béarn, d’extraction modeste, Pierre Bourdieu connaît une trajectoire scolaire et universitaire hors norme : classes préparatoires au lycée Louis-le-Grand, École normale supérieure de la rue d’Ulm, agrégation de philosophie, puis début de thèse en philosophie sous la direction de Georges Canguilhem. Il délaisse pourtant le « champ dominant » des sciences sociales françaises au profit de l’ethnologie et d’un travail de terrain en Algérie, où il est envoyé en tant que conscrit. Assistant à la faculté de lettres d’Alger, il y publie ses premiers travaux avec un intérêt particulier pour la Kabylie. Regagnant la métropole en 1960, il devient l’assistant de Raymond Aron à l’université de Paris puis maître de conférences à l’université de Lille. Il rejoint Paris et l’École pratique des hautes études (EPHE) en 1964, et acquiert une renommée nationale avec la publication, en collaboration avec Jean-Claude Passeron, des *Héritiers*. Il commence une série de travaux sur les pratiques culturelles qui aboutiront à la parution de son ouvrage le plus célèbre, *La Distinction*, en 1979. Cette œuvre fleuve lui ouvre les portes de la reconnaissance internationale. Il devient professeur au Collège de France en 1981. Parallèlement à son activité universitaire, il s’engage politiquement à gauche, soutenant activement les grévistes de 1995. Il consacre les dernières années de sa vie à la rédaction d’une *Esquisse pour une autoanalyse*, publiée l’année de sa mort, en 2002.

L’œuvre de Bourdieu se situe à la croisée de plusieurs chemins théoriques : ceux de Karl Marx, Émile Durkheim et Max Weber. Le recours à des techniques statistiques poussées (comme l’analyse factorielle des correspondances) et un travail de terrain hérité de sa pratique anthropologique rendent sa production complète et complexe. Bourdieu définit volontiers « sa » sociologie comme une sociologie du dévoilement : l’objectif de la science doit être de mettre au jour les mécanismes cachés permettant une reproduction des structures sociales. De Marx, il hérite une conception de l’espace social comme lieu de conflits sociaux. Au sein des multiples champs qui découpent la réalité sociale en « espaces de jeu », il existe des dominants, des dominés, et un enjeu : obtenir et conserver la place de dominant dans le champ. De Durkheim, il conserve l’idée de l’importance des structures sociales et de leur reproduction. L’individu n’est pas libre, son « choix » est guidé par l’existence de normes qui s’imposent à lui de l’extérieur et le contraignent. De Weber, il reprend la perspective d’un individu prisonnier de la « cage d’acier de la rationalité », pouvant adapter son comportement à ce qu’il juge être la solution la plus conforme à la reproduction de son statut.

La sociologie de Bourdieu se caractérise par l’articulation des niveaux individuel et collectif dans l’explication des faits sociaux. Au niveau individuel, chaque agent acquiert au cours de la socialisation primaire un ensemble de dispositions « durables et transposables » (dans *Le Sens pratique*, 1980). Bourdieu nomme ce système de dispositions un *habitus*, qu'il définit comme « structure structurée prédisposée à fonctionner comme structure structurante ». Ainsi, à l'âge adulte, l'*habitus* produit les goûts, les représentations et les pratiques constitutives de « styles de vie ». Les styles de vie sont socialement ordonnés, se calquant sur les hiérarchies existant entre les groupes sociaux en termes d'inégalités économiques et culturelles. Les différences ne sont pas « absolues » mais « relatives » : chaque style de vie ne peut se comprendre que par rapport aux autres styles de vie, auxquels il s'oppose nécessairement. Cet espace de lutte entre des individus ou des groupes sociaux, Bourdieu l'appelle un « champ ». Il y a autant de champs que de domaines de lutte symbolique (champ de la haute couture, champ de la musique classique, etc.). L'analyse d'un champ permet de déterminer quels individus, groupes ou institutions sont dominants et dominés. Il existe une hiérarchie propre à chaque champ : on peut être dominant dans un champ, et dominé dans un autre. À l'échelle de la société, la vie sociale n'est plus simplement conçue comme une opposition simpliste entre des classes sociales. Dans la lutte pour le contrôle d'un champ donné, les individus ou les groupes ne mettent plus seulement en jeu leur capital économique, mais un ensemble de capitaux (économique, culturel, social).

≫ L'individualisme méthodologique de Raymond Boudon

Raymond Boudon (1934-2013) est un ancien élève de l'École normale supérieure de la rue d'Ulm, agrégé de philosophie, professeur de sociologie à l'université Paris-IV (Sorbonne). Son parcours universitaire est jalonné de plusieurs rencontres majeures : étudiant, il suit les cours de Paul Lazarsfeld aux États-Unis et en conçoit l'importance d'une approche quantitative en sociologie. De retour en France, il côtoie Raymond Aron et s'oppose aux théories structuralistes alors en vogue. Professeur en Sorbonne, il devient le chef de file d'un courant de pensée nommé l'individualisme méthodologique. Indissociable de sa pratique professorale, son œuvre couvre de multiples champs de la discipline : éducation, action sociale, rationalité et justification, histoire de la pensée sociologique. Il porte également un grand intérêt aux questions épistémologiques et à la défense de la sociologie comme science à part entière.

S'inquiétant des dérives des structuralismes dans les années 1960, nourri des principes wébériens et de la culture sociologique américaine, Raymond Boudon développe un attrait particulier pour l'explication individualiste des faits sociaux. Dans *La Logique du social* (1979), il refuse l'idée selon laquelle toute action individuelle résulterait exclusivement de la contrainte de l'individu par des normes, par une structure. Le sociologue doit se concentrer sur l'explication des actions des individus qui doivent être replacées dans leur contexte. S'appuyant sur la distinction de Vilfredo Pareto entre science des actions logiques (économie) et science des actions non logiques (sociologie), Boudon souligne l'importance, pour l'analyse sociologique, des « actions de type complexe », c'est-à-dire « des actions qui donnent à l'observateur l'impression soit que l'acteur s'appuie sur des principes absurdes [...], soit qu'il poursuit des fins qu'il ne désire pas » (dans *La Logique du social*, 1979). En ce sens, la rationalité individuelle ne peut être définie *in abstracto* en dehors du contexte dans lequel l'action se déploie. Ce contexte ne peut se résumer à une structure, mais consiste plutôt en un système d'interactions dans lequel l'acteur social est pris. Sans proposer de définition formelle de la sociologie, Boudon tente de résumer les « intentions diffuses de nombreux sociologues » en trois propositions :

- proposition 1 : « Les phénomènes auxquels le sociologue s'intéresse sont conçus comme explicables par la structure du système d'interaction à l'intérieur duquel ces phénomènes émergent » ;
- proposition 2 : l'agent social individuel est « l'atome logique de l'analyse sociologique » ;
- proposition 3 : « La sociologie doit, dans de nombreux cas, utiliser des schémas d'analyse de l'action individuelle plus complexes que ceux qu'utilisent par exemple les économistes. »

Point d'intérêt central de la sociologie de Raymond Boudon, l'analyse des croyances va donner lieu à la construction d'un modèle complet des justifications de l'action. Si les croyances intéressent Boudon, c'est avant tout car elles sont la source des actions. Associant les notions de raison et de causes, il distingue ainsi les raisons « objectivement bonnes » et les raisons « subjectivement bonnes » (dans *L'Art de se persuader des idées douteuses, fragiles ou fausses*, 1990). Dans le premier cas, la définition des raisons par l'acteur répond à des propositions « vraies », c'est-à-dire logiquement correctes et empiriquement validées (par exemple, si je lâche un vélo dépourvu de béquille, il tombe). Dans le second, la définition des raisons par l'acteur répond à des propositions socialement validées mais empiriquement fausses, reposant sur de fausses relations de causalité (par exemple, si je danse selon le rituel magique prévu à cet effet, il se mettra à pleuvoir). Les raisons « subjectivement » bonnes sont un objet d'étude très important pour le sociologue car elles permettent de comprendre pourquoi certains individus croient en des idées que la science révèle « fausses ». Les individus ont ainsi de « bonnes raisons » de croire en certains rituels magiques ou religieux : le sociologue a pour tâche de retrouver ces raisons.

Si les individus sont objectivement ou subjectivement conscients des raisons de leur action, ils ne peuvent déterminer l'effet de l'agrégation de leurs comportements. Pour pouvoir expliquer cet effet, le sociologue doit s'attacher à comprendre le type de système d'interaction dans lequel l'acteur est pris. Boudon en distingue deux : le système fonctionnel et le système d'interdépendance. Le premier est caractérisé par la référence à la notion de rôle social, un ensemble de comportements attendus de l'acteur compte tenu de sa position dans la société. Le second concerne les systèmes d'interaction où « les actions individuelles peuvent être analysées sans référence à la catégorie de rôle » (dans *La Logique du social*, 1979). Le système d'interdépendance joue un grand rôle dans l'analyse sociologique car il est « générateur d'effets émergents », c'est-à-dire d'effets non inclus dans les objectifs des acteurs. Boudon distingue les effets de « neutralisation » (par exemple, la stabilité des opinions publiques malgré l'instabilité des opinions individuelles) et de « divergence » (par exemple, la massification scolaire a eu pour conséquence l'augmentation du coût du statut social en termes d'investissement éducatif) des effets de « dégradation » et de « ségrégation » (exemple des chemins de fer nigérians dont la qualité se dégrade du fait de la concurrence des transports routiers et du départ de la partie la plus dynamique et exigeante de la clientèle), ou encore de « frustration » (plus chacun investit dans son capital scolaire pour en retirer de grands profits, et plus les chances de voir cet investissement rémunéré baisse) ou « d'amplification » (exemple de la ségrégation résidentielle, non liée à stratégie consciente).

Les autres courants de la sociologie française d'après-guerre

Hors du débat structurant de la sociologie française opposant les structuralistes aux individualistes, des sociologues français vont développer des théories originales qu'il est difficile de classer comme appartenant à l'un des deux « camps ». Ces théories sont l'œuvre de nombreux penseurs, dont deux font l'objet d'une présentation dans cette partie : Alain Touraine et Bernard Lahire.

≫ La sociologie d'Alain Touraine : l'étude des mouvements sociaux

Une des grandes figures de la sociologie française des années 1970, Alain Touraine est entré dans la sociologie par le « terrain ». Avant même l'achèvement d'études universitaires faisant de lui l'héritier de la tradition intellectuelle française (École normale supérieure de la rue d'Ulm, agrégation d'histoire, doctorat de sociologie), il s'engage comme mineur à Valenciennes. Il conçoit de cette expérience l'importance du mouvement ouvrier dans les espaces économique et politique français. Sa sociologie se déploie autour d'un thème, les mouvements sociaux, et d'une ambition épistémologique, la sociologie de l'action.

Alain Touraine s'inscrit dans la tradition marxiste : la société est le lieu d'une opposition entre de grands acteurs collectifs regroupés en classes sociales. Le conflit entre les classes est au centre de l'organisation de la société : il est le moteur du changement social. Dans l'analyse qu'il propose de l'organisation sociale, Touraine met en avant le concept d'historicité. Cette notion recouvre « l'ensemble des formes de travail de la société sur elle-même », c'est-à-dire le champ de la lutte des classes : elle peut concerner des domaines aussi divers que la répartition des richesses produites, les modèles culturels, la représentation du monde, etc. Un mouvement social se définit dès lors comme l'action collective des acteurs de classe, qui luttent pour le contrôle de l'historicité. Tout mouvement social se caractérise par trois principes :

- le principe d'identité répond à la question « Qui sommes-nous ? » : c'est la définition du mouvement social par lui-même, la prise de conscience collective du mouvement par ses acteurs. L'identité se construit par le conflit et avec le conflit : elle ne précède pas le mouvement social ;
- le principe d'opposition répond à la question « Qui est notre adversaire ? », c'est-à-dire celui qui s'oppose aux principes et valeurs défendus par le mouvement social. La conception de l'adversaire par un groupe social évolue avec le conflit car ce dernier en permet une identification plus précise ;
- le principe de totalité renvoie au concept clé de Touraine, l'historicité, car il répond à la question « Pourquoi nous battons-nous ? », c'est-à-dire l'enjeu du conflit. Dès lors que cet enjeu contribue à définir l'orientation générale d'une société, on peut parler de mouvement social : c'est le cas par exemple du mouvement ouvrier dans les années 1960, par rapport auquel toutes les autres dimensions de la société, économique, sociale et politique, s'agencent.

À chaque type de société correspond un grand mouvement social. La société industrielle est caractérisée par les luttes du mouvement ouvrier, la société postindustrielle par les nouveaux mouvements sociaux. La disparition progressive de la conscience de classe dans la société industrielle laisse vacante la place d'acteur central dans la production de la société. Les nouvelles luttes n'ont pas encore pris l'envergure du mouvement ouvrier. Les sociétés « programmées », ou postindustrielles, sont caractérisées par l'absence d'un sujet historique identifié et par le déplacement du conflit vers le hors travail.

Afin d'analyser les mouvements sociaux, Touraine se dote d'outils conceptuels et méthodologiques qui soulignent l'importance d'une sociologie engagée. Les nouvelles luttes se révèlent au sociologue mais également à elles-mêmes grâce à l'intervention sociologique. Cette méthode suppose la confrontation entre des sociologues et le groupe de militants afin de faire leur autoanalyse. Les premiers doivent gagner la confiance du mouvement, puis les faire se confronter aux alliés et aux adversaires du mouvement social. Les débats qui s'ensuivent doivent permettre, sous la direction du sociologue, d'accroître la « capacité d'action historique » du mouvement social par l'autoanalyse. L'actionnalisme constitue en ce sens une sociologie « engagée » au service des mouvements sociaux. Le sociologue ne peut se dégager de la société qu'il étudie.

≫ La sociologie de Bernard Lahire

Dans les années 1980 et 1990, la sociologie française voit le *retour de l'acteur* se confirmer. De nombreux travaux portant sur la détermination individuelle des trajectoires collectives se font jour, au premier rang desquels se trouvent ceux de Bernard Lahire. La pensée sociologique qu'il construit s'inscrit dans une perspective critique par rapport à la sociologie de Bourdieu, faisant entrer l'individu dans l'ère de l'identité plurielle.

Lahire part du principe qu'il est impossible d'expliquer avec les mêmes concepts sociologiques les pratiques d'un individu et d'un groupe social. Il ajoute que la compréhension des comportements individuels implique d'introduire des concepts empruntés à la psychologie. S'intéressant aux travaux de Pierre Bourdieu, qui ont « plus que tous les autres, désigné et caractérisé théoriquement […] ces "matrices" retenant dans le corps de chaque individu le produit des expériences passées » (dans *Le Travail sociologique de Pierre Bourdieu*, 1999), le sociologue en souligne un défaut majeur : celui de ne pas expliquer précisément l'origine de l'*habitus*, désigné d'une manière vague comme le produit de la socialisation. La pensée de Bourdieu serait sur ce point comparable à une « boîte noire ». Le sociologue a pour tâche d'éclairer ces procédures cognitives particulières qui permettent à l'individu de mobiliser son apprentissage social au cours de différentes situations.

Lahire construit alors une « sociologie psychologique ». La sociologie des comportements individuels doit « ouvrir la boîte noire » et expliquer la façon dont se construisent les dispositions individuelles, les éléments grâce auxquels elles peuvent être contournées, voire détournées par diverses expériences de socialisation. Car l'individu moderne est l'objet de plusieurs expériences de socialisation, souvent contradictoires. Il construit son identité, son « moi » social, en se servant de cette multiplicité d'expériences. Dans cette optique, il faut dissocier compétence et appétence : on peut être compétent socialement à la compréhension de la musique classique et pour autant ne développer aucun intérêt pour cette musique. La compétence culturelle ne peut être le seul motif de compréhension des pratiques sociales. Ces constats conduisent Lahire à parler d'individu pluriel : rejetant une vision homogénéisatrice de l'individu en société, il propose une conception de l'individu se construisant une identité propre selon ses appétences, ses événements biographiques, son parcours d'apprentissage, non réductible à la trajectoire et à la transmission de valeurs du seul groupe social d'appartenance.

4 La sociologie contemporaine : nouveaux objets d'étude et éclatement des courants

Dans la partie précédente, nous avons montré l'évolution de la sociologie d'après-guerre en partant de deux traditions nationales, française et américaine. Sans renoncer aux oppositions théoriques, les recherches sociologiques actuelles sont plutôt organisées par objets d'étude. On trouve ainsi des sociologues du travail, du droit, de l'art, des spécialistes de la sociologie économique, des réseaux sociaux, etc. Il n'est pas question de dresser un inventaire de tous ces objets d'étude, mais d'en envisager deux en particulier : la sociologie de l'éducation et la sociologie des réseaux sociaux. Nous verrons que, dans la pratique de leur métier, les sociologues sont influencés par des idées venant d'horizons théoriques divers.

A. La sociologie de l'éducation

Le champ de l'éducation a constitué, dès l'origine de la sociologie, un objet d'étude privilégié. Si l'intérêt des sociologues pour ce thème ne s'est jamais démenti depuis, c'est parce que l'éducation est l'expression la plus visible des inégalités sociales et de leur degré de légitimité.

L'éducation vue par la sociologie

L'école et l'Éducation nationale ont été placées, dès le début de la IIIe République, au centre du projet de construction de la nation française. Le jeune député de Paris Jules Ferry, futur ministre de l'Instruction publique à l'origine des lois sur l'éducation de 1881 et 1882 (rendant l'enseignement primaire public, gratuit et obligatoire) n'appelait-il pas, dès 1870, à une « première fusion qui résulte du mélange des riches et des pauvres sur les bancs de quelque école » ? Une égalité sociale qui permettrait aux plus méritants de s'extraire de leur condition et de connaître des trajectoires sociales ascendantes. Les plus grandes figures nationales, tel Jaurès, n'en sont-elles pas la preuve ? Derrière l'idéal méritocratique fondateur se cache pourtant une réalité crue : l'école n'a accompli sa tâche que très imparfaitement. Mieux, elle la remplirait de moins en moins bien depuis le début de la massification scolaire, dans les années 1970.

Pour les sociologues, le constat de l'échec de l'école à réduire les inégalités est trop général. Ils vont fractionner l'étude du système scolaire et s'intéresser à des types d'inégalités précis : les inégalités d'accès à certaines filières, l'évolution de l'inégalité des chances en fonction des pratiques pédagogiques de l'enseignant ou des pratiques éducatives des familles, etc. Chaque type d'inégalité va disposer de sa mesure statistique, puis d'une interprétation des résultats.

Quels constats les sociologues formulent-ils concernant les inégalités d'accès aux filières du système d'enseignement français ? Lors de l'année scolaire 2011-2012, le taux de scolarisation des enfants de trois ans en France métropolitaine s'élevait à 100 %. À l'autre bout de la trajectoire scolaire, les fils et filles de cadres et professions intellectuelles supérieures représentaient près des deux tiers des élèves des grandes écoles. À l'échelle de la population active française, seuls 15 % des travailleurs occupés appartiennent pourtant à cette catégorie socioprofessionnelle. Comment passe-t-on d'une situation strictement égalitaire au point d'entrée dans le système scolaire à une situation profondément inégalitaire en son point de sortie ? Pour répondre à cette question, les sociologues vont suivre des cohortes d'individus tout au long de leur parcours scolaire. Premier constat : dès l'entrée en maternelle, les enfants présentent des aptitudes différentes qui peuvent être liées à la profession des parents. La plupart des dimensions cognitives, par exemple la capacité à faire des dessins ou l'organisation temporelle, voient des différences très marquées selon que l'enfant est fils ou fille de cadre ou d'ouvrier. Deuxième constat : la réussite scolaire est différenciée selon l'origine sociale des parents. Ainsi, 95 % des enfants de cadres et de professions intellectuelles supérieures atteignent le CE2 sans redoubler. Cette proportion n'est plus que de 82 % lorsque le père est inactif.

Quels sont les facteurs qui peuvent expliquer ces différences ? Premier facteur : le niveau d'études des parents, et plus précisément le niveau d'études de la mère. Les enfants dont la mère justifie d'un diplôme du supérieur réussiront mieux, toutes choses étant égales par ailleurs, que les enfants dont les parents sont peu diplômés. Deuxième facteur : la taille de la famille. C'est lorsque la famille est de taille réduite que les enfants réussissent le mieux. Il convient de préciser que l'effet de la taille de la famille est inégal selon le milieu social d'appartenance. Lorsque l'enfant est issu d'une famille nombreuse mais que les parents appartiennent à une catégorie socioprofessionnelle élevée, l'effet négatif de la taille de la fratrie diminue singulièrement.

Au collège, les choses s'accélèrent. Si l'essentiel des élèves rentrant en sixième atteint la classe de troisième, les inégalités ne disparaissent pas mais se déplacent en se concentrant sur deux facteurs : le rythme de la progression scolaire (redoublements ou non) et l'orientation vers des cycles technologiques ou généraux. Ces inégalités sont très fortement indexées sur la position sociale des parents. Ces écarts ne jouent pas seulement au moment tant redouté des familles du passage à la classe supérieure. Dès lors que l'élève rentre au collège en étant défavorisé socialement, sa progression sera moins rapide toutes choses égales par ailleurs, amplifiant les écarts encore faibles constatés dès l'entrée en maternelle. Par ailleurs, la capacité de progression dans le système scolaire apparaît très inégale selon l'origine sociale des parents. Marie Duru-Bellat (*Les Inégalités sociales à l'école*, 2002) montre que le collège a des effets beaucoup plus brutaux en termes de creusement d'inégalités : il produit en deux ans (quatrième et troisième) plus d'inégalités sociales que dans toute la scolarité antérieure.

L'accès au lycée et l'objectif du baccalauréat accélèrent à nouveau le processus. Si l'on prend la cohorte des élèves entrés en sixième en 1989, 90 % des enfants de cadres, professions intellectuelles supérieures et enseignants ont atteint le bac contre 37 % des enfants d'inactifs. On observe donc des écarts de chance considérables selon les catégories socioprofessionnelles. On observe également d'importantes différences sociales selon le type de baccalauréat vers lequel s'orientent les élèves : les enfants d'ouvriers constituent ainsi 14 % des effectifs des filières générales, 26 % de ceux des filières technologiques et 36 % de ceux des filières professionnelles (Duru-Bellat et Kieffer, « Du baccalauréat à l'enseignement supérieur en France : déplacement et recomposition des inégalités », 2008). Les baccalauréats technologiques et professionnels vont de fait s'adresser aux élèves les moins bons sur le plan scolaire, aboutissant à une surreprésentation des élèves de milieu populaire dans ces filières. L'objectif des 80 % d'une classe d'âge au baccalauréat recouvre donc une réalité peu glorieuse de déplacement des inégalités au sein même du lycée. Pierre Merle (*La Démocratisation de l'enseignement*, 2002) parle à ce propos de démocratisation ségrégative.

L'ouverture apparente de l'accès au baccalauréat ne se traduit pas par une diminution des inégalités mais par leur déplacement au sein même du système scolaire dans l'accession aux différentes filières de l'enseignement secondaire.

Ce déplacement des inégalités a une traduction concrète dans l'enseignement supérieur. L'accès aux filières sélectives post-bac ainsi que la réussite des étudiants au sein de ces formations sont largement corrélés avec le type de baccalauréat obtenu. La gradation répond à un stéréotype bien connu des élèves et des parents : les chances de réussite dans le supérieur seront d'autant plus importantes que l'élève est issu d'un baccalauréat général et, au sein même de la filière générale, d'un baccalauréat scientifique. Encore une fois, l'ouverture quantitative recouvre des inégalités profondes qui, loin de diminuer, renforcent les effets de la carrière scolaire de l'individu.

L'explication des inégalités scolaires par les sociologues

Deux grands types d'explication s'opposent quant à la compréhension des inégalités scolaires. Pierre Bourdieu et Jean-Claude Passeron considèrent que l'école perpétue les inégalités scolaires par sa logique de fonctionnement interne. Raymond Boudon montre au contraire que ces inégalités s'expliquent avant tout par un calcul des individus et des familles quant aux chances de réussite dans diverses filières. Ces deux grands types d'explication vont engendrer une multitude de travaux creusant ces deux thèmes : la responsabilité de l'institution scolaire dans la reproduction des inégalités ou le rôle des décisions individuelles au cours de la trajectoire scolaire.

≫ L'institution est responsable de la reproduction des inégalités scolaires

L'idée principale de cette démarche consiste à isoler des mécanismes, dans le fonctionnement de l'école, favorisant plus ou moins explicitement la reproduction des inégalités. Le premier argument concerne les normes pédagogiques choisies par l'école, en particulier les normes d'excellence scolaire. Ces normes d'excellence ne sont pas seulement des critères de jugement objectifs de l'exécution d'un exercice scolaire. Ce sont également des normes morales et comportementales. Cela est lié avec le rôle de l'école au sein du processus de socialisation. Ce ne sont pas des normes comportementales univoques : l'école valorise par exemple l'application et l'attention dans l'espace de la classe. Elle demande à l'élève d'être dynamique, d'être intéressé par le travail scolaire, etc. Au lycée, ces normes relèvent de l'équilibrisme : on insiste sur l'importance des savoirs scolaires tout en ne demandant pas explicitement de « par cœur ». On demande de l'application dans l'exercice de dissertation et le respect de contraintes formelles tout en valorisant le « hors programme » et les qualités esthétiques de la copie. La plupart de ces normes, complexes, sont implicites.

Dans l'inculcation des normes, un individu joue un rôle déterminant : il s'agit du professeur ou du maître. L'« effet maître » a été étudié par de nombreux sociologues, avec une tentative de quantification de l'impact de l'enseignant sur le résultat de ses élèves. Il ressort de ces études que cet effet est important sans être décisif, expliquant entre 10 et 15 % de la variance des acquis.

Le rôle du maître est d'autant plus faible que le niveau scolaire de départ des élèves est fort. Ainsi, des élèves d'un faible niveau scolaire de départ bénéficieront plus que les autres élèves d'un enseignant efficace. Un bon maître est par ailleurs celui qui soutient ses élèves sans les stigmatiser sur leur niveau scolaire. Deux psychosociologues américains, Rosenthal et Jacobson (*Pygmalion dans la classe*, 1975), parlent à ce propos d'« effet Pygmalion ». Le maître qui serait persuadé par des critères objectifs (tests de QI, par exemple) ou subjectifs (la représentation qu'il se fait du niveau scolaire d'un élève par sa couleur de peau ou la façon dont il s'exprime) que l'élève n'« a pas le niveau » va agir de façon négative sur sa réussite scolaire. Inversement, celui dont le maître serait persuadé qu'il est bon scolairement va contribuer à faire de lui un élève brillant. Cet effet va évidemment agir sur les inégalités de genre au sein du système scolaire, contribuant à faire des filles d'éternelles « littéraires » et les garçons des « scientifiques » en puissance.

≫ Les choix des individus sont responsables des inégalités scolaires

Dans ce deuxième grand type d'explication, l'acteur des stratégies scolaires n'est pas l'élève mais la famille. C'est l'acteur collectif, le projet scolaire porté par la famille, qui va générer et/ou contribuer à reproduire les inégalités. De fait, les familles ne calculent pas le parcours scolaire de leur progéniture de façon équivalente selon que l'on se situe en haut ou en bas de l'échelle sociale. Ceux qui investissent le plus dans l'institution, et qui, par ailleurs, conçoivent le plus le projet scolaire comme un investissement financier et moral, sont les familles favorisées économiquement et socialement.

Il y a pourtant, même dans les familles les plus « utilitaristes », une position ambivalente à gérer : d'un côté motiver l'enfant et de l'autre la volonté de le protéger d'un stress susceptible de le décourager. En outre, les sociologues observent que c'est dans les « dominants de la classe dominante » que les stratégies sont les plus diversifiées et les plus efficaces : l'information y est meilleure, le potentiel d'influence ou de pression sur l'administration est conséquent, et ils arrivent le mieux à préserver l'« entre-soi », gage de réussite scolaire. L'homogénéité sociale de l'établissement de l'enfant est donc un déterminant essentiel de la réussite scolaire, positivement (réussite accrue chez les scolairement dotés regroupés dans des lycées prestigieux) ou négativement (réussite en berne pour les scolairement défavorisés regroupés dans les établissements « ambition réussite »).

Cette explication n'exclut pas définitivement les catégories les plus populaires de la réussite scolaire. Celle-ci peut intervenir en raison d'un « effet mémoire » dans l'histoire de la famille (la trajectoire « aberrante » d'un oncle ou d'une tante qui a réussi scolairement) ou d'un « effet intégration » concernant le groupe social dans son ensemble.

B. Sociologie des réseaux sociaux

La sociologie des réseaux ne s'intéresse pas aux moyens techniques permettant aux individus d'échanger des informations, comme Facebook ou Twitter. Son objet se dissimule derrière l'infrastructure informatique : les relations qu'entretiennent les individus entre eux.

Présentation générale de l'analyse des réseaux sociaux

La sociologie « traditionnelle » a fait le choix d'analyser les groupes sociaux en se basant sur des catégories : la profession, l'âge, la classe sociale, etc. Les individus appartenant à une même catégorie partagent un ensemble de normes et de valeurs sociales qui les contraignent et guident leurs comportements. Les sociologues des réseaux sociaux pensent qu'il est plus efficace d'analyser une société à partir des relations entre individus. Ils cherchent à les définir exhaustivement, en utilisant, si nécessaire, un langage mathématique. Quelle que soit l'unité sociale analysée (entreprise, organisation, ménage, individu…), ils vont étudier la forme prise par le réseau de relations puis déduire de la position de chaque individu au sein de ce réseau la cause du phénomène étudié. L'analyse de réseau peut être qualifiée de méso-sociologique, à mi-chemin entre le holisme et l'individualisme. Selon Alain Degenne et Michel Forsé (*Les Réseaux sociaux*, 1994), recentrer l'analyse sur les relations conduit à montrer comment la forme du réseau détermine la nature des relations entre individus, mais également comment les relations contribuent à modifier la forme de ce réseau. Se basant en partie sur les intuitions des sociologues « classiques », cette nouvelle théorie permet de développer une compréhension originale des phénomènes sociaux. Il est possible d'illustrer cette démarche en partant de l'exemple du capital social.

Au commencement était Bourdieu

Bien qu'il ne relève pas de ce courant de pensée, Pierre Bourdieu considère le capital social comme un élément fondamental pour comprendre les groupes sociaux. Dans un article de 1980 intitulé « Le capital social. Notes provisoires », il définit le capital social comme « l'ensemble des ressources actuelles ou potentielles qui sont liées à la possession d'un réseau durable de relations plus ou moins institutionnalisées d'interconnaissance et d'interreconnaissance ». Derrière cette phrase à la formulation barbare se cachent de nombreuses intuitions sociologiques.

Premièrement, un groupe social ne se limite pas à un ensemble d'individus dotés de propriétés communes : tous sont unis par des liaisons permanentes et utiles.

Deuxièmement, le volume de capital social que possède un agent dépend du nombre de relations qu'il peut effectivement mobiliser et du volume des autres capitaux qu'il est le seul à avoir : économique, culturel et symbolique. Bien qu'il ne soit pas réductible au capital économique et culturel, le capital social n'en est donc jamais complètement indépendant : les échanges entre les individus supposent un minimum d'homogénéité sociale (revenus, mode de vie, etc.). Le capital social exerce un effet multiplicateur sur les autres capitaux.

Troisièmement, les profits que procure l'appartenance à un groupe social sont au fondement de la solidarité (qui rend elle-même ces profits possibles). Cela ne signifie pas qu'ils soient consciemment poursuivis comme tels (même dans le cas extrême des clubs sélects). Cela implique en revanche que l'existence d'un réseau de liaisons n'est pas un « donné social » : un réseau n'est jamais constitué une fois pour toutes et pour toujours. Il est le résultat d'un travail d'entretien, nécessaire pour reproduire ces liaisons durables et utiles. Le réseau est le produit de stratégies d'investissement social. Le capital social est donc tributaire :

– de toutes les institutions visant à favoriser les échanges légitimes et à exclure les échanges illégitimes : ce sont par exemple des occasions (mariage, rallye), des lieux (Rotary Club) ou des pratiques (sportives ou culturelles) qui rassemblent de manière apparemment fortuite (par « hasard ») des individus aussi homogènes que possible ;
– du travail de sociabilité qui suppose, outre des dispositions acquises, une dépense constante de temps et d'efforts, et bien souvent d'argent (invitation à dîner, cadeaux, etc.).

L'impact du capital social sur la recherche d'emploi

Dans un article de 1973 intitulé « The Strength of Weak Ties », le sociologue américain Mark Granovetter cherche à analyser l'importance du réseau de relations dans la recherche d'un emploi. Il part d'une définition de la force d'un lien comme « une combinaison probablement linéaire de la quantité de temps, de l'intensité émotionnelle, de l'intimité et des services réciproques qui caractérisent ces liens ». Son hypothèse de départ repose sur un concept décrivant les relations au sein d'un groupe de trois individus : la « triade interdite ». Si je suis lié fortement à Jean-Claude, et que Jean-Claude possède lui-même un autre ami proche, alors l'absence totale de lien entre son ami et moi-même est très peu probable. Il y a d'ailleurs de fortes chances pour que mes amis soient eux-mêmes liés aux amis de Jean-Claude… Si l'on accepte l'hypothèse de la triade interdite, un lien fort n'est donc jamais un lien unique entre deux parties distinctes d'un réseau social, ce que l'on appelle un « pont ». Un pont est forcément un lien faible. Si l'information ne circule que par des liens forts, elle risque de tourner en boucle au sein d'un réseau de relations restreint. Ce sont les ponts qui lui permettent de circuler dans un réseau plus vaste. Les liens faibles donnent accès à une information nouvelle et plus riche.

Figure 1 – Représentation d'un pont

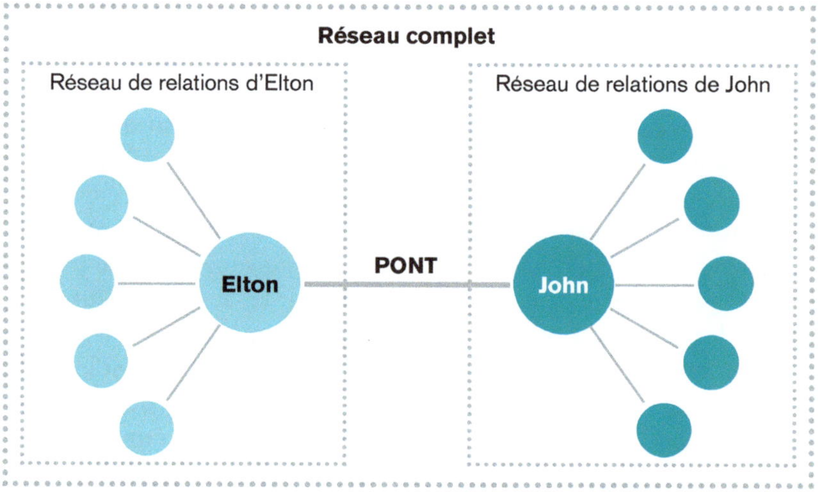

Commentaire : le pont est le seul lien entre les connaissances d'Elton et les connaissances de John. S'il disparaît, le réseau n'existe plus. Selon l'hypothèse de la triade interdite, le pont entre Elton et John est nécessairement un lien faible.

Granovetter illustre sa théorie à partir des modes de recherche d'emploi. Il sélectionne un échantillon de cadres, de techniciens et de gestionnaires de la région de Boston ayant récemment changé d'emploi grâce à une relation personnelle. Puis il mesure la fréquence des contacts avec l'individu qui leur a permis d'obtenir l'emploi. Il apparaît qu'à la question « combien de fois avez-vous vu la personne au cours de la période où il a fourni l'information d'emploi ? », les réponses les plus fréquentes sont « occasionnellement » (55 % des réponses) et « rarement » (30 % des réponses). Granovetter peut confirmer son hypothèse : « Les liens faibles [...] apparaissent comme des instruments indispensables aux individus pour saisir certaines opportunités qui s'offrent à eux [...] ; au contraire, les liens forts, qui engendrent la cohésion sociale, se traduisent par une fragmentation de l'ensemble social. » Les liens faibles s'avèrent les plus efficaces dans la recherche d'emploi car ils permettent l'accès à une information plus rare et de meilleure qualité.

Capital social et progression professionnelle

Ronald Burt, sociologue américain, travaille également sur la question du capital social. Il en retient la définition suivante : le capital social est constitué par les relations avec les autres acteurs et les ressources auxquelles il permet d'accéder. Son originalité réside dans l'ajout d'une dimension stratégique liée à la structure du réseau. Chaque individu a la possibilité d'exploiter à son avantage les « trous structuraux » de son réseau de relations. Un trou structural est un « vide » entre des contacts non redondants, c'est-à-dire ne donnant pas accès au même type de ressources (*cf.* figure 2).

Figure 2 – Les trous structuraux des réseaux de Jules et Jim

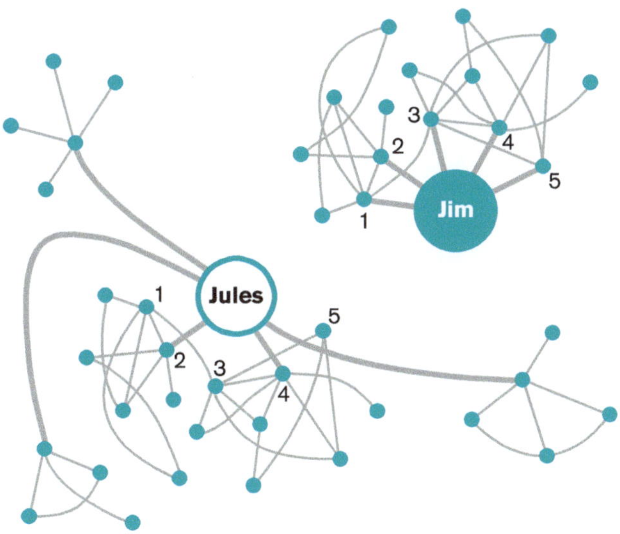

Source : d'après R. Burt, « Le capital social, les trous structuraux et l'entrepreneur », 1995.

Commentaire : Jules et Jim occupent successivement le même poste dans leur entreprise. Dans le réseau de relations de Jim, les contacts 3 et 4 sont redondants : ils donnent accès aux mêmes personnes et à la même information. C'est le cas également des contacts 1 et 2. Les contacts 2 et 3 sont séparés par un « vide » et ne donnent pas accès à la même information : c'est un trou structural. Jules organise ses contacts de façon plus efficace : en utilisant seulement les contacts 2 et 4, il a accès à tout l'ancien réseau de Jim. Cela lui permet de gagner du temps et de développer des contacts supplémentaires. Au même poste, Jules est donc plus efficace que Jim dans la gestion de ses relations de travail.

C'est donc moins les relations que l'absence de relation qui est d'une importance stratégique pour l'individu qui souhaite progresser professionnellement. Dans son ouvrage *Brokerage and Closure: An Introduction to Social Capital* (2005), Burt montre que les entrepreneurs qui disposent d'une proportion élevée de trous structuraux ont plus de chances de réaliser des profits élevés. Au contraire, les profits sont diminués par la présence de trous structuraux chez leurs fournisseurs ou chez leurs clients. L'étude examine les évolutions du marché américain de 77 produits de consommation sur une période de 20 ans. Il en ressort que la position des entrepreneurs dans le processus de fixation des prix est d'autant plus favorable que leurs différents fournisseurs ou clients sont isolés les uns des autres. Autrement dit, la contrainte augmente avec la redondance, l'autonomie avec l'exclusivité des relations. L'efficacité du capital social est fonction du degré d'autonomie de l'entrepreneur vis-à-vis de ses clients et fournisseurs. Burt construit un indicateur chiffré de l'efficacité relationnelle d'un réseau : il correspond au rapport du nombre de ses relations non redondantes et du nombre total de ses relations. La stratégie de l'acteur rationnel doit consister à maximiser l'efficacité relationnelle en multipliant les relations, mais également en minimisant les connexions entre ses relations. On débouche ainsi sur une théorie générale de la contrainte et de l'autonomie, qui peut s'apparenter à une théorie du pouvoir : la hiérarchisation des structures sociales se fait à partir de la répartition des trous structuraux.

2

La pluralité des méthodes sociologiques

Pour réaliser leurs enquêtes, les sociologues ont consolidé des méthodes qu'ils partagent avec d'autres sciences humaines. On les regroupe habituellement en trois catégories : les méthodes qualitatives, quantitatives, et comparatives. Le choix méthodologique du chercheur dépend de son projet de recherche. Si l'objet du travail sociologique est de relayer et d'analyser un récit, alors les méthodes qualitatives s'imposent. Si le travail consiste à manipuler de larges bases de données, les méthodes statistiques sont plus appropriées. Des programmes de recherche, parfois nommés écoles, se sont formés autour de l'utilisation privilégiée de l'une ou l'autre de ces méthodes : la technique d'enquête est mise au service de l'ambition épistémologique.

1 Une pluralité de méthodes

A. Les méthodes qualitatives

Observations et entretiens

Il existe deux types de méthodes qualitatives : l'observation et les entretiens. L'observation consiste à regarder attentivement une situation sociale afin de l'étudier. Toute observation est par définition participante : le sociologue fait simplement le choix du degré de participation à la situation étudiée. Le degré le plus faible d'intégration consiste à se tenir à l'écart de la situation et à prendre des notes (désengagement). Le degré le plus fort consiste à devenir un membre du groupe à part entière (immersion). Le choix dépend des objectifs de sa recherche et du courant de recherche auquel il se rattache. Par exemple, le courant interactionniste (*cf. supra*) privilégie l'immersion pour comprendre les logiques des acteurs dans leurs interactions quotidiennes avec autrui.

La technique de l'observation pose la question de la subjectivité du sociologue (comment prendre du recul lorsqu'on est un acteur de la situation ?) et celle de l'impact de la présence de l'observateur (les comportements des personnes sont différents si elles se savent observées). Avant de se lancer dans une observation, le sociologue constitue généralement une « grille d'observation », c'est-à-dire un ensemble de questions auxquelles il souhaite répondre. Il lui est par définition impossible de tout prendre en notes. La grille lui permet de focaliser son attention sur des éléments particuliers, sur lesquels il aura préalablement réfléchi.

La technique de l'entretien consiste à interroger une personne en face-à-face (entretien individuel) ou en groupe de personnes (entretien de groupe). Elle consiste généralement en une suite de questions, réfléchies et formulées à l'avance par le sociologue. On distingue des types d'entretien selon le degré de liberté laissé à l'enquêté. L'entretien peut être libre (ou non directif) si le sociologue se contente de lancer un thème et d'enregistrer les réponses de la personne interrogée. Un entretien peut aussi être directif : l'enquêteur s'en tient aux questions qu'il aura préalablement rédigées. Il existe enfin un niveau intermédiaire entre ces deux extrêmes, l'entretien semi-directif : l'enquêteur intervient ponctuellement au cours du dialogue pour réagir par rapport à ce que dit l'enquêté.

Un travail sociologique faisant le choix d'une approche qualitative privilégie une entrée par l'expérience individuelle. Le chercheur raisonne à l'échelle des individus, part de leur vécu concret et/ou du récit que les personnes en font. Un travail qualitatif n'a pas pour objectif principal d'être généralisable à toute la société : le sociologue observe des petits groupes, et interroge un nombre de personnes limité. Ce type d'enquête n'interdit pas une remontée en généralité, mais elle doit être effectuée avec précaution. Si généralisation il y a, elle relève plutôt de la représentativité : le sociologue sélectionne un individu ou une pratique qui lui semble représentatif d'une tendance plus globale. Par exemple, le travail du sociologue Howard Becker dans *Outsiders* (1963) consiste à s'immerger dans le quotidien des musiciens de jazz. Pour cela, il se fait embaucher comme musicien professionnel pour des soirées de danse (il est pianiste de haut niveau). Il remarque ainsi que l'expérience vécue par les musiciens les conduit progressivement à opposer un « nous » et un « eux » : ils ont un don qu'ils « compromettent » en jouant pour un public afin de gagner leur vie. L'audience, dénigrée comme une masse informe et ignare, ne comprend pas la subtilité de l'interprétation musicale et réclame des airs grand public, faciles à écouter et à danser. Ce sont, selon l'expression des musiciens interrogés par Becker, des « caves » (*square* en anglais). Les interprètes construisent alors des barrières mentales (parfois physiques, en barricadant la scène !) entre « ceux qui savent » (les musiciens) et « ceux qui ne comprennent pas » (le public). La culture de leur groupe, leur mode de vie se construisent contre les normes dominantes : ils vivent la nuit, de cachets souvent médiocres, se disent volontiers séducteurs et volages, et possèdent peu de choses. Becker désigne ces normes et valeurs comme une contre-culture. Le travail d'immersion l'aide à comprendre le mode de vie des musiciens, et lui permet de façonner des concepts (contre-culture, carrière déviante, etc.) que d'autres sociologues peuvent utiliser pour l'analyse de groupes différents. La généralisation est donc possible mais reste modeste.

Un exemple d'application

Street Corner Society (littéralement « la société du coin de la rue »), publié en 1943 par William Foote Whyte, est considéré comme l'un des ouvrages classiques lorsque l'on s'intéresse aux méthodes qualitatives en sociologie. L'auteur a passé trois ans et demi dans un quartier délabré du North End, à Boston, où vit une majorité d'Italiens. La plupart d'entre eux sont des immigrés de première et de deuxième génération. Pour l'auteur, il y a société dès que des individus se retrouvent, au coin d'une rue par exemple, pour échanger des paroles, de l'argent ou des services. Et le monde de *Cornerville* foisonne d'activité. En complet désaccord avec la thèse, très répandue à l'époque, selon laquelle les ghettos sont victimes de désorganisation sociale et leurs habitants incapables de s'intégrer, Whyte veut montrer que de solides réseaux de socialisation existent aussi dans cette société italo-américaine. Ils font de ce quartier un espace organisé selon des règles aussi contraignantes, bien que différentes de celles de la société américaine. Sans tomber dans un éloge sans mesure des habitants de ce quartier, le sociologue nous invite à décentrer le regard pour comprendre la logique qui anime les gens « de l'autre côté de la barrière ». Pour cette raison, il plaide en faveur d'une enquête de terrain, longue et informée, et utilise l'observation participante. Elle est pour lui la condition nécessaire d'un bon travail en sociologie.

Pour mener son travail de terrain, Whyte doit dans un premier temps se faire accepter des habitants du quartier. Petit problème : c'est un WASP (White Anglo-Saxon Protestant) et dans ce quartier très homogène ethniquement, il dénote par son physique (il est blond et très grand) et sa profession (chercheur dans une université prestigieuse). Il va donc tenter plusieurs approches : d'abord en venant dans le quartier une fois par semaine. C'est un échec. Ensuite, en prenant une chambre chez des habitants du quartier. C'est à nouveau un échec : mis à part ses hôtes, personne ne lui adresse la parole. Il finit par rencontrer Doc, le leader d'une bande de rue, les Nortons. Ce dernier accepte de lui faire rencontrer des personnes, et l'intègre à sa bande. Il va alors devenir, pendant plusieurs années, un membre « particulier » des Nortons, participant à toutes les activités du groupe mais également observateur.

La bande se compose d'une dizaine de membres et est formée de trois groupes d'âges différents. Doc, le chef, est un enfant de la rue : victime d'un handicap naturel à une main, il s'est pourtant forgé une réputation de dur à cuire. Victime de la crise de 1929, il alterne périodes d'emploi et de chômage, pendant lesquelles il passe beaucoup de temps dans la rue. Juste en dessous de Doc dans la hiérarchie du groupe, on trouve Danny et Mike, les plus vieux et les plus aptes à se mouvoir dans la société, connaissant d'autres groupes et en étant respectés. En dehors de ce trio de tête, on trouve d'autres membres, plus jeunes. Whyte montre comment le bowling, activité à laquelle se livrent fréquemment les Nortons, sert de mise en scène pour cette hiérarchie. Whyte remarque que lors de chaque partie, Doc, Danny et Mike arrivent en tête, alors que les autres membres se disputent les places suivantes. Le sociologue explique ce résultat de plusieurs façons. Tout d'abord, les chefs d'une bande ont tendance à choisir les activités du groupe en fonction de leur capacité à s'y illustrer. Mais surtout, le bowling ne fait pas seulement appel à des qualités techniques mais aussi à la confiance en soi, qui renvoie à la confiance que place le groupe en chaque participant, et donc à la position objective de l'individu dans la hiérarchie. Il faut ajouter que les leaders ne voulaient sous aucun prétexte perdre, car la modification des statuts au bowling aurait sûrement amené une lutte pour la redéfinition de la hiérarchie dans la bande.

L'enquête de Whyte n'a pas pour vocation d'être généralisable. Si elle est un jalon important dans l'histoire de la pensée sociologique, c'est avant tout parce que l'auteur a publié, en annexe de son ouvrage, son journal de terrain. Il y décrit ses difficultés, ses doutes, ses faux pas, et sa ténacité à « entrer » dans cette société fermée aux étrangers. Ce journal de terrain servira de vade-mecum à plusieurs générations d'apprentis sociologues. La conception de l'auteur y apparaît clairement : on ne peut construire de connaissances solides sur les individus si on ne les rencontre pas, si on ne part pas de leur expérience quotidienne, concrète. Une vision purement statistique de *Cornerville* aurait donné l'impression d'une grande désorganisation : taux de criminalité élevé, forte natalité, peu de personnes utilisant l'anglais comme langue principale, etc. L'immersion dans le quartier a permis à Whyte de rappeler que derrière les chiffres se trouvent des individus et des modes de vie qui ont « droit de cité » dans les États-Unis de son époque.

B. Les méthodes quantitatives

Les techniques quantitatives reposent principalement sur l'utilisation de statistiques. Afin de constituer des bases de données, les sociologues procèdent à des enquêtes par questionnaire (ou sondage d'opinion). Cette technique est également utilisée en politique ou en marketing. Elle implique un travail de « codage » informatique des réponses obtenues. L'utilisation de statistiques n'est pas nouvelle en sociologie. Les fondateurs de la discipline ont contribué à en définir l'usage. Le chercheur travaille sur des agrégats chiffrés, à un niveau macrosocial : en s'extrayant des observations de terrain ou des récits individuels, il peut faire apparaître des relations causales invisibles à l'échelle microsociale. Un travail sociologique faisant le choix d'une approche quantitative est porteur d'une ambition nomologique : le sociologue cherche à faire apparaître des relations de grande portée, des « lois du social », entre les agrégats qu'il a constitués. L'utilisation des statistiques est une façon d'objectiver (c'est-à-dire de rendre objectif) le social en dépassant le vécu et la parole des individus. Elle cherche à établir une frontière nette entre la sociologie, qui fabrique des « lois » du social, et la psychologie, qui se concentre sur les processus psychologiques individuels. Dans l'analyse quantitative des faits sociaux, c'est l'entrée par la société qui est privilégiée.

La place des statistiques dans la sociologie d'Émile Durkheim

Pour Durkheim, la méthode par excellence de la sociologie est la statistique, dont le procédé « est non seulement le moyen de mesurer mais le moyen d'analyser tout fait social, parce qu'il force à apercevoir le groupe agissant » (*Les Règles de la méthode sociologique*, 1895). La statistique est à la fois un moyen d'observation et d'expérimentation : elle se retrouve au cœur du projet durkheimien de fondation de la sociologie.

François Simiand (1873-1935), sociologue français et membre de l'école durkheimienne, soutient qu'un usage contrôlé des statistiques en sociologie doit permettre d'aboutir à un double résultat : étudier les faits en eux-mêmes et mettre au jour les correspondances entre les phénomènes observés. La statistique permet ainsi d'identifier, dans la masse des observations possibles, des faits sociaux. Elle permet d'appréhender « objectivement » la réalité, puisque le point de départ du raisonnement est l'échelle macrosociale : au niveau des individus, il est difficile, voire impossible de prendre conscience de faits sociaux qui les dépassent. Le statisticien réfléchit ensuite à des « liaisons significatives », c'est-à-dire des relations de causalité entre les faits sociaux. La méthode positive (par opposition à subjective) exige que, dans la série des causes possibles, on identifie l'antécédent le plus proche et le plus substituable afin d'éliminer les relations de causalité les moins pertinentes. Par exemple, si l'on fait sauter un rocher à la dynamite, quelle est la cause du phénomène, le rocher, la poudre ou le feu ? « Le rocher n'est lié à l'explosion que par une relation très particulière ; de même, la poudre et le feu. Au contraire, l'expansion brusque des gaz est liée par une relation très générale, puisqu'elle n'exige la présence ou l'intervention ni du rocher, ni de la poudre, ni du feu, et se produirait aussi bien autrement. C'est donc elle la cause : tout le reste n'est que conditions. En d'autres termes, la condition est l'antécédent substituable, la cause est celui qui ne l'est pas, ou qui l'est le moins » (F. Simiand, *Méthode historique et sciences sociales*, 1987).

La statistique est donc un moyen de réaliser des expérimentations en sociologie. Pour autant, selon les mots de Simiand, « il n'est pas contraire à la méthode expérimentale de s'engager dans une étude des faits avec quelque préconception des relations que l'on s'attend à trouver ; mais c'est à la condition de ne donner à cette préconception que valeur d'hypothèse, tant que les faits ne l'ont pas établie, et d'être prêt à l'abandonner s'ils s'y montrent indifférents ou contraires ». Le lien est alors possible, et scientifiquement validé, entre l'observation et la théorie. L'explication des phénomènes sociaux débouche alors sur l'élaboration de relations stables et générales qui les expliquent. On parle de lois générales du social. Le modèle durkheimien présente bien une dimension nomologique : faire apparaître des lois générales du social, valables universellement.

Le travail d'objectivation statistique n'est toutefois pas complet : il permet d'expliquer, mais rarement de comprendre les phénomènes étudiés. Ainsi Durkheim, dans son ouvrage *Le Suicide* (1897), cherche-t-il à appréhender le phénomène perçu comme le plus personnel et le plus psychologique qui soit, le suicide. Pour ce faire, il constitue des bases de données croisant plusieurs variables : l'âge, la situation matrimoniale, la religion, le nombre d'enfants, la localisation géographique, etc. Il en déduit des taux de suicide qui varient selon la variable considérée. Par exemple, les hommes se suicident plus que les femmes, les personnes célibataires plus que les couples mariés, le jeudi moins que le mercredi ou le vendredi (à l'époque de Durkheim, le jeudi était le jour sans école des enfants), plus en ville qu'à la campagne, etc. Il raisonne à l'échelle de sociétés entières, et se permet même des comparaisons entre les pays (*cf. infra*, méthode des variations concomitantes). L'utilisation des statistiques lui permet de mettre au jour des « types » de suicide, croisant deux critères : l'intégration (à un groupe social) et la régulation (les règles auxquelles sont soumis les individus). Un individu faiblement intégré commettra un suicide égoïste : l'intégration à une « société familiale » est donc protectrice. Mais les personnes trop intégrées à un groupe peuvent commettre des suicides de type altruiste : c'est le cas des suicides collectifs de certaines sectes, dont les membres sont liés corps et âme au reste du groupe. Dans un environnement faiblement normé, par exemple un migrant passant d'une solidarité villageoise à une grande ville, les individus peuvent être amenés à commettre un suicide anomique. Enfin, si trop de règles étreignent les existences individuelles, le suicide est fataliste : c'est le cas de Roméo et Juliette dans la pièce éponyme de Shakespeare. L'analyse de Durkheim est bien basée sur la mise au jour de relations statistiques stables entre des variables. Toutefois, pour comprendre ces relations, il faut au sociologue revenir à l'échelle de l'individu : les exemples associés aux divers types de suicide le prouvent. L'ambition nomologique ne peut faire l'impasse sur une compréhension plus microsociale des actions individuelles.

Paul Lazarsfeld et les statistiques « raisonnées »

Paul Lazarsfeld (1901-1976), sociologue américain d'origine autrichienne, professeur de sociologie à l'université de Columbia, est connu pour ses enquêtes sur les médias et leur impact sur la population américaine. Fervent défenseur de l'utilisation de méthodes statistiques dans les sciences sociales, il milite pour l'utilisation d'une démarche inductive et d'une méthodologie dite de « l'explication de texte », invitant le sociologue à partir du particulier pour remonter ensuite en généralité. Il cherche à éviter à tout prix la profusion des « -ismes », caractéristiques, selon lui, de la (mauvaise) méthode déductive dans les sciences sociales.

Cet effort de clarification a un autre mérite : celui de faire apparaître des relations insoupçonnées entre des domaines de la recherche généralement cloisonnés. Sans douter de l'utilité des données qualitatives, il souhaite montrer que « les méthodes quantitatives modernes sont beaucoup plus raffinées et plus souples que ne le croient les critiques qui ne les connaissent pas » (Lazarsfeld, *Qu'est-ce que la sociologie ?*, 1971) et permettent d'étudier bon nombre de situations définies comme problèmes sociologiques.

Lazarsfeld va baser sa pratique de la sociologie quantitative sur les notions de variable et de concept. Par variable, il faut entendre « toute classification ou mise en ordre permettant de distinguer entre des personnes ou des groupes (la taille d'une ville, le QI d'un individu, etc.) ». Par concept, il faut entendre « des concepts classificatoires : la « cohésion » des groupes, l'« agressivité » d'un peuple, la « bureaucratisation » d'une institution, etc. ». Derrière tout effort classificatoire se cache une « observation originaire », c'est-à-dire des variations et des différences à expliquer (par exemple, le fait que certaines personnes trouvent un emploi plus facilement que d'autres).

Pour Lazarsfeld, il faut se garder de surévaluer la portée causale des relations observées entre les variables construites par le sociologue. Il prend l'exemple d'une corrélation observée entre les quartiers pauvres et les taux d'hospitalisation psychiatriques. Doit-on en déduire que la pauvreté a une incidence sur la probabilité du développement de troubles psychiatriques chez l'individu ? Non, car cette hypothèse n'est qu'une de celles possibles pour expliquer la corrélation observée. Il se peut que lorsque les troubles apparaissent, ils engendrent une désorganisation de la vie professionnelle qui conduise à une dégradation des conditions de vie de l'individu et l'oblige à s'installer dans le quartier pauvre. Ou alors, il se peut que le développement de troubles soit favorisé par le climat ou le type de relations sociales caractéristiques des quartiers pauvres, la probabilité dépendant alors seulement des caractéristiques sociales du quartier et non de celles de l'individu. Plus généralement, la source de cette ambiguïté vient du fait que l'on ne peut pas interpréter sans précaution au niveau individuel une corrélation observée au niveau d'un agrégat (un quartier). Cette discussion constitue un exemple typique d'analyse méthodologique : un problème méthodologique général est soulevé à propos d'un problème particulier, et permet au chercheur de prendre conscience des hypothèses mises en jeu dans l'analyse des relations ainsi définies.

C. Les méthodes comparatives

La question de l'utilisation d'une méthode comparative, indépendante des deux précédentes, se pose peu dans la sociologie française actuelle. Son enseignement et son utilisation sont plus ancrés dans une tradition anglo-saxonne. Elle est également davantage utilisée par d'autres disciplines, comme les sciences politiques ou le droit. Pourtant, cette méthode est au cœur de la discipline : on la retrouve dans les travaux des fondateurs de la sociologie, Émile Durkheim et Max Weber, mais également dans nombre d'enquêtes et d'études de cas.

La comparaison dans la sociologie d'Émile Durkheim

Pour Durkheim, la sociologie constitue une science comparative par définition. Dans *Les Règles de la méthode sociologique* (1895), il affirme que « la sociologie comparée n'est pas une branche particulière de la sociologie, c'est la sociologie même ». Cette méthode comparative en sociologie est pour lui un moyen d'aller au-delà de la simple accumulation de faits : elle est le pendant sociologique de l'analyse expérimentale dans les sciences de la nature. Plus qu'une méthode de travail, elle est une méthode d'administration de la preuve, une façon d'expliquer le fait social sur lequel le scientifique travaille. Toutefois, toutes les méthodes comparatives ne s'appliquent pas à la sociologie. La méthode des concordances ou des différences sont pour lui difficilement utilisables car les phénomènes sociaux comportent de multiples dimensions et sont de ce fait très complexes à analyser. Les deux méthodes mentionnées supposent en effet que les cas comparés concordent en un seul point ou diffèrent par un seul (« toutes choses égales par ailleurs »).

La méthode retenue par Durkheim est celle des variations concomitantes. Cette méthode suppose que lorsqu'une relation existe entre un phénomène social et son antécédent (le concomitant), un parallélisme des valeurs prises par ces phénomènes peut être observé. Si le phénomène A est lié au phénomène B, alors les deux phénomènes varieront de façon « identique », quelle que soit la donnée C à laquelle on compare la relation. Par exemple, si le taux de suicide (phénomène A) est lié négativement au fait d'être marié (phénomène B), cette relation peut être vérifiée quels que soient le sexe de l'individu (donnée C1), son lieu d'habitation (donnée C2) ou la religion qu'il pratique (donnée C3). Durkheim met en garde le sociologue contre toute généralisation hâtive. En effet, les lois établies par ce procédé ne se présentent pas toujours sous la forme de la causalité. La concomitance peut être due non à ce qu'un phénomène est cause de l'autre, mais à ce que tous deux sont les effets d'une même cause, ou bien encore à ce qu'il existe entre eux un troisième phénomène qui est l'effet du premier et la cause du second. Il faut donc procéder de la manière suivante (dans *Les Règles de la méthode sociologique*, 1895) :

1) « on cherchera d'abord, à l'aide de la déduction, comment l'un des deux termes a pu produire l'autre » ;
2) puis « on s'efforcera de vérifier le résultat de cette déduction à l'aide d'expériences, c'est-à-dire de comparaisons nouvelles » ;
3) « si la déduction est possible et si la vérification réussit, on pourra regarder la preuve comme faite. Si au contraire, l'on n'aperçoit entre ces faits aucun lien direct, surtout si l'hypothèse d'un tel lien contredit des lois déjà démontrées, on se mettra à la recherche d'un troisième phénomène dont les deux autres dépendent également ou qui ait pu servir d'intermédiaire

entre eux ». Par exemple, on observe que la tendance au suicide varie comme la tendance à l'instruction. Mais il est impossible de comprendre « intuitivement » comment l'instruction peut conduire au suicide. On peut en revanche trouver une cause commune, qui est l'affaiblissement du traditionalisme religieux.

Cette méthode doit être appliquée rigoureusement. Pour démontrer une causalité entre deux phénomènes, il ne suffit pas de s'appuyer sur quelques exemples. Il faut comparer des séries statistiques entières.

La comparaison dans la sociologie de Max Weber

Chez Weber, on observe une pratique idéal-typique de la comparaison qui se double d'une approche pluridisciplinaire (intérêt pour le droit, pour l'économie…). Un idéal-type constitue pour Weber une représentation simplifiée de la réalité, dont le sociologue aurait sélectionné, pour les besoins de son analyse, les traits qu'il juge les plus importants. L'analyse comparative résulte de cette construction méthodologique. Le travail du savant consiste précisément à faire « dialoguer » les idéal-types entre eux, en établissant des relations d'« affinités électives ». Ainsi, à un moment donné de l'histoire, deux formes idéal-typiques présentent une relation de causalité limitée à cette période historique. Sur cette base, il est également plus aisé de conduire une analyse comparative : on peut sélectionner les éléments d'un phénomène sociologique complexe correspondant au sujet de l'enquête, et les mettre en rapport avec un autre idéal-type construit pour l'occasion. Par exemple, si l'objectif de l'enquête consiste à préciser la nature des relations existant entre une éthique religieuse et la naissance du capitalisme dans sa forme occidentale, il est intéressant de sélectionner, dans l'ensemble des religions existant à l'époque, les traits les plus saillants des comportements des croyants ayant un rapport avec un comportement que le scientifique aura défini comme capitaliste. On peut ainsi établir des affinités entre une branche du protestantisme, le calvinisme, et l'accumulation du capital à l'origine du capitalisme. On peut également comparer les effets possibles des différentes religions sur le comportement d'accumulation, et ainsi éliminer comme cause possible la pratique des religions confucianiste ou juive.

La comparaison dans la sociologie contemporaine

Ce détour par les pensées des fondateurs de la sociologie nous a permis d'apprécier la pertinence de la méthode comparative dans cette discipline. Dans sa pratique contemporaine, les sociologues qui l'utilisent mettent en avant les avantages suivants :

- la comparaison permet au chercheur de rendre la réalité plus intelligible en classant son objet d'étude en différentes catégories. Cet ordonnancement permet d'opposer des catégories qui s'opposent sur un ou plusieurs critères, et qui, collectivement, rendent compte de la totalité de l'objet que l'on étudie ;
- comparer permet aussi de généraliser : cette généralisation peut se faire dans l'espace (perspective synchronique) ou dans le temps (perspective diachronique) ;
- comparer permet d'agir : surtout affirmée dans les sciences politiques, la comparaison peut être orientée vers l'action concrète, sur le terrain. On peut alors parler d'une utilité pragmatique de la comparaison (identifier des *best practices*). L'objectif est donc double :

connaissance et action. Ce type de comparaison présente un risque de tension entre finalités théoriques et finalités pratiques ;
- comparer permet également au chercheur de se confronter à de nouvelles questions de recherche, puisqu'il « délocalise » nécessairement son point de vue en le comparant à d'autres traditions nationales, ou à des traditions du passé.

Cette méthode présente également des faiblesses :
- une conceptualisation floue. C'est la question « classique » des terminologies : l'existence d'un équivalent lexical ne signifie pas que les notions utilisées recouvrent les mêmes réalités. Par exemple, dans le cas des politiques familiales, les allocations familiales françaises ne sont pas équivalentes à ce que l'on appelle en Allemagne le *Kindergeld*, ni à ce que l'on appelle en Angleterre les *family benefits* (d'où l'intérêt de garder dans le texte le terme étranger) ;
- le manque d'homogénéité des données : les chercheurs négligent souvent l'importance des diversités internes aux pays sur le plan régional, qui peuvent être plus fortes que les différences entre pays. Ils ne prennent pas toujours le temps d'homogénéiser les phénomènes dont ils traitent : l'utilisation de données synthétiques statistiques peut, en ce sens, s'avérer dangereuse. C'est l'exemple typique du PIB, censé représenter une mesure de création de richesse au niveau d'une nation, mais ne prenant pas en compte, par définition, l'économie souterraine. Or cette dernière varie de façon importante selon les pays, cet oubli pouvant fausser les comparaisons internationales ;
- le piège des conventions statistiques : la comparaison peut être rendue difficile par l'absence de catégories statistiques homogènes. C'est le cas par exemple des nomenclatures professionnelles (tous les pays européens ne travaillent pas avec les hypothèses retenues par l'INSEE pour les PCS) ou la définition du chômage en Europe (il existe plusieurs définitions concurrentes qui dépendent par exemple des modalités d'indemnisation des chômeurs, des taux d'inscription au chômage, etc.). Ces difficultés peuvent être regroupées sous le terme de « comparaison synthétique », qui critique l'usage d'indicateurs statistiques globaux et l'ambition de certaines enquêtes qui prétendent mettre en évidence des relations entre facteurs économiques et sociaux complexes ;
- le risque de l'ethnocentrisme : il intervient lors de la formulation des problématiques et du choix des concepts. Il consiste à comparer des phénomènes sans tenir compte du contexte historique, social ou politique des aires étudiées.

2 Analyser le lien entre l'individu et la société : l'apport de la sociologie

Depuis la création de la discipline, les sociologues ont stabilisé une série de propositions théoriques : la question du lien entre l'individu et la société est au cœur de ce travail d'explication du social. Faut-il traiter l'individu comme soumis à l'influence d'un collectif ou le considérer comme un être autonome, maître de ses choix ? On trouve des tentatives de réponse à cette question dans les travaux des fondateurs de la discipline, Karl Marx, Max Weber ou Émile

Durkheim ; mais cette question n'a cessé d'interroger les sociologues jusqu'aux plus contemporains. Corollaire de cette interrogation fondamentale, la question du classement des individus au sein d'un groupe est particulièrement importante pour la sociologie. Les hiérarchies sont expliquées au moyen de deux grands concepts : les classes et les strates sociales.

A. Penser l'individu par rapport à la société

Des travaux sociologiques récents accordent à l'individu une place centrale : on porte une grande attention à l'identité, à la subjectivité, aux émotions, et même aux rêves des individus (B. Lahire, *L'Interprétation sociologique des rêves*, 2018). On souligne sa singularité, son autonomie, ses initiatives propres. Plutôt qu'une entrée par des concepts englobants comme les classes ou les groupes sociaux, on privilégie l'analyse de la vie sociale par le ressenti ou l'expérience individuels. La frontière entre sociologie et psychologie apparaît ainsi de plus en plus ténue : pour un pan de l'analyse sociologique, les institutions sociales en disent aujourd'hui moins sur l'individu que l'inverse, manière originale de reposer la question du lien entre individu et société.

Le lien entre individu et société vu par les fondateurs de la sociologie

Cet angle d'analyse contraste avec l'analyse des fondateurs de la discipline. Durkheim, Weber, ou Tönnies s'intéressent à la bascule des sociétés traditionnelles aux sociétés modernes, qu'ils analysent comme le passage de la communauté à la société. Dans son ouvrage *Communauté et société* (1887), Ferdinand Tönnies définit la communauté comme une forme de regroupement dans lequel le tout prime sur l'individu. Elle se caractérise par une double proximité : spatiale (les individus se côtoient parce qu'ils sont proches géographiquement) et affective (les liens sociaux sont forts, authentiques et essentiels) : c'est une communauté de « de sang, de lieu, d'esprit », où les individus sont des semblables sociaux, uniformes sur le plan des croyances et des appartenances. L'unité absolue qui la fonde exclut toute distinction des parties : l'individu n'a pas d'action propre, seul le groupe se meut. Pour reprendre les mots de Durkheim (« Communauté et société selon Tönnies », 1889), « ce qui tient les individus unis et confondus, [c'est le] *Verständnis* (consensus) [...], l'accord silencieux et spontané de plusieurs consciences qui sentent et pensent de même, qui sont ouvertes les unes aux autres, qui éprouvent en commun toutes leurs impressions, leurs joies comme leurs douleurs, qui, en un mot, vibrent à l'unisson ». La famille serait ainsi l'exemple le plus représentatif d'une communauté.

Caractéristique de la modernité, la société se caractérise par l'individualisme : l'intérêt personnel domine les rapports sociaux (égoïsme), les liens sont électifs (choisis par les individus eux-mêmes) plutôt qu'imposés par le groupe. Même si les individus habitent les uns à côté des autres, par exemple dans les grandes villes, ils sont séparés et distincts, les consciences sont opposées les unes aux autres. Durkheim le rappelle : « Personne ne fera rien pour autrui à moins que ce ne soit en échange d'un service similaire ou d'une rétribution qu'il juge être l'équivalent de ce qu'il donne... Seule la perspective d'un profit peut l'amener à se défaire d'un bien qu'il possède » (*ibid.*). Les relations sociales sont avant tout des relations de marchandage et d'intérêt : l'utilitarisme règne en maître. L'évolution de la communauté à la société, grand mouvement historique qui s'accélère à partir du XVIIIe siècle avec l'essor du marché comme mode d'organisation des activités économiques, trouve sa source dans l'accroissement démographique : à mesure que les groupes sociaux s'étendent, le poids de la collectivité sur les consciences individuelles diminue, et l'individu s'émancipe.

Une lente évolution vers la « modernité organisée »

Pour autant, l'individu de la modernité, période historique qui débute au XVIIIe siècle et se caractérise par des changements économiques, sociaux et politiques profonds, n'est pas un électron libre. Même le processus de *commodification* décrit par Karl Polanyi (*La Grande Transformation*, 1944), c'est-à-dire la transformation du travail humain en une marchandise échangeable sur un marché, ou encore l'industrialisation du XIXe siècle et la naissance des « villes géantes » drainant des migrants venus des campagnes, ne brisent pas complètement les solidarités traditionnelles et n'autonomise pas totalement les individus. Si les formes traditionnelles de contrôle social (la paroisse ou du voisinage) n'existent plus en tant que telles dans les grandes villes, les ouvriers du XIXe siècle sont contraints par l'exploitation économique brutale, n'ont pas le droit de vote ou la jouissance de leur propre force de travail. Ce sont des « non-individus » (Robert Castel, *La Montée des incertitudes*, 2009). L'indépendance sociale survient plus tard, lorsque la puissance publique adosse à la condition salariale un système de protection sociale, et élargit son champ d'action aux fonctions « nouvelles » (stabilisation et redistribution). On entre dans le cadre d'une « modernité organisée » (Peter Wagner, *Liberté et discipline. Les deux crises de la modernité*, 1996), avec une gestion régulée des inégalités dans une société salariale. L'exigence d'autonomie s'accompagne enfin d'une réelle indépendance sociale, garantie par la puissance publique.

Mais comme le rappelle Robert Castel (*ibid.*), le compromis social d'après Seconde Guerre mondiale dépend de l'inscription des salariés dans des « collectifs », souvent professionnels, parfois générationnels. L'individu n'est ni totalement libre, ni totalement autonome dans l'acquisition du statut salarial : il est « encastré » dans des groupements socioprofessionnels et intégré dans un projet national d'émancipation et de socialisation des individus. La jonction entre l'individu et le groupe est médiée par les institutions : la liberté individuelle s'exerce dans la cage d'acier du modèle social piloté par l'État. S'il est indubitablement plus libre dans son choix de croyance, de conjoint, d'orientation scolaire et professionnelle, l'individu moderne reste contraint. Il doit par ailleurs trouver un sens à son existence dans un monde désenchanté où dominent les connaissances scientifiques et la rationalité en finalité (Max Weber, *Le Savant et le Politique*, 1919).

Crise des institutions et renforcement de l'autonomie de l'individu

Lorsque les institutions rentrent en crise, à partir des années 1970, les droits de l'individu sont affirmés : on met en avant l'émancipation, la réalisation de soi, dans toutes les sphères de la vie sociale. On somme l'individu de choisir pour lui-même : chacun est poussé à se construire par soi-même en jouant de son autonomie et de son apparence. Les nouvelles figures valorisées sont « battants, leaders ou aventuriers » (Alain Ehrenberg, *Le Culte de la performance*, 1991). Elles sont le symbole d'une vision entrepreneuriale et athlétique de la vie en société. L'entreprise devient un modèle de conduite des individus, le sport, la performance et la concurrence un état d'esprit permanent : l'individu est appelé à être l'entrepreneur de sa propre vie. Par ailleurs, sous l'effet des transformations économiques de la fin du XXe siècle, allant de la globalisation financière à la flexibilité accrue des marchés du travail et l'apparition du chômage de masse, l'État-providence rentre en crise (Pierre Rosanvallon, *La Crise de l'État-providence*, 1981), se trouve délégitimé et endetté. Les institutions intermédiaires, qui faisaient le lien entre le groupe et l'individu, perdent de leur substance et autorité. L'individu est, plus que jamais, libre.

La liberté accrue de l'individu peut être interprétée comme un renforcement de la tendance à l'œuvre depuis les débuts de la modernité : on parle alors de modernité « avancée » ou « liquide ». Proposé par Zygmunt Bauman (*Liquid Modernity*, 2000), le concept de modernité liquide renvoie à une désagrégation sociale et idéologique : la fin des grandes idéologies, le relativisme, l'utilitarisme et la recherche du profit personnel sont autant de modalités de réflexion créant un vide dans l'existence des individus. Dans la modernité « liquide », les formes sociales jadis stables et bien définies font place à une intégration des individus par l'acte de consommation. Il est tenu de faire des choix en permanence, mais cette liberté s'accompagne également de plus d'incertitude, d'imprévisibilité, et de mouvement constant. Les institutions n'ont pas le temps de « solidifier » une trajectoire claire pour les individus souhaitant vivre la vie « bonne » : la modernité est liquide, mouvante, sans jalon ni repère stables. Ce contexte entraîne un effondrement des traditions et normes sociales sur lesquelles étaient ancrées les pratiques sociales. L'individu est sommé de se construire par lui-même dans un environnement mouvant : son vécu devient sa seule référence, dans le choix d'un style de vie, d'une identité. Il n'existe que par lui-même mais seulement pour lui-même.

Des contraintes sociales pèsent toujours sur les comportements individuels

D'autres interprétations sont toutefois possibles. S'il est incontestable que les possibles se sont multipliés, c'est-à-dire que l'individu contemporain dispose de nombreux choix pour établir sa trajectoire de vie, il n'en reste pas moins toujours déterminé socialement. Il est illusoire de croire que seule la volonté individuelle permet d'être au monde : nous sommes en permanence immergés dans un bain social qui nous enjoint, plus ou moins consciemment, d'adopter telle posture, tel style de vie, tel goût. Richard Peterson (*Creating Country Music: Fabricating Authenticity*, 1997) montre ainsi, dans le domaine de la musique, que la distribution des goûts légitimes a singulièrement changé, mais n'a pas disparu. Le goût légitime peut être défini, à la suite de Pierre Bourdieu (*La Distinction*, 1979), comme le goût musical des catégories dominantes de la population définissant le « bon goût ». Le sociologue français montre que dans les années 1960 en France, ce goût dominant prend la forme d'une écoute d'un seul style musical : la musique classique ou le jazz, selon la distribution des capitaux culturel et économique. Encore faudrait-il préciser le type de pièce : écouter le Boléro ne « distingue » pas comme les *Variations Goldberg* de Bach. Néanmoins, c'est l'univorité musicale qui domine. Les enquêtes de Richard Peterson aux États-Unis ou de Philippe Coulangeon en France (*Les Métamorphoses de la légitimité*, 2010) montrent que, sous l'effet du progrès technique (la numérisation des catalogues musicaux) et de l'individualisme contemporain, le goût légitime est devenu omnivore : il ne s'agit plus d'écouter exclusivement du classique ou du jazz, mais de multiplier les références. Le goût dominant, c'est écouter du rap, puis un titre de rock punk anglais des années 1970 pour finir avec une *Partita* de Bach. Cette capacité de jongler entre les styles musicaux peut être présentée par les intéressés comme un « choix personnel ». Et c'est d'ailleurs le cas. Mais ce choix personnel est aussi un indicateur d'une appartenance sociale, d'une position dans la hiérarchie des groupes. Si l'individu est enjoint à faire des choix, ces derniers ne se valent pas : il existe toujours de « bonnes » combinaisons de choix, plus légitimes socialement. Par ailleurs, la capacité de prendre en charge ses choix est distribuée inégalement selon les milieux sociaux : « l'individu » moderne, celui qui intériorise les attentes de son groupe de référence, n'est pas un modèle dépassé.

B. Classer l'individu dans la société : superposition ou domination ?

Toutes les sociétés sont constituées de groupes d'individus : ce sont les liens entre membres d'un même groupe et entre les groupes sociaux qui constituent la chair de la vie sociale. Ces groupes ne sont pas simplement juxtaposés : ils sont hiérarchisés en fonction d'un accès inégal à des ressources valorisées. La question des inégalités se pose entre les différents groupes, mais également à l'intérieur de chaque groupe pris isolément, entre les individus. En sociologie, on donne le nom de stratification sociale (au sens large) à l'étude des inégalités et de la hiérarchisation des groupes sociaux. Les études de stratification sociale sont structurées autour de deux grandes questions : faut-il concevoir la société comme un espace d'opposition entre les groupes sociaux (approche en termes de classes sociales) ou comme un simple agencement de groupes hiérarchisés par la possibilité d'accès à certaines ressources (approche en termes de stratification sociale au sens strict) ?

L'approche en termes de classes sociales

En sociologie, l'approche en termes de classes est issue de la théorie développée par Karl Marx. Les inégalités sont pensées en termes de groupes : il existe des dominants et des dominés. L'analyse sociologique a pour objectif de comprendre la nature de la relation qui s'instaure entre les groupes sociaux : s'agit-il d'une domination de type économique, symbolique, politique, ou des trois ensemble ?

≫ Retour sur le concept de classe sociale

Le concept de classe est ancien et son usage n'est pas exclusivement sociologique. Le sociologue Ralf Dahrendorf rappelle notamment qu'il est apparu dans l'Antiquité romaine « lorsque les censeurs introduisirent le terme *classis* en vue de répartir la population en groupes fiscaux » (dans *Classes et conflits de classes dans la société industrielle*, 1972). Tombé dans l'oubli, le concept ne réapparaît qu'au XVIIIe siècle avec les ordres de l'Ancien Régime. La Révolution française, dans sa volonté de promouvoir une société des égaux, fait disparaître la notion de classes, car elle ne peut soutenir un discours qui introduit de la différenciation sociale. C'est d'ailleurs à cette période que se construit l'idée de nation, en parallèle de l'idéal égalitaire. Il en découle une certaine confusion entre homogénéisation et unification de la société française (qui explique peut-être toutes les difficultés actuelles autour de la notion de communautarisme).

Pourtant, en même temps que l'égalité de droit se fonde en actes, la libération de l'économie fait imploser le tiers état à travers la multiplication des oppositions d'intérêts : petits paysans, corporations, masses populaires, etc. C'est ainsi qu'à la société d'ordres se substitue une société de classes, dont les intérêts ne convergent pas toujours.

≫ L'utilisation « classique » du concept de classe

Les éléments suivants résument la conception des classes sociales de Marx :

- les classes sociales se distinguent par un critère économique, la propriété des moyens de production, qui permet de distinguer les dominants (les propriétaires de l'outil de production) des dominés (qui ne détiennent que leur force de travail) ;
- elles doivent être analysées à l'aide d'une approche réaliste : l'appartenance de classe existe sur la base de la position réelle des individus dans les rapports de production ;
- elles peuvent être différenciées par l'existence ou l'absence d'une conscience de classe (classe en soi/pour soi) ;
- elles se définissent par la lutte contre une ou plusieurs autres classes. Les classes sociales ne peuvent être pensées indépendamment les unes des autres : elles sont dans un rapport de domination.

≫ Le prolongement de l'analyse marxiste : l'analyse de Ralf Dahrendorf

R. Dahrendorf (*Classes et conflits de classes dans la société industrielle*, 1972) revisite la notion marxienne de classes en lui ajoutant des éléments empruntés à Max Weber. Il définit une classe sociale comme « toute collectivité, organisée ou non, d'individus partageant des intérêts manifestes ou latents qui découlent de la structure des associations régies par l'autorité. Les classes sociales sont toujours des groupes de conflit ». Dahrendorf reprend trois idées essentielles de l'héritage marxiste :

- le conflit est au cœur de l'organisation sociale ;
- il peut exister plusieurs conflits sociaux, mais tous ces conflits ne se ramènent pas nécessairement à un grand conflit central ;
- l'analyse de la société doit être matérialiste : elle se fait à partir des conditions économiques de production.

L'auteur s'écarte cependant de la tradition marxiste sur cinq points :

- le dépassement du conflit social est impossible : une société sans conflit est pathologique ;
- dans des sociétés de plus en plus complexes et différenciées, la possession des moyens de production ne peut pas fonder seule les identités de classes ;
- l'existence d'une pluralité de conflits implique la naissance d'intérêts spécifiques à chaque type de conflits. Il y a autant d'intérêts et donc de potentiels conflits qu'il y a de secteurs de la vie sociale. La conflictualité tend à se diversifier ;
- les conflits ne se résolvent pas automatiquement par une révolution. Ils débouchent plus souvent sur des transformations progressives ;
- la possession des moyens de production comme critère central de la définition de la classe est désormais insuffisante pour comprendre la nature de la classe capitaliste. Les transformations du système capitaliste ont œuvré dans le sens d'une disjonction croissante entre possession et contrôle des moyens de production (distinction entre actionnaire et gestionnaire).

L'originalité de Dahrendorf consiste également en l'ajout d'éléments empruntés à Weber. Il souligne ainsi l'importance des luttes pour l'autorité dans l'activité sociale. Et ajoute que toute autorité repose sur la croyance en sa légitimité. Pour Dahrendorf, il existe des formes d'autorité spécifiques à chaque espace social. Par exemple, la richesse matérielle ne détermine pas l'autorité dans les sphères religieuse ou politique. Dès lors, les conflits sociaux sont des luttes pour la répartition de l'autorité, dont le contrôle des moyens de production ne constitue que l'une des formes possibles. D'où sa définition des conflits de classes : « Les classes ne sont liées ni à la propriété privée, ni à l'industrie, ni aux structures économiques en général, mais en tant qu'élément de la structure sociale et facteurs produisant le changement, elles sont aussi universelles que leur déterminant, à savoir l'autorité et sa distribution spécifique. »

L'approche en termes de stratification sociale

L'approche en termes de stratification (au sens strict) mesure les inégalités entre les individus (inégalités graduelles) sur plusieurs échelles. Il existe une infinité de positions entre les individus situés en bas et en haut de l'échelle sociale. La question des liens entre les groupes se pose avec moins de pertinence que dans le cas des classes sociales.

≫ L'analyse de la stratification sociale par Max Weber

L'analyse que Max Weber propose des classes sociales arrive chronologiquement après celle de Marx. Jugeant l'approche de ce dernier trop caricaturale, il propose de replacer les classes sociales dans un contexte social plus large. Pour lui, tout espace social génère des inégalités par rapport à trois dimensions distinctes :

- il existe premièrement un ordre économique, qui règle la distribution et l'utilisation des biens et des services. L'identité des conditions économiques et des revenus permet de distinguer un premier ensemble de groupes sociaux, selon qu'ils possèdent et disposent de droits de propriété (classe possédante) ou qu'ils détiennent un monopole sur l'utilisation de qualités individuelles liées à leur capital scolaire ou leur force de travail (classes d'acquisition). Au sein des classes d'acquisition, certains sont « positivement » privilégiés (les entrepreneurs, les ingénieurs, etc.), d'autres « négativement » privilégiés (les salariés de l'industrie). Le classement au sein de l'ordre économique se rapproche de la vision que propose Marx des classes sociales ;
- il existe également un ordre social, caractérisable par des différences de statuts sociaux. À chaque statut est associé un degré de prestige, d'honneur social, ressources sociales très inégalement distribuées. L'honneur social consiste en une considération sociale positive ou négative, dépendant du style de vie, du type d'instruction, du prestige de la naissance ou de la profession. Il est par définition non réductible aux relations économiques : il repose sur une forme de mise à distance sociale d'autrui, basée sur l'exclusivité. On en trouve des signes visibles (façon de s'habiller, de parler) et d'autres plus implicites (goût pour certaines pratiques sociales « classantes »). Il s'agit d'un phénomène social au sens où il caractérise les membres d'un groupe plutôt qu'un individu pris à part ;
- enfin, un troisième ordre, politique, regroupe l'ensemble des relations de compétition pour la direction de l'appareil d'État. Cet ordre doit être mis en rapport avec le développement de la légitimité légale-rationnelle au sein des sociétés modernes : plutôt que de se battre

physiquement pour l'obtention du pouvoir, les individus se battent symboliquement pour l'obtention de places privilégiées au sein de l'appareil d'État.

Si la dimension économique des rapports entre les groupes sociaux ne disparaît pas, elle s'intègre en revanche dans un ensemble de relations plus larges, incluant le prestige social et la politique. Dès lors, les classes sociales (au sens de Marx) ne constituent pour Weber qu'une dimension parmi d'autres de la stratification sociale : on pourrait d'ailleurs les nommer « classes économiques » (Serge Bosc, *Stratification et transformations sociales*, 1993) car la situation de classe se résume à une situation de marché, dans lequel un individu est positivement ou négativement privilégié selon ce qu'il a à offrir et le pouvoir de marché dont il dispose. Weber souligne toutefois que l'ordre économique prend de plus en plus d'importance avec le processus de rationalisation des activités sociales.

Se pose alors la question du passage de la situation de classe à l'action de classe : pour Weber, le fait de partager une position de classe commune n'amène pas nécessairement à une action de classe visant à faire valoir certains intérêts collectifs. D'autant plus que cette possibilité concerne essentiellement les classes économiques : les groupes de statut représentent une communauté d'intérêts, mais sont relativement amorphes du point de vue de l'action sociale. Weber affirme donc avec force que « les classes ne sont pas des communautés », et la classe n'est pas « infaillible dans la reconnaissance des siens ». Il est seulement possible d'envisager, sur cette base, une « action communautaire informelle », qui peut permettre d'aboutir au sentiment qu'ont les acteurs d'être liés les uns aux autres.

≫ L'approche par strates de William Lloyd Warner

Ce type d'analyse de la stratification se rattache à une tradition américaine, allergique aux théories d'inspiration marxiste, et basée sur de monumentales enquêtes de terrain. Consistant en de grandes monographies de communautés, elles visent à décrire toutes les dimensions, sociales, culturelles, économiques, d'une communauté sélectionnée par les enquêteurs. C'est à ce type de tradition sociologique que se rattachent les études menées par William Lloyd Warner et son équipe dans une petite ville de la Nouvelle-Angleterre entre 1930 et 1935, et publiées sous le titre de *Yankee City* (1941 à 1959). Leur idée est de faire ressortir des rapports sociaux empiriques, qui ne seraient pas définis théoriquement *a priori*. Les auteurs sont ainsi amenés à répartir les individus en plusieurs groupes ou « classes » selon deux critères principaux : économique et statutaire. On obtient trois grandes classes, *upper*, *middle*, *lower*, chacune d'elles se divisant en deux étages, *upper* et *lower*. Tout en haut domine la *upper upper class*, généralement installée depuis plusieurs générations : l'ancienneté dans un pays d'immigration n'est-elle pas la marque ultime de la distinction ? À l'autre bout de l'échelle, il y a la *lower lower class*, marquée par l'indigence économique et le déficit de moralité publique et privée (plus le handicap socio-ethnique, le fait d'être noir).

Le problème de cette approche réside dans la définition du concept de classe, qui se confond avec celle de statut. Par ailleurs, les classements de rapports sociaux « empiriques » dépendent largement de la vision des acteurs : le sociologue ne met pas à distance la perception des personnes qui sont elles-mêmes engagées dans ces rapports sociaux. Or ce regard des acteurs sur eux-mêmes est forcément biaisé : il élimine tout ce qui ne leur apparaît pas comme une évidence, notamment la place dans l'ordre économique et une surévaluation du prestige social.

1830 Parution de la première leçon du *Cours de philosophie positive* d'Auguste Comte.

1867 Publication du *Capital* de Karl Marx.

1893 Publication de *La Division du travail social* d'Émile Durkheim.

1895 Publication des *Règles de la méthode sociologique* d'Émile Durkheim.

1904-1905 Publication en deux parties de *L'Éthique protestante et l'esprit du capitalisme* de Max Weber.

1905 Création de l'American Sociological Association.

1922 Marianne Weber, veuve de Max Weber, fait paraître *Économie et Société*.

1949 Robert King Merton publie *Social Theory and Social Structure*.

1963 *Outsiders* d'Howard Saul Becker paraît à Chicago.

1968 Les étudiants, suivis des ouvriers, manifestent au mois de mai.

1969 *Les Héritiers* de Pierre Bourdieu et Jean-Claude Passeron paraissent en France.

1973 Publication de *L'Inégalité des chances* de Raymond Boudon. Choc pétrolier. Maximum de l'emploi industriel en France. Publication de la *Production de la société* par Alain Touraine.

1975 Création du collège unique.

1977 Publication de *L'acteur et le système* par Michel Crozier et Erhard Friedberg

1979 Parution de *La Distinction* de Pierre Bourdieu.

1985 Objectif de 80 % d'une classe d'âge au baccalauréat.

2002 Création de l'Association française de sociologie.

BIBLIOGRAPHIE

- **Aron (R.)**, *Les Étapes de la pensée sociologique*, Gallimard, coll. « Tel », 1976.
- **Becker (H. S.)**, *Outsiders*, Métailié, coll. « Leçons de choses », 2012.
- **Boudon (R.)**, *L'Inégalité des chances*, Hachette, coll. « Pluriel », 2011.
- **Bourdieu (P.), Chamboredon (J.-C.), Passeron (J.-C.)**, *Le Métier de sociologue*, Mouton-De Gruyter, coll. « Textes de sciences sociales », 2006.
- **Bourdieu (P.), Passeron (J.-C.)**, *Les Héritiers*, Minuit, coll. « Le sens commun », 2001.
- **Christin (O.)**, *Dictionnaire des concepts nomades en sciences humaines*, Métailié, coll. « Sciences humaines », 2016.
- **Cuin, (C.-H.), Gresle (F.), Hervouet (R.)**, *Histoire de la sociologie*, La Découverte, coll. « Grands Repères Manuels », 2017.
- **Delas (J.-P.) et Milly (B.)**, *Histoire des pensées sociologiques*, Armand Colin, coll. « U », 2015.
- **Durkheim (E.)**, *Les Règles de la méthode sociologique*, PUF, coll. « Quadrige », 2013.
- **Durkheim (E.)**, *Le Suicide*, PUF, coll. « Quadrige », 2013.
- **Goffman (E.)**, *Les Rites d'interaction*, Minuit, coll. « Le sens commun », 2001.
- **Goffman (E.)**, *Asiles*, Minuit, coll. « Le sens commun », 2001.
- **Grafmeyer (Y.), Isaac (J.)**, *L'École de Chicago*, Flammarion, coll. « Champs Essais », 2009.
- **Kuhn (T. S.)**, *La Structure des révolutions scientifiques*, Flammarion, coll. « Champs Sciences », 2008.
- **Lahire (B.)**, *Pour la sociologie*, La Découverte, coll. « Cahiers libres », 2016.
- **Lahire (B.)**, *À quoi sert la sociologie ?*, La Découverte/Poche, 2004.
- **Lallement (M.)**, *Histoire des idées sociologiques. Des origines à Weber*, Armand Colin, coll. « Circa », 2005.
- **Lallement (M.)**, *Histoire des idées sociologiques. De Parsons aux contemporains*, Armand Colin, coll. « Circa », 2005.
- **Le Breton (D.)**, *L'Interactionnisme symbolique*, PUF, coll. « Quadrige », 2016.
- **Nisbet (R. A.)**, *La Tradition sociologique*, PUF, coll. « Quadrige », 2012.
- **Passeron (J.-C.)**, *Le Raisonnement sociologique*, Albin Michel, 2006.
- **Riutort (P.)**, *Premières Leçons de sociologie*, PUF, coll. « Major », 2013.
- **Riutort (P.)**, *Les classiques de la sociologie*, PUF, 2020.

- **Steiner (P.)**, *La Sociologie de Durkheim*, La Découverte, coll. « Repères », 2018.
- **Weber (M.)**, *Économie et Société*, Pocket, coll. « Agora », 2003.
- **Weber (F.)**, *Max Weber*, Hachette Éducation, coll. « Prismes », 2001.
- **Weber (M.)**, *L'Éthique protestante et l'esprit du capitalisme*, Pocket, coll. « Agora », 1989.

Module 2

Croissance et développement du XIXe siècle à nos jours

Chapitre 1

Croissance et développement depuis le XIXe siècle

1

La croissance économique depuis le XIXe siècle

Nous pensons légitime de vivre plus confortablement que les générations qui nous ont précédés. Comme nous aspirons pour nos enfants à la prolongation de ce mouvement, nous considérons avec inquiétude la perspective de l'arrêt possible de cette tendance. Bien sûr, la croissance a pu s'accompagner, à certaines époques, d'une hausse des inégalités, d'un durcissement des conditions de travail ; il est probable qu'elle ait été porteuse d'une diffusion dans la vie sociale de valeurs d'efficacité, voire d'exigences de dévouement professionnel ou de recherche de profit, et il est certain qu'elle a modifié notre environnement naturel. Mais, sans la croissance, aucune société n'est parvenue à assurer à la fois un confort matériel de vie croissant au plus grand nombre, un recul de la grande misère et une hausse du temps de la vie consacré à d'autres activités que le travail productif. Comprendre notre société implique donc de se pencher sur les origines et les ressorts de cette croissance économique qui a rendu possibles bien des changements connus par notre monde contemporain depuis deux siècles.

1 La diffusion progressive d'une dynamique moderne

Le progrès économique est historiquement indissociable de la croissance économique moderne qui s'est développée depuis un peu plus de deux siècles. Cette croissance moderne est une tendance de long terme à la hausse de la production de richesses accompagnée d'une élévation du niveau de vie moyen de la population. Elle s'est diffusée jusqu'à devenir une norme dans un nombre toujours plus grand de pays.

A. Les particularités et les faits stylisés de la croissance à partir du XIXe siècle

La croissance économique permet, sur un temps long, une progression de la production de biens et de services dans une économie, l'échelle d'analyse étant généralement nationale. Une telle évolution économique est souvent considérée comme une spécificité du monde contemporain, à l'aune duquel les sociétés plus anciennes sont présentées comme stagnantes, enfermées dans des techniques et des conditions matérielles de vie archaïques. La schématisation proposée par Walt Whitman Rostow dans son ouvrage de 1960, *Les Étapes de la croissance économique*, a contribué à ancrer cette vision dans une partie de la littérature économique. L'idée d'une stagnation plurimillénaire a pu être renforcée par une approche rapide du travail statistique proposé par Angus Maddison dans *L'Économie mondiale, une perspective millénaire*, publié en 2001. Pourtant, on aurait tort de croire que le progrès économique était totalement absent des sociétés anciennes.

Croissance ancienne et croissance moderne

Avant la révolution industrielle, la relative stagnation des niveaux de vie pour une majorité d'habitants ne doit pas masquer l'augmentation considérable de la production dans beaucoup d'économies, en particulier européennes et asiatiques, depuis au moins la diffusion de l'agriculture et de l'élevage au Néolithique. En outre, des phases de véritable essor de plusieurs siècles ont existé en Europe de l'Ouest, à l'époque de la paix romaine (Ier et IIe siècles en particulier) ou pendant une partie de la période médiévale (prospérité des XIe-XIIIe siècles), même si la hausse de la production était moins marquée que la croissance économique observée depuis deux siècles. Les travaux d'histoire globale nous ont par ailleurs appris que d'autres régions du monde avaient connu des essors économiques marqués, comme la Chine entre les VIe et XIe siècles. Il est cependant vrai que, pour ces époques, la hausse démographique et la progression du confort de vie des élites sociales restent trop masquées dans les représentations par la persistance de conditions de vie misérables pour la majorité de la population. En outre, ces phases de croissance des économies anciennes ont été souvent suivies d'effondrements économiques et démographiques, comme à la fin de la domination romaine en Europe de l'Ouest et du Sud, ou au XIVe siècle sur le continent européen, en raison des « trois Parques surmortelles » (famines, guerres, épidémies). Les moments de croissance dans les économies anciennes, croissance essentiellement extensive et fondée en particulier sur une progression du nombre de travailleurs, n'ont donc pas été moins longs que ceux que les pays avancés ont connus depuis deux siècles, mais une différence majeure dans les résultats de cette dynamique économique peut être observée : la hausse marquée des niveaux de vie pour le plus grand nombre est un phénomène récent, car elle était pour l'essentiel réservée auparavant à une minorité. Ainsi, pour la période antérieure au XIXe siècle, la longue stagnation du niveau de vie de la majorité et l'enchaînement de phases d'essor et de déclin conduisent, vus de notre époque, à une impression statistique d'immobilité.

La croissance économique moderne, en plus de continuer à favoriser la croissance démographique, s'est en effet accompagnée d'une progression de la productivité du travail qui a permis la hausse des niveaux de vie. L'heure de travail devenant plus efficace, la richesse créée s'élève, ce qui permet une rémunération plus importante pour les travailleurs. Au final, la population bénéficie de plus de biens et de services susceptibles de répondre à ses besoins. La hausse du niveau de vie a bien des traductions concrètes en termes de satisfaction des besoins primaires des individus, de recul de la grande pauvreté et d'élévation du confort de vie pour les habitants d'un pays. Cette particularité de la croissance économique à l'époque contemporaine, cette spécificité de la croissance moderne, est le résultat de plusieurs évolutions de fond dans la vie économique et sociale.

Tableau 1 – Production de richesses
(en milliards de dollars internationaux de 1990)

	0	1000	1820	1998
Europe de l'Ouest, Japon et pays d'immigration européenne	12,8	14,1	198	17 998
Amérique latine	2,2	4,6	14,1	2 942
Asie (hors Japon)	77	78,9	390,5	9 983
Afrique	7	13,7	31	1 939

Tableau 2 – Population en millions et production par habitant
(en dollars internationaux de 1990)

		0	1000	1820	1998
Europe de l'Ouest, Japon et pays d'immigration européenne	Population	28,9	34,9	175,1	838
	Production par hab.	*443*	*405*	*1 130*	*21 470*
Amérique latine	Population	5,6	11,4	21,2	508
	Production par hab.	*400*	*400*	*665*	*5 795*
Asie (hors Japon)	Population	171,2	175,4	679,4	3 390
	Production par hab.	*450*	*450*	*575*	*2 936*
Afrique	Population	16,5	33	74,2	760
	Production par hab.	*425*	*416*	*418*	*1 368*

Source : A. Maddison, *L'Économie mondiale, une perspective millénaire*, OCDE, 2001.

Les évolutions économiques et sociales ayant permis l'avènement de la croissance moderne

L'accumulation de capital a été plus forte à partir du XIXe siècle que par le passé, c'est-à-dire qu'une part plus importante qu'auparavant des richesses supplémentaires créées a été réutilisée pour approfondir la dynamique de croissance, en perfectionnant les capacités productives des économies. Ce résultat est le fruit d'une évolution des mentalités de l'élite sociale valorisant davantage qu'auparavant en son sein les comportements capitalistes. Au XIXe siècle, le basculement des sociétés contemporaines avancées dans des systèmes capitalistes signifie que ces sociétés acceptent désormais assez largement des comportements de recherche méthodique du profit maximum par les producteurs de richesses, lesquels réinvestissent une part importante de leurs gains, ce qui a pour effet d'élever les moyens de production au sein d'une économie.

Max Weber, dans *L'Éthique protestante et l'esprit du capitalisme* (1905), a souligné ces particularités du capitalisme moderne qu'il voit grandir à partir du XVIe siècle. Fernand Braudel, dans *Civilisation matérielle, économie et capitalisme* (1979), a remarqué cependant combien ces pratiques restaient, jusqu'au XVIIIe siècle, en marge du cœur de l'activité productive formé par le travail paysan et artisanal. Ce qui change au XIXe siècle, même s'il y a des écarts du point de vue chronologique entre les pays, les Pays-Bas ou la Grande-Bretagne connaissant des évolutions plus précoces par exemple, c'est que l'élite sociale cesse de plus en plus de dépenser les fruits de la croissance des richesses produites pour des usages improductifs. Elle donne dès lors les moyens à l'économie d'auto-entretenir plus solidement sa dynamique de croissance, grâce à des investissements productifs accrus.

Le progrès technique a été plus marqué à partir du XIXe siècle, ce qui explique en grande partie la dynamique plus nette de hausse de la productivité du travail. Max Weber a montré combien les progrès de la science et de la technique avaient été vifs, en particulier en Europe, au moins depuis le XVIe siècle, et constituaient une des facettes de la dynamique de long terme de rationalisation des représentations et des activités sociales qu'il pense percevoir. Les progrès scientifiques depuis la Renaissance sont encore favorisés par les Lumières du XVIIIe siècle, qui placent la raison au centre de l'esprit humain (Joël Mokyr, *La culture de la croissance*, 2017). Les besoins du développement économique, l'intérêt du recours à des procédés plus performants, ont ensuite suscité des innovations de plus en plus nombreuses à partir de la révolution industrielle. Les entreprises prenant progressivement elles-mêmes en charge méthodiquement une part de l'effort de recherche et développement qui, s'il n'a pas forcément débouché sur une dynamique continue d'innovation, a entretenu la croissance économique.

La hausse du niveau de vie a aussi été permise par un changement de régime démographique et une évolution, en particulier, des comportements de fécondité. La dynamique démographique ancienne effaçait presque entièrement les effets de la hausse de la production des richesses sur le niveau de vie moyen des populations. Que la situation économique s'améliore et la baisse temporaire de la mortalité, en particulier infantile, dévoilait le dynamisme prodigieux de la natalité et permettait des hausses spectaculaires de population. Par exemple, sur un espace correspondant plus ou moins au territoire actuel de la France, on estime que la population est passée d'environ 100 000 habitants vers – 4000 à 4 millions d'habitants vers – 2000 et que l'essor des premiers siècles de la période gallo-romaine a permis d'atteindre environ 10 millions d'habitants. La forte chute démographique à la fin de l'Empire romain a été comblée ensuite pendant l'époque médiévale, en particulier entre le XIe et le XIIIe siècle, grâce à un triplement de la population qui atteint plus ou moins 15 millions avant la crise sanitaire, politique et économique du XIVe siècle. Une fois cette dernière surmontée, le nombre d'habitants atteint 25 millions au XVIIIe siècle, moment où la croissance moderne va démarrer. Cette tendance à l'essor démographique lorsque les conditions économiques sont favorables a été soulignée très clairement par Malthus dans son *Essai sur le principe de population* (1798). Il indiquait qu'elle venait inéluctablement buter sur les disponibilités alimentaires, en perpétuant par ailleurs la misère des plus pauvres par dilution des richesses supplémentaires dans la population plus nombreuse. Or, à partir du XIXe siècle, la France étant particulièrement précoce dans cette évolution, la natalité recule : la fécondité cesse d'être une donnée biologique et commence à être consciemment maîtrisée par les populations. Dès lors, les richesses peuvent plus facilement s'élever à un rythme supérieur à la progression démographique.

Les études sur les causes du démarrage de la croissance moderne mettent en évidence la complexité des mécanismes économiques et sociaux ayant permis l'amorce d'un processus qui n'est pas la simple continuité des dynamiques antérieures. L'essor économique n'a concerné au XIXe siècle qu'une minorité de pays, déjà souvent les plus avancés économiquement, mais pas nécessairement.

Parmi les comparaisons célèbres (Kenneth Pomeranz, *Une grande divergence*, 2010), on peut citer celle rapprochant l'Angleterre et le bas bassin du Yangzi en Chine au XVIIIe siècle : ces deux régions du monde font alors partie des foyers où l'activité économique est des plus intenses, l'agriculture chinoise étant même nettement plus productive, mais la croissance économique moderne va démarrer en Angleterre et non en Chine. Autre exemple, alors que la France est, au milieu du XVIIIe siècle, le pays européen ayant la puissance globale, économique et démographique la plus marquée, elle perd rapidement ce statut, dépassée en un siècle par la Grande-Bretagne et l'Allemagne. La recherche sur les causes de l'enrichissement de certaines nations amène donc à découvrir l'entrecroisement complexe de facteurs économiques, mais aussi sociaux et politiques, pour comprendre ces évolutions historiques.

La diffusion internationale de la croissance moderne

La croissance économique moderne ne s'est pas diffusée immédiatement à tous les pays du monde et son apparition a engendré depuis deux siècles une forte hausse des inégalités entre les pays. L'Europe et quelques pays sur d'autres continents, comme par exemple ceux d'Amérique du Nord, l'Australie ou le Japon, ont connu une croissance des niveaux de vie marquée, alors que le reste du monde prolongeait la dynamique incertaine des économies anciennes. Pourtant, au cours du XXe siècle, la croissance moderne s'est étendue dans beaucoup de pays, si bien que ses traits caractéristiques – la hausse du niveau de vie grâce à la hausse de la productivité du travail, la hausse du capital par habitant, la diffusion rapide de technologies nouvelles, la fin de la dynamique traditionnelle de la fécondité – sont des réalités qui tendent à s'imposer partout dans le monde. Cela ne signifie pas encore une réduction globale des écarts de niveaux de vie entre pays, mais la richesse par habitant progresse depuis le XXe siècle de plus en plus largement dans une majorité de pays peu concernés encore par le phénomène au XIXe siècle.

La croissance économique moderne a aussi entraîné un bouleversement des hiérarchies économiques mondiales. Si l'on a assisté globalement à une hausse des inégalités, des cas de rattrapage spectaculaires ont été au contraire observés, qu'il s'agisse, pour ne citer que quelques exemples, de l'Allemagne au milieu du XIXe siècle, de la Corée du Sud dans la deuxième moitié du XXe siècle ou de la Chine au cours des années récentes. Ces mouvements de rattrapage des niveaux de vie des pays avancés engendrent des évolutions de la hiérarchie mondiale des puissances : alors que la Chine au niveau mondial et la France en Europe sont en tête au milieu du XVIIIe siècle, la Grande-Bretagne est un siècle plus tard la puissance prééminente, tandis que le XXe siècle marque le triomphe des États-Unis. La prolongation des courbes du début du XXIe siècle laisse penser que la domination globale de ce pays risque cependant de s'interrompre dès le deuxième tiers du siècle, face à l'avancée de la Chine.

Tableau 3 – Parts du PIB mondial

	1500	1820	1913	1998
Europe de l'Ouest	17,9	23,6	33,5	20,6
Pays d'immigration européenne	0,5	1,9	21,7	25,1
Asie	65,2	59,2	24,5	37,2
Amérique latine	2,9	2	4,5	8,7
Afrique	7,4	4,5	2,7	3,1
Total	100	100	100	100

Source : A. Maddison, *L'Économie mondiale, une perspective millénaire*, OCDE, 2001.

Les faits stylisés de la croissance moderne selon Kaldor et Romer

Les économistes ont tenté d'établir une liste plus complète des traits caractéristiques de la croissance moderne. En 1961, Nicholas Kaldor (*Capital Accumulation and Economic Growth*) propose une liste de six traits marquants, qu'il qualifie de « faits stylisés » de la croissance économique, dont cinq ont, sur la durée, été validés par des recherches plus récentes. Ces faits sont des régularités établies statistiquement ; ce ne sont pas des lois absolues mais des tendances fortes :

- la hausse de la productivité du travail est le premier fait stylisé remarqué par Kaldor. L'élévation de la production ne s'effectue donc pas d'abord grâce à une hausse de la quantité de travail, du nombre de travailleurs notamment, mais grâce à une meilleure efficacité du travail. C'est ce qui permet la progression des niveaux de vie ;
- la hausse du capital par travailleur, c'est-à-dire l'élévation de l'intensité capitalistique des combinaisons productives. Les travailleurs mettent chacun en moyenne en œuvre un capital de plus en plus important, ce qui contribue à rendre le travail plus efficace ;
- le rapport entre le capital mis en œuvre et la production réalisée (coefficient de capital) est relativement stable. Ce qui est cohérent avec les deux premiers faits stylisés de la croissance moderne. Mais cette stagnation de la productivité apparente du capital est *a priori* surprenante en raison de la modernisation, au fil du temps, du capital utilisé. C'est que l'effet positif de cette modernisation sur la productivité apparente du capital est statistiquement annulé par l'effet négatif dû à la productivité marginale décroissante du capital ;
- un partage de la valeur ajoutée entre salaires et profits assez stable ; ce qui signifie que les salaires progressent sur le long terme au rythme des gains de productivité. Ainsi, le taux de marge est depuis un siècle voisin de 30 % dans les pays développés, bien que marqué par des variations de moyen terme parfois assez amples. Les explications de cette relative stabilité et universalité ne sont pas encore bien établies ;
- le taux de croissance de la production par habitant est très inégal selon les pays, fait stylisé qui illustre à la fois la progression des écarts de niveaux de vie entre pays depuis deux siècles et les phénomènes spectaculaires de rattrapage qui ont pu parfois se produire.

Parmi les travaux plus récents sur la croissance mondiale, ceux de Charles Jones et de Paul Romer (« The new Kaldor facts : ideas, institutions, population and human capital », 2010) ont conduit à compléter la liste des faits stylisés, notamment :

- la croissance économique de ces derniers siècles s'est accompagnée d'une hausse considérable des flux d'échanges de produits, d'informations et de facteurs de production. L'ouverture des économies, leur interconnexion croissante et l'urbanisation accrue des sociétés humaines ont favorisé la hausse de ces flux ;
- la croissance économique moderne a permis à la fois la hausse des niveaux de vie moyens des populations et une progression démographique importante au niveau mondial ;
- plus les pays sont éloignés de la frontière technologique, plus les taux de croissance des niveaux de vie sont dispersés. C'est une précision du dernier fait stylisé de Kaldor : les pays avancés ne croissent pas nécessairement plus vite ou moins vite que les pays où le niveau de vie est le plus bas. Ce fait stylisé reflète donc à la fois la hausse des inégalités entre pays et aussi l'existence de rattrapages spectaculaires ;
- les écarts de niveaux de vie sont largement corrélés avec les écarts de productivité globale des facteurs entre les pays. Autrement dit, les différences de dotation factorielle entre pays expliquent une part faible de ces écarts de niveaux de vie ;
- la croissance économique moderne s'est accompagnée d'une hausse du capital humain dans les populations, sans pour autant que la diffusion de ce capital humain conduise à réduire le revenu relatif des travailleurs qualifiés par comparaison avec celui des travailleurs non qualifiés, en raison d'une hausse de la demande de travail qualifié sur les marchés du travail.

B. L'apparition de la croissance moderne pendant la révolution industrielle

Le démarrage de la croissance moderne correspond historiquement à l'entrée dans la « révolution industrielle ». Cette expression, utilisée dès 1837 par l'économiste Adolphe Blanqui, établit une analogie implicite avec la Révolution française, en tant à la fois que rupture et événement fondateur, et souligne l'importance du phénomène et les nouveautés qu'il porte. On assiste en effet à de multiples innovations, dans le textile, la métallurgie et la mécanique en particulier : des machines nouvelles apparaissent et se diffusent en quelques décennies dans le tissu productif. Paul Mantoux, le premier à véritablement analyser la révolution industrielle en tant que telle dans son ouvrage de 1906 intitulé *La Révolution industrielle au XVIIIe siècle*, la considère en effet d'abord comme un ensemble de bouleversements techniques. De nouvelles façons de travailler, de nouveaux antagonismes sociaux naissent aussi dans les foyers souvent sombres et bruyants de l'industrie moderne. Des évolutions qui nous permettent de compléter les traits caractéristiques de cette révolution industrielle, au-delà donc des nouveautés techniques qu'elle apporte : l'esprit capitaliste bouscule les méthodes artisanales anciennes dans la transformation de la matière, le capital fixe prend un poids croissant dans les combinaisons productives, le système usinier tend à supplanter les formes proto-industrielles du travail à domicile et de l'industrie paysanne dispersée, la productivité du travail s'élève, ouvrant la voie à une hausse globale des niveaux de vie, même si celle-ci est au départ assez inégale.

Une certaine conception de l'histoire économique voit se succéder plusieurs révolutions industrielles. Une telle vision se justifie si l'on considère que l'évolution des techniques et des formes d'organisation des entreprises n'est pas progressive, si le rythme de l'innovation est plutôt discontinu. C'est la perspective proposée par Joseph Schumpeter dans son ouvrage *Business Cycles* (1939), dans lequel il identifie des grappes d'innovation apparaissant plus ou moins périodiquement au cours de l'Histoire. Des innovations permettent en effet à certaines activités de se développer, ce qui crée des goulets d'étranglement dans d'autres productions et pousse ces dernières à se moderniser à leur tour (cas par exemple du filage et du tissage en Angleterre au XVIIIe siècle). De plus, des innovations dans certaines activités facilitent l'émergence de nouveautés techniques dans des activités proches (cas par exemple des mutations dans la photographie apportées par les progrès de l'informatique).

L'Histoire est aussi marquée, selon une telle interprétation qui insiste sur les discontinuités du développement économique, par une succession de systèmes techniques, si l'on suit l'historien Bertrand Gille (*Histoire des techniques*, 1978) : « Toutes les techniques sont, à des degrés divers, dépendantes les unes des autres, et [il] faut nécessairement entre elles une certaine cohérence : cet ensemble de cohérences aux différents niveaux de toutes les structures de tous les ensembles et de toutes les filières compose ce que l'on peut appeler un système technique. » Un système technique est donc un ensemble de techniques compatibles les unes avec les autres, qui finissent par se stabiliser avant qu'une rupture radicale ne vienne tout bouleverser. L'évolution technique se manifesterait ainsi par la disparition de certains procédés et la recomposition autour de techniques nouvelles, dans les sources d'énergie, dans les matières premières, dans les techniques de transport, et aboutirait à retrouver une nouvelle cohérence technique. En ce sens, une révolution industrielle marquerait l'émergence d'un nouveau système technique avant sa stabilisation quelques décennies plus tard.

Des transformations économiques majeures

Avec la révolution industrielle, on assiste à la diffusion d'innovations majeures. L'exemple du textile est édifiant : le temps est relativement court de l'invention des machines à filer par Richard Arkwright (1768) et Samuel Crompton (1779) à leur adoption par les entrepreneurs dès les années 1770 et 1780.

Arkwright meurt à la tête d'un empire industriel, preuve du succès de ses *water frames*. Les gains de productivité sont énormes avec ces machines qui peuvent fabriquer simultanément des dizaines de bobines. Autre symbole de ces ruptures techniques, la machine à vapeur : perfectionnée par James Watt et Matthew Boulton des années 1760 aux années 1780, elle ne se fatigue pas, à la différence des animaux ou des hommes, et elle est indépendante du débit des cours d'eau et des vents. Dans les années 1820, la locomotive et le chemin de fer sont des ruptures techniques majeures permettant désormais de transporter de manière rapide des matières pondéreuses jusqu'alors très coûteuses à déplacer hors des voies d'eau. Le convertisseur Bessemer (1856), en divisant le coût unitaire de fabrication de l'acier par 10, conduit à sa diffusion massive dans la vie économique. Les progrès décisifs dans la maîtrise de l'électricité au cours des années 1870 et la mise au point du moteur à combustion interne à quatre temps pouvant être utilisé dans les transports sont aussi des innovations majeures qui, quant à elles, permettent l'entrée dans la deuxième révolution industrielle.

La révolution industrielle est également à l'origine du développement des formes modernes d'organisation industrielle et financière. Le capital fixe prend dans certains secteurs un poids croissant dans les combinaisons productives, ce qui, en raison des économies d'échelle, ouvre la voie au système usinier. Jusqu'alors, l'essentiel de l'activité industrielle se réalisait dans de petites structures productives : ateliers urbains, industrie paysanne dispersée dans les campagnes, rares manufactures. La révolution industrielle, c'est au contraire la naissance de la grande usine, la concentration de la main-d'œuvre autour de machines souvent actionnées par une machine à vapeur. Au milieu du XIXe siècle, soit quelques décennies après le démarrage de la révolution industrielle, les sociétés anonymes, jusqu'alors assez rares, se multiplient dans les chemins de fer, les mines, la métallurgie, l'assurance ou la banque. Le système bancaire moderne apparaît à la même époque : les grandes banques par actions collectant d'importants dépôts et les banques d'affaires.

À partir de la révolution industrielle, la croissance repose avant tout sur les gains de productivité : c'est vrai dans l'industrie, mais aussi dans l'agriculture. Jusqu'alors, la dynamique était surtout fondée sur une croissance économique extensive : plus de terres cultivées, plus de travailleurs. Grâce aux gains de productivité, le niveau de vie du plus grand nombre commence enfin à progresser. Sur le temps long, la rupture de la révolution industrielle est donc évidente puisqu'elle sort les populations des conditions de vie misérables que la majorité connaissait auparavant. Une croissance à la fois smithienne – l'amélioration des transports permet une extension des marchés qui incite à une plus grande division du travail (technique, sociale et internationale) et les gains de productivité réalisés permettent d'étendre encore les marchés ; une dynamique vertueuse est ainsi activée – et schumpétérienne : toutes les innovations dans les machines et les méthodes de production entraînent un abaissement des coûts unitaires de fabrication, et donc la hausse des débouchés ainsi que des capacités d'autofinancement des investissements futurs.

L'industrialisation s'est révélée être un changement brutal dans certains pays : en Grande-Bretagne d'abord, un phénomène de décollage économique (*take-off*, Rostow, 1960) se produit vers 1780, avec une hausse du taux d'investissement net au-dessus de 10 % portée par un essor du textile cotonnier et de la métallurgie. La Grande-Bretagne devient dans la première moitié du XIXe siècle la première puissance industrielle mondiale, dépassant largement la France. Le contraste est aussi très frappant avec la Russie, encore relativement stagnante au début du XIXe siècle : les productions sidérurgiques de la Grande-Bretagne et de la Russie sont équivalentes en 1800, mais l'écart est de 1 à 10 en 1850. De même, aux États-Unis, la révolution industrielle est une rupture puisque la croissance industrielle est proche de 10 % par an entre 1830 et 1850. La révolution Meiji à partir de 1868 fait aussi entrer le Japon dans l'ère industrielle : au départ sans industrie moderne et importateur de textiles en coton, il devient en quelques décennies exportateur puis, vers 1910, dispose déjà d'une industrie sidérurgique et mécanique moderne.

Le développement des usines s'accompagne de celui de nouveaux pôles économiques, ce qui était moins le cas dans le système proto-industriel où l'essor était plus diffus. En France, les régions qui portent le développement économique du XIXe siècle ne sont pas toujours celles du

XVIIIᵉ. L'est du Massif central, le Nord, la Lorraine, l'Alsace, sont au XIXᵉ siècle de vrais pôles de croissance, alors que la façade atlantique, auparavant très dynamique, décline depuis les conflits du tournant du XIXᵉ avec la Grande-Bretagne. Dans ce pays, ce sont les régions du nord-ouest de l'Angleterre (Lancashire notamment) et celles de Glasgow en Écosse et de Cardiff au pays de Galles qui sont bouleversées en quelques décennies. Manchester voit sa population multipliée par 10 entre 1760 et 1830. En Allemagne, la Ruhr connaît une forte croissance au milieu du XIXᵉ siècle, attirant la main-d'œuvre venue du reste du pays. Aux États-Unis, l'industrialisation du pays est concentrée dans le Nord-Est.

Des changements qui ont souvent été assez progressifs

Ce qui apparaît comme les nouveautés techniques et organisationnelles de la révolution industrielle est en partie le fruit de transformations progressives. Les inventeurs géniaux, comme James Watt, dont on dit qu'ils sont à l'origine de la révolution industrielle n'ont pas tout inventé. Les machines à vapeur de Thomas Newcomen (« pompes à feu ») sont utilisées depuis le début du XVIIIᵉ siècle pour évacuer l'eau des mines. Watt a donc amélioré considérablement un élément déjà existant. Les concentrations de main-d'œuvre sont présentes, sous la forme de manufactures, comme à Abbeville ou à Rochefort en France. Certes, elles abritent un travail essentiellement manuel, avec des outils et non pas autour de machines, mais l'espace clos et la main-d'œuvre disciplinée placée sous l'autorité du patron existent déjà, même si ces manufactures sont peu nombreuses. Smith (*Recherche sur la nature et les causes de la richesse des nations*, 1776) en a remarqué l'existence, dans son exemple célèbre de la manufacture d'épingles, et souligne déjà les gains de productivité qui peuvent être obtenus par un travail concentré et bien organisé.

Les évolutions économiques prennent du temps, ce qui conduit parfois à préférer le terme « industrialisation ». Les indicateurs macroéconomiques révèlent que l'accélération de la croissance est d'une ampleur souvent assez limitée : les taux annuels dépassent rarement 3 % dans la première moitié du XIXᵉ siècle – le cas des États-Unis étant assez exceptionnel. La France n'a pas connu de décollage économique net, mais une industrialisation plus progressive que la Grande-Bretagne. Le *take-off* n'est ainsi pas incontournable pour entrer dans la dynamique de la croissance moderne, et on est en général loin des taux de croissance des « nouveaux pays industriels » de la fin du XXᵉ siècle. Tous les pays n'ont pas vécu l'industrialisation comme une rupture, notamment parce que les changements rapides ou importants ne concernaient qu'une petite partie de l'économie (les filatures ou la sidérurgie, notamment) et des régions.

Les innovations mettent en outre du temps à se diffuser. La machine à vapeur n'efface pas les autres forces motrices : dans la plupart des pays, la multitude des cours d'eau rend toujours rationnelle l'utilisation des moulins. En France, au milieu du XIXᵉ siècle, le manque de charbon de terre conduit à exploiter encore massivement les forêts pour produire du charbon de bois. Le réseau de chemin de fer n'a été que très progressivement étendu en France jusqu'à la IIIᵉ République.

La proto-industrialisation s'est maintenue, voire même développée dans certaines activités et certains pays, en parallèle de l'implantation du système usinier. Dans le tissage, les artisans sont encore présents en Grande-Bretagne au milieu du XIXe siècle et en France au-delà. Leur activité se développe par exemple à Lyon, tout comme le travail qu'ils donnent aux paysans des alentours jusqu'à la Grande Dépression (1873-1896). La main-d'œuvre rurale est abondante, bon marché, et cherche des compléments à une agriculture peu modernisée. Paris reste au XIXe siècle un pôle d'activités dynamique dans la fabrication des biens de luxe. Or, le cadre de ces activités est encore celui de la petite entreprise artisanale. Les formes d'organisation industrielle associées à la proto-industrie prospèrent aussi en Suisse au XIXe siècle.

Finalement, l'expression « révolution industrielle » traduit surtout l'importance, la profondeur des changements, même si ceux-ci se sont déroulés souvent sur de nombreuses décennies. Par ailleurs, l'étude du phénomène doit conduire à évaluer la pertinence de l'expression d'abord en fonction de l'échelle d'analyse. À l'échelle nationale, certains pays, comme la France, connaissent une évolution industrielle assez lente, tandis que pour d'autres les mutations sont plus rapides (États-Unis ou Japon, par exemple). À l'échelle régionale, certains espaces seulement concentrent les industries nouvelles et connaissent des bouleversements à la fois rapides et brutaux : Angleterre noire, est du Massif central en France, Donbass en Russie, nord-est des États-Unis, etc.

Les causes du démarrage de la révolution industrielle

≫ Des mutations profondes dans certaines économies et sociétés

Un ensemble de changements institutionnels a favorisé le démarrage de l'industrie moderne. Il a fallu, pour que le progrès technique s'accélère à partir du XVIIIe siècle, une évolution des mentalités. Celles-ci devaient être plus ouvertes aux nouveautés et accepter l'abandon de méthodes traditionnelles. Rostow (*op. cit.*, 1960) considère cette évolution comme l'une des conditions préalables au décollage économique. La rationalisation progressive de la pensée en Europe de l'Ouest à partir de l'époque moderne, l'accroissement des échanges et de l'urbanisation, ont pu aider à cette évolution, même si certains cadres institutionnels comme les corporations ont résisté avant d'être balayés. La pensée scientifique s'est améliorée en Occident et, détachée de la théologie et de la philosophie, a pu interagir de façon fructueuse avec la pensée technique pour générer des inventions plus nombreuses.

La valorisation accrue de l'activité marchande et du comportement capitaliste dans certaines sociétés a été une évolution institutionnelle de fond, plaçant certains pays en position favorable pour l'amorce de la croissance moderne. L'acceptation sociale de la quête méthodique du profit maximal et de l'engagement dans l'activité professionnelle s'est affirmée à l'époque moderne, notamment grâce à l'indulgence plus grande de la doctrine catholique, à l'émergence du protestantisme (Weber, *op.cit.*, 1905) et au développement du grand commerce (Braudel, *op.cit.*, 1979). La dévalorisation par l'élite sociale des activités de commerce, de production ou de finance, trait caractéristique des mentalités en Europe depuis l'Antiquité, cède progressivement du terrain devant l'affirmation sociale de la bourgeoisie qui affiche des comportements différents, même si elle cède parfois encore, au XIXe siècle, aux attraits du mode de vie aristocratique.

La Grande-Bretagne a construit au fil des siècles un environnement institutionnel particulièrement favorable à l'éclosion de la révolution industrielle. On peut y déceler une avance pour la protection des innovations par les brevets (1623) – bien que longtemps difficilement effective –, l'existence d'un gouvernement favorable aux capitalistes, une définition assez précoce des droits de propriété sur la terre (*enclosures*) et le patrimoine en général (actes notariés), la fondation de banques, une attitude de la noblesse plus ouverte à la démarche capitaliste que sur le continent. Des changements institutionnels ont ainsi préparé la révolution industrielle dans ce pays, comme le soulignent Douglass North et Robert Thomas dans *L'Essor du monde occidental* (1973), notant un fort contraste avec l'Espagne d'alors, bureaucratique et aristocratique. Les auteurs indiquent que le développement économique suit une logique de *path dependence*, les évolutions institutionnelles en amenant d'autres. Des pays peuvent ainsi se retrouver durablement enfermés dans des sentiers de développement peu favorables à l'industrialisation, tandis que d'autres y sont conduits.

À côté de ces mutations institutionnelles, certaines évolutions économiques accélèrent le développement des activités productives dans certains pays. Le développement des exploitations coloniales outre-Atlantique suscite une demande en produits manufacturés venant d'Europe. La Grande-Bretagne est à partir du XVIIIe siècle la nation qui profite le plus de ces débouchés extérieurs et de l'essor du grand commerce. La production de cotonnades y est significativement tirée par les débouchés extérieurs (Verley, *L'Échelle du monde*, 1997). La proto-industrie est stimulée en premier, ce qui accroît les revenus des ruraux ainsi que des marchands manufacturiers. L'autoconsommation recule dans les campagnes grâce à ces activités, les possibilités de consommation marchande progressent, tout comme l'épargne, placée parfois dès le XVIIIe siècle dans de petites banques locales. Prolongeant le travail fondateur de Mendels sur les Flandres (« Proto-industrialization : the first phase of industrialisation process », 1972), des études soulignent qu'un *putting out system* tourné vers les villes et les colonies a dynamisé certaines régions, devenues ensuite parfois des foyers dynamiques de l'industrie moderne (nord de la France, Lancashire, Rhénanie, etc.).

On assiste aussi au XVIIIe siècle à un début de modernisation agricole, en particulier en Grande-Bretagne (Rostow, *op.cit.*, 1960 ; Bairoch, *Le Tiers-Monde dans l'impasse*, 1992 et *Victoires et déboires*, 1997), en parallèle dans ce pays du mouvement des *enclosures* (Marx, *Le Capital*, 1867). Les techniques culturales progressent avec le recul de la jachère, le perfectionnement de la rotation des cultures (assolement quadriennal), le développement des plantes fourragères et de l'élevage. La hausse du pouvoir d'achat des fermiers aidés d'agronomes est importante ; par ailleurs les meilleurs rendements dans l'agriculture permettent de mieux nourrir les populations, ce qui fait reculer les crises de subsistance et assure donc des débouchés plus stables aux produits manufacturés. Des revenus, des travailleurs sont libérés pour la consommation et la production de produits non agricoles. L'existence d'une véritable révolution agricole préalable à la révolution industrielle est cependant discutable, même pour la Grande-Bretagne, car les mouvements ont été largement simultanés.

Des transports plus efficaces élargissent les marchés. Smith soulignait bien que l'étroitesse économique des marchés était un obstacle au développement de la division du travail et de l'enrichissement d'un pays. Or, dès le XVIIe siècle en Grande-Bretagne, des efforts sont réalisés pour rendre navigables les très nombreux cours d'eau du pays puis, aux XVIIIe et XIXe siècles, des routes à péages et des canaux améliorent la circulation des produits, abaissant les coûts de transport, ce qui libère du pouvoir d'achat pour les clients et accroît les profits des producteurs. Les entreprises les plus efficaces grandissent en captant d'anciens marchés locaux où subsistaient des producteurs peu efficaces. La productivité moyenne de l'économie progresse. Les États-Unis sont aussi un exemple édifiant du perfectionnement des infrastructures de transport dès le début du XIXe siècle. De grands programmes de canaux permettent d'intensifier le trafic des bateaux, et l'essor du chemin de fer est décisif pour l'amplification de la puissance industrielle du pays au milieu du XIXe siècle. *A contrario*, la France, l'Allemagne et encore davantage la Russie tardent à mettre sur pied des réseaux de transport efficaces.

≫ Les causes directes du démarrage de la révolution industrielle

Les limites des formes proto-industrielles antérieures expliquent les évolutions du système productif. La croissance proto-industrielle est en effet essentiellement extensive, c'est une croissance par augmentation de la quantité de travail et du nombre de jours travaillés dans l'année, mais les activités dispersées et la modicité des moyens des familles paysannes ne permettent guère l'utilisation de machines plus performantes que celles utilisées traditionnellement (rouet, métier à tisser rustique, petits outils). Le dynamisme économique rencontre l'obstacle d'une main-d'œuvre devenant rare et chère, la pénurie de main-d'œuvre en Grande-Bretagne mi-XVIIIe et aux États-Unis début XIXe pousse donc à la mécanisation. Il faut augmenter la production par tête pour une croissance durable et donc la productivité doit s'accroître. Une meilleure organisation du travail dans les ateliers et les manufactures permet dans un premier temps d'exploiter au maximum les possibilités du système productif ancien (croissance smithienne). Mais les innovations techniques sont incontournables pour certains pays s'ils veulent répondre efficacement à la hausse de la demande et affronter la concurrence étrangère, notamment sur les activités très porteuses du moment, les cotonnades. D'où des innovations nombreuses dans le textile en Grande-Bretagne au milieu du XVIIIe siècle. D'où aussi une mécanisation poussée aux États-Unis dès le milieu du XIXe siècle dans l'agriculture et l'industrie du Nord-Est, à l'abri de barrières douanières. L'existence de goulets d'étranglement dus à une pénurie de matières premières – toujours cet épuisement de la croissance extensive – pousse aussi à la recherche de nouvelles solutions techniques. La Grande-Bretagne manque de bois, ce qui incite les producteurs à utiliser précocement la houille puis le coke. Les difficultés des tisserands pour s'approvisionner en fil au milieu du XVIIIe siècle favorisent des innovations dans le filage dans les années 1760 et 1770, de la *spinning* à la *mule-jenny*.

La révolution industrielle résulte aussi parfois d'une volonté politique de certains pays de s'industrialiser pour ne pas être dominés. L'Allemagne se reconstruit économiquement et politiquement au XIXe siècle : le peuple allemand a mis du temps à se relever des multiples conflits qui, entre le XVIIe et le début du XIXe siècle, ont ravagé ses terres (la guerre de Trente Ans en particulier) et mis à bas son économie. Après 1815, c'est un ensemble politiquement divisé en 39 États. La reconstruction de la puissance économique précède la reconstruction politique, avec l'union douanière de 1834 (Zollverein) qui dresse des barrières sélectives pour faciliter l'émergence de producteurs industriels allemands et l'adoption dans les années 1850 du

...ler prussien comme monnaie commune. Le Japon et la Russie ne veulent pas non plus finir comme d'autres pays alors dominés (Empire ottoman, pays d'Amérique latine, Iran, Chine, etc.). La prise de conscience d'une partie de l'élite que la modernisation économique et sociale est le prix de la souveraineté politique pousse la Russie (après la défaite de 1856) et le Japon (après l'ultimatum américain de 1853) à moderniser leurs économies. Dans ces deux pays, l'État joue un rôle particulièrement marquant, en raison sans doute de leur retard économique, comme le souligne Gerschenkron (*Economic Backwardness in Historical Perspective*, 1962). Outre les réformes institutionnelles (abolition du servage, affaiblissement du *mir* en Russie et fin du shogunat pour le Japon), l'État subventionne, bâtit des entreprises, fait appel aux technologies et aux capitaux étrangers, dresse des barrières douanières parfois utiles.

C. L'essor économique de « l'âge d'or du capitalisme » ou des « Trente Glorieuses »

Les années 1945 à 1973 sont au niveau mondial une période d'expansion exceptionnelle. Et il ne s'agit pas que d'un effet de base dû à la faiblesse de l'activité productive lors de l'année 1945 : Maddison (*op. cit.*, 2001) chiffre le rythme de la croissance annuelle moyenne sur la période 1950-1973 dans le monde à 4,91 % : un record. Si plus ou moins toutes les régions du monde sont concernées pour des raisons parfois différentes, avec le recul c'est particulièrement pour les vieux pays industrialisés que cette période apparaît comme un « âge d'or ». Moins par le montant des niveaux de vie moyens que par la rapidité et l'ampleur de leur amélioration.

Une période de croissance exceptionnelle dans les pays avancés

Le redressement qui s'opère à partir de 1945 prend tout son relief par comparaison avec la période de l'entre-deux-guerres où les phases d'expansion et de crises se succèdent à des rythmes différents selon les pays, mais où il apparaît que la stagnation économique peut être une tendance durable – une crainte exprimée notamment par Kuznets en 1941. Ce qui se produit après la Seconde Guerre mondiale n'était donc absolument pas prévu. Du début du XIXe siècle à la Première Guerre mondiale, la production par habitant des pays développés avait crû d'un peu plus de 1 % par an en moyenne ; pour la période des Trente Glorieuses, la hausse a été de plus de 3,5 % par an. Jean Fourastié, évoquant cette période d'une trentaine d'années (1945-1973), considère qu'elle a fait passer la France « de la pauvreté millénaire, de la vie végétative traditionnelle, aux niveaux de vie et aux genres de vie contemporains ». Le titre de son ouvrage de 1979, *Les Trente Glorieuses*, a presque fait oublier le sous-titre, « La révolution invisible », car les Français des années 1950, encore marqués par les difficultés matérielles et les traumatismes de la Seconde Guerre mondiale, englués dans les crises politiques de la IVe République et les conflits de la décolonisation, ne perçoivent pas tous qu'ils vivent la période économique la plus glorieuse de l'histoire de leur pays, un « âge d'or du capitalisme » pour reprendre l'expression d'Angus Maddison. En une génération, le pouvoir d'achat du revenu moyen en France triple. C'est l'équivalent de la progression enregistrée entre le début du XIXe siècle et 1930 pour la France : les améliorations dans le confort de vie de quatre ou cinq générations successives se trouvent réalisées en une seule. L'ouvrier peut espérer, au moment où il débute sa vie professionnelle, avoir en fin de carrière le même niveau de vie que les cadres qui dirigent son usine.

La rapidité de la reconstruction est considérée comme un premier miracle économique, par comparaison avec ce qui s'était produit à la fin de la Première Guerre mondiale. Récupération deux fois plus rapide pour la France, par exemple, où ce n'est qu'en 1924, soit six années après la fin de la guerre, que l'on retrouve le niveau de production de 1913, alors que dès 1949 la production dépasse durablement son maxima de l'entre-deux-guerres.

Le deuxième miracle est que ce sont les régions du monde parmi les plus ravagées par la guerre, c'est-à-dire l'Europe de l'Ouest et le Japon, qui connaissent l'essor économique le plus fulgurant. En 1960, le Japon est admis à l'OCDE aux côtés des États-Unis, du Canada et de l'Europe occidentale, une entrée qui couronne les résultats de la croissance la plus forte au niveau international à cette époque (autour de 8 % par an). En Europe, le miracle économique ouest-allemand se produit pendant les années 1950, avec un taux de croissance annuel moyen de plus de 7 %. Bien qu'inférieure à la moyenne de l'OCDE, la croissance britannique, proche de 3 % par an, est très honorable. Un pays qui apparaissait sur le déclin depuis le début du XXe siècle connaît alors rien moins que la période de croissance la plus forte de son histoire ; une croissance plus élevée même que celle de la première partie du XIXe siècle.

Le troisième miracle est que la croissance se soit poursuivie à un rythme rapide pendant plus de vingt années après la fin de la reconstruction, ce qui a permis une réduction inédite des écarts de niveaux de vie moyens avec ceux des États-Unis. Sur cette période, l'Europe de l'Ouest connaît une croissance économique plus forte que celle des États-Unis, ce qui rompt avec la tendance à l'œuvre depuis la première moitié du XIXe siècle. Bien que non touchés sur leur sol (hors Hawaï) par le conflit et première puissance industrielle et financière, les États-Unis ne sont pas le centre du dynamisme mondial, leur croissance moyenne entre 1950 et 1970 étant, à 4 % par an, près d'un point en dessous de la moyenne de celle des pays de l'OCDE. En 1950, la productivité horaire du travail des quinze pays industriels suivant les États-Unis est en moyenne moitié moindre que celle du pays leader. À la fin des années de forte croissance, en 1973, elle atteint les deux tiers du niveau de la productivité américaine, en raison d'un mouvement de rattrapage par l'Europe des niveaux techniques américains.

La contribution des facteurs de production à cette croissance forte

Le facteur travail a quantitativement peu participé à la hausse de la production ; c'est essentiellement la productivité du travail qui a augmenté, d'où les très fortes hausses de niveaux de vie.

La population active croît souvent lentement puisque ceux qui arrivent en âge de travailler pendant les Trente Glorieuses sont nés dans l'entre-deux-guerres, période de faible dynamisme démographique dans les pays avancés. Les nombreux enfants du baby-boom d'après-guerre n'arrivent pas sur le marché du travail avant le milieu des années 1960. Signe même d'un manque de main-d'œuvre, l'Europe, continent d'émigration au XIXe siècle, devient après 1945 un espace d'accueil de travailleurs venus d'autres continents. Ainsi les soldes migratoires cumulés des pays d'Europe occidentale entre 1950 et 1973 donnent un chiffre de plus de 9 millions de personnes. Mais face à la tendance à l'allongement de la scolarité et de la durée des congés payés (de 2 à 4 semaines pour la France), cet apport de main-d'œuvre ne suffit pas ; les heures supplémentaires sont fréquentes. C'est en fait surtout à partir du milieu des années 1960 que, par la hausse du taux d'activité des femmes, on assiste enfin à une hausse véritable de la population active.

L'investissement a été un facteur de croissance par une hausse du stock de capital par travailleur. En effet, les taux d'investissement se redressent après-guerre. En Allemagne, ils retrouvent des niveaux équivalents à ceux, exceptionnels, de la Belle Époque. La Grande-Bretagne, pays industriellement vieillissant depuis la fin du XIXe siècle, se modernise pendant les années 1950 et 1960. Au Japon, en France et en Italie, l'effort d'investissement (I/PIB) atteint des niveaux historiquement inédits : 20-25 % en France, par exemple. Outre le niveau élevé des taux d'investissement, leur durée à ces niveaux – une vingtaine d'années – est exceptionnelle. Ces records sont dus à des anticipations alors particulièrement favorables sur les évolutions de la demande et des profits. Les taux d'intérêt sont par ailleurs bas, grâce à la création monétaire et à un effort d'épargne, et l'investissement bénéfice d'un soutien financier des pouvoirs publics dans plusieurs pays, y compris par le plan Marshall de 1947 qui représente l'équivalent du transfert vers l'Europe de l'Ouest de 5 % d'une année de PIB des États-Unis.

Une croissance remarquablement intensive

Un des traits spécifiques aux Trente Glorieuses est la croissance très rapide de la productivité des facteurs (PIB/facteurs de production)[1]. La croissance a été intensive comme jamais auparavant dans certains pays (France, Allemagne, Italie, Espagne, Japon, etc.).

L'investissement dynamique a permis de faire entrer le progrès technique dans le système productif. En effet, à cette époque, la durée de vie du capital diminue, ce qui limite l'impact de l'investissement sur la progression du capital par tête ; les entreprises remplacent plus rapidement leur capital par des formes plus modernes qui incorporent du progrès technique. La contribution qualitative de l'investissement à la croissance est ainsi à cette époque plus importante que sa contribution quantitative. Les formes d'organisation du travail tayloro-fordistes mises au point au début du XXe siècle se diffusent de façon plus large dans les industries ouest-européennes, grâce aux investissements réalisés par les entreprises afin de se réorganiser. Le travail à la chaîne devient plus fréquent dans les diverses activités industrielles, ce qui contribue aux forts gains de productivité des Trente Glorieuses.

Par ailleurs, l'investissement immatériel génère, par l'intermédiaire des dépenses de recherche et développement (R&D), des innovations qui entretiennent la croissance. Certaines innovations réalisées pendant la Seconde Guerre mondiale ont eu des impacts considérables sur des activités en croissance après 1945 – ainsi, dans l'aéronautique, les matériels électriques ou

1 Plus exactement, la PGF peut être appréhendée à partir d'une modélisation de la croissance à l'aide d'une fonction de production, pour laquelle on fait habituellement l'hypothèse de rendements d'échelle constants : $Q = A \times K^{a} \times L^{(1-a)}$ avec A correspondant à la productivité totale des facteurs. La PTF est une notion très proche de la PGF, appelée aussi parfois productivité multifactorielle, d'où $PGF = Q / [K^{a} \times L^{(1-a)}]$, avec $0 < a < 1$. Le taux de croissance économique « g » dépend donc du taux de croissance du capital « k », du taux de croissance du facteur travail « l » et du taux de croissance de la PGF assimilé au progrès technique « t », de sorte que : $(1 + g) = (1 + t)(1 + k)^{a}(1 + l)^{(1-a)}$.

l'électronique. Prolongation de ce mouvement, aux États-Unis surtout, la recherche militaire et spatiale financée par les pouvoirs publics dans le contexte de la guerre froide favorise des retombées technologiques civiles. Par ailleurs, pendant les Trente Glorieuses, les entreprises ont étoffé des services de R&D qui n'avaient qu'émergé dans la deuxième moitié du XIXe siècle. L'effort est particulièrement concentré sur certains secteurs comme les industries spatiales, électroniques, chimiques, pharmaceutiques et les instruments de précision.

Si le travail n'a guère contribué quantitativement à la croissance, on assiste par contre après-guerre à une progression sans précédent des niveaux d'éducation et de formation. C'est après la Seconde Guerre mondiale que s'amorce le mouvement de massification de l'enseignement secondaire, puis supérieur, dans beaucoup de pays européens. En France, alors qu'en 1946 le système éducatif accueillait environ 650 000 élèves et étudiants, ce sont près de 4 millions de personnes qui sont scolarisées en 1975. L'évolution dans ce sens est générale dans les pays industriels et les niveaux éducatifs des États-Unis d'avant-guerre sont donc rejoints par les pays d'Europe de l'Ouest au cours des Trente Glorieuses, tandis que les États-Unis poursuivent leur effort de développement de l'enseignement supérieur. Cet effort d'éducation a contribué à mieux former la main-d'œuvre et, par là, à améliorer ses capacités productives, la rendant apte à réaliser des tâches plus complexes génératrices de davantage de valeur ajoutée : la productivité du travail en valeur (VA/L) est ainsi poussée à la hausse par une élévation du stock de capital humain. Selon Denison, pour les États-Unis, c'est presque un demi point de croissance par an qui est dû à cette amélioration de la formation de la main-d'œuvre.

L'importance des transferts de main-d'œuvre de l'agriculture vers l'industrie et les services est un effet de structure qui contribue aussi à l'élévation de l'efficacité globale des économies avancées. Si l'agriculture améliore fortement sa productivité – révolution agricole en France dans les années 1960, par exemple –, la valeur ajoutée créée par une heure de travail agricole reste inférieure au niveau de productivité d'une heure de travail dans l'industrie et les services. Si bien que le transfert de main-d'œuvre vers des secteurs où la productivité est plus élevée entraîne mécaniquement, par un effet de structure, une progression de l'efficacité moyenne de l'économie. Cet effet de structure agit surtout dans les pays où l'agriculture se modernise le plus, notamment la France, le Japon ou l'Italie.

L'ouverture internationale croissante des économies des pays à économie de marché à partir de 1947, renforcée au sein de l'Europe de l'Ouest par le traité de Rome de 1957, est aussi un facteur de la croissance de cette époque. Elle accélère la généralisation dans toutes les économies industrielles des techniques les plus évoluées en intensifiant la concurrence entre les systèmes productifs. Elle élève aussi l'efficacité moyenne des économies en favorisant la croissance au sein de chaque pays des activités dans lesquelles ceux-ci disposent d'avantages comparatifs. Le développement des échanges est également porté par un perfectionnement des moyens de communication et de transport qui élargit les marchés et donc les débouchés des meilleurs producteurs. Les économies d'échelle dont ils peuvent ainsi bénéficier renforcent leur efficacité.

Une conjonction singulière de facteurs favorables et un rôle essentiel de l'État

C'est le double dynamisme de l'offre et de la demande qui crée un contexte si favorable à l'essor de l'économie pendant les Trente Glorieuses. Les forts gains de productivité permettent des hausses de salaires et assurent aussi la préservation des taux de marge. Les entreprises acceptent de répondre à la demande supplémentaire par une hausse de la production puisque des bénéfices nouveaux conséquents peuvent être envisagés et que les moyens de financement de ces investissements sont présents, à la fois par autofinancement et par emprunt. Les économistes de la régulation comme Robert Boyer et Michel Aglietta évoquent un régime de « croissance fordiste » dans le cadre d'un mode de régulation de capitalisme monopoliste (avec les grandes firmes ayant des pouvoirs de marché importants). Le rapport salarial est fordiste dans le sens où les forts gains de productivité s'accompagnent de fortes hausses de salaires : indexation des salaires sur les prix et hausse des salaires réels (dividendes du progrès).

Le poids financier des pouvoirs publics grandit de 10 à 20 points de PIB dans beaucoup d'économies avancées entre 1950 et 1977. Il est certain que l'État contribue de manière importante à la croissance des Trente Glorieuses. Outre l'impulsion initiale par le financement de la reconstruction, des relances conjoncturelles stimulent la croissance lors des phases de ralentissement, comme aux États-Unis au milieu des années 1960. Les banques centrales, voire les systèmes bancaires globalement, sont sous l'influence des gouvernements qui les incitent à financer la croissance. La redistribution des revenus progresse, stimulant la consommation intérieure par le soutien aux revenus des milieux modestes. En outre, des programmes de long terme accompagnent le développement économique : soutien à l'investissement privé, modernisation des infrastructures, recherche publique dans des domaines stratégiques. Le contexte de guerre froide incite les États-Unis à accepter plus facilement des transferts de technologie en direction de leurs alliés.

D. La croissance économique dans le monde depuis la fin des Trente Glorieuses

La croissance économique ralentit au niveau mondial après 1973, date du premier choc pétrolier qui brise la dynamique d'expansion forte et régulière de la plupart des pays industrialisés capitalistes. Les décennies suivantes sont marquées par un rythme de hausse des PIB plus faible, et des années difficiles (1975, 1981, 1993) s'intercalent entre des phases d'expansion plus brèves et moins affirmées.

Le ralentissement de la croissance des économies développées dans les années 1970 et 1980

≫ Après 1973, une croissance économique pas aussi faible qu'on le pense souvent

Après la phase de « l'âge d'or du capitalisme » entre 1945 et 1973, la période récente, qualifiée parfois de piteuse (*Les Trente Piteuses*, ouvrage de Nicolas Baverez, 1998), voire considérée comme une crise économique interminable, fait pourtant partie des phases de développement économique les plus rapides du monde, même en Europe occidentale. La « stagflation » des économies avancées dans les années 1970, qui devrait désigner une stagnation de la croissance accompagnée d'un renforcement de l'inflation, est une expression fréquemment employée qui ne doit ainsi pas conduire à exagérer le ralentissement de la croissance : pour les pays d'Europe occidentale, elle est en moyenne de 3 % par an sur les années 1973-1980, et pour la France de 2,5 % par an (Maddison, *op.cit.,* 2001). Bien que seulement partiellement fondé sur un plan statistique, le regard sombre porté sur cette période dans les pays avancés est pourtant explicable. Les PIB par habitant en Europe de l'Ouest progressent deux fois moins rapidement que pendant les Trente Glorieuses, et si les pays ayant fait l'expérience du communisme connaissent un effondrement économique à la fin du XXe siècle, avec au début des années 1990 des reculs de production de 15 % à 50 %, les pays capitalistes avancés ne peuvent que constater qu'ils ne constituent plus pour autant le cœur dynamique de l'économie mondiale : celui-ci se trouve désormais ailleurs, en Asie orientale en particulier. L'idée du déclin relatif de l'Europe de l'Ouest ou des États-Unis est donc une analyse qui s'exprime périodiquement dans ces pays à partir des années 1980.

≫ Les raisons du changement de rythme de croissance dans les pays avancés

Le ralentissement de la croissance dans les pays avancés est causé par la perte de nombre des facteurs de dynamisme de la période antérieure. Les statistiques indiquent un fléchissement des gains de productivité en Europe de l'Ouest et aux États-Unis à partir des années 1970. La croissance économique devient moins intensive, comme le montre, dans la décomposition des facteurs de la croissance, la baisse de la part imputable à l'élévation de la productivité globale. En Europe occidentale, on explique cela en partie par la fin de la dynamique de rattrapage des niveaux technologiques américains. Même si les niveaux de productivité des États-Unis ne sont pas atteints, le PIB par habitant de la France au début des années 1980 progresse jusqu'à représenter 80 % de celui des États-Unis, suite aux années de plus forte croissance en France. Ce rattrapage s'interrompt avec la fin des Trente Glorieuses en Europe de l'Ouest. Cette explication de la croissance plus faible n'est cependant que partiellement satisfaisante car, même aux États-Unis, pays déjà à la frontière technologique et qui ne relâche pas ses efforts de recherche et développement, la croissance ralentit dans les années 1970. Dans les pays avancés, l'offre productive semble déstabilisée, notamment par les chocs pétroliers successifs (1973 et 1979), par des coûts salariaux en forte progression dans les années 1970 et par la concurrence internationale croissante des nouveaux pays industrialisés ou du Japon, encore en forte croissance jusqu'à la fin des années 1980 mais qui finit par connaître une quasi-stagnation de son PIB ensuite. La montée du chômage, le climat économique plus incertain imprimé par des phases d'expansion économique plus brèves, fragilisent le dynamisme de l'investissement et donc de la demande dans les économies avancées. À partir des années 1980, l'intensification de la lutte contre l'inflation conduit à limiter le développement du crédit, et les entreprises optent souvent pour des stratégies de désendettement. La non-exploitation par les pays avancés de tout leur potentiel de croissance à partir des années 1970 engendre l'installation d'un chômage assez massif au début des années 1980, qui affecte en retour cette croissance potentielle par une fragilisation du capital humain. C'est ainsi que, malgré les nouveautés techniques nombreuses, dans l'informatique en particulier, les statistiques de progression de la productivité globale restent décevantes dans les années 1980 et jusqu'au milieu des années 1990 (paradoxe de Solow, 1987 : « *You can see the computer age everywhere except in the productivity statistics* »).

L'essor économique de l'Asie : « le basculement de la richesse » selon les termes de l'OCDE

De nouveaux pays d'Asie, en particulier d'Asie orientale, connaissent une croissance économique forte des années 1960 aux années 1990, rejoignant en quelques décennies les niveaux de vie des pays avancés. Depuis les années 1990, les deux pays les plus peuplés du monde que sont la Chine et l'Inde ont connu une croissance économique soutenue qui leur a permis de progresser dans la hiérarchie mondiale des puissances économiques et de réduire une partie de l'écart des niveaux de vie avec les pays de l'OCDE. La Chine et l'Inde représentaient 4 % du PIB mondial en 1980, contre 24 % en 2019. En termes de production globale annuelle, en parité de pouvoir d'achat, la Chine est depuis 2017 la première puissance économique mondiale et l'Inde se classe en troisième position, juste derrière les États-Unis (données de 2019 de la Banque mondiale). La forte croissance économique de plusieurs pays d'Asie, en particulier de la Corée du Sud, de Taïwan, de Singapour, de Hong Kong mais aussi de la Thaïlande, de la Malaise ou de l'Indonésie, puis des Philippines et du Vietnam, a surpris par sa rapidité et a réhabilité l'idée que l'enfermement d'une population dans la misère n'est pas une fatalité, alors même que des expériences de modernisation menées par des pays latino-américains ou africains dans les années 1960 et 1970 ont abouti à des échecs plus ou moins marqués. En 1997, le niveau de vie moyen en Corée du Sud est équivalent à celui de l'Espagne, alors même qu'en 1950 le niveau de vie moyen d'un Espagnol était plus de trois fois supérieur, et alors même qu'entre-temps le PIB par habitant a été multiplié par 5,7 en Espagne. Les performances de la Corée du Sud et de Taïwan sont spectaculaires, ils passent du statut de pays pauvres à celui de pays riches en un demi-siècle. Une stratégie de croissance associant la promotion des exportations et des politiques actives de développement économique suscitant un rattrapage technologique montre ainsi son efficacité. Jusqu'à la crise de 1997, la croissance économique de ces pays est spectaculaire, à tel point que la Banque mondiale parle en 1993 d'un « miracle asiatique ». Une croissance qui redevient forte depuis le début des années 2000, même si elle est de plus en plus masquée par l'affirmation de la puissance chinoise.

Encore discret dans les années 1980, le réveil économique de la Chine est porté par une politique de modernisation mise en place à partir de 1978 par Deng Xiaoping. En dépit du maintien d'un régime politique non démocratique communiste, le choix est fait à la fois d'autoriser le développement d'un capitalisme privé interne au pays, sous la surveillance de l'État, et d'ouvrir certaines régions aux technologies et capitaux étrangers. Une économie mixte associe entreprises d'État et planification économique d'un côté, et des structures capitalistes ainsi qu'une logique marchande de l'autre. L'activité est par ailleurs stimulée par des partenariats avec des producteurs étrangers, attirés dans des zones économiques spéciales installées le long des côtes. Les entreprises mixtes chinoises et étrangères se multiplient dans le Guangdong et le Fujian, et profitent de la main-d'œuvre bon marché pour produire des biens destinés à l'exportation vers les marchés occidentaux. La croissance chinoise est ainsi stimulée et, à plus long terme, cette stratégie favorise des transferts de savoir-faire et de technologies systématiquement recherchés par les Chinois, ce qui permet l'accès à des productions au contenu technologique croissant. C'est ainsi que la croissance chinoise est très forte dès les années 1980, tirée par la demande extérieure, des taux d'investissement exceptionnels et un rattrapage technologique. Bien qu'imité de manière plus discrète par le Vietnam à partir des années 1990, le cas chinois manifeste un succès économique assez exceptionnel sur la période récente pour un pays officiellement communiste. Les réformes chinoises des années 1980 ont de ce point de vue des effets bien différents de celles conduites en URSS et dans ses pays satellites – réformes économiques moins axées sur l'ouverture aux capitaux étrangers et surtout accompagnées d'un assouplissement politique, alors que la Chine s'y refuse, comme le montrent à la fois la répression sanglante en 1989 des manifestations étudiantes sur la place Tian'anmen et le maintien de camps de travaux forcés pour les opposants. L'envolée économique chinoise contraste avec l'effondrement politique puis économique de l'ancien bloc européen de l'Est dans les années 1990. L'expansion économique chinoise depuis une trentaine d'années maintenant est inédite par son ampleur et sa durée. Durant les années 2000, la croissance chinoise dépasse 10 % par an selon les données officielles des autorités du pays. Même si le pays ne connaît pas de recul marqué de son taux de croissance lors de la crise de 2008-2009, en particulier grâce à un plan de relance budgétaire massif, le rythme de hausse de l'activité ralentit dans le pays d'année en année, se rapprochant plus de 6 % par an que de 10 % ces dernières années. Des évolutions structurelles expliquent cet atterrissage en douceur. D'une part, la croissance des exportations ralentit du fait des hausses de salaires en Chine qui réduisent l'avantage du bas coût de main-d'œuvre dont bénéficiait ce pays, parce que la réserve de main-d'œuvre provenant des campagnes s'épuise. D'autre part, la demande intérieure peine à prendre un relais aussi dynamique que la croissance de la demande extérieure des années 1990 et 2000. En effet, le vieillissement de la population limite la hausse des dépenses des ménages. On observe aussi une tertiairisation de l'économie qui ralentit la hausse de la productivité. L'épidémie de coronavirus en 2020 a affecté beaucoup plus l'activité économique dans les pays de l'OCDE qu'en Chine, si bien que la position relative de ce pays apparaît début 2021 renforcée par comparaison avec les États-Unis et surtout avec les pays européens, alors même que l'épidémie avait débuté en Chine à la fin de l'année 2019.

Le retour d'une expansion économique limitée dans certains pays avancés au moment de l'essor de la nouvelle économie

À partir des années 1990, on constate que certaines économies appartenant au groupe des pays avancés connaissent un nouvel essor économique. Il s'agit des États-Unis mais aussi de pays comme la Finlande, l'Irlande ou la Corée du Sud, notamment entre 1996 et 2000, et dans une moindre mesure jusqu'en 2007. Les taux de croissance annuels dépassent en général 4 %, ce qui est supérieur à la moyenne de l'OCDE. On met en relation cette décennie de croissance assez forte avec la diffusion des nouvelles technologies de l'information et de la communication, les pays cités ayant la particularité d'être en plus des foyers de production de ces matériels informatiques et de télécommunication. Il semble que le paradoxe de Solow soit enfin surmonté, grâce à une main-d'œuvre désormais accoutumée à l'usage des nouvelles technologies et à des entreprises dorénavant organisées pour en exploiter pleinement les potentialités. Ainsi, l'évolution de la productivité globale des facteurs semble enfin refléter ce qui est considéré comme une nouvelle révolution industrielle : l'OCDE mesure une progression de 2 % par an en moyenne entre 1996 et 2006 de la productivité globale aux États-Unis, soit un rythme deux fois plus élevé qu'au cours des dix années précédentes. Des études soulignent alors que les écarts de productivité du travail entre les États-Unis et l'Europe de l'Ouest se remettent à se creuser, marquant le retour d'une dynamique antérieure aux Trente Glorieuses. L'idée progresse qu'un retard de croissance en Europe est associé à un retard technologique dans les NTIC, retard dans la production et la diffusion de ces technologies. Les données statistiques indiquent effectivement des écarts de poids des NTIC de plusieurs points dans les PIB ou les dépenses d'investissement.

Cependant, la croissance économique plus rapide des États-Unis, tout comme la hausse plus prononcée de leur productivité du travail, reposent aussi sur d'autres explications. L'effort d'investissement est nettement plus marqué aux États-Unis qu'en France entre 1990 et 2007, le stock de capital progresse donc plus rapidement, en même temps qu'il se modernise plus vite. Par ailleurs, le nombre d'emplois augmente à un rythme rapide outre-Atlantique et les États-Unis ne connaissent alors pas, contrairement à l'Europe de l'Ouest, de tendance à la diminution du temps de travail, au contraire. Jusqu'à la crise de 2008-2009, la croissance économique plus forte des États-Unis s'explique donc aussi par une progression quantitative des facteurs de production, une forte hausse de l'investissement – dont le financement est permis par une élévation marquée de l'endettement des agents économiques privés –, tandis que la croissance économique moins forte de l'Europe de l'Ouest est en partie imputable à des taux d'intérêt plus élevés dans les années 1990 et à une moindre efficacité de la politique économique dans les années 2000, due en partie aux insuffisances de la gouvernance économique européenne. Celle-ci explique aussi la rechute de l'activité économique en 2012-2013 dans la zone euro, en partie un contrecoup de la crise financière de 2008-2009, mais surtout le résultat de l'inexistence alors en zone euro de mécanismes de prise en charge des crises de dette souveraine pouvant affecter les États membres. Des évolutions institutionnelles permettent un retour de la croissance, mais celle-ci reste inférieure en Europe à ce que l'on observe aux États-Unis. L'absence de grandes entreprises européennes du numérique disposant d'un pouvoir de marché et d'un rythme de croissance équivalent à celui des GAFAM explique une partie des quelques dixièmes de taux de croissance de moins observés en Europe entre 2015 et 2019. L'économie des États-Unis a par ailleurs été soutenue par une relance budgétaire procyclique, démarche assez peu conventionnelle puisque l'activité privée était dynamique et n'avait guère besoin du soutien des pouvoirs publics. Quant au Japon, il reste une zone à faible croissance économique depuis le choc financier connu par le pays au début des années 1990 et pour des raisons structurelles.

Au-delà de ces différences, on ne peut que constater que le dynamisme de la croissance reste en moyenne très limité dans les pays développés. Pays à la frontière technologique, plus ou moins vieillissants, fragilisés par des crises à répétition, leur situation a suscité un renouveau théorique visant à expliquer la persistance de cette faible croissance (*cf.* p. 264).

2 La mise en évidence des grands mécanismes de la croissance

Si la dynamique de croissance peut être analysée comme un enchaînement plus ou moins mécanique de décisions prises par de multiples agents économiques et aboutissant à la création de davantage de richesse sur un territoire donné, il convient aussi de prendre en compte l'influence de l'environnement institutionnel, qui incite plus ou moins à ces comportements porteurs de croissance. Le contexte institutionnel d'un pays peut en effet avoir des conséquences variables sur les capacités de croissance d'un pays, bien que des configurations institutionnelles différentes puissent aboutir à des performances similaires en termes de croissance, ce qui complexifie l'analyse. L'impact des institutions sur l'activité économique est développé dans la deuxième partie de ce chapitre (*cf.* p. 289). Toutefois, nous présenterons ici pour commencer l'influence qu'a pu exercer le système financier sur le démarrage et sur le maintien de la croissance moderne.

A. Le rôle de la finance dans la croissance économique

Les sociétés financières ont une contribution à l'activité économique qui dépasse la valeur marchande des services financiers qu'elles produisent. Elles permettent en effet de connecter les agents économiques en besoin de financement avec ceux disposant de capacités de financement. Cette mise en relation est utile à l'activité de tous et est donc favorable à la croissance. Cependant, il ne semble pas que la maximisation de la taille du secteur financier dans une économie soit bénéfique pour l'activité économique globale.

Un système financier sous-développé bride la croissance d'une économie

Dans une économie sans système financier développé, l'activité doit être financée par des apports en capitaux des propriétaires des unités productives, que ce soit dans l'agriculture, le commerce ou l'artisanat. La croissance des unités productives est alors entravée par des contraintes financières. Les producteurs doivent en effet fournir les avances nécessaires à l'achat des matières premières et au paiement d'éventuels salariés avant que la production soit vendue. Des systèmes limités de crédits commerciaux existent au moins depuis le Moyen Âge, par exemple sous la forme de lettres de change, mais ils ne sont utilisés que par une minorité des producteurs, souvent dans le cadre du grand commerce. De plus, le financement des investissements repose sur une épargne accumulée par les producteurs eux-mêmes, dans une démarche d'autofinancement. Cela bride les capacités d'investissement et la croissance économique, d'autant que l'accumulation de cette épargne préalable est un frein à l'activité car elle réduit la demande globale. Le circuit économique de Quesnay (*Tableau économique*, 1758) met bien en évidence l'importance de ces diverses formes d'avances pour entretenir les cycles de production successifs, mais elles sont insuffisantes pour permettre la croissance de la production (*cf.* p. 75).

L'augmentation des avances des producteurs peut toutefois être réalisée en partie par des échanges avec d'autres régions du monde, grâce à des profits réalisés par le commerce ou par le travail peu coûteux d'esclaves. L'enrichissement de l'Angleterre par le commerce atlantique a bien sûr contribué à la hausse de la capacité d'investissement de certains Britanniques pour répondre à la demande coloniale et pour surmonter le handicap causé par un coût du travail élevé dans ce pays (Robert Allen, *Introduction à l'économie mondiale*, 2011, par ex.), même si les investissements nécessaires dans les débuts de la révolution industrielle étaient limités. La hausse des capacités d'investissement peut aussi provenir de la découverte de gisements de métaux précieux permettant une progression de la masse monétaire. Cependant, à l'image de l'Espagne du XVIe siècle, une accumulation monétaire peut alimenter des dépenses improductives (consommation ostentatoire, financement d'expéditions militaires) et être très peu destinée à une accumulation du capital productif augmentant la production de biens et de services.

Les effets ambivalents du développement du système financier pour la croissance

Les banques peuvent ainsi par leur action stimuler l'activité productive, et le développement du système bancaire et financier au XIXe siècle a non seulement accompagné mais aussi soutenu la croissance économique.

L'augmentation du crédit commercial est un moyen pour les producteurs de lever en partie la contrainte de liquidité qui pèse sur leurs activités. Ils peuvent ainsi, par exemple, régler désormais leurs fournisseurs quelques semaines ou quelques mois plus tard, après avoir vendu une partie de leur production. Le succès des effets de commerce et de l'escompte au XIXe siècle est le signe que les banques répondent alors à ce besoin des producteurs. Les transactions marchandes entre entreprises peuvent se multiplier, ce qui accroît dans l'ensemble l'efficacité du système productif en permettant d'exploiter davantage les gains offerts par la spécialisation des différents fabricants. Smith (*op.cit.*, 1776) avait déjà souligné que les progrès de la division du travail entre les entreprises étaient une source de croissance.

Par ailleurs, l'activité financière a facilité la mise en relation d'agents en capacité de financement avec des entreprises porteuses de projets d'investissement et ayant donc besoin de financement. Le rôle de finance pour la croissance est ici décisif. Tout d'abord, l'amélioration de la collecte de l'épargne permet un mouvement de déthésaurisation, grâce aux premières caisses d'épargne et aux banques de dépôt. Une partie des économies des ménages, conservée dissimulée au domicile, échappe pendant longtemps au système économique. Grâce à la progression des dépôts dans les banques au XIXe siècle et encore au milieu du XXe, celles-ci utilisent comptablement les sommes collectées pour financer des prêts à plus ou moins long terme à destination des entreprises. L'épargne devient ainsi active et améliore les capacités productives des économies. De plus, avec la dématérialisation progressive de la monnaie, le poids de la monnaie scripturale dans la masse monétaire progresse. Cette évolution bouleverse la logique de financement des investissements : la création monétaire réduit la nécessité de l'autofinancement, rendant moins indispensable au niveau macroéconomique l'existence d'une épargne préalable. Par création monétaire, le système bancaire accroît donc les capacités d'investissement de l'économie et l'injection de monnaie fait émerger une demande supplémentaire permettant d'absorber les produits fabriqués grâce aux investissements réalisés. Par la vente de leur production, les entreprises peuvent dégager une épargne permettant le remboursement des prêts initiaux. Une telle évolution est considérée favorablement par Keynes dans son analyse des économies monétaires de production que sont les économies contemporaines. Ce changement est au contraire observé avec méfiance par d'autres économistes appartenant à une mouvance plus « classique », qui considèrent qu'il est porteur au contraire soit de risques d'inflation (Wicksell, *Intérêt et prix*, 1898), soit de crises dues à une hypertrophie périodique du secteur des biens de production (Hayek, *Prix et production*, 1931).

Si l'activité financière peut être un facteur de croissance, elle n'a pas toujours un tel effet. La création monétaire peut alimenter l'achat d'actifs d'occasion et non la réalisation d'investissements productifs. Dans ce cas, le système financier stimule la hausse des cours de ces actifs et peut conduire à la formation de bulles financières. La finance suscite ainsi elle-même son propre développement : le crédit permet la hausse des cours qui favorise une meilleure rentabilité du secteur financier, ce qui pousse à son développement et à la création d'emplois bien rémunérés dans le monde financier. Ainsi que cela s'observe depuis les années 1980 dans certains pays développés, la finance devient alors une branche particulièrement prospère, attirant des salariés très qualifiés qui mettent au point des innovations financières alimentant la poursuite de l'essor du secteur financier. Avec une progression cependant du risque d'instabilité financière en raison de l'éclatement des bulles d'actifs qui se succèdent et en réduisant le développement d'autres branches d'activité moins rentables et moins attractives pour les salariés les plus qualifiés. L'hypertrophie de la finance devient alors pour la croissance économique plus un handicap qu'un catalyseur (Cecchetti et Kharroubi, « Reassessing the impact of finance on growth », 2012).

B. La croissance, un phénomène déséquilibré selon les premières analyses de Harrod et Domar

Les réflexions développées par les économistes classiques Adam Smith (*op.cit.*, 1776), Jean-Baptiste Say (*Traité d'économie politique*, 1803) ou encore David Ricardo (*Des principes de l'économie politique et de l'impôt*, 1817) au sujet de la croissance économique restent largement dominantes dans la pensée économique jusque dans les années 1920, même si la perspective d'un état stationnaire du développement économique semble repoussée, grâce notamment aux effets du progrès technique. Cependant, à partir des années 1930, le travail de John Maynard Keynes, en particulier sa *Théorie générale de l'emploi, de l'intérêt et de la monnaie* (1936), modifie les représentations dominantes du fonctionnement de l'économie.

Une rupture avec les conceptions dominantes antérieures de la croissance économique

L'affirmation du courant keynésien conduit à des analyses radicalement nouvelles de la dynamique de la croissance économique, notamment à travers les travaux d'Evsey Domar («Expansion and employment», 1947) et de Roy Harrod (*Towards a Dynamic Economics*, 1948).

L'adhésion des économistes classiques et des néoclassiques à la loi des débouchés formulée par Jean-Baptiste Say entraîne jusqu'alors l'idée que l'étude de la seule augmentation des capacités productives d'une économie est suffisante pour comprendre la croissance. L'offre globale suscite une demande globale à son niveau : toute création de biens et services supplémentaires entraîne une création de revenus nouveaux d'une valeur équivalente, revenus qui sont tous dépensés, soit en consommation, soit parce que la part épargnée est investie. En effet, la conservation d'une épargne monétaire importante est considérée comme irrationnelle puisque, pour les classiques et néoclassiques, la monnaie est demandée seulement afin de constituer des encaisses utiles aux transactions habituelles. Dès lors, l'épargne est pour l'essentiel placée et sert donc à financer les investissements. En cas d'écart entre les niveaux d'épargne et d'investissement, la variation du taux d'intérêt, prix des fonds prêtables, rétablit assez rapidement l'équilibre. Ainsi, avant la rupture introduite par la pensée keynésienne, les conceptions dominantes considèrent qu'en cas de développement des capacités productives, la demande globale suit. Des déséquilibres sectoriels peuvent se produire, tout comme des désajustements temporaires entre offre et demande globales, mais l'économie de marché corrige d'elle-même ces situations, sauf si des entraves réglementaires empêchent les ajustements de se réaliser.

À la suite des critiques formulées par Keynes, Harrod et Domar ne considèrent pas que les mécanismes marchands permettent un développement des débouchés dans une économie automatiquement au même rythme que la progression de l'offre. Outre l'idée que la monnaie peut parfois être recherchée pour elle-même, en raison de sa vertu de réserve de valeur, les critiques de la loi des débouchés exprimées par les keynésiens reposent en particulier sur l'idée que les variations du taux d'intérêt ne permettent pas un équilibrage automatique de l'épargne et de l'investissement. Dès lors, le montant des dépenses dans une économie n'a aucune raison *a priori* d'être équivalent à la valeur globale des biens et services produits. La compréhension de la croissance économique nécessite donc, pour les keynésiens, d'étudier à la fois la progression des capacités productives (l'offre) et la hausse des débouchés (la demande).

Le modèle de Domar (1947)

Domar remarque que l'investissement a deux effets dans l'économie : un effet de capacité et un effet de revenu. L'investissement a un effet de capacité car, avec de nouvelles machines, les capacités productives de l'économie progressent. Une hausse de l'investissement permet aussi d'accroître les revenus des fournisseurs de capital fixe et des salariés qui travaillent dans les entreprises qui fabriquent les biens d'équipement. Ces agents économiques dépensent plus, ce qui accroît donc les revenus d'autres producteurs, etc. C'est ce que l'on appelle l'effet multiplicateur de l'investissement sur les revenus. En économie fermée et en faisant abstraction des prélèvements et dépenses opérés par l'État, le niveau de l'effet multiplicateur dépend de la propension marginale à consommer des agents économiques : $k = \Delta Y / \Delta I = 1 / (1 - c)$, avec « k » le multiplicateur, « Y » le revenu national, « I » l'investissement et « c » la propension marginale à consommer.

L'investissement a donc un double effet, sur l'offre et sur la demande, qui est particulièrement utile pour la croissance économique. Cependant, il est peu probable selon Domar que ces deux effets soient équivalents. Si l'effet de revenu est supérieur à l'effet de capacité, la demande tend à progresser plus vite que l'offre et cela génère de l'inflation. Dans le cas contraire, l'offre tend à progresser plus vite que la demande, ce qui entraîne une surproduction, une déflation et des difficultés économiques avec un chômage en hausse. C'est le cas le plus probable selon Domar, qui adhère à la fonction de consommation keynésienne et pense que l'épargne va croître plus vite que le revenu. Une évolution qui devrait limiter l'effet multiplicateur et orienter l'économie vers des temps difficiles.

Le premier problème de Harrod : la croissance économique régulière est comme « sur le fil d'un rasoir »

Le modèle de croissance de Harrod repose sur un certain nombre d'hypothèses importantes pour comprendre les résultats obtenus. Les variations de l'investissement des entreprises résultent essentiellement des modifications des débouchés, puisque ces derniers affectent les profits qu'elles peuvent espérer. L'épargne des agents économiques est une proportion donnée de leurs revenus. Le coefficient de capital « v » ($v = K / Y$, avec « K » le stock de capital) est considéré comme constant dans une économie sur plusieurs périodes.

Découlant de ces hypothèses, le modèle permet de déterminer un taux de croissance économique pour lequel les plans des investisseurs et des épargnants sont en adéquation :

Si $v = K / Y$, alors $v = K_0 / Y_0 = K_1 / Y_1$ et donc $v = \Delta K / \Delta Y$, d'où $\Delta Y = \Delta K / v$.

De plus, $S = sY$, avec « s » correspondant au taux d'épargne.

Donc, si les plans des épargnants et des investisseurs sont compatibles, et en laissant de côté l'effet de l'amortissement du capital, on a :

$$\Delta Y = sY / v$$
$$\Delta Y / Y = s / v$$

Le rapport s / v donne une valeur numérique que Harrod appelle taux de croissance « nécessaire » ou « garanti ». C'est un taux de croissance pour lequel le montant de l'investissement désiré par les entreprises est égal au montant de l'investissement finalement réalisé, car les débouchés ont été bien estimés et car la progression du revenu assure une épargne d'un même montant que l'investissement désiré. Ainsi, si le taux de croissance économique constaté (ou effectif, c'est-à-dire celui qui se réalise effectivement dans l'économie) est égal à ce rapport s / v, c'est-à-dire au taux de croissance nécessaire, la croissance économique peut être régulière. Cependant, cette situation est tout à fait exceptionnelle, le fruit du hasard. Le cas le plus fréquent, selon Harrod, est que l'investissement désiré par les entreprises ne correspond pas aux comportements d'épargne des agents. Dans ce cas, l'économie va connaître soit une croissance de plus en plus forte, soit une croissance de plus en plus faible, une croissance déséquilibrée.

Si les producteurs sous-estiment la progression des débouchés, on est dans le cas où la croissance effective dépasse la valeur de s / v. La demande, plus dynamique que prévu, incite les producteurs à réviser à la hausse leurs programmes d'investissement. L'effet multiplicateur amplifiant la progression des revenus et de la demande, l'économie s'emballe, la croissance accélère et la croissance effective s'écarte de la croissance nécessaire.

Si les producteurs surestiment la progression des débouchés, on est dans la situation où la croissance effective est en dessous de s / v. Les débouchés s'avérant décevants, les entreprises réduisent leurs programmes d'investissement. Par effet multiplicateur, les revenus et la demande diminuent davantage. La croissance économique effective baisse, s'écartant de plus en plus de la croissance nécessaire. L'économie peut basculer dans la dépression.

Le deuxième problème de Harrod : la croissance économique peut s'accompagner d'un chômage persistant

Pour les keynésiens, le volume de l'emploi est déterminé par le niveau d'activité des entreprises. Si la production progresse, les entreprises embauchent et l'emploi s'élève. Cette hypothèse conduit à celle de la constance du coefficient de capital dans le modèle de Harrod. La progression de la population active dans un pays nécessite donc une élévation au même rythme du volume de l'emploi pour que le chômage reste faible. Or, il n'existe pas de mécanisme assurant que le taux de croissance nécessaire d'une économie, c'est-à-dire le sentier régulier de croissance, impulse une dynamique de création d'emplois suffisante pour éviter la progression du chômage. Harrod explique par ailleurs que la hausse de la population active influe sur un taux de croissance dit « naturel » de l'économie, qui dépend aussi du rythme des gains de productivité et détermine un rythme maximal de hausse de l'offre à long terme.

Si le taux de croissance effectif dépasse le taux de croissance nécessaire, la croissance accélère jusqu'à rejoindre le taux de croissance naturel qui, dans une économie au plein-emploi, est le taux de croissance maximal de l'économie. La croissance forte s'accompagne dans ce cas d'un chômage faible et de tensions inflationnistes. Les Trente Glorieuses seraient, dans les économies avancées, une période caractéristique de cette situation.

En revanche, si le taux de croissance naturel est inférieur au taux de croissance nécessaire, ou si le taux de croissance effectif est en dessous de la croissance nécessaire, l'économie s'enfonce dans une dynamique de croissance de plus en plus faible, voire de dépression. La chute de la croissance effective place celle-ci en dessous de la croissance naturelle, ce qui favorise une progression du chômage. Les années 1930 ou les années 1970 dans les économies avancées illustreraient ces situations, la particularité des années 1970 étant que le soutien de la demande par les États, grâce à des déficits budgétaires chroniques, a empêché la croissance effective de baisser trop fortement.

Des modèles de demande qui donnent un rôle essentiel à l'État pour guider la croissance

Au final, le modèle keynésien de croissance est fondamentalement un modèle de demande, ce sont les fluctuations de la demande qui déterminent le rythme de la croissance. La production – l'offre – essaie de s'ajuster aux fluctuations de la demande. La croissance est déséquilibrée pour Harrod et Domar. Il y a déséquilibre entre les effets de revenus et de capacité de l'investissement, entre les plans des agents qui épargnent et de ceux qui investissent, entre la main-d'œuvre disponible et les besoins des producteurs.

L'État, en stimulant la demande globale, peut empêcher que la croissance effective ne soit trop faible et ne déçoive les anticipations des producteurs. Il peut aussi agir pour que la croissance naturelle soit suffisante, afin que l'offre puisse se développer lorsque la demande est forte. Il peut au contraire ralentir la croissance naturelle pour rendre celle-ci compatible avec le rythme des créations d'emplois dans l'économie.

C. La croissance économique vue comme une dynamique de long terme par Solow

Les travaux keynésiens sur la croissance économique sont critiqués, notamment par l'économiste américain Robert Solow qui considère que leurs conclusions et certaines hypothèses ne sont que partiellement acceptables. Il reproche en particulier aux modèles de Harrod et Domar d'aboutir à des dynamiques de croissance trop extrêmes puisque la croissance effective tend à s'écarter de plus en plus d'un sentier régulier de croissance dès qu'une économie quitte ce sentier régulier. Si l'histoire économique est faite de phases d'essor remarquables et de dépressions, elle prend le plus souvent, selon Solow, un rythme plus continu, comme si des mécanismes économiques empêchaient la croissance de trop s'écarter d'un sentier régulier.

Un modèle de croissance néoclassique

Robert Solow propose en 1956 (« A contribution to the theory of economic growth ») une nouvelle modélisation du phénomène de croissance économique. Son analyse reprend certains éléments du travail de Harrod et Domar, tels que l'idée d'un taux de croissance maximal de long terme correspondant au taux de croissance naturel d'une économie, ou encore le fait que l'épargne augmente proportionnellement au revenu dans un pays, si bien que le modèle de croissance de Solow a pu être considéré comme un modèle de synthèse entre les approches keynésiennes et néoclassiques. Cependant, il s'agit en fait essentiellement d'un modèle de croissance néoclassique pour deux raisons. Tout d'abord, l'équilibrage de l'épargne et de l'investissement s'opère par le taux d'intérêt, de sorte que si le niveau de l'épargne se modifie dans l'économie, la variation du taux d'intérêt assure que cette épargne est investie. Le modèle de Solow semble donc réhabiliter la loi de Say. Par ailleurs, l'hypothèse de la stabilité du coefficient de capital sur plusieurs périodes est abandonnée : les facteurs de production sont considérés comme substituables. Dès lors, la question du chômage est déconnectée de celle du rythme de la croissance, c'est sur le marché du travail que se détermine le volume de l'emploi. En cas de hausse de la population active, la variation des salaires permet d'équilibrer le marché du travail et d'assurer un plein-emploi de la main-d'œuvre disponible. Le modèle de Solow est donc un modèle de l'offre qui décrit une croissance équilibrée : les mécanismes du marché permettant tout au long de la dynamique de croissance un équilibre entre épargne et investissement, entre offre et demande de travail, et finalement entre offre globale et demande globale.

La croissance jusqu'à l'état stationnaire du capital par tête avec une population stable

L'offre de biens et de services, c'est-à-dire la production, peut être exprimée par une fonction telle que Y = f(K,L) où, par hypothèse, les rendements d'échelle sont constants et les rendements factoriels décroissants. Ainsi, si on multiplie les deux facteurs par un coefficient a, la production est elle aussi multipliée par ce coefficient a. Par contre, si on ne fait augmenter qu'un seul des facteurs de production, par exemple le capital, sans modifier le volume du facteur travail utilisé, le facteur capital subit des rendements factoriels décroissants. Autre hypothèse, toute production de richesses étant aussi une production de revenus et l'épargne étant investie, on peut considérer que le taux d'épargne (épargne/revenu national) dans une économie est égal au taux d'investissement (investissement/production).

Figure 1

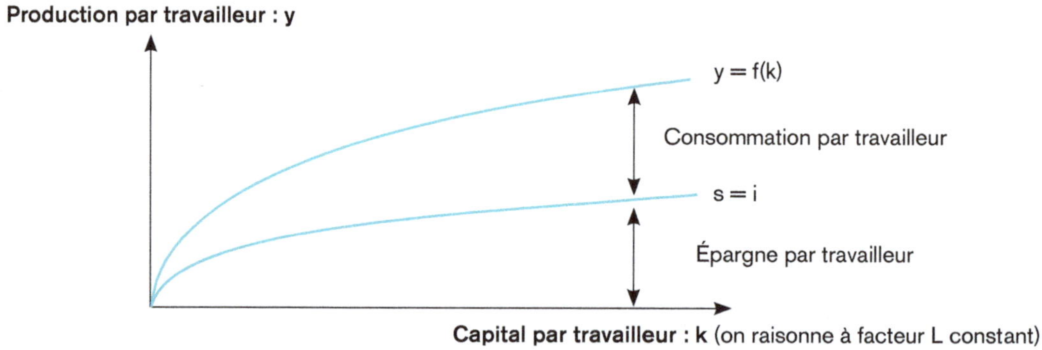

La courbe supérieure de la figure 1 représente la production par travailleur en fonction du stock de capital par travailleur. Elle figure donc aussi le revenu par travailleur en fonction du stock de capital, et donc le niveau de vie de la population. On sait que dans ce modèle l'épargne est proportionnelle au revenu. Ici, « s » correspond à l'épargne par travailleur et « i » à l'investissement par travailleur. Pour chaque niveau de capital par travailleur, l'espace entre l'axe des abscisses et « s = i » correspond à l'épargne et à l'investissement par travailleur.

Figure 2

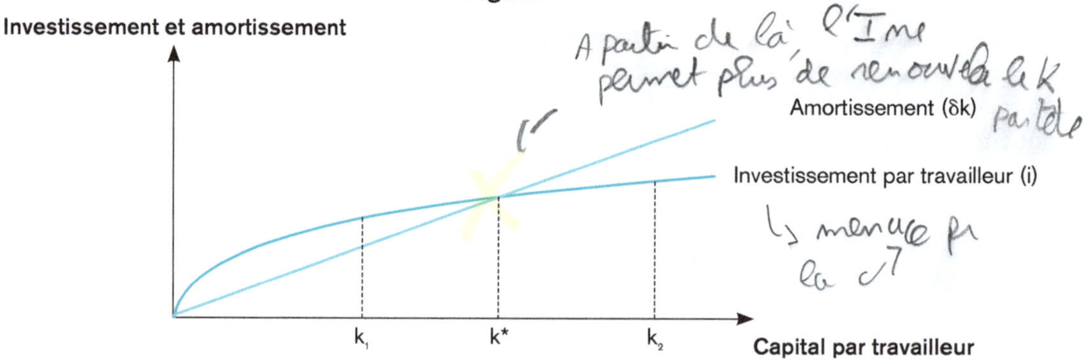

Si l'épargne et donc l'investissement permettent de faire croître le stock de capital par travailleur, une force contraire, l'usure du capital, tend à faire diminuer ce stock. Le montant de cet amortissement est proportionnel au stock de capital. Plus ce dernier est important, plus la valeur de l'amortissement est élevée.

Plus le stock de capital augmente, plus cela favorise une hausse de la production et du revenu, et donc de l'épargne et de l'investissement. Mais d'un autre côté, plus le stock de capital est important, plus le volume du capital qui se déprécie est élevé. Quand on augmente le stock de capital par travailleur, d'abord l'effet de la hausse du stock de capital sur la production, les revenus, l'épargne et l'investissement, l'emporte sur l'effet de la hausse du stock de capital sur l'amortissement. Mais ensuite le capital supplémentaire est victime des rendements factoriels décroissants et ne produit plus une hausse suffisante de la production, des revenus, de l'épargne et donc de l'investissement pour que ce dernier ne se fasse pas rattraper et dépasser par la hausse de l'amortissement. Ainsi, lorsque le stock de capital par tête se trouve au niveau k_1, l'investissement est supérieur à l'amortissement, et le stock de capital est poussé vers le haut. À l'inverse, si le stock de capital est au niveau k_2, il aura tendance à diminuer car alors l'amortissement est supérieur à l'investissement. Finalement, on s'aperçoit que le stock de capital tend vers un niveau k^* qui correspond à un niveau dit stationnaire du stock de capital par travailleur. On ne peut donc plus *a priori* ici compter sur la hausse spontanée du stock de capital par tête pour générer de la croissance économique, il faut rechercher d'autres facteurs.

Le rôle de la croissance démographique, de la variation du taux d'épargne et du progrès technique dans la croissance économique

≫ La hausse de la population

Une fois cet état stationnaire atteint, la croissance économique peut se poursuivre grâce à l'accroissement démographique, qui permet une augmentation du facteur travail. Cependant, la hausse de la population tend à faire diminuer le stock de capital par travailleur, il faut donc, pour maintenir ce stock, un effort supplémentaire d'épargne qui permette, non seulement de remplacer le capital usagé, mais aussi de fournir du capital aux nouveaux travailleurs. Si la croissance peut alors se poursuivre, en revanche le niveau de vie par travailleur ne progresse pas puisque le revenu par travailleur reste inchangé.

≫ La hausse du taux d'épargne

Afin de prolonger la hausse du stock de capital par tête et donc du niveau de vie de la population, il peut être souhaitable d'élever le taux d'épargne. Ainsi, le stock de capital par travailleur peut s'élever au-dessus de k^*_1 car le rythme de l'investissement dépasse à nouveau celui de l'amortissement. Néanmoins, on retrouve un nouveau niveau stationnaire qui correspond à un stock de capital par travailleur plus élevé (k^*_2).

Figure 3

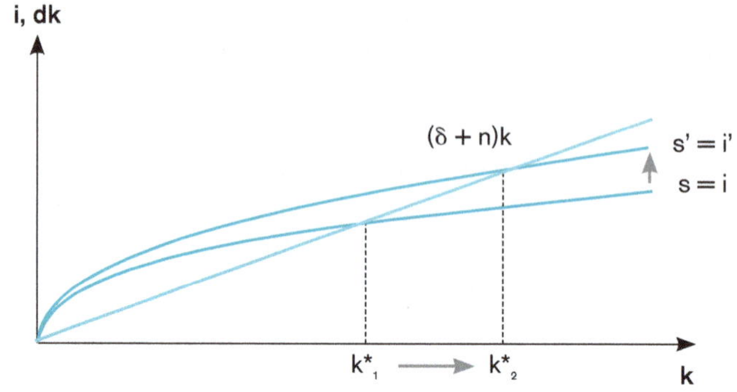

N.B. « (d + n)k » : droite représentant l'effet négatif sur le stock de capital par travailleur de l'amortissement et de la croissance démographique (« n »).

En économie fermée, si le taux d'épargne est élevé, l'économie se dote d'un stock de capital important qui lui permet de réaliser un volume élevé de production, et donc de revenu et de niveau de vie. Si le taux d'épargne est faible, la modicité du stock de capital ne permet à l'économie qu'un volume de production plus modeste, et donc un niveau de vie plus faible. Cependant, un taux d'épargne très haut n'est pas forcément souhaitable. S'il permet un revenu par tête très élevé, il ne conduit pas nécessairement à une bonne satisfaction des besoins de consommation. Or, ce qui intéresse la population, ce n'est pas le stock de capital par tête, ni même le niveau de production, ce sont plus concrètement les biens et services qui peuvent être consommés. Et donc, le niveau stationnaire de capital par tête optimal est celui qui maximise le niveau de consommation des habitants d'un pays (règle d'or). Il correspond à un taux de croissance économique de long terme équivalent à la productivité marginale du capital, et donc au taux d'intérêt si l'on suit l'hypothèse néoclassique de la rémunération des facteurs.

≫ Le progrès technique

Le progrès technologique permet la poursuite de la hausse de la productivité du travail. Par définition, dans le modèle de Solow, le progrès technique est ce qui permet d'accroître la production, même si le nombre de travailleurs et le stock de capital par travailleur n'augmentent pas. Grâce à lui, le revenu par travailleur repart à la hausse, ce qui permet ensuite, avec un taux d'épargne inchangé, d'augmenter à nouveau le stock de capital par travailleur. Ainsi, le rôle du progrès technique est décisif pour expliquer la hausse à long terme des niveaux de vie. Mais Solow n'explique pas l'origine de ce progrès technologique, il se contente d'analyser ses effets sur la croissance. Ce progrès technique est donc un phénomène exogène dans son modèle.

L'intérêt du modèle de Solow pour comprendre certaines situations

≫ La croissance ouest-allemande et japonaise après 1945

Le modèle de Solow peut aider en partie à comprendre la très forte croissance économique de l'Allemagne et du Japon après la Seconde Guerre mondiale. La guerre a eu notamment pour effet économique une destruction importante du stock de capital dans ces pays mais, en partie grâce à l'aide américaine et en partie grâce à un effort d'épargne interne de ces deux pays, la RFA et le Japon connaissent une phase de rattrapage. Suite aux destructions, on est passé schématiquement d'un stock de capital k* à un stock de capital k_1, et donc l'investissement s'est révélé très supérieur à l'amortissement, ce qui a poussé vers le haut le stock de capital par tête et a accru très rapidement la capacité productive de ces économies. D'où un taux de croissance économique très fort, jusqu'à ce que ce taux ralentisse lorsque l'économie approche et atteint le niveau stationnaire de capital.

Figures 4 et 5

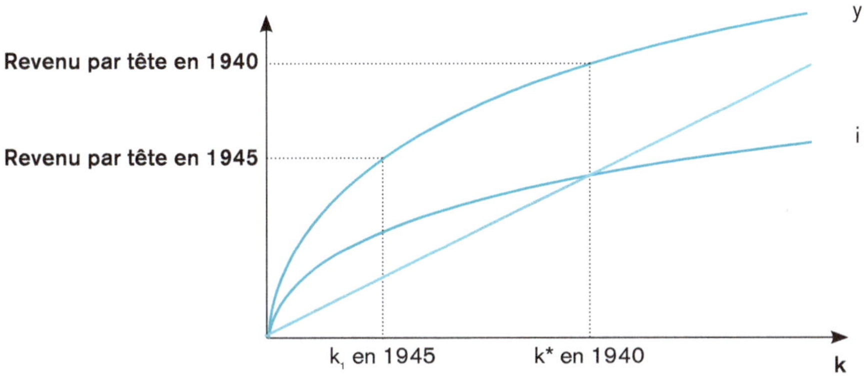

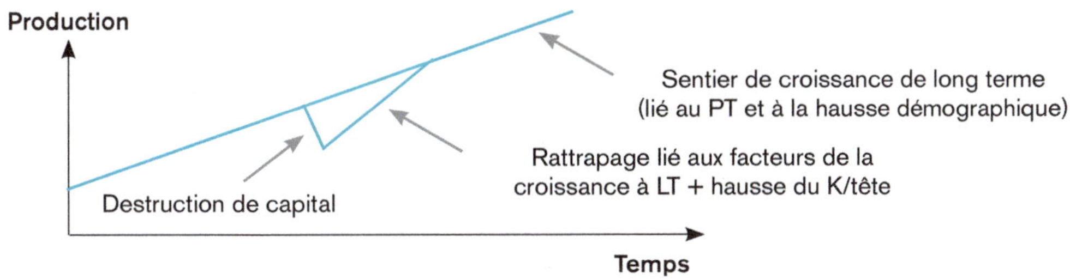

Ces deux pays ont alors en outre un taux d'épargne élevé, de sorte que le niveau stationnaire du capital par tête est haut, donc plus long à atteindre, ce qui explique aussi cette longue phase de croissance rapide. Et puis ces pays font l'effort d'atteindre la frontière technologique, c'est-à-dire le niveau technologique le plus avancé à un instant *t*. En suivant le modèle de Solow, c'est la combinaison de ces trois facteurs qui explique le succès économique de ces pays pendant les Trente Glorieuses.

≫ La comptabilité de la croissance

L'importance donnée au progrès technique dans la dynamique de croissance de long terme des économies est tout à fait concordante avec les résultats des études adoptant une méthode de comptabilité de la croissance, c'est-à-dire cherchant à mesurer historiquement les contributions des différents déterminants de l'élévation du PIB. Par exemple, étudiant la croissance économique des États-Unis entre 1909 et 1949, Robert Solow (« Technical change and the aggregate production function, », 1957), à côté de la contribution de la hausse quantitative des facteurs de production à la croissance, identifie ce qu'il appelle un « résidu », qu'il assimile donc au progrès technique. Il qualifie de résidu tout ce qui améliore la productivité globale des facteurs, l'élévation qualitative des facteurs eux-mêmes et la hausse de l'efficacité de leur combinaison. Sur la période 1909-1949, Solow considère que les sept-huitièmes de la croissance du produit par tête aux États-Unis seraient imputables au progrès technique.

Figure 6 – Décomposition comptable de la croissance annuelle moyenne du PIB de 1890 à 2016

(en % et en points de pourcentage)

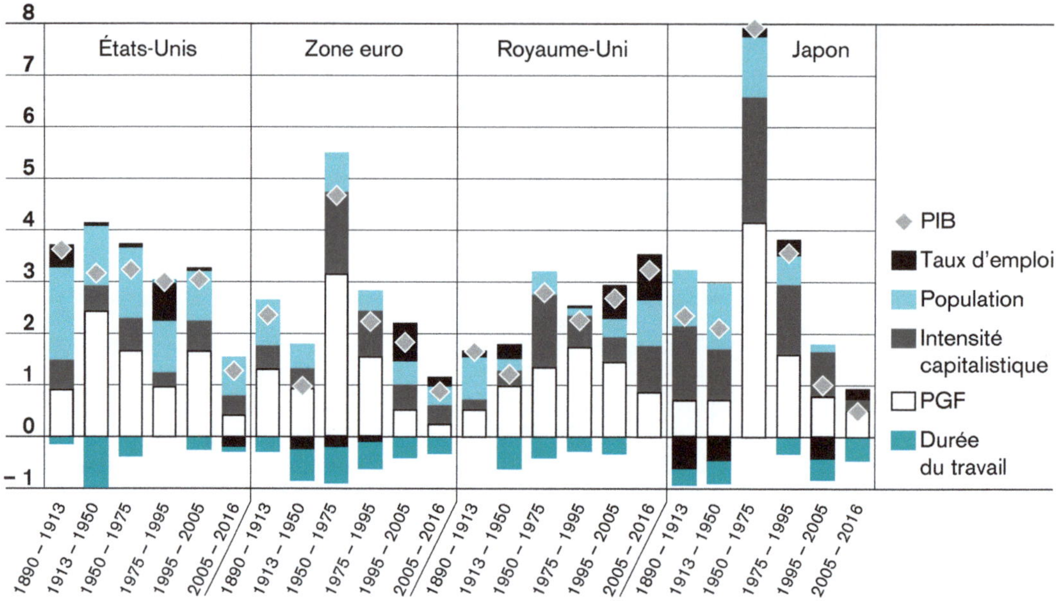

Lecture : En moyenne, de 1890 à 1913, le PIB des États-Unis a crû de 3,6 % par an. Les contributions à cette croissance sont de 1,0 point de pourcentage (pp) pour la PGF, 0,5 pp pour l'intensité capitalistique, 1,8 pp pour la population, 0,4 pp pour le taux d'emploi et – 0,1 pp pour la durée du travail.

Source : A. Bergeaud, G. Cette et R. Lecat, « Croissance de long terme et tendances de la productivité », *Revue de l'OFCE*, n° 153, 2017.

Les économistes Denison (« United States economic growth », 1962 ; « Why growth rates differ : post-war experience in nine western countries », 1967) aux États-Unis et Carré, Dubois et Malinvaud (*La Croissance française*, 1972) pour la France tentent de décomposer les facteurs de la croissance économique. Denison remarque qu'une part importante du résidu est imputable à une amélioration qualitative du facteur travail (accumulation du capital humain). Même en retirant l'effet de l'amélioration qualitative des facteurs de production, il reste, d'après ces études sur la croissance économique des pays avancés depuis le milieu du XXe siècle, un résidu plus ou moins variable selon les périodes et représentant environ 50 % de la croissance économique.

⪢ L'essoufflement de la croissance économique soviétique à partir des années 1960

Paul Krugman (« Le mythe du miracle asiatique », 1994) utilise le modèle de Solow pour comprendre la croissance économique dans d'autres pays que le monde capitaliste avancé. Il rappelle que la croissance économique soviétique dans les années 1940 et 1950 est très rapide. Elle est alimentée par une hausse de la quantité des facteurs de production, surtout un accroissement du stock de capital, grâce à une limitation de la consommation de la population soviétique. L'épargne dégagée est investie en priorité dans le secteur des biens de production. L'effort d'épargne imposé à la population repousse le stock stationnaire du capital par tête. Mais cette croissance économique forte ne peut être infinie en raison des rendements décroissants du capital. Ceci est d'autant plus dramatique en URSS que l'absence de concurrence et de profit privé n'encourage pas l'innovation par les entreprises et donc, si l'on suit le modèle de Solow, l'arrêt de la croissance du niveau de vie est inéluctable. Pire, l'état stationnaire avec un taux d'épargne très élevé, s'accompagne de capacités de consommation limitées, le taux d'épargne étant supérieur à celui conduisant à un niveau stationnaire du capital par tête satisfaisant la règle d'or. Ainsi, l'accumulation du capital permet une certaine hausse du niveau de vie en URSS entre les années 1930 et 1950 mais, pour rattraper les niveaux de vie occidentaux, il faudrait aussi que la productivité globale des facteurs s'élève. Lorsque les dirigeants russes en prennent conscience dans les années 1960, ils tentent de pousser leur économie à faire des gains de productivité, mais en vain. Schématiquement, il aurait fallu passer d'une croissance solowienne, par la hausse du capital par tête, à une croissance schumpétérienne, par l'innovation, ce que n'a pas réussi à faire l'URSS.

⪢ La convergence ou la divergence internationale des niveaux de vie

On remarque statistiquement, depuis le XIXe siècle, une convergence des niveaux de vie entre les pays ayant les PIB par habitant les plus élevés. Ainsi, parmi les pays actuellement membres de l'OCDE, les pays qui avaient fin XIXe les PIB par habitant les plus faibles sont ceux qui ont connu, depuis un siècle, les taux de croissance annuels moyens les plus élevés. Par contre, on ne peut étendre cette observation à l'ensemble des pays dans le monde, c'est-à-dire qu'il n'existe pas, notamment sur la deuxième partie du XXe siècle, de corrélation négative au niveau mondial entre les taux croissance et les PIB par habitant.

Le modèle de Solow peut nous aider à comprendre l'évolution des écarts de niveaux de vie moyens entre les pays. La pauvreté d'un pays reflète, selon le modèle de Solow, un stock de capital par travailleur plus faible que dans les pays riches ou un niveau technologique plus bas. Un pays pauvre peut conserver un stock de capital stationnaire par travailleur durablement plus faible si l'épargne par travailleur est durablement inférieure au niveau observé dans un pays riche. Mais si l'effort d'épargne par travailleur est le même, si la croissance démographique est la même dans un pays riche et dans un pays pauvre, si les technologies se diffusent, alors les niveaux de vie doivent nécessairement converger.

On comprend mieux la convergence des niveaux de vie observable sur le long terme entre les pays avancés. Ces pays possèdent des caractéristiques structurelles similaires (moyens de financement des investissements, croissance démographique, technologies) qui expliquent qu'ils soient membres d'un même « club de convergence » ; la convergence est ainsi dite conditionnelle, c'est-à-dire conditionnée à des caractéristiques structurelles communes. Par contre, les pays conservant des caractéristiques structurelles différentes ne convergent pas, il n'y a pas de convergence absolue.

Le modèle de Solow ne nous aide cependant pas à comprendre pourquoi certains pays conservent des désavantages structurels durables en matière de niveau de vie. Une approche plus institutionnelle contribue à expliquer pourquoi certains pays en manque de capital ne parviennent pas à attirer des capitaux internationaux pourtant très mobiles (paradoxe de Robert Lucas, « Why doesn't capital flow from rich to poor countries? », 1990), pourquoi ils conservent des taux de croissance démographiques plus importants et pourquoi ils ne parviennent pas à combler leur retard technologique.

D. Les théories de la croissance endogène

Alors que dans le modèle de Solow le progrès technique, décisif pour la croissance du niveau de vie de long terme, a une origine indéterminée (progrès technique exogène) et se manifeste selon un rythme fonction du temps, les modèles de croissance endogène se proposent d'expliquer la vitesse et l'origine de ce progrès technique. En ce sens, ils prolongent le travail de Solow sur la croissance économique.

Présentation d'ensemble

Dans les années 1980, Paul Romer (« Increasing returns and long-run growth », 1986) et Robert Lucas (« On the mechanics of economic development », 1988) proposent des modèles de croissance économique dans lesquels le progrès technique devient une variable endogène. Ils restent d'inspiration essentiellement néoclassique puisque ces modèles d'offre tentent d'exposer les mécanismes par lesquels des économies peuvent sécréter elles-mêmes un progrès technique leur permettant d'élever sur le long terme leur production par habitant. Il ne s'agit pas seulement d'explorer le résidu de Solow, mais bien de montrer que, loin de « tomber du ciel », le progrès technique auquel le résidu est assimilé par convention est le fruit de certaines activités existant au sein des économies.

Les théories de la croissance endogène sont des modèles mathématiques qui formalisent des idées souvent déjà énoncées par des économistes plus anciens. Adam Smith (*op. cit.*, 1776) avait pu souligner le rôle utile de l'État en matière d'éducation et d'infrastructures pour l'encouragement au développement économique. Il avait indiqué que la division du travail, et donc l'efficacité productive, était un phénomène cumulatif, la spécialisation appelant elle-même des progrès nouveaux dans la division du travail. Schumpeter (*Théorie de l'évolution économique*, 1911) avait insisté sur le rôle de l'innovation dans la croissance et sur l'intérêt à autoriser une rente temporaire de monopole pour l'entrepreneur innovateur, afin de récompenser l'acte d'innovation utile à la croissance de l'économie dans son ensemble. Uzawa (« Optimum technical change in an aggregative model of economic growth », 1965) avait aussi proposé une explication aux différences de niveaux de production entre les économies fondée sur des écarts d'efforts d'accumulation de capital humain. Cela ne diminue en rien l'intérêt du travail des théoriciens de la croissance endogène et leur apport à la compréhension de la croissance, mais leurs idées sont aussi le fruit de réflexions antérieures, ce que certains reconnaissent volontiers.

Quelques théories marquantes

Paul Romer explique en 1986 que la croissance est autoentretenue par l'accumulation du capital-connaissance dans l'économie. Celui-ci est conçu comme un sous-produit de l'activité des firmes, à la fois lié à leur activité productive et aux efforts d'innovation qu'elles réalisent. Dans le premier cas, on retrouve, formulée cette fois dans le cadre d'un modèle mathématique de croissance, l'idée du *learning by doing* de Kenneth Arrow (« The economic implications of learning by doing », 1962). Cet économiste avait observé empiriquement que les entreprises gagnaient en efficacité au fil du temps dans la fabrication d'un produit donné. Romer formalise donc le fait que ceux qui produisent le plus sont les plus aptes à gagner en efficacité dans la production. Par ailleurs, les innovations de certaines entreprises entraînent la diffusion dans le système économique des nouvelles bonnes idées, traitées par Romer comme des biens non rivaux. L'acte d'innovation est donc porteur d'externalités positives qui élèvent l'efficacité globale de l'économie. En 1990, Romer introduit un nouveau modèle de croissance dans lequel l'accumulation de ce capital-connaissance est désormais le résultat d'une activité consciente des firmes engagées dans la recherche et développement (« Endogenous technological change », 1990). La non-rivalité des bonnes idées et la rentabilité de l'effort de recherche et développement peuvent être garanties par l'existence des brevets d'invention qui procurent des rentes de monopole provisoire aux entreprises les plus innovantes en même temps qu'ils diffusent les connaissances techniques nouvelles.

D'autres activités peuvent contribuer à entretenir la dynamique de croissance de long terme. Lucas (*op. cit.*, 1988) rappelle le rôle de l'accumulation du capital humain dans la croissance et souligne les externalités positives générées par ceux qui font un effort d'accumulation de savoirs et de savoir-faire valorisables sur le marché du travail. Certes, ils subissent un coût d'opportunité lié au temps passé à étudier, mais ensuite ils peuvent espérer un revenu supérieur à celui des autres travailleurs. Et surtout, ils permettent d'accroître l'efficacité des entreprises dans lesquelles ils travaillent et qui n'ont pas forcément contribué à financer leur formation. Robert Barro (« Government spending in a simple model of endogeneous growth », 1990) propose pour sa part un modèle qui incorpore le rôle positif de certaines infrastructures publiques dans la croissance. En améliorant en particulier la qualité des réseaux utilisés par les producteurs d'une économie, l'État élève l'efficacité globale de ces producteurs grâce, à nouveau, aux externalités positives. Il peut s'agir des réseaux de transport, des réseaux d'énergie, de télécommunications, autant de domaines où les opérateurs privés peuvent hésiter à financer la mise en place d'infrastructures en raison des coûts très élevés et des délais de retour sur investissement.

La portée des théories de la croissance endogène

Les théories de la croissance endogène permettent incontestablement de comprendre la persistance de l'importance du résidu dans les statistiques de comptabilité de la croissance. Leur portée dépasse cependant cet objectif de modélisation des résultats statistiques. Elles redonnent indirectement de l'importance à l'investissement pour la croissance de long terme, en tout cas aux investissements porteurs d'externalités positives, dans la recherche et développement, le capital humain, certaines infrastructures publiques. Par ces externalités positives, les théoriciens de la croissance endogène proposent des modèles à rendements d'échelle croissants, même si les rendements factoriels restent décroissants. La croissance n'est dès lors plus limitée et peut se prolonger indéfiniment par un progrès technique autoentretenu. Alors que le modèle de Solow déconnectait analytiquement l'effet de l'investissement sur les niveaux de vie, limité dans le temps, de l'effet plus durable du progrès technique, les modèles de croissance endogène soulignent l'importance de certains investissements pour expliquer le rythme du progrès technique. Par ailleurs, indirectement aussi, ces modèles suggèrent que les mécanismes marchands sont insuffisants pour permettre une croissance de long terme suffisamment rapide. Ces modèles soulignent, implicitement ou explicitement, que l'État peut jouer un rôle pour déterminer le rythme de la croissance de long terme : en garantissant les droits de propriété sur les inventions, en soutenant financièrement la recherche et développement, en incitant les individus à accumuler du capital humain, en finançant certaines infrastructures utiles aux entreprises. Il ne s'agit pas d'un soutien de la croissance par des politiques de demande, mais bien par des politiques d'offre, les théoriciens de la croissance endogène appartenant généralement à l'école des nouveaux classiques.

Les théories de la croissance endogène sont loin de pouvoir expliquer l'intégralité du résidu. Elles laissent de côté en particulier des déterminants institutionnels difficilement incorporables dans des modèles mathématiques de croissance. Qu'il s'agisse d'institutions formelles (réglementation du marché du travail, des marchés de biens et services, des droits de propriété, système financier, stabilité politique, etc.) ou informelles (traits culturels valorisant plus ou moins les comportements capitalistes, attitudes à l'égard de l'innovation, etc.), celles-ci contribuent à expliquer, parfois de manière décisive, les phénomènes de croissance. Comment comprendre, sans étudier les changements institutionnels, le démarrage de la croissance moderne au tournant des XVIIIe et XIXe siècles ou encore la diminution des niveaux de vie moyens de certains pays d'Afrique subsaharienne depuis les années 1970 ? Enfin, centrées sur l'étude du développement des capacités productives des économies, les théories de la croissance endogène considèrent implicitement acquise la loi de Say et contournent ainsi, dans la droite ligne du modèle de Solow, un peu facilement les problèmes de déséquilibres pouvant accompagner le processus de croissance.

E. Les économies avancées face à un risque de stagnation des niveaux de vie moyens

Si, des années 1940 aux années 1980, le défi théorique pour les économistes était de mieux expliquer d'où venait la croissance économique, depuis quelques années des économistes se confrontent au mystère du fléchissement de la croissance dans les pays avancés. L'observation des tendances statistiques montre en effet, depuis une quarantaine d'années, un ralentissement tendanciel de la croissance de la production et de la productivité dans ces pays. Pourtant, les efforts de recherche et développement y sont souvent plus élevés qu'il y a quelques décennies.

Les innovations technologiques apparaissent nombreuses et modifient les interactions sociales, les manières de s'informer, de consommer. Par ailleurs, la part de la population totale détentrice d'un diplôme de l'enseignement supérieur continue de progresser dans les pays développés.

Les analyses englobantes de Robert Gordon et quelques prolongements

Robert Gordon (*Is US Economic Growth Over ?*, 2012) est le premier à souligner les effets décevants de la révolution technologique des années 1990 sur le rythme tendanciel des gains de productivité. Malgré leur caractère parfois spectaculaire, nombre de nouveautés techniques n'apporteraient finalement qu'une amélioration limitée à l'activité économique. En 2012 et 2014, Gordon énonce pour les États-Unis six « vents contraires » qui, pour l'avenir, risquent selon lui de conduire l'économie à retrouver des niveaux de vie stagnants, comme c'était le cas avant la révolution industrielle :

- la baisse du nombre d'heures travaillées en moyenne par habitant (recul du taux d'emploi, vieillissement) ;
- la stagnation, voire la baisse du niveau d'éducation moyen des jeunes générations ;
- la hausse des inégalités de revenus au sein des pays, de sorte que la maigre croissance de la production de richesses sera pour l'essentiel captée par l'élite sociale ;
- l'endettement public élevé, qui risque de conduire à des politiques de réduction des déficits pesant sur la demande interne ;
- la mondialisation, qui nuit à la progression des revenus des travailleurs peu qualifiés dans les pays développés ;
- les contraintes environnementales enfin, avec le coût des politiques de lutte contre le changement climatique et la hausse du prix de ressources naturelles se raréfiant.

L'approche de Gordon consiste donc à expliquer le ralentissement de la croissance essentiellement par des limitations freinant la capacité à élever la production par tête. D'autres économistes (Artus et Virard, *Croissance zéro : comment éviter le chaos*, 2015, par exemple) prolongent cette approche en soulignant le rendement marginal décroissant des dépenses de R&D dans nombre de branches des économies avancées. En outre, les progrès technologiques dans l'information ou la communication génèrent certes beaucoup d'innovations de produits, mais ils semblent moins porteurs d'améliorations révolutionnaires dans la productivité physique par comparaison avec celles apportées par le tayloro-fordisme lors de la deuxième révolution industrielle. Même s'il est possible qu'une bonne partie du gain de bien-être économique fourni par la révolution numérique actuelle échappe à une mesure statistique correcte.

Une interprétation plus keynésienne en termes de « stagnation séculaire »

Une autre approche visant à expliquer le ralentissement de la croissance dans les économies avancées a été proposée à partir de 2013 par Lawrence Summers et précisée ensuite dans plusieurs publications (par exemple Richard Baldwin [dir.], *Secular Stagnation : Facts, Causes and Cures*, 2014). Summers évoque un risque de « stagnation séculaire », reprenant ainsi une formulation utilisée par Alvin Hansen dans les années 1930 (« Economic progress and declining population growth », 1939). La stagnation séculaire résulte d'un excès d'épargne désirée des agents économiques dans le sens où, malgré une baisse des taux d'intérêt, cette volonté d'épargne ne s'accompagne pas d'un dynamisme équivalent de l'investissement. L'hypothèse d'une incapacité du taux d'intérêt à équilibrer épargne et investissement dans l'économie rattache les réflexions sur la stagnation séculaire à une tendance théorique plutôt keynésienne. L'excès d'épargne désirée résulterait de plusieurs évolutions structurelles dans les pays développés et l'économie mondiale. Tout d'abord, dans les PDEM, les revenus des ménages des couches sociales aisées progressent plus vite que ceux du reste de la population, qui sont parfois stagnants. Ce sont donc les revenus de ceux ayant statistiquement la propension marginale à consommer la plus faible qui sont les plus dynamiques. Il en résulte une hausse du taux d'épargne global, même si celle-ci peut certaines années être masquée par une progression de l'endettement des couches modestes, comme aux États-Unis. De plus, les taux de marge des sociétés se situent à des niveaux historiquement assez élevés dans beaucoup de pays développés et les taux d'autofinancement sont hauts eux aussi ; des indicateurs qui suggèrent un effort d'épargne et des réticences à investir. De plus, à l'échelle mondiale, les pays en excédent courant placent souvent leur épargne dans des actifs d'occasion, ce qui favorise une hausse de leurs cours mais n'est pas nécessairement suivi par une progression équivalente des investissements productifs. Au total, le taux d'épargne mondial est donc en augmentation. Des études statistiques confirment cette tendance (Blanchard, *in Secular Stagnation : Facts, Causes and Cures*, 2014 ; Eichengreen, « Secular stagnation, the long view », 2015), qui pèse sur le rythme de l'activité productive en ralentissant la progression de la demande finale. D'où, malgré des taux d'intérêt faibles dans les pays développés, un investissement et une croissance atones. Si les pays émergents parviennent à maintenir leur dynamisme, c'est en raison notamment de leur capacité à accéder aux marchés des pays développés et donc grâce à la progression de leurs parts de marché dans le commerce mondial. Ils exploitent en outre dans certains cas les effets d'un rattrapage technologique, lorsqu'ils parviennent à élever leur productivité globale.

2

Inégalités et stratégies de développement

Si la richesse mondiale augmente, l'inégalité de sa répartition ne diminue pas. Selon le Programme des Nations unies pour le développement (PNUD), 75 % de la population mondiale possède 25 % du revenu mondial. Une grande partie de la population mondiale ne parvient pas à satisfaire ses besoins essentiels. Le sous-développement est indéniable. Des stratégies de développement ont été adoptées avec plus ou moins d'efficacité. La crise de la dette des années 1980 renouvelle profondément l'économie du développement et progressivement une nouvelle vision des facteurs de développement va apparaître.

1 La caractérisation du sous-développement et les stratégies d'industrialisation

La question des critères et des indicateurs permettant de caractériser le sous-développement est essentielle dans la mesure où ils peuvent aider à fixer des objectifs et des stratégies de développement, mais aussi à évaluer les résultats de ces stratégies. La diversité de ces stratégies, mises en œuvre avec plus ou moins de réussite, pose la question de l'homogénéité du développement.

A. Comment caractériser le sous-développement ?

Le concept de sous-développement a été largement utilisé après la Seconde Guerre mondiale pour désigner les pays pauvres par opposition aux pays riches, industrialisés et développés.

Une diversité des situations

Il faut se garder de toute généralisation lorsqu'on parle des PED, qui ne forment pas un groupe économiquement et socialement homogène.

≫ Le choix des termes

La question du choix des termes pour nommer les pays qui ne sont pas les pays industrialisés n'est pas uniquement technique. Elle renvoie aussi à une analyse théorique. De plus, du fait de la diversification croissante des pays concernés, se pose aussi la question de la légitimité de les rassembler sous un terme unique.

Le terme tiers-monde, forgé par Alfred Sauvy en 1952, fait une analogie avec le tiers état de la France de l'Ancien Régime. L'auteur évoque l'existence de deux mondes, pays « occidentaux » et pays du « bloc communiste », entre lesquels sévit une guerre froide ; cette opposition tend à nier l'existence d'un troisième monde, l'ensemble des pays sous-développés, d'ailleurs convoité par les deux blocs, qui présente des caractères spécifiques. Continuer à l'utiliser aujourd'hui suppose l'affirmation de la persistance d'une certaine unité des pays concernés.

L'appellation « pays sous-développés » rejoint l'idée que ces pays ont un retard à combler, l'objectif devant être de rattraper la situation des économies industrialisées : celle-ci est considérée comme la norme à atteindre. Cette désignation peut être vue comme la traduction de la pensée de Walt Whitman Rostow.

Les termes « pays en voie de développement » (PVD) ou « pays en développement » (PED) ont été jugés moins négatifs que ceux de pays sous-développés. L'appellation PED est la plus fréquemment utilisée aujourd'hui. Mais, là encore, les spécificités des pays concernés ne sont pas mises en avant. De plus, elle laisse supposer que la situation de tous ces pays s'améliore effectivement sur le long terme.

Le PNUD emploie les termes « pays développés » pour les pays présentant un indicateur de développement humain très élevé, alors que tous les autres pays sont qualifiés de « pays en développement ».

La Banque mondiale a choisi d'abandonner la distinction entre pays développés et pays en développement qu'elle ne juge plus pertinente. Elle préfère désormais regrouper les pays par zones géographiques plutôt qu'en fonction de leur revenu.

Lorsqu'on parle de « pays du Sud », il s'agit d'une opposition aux pays du Nord. L'idée est qu'il existe un clivage persistant entre les économies industrialisées et les autres. La limite de ce vocabulaire est le renvoi implicite à une conception géographique de la situation des pays. Les pays du Sud sont majoritairement situés sous le tropique du Cancer ; les conditions naturelles sembleraient alors le facteur les empêchant de se développer. Mais, évidemment, ce n'est pas le cas. Il suffit de penser aux pays développés, comme l'Australie, la Nouvelle-Zélande, qui se trouvent au sud.

L'appellation « pays pauvres » décrit la situation de la grande majorité de la population dans ces pays, mais ne montre pas l'existence d'inégalités qui peuvent être très importantes, tant entre les pays qu'au sein des pays. Cela laisse aussi à penser que la situation de ces pays serait due à un manque de ressources, sans soulever la question de l'utilisation et de la répartition des ressources.

≫ Des éléments de différenciation importants entre les pays

Il existe des différences tout aussi importantes entre les PED eux-mêmes qu'entre les PED et les pays industrialisés.

L'appellation de pays émergents est souvent préférée, aujourd'hui, à celle de nouveaux pays industrialisés (NPI). Elle s'applique à un petit groupe, non officiel, d'une vingtaine de pays ouvrant des perspectives de débouchés aux firmes du reste du monde, des opportunités d'investissements directs et de placements aux capitaux mondiaux sur de nouveaux marchés financiers en forte expansion (marchés financiers émergents). Ces pays se sont intégrés de manière très importante dans le système économique, commercial et financier mondial. Ils attirent les investissements internationaux et jouent un rôle clé dans la croissance économique mondiale. Parmi ces pays, on retrouve les « BRIC » (Brésil, Russie, Inde et Chine), fers de lance politiques de ce groupe. L'acronyme BRIICS est aussi parfois utilisé pour montrer le rôle non négligeable de l'Indonésie, mais aussi de l'Afrique du Sud, plus en retrait de la scène mondiale, mais vecteur de croissance pour l'Afrique. Il ne faut pas oublier non plus des pays comme l'Argentine, la Turquie, l'Arabie saoudite.

Les pays émergents affichent des taux d'emploi relativement élevés. Néanmoins, leur marché du travail revêt un caractère informel, ce qui explique en partie le gros écart de productivité qui les sépare des grandes économies industrialisées. Ils sont devenus des piliers essentiels de l'économie mondiale et, de plus en plus, du système de gouvernance mondiale. En 1999 est créé le G20 au sommet de Cologne, qui rassemble le G7 traditionnel plus douze pays émergents, dont le Brésil, la Chine, la Corée du Sud et l'Inde, pour participer à un forum de réflexion sur le système financier mondial (à ces dix-neuf pays s'ajoute une représentation de l'Union européenne, d'où le nom de G20). L'importance prise par ce groupe de pays est révélée par la participation de la majeure partie d'entre eux au sommet du G20 de novembre 2008 pour trouver des solutions à la crise financière et économique.

Dès 1971, l'ONU a établi une liste des pays les moins avancés (PMA), liste révisée tous les trois ans. Il s'agit de cibler les États les plus pauvres de la planète afin de mieux allouer les aides au développement. En 2020, ils sont au nombre de quarante-sept : trente-trois pays africains, neuf pays asiatiques, un pays des Caraïbes (Haïti) et quatre pays de l'Océanie. Ils regroupent environ 900 millions de personnes, soit un huitième de la population mondiale, mais représentent moins de 0,9 % du PIB mondial.

L'inscription sur la liste proposée par l'ONU est acceptée ou non par les gouvernements. Cela peut expliquer que des pays tels que le Zimbabwe, la Bolivie ou la Corée du Nord n'en fassent pas partie.

Trois critères sont retenus par la CNUCED (Conférence des Nations unies sur le commerce et le développement) pour caractériser les PMA :

- un faible revenu, fondé sur une estimation moyenne du revenu national brut par habitant effectuée sur trois ans, avec un seuil de 1 035 $;
- une insuffisance de ressources humaines, évaluée par un indicateur de capital humain regroupant des données sur la nutrition (part de la population sous-alimentée), de santé (taux de mortalité infantile), d'éducation (taux de scolarisation) et d'alphabétisation (taux d'alphabétisation des adultes) ;
- un critère de vulnérabilité économique, mesuré par un indice regroupant des données sur l'exposition aux crises naturelles, aux crises commerciales, aux autres crises économiques, et

tenant compte de la petite dimension du marché intérieur et de l'éloignement économique par rapport aux pôles de richesse mondiaux.

Les PMA ont des structures faisant obstacle au développement : structures productives (fort déséquilibre de la production en faveur du secteur agricole), commerciales (faible part des produits manufacturés dans leurs exportations), sociales (structures sociales inégalitaires et rigides), politiques (instabilité politique, guerres civiles) et démographiques (fort accroissement démographique du fait de la forte natalité et de la baisse amorcée de la mortalité dans le cadre de la transition démographique). Ils bénéficient en conséquence de mesures commerciales spécifiques dans le cadre de l'OMC, comme un accès privilégié aux marchés des autres pays. De plus, ils se voient octroyer des prêts à taux plus faibles de la part des institutions internationales et bénéficient de l'initiative conjointe du FMI et de la Banque mondiale de réduction de la dette. Depuis le début des années 2000, les PMA ont amorcé un processus de rattrapage économique en connaissant un taux de croissance économique moyen sur la période de plus de 7 %. Mais jusqu'à 32 millions de personnes supplémentaires pourraient faire face à une extrême pauvreté, a alerté la CNUCED, relevant que la crise économique liée à la COVID-19 pourrait remettre en question les progrès « laborieux » des PMA. De plus, les PMA forment de moins en moins un groupe homogène. Les PMA asiatiques constituent l'avant-garde économique du groupe avec des niveaux de revenu par habitant et de développement plus élevés, tandis que les PMA africains ont des niveaux de pauvreté et de sous-développement très forts.

Les PED du début du XXIe siècle offrent ainsi une vision contrastée entre, d'une part, des pays émergents, au sommet de l'échelle en termes de revenus mais qui peuvent connaître des crises financières récurrentes, et, d'autre part, des pays au contraire très pauvres, situés tout en bas de l'échelle en termes de revenus, qui sont vulnérables, dépendant de monoexportations de matières premières et de l'aide publique au développement (Afrique subsaharienne surtout).

Enfin, les PED ne connaissent pas les mêmes situations démographiques. Les pays émergents sont en train d'achever leur transition démographique : l'Amérique latine ne connaît plus qu'un taux de croissance démographique annuel moyen de 1,3 %. Les PMA sont encore en pleine transition démographique : l'Afrique subsaharienne voit encore sa population augmenter de 2,8 % par an. La prévalence des maladies tropicales, du sida, est là encore différente selon les pays considérés. Les problématiques en termes de santé publique ne sont donc pas les mêmes.

Des inégalités internes aux pays

Dans les économies émergentes, l'accélération de l'intégration dans l'économie mondiale et l'adoption de réformes se sont traduites par une forte croissance économique. Des progrès considérables ont ainsi été réalisés sur le front de la réduction de l'extrême pauvreté qui, selon la définition de la Banque mondiale, concerne les personnes vivant avec moins de 1,90 $ par jour (PPA 2011). Le nombre de personnes dans le monde vivant sous ce seuil de pauvreté a diminué d'un peu plus d'un milliard en trente ans, passant de près de 2 milliards en 1981 à 700 millions aujourd'hui, ce qui représente un peu moins de 10 % de la population mondiale. Cependant les importants progrès réalisés en Asie ou encore en Amérique du Sud contrastent avec la lente amélioration de la situation en Afrique subsaharienne.

Les études récentes du FMI ou du PNUD montrent que depuis les années 1990 les inégalités se sont creusées dans la grande majorité des pays, dont les PED. Cette montée des inégalités de revenus intervient alors qu'elles étaient déjà fortes dans les économies émergentes, à l'exception du Brésil où elles ont fortement reculé ces dix dernières années, même si elles restent importantes. En général, les inégalités internes dans les pays émergents sont plus élevées que dans les pays développés.

Plusieurs explications peuvent être avancées pour comprendre l'augmentation des inégalités dans les pays émergents. La forte proportion des emplois existant dans le secteur informel favorise les inégalités, les actifs occupés dans ce secteur occupant généralement des emplois peu rémunérés et peu productifs. La fiscalité et le système de protection sociale ont un rôle redistributif relativement faible. La couverture sociale y est généralement plus faible que dans la plupart des pays de l'OCDE, même si, au cours de ces dernières années, la tendance mondiale est à l'extension de la protection sociale, en particulier dans les pays à revenu intermédiaire. Enfin, d'autres facteurs d'inégalités dans les pays émergents existent, comme les disparités entre des régions ou des groupes ethniques différents, entre les populations rurale et urbaine, et entre les travailleurs immigrés et non immigrés.

Ainsi, en Chine, le creusement de l'inégalité spatiale provient principalement de différences à l'intérieur des provinces, où existent de grandes disparités dans l'accès aux services de base des populations rurale et urbaine, plutôt que d'une fracture entre les provinces. Trois facteurs principaux peuvent expliquer près des trois quarts de la différence entre villes et campagnes : en milieu urbain, le niveau d'instruction est bien plus élevé et les études supérieures permettent d'obtenir des emplois mieux rémunérés ; la prime à l'expérience y augmente avec l'âge, alors que c'est l'inverse à la campagne, où elle baisse après 45 ans ; de plus, un plus grand nombre de personnes à charge pèse sur les ménages ruraux.

En Inde, l'accès à l'éducation demeure lui aussi très inégalitaire du fait de déséquilibres entre les différents États. De plus, les bénéfices de la croissance se concentrent dans les États qui sont déjà les plus riches, ce qui creuse l'écart avec les États les plus pauvres et les plus peuplés.

En Afrique du Sud, les clivages géographiques reflètent l'inégalité provenant de l'appartenance à un groupe. Des groupes ethniques et sociaux historiquement défavorisés se concentrent dans des régions particulières. Quel que soit le critère de pauvreté considéré, les Africains sont plus pauvres que les métis, qui sont eux-mêmes plus pauvres que les Indiens et les Asiatiques, lesquels sont beaucoup plus pauvres que les Blancs.

La mesure du développement

Pendant plusieurs décennies, le développement n'a pas été réellement mesuré. L'accent était mis sur la mesure de l'augmentation du niveau de vie. L'incapacité de la croissance économique à améliorer le bien-être d'une proportion significative de la population dans de nombreux pays a mis en évidence la nécessité de recourir à des instruments de mesure plus complets, qui rendent également compte du développement humain.

Des indicateurs en termes monétaires

Les indicateurs en termes monétaires ont été essentiellement développés par la Banque mondiale. Cette organisation internationale se compose de deux institutions administrées par 187 États membres : la Banque internationale pour la reconstruction et le développement (BIRD), créée en 1944, et l'Association internationale de développement (IDA, 1960) qui est l'une de ses filiales. La BIRD a pour objectif de réduire la pauvreté dans les pays à revenu intermédiaire et dans des pays plus pauvres mais solvables, tandis que l'IDA cible ses efforts exclusivement sur les pays les plus pauvres du monde. Ces deux institutions forment en partie le Groupe de la Banque mondiale[2].

L'indicateur du revenu national brut

La Banque mondiale classe les économies du monde en quatre groupes, selon le revenu national brut (RNB) par habitant.

Au 1er juillet 2020, les seuils de RNB/habitant, en dollars américains courants, sont les suivants :

Faible revenu	< 1 036
Revenu intermédiaire de la tranche inférieure	1 036 - 4 045
Revenu intermédiaire de la tranche supérieure	4 046 - 12 535
Revenu élevé	> 12 535

Cette classification rencontre des limites, elle réduit le développement à la seule variable du niveau de vie.

Le rapport de 2018 de la Banque mondiale va au-delà de cet indicateur pour suivre les progrès et la viabilité économiques des pays. *The Changing Wealth of Nations 2018* étudie l'évolution de la richesse de 141 pays entre 1995 et 2014, en prenant en compte le capital naturel, le capital humain, le capital produit et les actifs étrangers nets. Il révèle que le capital humain constitue la composante la plus importante de la richesse, tandis que le capital naturel en représente près de la moitié dans les pays à faible revenu.

L'indicateur de la pauvreté monétaire de la Banque mondiale

Pour déterminer la catégorie des *income-poors* (pauvres au niveau du revenu), la Banque mondiale fixe des seuils de pauvreté. Le seuil retenu pour évaluer la pauvreté « absolue » est de 1,90 $ par jour. Le nombre de personnes vivant sous ce seuil d'extrême pauvreté est passé de près de 2 milliards en 1981 à un peu plus de 700 millions aujourd'hui. La Chine, L'Inde, l'Indonésie et le Vietnam ont largement contribué à cette baisse.

2 Le Groupe de la Banque mondiale comprend trois autres institutions : la Société financière internationale, qui vise à stimuler l'investissement privé dans les PED ; l'Agence multilatérale de garantie des investissements, qui offre aux investisseurs des garanties contre les risques commerciaux dans les PED ; et le Centre international pour le règlement des différends relatifs aux investissements, chargé d'opérations de conciliation et d'arbitrage des différends liés aux investissements.

⪢ D'autres indicateurs sont nécessaires pour mesurer le développement

Le PNUD propose plusieurs indicateurs pour prendre davantage en compte le caractère humain du développement, s'inspirant de l'approche d'Amartya Sen (1981) de la pauvreté par les *capabilities*, les pauvres étant ceux qui ne possèdent pas les capacités à être ou faire et n'ont donc pas la liberté de choisir leur vie. Depuis 1990, date de la première présentation de l'indicateur de développement humain, le PNUD a proposé toute une batterie d'indicateurs permettant d'explorer différentes dimensions du développement.

L'indice de développement humain (IDH)

La mesure par l'IDH fait la synthèse des indicateurs d'espérance de vie à la naissance, de niveau d'études (durée moyenne et durée attendue de scolarisation) et de revenu (RNB par habitant), pour aboutir à un indicateur composite du développement humain, l'IDH. L'IDH établit un minimum et un maximum pour chaque dimension, appelés balises, et indique ensuite la situation de chaque pays par rapport à ces dernières (dont la valeur varie entre 0 et 1).

Il est distingué plusieurs groupes de pays : à IDH très élevé, comme la France ; à IDH élevé, comme Cuba ; à IDH moyen, comme l'Afrique du Sud ; à IDH faible, comme le Burkina Faso.

L'IDH peut être utilisé pour remettre en question les choix de politiques nationales, en se demandant pourquoi deux pays avec le même niveau de RNB par habitant peuvent se retrouver avec des résultats différents en matière de développement humain, ou inversement. Par exemple, en 2018, les RNB par habitant en dollars PPA du Koweït et de Cuba sont de 34 290 $ et 7 480 $, alors que leurs IDH sont proches (respectivement 0,808 et 0,778).

L'indice de développement humain ajusté aux inégalités (IDHI)

L'IDHI ajuste l'IDH en tenant compte des inégalités dans la répartition de chaque dimension au sein de la population. Il « réduit » la valeur moyenne de chaque dimension en fonction du niveau d'inégalité qu'elle présente. Ainsi, l'IDHI est en théorie égal à l'IDH s'il n'existe aucune inégalité entre les individus, et diminue pour s'éloigner de l'IDH à mesure que les inégalités augmentent. La différence entre les deux indicateurs, exprimée sous forme de pourcentage, indique la « perte » subie par le développement humain potentiel en raison des inégalités.

L'indice des inégalités de genre (IIG)

Cet IIG traduit le désavantage des femmes dans trois dimensions : la santé de la reproduction, l'autonomisation et le marché de l'emploi. L'indice indique les pertes en termes de développement humain causées par les inégalités entre femmes et hommes au regard de ces dimensions. Il varie entre 0, situation dans laquelle les femmes ont un traitement égal aux hommes, et 1, cas dans lequel la condition des femmes est aussi mauvaise que possible quelle que soit la dimension mesurée.

L'indice de pauvreté multidimensionnelle (IPM)

L'IPM reflète les privations multiples dont souffre chaque individu, au travers des mêmes trois dimensions que celles considérées par l'IDH (éducation, santé et niveau de vie). Une personne est pauvre de manière « multidimensionnelle » si les indicateurs pondérés dans lesquels elle subit des manques s'élèvent à au moins 33,3 %.

Tableau 4 – Composition de l'indice de pauvreté multidimensionnelle

Dimension	Indicateur		Pondération
Éducation	Années de scolarité	Aucun membre du ménage n'a au moins cinq années de scolarité complète	1/6
	Fréquentation scolaire	Un enfant en âge scolaire ne va pas à l'école	1/6
Santé	Mortalité infantile	Le ménage a connu un décès d'enfant au cours des cinq dernières années	1/6
	Nutrition	Un enfant ou un adulte dans la famille souffre de malnutrition	1/6
Conditions de vie	Électricité	Le ménage n'a pas accès à l'électricité	1/18
	Équipements sanitaires	Les équipements sanitaires du ménage ne sont pas adéquats ou sont utilisés en commun avec d'autres ménages	1/18
	Eau potable	Le ménage n'a pas accès à l'eau potable ou cet accès est à 30 minutes ou plus à pied en aller-retour	1/18
	Revêtement du sol	Le plancher du logement est fait de boue, bouse ou sable	1/18
	Énergie de cuisson	La cuisson des aliments est effectuée au bois, au charbon de bois ou à la bouse	1/18
	Biens d'équipement	Le ménage ne possède pas plus d'un des biens suivants : poste de radio, télévision, téléphone, vélo, moto, voiture	1/18

1,6 milliard d'êtres humains souffrent de pauvreté multidimensionnelle. Selon l'IPM, il y a 50 % de pauvres en plus que selon l'approche monétaire de 1,90 $ par jour. 54 % de la population des pays d'Afrique (hors Afrique du Nord) souffre de pauvreté multidimensionnelle.

L'IPM est un outil essentiel car il peut contribuer à cibler les ressources de développement de manière plus efficace. Il peut être observé par les bailleurs de fonds, mais aussi par les gouvernements pour juger de l'efficacité des politiques menées en faveur de la réduction de la pauvreté et du développement.

B. Les causes du sous-développement

La problématique soulevée ici est de comprendre les raisons du sous-développement de certains pays. Des raisons très diverses sont avancées et toutes ne font pas l'objet d'un consensus.

Le sous-développement pourrait s'entendre comme un retard de développement

Le courant libéral considère le sous-développement comme un simple retard de développement qui pourra être rattrapé par des politiques appropriées, imitant celles adoptées par les pays développés lors de leur industrialisation.

W. W. Rostow est le représentant le plus significatif de ce courant. Dans *Les Étapes de la croissance économique, un manifeste non communiste* (1960), il décrit les étapes de développement par lesquelles toute société doit passer au cours de son histoire. La première étape est celle de la société traditionnelle, où domine l'activité agricole : le progrès technique est absent, la croissance est nulle. La deuxième étape est celle des conditions préalables au décollage, ou *take-off*, que sont la révolution démographique, la révolution commerciale, la révolution des transports, l'évolution des mentalités qui commencent à rompre avec le fatalisme. La troisième étape est celle du *take-off*, étape au cours de laquelle « la société s'affranchit des obstacles qui s'opposaient à la croissance ». Les taux d'épargne et d'investissement augmentent significativement et la croissance apparaît. La quatrième étape est celle de la « marche vers la maturité » où le progrès technique se diffuse à l'ensemble des activités. Enfin, la dernière étape est « l'ère de la consommation de masse ».

Ces étapes sont calquées sur l'évolution des sociétés européennes du XVe au XXe siècle, et un pays sous-développé est alors un pays qui n'a pas encore atteint la dernière étape.

Pour franchir de telles étapes, les théoriciens néoclassiques prônent l'accumulation d'épargne afin de financer le processus de croissance et ainsi amorcer le *take-off*. S'appuyant sur les acquis théoriques des avantages comparatifs de Ricardo et du théorème Heckscher-Ohlin-Samuelson, ils relèvent aussi les bénéfices que les PED tireraient d'une plus grande insertion dans le commerce international. Cette approche met en avant un modèle uniforme de croissance pour les PED qui prendra la forme des politiques mises au point à partir des années 1980 par les grandes institutions internationales comme le FMI ou la Banque mondiale à travers le « consensus de Washington ».

Cependant cette analyse est controversée. Le sous-développement des PED n'est pas assimilable à la situation des pays européens avant la révolution industrielle. En effet, un point commun à la plupart des PED est le processus de colonisation qu'ils ont subi de la part des économies aujourd'hui développées, entre le XVIe siècle pour l'Amérique latine et les XVIIIe et XIXe siècles pour l'Asie et l'Afrique. Certains pays n'ont pas connu de colonisation directe, ont gardé un pouvoir politique indépendant et ont même pu exercer une domination sur des pays voisins. Mais ils ont connu l'implantation sur leur territoire de comptoirs commerciaux ou de sociétés étrangères (comme en Chine) et se sont donc trouvés insérés dans le système colonial mondial.

Il ne faut pas, évidemment, oublier les pertes humaines considérables liées à l'esclavage. Les conséquences de l'esclavage en Afrique sont estimées à une perte humaine de 40 à 100 millions de personnes directement ou indirectement, et le nombre d'esclaves à près de 20 millions entre le XVIe et le XIXe siècle. Cette ponction sur la population, essentiellement de personnes en âge de travailler, a causé un arrêt du progrès technique.

De plus, le fonctionnement contemporain de l'économie mondiale n'offre pas les mêmes possibilités aux PED de franchir les étapes de l'industrialisation dans des conditions identiques. Le caractère universel et linéaire de la trajectoire de développement décrite par Rostow est remis en cause. Cette idée avait déjà été émise par Alexander Gerschenkron, en 1962, dans *Economic Backwardness in Historical Perspective*, où il soutenait que le développement ne suit pas nécessairement les étapes décrites par Rostow : les pays en retard (*late-comers*) mettent en œuvre des stratégies spécifiques leur permettant de rattraper les pays en avance.

Enfin, l'idée selon laquelle il y aurait un stade unique de développement souhaitable est restrictive et normative. Cette dernière étape de la croissance, « l'ère de la consommation de masse », serait le but ultime. La spécificité des sociétés et des cultures est oubliée.

Les structures des PED peuvent représenter des obstacles au développement

Un pays en développement connaîtrait des blocages empêchant le processus de développement de se mettre en place. La prise en compte de ces obstacles est nécessaire pour comprendre le sous-développement.

≫ Le dualisme de l'économie

François Perroux relie le sous-développement à la désarticulation de l'économie résultant du dualisme de cette dernière : un secteur moderne côtoie un secteur traditionnel. À la frontière des deux secteurs s'insère une économie informelle : activités de réparation, de transformation et de vente de biens industriels… Ces activités sont très peu capitalistiques et faiblement productives (cireurs de chaussures, vendeurs de lacets, de cigarettes à l'unité…). La désarticulation provient du fait que l'essor du secteur moderne, lié aux échanges commerciaux et financiers avec l'étranger, n'exerce aucun effet d'entraînement (ou très peu) sur le secteur traditionnel, qui reste en retrait dans la mesure où il ne répond pas (ou partiellement) aux besoins des pays avancés.

Un autre auteur souligne les blocages du développement liés au dualisme. Ragnar Nurkse (*Problems of Capital Formation in Underdeveloped Countries*, 1953) développe son analyse des cercles vicieux de la pauvreté et du sous-développement. L'analyse de R. Nurkse présente un caractère tautologique : « les pays sont pauvres parce qu'ils sont pauvres ». La pauvreté se traduit par la faiblesse des revenus, donc une épargne réduite qui ne permet pas l'accumulation du capital, d'autant plus que la pression démographique est forte du fait d'une fécondité élevée ; la productivité restant basse, les revenus demeurent faibles. Les revenus faibles se traduisent également par une demande solvable limitée qui n'incite pas à investir du fait d'un manque de débouchés. Les investissements insuffisants ne permettent pas d'augmenter la productivité et donc les revenus. Le montant réduit du revenu national entraîne la faiblesse des dépenses d'éducation et de formation, donc de la productivité et par conséquent du revenu national. Ce cercle vicieux se présente comme un système circulaire de causalités directes.

Une possibilité de briser ce cercle vicieux de la pauvreté pour R. Nurkse est un recours aux capitaux étrangers et le choix d'une stratégie de croissance équilibrée. La croissance repose sur un effort minimum d'investissement de départ, mais il faut respecter en permanence l'interdépendance entre l'offre et la demande aussi bien au niveau global qu'au niveau de chaque secteur, ce qui à terme permet un équilibre de croissance autoentretenue.

D'autres auteurs ne perçoivent pas le dualisme comme un frein au développement. Arthur Lewis interprète le dualisme comme une étape du développement. Son analyse est basée sur l'hypothèse d'une économie duale composée d'un secteur capitaliste et d'un secteur traditionnel, de subsistance. Le premier comprend des activités manufacturières, minières et d'agriculture commerciale : il est orienté vers le profit, lequel est consacré au financement de l'investissement. Le second secteur, qui inclut l'agriculture traditionnelle et les activités informelles urbaines, est orienté vers la subsistance. Le développement se traduit par l'extension progressive du secteur moderne. Ce dernier crée des emplois et absorbe le surplus de main-d'œuvre rurale. Progressivement, ce surplus disparaît et les salaires augmentent. La création d'emplois continuera tant que la productivité marginale de chaque travailleur supplémentaire égalise le salaire. Or, les profits réalisés sont investis, la productivité marginale s'accroît et induit de nouvelles créations d'emplois. Le dualisme va alors progressivement disparaître.

Plusieurs critiques ont été adressées à cette analyse. Le transfert de main-d'œuvre du secteur de subsistance vers le secteur moderne peut provoquer une baisse de la production agricole en raison de la diminution de la main-d'œuvre disponible dans le secteur traditionnel. De plus, la main-d'œuvre du secteur moderne est en moyenne plus qualifiée que celle du secteur traditionnel : la demande de travail émanant du secteur moderne peut ne pas être satisfaite. La question de l'éducation est alors importante. En outre, le niveau modeste des salaires, même s'il s'accroît, peut limiter les débouchés. Si la demande intérieure augmente, il n'est pas certain qu'elle se porte sur des produits locaux.

Albert Otto Hirschman (*The Strategy of Economic Development*, 1958) avance la théorie d'une croissance déséquilibrée. En lançant des investissements directement productifs, des goulets d'étranglement apparaissent et de nouveaux investissements sont nécessaires. Les effets de l'investissement sont multiples : ils augmentent les revenus et la demande, mais également les capacités de production et l'offre. Ils entraînent des effets de complémentarité et des effets de liaisons intersectorielles vers l'amont ou vers l'aval. L'État maximise ces effets, qui se cumulent s'il choisit de promouvoir une industrie située vers l'amont. Pour les partisans de la croissance déséquilibrée, il convient donc de créer des foyers d'industrialisation. François Perroux défendait aussi cette idée de créer des pôles de croissance, générateurs d'effets d'entraînement. C'est la logique des « industries industrialisantes » qui est ici à l'œuvre (*cf.* p. 281). L'État doit ainsi jouer un rôle essentiel dans le processus d'industrialisation et il n'est pas surprenant que ces approches aient influencé les PED riches en ressources naturelles et accédant à leur indépendance.

≫ Des spécificités politiques et culturelles

Le système politique peut être vu comme un handicap pour le développement. Amartya Sen souligne l'importance de la liberté politique comme élément constitutif du développement. Il affirme (*Development as Freedom*, 1999) que « le développement peut être considéré comme le processus par lequel les libertés réelles des personnes s'accroissent ». La liberté est centrale pour deux raisons : parce qu'elle est le critère global permettant d'évaluer le bien-fondé de toute action, et parce qu'elle est l'état social le plus efficace pour permettre à chacun de contribuer lui-même à la poursuite de son épanouissement. Dans l'esprit d'A. Sen, la liberté concrète n'est pas celle de l'individu abstrait forgé par la tradition libérale ; elle désigne la possibilité d'intervenir dans le débat politique et de l'influencer. C'est dire combien cette liberté a partie liée avec la démocratie.

Les valeurs et normes socioculturelles peuvent aussi être perçues comme un handicap pour le développement. Cette thèse s'inscrit dans la continuité des travaux du sociologue allemand Max Weber (*L'Éthique protestante et l'esprit du capitalisme*, 1905). Il y aurait des « affinités électives » entre certaines valeurs et le développement. Le sous-développement serait caractérisé par un système de valeurs refusant le changement et prônant la soumission aux traditions, à la nature, aux dieux...

Il faut prendre du recul face à ce type d'analyse. Il est difficile de distinguer les valeurs nécessaires au développement. Il faut alors se garder de tout déterminisme culturel du sous-développement ou du développement.

Le sous-développement pourrait s'expliquer par un rapport de domination

L'analyse structuraliste et les approches néomarxistes mettent l'accent sur la domination des PED par les pays développés pour comprendre leur sous-développement.

≫ La dépendance des PED à l'égard des pays développés

L'analyse structuraliste fait des relations inégales entre les pays développés (« le centre ») et les pays pauvres (« la périphérie ») la cause du sous-développement. Élaborée au début des années 1950 dans le cadre de la Commission économique pour l'Amérique latine des Nations unies (CEPAL), la théorie structuraliste part du constat de la permanence historique d'une division internationale du travail qui engendre la polarisation du monde entre un centre et une périphérie. L'avancée technologique et la position du centre lui permettent d'organiser à son profit les relations avec la périphérie. Les pays de la périphérie se voient cantonnés à l'exportation des produits primaires pour le centre. Les structures de ces économies sont hétérogènes, peu diversifiées, désarticulées, sans intégration verticale. Le progrès technique a ainsi des effets différents sur les prix. Dans le centre, les marchés étant peu concurrentiels, la baisse des prix est limitée, tandis que pour la périphérie les produits primaires sont confrontés à une demande faiblement élastique par rapport au prix, et qui augmente très peu, voire pas du tout. De plus, beaucoup de produits primaires exportés par les PED ont une régulation de l'offre assez rigide, réagissant lentement aux baisses de prix, provoquant une tendance à une situation de surproduction. Du fait de la faible élasticité-revenu des produits primaires, la demande de ces derniers augmente bien moins vite que le revenu. Pèsent aussi les substitutions possibles des produits de synthèse aux produits naturels. En conséquence, les prix de leurs importations augmentant par rapport à ceux de leurs exportations, les pays de la périphérie s'appauvrissent en participant au commerce international.

L'évolution des termes de l'échange[3] est une des principales manifestations de cette dynamique inégale. En 1950, Raúl Prebisch (*Le Développement économique de l'Amérique latine et ses principaux problèmes*) et Hans Singer (*The Distribution of Gains between Investing and Borrowing Countries*) constatent une dégradation forte des termes de l'échange pour les pays de la périphérie. Cette thèse implique donc que les PED doivent exporter des quantités de plus en plus importantes de produits (surtout primaires) pour compenser l'accroissement du prix relatif de leurs importations, sinon le solde de leur balance courante ne peut que se détériorer.

Leur approche se présente ainsi à la fois comme une critique des théories traditionnelles du commerce international (ici l'insertion dans le commerce international peut être appauvrissante) et comme la formulation d'une nouvelle théorie du développement. La spécialisation dans les produits primaires des PED peut ainsi être la cause de leur sous-développement. Il n'est pas question d'un retard de développement. Seule une remise en cause du commerce international tel qu'il est organisé et une industrialisation menée par l'État pourraient amorcer le processus de développement. Cette pensée va constituer le fondement des stratégies d'industrialisation mises en place dans un grand nombre de PED.

≫ Les théories marxistes de la domination

Cette asymétrie de l'échange international a été interprétée par d'autres auteurs en termes marxistes lors des années 1970. Ces auteurs perçoivent le dualisme comme le fruit d'une domination intentionnelle des pays développés. Ils dénoncent le néocolonialisme des pays avancés qui explique « le développement du sous-développement », selon l'expression de l'auteur tiers-mondiste André Gunder Frank.

Pour Samir Amin (*La Déconnexion*, 1985), le Nord exploite le Sud comme les capitalistes exploitent les travailleurs. Les PED fournissent des produits bon marché aux pays développés et offrent des opportunités de taux de profit élevés aux capitaux des multinationales du Nord, en particulier du fait de l'exploitation d'une main-d'œuvre très faiblement rémunérée. La bourgeoisie des PED ne peut pas jouer un rôle positif dans le développement, elle a tout intérêt à ce rapport de domination. Le « centre » a donc développé une véritable relation de dépendance de la « périphérie ». Ainsi, pour assurer le développement des PED, Samir Amin va prôner la « déconnexion » et faire la promotion d'un développement autocentré (basé sur le marché intérieur).

De même, Arghiri Emmanuel (*L'Échange inégal*, 1969) considère que l'échange est structurellement inégal entre les pays développés et les PED. En effet, les premiers échangent des produits nécessitant du travail mieux payé et donc ayant une valeur plus grande que ceux des seconds, qui eux nécessitent du travail très peu rémunéré. Ces échanges de biens à forte valeur

---

3 La notion de « termes de l'échange » désigne le rapport de l'indice des prix des exportations à l'indice des prix des importations d'un pays. Termes de l'échange = Indice des prix des exportations / Indice des prix des importations x 100.
On parle d'amélioration des termes de l'échange lorsque ce rapport augmente, et de dégradation lorsqu'il diminue. Leur amélioration peut être interprétée comme le fait que le pays voit le pouvoir d'achat de ses exportations augmenter : avec une unité de produit exportée, il pourra acheter une quantité plus importante de produits étrangers. Leur détérioration signifie qu'avec la valeur d'une unité de produit exporté, le pays pourra importer moins de produits étrangers. L'évolution des termes de l'échange dépend donc de l'évolution des prix des produits exportés et importés.

et de biens à faible valeur ne peuvent que contribuer à entretenir le sous-développement. Le développement ne pourra se faire dans le cadre du capitalisme. D'autres voies de développement sont nécessaires.

C. Les stratégies d'industrialisation

S'interroger sur les stratégies de développement mises en place et sur leurs évolutions est essentiel pour comprendre le développement. Les stratégies menées dans la plupart des PED des années 1950 aux années 1980 avaient un objectif commun, celui de vouloir affirmer l'indépendance politique des États. Mais les politiques d'industrialisation volontaristes menées vont prendre des aspects fort différents selon les pays et les périodes.

Des stratégies d'industrialisation fondées sur le marché intérieur qui rencontrent des limites

Ces stratégies proposent un développement basé en priorité sur les ressources et le marché national au détriment de l'intégration aux échanges internationaux.

≫ L'industrialisation par substitution d'importations (ISI)

Elle consiste à substituer des productions locales aux importations, mais suppose que le marché intérieur soit suffisant. Des barrières protectionnistes sont érigées, qui peuvent inciter les firmes multinationales à implanter des filiales dans ces pays. La stratégie suivie consiste le plus souvent à une remontée de filière. Dans une première étape, il s'agit de pratiquer cette substitution pour les biens de consommation, puis dans une deuxième étape pour les biens d'équipement. Cette stratégie d'industrialisation par substitution aux importations (le « désarrollisme », de l'espagnol *desarrollo* = développement) est d'abord une simple improvisation des grands pays d'Amérique latine, à la suite de l'expérience de ces pays (du Brésil en particulier) des années 1930 et 1940, et est ensuite théorisée par la Commission économique pour l'Amérique latine (CEPAL) et les travaux de Raúl Prebisch et Celso Furtado. Elle va se généraliser dans un grand nombre de PED après la Seconde Guerre mondiale, dans une logique de rupture du lien de dépendance avec les pays développés.

Cette stratégie ISI pose des problèmes dès les années 1960. Le protectionnisme réduit la concurrence, n'incite pas à l'innovation et génère de l'inflation. La demande est trop peu dynamique pour tirer la production car les fruits de la croissance sont mal redistribués. Elle suppose aussi un endettement extérieur croissant. En effet, toutes les importations ne parviennent pas à être remplacées par des biens locaux et les pays doivent importer de nombreux intrants et des biens d'équipement. Ces importations ne sont pas compensées par les exportations. La remontée de filière ne s'opère pas, ou alors seulement partiellement. À la fin des années 1970, un constat s'impose : ces stratégies n'ont pas permis d'entretenir un processus durable de croissance et de développement ; la pauvreté et les inégalités sont toujours fortement présentes.

L'industrialisation par industries industrialisantes

Le terme d'industrie industrialisante, introduit par Gérard Destanne de Bernis en 1966, désigne le fait que certaines branches industrielles peuvent donner naissance à d'autres activités induites, donc favoriser des phénomènes d'industrialisation. Les industries industrialisantes sont celles qui, dans leur environnement local, modifient structurellement la matrice interindustrielle par des effets d'entraînement et augmentent la productivité de l'ensemble de l'économie. La priorité donnée à ces industries repose sur une forte intervention de l'État *via* la planification et la nationalisation des entreprises. Cette stratégie est censée réduire rapidement la dépendance vis-à-vis des pays du Nord et conduire à l'indépendance économique, financière et technologique du pays, compléments nécessaires de l'indépendance politique.

Les politiques effectivement menées ont mis l'accent sur l'industrie lourde, celle-ci devant exercer des effets d'entraînement sur le reste de l'économie. Cette stratégie est adoptée en Inde et en Chine à partir des années 1940, mais aussi en Algérie à partir de 1966 sous l'ère Boumediene. Elle est inspirée de l'expérience soviétique. Le rôle de l'État est très fort dans les pays qui adoptent un mode de développement socialiste. Dans un premier temps, les résultats de cette stratégie sont assez satisfaisants, la part de l'industrie dans le PIB augmente fortement. Mais elle rencontre par la suite des limites très importantes. Elle nécessite des capitaux importants, des biens d'équipement et des techniques de production ainsi qu'une main-d'œuvre qualifiée, qu'il n'est pas toujours possible de trouver sur place. La dépendance tant financière que technologique est forte vis-à-vis de l'extérieur. De plus, le poids de l'industrie lourde dans les choix de politiques entraîne un effet d'éviction sur les autres activités, qui manquent des ressources nécessaires pour se développer. L'agriculture et l'industrie des biens de consommation sont délaissées. C'est une des explications de la crise alimentaire en Inde en 1965 et 1966, années où le pays subit deux mauvaises moussons. La décision est alors prise de lancer la « révolution verte » : de nouveaux systèmes techniques, comme une irrigation efficace, sont adoptés et une certaine dépendance envers le marché extérieur est acceptée afin d'augmenter les rendements par hectare. L'Inde importe alors des semences à haut rendement et des engrais chimiques.

Des stratégies d'industrialisation extravertie aux résultats contrastés

Une partie des PED vont suivre une autre stratégie d'industrialisation, passant par une participation croissante au commerce international, suivant en cela les principes de la théorie néoclassique des avantages comparatifs.

L'exportation de produits primaires

En vertu de la théorie classique de la spécialisation, certains PED vont suivre une stratégie classique de spécialisation dans l'exportation des produits primaires : matières premières, produits agricoles. Les ressources financières tirées de ces exportations doivent permettre d'importer des biens d'équipement pour favoriser l'industrialisation du pays.

La dégradation des termes de l'échange des pays exportateurs de produits primaires non pétroliers a réduit l'impact positif de cette stratégie : la baisse des prix relatifs des produits primaires a augmenté le coût des importations de biens d'équipement et accru la dette extérieure.

Cette stratégie s'est avérée particulièrement négative pour les pays spécialisés dans une monoculture. De plus, la concurrence et les pratiques protectionnistes des pays du Nord rendent ce processus de développement instable. La production de produits agricoles a aussi eu un effet relativement négatif sur la production agricole vivrière où peu d'innovations ont été introduites. Beaucoup de ces pays, hormis les pays de l'OPEP, font partie des PMA aujourd'hui, en partie du fait de leur spécialisation internationale défaillante.

Des économistes se sont interrogés sur les risques pour la croissance de la dégradation des termes de l'échange des pays pauvres exportateurs de matières premières. En 1958, Jagdish Bhagwati montre qu'une croissance économique fortement biaisée à l'exportation pourrait détériorer à ce point les termes de l'échange d'une économie ouverte qu'elle verrait disparaître tous les bénéfices de sa croissance. La croissance du PIB induite par la croissance des exportations conduit à une augmentation des importations. Si le prix relatif des exportations chute (dégradation des termes de l'échange), il est nécessaire d'augmenter fortement le volume des exportations pour préserver le pouvoir d'achat des recettes d'exportation. C'est le concept de « croissance appauvrissante », qui peut apparaître si trois conditions sont remplies : le secteur d'exportation représente une part importante du PIB, les importations augmentent fortement quand le PIB s'accroît (forte élasticité des importations au PIB), la hausse du volume des exportations ne compense pas la baisse de leurs prix (l'effet prix l'emporte sur l'effet volume).

≫ L'industrialisation par substitution d'exportations (ISE)

Il s'agit de promouvoir les exportations de produits manufacturés en remplacement des exportations de produits primaires. La réussite de cette politique dépend de la capacité à substituer des exportations de produits manufacturés à fort contenu technologique aux produits à fort contenu en travail peu qualifié. Cette stratégie a été adoptée par les pays de l'Asie de l'Est et du Sud-Est.

Le « vol d'oies sauvages » est l'image utilisée par l'économiste japonais Kaname Akamatsu, dans les années 1930, pour illustrer le processus de développement industriel que permettent les échanges entre un pays en développement et les pays plus avancés. Ce modèle est basé sur l'industrialisation japonaise au tournant des XIXe et XXe siècles. L'évolution dans le temps des importations, de la production nationale, puis des exportations d'un pays en phase de rattrapage économique, évoque en effet un vol d'oies sauvages, en V inversé. L'approche d'Akamatsu a ensuite été popularisée dans les années 1960. Dans une première phase, le pays importe des produits manufacturés des pays industrialisés, et exporte des matières premières et des produits agricoles. Les importations concurrencent l'artisanat local, et une partie de la main-d'œuvre doit rejoindre le secteur exportateur. Dans une deuxième phase, le pays construit sa propre production de biens de consommation qui font concurrence aux importations. Les politiques publiques ont pour rôle de promouvoir et de protéger l'industrie nationale par le biais d'outils protectionnistes. On retrouve ici la thèse de Friedrich List (*Système national d'économie politique*, 1841) de la protection des industries dans l'enfance. Le pays se protège en vue de construire ses avantages compétitifs qui lui permettront de tirer profit de l'insertion internationale. Durant la troisième étape, le pays devient un pays exportateur et la production locale de biens d'investissement se développe. Enfin, la quatrième étape est marquée par le déclin de l'exportation de biens de consommation de base. Les entreprises locales délocalisent la production des biens à faible valeur ajoutée et la production nationale se tourne vers des biens à plus fort contenu technologique, dont des biens d'équipement.

Les « dragons asiatiques » (Corée du Sud, Singapour, Taïwan, Hong Kong) ont connu cette montée en gamme de la production à travers l'exploitation et la transformation de leurs avantages comparatifs.

La réussite de ces pays est le produit de plusieurs ingrédients d'après Joseph Stiglitz. L'accumulation du capital est favorisée par un taux d'épargne élevé (proche de 25 %) et par l'apport de capitaux extérieurs (aide massive des États-Unis, en particulier pour la Corée du Sud, endettement, IDE). Le décollage industriel a commencé par des réformes agraires importantes, permettant la création d'une classe moyenne nécessaire pour créer une demande interne. Des banques de développement ont été créées afin de promouvoir des investissements de long terme. Les industries ont été subventionnées, comme les aciéries à Taïwan ou la production de microprocesseurs en Corée du Sud. Dans ce dernier pays en particulier, l'État est intervenu en tant que planificateur et coordonnateur du développement. Les entreprises locales ont pu bénéficier des transferts de technologie provenant de l'implantation des firmes multinationales japonaises. Des investissements massifs dans l'éducation, en particulier dans l'éducation des filles, ont été réalisés.

Le développement extraverti n'a donc été un succès que pour les pays qui ont su faire évoluer leur spécialisation en remontant la filière de leurs exportations. La crise asiatique de 1997 montre aussi la fragilité de cette stratégie si la remontée de filière n'est pas assez rapide. Des pays comme la Thaïlande ou la Malaisie, encore fortement dépendants des firmes multinationales, ont subi les démantèlements d'un certain nombre d'unités de production.

2 La crise de la dette et le renouvellement de l'analyse des facteurs du développement

Suite à l'échec des stratégies de développement autocentré et à la crise de la dette, les politiques de développement vont connaître un profond changement. L'économie du développement va se renouveler de façon conséquente à partir des années 1980.

A. La crise de la dette

L'aggravation de la situation financière d'un certain nombre de pays en développement ayant largement emprunté sur les marchés de capitaux prend un tour critique en août 1982 lorsque le Mexique suspend ses paiements. Cette cessation de paiement mexicaine ouvre la crise de la dette qui va se propager à toute l'Amérique latine et à l'Afrique.

Les raisons de l'endettement

Les causes de l'endettement des pays du tiers-monde sont multiples et sont d'ordres interne et externe. La mise en œuvre de « politiques de développement » a exigé un fort endettement extérieur des économies en développement et cet endettement a très largement été encouragé.

≫ La dette peut être favorable à la croissance des PED

La dette est un moyen de financer le développement, le sous-développement étant globalement perçu comme un manque de moyens financiers. La stratégie d'endettement consiste d'abord à emprunter pour accroître l'investissement national, qui doit générer une croissance économique permettant ensuite de rembourser l'emprunt. L'endettement permet de briser les cercles vicieux du sous-développement et de la pauvreté.

L'endettement n'est pas un frein à la croissance en raison de l'effet de levier de l'endettement mis en lumière par le Suédois Knut Wicksell à la fin du XIXe siècle. Celui-ci distingue le taux d'intérêt monétaire (taux d'intérêt réel) et le taux d'intérêt naturel, ce dernier correspondant au taux qui assure l'équilibre entre l'offre et la demande de fonds prêtables au plein emploi des ressources. Il correspond ainsi à un rendement des investissements permettant de concilier croissance réelle et croissance potentielle. Tant que le taux monétaire est inférieur au taux naturel, les entreprises sont incitées à investir car les rendements attendus des investissements viendront couvrir les coûts de l'endettement. Ce raisonnement peut être appliqué au niveau des pays et justifie des stratégies d'endettement international. Par ailleurs, selon l'Américain Paul Samuelson (prix Nobel d'économie 1970), le taux de croissance du PNB devrait être supérieur au taux d'intérêt réel de manière à ce que le poids des remboursements s'allège progressivement.

Le ratio du service de la dette aux exportations rapporte les obligations de remboursement (versement des intérêts annuels + part du capital remboursée par an) aux recettes d'exportation. La dette extérieure étant généralement libellée en monnaie étrangère, le service de la dette extérieure suppose de disposer de devises. Celles-ci proviennent essentiellement des exportations (et parfois des envois de fonds des migrants). Le FMI considère que le ratio est soutenable s'il ne dépasse pas 18 %, et que la situation devient préoccupante au-delà de 30 %.

Historiquement, nous pouvons voir qu'au XIXe siècle l'endettement extérieur a permis à certains pays de combler le déficit d'épargne. Alexander Gerschenkron montre que les pays tardivement industrialisés ont fait appel à l'épargne étrangère. Par exemple, les États-Unis ont émis au XIXe siècle des obligations souscrites essentiellement par les Anglais. Ils ont ainsi pu financer en partie les chemins de fer ou encore les canaux des Grands Lacs. La Russie a aussi lancé des emprunts d'un montant important sur les marchés financiers occidentaux, en particulier anglais et français, au cours de la seconde moitié du XIXe siècle et au début du XXe siècle, en vue notamment de moderniser l'économie.

L'exemple des pays d'Asie du Sud-Est illustre aussi cette corrélation positive entre endettement et développement. En effet, dans les années 1960, ces pays font appel aux capitaux étrangers pour financer leurs stratégies d'industrialisation. Celles-ci ayant porté leurs fruits, ils ne connaîtront pas la crise de la dette connue par bon nombre de PED au cours des années 1980.À partir des années 1960, la dette extérieure des PED augmente fortement

Jusqu'aux années 1960, la dette extérieure des PED reste d'un montant limité et correspond à des financements publics provenant d'États (financements bilatéraux) ou d'institutions internationales comme la Banque mondiale (financements multilatéraux). Les PED qui se sont endettés, en dollars, pour financer leurs stratégies d'industrialisation ont contracté la dette à une époque où les conditions étaient généralement favorables : une croissance économique forte, des taux d'intérêt peu élevés et un dollar américain faible. À partir des années 1970, les prêteurs se diversifient : la part du secteur privé s'accroît. Les banques des pays développés disposent de liquidités à la suite des chocs pétroliers qui induisent un net accroissement des avoirs en dollars des pays exportateurs de pétrole. Plusieurs d'entre eux (Arabie saoudite, Koweït...) « recyclent » une partie de leurs avoirs sur les marchés financiers occidentaux et auprès des banques occidentales.

De grandes sommes d'argent ont ainsi été prêtées aux PED, le plus souvent à taux variable. La dette totale dans les PED passe ainsi de près de 70 milliards de dollars en 1970 à 750 milliards en 1982, et à près de 1 150 milliards en 1988. La répartition de cette dette est très inégale dans le monde puisqu'en 1980 les pays d'Amérique latine totalisent à eux seuls la moitié de la dette totale, trois pays en représentant plus du tiers (Brésil, Mexique, Argentine).

La crise de la dette et sa gestion

Le retournement de la politique monétaire américaine, à la suite du second choc pétrolier (1979), a pour effet de porter les taux d'intérêt à des niveaux très élevés. Une partie des prêts contractés par les PED étant à taux variable, les charges d'intérêt vont exploser. S'ajoutent les conséquences de la récession mondiale provoquée par les effets combinés du second choc pétrolier et du resserrement monétaire aux États-Unis. Les débouchés se contractent pour les PED qui connaissent simultanément une détérioration des termes de l'échange du fait de l'effondrement des cours des produits primaires. Enfin, comme la plupart des emprunts contractés par les PED sont libellés en dollars et que la valeur de la monnaie américaine s'apprécie, le service de la dette s'accroît fortement.

En 1982, le Mexique annonce qu'il est en incapacité de rembourser ses dettes. Les autres pays d'Amérique latine sont touchés. Les pays africains voient leurs versements au titre des intérêts de la dette augmenter de près de 140 % entre 1978 et 1982. Au final, plus de 40 pays sont dans une situation de défaut, avec une croissance très faible.

La résolution de cette crise a finalement pris plusieurs années au cours desquelles les économies d'Amérique latine ont stagné – c'est la « décennie perdue ».

≫ Une crise progressivement perçue comme structurelle

Au début de la crise, il s'agit d'aider les pays à résoudre des difficultés passagères. Cette crise paraît conjoncturelle, les PED traversant une simple crise de liquidité[4]. La stratégie est alors d'aider financièrement les pays endettés, tout en leur imposant des réformes structurelles. Les

4 L'illiquidité est une situation où le pays est confronté à un problème de financement à court terme. Dans le cas des PED, on pensait au début de la crise que les pays avaient temporairement un manque de devises. Face à une simple crise de liquidité, un tiers (comme le FMI) peut consentir un crédit à court terme qui empêchera le débiteur de faire défaut. L'insolvabilité est une situation où le pays est incapable de rembourser sa dette sur le long terme. Un crédit de court terme ne lui sera donc d'aucun secours.

politiques d'ajustement structurel (PAS) promues par le FMI dès les années 1970 ont pour objectif de renouer avec la croissance. Il s'agit d'« assainir » les économies des pays endettés afin de leur permettre, en vertu de leurs avantages comparatifs, de développer des activités exportatrices générant les devises nécessaires au remboursement de leur dette.

En 1985, le plan Baker (du nom du secrétaire au Trésor de Ronald Reagan) offre aux PED les plus endettés la perspective de nouveaux prêts leur permettant de faire face à leurs engagements, en contrepartie d'une PAS. Mais devant les résultats peu probants de ces stratégies – le ratio de la dette continuant à augmenter –, l'idée selon laquelle la dette est structurellement trop élevée par rapport aux perspectives de gains en devises à long terme s'affirme. En 1989, un autre secrétaire au Trésor américain, Nicholas Brady, propose un nouveau plan destiné à réduire l'endettement et le ratio du service de la dette des pays les plus lourdement endettés auprès des banques. Le pays emprunte des fonds au FMI et à la Banque mondiale, à la condition d'adopter une PAS. Il peut alors racheter une partie de sa dette avec une décote. Dans tous les cas, les banques acceptent donc d'annuler partiellement leurs créances. De nombreux pays en ont bénéficié.

≫ Une justification théorique de l'abandon de certaines créances

Les fondements théoriques de l'approche en termes de solvabilité sont donnés par Paul Krugman (« Analytical issues in debt », 1989), au travers de la courbe de Laffer de la dette. À l'instar d'Arthur Laffer, considérant que l'accroissement des recettes fiscales peut passer par une baisse des taux d'imposition, Krugman avance l'idée qu'il est parfois dans l'intérêt des créanciers d'accorder des réductions de dette afin d'accroître la probabilité de remboursement. En effet, à partir d'un certain seuil d'endettement, les montants remboursés diminuent du fait de l'insolvabilité dans laquelle se retrouve un pays. Annuler une partie de la dette accroît le montant espéré du remboursement. L'annulation profite au débiteur comme au créancier.

Cette approche sera à la base des politiques de réduction de la dette promues par les institutions financières internationales : en 1996, l'initiative PPTE (pays pauvres très endettés) est la reconnaissance que, pour les pays à faible revenu, le surendettement est devenu structurel. Des allégements de la dette bilatéraux sont aussi mis en place, par le biais de négociations avec les gouvernements créanciers du Club de Paris, mais aussi avec des gouvernements non membres de ce club. En 2005, l'initiative PPTE a été complétée par l'initiative d'allégement de la dette multilatérale (IADM) qui prévoit l'allégement de la totalité des dettes par trois institutions multilatérales – le FMI, la Banque mondiale et le Fonds africain de développement – pour les pays parvenus au bout du processus de l'initiative PPTE.

Pour certains auteurs, l'annulation totale de la dette peut être nécessaire. L'endettement des PED relève aussi de la responsabilité des prêteurs qui fixent les conditions du prêt. Les créanciers se rendent compte des fragilités des pays emprunteurs et doivent assumer le risque pris à prêter ainsi. La « dette odieuse » représente la dette contractée par un pays non démocratique qui fait usage des fonds à mauvais escient. Les créanciers le savent et ils commettent un acte qui peut être vu comme non respectueux vis-à-vis des peuples qui sont sous la coupe de gouvernements despotiques. Enfin, certains pays se retrouvent dans une insoutenabilité de la dette : les recettes fiscales ne servent qu'au remboursement des intérêts de la dette. Celle-ci ne sert donc plus du tout à financer des projets sources de développement.

≫ Quel bilan ?

Les annulations ou réductions de la dette peuvent entraîner des risques non négligeables, comme celui d'approfondir l'exclusion des pays pauvres des marchés des capitaux. Annuler la dette présente ne va pas inciter les prêteurs à fournir à l'avenir de nouveaux fonds aux PED. L'autre risque est que les pays soient conduits à s'endetter de manière volontaire au-delà de leur capacité de remboursement. C'est l'apparition d'une situation d'aléa moral. De fait, certains pays ayant bénéficié d'allégements de leur dette au titre de l'initiative PPTE ont enregistré une progression rapide de leurs taux d'endettement. La reprise de l'endettement s'inscrit dans un contexte international marqué par l'apparition de nouveaux prêteurs (pays émergents d'Asie et d'Amérique latine, pays du Golfe) dont les pratiques de financement diffèrent de celles employées par les bailleurs « traditionnels ». Cherchant à pénétrer sur des marchés devenus attractifs au regard notamment des besoins en matières premières, les prêteurs émergents offrent des financements importants et sans conditionnalité de politique interne. Ces financements peuvent être gagés sur des ressources naturelles ou assortis d'engagements de la part des pays bénéficiaires (achats de biens d'équipement, fourniture de pétrole à un prix fixé à l'avance…).

Près de la moitié des États à bas revenu étaient en risque de surendettement en 2019. Leur dette, pendant la pandémie de COVID-19, devrait fortement augmenter. La Banque mondiale a calculé que plus d'une quarantaine de ces pays allaient dépenser en 2020 davantage pour rembourser leurs dettes que pour soigner leur population. Le FMI s'inquiète de cette hausse alarmante de la dette des pays pauvres et émergents dans un rapport publié en octobre 2020 : « une crise de la dette systémique ne peut pas être exclue ». Soixante-douze pays ont déjà reçu une aide d'urgence du FMI ; néanmoins, un soutien bilatéral et multilatéral beaucoup plus important sera nécessaire. Les pays plus pauvres auront peut-être besoin d'un allégement prolongé de leur dette, y compris par le biais de l'Initiative de suspension du service de la dette du G20. En novembre 2020, un accord, qualifié d'historique par certains, a été adopté par les ministres des finances du G20 ; il doit permettre de faciliter les opérations de restructuration afin de limiter les défauts de paiement. Les États débiteurs pourront négocier une réduction, une extension, un rééchelonnement, voire une annulation de leurs dettes, tout en se soumettant à un programme macroéconomique défini avec le FMI. Ce dispositif, qui intègre la Chine dans le multilatéralisme, augmente les chances de succès des restructurations.

B. Une nouvelle norme de développement promue par les institutions internationales

Le « consensus de Washington » marque un retournement complet dans la façon d'appréhender la question du développement. Alors que les structuralistes et les théoriciens de la dépendance voyaient le sous-développement comme un problème global qui devait être traité nationalement, la proposition est renversée au début des années 1980 : les problèmes viennent de pays qui ont fait de mauvais choix et seule une réponse globale, le consensus de Washington, peut permettre le développement.

Les politiques d'ajustement structurel et le consensus de Washington

Face aux défaillances des PED dans leurs stratégies de développement révélées par la crise de la dette des années 1980, et pour les aider à surmonter cette crise, les institutions financières internationales prennent la relève de la CNUCED dans la politique de développement et réagissent en soumettant leurs prêts à des conditions : ce sont les politiques d'ajustement structurel (PAS).

Les PAS comportent un volet conjoncturel correspondant à la mise en œuvre de politiques de rigueur. Il est considéré qu'il faut impérativement maîtriser et au besoin réduire le crédit intérieur, ce qui revient à réduire la consommation intérieure, principale composante de la demande globale. Les budgets publics doivent retrouver l'équilibre. La rigueur doit s'accompagner d'un ajustement des taux de change visant à restaurer la compétitivité extérieure, ce qui passe par une dévaluation.

Sur le plan structurel, les PAS visent à instaurer une économie de marché garantissant la croissance. L'accent est mis sur l'imperfection des marchés dans les PED et sur l'intervention de l'État entravant les lois du marché.

La doctrine néolibérale est au fondement du consensus de Washington (expression utilisée par l'économiste John Williamson). Ce consensus est fondé sur une série de principes, recommandés, voire imposés par le biais de la conditionnalité des prêts, par la Banque mondiale et le FMI et a constitué le fondement des politiques menées, basées sur le triptyque stabilisation, libéralisation, privatisation. Sont préconisées :
- la discipline budgétaire ;
- l'orientation des dépenses publiques aussi bien vers la croissance économique que la répartition des revenus ;
- des réformes fiscales pour obtenir une large assiette fiscale et des taux maximaux d'imposition faibles ;
- la libéralisation financière ;
- la libéralisation des échanges avec la suppression des protections douanières ;
- la recherche d'un taux de change stable et compétitif ;
- l'abolition des barrières à l'entrée sur le marché et la libéralisation des investissements internationaux ;
- la privatisation de l'ensemble des entreprises publiques ;
- la déréglementation, c'est-à-dire l'élimination de tous les obstacles à la concurrence ;
- la protection légale des droits de propriété intellectuelle.

La crise du consensus de Washington

Cette doctrine a fait l'objet d'une remise en cause à la suite des conséquences des PAS et des crises financières à répétition dans les pays émergents.

Les réductions budgétaires ont entraîné des coupes dans les infrastructures, l'éducation et la santé, domaines nécessaires au développement. Les PAS ont pu avoir des effets sociaux dramatiques. Dans certains pays d'Afrique subsaharienne, l'état nutritionnel des enfants s'est dégradé, le taux de mortalité infantile a augmenté, le taux brut moyen de scolarisation primaire a diminué, ne retrouvant qu'en 2000 le niveau qu'il avait atteint en 1980. Dès 1987, l'Unicef préconisait « un ajustement à visage humain ».

La libéralisation commerciale n'a pas toujours eu les effets escomptés. Certains PMA sont non compétitifs, malgré de faibles coûts de main-d'œuvre. Ils ne disposent que de très peu de techniques, les rendements sont donc faibles, ils sont en concurrence sur les marchés internationaux, mais aussi sur leurs propres marchés avec une production agricole subventionnée par des pays développés. De plus, les incitations aux exportations les ont parfois détournés de l'agriculture vivrière. De manière générale, le rôle de l'agriculture dans le développement a été omis.

La libéralisation financière a été source d'instabilité. Les pays émergents ont connu des crises financières à répétition dans les années 1990 : crise mexicaine en 1994, crise asiatique en 1997-1998, crise russe et crise brésilienne en 1998. Ces crises, qui se traduisent par des coûts exorbitants, exercent des effets négatifs sur l'économie réelle.

Joseph Stiglitz est un représentant de l'économie hétérodoxe. En 1997, il intègre la Banque mondiale en tant qu'économiste en chef et vice-président. Il démissionne de cette institution en 2000 en critiquant les politiques recommandées (*La Grande Désillusion*, 2002). Il préconise un rôle accru de l'État comme régulateur du processus de développement en complément du marché, remet en cause le libre-échange dérégulé et affirme la nécessaire élaboration des stratégies de développement à un niveau local, par les populations concernées, et non imposées par les institutions internationales.

C. Un nouveau regard porté sur les facteurs du développement

La bonne gouvernance et le rôle des institutions

≫ Une reformulation du consensus de Washington

La Banque mondiale affirme que la bonne gouvernance est indispensable au bon fonctionnement du marché. L'idée est de compléter la doctrine précédente et non de remettre en cause ses fondements mêmes. La bonne gouvernance repose sur plusieurs principes : favoriser une administration efficace, accroître la responsabilité (*accountability*) des dirigeants et des agents de l'État vis-à-vis des citoyens, garantir la transparence et la primauté de l'État de droit avec la protection de la propriété privée. La conditionnalité des prêts et aides ne porte plus seulement sur les politiques économiques à mettre en place, mais aussi sur les changements institutionnels indispensables.

Les politiques proposées sont la démocratisation (élections libres, liberté d'expression, liberté de la presse), la décentralisation (les ressources publiques doivent être proches des citoyens pour garantir l'efficacité de leur utilisation), la lutte contre la corruption et le clientélisme.

Les institutions sont ainsi au cœur de la « bonne gouvernance »

Douglass North (prix Nobel d'économie 1993), chef de file de la nouvelle économie institutionnelle, définit les institutions comme l'ensemble des règles formelles et informelles qui régissent les interactions humaines. Les institutions formelles comportent les règles fondamentales, comme le système juridique qui définit la place respective de l'État, des individus et des organisations ainsi que la structure du système politique, mais qui définit aussi les droits de propriété qui sont fondamentaux pour le bon fonctionnement des marchés. Les institutions informelles représentent les systèmes de valeurs et de croyances, les normes et représentations sociales, les traditions, les coutumes, la religion, la morale. Les institutions informelles connaissent des changements beaucoup moins rapides que les institutions formelles.

North explique le décollage industriel de l'Angleterre au XVIIIe siècle par les institutions en place. La protection des droits de propriété plus forte que dans les autres pays à la même période, telle la législation sur les brevets garante de la protection de la propriété intellectuelle nécessaire pour encourager l'innovation, a été un facteur déterminant de la croissance anglaise. North souligne aussi qu'institutions et croissance sont en interaction. Si des institutions efficaces portent la croissance, la croissance elle-même permet de mettre en place des institutions plus efficaces.

Des institutions efficaces vont réduire les coûts de transaction par le bais de la réduction de l'incertitude et des risques, et favoriser les investissements, en particulier les investissements directs à l'étranger, essentiels pour le développement des pays.

Dans *Why Nations Fail* (2012), Daron Acemoglu et James Robinson affirment que l'origine des inégalités de développement dans le monde est d'ordre institutionnel. Ils mettent principalement l'accent sur l'importance des droits de propriété, propices à l'accumulation du capital, qui sont des éléments moteurs de l'incitation à innover. Ils prennent l'exemple des deux Corées qui partageaient une culture et une histoire identiques au moment de leur séparation. Aujourd'hui, la Corée du Sud est un des pays les plus prospères d'Asie, alors qu'en Corée du Nord règne une pauvreté extrême. Seuls des changements institutionnels peuvent expliquer ces évolutions économiques.

Les pays dotés d'institutions de qualité ont consolidé leur structure au fil du temps et récolté les fruits d'une croissance soutenue, tandis que les pays aux institutions plus fragiles se sont trouvés pris dans un cercle vicieux où les carences des institutions et la médiocrité des résultats économiques n'ont cessé de s'alimenter mutuellement.

Dani Rodrik précise que les dispositifs institutionnels sont influencés par les spécificités des sociétés. Il affirme, dans *Nations et Mondialisation* (2008), qu'il s'agit pour les PED de créer des dispositifs institutionnels capables de résoudre les difficultés créées par l'ouverture. Ces dispositifs ne se traduisent pas par une forme d'institution unique. La Chine, par exemple, a engagé des réformes institutionnelles qui s'éloignent fortement des standards occidentaux. La planification dans l'agriculture reste présente, mais un certain degré de libéralisation s'est opéré dans ce secteur d'activité. La terre n'a pas été privatisée (il n'y a pas eu appropriation individuelle des terrains et de la production), mais ont été créées des *township and village enterprises* qui accordent des droits de propriété aux collectivités locales. Cela a créé de la compétition et donc une émulation entre régions, permettant l'accroissement des rendements agricoles. Les agriculteurs ont aujourd'hui le droit de vendre librement leurs excédents au prix du marché, excédents par rapport aux objectifs fixés par l'État, ce qui les a poussés à innover.

≫ La bonne gouvernance prônée par les institutions internationales ne suscite pas l'adhésion de tous

En mettant l'accent sur la qualité des institutions comme facteur déterminant du développement, il serait sous-entendu que l'État n'est qu'un simple support du marché. Son rôle est de veiller au bon fonctionnement des mécanismes concurrentiels. Au final, cela revient à trouver une nouvelle justification aux plans d'ajustement structurel. Si ceux-ci n'ont pas connu le succès attendu, c'est que les pays n'avaient pas les institutions adéquates. En conditionnant les prêts à la pratique d'une bonne gouvernance, les politiques d'ajustement ne pourront être qu'efficaces.

La lutte contre la pauvreté, un enjeu majeur

De nouvelles stratégies de réduction de la pauvreté sont proposées. Depuis 2001, la Banque mondiale intègre des éléments de la réflexion d'Amartya Sen. Elle s'est ainsi engagée dans la réalisation des objectifs du Millénaire pour le développement (OMD) qui sont les cibles que la communauté internationale s'est données en 2000 en vue de réduire de moitié la pauvreté dans le monde et d'améliorer la situation des plus démunis d'ici 2015. Si les résultats sont mitigés, le bilan est positif pour certains objectifs : la pauvreté absolue et la mortalité infantile ont ainsi très nettement diminué. En 2015 ont été adoptés les 17 objectifs de développement durable (ODD) pour la période 2015-2030. Il est ainsi notamment prévu de mettre fin à l'extrême pauvreté, d'assurer la sécurité alimentaire, de garantir une couverture santé universelle, d'éradiquer le VIH/sida, la tuberculose et le paludisme, d'assurer une scolarisation universelle, de parvenir à l'égalité entre les sexes, de garantir l'accès à l'eau potable à tous, de réduire les inégalités dans les pays et entre les pays. Tous les progrès doivent être en outre compatibles avec l'environnement. L'OMC a rappelé, lors du lancement du dernier cycle de négociations multilatérales en 2001, le cycle de Doha pour le développement, que la libéralisation des échanges doit permettre aux pays en développement d'améliorer leurs perspectives de croissance et de développement, et donc de diminuer la pauvreté.

La modernisation de l'agriculture

≫ Sortir du sous-développement agricole

La part de l'agriculture reste largement majoritaire dans l'emploi et le PIB des PMA. D'un point de vue technique, l'agriculture est en mesure de nourrir la population mondiale, pourtant la malnutrition reste endémique. Certains pays émergents et certains PMA connaissent des situations de sous-nutrition et des famines.

Il faut s'interroger sur les solutions pour réduire la dépendance alimentaire et pour intégrer le monde rural à la dynamique du développement. Une agriculture modernisée fournit à l'industrie les matières premières dont elle a besoin. Elle entraîne une demande adressée à l'industrie et au secteur tertiaire grâce à la croissance du revenu des paysans générée par les gains de productivité dans les campagnes. Les gains de productivité agricoles peuvent aussi permettre de baisser les prix des produits alimentaires, ce qui est source d'une augmentation du pouvoir d'achat. L'accroissement des capacités d'épargne en résultant permet de financer de nouveaux investissements. De plus, le monde rural peut aussi fournir une main-d'œuvre aux autres secteurs du fait des progrès de la productivité permettant de produire davantage avec moins de travailleurs. On retrouve ici la thèse du déversement sectoriel.

Les exportations de produits agricoles peuvent aussi permettre de gagner les devises nécessaires au paiement des importations des produits nécessaires. Ceci à la condition que cultures d'exportation et cultures vivrières se développent simultanément.

≫ Les réformes nécessaires

Dans certains cas, la grande division des terres en des surfaces trop petites pour la survie d'une famille peut s'expliquer par l'insuffisance de surfaces cultivables. Mais dans beaucoup de pays, la répartition inégalitaire des terres est le réel problème. Les meilleures terres sont aux mains de quelques-uns. La situation extrême est celle de l'Amérique latine, avec les *latifundia.*

Une réforme agraire permettant un accès plus égalitaire aux terres est une condition nécessaire au développement, mais les résistances à ces réformes sont encore très nombreuses et sources de blocages. Au Brésil, le président Lula da Silva a d'ailleurs échoué, au cours de sa présidence de 2003 à 2010, à imposer une réforme agraire d'envergure.

Des investissements dans les infrastructures destinées à faciliter le stockage et l'écoulement de la production et dans les techniques culturales pour augmenter les rendements agricoles sont nécessaires. Ces dernières années, les rendements agricoles cessent d'augmenter et ont même commencé à diminuer dans certaines régions, du fait d'une culture trop intensive appauvrissant les sols et de l'utilisation massive d'engrais et de pesticides les polluant. Il est recommandé de mettre en place, dans le cadre d'une stratégie de développement durable, une « révolution doublement verte ». Enfin, des investissements sont cruciaux dans l'éducation et la formation pour permettre aux agriculteurs de faire évoluer les techniques de culture.

La place centrale des femmes

≫ Des inégalités de genre importantes

La question de la place des femmes dans le développement a longtemps été occultée par la réflexion théorique. Les indicateurs de développement pour les femmes sont presque toujours inférieurs à ceux des hommes. L'indice des inégalités de genre (IIG) est à cet égard révélateur.

Les inégalités de genre peuvent conduire, dans certains pays, à avoir une préférence pour les garçons, ce qui entraîne le phénomène de « femmes manquantes », comme l'a décrit A. Sen. La sélection des sexes peut prendre la forme d'avortements sélectifs en fonction du sexe du fœtus, de l'infanticide ou du manque de soins apportés aux petites filles.

L'accès limité des femmes aux ressources éducatives et productives entrave leur capacité à contribuer au développement économique. En outre, étant donné les responsabilités des femmes en matière de soins, celles-ci doivent souvent passer une grande partie de leur temps à des travaux non rémunérés, surtout lorsque les services publics liés à la santé, aux infrastructures, à l'approvisionnement en eau et à la garde des enfants sont peu développés, voire inexistants. Or, ces services sont de moins en moins assurés avec les coupes budgétaires liées aux PAS. Promouvoir le développement, c'est aussi fournir des services permettant aux femmes de développer leur potentiel productif.

≫ Promouvoir le rôle des femmes dans les politiques de développement

Les thèses d'A. Sen ont eu une influence forte sur ce consensus de la promotion du rôle des femmes : ne pas avoir tenu compte de la place des femmes dans un grand nombre de projets de développement a pu conduire à l'échec de ces projets, ou à une dégradation de la situation des femmes suite à leur mise en application.

Les femmes participent de manière considérable à l'économie rurale dans toutes les régions en développement, mais elles ont un accès plus restreint que les hommes aux ressources et aux débouchés qui leur permettraient d'être plus productives. Un meilleur accès des femmes à la terre, aux animaux d'élevage, à l'instruction, aux services financiers, aux technologies, se traduirait par une nette augmentation de leur productivité et par une amélioration de la production agricole, et donc de la sécurité alimentaire.

Supprimer la discrimination légale, garantir que les programmes agricoles favorisent l'équité hommes-femmes, sont des objectifs à poursuivre. Les études montrent qu'une augmentation des revenus des femmes profite à l'accroissement du bien-être de la famille tout entière. L'augmentation de la durée de la scolarisation des filles fait que leurs futurs enfants seront mieux soignés et auront une durée de scolarisation plus longue.

Cette reconnaissance de la place essentielle des femmes fait l'objet aujourd'hui d'un large consensus. ONU Femmes a été créée par l'Assemblée générale des Nations unies en 2010 pour accélérer les progrès en matière d'égalité des sexes et d'autonomisation des femmes.

D. Vers une réévaluation des politiques de développement

Une nouvelle façon d'appréhender les politiques de développement a émergé au regard des difficultés rencontrées par un certain nombre de PED. Il paraît nécessaire de repenser l'aide publique au développement, de mettre l'accent sur les possibilités d'accès au crédit des populations pauvres et de pouvoir mesurer l'efficacité des politiques d'aide au développement.

La question de l'aide publique au développement (APD)

L'APD est une activité par laquelle des pays font transiter vers d'autres des ressources publiques en vue de contribuer à leur développement. Au-delà des capitaux financiers sont également transférées des compétences et des pratiques. Cela peut prendre la forme de transferts de technologies.

≫ Le montant de l'APD reste faible, malgré les engagements des pays

En 2019, l'APD, calculée sur la base de l'équivalent-don, représente 0,31 % du RNB, loin de la promesse de consacrer 0,70 % du RNB faite dans les années 1970 et reprise par l'ONU. Ainsi seuls quelques pays, comme la Suède (1,04 %) ou la Norvège (0,94 %) respectent ou dépassent ce ratio. Certains pays ont un ratio bien inférieur. La contribution de l'Union européenne, même si elle représente plus de la moitié de l'aide globale, ne dépasse pas 0,40 % du RNB cumulé de ses pays membres.

≫ Une aide critiquée

William Easterly affirme que l'APD est un échec. Par exemple, l'aide, sous sa forme de remise de dettes, a entraîné un cercle vicieux dans lequel la remise de dettes est attendue, ce qui invite au gaspillage tout en incitant les prêteurs à ne plus prêter à ceux qui en ont besoin. Dans *Le Fardeau de l'homme blanc*, paru en 2006, Easterly insiste sur le fait que le développement des pays pauvres ne pourra venir que d'eux-mêmes, qui sont les mieux placés pour identifier leurs problèmes et pour mettre en œuvre des solutions efficaces.

Dambisa Moyo, économiste zambienne, soutient dans son ouvrage *Dead Aid* (2009) que l'aide extérieure est mauvaise pour l'Afrique et qu'elle devrait être arrêtée. L'aide sans limites aux gouvernements africains a créé la dépendance, encouragé la corruption et enfin perpétué la mal-gouvernance et la pauvreté. La fin de l'aide inciterait les gouvernements à agir et à chercher des sources de financement plus durables et plus efficaces.

≫ Des critiques controversées

A. Sen est en désaccord avec les détracteurs de l'APD. Dans bien des pays, elle a permis une amélioration des indicateurs de développement humain, en dépit de la stagnation du RNB par habitant. Jeffrey Sachs pense lui aussi que l'APD est indispensable. Son constat est que, dans une nation, il suffit qu'une génération sorte de la zone de pauvreté pour que les générations suivantes prospèrent. Or, l'aide est nécessaire pour enclencher ce processus. L'APD permet ainsi de mettre en place des méthodes concrètes d'éradication de la pauvreté, comme par exemple le financement de l'agriculture (avec de meilleures semences, une irrigation améliorée et l'utilisation d'engrais). Elle peut prendre aussi la forme, sur le plan de la santé, de distribution gratuite de moustiquaires qui sont en nombre insuffisant dans les régions pauvres. J. Sachs insiste sur la lutte contre les maladies tropicales qui est prioritaire pour pouvoir envisager le développement de certains pays.

≫ La cohérence des politiques

Entre l'APD et les autres politiques publiques des pays développés, domestiques ou internationales, les interférences ou synergies sont nombreuses. L'impact final de l'aide est largement conditionné par ces interactions. Par exemple, l'expansion de l'agriculture dans les PED est un facteur capital de réduction de la pauvreté. Un accès libre et équitable de leurs produits aux marchés internationaux est nécessaire. Pourtant, les pays développés continuent de soutenir leurs propres producteurs *via* des barrières tarifaires ainsi que des subventions à l'exportation. Cela crée une concurrence déloyale. Il y a ici, on le voit bien, un problème d'incohérence entre l'APD et la politique agricole des pays développés.

L'accès au crédit

Environ 2,5 milliards d'adultes n'ont pas de compte en banque officiel dans le monde. L'Afrique subsaharienne a ainsi un taux de bancarisation très bas, autour de 20 %. Ces personnes exclues du système bancaire n'ont pas accès à un large éventail de services financiers, dont le crédit. Or, le manque de ressources financières ne permet pas aux acteurs de développer leur potentiel productif. Les banques sont peu incitées à prêter. Les ménages sont pauvres et le risque de non-remboursement est élevé. On peut donc parler d'un rationnement du crédit.

Le microcrédit a fait son apparition dans les années 1970 au Bangladesh avec la création de la *Grameen Bank* par Muhammad Yunus, prix Nobel de la paix 2006. Le microcrédit consiste en des prêts de montant faible à des individus, de manière privilégiée des femmes, dans le cadre d'un système de caution solidaire par groupe de personnes qui se connaissent. Le contrôle par les pairs est efficace pour combler l'asymétrie d'information ; la pression sociale est forte, ce qui explique des taux de remboursement des crédits élevés. Le montant des taux d'intérêt appliqués sur les microcrédits est généralement plus élevé que celui des banques traditionnelles en raison de coûts supérieurs engendrés par l'octroi de ces crédits (le temps passé à sélectionner les clients, la collecte des remboursements, l'accompagnement des clients dans leurs projets…).

Le microcrédit a pu être vu comme efficace. Dans certaines régions, il a permis de créer de petites entreprises, de faire reculer la pauvreté extrême, de faire augmenter les taux de scolarisation. Mais si la microfinance est d'un apport incontestable pour les politiques de développement, elle ne constitue pas une stratégie globale de développement. D'une part, le microcrédit ne peut porter que des microprojets, insuffisants pour insuffler une réelle dynamique de développement. D'autre part, le système de microcrédit est ébranlé depuis quelques années par plusieurs crises localisées (Inde, Maroc, Nicaragua, Bangladesh, Afrique de Sud…). Des situations de surendettement conduisant aux suicides des emprunteurs se sont multipliées, des pratiques commerciales ont pu rompre avec la mission sociale du microcrédit. Le nombre croissant de telles situations dans les pays en développement a sapé la confiance dans ce modèle. Une réévaluation du rôle du microcrédit comme politique de réduction de la pauvreté est alors nécessaire.

La méthode de l'évaluation aléatoire

Le resserrement des contraintes budgétaires, les critiques adressées à l'aide au développement ont conduit les décideurs politiques à vouloir rationaliser leurs interventions. De ce fait, la méthode de l'évaluation aléatoire connaît une large audience depuis ces dernières années.

La recherche expérimentale est une technique issue de l'expérimentation médicale et importée depuis un peu plus d'une dizaine d'années dans le champ des politiques publiques et de l'économie du développement. Elle mobilise des apports récents de l'analyse économique et d'autres disciplines, comme la psychologie ou les sciences politiques. Elle s'appuie sur des techniques de plus en plus sophistiquées grâce aux développements de l'économétrie. Il s'agit d'évaluer de façon rigoureuse et objective les programmes d'action en faveur du développement afin de déterminer quelles aides sont réellement efficaces. Le principe de l'évaluation aléatoire est simple. Au sein d'une liste de bénéficiaires potentiels d'un programme de développement, deux groupes sont constitués en effectuant un tirage au sort. Le groupe-test a accès au programme, le groupe-témoin n'y participe pas. La comparaison entre les deux groupes va permettre d'évaluer les effets du programme. Par exemple, il existe des moyens diversifiés de promouvoir la scolarisation des enfants, comme réduire le coût d'accès à l'éducation en fournissant des incitations financières aux parents qui accepteraient de scolariser leurs enfants, subventionner l'achat de matériel de cours, distribuer des uniformes ou des repas gratuits à l'école, proposer des traitements médicaux afin d'améliorer la santé des enfants, ou encore motiver de diverses manières les enseignants. L'expérience aléatoire va permettre d'évaluer les outils les plus efficaces pour augmenter le taux de scolarisation.

Abhijit Banerjee, Esther Duflo et Michael Kremer ont reçu le prix Nobel d'économie en 2019 pour leurs études des problèmes de pauvreté et de développement. Leur approche, basée sur les expérimentations, a transformé l'économie du développement.

Cette nouvelle approche en économie du développement n'est pas exempte de critiques. Pour Dani Rodrik (« The new development economics : We shall experiment, but how shall we learn? », 2008), les résultats obtenus ne sont valables que dans un contexte donné, à un moment particulier, donc sont difficilement transposables. Si la validité interne des conclusions est solidement établie, le manque de validité externe est un obstacle à la définition de stratégies plus globales de développement.

3

La soutenabilité de la croissance et du développement

Les économies contemporaines — en particulier des pays développés et émergents — reposent sur un modèle de croissance économique non soutenable sur le long terme. Il faut donc converger vers un autre modèle. Ce changement ne peut néanmoins se faire d'un seul coup. C'est pourquoi on parle de transition écologique. Cette dernière représente une période d'adaptation permettant d'apporter une réponse aux enjeux environnementaux de notre planète. La transition énergétique traduit le passage d'une société fondée sur la consommation abondante d'énergies fossiles à une société bas-carbone, plus sobre en énergie et en émissions de gaz à effet de serre. Elle constitue un des volets de la transition écologique.

1 Des contraintes nouvelles en termes d'écologie et de soutenabilité pèsent de plus en plus sur le développement de l'ensemble du monde

Il n'est plus possible de concevoir le développement sans tenir compte des contraintes environnementales. La dégradation globale de la qualité de l'environnement et la crainte d'un épuisement général des ressources naturelles, le nombre de plus en plus important de personnes déplacées pour des raisons environnementales, figurent parmi les soucis essentiels de la communauté internationale. La question du développement est ainsi devenue aussi celle du développement durable. Des indicateurs de ce développement sont alors nécessaires.

A. Une prise de conscience mondiale

Les menaces sur l'environnement à l'échelle planétaire accréditent l'idée que le développement économique en est responsable. Les scientifiques ont mis en évidence l'existence de points de basculement, à savoir des seuils à partir desquels il ne sera plus possible de revenir en arrière. Ces dégradations environnementales entraînent des mouvements migratoires dont l'importance va s'accroître fortement si des mesures massives de protection de l'environnement ne sont pas entreprises.

Un constat alarmant

On peut distinguer trois problèmes écologiques majeurs : le changement climatique (prévisions du réchauffement climatique de 2 à 6 degrés supplémentaires d'ici la fin du XXIe siècle par rapport à l'ère préindustrielle), la destruction de la biodiversité (depuis les années 1970, 30 % de la biodiversité a disparu) et la dégradation des écosystèmes (60 % des écosystèmes sont aujourd'hui considérés comme dégradés).

Aujourd'hui le climat s'est réchauffé de 1,1°C par rapport à l'ère préindustrielle, avec une forte accélération depuis une trentaine d'années. Le seuil de 1,5°C devrait être franchi d'ici quinze ans et vraisemblablement le seuil de 2°C dans environ trente ans. Le changement climatique s'entend comme le réchauffement progressif de la planète et ses conséquences sous forme notamment de phénomènes météorologiques extrêmes de plus en plus fréquents (fortes chaleurs et sécheresses intenses, ouragans, inondations, etc.).

La plupart des scientifiques considèrent qu'il n'y a plus de doute sur le caractère anthropique du réchauffement climatique. Le terme d'anthropocène commence à être utilisé pour qualifier notre nouvelle ère géologique où les activités humaines ont un effet majeur sur l'environnement de la planète.

En 1988 a été créé, par l'Organisation météorologique mondiale et le Programme des Nations unies pour l'environnement (PNUE), le Groupe d'experts intergouvernemental sur l'évolution du climat (GIEC) qui publie régulièrement des rapports. Cette organisation et l'ancien vice-président américain Al Gore (qui a attiré l'attention de l'opinion publique en 2006 avec son livre et documentaire *Une vérité qui dérange*) ont été récompensés, en 2007, pour leur engagement dans la lutte contre les changements climatiques, par le prix Nobel de la paix.

L'adoption de politiques de développement durable pourrait permettre de limiter le réchauffement planétaire à moins de 2 degrés, soit le seuil fixé par la communauté internationale, en sachant que cette limite fait elle-même courir à l'environnement et aux populations humaines des risques non négligeables. Limiter la hausse des températures à 1,5°C passe obligatoirement par une réduction des émissions de CO_2 de 45 % d'ici 2030 et la réalisation d'une « neutralité carbone » en 2050. 5,5°C est la hausse des températures par rapport à l'ère préindustrielle estimée par les experts d'ici à 2100, si rien n'est fait pour infléchir la courbe des émissions de gaz à effet de serre.

Ce réchauffement climatique est lié à la concentration des gaz à effet de serre (GES). L'image utilisée pour décrire cette augmentation est celle de la crosse de hockey. Avant le XIXe siècle, les émissions étaient très faibles et suivaient une tendance linéaire horizontale ; or depuis la Seconde Guerre mondiale, et encore davantage depuis les années récentes, ces émissions s'accroissent de manière exponentielle. Le taux de croissance annuel moyen des GES était de 1 % entre 1990 et 2000, il est de 3 % depuis 2000.

La crise de la COVID-19 est analysée par de nombreux experts comme un symptôme d'une crise écologique du fait de liens mis en évidence entre perte de biodiversité et développement de zoonoses, et a conduit les pouvoirs publics à mettre la lutte contre le changement climatique au cœur de leurs plans de relance.

Les migrations environnementales

La montée en puissance des changements climatiques et des événements climatiques extrêmes a fait apparaître les migrants environnementaux, « les personnes ou groupes de personnes qui, essentiellement pour des raisons liées à un changement environnemental soudain ou progressif influant négativement sur leur vie ou leurs conditions de vie, sont contraintes de quitter leur foyer ou le quittent de leur propre initiative, temporairement ou définitivement, et qui, de ce fait, se déplacent à l'intérieur de leur pays ou en sortent » (définition de l'Organisation internationale pour les migrations, l'OIM fait partie du système des Nations Unies, en tant qu'organisation apparentée).

Les catastrophes climatiques pourraient ainsi provoquer le déplacement d'environ 250 millions de personnes d'ici 2050. Parmi les régions à risque, on peut notamment citer l'Afrique subsaharienne du fait des sécheresses, l'Asie du Sud et du Sud-Est exposée aux typhons et tsunamis, ou encore les petits États insulaires face à la montée du niveau des mers.

Le Pacte mondial sur les migrations de l'ONU adopté en décembre 2018, cadre de coopération non contraignant, a reconnu pour la première fois le changement climatique comme une cause de départ forcé des populations. Il fournit des recommandations et des bonnes pratiques visant à encourager la coopération internationale pour parvenir à une gestion plus efficace et plus humaine des migrations internationales visant à mieux protéger les personnes déplacées à l'extérieur des frontières de leur pays d'origine à la suite d'une catastrophe naturelle. Ces principes sont non contraignants, mais ils montrent que la question est prise en compte par les instances internationales, sans aboutir toutefois à un statut de réfugié environnemental. Les termes « réfugiés climatiques », ou « réfugiés environnementaux », souvent utilisés, sont ainsi un abus de langage parce que le terme « réfugié » désigne une personne qui bénéficie d'un statut institué par la Convention de Genève de 1951 dont les conditions d'attribution sont strictement définies. Le migrant environnemental n'a pas de statut officiel.

B. La soutenabilité du développement

En 1987, avec le rapport de Gro Harlem Brundtland, le concept de développement durable est formalisé : « C'est un développement qui répond aux besoins du présent sans compromettre la capacité des générations futures de répondre aux leurs. » Cette notion de développement durable ou soutenable a connu depuis un succès immense, expliqué par l'aspect consensuel que revêt le développement durable. Pourtant, ce consensus n'est qu'apparent car il existe de profondes divergences d'interprétation de cette soutenabilité. Ainsi, l'opposition entre modèle de « soutenabilité faible » et modèle de « soutenabilité forte » structure le débat économique relatif au développement soutenable depuis la fin des années 1980. Cette opposition repose pour l'essentiel sur la substituabilité plus ou moins forte du « capital naturel » et des autres formes de capitaux, ce qui débouche sur la préconisation de politiques différentes compte tenu de l'importance accordée au rôle du progrès technique.

La durabilité forte

La durabilité s'analyse en termes de ressources, qualifiées aussi de « capital ». Ce capital peut être soit naturel (les ressources naturelles, renouvelables ou non renouvelables) soit construit : capital physique, capital financier, capital humain, capital social.

La durabilité est dite forte quand on considère que le capital naturel doit être maintenu en état. Ses partisans estiment que les activités humaines doivent être limitées pour préserver la planète. Herman Daly (*Beyond Growth : The Economics of Sustainable Development*, 1996) précise qu'il faut maintenir constant le stock de capital naturel. Plusieurs hypothèses sont retenues. Le taux d'actualisation est nul car l'intérêt des générations futures est le même que celui de la génération présente. Le capital construit et le capital naturel sont complémentaires, le capital manufacturé n'étant pas indépendant du capital naturel. Le progrès technique n'a qu'un impact limité sur le capital naturel, du fait des limites au recyclage des matières premières et des impossibilités de recyclage de l'énergie. Les nouvelles technologies ont de plus besoin de composants dont la production peut avoir des effets néfastes.

Le développement soutenable est alors défini comme le développement maximal qui peut être atteint sans diminuer le stock de capital naturel. La règle de soutenabilité propre à cette approche peut être qualifiée de conservationniste. Elle suppose des taux de croissance économique et démographique nuls.

Pour certains, il faut même entrer dans la décroissance, c'est-à-dire le programme bioéconomique minimal destiné à faire durer le plus longtemps possible le stock d'énergie et de matière disponible pour l'humanité, pour reprendre la définition de Nicholas Georgescu-Roegen qui a introduit en économie le concept physique d'entropie. Il montre (*The Entropy Law and the Economic Process*, 1971) que les ressources naturelles s'épuisent irrévocablement. La croissance matérielle entraîne la dégradation inéluctable, suite à leur usage, des ressources naturelles.

D'autres auteurs sont partisans de la décroissance. Paul Ariès affirme que la décroissance est avant tout un projet politique. Dans *La Décroissance : un nouveau projet politique* (2007), il critique la croissance économique telle qu'elle est envisagée depuis la révolution industrielle. Elle signifie la possession toujours plus importante de biens matériels. L'humanité est en danger, tant d'un point de vue physique avec les problèmes écologiques que d'un point de vue symbolique où l'homme se résume à un *homo œconomicus*. Il propose une alternative politique portée par la décroissance : vivre autrement grâce à un autre partage des ressources et à la non-production des biens inutiles.

Pour Serge Latouche (*Le Pari de la décroissance*, 2007), la décroissance est devenue impérative. Le développement durable est une imposture. Un changement de valeurs et une nouvelle façon de concevoir le monde doivent permettre de diminuer le PIB tout en améliorant le bien-être. La transition doit passer par la relocalisation des activités de production, la restauration de l'agriculture paysanne, la production de « biens relationnels », la réduction du gaspillage, la réorientation de la recherche scientifique.

Une des principales critiques adressées aux partisans de la décroissance est l'impossibilité d'améliorer la vie de plus de 3 milliards d'habitants des pays en développement sans passer par une croissance matérielle.

La durabilité faible

La durabilité est dite faible lorsque la somme du capital naturel et du capital construit est maintenue constante, c'est-à-dire que l'on peut substituer du capital construit à du capital naturel. La diminution de capital naturel due à la production et à la pollution doit être compensée par une augmentation proportionnelle de capital créé par l'homme afin de garder à la disposition des générations futures un stock de capital au moins équivalent au stock actuel, et par là même de garantir leur bien-être. Le progrès scientifique et technique remet en question l'irréversibilité des destructions et des dégradations portées à l'environnement. Mais une intervention régulatrice est nécessaire. Elle peut venir des mécanismes de marché (droits d'émission de CO_2 par exemple), de l'adoption par la puissance publique de normes environnementales et/ou d'une fiscalité écologique, de l'incitation aux innovations.

Même si les termes de durabilité faible n'étaient pas encore employés, J. M. Hartwick (« Intergenerational equity and the investing of rents from exhaustible resources », 1977) s'inscrit dans la perspective d'un développement soutenable. Il étudie le mode de gestion optimale des ressources naturelles qui ne lèse pas les générations futures. La règle qu'il énonce est que les recettes provenant de l'exploitation de la ressource doivent être investies intégralement dans la formation du capital productif. De cette manière, la capacité totale de production des générations futures sera la même qu'aujourd'hui.

La règle de J. M. Hartwick a influencé la gestion de certains fonds souverains contemporains. Le fonds souverain norvégien Government Pension Fund, géré par la banque centrale, investit les recettes tirées de l'exploitation des énergies fossiles norvégiennes dans des entreprises dont les activités sont respectueuses de l'environnement, mais aussi des droits humains. La gestion de ce fonds souverain, obéissant à des règles éthiques, se fait avec une stratégie de long terme.

Le trait a été ici forcé pour présenter ces deux approches opposées de la durabilité, mais le but est de faire apparaître deux pôles entre lesquels toutes les nuances existent.

C. Un grand nombre d'indicateurs

Le PIB n'est pas un indicateur de développement durable. Il comptabilise tout ce qui a une valeur monétaire, sans estimer la contribution positive ou négative au bien-être (*cf.* module 1, chapitre 1). C'est ainsi que les dommages causés aux biens environnementaux par l'activité productive – pollution des eaux de rivière et des nappes phréatiques, rejets atmosphériques, déforestation, etc. – ne sont pas pris en compte lorsqu'aucun agent économique n'en supporte les coûts. En revanche, les dépenses engagées pour la réparation de certains de ces dommages (dépollution, reforestation…) seront, elles, comptabilisées positivement. Plusieurs indicateurs de soutenabilité ont ainsi été élaborés, nous ne présenterons ici que les principaux. Il faut garder à l'esprit que tout choix de mesure est implicitement normatif.

Le PIB « vert »

Il s'agit de soustraire au PIB une estimation monétaire des flux de ressources naturelles épuisables et des dommages causés à l'environnement naturel. Les Nations unies s'efforcent d'harmoniser les méthodes de valorisation. Mais, outre les problèmes de valorisation propres à tous les indicateurs synthétiques, monétaires ou non, qui cherchent à intégrer les coûts environnementaux, le « PIB vert » ne renseigne pas davantage que le PIB sur la soutenabilité de la croissance. Aucune norme permettant de savoir si l'activité productive est excessive n'est précisée.

L'empreinte écologique

La notion d'« empreinte » a suscité l'élaboration d'indicateurs physiques de soutenabilité environnementale, comme l'empreinte carbone ou encore l'empreinte écologique publiée chaque année par le WWF (World Wildlife Fund) dans son rapport *Living Planet*. L'empreinte écologique est la mesure de la charge qu'impose à la nature une population donnée. Elle représente la surface totale nécessaire pour soutenir les niveaux actuels de consommation des ressources et de production de déchets de cette population.

Cette empreinte écologique indique s'il est possible de maintenir le niveau de consommation actuelle de l'humanité ; elle fournit une mesure chiffrée de l'écart à la soutenabilité. L'unité de mesure est l'hectare mondial. Elle permet également la comparaison des pays entre eux, en fonction de la charge qu'ils imposent à l'environnement.

Mais cet indicateur ignore l'épuisement des ressources non renouvelables : les seules conséquences pour la soutenabilité de la consommation des énergies fossiles sont les déchets (émissions de CO_2) et leur absorption. L'empreinte écologique correspond à un raisonnement en termes de « soutenabilité forte ».

L'épargne nette ajustée

L'épargne nette ajustée est un indicateur de la Banque mondiale qui met en évidence le surplus de ressources dont dispose l'économie à l'issue d'un cycle annuel de production et de consommation, une fois compensée la dépréciation du capital économique, humain et naturel. L'épargne nette ajustée est calculée comme l'épargne brute tirée de la comptabilité nationale, moins la consommation de capital fixe, plus les dépenses d'éducation (consommations requalifiées en investissement en capital humain), moins les dommages aux actifs naturels (dépréciation du capital naturel). Le capital humain et le capital naturel sont considérés comme des éléments patrimoniaux à part entière. Les dommages environnementaux sont évalués, comme la réduction des stocks d'énergie, de minerais et de forêt, à laquelle sont ajoutés les dommages causés par les émissions de CO_2. Ils sont calculés en référence à un modèle théorique fondé sur la tarification des ressources épuisables.

Une épargne nette ajustée négative indique que la « richesse au sens large » diminue et que le mode de développement économique du pays considéré ne respecte pas la condition de soutenabilité. Les ponctions opérées sur les ressources naturelles épuisables peuvent être compensées par un surcroît d'investissement en capital productif ou humain. L'hypothèse de parfaite substitution entre les différentes formes de capital est posée, mais elle ne fait pas l'unanimité car elle n'inclut pas l'idée de limites écologiques et s'oppose en ce sens à la soutenabilité « forte », dont la prise en compte des limitations physiques de la nature constitue le fondement.

L'Inclusive Wealth Index (IWI)

Un nouvel indicateur, l'Inclusive Wealth Index (IWI), en 2012, a été proposé à l'occasion de la conférence sur le développement durable Rio+20 par le PNUE. Cet indicateur de richesse globale (ou « richesse inclusive ») relève d'une démarche économique semblable à l'épargne nette ajustée. Mais il cherche à tenir compte de « toutes les composantes de la richesse dans un pays ». Il agrège le capital naturel, la production, le capital humain et social.

Certains résultats sont alarmants. La forte croissance démographique de certains pays (comme le Nigeria) par rapport à leurs taux de croissance de richesse inclusive (IWI) risque de les amener vers des situations insoutenables ; malgré tout, les conclusions de ce rapport se veulent quelque peu rassurantes car 70 % des pays étudiés présentent un indice de richesse inclusive (IWI) positif, ce qui serait le signe que leur croissance économique est durable.

Jean Gadrey critique ce nouvel indicateur (communiqué du Forum pour d'autres indicateurs de richesse du 21 juin 2012) : « Avec l'IWI, le pays qui détient le plus haut taux de croissance de sa soutenabilité globale est… la Chine. Et tous les pays riches évoluent paisiblement vers la soutenabilité globale. » Ces résultats s'expliquent, d'après J. Gadrey, par la survalorisation des évaluations monétaires des ressources naturelles et du capital humain. De plus, n'importe quelle dégradation de l'environnement peut être compensée par l'augmentation du capital humain et/ou productif. Les seuils critiques de détérioration de l'environnement ne sont pas pris en compte. Enfin, l'indicateur néglige totalement les inégalités et les risques écologiques majeurs comme les émissions de GES.

La commission Stiglitz-Sen-Fitoussi a remis en septembre 2009 un rapport sur la mesure de la performance économique et du progrès social. Ce document s'appuie sur les travaux de recherche menés au cours des années récentes proposant des indicateurs synthétiques de bien-être plus appropriés que le PIB. Aucun indicateur synthétique n'a été créé, mais des recommandations ont été émises pour l'élaboration d'un indicateur permettant de rendre compte des liens entre performance économique et qualité de la vie.

2 La prise en compte des ressources naturelles et de l'environnement dans l'analyse économique

La mise en œuvre de politiques environnementales est indispensable. L'économie apporte des outils qui permettent aux décideurs publics de faire des choix et d'estimer l'efficacité des politiques menées.

L'économie des ressources naturelles s'intéresse à l'extraction des ressources naturelles et aux incidences des activités économiques sur la reproduction de ces ressources. L'économie de l'environnement traite des modalités selon lesquelles peuvent être gérés les rejets polluants qu'entraînent les activités économiques. Ces deux aspects sont liés. La pollution peut contrecarrer la reproduction des ressources naturelles (le changement climatique nuit par exemple à la biodiversité) ; de même, l'extraction et la consommation de ressources naturelles accentuent la pollution (l'utilisation du charbon et du pétrole est la principale source d'accroissement de l'effet de serre).

A. Des outils économiques nécessaires pour la mise en place de politiques environnementales et l'évaluation de leur efficacité

L'analyse économique est fondamentale pour comprendre les mécanismes en jeu et mettre en œuvre des politiques de l'environnement efficaces. Ces politiques ont des coûts, en termes financiers et/ou d'emplois. Il s'agit de mobiliser des instruments économiques qui permettent de calculer le meilleur rapport coûts/bénéfices.

La théorie économique permet de donner un prix aux ressources environnementales. Ces dernières, et les services rendus par l'environnement, posent en effet souvent le problème de leur gratuité, partielle ou totale. L'évaluation marchande n'existe pas (biodiversité, pollution...). De plus, quand il existe un prix de marché, celui-ci n'est pas toujours fiable, n'incite pas toujours aux bonnes décisions. L'exemple du prix du baril de pétrole est flagrant : en 1998, il était de 15 dollars, en 2008 il a atteint 145 dollars et il est de 51 dollars fin 2020. Les décisions économiques vont être différentes selon le prix fixé par le marché. Il faut parvenir à mesurer les avantages et les coûts sociaux pour donner les bonnes incitations aux acteurs économiques.

L'analyse coûts-bénéfices constitue un outil d'aide à la décision à l'usage des pouvoirs publics, utilisé notamment dans la préparation de projets d'infrastructure, de lois fiscales et autres. Cette analyse a été également avancée, ces dernières années, sur le plan mondial, pour évaluer le coût de l'inaction dans le domaine du changement climatique et de la biodiversité. Un des paramètres essentiels à fixer lors d'une analyse coûts-bénéfices est le taux d'actualisation.

Le recours au calcul d'actualisation perme en effet de prendre des décisions. Cette question est particulièrement sensible pour les projets ayant une composante environnementale qui ont généralement un horizon de long terme. Les différences qu'implique le choix de la valeur du taux d'actualisation permettent de comprendre pourquoi ce taux est aujourd'hui le centre de nombreuses discussions et controverses parmi les spécialistes du climat.

Si le taux d'actualisation est faible, la vision est de long terme. Nicholas Stern, dans son rapport de 2006 sur le changement climatique, choisit un taux d'actualisation de 1,4 %. La valeur actualisée des dommages futurs des émissions de carbone est élevée : la valeur présente du flux de dommages futurs (financiers et extra-financiers) induits par l'émission d'une tonne de CO_2 est de 85 dollars. Des technologies alternatives aux énergies fossiles deviennent socialement désirables. William Nordhaus (*A Question of Balance : Weighing the Options on Global Warming Policies*, 2008) a critiqué le rapport Stern, soulignant que le taux d'actualisation choisi accordait trop de poids aux générations futures (qui seront plus riches que les générations présentes si on s'en réfère à l'histoire économique) au détriment des générations présentes. Il préconise donc un taux d'actualisation de 5 %, ce qui donne une valeur présente des dommages futurs de 8 dollars. Cela n'incite pas aux mêmes investissements. Le taux d'actualisation choisi répond à la question politique du poids que la société décide d'accorder au long terme.

B. La prise en compte des ressources naturelles et de l'environnement dans l'analyse économique

La mobilisation des outils en économie de l'environnement et en économie des ressources naturelles est indispensable pour appréhender ce que peut être un développement durable.

L'économie des ressources naturelles

Une ressource naturelle est qualifiée de non renouvelable lorsque sa vitesse de destruction dépasse sa vitesse de création. À l'inverse, une ressource est renouvelable lorsque sa production est possible sur un temps court (production animale, végétale, etc.) ou lorsque la ressource n'est pas détruite par l'usage. Il peut s'agir de l'énergie solaire, éolienne ou encore marémotrice.

≫ L'allocation intertemporelle des ressources

La gestion optimale d'une ressource non renouvelable à travers le temps est un problème économique d'allocation intertemporelle des ressources. Harold Hotelling (« The economics of exhaustible resources », 1931) prend l'exemple d'une entreprise minière en s'appuyant sur les éléments de la théorie microéconomique. Le stock disponible de la ressource épuisable est fini et connu, le problème de son exploitation optimale se résume à un arbitrage entre usage présent et usage futur. L'extraction d'une unité de ressource aujourd'hui implique l'impossibilité d'extraire cette unité plus tard, puisque le stock est fini, ce qui entraîne la perte du revenu futur qu'aurait permis cette extraction plus tard. L'entrepreneur cherche à maximiser la valeur actuelle de ses profits. Si l'entrepreneur choisit d'extraire une unité aujourd'hui, c'est qu'il considère que la valeur de l'extraction, représentée par le prix de vente de l'unité moins les coûts d'extraction, est supérieure à la valeur de cette unité restée sous terre (valeur actualisée du prix de vente futur). L'exploitation s'arrête lorsque le coût d'opportunité de l'épuisement de la ressource devient supérieur à la valeur non extraite. À mesure que la ressource s'épuise, le prix va croître de manière exponentielle, pour tendre vers l'infini lorsque le stock de la ressource rare tend vers zéro. Ainsi, la condition d'équilibre, baptisée règle de Hotelling, exprime que le prix de la ressource naturelle doit croître à un taux égal à celui du taux d'actualisation.

Une telle règle peut guider les décisions des producteurs de ressources épuisables, telles que les énergies fossiles. Mais les vérifications empiriques de cette règle sont peu probantes. La découverte de nouveaux gisements, de nouveaux procédés d'extraction permettant d'exploiter des sous-sols jusqu'alors impossibles à forer, entraîne de nouveaux calculs concernant l'exploitation de ces ressources. On peut ainsi voir que les nouvelles techniques d'extraction du gaz de schiste ont changé la donne concernant les énergies fossiles.

≫ La « tragédie des communs »

Nombre de ressources naturelles en quantités abondantes, voire illimitées, sont d'accès libre pour tous, comme les océans, l'air ou l'eau. Ces ressources présentent les caractéristiques de ce que Paul Samuelson (« The pure theory of public expenditure », 1954) a appelé des biens collectifs : leurs usages sont dits non rivaux, leur utilisation par un usager n'entraîne aucune réduction de la consommation par d'autres usagers et n'entrave pas la possibilité qu'ont les autres d'en faire usage ; et ces biens sont non exclusifs, puisque personne ne peut être exclu de leur usage – il est par conséquent impossible d'en faire payer l'utilisation.

Mais les ressources naturelles ont des caractéristiques qui en font des biens publics impurs, elles peuvent être rivales, mais non excluables. Ce sont des biens communs. Il en résulte une conséquence majeure : la surexploitation, voire la disparition de la ressource. La « tragédie des biens communs » (ou « tragédie des communs ») désigne le problème posé par l'exploitation de la ressource partagée par des agents économiques qui agissent de manière individuelle, dans une logique court-termiste. Cela conduit à un appauvrissement de la ressource. Il s'agit d'une situation de type dilemme du prisonnier où la compétition pour l'accès à la ressource entraîne un résultat perdant-perdant.

Garrett Hardin (« Tragedy of the commons », 1968) prend l'exemple d'un champ de fourrage commun à tout un village où chaque paysan amène toujours plus de bêtes pour profiter d'un maximum de fourrage. Il arrive un moment où le champ est une mare boueuse dans laquelle les bêtes ne peuvent plus se nourrir.

Ce problème de surexploitation est posé, par exemple, au niveau des ressources halieutiques mondiales. Déjà, en 1954, Scott H. Gordon (« The economic theory of a common-property resource : the fishery ») montre qu'en l'absence de contrôle, les ressources halieutiques vont diminuer. Dans les premiers stades du développement d'une pêcherie, les ressources sont abondantes et les pêcheurs réalisent des taux de capture et des profits élevés. Ils sont incités à augmenter leurs investissements pour pêcher davantage. Mais la pression croissante exercée sur le stock de poissons entraîne son appauvrissement. Gordon affirme alors qu'un stock peut être exploité durablement si les prélèvements effectués par la pêche sont maintenus en deçà de la capacité naturelle de renouvellement de ce stock.

Plusieurs solutions peuvent être avancées pour tenter de résoudre cette « tragédie des communs » :

- **La nationalisation** : l'État devient propriétaire de la ressource et peut la réglementer (par exemple en mettant en place des quotas, des limitations d'accès, voire des interdictions d'accès) ou bien l'exploiter directement lui-même (en confiant l'exploitation à une entreprise publique). La création d'un parc national apparaît comme un outil de gestion adapté pour la sauvegarde du patrimoine naturel. La nationalisation a souvent été préconisée, et suivie, en particulier dans les pays en développement, mais n'a pas forcément eu les résultats escomptés. L'exemple de la déforestation l'illustre.

- **La privatisation** : transformer la ressource en une ressource privée. Le droit de propriété sur la ressource va inciter le propriétaire à la gérer de manière rationnelle. La surexploitation des ressources halieutiques peut être évitée par la mise en place de quotas individuels de pêche transférables. Le cas de l'Islande a été étudié, car il s'agit d'un des premiers pays à avoir mis en place ce système de quotas pour gérer l'ensemble de ses ressources halieutiques. Mais toutes les ressources ne sont pas adaptées à un tel système (par exemple, une zone de protection de site naturel) et, dans certains pays, le manque de fiabilité institutionnelle rend sa mise en œuvre difficile, voire illusoire.
- **La gestion par les acteurs locaux** : l'idée, mise en avant par Elinor Ostrom (prix Nobel d'économie 2009), est la gestion des ressources par les acteurs locaux à travers des normes sociales et des arrangements institutionnels. Dans *Governing the Commons* (1990), elle affirme l'existence d'une voie entre le marché et l'État pour la gestion des ressources communes. Elle montre, grâce à de multiples exemples, que les communautés locales peuvent parvenir par elles-mêmes à mettre en place une gestion efficiente, sans avoir recours à l'État ou au marché. Les communautés parviennent à gérer durablement les ressources en créant des institutions à petite échelle bien adaptées aux conditions locales. Des principes permettent une gestion réussie des « communs », comme la mise en place de procédures pour les choix collectifs, l'adoption de règles de supervision et de surveillance, la mise en place de sanctions, de mécanismes de résolution des conflits. Cette gestion durable de la ressource est possible tant que le groupe n'est pas trop nombreux et que le bien commun est local. Certaines ressources ne correspondent pas à ces critères – il suffit de penser à la question du réchauffement climatique.

L'économie de l'environnement

Arthur Cecil Pigou (*The Economics of Welfare*, 1920) est un des précurseurs de l'économie de l'environnement pour avoir développé le concept d'externalité. En matière d'environnement, les effets externes négatifs représentent les phénomènes de nuisance ou de pollution qui ne donnent donc pas lieu à une compensation monétaire. Il existe une divergence entre le coût privé et le coût social (coût pour l'ensemble de la collectivité). L'équilibre décentralisé est alors sous-optimal. L'intervention publique peut améliorer la situation de la société, même si cela ne veut pas dire que toute intervention sera meilleure que le laisser-faire. Quelles doivent être ces politiques ? Elles doivent modifier les incitations de manière adéquate. Pour reprendre l'expression de J. Stiglitz, il faut « aligner les incitations », faire en sorte que les incitations privées soient alignées sur l'intérêt collectif. Plusieurs instruments peuvent ainsi être mobilisés.

≫ Réglementation et normes techniques

Les responsables politiques préfèrent souvent cet instrument car il est simple à utiliser. Ce peut être l'interdiction de certaines substances ou la réglementation sur l'utilisation de certains produits. La réglementation a des effets incitatifs, la menace d'une interdiction d'un produit pousse à trouver des substituts. Mais une norme uniforme est imposée à des agents hétérogènes, ce qui peut poser des problèmes. Certaines entreprises peuvent ainsi être mises en difficulté par l'instauration d'une nouvelle norme.

Une autre difficulté vient de la possible apparition du paradoxe de Jevons, énoncé dans *The Coal Question* (1865) : l'utilisation plus efficace d'une ressource énergétique se traduit par une augmentation, et non une diminution, de la consommation de cette ressource. Ce phénomène porte aussi le nom d'effet-rebond.

Il peut en être ainsi lorsque l'État édicte des normes plus strictes d'émission de dioxyde de carbone. Les constructeurs automobiles réduisent la consommation des véhicules par des améliorations techniques, mais le signal-prix joue alors dans le mauvais sens pour les utilisateurs : le coût par kilomètre parcouru diminue et les personnes vont être incitées à utiliser davantage leur véhicule. La réglementation doit être accompagnée d'autres mesures comme l'augmentation du prix du carburant, sachant qu'il faudrait prendre en compte la baisse du pouvoir d'achat des ménages défavorisés, l'utilisation de l'automobile étant pour certains une nécessité.

≫ La fiscalité

A. C. Pigou a introduit ce qui est connu aujourd'hui comme le principe pollueur-payeur. L'État peut taxer le pollueur de telle sorte que la taxe permette d'éliminer l'écart entre coût social et coût privé. La situation est alors optimale. La taxe est un moyen de pallier la défaillance du marché.

La taxe écologique peut, de plus, entraîner un double dividende : elle procure des recettes fiscales qui peuvent financer les investissements favorisant la transition énergétique ou faire baisser les cotisations sociales. Deux signaux sont ainsi envoyés dans ce dernier exemple : les énergies fossiles sont plus chères et le travail moins cher. Mais le but recherché de la taxe n'est pas de rapporter des recettes fiscales, elle a pour objectif de fournir les bonnes incitations aux agents. Si cette taxe est efficace, elle doit rapporter de moins en moins.

Une des difficultés est le choix du calibrage de la taxe. Il est difficile d'évaluer monétairement les dommages. Lorsque l'externalité négative est locale, il est possible d'interroger la population pour connaître le montant qu'elle serait prête à payer pour que la pollution disparaisse. Une autre manière de la calculer est d'observer le prix du foncier qui donne la disposition à payer des agents pour s'éloigner de la pollution. Mais ces solutions ne sont pas possibles à mettre en œuvre lorsqu'il ne s'agit pas d'une zone locale précise. Or c'est le cas des émissions des gaz à effet de serre responsables du réchauffement climatique.

Le montant de la taxe doit être suffisamment élevé pour inciter à un changement de comportement des agents pollueurs, mais il ne doit pas être trop élevé pour ne pas nuire à l'activité économique. Une manière pragmatique est de voir quelles sont les technologies alternatives et évaluer à partir de quel prix du carbone ces technologies deviennent rentables.

Cette fiscalité carbone est une nécessité, mais elle ne sera acceptée que si elle est conçue de façon équitable et ressentie comme telle. Son rejet en France par ceux qui sont le plus sensibles au prix des carburants a été violent (mouvement des « gilets jaunes »). Ainsi, sans mesures d'accompagnement fortes pour corriger les effets régressifs, une partie de la population subit les conséquences de cette fiscalité nouvelle. Cela attise le mécontentement et risque de remettre en cause la légitimité de la lutte contre le changement climatique.

Un autre obstacle à la mise en œuvre des taxes liées à l'environnement est la crainte de voir les secteurs à forte intensité énergétique perdre de leur compétitivité sur le plan international. Pour W. Nordhaus, la solution est de conclure un accord international sur les taxes carbone perçues nationalement, mais de même niveau partout. Cela permettrait de résoudre le problème des « fuites de carbone ». Les entreprises obligées de réduire leur pollution peuvent perdre des parts de marché par rapport à leurs concurrentes non soumises à cette obligation et décider de délocaliser une partie de leur production dans les pays où la législation est moins contraignante. Un accord international est donc nécessaire.

⪢ Le recours au marché

Ronald Coase (« The problem of social cost », 1960) propose des procédures de marché évitant l'intervention correctrice de l'État. Il suggère de créer de nouveaux droits de propriété qui pourront être échangeables sur le marché.

Aux États-Unis, un marché du soufre dont l'efficacité semble indéniable a été créé en 1995 : les émissions de dioxyde de soufre ont diminué, permettant ainsi une nette réduction des pluies acides.

En 2005, un marché du carbone a été créé au sein de l'Union européenne dans le cadre du protocole de Kyoto : le « système communautaire d'échange de quotas d'émission ». L'offre est contrôlée par la puissance publique. Des quotas d'émission sont distribués gratuitement aux entreprises en fonction des émissions historiques. Très peu sont donnés aux nouvelles entreprises, qui doivent les acheter sur le marché.

Les quotas sont échangés sur le marché : les entreprises qui émettent moins que leur dotation initiale vont vendre ces droits d'émission et celles qui émettent plus vont en acheter. Le prix du carbone va être déterminé par la confrontation entre l'offre et la demande. Le marché est au service d'un mécanisme incitatif.

Mais ce marché n'a jamais fonctionné correctement, n'envoyant pas le bon signal aux acteurs. Des fraudes massives ont eu lieu, amenant à la fermeture du marché à plusieurs reprises pour quelques jours. Il faut aussi mettre l'accent sur le fait que le prix a quasiment toujours été trop bas et fluctuant pour être incitatif. De nombreux quotas ont été distribués – pour éviter de nuire à la compétitivité des entreprises européennes –, ce qui a entraîné un prix relativement bas. De plus, la crise de 2008 entraîne un « carbone crash » : l'Europe plonge dans la récession et les entreprises, produisant moins, vendent leurs quotas excédentaires, ce qui tire le prix vers le bas. Du fait de prophéties autoréalisatrices, les agents pensent que les prix vont continuer à baisser et cherchent donc à se débarrasser de leurs quotas, d'où une baisse qui se renforce. En février 2018, le prix de la tonne d'émission est de 7,70 euros, contre 20 euros avant la crise, un prix beaucoup trop bas pour avoir un effet incitatif à l'adoption d'autres technologies par les entreprises. Des sociétés ont fait le choix d'investissements lourds pour émettre moins en comptant sur les ventes des permis pour rembourser les emprunts liés à ces investissements. Ces entreprises, innovantes du point de vue de l'impact de leur production sur l'environnement, ont pu alors se retrouver dans des situations catastrophiques, contrairement aux entreprises les plus émettrices. Il s'agit là d'une antisélection, ou sélection adverse.

Face à ces dysfonctionnements, le Parlement européen a voté une réforme du marché du carbone. La nouvelle législation limite progressivement l'offre de quotas d'émissions que les entreprises peuvent acheter. Des effets se font déjà sentir, le prix de la tonne d'émission augmente régulièrement depuis et était de 26 euros en août 2019. Mais, à cause de la crise économique provoquée par la pandémie de COVID-19, il connaît une nouvelle baisse. Il paraît alors nécessaire d'instaurer d'urgence des mesures pour éviter l'effondrement du marché du carbone. Une solution peut être l'adoption de la proposition qui avait été faite par des économistes comme Jean Tirole pour rendre le mécanisme plus performant : la fixation d'un prix plancher.

≫ L'information et l'éducation

Des actions de sensibilisation, d'information et d'éducation doivent être mises en œuvre. Il faut améliorer l'information de tous les agents sur les conséquences environnementales de leurs comportements. Une diffusion la plus large possible du savoir sur la nature et les effets des émissions polluantes, sur les répercussions climatiques des différentes techniques de production, des divers produits de consommation… est ainsi indispensable. Les enjeux de la transition écologique doivent être compris par tous.

Le *nudge* représente une alternative complémentaire aux incitations traditionnelles consistant à informer. Le *nudge*, ou « coup de pouce » en français, est un concept introduit par Richard Thaler (prix Nobel d'économie 2017) et Cass Sunstein, du courant de l'économie comportementale. C'est une « méthode douce pour inspirer la bonne décision ». Un *nudge* vert représente une incitation à adopter un comportement respectueux de l'environnement.

3 La nécessité d'une gouvernance environnementale globale

La gouvernance environnementale globale désigne une conduite collective décisionnelle réunissant tous les pays du monde selon un mode partenarial, en vue d'une gestion mieux intégrée des ressources et d'une prise en considération des conséquences environnementales des politiques menées. Cette gouvernance mondiale s'est construite progressivement et manque encore d'efficacité pour orienter efficacement les politiques économiques vers la transition écologique.

A. Une gouvernance environnementale indispensable

Les enjeux environnementaux sont à penser à l'échelle de la planète. Malgré des obstacles importants, une gouvernance environnementale mondiale se met progressivement en place. Elle doit encore être améliorée pour réussir la transition écologique.

Les difficultés de la mise en œuvre d'une stratégie globale de lutte contre les dégradations environnementales

Transposer au niveau international la notion – forgée dans le cadre des États-nations – de bien collectif aux biens environnementaux permet de mettre l'accent sur le fait que les enjeux dépassent le cadre des frontières nationales. L'application de la notion à des problématiques internationales est récente puisque l'appellation « bien public mondial » n'est devenue d'usage courant dans les milieux académiques que dans les années 1990.

Charles Kindleberger, l'un des auteurs pionniers en la matière, définit les biens publics mondiaux comme « l'ensemble des biens accessibles à tous les États qui n'ont pas nécessairement un intérêt individuel à les produire » (« International public goods without international government », 1986). Cette définition souligne le caractère universel de ces biens. Elle indique également que les biens publics mondiaux soulèvent une difficulté supplémentaire par rapport aux biens publics « nationaux », celle de la coordination entre États.

Il n'est pas possible de compter sur les seules forces du marché pour assurer un niveau de production suffisant de ces biens, comme la préservation de la couche d'ozone, de la biodiversité, la réduction des émissions de GES ; mais il n'est pas possible non plus, en l'absence de gouvernement mondial, de se tourner vers une autorité politique unique pour pallier les défaillances du marché. Seule la coopération entre États peut permettre de produire les biens publics mondiaux.

Or la coopération entre États est compromise par les comportements de « passager clandestin ». Chaque État attend des autres qu'ils prennent les mesures nécessaires pour assurer la préservation de l'environnement, car les coûts sont nationaux et les bénéfices globaux. Ainsi la stabilité climatique, par exemple, est un bien public mondial qui profite à tous ; lorsqu'un État bénéficie des bienfaits de la stabilité climatique, cela n'empêche pas les autres États d'en bénéficier également. Et, comme pour tout bien public, la tentation peut être pour les États de compter sur les autres pour mettre en place des politiques visant à réduire les émissions de GES.

La grande spécificité des politiques environnementales au niveau international est de reposer sur des bases exclusivement volontaires. Les États participent volontairement aux conférences internationales et choisissent de signer des traités internationaux. Cela signifie que cette coopération internationale peut être rompue à tout moment.

De plus, il ne faut pas oublier que tout accord contraignant pour préserver des biens publics mondiaux peut impacter la compétitivité des entreprises des pays. La politique environnementale devient ainsi une variable stratégique et peut conduire à un dumping environnemental.

Enfin, la question de la responsabilité historique se pose. Les premières négociations sur le climat, en particulier le protocole de Kyoto de 1997, ont mis l'accent sur le rôle particulier des pays industrialisés. Il leur a été demandé des efforts chiffrés de réduction d'émissions de GES, tandis que les autres pays étaient exonérés de telles demandes. Cependant, depuis une dizaine d'années, certains pays émergents, notamment la Chine, l'Inde, le Brésil et la Russie, sont devenus d'importants émetteurs de GES. La Chine est devenue le premier pays émetteur de CO_2 devant les États-Unis. Mais de nombreux biens produits dans les pays émergents sont consommés dans les pays développés, ce que ne prend pas en compte le système de comptabilisation des émissions actuelles. Dès lors, se pose le problème complexe, dans les négociations climatiques internationales, de la nature des obligations pour chaque pays et de la répartition de ces obligations.

Une construction progressive

Le début des années 1970 marque l'émergence de la prise de conscience des limites environnementales de la croissance. La plupart des pays développés créent des ministères de l'Environnement. En 1972 est publié le rapport Meadows, *The Limits to Growth*, qui attire l'attention sur l'impossibilité de poursuivre au même rythme l'exploitation des ressources naturelles. La première conférence des Nations unies sur l'environnement fut organisée à Stockholm en 1972 et n'eut que peu d'écho. Le PNUE fut créé à cette occasion.

La conférence de Rio de Janeiro, en 1992, a consacré la notion de développement durable. Plus de 180 chefs d'État et de gouvernement s'engagent alors sur un certain nombre de conventions et de textes. Les pays industrialisés s'engagent, dans le cadre de la convention, à soutenir financièrement les activités de lutte contre le changement climatique dans les PED. Un système de subventions et de prêts est mis en place, géré par le Fonds pour l'environnement mondial. À l'occasion de cette conférence, l'ONU s'est dotée d'un cadre d'action de lutte contre le réchauffement climatique : la CCNUCC (Convention-cadre des Nations unies sur les changements climatiques). Cette convention réunit presque tous les pays du monde qui sont qualifiés de « Parties ». Leurs représentants se rassemblent une fois par an depuis 1995 lors des « COP » (*Conferences of the Parties*).

L'Agenda 21 (21 pour XXIe siècle) est adopté lors de cette conférence de Rio. Il affirme que la solidarité est une nécessité entre pays riches et pays pauvres pour un monde meilleur. Mais au final les préoccupations environnementales y occupent une place prépondérante. Les orientations sont clairement écologiques, la question des inégalités entre pays passe au second plan, ce qui peut peut-être expliquer la réticence des PED à s'engager. L'Agenda 21 définit l'objectif du développement durable, qui doit en théorie concilier protection de l'environnement, efficacité économique et équité sociale. Des agendas 21 locaux en découlent. Il s'agit de guides d'actions, insistant sur le recours nécessaire à des instruments économiques pour atteindre les objectifs du développement durable. La logique est celle du « penser global, agir local ».

En 2012, s'est tenue la conférence « Rio+20 » où, dans un contexte économique international défavorable, la déclaration finale est minimale. Il existe un réel décalage entre les timides avancées internationales et le sentiment d'urgence diffusé par les nombreux experts.

Enfin, en 2015, lors de la COP 21, a été conclu à l'unanimité l'accord de Paris : il s'agit d'un signe tangible d'une prise de conscience planétaire de l'enjeu climatique. Les États s'engagent non seulement à « contenir l'élévation de la température moyenne de la Planète nettement en dessous de 2°C par rapport aux niveaux préindustriels », mais aussi à poursuivre l'action menée afin de « limiter l'élévation des températures à 1,5°C ». Toutefois, l'accord ne fixe pas d'objectifs précis pour les prochaines années, ni même de date pour le plafonnement mondial des émissions de gaz à effet de serre, lequel devra être atteint dans les « meilleurs délais ». Les contributions annoncées par les différents pays ne sont pas compatibles avec cette ambition. Il est ainsi prévu qu'elles seront révisées tous les cinq ans et toujours à la hausse à partir de 2018.

Face au défi climatique, l'accord de Paris reconnaît une responsabilité partagée mais différenciée des États, c'est-à-dire en fonction des capacités respectives et des contextes nationaux différents. Il prend aussi en compte le niveau de développement et les besoins spécifiques des pays particulièrement vulnérables. Outre les engagements financiers, les pays industrialisés se sont engagés dans une aide financière mais aussi dans un accès facilité aux transferts de technologie. Un système est également institué afin de suivre les efforts de chaque pays au regard des engagements annoncés.

Dans son rapport paru en mai 2017, la Commission Stern-Stiglitz précise que le respect de l'accord de Paris implique de mettre en place un prix du carbone situé dans une fourchette de 40-80 $ par tonne de CO_2 en 2020 pour atteindre 50-100 $ par tonne de CO_2 en 2030. Ce niveau peut différer selon les pays, il devra être ajusté dans le temps et les pays les plus pauvres pourront commencer à des niveaux inférieurs à 40 $ par tonne de CO_2. Cette trajectoire prévisible du prix du carbone est la seule manière d'inciter les entreprises et les ménages à adopter des changements dans leurs comportements de production, de consommation en faveur d'un avenir bas-carbone.

Quelle gouvernance environnementale mondiale aujourd'hui ?

Les deux piliers de l'action internationale en faveur de l'environnement sont actuellement le Programme des Nations unies pour l'environnement (PNUE) et les accords multilatéraux environnementaux (AME). Le PNUE a plusieurs missions : surveiller l'état de l'environnement mondial et en dresser régulièrement un bilan, servir de lieu de discussion des actions et politiques à mettre en œuvre pour répondre aux problèmes identifiés et pour préparer les conventions internationales relatives à l'environnement. Les AME se sont développés à partir des années 1970, on en compte aujourd'hui plus de 250. Ils concernent la biodiversité, la gestion des ressources, le climat, la pollution atmosphérique ou encore les produits chimiques et les déchets. La plupart d'entre eux ne prévoient pas de mécanisme de sanction en cas d'inexécution et ne comportent pas de véritable système de surveillance. Tous les textes n'ont pas été forcément ratifiés par les États signataires et ne sont donc pas appliqués.

Quelques AME parmi les plus significatifs peuvent être cités :

- la Convention sur le commerce international des espèces de faune et de flore sauvages menacées d'extinction (1973) ;
- la convention de Vienne pour la protection de la couche d'ozone et le protocole de Montréal relatif aux substances qui appauvrissent la couche d'ozone (1987) ;
- la convention de Bâle sur le contrôle des mouvements transfrontières de déchets dangereux et de leur élimination (1989) ;
- la Convention-cadre sur les changements climatiques (1992), adoptée à la conférence de Rio en 1992, qui prône des investissements en faveur des activités produisant moins de gaz à effet de serre. Le protocole de Kyoto, adopté en décembre 1997, est un des instruments mis en œuvre ;
- la Convention sur la diversité biologique (1992), premier accord mondial sur la conservation et l'utilisation durable de la diversité biologique, ainsi que le partage juste et équitable des avantages qui découlent de l'utilisation des ressources génétiques ;
- la convention de Stockholm sur les polluants organiques persistants (2001), qui vise à protéger la santé humaine et l'environnement contre les effets nocifs de certaines substances chimiques.

La portée réelle de ces conventions est variable. L'utilisation des gaz chlorofluorocarbures (CFC) contribuant à la destruction de la couche d'ozone a progressivement disparu dans tous les États. D'autres accords n'ont eu que peu d'effets, comme la lutte contre la désertification. Certains n'ont eu que des conséquences partielles. Ainsi le protocole de Kyoto, adopté en 1997 et entré en vigueur depuis 2005, fixe des objectifs chiffrés de réduction de gaz à effet de serre. Des pays très pollueurs n'ont pas ratifié le protocole, comme les États-Unis, la Chine, l'Inde ou le Brésil.

Même si l'accord de Paris représente une réelle avancée, les objectifs adoptés devront se traduire rapidement dans les faits. La COP24 de décembre 2018 s'est achevée avec l'adoption de règles de mise en œuvre de l'accord de Paris. La COP25 de décembre 2019, dont le slogan était « *Time for action* », avait pour objectif l'accélération de la lutte contre le dérèglement climatique alors que les inondations, les ouragans ou les incendies se multipliaient partout dans le monde, mais elle s'est achevée sur des avancées quasi insignifiantes dans la lutte contre le changement climatique. Les grands émetteurs, à savoir la Chine, l'Inde, le Brésil, l'Australie, le Japon ou les États-Unis (qui sont sortis de l'accord de Paris en novembre 2020 : il s'agissait d'une promesse électorale de Donald Trump) n'ont fait aucune promesse d'accroître leurs efforts.

Toutefois, plusieurs décisions récentes donnent un nouveau souffle à l'accord de Paris. En décembre 2019, la Commission européenne a dévoilé son Pacte vert pour l'Europe, son plan phare visant à rendre l'Europe climatiquement neutre d'ici 2050 (la neutralité carbone implique un équilibre entre les émissions de carbone et l'absorption du carbone de l'atmosphère par les puits de carbone). Cet objectif est inscrit dans la loi européenne sur le climat qui ancre la neutralité climatique dans la législation contraignante de l'UE. De plus, Joe Biden, le nouveau président américain, a annoncé que les États-Unis rejoindraient de nouveau l'accord en février 2021. Le président chinois, Xi Jinping, s'est aussi s'engagé à l'Assemblée générale des Nations unies, en septembre 2020, sur un objectif de neutralité carbone d'ici 2060. C'est la première fois que la Chine se donne un tel objectif. Le pays s'y était jusque-là toujours refusé, arguant qu'il était encore en phase de développement et ne pouvait pas accepter les mêmes contraintes que les pays développés. En outre, au mois d'octobre 2020, le nouveau premier ministre nippon, Yoshihide Suga, a déclaré que son pays se donnait pour objectif d'atteindre la neutralité carbone d'ici 2050. Enfin, en décembre 2020, le gouvernement britannique a annoncé avoir revu à la hausse son ambition et s'être fixé l'objectif d'une réduction des émissions de gaz à effet de serre d'au moins 68 % d'ici à la fin de 2030 par rapport au niveau des émissions nationales en 1990 dans l'objectif d'atteindre la neutralité carbone en 2050.

La question est alors de savoir comment inciter, voire contraindre les États à ne pas jouer les passagers clandestins. Certaines propositions ont vu le jour. Ainsi le non-respect d'un accord international sur le climat pourrait être considéré comme du dumping environnemental dans le cadre de l'OMC et légitimerait des taxes aux frontières.

Il faut souligner aussi l'impact que peut avoir la société civile. Ainsi, par exemple, le mouvement transnational de jeunes Fridays for Future, initié en 2018 par Greta Thunberg, a pour rôle de mettre les gouvernements face à leurs responsabilités.

B. Construire un système financier compatible avec le développement durable

Les liens systémiques entre climat et finance nécessitent davantage de régulation internationale. Selon Michel Aglietta : « Il revient à la finance de jeter un pont entre le présent et l'avenir. Or le marché financier, même s'il était efficient, pourrait au mieux synthétiser l'information passée. Il est en revanche incapable de fournir une boussole pour s'orienter vers un futur qui n'est pas connu » (*Le Monde*, 10 mai 2016). Ce sont alors les investisseurs et prêteurs publics qui doivent orienter les financements vers les projets qui engendrent des externalités positives.

Le manque d'investisseurs à long terme

L'économie mondiale se trouve dans une situation paradoxale avec, d'un côté, une épargne surabondante et, d'un autre côté, des besoins considérables d'investissement à long terme non satisfaits, liés en particulier à la transition écologique. Il y a ainsi une incapacité de la finance globalisée à orienter les réserves mondiales d'épargne vers l'investissement productif et durable. Le déficit d'investissement à long terme est lié aux limites du système financier international et à ses capacités d'intermédiation.

La « tragédie de l'horizon », exposée par Mark Carney alors qu'il était gouverneur de la Banque d'Angleterre, fait référence à des risques collectifs catastrophiques et susceptibles de se manifester bien au-delà de l'horizon des décideurs économiques et politiques actuels. Ces comportements court-termistes se traduisent sur les marchés financiers par un raccourcissement de l'horizon de placement des investisseurs. La transition écologique est ainsi incompatible avec un système financier dominé par des critères de court terme.

De plus, les investissements nécessaires pour un développement durable comportent des risques, comme tout investissement innovant. Ces incertitudes portent à la fois sur la capacité de ces investissements à contribuer à la réduction des émissions de gaz à effet de serre et sur la valorisation attendue de la lutte contre le changement climatique. Ils présentent ainsi des handicaps supplémentaires par rapport aux investissements habituels.

En outre, les investissements nécessaires à la transition écologique se caractérisent par le fait qu'ils génèrent d'importantes externalités qui ne sont pas prises en compte par les critères de rentabilité financière des investisseurs.

Enfin le système financier doit évoluer car la stabilité financière peut être mise en danger via trois types de risques liés au changement climatique :

- les risques physiques concernent les pertes économiques et financières liés aux événements climatiques extrêmes (tempêtes, inondations, ouragans…) et aux changements de long terme des tendances climatiques (par exemple l'élévation du niveau de la mer) ;
- les risques en responsabilité concernent les poursuites judiciaires qui pourraient être engagées contre des acteurs jugés responsables d'avoir accentué le changement climatique, ou de ne pas avoir suffisamment lutté contre ;
- les risques de transition concernent les changements nécessaires pour la transition vers une économie bas-carbone. En particulier, limiter l'augmentation de la température moyenne à 2°C suppose qu'une grande partie des réserves existantes d'énergies fossiles ne pourront être extraites. Celles-ci deviendraient donc des « actifs échoués », des réserves qui pourraient rapidement perdre toute valeur et déclencher des ventes massives.

Du fait de ces risques, les régulateurs financiers ont commencé à développer des *stress tests* des banques à leur exposition environnementale. Comme pour les risques financiers, il s'agit de vérifier que les établissements ne sont pas trop exposés à des technologies polluantes. Dix-huit banques centrales se sont engagées à mener ces tests d'un genre nouveau. La Banque centrale d'Angleterre doit publier les siens en juin 2021.

Comment surmonter la « tragédie de l'horizon » ?

L'accord de Paris de 2015 inscrit très clairement la finance au cœur des mécanismes concernés par l'objectif de limiter l'élévation des températures à 2°. Les flux financiers doivent aller en priorité vers des investissements bas-carbone et se détourner progressivement des combustibles fossiles. La finance climatique doit favoriser l'apparition de pratiques responsables prenant en considération les enjeux de long terme et développer des outils efficaces pour la mise en œuvre d'investissements bas-carbone. Il est nécessaire qu'elle rende compte de l'efficacité des mesures prises et pour cela qu'elle adopte des indicateurs fiables et partagés par tous.

S'attaquer à la « tragédie de l'horizon » implique ainsi de donner un poids important aux risques et aux critères d'investissement extra-financiers, économiques, sociaux et environnementaux. Plusieurs référentiels d'indicateurs extra-financiers sur le développement durable des entreprises ont été développés. Ainsi, par exemple, le Conseil de stabilité financière a lancé en 2015 un groupe de réflexion sur la question appelé Task Force on Climate-Related Financial Disclosures (TCFD), aujourd'hui présidé par Michael Bloomberg, l'ancien maire de New York. Ses recommandations ont été publiées en 2017. Elles comprennent la façon dont les entreprises doivent comptabiliser leurs émissions de gaz à effet de serre, que ce soit celles qu'elles réalisent directement ou celles réalisées par leurs sous-traitants. Leur utilisation de l'eau ou encore des terrains est aussi prise en compte. Progressivement, les normes TCFD sont en train de s'imposer à travers le monde. Aujourd'hui, plusieurs grandes entreprises cotées les utilisent. Mais l'aspect volontaire ne suffisant pas, de nombreux pays parlent de les imposer. La Nouvelle-Zélande a été le premier pays à le faire en 2021. Le Royaume-Uni a annoncé qu'il allait faire de même à partir de 2025. L'Union européenne envisage la même chose.

Pourtant, faute de normalisation, la comparaison de la performance est encore limitée par la trop grande hétérogénéité des indicateurs et définitions. Imposer un *reporting* standardisé, outil visant à rendre compte périodiquement d'indicateurs de performance, permettra d'informer clairement les investisseurs, qui pourront alors choisir leur portefeuille de titres en toute connaissance et éviter les risques de *greenwashing* (donner une image de responsabilité écologique trompeuse).

La COP26 devait initialement se tenir en 2020 à Glasgow. Pour cause de pandémie, elle a été reportée d'un an. À la place, sous l'impulsion de Mark Carney, devenu envoyé spécial des Nations unies pour l'action sur le climat, une conférence virtuelle a été consacrée à la question du financement de la transition écologique. Pour atteindre l'objectif de l'accord de Paris, il faudrait investir 3 500 milliards de dollars par an jusqu'en 2050, rien que dans le secteur de l'énergie, soit le double des dépenses actuelles, selon les calculs de l'Agence internationale de l'énergie (l'AIE est une agence autonome de l'OCDE destinée à faciliter la coordination des politiques énergétiques des pays membres).

Diriger les nouveaux investissements vers des secteurs bas-carbone nécessite alors un développement des obligations vertes, *climate bonds*, *green bonds*, qui sont, comme n'importe quelle obligation, des titres de dettes. La différence entre une obligation verte et une obligation dite classique est la destination des investissements. En effet, les obligations vertes doivent permettre de financer des projets à vocation environnementale (protection de la biodiversité, développement de transports à faibles émissions de CO_2, rénovation thermique de bâtiments, etc.). La croissance des obligations vertes est indéniable, mais leur part reste marginale puisqu'elles ne représentent que 3 % environ du marché obligataire mondial.

La toute première obligation labellisée verte a été émise par la Banque européenne d'investissement en 2007. Les obligations vertes ont été ensuite développées par de grandes institutions, à l'instar de la Banque mondiale qui a émis sa première obligation verte dès 2008 et qui a mobilisé depuis lors des milliards de dollars dans des projets de développement des énergies renouvelables. Des fonds souverains ont aussi mis l'accent sur les obligations vertes et depuis quelques années des acteurs privés ont investi ce marché.

Les banques centrales ont un rôle à jouer dans l'accélération de la transition écologique. La prise en compte de l'empreinte carbone dans les conditions de refinancement des banques et dans les titres acceptés ou achetés par les banques centrales est une condition nécessaire pour

« verdir » la politique monétaire et inciter les investisseurs à réorienter leurs actifs vers des actifs bas-carbone.

Ainsi, Jézabel Couppey-Soubeyran (« Le rôle de la politique monétaire dans la transition écologique : un tour d'horizon des différentes options de verdissement », 2020) souligne par exemple que la Banque centrale européenne (BCE), en restant aveugle à l'empreinte carbone des banques qu'elle refinance, des collatéraux qu'elle accepte et des titres qu'elle achète, retarde l'objectif de neutralité climatique que l'Union européenne s'est fixé à l'horizon de 2050. Les recherches montrent que les programmes d'achat d'actifs de la BCE sont biaisés en faveur de secteurs très polluants comme l'industrie des combustibles fossiles.

Toutefois, en inscrivant la soutenabilité environnementale dans la révision stratégique lancée début 2020, la BCE a signalé qu'elle souhaitait intégrer la politique monétaire dans la lutte contre le changement climatique. Les textes lui permettent de le faire, car l'objectif de soutenabilité environnementale existe déjà implicitement dans le cadre institutionnel actuel, puisque la neutralité climatique à l'horizon 2050 entre dans les objectifs de l'Union et que l'article 127 du traité sur le fonctionnement de l'Union européenne attend du Système européen des banques centrales (SEBC) qu'il « apporte son soutien aux politiques économiques générales dans l'Union, en vue de contribuer à la réalisation des objectifs de l'Union, dès lors que cela ne porte pas préjudice à l'objectif de stabilité des prix ».

1623 Législation sur les brevets en Grande-Bretagne.

1693-1694 et 1709 Dernières grandes famines en France.

1733 Invention de la « navette volante » par John Kay (tissage).

1764 Invention de la *spinning jenny* par James Hargreaves (brevetée en 1770).

1769 Invention de la *water frame* par Richard Arkwright (filage).
Début du perfectionnement par James Watt de la machine à vapeur avec le brevet du condensateur externe.
La première machine est installée en 1776 sur un site industriel.

1779 Invention de la *mule-jenny* par Samuel Crompton (filage).

1784 Mise au point du puddlage (Henry Cort) destiné à purifier la fonte pour la transformer en un fer plus solide.

1785 Installation de la première machine à vapeur dans une filature industrielle.
Invention du métier à tisser mécanique de Cartwright.

1791 Importantes lois sur les brevets en France, après les premières dispositions protectrices de 1762.

1793 Mise au point d'une machine à égrener le coton (Eli Whitney).
Début de l'essor de cette culture aux États-Unis.

1801 Mise au point du métier à tisser de Jacquard qui dynamise les soieries lyonnaises.

1807 Mise en service du premier navire à vapeur sur l'Hudson aux États-Unis.

1856 Invention du « convertisseur » par Bessemer, permettant une forte baisse du coût de production de l'acier et permettant sa diffusion.

1868 Début de la révolution Meiji au Japon.

1885 Autour de cette date, les États-Unis deviennent la première puissance industrielle mondiale, dépassant le Royaume-Uni.

1887 Brevet de Daimler qui améliore le moteur à combustion interne et amorce le développement de l'automobile.

1908 Lancement par Ford de son modèle à succès, la Ford T.

1945 La Charte des Nations unies promeut l'égalité des peuples.

1952 L'expression « tiers-monde » est utilisée par Alfred Sauvy.

1955 Conférence de Bandung.

1960 Création de l'OPEP.

1964 Première Conférence des Nations unies sur le commerce et le développement (CNUCED).

1969 Première mise en réseau d'ordinateurs de quatre universités américaines, ouvrant la voie à la naissance de l'Internet.

1971 Invention du microprocesseur par M. Hoff et F. Faggin dans le cadre de la société Intel.

1972 Première Conférence des Nations unies sur l'environnement à Stockholm ; création du Programme des Nations unies pour l'environnement (PNUE).

1973 Premier choc pétrolier.

1974 Première Conférence mondiale sur la population à Bucarest.

1978 Début de la politique de modernisation et d'ouverture de la Chine au monde impulsée par Deng Xiaoping.

1979 Second choc pétrolier.
Tournant de la politique monétaire américaine.

1982 Crise de la dette au Mexique.

1984 Conférence mondiale sur la population à Mexico.

1985 Plan Baker sur la gestion de la dette.

1987 Plan Brady sur la gestion de la dette.
Rapport Brundtland ; popularisation du concept de développement durable.

1990 Premier rapport du Programme des Nations unies pour le développement (PNUD).

1992 Conférence des Nations unies sur l'environnement à Rio : le sommet de la Terre.
Début de la grande expansion économique chinoise avec un taux de croissance économique qui reste supérieur à 7 % par an jusqu'en 2014 selon les données officielles.

1996 Adoption de l'Initiative pays pauvres très endettés (PPTE).

1997 Conférence mondiale sur la population au Caire.
Protocole de Kyoto.

2000 Conférence du Millénaire ; adoption des objectifs du Millénaire pour le développement.

2002 Conférence mondiale sur l'environnement de Johannesburg.

2003 Émergence d'un G20 et d'un G90 à la conférence ministérielle de l'OMC à Cancun.

2004 Conférence de la CNUCED à São Paulo.

2005 Initiative d'allégement de la dette multilatérale (IADM).

2012 Conférence des Nations unies sur l'environnement Rio + 20.

2014 La Chine devient la première puissance productive mondiale avec un PIB (PPA) dépassant celui des États-Unis.

2015 Conférence de Paris sur le climat.

2020 Accord pour un cadre commun aux créanciers du Club de Paris et du G20 pour décider de futures restructurations de dette.

- **Aglietta (M.) et Espagne (E.)**, « Financer les investissements pour une croissance soutenable en Europe », *La Lettre du CEPII*, n° 353, 2015.
- **Aghion (P.)**, *Repenser la croissance économique*, Collège de France, Fayard, 2016.
- **Aghion (P.)**, *Le pouvoir de la destruction créatrice*, Odile Jacob, 2020.
- **Allen (R.)**, *Introduction à l'histoire économique mondiale*, La Découverte, 2014.
- **Arrous (J.)**, *Les théories de la croissance*, Seuil, coll. « Points », 1999.
- **Barnejee (A.) et Duflo (E.)**, *Repenser la pauvreté*, Seuil, coll. « Les livres du nouveau monde », 2012.
- **Barnejee (A.) et Duflo (E.)**, *Économie utile pour des temps difficiles*, Seuil, coll. « Les livres du nouveau monde », 2020.
- **Bergeaud (A.), Cette (G.), Lecat (R.)**, *Le bel avenir de la croissance : leçons du XXe siècle pour le futur*, Odile Jacob, 2018.
- **Bergeaud (A.), Cette (G.), Lecat (R.)**, « Croissance de long terme et tendances de la productivité », *Revue de l'OFCE*, n° 153, 2017.
- **Bontems (P.) et Rotillon (G.)**, *L'économie de l'environnement*, La Découverte, 2013.
- **Bolton (P.), Després (M.), Pereira Da Silva (L A.), Samama (F.), Svartzman (R.)**, « Penser la stabilité financière à l'ère des risques écologiques globaux », *Revue d'économie financière* n° 138, 2e trimestre 2020.
- **Bourguignon (F.)**, *La Mondialisation de l'inégalité*, Seuil, coll. « La République des idées », 2012.
- **Bosserelle (E.)**, *Dynamique économique*, Gualino, 2010.
- **Braudel (F.)**, *La dynamique du capitalisme*, Flammarion, 2008.
- **Brunel (S.)**, *Le Développement durable*, PUF, coll. « Que sais-je ? », 2018.
- **Bureau (D.)**, « L'urgence climatique », *in* CEPII, *L'économie mondiale 2020*, La Découverte, coll. « Repères », 2019.
- **Cette (G.)**, *Productivité et croissance en Europe et aux États-Unis*, La Découverte, coll. « Repères », n° 483, 2007.
- **Charnoz (O.) et Severino (J.-M.)**, *L'Aide publique au développement*, La Découverte, coll. « Repères », 2015.
- **Chavance (B.)**, *L'Économie institutionnelle*, La Découverte, coll. « Repères », 2018.

BIBLIOGRAPHIE

- **Couppey-Soubeyran (J.)**, « Le rôle de la politique monétaire dans la transition écologique : un tour d'horizon des différentes options de verdissement », *Note de l'Institut Veblen*, décembre 2020.
- **Déo (S.), Rodes (N.), Vietti (O.)**, « Green bonds, il est urgent de ne plus attendre », *Revue d'économie financière* n° 138, 2e trimestre 2020.
- **Giraud (P. N.) et Ollivier (T.)**, *Économie des matières premières*, La Découverte, coll. « Repères », 2015.
- **Huart (J.-M.)**, *Croissance et développement*, Bréal, coll. « Thèmes et débats », 2013.
- **Jaubertie (A.) et Shimi (L.)**, « Où en est le débat sur la stagnation séculaire ? », *Trésor-Eco*, n° 182, octobre 2016.
- **Laurent (E.) et Le Cacheux (J.)**, *Économie de l'environnement et économie écologique*, Armand Colin, coll. « Cursus », 2015.
- **Maillet (P.), Rollet (P.)**, *La croissance économique*, PUF, coll. « Que sais-je ? », 2015.
- **Milanovic (B.)**, *Inégalités mondiales - Le destin des classes moyennes, les ultra-riches et l'égalité des chances*, La Découverte, 2019.
- **Mokyr (J.)**, *La culture de la croissance*, Gallimard, 2020
- **Plihon (D.), Rigot (S.)**, « Pourquoi manque-t-on d'investisseurs à long terme ? », *Revue d'économie financière* n° 130, 2e trimestre 2018
- **Raffinot (M.)**, *Économie du développement*, Dunod, 2015.
- **Rotillon (G.)**, *Économie des ressources naturelles*, La Découverte, coll. « Repères », 2019.
- **Treillet (S.)**, *Économie du développement*, Armand Colin, coll. « Cursus », 2018.
- « Agriculture et alimentation », *Problèmes économiques*, n° 3135, première quinzaine de juin 2016.
- **Verley (P.)**, *La première révolution industrielle*, Armand Colin, 2016.

Chapitre 2

Les transformations des structures économiques, sociales et démographiques depuis le XIXe siècle

1

Transformations des structures économiques

Les transformations des structures économiques apparaissent directement en lien avec la croissance. Celle-ci est ainsi passée par des évolutions dans la taille, le statut juridique et le fonctionnement des entreprises, ainsi que par des changements dans les modes de financement de l'économie, qui ont été abordés dans le chapitre 1 (partie 1). Mais les gains de productivité, qui constituent le moteur principal de la croissance, ont aussi engendré une forte diversification de la production et d'importantes mutations dans la nature et la répartition des secteurs d'activité, qui ont en retour influé sur leur rythme.

1 L'évolution de la productivité

La formidable progression des niveaux de vie enregistrée à travers le monde depuis le XIXe siècle s'explique essentiellement par l'enclenchement d'une dynamique de croissance intensive, résultant d'une augmentation de l'efficacité des facteurs de production. La productivité, qui mesure cette efficacité, constitue donc une variable clé dans la compréhension de cette dynamique, de son rythme global, de ses inflexions et de ses différences de vitesse selon les pays.

A. Une forte croissance de la productivité depuis le XIXe siècle

Le fait le plus marquant est bien sûr la très forte croissance enregistrée par les actuels pays développés.

Mais cette tendance générale a suivi des rythmes différents au fil du temps et selon les zones géographiques.

Un puissant *trend* haussier

En France, selon les calculs d'Olivier Marchand et Claude Thélot (*Le Travail en France, 1800-2000*, 1997), la productivité par tête du travail aurait crû en moyenne de 1,7 % par an entre 1830 et 1995, la productivité horaire de 2,1 % par an et la productivité globale des facteurs (PGF) de 1,0 % à 1,3 % par an. Au total, chaque actif employé était à la fin du XXe siècle environ 15 fois plus productif que dans les années 1830, et chaque heure de travail environ 28 fois plus productive. Ce *trend* se retrouve dans l'ensemble des pays industrialisés. Selon les calculs de Gilbert Cette (*Productivité et croissance en Europe et aux États-Unis*, 2007), sur la période 1870-2005, le PIB par heure travaillée a été multiplié par un facteur 16,5 aux États-Unis (qui partaient d'un niveau plus élevé) et par un facteur 50 au Japon (qui partait d'un niveau plus faible).

Encadré 1 – La mesure de la productivité

*De manière générale, on définit la productivité comme le rapport entre une production (notée Q) et les ressources mises en œuvre pour l'obtenir (*inputs*). Le numérateur est toujours la production, mais au niveau d'une entreprise, elle peut être mesurée physiquement (en kilos de coton ou en nombre de voitures, par exemple) ou en valeur (par le chiffre d'affaires ou plus souvent par la valeur ajoutée – VA). Au niveau macroéconomique, elle ne peut être mesurée qu'en valeur, par le produit intérieur brut (PIB).*

Le dénominateur, lui, change. Selon que l'on considère un ou plusieurs facteurs, on peut calculer des productivités partielles ou bien la productivité globale des facteurs (PGF).

Les indicateurs de productivité partielle ou apparente

Les indicateurs de productivité partielle (ou de productivité apparente) rapportent la production au volume d'un des facteurs de production utilisés, soit la productivité du capital (Q/K) et la productivité du travail (Q/L).

Pour calculer la productivité du capital, on évalue le dénominateur par une mesure brute ou nette du stock de capital productif fixe. C'est un indicateur utile pour un entrepreneur qui cherche à apprécier l'efficacité d'un investissement, mais il sera plus intéressé par la rentabilité économique, mesurée par le rapport entre le profit (excédent brut d'exploitation – EBE) et le capital investi. Pour l'obtenir, il faut multiplier la productivité du capital par le taux de marge, qui représente la part de la valeur ajoutée qui va au capital :

$$\frac{EBE}{K} = \frac{EBE}{VA} \times \frac{VA}{K}$$

Rentabilité économique = Taux de marge × Productivité du capital

La productivité du travail est l'indicateur le plus important du point de vue de l'étude de la croissance et du niveau de vie. Sur le long terme, accroître la productivité du travail constitue en effet la principale manière d'augmenter le revenu par tête.

Deux indicateurs sont généralement utilisés : on rapporte la production à l'effectif employé pour calculer la productivité par tête, et au nombre d'heures travaillées pour calculer la productivité horaire.

La productivité horaire peut sembler un indicateur plus précis de l'efficacité du travail, permettant d'isoler la contribution de ce facteur à la production par rapport aux autres facteurs que sont le taux d'emploi et la durée moyenne du travail. D'un point de vue comptable en effet, si l'on note Y le PIB, N la population, E l'emploi et H le nombre d'heures travaillées, on peut décomposer le PIB par tête (Y/N)

$$\frac{Y}{N} = \frac{Y}{H} \times \frac{H}{E} \times \frac{E}{N}$$

C'est-à-dire que le PIB par tête est égal au produit de la productivité horaire du travail par le volume d'heures travaillées par tête et par le taux d'emploi.
Cette relation comptable doit toutefois être interprétée avec précaution dans la mesure où ses différents éléments ne sont pas indépendants. En particulier, il ressort de plusieurs études que la productivité horaire du travail est une fonction décroissante de la durée du travail et du taux d'emploi. Dans le premier cas, cela peut s'expliquer par des effets de fatigue qui réduisent le rendement de l'heure de travail, dans le second par le fait que dans les pays à faible taux d'emploi, celui-ci est concentré sur les catégories les plus productives, à l'exclusion des jeunes peu qualifiés et des travailleurs âgés ayant perdu en capital humain. La productivité horaire élevée de pays à faibles taux d'emploi et durée du travail comme la France est ainsi pour partie le produit de ces mécanismes.

Tableau 1 – PIB par habitant et ses composantes dans quelques pays industrialisés en 2019

	PIB par habitant, dollars des États-Unis, en parité de pouvoir d'achat	PIB par heure travaillée, dollars des États-Unis, en parité de pouvoir d'achat	Heures travaillées par habitant	Taux d'emploi (sur la population totale)	Heures travaillées par personne employée
France	50 693,5	79,5	638	42,2	1 511
Allemagne	57 557,9	76,4	753	54,5	1 383
Italie	45 691,0	63,1	725	42,3	1 714
Japon	43 642,7	48,4	903	54,9	1 644
Suède	56 701,1	78,3	724	49,9	1 452
Royaume-Uni	49 912,4	66,1	755	49,1	1 538
États-Unis	65 240,4	77,0	847	48,6	1 742

Source : OCDE, www.oecd.org.

La productivité du travail dépend en outre de la combinaison productive choisie. Mécaniquement en effet, plus la part du travail dans cette combinaison est faible (et donc plus la part du capital est forte), plus sa productivité sera élevée : doter ses travailleurs de plus de machines (c'est-à-dire augmenter l'intensité capitalistique) permet a priori *d'augmenter leur efficacité.*
Pour porter un jugement sur l'efficience globale du processus productif, il faut donc tenir compte de tous les facteurs de production dans une même mesure.

La productivité globale des facteurs

L'indicateur utilisé pour cela est la productivité globale (ou totale) des facteurs. Sa mesure dépend du nombre de facteurs de production retenus et de la fonction de production choisie pour repré-

senter la combinaison productive. Généralement, on se limite au capital et au travail, et on utilise une fonction de Cobb-Douglas à rendements d'échelle constants. On a alors :

$$Q = PGF \times K^{\alpha} \times L^{1-\alpha}$$

Soit en taux de croissance : $q = pgf + \alpha k + (1-\alpha) l$

Le coefficient α, qui représente la contribution du capital, est compris entre 0 et 1. Il est généralement évalué par la part du capital dans la valeur ajoutée, censée refléter sa contribution en situation de concurrence parfaite.

La PGF mesure l'efficacité avec laquelle travail et capital contribuent à la production. Ses évolutions traduisent la part de la croissance qui n'est pas expliquée par l'évolution de la quantité de facteurs de production (ce qui correspond au résidu de Solow).

Des rythmes de croissance différents selon les périodes et les pays : accélération d'abord américaine, rattrapage européen puis ralentissement global

Tableau 2 – Taux de croissance annuel moyen de la productivité horaire du travail dans quelques pays industrialisés *(en %)*

	1870-1913	1913-1950	1950-1975	1975-1990	1990-2005	1870-2005
Allemagne de l'Ouest	1,6	0,7	5,6	2,9		
Allemagne réunifiée					2,2	
États-Unis	1,9	2,5	2,4	1,3	1,9	2,1
France	1,7	2,0	4,9	3,1	1,9	2,7
Italie	1,7	2,0	4,9	2,6	1,0	2,4
Japon	2,0	1,8	7,0	2,9	2,0	2,9
Royaume-Uni	1,2	1,7	2,7	2,4	2,2	1,9

Source : G. Cette, *Productivité et croissance en Europe et aux États-Unis*, 2007.

Le rythme des gains de productivité a évolué au cours du temps. Durant le XXe siècle, l'ensemble des pays développés a connu une accélération, que Robert Gordon (« Deux siècles de croissance économique : l'Europe à la poursuite des États-Unis », 2003) a appelée « grande vague » (*big wave*), puis un ralentissement après les années 1970.

La chronologie a toutefois différé selon les pays. En Europe et au Japon, l'accélération a été brutale et s'est produite essentiellement au cours des Trente Glorieuses. Aux États-Unis en revanche, elle a débuté dès le début du siècle et s'est étalée sur une période plus longue : les gains de productivité moyens réalisés entre 1913 et 1950 ont ainsi été équivalents à ceux enregistrés entre 1950 et 1975.

À l'inverse, le rythme de croissance après le choc pétrolier de 1973 est aux États-Unis inférieur à ce qu'il était avant 1950, tandis que dans les autres pays, si la décélération est nette par rapport aux Trente Glorieuses, les rythmes demeurent supérieurs aux niveaux moyens d'avant 1950. Pour ces pays, c'est ainsi la période des Trente Glorieuses qui apparaît la plus atypique par rapport au *trend* de longue période.

Cela peut s'expliquer par un phénomène de « rattrapage » de la productivité américaine. Déjà en avance en 1870, les États-Unis ont creusé l'écart jusqu'en 1950, la productivité horaire européenne passant, selon Gordon, de 79 % à 47 % du niveau américain. Puis le mouvement s'est inversé, la productivité horaire européenne remontant jusqu'à plus de 90 % de celle des États-Unis en 2000.

Ce rattrapage de la productivité horaire a nourri un mouvement similaire du PIB par tête, mais ce dernier a ralenti à partir des années 1970, le PIB par tête européen culminant à 77 % du niveau américain en 2000. En effet, le taux d'emploi a progressé plus fortement aux États-Unis et la durée du travail y a baissé plus faiblement au cours de cette période.

Ce dernier point conduit d'ailleurs à relativiser le constat de rattrapage, puisque ces évolutions ont pu freiner la progression de la productivité des États-Unis et accélérer celle des pays européens.

Les évolutions récentes : d'un nouveau « décrochage » européen à un épuisement global ?

Le net redressement du rythme de croissance des gains de productivité au milieu des années 1990 aux États-Unis, alors même qu'il tendait plutôt à ralentir dans les pays européens et au Japon, a nourri la thèse d'un nouveau « décrochage européen ». Mais si le processus de rattrapage paraît bien s'être interrompu, c'est aujourd'hui l'idée d'un essoufflement global qui domine. L'accélération américaine a en effet été de courte durée et les dernières statistiques font apparaître un nouveau ralentissement quasi général (voire une stagnation et même une baisse dans certains pays).

Tableau 3 – Taux de croissance annuel moyen de la productivité du travail et de la PGF au cours des dernières décennies

	Productivité horaire		Productivité par tête		Productivité globale des facteurs	
	1995-2005	2006-2019	1995-2005	2006-2019	1995-2005	2006-2019
Allemagne	1,5	0,7	1,2	1,3	0,8	0,5
États-Unis	2,3	1,1	2,3	1,0	1,4	0,5
France	1,7	0,7	1,7	0,7	1,0	0,1
Italie	0,8	0,1	1,4	- 0,3	0,2	- 0,2
Japon	2,1	0,8	1,1	0,7	0,8	0,4
Royaume-Uni	2,2	0,4	2,7	0,6	1,7	0,1

Source : OCDE.

B. Les explications des évolutions de la productivité

La recherche des causes des évolutions de la productivité recoupe largement celle des origines de la croissance. Logiquement, la hausse de la productivité du travail résulte statistiquement à la fois de l'augmentation de l'intensité capitalistique et de la progression de la PGF (*cf. supra*, module 2, chapitre 1 pour l'évaluation du poids relatif de ces deux facteurs dans les études économétriques). C'est l'explication de cette dernière qui est l'objet des investigations.

Les facteurs de la croissance de la productivité

Parmi les facteurs explicatifs de la croissance de la productivité, viennent en premier lieu les grandes révolutions technologiques, dont la « révolution industrielle » constitue l'archétype et dont les mutations liées aux technologies de l'information et de la communication (TIC) représenteraient le dernier avatar.

L'impact des innovations majeures sur la productivité est toutefois généralement décalé car leur valorisation nécessite d'importants changements techniques et organisationnels. Il a par exemple fallu 40 ans pour que l'électricité fasse sentir ses effets sur la productivité, le temps de réorganiser les usines et de réduire la taille des machines pour amener le courant jusqu'au poste de travail. Quant au moteur à combustion interne, ce n'est qu'après des investissements massifs dans les routes et les aéroports qu'il a pu permettre un fort accroissement de la productivité. Ainsi pourrait s'expliquer également le décalage constaté aux États-Unis entre les forts investissements dans les TIC dès les années 1980 et le redécollage de la productivité au milieu des années 1990.

Les investissements privés et publics, notamment en recherche et développement, en infrastructures et en capital humain, mais aussi les changements organisationnels (concentration des entreprises, division du travail, recours à la sous-traitance…) ou encore les transformations des modes de financement de l'économie ont ainsi joué un rôle important dans la diffusion des différentes révolutions technologiques.

Les explications des évolutions depuis 1950

Les variations du rythme des gains de productivité depuis les années 1950 peuvent ainsi s'expliquer par différents facteurs, technologiques, économiques mais aussi institutionnels.

Pour les auteurs qui s'inspirent des analyses de Joseph Schumpeter, l'accélération enregistrée en Europe et au Japon pendant les Trente Glorieuses apparaît liée au rapide rattrapage du retard pris par rapport aux États-Unis dans la diffusion des innovations (électricité, automobile, chimie…), la mise en œuvre de l'organisation du travail tayloro-fordiste et l'élévation du niveau d'éducation. Quant au ralentissement survenu après le premier choc pétrolier, il peut être interprété comme la conséquence de l'achèvement de ce processus de rattrapage technologique, et plus globalement de l'épuisement de la « grappe d'innovations » qui avait généré la « grande vague ».

La théorie de la régulation, développée notamment par Michel Aglietta et Robert Boyer, propose une analyse plus globale. Dans cette perspective, les forts gains de productivité enregistrés pendant les Trente Glorieuses s'inscrivaient dans la cohérence d'ensemble du régime de croissance fordiste, caractérisé par la conjonction d'une production et d'une consommation de masse : alimentant de fortes augmentations de salaire dans le cadre d'un rapport salarial régulé par l'État et les conventions collectives, ils nourrissaient la croissance de la demande et donc de la production ; celle-ci, en permettant l'approfondissement de la division du travail et l'incorporation du progrès technique par le renouvellement rapide des équipements, autorisait en retour la poursuite des gains de productivité (loi de Kaldor-Verdoorn).

À partir des années 1970, différents phénomènes ont déréglé le cercle vertueux de ce régime de croissance : le tayloro-fordisme s'est heurté à la résistance des salariés à l'augmentation des cadences et aux coûts d'organisation engendrés par l'accroissement de la taille des usines, l'équipement de la majorité de la population en biens durables a atteint un niveau élevé et entraîné une saturation de la demande, l'ouverture et la concurrence internationale croissantes ont tendu à faire du salaire un coût pesant sur la demande extérieure.

Les facteurs explicatifs du nouveau « décrochage » européen constaté depuis le milieu des années 1990 sont également divers. La moindre importance des secteurs producteurs de TIC et la moindre diffusion des TIC dans l'ensemble de l'économie ont souvent été mises en avant et reliées au moindre effort en matière de recherche et développement. Mais d'autres éléments paraissent également avoir joué, tels un niveau global d'investissement moins élevé dans un contexte moins favorable en termes de taux d'intérêt et de demande, une élévation plus limitée du niveau de qualification de la main-d'œuvre, de plus grandes rigidités sur les marchés du travail et des biens ralentissant les processus de destruction créatrice ou encore la mise en œuvre de politiques favorisant l'enrichissement de la croissance en emplois.

Quant à l'essoufflement contemporain des gains de productivité, il fait l'objet d'importants débats. Certains, comme Robert Gordon (*The Rise and Fall of American Growth*, 2016), y voient le signe d'un épuisement précoce des bénéfices tirés des technologies de l'information et de la communication qui auraient permis des progrès beaucoup plus modestes que ceux enregistrés sous l'effet de la généralisation des innovations de la seconde révolution industrielle (par exemple les progrès permis par la gestion informatisée des billets d'avion sont réels mais sans commune mesure avec ceux induits par l'invention de l'avion). D'autres, comme l'historien de l'économie Joël Mokyr (« Is Our Economic Future Behind Us? », 2016), sont plus optimistes. Ils pointent la dynamique vertueuse liant science et technique – le progrès scientifique permet un perfectionnement des instruments de mesure et d'étude qui facilite en retour l'amélioration des connaissances – et soulignent les potentialités offertes par le Big Data, les biotechnologies ou l'intelligence artificielle. Ils rappellent que des transformations des modes de production et d'organisation et donc du temps sont nécessaires avant que les inventions ne se traduisent en gains de productivité. Ils mettent enfin en avant la difficulté de saisie par les catégories statistiques traditionnelles (PIB, productivité) des gains permis par des biens et services (logiciel, messagerie électronique, moteur de recherche…) onéreux à mettre au point mais qui peuvent être copiés à un coût très faible voire nul et qui sont souvent fournis gratuitement.

C. Les conséquences globales des gains de productivité

À l'origine de l'augmentation des niveaux de vie, les gains de productivité ont aussi permis une forte diversification de la production et une baisse de la durée du travail.

Un mouvement d'enrichissement collectif

En rendant l'heure de travail plus efficace et donc plus rentable, l'augmentation de la productivité du travail a permis aux entreprises à la fois de baisser leurs prix et de distribuer des revenus plus élevés. Elle est ainsi à l'origine d'une formidable progression des niveaux de vie. Lisible dans les statistiques de PIB par tête, celle-ci peut aussi être mesurée plus concrètement par l'augmentation de la quantité de produits que peuvent se procurer les individus. En comparant les évolutions du salaire du manœuvre et celles des prix de différents biens et services, Jean Fourastié et Béatrice Bazil (*Pourquoi les prix baissent*, 1984) ont ainsi mis en évidence l'augmentation au cours du XXe siècle du pouvoir d'achat de ce salarié situé au bas de l'échelle sociale. Pour acquérir une bicyclette, il avait besoin de 200 heures de travail en 1925 ; en 1982, il lui suffisait de travailler 20 heures. L'évolution est plus spectaculaire encore pour l'achat d'un récepteur radio : alors qu'il lui en coûtait 1 273 heures en 1925, il n'en valait plus que 6 en 1982. Déjà très significatif, cet indicateur demeure toutefois uniquement quantitatif : il néglige d'autres évolutions qui ont également grandement contribué à la hausse des niveaux de vie, telles l'amélioration de la qualité des produits et surtout la création de nouveaux produits.

Une forte diversification de la production

La croissance économique est en effet aussi passée par une très forte diversification de la production (et de la consommation) : chemin de fer, automobile, réfrigérateur, télévision, ordinateur, téléphone portable, comptes bancaires gérés par Internet… il serait fastidieux de dresser la liste des biens et services dont nous faisons aujourd'hui quotidiennement usage et qui n'existaient pas avant la révolution industrielle, voire pour certains il y a encore seulement 20 ans. Produit direct de l'innovation technique, cette diversification a aussi été autorisée par les gains de productivité : en faisant baisser les coûts, ceux-ci ont permis de lever le verrou de la rareté, entraînant la saturation des besoins anciens et l'apparition d'une nouvelle demande solvable pour de nouveaux biens et services. C'est ainsi, en se diversifiant, que la production a pu croître. Important dès les prémices du développement économique en Angleterre, où la baisse des prix alimentaires permise par les premiers progrès de l'agriculture dès la fin du XVIIe siècle a libéré du pouvoir d'achat chez les classes moyennes, stimulant le développement de l'industrie et des services, ce processus s'est depuis continûment répété.

Une baisse de la durée du travail

Mais en permettant d'économiser le travail, de produire plus avec autant, voire moins, les gains de productivité ont aussi autorisé une autre évolution majeure, qui a également contribué à l'amélioration du bien-être collectif : la baisse de la durée du travail. S'il n'a vraiment débuté qu'à partir des années 1880 (la durée du travail a au contraire plutôt augmenté dans l'industrie jusqu'aux années 1830-1840) et qu'il a touché l'industrie et les services plus fortement que l'agriculture, ce mouvement, lié à la montée du salariat, a été général au sein des pays avancés : avoisinant les 3 000 heures vers 1870, le nombre moyen d'heures travaillées a partout été divisé par un facteur proche de 2, puisqu'il se situe aujourd'hui dans une fourchette allant de moins de 1 400 heures (Allemagne) à près de 1 750 heures (États-Unis), selon les données de l'OCDE.

Cette baisse n'a toutefois pas été linéaire et n'a pas suivi la même chronologie dans tous les pays. En France, scandée par de grandes lois symboles (loi de 1919 sur la journée de 8 heures ; accords de Matignon en 1936 sur la semaine de 40 heures et les deux semaines de congés payés ; ordonnance de 1982 instituant la semaine de 39 heures et la cinquième semaine de congés payés, lois de 1998-2000 sur la semaine de 35 heures), elle s'est temporairement interrompue durant les deux guerres mondiales puis la reconstruction, marquées par une légère remontée. Aux États-Unis, elle a eu lieu plus précocement, mais beaucoup plus lentement depuis 1975.

2 Les grandes mutations sectorielles de l'économie

Les transformations des secteurs d'activité depuis le XIXe siècle ont été spectaculaires. Elles se donnent à voir notamment dans les changements de la répartition de l'emploi entre grands secteurs. En France, en 1806, 65 % des personnes travaillaient dans le secteur agricole, 20 % dans l'industrie et la construction, et 15 % seulement dans les services ; en 1974, l'agriculture n'en employait plus que 11,4 %, alors que la part de l'industrie et de la construction avait grimpé à 33,7 % et celle des services à 54,9 % ; en 2019, nouveau paysage encore, la part de l'agriculture confirme sa baisse (2,9 %), mais celle de l'industrie et de la construction a fortement chuté (17,1 %) tandis que celle des services continuait de s'élever (80 %).

Ces flux sectoriels, d'abord de l'agriculture vers l'industrie et les services, puis également de l'industrie vers les services, ont concerné l'ensemble des pays avancés. Si la dynamique différenciée des gains de productivité en constitue l'explication principale, d'autres facteurs, comme les changements dans l'organisation des entreprises ou la mondialisation, ont également joué au cours des dernières décennies.

A. Depuis le XIXe siècle, la dynamique des gains de productivité a provoqué un déversement de l'agriculture vers l'industrie et les services

Facteur principal de la croissance économique, les gains de productivité ont aussi entraîné d'importantes modifications de la structure de l'offre et de la demande, qui constituent la principale cause des transferts sectoriels.

La logique du déversement

La théorie du « déversement », formulée par Alfred Sauvy et complétée par Jean Fourastié, fournit une explication aux principaux flux sectoriels à partir de la dynamique des gains de productivité. Sauvy (*La Machine et le Chômage*, 1980) part d'une réflexion sur les effets des gains de productivité sur l'emploi. Dans la mesure où elle permet d'économiser le travail, une augmentation de la productivité peut conduire à une diminution de l'emploi. Cela n'est vrai toutefois que pour un niveau de production et une durée du travail donnés. Or, on a vu que les gains de productivité avaient engendré une forte croissance de la production et une baisse de la durée moyenne du travail (autre façon d'économiser le travail). Au niveau macroéconomique et en longue période, ces deux effets l'ont emporté et l'emploi a crû en même temps que la productivité.

Au niveau des secteurs d'activité (*a fortiori* des branches) en revanche, les gains de productivité se sont effectivement traduits à certains moments par d'importantes suppressions d'emplois dans les secteurs où la croissance de la productivité du travail a excédé celle de la production. Simplement, ces mêmes gains de productivité ont généré des hausses de pouvoir d'achat, qui ont alimenté une demande croissante dont ont bénéficié d'autres secteurs ; au sein de ceux-ci, du fait d'une croissance de la production supérieure à celle de la productivité, des emplois ont au contraire été créés.

Les facteurs du déversement : gains de productivité inégaux et déformation de la structure de la demande

Deux facteurs, l'un d'offre, l'autre de demande, ont ainsi gouverné ces transferts sectoriels. Du côté de l'offre, en fonction des capacités différentes d'intégration du progrès technique et de réorganisation de la production, le rythme des gains de productivité n'a pas été le même dans tous les secteurs : en moyenne, il a été plus rapide dans l'industrie que dans l'agriculture et dans les services. L'indicateur construit par Fourastié et Bazil le montre bien : alors que les prix de la plupart des biens industriels ont chuté, que ceux des biens alimentaires dont la production a pu être industrialisée ont également baissé, ceux de nombreux services tels qu'une coupe de cheveux ou une pièce de théâtre sont demeurés quasiment identiques, parce qu'ils nécessitent toujours autant de travail humain.

Du côté de la demande, les différents secteurs ont également fait preuve d'une capacité inégale à capter à leur profit les gains de pouvoir d'achat en suscitant de nouveaux besoins par diversification des productions. Comme l'a montré notamment Colin Clark dans *Les Conditions du progrès économique* (1940), et conformément à la loi énoncée par le statisticien Ernst Engel (« Die Productions und Consumtionsverhältnisse des Königreichs Sachsen », 1857), au fur et à mesure que le niveau de vie s'est élevé, la part des produits agricoles a diminué au profit des produits industriels et des services ; puis, après la montée du taux d'équipement des ménages, la demande de produits industriels s'est elle-même tassée, entraînant un nouveau déplacement vers les services.

En combinant ces deux facteurs, Jean Fourastié (*Le Grand Espoir du XX*^e^ *siècle*, rééd. 1989), a distingué trois secteurs – primaire, secondaire et tertiaire – qu'on a pris l'habitude d'assimiler respectivement à l'agriculture, à l'industrie et aux services. L'agriculture, avec des gains de productivité relativement rapides mais une demande faiblement élastique au revenu, et donc une production à croissance lente, a connu une baisse très importante de ses effectifs. L'industrie, avec des gains de productivité rapides et une demande d'abord fortement élastique au revenu puis plus faiblement, a vu ses effectifs croître jusqu'au milieu des années 1970, et décroître depuis. Les services, avec une productivité faiblement croissante et une demande très élastique au revenu (particulièrement les services « supérieurs » comme l'éducation, la santé, les loisirs ou la culture...), ont enregistré d'importantes créations nettes d'emplois, en particulier depuis 1945.

Des rythmes différents selon les pays

Si la dynamique du déversement se retrouve dans tous les pays, la chronologie et le rythme des évolutions sectorielles n'y ont pas été les mêmes. Les progrès de l'agriculture ont été précoces en Angleterre : liés à la constitution de plus grandes exploitations (mouvement des « enclosures ») et au recul de la jachère notamment, ils y ont précédé la révolution industrielle. Le déclin relatif de l'emploi agricole s'y est donc fait plus tôt. Aux États-Unis, la mécanisation (charrues, moissonneuses McCormick) et l'utilisation des engrais provoquèrent dès le XIXe siècle de forts gains de productivité, mais l'extension vers l'ouest et la captation de la demande extérieure permirent le maintien du dynamisme de la production et d'un niveau d'emploi agricole élevé. En Allemagne, l'accélération de la modernisation lors du dernier tiers du XIXe siècle provoqua un important exode rural. En France, l'importance des petites et moyennes exploitations ralentit le rythme des gains de productivité et des transferts sectoriels : en 1949, l'agriculture concentrait encore près de 30 % de la population active.

Tableau 4 – Pourcentage de la population agricole dans la population active

	Grande-Bretagne	France	Allemagne	États-Unis
1820	46	75	80	75
1850	22	64	65	65
1870	15	49	49	50
1910	6	42	18	33

Source : J.-P. Rioux, *La Révolution industrielle*, 1989.

Un déversement qui ne doit pas faire oublier les recoupements et les interdépendances entre secteurs

L'analyse en termes de « déversement » peut conduire à figer les frontières, voire à opposer les secteurs d'activité, créant une représentation erronée de la réalité.

En premier lieu, dans la continuité de la proto-industrialisation, la double activité, paysanne et ouvrière est demeurée la règle dans beaucoup de régions jusqu'à la fin du XIXe siècle. Ensuite, le déversement a souvent été intrasectoriel : des branches industrielles de la première révolution (textile) vers celles de la seconde (automobile, chimie), puis de la troisième (électronique). Enfin et surtout, le développement des différents secteurs d'activité s'est souvent fait en parallèle et en interaction.

Les interdépendances entre agriculture et industrie ont fait l'objet de nombreuses études : la première a fourni à la seconde des intrants (coton, lin, laine…), mais aussi une demande de biens d'équipement et de consommation (du fait de la hausse des revenus agricoles entre 1820 et 1860, en France notamment) ; elle a elle-même trouvé de nouveaux débouchés dans l'expansion des revenus industriels et de nouveaux moyens de se moderniser grâce à la mécanique et à la chimie.

Mais l'expansion de la production, agricole comme industrielle, a aussi été conditionnée par la constitution de marchés intérieurs, liés au développement des services de transport mais aussi des réseaux de distribution (142 000 boutiques de vente au détail en Angleterre dès 1759) et des techniques de commercialisation (vente sur catalogue et publicité par le fabricant de boutons Boulton en Angleterre à la fin du XVIIIe siècle). Quant à l'internationalisation, autre moteur de la croissance économique au XIXe siècle, elle a reposé sur les prestations des négociants, des armateurs, des chargeurs, mais aussi des assureurs et des banquiers. En retour, le développement industriel a stimulé celui des services financiers, administratifs, juridiques ou encore publicitaires.

B. Depuis les années 1970, la poursuite du mouvement de tertiarisation s'accompagne d'une désindustrialisation

Les pays avancés ont connu au cours des dernières décennies un important recul de l'emploi manufacturier, qui s'est accompagné d'une progression soutenue de l'emploi tertiaire.

Encadré 2 – La classification des secteurs d'activité

La classification des secteurs d'activité a varié historiquement et selon les pays. Un effort d'harmonisation a toutefois été progressivement mené : l'actuelle nomenclature d'activités françaises, en vigueur depuis le 1er janvier 2008, découle ainsi de la nomenclature d'activités de la Communauté européenne (NACE), elle-même issue de la nomenclature de l'ONU. Mais la ventilation des activités en secteurs primaire, secondaire et tertiaire demeure variable. Le secteur primaire est par exemple généralement assimilé au poste « agriculture, sylviculture et pêche », mais certains, considérant qu'il regroupe l'ensemble des activités d'exploitation des ressources naturelles, y incluent aussi l'extraction minière. Le secteur secondaire regroupe quant à lui l'ensemble des activités consistant en une transformation plus ou moins élaborée des matières premières. On l'identifie souvent à l'industrie, mais de plus en plus on distingue l'industrie manufacturière proprement dite de la construction, voire des industries extractives et de la production d'énergie et d'eau. Le secteur tertiaire, assimilé aux services, regroupe l'ensemble des autres activités. On distingue souvent les services principalement non marchands (administrations publiques, enseignement, santé humaine, action sociale) des services principalement marchands, eux-mêmes subdivisés en six grandes catégories : commerce, transports, hébergement et restauration ; information et communication ; activités financières et d'assurance ; activités immobilières ; activités scienti-

fiques et techniques et services administratifs de soutien aux entreprises ; autres activités de service (arts et spectacles, activités des ménages en tant qu'employeurs)

Tableau 5 – Répartition de l'emploi intérieur en France en 1974 et 2019
(en équivalent temps plein)

	1974		2019		Variation *(en %)*
	(en milliers)	*(en %)*	*(en milliers)*	*(en %)*	
Agriculture, sylviculture, pêche	2 415	11,4	788	2,9	-67,3
Industrie	5 217	24,5	2 799	10,4	-46,4
Construction	1 955	9,2	1 796	6,7	-8,1
Tertiaire marchand	7 108	33,4	13 706	51,0	92,8
Commerce, transports, hébergement et restauration	*4 182*	*19,7*	6 095	22,7	45,8
Information et communication	*340*	*1,6*	899	3,3	164,4
Activités financières et d'assurance	*527*	*2,5*	765	2,8	45,0
Activités immobilières	*192*	*0,9*	364	1,4	89,9
Activités scientifiques et techniques, services administratifs de soutien	*1 123*	*5,3*	4 227	15,7	276,3
Autres services	*744*	*3,5*	1 355	5,0	82,2
Tertiaire non marchand	4 571	21,5	7 760	28,9	69,8
Total	21 265	100,0	26 849	100,0	26,3

Source : *Les comptes nationaux*, Base 2014, INSEE.

Ces mouvements parallèles de « désindustrialisation » et de tertiarisation font aujourd'hui l'objet d'inquiétudes croissantes, particulièrement en France, l'opinion publique mais aussi un certain nombre d'économistes y voyant un signe de déclin face à la concurrence des pays émergents, ainsi qu'un risque d'évolution vers le statut d'économie de services « stagnante ».

S'ils contiennent une part de vérité, ce diagnostic et ce pronostic également pessimistes doivent toutefois être relativisés : désindustrialisation et tertiarisation sont certes liées à la mondialisation, mais résultent d'abord du changement technique, et sont plus globalement partie prenante d'une transformation des systèmes productifs potentiellement porteuse de progrès.

Ampleur et causes des processus à l'œuvre

Si la désindustrialisation est une tendance commune aux pays avancés et constitue d'abord l'envers de la tertiarisation, elle a eu tendance à s'accélérer en France au cours des deux dernières décennies, reflétant les difficultés spécifiques de l'industrie nationale.

≫ Une tendance générale, accentuée en France depuis 2000

Différentes données chiffrées permettent de mesurer l'ampleur des transformations du système productif en France. Selon l'INSEE, l'emploi industriel (hors construction) qui s'était accru pendant les Trente Glorieuses jusqu'à atteindre 5,2 millions en 1974 (24,5 % de l'emploi total), n'a depuis cessé de décroître. Il n'était plus en 2019 que de 2,8 millions (10,4 %). En quarante-cinq ans, ce sont ainsi 2,4 millions d'emplois industriels qui ont disparu (plus de 50 000 par an). La part de l'industrie dans la valeur ajoutée totale est quant à elle passée de 25 % en 1970 à 13,5 % en 2019 (elle avait commencé à baisser plus tôt puisqu'elle atteignait 30 % au début des années 1950). L'évolution a été inverse dans le tertiaire. Prolongeant une tendance déjà à l'œuvre depuis 1945, l'emploi y a augmenté dans le secteur non marchand où il est passé de 4,6 millions en 1974 (21,5 %) à 7,7 millions en 2019 (28,9 %) et plus encore dans le secteur marchand où il a grimpé de 7,1 millions en 1974 (33,4 % de l'emploi total) à 13,7 millions en 2018 (51 %). La part du tertiaire marchand dans la valeur ajoutée totale, qui était de 45 % en 1980 (34 % en 1949), est montée à 57 % en 2019.

Ces mouvements symétriques de désindustrialisation et de tertiarisation constituent une tendance générale au sein des pays avancés (*cf.* tableau 5).

Tableau 6 – Part de l'emploi dans l'industrie manufacturière
(en % de l'emploi total)

	1973	1990	2000	2010	2019	Variation 2000-2019 *(en %)*
Allemagne[1]	36,7	31,6	23,8	19,9	18,9	- 6,5
États-Unis	24,7	26,8	14,4	10,1	10,0	- 19,9
France	28,9	21,3	17,6	13,1	11,8	- 26,2
Japon	27,8	24,3	20,5	16,6	15,8	- 19,5
Italie	27,9	22,6	23,3	18,6	18,5	- 12,1
Royaume-Uni	32,1	22,1	16,8	9,8	9,1	- 35,1

Sources : R. Lawrence, « Recent US Manufacturing Employment: The Exception that Proves the Rule », 2017 ; OCDE.

Ils n'ont toutefois pas suivi partout la même chronologie ni eu la même ampleur. Le déclin de l'emploi manufacturier a commencé plus tôt au Royaume-Uni et il a été globalement plus fort dans les pays anglo-saxons et en France. En Allemagne, les pertes d'emplois industriels ont

1 Allemagne de l'Ouest jusqu'en 1990, puis Allemagne réunifiée.

été plus nombreuses au cours des années 1990, suite à la réunification, beaucoup plus faibles depuis 2000.

Si la situation de la France n'a rien d'exceptionnel, la baisse constatée au cours des années 2000 y a toutefois été plus importante que chez ses voisins de la zone euro. Il en est allé de même pour la contribution de l'industrie manufacturière (activités de fabrication, hors industries extractives) à la valeur ajoutée totale qui est passée de 16,1 % en 2000 à 11 % en 2019, chiffre qui situe la France très en dessous de la moyenne de la zone euro (16,4 %) et plus encore de l'Allemagne (21,2 %). En outre, ces baisses ont été accompagnées d'une diminution des parts de marché à l'exportation. Entre la fin des années 1990 et 2018, la part des exportations françaises de marchandises dans les échanges mondiaux a reculé de 5,7 % à 3,0 %. Dans les exportations totales de la zone euro, la part des exportations françaises a baissé de 16,8 % à 11,7 % (Coe-Rexecode, *La Compétitivité française en 2018*, 2019). Cette détérioration des performances à l'export a pesé sur le solde manufacturier, qui est passé d'un excédent de 15 milliards d'euros en 2002 à un déficit de 35 milliards en 2019 (58 milliards pour le déficit commercial total). Incarnation aux yeux de l'opinion de ce déclin industriel, les déboires du secteur automobile, encore excédentaire de 10 milliards d'euros en 2005 mais déficitaire depuis 2009 (15 milliards d'euros en 2019), y ont de fait contribué significativement.

≫ Des explications plurielles

Cette dégradation récente des performances commerciales et sa concomitance avec la montée en puissance de la Chine dans le commerce mondial font que la désindustrialisation est généralement reliée à la hausse de la concurrence internationale. Si celle-ci a effectivement compté, elle n'est toutefois pas seule en cause.

La désindustrialisation s'explique en premier lieu par un effet comptable lié à l'externalisation des activités de services par les entreprises manufacturières. Elle constitue ainsi l'envers de la tertiarisation. Au cours des Trente Glorieuses, les fonctions tertiaires s'étaient développées au sein des grandes entreprises industrielles intégrées, dans les services juridiques, commerciaux ou financiers. Certaines fonctions « sociétales », telles l'éducation ou la santé, étaient même souvent prises en charge par des entreprises elles-mêmes. Leur développement était ainsi masqué statistiquement. Au contraire, depuis les années 1980, les entreprises, exploitant les possibilités croissantes de fragmentation des processus productifs offertes par les TIC, ont eu tendance à se recentrer sur leur cœur de métier et ont confié à des sociétés de services les tâches de comptabilité, de marketing, de logistique, mais aussi de nettoyage, de restauration, de maintenance, ou encore d'ingénierie informatique, voire de recherche et développement (R&D). Ces nouvelles modalités de gestion, qui se sont traduites statistiquement par des transferts d'emplois vers le tertiaire marchand, se sont en outre accompagnées d'un enrichissement du contenu en services de la production manufacturière, design, publicité, service après-vente ou contrôle qualité représentant autant de moyens de différencier les produits. Selon L. Demmou (« La désindustrialisation en France », 2010), ces processus combinés expliqueraient 25 % des pertes d'emplois manufacturiers en France entre 1980 et 2007, mais ils auraient marqué le pas au cours des années 2000 puisque leur pouvoir explicatif tombe à 5 % pour la seule période 2000-2007.

La deuxième cause de la désindustrialisation correspond à la poursuite du processus de déversement. La productivité a en effet continué à croître à un rythme plus élevé dans l'industrie manufacturière (par exemple, 3,4 % par pour la productivité horaire entre 1995 et 2015 contre 1,3 % pour l'ensemble de l'économie en France). Ces forts gains de productivité expliquent que, malgré la baisse de l'emploi industriel, la valeur ajoutée manufacturière à prix constants a continué à croître. Ils ont entraîné une baisse des prix relatifs qui a mécaniquement pesé sur la part de l'industrie manufacturière dans le PIB en valeur.

Par un effet de substitution, cela a certes soutenu la demande en biens industriels, mais a également dégagé un pouvoir d'achat supplémentaire (effet-revenu) qui a essentiellement nourri la croissance de la demande de services marchands, nettement plus élastique. Au final, la part en valeur de la demande intérieure consacrée aux biens industriels est passée de 39 % en 1980 à 32 % en 2007, tandis que celle des services marchands grimpait de 24 % à 32 %, ce qui, selon la logique du déversement, a généré un transfert d'emplois du secondaire vers le tertiaire. Selon L. Demmou, les effets combinés des gains de productivité différenciés et de la modification de la structure de la demande expliqueraient ainsi 29 % des pertes d'emplois industriels entre 1980 et 2007, et même 65 % sur la période 2000-2007.

Les effets de l'accroissement de la concurrence internationale sont quant à eux difficiles à mesurer. Une première méthode consiste à calculer le solde des échanges en emplois en comparant le contenu en emplois des exportations et des importations. Elle évalue la contribution du commerce international à seulement 13 % des destructions d'emplois industriels entre 1980 et 2007, mais 28 % entre 2000 et 2007. Mais cette méthode fait l'objet d'importantes critiques : elle surestime le contenu en emplois des exportations en l'évaluant à partir de la productivité moyenne, mais néglige l'effet induit des importations sur la croissance, au travers des baisses de coût et des gains de pouvoir d'achat qu'elles génèrent. Une approche économétrique alternative, qui s'efforce de corriger ces défauts, aboutit quant à elle à une contribution de 38 % entre 1980 et 2007, mais avec une forte marge d'erreur.

Dans le cas des États-Unis, à partir d'une étude des marchés du travail locaux, Autor, Dorn et Hanson (« The China Shock », 2016) ont évalué à près de 560 000 les pertes d'emplois industriels directement causées par la hausse des importations en provenance de Chine entre 1999 et 2011, le chiffre montant à un million en ajoutant les pertes indirectes chez les fournisseurs et les distributeurs. Significatives, ces destructions n'expliquent toutefois que 17 % de la baisse de l'emploi industriel au cours de cette période (5,8 millions d'emplois en moins). En mobilisant la même méthodologie, Malgouyres conclut à une perte de 90 000 emplois en France entre 2001 et 2007, soit 13 % de la diminution totale (« The Impact of Chinese Import Competition on the Local Structure of Employment and Wages: Evidence from France », 2016).

Cette décomposition ne doit toutefois pas faire oublier les interdépendances entre ces différents phénomènes. Pierre-Noël Giraud (*La Mondialisation. Émergences et fragmentations*, 2012) conteste par exemple la séparation comptable entre les effets du progrès technique et de la mondialisation, considérant que les importants gains de productivité réalisés dans l'industrie sont la conséquence de la pression accrue de la concurrence internationale. De la même manière, l'externalisation des activités de services participe d'une logique de rationalisation qui a elle-même généré des gains de productivité. Mais en fragmentant les processus productifs, elle a aussi rendu plus aisée la délocalisation de certaines activités.

Dans le cas de la zone euro et de l'Union européenne, il convient enfin de prendre en compte la redistribution interne des parts de marché et des activités. Les emplois et la valeur ajoutée industriels ont eu tendance à s'y concentrer dans un cœur constitué de l'Allemagne et des pays d'Europe centrale (Autriche, Pologne, Slovaquie, République tchèque) au détriment d'une large « périphérie » incluant la France, le Royaume-Uni, l'Europe du Sud et la Scandinavie. Différents facteurs interdépendants peuvent expliquer cette dynamique : la baisse des coûts au commerce et la libre circulation des facteurs de production ont favorisé les effets d'agglomération ; les divergences de coûts de production et de fiscalité ont incité au recours à la délocalisation (la France semble notamment souffrir d'un déficit d'attractivité pour les activités industrielles en raison d'une fiscalité sur la production plus lourde) ; la stratégie de modération salariale et de compression de la demande interne adoptée par l'Allemagne au début des années 2000 a accru ses parts de marché (F. Geerolf, T. Grjebine, « Désindustrialisation (accélérée) : le rôle des politiques macroéconomiques », *in* CEPII, *L'Économie mondiale 2021*, 2020).

Des processus aux conséquences complexes

Le jugement porté sur les mouvements symétriques de tertiarisation et de désindustrialisation est aujourd'hui plutôt négatif. La première mènerait l'économie sur la voie de la stagnation, la seconde de la perte de substance. Si des risques existent, les appréhender en termes d'opposition entre industrie et services n'apparaît toutefois pas le plus pertinent.

≫ Les ambivalences de la tertiarisation

La tertiarisation a historiquement été perçue comme marquant le passage à un stade supérieur de développement, celui de la société post-industrielle (D. Bell, *Vers la société post-industrielle*, 1973). Induite par la croissance et le déversement, elle est en effet porteuse de progrès économiques et sociaux. Le développement des services d'éducation et de santé contribue à la hausse tant du capital que du développement humains (hausse du niveau d'instruction et de qualification, élévation de l'espérance de vie). L'information, la communication, la finance, les services aux entreprises (logistique, design, ingénierie…) offrent des emplois qualifiés et bien rémunérés et participent à l'amélioration de la qualité des produits. Le développement des services récréatifs (culture, loisirs, hôtellerie-restauration, soins du corps…) a permis la satisfaction de nouveaux besoins. Les services à la personne (gardes d'enfants, travaux domestiques, soins) ont favorisé l'accès des femmes au marché du travail et peuvent permettre le maintien à domicile des personnes âgées.

Au cours des dernières décennies toutefois, la tertiarisation a de plus en plus été vue comme porteuse de risques économiques et sociaux. Selon le modèle proposé par William Baumol (« Macroeconomics of Unbalanced Growth », 1967), elle pourrait notamment conduire à une stagnation de l'économie. Ce modèle oppose schématiquement un secteur à forts gains de productivité, assimilé à l'industrie, et un secteur à productivité stagnante, identifié au tertiaire. Il fait en outre les hypothèses que les salaires augmentent dans le secteur stagnant en fonction des gains de productivité du secteur dynamique (« maladie des coûts ») et que la structure de la demande est constante en volume (effets-prix et effets-revenus s'annulant). Dans ces conditions, les prix relatifs augmentent continûment dans le secteur tertiaire et avec eux la part en valeur de la demande qui leur est adressée. Les emplois s'y concentrent donc progressivement, entraînant un ralentissement et à terme un tarissement des gains de productivité.

Selon les analyses empiriques, la tertiarisation n'explique toutefois qu'une faible part de la réduction du rythme des gains de productivité qu'ont connue les pays industrialisés depuis les années 1970. Dans le cas de la France, une étude de la DARES (Schreiber, Vicard, « La tertiarisation de l'économie française et le ralentissement de la productivité entre 1978 et 2008 », 2011) trouve bien certains effets conformes aux prédictions de Baumol mais conclut à l'absence d'impact global de la tertiarisation, du fait de leur compensation par des effets en sens inverse. Si le rythme de croissance de la productivité est en moyenne plus faible dans les services, le niveau de la productivité y était supérieur à celui de l'agriculture et des branches industrielles en déclin. Le transfert des emplois vers les services a donc augmenté instantanément la productivité moyenne mais limité sa croissance ultérieure.

Plus globalement, la thèse d'un faible dynamisme de la productivité dans les services apparaît très discutable. Grâce aux technologies de l'information et de la communication (TIC), certaines activités tertiaires ont ainsi connu de forts gains de productivité depuis les années 1980. Soulignant la forte hétérogénéité du secteur tertiaire, Jean Gadrey (*Socio-économie des services*, 2003) propose de le diviser en trois types d'activité, plus ou moins concernés par le progrès technique : le tertiaire qui effectue des opérations sur les biens (nettoyage, réparation, transport, distribution) qui a connu des gains de productivité modérés ; le tertiaire qui traite l'information (transactions bancaires, assurances, administration, télécommunication…) où les gains ont été rapides ; et le tertiaire qui rend des services à la personne (soins, formation, conseils divers, spectacles vivants…) où ils ont été faibles.

Cette décomposition ne fait certes que repousser la conclusion du modèle de Baumol, le déversement étant amené à se poursuivre vers ce dernier secteur. Le caractère faiblement « productif » de ces activités de service est toutefois contestable. La mesure traditionnelle de la productivité par le calcul du nombre d'unités produites en un temps donné, issue du modèle industriel, est largement inadaptée à un univers où l'enjeu n'est pas de produire le plus possible en un temps le plus réduit mais de produire des services de qualité, qui satisfassent les attentes des clients.

En pratique, faute de pouvoir être appréciée empiriquement, la faible productivité des emplois de services à la personne est souvent déduite de leur faible rémunération. Mais loin d'être le simple reflet objectif d'un faible niveau de qualification, celle-ci est aussi le produit de processus sociaux : « naturalisation » des compétences des femmes qui occupent majoritairement ces emplois ; faible pouvoir de négociation collective dans des secteurs très peu syndiqués ; dévalorisation et précarisation de ces emplois par les stratégies d'externalisation des entreprises et les politiques publiques (B. Palier, « Pourquoi les personnes occupant un emploi "essentiel" sont-elles si mal payées ? », 2020).

Ce constat conduit à nuancer l'autre risque associé aujourd'hui à la tertiarisation, à savoir la polarisation du marché du travail entre des emplois de services aux entreprises « créatifs » très qualifiés et des emplois précaires et mal payés d'« OS du tertiaire » dans la grande distribution, la restauration, la livraison ou les services à la personne. Effectivement à l'œuvre, cette tendance fait apparaître le caractère inégalitaire des sociétés post-industrielles : la satisfaction des besoins des uns est permise par la précarité des autres, certains emplois de services s'apparentant à des « emplois de serviteurs » (Jean Gadrey). La relative disqualification économique et sociale d'emplois dont la crise de COVID-19 a pourtant révélé le caractère « essentiel » au fonctionnement collectif relève cependant en partie de choix politiques et sociaux. Il existe en effet différents modèles nationaux d'économies de service : la part des services personnels et de commerce est plus importante aux États-Unis où les inégalités salariales sont plus prononcées, celle des services collectifs publics (éducation, santé, crèches) plus élevée dans les pays d'Europe du Nord où les inégalités sont plus faibles. Cela questionne le choix fait en France de subventionner des emplois de services « peu qualifiés » et mal rémunérés par des politiques d'exonérations fiscales au détriment de dépenses d'investissement social (B. Palier, « *Low cost* ou investissement dans la qualité ? Quelle stratégie économique et sociale pour la France ? », 2017).

≫ Les risques liés à une désindustrialisation accélérée

Les craintes associées à la désindustrialisation sont quant à elles à apprécier en premier lieu au regard de leurs causes. Génératrice d'un simple transfert comptable, l'externalisation a en outre permis une rationalisation de la production porteuse de croissance. Il en va de même des gains de productivité, mais aussi des destructions d'emplois liées à la concurrence internationale et aux délocalisations qui ont certaines répercussions positives au niveau macroéconomique (baisse des coûts des importations, spécialisation dans des activités à plus forte valeur ajoutée).

Toutefois, en dépit de sa part restreinte dans la valeur ajoutée et l'emploi, l'industrie manufacturière demeure, par ses effets d'entraînement sur les services aux entreprises, mais aussi par son poids dans l'équilibre commercial (70 % des exportations françaises sont des exportations de marchandises) et l'innovation (71 % des dépenses des R&D des entreprises en France étaient en 2017 le fait du secteur manufacturier), un secteur moteur dans les économies avancées. Dans le cas de la France, le déclin industriel se traduit ainsi par un déficit commercial chronique qui n'est que partiellement compensé par l'excédent dans les services et les revenus nets des investissements à l'étranger, ces derniers étant faiblement créateurs d'emplois. En matière d'innovation, la délocalisation des seules phases les plus intensives en main-d'œuvre a pu paraître protéger les pays avancés, mais la crise de COVID-19 a mis en lumière les risques de dépendance pour la fourniture de certains produits (masques, molécules et médicaments de base) et de manière plus générale des doutes apparaissent quant à la conservation de la maîtrise technologique une fois perdus les savoir-faire pratiques et les possibilités d'expérimentation productive liés à la fabrication. En outre, en conduisant une politique industrielle volontariste, certains pays émergents, la Chine en tête, ont rapidement accru leur niveau technologique et menacent aujourd'hui le leadership des pays développés voire les distancent dans certains secteurs d'avenir (batteries électriques, 5G, intelligence artificielle). Enfin, compte tenu de l'effet d'entraînement qu'elle exerce sur les économies locales et des difficultés de reconversion la désindustrialisation peut affecter durablement certains bassins d'emploi et avoir de graves conséquences sociales. Aux États-Unis Autor, Dorn et Hanson (« The China Shock », 2016) ont ainsi constaté dans les zones touchées des baisses significatives de niveau de vie, une forte augmentation de l'inactivité et un même un accroissement de la mortalité des jeunes adultes.

C'est à partir de ces constats que des plans de reconquête industrielle ont été lancés aux États-Unis (où l'industrie a regagné 1,5 million d'emplois entre 2010 et 2019) ou en France (pôles de compétitivité en 2005 ; création d'une Banque publique d'investissement, pacte pour la compétitivité de l'industrie française inspiré par le rapport Gallois en 2012), la politique industrielle, délaissée dans les années 1980-1990, se trouvant revalorisée.

Il paraît toutefois vain d'opposer en la matière l'industrie et les services. Comme le souligne notamment Pierre Veltz (*La Société hyper-industrielle*, 2017), les frontières entre ces deux univers sont en effet de plus en plus artificielles : d'un côté beaucoup de services, notamment ceux liés aux TIC sont produits selon des process industriels (comme dans le cas des centres de données) de l'autre la grande majorité des entreprises industrielles vendent aussi des ensembles souvent indissociables de biens et de services (extension de garantie pour une automobile par exemple) et les produits manufacturés incorporent un contenu croissant en services (les services incorporés représentaient 37 % de la valeur ajoutée des exportations de produits manufacturés de l'OCDE en 2011, 47 % en France). En effet, comme on l'a vu, la tertiarisation est aussi liée à un accroissement des *inputs* services dans la valeur ajoutée industrielle, et une bonne part des avantages comparatifs des vieux pays industrialisés réside ainsi aujourd'hui dans la valeur en services de leurs produits, que ce soit des services privés (R&D, marketing, organisation, réseaux de distribution) ou des services issus de biens publics (infrastructures, sécurité des approvisionnements, sécurité sanitaire, homogénéité des normes…).

2

Mobilité sociale et transformations des structures sociales

Les profondes mutations économiques qu'ont connues les pays développés depuis le début du XIXe siècle se sont accompagnées de transformations également considérables de leur structure sociale qui en retour ont affecté les possibilités de mobilité entre groupes. Procédant de déterminants similaires, ces transformations ont globalement été parallèles dans les différents pays. Toutefois, plus encore qu'en matière économique, les formes et les rythmes du changement ont varié en fonction de facteurs nationaux spécifiques. C'est pourquoi le choix a été fait de se concentrer ici sur le cas de la France.

1 L'évolution des groupes sociaux au XIXe siècle

Les transformations de la société française au XIXe siècle sont filles à la fois de la révolution industrielle et de la Révolution de 1789. La première a nourri un mouvement d'enrichissement collectif sur le long terme, et a modifié les sources de la fortune, la répartition des activités et les conditions de travail. La seconde a entraîné le passage progressif d'une société d'ordres, où la place de chacun était définie par sa naissance et son appartenance familiale, à une société de classes, où l'accès aux différentes positions, théoriquement plus ouvert, dépend en pratique de la richesse et de la qualification. Mutations économiques (avec le développement des transports et la concentration industrielle) et politiques (avec l'action unificatrice de l'État, notamment au travers de l'instruction) ont en outre joué conjointement dans le sens de l'augmentation de la mobilité des populations et de l'atténuation des particularismes locaux.

A. Les évolutions des classes supérieures

Le XIXe siècle est globalement marqué par une modification de l'équilibre du pouvoir au sein des classes supérieures au détriment de la noblesse et au bénéfice de la « grande bourgeoisie ». À la fin du siècle émergent en outre de nouvelles élites.

Un déclin relatif et progressif de la noblesse

≫ La France des notables : un système de domination proche de l'Ancien Régime

Pendant la première moitié du XIXe siècle, aristocrates et grands bourgeois composent une élite de « notables », certes traversée de conflits, mais caractérisée par une relative cohésion sociale et idéologique. La propriété foncière constitue la base de leur pouvoir : toujours source principale de la richesse, elle conditionne également l'accès aux postes administratifs et au pouvoir politique dans le cadre d'un système électoral censitaire et d'un système fiscal reposant lui-même essentiellement sur l'impôt foncier. Dans une société encore majoritairement rurale et cloisonnée, elle garantit en outre prestige et influence, conférant à ses détenteurs le statut d'élites locales et d'interfaces entre les régions et l'État central.

Au sein de ce groupe, la noblesse occupe une position de force. Elle continue de dominer par sa richesse foncière (en possédant environ 10 % des terres), qui n'a été qu'en partie entamée par la vente des biens nationaux, et a reconquis son influence dans l'armée, la diplomatie et l'appareil administratif (en 1824, 75% des préfets sont issus de ses rangs). Si elle partage le pouvoir avec la bourgeoisie d'affaires, celle-ci est fortement influencée par les valeurs et le mode de vie aristocratiques, comme en témoigne son souci d'acquérir terres et châteaux, principaux attributs de la classe dominante. En outre, si la propriété a remplacé la naissance comme critère de la valeur sociale, les principes de la domination des notables restent très inégalitaires, proches de ceux d'une société aristocratique. Le déclin des notables au cours du siècle est donc aussi celui de l'aristocratie en tant que classe et mode de domination.

≫ Les raisons d'un déclin

À partir des années 1850 puis surtout 1870, le pouvoir de la noblesse et des notables décline. Économiquement, ils sont victimes de la baisse de la rente foncière lors de la crise agricole de la fin du siècle. Seule une petite partie de l'aristocratie, notamment à Paris, a investi dans certains secteurs porteurs comme les mines ou les chemins de fer, et a su faire évoluer son patrimoine vers les valeurs mobilières. D'un point de vue social, leur pouvoir d'influence est affaibli par l'urbanisation, le désenclavement rural et la scolarisation. D'un point de vue politique, le passage au suffrage universel sanctionne le rejet du modèle aristocratique inégalitaire et ouvre la voie à une nouvelle forme de compétition électorale où les programmes et les affiliations partisanes supplantent la notabilité. L'imposition par les républicains du recrutement méritocratique par voie de concours tend parallèlement à les exclure de l'administration, même s'ils conservent des positions dans l'armée et la diplomatie.

L'essor de la grande bourgeoisie

≫ Les ressorts d'une montée en puissance

Le XIXe siècle a pu être défini comme le siècle de la bourgeoisie. Mais si le monde dit « bourgeois » a une certaine unité de valeurs, il regroupe des catégories très diverses et aux revenus inégaux, des chefs d'entreprise aux boutiquiers en passant par les médecins ou les avocats. Au niveau des classes dominantes, le XIXe siècle a ainsi surtout consacré le triomphe de sa fraction supérieure, constituée des grands capitalistes de la finance, de l'industrie et du négoce. Son ascension a d'abord été économique, la possession directe ou sous forme d'actions des moyens modernes de la production industrielle et commerciale ayant surpassé la propriété foncière comme source principale de la richesse. Elle a aussi été politique, les représentants des grandes dynasties bourgeoises (Laffitte, Rothschild, Pereire, Schneider...) participant à la conduite des affaires publiques sous la monarchie de Juillet puis le Second Empire. Et si son rôle direct est relativement moindre sous la IIIe République, elle continue d'y exercer une puissante influence *via* son contrôle sur une partie de la grande presse, mais aussi l'utilisation nouvelle de lobbies tels le Comité des forges (fondé en 1864) ou l'Union des industries métallurgiques et minières (1901). Sa domination se manifeste également par le triomphe des valeurs qu'elle partage avec l'ensemble du monde bourgeois : effort, épargne, responsabilité, foi dans le progrès, attachement à la famille. Elle se donne à voir à travers l'accumulation ostentatoire de mobilier ou de collections artistiques et dans l'édification de riches hôtels particuliers dans de nouveaux quartiers (quartier de l'Europe, Plaine-de-Monceau, Passy...).

≫ L'origine du monde patronal : entre ouverture et reproduction sociale

La figure de l'homme d'affaires « fils de ses œuvres », version française du *self-made-man*, qui en une génération se hisse au niveau du grand monde, participe de la mythologie méritocratique de la bourgeoisie. La réalité est toutefois plus nuancée. L'industrialisation a effectivement ouvert des possibilités de promotion sociale, en particulier à ses débuts, dans les secteurs du textile et de la construction mécanique qui demandaient peu de savoirs scientifiques et de capitaux. Mais la plupart de ces promotions se sont faites sur deux ou trois générations grâce à la mobilisation d'un réseau familial, les cas d'ascension fulgurante – tels ceux de Jean-François Cail, fils de charron devenu patron d'une grande fabrique de locomotives ou, à la fin du siècle, du constructeur automobile Marius Berliet, issu d'une famille de canuts – demeurant exceptionnels. En outre, au fil du siècle, l'augmentation des besoins en capital et de la technologie incorporée avec le développement de nouvelles branches comme la chimie ou l'électricité a renforcé la logique de reproduction sociale, la famille s'imposant comme lieu crucial de transmission du capital économique et culturel.

L'émergence de nouvelles élites à la fin du siècle

À la faveur des évolutions du dernier tiers du XIXe siècle, certaines catégories sociales, sans acquérir tous les attributs des classes supérieures, voient leur pouvoir augmenter. Dans la sphère économique, la complexité croissante des techniques accroît le rôle des ingénieurs, issus des grandes écoles telles l'École polytechnique (fondée initialement en 1794 pour former des officiers), l'École centrale des arts et manufactures (1829) ou l'École supérieure d'électricité (1892). Amenés à occuper des fonctions techniques mais aussi d'encadrement dans les grandes entreprises, ils en sont parfois aussi les fondateurs, tels le centralien Peugeot ou le polytechnicien Citroën. Cette montée en puissance n'est toutefois pas contradictoire avec les stratégies de reproduction familiale, puisque les ingénieurs sont souvent fils et/ou gendres de patrons d'industrie. Dans la sphère politique, les nouvelles règles de la compétition électorale et la généralisation du recrutement par concours ont ouvert les positions d'élus et de hauts fonctionnaires à la « bonne bourgeoisie » des professions libérales (avocats et médecins) et le rôle accru de l'opinion publique s'accompagne de l'émergence des intellectuels, hommes de lettres et universitaires, consacrés par l'affaire Dreyfus qui éclate en 1894.

B. La formation progressive d'une classe ouvrière

L'industrialisation a aussi donné naissance à un nouveau monde social du côté des catégories populaires, celui des ouvriers. Celui-ci est toutefois demeuré très divers pendant la majeure partie du XIXe siècle, ne tendant à s'homogénéiser et à se constituer en classe mobilisée qu'au cours des dernières décennies.

La diversité de la condition ouvrière

≫ Des univers différenciés

Durant les deux premiers tiers du XIXe siècle, le monde ouvrier est très hétérogène. Trois ensembles peuvent être sommairement distingués : les gens de métiers de la « petite industrie », les travailleurs de la proto-industrie rurale et le prolétariat d'usine. Les premiers, héritiers de l'artisanat, travaillent dans de petits ateliers urbains. Dotés d'une qualification professionnelle et insérés dans des communautés de métier qui maintiennent la logique des corporations en dépit de leur interdiction officielle par le décret d'Allarde (1791), ceux-ci disposent d'une certaine autonomie de travail et d'un pouvoir de négociation. Ils franchissent souvent, mais rarement définitivement, la frontière floue qui sépare leur statut dépendant de celui de « petit patron ». Les travailleurs de la proto-industrie sont, eux, des paysans que la pratique d'une ou plusieurs activités d'appoint permet de survivre. Faiblement coûteuse, flexible, adaptée à la réalisation de petites quantités de produits, cette main-d'œuvre convient dans des industries de biens de consommation, comme le textile, où l'activité est irrégulière et la demande diversifiée. Le prolétariat d'usine se développe dans les filatures de coton, les mines ou la sidérurgie, mais demeure minoritaire, les grands établissements étant rares. Constitué à l'origine de migrants ruraux temporaires, le prolétariat tend à se sédentariser et est progressivement discipliné par les contraintes réglementaires et le rythme de la machine qui le dépossède de ses compétences.

≫ Une condition matérielle rude mais elle-même diverse

Les enquêtes sociales menées sous la monarchie de Juillet, notamment par Villermé (*Tableau de l'état physique et moral des ouvriers employés dans les manufactures de coton, de laine et de soie*, 1840), pointent la dureté des conditions de travail de ces prolétaires de l'industrie mécanisée : enfermement, chaleur, bruit, longueur des journées de travail (jusqu'à 15 heures dans les années 1840), insalubrité, qui génèrent maladies et accidents du travail. Elles soulignent également la fréquence du travail des femmes, payées la moitié des hommes, et des enfants, dont la petite taille est utile pour certaines tâches. Mais la rudesse de la condition prolétaire tient aussi aux méfaits d'une urbanisation incontrôlée qui conduit les ouvriers à s'entasser dans des caves, greniers ou « dortoirs », dans des quartiers malsains et pollués. À cette misère physique s'ajoute une « misère morale » dont les symptômes, violence, fréquence des liaisons illégitimes et surtout alcoolisme, nourrissent les peurs et les fantasmes des observateurs.

Si ce tableau correspond à une réalité, il a le double tort de se focaliser sur une catégorie encore minoritaire et de masquer l'hétérogénéité des situations. D'une part, le sort des autres catégories populaires n'était pas forcément meilleur : le confinement était parfois plus important dans les ateliers que dans les manufactures, les rythmes de travail étaient très contraignants aussi dans le *domestic system* et les conditions d'hygiène mauvaises également à la campagne. D'autre part, les niveaux de vie étaient très variables selon les secteurs, les régions, mais aussi les individus, en fonction de la qualification, des modes de rémunération, de la possession d'un lopin de terre ou encore des accidents de la vie (chômage, maladie) qui pouvaient faire basculer les individus dans la très grande misère.

Les évolutions après 1880 : progrès matériel et affirmation sociale

≫ Homogénéisation et amélioration relatives

Au cours des dernières décennies du XIXe siècle, le monde ouvrier connaît une homogénéisation relative. L'accroissement de la concurrence, la hausse des salaires réels et le coût élevé des investissements dans les nouvelles industries (construction électrique, chimie, automobile…) incitent les entrepreneurs à accélérer la mécanisation et à concentrer la main-d'œuvre pour réaliser des gains de productivité et pouvoir produire en série. Certes, les petits établissements continuent de dominer le paysage industriel, mais la proto-industrie régresse fortement et le modèle de la grande usine se répand : en 1906, 11 % de la main-d'œuvre travaillent dans des entreprises de plus de 500 ouvriers.

Simultanément, la condition ouvrière s'améliore légèrement. La baisse des prix de l'alimentation au cours des années 1880-1890 augmente le pouvoir d'achat des salaires ouvriers qui eux ne baissent pas. La consommation peut ainsi s'étendre aux produits industriels les plus simples. Les journées de travail demeurent longues, mais la tendance à la diminution s'amorce, officialisée par des lois au début du XXe siècle (journée de 10 heures en 1904, de 8 heures en 1919). Les accidents du travail s'accroissent avec la mécanisation, mais la loi de 1898 institue leur prise en charge automatique. Enfin, la concentration spatiale s'accroissant, les logements demeurent petits et insalubres, mais certains ouvriers bénéficient de programmes d'amélioration à l'initiative de patrons paternalistes (cités ouvrières de Mulhouse, du Creusot ou de Noisiel), puis de la Société française des habitations à bon marché (HBM), créée en 1889 et soutenue par les pouvoirs publics dès la loi Siegfried de 1894.

≫ Organisation et affirmation sociale

Ces différentes conquêtes sont en partie le résultat d'une meilleure organisation et d'une mobilisation plus grande, qui accompagnent la constitution du groupe ouvrier en véritable classe sociale. Très dispersé à l'origine, le mouvement ouvrier s'est progressivement organisé, d'abord au travers de la création de mutuelles (300 000 ouvriers en 1853, 800 000 en 1869) puis *via* la formation de syndicats officiellement autorisés par la loi Waldeck-Rousseau de 1884. Parallèlement, naissent des courants politiques « socialistes » puisant leur inspiration dans l'héritage égalitaire de la Révolution française et de plus en plus dans le marxisme, regroupés dans la Ire Internationale ouvrière en 1864. Si les grandes insurrections du « peuple » de Paris (journées de juin 1848, Commune de Paris en 1871), durant lesquelles les gens de métier côtoient les petits artisans et commerçants, incarnent la lutte sociale pendant les deux premiers tiers du siècle, le renouveau de la conflictualité après l'écrasement de la Commune prend la forme moderne des grèves, qui se multiplient et s'allongent à la fin du siècle, impliquant des franges de plus en plus larges du monde ouvrier. Divisé entre différents courants marxistes, anarchistes et réformistes, mais aussi entre sa branche syndicale qui préconise l'action directe et sa branche politique qui participe avec un certain succès à la compétition électorale (une cinquantaine de députés en 1893, une centaine en 1910), le mouvement ouvrier tend toutefois à s'unifier et à gagner en visibilité sociale avec la fondation de la Confédération générale du travail (CGT) en 1895 puis celle de la Section française de l'Internationale ouvrière (SFIO) en 1905.

C. L'évolution du monde paysan et rural

L'évolution du monde paysan singularise la France par rapport à ses voisins européens. Alors que le déclin de l'emploi agricole et l'exode rural ont été précoces en Grande-Bretagne et qu'ils se sont faits sur un rythme accéléré en Allemagne à la fin du XIXe siècle, ils se sont étalés en France sur près de deux siècles (*cf. supra*, tableau 4). Ainsi, en 1911, la population rurale représente encore 56 % de la population totale (contre 27 % au Royaume-Uni et 40 % en Allemagne).

Reflet d'une industrialisation elle-même plus lente et progressive, cette particularité sociale en est également une des explications : si les structures sociales traditionnelles n'ont pas bloqué le changement, par leur faculté de résistance et d'adaptation, elles ont sans doute contribué à le ralentir.

La France paysanne dans la première moitié du XIXe siècle : diversité et surpeuplement

La structure foncière au début du XIXe siècle en France demeure très inégalitaire. La vente des biens nationaux, qui a surtout profité à la bourgeoisie urbaine et aux cultivateurs aisés, a certes interrompu le mouvement de concentration des terres du XVIIIe siècle, mais n'a pas modifié la hiérarchie globale. Si bon nombre de paysans sont propriétaires, ils ne possèdent souvent que de maigres lopins de terre insuffisants pour subsister et leur condition n'est guère éloignée de celle des salariés agricoles encore nombreux : dépendants des grands propriétaires pourvoyeurs de travail et principaux créanciers, ces petits paysans recourent pour survivre à la pluriactivité dans le cadre de la proto-industrie ou des migrations temporaires. Leur condition tend à se dégrader au cours de la première moitié du siècle, la croissance démographique, même limitée, accroissant le surpeuplement rural.

La variété régionale des structures foncières et des rapports sociaux est toutefois très grande. Le Bassin parisien voit le développement d'une agriculture capitaliste, dominée par les grands fermiers, au sein de laquelle le progrès économique apaise les antagonismes sociaux. Dans le Nord-Est et la Normandie, la petite propriété est plus importante, de même que l'appoint fourni par la proto-industrie. Dans le Sud et l'Ouest, les rapports sont plus traditionnels et contraignants encore entre, d'un côté, châtelains nobles ou bourgeois et, de l'autre, journaliers et métayers. La faiblesse des progrès y exacerbe les conflits, liés notamment à la contradiction entre la propriété privée moderne et l'usage collectif des communaux. Jusqu'en 1847, il est ordinaire qu'en période de difficultés économiques, des révoltes frumentaires éclatent.

Les évolutions au cours de la seconde moitié du XIXe siècle : un monde rural plus homogène et plus intégré

Homogénéisation et enrichissement relatif

Le Second Empire est marqué par un enrichissement relatif du monde paysan, évidemment inégal. Les prix sont orientés à la hausse, la demande de produits agricoles augmente dans les villes ainsi que les exportations, surtout après 1860. Après avoir atteint son maximum en 1846, la population rurale tend à décroître, une partie des salariés agricoles quittant les campagnes pour aller s'employer dans les grands chantiers urbains. La situation de ceux qui restent s'en trouve meilleure. Le progrès des communications améliorant en outre la régulation marchande, les révoltes de la faim se raréfient. Certains paysans enrichis en profitent pour devenir propriétaires.

La crise de la fin du siècle, marquée par une forte baisse des prix et un enchaînement de catastrophes naturelles (en particulier le phylloxéra qui touche la viticulture), a des conséquences ambivalentes. Elle touche surtout les plus faibles qui, victimes en outre du déclin de la proto-industrie, sont contraints à l'exil. Ainsi, entre 1881 et 1911, 100 000 à 150 000 ruraux partent chaque année pour la ville. Mais ces départs, conjugués à la baisse de la rente foncière qui incite les grands propriétaires non résidents à vendre, renforcent l'homogénéité sociale des campagnes au bénéfice de la petite et moyenne exploitation : au début du XXe siècle, le nombre de propriétaires exploitants atteint 3,4 millions. Par ailleurs, la crise incite à la modernisation selon des modalités diverses : spécialisation, rationalisation de la commercialisation, innovations techniques. Favorisée dans certaines régions par le développement des coopératives, elle permet une reprise sensible de la production et des prix au début du XXe siècle.

En dépit du maintien local de situations d'extrême pauvreté, la période 1850-1914 voit donc globalement les niveaux de vie s'élever. La nourriture s'améliore, l'habitat gagne en confort et en salubrité, de nouveaux biens de consommation (notamment des vêtements) arrivent des villes.

Organisation et intégration

Le dernier tiers du XXe siècle voit aussi le développement de formes nouvelles d'organisation de la paysannerie, devenue une force politique. Ce sont les notables conservateurs qui, les premiers, dans les années 1870, participent au développement de syndicats agrariens. Fédéré dans l'Union centrale des syndicats agricoles, ce mouvement revendique en 1912 près d'un million de membres. Mais les républicains réagissent en créant leurs propres syndicats réunis au sein de la Fédération nationale de la mutualité et de la coopération agricole. Ces groupes de pression, souvent dirigés par de gros exploitants, mobilisent les plus petits pour influencer le gouvernement dans le sens de leurs intérêts, et notamment en faveur de mesures protectionnistes.

De fait, les différents gouvernements, conscients du poids politique des paysans, s'efforcent de s'attirer leur soutien. Cette attention particulière se traduit par la création d'un ministère indépendant de l'Agriculture en 1881, par l'instauration d'un protectionnisme modéré, sous l'impulsion de Jules Méline en 1892, ou encore par la naissance de la banque du Crédit Agricole en 1898. Mais l'intégration de la France rurale est aussi passée par différents vecteurs d'homogénéisation linguistique et culturelle, parmi lesquels évidemment l'école républicaine, mais aussi l'extension des réseaux de communication, la diffusion de la presse, la conscription universelle ou encore le développement des élections locales.

D. La montée des classes moyennes fin XIXe siècle-début XXe siècle

Au début du XIXe siècle, l'expression « classe moyenne » désignait la bourgeoisie des talents et des capacités (professions libérales, négociants, industriels), exclue du pouvoir par les notables et la monarchie censitaire, et qui allait jouer un rôle moteur dans les révolutions de 1830 et 1848. Au cours de la seconde moitié du siècle, son sens s'élargit pour englober les petits entrepreneurs, les petits commerçants, mais aussi les employés et les fonctionnaires. Ces « couches nouvelles », selon l'expression de Gambetta en 1874, connaissent une forte expansion et deviennent un enjeu politique pour les républicains qui cherchent à en faire le socle principal du régime. Si la diversité de leurs situations justifie le passage au pluriel, elles ont en commun l'extériorité au monde de l'usine, une relative indépendance économique, un minimum d'instruction et l'aspiration à la promotion par le mérite.

Les catégories indépendantes

≫ Les petits commerçants et artisans

Si, au cours de la première moitié du siècle, le commerce itinérant des colporteurs subsiste, les boutiques de détail se multiplient après 1850 sous l'effet de la hausse des niveaux de vie, de l'urbanisation et du chemin de fer, qui permet d'étendre les réseaux : le nombre de commerces d'alimentation aurait ainsi triplé entre 1850 et 1880. On compte 1,5 million de boutiquiers au début du XXe siècle et près de 3,5 millions d'indépendants si l'on inclut les artisans et les « petits patrons ». S'il fait preuve d'une forte vitalité, ce statut social, échappatoire au prolétariat pour les ruraux contraints à l'exil et voie d'ascension pour les ouvriers, est toutefois fragile. Le risque de faillite est important et la concurrence des grands magasins dans les centres-villes, couplée à la migration de la clientèle populaire vers les faubourgs et les banlieues, oblige à des redéploiements géographiques. Les niveaux de fortune accumulés en fin de vie demeurent en outre modestes et permettent rarement l'accès à la vraie bourgeoisie. En raison de son poids numérique, ce monde de « l'atelier et de la boutique » se fait le porte-parole des « classes moyennes ». Ce sont ainsi des indépendants qui sont à l'origine de la création des associations de défense des classes moyennes. Sur le plan politique, s'ils ont tendu à glisser vers la droite à Paris, ils constituent en province la base sociale du Parti radical (fondé officiellement en 1901), qui les séduit par sa défense de la petite propriété contre le « grand capital ».

≫ Les professions libérales

Frange supérieure des classes moyennes, elles servent de référence aux autres groupes. Si toutes sont susceptibles d'apporter richesse et notoriété, un clivage sépare toutefois les professions médicales et juridiques, qui assurent le niveau de vie bourgeois standard (emploi de domestiques, notamment), et les nouvelles carrières journalistiques et artistiques, en forte expansion, dont le statut est plus fragile.

Après avoir souffert de l'encombrement des carrières au début du siècle, les médecins, mieux organisés et libérés de la concurrence des officiers de santé, profitent de la hausse des niveaux de vie, de la révolution pastorienne qui augmente leur efficacité et de la valorisation républicaine de la science. Dans le milieu juridique, ce sont surtout les avocats qui tirent parti du développement des affaires et de la technicité croissante des procédures pour étendre leur nombre et leur influence.

Comme en atteste leur surreprésentation parmi le personnel parlementaire et ministériel (149 députés avocats et 62 médecins sur 545 députés en 1881), ces professions connaissent à cette époque leur âge d'or. Techniciens de la parole, porteurs d'une expertise officiellement validée et fortement implantés sur le territoire, ils jouent le rôle stratégique d'intermédiaire dans les processus de représentation, profitant du déclin des notables et du caractère encore embryonnaire des formes collectives modernes (syndicats, partis, groupes de pression).

De nouvelles catégories salariées

≫ Les employés

Les employés, définis à l'époque comme les salariés non ouvriers, connaissent une forte progression à la fin du XIXe siècle et au début du XXe siècle sous l'effet du développement des grands magasins, du monde de la banque et de l'assurance dont les agences se multiplient, mais aussi de la complexification et de la bureaucratisation croissantes des grandes entreprises. Aux employés de commerce (commis, vendeurs, caissiers…) s'ajoutent ainsi les employés de bureau des entreprises (gestionnaires, comptables, dactylographes…). Travaillant majoritairement en ville, ils sont dotés dans les grandes entreprises de quelques avantages sociaux (fonds de prévoyance) qui les dissocient des autres salariés, mais sont comme les autres soumis à un contrôle très strict. S'ils se vivent comme proches de la bourgeoisie, valorisant les manières et le savoir, les cas d'ascension sociale sont pourtant plus rares que ceux de retour au travail manuel. La diffusion de l'instruction tend en outre à renforcer la concurrence interne au groupe au début du XXe siècle, engendrant un écrasement de la hiérarchie des salaires et un sentiment de déclassement chez les plus mal lotis, obligés de pratiquer un second métier ou de faire travailler leurs femmes, à rebours de l'éthique petite-bourgeoise.

≫ Les fonctionnaires

À mesure que de nouvelles fonctions de l'État se développent (éducation, unification de la nation par les postes, télégraphes puis téléphones, protection de l'économie), ses effectifs s'accroissent : on peut estimer qu'il s'est produit un doublement du nombre de fonctionnaires entre 1858 et 1896, de 217 000 à 416 000 (militaires exclus). Ils se distinguent des autres employés par la sécurité relative de l'emploi et le bénéfice d'un régime de retraite (créé en 1853). L'univers administratif tend toutefois à devenir de plus en plus hétérogène en même temps qu'il se ramifie et que ses services s'installent sur tout le territoire national, jusqu'aux villages, voire aux hameaux dans le cas de l'enseignement primaire.

Dans l'administration centrale, la faiblesse persistante des traitements en début de carrière et le maintien de principes de gestion autoritaire et de favoritisme politique entrent en contradiction avec la création de concours qui débouchent sur le recrutement d'un personnel plus qualifié et plus porté à la contestation. Des tensions s'observent également dans le milieu des instituteurs. Ces « hussards noirs » de la République, vecteurs de la généralisation de l'instruction primaire gratuite, laïque et obligatoire décidée par les lois Ferry de 1881-1882, sont certes dotés de tous les attributs d'un nouveau corps : formation par l'école normale, diplôme, lieu propre d'exercice et de logement. Voie de promotion sociale pour les enfants de paysans ou d'ouvriers qualifiés ou solution de repli pour ceux issus de milieux indépendants menacés par l'évolution économique, leur métier leur offre en outre la sécurité et un certain prestige social. Mais la faiblesse des traitements, qui implique souvent des travaux secondaires si on veut faire vivre une famille, et l'hostilité de certains milieux ruraux ou ouvriers rendent son exercice difficile, en particulier pour les institutrices moralement isolées et victimes d'inégalités.

2 L'évolution des groupes sociaux au XXe siècle

La société française a connu au XXe siècle des transformations sans doute plus importantes encore qu'au XIXe siècle. Si l'entre-deux-guerres a surtout vu les tendances passées s'accentuer, les Trente Glorieuses ont été marquées par le déclin de la paysannerie et l'essor des classes moyennes salariées, tandis que les dernières décennies ont été le temps d'un recul de la classe ouvrière.

A. L'affirmation de la société salariale

Comme dans l'ensemble des pays développés, l'extension du salariat constitue en France une tendance lourde, amorcée dès le XIXe siècle, mais qui s'est accentuée depuis les années 1950. La part des salariés dans l'emploi est ainsi passée de 48,3 % en 1851 à 62,2 % en 1936 et 87,9 % en 2019. Symétriquement, les non-salariés ont connu un net déclin numérique : alors qu'ils représentaient encore le tiers des actifs occupés en 1954, ils n'en regroupent plus que 12,1 % en 2019. Ces évolutions quantitatives se sont accompagnées de renouvellements internes et, dans le cas des salariés, d'une différenciation croissante incarnée notamment par l'émergence de la figure du cadre.

Encadré 3 – Le code des « professions et catégories socioprofessionnelles » (PCS)

Depuis 1954, on dispose en France d'un outil statistique sophistiqué pour appréhender les transformations des structures sociales : le code des catégories socioprofessionnelles (CSP). Élaboré par l'INSEE, il est l'héritier d'une statistique économique née dans les années 1830, mais aussi de la production sociologique sur les classes et la stratification sociale. Révisé en 1982 (et de nouveau amendé en 2003) pour tenir compte des transformations intervenues au cours des Trente Glorieuses, et appelé désormais code des PCS, il est articulé en 4 niveaux : on distingue ainsi 8 groupes (dont 6 d'actifs), subdivisés en 24 catégories agrégées et 42 catégories détaillées, qui elles-mêmes englobent 486 « professions ». Si tous les pays industrialisés ont des systèmes de classification professionnelle, la nomenclature française a la particularité d'être multidimensionnelle. Elle combine en effet plusieurs critères de classement qui interviennent à divers niveaux : la profession individuelle, le statut (salarié ou non), la qualification, la position hiérarchique, l'importance de l'entreprise, le secteur d'activité, et l'opposition fonction publique/entreprise privée.

Construite selon une logique nominaliste (rassemblement d'individus ayant des caractéristiques communes sans que ceux-ci forment nécessairement un groupe réel et s'y sentent appartenir), cette nomenclature a toutefois aussi pour objectif de constituer des catégories présentant une certaine homogénéité sociale, et influence par ailleurs les représentations collectives du fait de son usage massif dans les enquêtes de l'INSEE et les sondages d'opinion. Si elle constitue ainsi un outil privilégié pour analyser les transformations sociales, elle ne recoupe cependant que partiellement les analyses en termes de classes ou de groupes sociaux.

Tableau 7 – Les groupes socioprofessionnels d'actifs : effectifs en 1962 et 2019, part des femmes, taux de chômage

	1962		2019			
	Effectifs *(en milliers)*	**Part de la population active** *(en %)*	**Effectifs** *(en milliers)*	**Part de la population active** *(en %)*	**Part des femmes** *(en %)*	**Taux de chômage** *(en %)*
Agriculteurs exploitants	3 045	15,9	408	1,4	27,0	0,6
Artisans, commerçants et chefs d'entreprise	2 084	10,9	1 900	6,4	28,8	3,9
Cadres et professions intellectuelles supérieures	892	4,7	5 432	18,3	42,2	3,5
Professions intermédiaires	2 114	11	7 303	24,6	53,4	4,7
Employés	3 535	18,4	8 029	27,0	75,1	9,2
Ouvriers	7 488	39,1	6 090	20,5	20,6	12,4
Ensemble*	19 158	100	29 682	100	48,5	8,4

* Y compris les chômeurs n'ayant jamais travaillé.

Source : S. Bosc, *Stratification et classes sociales*, 2011 ; INSEE, Enquête emploi 2019.

Déclin et renouvellement des non-salariés

≥ Des paysans aux agriculteurs exploitants

Dans la mesure où l'emploi agricole est composé pour près des trois quarts de non-salariés, son déclin a fortement contribué à celui de l'emploi indépendant. L'agriculture française, qui avait évolué lentement au cours du XIXe siècle et même pendant la première moitié du XXe siècle, s'est modernisée très rapidement après 1950. La commercialisation de la production s'est fortement accrue et des investissements importants, financés par endettement, ont permis une mécanisation massive (tracteur, moissonneuse-batteuse), entraînant une chute des effectifs. Parallèlement, sous l'effet du développement des communications et des loisirs de masse (radio et télévision), l'intégration des paysans à la culture nationale s'est poursuivie, leurs pratiques sociales perdant en spécificité (Henri Mendras, *La Fin des paysans*, 1967).

L'évolution du statut agricole n'a toutefois pas été seulement le produit de déterminants économiques. Le modèle qui s'est imposé au cours des Trente Glorieuses, celui de l'exploitation de taille moyenne, moderne mais familiale, positionnant les agriculteurs parmi les classes moyennes, a été élaboré conjointement par les courants novateurs du monde agricole (notamment le Centre national des jeunes agriculteurs – CNJA) et les pouvoirs publics. Le niveau de diplôme des agriculteurs s'est ainsi élevé, en même temps que leur niveau de vie moyen. Ce modèle dominant a toutefois fait l'objet de remises en cause à partir des années 1980, tant de la part de « petits agriculteurs » critiquant la logique productiviste que de grands exploitants promouvant une « agriculture capitaliste » plus concentrée.

≥ Le recul des indépendants non agricoles

Si la baisse de l'emploi non salarié a épargné les chefs d'entreprise, artisans et commerçants ont poursuivi un déclin numérique amorcé dans l'entre-deux-guerres. L'artisanat de fabrication a subi la concurrence des entreprises industrielles, et les commerçants celle de la grande distribution, qui a connu un essor spectaculaire.

Ce mouvement n'a toutefois pas été général et univoque. D'une part, l'emploi artisanal continue de dominer dans le bâtiment et les travaux publics. D'autre part, de nouvelles unités commerciales spécialisées (traiteurs, confection, artisanat d'art, agences de voyages, boutiques informatiques) ont connu un essor significatif au cours des dernières décennies. Enfin, l'emploi indépendant s'est développé dans « les services aux particuliers » (soins médicaux et paramédicaux, arts, spectacles et loisirs…). En moyenne, ces « nouveaux » commerçants et artisans sont d'un niveau économique et culturel plus élevé.

Au cours des dernières années, le mouvement séculaire de baisse de la part de l'emploi indépendant s'est même légèrement infléchi, à la suite de la création du statut d'autoentrepreneur (devenu microentrepreneur) et du développement de plateformes numériques (à l'image d'Uber) externalisant la production (et les risques associés) auprès d'une multitude de producteurs individuels. Si ces tendances sont significatives dans certains secteurs (transport, hébergement), elles sont toutefois d'un poids statistique modeste à l'échelle macroéconomique. Le statut de ces emplois est en outre encore incertain, l'indépendance juridique s'accompagnant souvent d'une forte subordination économique.

Expansion et différenciation du salariat

≥ Une forte croissance des emplois salariés non ouvriers

Les catégories salariées ont progressé tant dans le privé que dans le public. Dans le privé, si l'emploi ouvrier a suivi les fluctuations de l'emploi industriel, s'accroissant jusqu'au milieu des années 1970 avant de régresser nettement depuis, le fait majeur est l'extension de l'emploi salarié non ouvrier. Le progrès technique, mais aussi l'accroissement de la concentration et la généralisation de l'organisation taylorienne du travail pendant les Trente Glorieuses, a nourri la croissance des postes d'ingénieurs et de techniciens exerçant des fonctions d'encadrement ou bien intervenant en amont (bureau d'études) ou en aval (contrôle) de la fabrication. Mais du fait de la complexité organisationnelle croissante des entreprises, l'emploi s'est aussi développé et différencié dans les fonctions administratives et commerciales, donnant lieu à une division verticale des tâches entre cadres, intermédiaires et employés, qui fait pendant à la hiérarchie « technique » entre ingénieurs, techniciens et ouvriers.

Le même processus est à l'œuvre dans les administrations publiques dont les effectifs, qui se montaient à 5,66 millions en 2019, ont quasiment doublé depuis 1954. Liée au gonflement de l'appareil étatique et des collectivités territoriales, cette croissance est aussi le produit du développement de fonctions sociétales largement socialisées, en particulier l'éducation et la santé.

≥ Une nouvelle figure sociale : le cadre

La nomenclature des PCS porte la trace de cette différenciation/hiérarchisation du salariat non manuel. Alors que jusque dans les années 1930, l'appellation « employés » rassemblait aussi bien les ingénieurs, les techniciens que les cols blancs intermédiaires et subalternes, ceux-ci sont répartis en trois grands groupes dans la classification actuelle. Signe que l'évolution des groupes sociaux n'est pas que le produit des transformations du système productif, tous n'ont pas acquis la même consistance sociale. Si l'identité des professions intermédiaires et des employés apparaît floue, le terme « cadre » renvoie à une image sociale relativement nette et valorisée, associant rémunérations confortables, responsabilités professionnelles, compétences et modernité du style de vie.

Dans son ouvrage *Les Cadres, la formation d'un groupe social* (1982), Luc Boltanski a analysé les différentes médiations politiques, culturelles et institutionnelles qui ont permis à ce groupe de s'affirmer socialement, en dépit de son hétérogénéité interne entre experts techniques et « administratifs », ou entre autodidactes et diplômés. Les ingénieurs ont formé le noyau constitutif du groupe. Ils ont vu leur rôle s'accroître dans l'entre-deux-guerres avec la diffusion du taylorisme et ont cherché à affirmer leur position singulière entre le salariat d'exécution et le patronat, fondée à la fois sur l'expertise et l'autorité hiérarchique. C'est sous leur houlette qu'est créée en 1944 la Confédération générale des cadres (CGC) qui entend défendre les intérêts spécifiques des salariés non subalternes. Consacrée institutionnellement par l'obtention d'un régime complémentaire de retraite spécifique en 1947 et par le code des CSP de 1954, l'identité sociale du groupe se fixe durablement au cours des Trente Glorieuses grâce à d'efficaces relais associatifs mais aussi médiatiques (*news magazines*), qui diffusent l'idéologie managériale importée des États-Unis et mettent en avant un nouveau style de vie moderne et hédoniste, tranchant avec le rigorisme et le passéisme des fractions indépendantes des classes moyennes.

B. L'évolution des classes supérieures

Les classes supérieures appartiennent principalement aux groupes des indépendants non agricoles et des cadres et professions intellectuelles supérieures, sans que tous les membres de ces groupes en fassent partie.

La bourgeoisie managériale : nouvelle forme de pouvoir mais continuité sociale

L'évolution du monde patronal français est globalement conforme aux thèses managériales développées dès l'entre-deux-guerres aux États-Unis et défendues notamment par James Burnham (*The Managerial Revolution*, 1941) : les grandes entreprises ne sont plus dans leur majorité dirigées effectivement par les détenteurs du capital, mais par des « managers » et des technocrates salariés qui accèdent à ces postes par la vertu, non de l'hérédité, mais de leur réussite dans les filières les plus élitistes du système de formation (ENA, Polytechnique, Centrale, HEC, ESSEC...).

Il serait toutefois erroné de conclure à une éviction des classes possédantes. D'une part, le poids du capital familial demeure important. Il est dominant dans le monde des PME, bon nombre de celles choisissant le statut de société anonyme appartenant en fait à un propriétaire principal qui préfère adopter le statut de président-directeur-général (PDG). Et il continue d'exercer une influence non négligeable dans les grandes entreprises, par contrôle majoritaire ou par détention d'une minorité de blocage. D'autre part, la grande majorité des cadres dirigeants des grandes entreprises sont eux-mêmes issus des classes supérieures, la transmission par la famille de capitaux culturels et sociaux élevés étant, comme l'ont montré notamment les travaux de Pierre Bourdieu (« Le patronat », avec Monique de Saint-Martin, 1978), un atout essentiel pour passer le cap de la sursélection scolaire et professionnelle.

Diversité et convergence des élites

Le pluriel semble s'imposer quand on évoque les classes supérieures. En raison de la différenciation sociale des fonctions, le pouvoir est en effet exercé par plusieurs catégories dirigeantes relativement distinctes sur le plan fonctionnel. Alors que le patronat dynastique et managérial exerce le pouvoir économique, le pouvoir politique est le fait de la haute fonction publique et de l'élite des partis de gouvernement, tandis que le pouvoir culturel est partagé entre médias et intellectuels. S'il existe une forme de répartition des tâches, ces divers groupes n'ont pas tous les mêmes intérêts et se trouvent ainsi en compétition. Ils s'opposent également par les ressources qu'ils mobilisent et leurs styles de vie : Pierre Bourdieu a ainsi mis en évidence le clivage entre, d'une part, industriels et commerçants, dont le capital est surtout économique, et qui valorisent la possession d'œuvres d'art et d'objets de luxe, et, d'autre part, les cadres administratifs et les professeurs, dont le capital est surtout culturel, qui fréquentent plus assidûment la culture classique et la culture d'avant-garde (*La Distinction*, 1979). La haute bourgeoisie d'affaires et l'aristocratie se singularisent en outre, comme l'ont montré Michel Pinçon et Monique Pinçon-Charlot, par l'importance des pratiques mondaines (rallyes et soirées dansantes pour les jeunes, cercles et clubs pour les adultes), permettant de préserver l'entre-soi, et plus généralement par une mobilisation active pour défendre leur position qui en font une vraie « classe mobilisée » (*Sociologie de la bourgeoisie*, 2000).

Toutefois, plusieurs éléments rapprochent les différentes fractions des élites et contribuent à renforcer leur homogénéité socioculturelle. Premièrement, les hauts fonctionnaires ont la même origine sociale, majoritairement bourgeoise, sont recrutés selon la même logique de sursélection scolaire, et donc socialisés dans les mêmes écoles que les managers du privé. Deuxièmement, ces hauts fonctionnaires occupent eux-mêmes très souvent des postes de direction dans les entreprises privées (pratique du « pantouflage ») et sont aussi très présents dans les cabinets ministériels comme dans les états-majors des partis politiques. Enfin, un certain nombre de clubs de discussion (fondation Saint-Simon, Cercle interallié, Le Siècle) organisent la rencontre entre les personnalités les plus influentes des affaires, de la politique, de la culture ou des médias.

C. Les mutations des classes moyennes

À mesure que le salariat non manuel se développait et se différenciait, la division ternaire de la société a supplanté le schéma bipolaire opposant bourgeoisie et classes populaires. Si elles occupent aujourd'hui une place centrale dans les discours médiatiques et politiques, les classes moyennes sont toutefois hétérogènes et difficiles à délimiter. Le débat sociologique à leur sujet a évolué, de la thèse de la « moyennisation » à la supposée crise qu'elles connaîtraient actuellement.

Un ensemble aux frontières floues et traversé de clivages

≫ Une nébuleuse aux contours imprécis

S'il apparaît clair que le centre de gravité des classes moyennes s'est déplacé, le salariat intermédiaire en expansion supplantant les catégories indépendantes en déclin numérique, identifier les frontières de cet univers est plus malaisé. S'il a le mérite de montrer l'attractivité du label « classes moyennes », auquel s'affilie une proportion croissante de personnes, le critère subjectif de l'autopositionnement dans l'espace social débouche sur des résultats très variables (entre 50 % et 70 % des personnes dans les années 2010) et dépendants des items proposés. Plus solide est le critère objectif du revenu utilisé par l'Observatoire des inégalités selon lequel appartiennent aux classes moyennes les individus, qui, par leur niveau de vie, se classent entre les 30 % les plus pauvres et les 20 % les plus riches, ou, selon une logique légèrement différente, par l'OCDE qui y regroupe les personnes ayant un revenu compris entre 75 % et 200 % du revenu médian. Mais la fixation des bornes est arbitraire et conduit à rapprocher des personnes aux profils sociaux très différents. Le critère du statut socioprofessionnel paraît ainsi plus pertinent, car plus riche et plus apte à faire émerger des groupes sociaux réels partageant des conditions de travail mais aussi des styles de vie similaires (*cf.* encadré 3). Toutefois, les classes moyennes ne peuvent être identifiées simplement à un ou plusieurs des groupes du code des PCS. Du côté des indépendants, nombre de chefs d'entreprise, mais aussi certains commerçants fortunés, font partie des classes supérieures. Quant aux classes moyennes salariées, si les professions intermédiaires en constituent le noyau, elles débordent sur les deux groupes contigus. Il est ainsi possible d'y inclure, du côté des employés, les employés administratifs, plus diplômés et plus stables dans l'emploi que les autres, et du côté des cadres et professions intellectuelles supérieures, les professeurs, dont les revenus et les conditions d'exercice professionnel sont proches de ceux du salariat intermédiaire. Mais la banalisation et la différenciation du statut de cadre depuis les années 1980 (Paul Bouffartigue, *Les Cadres. Fin d'une figure sociale*, 2001) peuvent aussi justifier d'intégrer aux classes moyennes ceux des cadres qui exercent des fonctions d'étude ou de gestion et non d'encadrement, et sont soumis à un fort contrôle hiérarchique.

≫ Un univers hétérogène

Si les différentes catégories qui forment les classes moyennes partagent quelques traits, comme des postes de travail qui ne sont ni de pure exécution, ni de direction, un niveau d'études souvent supérieur au bac ou une assez forte fluidité sociale (fréquence du changement de position sociale d'une génération à l'autre), d'importants clivages les opposent. La ligne de fracture la plus importante sépare les indépendants des salariés. Dans ses travaux des années 1970 (*La Distinction*, 1979), Pierre Bourdieu, s'il pointait leur « bonne volonté culturelle » et leur conformisme communs, soulignait aussi qu'ils se différenciaient à la fois par la structure de leur capital (plus économique chez les premiers, plus culturel chez les seconds) et par leur style de vie (ascétique pour les premiers, plus hédoniste pour les seconds). Les chercheurs du Centre d'étude de la vie politique française (CEVIPOF) ont, eux, pointé un clivage politique, les valeurs anti-autoritaires (libéralisme culturel) des salariés s'opposant au conservatisme des indépendants, tentés depuis les années 1980 par le vote Front national (FN). Mais le ralentissement de la croissance et les difficultés sociales qui l'ont accompagné ont aussi creusé le fossé interne aux classes moyennes salariées. Le vote majoritaire à droite de celles du privé peut s'interpréter comme l'expression d'un ressentiment à l'égard des « privilèges » de celles du public qui, elles, apportent leur suffrage à une gauche perçue comme plus protectrice. Ce contraste se retrouve sur le terrain de l'action revendicative, le taux de syndicalisation et la participation aux mouvements sociaux étant plus élevés chez les salariés des administrations publiques.

Les classes moyennes en débat : de la moyennisation à la crise

≫ Une moyennisation de la société française ?

Le thème de la « moyennisation » s'est développé en France au tournant des années 1970-1980. Dans son acception sociologique précise, défendue par Henri Mendras et le groupe Louis Dirn, il désignait la centration progressive de la société sur les classes moyennes et procédait de trois évolutions liées : la formation d'une vaste « constellation centrale » allant des cadres aux couches supérieures du monde ouvrier, l'atténuation des disparités socio-économiques, et l'homogénéisation des comportements et des styles de vie. S'il repose sur certains éléments incontestables (expansion numérique du salariat intermédiaire, amélioration du standing matériel des classes populaires, homogénéisation relative de la condition juvénile, proximité accrue des modèles conjugaux et familiaux), ce diagnostic a toutefois fait l'objet de fortes critiques. Tout d'abord, l'évolution des inégalités de revenus n'a pas été linéaire : elles se sont accrues au cours des Trente Glorieuses, ont nettement régressé pendant les années 1970, avant de remonter dans les années 2000. Les écarts de patrimoine sont, eux, demeurés très importants : en 2015, celui des cadres est sept fois plus élevé que celui des employés et des ouvriers. Ensuite, les différences d'expérience professionnelle demeurent fortes entre les fractions supérieures du salariat, dont les compétences et l'autonomie sont valorisées, et les fractions inférieures, déconsidérées et strictement contrôlées. Enfin, les enquêtes sur les pratiques culturelles n'enregistrent pas de réduction significative des disparités entre groupes sociaux.

≫ Des classes moyennes en crise ?

Au cours des années 2000, différents travaux économiques et sociologiques, relayés par les médias, ont avancé l'idée d'une polarisation croissante de l'emploi, allant de pair avec une déstabilisation, voire d'un déclin des « classes moyennes » (Jean Lojkine, *L'Adieu à la classe moyenne*, 2005 ; Louis Chauvel, *Les Classes moyennes à la dérive*, 2006). Les emplois relativement qualifiés mais routiniers et donc codifiables, typiques de certaines professions intermédiaires (employés de bureau, comptables…) apparaissent en effet les plus exposés tant à l'automatisation qu'à la délocalisation, alors que les emplois impliquant des compétences tacites, certains très qualifiés (ingénierie, conseil, R&D…) d'autres peu (restauration, aides à la personne), sont plus protégés. Précarisées, les « classes moyennes » feraient en outre de plus en plus l'expérience du déclassement et seraient qui plus est les perdantes d'un système de redistribution profitant aux plus pauvres et épargnant les plus riches.

Pointant certaines réalités, ces constats pèchent cependant par excès de généralité et d'alarmisme. Les emplois dont la part s'est le plus accrue depuis les années 1990 sont en effet les emplois très qualifiés ainsi que les emplois non qualifiés des services à la personne. Mais certains emplois intermédiaires impliquant d'ailleurs des compétences tacites (enseignement, paramédical) ont aussi vu leur part augmenter et, contrairement à la situation anglo-saxonne, les inégalités salariales entre catégories supérieures et moyennes ne se sont pas creusées en France (Grégory Verdugo, *Les Nouvelles Inégalités du travail. Pourquoi l'emploi se polarise*, 2017). Ensuite, si les classes moyennes bénéficient moins des revenus de transfert que les catégories populaires, elles demeurent moins sollicitées fiscalement que les classes supérieures et profitent en revanche largement des dépenses publiques d'éducation ; pas épargnées par la montée du chômage et de la précarité, elles restent moins touchées que les classes populaires. Le « malaise » de certains membres des classes moyennes, comme les personnels hospitaliers ou les enseignants, tient sans doute plus au durcissement de leurs conditions de travail et à la détérioration de leur image sociale. Enfin, l'idée que les classes moyennes seraient les principales victimes d'une panne de l'ascenseur social a été invalidée par différentes études. Si, d'après Camille Peugny (*Le Déclassement*, 2009), le déclassement intergénérationnel s'est accru depuis trente ans, les cas de mobilité ascendante demeurent plus importants et plus fréquents pour les enfants des classes moyennes que pour les enfants d'ouvriers (*cf. infra*). Comme l'ont montré Dominique Goux et

Éric Maurin (*Les Nouvelles Classes moyennes*, 2012), les classes moyennes ont largement profité de la massification de l'enseignement secondaire puis supérieur, et ont su en tirer parti pour préserver leurs positions. Simplement, du fait de l'accentuation de la compétition scolaire, cette préservation s'est faite au prix d'efforts, d'angoisses et de sacrifices croissants.

D. L'affirmation puis l'effacement de la classe ouvrière

La trajectoire du groupe ouvrier a connu de fortes inflexions au cours du XXe siècle : après s'être affirmé comme une vraie classe dotée d'une identité forte au milieu du siècle, il a ensuite perdu en consistance et en visibilité.

L'apogée de la classe ouvrière des années 1930 aux années 1970

Même si elle est restée un groupe dominé, la classe ouvrière a acquis au milieu du XXe siècle une centralité sociale et politique. Sa croissance numérique, qui en a fait le premier groupe socioprofessionnel jusqu'aux années 1970, s'est accompagnée d'une poursuite du mouvement d'homogénéisation, à la suite de la concentration des entreprises et de la diffusion progressive, au cours de l'entre-deux-guerres et pendant les Trente Glorieuses, du tayloro-fordisme. Des différences internes ont certes persisté, notamment entre les ouvriers spécialisés (OS) nés de la parcellisation des tâches et les ouvriers qualifiés, mais cela n'a pas empêché la structuration de la classe autour d'un « groupe central » constitué des métallos, des mineurs et des cheminots.

Emblèmes valorisés du groupe, ceux-ci ont aussi été les éléments moteurs des luttes sociales et politiques au travers desquelles la classe ouvrière s'est affirmée socialement en même temps qu'elle renforçait sa cohésion. Épisode fondateur, la grève générale de juin 1936, qui suivait l'accès au pouvoir du Front populaire et a débouché sur la conquête symbolique des « congés payés », a ainsi inauguré un cycle conflictuel qui allait durer jusqu'aux années 1970, à travers la Résistance, les grandes grèves de 1947-1948 ou celles de mai 1968.

Incarnation, par leur force militante et leurs succès électoraux, de la puissance sociale du monde ouvrier, la CGT et le Parti communiste français (PCF – parti d'obédience bolchevique né en 1920 au congrès de Tours d'une scission de la SFIO) y ont eux-mêmes fortement contribué. Organisateurs et animateurs des mobilisations, ils ont plus largement fait exister socialement et symboliquement la classe ouvrière, en s'imposant comme ses porte-parole légitimes. Mais le PCF, par son pouvoir municipal, en particulier dans les « banlieues rouges », et ses associations satellites, a aussi participé à l'entretien d'une contre-culture ouvrière, mêlant sa propre culture militante aux pratiques communautaires et festives traditionnelles des catégories populaires.

L'éclatement de la classe ouvrière depuis les années 1980

≫ Une déstructuration sociale

Dès les années 1960-1970, certains observateurs prévoyaient une disparition de la classe ouvrière du fait de son intégration aux classes moyennes, voire de son « embourgeoisement ». De fait, la généralisation de la Sécurité sociale, l'extension des conventions collectives, les fortes hausses de salaire du régime fordiste et l'accès aux biens durables (équipement ménager, automobile) qu'elles ont permis ont diminué l'originalité de la condition ouvrière, la rapprochant de la norme salariale dominante.

Mais bien plus que la prospérité, c'est la crise qui a déstabilisé la classe ouvrière. La forte baisse des effectifs depuis les années 1970 s'est en effet traduite par la disparition (mineurs, sidérurgistes) ou le recul numérique (ouvriers de l'automobile, cheminots) des figures emblématiques qui structuraient le groupe. Affaiblies par ces difficultés économiques, les communautés professionnelles l'ont en outre été par les mutations de l'organisation du travail et de la gestion de la main-d'œuvre : recrutement de « nouveaux ouvriers » plus diplômés dans le cadre de l'automatisation, collectifs de travail autonomes de taille réduite, recours croissant à la sous-traitance, individualisation des rémunérations, usage managérial de nouveaux termes (opérateurs, moniteurs). Touchant plus fortement les ouvriers, le chômage et la précarité ont de plus creusé en leur sein de nouvelles fractures dont témoigne l'apparition dans les années 1990 de la problématique de l'exclusion, notion floue englobant les chômeurs de longue durée, les précaires enchaînant les contrats courts, les travailleurs pauvres à temps partiel, les relégués dans les « quartiers sensibles ». Flottante, la frontière qui sépare ces populations marginalisées de la frange mieux intégrée du monde ouvrier n'en est pas moins génératrice d'angoisses et de ressentiment.

≫ Une perte d'identité politique et culturelle

Cette déstructuration sociale s'est accompagnée d'un déclin du syndicalisme et du mouvement ouvrier. Traditionnellement peu élevés en France, les effectifs syndicaux ont chuté depuis les années 1980, surtout dans le privé où les collectifs locaux se sont délités. S'ils n'ont pas disparu, les conflits sociaux sont essentiellement défensifs, mettant en scène des salariés en butte aux plans sociaux et aux fermetures de sites. Simultanément, le nombre d'adhérents et les scores électoraux du PCF ont considérablement baissé, les ouvriers s'orientant vers l'abstention et, pour une partie d'entre eux, vers le vote FN. Conséquence de la crise sociale, cette perte d'influence procède aussi de l'écroulement du système communiste qui a lui-même fortement contribué à ébranler l'identité ouvrière militante.

Plus globalement, c'est la culture ouvrière qui a eu tendance à s'effriter, sous l'effet de la diffusion d'une culture standard par les moyens de communication de masse, et surtout d'une panne de la transmission générationnelle. Perturbée à l'usine par les suppressions d'emplois et la déstabilisation des collectifs de travail, contrariée par le départ des quartiers populaires des ouvriers qualifiés fuyant la relégation, elle a également souffert de l'allongement de la scolarité qui a rapproché les conditions de socialisation des enfants d'ouvriers du reste de la jeunesse. Comme l'ont montré notamment Stéphane Beaud et Michel Pialoux (*Retour sur la condition ouvrière*, 1999), la participation à la culture adolescente et la découverte de l'illégitimité de certaines pratiques populaires ont conduit ces jeunes à prendre leurs distances avec les valeurs de leurs parents.

Une perte de centralité

Le monde ouvrier n'a pas disparu, les classes populaires encore moins. Une convergence semble même se dessiner entre les ouvriers non qualifiés et certains employés, devenus des « OS du tertiaire ». Proches par la faiblesse de leurs revenus et l'instabilité de leurs emplois, ils le sont aussi de plus en plus par leurs conditions de travail. Tandis que la logique de rationalisation gagnait certains univers employés (centres d'appels, grande distribution, restauration rapide), les ouvriers, déclinants dans l'industrie, ont vu leurs effectifs croître dans les services (transports, réparations...) et se retrouvent plus souvent sous la pression des exigences de la demande. En outre, les femmes, qui composent majoritairement les catégories « employés de commerce et personnels de services », ont tendance à choisir pour conjoints des hommes ouvriers.

Mais ce nouvel ensemble n'a ni la consistance ni la centralité sociales de l'ancienne classe ouvrière. Au-delà de celle-ci, c'est la logique même de représentation de la société en termes de classe qui a en effet décliné, concurrencée par de nouvelles « questions sociales » (l'exclusion, l'immigration, les banlieues), de nouveaux mouvements sociaux (écologisme, féminisme, mouvement des « sans », altermondialisme), de nouvelles formes de conflictualité (émeutes urbaines) et de nouveaux registres identitaires (selon le sexe, l'âge, l'origine « ethnique », la religion).

3 Les évolutions de la mobilité sociale

Si l'égalité des chances est loin de régner, le passage à des sociétés démocratiques et plus encore les transformations structurelles ont ouvert des possibilités de mobilité sociale. Avec le ralentissement récent de la déformation par le haut de la structure sociale, le régime de mobilité tend à devenir un peu moins favorable.

A. Définir et mesurer la mobilité sociale

La définition et la mesure de la mobilité sociale sont largement conditionnées à son appréhension dominante par les statistiques et la classification en catégories socioprofessionnelles.

Définitions et enjeux

La mobilité sociale correspond au changement de position sociale, c'est-à-dire de place au sein de la société, d'un individu ou d'un groupe d'individus. Ces positions sociales peuvent, au moins en partie, être hiérarchisées : elles offrent des revenus, des conditions d'existence (de travail, de logement, d'accès à la santé, à l'éducation...) et/ou un prestige inégaux, si bien que certaines positions peuvent être considérées comme supérieures à d'autres. On parle de mobilité verticale quand un individu se déplace dans l'échelle des positions sociales, mobilité ascendante s'il passe d'une position sociale inférieure à une position supérieure, mobilité descendante dans le cas inverse. Si le mouvement s'effectue entre des positions sociales jugées équivalentes, il est qualifié de mobilité horizontale. Étudier la mobilité sociale implique donc de découper la société en un ensemble de positions, ce qui peut se faire selon différents critères. La majorité des travaux se base sur celui de la profession, supposé déterminer l'appartenance plus large à une classe ou un groupe social. C'est la logique de construction de la nomenclature des professions et catégories socioprofessionnelles (PCS) de l'INSEE en France (*cf. supra*). Mais d'autres critères peuvent être utilisés, comme le revenu (en divisant la société en décile ou quintile), le diplôme ou encore le patrimoine. La mobilité sociale est à distinguer d'autres types de mobilité, même si elle leur est souvent associée. La mobilité géographique désigne un changement de lieu de résidence, la mobilité professionnelle un changement de profession. La mobilité sociale peut ou pas s'accompagner d'une mobilité géographique. Elle nécessite forcément une mobilité professionnelle mais l'inverse n'est pas toujours vrai : un individu peut changer de profession sans changer de position sociale. La mobilité sociale peut aussi s'apprécier à divers moments de la trajectoire d'un individu et par rapport à différentes références : on parle de mobilité intragénérationnelle pour désigner les changements de position sociale des individus au cours de leur vie active et de mobilité intergénérationnelle pour qualifier les changements entre leur position sociale et celle de leurs parents.

Les travaux sociologiques ont principalement pour objet la mobilité intergénérationnelle, sans doute parce que c'est à ce niveau que les enjeux sociaux et politiques sont les plus forts. C'est souvent à cette aune en effet qu'est appréciée individuellement et collectivement la « réussite sociale » des individus mais aussi et surtout l'effectivité de l'égalité des chances au sein d'une société. Dans les sociétés de castes ou d'ordres, les statuts sociaux sont foncièrement inégaux et la répartition des individus se fait selon le principe de l'hérédité sociale. Dans les sociétés démocratiques au contraire, comme l'a notamment analysé Tocqueville (*De la démocratie en Amérique*, 1835) l'égalité des conditions et des droits est la règle et l'accès aux positions sociales se fait théoriquement sur la base du seul mérite individuel. En étudiant la façon dont se fait l'accès aux positions sociales et plus précisément en évaluant le poids de l'hérédité et son évolution au fil des générations, l'analyse de la mobilité sociale met en ainsi à l'épreuve les idéaux démocratiques et méritocratiques qui sont au fondement de la justification de l'ordre social dans les sociétés contemporaines. Le lien avec l'étude des structures sociales est ainsi réciproque : basée sur une division en catégories sociales, la mesure de la mobilité sociale permet d'apprécier le degré d'inertie ou à l'inverse de fluidité des structures sociales à travers le temps.

Encadré 4 – La mobilité sociale au XIXe siècle

*Les premières études statistiques sur la mobilité sociale datent des années 1950 et portent donc sur les générations nées au début du XXe siècle. L'appréhension de la mobilité sociale au XIXe siècle ne peut donc se faire qu'à partir de travaux monographiques ou d'analyses indirectes. Même dans les sociétés d'ordres d'Ancien Régime, la mobilité sociale existait, au sein d'un tiers état très hétérogène et même entre la bourgeoisie et le clergé ou la noblesse. Les bouleversements de la structure sociale consécutifs à la révolution industrielle ont ouvert de nouvelles possibilités de mobilité. Comme le souligne notamment Patrick Verley (*La Première Révolution industrielle, *2006), les faibles besoins en capitaux et en savoir scientifique dans les secteurs de la première révolution industrielle ont notamment permis des ascensions rapides pour certains* *artisans innovants (*cf. supra*). Plus globalement le déclin de l'emploi agricole et le début de la croissance à la fin du XIX*e *siècle du salariat administratif ont créé des opportunités de mobilité ascendante. Inversement la montée en puissance des grandes entreprises dans l'industrie et le commerce a parfois conduit au déclassement voire à la prolétarisation de certains petits artisans et commerçants. Du côté des classes supérieures, comme l'ont montré les travaux de Thomas Piketty (*Le Capital au *XXI*e siècle*, 2013), la forte concentration des patrimoines et leur transmission favorisaient la reproduction sociale et rendaient très difficile l'accès à des hauts niveaux de richesse par la simple accumulation de revenus professionnels.*

La mesure statistique de la mobilité

Si la mobilité sociale peut être étudiée *via* des travaux ethnographiques s'efforçant de rendre compte de trajectoires individuelles ou collectives, l'analyse statistique constitue la méthode privilégiée par les sociologues.

≫ La construction des tables de mobilité : l'exemple de la mobilité sociale masculine

À partir des données recueillies régulièrement par l'INSEE dans les *Enquêtes formation et qualification professionnelle* (FQP) depuis 1964 et les *Enquêtes emploi* depuis 1982, on a ainsi pris l'habitude de construire des tables de mobilité croisant les positions sociales des enquêtés avec celles de leurs parents. Pour que les situations soient comparables, la PCS parentale étant celle à la fin des études de l'enquêté, ces tables sont généralement établies pour des individus ayant 40 ans et plus, âge au-delà duquel la situation professionnelle est le plus souvent stabilisée. Pour des raisons historiques, liées au faible taux d'emploi des femmes au cours des Trente Glorieuses, elles ont initialement été construites uniquement pour les hommes. Le tableau 8 présente les résultats de la dernière enquête FQP. Les catégories y sont ordonnées selon la hiérarchie sociale supposée.

Le premier chiffre de chaque case donne l'effectif extrapolé en milliers, par exemple 453 000 cadres et professions intellectuelles supérieures (CPIS) dont le père était lui-même CPIS. Le deuxième chiffre indique les destinées et s'analyse en ligne, il permet de savoir ce que sont devenus les fils d'une catégorie socioprofessionnelle donnée : ainsi 50,1 % des fils de CPIS sont eux-mêmes CPIS en 2014-2015, 8,4 % sont ouvriers. Le troisième chiffre renseigne sur les origines et s'analyse en colonne, il autorise une analyse en termes de recrutement : de quelles PCS proviennent les individus d'une PCS donnée ? 33,1 % des CPIS sont fils de CPIS, 17,1 % fils d'employés. Les marges du tableau donnent quant à elles des informations très importantes sur l'état de la structure sociale à la génération des fils et à celle des pères (soit dans les années 1975-1995). La marge horizontale indique ainsi qu'en 2014-2015, les CPIS représentent 20,1 % des fils alors qu'on voit sur la marge verticale qu'ils ne comptaient que pour 13,3 % des pères.

≫ L'interprétation des tables de mobilité

La diagonale descendante du tableau fait apparaître les cas d'immobilité (ou « hérédité ») sociale. En les additionnant et en rapportant à l'effectif total, on peut calculer le pourcentage d'immobilité sociale, en l'occurrence 36,5 %. Cela signifie qu'à l'inverse, 63,5 % des individus

(Groupe socioprofessionnel du père et groupe socioprofessionnel de l'enquêté)

Origine \ Destinée	3. Cadre et prof. intel. sup.	4. Profession intermédiaire	2. Artisan, comm., chef d'entreprise	5. Employé	6. Ouvrier	1. Agriculteur	Ensemble
3. Cadre et prof. intel. supérieure	**453**	**221**	**78**	**73**	**76**	**(3)**	**904**
% →	*50,1*	*24,4*	*8,6*	*8,1*	*8,4*	*(0,3)*	*100*
% ↓	33,1	12,8	12,0	10,1	3,6	(1,4)	13,3
4. Profession intermédiaire	**294**	**321**	**81**	**99**	**224**	**(6)**	**1 025**
	28,7	*31,3*	*7,9*	*9,7*	*21,9*	*(0,5)*	*100*
	21,5	18,6	12,5	13,7	10,5	(2,8)	15,1
2. Artisan, commerçant, chef d'entreprise	**190**	**222**	**199**	**79**	**194**	**(11)**	**895**
	21,2	*24,8*	*22,2*	*8,9*	*21,7*	*(1,2)*	*100*
	13,9	12,9	30,7	10,9	9,1	(5,1)	13,1
5. Employé	**107**	**183**	**47**	**97**	**187**	**(4)**	**625**
	17,1	*29,3*	*7,5*	*15,5*	*30*	*(0,6)*	*100*
	7,8	10,6	7,2	13,4	8,8	(1,8)	9,2
6. Ouvrier	**269**	**637**	**191**	**331**	**1 239**	**18**	**2 685**
	10	*23,7*	*7,1*	*12,3*	*46,2*	*0,7*	*100*
	19,6	37,0	29,4	45,9	58,2	8,3	39,4
1. Agriculteur	**56**	**139**	**53**	**43**	**208**	**175**	**674**
	8,3	*20,6*	*7,8*	*6,4*	*30,9*	*26,0*	*100*
	4,1	8,1	8,2	6,0	9,8	80,6	9,9
Ensemble	**1 369**	**1 723**	**649**	**772**	**2 128**	**217**	**6 808**
	20,1	*25,3*	*9,5*	*10,6*	*31,3*	*3,2*	*100*
	100	100	100	100	100	100	100

Champ : hommes français à la naissance, actifs occupés ou anciens actifs occupés, âgés de 40 à 59 ans en 2014-2015 (base n = 5 507 enquêtés). Effectifs en milliers. Les chiffres entre parenthèses correspondent aux cases comportant des effectifs très réduits (inférieurs à 10) dans l'enquête.

Source : D. Merllié, « La mobilité sociale », *in Les Grandes Questions économiques et sociales*, II, *Les Mutations de la société française*, La Découverte, coll. « Repères », 2019 ; INSEE, Enquête FQP 2014-2015.

ont changé de position sociale par rapport à leur père. Les positions sociales ne sont ainsi pas strictement déterminées par l'origine sociale, mais des inégalités perdurent dans la distribution des statuts sociaux. Majoritaires, les situations de mobilité ne se distribuent en outre pas au hasard et varient selon les groupes. Les cas de mobilité modérée, entre catégories relativement proches, sont plus nombreux que les trajets « longs » entre catégories éloignées socialement. Par ailleurs, beaucoup de situations de mobilité s'expliquent par les changements de la structure sociale, repérables dans les différences entre les marges du tableau. Les groupes sociaux en déclin numérique (agriculteurs, ouvriers) se caractérisent ainsi par un plus fort autorecrutement : 80,6 % des agriculteurs sont fils d'agriculteurs et 58,2 % des ouvriers, fils d'ouvriers. À l'inverse, les groupes en expansion puisent logiquement dans un vivier plus large : seulement 33,1 % des CPIS sont fils de CPIS et seulement 18,6 % des professions intermédiaires sont fils de professions intermédiaires. Symétriquement, la reproduction sociale est plus faible pour les groupes en déclin et plus forte pour les groupes en expansion. Les agriculteurs sont très rarement recrutés en dehors de leur milieu mais seuls 26 % des fils d'agriculteurs sont devenus agriculteurs eux-mêmes alors que 30,9 % sont devenus ouvriers ; les CPIS ont des origines plus diverses mais 50,1 % des fils de CPIS sont eux-mêmes CPIS. Plus largement, on retrouve dans les tables de mobilité les traces des grands changements de la société française depuis 1945 : exode rural et urbanisation, salarisation, industrialisation puis tertiarisation de l'emploi. On parle de « mobilité structurelle » pour qualifier cette mobilité portée par les changements d'ensemble de la société. La modification de la structure des emplois en est le vecteur principal mais les différences de fécondité entre groupes sociaux et les mouvements migratoires l'influencent également.

≫ La notion de fluidité sociale

Effective, cette « mobilité structurelle » ne dit toutefois rien sur le degré d'égalité des chances existant au sein d'une société. C'est pourquoi les chercheurs ont parfois tenté d'évaluer une mobilité « nette », calculée comme la différence entre la mobilité totale ou *brute* et la « mobilité structurelle », mesurée par les différences d'effectifs des catégories des marges du tableau. Cette distinction entre des « quantités » de mobilité qui s'additionneraient s'est toutefois révélée impossible à formaliser de manière satisfaisante, ce qui a conduit à la remplacer par une autre distinction, plus rigoureuse, entre mobilité observée et fluidité sociale (Louis-André Vallet, « Quarante années de mobilité sociale en France. L'évolution de la fluidité sociale à la lumière de modèles récents », *Revue française de sociologie*, janvier 1999). La fluidité sociale mesure le degré d'ouverture sociale de l'accès aux différentes positions. Pour l'analyser on mesure la force du lien statistique entre origine et position sociales, indépendamment de la taille des groupes et de leur évolution : plus ce lien est faible, plus la fluidité sociale est importante. La méthode la plus courante consiste à calculer des rapports de chances relatives (*odds ratio*) : on rapporte par exemple la probabilité qu'un fils de CPIS devienne CPIS plutôt qu'ouvrier à celle qu'un fils d'ouvrier devienne CPIS plutôt qu'ouvrier. Un rapport de chances relatives égal à 1 traduit l'absence de lien entre l'origine sociale et la destinée sociale. En revanche, plus la valeur du rapport diffère de 1, plus la répartition des positions sociales est inégalitaire. Si l'on prend les chiffres du tableau 7, on constate par exemple qu'un fils de cadre a environ 6 fois plus de chances

(50,1/8,4) d'être CPIS qu'ouvrier ; un fils d'ouvrier a quant à lui 0,2 (10/46,2) fois plus de chances d'être CPIS qu'ouvrier (c'est-à-dire 5 fois moins de chances). Le rapport des chances relatives est égal à 27,5, ce qui signifie que les fils de CPIS ont 27,5 fois plus de chances que les fils d'ouvriers d'être CPIS plutôt qu'ouvriers. Le rapport est logiquement plus faible pour des positions sociales plus proches : les fils de professions intermédiaires ont 2,8 [(31,3/21,9)/(23,7/46,2)] fois plus de chances que les fils d'ouvriers de devenir profession intermédiaire plutôt qu'ouvrier. La mesure de la fluidité sociale et de ses évolutions est particulièrement intéressante du point de vue des débats sur l'égalité des chances. Elle permet de montrer qu'une société moins mobile n'est pas forcément moins égalitaire et inversement. Comme l'a notamment souligné Camille Peugny (« La dynamique générationnelle de la mobilité sociale », *Idées économiques et sociales*, 2014), elle ne saurait toutefois conduire à abandonner l'analyse de la mobilité observée. En pratique en effet, les individus ne calculent pas de *odds ratio* et leur expérience vécue ne diffère guère selon que leur mobilité est structurelle ou non. En revanche, ils sont sensibles à l'évolution de leurs chances de promotion sociale par rapport au destin de leurs parents.

≫ La caractérisation des types de mobilité

Si l'on veut qualifier les situations de mobilité, il faut hiérarchiser les PCS. C'est assez facile pour les catégories salariées où tant en termes d'autonomie et de responsabilité professionnelles que de revenus, les CPIS apparaissent dans une situation privilégiée par rapport aux professions intermédiaires qui elles-mêmes sont mieux loties qu'ouvriers et employés. Un passage de l'une à l'autre de ces positions est ainsi considéré comme une mobilité verticale. Le traitement des catégories d'indépendants est plus malaisé dans la mesure où elles sont caractérisées par une très grande hétérogénéité. À part l'indépendance juridique, pas grand-chose ne rassemble par exemple le petit commerçant et le chef d'une grande entreprise. Alors que pour le premier, le passage à une position de CPIS voire de profession intermédiaire peut être analysé comme une mobilité verticale ascendante, ce n'est pas le cas pour le second. Au niveau agrégé, il est donc impossible de savoir si les passages entre cette catégorie et une catégorie salariée correspondent à une mobilité ascendante ou descendante et ils sont donc classés dans une rubrique spécifique, la mobilité de statut. Les conditions d'ouvriers et d'employés posent un autre problème : leurs conditions d'exercice ont eu tendance à se rapprocher au cours des dernières décennies, les niveaux de revenus qu'elles offrent sont peu éloignés et elles sont en outre très genrées (la catégorie « ouvriers » est à 80 % masculine, la catégorie « employés » à 75 % féminine). Arguant de ces constats ainsi que des clivages croissants au sein de chacune de ces catégories selon le niveau de qualification, certains chercheurs ont ainsi proposé de substituer à la distinction employés/ouvriers, une distinction entre ouvriers et employés qualifiés d'un côté, ouvriers et employés non qualifiés de l'autre (Thomas Amossé, Olivier Chardon, « Les travailleurs non qualifiés : une nouvelle classe sociale ? », *Économie et statistiques*, n° 393-394, 2006). Dans ces travaux récents, l'INSEE l'a adoptée et a en outre abaissé le seuil d'âge des enquêtés à 35 ans, considérant que la situation professionnelle était désormais majoritairement fixée à cet âge.

Le tableau 9 qui fait apparaître uniquement les destinées reprend ces résultats. Si le niveau global de mobilité sociale ne ressort guère différent (65 %), l'utilisation de ce nouveau clivage

Tableau 9 – Destinées sociales des hommes de 35 ans ou plus en 2014-2015 selon leur origine sociale *(en %)*

	Catégorie socioprofessionnelle des fils						
CS du père	**Agriculteurs exploitants**	**Artisans, commerçants et chefs d'entreprise**	**Cadres et professions intellectuelles supérieures**	**Professions intermédiaires**	**Employés et ouvriers qualifiés**	**Employés et ouvriers non qualifiés**	**Ensemble**
Agriculteurs exploitants	26,7	7,9	8,5	20,4	27,4	9,1	**100,0**
Artisans, comm. et chefs d'entr.	0,9	20,6	23,1	23,8	23,6	7,9	**100,0**
Cadres et prof. intell. sup.	0,2	7,9	49,0	25,4	13,7	3,8	**100,0**
Professions intermédiaires	0,6	7,8	26,5	31,1	26,2	7,7	**100,0**
Employés et ouvr. qualifiés	0,6	7,2	12,7	26,8	42,6	10,1	**100,0**
Employés et ouvr. non qualifiés	0,6	6,5	8,3	18,7	43,9	22,1	**100,0**
Ensemble	**2,8**	**9,1**	**20,4**	**25,3**	**32,4**	**10,1**	**100,0**

Immobilité Mobilité non verticale Mobilité verticale descendante Mobilité verticale ascendante

Champ : hommes français actifs occupés ou anciens actifs occupés, âgés de 35 à 59 ans.

Source : d'après M. Collet, E. Pénicaud, « En quarante ans, la mobilité sociale des femmes a progressé, celle des hommes est restée quasi stable », *INSEE première*, n° 1739, 2019.

permet de distinguer plus finement les situations de mobilité verticale. Celle-ci concerne ainsi au total 43 % des hommes dont 28 % ont connu une mobilité ascendante et 15 % une mobilité descendante. Distinguer selon le niveau de qualification permet également d'affiner la mesure de la fluidité sociale, en différenciant les *odds ratio.* Les fils de CPIS ont ainsi 12 fois plus de chances que les fils d'ouvriers ou d'employés qualifiés d'être CPIS plutôt qu'ouvriers ou employés qualifiés ; ils ont 35 fois plus de chances que les fils d'ouvriers ou d'employés non qualifiés d'être CPIS plutôt qu'ouvriers ou employés non qualifiés.

≫ La mobilité sociale des femmes

Pendant longtemps, les études de mobilité sociale n'ont abordé la situation des femmes que de manière indirecte à travers la profession de leur conjoint. On construisait ainsi des tables de mobilité qui croisaient la position sociale du père de la femme avec celle de leur conjoint ou avec celle de leur beau-père, le « mariage » ou le choix du conjoint apparaissant comme le principal canal de mobilité pour les femmes. Le rapprochement des comportements d'activité des hommes et des femmes au cours des dernières décennies rend aujourd'hui possible une étude plus directe de la mobilité sociale des femmes, mais le poids des effets de structure demeure toutefois important du fait des différences générationnelles ainsi que la différenciation des structures d'emploi.

Le déséquilibre entre la structure d'emplois des hommes et des femmes (visible dans la marge inférieure) fait ainsi que la destinée des filles par rapport à leurs pères est moins favorable que celle des fils. Par exemple, seules 36,5 % des filles de CPIS sont elles-mêmes CPIS contre 50,1 % des fils de CPIS, ce qui signifie symétriquement que plus de 60 % des filles de CPIS occupent une position sociale inférieure à celle de leur père. Plus globalement, les situations de mobilité ascendante sont moins fréquentes (22 %) et celles de mobilité descendante le sont bien plus (25 %) que pour les hommes. Toutefois, quand on croise la position des femmes avec celles de leur mère, les cas de mobilité ascendante sont au contraire beaucoup plus nombreux (40 %) que ceux de mobilité descendante, ce qui reflète l'amélioration de l'insertion professionnelle des femmes au cours des dernières décennies. La mesure des *odds ratio* révèle quant à elle un niveau de fluidité sociale proche de celui des hommes : les filles de CPIS ont 9 fois plus de chances que les filles d'ouvriers ou employés qualifiés d'être CPIS plutôt qu'employées ou ouvrières qualifiées ; elles ont 40 fois plus de chances que les filles d'ouvriers ou employés qualifiés d'être CPIS plutôt qu'employées ou ouvrières non qualifiées.

Les limites des tables de mobilité

≫ Des résultats dépendants des choix de classification

Très instructives, les analyses des tables de mobilité, complétées par la mesure de la fluidité sociale, n'en comportent pas moins certaines limites. Comme déjà noté, il n'est pas toujours possible d'établir une hiérarchie entre catégories socioprofessionnelles, ce qui conduit à classer en mobilité horizontale ou mobilité de statut des trajectoires qui peuvent en pratique correspondre à de la mobilité verticale. De ce point de vue, il peut être intéressant d'observer les flux à un niveau moins agrégé, comme l'a fait Cédric Hugrée (« Les sciences sociales face à la mobilité sociale. Les enjeux d'une démesure statistique des déplacements sociaux entre générations »,

Tableau 10 – Origine et destinées des femmes de 35 ans et plus en 2014-2015 (Groupe socioprofessionnel du père et groupe socioprofessionnel de l'enquêtée) *(en %)*

	Catégorie socioprofessionnelle des filles						
CS du père	**Agriculteurs exploitants**	**Artisans, commerçants et chefs d'entreprise**	**Cadres et professions intellectuelles supérieures**	**Professions intermédiaires**	**Employés et ouvriers qualifiés**	**Employés et ouvriers non qualifiés**	**Ensemble**
Agriculteurs exploitants	7,3	3,0	11,9	20,1	33,5	24,2	**100,0**
Artisans, comm. et chefs d'entr.	0,6	8,1	15,5	29,4	27,0	19,5	**100,0**
Cadres et prof. intell. sup.	0,5	3,6	35,0	33,8	18,5	8,7	**100,0**
Professions intermédiaires	0,7	3,6	19,6	33,8	24,4	17,9	**100,0**
Employés et ouvr. qualifiés	0,6	3,8	7,8	22,7	36,5	28,7	**100,0**
Employés et ouvr. non qualifiés	0,5	3,1	3,9	19,3	34,6	38,6	**100,0**
Ensemble	**1,1**	**4,2**	**14,1**	**26,2**	**30,4**	**24,1**	**100,0**

Immobilité · Mobilité non verticale · Mobilité verticale descendante · Mobilité verticale ascendante

Champ : femmes françaises actives occupées ou anciennes actives occupées, âgées de 35 à 59 ans.

Source : d'après Collet, Pénicaud, 2019..

Politix, n° 114, 2016) en utilisant le niveau 2 de la classification PCS à 24 catégories. Il fait par exemple apparaître que les enfants d'artisans deviennent plus souvent ouvriers qualifiés qu'artisans tandis que les enfants de commerçants deviennent plus souvent cadres ou professions intermédiaires que commerçants. Il fait également apparaître que les professions libérales sont la catégorie dont les enfants ont les destinées les plus homogènes (51 %, hommes et femmes confondus, occupent une position de CPIS), ce qui dénote une capacité supérieure à transmettre aspirations et ressources. Son travail illustre aussi une autre limite potentielle des tables de mobilité : en augmentant le nombre de catégories, les situations de mobilité apparaissent plus nombreuses. Le choix du découpage n'est ainsi pas sans conséquence sur les résultats obtenus, comme le montrent aussi les effets de la séparation de l'ensemble ouvriers/employés par le niveau de qualification qui a fait apparaître de nouvelles situations de mobilité verticale alors que les passages d'ouvriers à employés étaient auparavant comptés comme mobilité horizontale. Par ailleurs, les statistiques utilisées dans les tables de mobilité n'intègrent pas les différences de statut d'emploi (chômage, inactivité, temps partiel) qui sont pourtant aujourd'hui une source majeure d'inégalités et influencent donc la position sociale.

Plus fondamentalement, les comparaisons que les tables de mobilité amènent à faire (comme d'ailleurs les mesures de la fluidité sociale) reposent sur l'idée qu'à une même profession ou un même groupe socioprofessionnel correspond une même position sociale d'une génération à l'autre. Or les métiers et les professions connaissent au contraire des évolutions significatives, de telle sorte que les conditions de vie, le prestige et les revenus qui y sont associés peuvent être sensiblement différents entre parents et enfants. À mesure que les effectifs grossissaient, le statut de cadre s'est par exemple banalisé : beaucoup de « cadres » n'exercent aujourd'hui aucune fonction d'encadrement et sont soumis à des contraintes administratives qui ne diffèrent guère de celles auxquelles sont confrontées les professions intermédiaires. Dans un autre registre, la profession d'instituteur (malgré l'octroi du titre de professeur des écoles) ne confère plus le même prestige social ni le même niveau de revenu relatif que par le passé. Un fils de profession intermédiaire devenu cadre en fin de carrière s'inscrit-il vraiment dans une trajectoire ascendante ? Un instituteur fils d'instituteur est-il réellement immobile ?

Encadré 5 – La mobilité sociale appréhendée par les revenus

Étudier la mobilité sociale au travers du critère du revenu constitue une approche alternative intéressante. Le revenu conditionne la quantité de biens et services auquel les individus ont accès et s'il ne résume pas la position sociale et le bien-être des individus, il en est un déterminant important. Il a surtout l'avantage d'éviter les problèmes d'hétérogénéité interne et temporelle des PCS. L'absence de recueil systématique de données sur les revenus des parents rend les analyses fondées sur ce seul critère compliqué mais il est déjà instructif de croiser revenus des enfants et professions du père. L'examen des différences de niveau de vie des individus nés entre 1970 et 1984 (Dherbécourt, « Nés sous la même étoile. Origine sociale et niveau de vie », Note de France Stratégie, *n° 68, 2018) fait ressortir à la fois une assez forte hétérogénéité de destin selon l'origine sociale, puisqu'on compte des enfants d'ouvriers et des enfants de cadres en haut et en bas de la distribution, et des inégalités d'accès à un revenu élevé significatives.*

Tableau 11 – Composition des quantiles de niveau de vie selon l'origine sociale des individus

Origine sociale	< C10	C40-50	C80-90	> C90	> C99	Ensemble
Agriculteurs	5 %	4 %	4 %	4 %	5 %	**4 %**
Artisans et commerçants	8 %	8 %	9 %	9 %	9 %	**8 %**
Chefs d'entreprise de plus de 10 salariés	1 %	1 %	2 %	3 %	7 %	**1 %**
Cadres	6 %	9 %	23 %	35 %	47 %	**13 %**
Professions intermédiaires	11 %	19 %	25 %	23 %	16 %	**19 %**
Employés	9 %	12 %	10 %	7 %	6 %	**10 %**
Ouvriers qualifiés	33 %	30 %	19 %	12 %	7 %	**27 %**
Ouvriers non qualifiés	27 %	18 %	8 %	6 %	3 %	**16 %**
	100 %	100 %	100 %	100 %	100 %	100 %

Champ : individus nés entre 1970 et 1984 et résidant en France métropolitaine, revenus fiscaux déclarés de 2011-2014.

Source : d'après Dherbécourt, « Nés sous la même étoile. Origine sociale et niveau de vie », *Note de France Stratégie*, n° 68, 2018.

Alors qu'ils représentent plus de 40 % de l'échantillon, les fils d'ouvriers ne comptent plus que pour moins de 20 % du décile supérieur et seulement 10 % du centile supérieur. À l'inverse, alors qu'ils pèsent 13 % de la population des trentenaires, les enfants de cadres représentent à peine 6 % des personnes du premier décile des niveaux de vie. Leur part croît fortement lorsqu'on entre dans la moitié supérieure, jusqu'à 35 % au sein des 10 % les plus aisés et près de 50 % au sein des 1 %. De même, alors que seule une personne sur cent compte un père chef d'entreprise, cette proportion est multipliée par quatre parmi les 10 % les plus aisés, et par sept parmi les 1 %. Envisagée du point de vue des destinées, l'inégalité des chances apparaît aussi significative. Un enfant de cadre de cette génération a 4,5 fois plus de chances qu'un enfant d'ouvrier d'appartenir en 2011-2014 aux 20 % les plus aisés et près de 20 fois plus de chances d'appartenir aux 1 %

*les plus aisés. Le calcul de l'*odds ratio *donne une probabilité 12 fois plus importante pour un enfant de cadre que pour un enfant d'ouvrier d'appartenir au quintile supérieur plutôt qu'au quintile inférieur. Ce rapport des chances relatives est de 31 quand on compare un individu dont le père exerçait une profession libérale à un autre dont le père était ouvrier agricole.*

Des décalages entre mobilité objective et mobilité ressentie

Ces interrogations renvoient à un autre enjeu, celui du décalage qui peut exister entre la mesure objective de la mobilité sociale et sa perception subjective. Il existe certes une nette corrélation entre la situation objective et le ressenti : selon les données de l'enquête FQP de 2014-2015, 53,3 % des personnes qui connaissent une mobilité sociale descendante se sentent ainsi « déclassées ». Mais c'est aussi le cas de 24,1 % de celles qui sont dans la même catégorie que leur père et même de 8,5 % de ceux qui connaissent une mobilité sociale ascendante tandis qu'inversement 46,7 % des mobiles descendants déclarent ne pas se sentir déclassés (Tiaray Razafindranovona, « Malgré la progression de l'emploi qualifié, un quart des personnes se sentent socialement déclassées par rapport à leur père », *INSEE première*, n° 1659, 2017). Ces apparents paradoxes sont à relier aux limites d'une appréhension de la mobilité sociale à travers des catégories très agrégées : parmi les personnes en immobilité sociale, le sentiment de déclassement est ainsi plus répandu chez les cadres (34 %), ce qui va dans le sens de la banalisation du statut ; à l'inverse il est plus rare chez les agriculteurs enfants d'agriculteurs (16 %), ce qui peut s'expliquer par les transformations du monde agricole : en 2014-2015, les agriculteurs sont plus diplômés que leurs pères et plus souvent à la tête d'exploitations de grande taille. L'influence des conditions d'emploi sur le ressenti apparaît également, en particulier parmi les ouvriers et les employés : le sentiment de déclassement y est plus fort chez les ouvriers agricoles (45 %), les caissiers (43 %) ou les serveurs, aides de cuisine et employés d'hôtel (40 %), qui sont plus exposés au chômage, à la précarité ou au temps partiel subi. Mais le non-recoupement entre mobilité objective et sentiment subjectif montre aussi, comme l'avaient noté Marie Duru-Bellat et Annick Kieffer lors d'une précédente enquête (« Les deux faces – objective/subjective – de la mobilité sociale », *Sociologie du travail, n° 48*, 2006), que les individus n'évaluent pas leur trajectoire sociale à partir de la seule comparaison de leur position professionnelle avec celle de leurs parents. Ils se réfèrent à la fois à d'autres personnes (conjoints, frères et sœurs, amis, etc.) et à d'autres critères (niveau de vie, diplôme, lieu de résidence). Au total, si elles n'invalident nullement l'intérêt du recours aux statistiques et aux PCS pour étudier la mobilité, ces différentes critiques plaident pour leur enrichissement par leur confrontation d'une part à des études reposant sur d'autres critères (revenus, patrimoine), d'autre part à des travaux ethnographiques plus aptes à rendre compte de la complexité des trajectoires sociales et de leur appréhension.

B. Les évolutions de la mobilité sociale

Autant que sa mesure à un instant t, l'appréciation de l'évolution de la mobilité sociale constitue un enjeu à forte résonance politique. Dans beaucoup de pays développés, la thématique du blocage supposé de l'« ascenseur social » connaît ainsi un écho grandissant depuis le début des années 2000. L'OCDE en a d'ailleurs fait le titre d'un de ces rapports (*A Broken Social Elevator? How to Promote Social Mobility*, 2018). En France, les travaux de Louis Chauvel (*Le Destin des générations. Structure sociale et cohortes en France au* XXe *siècle*, 2002) ou de Camille Peugny (*Le Déclassement*, 2009) ont fait le constat, largement repris médiatiquement, d'une dégradation des perspectives de mobilité pour les générations entrées sur le marché du travail à partir des années 1980. Si ces analyses comportent une part de validité, la réalité est toutefois plus contrastée.

L'évolution de la mobilité observée

≫ La mobilité des hommes : de la forte croissance au léger déclin

La mobilité observée a fortement augmenté entre les années 1950 et les années 1970. Louis-André Vallet (« Quarante années de mobilité sociale en France », *Revue française de sociologie*, 1999), en reconstituant des catégories homogènes sur la base de l'ancien code des PCS, a ainsi calculé que la part de l'immobilité était passée pour les hommes de 50,7 % en 1953 à 37,6 % en 1977 et pour les femmes (par rapport à leur père) de 47,6 % en 1953 à 30,5 % en 1977. Cette croissance de la mobilité observée s'explique essentiellement par celle de la mobilité structurelle, cette période étant marquée par des profondes transformations de la structure sociale (déclin des indépendants agricoles et non agricoles, progression des emplois salariés et d'encadrement) nourrissant un mouvement d'« aspiration vers le haut ».

Les récents travaux de l'INSEE (Collet, Pénicaud, « La mobilité sociale des hommes et des femmes : évolutions entre 1997 et 2015 », in *France, portrait social*, 2019) permettent de prolonger l'analyse pour les décennies suivantes, même s'ils sont basés sur un découpage différent (regroupement ouvriers-employés et distinction selon le niveau de qualification). Pour les hommes, la mobilité observée poursuit sa croissance sur un rythme plus lent jusqu'en 1993 avant de décliner ensuite légèrement (*cf.* tableau 12). La mobilité non verticale baisse régulièrement, essentiellement pour des raisons structurelles : la diminution des agriculteurs est arrivée à un point où ses effets numériques ne peuvent plus être importants et celle des indépendants s'est ralentie. La mobilité verticale connaît quant à elle une croissance encore significative jusqu'en 1993, beaucoup plus faible ensuite. Là encore, les explications sont principalement structurelles : si elle s'est poursuivie, la croissance des catégories de cadres et de professions intermédiaires s'est faite à un rythme plus lent au cours des dernières décennies. Globalement, les structures des emplois des hommes et de leurs pères sont ainsi plus proches aujourd'hui (autrement dit les écarts entre les marges des tables de mobilité sont plus faibles) : comme l'illustre la dernière ligne du tableau 12, le moteur « structurel » de la mobilité sociale s'est considérablement épuisé.

Tableau 12 – Décomposition de la mobilité sociale observée des hommes par rapport à leur père, de 1977 à 2015 *(en %)*

	1977	1985	1993	2003	2015
Immobilité sociale	36,2	33,8	32,6	33,6	34,8
Mobilité sociale observée	63,8	66,2	67,4	66,4	65,2
Mobilité non verticale	33,2	31,9	27,4	24,7	22,6
Mobilité verticale	30,6	34,3	40,0	41,7	42,6
Mobilité ascendante	*23,5*	*26,6*	*30,3*	*30,8*	*27,6*
Mobilité descendante	*7,2*	*7,7*	*9,7*	*10,9*	*15,0*
Part de la mobilité structurelle	**39,6**	**35,5**	**32,8**	**33,4**	**24,2**

Champ : France métropolitaine, hommes français actifs occupés ou anciens actifs occupés, âgés de 35 à 59 ans au 31 décembre de l'année d'enquête.

Source : Collet, Pénicaud, « En quarante ans, la mobilité sociale des femmes a progressé, celle des hommes est restée quasi stable », *INSEE première*, n° 1739, 2019.

Dès lors, les évolutions de la mobilité observée peuvent être appréhendées de différentes façons. D'un côté, confirmant les thèses de Chauvel ou Peugny, les opportunités de mobilité sont effectivement un peu plus faibles pour les générations les plus récentes. Le pourcentage de mobiles ascendants a ainsi diminué entre 2003 et 2015. De l'autre, les baisses de la mobilité observée et de la mobilité ascendante apparaissent finalement modestes au regard de celle de la mobilité structurelle : le tarissement du moteur structurel de la mobilité semble avoir été en partie compensé par la hausse de la mobilité descendante. La hausse des situations de « déclassement » pour les fils des catégories supérieures apparaît ainsi comme le prix à payer pour le maintien de possibilités de promotion pour les enfants de catégories populaires. Globalement, si l'ascenseur social est loin d'être bloqué, le « régime de mobilité » est cependant devenu moins favorable, comme l'illustre notamment la dégradation du rapport mobiles ascendants/mobiles descendants : de 3,4 en 1985 à 1,8 en 2015.

≫ La mobilité des femmes : une progression continue quoiqu'en ralentissement

La mobilité des femmes, évaluée par rapport à leur mère, a connu des évolutions proches de celle des hommes par rapport à leur père. Le point d'inflexion de 1993 a toutefois marqué seulement un ralentissement de la progression. La diminution de la part de la mobilité structurelle a été plus tardive et moins forte, ce qui traduit le fait que la structure des emplois féminins s'est plus transformée que celle des emplois masculins au cours des quarante dernières années. Alors que la baisse de la mobilité non verticale a été forte, reflet d'un déclin rapide des emplois non salariés, la hausse de la mobilité verticale ascendante s'est poursuivie jusqu'en 2015, ce qui manifeste un relatif rattrapage des femmes dans l'accès aux positions sociales supérieures. Même si le taux de mobilité descendante s'est aussi accru, le régime de mobilité des femmes apparaît ainsi plus favorable que celui des hommes avec un rapport mobiles ascendants/mobiles descendants égal à 3,4 en 2015.

Tableau 13 – Décomposition de la mobilité sociale observée des femmes par rapport à leur mère, de 1977 à 2015 *(en %)*

	1977	1985	1993	2003	2015
Immobilité sociale	40,9	35,1	30,1	29,9	29,5
Mobilité sociale observée	59,1	64,9	69,9	70,1	70,5
Mobilité non verticale	36,7	34,7	30,9	24,4	19,0
Mobilité verticale	22,4	30,2	39,0	45,7	51,5
Mobilité ascendante	*16,8*	*24,6*	*30,8*	*35,2*	*39,8*
Mobilité descendante	*5,6*	*5,6*	*8,2*	*10,5*	*11,7*
Part de la mobilité structurelle	**42,6**	**43,0**	**44,3**	**40,8**	**34,8**

Champ : France métropolitaine, femmes françaises actives occupées ou anciennes actives occupées, âgés de 35 à 59 ans au 31 décembre de l'année d'enquête.

Source : Collet, Pénicaud, « En quarante ans, la mobilité sociale des femmes a progressé, celle des hommes est restée quasi stable », *INSEE première*, n° 1739, 2019.

Ce constat doit toutefois être relativisé au regard de la persistance d'une inégalité d'accès des sexes aux positions les plus favorisées. Évaluée par rapport à leur père, la mobilité sociale des femmes reste en effet moins favorable que celle des hommes (*cf. supra*) : les cas de mobilité descendante sont plus fréquents que ceux de mobilité ascendante et cette prédominance ne s'est que faiblement atténuée depuis 1977.

L'évolution de la fluidité sociale

Les tentatives de mesure synthétique de la fluidité sociale concluent à une progression continue mais faible. Louis-André Vallet estime qu'elle a augmenté depuis 1953 et plus précisément de 0,5 % par an pour les hommes et de 0,7 % par an pour les femmes entre 1977 et 2003 (« Mobilité observée et fluidité sociale en France de 1977 à 2003 », *Idées économiques et sociales*, 2014). Les travaux de l'INSEE tendent à confirmer cette évolution mais font de nouveau apparaître un point d'inflexion en 1993. La fluidité entre artisans, commerçants et chefs d'entreprise et les différentes catégories de salariés a globalement augmenté et a eu tendance à s'homogénéiser. La fluidité entre les cadres et les autres catégories salariées a quant à elle connu une hausse jusqu'en 1993 (surtout pour les filles), avant de se stabiliser. Le rapport des chances relatives n'a continuité à s'abaisser que pour les employées et ouvrières non qualifiées pour lesquelles il demeure très élevé. L'égalité des chances semble s'être modérément renforcée, en particulier au cours des années 1980 et cette hausse de la fluidité sociale est à rapporter aux évolutions de la mobilité observée. Elle confirme l'idée que le relatif maintien de celle-ci a été permis, dans un contexte de baisse des opportunités structurelles de promotion sociale, par une plus grande ouverture des destins sociaux. L'interruption de cette hausse de la fluidité sociale pour les catégories salariées depuis 1993 montre toutefois les limites de ce mouvement et la persistance d'un niveau significatif d'inégalité des chances, ainsi que le met en avant notamment Camille Peugny (*Le Destin au berceau. Inégalités et reproduction sociale*, 2013.)

Figure 1 – Évolution de la fluidité sociale entre les cadres et les autres catégories de salariés entre 1977 et 2015

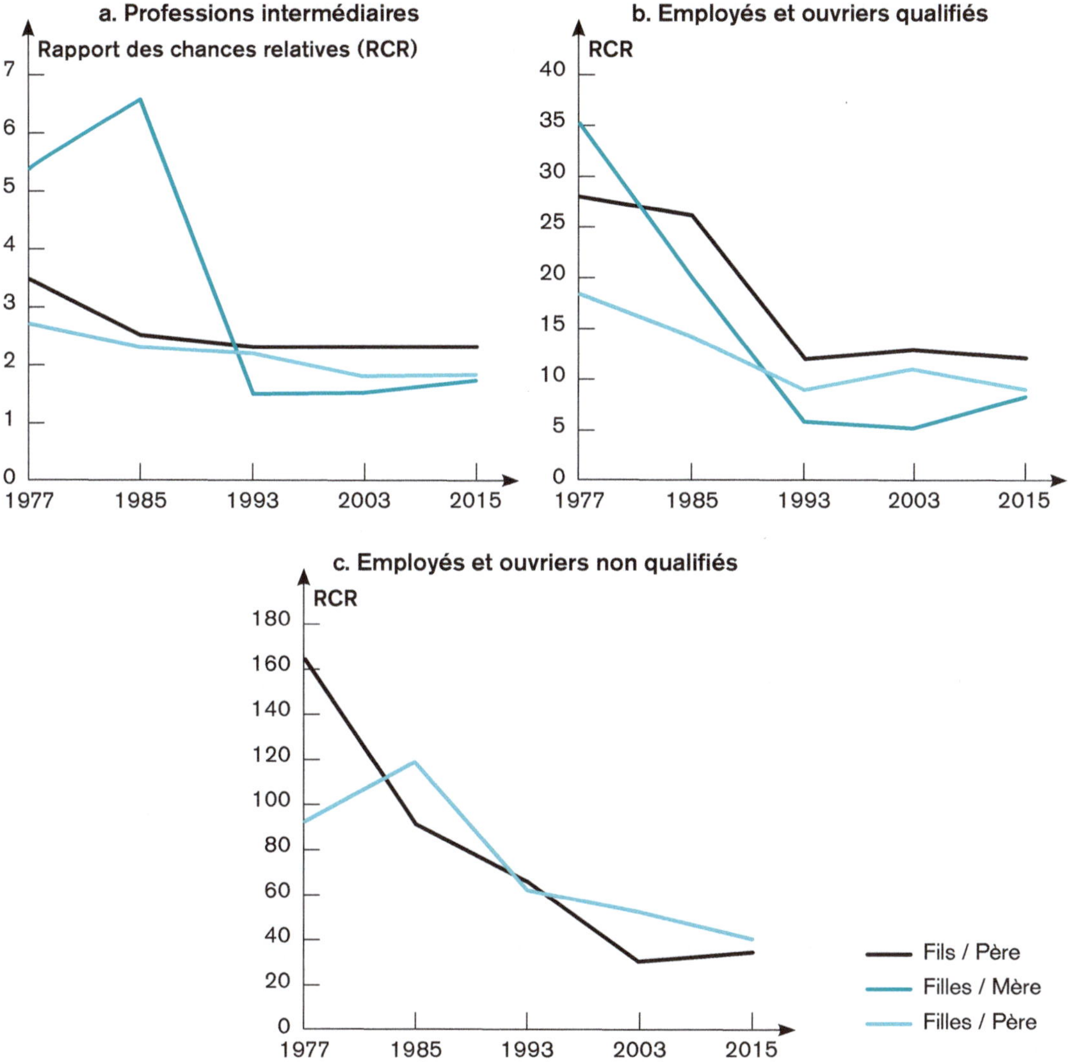

Note : la courbe relative à la fluidité sociale entre les filles de mères cadres et les filles de mères employées et ouvrières non qualifiées n'est pas présentée en raison d'une rupture de série.

Champ : France métropolitaine, femmes et hommes français actifs occupés ou anciens actifs occupés, âgés de 35 à 59 ans.

Source : Collet, Pénicaud, « La mobilité sociale des hommes et des femmes : évolutions entre 1997 et 2015 », *in France, portrait social*, 2019.

Encadré 6 – Le poids croissant du patrimoine

Le patrimoine constitue un déterminant important de la position sociale des individus. Il influence le niveau de revenus, l'accès au crédit mais aussi le prestige. Dans un contexte de hausse des prix de l'immobilier et des loyers, le patrimoine immobilier a également un impact croissant sur les conditions de logement et le niveau de vie. Or, comme l'ont fait notamment apparaître les travaux de Thomas Piketty (2013), la part des patrimoines hérités dans le patrimoine privé total, après avoir considérablement baissé entre les années 1910 et les années 1970, est nettement remontée depuis jusqu'à atteindre environ les deux tiers en 2010.

Figure 2 – Part de la richesse héritée dans le patrimoine privé total en France (1850-2010)

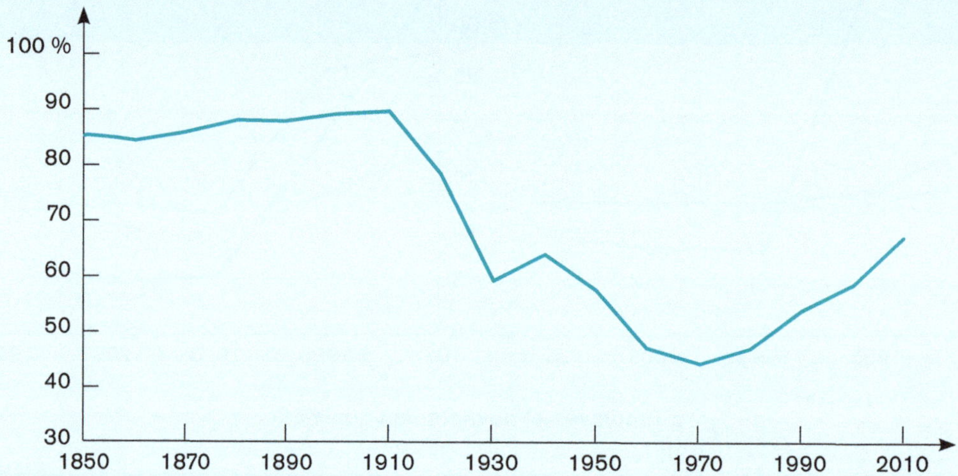

Source : d'après Piketty, 2013.

*Comme le souligne Nicolas Frémeaux (*Les Nouveaux Héritiers, *2018), cette remontée du poids de l'héritage risque de faire décliner le rôle du mérite dans la formation des inégalités et de renforcer la reproduction sociale. Même avec des niveaux élevés de revenus du travail, il devient en effet plus difficile d'accéder à des patrimoines équivalents à ceux hérités de fortunes familiales. Des tendances similaires à l'échelle européenne*

C. Des tendances similaires à l'échelle européenne

Les comparaisons internationales en matière de mobilité sociale sont rendues malaisées par l'absence de d'homogénéité des catégories socioprofessionnelles. Des efforts d'harmonisation ont toutefois été entrepris, notamment avec le développement de la classification européenne ESeC (pour European Socio-Economic Classification, remplacée depuis par la classification ESeG, European Socio-Economic Groups), qui est une échelle de mesure nominale en neuf classes, existant également en versions réduites à cinq ou trois classes. Les analyses menées par l'OCDE à partir de cette classification font apparaître des niveaux de mobilité observée élevés dans la plupart des pays.

Figure 3 – La mobilité sociale observée en Europe (pourcentage de 25-64 ans dont la classe sociale est supérieure ou inférieure à celle de leurs parents, 2002-2014)

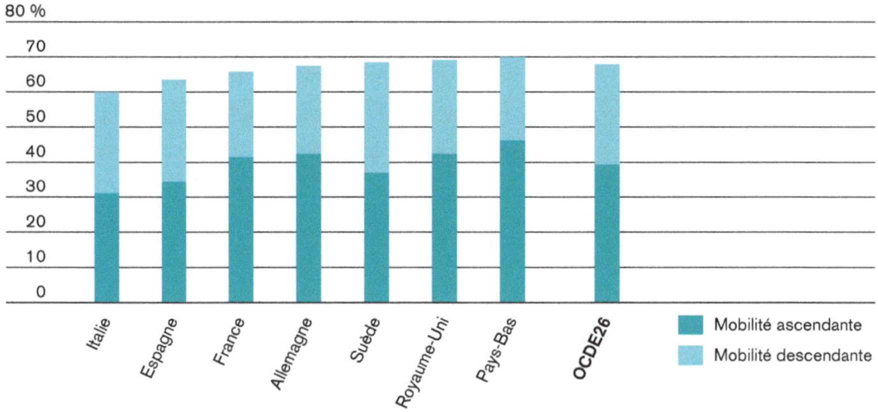

Source : d'après OCDE, *A Broken Social Elevator? How to Promote Social Mobility*, 2018.

Globalement la mobilité observée est forte et la mobilité ascendante domine. Les pays d'Europe du Sud se singularisent toutefois par un rapport mobilité ascendante/mobilité descendante moins favorable, tandis que ce rapport est bien meilleur aux Pays-Bas. La réalisation de plusieurs vagues d'enquête permet de révéler les évolutions temporelles. Le sort de la cohorte née entre 1960 et 1974 apparaît ainsi en moyenne un peu moins bon que celui de la génération 1945-1959. La situation de la France se rapproche ainsi de celle de pays comme le Royaume-Uni ou la Suède (et les pays nordiques en général) : la mobilité ascendante y a baissé et la mobilité descendante y a augmenté mais dans de moindres proportions.

Figure 4 – L'évolution de mobilité sociale observée en Europe (pourcentage de 25-64 ans dont la classe sociale est supérieure ou inférieure à celle de leurs parents, 2002-2014)

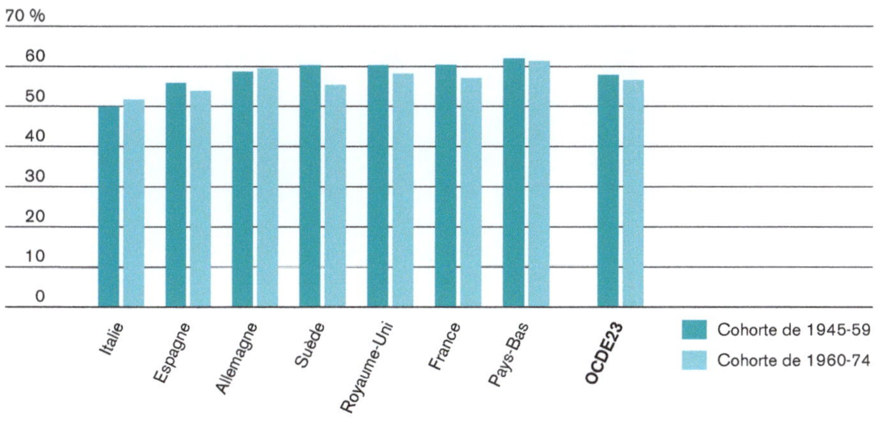

Source : d'après OCDE, 2018.

Les comparaisons relatives à la fluidité sociale sont plus complexes encore et les différentes études font apparaître des résultats contradictoires (même si globalement la fluidité apparaît plus élevée dans les pays nordiques). Il en ressort surtout que les différences de régimes de mobilité entre pays s'expliquent beaucoup plus par les différences de mobilité structurelle que par les écarts en termes d'égalité des chances. Comme dans le cas français, la baisse constatée au Royaume-Uni et dans les pays nordiques est ainsi principalement liée au tarissement du moteur structurel de la mobilité. Le ralentissement de la déformation vers le haut de la structure sociale diminue les probabilités d'ascension sociale en même temps qu'il accroît celles de déclassement.

3

Transformations démographiques et évolution des modes de vie

La plupart des pays du monde ont connu au cours des deux derniers siècles d'importantes transformations démographiques. La concomitance de ces évolutions avec la dynamique de croissance économique n'a pas manqué de susciter hypothèses et recherches. Effectives, les relations entre phénomènes économiques et démographiques sont toutefois complexes. Parallèlement, les modes de vie des populations se sont aussi considérablement transformés sous l'influence de facteurs tant sociologiques que démographiques.

1 Les grandes évolutions démographiques depuis le XIXe siècle

La population mondiale a connu une formidable croissance au cours des deux derniers siècles. Alors qu'elle n'était que d'environ 1 milliard d'habitants en 1800, elle devrait franchir le seuil des 8 milliards en 2023 selon les Nations unies. Après s'être accélérée jusque dans les années 1960, la croissance démographique mondiale a toutefois ralenti depuis et devrait continuer à le faire. L'analyse démographique propose des outils qui permettent de décortiquer ces évolutions et de faire le lien avec d'autres phénomènes, parmi lesquels la croissance économique.

A. Les outils de l'analyse démographique

La démographie est l'étude des populations visant à connaître leur effectif, leur composition par âge, sexe, statut matrimonial, etc., et leur évolution future. Elle utilise les informations statistiques fournies par les recensements et l'État, et s'appuie sur différents indicateurs.

La mesure des flux démographiques

≫ La croissance démographique et ses composantes

La croissance démographique mesure l'augmentation de l'effectif d'une population au cours d'une période donnée (le plus souvent une année). Elle correspond à la somme du solde naturel et du solde migratoire. Pour évaluer le rythme de cette croissance, on calcule le taux d'accroissement annuel, rapport entre la variation de la population au cours d'une année et son effectif au milieu de l'année.

Le solde naturel est la différence entre le nombre de naissances vivantes et le nombre de décès. Comme il est généralement positif, on parle d'accroissement naturel et on calcule le taux d'accroissement naturel, rapport du solde naturel à la population totale de la période.

Le solde migratoire est quant à lui la différence entre le nombre de personnes qui sont entrées sur un territoire (immigrants) et le nombre de personnes qui en sont sorties (émigrants).

≫ Les indicateurs relatifs aux décès

Le taux de mortalité est le rapport entre le nombre de décès au cours d'une année et la population moyenne de cette année. Il est généralement exprimé pour mille personnes. C'est un indicateur fruste qui ne permet pas réellement de mesurer la propension à mourir d'une population, car il dépend en partie de la structure par âge : deux populations vivant dans des conditions sanitaires absolument identiques peuvent ainsi avoir des taux de mortalité différents selon la place qu'occupent les personnes âgées.

Pour neutraliser cet effet de structure, les démographes calculent des taux de mortalité par âge, qui rapportent le nombre de décès survenus au cours d'une année chez des personnes d'un âge donné à la population moyenne du même âge. En France, ce taux diminue avec l'âge jusqu'à environ 10 ans, demeure ensuite très faible jusque vers 50-60 ans, puis augmente très rapidement.

L'espérance de vie à la naissance, qui synthétise ces données, permet de caractériser la mortalité indépendamment de la structure par âge : elle mesure la durée de vie moyenne d'une génération fictive qui serait soumise à chaque âge aux taux de mortalité par âge actuel. La durée de vie moyenne effective d'une génération ne peut, elle, être calculée qu'après son extinction.

Un des taux de mortalité par âge fait l'objet d'une attention spécifique : le taux de mortalité infantile, qui rapporte le nombre de décès d'enfants de moins de 1 an au nombre de naissances.

≫ Les indicateurs relatifs aux naissances

Le taux de natalité est le rapport entre le nombre de naissances vivantes au cours d'une année et la population moyenne de l'année. Il est généralement exprimé pour 1 000 personnes. Comme le taux de mortalité, il est sensible à la structure par âge (et par sexe) de la population : deux populations dont les comportements procréatifs sont similaires peuvent avoir des taux de natalité différents selon la proportion d'individus d'âge fécond.

La neutralisation de cet effet de structure se fait par le calcul de taux de fécondité par âge, rapportant le nombre de naissances engendrées par les femmes d'un même âge à l'effectif des femmes de cet âge. En France en 2020, le taux de fécondité, très faible avant 18 ans, augmente rapidement avec l'âge pour atteindre un maximum de 133 ‰ vers 30 ans, puis redescend plus lentement pour redevenir négligeable au-delà de 42 ans.

Pour avoir une vue synthétique, on utilise l'indicateur conjoncturel de fécondité (ICF) qui se calcule en additionnant les taux de fécondité par âge d'une année donnée. Indépendant de la structure par âge, il peut être interprété comme le nombre moyen d'enfants que mettrait au monde une femme si elle connaissait, durant toute sa vie féconde, les conditions de fécondité observées cette année-là.

L'ICF est affecté par les modifications du calendrier de la fécondité : si un grand nombre de femmes retardent le moment où elles mettent au monde des enfants, il aura tendance à baisser, sans pour autant que le nombre d'enfants qu'elles auront en définitive ne diminue forcément.

Il est donc à distinguer de la descendance finale des générations, qui est le nombre moyen d'enfants effectivement mis au monde par les femmes appartenant à une même génération, parvenues en fin de vie féconde (en pratique à 50 ans).

C'est ce dernier indicateur qu'il convient d'utiliser dans les comparaisons avec le seuil de remplacement des générations. Mesurant le nombre d'enfants par femme nécessaire pour remplacer nombre pour nombre les générations en âge de procréer par les générations naissantes, celui-ci varie selon les pays : évalué à 2,1 dans les pays développés, il est de 3 dans certains pays africains. Il est en effet obtenu en divisant 2,05 (le nombre d'enfants nécessaires pour avoir une fille) par la probabilité de survie à l'âge moyen de la maternité (0,98 dans les pays développés, mais seulement 0,7 dans certains pays africains), et dépend donc notamment du niveau de la mortalité infantile.

La mesure de la structure démographique

≫ La pyramide des âges

La pyramide des âges est une représentation graphique qui permet de visualiser la répartition d'une population par sexe et par âge, à un moment donné. Elle est constituée de deux histogrammes (un pour chaque sexe ; par convention, les hommes à gauche et les femmes à droite), où les effectifs masculins et féminins sont portés en abscisse (axe horizontal) et les âges en ordonnée (axe vertical).

Le nom « pyramide » vient de la forme que prend cette représentation quand une population a une forte natalité et une forte mortalité : elle est élargie à la base et étroite au sommet (cas de l'Afrique). Mais cette forme varie en fonction du régime démographique d'un pays. Elle prend l'aspect d'un cylindre lorsque la fécondité baisse et que la durée de vie s'allonge (cas des États-Unis), d'une toupie si la fécondité diminue en dessous du seuil de remplacement des générations (cas de l'Europe).

Figure 5 – Exemple des pyramides des âges en 2021
(en milliers d'habitants par tranche d'âge)

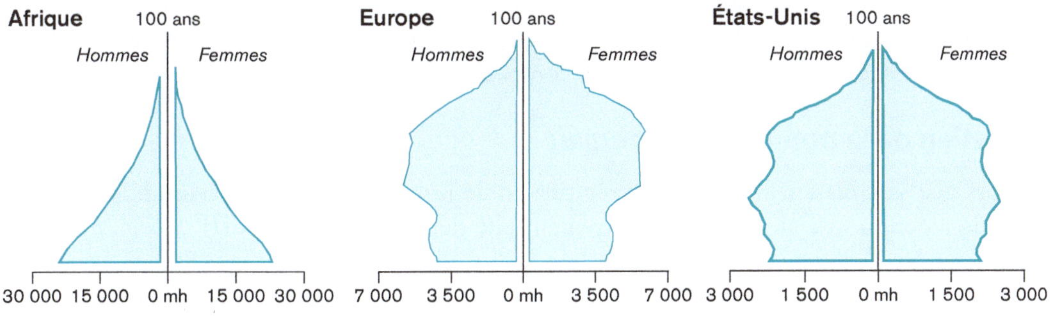

Source : Institut national d'études démographiques, www.ined.fr

Proportions et ratios de dépendance

Pour caractériser la structure d'une population, on peut également mesurer la proportion (en pourcentage) de certaines catégories de sexe ou d'âge au sein de la population totale. L'augmentation de la part des personnes âgées (généralement plus de 65 ans) permet ainsi de caractériser une situation de vieillissement démographique.

Le ratio de dépendance démographique mesure quant à lui le rapport entre l'effectif de la population d'âge généralement inactif et donc « dépendante » (enfants et personnes âgées) et l'effectif de la population en âge de travailler (15-64 ans). On peut calculer séparément un rapport de dépendance des jeunes et un rapport de dépendance des personnes âgées, et les bornes d'âge peuvent varier.

Tableau 14 – Quelques grands indicateurs démographiques
Estimations 2021

Pays	Population totale (en milliers)	Taux de natalité (en ‰)	Taux de mortalité (en ‰)	Espérance de vie	Taux de mortalité infantile (en ‰)	Nombre d'enfant(s) par femme (ICF)	Taux d'accroissement annuel (en ‰)	Part des plus de 65 ans (en %)
Afrique	1 373 486	32,2	7,7	63,8	43,1	4,24	24,1	3,6
Amérique latine	659 744	15,6	6,5	75,8	14,2	1,98	8,7	9,2
Amérique du Nord	371 108	11,8	8,9	79,3	5,5	1,75	6,0	17,2
Asie	4 679 661	15,6	7,1	74,0	22,6	2,11	8,1	9,1
Europe	747 748	10,0	11,2	78,9	3,6	1,61	-0,1	19,5
Océanie	43 220	16,1	6,8	79,0	16,6	2,31	12,5	13,0
Monde	7 874 964	17,8	7,6	72,9	26,9	2,43	10,1	9,6

Institut national d'études démographiques, www.ined.fr/Source : *World Population Prospects*. Nations unies, 2019.

B. Les grandes dynamiques démographiques depuis le XIXe siècle

La croissance de la population mondiale s'explique essentiellement par l'entrée successive des différentes régions du monde dans la « transition démographique ». En Europe, où celle-ci s'est achevée dès le milieu du XXe siècle, les comportements ont toutefois continué à évoluer.

L'évolution de la population mondiale

Alors que sa croissance était demeurée très faible jusqu'à il y a deux siècles, la population mondiale a connu une augmentation exponentielle depuis la fin du XVIIIe siècle. Selon les estimations des Nations unies, elle n'était que de 1 milliard d'habitants en 1800 et a donc été multipliée par 7 au cours des deux derniers siècles. Jusque dans les années 1970, son rythme de croissance n'a cessé de s'accélérer : après avoir doublé une première fois en 130 ans pour atteindre 2 milliards en 1927, elle a mis moins de 50 ans pour franchir le cap des 4 milliards en 1974. Depuis lors, sa progression est demeurée soutenue mais a sensiblement décéléré : après avoir culminé à plus de 2 % par an en 1965-1970, son taux de croissance a diminué de moitié (1,1 % en 2019), et devrait continuer de baisser jusqu'à ce que la population se stabilise dans un siècle autour de 11 milliards d'habitants d'après le scénario moyen projeté par les Nations unies.

Figure 6 – Évolution de la population mondiale depuis 1800 et projection jusqu'à 2100 *(en milliards d'habitants)*

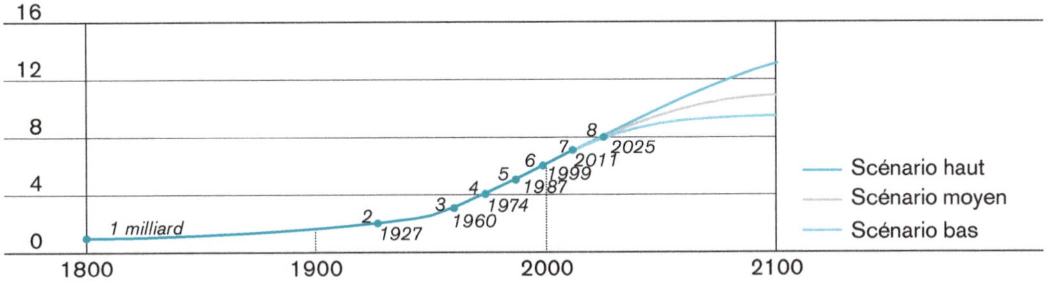

Figure 7 – Taux de croissance de la population mondiale de 1700 à 2100 *(en pourcentages annuels)*

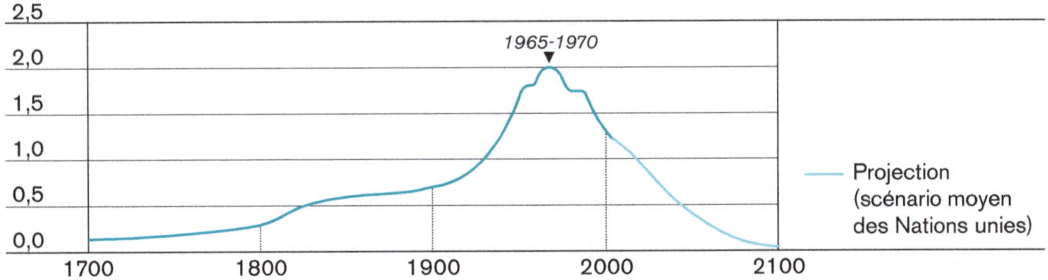

Source : Nations unies. G. Pison, *Population et sociétés*, n° 482, INED, octobre 2011.

Un modèle permet d'expliquer à la fois cette formidable accélération historique et cette décélération plus récente : celui de la transition démographique.

Le modèle de la transition démographique

La transition démographique désigne le passage d'un régime traditionnel où la natalité et la mortalité sont élevées et s'équilibrent à peu près, à un régime moderne où la natalité et la mortalité sont faibles et s'équilibrent également. Ce modèle a été proposé en 1934 par le démographe français Adolphe Landry (1874-1956) dans son ouvrage *La Révolution démographique*, et repris depuis par divers auteurs. Un régime démographique se caractérise par trois paramètres : le niveau de la natalité, le niveau de la mortalité et le niveau de l'accroissement naturel.

Figure 8 – Le modèle de la transition démographique

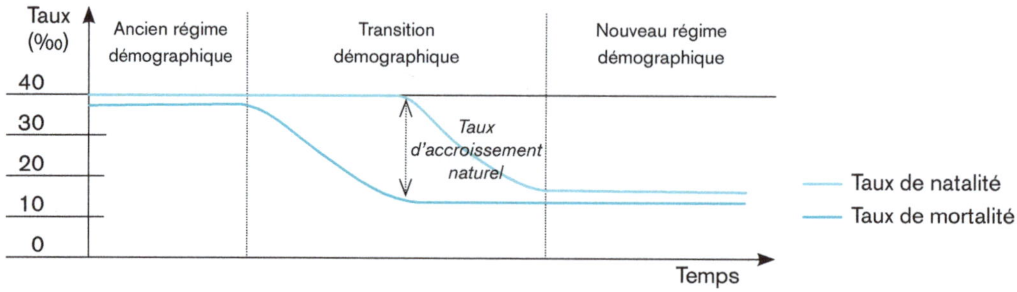

Le régime démographique traditionnel se caractérise par une natalité et une mortalité élevées (respectivement 35 à 40 ‰ et 30 à 35 ‰) et un accroissement naturel faible (inférieur à 5 ‰, et parfois négatif). La mortalité infantile est notamment très élevée (autour de 200 ‰), ce qui rend nécessaire une fécondité de l'ordre de 6 enfants par femme pour assurer la stabilité de la population. Celle-ci n'augmente donc guère et est en outre soumise à de fortes fluctuations, au gré des épidémies, des famines et des guerres, la durée de vie moyenne oscillant entre 20 et 25 ans.

Jamais parfaitement observé mais proche de la situation de certains pays développés, le régime démographique moderne se caractérise quant à lui par des niveaux bas et stables de natalité et de mortalité (autour de 12 ‰) et un taux d'accroissement naturel compris entre 0 et 5 ‰, proche de celui qui prévalait avant la transition. La fécondité y est proche de 2 enfants par femme, la durée de vie moyenne égale ou supérieure à 70 ans.

La transition s'opère en deux phases. La première se caractérise par un déclin de la mortalité combiné à un maintien de la natalité à un niveau élevé, entraînant une forte augmentation du taux d'accroissement naturel. Dans la seconde phase, la mortalité poursuit sa baisse, mais à un rythme moins soutenu, tandis que la natalité diminue plus fortement, venant progressivement s'ajuster à la mortalité : le taux d'accroissement naturel a donc tendance à diminuer.

C'est l'entrée successive depuis deux siècles des différentes régions du monde dans la transition démographique qui explique l'augmentation du rythme de croissance de la population, puis sa diminution. Si la plupart des pays ont suivi des trajectoires proches de celle décrite par le modèle, la durée et l'amplitude (écart entre le taux de natalité et le taux de mortalité) de la transition ont été variables. Les hausses de population constatées ont donc été différentes selon le niveau du multiplicateur transitionnel, qu'on calcule en faisant le produit de la durée et de l'amplitude.

La transition démographique dans les pays avancés

C'est dans le monde occidental que l'équilibre démographique ancien a été rompu en premier, à la fin du XVIIIe siècle. Différents facteurs (*cf. infra*) ont fait progressivement disparaître les épidémies et les famines d'Europe et d'Amérique du Nord, entraînant une baisse de la mortalité, notamment infantile. Les naissances excédant dorénavant les décès, la population s'est alors accrue, jusqu'à ce que, après une ou plusieurs générations, la fécondité diminue à son tour. En dépit d'une importante émigration, la population de l'Europe serait ainsi passée de 140 millions d'habitants en 1750 à 420 millions en 1900, et celle de l'Amérique du Nord, sous l'effet conjugué de l'accroissement naturel et de l'immigration, de 3 millions à plus de 100 millions.

La chronologie, la durée et l'amplitude de la transition ont été différentes selon les pays. Précoce mais très longue en Grande-Bretagne, où la baisse de la mortalité a débuté dès le XVIIIe siècle et où la natalité n'a réellement chuté qu'après 1880 (s'élevant même dans un premier temps), la transition a été plus tardive dans les pays d'Europe de l'Est et du Sud, où la croissance de la population n'a atteint son rythme maximal qu'au cours de la période 1880-1914.

La France s'est quant à elle singularisée par une transition précoce, relativement longue mais de très faible amplitude, natalité et mortalité baissant presque simultanément. La croissance démographique y fut donc plus faible : alors que la population de la Grande-Bretagne a été multipliée par 2,6 entre 1800 et 1900 et celle de l'Allemagne par 2,4, la population française ne s'est accrue que de 42 %. La baisse de la natalité se poursuivant, elle finira même par diminuer durant l'entre-deux-guerres.

Cette forte croissance de la population européenne a généré une émigration elle-même croissante : 48 millions de personnes ont ainsi quitté l'Europe entre 1815 et 1915, l'essentiel des flux s'étant fait après 1865 (38 millions). D'abord essentiellement d'origine britannique, le phénomène s'est étendu au fil du siècle à l'Allemagne et à la Scandinavie, puis aux pays du sud et de l'est de l'Europe. Là encore, seule la France s'est distinguée, en accueillant plus d'immigrants qu'elle ne comptait d'émigrants.

Les États-Unis ont été la première destination de ces flux : le solde migratoire global entre 1820 et 1920 s'y serait élevé à 25 millions de personnes. Sa contribution est toutefois demeurée secondaire par rapport à l'accroissement naturel, la transition démographique ayant été précoce, longue et d'amplitude élevée.

La transition démographique dans les pays en développement

Dans la plupart des pays en développement, la transition démographique s'est opérée au cours du XXe siècle. En moyenne, elle a été à la fois d'une amplitude plus forte et d'une durée plus courte que dans les pays avancés.

≫ Une baisse plus rapide de la mortalité…

Grâce à l'exportation de techniques sanitaires qui avaient déjà fait leurs preuves en Europe, la baisse de la mortalité est intervenue plus rapidement dans le monde en développement. Elle a débuté dès l'entre-deux-guerres dans certains pays d'Amérique latine et d'Asie, et s'est accélérée après 1945. En une ou deux décennies, beaucoup de PED ont ainsi vu leur espérance de vie passer de 30 à 50 ou 60 ans, gains que les pays européens avaient mis près d'un siècle à réaliser.

Comme la fécondité n'a que peu baissé dans ces mêmes pays jusqu'en 1970 (elle était en moyenne de 6,15 enfants par femme en 1950-1955 et encore de 6 en 1965-1970), les taux de croissance de la population y ont atteint des niveaux inconnus jusque-là : de l'ordre de 3 % par an, alors que dans l'Europe de 1880 à 1914, des taux durables de 1,5 % par an étaient exceptionnels. C'est dans ce contexte que s'est développée au sein de la communauté internationale la crainte d'une « explosion démographique » du tiers-monde.

≫ mais aussi de la fécondité

Si la croissance démographique mondiale s'est poursuivie, son rythme a toutefois, on l'a vu, décéléré. Suivant le schéma de la transition démographique, la fécondité a en effet fortement baissé dans beaucoup de pays en développement depuis les années 1970 et elle l'a fait à une vitesse supérieure à ce que la plupart des démographes avaient anticipé en se basant sur l'exemple historique des pays développés. En France, il avait fallu près de 200 ans, entre 1750 et 1930, pour passer de 6 enfants par femme à un peu plus de 2. En Chine, de 1960 à 1990, il n'a fallu que 30 ans.

C'est d'ailleurs en Asie de l'Est que la baisse a été la plus spectaculaire, la fécondité passant de 5,2 enfants par femme en 1965 à 2,5 en 1985, et seulement 1,7 en 2018. Sur l'ensemble du continent asiatique, elle n'est plus que de 2,1 en 2018. Mais la diminution a également été très rapide en Amérique latine (de 5,8 enfants par femme en 1965 à 1,9 en 2018) et en Afrique du Nord (de 6,8 à 3,2).

En 2021, la fécondité mondiale n'est ainsi plus que de 2,43 enfants en moyenne, soit deux fois moins qu'en 1950 (5 enfants), et près de la moitié de l'humanité vit dans un pays où elle est inférieure à 2,1 enfants par femme. Les régions du monde qui conservent une forte fécondité, supérieure à 5 enfants par femme, rassemblent quant à elles moins de 10 % de la population mondiale. Il s'agit des régions parmi les moins développées de la planète, essentiellement concentrées en Afrique subsaharienne. C'est dans ces zones que devrait avoir lieu l'essentiel de la croissance démographique à venir, la population de l'Afrique étant amenée à quintupler en un siècle (de 800 millions en 2000 à 4,4 milliards en 2100 d'après le scénario moyen des Nations unies).

≫ De nouveaux flux migratoires

Ces nouvelles évolutions démographiques ont engendré de nouvelles migrations. Celles-ci ont triplé depuis le milieu des années 1970 : en 2019, selon les estimations de l'ONU, 271 millions de personnes, soit 3,5 % de la population mondiale, résidaient dans un autre pays que celui où elles étaient nées, contre 77 millions de personnes en 1975.

Cette deuxième grande phase de migrations se distingue de la première, qui s'était développée entre la seconde moitié du XIXe siècle et les années 1930, par différents traits. Tout d'abord, l'Europe ne constitue plus le principal pôle de départ mais au contraire une importante zone d'immigration. Ensuite, les mouvements concernent l'ensemble des continents : 72 % des migrants sont certes originaires des pays en développement et leur part dans la population est beaucoup plus élevée dans les pays développés (11,6 %) que dans les pays en développement (1,8 %), mais les migrants Sud-Sud sont aujourd'hui plus nombreux (97 millions) que les migrants Sud-Nord (89 millions) et les migrants Nord-Nord (57 millions). Enfin, les migrations s'inscrivent majoritairement dans des logiques régionales : l'essentiel des flux vers les États-Unis (50 millions de personnes nées à l'étranger) provient d'Amérique latine et des Caraïbes, ceux qui ont pour destination les pays européens (82 millions) arrivent principalement d'autres pays européens, de la rive sud de la Méditerranée et d'Afrique subsaharienne, et ceux qui aboutissent aux pays du Golfe viennent de l'Égypte, de la corne de l'Afrique ou du Pakistan.

Les évolutions démographiques en Europe et en France depuis 1945

Si le modèle de la transition démographique rend bien compte des grandes dynamiques depuis le XVIIIe siècle et a même fait preuve d'un pouvoir prédictif certain, les évolutions plus contemporaines ont révélé ses limites. En Europe notamment, premier continent à avoir achevé sa transition, les indicateurs démographiques ne se sont pas stabilisés aux niveaux de l'équilibre théorique moderne.

Une poursuite de la baisse de la mortalité

D'une part, la baisse de la mortalité ne s'est pas interrompue. La mortalité infantile, qui atteignait encore 84 ‰ en 1950 (50 ‰ en France), n'est plus que de 4 ‰ (3,6 ‰ en France) et l'espérance de vie a continué à progresser, en moyenne de trois mois par an, repoussant régulièrement les supposées limites biologiques que certains démographes avaient cru identifier : dans l'Union européenne, elle était en 2019 de 78,5 ans pour les hommes et de 84 ans pour les femmes (respectivement 79,9 ans et 85,9 ans en France en 2019). Toujours important, l'écart entre les hommes et les femmes, qui avait poursuivi depuis 1945 une croissance entamée avec l'industrialisation, s'est toutefois réduit au cours des deux dernières décennies : dans le cas de la France, de l'ordre d'un an au début du XIXe siècle, il était monté à 5 ans vers 1930 pour dépasser 8 ans dans les années 1980, avant de redescendre à 6 ans en 2019.

Un *trend* baissier mais des variations de la fécondité

Après la Seconde Guerre mondiale, les pays du quart nord-ouest de l'Europe (pays scandinaves, Allemagne, Autriche, Belgique, France, Luxembourg, Royaume-Uni, Suisse), qui avaient une natalité faible dans les années 1930, ont connu un phénomène de baby-boom, c'est-à-dire un redressement rapide et soudain de cette natalité, généré initialement par une reprise de la fécondité. En France par exemple, l'ICF est passé de 1,9 enfant par femme en 1941 à 3 en 1947.

Dès les années 1960 cependant, la tendance s'est inversée et au cours des années 1970, l'ICF est descendu dans ces pays sous le seuil de 2 enfants par femme (1,8 en France en 1978). Ce mouvement de baisse (*baby-bust*) s'est étendu aux pays méditerranéens à partir des années 1980 puis aux pays d'Europe centrale et orientale dans les années 1990. Il est assez vite apparu qu'une part de cette baisse était liée à une modification du calendrier de la fécondité : les nouvelles générations ne souhaitaient pas forcément avoir moins d'enfants, elles désiraient les avoir plus tard. De fait, l'âge moyen à la maternité a augmenté partout en Europe (en France, il est passé de 26,5 ans en 1977 à 30,9 ans en 2020). Les évolutions de la descendance finale ont ainsi été à la fois plus étalées dans le temps et de moindre amplitude : en France, le nombre d'enfants par femme est passé de 2 pour la génération 1896 à 2,6 pour la génération 1926, pour revenir à 2,01 pour la génération 1970.

Mais les chiffres les plus récents révèlent des situations différentes selon les pays. Dans ceux d'Europe du Nord et de l'Ouest, passé l'effet de calendrier, l'ICF a remonté depuis les années 1990 et convergé vers les descendances finales à des niveaux proches de 2 enfants par femme. Un modèle familial dominant à 2 enfants semble s'être imposé et la part des femmes sans enfant a même diminué. Celle-ci a au contraire augmenté dans le reste de l'Europe, au sud, à l'est mais aussi au centre, où l'ICF tend à se fixer à des niveaux plus faibles (1,53 enfant par femme en Allemagne, 1,23 en Espagne, 1,44 en Pologne en 2019). La France elle-même connaît une légère tendance baissière depuis le début des années 2010 (l'ICF est passé de 2,02 en 2010 à 1,83 en 2019), sans qu'on puisse savoir pour le moment s'il s'agit d'une inflexion durable ou à nouveau d'un simple effet de calendrier.

≫ Une croissance démographique très affaiblie

L'Europe comptait 748 millions d'habitants en 2021 (65,2 millions en France métropolitaine) contre 550 millions en 1950 (42,1 millions). Les tendances en matière de croissance démographique reflètent globalement celles constatées pour la fécondité. Le taux d'accroissement de la population, proche de 1 % dans les années 1950, a légèrement augmenté jusqu'à la fin des années 1960, avant de décroître ensuite régulièrement, en raison d'une baisse de l'accroissement naturel que ne compensent ni l'augmentation régulière de l'espérance de vie, ni une légère augmentation du solde migratoire. À partir des années 1990, l'accroissement naturel devient même négatif et c'est l'augmentation du solde migratoire qui empêche la population de diminuer.

La situation géographique est contrastée. Les pays de l'ouest et du nord de l'Europe continuent de voir leur population progresser naturellement. Ceux du centre (Allemagne, Autriche) connaissent une décroissance naturelle mais font plus que la compenser par un solde migratoire excédentaire (encore plus depuis l'afflux de migrants venus du Moyen-Orient). Ceux de l'Est et du Sud tendent à combiner déficits naturels et migratoires.

C. Les explications des phénomènes démographiques : quelle place pour les facteurs économiques ?

Différents facteurs permettent d'expliquer les évolutions séculaires et les tendances récentes des indicateurs démographiques. Parmi ceux-ci, les variables économiques jouent un rôle certain.

La mortalité

Les principales causes de la forte mortalité d'autrefois semblent avoir été la malnutrition et les maladies infectieuses. Ce sont d'abord ces causes qui ont reculé en Europe depuis la fin du XVIIIe siècle et dans les PED depuis 1945. Mais cette première « transition sanitaire » a été suivie d'une seconde, initiée également dans les pays développés, qui a généré une diminution des décès pour cause de maladies cardiovasculaires.

≫ Progrès médical ou progrès économique ?

La question des causes du déclin de la mortalité liée aux maladies infectieuses a fait l'objet de controverses. Sur la base de l'expérience des PED, certains auteurs ont soutenu que ce déclin n'avait pas de lien avec le progrès économique et l'élévation du niveau de vie, l'amélioration des connaissances médicales étant seule responsable. En effet, les gains considérables d'espérance de vie enregistrés dans les PED au lendemain de la Seconde Guerre mondiale l'ont été indépendamment de toute progression du revenu par tête, grâce à la simple importation de techniques occidentales (désinfectants, antibiotiques, campagnes de vaccination financées par l'Organisation mondiale de la santé).

Cette thèse trouve toutefois ses limites quand on tente de l'appliquer aux pays d'Europe qui les premiers ont vu la mortalité baisser à la fin du XVIIIe siècle. D'une part, la diminution a débuté avant même la diffusion du premier vaccin (la vaccine de Jenner contre la variole, 1796) et semble donc avoir été d'abord permise par l'amélioration de la nutrition consécutive aux progrès de l'agriculture. D'autre part, la mise en œuvre des premières mesures de santé publique (par exemple, la diffusion de la vaccine) supposait l'existence d'une volonté étatique et de moyens d'action eux-mêmes dépendants d'un certain niveau de richesse.

≫ Des facteurs multiples diversement imbriqués

Les recherches les plus récentes ont montré les limites des explications monocausales. Il apparaît ainsi que le recul des maladies infectieuses a été obtenu en plusieurs étapes où différents facteurs ont combiné leurs effets. Après la phase initiale où les progrès de l'économie (production, mais aussi stockage et distribution des denrées alimentaires) ont été primordiaux, le développement de l'hygiène publique (notamment la modernisation et la généralisation des réseaux d'égout) a joué un rôle majeur au cours du XIXe siècle. Puis, à la fin du siècle, la révolution pasteurienne a augmenté l'efficacité des techniques médicales et permis, *via* le relais de l'instruction publique, une amélioration de l'hygiène personnelle. Enfin, après la Seconde Guerre mondiale, le développement des antibiotiques et la généralisation de l'accès aux soins dans le cadre des systèmes de Sécurité sociale ont parachevé le processus.

De la même manière, différents éléments semblent avoir contribué aux succès rencontrés depuis les années 1970 dans la lutte contre les maladies cardiovasculaires : progrès médical, efficacité et rapidité d'intervention accrues des services de santé, mais aussi modification des comportements alimentaires et des styles de vie. Cette nouvelle transition sanitaire quasiment achevée, les nouvelles avancées pourraient tenir à l'attention grandissante portée à la santé quotidienne des personnes âgées, comme le laissent penser les gains d'espérance de vie plus élevés enregistrés récemment dans des sociétés solidaires, comme le Japon ou la France.

La fécondité

L'explication des évolutions de la fécondité a fait l'objet d'analyses variées, démographiques, sociologiques, historiques, mais aussi purement économiques.

Les facteurs techniques et leurs limites

La baisse historique de la fécondité peut s'interpréter comme le résultat du passage d'un régime de fécondité naturelle à un régime de fécondité dirigée, se caractérisant par l'usage de procédés visant explicitement à limiter les naissances. Il est donc tentant de lier ce mouvement à la mise à disposition croissante des couples de moyens techniques permettant cette limitation (préservatifs, avortement, pilule, stérilet). S'il est indéniable qu'il est aujourd'hui plus facile pour un couple de contrôler sa fécondité, cette explication techniciste trouve toutefois rapidement ses limites.

En premier lieu, la seule évolution des techniques ne prédéterminerait pas le sens de l'histoire puisque les progrès médicaux ont simultanément contribué à l'augmentation de la fécondité naturelle potentielle, permettant notamment une baisse de la stérilité et de la mortalité intra-utérine. Par ailleurs, comme le montre encore aujourd'hui l'exemple de certains pays africains, la simple importation des techniques ne suffit pas à engendrer une limitation effective des naissances. Enfin et surtout, le contrôle de la procréation a débuté en Europe et notamment en France bien avant la généralisation des techniques modernes. Une « première révolution contraceptive », fondée sur des moyens sociaux comme le mariage tardif ou des techniques rudimentaires, comme le coït interrompu ou l'allaitement prolongé, a ainsi précédé de près de deux siècles la « seconde révolution contraceptive » caractérisée par la diffusion après la Seconde Guerre mondiale de la pilule et du stérilet.

Les explications de la baisse de la fécondité pendant la transition démographique

Plus que la technique, la volonté nouvelle des couples de limiter les naissances constitue ainsi le facteur clé. Comment l'expliquer ?

L'hypothèse de base de la théorie de la transition formulée par Adolphe Landry est qu'elle a constitué un ajustement à la baisse de la mortalité infantile, qui permettait à une proportion croissante de nouveau-nés de survivre. Ajustement qui n'est intervenu qu'après un certain délai, nécessaire à la prise de conscience individuelle que le recul de la mortalité infantile était durable, mais aussi à la rupture avec des valeurs ancestrales favorables à une forte fécondité.

Toutefois, le décalage chronologique entre baisse de la mortalité infantile et baisse de la fécondité n'a pas constitué une réalité universelle : en France, les deux évolutions ont été concomitantes, voire d'ordre inversé ; en Angleterre, la fécondité a commencé par s'élever dans les milieux populaires. D'autres facteurs, économiques, culturels et sociaux, semblent ainsi avoir joué.

Sur le plan économique, le déclin de la famille comme unité de production et l'accroissement des besoins de mobilité, plus faciles à satisfaire avec une famille réduite, ont diminué les avantages économiques de la famille nombreuse. L'enfant est devenu de plus en plus une charge.

Sur le plan culturel, l'accès à l'instruction, notamment pour les femmes, et le recul simultané de l'influence de la religion ont contribué au changement des mentalités. C'est d'ailleurs dans la France des Lumières que sont apparus ces nouveaux comportements procréateurs : s'y seraient « inventés » selon Philippe Ariès (*L'Enfant et la Vie familiale sous l'Ancien Régime*, 1975) le « sentiment de l'enfance » et son corollaire, la famille moderne structurée autour de l'enfant rare. D'abord bourgeois, ce modèle s'est ensuite étendu au cours du XIXe siècle aux familles rurales puis ouvrières, selon un schéma de diffusion des normes commun à toute l'Europe.

⪢ Des modèles concurrents pour expliquer les évolutions récentes de la fécondité

Les évolutions récentes de la fécondité, et notamment l'enchaînement du baby-boom et du *baby-bust*, ont fait l'objet de tentatives de théorisation économique plus formalisées.

Sur la base de la nouvelle microéconomie du consommateur, Gary Becker (« An Economic Analysis of Fertility », 1960) a proposé un modèle explicatif de la décision de fécondité dans lequel les enfants sont considérés comme un bien de consommation durable et qui prend en compte le coût d'opportunité en termes de temps de leur éducation. L'augmentation des revenus des parents, particulièrement ceux de la mère, est ainsi susceptible de générer deux effets de sens contraire : un effet-revenu qui accroît la « demande » d'enfants et un effet-prix qui augmente le coût d'opportunité des enfants. Si l'effet-prix l'emporte, l'accroissement des ressources induit par la croissance économique se traduira par une baisse de la fécondité. C'est, selon Becker, ce qui se serait passé lors du *baby-bust*.

Critiquant notamment l'absence de prise en compte par Becker de l'évolution des préférences, Richard Easterlin (« Relative Economic Status and the American Fertility Swing », 1960) a quant à lui proposé un modèle où le facteur déterminant est le revenu relatif du couple, défini comme le rapport entre ses possibilités de gains – estimées par le revenu actuel du mari – et ses aspirations matérielles – estimées par les revenus passés des parents. Ce revenu relatif dépendrait lui-même de la taille relative des cohortes, une petite cohorte étant supposée mieux s'insérer sur le marché du travail. Les cohortes de petite taille verraient ainsi leur revenu relatif s'améliorer et engendreraient donc plus d'enfants, le mécanisme inverse se produisant pour les cohortes de grande taille.

Les démographes Ron Lesthaege et Dirk Van de Kaa (« Two Demographic Transitions? », in *Population Growth and Decline*, 1986) ont, eux, émis l'hypothèse d'une « seconde transition démographique » : l'enrichissement des populations européennes les aurait conduites à se détacher de préoccupations strictement matérielles pour accorder davantage d'importance à des valeurs « post-matérialistes » selon le concept de Ron Inglehart (1990), parmi lesquelles la liberté de pensée et l'épanouissement personnel. D'où le développement des nouveaux comportements caractéristiques des dernières décennies : déclin du mariage et montée des formes d'union alternatives, report de l'âge de l'installation en couple, mais aussi baisse de la fécondité.

⪢ Un facteur décisif : la conciliation entre vie familiale et activité professionnelle

Chacune de ces thèses apporte des éléments de compréhension. La théorie de Becker a le mérite de souligner la perte de revenu et d'opportunités que peut représenter la naissance d'un enfant pour les femmes obligées d'interrompre leur carrière ; celle d'Easterlin offre une interprétation originale de la succession du baby-boom et du *baby-bust* ; celle de la seconde transition d'Europe de l'Est et du Sud rend bien compte de la déconnexion contemporaine entre sexualité, mariage et procréation.

Toutes trois toutefois ont leurs limites. Elles peinent notamment à expliquer la remontée de la fécondité dans les pays d'Europe du Nord et de l'Ouest. La question des conditions de l'accès des femmes à l'emploi paraît ici essentielle. Au début des années 1980, la fécondité était la plus haute dans les pays ayant les taux d'emploi féminin les plus bas, aujourd'hui, elle est la plus haute là où les taux d'emploi sont les plus élevés (pays scandinaves, pays anglo-saxons, France). Différents facteurs, qui tous participent à rendre plus facile la conciliation entre vie familiale et activité professionnelle, peuvent expliquer cette nouvelle relation : les politiques familiales qui offrent une aide publique importante ou des possibilités d'horaires flexibles aux parents de jeunes enfants qui travaillent ; l'évolution des rapports de genre qui va dans le sens d'une participation plus grande des hommes aux tâches domestiques, contrastant avec une répartition plus traditionnelle dans les pays d'Europe de l'Est et du Sud ; les normes sociales qui jugent compatibles travail et maternité, par opposition à l'idéal dominant en Allemagne de mères totalement dévouées à leurs jeunes enfants.

2 Les effets économiques des phénomènes démographiques

La question des effets des phénomènes démographiques a fait l'objet d'importantes controverses entre économistes. Si les vives oppositions au sujet de l'impact, positif ou négatif, de la croissance démographique apparaissent aujourd'hui atténuées, c'est désormais l'influence des modifications de la structure de la population, en particulier du vieillissement, qui est au cœur des débats.

A. Le débat théorique sur les effets de la croissance démographique

Les économistes ont exprimé des points de vue divergents à propos des conséquences de la croissance démographique. Obstacle au développement économique pour l'école malthusienne, elle est au contraire présentée comme un stimulant majeur par l'école populationniste.

Les théories malthusiennes

Énoncée à la fin du XVIIIe siècle, la thèse de Malthus entendait démontrer mathématiquement l'impossibilité d'une croissance durable de la population. Depuis lors, on a pris l'habitude de qualifier de « malthusiennes » les théories économiques qui, plus globalement, jugent négativement la croissance démographique. Elles ont connu un puissant renouveau lors des années 1960-1970, au moment où le rythme de croissance atteignait son maximum dans les PED.

≫ La thèse de Malthus

Dans son *Essai sur le principe de population* (1798), Thomas Robert Malthus avance l'idée que la croissance démographique peut compromettre la croissance économique. Selon lui, « lorsque la population n'est arrêtée par aucun obstacle, elle double tous les vingt-cinq ans, et croît ainsi de période en période selon une progression géométrique » (1, 2, 4, 8, 16...).

Simultanément, en raison de l'existence de rendements décroissants dans l'agriculture, « les moyens de subsistance, dans les circonstances les plus favorables à la production, ne peuvent jamais augmenter à un rythme plus rapide que celui qui résulte d'une progression arithmétique » (1, 2, 3, 4, 5…). La conséquence de cette différence de rythme de croissance est implacable : soutenable à court terme, la croissance démographique est toutefois condamnée à buter rapidement sur une insuffisance de ressources.

Deux voies possibles peuvent alors permettre un rétablissement de l'équilibre. La première tient à l'existence d'obstacles destructifs : famines, guerres et épidémies qui, entraînées par la surpopulation, tendent naturellement à la résorber. La deuxième, qui a la préférence de Malthus, passe par la mise en œuvre d'obstacles préventifs limitant la progression de la population. Pour cela, hostile à la contraception pour des raisons religieuses, il préconise le recours au mariage tardif et à l'abstinence (« contrainte morale »). Dans la même perspective, il exprime aussi son opposition aux *poor laws* (lois sur les pauvres) anglaises, voyant dans l'assistance financière qu'elles procuraient aux plus démunis une incitation à la procréation.

≫ Les thèses néomalthusiennes

Dans les années 1960-1970, l'« explosion démographique » du tiers-monde a conduit à un renouveau du malthusianisme. L'ouvrage au titre évocateur de Paul Ehrlich (*La Bombe P*, 1968) ou encore le rapport Meadows (1972) publié par les experts du Club de Rome sont emblématiques des craintes de cette époque. Ils reprennent les arguments malthusiens selon lesquels la surpopulation conduira inéluctablement à la dégradation des terres et à l'épuisement des ressources naturelles, mais y ajoutent une nouvelle dimension écologique en dénonçant le développement des pollutions.

D'autres auteurs s'intéressent plus spécifiquement à la situation des PED, pointant dans la croissance démographique un obstacle majeur sur la voie du développement. L'observation de taux de croissance de la population très supérieurs à ceux constatés dans les pays développés au XIXe siècle et l'idée que la baisse de la mortalité a été importée et a donc cette fois précédé le progrès économique (*cf. supra*) nourrissent les diagnostics pessimistes. Limitant mécaniquement la croissance du revenu par tête, la croissance démographique génère en outre des charges supplémentaires (prise en charge des enfants) qui amputent d'autant la capacité d'épargne des pays pauvres et les empêchent de réaliser les investissements dans les différents secteurs d'activité et dans l'éducation, pourtant nécessaires pour combler leur retard économique sur les pays riches. La recommandation qui découle de ce raisonnement est claire : les États doivent mettre en œuvre des politiques visant à limiter les naissances.

≫ Les critiques des thèses malthusiennes

Une des critiques les plus virulentes de la thèse de Malthus est venue de Karl Marx. Pour lui, il n'existe pas de lois « naturelles » mais seulement des lois historiquement déterminées, valables pour un mode d'organisation sociale de la production particulier. Dès lors, la surpopulation envisagée par Malthus n'est pas le produit d'une fatalité naturelle, mais la conséquence du fonctionnement du mode de production capitaliste. Relative et non absolue, elle est liée à la dynamique d'accumulation du capital qui conduit au remplacement des hommes par les machines. Révélateur des contradictions du capitalisme, ce processus sert toutefois ses intérêts à court terme, dans la mesure où il conduit à la constitution d'une « armée de réserve industrielle » de chômeurs, dont la concurrence potentielle permet de maintenir les salaires à un niveau minimal.

Dans les années 1960-1970, cette critique a été reprise par les auteurs néomarxistes, mais aussi par les gouvernements des PED qui s'opposaient aux recommandations malthusiennes des pays développés, notamment lors de la conférence des Nations unies sur la population de Bucarest en 1974. Tous considéraient que la croissance démographique était un faux problème, masquant les obstacles principaux au développement que constituaient à leurs yeux l'inégale répartition du pouvoir et des richesses et la domination économique des pays du Nord.

Une autre critique majeure a porté sur la fixation d'une limite absolue et intangible à la progression des ressources sur la base de l'hypothèse des rendements décroissants. Malthus, pourtant témoin de la révolution agricole en Grande-Bretagne, tout comme après lui les experts du Club de Rome, a sous-estimé les potentialités du progrès technique qui, jusqu'à présent, a constamment rendu caducs les supposés seuils infranchissables de densité.

Enfin, si les analyses de Malthus rendent assez bien compte du fonctionnement du régime démographique ancien, il n'avait pas anticipé les mécanismes d'ajustement à la baisse de la fécondité qui se sont mis en place au cours de la transition.

Les théories populationnistes

Ce sont les mercantilistes qui ont initié ce courant. Reprenant la formule de Bodin, « il ne faut jamais craindre qu'il y ait trop de sujets, trop de citoyens, vu qu'il n'y a richesse, ni force que d'hommes » (*Les Six Livres de la République*, 1576), ils voient dans une forte population le moyen d'encourager la production et les exportations, donc l'afflux d'or. Après une éclipse due aux succès des thèses malthusiennes, le populationnisme a connu un puissant renouveau en France après les années 1860, la baisse précoce de la fécondité laissant craindre un déclin démographique dommageable dans le contexte de la rivalité avec l'Allemagne. Au XXe siècle, Alfred Sauvy (1898-1990) en a été le représentant le plus emblématique.

≫ Les effets quantitatifs

La croissance démographique permet d'abord un accroissement de la quantité de facteur travail disponible. Par simple « effet de taille », elle peut donc alimenter une croissance extensive de la production totale. Par ailleurs, en rendant le travail plus abondant, l'accroissement de la main-d'œuvre disponible peut exercer une pression à la baisse sur les coûts salariaux et ainsi faciliter l'adoption d'une stratégie de production et d'exportation de biens manufacturés à forte intensité de travail. Simultanément, le capital, devenant relativement plus rare, verra sa rentabilité augmenter, ce qui peut attirer les investissements étrangers. Nombre de nouveaux pays industrialisés (NPI) asiatiques semblent ainsi avoir bénéficié de ce type de mécanisme. Enfin, de manière plus indirecte, la pression démographique dans les campagnes peut engendrer des transferts de main-d'œuvre vers les secteurs industriels plus productifs.

La croissance démographique peut ensuite influencer positivement la demande globale, une naissance augmentant immédiatement la consommation. En élargissant la taille des marchés, une population nombreuse peut permettre aux entreprises de réaliser des économies d'échelle, d'accentuer la division du travail et d'écouler une production de masse. La croissance de la population apparaît ainsi avoir été un des facteurs de l'industrialisation des États-Unis au XIXe siècle.

≫ Les effets qualitatifs

La thèse de la pression créatrice représente un élément clé dans la critique que les auteurs populationnistes adressent au malthusianisme. Mobilisée par Alfred Sauvy, elle a surtout été développée par Ester Boserup (*Évolution agraire et pression démographique*, 1970). Celle-ci souligne qu'il est fallacieux de vouloir confronter les densités de population avec des disponibilités alimentaires théoriques calculées à un moment donné en fonction des surfaces cultivables. En effet, la capacité d'une terre à nourrir la population dépend des systèmes agraires et ceux-ci évoluent justement en fonction de la pression exercée par la population, qui stimule l'introduction d'innovations. Ester Boserup oppose notamment la situation des plaines agricoles d'Asie du Sud-Est, où les fortes densités humaines ont poussé à augmenter le temps de travail et à appliquer de nouvelles méthodes culturales (régression des jachères, utilisation d'engrais, irrigation, mécanisation), à celle de nombreuses régions africaines prisonnières de « trappes à faible densité », qui se caractérisent par une agriculture extensive à productivité faible et pourtant fortement destructive pour l'environnement.

Ce raisonnement a été repris et généralisé dans les années 1980 par un courant de pensée qu'on a appelé « révisionniste » car il s'est opposé au paradigme malthusien qui dominait jusqu'alors dans les milieux académiques. Selon ces auteurs d'inspiration néoclassique (notamment Julian Simon, *L'Homme, notre dernière chance*, 1985), un marché concurrentiel a parfaitement la capacité de créer les ajustements nécessaires face aux situations de rareté créées par la pression démographique. Dès lors, les problèmes rencontrés par certains PED viendraient non pas d'une croissance excessive de leur population, mais de leur non-recours aux mécanismes régulateurs et incitatifs de l'économie de marché.

Du fait de l'introduction de rendements croissants et de l'accent mis sur le capital humain, les théories de la croissance endogène ont également contribué à revaloriser le rôle de la croissance démographique. Le remplacement de générations de travailleurs peu ou mal formés par des générations nouvelles plus qualifiées et plus ouvertes à la modernité est ainsi susceptible de faciliter l'introduction d'innovations dans le système productif. Applicable aux PED, cet argument a aussi été mobilisé pour expliquer le plus grand dynamisme des gains de productivité liés aux NTIC aux États-Unis depuis les années 1990.

≫ Les limites des thèses populationnistes

Les principaux points reprochés aux analyses populationnistes sont leur trop haut niveau de généralité et leur caractère mécaniste. Les liens de causalité qu'elles établissent entre phénomènes démographiques et économiques tendent en effet souvent à ignorer les différentes médiations qui interviennent dans la relation entre ces phénomènes et peuvent venir en modifier le sens.

L'évolution de la population active, par exemple, ne découle pas mécaniquement de la croissance démographique. Elle est également influencée par les changements dans les comportements d'activité. Une croissance démographique faible peut ainsi paradoxalement déboucher sur une augmentation de la population active si, « libérant » les femmes des tâches domestiques liées au grand nombre d'enfants, elle les rend disponibles pour se porter sur le marché du travail.

Par ailleurs, les flux de population active ne coïncident pas nécessairement avec les besoins, tant quantitatifs que qualitatifs, du système productif. Si la croissance de la population active française paraît avoir contribué à la progression de l'emploi et de la production au cours des Trente Glorieuses, elle s'est ainsi accompagnée depuis les années 1970 de l'apparition d'un chômage de masse.

Quant à la demande globale, elle ne résulte pas uniquement du nombre de personnes, mais également du revenu par personne. Si la croissance de la population se traduit par une diminution de celui-ci, l'effet en termes de demande sera nul.

Pour ce qui est enfin de la thèse de la pression créatrice, les fluctuations de la population européenne avant la transition rappellent que la croissance démographique n'a pas toujours débouché sur une amélioration des méthodes culturales, mais bien souvent sur la « régulation naturelle » décrite par Malthus. Stimulant de l'innovation, la pression démographique n'en est pas une condition suffisante.

Quelles validations empiriques ?

Les différentes tentatives de validation empirique ne permettent pas de trancher clairement entre malthusiens et populationnistes. Si l'expérience des pays développés montre que la croissance démographique en longue période n'a pas été contradictoire avec la croissance économique et pourrait même l'avoir stimulée, ces études révèlent surtout que la relation entre ces deux processus n'est ni mécanique ni univoque, et que son sens et son intensité dépendent de nombreux facteurs intermédiaires.

≫ L'investigation historique : croissance démographique et industrialisation au XIXe siècle

Les auteurs populationnistes ont puisé de nombreux arguments empiriques dans l'histoire du XIXe siècle. Alfred Sauvy, notamment, a comparé la situation de la France et de l'Allemagne pour démontrer que la moindre croissance démographique de la première avait été un handicap bien plus qu'un atout : la croissance des rendements agricoles tout comme celle de la production industrielle y ont en effet été moins rapides, de même que la modernisation de l'appareil productif.

Plus généralement, il est clair que l'accélération simultanée de la croissance démographique et de la croissance économique qu'ont connue l'Europe et les États-Unis au XIXe siècle ne va guère dans le sens des thèses malthusiennes.

Mais si l'influence des progrès économiques sur la baisse de la mortalité et donc la croissance de la population ne fait pas de doute, l'hypothèse d'une causalité dans l'autre sens, faisant de la croissance démographique un préalable à l'industrialisation, est plus discutée.

En premier lieu, dans le cas britannique, l'accélération démographique ne s'est réellement produite qu'après le début du XIXe siècle, c'est-à-dire après le démarrage de l'industrialisation. Selon Jean-Pierre Rioux, la population de l'Angleterre et du pays de Galles qui n'avait crû que de 5 millions en 1700 à 6,5 millions en 1750 puis 9 millions en 1801, serait ainsi passée à 14 millions en 1831. À l'inverse, la Russie, dont la population « européenne » aurait été multipliée par 4 entre 1750 et 1850 (de 14,5 à 57 millions) n'a pas pour autant connu d'industrialisation au cours de cette période.

Plus précisément, selon Patrick Verley, la thèse selon laquelle la croissance démographique aurait fourni une main-d'œuvre abondante et bon marché favorable à l'industrialisation n'est vérifiée qu'en Suisse et en Belgique, qui connurent effectivement des situations de surpeuplement rural. En Grande-Bretagne jusque vers 1815 et aux États-Unis, la mise en œuvre de nouvelles techniques *labour-saving* semble au contraire avoir été stimulée par la rareté et la cherté de la main-d'œuvre dans certaines régions industrielles.

Quant à l'autre argument populationniste qui met l'accent sur l'accroissement des débouchés permis par la croissance démographique, il est lui aussi à relativiser. Si l'extension des marchés intérieurs américain et britannique et du marché rural français de 1815 à 1870 a effectivement stimulé l'industrialisation, elle le doit autant sinon plus à des facteurs socio-économiques qu'à l'évolution démographique : dans le cas britannique, l'apparition et l'essor d'une classe moyenne furent déterminants ; dans le cas français, la demande rurale fut surtout nourrie par la hausse de la productivité et des prix agricoles.

≫ Les tests économétriques : une relation complexe

Un grand nombre de tests économétriques ont été réalisés à partir de données concernant essentiellement les PED, mais ils ne débouchent pas sur une conclusion univoque. C'est ce que soulignent notamment Michel Aglietta, Didier Blanchet et François Héran dans leur rapport au Conseil d'analyse économique, *Démographie et économie* (2002).

Tout d'abord, les résultats apparaissent variables : alors que jusqu'aux années 1980, une corrélation faiblement positive apparaissait entre les taux de croissance de la population et du niveau de vie, la majorité des études plus récentes semblent au contraire faire ressortir un lien inverse.

Ensuite, ces corrélations sont susceptibles d'interprétations différentes, et peuvent notamment refléter plutôt l'effet de la croissance économique sur les phénomènes démographiques. Il est possible ainsi que le lien positif repéré jusque dans les années 1980 soit la manifestation de la baisse de la mortalité induite par le progrès économique au cours de la première partie de la transition démographique, et que le lien négatif identifié ensuite résulte du passage à la deuxième phase, où la progression du niveau de vie fait baisser la fécondité.

Enfin, il apparaît utile de faire la distinction d'une part entre les différentes sources de la croissance démographique, d'autre part entre son influence à court et à moyen terme. Des effets négatifs de l'accélération de la croissance démographique n'ont ainsi été détectés que lorsque celle-ci est provoquée par la natalité (et non par une baisse de la mortalité) et ils ne se manifestent qu'à court terme. À horizon de quinze ans, les effets deviennent positifs, ce qui pourrait correspondre au moment de l'entrée dans la vie active.

La compréhension de la relation entre démographie et économie implique donc de dépasser la simple analyse en termes de flux pour s'intéresser aux effets de structure.

B. Les effets de la modification de la structure de la population

Les évolutions de la mortalité et de la fécondité n'influent pas que sur le rythme de la croissance démographique. Elles peuvent aussi générer des modifications de la structure de la population qui ont elles-mêmes des effets économiques.

Des effets plus ou moins avérés

≫ Une modification des ratios de dépendance

Les effets les plus directs tiennent à la modification des ratios de dépendance. Toutes choses égales par ailleurs, une baisse de la natalité se traduit en effet par une baisse de la part des jeunes dans la population totale, et une diminution de la mortalité après 65 ans par un vieillissement démographique.

En fonction de l'évolution des paramètres démographiques, les effets sont toutefois susceptibles de différer à court et à moyen terme.

Ainsi, la séquence caractéristique de la transition démographique – baisse de la mortalité infantile puis baisse de la fécondité – engendre généralement une génération plus nombreuse que celles qui l'ont précédée et que celles qui la suivent. À mesure que cette cohorte d'individus avance en âge, c'est d'abord la proportion de jeunes qui augmente puis celle des personnes d'âge actif.

On comprend que les effets de la transition et de la croissance démographiques puissent être ambivalents et varier au cours du temps. Autant la phase initiale génère des charges supplémentaires pour les actifs, autant la deuxième est susceptible, en augmentant le ratio travailleurs/personnes dépendantes, d'engendrer une forte progression du revenu par tête. Les pays d'Asie de l'Est semblent avoir particulièrement profité de ce que les démographes David E. Bloom et David Canning (« Booms, replis et échos », 2006) ont appelé le « dividende démographique » : entre 1965 et 1990, la population d'âge actif s'y est accrue presque 4 fois plus vite que la population dépendante, et selon plusieurs études, cette évolution serait à l'origine de près d'un tiers de la forte croissance économique de la zone. Dans une moindre mesure, l'enchaînement baby-boom – *baby-bust* qu'ont connu les pays d'Europe du Nord et de l'Ouest a généré une déformation et des effets bénéfiques similaires.

Dans un troisième temps cependant, c'est la proportion des personnes âgées qui est amenée à croître, provoquant cette fois une dégradation « par le haut » du ratio de dépendance.

≫ Des effets sur l'équilibre des comptes sociaux

Ce phénomène, que certains ont appelé « papy-boom », ne vient toutefois qu'accentuer conjoncturellement la tendance au vieillissement que connaissent la majorité des PDEM et que sont amenés à connaître rapidement nombre de PED, et dont l'explication structurelle est la hausse de l'espérance de vie.

Outre l'effet direct sur la proportion d'actifs potentiels dans l'économie, ce vieillissement pose la question de l'équilibre des systèmes de sécurité sociale. Si l'effet sur les dépenses de santé et de dépendance doit être relativisé, l'espérance de vie en bonne santé et donc l'âge à partir duquel les dépenses s'accroissent ayant aussi tendance à augmenter, celui qui s'exerce sur les retraites est massif. Certes dépendant d'autres variables, et notamment de la situation de l'emploi, le ratio cotisants/retraités a fatalement tendance à se détériorer, et l'écart entre des recettes qui faiblissent et des dépenses croissantes à se creuser.

≫ Des effets sur le taux d'épargne ?

Les effets de la structure par âge sur le taux d'épargne des ménages sont plus incertains. Le modèle de référence est ici celui du cycle de vie de Franco Modigliani (« Utility Analysis and the Consumption Function: An Interpretation of Cross-section Data », avec Richard Brumberg, 1954). Selon celui-ci, les ménages, soucieux de lisser leur consommation sur l'ensemble de leur cycle de vie, recourent à l'endettement quand ils sont jeunes et que leurs revenus sont faibles, puis épargnent de manière croissante à mesure que leurs revenus d'activité progressent, et enfin désépargnent une fois retraités.

Ces prédictions sont toutefois ambivalentes : mécaniquement, l'augmentation de la part des actifs doit conduire à une augmentation du taux d'épargne, le vieillissement à une baisse. Mais l'anticipation d'une durée de vie à la retraite plus longue peut aussi conduire les actuels actifs à épargner plus.

En outre, ce modèle n'apparaît guère validé par les observations empiriques. S'il peut fournir une explication de la croissance du taux d'épargne des ménages chinois dans les années 1980-1990, il ne rend pas compte des différences entre pays européens : par exemple en 2008, le taux d'épargne net des ménages était de 11 % en France et de – 3 % au Danemark, alors que la part des 65 ans était dans les deux cas proche de 17 %. L'existence de systèmes sociaux de retraite garantissant un bon niveau de remplacement des revenus d'activité, mais aussi la volonté de transmission patrimoniale des ménages âgés semblent notamment remettre en cause les conclusions du modèle.

≫ Des effets sur la productivité ?

Les différentes recherches menées sur les éventuels effets sur le niveau moyen de productivité concluent à leur faiblesse. D'une part au niveau individuel, ils sont sans doute ambivalents : la jeunesse apparaît certes plus propice à la mise en œuvre de nouveaux procédés techniques, mais cet effet peut être compensé par des phénomènes d'apprentissage par l'expérience. D'autre part, au niveau collectif, l'allongement de la durée de vie est sans influence, puisqu'elle concerne des âges supérieurs à celui de la retraite. Seuls jouent donc les variations de la natalité (et éventuellement les réformes augmentant la durée d'activité). Les effets de structure, touchant de surcroît des tranches d'âge plus restreintes, ne peuvent donc qu'être d'ampleur limitée.

Quelle gestion politique ?

Plus robustes que les effets de la croissance démographique, ces effets de structure représentent, pour les pays concernés, des opportunités ou des menaces auxquelles il convient de faire face. Tant la transition dans le cas de PED que le vieillissement doivent être gérés adéquatement.

⪢ Gérer la transition

Cette question s'est posée pour les PED à partir des années 1960 et continue de se poser aujourd'hui pour ceux d'entre eux qui ne l'ont pas achevée, voire pas entamée. S'ils veulent bénéficier du « dividende démographique », il faut certes que la natalité ne baisse pas aussi tôt que la mortalité, mais qu'elle baisse suffisamment vite pour limiter la période d'augmentation du ratio de dépendance « jeunes ».

Si les préconisations malthusiennes sont ainsi partiellement légitimées, il reste à savoir si les politiques qu'elles inspirent sont efficaces. Lors de la conférence de Bucarest en 1974, de nombreux PED le contestaient. « Le meilleur contraceptif, c'est le développement » (selon la formule du représentant algérien A. Bahri), arguaient-ils.

Si la majorité d'entre eux ont tout de même mis en œuvre des mesures destinées à faire baisser la fécondité (campagnes d'information, mise à disposition de contraceptifs, incitations financières), l'utilité de celles-ci est sujette à débat. La sévère politique chinoise de limitation du nombre d'enfants par femme (1 en ville, 2 dans les campagnes) a certes porté ses fruits, mais la Corée du Sud et la Thaïlande ont connu une chute similaire de leur fécondité sans mettre en œuvre de mesures contraignantes. En Inde au contraire, les premières politiques menées, dans les années 1950-1970, ont rencontré peu de succès, signe sans doute qu'elles étaient contraires aux désirs des couples. Ces constats ne conduisent pas à condamner les programmes de planification familiale qui permettent aux couples qui le souhaitent de contrôler plus facilement leur procréation, mais ils plaident, dans l'esprit des conclusions de la conférence sur la population du Caire de 1994, pour leur intégration dans des politiques de développement plus larges, visant en particulier à améliorer le statut des femmes (scolarisation, meilleur accès au marché du travail…).

Une fois la baisse de la fécondité réalisée, l'autre enjeu consiste à tirer le meilleur parti du « dividende démographique ». Celui-ci n'est en effet aucunement automatique : si les générations nombreuses qui arrivent à l'âge actif n'ont pas les qualifications adéquates ou ne trouvent pas à s'employer, l'amélioration du ratio de dépendance démographique risque de n'avoir d'autre effet économique qu'une progression du chômage. Dans le cas des pays asiatiques, l'investissement public dans la formation, la souplesse du marché du travail et la stimulation de la production par la demande extérieure ont permis d'engranger le « dividende ».

⪢ Gérer le vieillissement

Le vieillissement est déjà bien engagé dans les pays développés. En France métropolitaine, la part des plus de 65 ans dans la population totale était de 11,6 % en 1960 et de 20,9 % en 2021 ; elle devrait être de 24 % en 2030 et de 27 % en 2050 selon les projections de l'INSEE. Dans les PED, le processus n'en est qu'à ses débuts, mais sera beaucoup plus rapide en répercussion d'une transition elle-même plus brutale : en Chine, par exemple, la part des plus de 65 ans est passée de 4,4 % en 1960 à 12 % en 2020 ; selon les projections des Nations unies, elle sera de 16,9 % en 2030 et de 29,9 % en 2060. Il sera d'autant plus important que, dans certains de ces pays, la fécondité est déjà descendue en dessous du seuil de remplacement des générations : en 2019, l'ICF était ainsi de 1,7 en Chine et au Brésil, il valait 1,2 à Taïwan et 1,1 en Corée du Sud.

La fécondité n'est toutefois pas la variable décisive. Certes, la situation de la France, où l'ICF est proche de 2 enfants par femme, avant de redescendre vers 1,8 à la fin des années 2010, est plus favorable que celle de ces pays ou de ses voisins de l'Est et du Sud, ce qui peut justifier chez ces derniers la mise en œuvre de politiques natalistes. Mais il serait illusoire de vouloir, par un relèvement de la natalité ou un recours accru à l'immigration, lutter contre un processus qui est avant tout nourri par l'allongement de la durée de vie.

Le vrai défi, pour les PDEM comme pour les PED, consiste donc à s'adapter au mieux à ce processus inéluctable. Les premiers ont commencé à le faire en engageant des réformes de leurs systèmes de retraite. Dans le cas des systèmes par répartition comme celui de la France, il est possible de jouer sur trois leviers : augmenter le montant des cotisations payées par les actifs, diminuer le niveau relatif des pensions, relever l'âge de cessation d'activité (en augmentant l'âge légal de départ en retraite ou la durée de cotisation nécessaire pour bénéficier d'une pension à taux plein). En France, comme ailleurs en Europe, c'est le troisième levier qui a été majoritairement actionné. Il a l'avantage de corriger directement le ratio actifs/cotisants, mais ne sera vraiment efficace que s'il se traduit par une hausse du taux d'emploi des 55-64 ans. Sinon, il n'aura pour effet qu'un transfert des charges vers l'assurance chômage et une détérioration de la situation des retraités qui n'auront pas assez cotisé. En France, ce taux d'emploi n'était en 2020 que de 53,8 % contre 59,6 % en moyenne dans l'Union européenne. Comme le montre notamment l'exemple des pays scandinaves (le taux est de 77,6 % en Suède et de 72,8 % en Norvège), son augmentation passe par un effort d'adaptation des conditions de travail dans les entreprises et par des politiques de formation continue.

Dans les PED, la tâche paraît plus importante, car alors que la solidarité familiale s'érode, les systèmes de retraite collectifs sont faiblement développés. Ils devront y être rapidement créés pour éviter que les adultes d'aujourd'hui ne voient leur niveau de vie chuter quand ils seront âgés.

3 L'évolution de la consommation et des modes de vie

La croissance économique moderne s'est aussi accompagnée (et nourrie) de profondes mutations des modes de vie, c'est-à-dire des façons de se nourrir, de se vêtir, d'utiliser son temps libre, etc. des individus et des groupes sociaux. L'acte de consommation sous sa forme marchande d'acquisition de biens ou de services pour en faire un usage a notamment pris une importance croissante. Ses évolutions peuvent s'analyser à la fois comme des conséquences et comme un des facteurs des transformations des structures économiques, sociales et démographiques.

A. L'avènement progressif de sociétés de consommation de masse

L'histoire économique et sociale depuis le XVIIIe siècle peut se lire comme celle du développement d'une « société de consommation », c'est-à-dire « de la production, de la diffusion, de l'achat et de l'usage d'un nombre croissant de biens par une proportion croissante d'hommes et de femmes prenant progressivement l'identité de "consommateurs" » (Marie-Emmanuelle Chessel, *Histoire de la consommation*, 2012).

La genèse de la société de consommation aux XVIIIe-XIXe siècles

≫ Un mouvement d'élargissement social qui débute au XVIIIe siècle

Jusqu'au XVIIIe siècle, les pratiques de consommation répondent schématiquement à deux grands principes différents selon les milieux sociaux : la survie pour les classes populaires, la prodigalité pour l'aristocratie. L'autoconsommation est largement dominante en milieu populaire, en particulier pour l'alimentation ; des échanges de produits agricoles et artisanaux (vêtements, outils) existent certes mais dans un cadre essentiellement local et pas toujours marchand. La consommation aristocratique obéit quant à elle à une logique de distinction et de compétition, particulièrement nette dans la société de cour née de l'affirmation du pouvoir absolu du roi, telle que l'a théorisée Norbert Elias (*La Société de cour*, 1969) : elle porte sur des biens de luxe (soieries, bijoux, carrosses, etc.). Quelques traits communs rapprochent toutefois ces deux univers : recours au crédit, marchandage, importance du marché de l'occasion.

À partir du XVIIIe siècle, en France comme en Angleterre ou aux Pays-Bas, un ensemble d'évolutions modifie ce modèle binaire. L'élévation du niveau de richesse globale et l'apparition de premières classes moyennes conduisent à un élargissement à la fois du nombre de produits vendus et du nombre d'acheteurs. Des produits de demi-luxe comme la faïence font leur entrée dans les maisons bourgeoises, d'autres (meubles, vaisselle, vêtements de coton, bière, café, jouets...) venus des colonies ou fabriqués localement se diffusent jusque dans les foyers populaires. Les habitudes vestimentaires s'unifient et les principes d'imitation-distinction se répandent bien au-delà des cercles aristocratiques. Le succès rencontré par les indiennes, ces toiles de coton imprimées d'abord importées d'Inde puis produites en Europe, est emblématique de l'apparition de ces nouveaux produits qui combinent variété et possibilité de production à grande échelle, stimulant les efforts de l'industrie textile pour baisser les coûts et élargir les marchés (Patrick Verley, *L'Échelle du monde. Essai sur l'industrialisation de l'Occident*, 1997).

≫ De lentes évolutions au cours du XIXe siècle

Les évolutions entamées au XVIIIe siècle se poursuivent au XIXe siècle, structurellement nourries par la hausse des niveaux de vie induite par l'industrialisation et l'amélioration des transports et des communications qui permettent une plus grande circulation des biens et de l'information. Elles se font toutefois à un rythme inégal selon les pays (plus précocement au Royaume-Uni) et globalement relativement lent, ce qui laisse perdurer l'opposition entre une petite minorité qui achète une forte proportion des produits de luxe et une majorité consacrant l'essentiel de son pouvoir d'achat à la subsistance quotidienne. Du côté des catégories supérieures, la bourgeoisie poursuit son ascension et si elle continue d'imiter partiellement la noblesse, impose de nouvelles normes de consommation, plus attentives au confort intérieur, et se distingue par l'acquisition d'objets anciens ou exotiques. Du côté des catégories populaires, la progression du revenu réel demeure longtemps modeste et l'alimentation continue de dominer les budgets ouvriers et paysans. Ainsi que le montrent notamment les travaux de l'économiste et statisticien allemand Ernst Engel en 1857 (*Les Conditions de la production et de la consommation du royaume de Saxe)*, la proportion du revenu allouée aux dépenses alimentaires est en effet d'autant plus forte que le revenu est faible.

En France, il faut ainsi attendre la fin du XIXe siècle pour que le marché intérieur se développe véritablement, avec l'expansion des nouvelles couches moyennes salariées et dans une moindre mesure la hausse des salaires réels ouvriers. Les transformations dans l'organisation du commerce (certains parlent de « révolution commerciale ») participent à cet élargissement du marché et à la diffusion d'une « culture de la consommation ». Les grands magasins notamment (le Bon Marché est fondé en 1852, le Printemps en 1863, la Samaritaine en 1865) mettent en scène les nouveaux produits industriels et proposent de nouvelles manières de faire ses achats (prix fixes et affichés, entrée libre, offre large et souvent renouvelée). De manière plus générale, les boutiques se multiplient dans les villes et à la fin du siècle ce sont les chaînes à succursales multiples (comme le groupe Casino fondé en 1898 à Saint-Étienne) qui permettent de toucher l'ensemble du territoire. La publicité gagne en importance et en modernité, en particulier dans les grandes villes (affiches, enseignes lumineuses). De nouveaux produits, destinés d'abord à une clientèle fortunée, apparaissent en outre avec les innovations de la « seconde industrialisation » (automobile, matériel électrique). L'imitation joue un rôle majeur dans la diffusion des biens et des pratiques de consommation du haut vers le bas de l'échelle sociale. Elle est nourrie dans les villes par la cohabitation (les ouvriers fréquentent les grands magasins, les cinémas, les expositions universelles). Mais les différents groupes conservent des spécificités qui ne s'expliquent pas que par le revenu. Maurice Halbwachs (*La Classe ouvrière et les niveaux de vie*, 1912) montre ainsi au début du XXe siècle que lorsque le revenu augmente, les ouvriers allemands consacrent le surplus à améliorer les repas et à soigner leur apparence, tandis que les employés l'utilisent pour accroître le confort de leur logement, épargner, s'instruire ou se distraire.

La mise en place de sociétés de consommation de masse au XXe siècle

Au cours du XXe siècle la consommation tend à la fois à se massifier et à se diversifier : l'élargissement du nombre de consommateurs va de pair avec l'apparition de nouveaux produits, fabriqués en série, et de nouveaux services, tandis que se développent des pratiques de segmentation. Cette évolution n'est toutefois ni continue (guerres, crises) ni homogène. Elle fait en outre l'objet de débats et de remises en cause.

≫ Un développement plus précoce aux États-Unis

Les États-Unis ont été les pionniers de la consommation de masse. La taille de leur marché intérieur, la précocité de la mécanisation et le développement d'une vaste classe moyenne font partie des fondements de ce phénomène qui se développe dès la fin du XIXe siècle. Les grandes entreprises analysées notamment par Chandler (*La Main visible des managers*, 1977), telles American Tobacco (tabac), Procter and Gamble (savons) ou Singer (machines à coudre) ont participé à la genèse de ce marché lucratif en développant la production à grande échelle, l'intégration verticale et de nouvelles méthodes de distribution (marketing, publicité, services après-vente). Les innovations de la seconde révolution industrielle et l'avènement du tayloro-fordisme au début du XXe siècle renforcent l'intérêt à l'élargissement des débouchés pour amortir de forts investissements en capital fixe et donnent une nouvelle impulsion au phénomène, qui s'épanouit dans les années 1920 : les membres de la classe moyenne achètent des automobiles et des réfrigérateurs et même si des inégalités importantes demeurent, les ouvriers accèdent eux aussi à la consommation et à la culture de masse, *via* les chaînes de supermarchés, la radio ou le cinéma.

Dès cette période, les entreprises américaines s'efforcent de diffuser leur modèle en Europe. Coca-Cola par exemple met en place une division spéciale chargée d'organiser la production et la vente sur les marchés extérieurs. En 1919, le Coca-Cola arrive en France ; en 1929, il est commercialisé dans soixante-seize pays. Même si les initiatives américaines rencontrent des résistances (réticences des consommateurs à s'équiper en électroménager, des patrons à utiliser la publicité ou à mieux payer leurs ouvriers), les nouveaux produits et les pratiques se diffusent. C'est ainsi en s'inspirant de modèles américains, qu'à la fin des années 1920, les fondateurs de grands magasins français ouvrent des « magasins à prix unique » pour une clientèle populaire (Uniprix, 1928 ; Prisunic, 1931 ; Monoprix, 1932). Situés dans des arrondissements périphériques de Paris ou dans des petites villes, ils offrent un assortiment réduit de produits à petits prix ; les objets sont disponibles dans des boîtes en libre-service et le personnel reste en caisse. Appelés « grands magasins de pauvre », ils prennent leur envol pendant la crise économique et font évoluer les pratiques d'achat des catégories populaires.

≫ Une mise en place en France et en Europe dans les années 1950-1960

Après les difficultés de la Seconde guerre mondiale et de la reconstruction, La France, comme la majorité des sociétés européennes, entre véritablement dans la consommation de masse à partir du milieu des années 1950. L'influence américaine est une nouvelle fois significative dans un contexte de guerre froide où l'accès du plus grand nombre à la prospérité matérielle est un des enjeux de la compétition entre blocs. De fait, c'est le modèle de croissance fordiste qui s'impose alors et qui permet par la redistribution des gains de productivité aux salariés de solvabiliser une part croissante de la population. Entre 1960 et 1974, la forte croissance du pouvoir d'achat s'est ainsi traduite par une hausse de 4,1 % en moyenne annuelle des dépenses de consommations individuelles. Les dépenses vestimentaires s'envolent, notamment chez les jeunes : de 1953 à 1963, en France, elles augmentent de 131 % pour les filles et de 103 % pour les garçons de moins de 20 ans. La consommation de prêt-à-porter, jusque-là réservée aux ouvrières (les autres femmes faisaient appel aux couturières) s'élargit vers le haut, portée par des innovations techniques relatives aux fibres synthétiques (le tergal, le lycra, le jersey) qui permettent la création de nouveaux vêtements (les collants, les tee-shirts). Mais c'est surtout la progression fulgurante de l'équipement en biens durables des ménages qui frappe : en 20 ans, entre 1954 et 1975, le taux de pénétration des machines à laver passe de 8 % à 69 %, celui des réfrigérateurs de 7 % à 88 % et celui des télévisions de 1 % à 83 %. Cette diffusion s'accompagne de modifications des pratiques, notamment pour les appareils liés aux loisirs comme la radio et la télévision. L'écoute ou le visionnage demeurent majoritairement collectifs, en famille ou dans les cafés, mais à partir des années 1960, le poste de radio s'individualise, avec la diffusion des postes à transistor, plus légers. Certains jeunes commencent alors à écouter leurs propres émissions sur leur poste. La hausse de la consommation concerne également les services, notamment ceux liés aux loisirs, comme les sports ou les vacances, dont la progression est nourrie par la hausse du temps libre (deux semaines de congés payés depuis 1936, troisième semaine en 1956, quatrième semaine en 1969).

De nouveaux services favorisant la vente et la distribution des biens et services portent cette consommation de masse. Les salons, comme celui des arts ménagers, participent à l'« initiation » du public aux nouvelles pratiques. La distribution quant à elle, se modernise avec par exemple l'invention des hypermarchés en 1963. La publicité connaît aussi un développement considérable, facilitée par la diffusion des nouveaux moyens de communication : en France, les investissements publicitaires sont multipliés par 7,5 en volume entre 1952 et 1972. Selon John Kenneth Galbraith (*Le Nouvel État industriel*, 1967), se met alors en place une « filière inversée », les publicitaires s'efforçant de créer des nouveaux besoins pour assurer l'écoulement des nouvelles productions. Ils opèrent en outre une segmentation croissante du public, ciblant notamment les « jeunes » qui dans les années 1960 constituent un marché porteur : les générations du baby-boom entrent alors dans l'adolescence et développent une « culture spécifique » (rock'n'roll, musique yéyé). Des chaînes et des émissions de radio (*Salut les copains*) leur sont dédiées et la jeunesse devient un argument de vente pour certaines entreprises (voiture Simca, Pepsi-Cola). Le développement de nouvelles formes de crédit permet aussi à de nouvelles populations d'accéder à des biens durables comme les automobiles ou les appareils électroménagers. Alors que le crédit direct du commerçant au consommateur était resté dominant en France jusque dans l'entre-deux-guerres, une offre institutionnelle se structure dans les années 1950 avec la création de compagnies financières spécialisées, comme la SOFINCO (Société financière industrielle et commerciale) en 1950 et la CETELEM (Compagnie pour le financement des équipements électroménagers) en 1953. Mais c'est surtout la bancarisation de masse qui s'opère dans les années 1960-1970 (le nombre de ménages bancarisés passe de 18 % en 1966 à 62 % en 1972 et 92 % en 1982) qui conduit à une forte hausse de l'encours de crédit aux particuliers.

Cette expansion de la consommation de masse suscite des jugements contradictoires. D'un côté, c'est un des éléments mis en avant par les défenseurs de la thèse de la « moyennisation » et de l'aspiration par le haut des catégories populaires accédant à la prospérité matérielle (*cf. supra*, p. 360 et suiv.). De l'autre, de nombreux sociologues insistent sur le maintien de fortes inégalités mais aussi de différences de pratiques entre groupes sociaux (Bourdieu, *La Distinction*, 1979). Par ailleurs, nombre d'intellectuels et de militants s'interrogent sur les fondements de cette société de consommation et ses conséquences négatives. Aux États-Unis, les sociologues issus de l'école de Francfort, comme Herbert Marcuse (*L'Homme unidimensionnel*, 1968), dénoncent notamment la massification de la culture. En France, des philosophes comme Jean Baudrillard (*La Société de consommation*, 1970) et des militants écologiques dénoncent l'importance trop grande accordée aux biens. Le thème des effets néfastes de la consommation sur l'environnement s'impose dans le débat public, notamment *via* la question des déchets.

≫ Mondialisation et numérisation de la consommation de masse depuis les années 1970

La mondialisation a affecté l'évolution de la consommation de différentes manières. D'une part, elle a entretenu et transformé celle des pays avancés *via* l'afflux de biens importés bon marché (textiles, jouets, produits électroniques notamment). D'autre part, elle s'accompagne de l'émergence de nouveaux marchés de masse dans les pays qui s'enrichissent (pays producteurs de pétrole, pays émergents, notamment asiatiques) : essentiellement pays-atelier dans les années 1980-1990, la Chine notamment devient dans les années 2000-2010 un grand marché de consommation. La baisse des coûts de communication à distance permise par les nouvelles technologies de l'information et de la communication facilite en outre la mise en place de stratégies mondiales par les grandes firmes multinationales qui diffusent leurs marques, leurs slogans et leurs produits uniformisés sur toute la planète. D'importantes différences de pratiques nationales demeurent toutefois, entretenues par les stratégies de différenciation des firmes elles-mêmes. En retour cette « mondialisation » de la consommation suscite de nouvelles critiques qui influencent elles-mêmes les pratiques des consommateurs : réflexion sur l'équité des échanges commerciaux avec les pays en développement donnant lieu au développement du « commerce équitable », sur les conditions de travail chez les sous-traitants des grands groupes (notamment à la suite de l'effondrement de l'immeuble du Rana Plaza au Bangladesh qui en 2013 a provoqué la mort de plus de 1 000 personnes travaillant pour les industries du prêt-à-porter mondial), sur l'impact écologique du transport international de marchandises et de la consommation en général.

L'essor des technologies de l'information et de la communication s'est aussi traduit par une modification des pratiques de consommation avec un poids croissant du numérique. Avec la progression de l'équipement des ménages en internet fixe et/ou mobile, le recours au e-commerce a fortement progressé : selon le Baromètre du numérique, 62 % des personnes âgées de 12 ans et plus avaient réalisé un achat sur internet au cours des douze derniers mois en 2019 contre seulement 7 % en 2001. Le marché de l'occasion a également connu un nouvel essor en ligne : entre 2009 et 2017, la proportion de consommateurs de 18 ans et plus ayant déjà vendu un produit sur internet est ainsi passée de 17 % à 54 %, celle de ceux qui y ont déjà réalisé un achat d'occasion de 25 % à 46 %. La dématérialisation a également transformé les pratiques de consommation des biens culturels (podcasts, écoute de musique ou visionnage de séries en ligne, visites virtuelles), tandis que le développement des comparateurs de prix, de la notation en ligne ou d'application d'évaluation de la qualité nutritionnelle des produits comme Yuka ont accru l'information des consommateurs.

B. L'évolution des pratiques de consommation en France depuis les années 1960

L'analyse détaillée de l'évolution des dépenses de consommation des ménages en France permet de mieux appréhender les transformations des pratiques de consommation et des modes de vie qui leur sont associés.

D'importantes modifications de la composition de la consommation

Entre 1959 et 2019, la consommation des Français a augmenté chaque année sauf en 1993 et en 2012. Le volume annuel de consommation par personne est ainsi aujourd'hui quatre fois plus élevé qu'en 1960. Le rythme de croissance a varié au fil des ans. Après avoir atteint 4,1 %

par an entre 1960 et 1974, il n'a été que de 1,9 % environ depuis, ce qui représente néanmoins une multiplication par un peu plus de deux du volume de consommation depuis 1975.

Tableau 15 – L'évolution de la structure des dépenses des ménages depuis 1960

	Coefficients budgétaires *(en %, à prix courants)*				
	1960	**1975**	**1990**	**2007**	**2019**
Produits alimentaires et boissons non alcoolisées	21,4	14,6	11,8	9,7	9,9
Boissons alcoolisées et tabac	6,1	3,7	2,7	2,6	2,9
Articles d'habillement et chaussures	10,2	7,2	5,4	3,5	2,7
Logement, eau, gaz, électricité et autres combustibles	9,8	14,1	15,9	18,7	19,9
Meubles, articles de ménage et entretien courant de l'habitation	7,3	6,4	4,9	4,2	3,5
Santé	2,1	1,8	2,6	3,0	3,0
Transports	9,0	10,5	12,0	10,9	10,7
Communications	0,5	0,9	1,7	2,5	1,8
Loisirs et culture	6,0	7,1	6,8	7,1	6,0
Éducation	0,3	0,2	0,3	0,3	0,4
Hôtels, cafés et restaurants	5,7	4,5	4,9	5,1	5,8
Biens et services divers	6,3	9,3	10,9	10,0	9,4
Solde territorial	0,7	0,0	-0,5	-1,4	-0,8
Dépense de consommation des ménages	85,3	80,2	79,2	76,2	75,1
Dépense de consommation finale individualisable des ISBLSM	2,6	2,4	2,1	2,7	3,0
Dépense de consommation finale individualisable des APU	12,1	17,4	18,7	21,1	21,9
– dont santé	*3,3*	*6,8*	*8,2*	*9,5*	*10,1*
– dont enseignement	*6,0*	*6,3*	*5,9*	*6,2*	*6,1*
Consommation effective des ménages	**100,0**	**100,0**	**100,0**	**100,0**	**100,0**

Note : les biens et services divers comprennent notamment les soins corporels, les assurances et les services financiers. Le solde territorial est la différence entre les dépenses des résidents à l'étranger et les dépenses des non-résidents en France.

Source : d'après *Les comptes nationaux*, Base 2014, INSEE.

La décomposition de la consommation en grands postes budgétaires permet d'en étudier plus précisément les transformations. En comptabilité nationale, on distingue la dépense de consommation des ménages, qu'ils réalisent effectivement (elle inclut la part des dépenses de santé, d'éducation, de logement, restant à leur charge, après remboursements éventuels, ainsi que les loyers imputés qui sont représentatifs des services de logement produits par les propriétaires) de la consommation effective qui inclut aussi les biens et services individuels financés par les administrations publiques ou les Institutions sans but lucratif au service des ménages (c'est-à-dire la dépense de consommation finale individualisable de ces deux secteurs institutionnels). Les coefficients budgétaires représentent la part dans la consommation effective des ménages de chacun de ces postes.

Le tableau 15 fait apparaître la croissance du poids des dépenses de consommation finale individualisable des APU et en particulier de la santé, ce qui reflète à la fois la socialisation des dépenses de santé et la hausse de leur poids (la part des dépenses privées a également augmenté). Ils montrent également la baisse de la part des dépenses consacrées à l'alimentation, à l'habillement et à l'ameublement et la hausse de celle dédiée au logement au sens large. L'évolution des coefficients budgétaires reflète toutefois deux éléments qu'il est utile de distinguer, l'évolution relative des prix d'une part, celle des volumes d'autre part.

Ainsi, la baisse de la part consacrée aux produits alimentaires (et plus encore aux boissons alcoolisées et au tabac) et à l'habillement s'explique principalement par une bien moindre croissance en volume. Le niveau de vie atteint permet en effet aujourd'hui la satisfaction des besoins naturellement limités. Concernant les dépenses alimentaires, la poursuite de la croissance, même à un rythme faible, s'explique par des transferts en faveur de produits de meilleure qualité ou plus élaborés. Depuis 2007 cependant, la baisse a cessé et le coefficient budgétaire s'est même légèrement redressé, dans un contexte de hausse des prix alimentaires supérieure à l'inflation. La baisse de la part de l'habillement paraît répondre à la même logique de saturation relative des besoins au-delà d'un certain niveau de vie, même si les phénomènes de mode, qui se sont imposés à grande échelle depuis les Trente Glorieuses, ont entretenu la dépense.

La hausse continue de la part du poste logement (qui comprend les loyers imputés des propriétaires) s'explique quant à elle principalement par un effet prix, le prix des loyers et des charges (eau, gaz, électricité...) ayant augmenté plus vite que l'inflation globale. La quantité des logements a aussi progressé plus vite que la consommation d'ensemble, notamment dans les années 1960 et 1970, marquées par des efforts massifs de construction pour absorber la forte hausse du nombre de ménages. Plus nombreux, les logements ont aussi été de mieux en mieux équipés, ce qui a nourri la hausse de la demande en meubles et en appareils électroniques jusqu'au milieu des années 1980. Depuis, les achats correspondent plus en moyenne à du renouvellement. Après s'être accru jusqu'en 1990, le poids des dépenses de transport a légèrement diminué. L'essor de l'automobile a constitué le principal facteur de la hausse, avec une très forte progression du taux d'équipement des ménages (30 % en 1960, 60 % en 1973, 84 % en 2018). Là encore, la relative saturation du marché explique la baisse depuis 1990. Du côté des transports collectifs, le ferroviaire a subi une baisse relative tandis que l'aérien connaissait une croissance dynamique.

La faible croissance de la part de la consommation et la stabilité du poste loisirs et culture dissimulent des transformations majeures. Leurs prix ont en effet progressé beaucoup moins

Tableau 16 – Décomposition de l'évolution des dépenses des ménages en valeur

	Évolution annuelle 1960-2019 *(en %)*		
	Valeur par habitant	**Prix**	**Volume par habitant**
Produits alimentaires et boissons non alcoolisées	4,9	3,8	1,1
Boissons alcoolisées et tabac	5,0	4,8	0,1
Articles d'habillement et chaussures	3,9	3,4	0,5
Logement, eau, gaz, électricité et autres combustibles	7,6	5,0	2,4
Meubles, articles de ménage et entretien courant de l'habitation	5,0	3,0	1,9
Santé	7,0	2,8	4,1
Transports	6,6	4,2	2,3
Communications	8,5	0,2	8,4
Loisirs et culture	6,3	2,6	3,6
Éducation	6,9	5,1	1,7
Hôtels, cafés et restaurants	6,4	5,6	0,7
Biens et services divers	7,0	4,4	2,5
Dépense de consommation des ménages	**6,1**	**4,0**	**2,1**
Dépense de consommation finale individualisable des ISBLSM	6,6	4,8	1,7
Dépense de consommation finale individualisable des APU	7,4	4,5	2,8
– dont santé	*8,3*	*3,5*	*4,7*
– dont enseignement	*6,3*	*5,1*	*1,2*
Consommation effective des ménages	**6,3**	**4,1**	**2,2**

Source : *Les comptes nationaux*, Base 2014, INSEE.

vite que l'inflation globale, ce qui signifie qu'en volume leur part dans la consommation des ménages s'est accrue. La diffusion de la téléphonie fixe dans les années 1970 puis de la téléphonie mobile et d'internet depuis le milieu des années 1990 a été le moteur de la croissance des dépenses de communication. Celle des appareils électroniques (téléviseurs, appareils photos, ordinateurs, smartphones, etc.) a tiré en plusieurs vagues les dépenses de loisirs. Le reste du poste loisirs et culture tout comme les services de restauration et d'hébergement ont connu des évolutions moins fortes, la hausse relative de leurs prix nuisant à leur croissance en volume. La part consacrée aux services culturels a tout de même progressé en volume.

Des différences qui demeurent significatives selon le niveau de vie et le milieu social

Si les évolutions de la structure de consommation ont concerné l'ensemble de la population, des différences n'en demeurent pas moins entre catégories. Elles s'expliquent à la fois par des inégalités de niveaux de vie et par des modes de vie distincts.

≫ Des structures de consommation différenciées

Le poids relatif des différents postes budgétaires varie ainsi, plus ou moins fortement, selon le niveau de vie des ménages. La part consacrée à l'alimentation, aux boissons alcoolisées et au tabac ainsi que celle dévolue à la communication décroissent régulièrement avec le niveau de vie. Celle de l'habillement est aussi un peu plus forte pour le premier quintile. À l'inverse, la part des transports, de l'ameublement, des loisirs et de la culture ou encore de l'hébergement/restauration augmente avec le niveau de vie. Les catégories les plus aisées peuvent satisfaire leurs besoins « fondamentaux » avec une part plus faible de leur revenu, ce qui leur autorise des dépenses « superflues » plus forte en proportion.

Tableau 17 – Composition de la dépense des ménages en 2017 en fonction du niveau de vie *(en % de la dépense de consommation finale)*

	1er quintile	2e quintile	3e quintile	4e quintile	5e quintile	Ensemble
Produits alimentaires et boissons non alcoolisées	16,3	15,3	14,4	13,2	11,7	13,6
Boissons alcoolisées et tabac	5,3	5,0	4,2	3,4	2,8	3,8
Articles d'habillement et chaussures	4,7	3,6	3,3	3,4	3,6	3,6
Logement, eau, gaz, électricité et autres combustibles	26,5	26,7	27,9	28,2	26,9	27,3
Meubles, articles de ménage et entretien courant de l'habitation	3,7	4,0	4,4	4,9	6,0	4,9
Santé	4,1	4,4	4,4	4,0	3,9	4,1
Transports	11,9	13,2	12,8	13,5	13,6	13,2
Communications	3,9	3,1	2,6	2,2	1,8	2,5
Loisirs et culture	7,1	6,9	7,6	8,0	8,4	7,8
Éducation	0,7	0,4	0,5	0,4	0,6	0,5
Hôtels, cafés et restaurants	5,1	5,4	5,9	6,3	8,6	6,7
Autres biens et services	10,7	12,0	12,0	12,4	12,1	12,0

Source : d'après Accardo, Billot, « Plus d'épargne chez les plus aisés, plus de dépenses contraintes chez les plus modestes », *INSEE première*, n° 1815, 2020.

La composition de chaque poste varie aussi selon les caractéristiques socioéconomiques, ce qui révèle des déterminants qui ne se réduisent pas au seul niveau de revenu. Le panier alimentaire des ménages peu aisés comporte par exemple davantage de pain et céréales, mais moins de poisson, de boissons alcoolisées, de fruits, et légèrement moins de viande. Le panier d'un agriculteur contient moins de légumes et de boissons alcoolisées en raison d'une autoconsommation élevée en ces produits. La présence d'un enfant au sein du ménage conduit quant à elle à consommer plus de viande, de produits laitiers et de légumes, mais relativement moins de boissons alcoolisées.

≫ Des consommations culturelles distinctes

Les différences persistantes en matière de pratiques culturelles sont une autre illustration des déterminants sociaux de la consommation, comme le font apparaître notamment les enquêtes conduites par le ministère de la Culture (Lombardo (P.), Wolff (L.), « Cinquante ans de pratiques culturelles en France », *Culture – Études*, 2020). Par exemple, si la part des jeunes ayant fréquenté les bibliothèques s'est accrue au fil des générations (24 % des 15-28 ans nés entre 1955 et 1964, 45 % de ceux nés entre 1995 et 2004), cette pratique demeure très liée au milieu social des individus : en 2018, 37 % des cadres interrogés s'y sont rendus au cours de l'année contre seulement 19 % des ouvriers et employés. Même si la dynamique marque le pas pour les générations les plus récentes, les pratiques de sorties et visites culturelles ont également connu un développement historique significatif. Par exemple en 1970, 33 % des plus de 15 ans étaient allés voir un spectacle de théâtre, de danse, de cirque ou un concert au cours de l'année écoulée ; en 2018, c'était le cas de 43 %. Alors que les écarts de pratique entre groupes sociaux sont faibles pour le cirque et les spectacles de variétés, ils sont significatifs mais en baisse pour le théâtre et la danse et progressent en revanche pour les concerts de musique classique, de rock et de jazz. Il est en de même pour la fréquentation des sites patrimoniaux (musées, expositions, monuments historiques) : si 80 % des cadres ont visité un site patrimonial en 2018, seuls 32 % des employés et ouvriers déclarent l'avoir fait contre respectivement 70 % et 44 % en 1973.

Vers une consommation plus sobre et plus responsable ?

Si elles ne sont pas nouvelles, les préoccupations relatives aux conséquences sanitaires, sociales et surtout environnementales de la consommation ont pris de l'importance au cours des dernières années dans un contexte marqué par la prise de conscience des risques associés à la dégradation de l'environnement. Dans les enquêtes du Centre de recherche pour l'étude et l'observation des conditions de vie (CRÉDOC), parmi les critères dont les consommateurs déclarent qu'ils les incitent à l'achat, ceux liés à la préservation de l'environnement, à la fabrication locale et au respect des droits des salariés ont ainsi connu une progression (Blanc *et al.*, « Consommer plus sobre : une tendance que la crise de la COVID-19 pourrait amplifier », *Consommation et modes de vie*, 2020). En phase avec cette inflexion des valeurs, les comportements ont également évolué. Les usages partagés, comme la location, le troc, le réemploi ou le don ont notamment connu un nouvel essor, tout comme le recyclage ou l'économie collaborative (qu'incarne le succès du covoiturage). Comme les achats d'occasion, les achats de biens plus « durables », comme les produits issus de l'agriculture biologique ou les produits alimentaires en vrac ont sensiblement progressé : en 2018 70 % de la population avait ainsi acheté au moins un produit issu de l'agriculture biologique au cours des six derniers mois, contre 44 % seulement en 1998, 47 % avait acheté un produit alimentaire en vrac contre 32 % en 1998 (Sessego, Hébel, « Consommation durable : l'engagement de façade des classes supérieures », *Consommation et modes de vie*, 2019).

Les liens entre conscience écologique et pratiques sont toutefois complexes. Les plus diplômés affichent en moyenne une sensibilité environnementale plus forte et sont aussi ceux qui achètent le plus de produits bio ou en vrac mais en raison notamment d'une utilisation plus grande d'équipement numérique et d'un tourisme plus développé en avion et en voiture, leur empreinte écologique est plus forte, particulièrement s'ils ont aussi un capital économique élevé. À l'inverse, les moins diplômés (qui sont aussi moins riches) affichent une moindre sensibilité écologique et consomment moins de produits labellisés « durables » mais ont souvent un comportement plus « économe » de manière contrainte ou à travers le maintien de pratiques traditionnelles (autoconsommation, recyclage) et donc une moindre empreinte écologique. L'adoption de comportements écologiques par certaines franges des catégories supérieures, notamment celles relativement plus dotées en capital culturel, semble en outre relever en partie d'une logique de distinction, à la fois vis-à-vis des catégories populaires et vis-à-vis des franges relativement mieux dotées en capital économique (Sessego, Hébel, « Consommer durable est-il un acte de distinction ? », *Cahier de recherche du CRÉDOC*, n° 344, 2018).

1791 Décret d'Allarde qui supprime les corporations en France et loi Le Chapelier qui proscrit les coalitions.

1798 Première édition de l'*Essai sur le principe de population* de T. R. Malthus.

1800 La population mondiale est estimée à 1 milliard de personnes.

1806 L'emploi agricole représente les deux tiers de l'emploi total en France.

1852 Ouverture à Paris du grand magasin Le Bon Marché.

1864 Suppression du délit de coalition et reconnaissance de la grève en France.

1865 Égalité entre la population urbaine et rurale au Royaume-Uni (approximativement).

1884 Légalisation des syndicats en France.

1895 Création de la Confédération générale du travail (CGT).

1905 Création de la Section française de l'Internationale ouvrière (SFIO).

1920 Création du Parti communiste français (PCF) par scission de la SFIO lors du congrès de Tours.

1926 L'emploi tertiaire devient plus important que l'emploi agricole en France.

1927 La population mondiale est estimée à 2 milliards de personnes. Le sociologue américain d'origine russe Pitirim Sorokin publie *Social Mobility*, qui inaugure les travaux sur la mobilité sociale.

1929 À la veille de la crise, le parc automobile américain compte 23 millions de véhicules particuliers.

1931 Égalité entre la population urbaine et rurale en France.

1934 Première édition de *La Révolution démographique* d'Adolphe Landry.

1944 Naissance de la Confédération générale des cadres (CGC).

1949 L'emploi tertiaire devient plus important que l'emploi industriel en France.

1954 Création du code des catégories socioprofessionnelles (CSP) par l'INSEE.

1963 Ouverture à Sainte-Geneviève-des-Bois (91) du premier hypermarché en France.

1970 *La société de consommation* de Jean Baudrillard.

1973 Maximum de l'emploi industriel en France.

1974 Première conférence mondiale sur la population à Bucarest.

1982 Refonte du code des CSP qui devient code des professions et catégories socioprofessionnelles (PCS).

1984 Deuxième conférence mondiale sur la population à Mexico.

1994 Troisième conférence mondiale sur la population au Caire.

2010 Le taux d'équipement des ménages français en téléviseur couleur atteint son maximum à 97,8 %

2011 La population mondiale passe le cap des 7 milliards d'êtres humains.

2012 Remise du rapport Gallois, « Pacte pour la compétitivité de l'industrie française », qui fait le constat d'une désindustrialisation accélérée de la France.

2014 La part des 60 ans ou plus dépasse celle des moins de 20 ans en France métropolitaine.

2018 Le taux d'équipement des ménages français en téléphone portable atteint 95,4 %.

- **Aglietta (M.), Blanchet (D.) et Héran (F.)**, *Démographie et Économie*, rapport au Conseil d'analyse économique n° 35, 2002.
- **Bosc (S.)**, *Stratification et classes sociales*, Armand Colin, coll. « Cursus », 2013.
- **Cette (G.)**, *Productivité et croissance en Europe et aux États-Unis*, La Découverte, coll. « Repères, » 2007.
- **Charle (C.)**, *Histoire sociale de la France au XIXe siècle*, Seuil, coll. « Points », 1991.
- **Chessel (M-E.)**, *Histoire de la consommation*, La Découverte, coll. « Repères », 2012.
- **Collet (M.), Pénicaud (E.)**, « La mobilité sociale des hommes et des femmes : évolutions entre 1997 et 2015 », in INSEE, *France, portrait social, édition 2019.*
- **Consales (G.), Fesseau (M.), Passeron (V.)**, « La consommation des ménages depuis cinquante ans », *in* INSEE, *Cinquante ans de consommation en France*, INSEE Références, 2009.
- **Crozet (Y.) et Niveau (M.)**, *Histoire des faits économiques contemporains*, PUF, coll. « Quadrige », 2008.
- **Demmou (L.)**, « La désindustrialisation en France », *Les Cahiers de la DG Trésor*, 2010.
- **Dherbécourt (C.)**, « La mobilité sociale en France : que sait-on vraiment ? », France Stratégie, 2020.
- **France Stratégie**, « Les politiques industrielles en France. Évolutions et comparaisons internationales », Rapport pour l'Assemblée Nationale, 2020.
- **Fontagné (L.), Mohnen (P.), Wolff (G.)**, « Pas d'industrie, pas d'avenir ? », *Notes du conseil d'analyse économique*, n° 13, 2014.
- **Fredj (C.)**, *La France au XIXe siècle*, PUF, ll. « Licence Histoire », 2014.
- **Giraud (P.-N.), Weil (T.)**, *L'industrie française décroche-t-elle ?* La Documentation française, 2013.
- **Herpin (N.)**, *Sociologie de la consommation*, La Découverte, coll. « Repères », 2018.
- **Herpin (N.), Verger (D.)**, *Consommation et modes de vie en France*, La Découverte, coll. « Repères », 2008.
- **Hugrée (C.)**, « Les sciences sociales face à la mobilité sociale. Les enjeux d'une démesure statistique des déplacements sociaux entre générations », *Politix*, 2016.
- **Luca Barrusse de, (V.)**, *La Population de la France*, La Découverte, coll. « Repères », 2016.
- **Marchand (O.) et Thélot (C.)**, *Le Travail en France, 1800-2000*, Nathan, coll. « Essais et recherches », 1997.

- **Merllié (D.)**, « La mobilité sociale », in Combemale (P.) dir., *Les grandes questions économiques et sociales*, La Découverte, coll. « Repères », 2019.
- **Noiriel (G.)**, *Les Ouvriers dans la société française (XIXe-XXe siècles)*, Seuil, coll. « Points Histoire », 2002.
- **Parienty (A.)**, *Productivité, croissance, emploi. La France dans la compétition mondiale*, Armand Colin, coll. « Circa », 2005.
- **Peugny (C.)**, « La dynamique générationnelle de la mobilité sociale », *Idées économiques et sociales*, 2014
- **Veltz, (P.)**, *La société hyper-industrielle. Le nouveau capitalisme productif*, Seuil, coll. « La République des idées », 2017.
- « Consommer aujourd'hui, les enjeux », *Cahiers français*, n° 417, 2020.
- « Démographie : tendances, incertitudes, implications », *Revue économique*, vol. 59, n° 5, 2008.
- « Sept milliards d'hommes », *Problèmes économiques*, n° 3046, 2012.
- « Les inégalités, un phénomène à plusieurs dimensions », *Cahiers Français*, n° 386, 2015.
- « Les transformations de la société française », *Cahiers français*, n° 383, 2014.

Webographie

- www.insee.fr, www.ined.fr, http://stats.oecd.org, https://www.credoc.fr/

Chapitre 3

Entreprise et organisation

1

Les transformations de l'entreprise et de sa gouvernance depuis le XIXᵉ siècle

L'entreprise est une unité économique combinant des facteurs de production pour créer des biens et des services marchands. Elle connaît de profondes transformations depuis le XIXe siècle : elle imprime et exprime les évolutions du capitalisme. L'entreprise au sens moderne du terme n'est apparue qu'après des bouleversements économiques, politiques et sociaux majeurs. Ces entreprises prennent alors des formes diverses, tant au niveau de leur taille que de leur organisation interne. Cette diversité de l'entreprise conduit à une analyse économique éclatée de la nature de la firme et de l'entrepreneur, et fait l'objet de nombreux débats, reliés à la question de leur gouvernance.

1 Les transformations de l'entreprise depuis le XIXe siècle

L'entreprise naît avec le bouleversement de l'ordre économique ancien. Les organisations productives avant la période industrielle préfigurent l'entreprise moderne. Le mouvement de concentration industrielle conduit à des transformations de l'organisation interne des firmes.

A. L'organisation économique préindustrielle

Le changement social va permettre l'émergence de nouvelles manières d'organiser la production.

Le changement social bouleverse l'ordre économique et social du passé

≫ L'ordre économique ancien

Du XIe au XVIe siècle, mentalités et ordre économique et social semblent figés. L'ordre économique et social du passé s'appuie sur une société essentiellement agraire et rurale. La production est réalisée dans le cadre familial. L'autoconsommation est la voie dominante de satisfaction des besoins. Relations économiques et relations sociales sont encastrées : les fêtes religieuses dictent le rythme de travail, l'Église condamne moralement certaines pratiques économiques, tel le prêt à intérêt, les corporations encadrent les méthodes de production.

Selon Robert Heilbroner (*Les Grands Économistes*, 1970), le marché occupe une place limitée dans les sociétés préindustrielles. S'il existe des échanges marchands, notamment à travers les foires, ces derniers sont limités car les facteurs de production ne sont pas massivement échangés sur un marché. La terre, source de prestige, n'est vendue qu'en cas d'absolue nécessité. Le capital existe sous forme de richesse privée et sa gestion est extrêmement prudente. Le travail, sous la forme de l'apprentissage ou du servage, ne peut librement se déplacer. Les techniques de production sont soumises aux règles corporatistes : pour les maîtres artisans, le prix ne compte pas, il s'agit de produire dans les « règles de l'art ».

Ce « mode de régulation à l'ancienne », pour reprendre l'expression de Robert Boyer (*Économie politique des capitalismes*, 2015), va être profondément bouleversé.

≫ Le bouleversement de l'ordre économique ancien

Plusieurs changements ont été nécessaires pour transformer les organisations productives.

Les grandes découvertes et la Réforme contribuent aux changements économiques et sociaux. À la fin du XVe siècle, le commerce lointain se développe avec les progrès de la navigation. La découverte du Nouveau Monde en 1492 conduit à l'importation en Europe de biens tels que le café, le chocolat ou la pomme de terre. Le commerce triangulaire dure plus de trois siècles et concourt au développement de ports tels que Lisbonne, Bordeaux ou Liverpool. L'afflux d'or et d'argent en provenance du Nouveau Monde contribue à monétariser l'économie et au développement des foires et des Bourses de valeurs. Par ailleurs, avec la Réforme protestante du XVIe siècle, la réussite économique et l'accumulation du capital deviennent valorisées (Max Weber, *L'Éthique protestante et l'esprit du capitalisme*, 1905).

Plusieurs révolutions majeures vont accélérer les bouleversements économiques et sociaux :

- une révolution des manières de penser avec les Lumières ;
- la révolution industrielle qui, combinée aux Lumières, contribue à ce que Joel Mokyr appelle « *industrious enlightment* » (*The Gift of Athena : Historical Origins of the Knowledge Economy*, 2004) : le « savoir utile » se développe, savoirs et techniques se diffusent à travers les expositions, la presse ;
- des révolutions politiques telles que la révolution américaine (1776) ou française (1789).

Ces mouvements favorisent l'essor du libéralisme, une doctrine qui s'appuie sur la défense des droits individuels et sur la théorie du « droit naturel » qui nie toute essence divine à la société. Le libéralisme politique et le libéralisme économique progressent. Adam Smith contribue à lever l'opposition entre recherche du gain individuel et intérêt général. La pensée mercantiliste recule.

Pour que l'économie de marché émerge des organisations économiques du passé, il fallait désencastrer les relations marchandes des relations sociales. C'est la thèse de Karl Polanyi (*La Grande Transformation*, 1944). Pour ce faire, il faut non seulement que les échanges soient marchands, mais aussi que les facteurs de production puissent être massivement échangés sur les marchés. Ce désencastrement ne fut pas spontané, trois « coups de force » ont été nécessaires :

- Le mouvement des enclosures en Angleterre conduit à l'abandon de l'*open field* et des servitudes collectives au profit de la propriété privée des terres. En effet, les perspectives de profits liés à l'exportation de la laine conduisent à privilégier l'élevage de moutons au détriment des cultures. Enclore les champs est alors la solution la plus évidente pour faciliter la surveillance des troupeaux. Les *squatters* et *cottagers*, simples occupants des communaux, en sont exclus. Les *yeomen*, petits propriétaires fonciers, ne survivent pas économiquement à la baisse du prix du blé après l'abrogation des *Corns Laws* en 1846. Tous sont obligés d'aller chercher du travail dans l'industrie.
- L'abrogation de la loi sur les pauvres en 1834 en Angleterre permet aux salaires de se fixer selon des critères strictement économiques sans que n'interfère aucune considération sociale ou politique. La moindre crise condamne les travailleurs à l'indigence en l'absence de tout revenu de substitution.
- La loi Le Chapelier et le décret d'Allarde en France (1791) et le *Combination Act* en Angleterre (1799) interdisent les corporations, c'est-à-dire le regroupement des travailleurs pour défendre leurs intérêts professionnels communs. Le Code civil français de 1804 définit le contrat reliant l'employeur et le travailleur comme un contrat de louage de services entre parties libres. Désormais seul face à l'employeur, le travailleur est libre d'accepter un salaire qui dans les faits est essentiel à sa survie.

Ainsi, le travail, la terre, deviennent des marchandises librement échangeables. Selon Polanyi, « l'utopie libérale » et la croyance en un marché autorégulateur se sont donc imposées par la force et pour une période allant de 1834 aux années 1930. La société devient une « société de marché ». Les droits de propriété sont une institution marchande essentielle, le fondement de l'efficience des marchés selon les libéraux pour trois raisons : l'attribution individuelle des gains résultant des efforts productifs incite à l'efficacité ; l'appropriation personnelle du capital incite à l'accumulation et l'entretien du capital ; les échanges marchands permettent la circulation de l'information concernant la rareté des biens et leur utilité grâce au mécanisme des prix qui sert de signal aux agents.

Avec la crise de 1929 s'impose l'idée d'une « grande transformation » : le réencastrement des relations économiques et des relations sociales avec l'État-Providence après 1945.

Les organisations productives préindustrielles

Selon Patrick Verley (*Entreprises et entrepreneurs du XVIII*[e] *siècle au début du XX*[e] *siècle,* 1994), plusieurs formes d'organisations productives coexistent avant la révolution industrielle. Des marchands aventureux ont risqué leurs capitaux dans l'espoir de gros profits. Animés de l'esprit d'entreprise, ils ne dirigeaient pas une entreprise mais se livraient à « des entreprises », objets d'associations d'intérêts non durables, de vastes spéculations liées aux incertitudes des transports maritimes et aux différences de prix entre places commerciales. Deux autres formes d'organisation industrielle se distinguaient du point de vue de la concentration technique : des formes décentralisées de gestion des travailleurs à façon, et quelques rares entreprises concentrées, des proto-fabriques.

La proto-industrialisation

Certaines économies européennes ont connu au XVIIIe siècle des formes développées de proto-industrialisation. Ce concept, utilisé par les historiens, est issu des travaux de Franklin Mendels, notamment un article de 1972 intitulé « Proto-industrialization : the first phase of the industrialization process ». Il s'agit d'industries rurales, antérieures à la révolution industrielle et qui ont joué un rôle parfois important dans la préparation de celle-ci.

Elle concerne par exemple l'industrie lainière ou la petite métallurgie (pièces de bateaux, horloges). Activités familiales décentralisées à l'extrême, les patrons y étaient plus nombreux que les ouvriers. Dans le *domestic system*, les paysans réalisaient une activité ouvrière domestique durant des périodes de faible activité agricole avec leurs propres outils. Dans la variante du *putting out system*, le marchand-entrepreneur (*putter out*) apportait la matière première nécessaire à l'activité et s'occupait de la commercialisation des produits. Les ateliers urbains réalisaient le travail de finition. Dans les deux cas, les paysans entretenaient des liens marchands, et non de subordination, avec l'apporteur d'affaires. La proto-industrialisation a contribué à affaiblir les corporations par la dissémination des ouvriers et des producteurs qu'elle implique. Une main-d'œuvre bon marché et plus docile était ainsi employée. Les salaires à la pièce vont baisser au fur et à mesure que la dépendance vis-à-vis du marchand-entrepreneur s'accroît, formant un système d'exploitation impitoyable, le *sweating system*. Marchands et propriétaires fonciers s'enrichissent, ce qui constitue parfois un point de départ à l'accumulation du capital.

La manufacture ou proto-fabrique

Certains secteurs emploient une main d'œuvre concentrée. La manufacture se caractérise par l'absence d'utilisation de machines complexes, la production étant réalisée à la main. Elle se rapproche de l'artisanat du point de vue technique mais s'en distingue par la séparation du capital et du travail, et par la réunion dans un même lieu physique de corps de métiers différents pour permettre la division du travail. Du point de vue juridique, certaines de ces manufactures furent créées à l'initiative du Roi, ce sont alors des manufactures royales. Certaines d'entre elles étaient privées avec un monopole de fabrication, comme la manufacture des Gobelins, spécialisée dans la production de tapisseries.

Les manufactures se sont développées pour des raisons techniques ou économiques. Si la production demandait une importante force motrice, elle était concentrée autour d'un moulin (*mill* désigne en anglais à la fois le moulin et les premières usines). Lorsque l'objet à fabriquer était grand, comme dans la construction navale, la concentration de main-d'œuvre était encouragée. Sur le plan économique, si les matières premières utilisées étaient coûteuses, concentrer la main-d'œuvre permettait de mieux contrôler le travail ouvrier pour éviter le gaspillage des malfaçons. Un autre facteur était la volonté de conserver des secrets de fabrication, comme chez les verriers de Murano.

Le terme proto-fabrique désigne ces établissements de grande taille ressemblant à l'usine de la fin du XIXe siècle. Avec des horaires précis, un règlement contraignant, une forte division du travail, ils préfigurent la discipline du travail usinier qui va se généraliser dans le *factory system*.

B. Le développement industriel s'accompagne d'un mouvement de concentration

La concentration désigne l'accroissement de la taille de l'entreprise, mesuré par le chiffre d'affaires ou le nombre de salariés. Elle peut s'effectuer de manière interne lorsque l'entreprise investit ou par croissance externe lorsqu'elle augmente sa production par fusion ou acquisition d'autres firmes.

Les débuts de l'industrialisation se caractérisent par la prédominance des petites entreprises. Avec les changements tant du côté de l'offre que de la demande, la concentration progresse. La montée en puissance des grandes entreprises s'est effectuée à partir du XIXe siècle, plus ou moins rapidement selon les pays. Les causes de la concentration dépendent des objectifs poursuivis. L'État a joué dans ce processus un rôle important. À partir des années 1980, sous l'effet du développement des nouvelles technologies de l'information et des communications (NTIC) et de la globalisation financière, de nouvelles stratégies d'entreprises ont des effets ambivalents sur la concentration.

Les débuts de l'industrialisation sont caractérisés par l'importance de la petite entreprise et du rôle de l'entrepreneur

≫ La petite entreprise

Les marchés sont atomistiques. Les entreprises sont petites et familiales, notamment dans le textile. Propriété et direction de l'entreprise se confondent, la mise de départ peut ne pas excéder quelques mois de salaires, l'activité productive est peu capitalistique, le matériel peu coûteux. Dans l'étape du décollage, les artisans-entrepreneurs se concèdent très librement des prêts. Les profits sont élevés, autour de 20 %, ce qui favorise l'autofinancement, le capital fait « boule de neige ».

Mais cette atomicité ne rime pas avec une forte concurrence au début de l'industrialisation. En effet, les corporations limitent l'intensité concurrentielle en réglementant l'entrée sur les marchés. Ce n'est qu'après leur interdiction à la fin du XVIIIe siècle que la concurrence va pouvoir pleinement jouer. Les nouveaux entrants vont bousculer les techniques de production établies.

≫ Le rôle de l'entrepreneur

Les débuts de l'industrialisation sont un cadre favorable à l'entrepreneur innovateur.

En Grande-Bretagne, nombre d'entre eux sont des dissidents religieux, tels A. Darby (fonte au coke) ou J. Watt (machine à vapeur). Non conformistes dans leur foi comme dans leur démarche, ils se tournent vers l'entreprise et forment un bataillon d'innovateurs sans commune mesure avec leur nombre dans la société de l'époque. L'Angleterre dispose également d'une certaine avance institutionnelle avec la législation précoce sur les brevets adoptée dès 1623. Une telle législation est, dans la perspective de D. North (« Institutions », 1991), favorable à l'innovation.

En France, les innovations sont davantage le fruit d'une recherche plus théorique et abstraite. J. Brasseul rapporte (*Petite histoire des faits économiques et sociaux*, 2003) qu'une formule de l'époque avance que, « pour qu'une chose soit parfaite, il faut qu'elle soit inventée en France et travaillée en Angleterre », ce que confirme la machine à vapeur de Denis Papin. En 1829, est créée l'École centrale, une institution privée chargée de former par un enseignement technique et théorique les cadres et ingénieurs de l'industrie. L'entrepreneur est en France souvent issu du haut de l'échelle sociale (J. Lambert-Dansette, *Histoire de l'entreprise et des chefs d'entreprise en France*, 2003). Les trajectoires sociales ascendantes existent, mais sont de plus en plus rares au cours du XIXe siècle.

≫ Le statut juridique de l'entreprise

L'évolution des formes juridiques dominantes des entreprises est un bon indicateur des transformations de l'entreprise au cours du XIXe siècle. Jusqu'au milieu du XIXe siècle, les entreprises capitalistes sont familiales, la forme dominante est la société de personnes dans laquelle les associés répondent des dettes de l'entreprise à partir des avoirs de la société et de leurs biens personnels. On distingue les sociétés en nom collectif et les sociétés en commandite. Les premières ont un capital ouvert aux parents, amis, la responsabilité s'étend aux biens personnels sans limite. Près de 80 % des sociétés de personnes en France adoptent ce statut. La banque Rothschild conserve ce statut jusqu'en 1967. Les sociétés en commandite peuvent être de deux formes : les sociétés en commandite simple où les commandités (gestionnaires) sont responsables de façon illimitée et les commanditaires (apporteurs de capitaux) responsables à hauteur de leur apport ; et les sociétés en commandite par actions où, à la différence des précédentes, les actions sont librement cessibles.

Les sociétés de capitaux sont une forme juridique où le capital est divisé en actions librement cessibles. Les associés sont responsables à hauteur de leurs apports. L'exemple type est celui des sociétés anonymes. La dénomination sociale est librement choisie. Les SA restent longtemps minoritaires, du fait de la crainte des pouvoirs publics face à l'absence de responsabilité vis-à-vis des fournisseurs et des clients et de possibles mouvements spéculatifs sur le cours des actions cotées en Bourse. Leur création est donc strictement encadrée. Après le krach boursier de Londres en 1720, le *Bubble Act* stipule que toute société par actions doit bénéficier d'une charte royale en Angleterre. Il faut attendre 1856 dans ce pays pour que le statut de SA commence à être libéralisé. En France, si le code de commerce de 1807 autorise les SA, ce statut sera totalement libéralisé en 1867. Ce mouvement de libéralisation favorise la concentration.

L'essor de la concentration du milieu du XIXe siècle jusqu'aux années 1980

La concentration peut s'effectuer par croissance interne lorsque l'entreprise investit, ou par croissance externe par la fusion ou l'acquisition d'entreprises existantes. Le degré de concentration d'un secteur d'activité est mesuré par l'indice Herfindahl-Hirschman, entendu comme la somme des carrés des parts de marché des entreprises d'un secteur. Les raisons de la concentration diffèrent selon l'objectif économique poursuivi. Le mouvement de concentration est d'intensité variable selon les pays et les périodes.

≫ Les raisons économiques de la concentration

Les raisons économiques de la concentration diffèrent selon l'objectif poursuivi par l'entreprise.

La concentration horizontale, qui regroupe des entreprises se trouvant au même stade du processus productif, permet des économies d'échelle, analysées par l'économiste anglais Alfred Marshall (*Principles of Economics*, 1890). L'entreprise réalise des économies d'échelle lorsque la hausse de production entraîne une baisse du coût unitaire. En effet, l'entreprise peut obtenir des conditions tarifaires avantageuses auprès de ses fournisseurs en achetant en grandes quantités ses consommations intermédiaires ou ses équipements. D'autre part, produire en grande quantité permet d'amortir les coûts fixes sur une échelle de production plus importante. Enfin, la grande taille permet de mettre en place une organisation du travail plus rationnelle, telle l'organisation scientifique du travail. C'est la logique suivie par les entreprises du secteur automobile par exemple.

La concentration verticale, qui regroupe des entreprises situées à des stades différents du processus productif, permet d'économiser des coûts de recours au marché. Ces derniers sont mis au jour par Ronald Coase (*The Nature of the Firm*, 1937), qui distingue deux modes de coordination des activités : le marché et la hiérarchie. Recourir au marché est coûteux dans la mesure où les agents économiques doivent découvrir les prix adéquats, négocier le contrat, et surveiller le respect des termes du contrat d'achat ou de vente. Il existe par ailleurs des coûts de recours à la hiérarchie. L'agent économique arbitre donc à l'aide d'un calcul rationnel entre ces deux modes de coordination. Ce calcul détermine la taille de l'entreprise.

Prolongeant l'approche de Coase, Oliver Williamson, dans *Markets and Hierarchies* (1975), s'appuie sur la théorie de la rationalité limitée de H. Simon (*Models of Man. Social and Rational: Mathematical Essays on Rational Human Behavior in a Social Setting* », 1957). Les agents ont des capacités cognitives limitées, d'où une incapacité à envisager toutes les éventualités dans un univers incertain. Les contrats sont de ce fait incomplets, ce qui entraîne une hausse des coûts de surveillance en raison de comportements opportunistes, c'est-à-dire la recherche de l'intérêt personnel à travers la tricherie. L'entreprise tend alors à internaliser la transaction. On parle de choix entre « *make or buy* ». Michelin a ainsi racheté des plantations d'hévéas en 2017 par une offre publique d'achat sur la Société internationale de plantations d'hévéas qui exploite 40 000 hectares en Afrique de l'Ouest afin sécuriser ses approvisionnements en caoutchouc.

La concentration conglomérale réunit sous la même direction des activités sans relations productives directes. Il s'agit d'une stratégie de diversification des actifs, jusqu'avant guerre plutôt réservée à la gestion de portefeuilles boursiers. Bouygues est par exemple présent dans le secteur du BTP et des télécommunications.

≫ Un mouvement de concentration d'intensité variable selon les pays et les périodes

À partir du milieu du XIXe siècle, la concentration progresse sous l'effet de changements au niveau de l'offre et de la demande. Au niveau de l'offre, les entreprises de la deuxième révolution industrielle sont plus intensives en capital. Le statut de SA est libéralisé. La demande, plus dynamique, permet de produire en grande série, soit dans les pays où le marché intérieur est grand, soit grâce à l'ouverture sur les marchés extérieurs, ce que souligne S. Berger dans *Notre première mondialisation* (2003).

La concentration révèle le dynamisme économique. La faible concentration de l'industrie britannique semble expliquer sa perte de compétitivité face à l'Allemagne, aux États-Unis ou au Japon, les *latecomers* selon la terminologie d'A. Gerschenkron. À l'inverse, ces derniers connaissent un haut niveau de concentration avec une croissance forte. En Allemagne, l'État joue un rôle important en favorisant la constitution des grands groupes (Werner von Siemens). Au Japon, les zaibatsu, tel Mitsubishi, sont de grands conglomérats où l'État collabore avec les dirigeants. Aux États-Unis, la fin du XIXe siècle est surnommée l'Ère des titans, la période des fortunes rapides et des grandes entreprises ayant un fort pouvoir de marché, une position dominante, voire un monopole. La concentration est révélatrice d'un capitalisme moins coopératif. Ainsi Rockefeller, dans le secteur du pétrole, développe des stratégies de concentration horizontale très agressives (il contrôle 80 % du raffinage dès 1880), mais aussi verticale en amont (extraction de pétrole brut) et en aval (distribution par pipeline). L'atteinte à la concurrence est telle qu'elle pousse les pouvoirs publics américains à voter le *Sherman Antitrust Act* en 1890. La Standard Oil Compagny est démantelée en 1911 à l'issue d'un long procès.

La concentration se poursuit pendant l'entre-deux-guerres en Allemagne – IG Farben résulte de la fusion des six grands chimistes allemands en 1925 – ainsi qu'aux États-Unis, où se développe l'organisation scientifique du travail. Une tendance identique est observée en Corée du Sud avec les chaebols (Samsung est créée en 1938).

Les Trente Glorieuses sont l'ère de la grande entreprise généralisée. Elle s'incarne dans la technostructure ou le management salarié. Chandler souligne dans *La Main visible des managers* (1977) que l'entreprise moderne remplace les mécanismes de marché pour coordonner les activités économiques, avec une hiérarchie de cadres salariés qui planifie la croissance de l'entreprise. La France accuse un certain retard. Dans les années 1950, le capitalisme industriel français se caractérise par la permanence des petites entreprises, expliquée par des réflexes dynastiques visant à léguer aux héritiers une entreprise de taille modeste qu'ils peuvent gérer dans le cadre familial. Durant les années 1960, la situation évolue sous l'effet de la construction du Marché commun et du processus d'ouverture mondiale. Les pouvoirs publics favorisent les opérations de concentration afin d'adapter l'économie française. Il s'agit de construire des champions nationaux, des groupes internationaux à capitaux français, comme l'illustre la fusion de Saint-Gobain et Pont-à-Mousson (1971). Une taille suffisante est nécessaire pour s'internationaliser.

Le renouveau stratégique des années 1980 a des effets ambivalents sur la concentration

Les changements technologiques (NTIC) et financiers ont des effets ambivalents sur la concentration.

≫ Un certain retour de la concentration

L'essor de la « nouvelle économie » conduit à un renouveau de la concentration pour plusieurs raisons.

Les NTIC présentent des rendements d'échelle croissants. Ce phénomène n'est pas nouveau mais il est poussé à l'extrême dans les NTIC, qui se caractérisent par la prépondérance des coûts fixes et un marché mondial. S'il est coûteux de mettre en place un algorithme, une plateforme et une marque – comme ceux de Tinder –, ces actifs immatériels sont réplicables quasiment sans coût supplémentaires dans le monde entier. On parle d'économie du coût marginal zéro.

En outre, les plateformes numériques présentent de puissants effets de réseau. Ces effets étaient déjà notés au XIXe siècle par Bell (téléphone). L'effet de réseau direct signifie que l'utilité d'un utilisateur est positivement liée au nombre des autres utilisateurs. Les plateformes numériques sont des marchés « bifaces » où la demande émane de deux parties distinctes : les utilisateurs et les annonceurs publicitaires. D'où également un effet de réseau indirect : plus il y a d'utilisateurs (une face), plus le réseau a de la valeur pour les annonceurs (l'autre face). Rendre l'accès au réseau gratuit maximise la valeur du réseau, égale au carré du nombre de ses utilisateurs. C'est la logique de Facebook, créé en 2004, qui concerne 2,7 milliards d'utilisateurs.

Enfin, la concentration des données (*big data*) devient une arme concurrentielle. La rentabilisation des données personnelles des usagers est apparue au début des années 2000 en réaction à l'e-krach. En 2001 éclate la bulle internet. Face à la perte de confiance de leurs investisseurs, les dirigeants de Google décident d'exploiter commercialement les informations véhiculées par les connexions de leurs usagers pour améliorer sa rentabilité. Facebook, Amazon et Microsoft se convertissent à leur tour. Le « capitalisme de surveillance » est né (S. Zuboff). La masse de données comportementales est désormais vendue comme un produit de prévision lucratif grâce à des algorithmes. Accumuler les données permet d'améliorer en permanence la qualité de l'algorithme. Ces économies d'expérience améliorent le service rendu aux clients mais rendent aussi plus difficile l'entrée de nouveaux concurrents sur le marché.

Ces avantages combinés conduisent à la constitution de très grandes entreprises dans la logique du « *winner takes all* » : la première plateforme à atteindre la taille critique emporte le marché. Google détient 92 % du marché des moteurs de recherche, Facebook 73 % de celui des réseaux sociaux. Ne pas oublier leurs équivalents chinois : les BATX (Baidu, Alibaba, Tencent, Xiaomi).

Par ailleurs, à partir des années 2000, une nouvelle forme de concentration verticale se développe. La convergence technologique de la numérisation des données suscite des rapprochements entre les opérateurs de télécommunication qui maîtrisent les réseaux de circulation (les tuyaux) et les groupes de médias (les contenus). Aux États-Unis, AT&T a fait l'acquisition en 2015 de l'opérateur de télévision par satellite DirecTV pour miser sur des *bundles* (bouquet TV-internet-mobile-informatique dématérialisée).

Au-delà des facteurs technologiques et économiques, l'essor de la concentration aux États-Unis dans les NTIC et les services financiers, est lié selon Thomas Philippon (*The Great Reversal,* 2019) à l'affaiblissement de la politique antitrust américaine et à l'influence du lobbying. D'où un renforcement des pratiques anticoncurrentielles, tels les rachats prédateurs (*killer acquisitions*) : l'achat d'un concurrent innovant quasi sans chiffre d'affaires avant qu'il ne conteste la position dominante des entreprises en place. Le cas Quidsi-Amazon est emblématique de cette stratégie. Quidsi, magasin en ligne de produits pour bébés, affichait de bonnes performances sur la place de marché d'Amazon, au point d'inciter ce dernier à faire une offre de rachat, refusée. Amazon commence alors à ajuster en temps réel ses prix pour des produits comparables à ceux de Quidsi. Face à des difficultés financières, Quidsi est contrainte en 2010 d'accepter la proposition de rachat d'Amazon. En 2017, la marque disparaît définitivement. *In fine*, la baisse de prix n'aura été que transitoire. Par ailleurs, le lobbying des grandes banques américaines à la fin des années 1990 a conduit à affaiblir la législation sur la séparation bancaire et au renforcement de la tendance à la concentration bancaire aux États-Unis. On assiste ainsi dans ce pays à une baisse de la contestabilité des marchés, une hausse des prix et des marges plus marquées qu'en Europe.

Le pouvoir économique de certaines plateformes numériques, notamment les GAFAM (Google, Amazon, Facebook, Apple, Microsoft), a conduit à une réflexion sur la politique de la concurrence aux États-Unis, en Europe ou en Chine. Il s'agit à la fois d'actionner les dispositifs existants, par exemple la proposition de démanteler ces géants du numérique, et d'adapter la politique de la concurrence aux nouveaux enjeux du numérique (« Plateformes numériques : réguler avant qu'il ne soit trop tard », Note du Conseil d'analyse économique, octobre 2020).

Si la concentration des entreprises est au cœur de la dynamique du capitalisme, les fusions ont toujours été un phénomène très cyclique. Avec la chute des cours de Bourse en 2001-2002, les firmes, surendettées, ont limité leurs acquisitions nouvelles. Ensuite, elles ont retrouvé une forte rentabilité et ont pu racheter d'autres firmes. La crise financière de 2008 a stoppé cette dynamique. Le phénomène de concentration pourrait s'accentuer après la crise de 2020. Certaines entreprises de taille modeste pourraient faire faillite, et accroître ainsi le poids relatif des grandes entreprises.

≫ Une certaine déconcentration avec le recentrage stratégique

Le recentrage stratégique désigne une stratégie d'entreprise basée sur le délestage des actifs jugés non essentiels. On distingue une phase de recentrage défensif face à l'intensification de la concurrence, et une phase de recentrage offensif menée par les investisseurs institutionnels.

La croissance des unités de production, passé un certain seuil, génère des coûts supplémentaires qui réduisent la compétitivité et la rentabilité des entreprises dans un contexte devenu plus concurrentiel dans les années 1970. La circulation de l'information se fait mal dans des lignes hiérarchiques trop longues. Il faut gagner en réactivité. Une part des tâches non stratégiques, autrefois effectuées en interne, est externalisée, l'entreprise recule au profit du marché. En suivant le schéma explicatif de Williamson, on peut suggérer que les coûts de transaction avec les NTIC aient pu diminuer, ce qui pousse à la déconcentration.

Le recentrage sur le cœur de métier s'accentue dans les années 1990 sous la pression des marchés financiers. Une rentabilité forte est exigée, que les entreprises ne parviennent à dégager qu'en gardant les activités les plus rentables, celles qui constituent leur « cœur de métier ».

C. L'évolution de l'organisation interne des firmes

Sous les effets du mouvement de concentration, du progrès technique, plusieurs innovations organisationnelles vont modifier l'organisation interne des firmes à partir de la fin du XIXe siècle.

L'analyse d'Alfred Chandler

Alfred Chandler (*La Main visible des managers,* 1977) est un historien du courant de la *business history*. Selon lui, l'organisation est une réponse au problème de développement des firmes où, selon sa formule, la « structure suit la stratégie ». Cette révolution organisationnelle a connu deux étapes majeures, chacune étant attachée à un type de firme : la firme unitaire (ou firme U) et la firme multidivisionnelle (ou forme M).

≫ La firme unitaire

La firme unitaire est la première réponse organisationnelle aux nouvelles contraintes des entreprises. Aux États-Unis, les premières innovations apparaissent entre 1850 et 1875 dans la gestion des chemins de fer et des services télégraphiques. Ces activités vont connaître des problèmes de gestion liés à l'espace et à la mise en œuvre de technologies plus complexes. La réponse organisationnelle va être la forme unitaire : un système décisionnel centralisé, unique, une division des tâches et une spécialisation par fonction. La direction générale prend en charge la stratégie globale. Au niveau inférieur, les directions sont spécialisées par fonction : production, marketing, finance… Une hiérarchie pyramidale de cadres assure, pour un temps, l'efficacité du système.

≫ La firme multidivisionnelle

Cependant, au fur et à mesure que la diversification des produits se développe, que l'environnement économique se complexifie, les coûts et les délais de transmission de l'information deviennent importants. La gestion l'emporte sur la stratégie. La nouvelle solution organisationnelle va être la firme M. Le système fonctionnel est décentralisé en divisions organisées par produits ou par pays. Les performances entre divisions peuvent être comparées. L'organisation interne de la firme se rapproche de la logique marchande, d'où une meilleure coordination des décisions avec les exigences du terrain. Les fonctions relatives au marketing ou au financement de l'entreprise prennent de l'importance : les managers prennent le pas sur les ingénieurs. Ce modèle se répand après 1945 mondialement, notamment sous l'effet de l'implantation des firmes multinationales américaines en Europe et au Japon.

L'analyse de Masahiko Aoki

Dans les années 1970, la firme multidivisionnelle est en perte de vitesse. Les entreprises japonaises connaissent une renommée croissante. L'attrait du modèle organisationnel japonais est analysé par l'économiste japonais Masahiko Aoki (« Toward an economic model of the

Japanese firm », 1990) en s'appuyant sur la distinction entre la firme A (américaine) et la firme J (japonaise).

Dans la firme A, la coordination est verticale. La hiérarchie est forte. On observe une nette séparation entre les fonctions de conception et d'exécution : les flux d'informations y sont verticaux. La planification se fait « par en haut ». La circulation de l'information et la résolution des problèmes passent par la direction et sont de ce fait plus longs. Une forme efficace dans un environnement stable, avec une croissance forte. D'où ses succès pendant les Trente Glorieuses.

La firme J repose sur une organisation plus flexible, moins hiérarchique, plus coopérative. La coordination est plus horizontale. Les ouvriers échangent des informations avec les cercles de qualité, les ingénieurs sont présents dans les ateliers. Les ouvriers sont incités à être autonomes dans la résolution des problèmes et à partager la solution envisagée. Les progrès dans le processus de production sont continus. Tous les acteurs sont gagnants, l'entreprise a intérêt à conserver ses salariés car leur formation a constitué un investissement. Les salariés ont intérêt à s'investir dans leur travail, car sortir de l'entreprise représente un coût, les salaires étant proportionnels à l'ancienneté dans l'entreprise. Cette forme est plus efficace dans un univers incertain.

2 L'analyse économique du rôle de l'entrepreneur et de la nature de la firme

Certaines analyses mettent l'accent sur le rôle de l'entrepreneur. À partir des années 1930, l'analyse économique va s'orienter également vers une réflexion autour de la nature de la firme en tant qu'organisation composée d'une multitude d'acteurs ayant un but collectif mais dont les préférences, les informations et les intérêts peuvent diverger.

A. Le rôle de l'entrepreneur

Au départ considéré comme un personnage hors norme du capitalisme, l'entrepreneur, dans les approches plus contemporaines, doit pour réussir être dans un environnement institutionnel adapté.

L'entrepreneur est central pour certains économistes dès le début du XXe siècle

Dans les théories contractuelles de la firme, l'entrepreneur est un agent comme les autres, il signe des contrats. En revanche, certains économistes lui ont assigné un rôle singulier et central.

F. Knight (*Risk, Uncertainty and Profit*, 1924) établit une distinction entre risque et incertitude, distinction essentielle pour comprendre sa vision de l'entrepreneur : il assume l'incertitude. Une situation de risque est une situation où l'individu peut évaluer l'apparition de tel ou tel événement. Le risque est probabilisable. En situation d'incertitude, la survenue d'un événement est impossible à évaluer, impossible à mesurer à l'aide de probabilités. Or une entreprise capitaliste évolue dans un environnement incertain. L'entreprise doit alors s'adapter aux circonstances, prendre des décisions dans des situations imprévues. Des individus vont se spécialiser dans la prise de décision, car ils ont une meilleure capacité de jugement, une meilleure anticipation : ce sont les entrepreneurs au sens de Knight. Ils assument l'incertitude, garantissent aux travailleurs un revenu fixe en contrepartie des efforts qu'ils consentent. Et parce qu'ils prennent des décisions responsables, les entrepreneurs récupèrent le profit. Dans l'idéal-type de la firme de Knight, la fonction d'entrepreneur est confondue avec la propriété de l'entreprise. Mais avec l'essor de la grande entreprise, dont le capital est divisé entre des actionnaires, l'entrepreneuriat peut prendre une forme différente.

J. Schumpeter (*Théorie de l'*évolution économique, 1911) fait de l'entrepreneur l'agent central du capitalisme. Il le définit non par sa place dans les rapports de production mais par sa fonction : innover. L'entrepreneur est décrit comme un « héros » animé par le goût de la compétition économique. La lutte pour la réussite économique est sa motivation, le profit n'est que le résultat de l'innovation qui réussit. Il y a en effet un gain monétaire à l'innovation : le premier à innover dispose, pendant un certain temps, d'un monopole et jouit donc d'une « rente » de monopole. L'innovation porte la croissance à travers le processus de destruction créatrice. Tant que les nouvelles combinaisons productives créent plus d'activités qu'elles n'en détruisent, l'expansion économique se poursuit. Jusqu'à ce que ce processus s'épuise et le cycle se retourne. Pour Schumpeter, l'entrepreneur est destiné à disparaître (*Capitalisme, socialisme et démocratie*, 1942). La routinisation, la bureaucratisation de l'innovation dans la grande entreprise conduit au « crépuscule de la fonction d'entrepreneur ». Pourtant, dans les faits, une « classe d'entrepreneurs » au sens de Schumpeter demeure présente aujourd'hui, avec par exemple Elon Musk ou Mark Zuckerberg.

La théorie de l'entrepreneur de I. Kirzner (*Competition and Entrepreneurship*, 1973) cherche à expliquer l'amélioration du bien-être économique : la création de nouveaux produits, l'amélioration de la qualité des biens existants, ou la capacité de les produire moins cher. Ces objectifs sont atteints grâce à l'attitude de vigilance des entrepreneurs (*alertness*). Entreprendre, c'est identifier les perspectives de profit que les autres n'ont pas perçues.

Un renouvellement de l'analyse du rôle de l'entrepreneuriat

Les études empiriques montrent que l'environnement institutionnel influence l'entrepreneuriat.

Le retard technologique de l'Europe sur les États-Unis des années 1990, dans les NTIC notamment, s'expliquerait par un manque d'entrepreneurs. Créer et développer des idées innovantes nécessitent un écosystème institutionnel approprié. Aux États-Unis, les *start-ups*, petites entreprises innovantes en croissance rapide, s'appuient sur la *small business administration* qui leur simplifie les formalités administratives (programme *Startup in a day* par exemple) et réserve une partie des commandes publiques aux PME. Le capital d'amorçage est apporté par le fondateur. Ensuite, les *business angels*, personnes physiques qui investissent personnellement dans le financement risqué des start-ups, sont essentiels à leur développement. Puis le Nasdaq, le marché des valeurs technologiques américain, permet des levées de fonds colossales pour assurer le développement rapide de l'entreprise. Ainsi, Criteo, une start-up française spécialisée dans le reciblage publicitaire sur internet, a été introduite sur le Nasdaq américain en 2013 en l'absence d'une place de marché européenne tournée vers les sociétés innovantes. La percée de start-ups est essentielle pour limiter la concentration et préserver la contestabilité des marchés, même si certaines deviennent à leur tour de grandes entreprises, comme Microsoft, start-up des années 1970 qui occupe les premières places de la capitalisation boursière américaine depuis les années 2000.

Un indicateur d'activité entrepreneurial fondé sur les travaux du *Global Entrepreneurship Monitor* révèle des disparités entre pays. Ainsi, l'indicateur français est plus bas qu'aux États-Unis. La culture entrepreneuriale joue un rôle important, en particulier l'échec d'une nouvelle entreprise est perçu négativement en Europe alors qu'il paraît normal aux États-Unis. Des progrès sont cependant notés. Certaines mesures facilitant le rebond des entrepreneurs après un échec ont été prises.

B. La nature de la firme

La place de l'entreprise dans l'analyse économique est paradoxale. Alors que l'entreprise est un agent économique central de l'activité économique, elle n'a occupé qu'une place marginale en sciences économiques jusque dans les années 1970 avec la redécouverte de l'article de R. Coase (1937). En effet, dans l'analyse néoclassique standard, la firme est envisagée comme une « boîte noire ». Centrée sur l'analyse du fonctionnement des marchés et du mécanisme des prix, la firme n'est pas elle-même un objet d'étude. Elle se résume à une fonction de production, qui transforme des inputs en outputs : la firme est envisagée comme un point et non une organisation, c'est un automate qui réagit de manière optimale aux prix fixés par les mécanismes de marché.

À partir des années 1970, la théorie économique de la firme cherche à comprendre ce qu'est une firme. Mais à cette question d'apparence simple les réponses sont multiples. Schématiquement, il est possible de distinguer deux grands types de réponses : les approches contractuelles renouvellent la représentation standard de la firme, sans remettre fondamentalement en question le cadre théorique ; les approches non contractuelles constituent une rupture plus radicale.

Les approches contractuelles

Les approches contractuelles ont en commun une vision identique des rapports économiques : ce sont des rapports contractuels entre des individus libres. Elles diffèrent cependant en fonction des hypothèses envisagées en termes de comportements des agents économiques (rationalité parfaite ou limitée) et du contexte informationnel (information parfaite ou imparfaite).

≫ La théorie des coûts de transactions

En 1937, Ronald Coase s'interroge sur la raison d'être des firmes, institutions centralisées, qui coexistent avec des relations de marché décentralisées. La firme constitue un mode de coordination économique alternatif au marché. Alors que sur le marché la coordination se fait par le système des prix, la firme se caractérise par une relation d'autorité, une coordination administrative, par la hiérarchie.

Le recours à cette hiérarchie peut être nécessaire car la coordination par les prix entraîne des coûts, de trois types : les coûts de recherche et d'information, les coûts de négociation et les coûts de surveillance et de contrôle. La coordination par la hiérarchie, si l'entreprise internalise une activité et la réalise elle-même, a également des coûts, les coûts d'organisation, croissants avec la taille de l'entreprise du fait de la productivité décroissante de la fonction entrepreneuriale. Quand les coûts de transaction sont supérieurs aux coûts d'organisation interne, la hiérarchie s'impose.

Oliver Williamson, en prolongement de Coase, propose dans une série d'articles et d'ouvrages une théorie des coûts de transaction.

L'intégration verticale permet d'économiser les coûts de transaction. Williamson reprend la théorie de la rationalité limitée de Simon et l'hypothèse de comportements opportunistes qui augmentent les coûts de surveillance des contrats. Trois facteurs jouent un rôle essentiel : le degré d'incertitude, la fréquence des transactions et le degré de spécificité des actifs (investissements liés, une transaction non redéployable sans coût vers d'autres transactions, tel un équipement spécialisé, compétence humaine particulière, localisation singulière). Plus ces facteurs sont importants, plus l'entreprise a tendance à internaliser la transaction.

Entre la firme et le marché, Williamson envisage des formes d'organisation hybrides, plus ou moins proches du marché ou de la hiérarchie. Le schéma explicatif de Williamson peut aussi expliquer la tendance à l'externalisation si les coûts de transaction sont inférieurs à ceux de la hiérarchie. La firme est ainsi un « arrangement institutionnel » caractérisé par un principe hiérarchique qui limite l'opportunisme.

≫ La théorie de l'agence

Dans cette approche, les néoclassiques analysent la firme en conservant leur approche de l'économie fondée sur des comportements individuels supposés parfaitement rationnels.

À partir de la seconde moitié du XIXe siècle, la grande entreprise, organisée en société par actions, se développe. A. Berle et G. Means (*Modern Corporation and Private Property*, 1932) avancent que la dispersion de la propriété en un grand nombre d'actionnaires entraîne la séparation de la propriété et du contrôle de l'entreprise par les managers. Or, actionnaires et managers peuvent avoir des intérêts divergents. Berle et Means reconnaissent l'entreprise comme une organisation composée de différents groupes sociaux, aux intérêts propres.

A. Alchian et H. Demsetz, dans « Production, information costs, and economic organization » (1972) s'interrogent sur la nature de la firme. Si le marché est *a priori* la forme d'organisation la plus efficace dans la mesure où il fournit les incitations maximales à l'effort, la rémunération individuelle étant corrélée à sa productivité, comment alors expliquer l'existence d'entreprises ? Ils montrent que la firme est supérieure au marché pour organiser efficacement le travail en équipe. En effet, la firme évite le comportement de « passager clandestin » car elle met en œuvre des dispositifs de contrôle et d'incitation. Alchian et Demsetz préconisent qu'un « moniteur » vérifie la productivité de chacun des membres de l'équipe. Mais ce moniteur peut, comme les autres agents, ne pas fournir l'effort optimal. Il faut donc lui donner un statut particulier pour éviter un tel comportement : celui de créancier résiduel, ce qui lui donne le droit de percevoir un revenu spécifique, le profit. Il est alors incité à bien contrôler l'équipe car sa rémunération en dépend.

Dans ce modèle, il n'existe pas de différence de nature entre le contrat de travail et le contrat commercial. La nature de la firme n'est pas un pouvoir d'autorité, le principe de subordination est nié. Il n'y a pas plus de différence dans le rapport entre salarié et entrepreneur que dans celui entre un client et son épicier. Une idée que l'on retrouve dans la théorie de l'agence.

À la suite d'A. Alchian et H. Demsetz, M. Jensen et W. Meckling, dans l'article fondateur « Theory of the firm : managerial behaviour, agency costs, and ownership structure » (1976), vont définir la firme comme « un nœud de contrats ». La firme est une fiction légale qui centralise les contrats et ainsi minimise les coûts d'agence. Les agents sont parfaitement rationnels et l'information est imparfaite.

Chaque contrat est une relation d'agence : un individu (le principal) emploie les services d'un tiers (l'agent) pour accomplir une tâche en son nom. Les asymétries d'information désignent la situation où les agents ne disposent de la même quantité ou qualité d'informations. Elles caractérisent toute relation principal-agent. D'où deux risques majeurs : la sélection adverse (risque de sélectionner les mauvais produits/partenaires au détriment des bons) et l'aléa moral (après la signature du contrat, le principal ne peut parfaitement observer l'action de l'agent).

Il n'y a pas d'opposition de nature entre la firme et le marché. La firme est un marché privé. La spécificité de la relation d'emploi, la subordination, est donc niée, le contrat de travail est assimilé à un contrat commercial, à l'image du contrat de louage de services du XIXe siècle. Certaines évolutions récentes des formes de l'entreprise, notamment celles liées aux plateformes de mise en relation directe entre producteur et utilisateur de services, tendent à rapprocher la firme d'une fiction légale. C'est par exemple le cas d'Uber. Le prix de la course évolue en temps réel en fonction de l'offre et de la demande. La coordination est exclusivement marchande. Uber considère ses chauffeurs comme des contractants individuels. Ce qui fait l'objet de conflits et de procès en cours.

Dans ce contexte d'information imparfaite, la théorie de l'agence se penche sur la question de la construction d'un système d'incitation et de surveillance qui conduit l'agent à se comporter comme s'il cherchait à maximiser la fonction d'utilité du principal.

La théorie de l'agence et des incitations sont les fondements théoriques de la gouvernance actionnariale de l'entreprise. Il s'agit alors de maximiser la valeur pour l'actionnaire (*shareholder value*) en alignant les intérêts des managers et des actionnaires de la firme.

Selon Bengt Holmström, prix Nobel 2016, les incitations monétaires sont utiles, mais les incitations non monétaires (plans de carrières, reconnaissance des pairs et de la direction) sont aussi essentielles. Il définit la firme comme un système cohérent d'incitations utilisant la délégation d'autorité, la rémunération et les droits de propriété pour coordonner les décisions des agents.

La théorie des droits de propriété ou des contrats incomplets

La théorie des contrats incomplets est développée notamment par Oliver Hart, prix Nobel 2016. Elle reprend l'hypothèse de l'incomplétude des contrats, mais réaffirme celle de rationalité parfaite des agents. Dans ce cadre, le rôle des droits de propriété devient essentiel.

L'importance de la propriété dérive directement de l'incomplétude des contrats. Quand il n'est pas possible de spécifier à l'avance l'usage d'un actif dans toutes les situations possibles, c'est la propriété qui détermine qui aura le pouvoir de choisir les usages de l'actif, dans la limite du droit. La firme est définie ici comme une collection d'actifs non humains. Ce pouvoir sur les choses devient ainsi un pouvoir sur les hommes, dans la mesure où ceux-ci détiennent certaines compétences seulement valorisables à travers l'accès à certains actifs. L'autorité sur le travailleur dérive du pouvoir de l'exclure de l'usage de l'actif (machines, PC), en le licenciant.

La théorie des contrats incomplets explique les phénomènes d'intégration. La décision d'intégrer un actif est liée à l'incomplétude des contrats en présence d'investissements spécifiques. L'intégration est préférable car la propriété de l'actif permet d'en contrôler les usages. Cette approche peut être illustrée par l'absorption en 1926 de Fisher Body, carrossier, par General Motors. Dans les premiers temps de l'industrie automobile, les producteurs de carrosseries étaient indépendants des constructeurs automobiles. Les constructeurs deviennent dépendants de leurs fournisseurs, d'où l'apparition de contrats de long terme les reliant. Le contrat signé en 1919 pour dix ans est de fait incomplet. La hausse non anticipée de la demande de voitures à carrosserie métallique, dans le cadre d'un contrat avec marges fixe pour Fisher Body, devient désavantageux pour General Motors, qui intègre alors Fisher Body, mettant fin au « hold-up » dont il était victime.

Les approches non contractuelles

Les approches non contractuelles de la firme sont un ensemble d'approches hétérodoxes de la firme qui envisagent celle-ci comme un ensemble de compétences techniques, stratégiques, comportementales.

Les approches behavioristes de la firme

Certaines approches mettent l'accent sur les comportements des acteurs engagés dans la firme.

R. Cyert et J. March, dans *A Behavioral Theory of the Firm* (1963), montrent que les objectifs de l'entreprise sont atteints par la négociation entre les parties prenantes (salariés, fournisseurs, clients, actionnaires…). La firme est une organisation complexe, composée de groupes aux intérêts différents, engagés dans des rapports simultanés de conflits et de coopération. Il revient au dirigeant d'arbitrer entre les demandes de ces groupes : la solution retenue doit être de type gagnant-gagnant.

Dans la même perspective, H. Leibenstein, (« Allocative efficiency *vs* « X-efficiency » », 1966) souligne que l'entreprise est plus qu'un ensemble de relations contractuelles. Il incombe aux managers d'en assurer une gestion efficiente. La qualité de l'organisation explique que deux firmes similaires peuvent avoir des performances différentes. Ce facteur organisationnel est appelé « facteur d'efficience X » et dépend de la capacité de l'entrepreneur à motiver les salariés, à organiser la production de manière efficace.

≫ Les perspectives dynamiques des compétences de la firme

La firme comme ensemble de compétences trouve son origine dans les travaux pionniers d'E. Penrose (*The Theory of the Growth of the Firm*, 1959). L'entreprise est composée d'actifs spécifiques et d'individus ayant des ressources, des compétences singulières. De ce panier de compétences naît et se développe une compétence globale de la firme, unique. Ces compétences peuvent être tacites, difficilement transférables d'une firme à une autre. Ainsi, les firmes qui réussissent ont des compétences clés qui font d'elle le leader sur un marché. Ces compétences peuvent être technologiques, mais aussi stratégiques. Ainsi, Canon a des compétences clés en optique qui lui ont permis de s'imposer sur les marchés des photocopieurs, des imprimantes lasers, des caméras. Apple mise sur le design pour s'imposer sur le marché des smartphones.

R. Nelson et S. Winter (*An Evolutionnary Theory of Economic Change*, 1982) proposent une analyse dynamique de la firme centrée sur deux idées principales : les routines décisionnelles, déjà présentes chez Cyert et March, et la dépendance au sentier constitué par les décisions passées.

La firme ne se caractérise pas ici par la recherche de la maximisation du profit mais par sa volonté de survie, comme tout être vivant dans la théorie darwinienne de l'évolution des espèces. Les firmes doivent alors s'adapter, innover, organiser les apprentissages. Nelson et Winter soulignent le rôle des routines décisionnelles de la firme, c'est-à-dire les dispositifs de résolution de problèmes. Comme les gênes en biologie, les routines transmettent l'information et facilitent la prise de décisions. Ce qui explique l'efficacité économique des routines, c'est qu'une fois construites elles se déploient sans délai ni coût supplémentaire. Elles forment la mémoire organisationnelle des entreprises. On comprend alors que les firmes diffèrent, et diffèrent de manière persistante. Chaque firme dispose d'un ensemble singulier de routines qui constitue sa « compétence » propre.

Nelson et Winter soulignent que la construction des connaissances est marquée par un fort sentier de dépendance. La firme est issue de son histoire, les décisions actuelles sont influencées par les décisions passées. Contrairement à la théorie standard de la firme, les firmes qui survivent ne sont pas forcément les meilleures. Une technologie peut l'emporter, non parce qu'elle est la meilleure mais parce qu'elle a été initialement choisie et diffusée à grande échelle. La suite bureautique Microsoft Office s'est imposée alors que certains logiciels, parfois gratuits et aussi performants, existent. On parle de *Qwerty effect* (P. David, « Clio and the economics of Qwerty », 1985) en référence à la disposition des lettres du clavier qui s'impose au XIXe siècle de cette manière, sans preuve de sa supériorité ergonomique dans la vitesse de frappe.

3 La gouvernance des entreprises

S'interroger sur l'objectif de l'entreprise, c'est discuter de ses finalités, de son rôle dans la société. Cette interrogation correspond à l'expression *corporate responsibility* dans la littérature anglo-saxonne. On entend par gouvernance d'entreprise l'ensemble des règles qui régissent la manière dont les entreprises sont contrôlées et dirigées. Plusieurs modèles se distinguent sur le plan du partage du pouvoir, de la valeur créée et des méthodes de gestion associées.

A. La gouvernance managériale

L'« ère des managers »

La firme entrepreneuriale, dans laquelle le propriétaire, responsable sur ses biens propres, dirige l'entreprise, perd progressivement de l'importance à la fin du XIXe siècle au bénéfice de la grande société par actions, où les dirigeants vont s'affranchir du contrôle des actionnaires du fait d'un actionnariat dispersé. **L'«** ère des managers » est une expression de Berle et Means (1932) qui désigne leur emprise sur la gestion des entreprises.

J.-K. Galbraith, dans *Le Nouvel État industriel* (1967), montre que dans les grandes entreprises apparaît un groupe de cadres dirigeants, qu'il nomme la « technostructure », concentrant le pouvoir économique. Son pouvoir s'étend sur les consommateurs, dont elle influence les choix, notamment grâce à la publicité : c'est la filière inversée. La technostructure s'attache à contourner le marché essentiellement par la concentration verticale et les stratégies de collusion entre firmes.

Cette idée est prolongée par Alfred Chandler. La main invisible du marché est remplacée par la main visible des managers qui détiennent un pouvoir croissant sur les mécanismes de marché grâce à leur capacité à agir à long terme au sein de firmes qu'ils contrôlent durablement.

William Baumol montre que, face aux actionnaires dispersés, les managers ont une fonction d'utilité spécifique : maximiser le chiffre d'affaires, dont dépend leur prestige, sous contrainte d'un profit minimum. En effet, le chiffre d'affaires influence les parts de marché détenues par l'entreprise qui sont signes de compétences professionnelles du manager, que celui-ci peut négocier sur le marché du travail. En l'absence de normalisation comptable, les dirigeants ont une certaine latitude dans la détermination du bénéfice distribuable, les performances financières ne sont pas leur priorité. Le partage des gains de productivité est équilibré entre salaire et profit.

La remise en cause de la gouvernance managériale des entreprises

À partir des années 1970, on observe un ralentissement des gains de productivité, une accélération de l'inflation, une hausse du chômage et une baisse des taux de profit. Les managers vont être considérés en partie comme responsables du fait d'un management trop bureaucratique. Ils sont accusés d'empêcher le fonctionnement fluide des marchés, de privilégier leurs intérêts au détriment de ceux des actionnaires. L'ère des managers semble révolue.

C'est l'objet de l'article de Milton Friedman « The social responsibility of business is to increase its profits », paru dans le *New York Times* en 1970. Il s'agit pour lui de défendre le droit de propriété des actionnaires et de dénoncer les effets inflationnistes des hausses de salaires qu'il juge excessives.

L'objectif de maximisation du profit est ainsi un véritable dogme libéral défendu par Milton Friedman. À cela trois raisons essentielles. C'est en recherchant le profit maximal, dans le respect de la législation en vigueur, que l'entreprise rend les meilleurs services à la société. Chaque firme, en recherchant son intérêt individuel, conduit à l'intérêt général, dans la lignée d'Adam Smith. Ensuite, Friedman montre que, quel que soit le comportement de l'entrepreneur, seules les entreprises maximisant le profit survivent à la sélection des marchés. Enfin, l'entreprise ne peut avoir qu'une responsabilité économique car elle n'a aucune légitimité pour assurer d'autres responsabilités, n'étant pas élue. Il dénonce sur cette base la décision du directeur général de General Motors de proposer aux salariés de l'entreprise une assurance santé non imposée par la loi. Cet article est un appel en faveur d'une gouvernance tournée vers les actionnaires.

B. La gouvernance actionnariale

La gouvernance actionnariale est née aux États-Unis et se diffuse internationalement, avec des spécificités selon les pays, à la faveur du renouveau des idées libérales et de la globalisation financière. Elle est l'un des piliers du capitalisme actionnarial (D. Plihon, *Le Nouveau Capitalisme*, 2016). Cependant, ce modèle de gouvernance présente d'importants effets pervers.

Les grands principes de la gouvernance actionnariale

Les investisseurs institutionnels (assureurs, fonds de pension, fonds mutuels) gèrent des portefeuilles financiers d'ampleur pour le compte de leurs mandants, tel CalPERS, le fonds de pension des fonctionnaires de Californie. Présents significativement dans le capital des entreprises, leurs voix deviennent décisives dans les conseils d'administration, ils contribuent à imposer des règles de gestion visant à « maximiser la valeur actionnariale ». Les indicateurs comptables de performance se focalisent sur la rentabilité pour l'actionnaire. Ainsi, le taux de rentabilité d'une action, sur une période donnée intégrant les dividendes reçus et la plus-value réalisée (*total shareholder return*), passe de 6,7 % jusqu'en 1980 à 20 % en 2000. Ce modèle de gouvernance considère que les marchés financiers sont efficients (thèse d'E. Fama, « Efficient capital markets : a review of theory and empirical Works », 1970) : les arbitrages, effectués par les investisseurs correctement informés, font du cours boursier le meilleur indicateur possible de la performance de l'entreprise.

Dans la perspective actionnariale, l'entreprise doit être gérée dans l'intérêt de l'actionnaire. Actionnaires et managers sont dans une relation d'agence. L'actionnaire est ici considéré comme le créancier résiduel car il n'est payé qu'après que toutes les autres parties prenantes ont reçu leurs rémunérations contractuellement établies. Minimiser les coûts d'agence passe ainsi par la maximisation du profit résiduel. Tous les acteurs voient leur contrat respecté. On retrouve ici la logique de Friedman : tous ont intérêt à ce que les dirigeants gèrent l'entreprise dans l'intérêt de l'actionnaire. Une première exigence impose donc l'alignement des intérêts des managers et ceux des dirigeants. Le conseil d'administration a une fonction disciplinaire qui s'exerce par l'incitation à travers le système de rémunération des dirigeants qui lie celle-ci à l'évolution de la valeur actionnariale au moyen de bonus ou de stock-options ; par la sanction, l'éviction du dirigeant à l'issue d'une OPA ou d'un vote ; par la surveillance en décidant d'un audit par exemple.

Il faut par ailleurs une stricte séparation des rôles de direction et de contrôle. Le rapport Cadbury (*Financial Aspects of Corporate Governance*, 1992) est l'un des premiers codes de « bonne gouvernance » précisant les rôles des acteurs d'une société : managers, administrateurs, auditeurs. L'indépendance du conseil d'administration est notamment garantie par la présence d'administrateurs indépendants pour que les décisions ne soient pas influencées par les intérêts particuliers de la direction générale.

L'obligation de diffusion d'informations sur les entreprises est aussi une exigence essentielle de la gouvernance actionnariale. L'OCDE a édicté en 1999 des principes permettant la diffusion d'informations périodiques, fiables et comparables, nécessaires à l'exercice du droit d'information et de vote des actionnaires et à la prise de décisions des investisseurs potentiels.

La gouvernance actionnariale présente de nombreux effets pervers

La gouvernance actionnariale est une des explications de la forte montée des inégalités de revenus constatée depuis les années 1990, en particulier aux États-Unis. D'un côté, les salariés sont considérés comme des coûts qu'il s'agit de minimiser, les moins qualifiés voient leur revenu réel baisser. De l'autre côté, les 1 % les plus riches ont des revenus qui explosent. Cette hausse des revenus n'est pas toujours corrélée aux résultats des entreprises, ce qui montre que l'élite managériale conserve un grand pouvoir dans la gouvernance actionnariale, notamment selon Michel Aglietta et Antoine Rebérioux, *Les Dérives du capitalisme financier*, 2004.

La gouvernance actionnariale peut conduire les entreprises à adopter des comportements risqués, voire frauduleux. A. Hatchuel et B. Segrestin, dans *Refonder l'entreprise* (2012), soulignent que la gouvernance de l'entreprise centrée sur la création de valeur pour l'actionnaire est à l'origine d'un certain nombre de fraudes (manipulations des comptes par les dirigeants pour satisfaire les critères de rentabilité attendus, tel le scandale Enron en 2001) et d'excès dans le secteur bancaire, révélés par la crise financière de 2008. La quête de la rentabilité financière à court terme a pu favoriser l'essor de produits financiers qui ont accru l'instabilité financière et le risque systémique.

La recherche de la rentabilité maximale peut conduire les managers à prendre des décisions qui nuisent à la pérennité de long terme de l'entreprise. En effet, la gouvernance actionnariale considère la main-d'œuvre comme une variable d'ajustement pour maintenir stables les dividendes en cas de fluctuations de la conjoncture. Cela peut conduire les salariés, selon R. Rajan et L. Zingales (« Power in the theory of the firm », 1998), à sous-investir dans leur capital humain spécifique, c'est-à-dire leurs compétences non redéployables dans une autre activité. Tout investissement dans le capital humain spécifique est alors perdu en cas de licenciement, ce qui conduit rationnellement les salariés à le négliger.

D'autre part, un rapport du Conseil d'analyse économique (Glachant, Lorenzi, Quinet et Trainar, *Investissements et investisseurs de long terme*, 2010) montre l'incapacité de la finance globalisée à orienter l'épargne vers l'investissement productif et durable. Réallouant fréquemment l'épargne, les investisseurs institutionnels n'ont pas de vision à long terme. Ainsi, entre 1991 et 2009, la durée moyenne de détention des actifs financiers a baissé sur toutes les places boursières des pays avancés : de deux ans à six mois sur le New York Stock Exchange, de cinq ans à moins d'un an à la Bourse du Japon. Ce court-termisme n'est pas propice au financement de l'innovation ou de la transition énergétique qui sont des processus de long terme. Ainsi, Mark Carney, gouverneur de la Banque d'Angleterre de 2013 à 2020, dans un discours à des investisseurs institutionnels en 2015 sur les conséquences de la crise climatique, a pointé une « tragédie de l'horizon » : comme les effets du dérèglement climatique se font sentir à long terme, les investisseurs institutionnels court-termistes sont amenés à négliger les risques financiers qui en découlent, par exemple les indemnités versées par les assureurs en cas de catastrophes (inondation, ouragan, feu géant de forêt). S'attaquer à la tragédie de l'horizon implique de donner un poids important aux critères d'investissements extra-financiers, notamment sociaux et environnementaux.

C. Vers une gouvernance et une responsabilité élargies ?

Une responsabilité sociale et environnementale nécessaire

L'idée que la recherche de la maximisation du profit par l'entreprise ne doit pas être son but unique et ultime est ancienne. Mais certaines catastrophes environnementales, telle la marée noire de l'*Amoco Cadiz* en 1978, ou humaines, tels l'accident industriel de Bhopal en Inde provoqué par une usine filiale d'Union Carbide en 1984, ou l'effondrement au Bangladesh de l'immeuble Rana Plaza abritant des sous-traitants de l'industrie textile et causant plus de mille morts en 2013, ont contribué à réaffirmer l'exigence d'une responsabilité sociale et environnementale (RSE) des entreprises. La RSE est une responsabilité intra-firme mais aussi une responsabilité inter-firmes (les fournisseurs et les sous-traitants). Cette responsabilité repose sur plusieurs dispositifs. Les codes de conduite des grandes firmes-réseaux transnationales engagent leurs fournisseurs et sous-traitants au respect des normes fondamentales du travail : interdiction des discriminations, interdiction du travail forcé et du travail des enfants, respect de la liberté et du pluralisme syndical, respect d'un environnement sûr. La loi sur le devoir de vigilance, votée en France en 2017, impose aux grandes multinationales un « plan de vigilance » dans ces domaines. Les normes ISO sont des normes internationales issues de procédures de certification et de normalisation. La norme ISO 26000 englobe l'ensemble de la responsabilité sociétale des entreprises.

La vision stratégique de la responsabilité sociale et environnementale

Selon la définition de la Commission européenne (2001), l'entreprise socialement responsable, non seulement satisfait pleinement aux obligations légales et conventionnelles applicables, mais intègre aussi en tant qu'investissements stratégiques les dimensions sociale, environnementale et sociétale à ses politiques globales. Cette définition couvre un large éventail de pratiques dans trois dimensions appelées ESG : environnementale, sociale, gouvernance. La RSE peut être perçue comme la contribution des entreprises au développement durable. Les entreprises peuvent choisir d'aller au-delà de leurs obligations réglementaires en matière sociale ou environnementale car elles ont intérêt à le faire. Plusieurs raisons à ce « marché de la vertu » (D. Vogel, *The Market for Virtue*, 2005) :

- adopter une responsabilité sociétale peut donner un avantage concurrentiel : réduction des coûts en évitant les gaspillages, attirer les meilleurs talents en améliorant la « marque employeur », répondre à la demande des consommateurs responsables ;
- les firmes peuvent avoir intérêt à innover pour adapter leurs produits aux besoins des populations les plus pauvres. Dans son ouvrage *La Fortune est à la base de la pyramide* (2004), C. K. Prahalad explique que les populations les plus pauvres, situées au bas de la pyramide, représentent un potentiel de marché considérable. En effet, leur pouvoir d'achat individuel est faible mais leur grand nombre offre des opportunités de marché colossales. Ces stratégies « *bottom of the pyramid* » sont déjà mises en place par de grandes multinationales comme Unilever, Danone, Nestlé ;
- R. Benabou et J. Tirole montrent dans l'article « Individual and corporate social responsibility » (*Economica*, 2009) que les préoccupations d'image de l'entreprise incitent à la responsabilité. La pression des ONG et de la société civile peut pousser les entreprises à être davantage responsables. Les consommateurs peuvent utiliser leur pouvoir économique à travers des appels au *boycott* (exclusion) ou au *buycott* (recommandations). Les campagnes d'information montrant le travail forcé, le travail des enfants dans les usines de sous-traitants de l'entreprise Nike dans les années 1990, le documentaire de Mickaël Moore *The Big One* en 1997, ont forcé l'entreprise, face à la baisse de son chiffre d'affaires et à la dégradation de son image de marque, à réviser ses pratiques. Ainsi, si le travail des enfants n'est pas interdit dans le pays d'installation d'une firme multinationale, cette « imperfection de gouvernement » ne peut justifier cette pratique.

Une question reste cependant posée : la RSE n'est-elle qu'une forme de camouflage de mauvaises pratiques sociales, environnementales, le *greenwashing*, ou un outil susceptible de transformer le capitalisme ?

L'investissement socialement responsable

L'investissement socialement responsable (ISR), à partir des années 1990, s'appuie sur la convergence entre les performances financières et sociétales. Il regroupe les démarches qui consistent à intégrer des critères extra-financiers concernant l'environnement, les questions sociales, éthiques (droit de l'homme notamment) et la gouvernance dans les décisions de placements et la gestion de portefeuilles. Il s'agit de prendre systématiquement en compte les critères liés à l'environnement, au social et à la gouvernance (critères ESG), en plus des critères financiers. Les grandes agences internationales de notation extra-financière et les sociétés productrices d'indices boursiers (*Financial Times*, Dow Jones) ont créé des indices rassemblant les entreprises qui obtiennent les meilleures notes sur un plan social, environnemental et de gouvernance, comme les Dow Jones Sustainability Indices (DJSI).

Cependant, ce reporting extra-financier rencontre encore des limites :

- harmoniser les indicateurs extra-financiers afin de rendre les informations claires et comparables est nécessaire ; c'est le mandat donné par la Commission européenne à l'European Financial Reporting Advisory Group (EFRAG) pour 2021 ;
- ces indicateurs ignorent encore certaines responsabilités de l'entreprise. Quelques ONG demandent l'intégration de données concernant la responsabilité fiscale des entreprises afin de dénoncer l'optimisation fiscale qui prive les États de recettes indispensables pour financer la redistribution ou l'éducation. D'autres plaident pour une responsabilité politique des entreprises, qui peuvent afficher un souci environnemental et social mais agissent à travers le lobbying en faveur d'engagements politiques peu respectueux du développement durable. Par exemple, Dow Chemical signait une lettre ouverte au *Wall Street Journal* exhortant les États-Unis à rester dans l'Accord de Paris et soutenait simultanément le lobby américain *The Industrial Energy Consumers of America,* qui incitait l'administration américaine à se retirer de l'accord.

Des modes de gouvernance alternatifs

L'une des limites de la gouvernance actionnariale est de considérer prioritairement l'intérêt des actionnaires en avançant l'idée qu'en investissant dans l'entreprise l'actionnaire supporte le risque. S'il est indéniable que l'actionnaire prend un risque, celui de perdre sa mise, il n'est pas le seul : tous les contrats reliant l'entreprise aux parties prenantes peuvent être aisément rompus pour protéger la rentabilité de l'entreprise. Ainsi, le salarié peut perdre son emploi, le fournisseur peut ne pas être payé, le créancier ne pas être remboursé.

Considérer la gouvernance à travers le seul contrat entre les actionnaires et la firme est réducteur. La notion de valeur créée par la firme doit être à même de prendre en compte l'intégralité des parties prenantes. Si cette hétérogénéité d'acteurs peut avoir des intérêts divergents, il s'agit alors d'orienter les décisions stratégiques de l'entreprise en préservant les intérêts de chacun. Pour cette raison, c'est la notion de légitimité qui est au cœur de la gouvernance. Il s'agit de la légitimité des décisions et de ceux qui les prennent. Une vision plus partenariale de la gouvernance répond alors à cet enjeu.

Edward Freeman, en 1984, dans *Strategic Management, a Stakeholder Approach*, popularise le terme *stakeholder*, expression qui joue avec le terme *shareholder*, qui désigne l'actionnaire, afin d'indiquer que d'autres parties ont un enjeu, un intérêt (*stake*) dans l'entreprise. Les parties prenantes sont celles qui affectent l'activité de l'entreprise et en retour sont affectées par elle. Ce modèle vise à maximiser la valeur créée par et pour l'ensemble des parties prenantes.

R. Rajan et L. Zingales affirment qu'une nouvelle gouvernance doit permettre de penser prioritairement au développement de l'entreprise et non à des intérêts particuliers, tels ceux des actionnaires. La gouvernance doit viser entre autres à protéger les différentes parties prenantes de la firme, en particulier le capital humain, crucial dans les économies fondées sur la connaissance, contre leurs divergences d'intérêts et protéger son capital organisationnel. La vision partenariale de la gouvernance implique aussi d'avoir une distribution plus démocratique du pouvoir dans la firme.

Pour A. Hatchuel et B. Segrestin (*Refonder l'entreprise,* 2012), la crise financière de 2008 est également une crise de l'entreprise. Ils proposent une évolution du gouvernement d'entreprise et un rééquilibrage du pouvoir en faveur des autres parties prenantes de l'entreprise, conçue comme un projet collectif de long terme tourné vers le progrès, l'innovation. Cette vision a influencé en France la loi relative à la croissance et à la transformation des entreprises, dite « loi Pacte », de 2019, qui prévoit la possibilité pour une entreprise de se doter d'une raison d'être dans ses statuts, ou de devenir une société à mission. Ce modèle s'inspire de formes de sociétés introduites en droit aux États-Unis à partir de 2010, comme les B-Corporations ou les Flexible Purpose Corporations. En effet, poursuivre des initiatives responsables contre l'exigence de rentabilité des actionnaires plaçait l'entrepreneur sous la menace de poursuites judiciaires pour manquement à ses obligations envers les actionnaires (« *breach of fiduciary duties* »), d'où la création de nouveaux statuts pour protéger les entrepreneurs engagés dans une responsabilité sociétale. La loi Pacte impose aux sociétés à mission un double contrôle. En interne, un « comité de mission », incluant au moins un salarié, contrôle l'exécution des missions sociales et environnementales et présente un rapport à l'assemblée générale des actionnaires. En externe, un organisme tiers indépendant rend un avis sur l'exécution de la mission. En cas de violation d'un des engagements, l'entreprise peut perdre sa qualité de société à mission. Danone est la première société cotée à adopter le statut d'entreprise à mission – « la santé par l'alimentation au plus grand nombre » – en France en 2020.

Dans la logique de la gouvernance partenariale, le conseil d'administration doit dépasser le rôle disciplinaire que lui attribue la gouvernance actionnariale au profit d'une logique plus délibérative et cognitive pour construire la vision de long terme de l'entreprise. Ses décisions gagnent en légitimité. Un exemple de gouvernance partenariale est celui des coopératives. Les décisions sont prises selon le principe coopératif « une personne = une voix », indépendamment du pourcentage de capital détenu. Il existe différentes formes de coopératives. Parmi elles, la société coopérative de production est gérée et dirigée collectivement par les salariés associés qui en détiennent la majorité du capital. Les salariés élisent le dirigeant. Aucun associé ne peut détenir plus de la moitié du capital. Le partage du profit est équitable, sans que ces parts soient forcément équivalentes entre elles : une part pour tous les salariés, sous forme de participation et d'intéressement ; une part pour les salariés associés sous forme de dividendes ; une part pour les réserves de l'entreprise. Il existe dans le monde 3 millions de coopératives, qui emploient 280 millions de personnes. Elles contribuent à la diversité des modes de gouvernance.

Cette logique partenariale peut aussi être illustrée par la cogestion allemande. Les salariés sont représentés dans le conseil de surveillance et bénéficient d'un droit d'information élargi. Bien que critiqué par les milieux d'affaires allemands qui craignaient, avec la globalisation financière, un manque d'attractivité des entreprises allemandes, ce modèle a été réaffirmé par la loi de 2004.

2

Concurrence imparfaite et stratégies des firmes

Lorsqu'une ou plusieurs conditions de la concurrence pure et parfaite ne sont pas respectées, le cadre d'analyse est celui de la concurrence imparfaite. Les imperfections de la concurrence sont à l'origine d'un pouvoir de marché, différent selon les structures de marché considérées, et elles ont des conséquences sur l'allocation des ressources. Certains obstacles à la concurrence expliquent ou amplifient ces imperfections.

1 Les différentes structures de marché peuvent être la source du pouvoir de marché des acteurs en concurrence imparfaite

L'approche dominante de la concurrence fait jouer au nombre d'offreurs (ou de demandeurs) un rôle essentiel. Un grand nombre d'entreprises sur un marché les conduit à être dénuées de tout pouvoir de marché : l'entreprise est *price taker*.

L'école « structuraliste » (ou école de Harvard), au travers du modèle SCP (structures-comportement-performance), montre que, sur un marché ayant une structure concentrée, les entreprises disposent d'un pouvoir de marché et peuvent être tentées d'en abuser. Les performances expriment alors le pouvoir de marché de l'entreprise. Cette approche sera doublement critiquée. D'une part, l'école de Chicago va revisiter l'enchaînement séquentiel du modèle SCP : le comportement de la firme (efficacité, qualité des produits), améliore ses performances (marges élevées), ce qui modifie la structure du marché. D'autre part, la « nouvelle économie industrielle » va renouveler l'analyse des structures de marché à travers la théorie des jeux.

Par ailleurs, la possibilité de différencier les produits peut permettre de détenir un pouvoir de marché, à travers la concurrence monopolistique.

A. Un nombre limité d'acteurs sur le marché

Dès 1838, Antoine-Augustin Cournot, dans *Recherches sur les principes mathématiques de la théorie des richesses*, distingue le monopole et l'oligopole de la « concurrence illimitée » sur les marchés. Envisager des structures de marché où peu d'acteurs sont présents suppose de relâcher la condition d'atomicité de la concurrence parfaite. Ces acteurs disposent alors d'un pouvoir de marché : ils peuvent influencer le prix des produits offerts ou demandés en modifiant l'offre ou la demande individuelle. L'agent est *price maker*. Plusieurs structures de marché sont envisageables en fonction du nombre d'acteurs présents sur le marché, qui diffère selon le degré de pouvoir de marché détenu, mesuré par certains indicateurs.

Certains indicateurs sont utilisés pour mesurer l'intensité du pouvoir de marché des entreprises en concurrence imparfaite

≫ L'indice de Lerner

L'indice de Lerner se définit comme le rapport de la marge (prix – coût marginal) sur le prix. Il tend vers zéro en concurrence pure et parfaite puisque le prix tend vers le coût marginal à long terme sur les marchés parfaitement concurrentiels. L'indice de Lerner est égal à l'inverse de la valeur absolue de l'élasticité-prix de la demande dans le cas du monopole (*cf. infra*, encadré formalisé) : le pouvoir de marché du monopoleur est limité par la renonciation à consommer des demandeurs. Enfin, en situation d'oligopole dans la logique de Cournot, il est égal au rapport entre la part de marché d'une des entreprises et l'élasticité-prix de la demande du produit considéré : le pouvoir de marché décroît ici avec le nombre d'entreprises.

≫ L'indice de Herfindahl-Hirschman

Cet indice est égal à la somme des carrés des parts de marché des entreprises du secteur étudié. Il tend vers zéro sur les marchés atomistiques et vers l'unité en situation de monopole. Il est d'autant plus élevé que la répartition des parts de marché entre les entreprises du secteur est inégalitaire. Il prend ainsi en compte à la distribution des parts de marché et le nombre d'entreprises du secteur. Cet indicateur est très sensible à la concentration : sur un marché où deux firmes se partagent respectivement 60 % et 40 % du marché, il est de 5 200. Si trois firmes détiennent chacune 33,3 % du marché, il est de 3 327, mais si ce même nombre de firmes se partagent 49 %, 49 % et 2 % du marché, il est de 4 806.

Un seul acteur sur le marché

Un marché peut se caractériser par un seul demandeur, on parle alors de monopsone ; ou par un seul offreur, c'est alors un monopole.

≫ Le monopsone

Le monopsone est un marché où coexistent une multitude d'offreurs et un unique acheteur. Par extension, on parle de quasi-monopsone ou d'oligopsone lorsque le nombre d'acheteurs est si limité que ces derniers ont un pouvoir de marché qui leur permet de fixer le prix d'achat en dessous du prix d'équilibre concurrentiel. Par exemple, en France, les producteurs de tabac ne peuvent vendre qu'à Altadis. Aux yeux de Paul Krugman, (« Amazon's monospony is not OK », *New York Times*, 2014), Amazon détient un pouvoir de marché en achetant, en volume important, les livres de maisons d'édition telles que Macmillan ou Hachette.

On observe également cette situation sur les marchés locaux du travail. En effet, sur le marché du travail, les travailleurs offrent leurs heures de travail tandis que les entreprises les demandent. Un nombre limité d'entreprises pour certains postes leur permet de détenir un pouvoir de monopsone. On peut illustrer cette situation par les villes mono-industrielles au début du XXe siècle, telles Flint avec General Motors ou Sochaux avec Peugeot. Plus récemment, une étude d'Aznar, Marinescu, Steinbaum et Taska (« Concentration on the labor market », 2017) montre que 54 % des marchés locaux de l'emploi des États-Unis sont fortement concentrés : ils comptent en moyenne moins de 4 employeurs différents par type d'emploi. Un tel pouvoir de marché permet de fixer les salaires en dessous du salaire d'équilibre, ce qui explique en partie la faiblesse de la progression des salaires aux États-Unis, et ce en dépit d'un taux de chômage limité.

≫ Le monopole

Un monopole désigne un marché comprenant un unique producteur d'un produit sans substitut proche face à une multitude de demandeurs. Il s'agit ici du « monopole pur » qui fixe un prix unique pour tout le marché. Le choix du consommateur se limite donc à la consommation de l'unique bien proposé ou au renoncement à la consommation. Le monopoleur ne peut proposer un prix prohibitif qui conduirait le consommateur à renoncer à l'achat du bien, mais il dispose d'une marge de manœuvre pour fixer le prix : il dispose d'un pouvoir de marché lié à la situation de monopole.

Le monopole peut soit vendre à un prix unique ses produits, soit proposer des tarifs différents à ses clients, on parle alors de monopole discriminant.

Dans le modèle de l'équilibre du monopole « pur », le monopoleur est le seul offreur d'un produit à un prix unique. Il existe une multitude de demandeurs, dont la demande est décroissante en fonction du prix. L'entreprise a comme objectif la maximisation du profit. Le coût marginal est d'abord décroissant, puis croissant. Si le coût marginal est décroissant pour tout niveau de production, il s'agit alors d'une situation de monopole naturel (partie 1, chapitre 2-C).

Sur un marché concurrentiel, les entreprises vendent leur production au même prix, quelle que soit la quantité vendue. L'entreprise est *price taker*. La demande adressée à l'entreprise en concurrence pure et parfaite est infinie car sa production peut être écoulée au prix de marché. La courbe de demande est ainsi représentée par une droite parallèle à l'axe des abscisses. En revanche, en situation de monopole, l'entreprise répond à la totalité de la demande de marché, elle est donc confrontée à la disposition à payer de chaque consommateur. Or, tous les consommateurs n'ont pas la même disposition à payer, reflétée par la courbe de demande. Cette courbe de demande, qui correspond à la demande du marché se confond avec la courbe de recette moyenne du monopole.

Figure 1

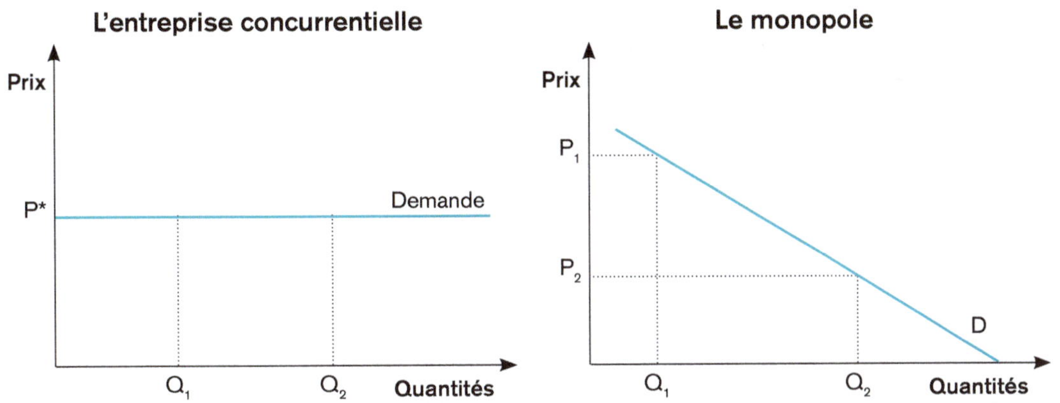

Source : J. Généreux, *Microéconomie*, 2004.

La recette marginale du monopoleur est décroissante et inférieure à la recette moyenne car, pour vendre une unité supplémentaire, l'entreprise doit réduire le prix du marché pour toutes les unités produites : vendre une unité de plus lui rapporte alors de moins en moins par unité. L'entreprise choisit le volume de production qui maximise son profit, soit la quantité qui permet l'égalisation du coût marginal et de la recette marginale (point E). Le pouvoir de monopole de l'entreprise lui permet de capter une partie du surplus du consommateur, désormais réduit au triangle A P_M D.

Figure 2

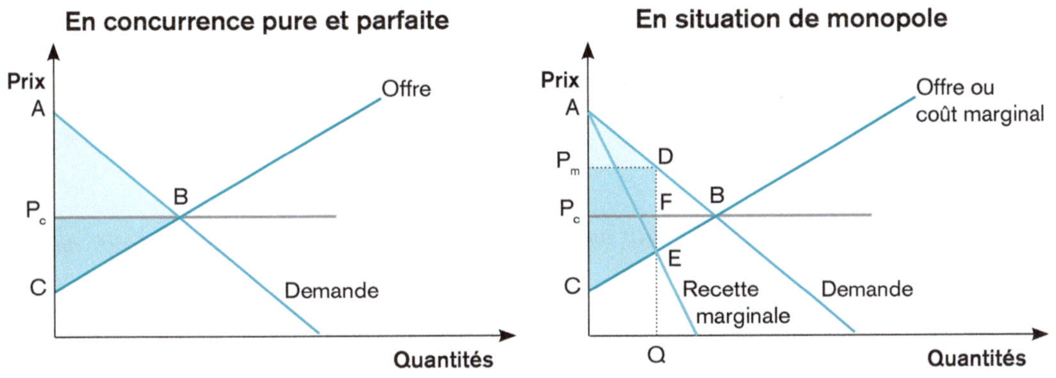

P_c : prix en CPP.
P_m : prix en monopole.

Source : M. Montoussé, *Plan national de formation*, 2019.

Le monopole produit moins de biens et les fait payer plus cher ($P_C < P_m$) à l'ensemble des consommateurs : il est donc inefficient. Cette perte de surplus global est représentée par la charge morte du monopole (triangle DBE), appelée également « triangle de Harberger ».

Encadré formalisé 1 – Détermination de l'équilibre de monopole

Soit une entreprise en situation de monopole dont la fonction de coût total peut s'écrire :
$CT(Q) = \frac{1}{2} Q_o^2 - 2Q_o + 5$ où Q_o représente les quantités offertes par le monopoleur.
La demande adressée au monopole peut s'écrire : $Q_d = - 2P + 20$

a. Déterminez l'équilibre du monopoleur sur ce marché

Le monopole maximise son profit pour une quantité qui égalise le coût marginal et la recette marginale du monopoleur. Le coût marginal est la dérivée de la fonction de coût total.

$C_m = \frac{1}{2} \times 2 \times Q_o - 2$
$= Q_o - 2$

La recette marginale est la dérivée de la fonction de recette totale, que l'on trouve en multipliant les quantités vendues (ou demandées) par le prix de vente unitaire.

$RT = PQ$ et $Q_d = -2P + 20$ donc $P = - 1/2\ Q_d + 10$
$= (- 1/2\ Q_d + 10)Q_d$
$= - 1/2\ Q_d^2 + 10\ Q_d$

La recette marginale est la dérivée de la recette totale :

$R_m = - Q_d + 10$

Le profit est maximal lorsque $Q_o - 2 = - Q_d + 10$, avec $Q_d = Q_o$, on trouve donc $Q = 6$
En utilisant la fonction Q_d, on calcule le prix de vente, $P = 7$

b. Calculez le profit du monopoleur

Profit = RT – CT
$= (7 \times 6) - (0,5 \times 36 - 6 \times 2 + 5)$
$= 31$

c. Estimez le pouvoir de marché de ce monopole

Le pouvoir de marché d'un monopole peut être mesuré grâce à l'indice de Lerner, ici l'inverse de l'élasticité-prix de la demande (en valeur absolue).

$P = 7$
$C_m = Q - 2 = 6 - 2 = 4$
$P - C_m = 3$
$I = 3/7 = 0,43$

L'indice de Lerner est égal à 3/7, soit l'inverse de la valeur absolue de l'élasticité-prix de la demande.

L'élasticité-prix de la demande représente la variation de la quantité demandée suite à la variation du prix = $(\Delta Q_d / Q_d) / \Delta P / P)$

Dérivée de la fonction de demande = $Q'_d = - 2$ soit en valeur absolue 2
$P / Q = 7 / 6$ (voir question a)
Élasticité-prix de la demande = $2 \times 7/6 = 2,33$
Indice de Lerner = $1 / 2,33 = 0,43$

Le pouvoir de marché du monopoleur est limité par la renonciation à consommer des acheteurs, il est éloigné ici de 1, donc le monopole dispose d'un pouvoir de marché, mais limité.

⪢ Le monopole discriminant

Le modèle du monopole discriminant consiste à proposer des prix différenciés aux différents clients. En situation de monopole, le prix n'est pas imposé par le marché. Rien ne force l'entreprise, en tenant compte de la contrainte de l'élasticité-prix de la demande, à pratiquer le même prix pour tous ses clients ou toutes les unités de produits vendus. En effet, tous les clients n'ont pas la même disposition à payer. Par ailleurs, la satisfaction retirée des premières unités de produits achetées étant plus forte (décroissance de l'utilité marginale), ils sont prêts à les payer plus cher. L'entreprise adopte alors des stratégies de discrimination par les prix, c'est-à-dire proposer le même bien à des prix différents à des clients différents. L'une des conditions est l'absence d'arbitrage : le consommateur ne doit pas pouvoir revendre le bien acheté à d'autres consommateurs.

La théorie moderne de la discrimination par les prix a hérité des travaux d'Arthur Pigou, *The Economics of Welfare*, 1920, et de Joan Robinson, *The Economics of Imperfect Competition*, 1933. On renvoie traditionnellement à la classification de Pigou qui distingue trois degrés de discrimination :

1°) La discrimination du premier degré correspond à la situation où les consommateurs payent pour chaque unité le prix maximum qu'ils sont disposés à payer. Le monopole fixe un prix P_1 pour la première unité, puis P_2 pour la seconde jusqu'à P_n pour la énième. La courbe de demande se confond avec celle de la recette moyenne. On parle alors de discrimination parfaite, la situation (E) traduit la quantité produite la plus favorable pour l'entreprise car elle peut accaparer tout le surplus du consommateur tout en n'entraînant pas de perte sèche pour l'économie.

Figure 3

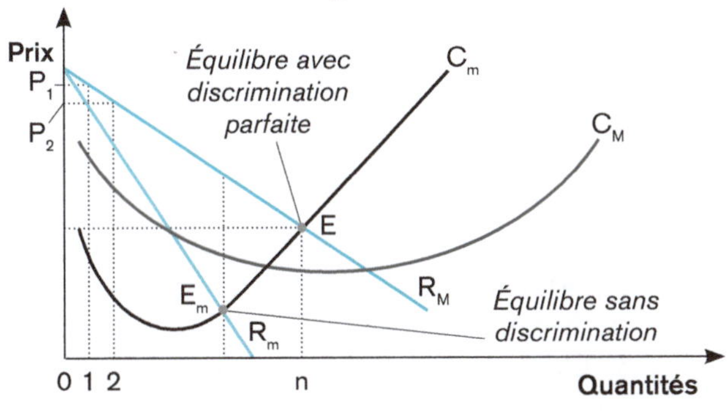

Source : J. Généreux, *Économie politique*, 2004.

Comme cette stratégie nécessite une connaissance parfaite de la demande de chaque client, elle a longtemps été vue seulement comme une référence théorique car sa mise en œuvre se heurtait à de grandes difficultés. Toutefois, avec le développement du numérique, la discrimination par les prix, par exemple l'affichage différencié des résultats d'une requête (*price steering*), pourrait demain franchir un pas décisif en incitant les entreprises à pratiquer des prix personnalisés : grâce au *big data*, chaque client pourrait se voir proposer un prix particulier correspondant à sa disposition individuelle à payer (E. Combe, *Vers des prix personnalisés à l'heure du numérique*, Fondapol, 2019).

2°) L'entreprise peut choisir de segmenter le marché entre plusieurs types d'acheteurs ayant des dispositions à payer voisines auxquels il propose un produit adapté. Ces segments peuvent alors être classés par degré décroissant de dispositions à payer. On parle de discrimination du second degré. La « tarification dynamique » est fréquente dans des secteurs tels que la réservation hôtelière ou de billets d'avion. Ainsi, dans le transport aérien, la technique du *yield management* consiste, sur un même vol et pour une même classe de voyage, à faire évoluer le prix des billets de manière à ce que l'avion soit plein le jour du décollage tout en obtenant la recette totale la plus élevée possible. Plus la réservation est précoce, moins le prix est élevé. Le prix atteint son maximum la veille du départ. L'entreprise estime que ce consommateur appartient à un groupe voyageant pour un motif professionnel ou qui doit faire face à une contrainte forte. D'où un prix élevé. Une étude publiée en 2009 (Paolo Malighetti, Stefano Paleari et Renato Redondi, « Pricing strategies of low-cost airlines : the Ryanair case study », juillet 2009) montre que le prix d'un vol Ryanair la veille du départ est jusqu'à six fois plus élevé qu'au début des réservations.

3° Enfin, un dernier degré de discrimination par les prix consiste à s'appuyer sur une caractéristique observable (troisième âge, famille nombreuse, étudiant, tarif week-end) pour tarifier la consommation. La discrimination en fonction du profil des individus a longtemps pris une forme assez « fruste » consistant à classer les individus en grandes catégories, principalement selon l'âge et la situation professionnelle. Le développement du *big data* depuis les années 2000 change là aussi la donne : il se traduit par une hausse considérable du volume et de la qualité des données. Il permet aussi et surtout, par le croisement des données, de dresser un « portrait-robot » assez précis des préférences du consommateur. Les entreprises peuvent désormais se procurer ces données et leur analyse. Ce marché représente 160 milliards de dollars en 2018 et devrait progresser à un rythme soutenu, de l'ordre de 12 % par an au cours de la période 2017-2022 selon Fondapol.

Un nombre limité d'acteurs sur le marché

Les cas de duopole ou d'oligopole se distinguent de celui du monopole par une propriété essentielle : l'adoption de comportements stratégiques. Les décisions d'un acteur dépendent de celles des autres acteurs. L'interdépendance des profits et des décisions crée une configuration d'interactions stratégiques. Ces situations ont été analysées dès le XIXe siècle. En microéconomie, ce type d'interactions est étudié par la théorie des jeux.

≫ Le duopole

Le cas du duopole représente la forme la plus simple d'oligopole : deux entreprises disposant d'un pouvoir de marché se partagent le marché. Le duopole a fait l'objet de nombreux travaux, notamment ceux de Cournot et ceux de Bertrand.

Le modèle d'A. Cournot (1838) analyse un duopole dans lequel deux entreprises se font concurrence sur les quantités en choisissant leur volume de production simultanément. Le prix de vente du produit, le même pour les deux entreprises du fait de l'homogénéité des produits, est fixé sur le marché en fonction de l'offre globale. Chaque producteur décide d'un volume de production en fonction de la production de l'autre et de manière à maximiser son profit. La fonction de réaction de l'entreprise A détermine, pour chaque quantité produite par la firme B, la quantité que doit produire la firme A pour maximiser son profit. La firme B a également une fonction de réaction par rapport aux volumes produits par A. Aucune entreprise ne cherche à dominer l'autre.

Figure 4 – Fonctions de réaction et équilibre de Cournot

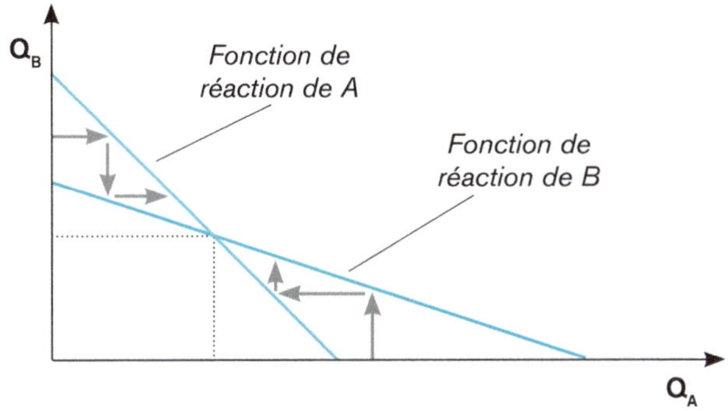

Q_B : quantité produite par l'entreprise B
Q_A : quantité produite par l'entreprise A

Source : CREG, *La Concurrence imparfaite.*

Le modèle de Cournot montre que la quantité globale produite est inférieure au volume de production en situation de concurrence. De ce fait, le prix de vente est plus élevé qu'en situation de concurrence : les producteurs limitent leur offre pour s'assurer d'un profit élevé. Le duopole est donc inefficace du point de vue de l'ensemble de l'économie. Le choix optimal de chaque entreprise dépend du choix estimé de l'autre, dans le cadre d'interactions stratégiques.

Encadré formalisé 2 – Détermination de l'équilibre de Cournot

Soit deux entreprises, E_1 et E_2, intervenant sur un marché qu'elles se partagent.
La fonction de coût total de l'entreprise E_1 peut être formalisée par l'équation $CT_1 = Q^2_1$
La fonction de coût total de l'entreprise E_2 peut être formalisée par l'équation $CT_2 = 12Q_2$
Q_1 et Q_2 représentent les quantités produites par chacune des deux entreprises.
La demande de ce marché est exprimée par la fonction $Q_d = Q_1 + Q_2 = 80 - P$

a. Exprimez les fonctions de réaction des entreprises E_1 et E_2 si elles se font concurrence par les quantités et choisissent simultanément leur volume respectif de production.

La situation de ces deux entreprises relève de la logique du modèle de Cournot. Pour trouver les deux fonctions de réaction, il est nécessaire de déterminer la fonction de prix à partir de la fonction de demande.

$Q_d = 80 - P \Rightarrow P = - Q_d + 80$

$\Rightarrow P = - Q_1 - Q_2 + 80$

La fonction de réaction de E_1 détermine, pour chaque quantité produite par E_2, la quantité que doit produire E_1 pour maximiser son profit, calculé par la différence entre la recette totale et le coût total de E_1.

Profit de $E_1 = RT_1 - CT_1$

$= PQ_1 - CT_1$ et en remplaçant P par $- Q_1 - Q_2 + 80$

$= (- Q_1 - Q_2 + 80) . Q_1 - Q^2_1$

$= -Q_1^2 - Q_2 Q_1 + 80 Q_1 - Q^2_1$

$= -2Q_1^2 - Q_2 Q_1 + 80 Q_1$

Le profit est maximal lorsque la dérivée de la fonction de profit s'annule, donc en dérivant l'équation précédente en fonction de Q_1 on obtient :

$-4 Q_1 - Q_2 + 80 = 0 => Q_1 = - 1/4 Q_2 + 20$

La fonction de réaction de E1 s'écrit Q1 = - 1/4 Q2 + 20

Profit de $E_2 = RT_2 - CT_2$

$= PQ_1 - CT_1$ et en remplaçant P par $- Q_1 - Q_2 + 80$

$= (- Q_1 - Q_2 + 80) . Q_2 - 12Q_2$

$= -Q_1Q_2 - Q^2_2 + 80Q_2 - 12Q_2$

$= - Q^2_2 - Q_1Q_2 + 68Q_2$

Le profit est maximal lorsque la dérivée de la fonction de profit s'annule, donc en dérivant l'équation précédente en fonction de Q_2 on obtient :

$- 2Q_2 - Q_1 + 68 = 0 => Q_2 = - 1/2 Q_1 + 34$

La fonction de réaction de E2 s'écrit Q2 = −1/2 Q1 + 34

b. Déterminez le volume de production de E_1 puis de E_2 ainsi que le prix de marché pour ce volume de production.

$Q_1 = - 1/4 (- 1/2 Q_1 + 34) + 20$

$Q_1 = 1/8 Q_1 - 34/4 + 20$

$7/8 Q_1 = - 34/4 + 80/4$

$Q_1 = 46/4 \times 8/7$

$Q_1 = 368/28 = 13,14$

$Q_2 = -1/2 \times 13,14 + 34$

$Q_2 = 27,43$

$P = - 13,14 - 27,43 + 80$

P = 39,43

c. Déterminez le profit réalisé par chacune des firmes.

Profit de $E_1 = RT_1 - CT_1$

$= 39,43 \times 13,14 - 13,14^2$

= 345,45

Profit de $E_2 = RT_2 - CT_2$

$= 39,43 \times 27,43 - 12 \times 27,43$

= 751,84

Un modèle alternatif à celui de Cournot pour analyser le duopole est celui développé par Joseph Bertrand dans un commentaire de *Théorie mathématique de la richesse sociale* de Walras et de *Recherches sur les principes mathématiques de la théorie des richesses* de Cournot publié dans la *Revue des savants* en 1883. Il part de l'hypothèse que les duopoleurs se font concurrence par les prix. Les entreprises n'ont pas de contrainte de capacité : elles peuvent potentiellement répondre à l'intégralité de la demande sur le marché et ont le même coût marginal. La guerre des prix entre les duopoleurs conduit à baisser leur prix de vente jusqu'à ce qu'il soit égal au coût marginal, exactement comme en situation concurrentielle : c'est le paradoxe de Bertrand. D'où la tentation pour les duopoleurs de s'entendre sur les prix. Cette intuition est confirmée par l'analyse des interactions stratégiques sur les marchés oligopolistiques de la théorie des jeux.

≫ L'oligopole et les interactions stratégiques

Les marchés oligopolistiques se caractérisent par un nombre limité d'offreurs sur un marché. C'est le cas par exemple du marché des agences de notation – sur lequel Standard & Poors, Fitch Ratings et Moody's se partagent 93 % du marché – ou du marché des ventes aux enchères de prestige dominé par Christie's et Sotheby's. La modélisation traditionnelle de l'oligopole fait l'hypothèse d'homogénéité des produits (la différenciation des produits est étudiée avec le modèle de concurrence monopolistique) pour se concentrer sur les interactions stratégiques entre les acteurs. Les entreprises ont un pouvoir de marché suffisant pour influencer le fonctionnement du marché. Elles adoptent alors un comportement stratégique : leurs décisions dépendent de la façon dont elles anticipent la réaction des concurrents.

L'outil d'analyse privilégié des interactions stratégiques entre oligopoleurs est la théorie des jeux, à partir des travaux fondateurs de Von Neumann et Morgenstern, dans *Theory of Games and Economic Behavior* (1944). Schématiquement, la théorie des jeux montre que l'oligopole débouche soit sur une concurrence exacerbée, soit sur une entente. En effet, si aucune firme ne domine l'autre, A. Bowley (« Bilateral monopoly », 1928) montre que chaque entreprise détermine le niveau de production qui maximise son profit en anticipant que l'autre s'adaptera à ce choix. Il en résulte une surproduction qui conduit soit à une guerre des prix pour éliminer le concurrent par faillite, soit à une entente.

Cependant, dans certaines perspectives, un grand nombre d'offreurs n'est pas indispensable pour qu'il y ait concurrence.

B. L'atomicité n'est pas forcément nécessaire pour qu'il y ait concurrence

Une forte concurrence entre un petit nombre d'acteurs

En règle générale, une forte concurrence est associée à la présence d'un grand nombre d'acteurs. Cependant, un petit nombre d'acteurs peuvent se livrer à une forte concurrence si la répartition des parts de marché est relativement équilibrée entre eux, si les produits sont différenciés, ou si la concurrence sur le marché s'effectue par l'innovation. Il convient en effet de distinguer l'efficacité statique et l'efficacité dynamique. En concurrence pure et parfaite, le consommateur bénéficie de prix proches des coûts de production, mais la faiblesse des profits qui en découle peut décourager l'innovation (E. Combe, *La Politique de la concurrence*, 2016). Un certain pouvoir de marché est le prix à payer pour que les firmes les plus innovantes soient incitées à proposer aux clients de nouveaux produits ou procédés de fabrication. On retrouve ici le processus de destruction créatrice mis en avant par J. Schumpeter dans sa *Théorie de l'évolution économique* (1911). La dynamique des marchés est également un point central dans la théorie des marchés contestables.

Les marchés contestables

L'école de Chicago, sous la plume de W. Baumol, J. Panzar et R. Willig dans *Contestable Markets and the Theory of Industry Structure* (1982), propose, avec la théorie des marchés contestables, une conception renouvelée de la concurrence. Alors que l'approche traditionnelle se focalise sur le nombre d'acteurs sur le marché, il s'agit ici de souligner que le degré de concurrence dépend de la possibilité qu'ont les entreprises de rentrer sur le marché et de contester la position des entreprises déjà en place.

Un marché est considéré comme « contestable » lorsqu'un nouvel offreur est en mesure d'y entrer et d'en sortir librement. Une entrée est jugée libre si tout nouveau producteur peut proposer un produit similaire à des conditions de coûts proches de celles supportées par les firmes déjà en place. Analyser la liberté d'entrée ne constitue pas la réelle originalité de cette approche théorique. A. Marshall avait déjà mis en évidence l'importance de ce critère. Le véritable apport de Baumol, Panzar et Willig réside dans leur analyse des conditions de libre sortie d'un marché. Pouvoir produire aussi efficacement que les entreprises en place ne suffit pas à inciter un nouveau concurrent à entrer sur un marché si, en cas d'échec, le coût de sa sortie s'avère trop élevé. Pour un concurrent potentiel, envisager l'entrée sur le marché ne sera possible que si les coûts de sortie sont proches de l'amortissement normal des moyens de production, et que les coûts irrécupérables ne sont pas trop élevés. Si un marché est contestable, même s'il y a peu d'offreurs, voire un seul, les entreprises se comporteront comme en situation concurrentielle. En effet, si elles réalisent des profits très élevés, elles prennent le risque d'attirer des concurrents potentiels. Par ailleurs, le risque est faible que ces entreprises ne cherchent pas à être efficientes.

La théorie des marchés contestables a été à l'origine de changements importants dans certains secteurs, notamment la déréglementation du secteur aérien. Le libre accès aux aéroports, moyennant une redevance, a permis une intensification de la concurrence dans la mesure où les avions peuvent être revendus et le personnel redéployé sans coûts irrécupérables.

Plus récemment, Richard Gilbert, *Innovation Matters : Competition Policy for the High-Technology Economy* (2020) a montré que, sur les marchés des NTIC, l'intensité de la concurrence se mesure moins par le nombre d'entreprises que par le taux d'entrées et de sorties au cours du temps. La pression concurrentielle peut subsister si certaines conditions sont respectées, notamment si les utilisateurs peuvent changer assez facilement de fournisseurs. La portabilité de certaines données, comme le numéro de téléphone mobile par exemple, est une mesure qui va dans ce sens.

C. La concurrence monopolistique

La pression concurrentielle peut amener les entreprises à développer une concurrence « hors-prix » en différenciant leurs produits de ceux de leurs concurrents. La condition d'homogénéité des produits n'est plus respectée. Il s'agit de convaincre le consommateur que le produit est unique à leurs yeux. L'entreprise peut alors adopter un comportement qui se rapproche de celui du monopole dans le sens où il n'existe pas de réel substitut au produit proposé pour les utilisateurs. La concurrence monopolistique désigne la situation où des entreprises concurrentes ont un certain pouvoir de monopole dans la mesure où la demande est imparfaitement élastique du fait de la différenciation des produits.

Les modalités de différenciation des produits

Il est d'usage de distinguer la différenciation horizontale et la différenciation verticale.

≫ La différenciation horizontale

La différenciation horizontale consiste à proposer des produits de qualité similaire mais avec des caractéristiques différentes (couleur, localisation). Le modèle de concurrence spatiale développé par H. Hotelling, dans « Stability in competition » (1929), montre que deux vendeurs de glace sur une même plage peuvent atténuer leur rivalité et ainsi maximiser leur profit à condition d'implanter leur stand à distance l'un de l'autre pour obtenir un pouvoir de marché local. Cela explique que des concurrents peuvent survivre s'ils sont implantés suffisamment loin les uns des autres dans une même ville. L'épicerie « en bas de ma porte » peut vendre des produits identiques à ceux de la grande surface en périphérie de ville à un prix sensiblement plus élevé du fait de sa localisation. Par extension, la différenciation horizontale explique que des produits de qualité identique peuvent être vendus à des prix différents, du fait de la distance qui les sépare, non seulement géographiquement mais aussi dans les préférences des consommateurs.

≫ La différenciation verticale

La différenciation verticale consiste à proposer des produits qui répondent au même besoin, mais de qualité différente. On parle de différenciation verticale si, lorsqu'il existe deux variantes d'un produit vendu au même prix, tous les consommateurs préfèrent acheter le produit jugé de meilleure qualité que l'autre. L'une des principales raisons d'une telle stratégie est la disparité des revenus des consommateurs : les consommateurs les plus aisés ont une disposition plus élevée à payer et peuvent acquérir des produits de meilleure qualité. La qualité des produits peut être objective (résistance, teneur en or d'un bijou, puissance d'un véhicule ou meilleur service après-vente par exemple) ou subjective (image de marque, effet de mode par exemple). Ces stratégies incitent à investir dans des campagnes de publicité.

L'équilibre en concurrence monopolistique

La concurrence monopolistique est la structure de marché qui combine des éléments de concurrence (nombre d'acteurs important) et de monopole (se différencier des concurrents permet de rendre le produit unique aux yeux des consommateurs). L'équilibre en concurrence monopolistique a été analysé dès 1933 par E. Chamberlin dans *The Theory of Monopolistic Competition*. À court terme, l'équilibre en concurrence monopolistique est similaire à celui d'un monopole. En effet, grâce à la stratégie de différenciation de ses produits, l'entreprise n'est plus confrontée à une demande élastique, comme en situation concurrentielle, mais à une demande décroissante plus ou moins élastique selon le degré de réussite de la différenciation. En revanche, à long terme, les perspectives de profit sur ce marché peuvent attirer de nouvelles firmes qui captent une partie de la demande. Les profits tendent donc à diminuer jusqu'à devenir nuls. La situation est cependant différente de celle d'un marché concurrentiel : les prix sont plus élevés et les quantités plus faibles en concurrence monopolistique qu'en situation concurrentielle.

2 Les obstacles à la concurrence

Si les marchés s'écartent souvent de la situation concurrentielle, c'est qu'il existe des obstacles à la concurrence de plusieurs ordres.

A. Les obstacles technologiques

Monopole naturel et coûts fixes

Certaines activités se caractérisent par une prépondérance des coûts fixes indépendants des quantités produites dans la structure des coûts et par un marché vaste. La situation de monopole est alors toujours préférable à une situation de concurrence car la hausse du volume de production entraîne la baisse du coût unitaire du fait de rendements croissants. La structure du marché tend inéluctablement à être monopolistique du fait de l'élimination des firmes les moins efficaces et des rapprochements entre concurrents. Les coûts fixes peuvent être la pose et l'entretien d'un réseau (téléphonie, eau, électricité). Les dépenses en recherche et développement sont également des coûts fixes qui, s'ils sont prépondérants, poussent les entreprises à rechercher des économies d'échelle en augmentant le volume de production de l'entreprise. C'est le cas de la mise au point d'un algorithme pour une plateforme : une fois élaboré, il peut être dupliqué sans coût supplémentaire sur un marché mondial. On se rapproche de l'« économie du coût marginal zéro » (J. Rifkin, *La Nouvelle Société du coût marginal zéro*, 2016).

Les effets de réseau

Au-delà des coûts fixes, les effets de réseau expliquent également les situations de concurrence imparfaite. On parle d'effet de réseau lorsque la valeur d'un produit dépend positivement du nombre d'utilisateurs : plus le produit a d'utilisateurs, plus il est utile pour les utilisateurs actuels et futurs d'opter pour ce produit (effet de réseau direct). Cet effet n'est pas nouveau, il a été mis à jour pour l'industrie de la téléphonie naissante au XIXe siècle. Chaque utilisateur tire avantage non seulement de son utilisation du réseau, mais aussi de celle des autres utilisateurs : d'où l'emploi parfois des termes « externalité de réseau ». À cet effet direct peut s'ajouter un effet de réseau indirect sur les marchés bifaces, qui se caractérisent par la présence de deux clientèles différentes et interdépendantes l'une de l'autre. Ces effets sont notamment très forts pour les plateformes numériques où sont présentes deux « faces : les utilisateurs et les annonceurs publicitaires. Plus il y a d'utilisateurs de la plateforme, plus les annonceurs publicitaires ont intérêt à y diffuser de la publicité (J. Tirole et J.-C Rochet, « Platform competition in two-sided-markets », 2003). Il apparaît ainsi rationnel de rendre l'accès au réseau gratuit pour les utilisateurs, comme dans le cas de Facebook. En outre, les effets de réseau peuvent constituer une barrière à l'entrée car les utilisateurs ont intérêt à attendre que les autres en changent avant d'en changer, ce qui entraîne un « excès d'inertie » en faveur de la plateforme la plus utilisée. Cette barrière est d'autant plus difficile à franchir que la concentration des données (*big data*) permet de bénéficier d'un effet d'expérience : plus le nombre d'utilisateurs est important, plus l'accumulation des données permet d'améliorer l'algorithme de la plateforme en continu et lui donne un avantage significatif sur ses concurrents potentiels.

B. Les obstacles légaux et réglementaires

Les professions réglementées

Certains monopoles sont liés à des barrières juridiques à l'entrée. Par les autorisations délivrées par l'État en nombre limité, ce dernier décide du nombre d'offreurs sur le marché en instaurant un « numerus clausus ». Les licences de taxis, les services juridiques des notaires ou des huissiers, les opérateurs de téléphonie mobile, les moniteurs de ski, constituent des exemples de professions ou d'activités réglementées. Si ces restrictions peuvent permettre de protéger certaines catégories de population, elles accordent un pouvoir de marché aux producteurs et influent sur le prix payé par le consommateur ou une réduction de la qualité du service. Ainsi, le nombre de taxis par habitant est plus élevé dans les villes sans numerus clausus : le nombre de taxis pour mille habitants est de 2,9 à Paris contre 5 à Dublin (M. Bacache-Beauvallet et L. Janin « Réglementation, déréglementation et concurrence : le cas des taxis », 2009). Ces réglementations peuvent être mises à mal par des modèles d'affaires disruptifs qui émergent à la fois des perspectives de profits dans un secteur réglementé et d'une insatisfaction de la demande. C'est ainsi qu'Uber a bousculé le marché des taxis, Airbnb celui de l'hôtellerie.

Les brevets

Les pouvoirs publics peuvent instaurer un système juridique de droits de propriété industrielle qui accorde aux innovations un monopole temporaire. La rente dont disposent les entreprises innovantes constitue la récompense de leur supériorité technologique ou commerciale. J. Schumpeter fut le premier à montrer que l'innovation permet à l'entrepreneur innovateur qui réussit de disposer d'un monopole temporaire grâce à un brevet.

Le brevet est valable sur un territoire déterminé, pour une période donnée. Il est possible de déposer une demande de brevet auprès d'un État (par exemple : Institut national de la propriété industrielle pour la France, United States Patent and Trademark Office aux États-

Unis, ou Japan Patent Office) ou d'un groupe de pays (Office européen des brevets par exemple). Le dépôt de brevet dit « triadique » est déposé simultanément à l'OEB, l'USPTO et le JPO et couvre ainsi l'Europe, les États-Unis et le Japon.

Cette rente n'est que momentanée car les forces du marché, à travers l'imitation lorsque le brevet tombe au bout de vingt ans dans le domaine public, la recherche de nouveaux produits plus proches des besoins des consommateurs, ou technologiquement plus performants, doivent conduire à la disparition de la rente de monopole.

Les monopoles publics peuvent permettre de limiter les excès possibles d'un monopole privé

Dans certains secteurs, les pouvoirs publics peuvent juger nécessaire le transfert de l'activité du secteur privé au secteur public. La distribution du courrier en France par La Poste relève de cette logique. Une entreprise privée pourrait renoncer à distribuer le courrier dans des zones géographiques peu peuplées. La sécurité des activités nucléaires en France repose également sur le secteur public : Orano, EDF, sociétés anonymes à capitaux publics et le Commissariat à l'énergie atomique et aux énergies alternatives. Une entreprise privée pourrait vouloir limiter les dépenses engagées dans l'entretien des installations au profit d'activités plus lucratives.

Un monopole public peut être aussi jugé efficace dans le cas de monopoles naturels en choisissant de nationaliser l'entreprise (voir partie 1, chapitre 2-C).

C. Les obstacles informationnels et comportementaux

L'économie comportementale est un programme, initié et développé par Daniel Kahneman et Amos Tversky, qui tente d'identifier par le recours à des expériences ou des expérimentations des erreurs prévisibles des agents économiques qui font dévier leurs décisions par rapport à un choix parfaitement rationnel. Ces biais cognitifs s'expliquent par des difficultés à traiter l'information et par certaines déviations psychologiques de la pensée parfaitement rationnelle. L'agent est dans cette perspective rationnellement limité.

Les obstacles informationnels

Les consommateurs doivent, pour effectuer des choix éclairés, s'informer. Il existe plusieurs obstacles à la recherche d'informations :

- il existe des coûts de recherche des prix adéquats. Si ces coûts sont jugés prohibitifs, le consommateur va renoncer au choix le plus avantageux en termes de prix ;
- les grilles tarifaires ne sont pas toujours aisées à déchiffrer. Les entreprises peuvent d'ailleurs à cet égard complexifier sciemment leur offre ou leurs tarifs pour limiter l'intensité de la concurrence ;
- si le consommateur identifie une offre plus appropriée, il existe des coûts de transferts monétaires ou non monétaires (délais de transfert, formalités administratives à effectuer). Le consommateur peut alors renoncer à faire jouer la concurrence.

Ces obstacles informationnels à la concurrence se doublent d'obstacles comportementaux.

Les obstacles comportementaux

Face à des consommateurs disposant d'une rationalité limitée, les entreprises peuvent être incitées à tirer avantage de ces biais. En effet, la théorie des perspectives, développée par D. Kahneman et A. Tversky, « Prospect theory : an analysis of decision under risk » (1979), montre que le caractère récurrent de certaines erreurs de raisonnement rend l'irrationalité prévisible.

Parmi tous les biais mis à jour par l'expérimentation, certains sont particulièrement utilisés dans les stratégies d'entreprise pour limiter la pression concurrentielle. On peut citer :

- le biais d'ancrage : la difficulté de se défaire d'une première impression, l'information initiale a un poids disproportionné (première offre très élevée pour avoir ensuite une marge de négociation) ;
- le biais de statu-quo ou de la règle par défaut : les individus ont une préférence pour des situations qui sont par défaut déjà définies, ou pour des décisions déjà prises (par exemple les clauses de tacite reconduction dans un contrat) ;
- le biais d'actualisation hyperbolique : il consiste à préférer des récompenses immédiates et sous-estimer les coûts futurs (le téléphone « gratuit » moyennant un abonnement mensuel plus cher).

L'étude de S. Ferey et M. Deschamps, « Économie comportementale et politique de la concurrence » (2012), montre que l'Autorité de la concurrence utilise assez largement, bien que de façon implicite, les apports de l'économie comportementale pour caractériser des pratiques anticoncurrentielles. Par exemple, dans l'affaire Kadeos (2011), tout comme dans l'affaire Photomaton (2008), l'Autorité de la concurrence a considéré que le système de contrat utilisé par les entreprises dominantes était trop contraignant, insistant notamment sur l'existence systématique d'une clause de tacite reconduction.

D. Les pratiques anticoncurrentielles

Les cartels

Selon la Commission européenne, les ententes entre entreprises, appelées parfois cartels, sont des « arrangements entre entreprises concurrentes destinés à limiter ou à éliminer la concurrence s'exerçant entre elles, dans le but d'augmenter les prix et les bénéfices des entreprises participantes, sans produire d'avantages compensatoires objectifs ».

La tentation du cartel

Sur les marchés oligopolistiques, la tentation est grande pour les entreprises de former un cartel pour limiter la concurrence entre elles et se comporter comme un monopole, ce qui accroît leur profit.

Plusieurs moyens peuvent être utilisés pour limiter les interactions oligopolistiques :

- la fixation commune de prix : selon R. Posner (« A Statistical Study of Antitrust Enforcement », 1970) : elle est la forme privilégiée de collusion, bien plus fréquente que la fixation des quantités ;

– la diffusion d'un barème de prix commun, par exemple à toute une profession. Ainsi, en France, le Conseil de la concurrence a condamné l'Ordre des avocats pour la diffusion de tels barèmes conduisant les avocats, dans certaines villes, à tarifier non en fonction des coûts de leur cabinet, mais du barème proposé ;
– la répartition géographique des marchés, ou par type de produits ou de clientèle ;
– la définition de quotas de production, qui conduisent à produire moins qu'en situation concurrentielle et à maximiser le profit joint, ce qui peut conduire à des transferts latéraux de la firme la plus efficace vers la firme la moins efficace afin que cette dernière ait intérêt à participer au cartel.

Plusieurs facteurs favorisent la formation des cartels :
– un faible nombre d'offreurs sur le marché réduit les coûts de négociation et de surveillance. Ainsi, en Europe, la moitié des cartels sont composés de cinq firmes ou moins ;
– une forte homogénéité des produits (comme dans le cas de l'acier, du verre ou du ciment) facilite l'entente sur un prix commun du produit dans le cartel ;
– une demande fluctuante et des économies d'échelles importantes favorisent la formation de cartels pour maintenir la profitabilité des entreprises face à des coûts fixes élevés ;
– la présence de barrières à l'entrée empêche des concurrents potentiels de menacer l'existence du cartel ;
– une similitude des coûts de production entre firmes facilite la conclusion d'accords.

≫ La condamnation du cartel

Les cartels réduisent le bien-être de la société car les gains des membres de l'entente sont inférieurs aux pertes supportées par les consommateurs et les concurrents. Ils sont donc condamnés, notamment par la section 1 du *Sherman Act* (1890), par l'article 81 du traité instituant la Communauté européenne, puis par l'article 101 du Traité sur le fonctionnement de l'Union européenne (TFUE). Ainsi, fin 2019, l'Autorité de la concurrence a infligé une amende de 58,3 millions d'euros à six fabricants de compote, dont par exemple Andros et Materne, pour « entente sur les prix et répartition des marchés » entre 2010 et 2014. La collusion peut aussi faire l'objet d'actions civiles et de poursuites pénales.

Cependant, le rôle de ces amendes est relativisé par certains économistes qui soulignent l'instabilité intrinsèque des cartels.

≫ L'instabilité du cartel

G. Stigler, « A Theory of Oligopoly » (1964) a montré que la collusion était fondamentalement instable : une fois que les prix ont été augmentés, chaque participant a intérêt à tricher et à baisser secrètement les prix pour capter l'intégralité de la demande. De nombreux cartels se sont disloqués à la suite de tels comportements, comme celui formé par les grandes entreprises ferroviaires aux États-Unis à la fin des années 1870.

Cette instabilité intrinsèque du cartel peut être formalisée par la théorie des jeux non coopératifs à travers le dilemme du prisonnier. Pour simplifier, soit deux firmes, A et B, ayant le choix entre deux stratégies : respecter le quota mis en place par collusion ou tricher. Le respect du quota permet aux firmes de maximiser les profits joints, chacune réalisant ainsi un gain de 5. Si A respecte le quota et B triche, le gain de A est nul tandis que B a un gain de 8. Si les deux entreprises trichent, elles retirent chacune un gain de 3. Si A respecte le quota, B a intérêt à tricher car son gain de 8 est supérieur à celui qu'elle retirerait en respectant le quota, soit 5. Le sachant, A a intérêt à tricher, tout comme B.

Figure 5

Firme B / Firme A	Respecter le quota	Tricher
Respecter le quota	(5,5)	(0,8)
Tricher	(8,0)	(3,3)

Source : E. Combe, *La Politique de la concurrence*, 2016.

Les firmes ont collectivement intérêt à réduire leur production et à respecter le quota pour augmenter le prix, mais chaque firme a individuellement intérêt à tricher et à produire plus pour baisser son prix et gagner des parts de marché. Les deux entreprises anticipant la réaction de l'autre aboutissent à une stratégie dominante, qui est de tricher, car elle est plus avantageuse quel que soit le choix de l'autre. Mais cet équilibre n'est pas pareto-optimal puisque les deux gagneraient à produire moins.

On appelle équilibre de Nash la meilleure solution pour chaque joueur compte tenu du choix de l'autre joueur. Mais cet équilibre n'est pas forcement optimal. Il en est ainsi dans le cas du cartel.

Les cartels peuvent cependant perdurer sous certaines conditions. Un nombre limité de membres, la possibilité de représailles coûteuses pour les tricheurs, favorisent la stabilité du cartel. Comme ils peuvent être stables, les autorités de la concurrence ont pris des mesures pour les fragiliser.

≫ La politique de clémence

La politique de clémence s'appuie sur les enseignements de la théorie des jeux pour déstabiliser les cartels en suivant la logique du dilemme du prisonnier : les sanctions des entreprises dénonçant un cartel ou facilitant les enquêtes sont revues à la baisse. Les États-Unis ont mis en place ce programme depuis 1978, l'Union Européenne depuis 1996.

L'efficacité des programmes de clémence dépend de plusieurs facteurs :

– plus le programme est clair au niveau des amnisties, plus les firmes ont intérêt à rompre la « loi du silence ». Aux États-Unis, depuis 1993, la première firme qui dénonce le cartel est totalement amnistiée ;
– plus le gain est important pour le dénonciateur, plus la politique est efficace. Certains économistes préconisent non seulement une annulation des amendes pour le dénonciateur mais une récompense pour davantage inciter à dénoncer le cartel ;
– plus le champ d'application du programme est large, plus il est efficace. Il s'agit d'étendre la clémence non seulement aux cartels non détectés mais aussi aux cartels en cours d'investigation. Cependant, pour éviter un problème de sélection adverse qui pousserait les

firmes à la collusion, se sachant possiblement amnistiées, il faudrait limiter l'amnistie à la première firme qui dénonce l'accord.

Ainsi, en 2019, Barclays, RBS, Citigroup, JP Morgan et la banque japonaise MUFG ont été condamnées pour entente sur le marché des opérations de change au comptant à une amende de 1,07 milliard d'euros. UBS, qui a dénoncé l'entente, a bénéficié de l'immunité prévue par le programme de clémence de la Commission européenne.

Les barrières stratégiques à l'entrée

Au-delà des barrières structurelles, les barrières à l'entrée peuvent être délibérément érigées par une entreprise selon J. Bain, *Barriers to New Competition : Their Character and Consequences in Manufacturing Industries* (1956) dans le seul but de dissuader l'arrivée de nouvelles firmes ou de forcer les firmes en place à sortir du marché. On parle alors de barrières stratégiques. Une entreprise peut adopter une stratégie de « prix prédateurs » en vendant un produit à un prix inférieur au coût variable moyen de production. L'entreprise espère ainsi évincer les firmes en place, le « manque à gagner » immédiat étant compensé par un profit élevé à long terme lié à une position de monopole. De même, une firme peut mettre en œuvre une stratégie de préemption, qui vise à dissuader l'entrée de nouvelles firmes. Elle peut par exemple investir dans des capacités de production excédentaires, qu'elle menace de mettre en route si une nouvelle firme pénètre le marché.

Bien que la possibilité de la stratégie de prix prédateurs ait été réfutée par certains économistes qui la considèrent comme peu crédible à long terme et très coûteuse pour le prédateur, de nombreuses condamnations ont été prononcées aux États-Unis, dont la plus connue est le démantèlement de la Standard Oil Company de Rockefeller en 1911.

Les abus de position dominante

À la différence du cartel, détenir une position dominante n'est pas interdit en soi. En effet, une position dominante peut être la conséquence d'une « concurrence par les mérites » : une meilleure combinaison productive, un meilleur produit, conduit la firme dominante à éliminer ses concurrents. La mission délicate des autorités de la concurrence est de condamner un comportement abusif lié à une position dominante qui mettrait en danger le processus concurrentiel.

Il n'existe pas de définition précise de cette notion. Le *Sherman Act* n'établit pas de liste de comportements interdits. L'article 82 du traité de Rome puis l'article 102 du TFUE établissent une liste de comportements, mais non exhaustive.

Plusieurs étapes sont nécessaires à la démonstration par les autorités de la concurrence d'un abus de position dominante. La première étape consiste à caractériser la position dominante. Il s 'agit tout d'abord de délimiter le marché pertinent, c'est-à-dire déterminer *a posteriori* l'ensemble des produits ayant constitué le marché. Puis les autorités s'attachent à apprécier la position dominante de l'entreprise en relevant certains indices tels que la marge réalisée par l'entreprise, la répartition des parts de marché ou l'existence de barrières à l'entrée. Il faut enfin prouver l'existence d'une pratique abusive. On distingue généralement les pratiques relevant d'un abus d'éviction lorsque l'entreprise exclut ou marginalise un concurrent au moyen de pratiques tarifaires ou non tarifaires (ventes liées, dénigrement d'un concurrent sur la base d'informations erronées, ou détention d'une ressource rare nécessaire à l'activité de ses concurrents en empêchant d'y accéder) et les pratiques relevant des abus d'exploitation lorsqu'une entreprise en position dominante impose des conditions injustifiées à ses clients (hausse d'un prix durable, brutale et injustifiée par exemple).

Le procès contre Microsoft aux États-Unis dans les années 1990 est l'un des plus importants en matière d'abus de position dominante. La firme américaine est le leader mondial des logiciels, notamment le logiciel d'exploitation Windows ou le logiciel de navigation Internet Explorer. Les États-Unis ont jugé que la pré-installation du logiciel Windows, imposée aux constructeurs tels Compaq ou Dell, maintient artificiellement la position dominante de Microsoft.

Microsoft a aussi fait l'objet en Europe, en 2004, d'une amende d'un demi-milliard d'euros pour abus de position dominante et a été contraint de commercialiser une version de son système d'exploitation Windows, qui équipe 92 % des PC dans le monde, sans le logiciel Media Player. Intégrer automatiquement le Media Player à Windows permettait à Microsoft d'utiliser sa position dominante pour éliminer ses concurrents sur le marché des logiciels audio-vidéo. Microsoft a aussi été condamné en 2013 pour avoir favorisé Internet Explorer au détriment de ses concurrents à une amende de 560 millions d'euros.

Par ailleurs, Google a été condamné à trois reprises pour abus de position dominante ces dernières années en Europe : en 2017 (2,42 milliards d'euros pour avoir favorisé son comparateur Google Shopping dans son moteur de recherche), en 2018 (4,34 milliards d'euros pour des pratiques anticoncurrentielles dans le cadre de ses licences Android) et en 2019 (1,49 milliard d'euros pour abus de position dominante en étouffant la concurrence de sa régie publicitaire contextuelle AdSense).

3

Éléments de sociologie du travail et des organisations

La sociologie des organisations et la sociologie du travail sont à la fois anciennes et relativement récentes. Elles coïncident avec la naissance de la sociologie : l'intensification de la division du travail, le processus de spécialisation dans les usines et les organisations bureaucratiques, les transformations des rapports sociaux, sont au cœur des théories d'Émile Durkheim, de Karl Marx et de Max Weber, des auteurs qui peuvent être vus comme fondateurs de la sociologie. Progressivement, ces deux champs de recherche vont s'autonomiser et permettre d'étudier comment les individus organisent leurs relations et comment les acteurs coordonnent leurs activités.

1 Éléments de sociologie des organisations

Au sens large, la sociologie des organisations peut se définir comme la sociologie qui s'intéresse aux organisations, c'est-à-dire aux diverses entités regroupant des individus en vue d'atteindre certains objectifs. Une organisation peut ainsi être une entreprise, une administration, un hôpital, un syndicat, une organisation religieuse, ou autres. Il convient cependant de souligner qu'une grande part de la sociologie des organisations porte sur les organisations productives que sont les entreprises et les administrations.

A. Taylorisme et bureaucratie

Les premiers penseurs des organisations ont des objectifs différents. Des ingénieurs mettent l'accent sur l'amélioration des structures productives pour en augmenter l'efficacité. Le sociologue Max Weber cherche à expliquer la spécificité du capitalisme occidental et se focalise sur le processus de rationalisation des activités. Un type d'organisation spécifique se développe : la bureaucratie.

La référence taylorienne

Des ingénieurs de métier se lancent dans l'étude des principes fondant une organisation efficace de la production. Tournées vers la pratique industrielle, ayant pour objectifs la diminution des coûts de production et l'accroissement du contrôle des activités des ouvriers, les méthodes de Taylor, Ford ou Fayol visent à régler scientifiquement les problèmes liés à la gestion des hommes.

≫ Taylorisme et fordisme

Frederick Winslow Taylor est un ancien ouvrier devenu ingénieur en chef puis consultant en organisation industrielle. Au regard de son expérience d'ouvrier, il prétend pouvoir améliorer la productivité des ouvriers en maîtrisant les temps morts et les marges de manœuvre de ces derniers, la « boîte noire du travail ouvrier ». Dans son ouvrage de 1903, *Shop Management*, il élabore le principe de l'organisation scientifique du travail (OST) qui permet de faire travailler les ouvriers le plus possible, sans qu'ils puissent intervenir personnellement dans la gestion de leur temps de travail. Le but avoué d'une telle méthode est de rendre le pouvoir de gestion de la production aux patrons, permettant de lutter contre « la flânerie généralisée » des ouvriers. Sa méthode est basée sur trois éléments :

- la division technique (horizontale) des tâches, aussi appelée parcellisation. L'ouvrier verrait sa productivité augmenter en se spécialisant dans l'exécution d'un geste ;
- le « *one best way* » : un seul geste utile conçu et imposé par la direction de l'entreprise. Dans cette division verticale des tâches, l'ouvrier est un simple exécutant ;
- le chronométrage des tâches.

Taylor propose également de remplacer les ouvriers qualifiés par des ouvriers sans qualification, notamment pour les tâches les plus sommaires. Pour illustrer son propos, il prend l'exemple de la manutention des gueuses de fonte. Il s'agit de masses de fonte pesant une quarantaine de kilos, devant être déplacées à la main durant le processus de production. D'ordinaire, ce travail est confié à des ouvriers qualifiés. Pour Taylor, cette organisation est contre-productive : il suffit d'un « bœuf » pour accomplir cette action. Pour le prouver, il recrute parmi des costauds un manutentionnaire et lui demande, moyennant une augmentation de son salaire journalier de 60 %, d'effectuer la tâche. Celui-ci la réalise avec un rendement quatre fois plus élevé que son prédécesseur, pourtant qualifié.

Taylor précise que l'augmentation des salaires des ouvriers accomplissant leur travail avec succès est une condition du bon fonctionnement de l'OST : il s'agit de la contrepartie d'un travail peu exaltant et difficile. En cas d'échec dans la réalisation de la tâche, Taylor souligne la nécessité de punir financièrement l'ouvrier. Taylor introduit une autre nouveauté concernant le salaire : en lieu et place de l'habituel salaire forfaitaire, payé en contrepartie d'un temps de travail hebdomadaire, il propose de payer les ouvriers à la pièce produite. Ainsi, l'ingénieur s'assure que la « flânerie des ouvriers » disparaîtra. En mettant en place l'OST, l'entreprise accroît ses profits, mais une partie des gains de productivité se traduira par une baisse des prix de vente de la production, ce qui sera bénéfique aux salariés (leur pouvoir d'achat étant en hausse).

L'OST connaît rapidement un franc succès auprès des industriels, au point d'être enseignée à Harvard dès 1908. Les entreprises qui l'adoptent voient la productivité de leurs ouvriers augmenter considérablement : en 1909, à la Midvale Steel Co., la productivité des ouvriers augmente de 378 % en un an, tandis que les salaires connaissent une explosion de 60 % sur la même période. L'application de la méthode taylorienne voit une opposition croissante des syndicats, accusant le patronat de vouloir transformer l'ouvrier en machine. C'est toutefois dans les usines d'Henry Ford, patron de la firme automobile du même nom, que la méthode taylorienne connaîtra son application la plus fameuse.

Ford ne se contente pas d'appliquer la méthode à la lettre, il l'aménage : c'est le fordisme. Il fait remplacer le chronométrage des tâches par l'imposition d'un convoyeur et il établit un travail à la chaîne en standardisant les pièces détachées et le produit fini. Il reprend de Taylor l'idée de la rémunération au-dessus du salaire de marché (le « *five dollars a day* »). En utilisant ces principes, il est en mesure de produire dès 1908 la Ford T : une voiture à très bas coût, proposée seulement en noir, qui devient rapidement la voiture des masses.

≫ Fayol

La méthode développée par le Français Henri Fayol vise le même but que le taylorisme et le fordisme : accroître l'efficacité de la production. Ingénieur reconnu pour son travail, Fayol fait également ses preuves en tant que gestionnaire des Houillères de Commentry. Il nomme sa méthode de gestion des hommes « administration » et publie, en 1916, *L'Administration industrielle et générale* sur ce thème.

Selon sa méthode, six opérations distinctes sont nécessaires au bon gouvernement de l'entreprise

- les opérations technologiques ;
- les opérations commerciales (vendre, acheter des biens) ;
- les opérations financières (gestion des capitaux, financement) ;
- les opérations de sécurité (protection des personnes contre le vol, l'incendie, etc.) ;
- les opérations de comptabilité (comptabilité et contrôle de gestion) ;
- les opérations administratives (de plus en plus importantes dans l'entreprise, elles regroupent des opérations que nous qualifierions de management : la prévision ou anticipation, l'organisation, le commandement, la coordination et le contrôle final.

Les travailleurs sont spécialisés dans la réalisation d'une fonction. L'administrateur (*manager*) doit savoir anticiper les difficultés liées à la production ou les conflits au sein de l'entreprise, et parvenir à se faire obéir sans difficulté. Il doit également mettre en place un système de contrôle strict des autres activités, et parvenir à coordonner l'ensemble des activités productives. Fayol détaille quatorze principes nécessaires à la direction d'une grande entreprise (par exemple, division du travail, autorité, ordre, hiérarchie, etc.). L'inspiration militaire de son « entreprise » est évidente : l'initiative individuelle y est reléguée à la seconde place.

Une rationalisation humaine

Pour les théoriciens de l'organisation rationnelle, le facteur humain ne constitue pas un problème. Les éléments dysfonctionnels, par exemple les comportements de freinage des salariés, sont expliqués par un défaut d'organisation de la structure productive. Plusieurs courants de pensée réintroduisent ce facteur humain « oublié », dont la contingence a un effet réel sur l'efficacité de l'organisation.

≫ L'école des relations humaines

Elton Mayo, psychosociologue australien, est un des fondateurs de l'école des relations humaines. En 1927, alors professeur à Harvard, il est contacté par des ingénieurs de l'entreprise Western Electric travaillant à l'usine d'Hawthorne, près de Chicago. Ces derniers souhaitent comprendre les conclusions surprenantes de tests menés sur la productivité des ouvrières au sein de leur usine. Chargés par la direction de l'entreprise de mesurer l'effet de la variation d'intensité de l'éclairage sur le rendement des ouvrières, les ingénieurs les ont séparées en plusieurs groupes. Des groupes « témoins » continuent de travailler dans les conditions de travail habituelles, tandis que d'autres subissent les tests.

Après mesure, il est constaté que la productivité des ouvrières augmente dans les groupes tests mais également dans les groupes témoins. Devant cette énigme, Mayo et son équipe sélectionnent des ouvrières volontaires et les mettent au travail dans un atelier à part sous les ordres de surveillants particuliers : c'est la *relay assembly test room*. On fait ensuite varier, sur une période de plusieurs semaines, les conditions de travail des ouvrières testées : temps de repos, mode de rémunération, durée du travail, temps des repas, etc. Les observateurs sont chargés de mesurer l'impact sur le rendement, mais aussi les impressions des ouvrières sur l'ambiance, la pénibilité du travail, ou tout autre élément de leur intérêt.

Les résultats sont encore une fois surprenants : même dans la phase de suppression de tous les avantages des ouvrières, leur productivité continue d'augmenter. Les chercheurs parviennent alors à la conclusion que les conditions de travail n'ont pas d'impact sur la variation du rendement. L'élément déterminant est la « supervision amicale » : au lieu de transmettre des ordres, les superviseurs s'intéressent à la satisfaction des ouvrières, au moral du groupe, aboutissant à une augmentation importante de la productivité.

Les facteurs affectifs et psychologiques liés à la participation à l'expérience ont donc un impact positif sur la motivation des individus. Cette conclusion est restée sous le nom d'effet Hawthorne. La découverte de Mayo et de son équipe, aujourd'hui banale, « constitue à l'époque une innovation majeure dont la portée a été considérable » (E. Friedberg, « Organisation », *in* R. Boudon [dir.], *Traité de sociologie*, 1992). Pour la première fois, l'homme au travail n'est plus un paramètre négligeable de l'organisation : il en devient le centre.

≫ La théorie des motivations et des besoins

La théorie des motivations et des besoins repose sur les travaux de deux psychologues, Abraham Maslow et Frederick Herzberg. Dans un ouvrage de 1954, *Motivation and Personality*, Maslow considère que l'investissement au travail de l'individu dépend de ses motivations. Par motivation, il faut entendre des « forces », à la fois extérieures à l'individu et propres à sa psychologie, le poussant à se conduire d'une manière spécifique. Toute motivation est orientée vers un but que l'individu formule plus ou moins clairement. Ainsi le choix des enjeux et l'intensité de l'investissement pour atteindre l'objectif visé varient-ils considérablement selon les personnes. Les origines de la motivation d'un individu sont multiples. Maslow fait l'hypothèse que les origines de la motivation répondent à des besoins qu'il est possible de hiérarchiser : c'est la « pyramide des besoins ». Cela donne, des plus élémentaires aux plus complexes, la classification suivante :

- les besoins physiologiques (se nourrir, boire, dormir, etc.) ;
- les besoins de sécurité (se protéger et être protégé) ;
- les besoins d'appartenance et d'affection (être accepté dans un groupe) ;
- les besoins d'estime et de prestige (être reconnu par les autres) ;
- les besoins de réalisation ou d'accomplissement (l'épanouissement dans la réalisation d'activités).

Appliquée à l'activité productive, cette théorie signifie que le salarié sera d'autant plus productif que l'employeur saura satisfaire ses besoins élémentaires et créer les conditions de réalisation d'objectifs plus complexes, comme la réalisation de soi au travail.

F. Herzberg reprend, dans son ouvrage *Work and the Nature of Man* (1966), l'idée de hiérarchisation des besoins de Maslow : ils peuvent être d'ordre inférieur ou supérieur. Il ajoute que satisfaction et insatisfaction ne doivent pas être vues en négatif l'une de l'autre, il s'agit de deux phénomènes distincts : le contraire de la satisfaction est l'absence de satisfaction, le contraire de l'insatisfaction est l'absence d'insatisfaction. Dès lors, une direction va devoir choisir entre accroître la satisfaction ou diminuer l'insatisfaction. Pour cela, elle peut agir sur deux types de facteurs : les facteurs de motivation (responsabilité, reconnaissance, travail stimulant) et les facteurs d'hygiène (salaire, avantages sociaux, conditions de travail, stabilité de l'emploi). Si la direction souhaite accroître la motivation au travail de ses salariés, elle devra faire en sorte que le poste occupé permette la réalisation de l'individu au travail en offrant une expérience stimulante et enrichissante. Si la direction souhaite réduire l'insatisfaction, elle se contentera d'agir sur les facteurs d'hygiène en modifiant les conditions générales de travail ou le salaire, sans changer la nature des tâches réalisées par le salarié.

≥ Une gestion des ressources humaines différente ?

Le mouvement des relations humaines a fondé certaines tendances contemporaines du management comme la responsabilisation et la motivation des travailleurs et entraîné un changement de vocabulaire : management et non direction, collaborateurs et non subalternes. La volonté de faire du profit en minimisant les coûts, caractéristique de la logique managériale actuelle, a cependant transformé les résultats originels de ces travaux en recettes de gestion des hommes. Le système est maintenu pour l'essentiel. Par ailleurs, le groupe est nié dans sa dimension conflictuelle. Or, dans les années 1960, grèves, défauts, coulages, sont autant de manifestations de l'opposition des salariés à l'OST qui réduisent son efficacité.

À partir des années 1980, les stratégies de management et de gestion des ressources humaines se centrent davantage sur la volonté de donner du sens au travail pour les salariés, souvent éparpillés sur des sites de production éloignés. Partager un ensemble de valeurs et de croyances réduit les besoins en contrôle répressif et facilite la communication et la coopération.

On retrouve ici les intuitions de Douglas McGregor (*The Human Side of Enterprise*, 1960) qui s'inspire de la pyramide des besoins de Maslow. McGregor précise que les objectifs personnels des travailleurs peuvent coïncider avec ceux de l'entreprise. L'efficacité n'est alors pas le résultat de la contrainte extérieure, mais celui de l'autocontrôle. L'autorité n'est donc pas toujours le bon moyen pour obtenir un engagement des salariés. Elle n'est pas appropriée à tous les buts et à toutes les circonstances. Il faut responsabiliser les travailleurs, favoriser des situations dans lesquelles leurs buts personnels peuvent s'exprimer. Ils feront d'autant plus preuve de créativité et d'efficacité.

L'entreprise libérée rompt avec l'organisation hiérarchique et les règles formelles. L'ouvrage de référence en la matière est le livre d'Isaac Getz et Brian Carney, *Liberté & Cie* (2012), dont le sous-titre résume l'idée générale : « Quand la liberté des salariés fait le succès des entreprises ». L'autonomie est placée au cœur du système managérial. Le principe de ces organisations est de laisser les salariés prendre des initiatives individuelles plutôt que de leur imposer des directives suivies de contrôles. Le postulat de base est d'instaurer un climat de confiance et de reconnaissance. Entreprise libérée ne signifie pas entreprise dénuée d'encadrement. Ce dernier est pensé et exercé différemment. Il s'agit d'aider les salariés dans l'acquisition de leur autonomie, tout en s'assurant que les directives générales sont connues, comprises, acceptées et mises en pratique.

Cependant, beaucoup de sociologues insistent sur le fait que le contrôle ne passe pas exclusivement par les règles formelles. Les règles informelles sont autant source de coercition dans cet univers où le partage des valeurs est un impératif. Le management moderne semble aux antipodes du taylorisme. Il clame sa volonté de reconnaître la dimension humaine des salariés. Pourtant, Danièle Linhart (*La Comédie humaine du travail*, 2015) affirme qu'il renvoie dans les faits au même processus de soumission des salariés, sans passer par le contrôle des gestes mais en exigeant un dévouement, une implication subjective, en prenant modèle sur les sportifs de haut niveau, sur les individus ayant le sens du sacrifice pour une cause. La logique reste la même : dans le taylorisme et le management moderne, s'organise en réalité une disqualification des métiers, de l'expérience, qui tend à renforcer la domination et le contrôle exercés par les dirigeants. Le travail reste défini par les directions, assistées de cabinets de conseils qui élaborent des procédures, des protocoles et des *process*. Les salariés n'ont aucune prise sur cette définition. La « dictature du changement perpétuel » accentue cette dépendance. De ce fait, on rend les connaissances et l'expérience obsolètes. Les salariés se sentent impuissants, incompétents. Ces méthodes les jettent dans un profond sentiment d'insécurité. Le résultat est que le travail perd son sens. Les salariés sont constamment mis à l'épreuve et sont conduits à douter de leur propre valeur et de leur légitimité.

L'organisation bureaucratique

Pour le sociologue allemand Max Weber, la civilisation moderne est prise dans un processus de rationalisation des activités économiques à l'origine de la naissance du capitalisme dans sa forme occidentale. Mais ce processus de rationalisation concerne également les activités sociales. Il signifie que les actions rationnelles en finalité, accordant fins et moyens selon un critère d'efficacité objectif et calculable, prennent le pas sur les autres types d'activités, traditionnelles, liées à l'affect ou aux valeurs. Le processus repose sur trois principes généraux :

- l'autonomisation et la spécialisation des fonctions sociales. Pour que l'économie ou la sphère culturelle puissent introduire des procédures rigoureuses dans les modes de gestion, il est nécessaire qu'elles se dégagent des contraintes religieuses, de la théologie et de la philosophie. Si l'entreprise s'engage dans une gestion méthodique de ses activités, il lui faut par exemple se séparer de la communauté familiale. Il y a donc une autonomisation croissante des sphères de la vie sociale ;
- l'universalisation et la formalisation des rapports sociaux. Le passage d'une économie et d'un droit traditionnels à une économie et un droit modernes implique une « universalisation » ainsi qu'une « dépersonnalisation des rapports sociaux ». Dans la gestion rationnelle du travail de l'entreprise capitaliste, les rapports formels et impersonnels du capitaliste au salarié se substituent aux rapports d'homme à homme du travail artisanal. Un droit systématique, universel et formel, prend le pas sur les coutumes locales et sur les rapports d'allégeance personnelle des sociétés précapitalistes ;
- la formalisation de l'ensemble des activités sociales. La rationalisation concerne l'économie, le droit, l'État, la science (mathématisation et expérimentation), l'art (institutionnalisation d'un marché, développement de la musique harmonique, de la perspective linéaire et aérienne de la peinture), l'architecture, etc. La rationalisation généralisée de la société constitue l'élément distinctif de nos sociétés par rapport à celles qui les ont précédées.

Weber, dans *Économie et société* (1921), affirme que l'administration bureaucratique qui accompagne la naissance de l'État moderne représente le type pur de la domination rationnelle-légale. Elle est la forme d'organisation la plus juste et la plus efficace. Trois éléments la caractérisent :

- la substitution de fonctionnaires salariés, recrutés sur la base d'un examen sanctionnant une connaissance acquise par une formation spécialisée, aux anciens notables ;
- la hiérarchie des fonctions : le processus de décision est centralisé, éloignant les décideurs de ceux qui seront affectés par leurs décisions. La décision est ensuite répercutée jusqu'au niveau adéquat, traversant l'ensemble des « services subalternes ». En cas de problème, le fonctionnaire d'un grade donné peut faire appel à l'arbitrage de l'instance supérieure, c'est-à-dire son supérieur hiérarchique. La hiérarchie implique également la possibilité de contrôler le travail d'un subordonné ;
- la neutralité : le fonctionnaire ne cherche pas à juger mais à appliquer un ensemble de règles édictées sur des principes légaux. L'exécutant est d'ailleurs anonyme et le système de règles impersonnel.

Ces trois caractéristiques, constitutives des organisations bureaucratiques accompagnant le développement de l'État moderne, peuvent également être appliquées hors du secteur public. Les entreprises privées peuvent être analysées à l'aune de cet idéal-type. Pour Weber, une organisation respectant ces principes de fonctionnement est efficace car ils permettent de repousser l'arbitraire de la tradition, du charisme ou des statuts.

B. Les dysfonctionnements du modèle bureaucratique

À partir des années 1950, des chercheurs s'intéressent au fonctionnement concret de la bureaucratie, dont ils vont montrer les limites. Des dysfonctions sont mises en évidence, ce sont des conséquences non prévues pouvant entraver le fonctionnement de la structure. Michel Crozier, fondateur de l'école française de la sociologie des organisations, parlera d'un « cercle vicieux bureaucratique ».

L'analyse des dysfonctions bureaucratiques

Des décisions prises dans une perspective rationnelle entraînent toujours des conséquences secondaires allant à l'encontre des buts poursuivis. Ces « dysfonctions », c'est-à-dire des propriétés négatives stables, sont tout aussi caractéristiques d'une bureaucratie que ses capacités rationnelles d'action.

Robert K. Merton met ainsi en évidence les conséquences inattendues d'une action dirigée vers un but (« The unanticipated consequences of purposive social action », 1936). La discipline nécessaire pour obtenir le comportement standardisé jugé indispensable à la réalisation des objectifs poursuivis entraîne chez les fonctionnaires un déplacement des buts. Ils considèrent comme une fin ce qui ne devrait être qu'un moyen, ce qui se traduit par un comportement ritualiste. Il en résulte une très grande rigidité ne permettant pas aux fonctionnaires de répondre aux exigences attendues, et donc une inefficacité dans la poursuite des buts officiellement recherchés.

Les recherches empiriques conduites ultérieurement, surtout au cours des années 1940, par nombre de sociologues américains mettent en évidence le fait que l'organisation bureaucratique crée des rigidités de comportement, des difficultés d'adaptation et des conflits entre dirigeants et exécutants, entre exécutants et public, qui suscitent un besoin de contrôle et de réglementation, si bien que les conséquences inattendues et dysfonctionnelles du modèle bureaucratique tendent finalement à renforcer son emprise.

Le cercle vicieux bureaucratique

Michel Crozier montre, dans *Le Phénomène bureaucratique* (1963), les mécanismes de centralisation et de multiplication des règles qui débouchent sur la formation d'un cercle vicieux bureaucratique. Les règles ne peuvent pas prévoir l'ensemble des situations possibles, il existe donc toujours des zones d'incertitude permettant aux acteurs de mettre en œuvre des stratégies afin d'accroître leur pouvoir au sein de l'organisation. De fait, l'organisation prévoit des nouvelles règles pour limiter ces parcelles de pouvoir qui ne sont pas contrôlées. Les nouvelles règles ainsi produites créent, dans leur confrontation avec les règles antérieures, de nouvelles sources d'incertitude dont vont se saisir des acteurs au sein de l'organisation. La bureaucratie peut donc se caractériser comme une organisation qui n'arrive pas à se corriger en fonction de ses erreurs.

M. Crozier s'appuie sur l'enquête sociologique conduite dans les ateliers de la SEITA (entreprise du secteur du tabac). Cette organisation comporte trois catégories de personnel : les chefs d'atelier, les ouvrières de production peu qualifiées et les ouvriers d'entretiens qualifiés.

L'organisation prévoit une séparation stricte entre ces catégories, la spécialisation des tâches est très poussée, des procédures préétablies existent pour chaque situation. Mais le fonctionnement réel de l'organisation atteste de l'hostilité entre les différents personnels : les ouvriers et ouvrières de production manquent de respect à l'égard de leurs chefs, les ouvriers d'entretien méprisent la direction et les ouvrières de production. Les relations entre ces trois groupes sont des relations de pouvoir, dont la manifestation la plus aiguë survient lors des pannes, seul cas où les trois groupes entrent en rapport direct et pour lequel l'organisation n'édicte pas de règles impersonnelles impératives. Les ouvriers d'entretien sont les seuls à pouvoir les traiter. Il y a alors une incertitude stratégique d'autant plus insupportable que l'on se situe dans un univers où par ailleurs tout est prévu dans le moindre détail. Du fait de cette zone d'incertitude, les ouvriers disposent d'un pouvoir considérable, les relations hiérarchiques traditionnelles sont bouleversées, cela engendre des frustrations et des pressions pour que soient instaurées de nouvelles règles : l'organisation développe un cercle vicieux bureaucratique.

C. Un renouvellement de la sociologie des organisations

La sociologie des organisations va connaître de nombreux développements, notamment sous l'impulsion de l'école française de sociologie des organisations. Si toute organisation implique une forme de coordination, la coordination hiérarchique ne s'impose pas dans tous les cas. Des facteurs de contingence sont à prendre en compte : la coordination marchande ou celle par la coopération peuvent se révéler plus appropriées. Enfin, les phénomènes identitaires et culturels jouent un rôle non négligeable dans les organisations.

L'analyse stratégique

E. Friedberg et M. Crozier (*L'Acteur et le système*, 1977) proposent une analyse des comportements au sein d'une organisation qu'ils nomment « analyse stratégique ». Leur point de départ est de concevoir l'organisation comme une entité autonome.

Aucune structure externe à l'organisation, formelle (lois) ou informelle (traditions), ne peut déterminer totalement son fonctionnement interne. La raison tient en deux mots : liberté et stratégie. Liberté, car, même dans les structures les plus contraignantes, il existe toujours une marge de liberté pour l'individu. Stratégie, car l'individu se donne les moyens d'une relative indépendance vis-à-vis des autres membres de l'organisation, en fonction d'objectifs (rationalité en finalité) ou de valeurs (rationalité en valeur) qui lui sont propres. Pour ce faire, l'individu évalue son environnement en fonction de tous les éléments dont il dispose et de ses capacités intellectuelles : il fait montre de rationalité limitée.

À partir de là, les sociologues de l'analyse stratégique montrent que l'évolution d'une organisation ne suit pas mécaniquement les objectifs fixés par une direction, une maison mère ou un gouvernement. Il est illusoire de croire que les personnes concrètes participant quotidiennement à l'organisation adopteront sans broncher les préceptes transmis « d'en haut ». Ils le feront si ces objectifs généraux concordent avec leur intérêt personnel. Dans le cas contraire, les objectifs seront interprétés, détournés, et, si l'absence de contrôle le permet, laissés de côté, car les individus cherchent avant toute chose à maintenir une marge de liberté, d'indépendance par rapport à la pression hiérarchique. Parce que chacun tente de ménager la marge de liberté la plus importante possible, les relations dans une organisation s'apparentent à des jeux de pouvoir complexes. Chacun tente de bénéficier des zones d'incertitude (techniques, humaines, financières, commerciales) en mobilisant des compétences propres et adaptées au contexte décisionnel. Plus les zones d'incertitude du système sont importantes, plus l'acteur se révèle autonome, et plus il accroît son pouvoir au sein de l'organisation. Le pouvoir correspond à la capacité d'obtenir d'un autre individu qu'il fasse ce que le premier désire. Il n'est pas strictement lié à la position hiérarchique, mais dépend de la capacité à maîtriser des zones d'incertitude.

Reste alors à gérer les problèmes quotidiens. Un grand nombre d'entre eux correspondent à des situations non prévues par l'organisation. Dépourvus de réponse formelle, les acteurs inventent des réponses originales, en se basant sur des normes informelles. Ils mobilisent leurs compétences et interagissent avec les autres membres de l'organisation pour résoudre le problème, utilisant le pouvoir relationnel dont ils disposent. Crozier et Friedberg nomment l'ensemble de ces relations un « système d'action concret ». Il existe donc une relation étroite entre l'acteur et le système. Le système est un construit toujours provisoire qui émerge des relations de pouvoir entre individus. L'organisation est ainsi en perpétuelle redéfinition.

Les formes contemporaines d'organisation et de management

La tendance actuelle est à la diversification des formes de coordination de l'organisation, ainsi que de management.

≫ Les travaux de l'école de la contingence

Dès les années 1960, la sociologie des organisations connaît un développement théorique important sur la base d'une idée simple : pour comprendre ce qui se passe à l'intérieur d'une organisation, il faut examiner les facteurs qui la contraignent et ce qui se déroule à l'extérieur. Des facteurs techniques, économiques ou stratégiques déterminent le type de structure interne de l'organisation. Il s'agit ici de s'éloigner d'un modèle universel d'organisation. De nombreux travaux, regroupés sous l'appellation « école de la contingence », vont voir le jour.

Les théories de la contingence structurelle partent du principe qu'une organisation (en l'occurrence une entreprise) ne peut être étudiée hors du contexte économique dans lequel elle s'inscrit. Plusieurs travaux relèvent de cette approche.

Tom Burns et G. M. Stalker (*The Management of Innovation*, 1961) travaillent sur un panel de 20 firmes industrielles britanniques issues de diverses branches d'activité. Leur étude vise à démontrer que les pratiques managériales dépendent des caractéristiques de l'environnement externe, notamment la rapidité de l'évolution des techniques scientifiques et des particularités des marchés.

Dans un ouvrage paru en 1965, *Industrial Organization : Theory and Practice*, la sociologue anglaise Joan Woodward, au sein de l'équipe du Tavistock Institute of Technology de Londres, expose les résultats d'une enquête qui peut être liée au courant de la contingence structurelle. Travaillant sur plus d'une centaine d'entreprises industrielles britanniques, elle commence par classer les firmes selon leur type de production (de masse ou de niche, degré de spécificité des actifs produits, etc.). Dans un deuxième temps, elle relève les caractéristiques de leurs systèmes de production : niveau hiérarchique de la prise de décision, degré de détail des procédures écrites, centralisation du pouvoir, etc. Elle établit enfin une relation entre le type de production et la structure interne de l'entreprise, constatant un degré de réussite économique plus ou moins élevé des firmes selon que cette relation fonctionne ou non.

Paul R. Lawrence et Jay W. Lorsch (« Differentiation and integration in complex organizations », 1967) mènent quant à eux une enquête sur six entreprises appartenant à la branche des industries chimiques. Dans ce type d'industrie, les changements technologiques sont fréquents et les processus de production doivent être adaptés régulièrement à l'environnement. Pour plus de précision, les auteurs sélectionnent trois « sous-environnements » – de marché, scientifique et technico-économique – qu'ils caractérisent en fonction de la qualité de l'information, de la fréquence des changements, et du temps nécessaire à l'obtention d'une évaluation de ce qui est produit. Le sous-environnement scientifique apparaît alors comme le moins stable, suivi, dans un ordre croissant de stabilité, par le sous-environnement de marché et le sous-environnement technico-économique. La structure interne de chacune des six firmes est également décomposée en sous-systèmes : ventes, recherche, production. Les auteurs caractérisent ces sous-systèmes en fonction de plusieurs critères : le degré de rigidité des structures, la capacité des équipes à s'accorder sur un but commun et à se coordonner pour atteindre le but fixé. Lawrence et Lorsch établissent enfin un lien entre sous-systèmes et sous-environnements : la structure interne de chaque sous-système est évaluée au regard de sa conformité avec les contraintes de chaque sous-environnement. Ils mettent au jour une corrélation positive entre le degré de conformité des sous-systèmes avec les sous-environnements et la performance économique des entreprises observées. Plus la structure interne de la firme est adaptée aux contraintes de son environnement, plus la performance économique des firmes est importante.

Les théories de la contingence structurelle permettent ainsi d'établir un lien entre l'organisation et son environnement immédiat : la contrainte exercée par l'environnement leur impose de s'adapter (par la différenciation, la spécialisation, l'intégration, etc.) ou les conduit à disparaître. On est donc en présence d'un déterminisme radical de l'environnement.

L'analyse sociotechnique développée par Frederick E. Emery et Eric L. Trist dans un article de 1965, « The causal texture of organizational environments », reprend des théories de la contingence structurelle l'idée qu'il est impossible d'expliquer les caractéristiques d'une organisation sans se référer à son environnement. L'organisation est définie comme un système sociotechnique ouvert : le technologique et le social sont en interaction permanente. Le système technique détermine le système social de façon souple : il contribue à modifier l'état d'esprit des membres de l'organisation et leur niveau d'engagement. L'efficacité d'une organisation dépend donc de l'adéquation des deux systèmes, social et technique.

Dès le début des années 1970, les théories de la contingence structurelle sont remises en cause : le caractère radical du déterminisme exercé par l'environnement sur l'entreprise est contesté, de même que le constat d'une marge de manœuvre limitée des dirigeants de l'organisation. Les théories de la contingence stratégique vont s'opposer à ces conclusions. Les choix stratégiques des gestionnaires leur permettent d'agir sur l'environnement immédiat et de le contrôler en partie.

Dans un ouvrage paru en 1978, *The External Control of Organizations*, Jeffrey Pfeffer et Gerald R. Salancik proposent ainsi de replacer l'organisation dans son réseau de relations avec d'autres organisations. L'environnement que forment les échanges et les transactions avec les autres groupes la contraint en partie. Il détermine l'accès aux ressources dont elle a besoin pour produire (capitaux technique et humain, savoir-faire) ou pour vendre (accès au marché). Par exemple, une entreprise est contrainte de recruter de la main-d'œuvre, d'acheter des matières premières ou encore de vendre les biens qu'elle produit. Dans ce but, elle noue des liens avec d'autres entreprises qui deviennent ses fournisseurs ou ses clients. Mais l'établissement de tels liens n'est pas simplement une opportunité de faire du profit : ils constituent pour elle une contrainte forte. Clients ou fournisseurs peuvent profiter de leur position et faire pression sur les prix. Pour continuer de vendre, l'entreprise sera contrainte de renégocier les contrats et d'accepter une partie des demandes formulées par son environnement.

Henry Mintzberg, universitaire canadien en sciences de gestion représente l'auteur contemporain qui synthétise les apports de l'école de la contingence avec une approche de la contingence dite « globale ». Dans *The Structuring of Organizations* (1979), il distingue plusieurs configurations-types de structures organisationnelles. La structure interne de l'organisation comprend ses composantes (sommet stratégique, centre opérationnel, fonctions logistiques, technostructure, idéologie, ligne hiérarchique) ainsi que les modes de coordination. Face aux facteurs de contingence (taille, technologie, âge de l'organisation, stratégie, relations de pouvoir), il suggère aux managers de « penser conjointement les objectifs et la structure de l'organisation ». Par exemple, l'adhocratie est une structure plate, c'est-à-dire avec peu de hiérarchie et beaucoup d'autonomie, où l'ajustement mutuel est le mécanisme central de coordination. Composée d'experts réunis pour mener à bien un projet spécifique, elle est adaptée à l'innovation. Ce fut la forme adoptée lors des missions Apollo organisées par la Nasa.

≫ *Lean management* et organisation apprenante

Le *lean management* et l'organisation apprenante sont, à côté des formes plus traditionnelles (organisation en structure simple et organisation taylorienne), les formes d'organisation les plus rencontrées selon l'enquête européenne EWCS (European Working Conditions Survey) menée tous les cinq ans auprès des salariés dans les États membres de l'Union européenne. Cette enquête a servi de base à l'analyse des effets des modes d'organisation du travail sur l'efficacité productive des organisations menée par France Stratégie (S. Benhamou et E. Lorenz, « Les organisations du travail apprenantes : enjeux et défis pour la France », 2020)

L'organisation apprenante est une organisation qui cherche à augmenter continuellement les capacités d'apprentissage de ses membres pour atteindre des objectifs partagés. L'apprentissage organisationnel est favorisé par l'autonomie des salariés et par la recherche collective de solutions aux problèmes qui surgissent au quotidien. La coordination est davantage coopérative dans et entre des organisations formelles. Il s'agit d'une transformation profonde par rapport au modèle taylorien classique, conçu il y a plus d'un siècle pour une production de masse standardisée, avec une forte division des tâches de conception et d'exécution dans un environnement stable et prévisible.

L'organisation du travail apprenante diffère également de la *lean production*, un modèle introduit dans les années 1970 dans les usines du constructeur Toyota où, alors que le contenu cognitif du travail est aussi élevé que dans les organisations apprenantes, l'autonomie procédurale accordée aux salariés – méthodes, rythme, contrôle de la qualité – y est en revanche plus faible.

La France, par rapport à la moyenne européenne, compte une proportion plus élevée de salariés du secteur privé travaillant dans une organisation apprenante (43 % *vs* 40 %) ou en *lean production* (32 % *vs* 27 %). La dynamique sur la décennie 2005-2015 semble cependant plus favorable en France à la *lean production* (+ 10 points de salariés concernés) qu'à l'organisation apprenante (– 3 points). Selon France Stratégie, les obstacles à la diffusion des organisations apprenantes en France seraient la plus grande valeur accordée à la filière académique par rapport à la filière professionnelle ainsi que les caractéristiques de la formation continue (qui se déroule souvent en dehors des entreprises et non *in situ*). La France pourrait s'inspirer d'initiatives mises en place dans plusieurs pays d'Europe du Nord et scandinaves, à l'instar des programmes TYKE et TYKES en Finlande qui promeuvent et financent les projets innovants en termes d'organisations productives (amélioration des liens entre recherche et développement, réseaux de coopération entre acteurs économiques, formation continue, amélioration du bien-être au travail).

La Commission européenne a inclus l'innovation organisationnelle parmi les objectifs clés de sa politique d'innovation en vue d'améliorer la motivation et les conditions de travail des salariés. La Commission voit là un moyen d'augmenter la productivité du travail, la capacité d'innovation, la résilience du marché et la compétitivité globale des entreprises.

≫ Un recours plus important à la coordination marchande

La coordination marchande dans l'organisation prend davantage d'importance dans certaines organisations contemporaines. On retrouve l'idée développée par des auteurs de la théorie de l'agence comme Jensen et Meckling dans l'article « Theory of the firm : managerial behaviour, agency costs, and ownership structure » (1976 ; *cf. supra*, p. 438). Les organisations, particulièrement les entreprises, peuvent être considérées comme des « marchés privés ». La coordination entre les agents parfaitement rationnels, mais en présence d'asymétries d'informations, peut se réaliser grâce à des incitations essentiellement monétaires. C'est la forme de coordination dominante de l'entreprise Uber, qui souhaite considérer ses chauffeurs comme des contractants individuels, sans reconnaissance du principe de subordination.

L'importance de la coordination marchande de l'organisation est aussi mise en avant par le New Public Management (NPM). Face à un État-Providence jugé trop lourd, une insuffisante culture de l'évaluation des programmes publics, les difficultés à équilibrer recettes et dépenses publiques, différentes pratiques vont se développer. Il s'agit d'introduire des mécanismes de marché au sein de la sphère publique. Ce courant minimise toute différence de nature entre la gestion des organisations du secteur privé et du secteur public. Le NPM se caractérise par la séparation des fonctions décisionnelles, « l'État stratège », et opérationnelles, déléguées à des agences dirigées par des managers ayant potentiellement les mêmes marges de manœuvre qu'un chef d'entreprise privé. L'introduction de mécanismes de marché dans les organisations publiques peut prendre la forme d'une privatisation, d'un partenariat privé-public, de la transformation symbolique de l'usager en client. La gestion par les résultats des travailleurs et des institutions (par exemple la tarification à l'activité dans le domaine médical), la mise en concurrence entre organisations publiques (classement des établissements d'enseignement par exemple) se développent. Cette mise en chiffres de l'action publique comporte cependant le risque d'une perte de sens du service public, des valeurs qui y sont associées et d'une dégradation de la qualité des services rendus.

Identité et culture

L'individu se construit au sein d'instances de socialisation primaires (famille, école), mais également au travail. De ces expériences de socialisation multiples (et parfois contradictoires) résulte une identité. Les transformations économiques récentes de l'entreprise fragilisent cette identité. En outre, l'individu évolue dans une culture spécifique à un groupe, à l'échelle d'une nation ou d'une entreprise.

≫ L'identité au travail

Selon C. Dubar (*La Crise des identités. L'interprétation d'une mutation*, 2001), l'identité peut être envisagée selon deux points de vue : pour soi (celle que l'on s'attribue soi-même) et pour autrui (celle que les autres nous attribuent). Ces deux formes d'identité sont liées : la façon dont je me construis dépend de la façon dont les autres me perçoivent, et inversement. Elles s'expriment de façon claire dans l'exercice d'un métier. En effet, le rapport à la production caractérise le travailleur : degré d'engagement physique, utilisation de matériel technique, travail d'équipe ou autonome, rapports avec la hiérarchie, etc. Le travail l'engage également dans une forme de sociabilité particulière : temps de pause partagés avec les collègues, organisation d'événements d'entreprise, etc. Enfin, le travailleur s'engage dans des conflits l'opposant à la direction de l'entreprise. Comme le souligne P. Bernoux (*Sociologie des organisations*, 2009), beaucoup de ces conflits sont issus de « violence d'identité » : « Dans les années soixante-dix, on a vu surgir des groupes minoritaires qui n'avaient pas, jusque-là, obtenu de reconnaissance sociale. Citons les OS (grèves de Renault, au Mans, en 1971), les femmes (grèves du Crédit lyonnais en 1976), les immigrés (grèves des éboueurs parisiens de 1974). » La grève n'est pas seulement le moyen d'obtenir des avantages spécifiques, c'est aussi chercher une reconnaissance officielle. La socialisation par le travail est donc une composante essentielle de la formation de l'identité.

R. Sainsaulieu (*L'Identité au travail*, 1985) définit l'identité au travail comme la « façon dont les différents groupes de travail s'identifient aux pairs, aux chefs, aux autres groupes ». Plusieurs éléments doivent être pris en compte pour la définir : la trajectoire biographique, les relations avec les autres collaborateurs et les liens avec les supérieurs, l'engagement dans des rapports de pouvoir. L'identité professionnelle croise donc deux dimensions : un rapport de l'individu au collectif et un comportement d'opposition ou d'acceptation de l'autorité. Sainsaulieu remarque en outre que les transformations économiques qui touchent l'activité productive (par exemple, une nouvelle organisation de la production ou une gestion de la main-d'œuvre plus flexible) ont un impact sur l'identité des salariés. Le chômage de masse est une des transformations les plus importantes. Les heures de travail absorbant la majeure partie du temps d'activité des individus, le chômage entraîne quasi automatiquement une crise identitaire chez les chômeurs (et également leur entourage proche). La crise économique fait apparaître un nouvel enjeu : il ne suffit plus d'être formé scolairement, marié, ou encore de posséder un logement, il devient nécessaire de se définir par et dans le travail, sous peine de déclassement social. Le déficit identitaire vient s'ajouter à la liste des exclusions économiques (risque de licenciement, précarité, consommation en berne). Touchés par la peur du déclassement et du chômage, les individus modifient leurs façons d'être dans le cadre de l'expérience professionnelle. Ils s'engagent moins, redoutent les conséquences économiques des changements de direction, hésitent à faire valoir leurs droits *via* des instances représentatives, comme les syndicats. La légitimité de l'entreprise comme pourvoyeuse d'identité est mise à mal par le contexte économique et les pratiques de gouvernance modernes au sein des grandes entreprises.

≫ La culture d'entreprise

Une autre branche de la sociologie des organisations française va s'intéresser à la culture d'entreprise. Au sens courant, le mot « culture » concerne la connaissance des œuvres de l'esprit (littérature, musique, peinture, etc.). En sociologie, le terme désigne l'ensemble des normes, valeurs et pratiques sociales propres à un groupe donné. Cette définition implique qu'il existe une multiplicité de cultures, visibles à différentes échelles. Partant du constat que les grandes firmes ne fonctionnent pas de la même façon selon qu'elles sont implantées en France, aux États-Unis ou au Japon, les sociologues des organisations vont s'interroger sur la naissance et la transmission d'une culture au sein d'une organisation.

Philippe d'Iribarne, dans *La Logique de l'honneur. Gestion des entreprises et traditions nationales* (1989), s'intéresse aux déterminants culturels des comportements économiques au sein des entreprises. Son hypothèse est que les « traditions » d'un pays dirigent la vie des entreprises. Pour le prouver, il étudie trois filiales d'un groupe industriel français situées dans trois pays différents, la France, les États-Unis et les Pays-Bas. S'intéressant aux logiques industrielles (la façon dont la production est organisée, la façon dont la firme est gérée, la nature des rapports de travail et la conflictualité), il affirme qu'elles sont le résultat de permanences culturelles nationales :

- en France, règne la logique de l'honneur, issue de la société d'Ancien Régime. Cette logique implique des droits et des devoirs très stricts selon la position occupée dans l'organisation ;
- aux États-Unis s'impose la logique du contrat, de l'échange entre « égaux » ;
- les Pays-Bas se caractérisent par la recherche permanente du consensus.

D'Iribarne en déduit les règles d'une bonne gestion d'entreprise : les dirigeants n'ont pas d'autre choix que de prendre en compte les spécificités des cultures nationales pour être performants. Cette approche a fait l'objet de nombreuses critiques : le fait d'expliquer des comportements par des événements historiques datant de plusieurs siècles, l'idée que ces comportements seraient « inscrits » une fois pour toutes (« biologiquement ») dans une communauté nationale, ou encore le découpage des « cultures » propres à chaque pays (pourquoi ne pas inclure la France et les Pays-Bas dans une culture latine par opposition à une culture anglo-saxonne ?).

2 Éléments de sociologie du travail

Le travail industriel prend une place dominante dans l'analyse de la société à partir du XIXe siècle. Son évolution est au centre du processus de transformation du capitalisme selon Karl Marx. Émile Durkheim met l'accent sur le rôle du travail dans les mécanismes conduisant au remplacement de la solidarité mécanique par la solidarité organique (*cf.* module 1, chapitre 3).

La sociologie du travail naît dans une période de transformation des modes anciens de production. Elle apparaît d'abord aux États-Unis, sous la forme d'une discipline enseignée dans des écoles d'ingénieurs. La recherche menée à Hawthorne dans une usine de la Western Electric Company (*cf. supra* « L'école des relations humaines ») est à ce sujet fondatrice. La sociologie du travail ne s'est constituée qu'assez récemment en France, à partir des années 1950. Elle est une sociologie critique des analyses américaines des relations humaines. La recherche s'est diversifiée pour tenir compte des transformations du travail, des conditions de l'emploi et de ses formes.

A. Le développement de la sociologie du travail

Les sociologues français ne sont pas d'abord, comme leurs collègues américains, animés par la recherche d'une plus grande productivité de l'individu au travail, mais par une volonté de comprendre la classe ouvrière. Centrée sur le travail industriel et sur l'atelier, la sociologie du travail, en France, s'intéresse essentiellement à la relation de l'homme à son travail et met l'accent sur les effets de l'automatisation de la production. Elle va aussi porter son attention sur la façon dont les travailleurs vont s'organiser pour transformer les rapports individuels en relations collectives.

Les pères fondateurs en France : Georges Friedmann, Pierre Naville et Alain Touraine

Le travail est vu comme le soubassement de la société industrielle. Le rôle du sociologue consiste à étudier les formes que revêt le travail. On peut dire que l'on passe d'une sociologie industrielle (les études américaines) à une sociologie du travail qui passe alors principalement par les recherches effectuées dans les ateliers des grandes entreprises industrielles.

≫ Georges Friedmann

En introduction au *Traité de sociologie du travail* (coécrit avec P. Naville en 1961), Georges Friedmann a défini la sociologie du travail comme l'étude « de toutes les collectivités humaines qui se constituent à l'occasion du travail ».

Friedmann est influencé par les apports du marxisme à la sociologie. Il voit dans la rationalisation toujours plus poussée du travail un instrument de déqualification ouvrière. Dans *Le Travail en miettes* (1956), il montre les limites du management taylorien et de sa décomposition du processus de travail en tâches. La spécialisation des postes entraîne un éclatement des tâches et des modalités d'apprentissage appauvries. L'activité créatrice de l'ouvrier disparaît. Son travail est parcellisé et sans responsabilité. Friedmann analyse l'« aliénation dans le travail » comme la dépersonnalisation du travail. Il écrit que l'on assiste à un déclin « des métiers globaux fondés sur une culture technique et la fierté de l'achèvement d'un produit ». Ainsi le travail à la chaîne réduit en miettes l'activité laborieuse et la vide de sens.

≫ Pierre Naville

Pierre Naville écrit ses premiers ouvrages à la même époque que Georges Friedmann. Il part lui aussi d'une analyse des transformations du travail et de son organisation. Il étudie la rupture fondamentale qui bouleverse la société industrielle : celle de l'« automation », qui découple le travail du système productif de plus en plus autonome. L'automation, c'est l'ensemble de « très nombreux phénomènes qui convergent vers une fin unique : concourir au fonctionnement autonome de cycles productifs complets et de plus en plus étendus à très haut rendement » (*Vers l'automatisme social ?*, 1963). Il montre que l'autonomie des techniques rompt le rapport direct du travailleur et des processus de production. Il met en évidence la séparation croissante entre les processus automatiques de production et l'activité humaine. La robotisation de l'industrie aboutit à une situation où le temps de production peut atteindre 24 heures sur 24 et se trouve dissocié du temps travaillé, effectué par une rotation de plusieurs équipes successives.

L'analyse de Naville permet de penser les effets de l'automatisme au-delà des frontières de l'entreprise car celui-ci concerne toutes les sphères de la société (production, consommation, santé, transports). Il appelle à une maîtrise collective de la technique. Cela implique la possibilité, pour les travailleurs, de prendre des décisions sur les orientations du processus de production automatisé et d'en récolter les bénéfices en termes de connaissances élargies et de partage du travail. L'automation permet de faire apparaître une condition technique de la liberté de l'homme, elle n'en crée pas par elle-même les conditions sociales.

≫ Alain Touraine

Pour cet auteur, la situation de travail permet de comprendre les relations entre la classe ouvrière et la société. Dans *Le Travail ouvrier aux usines Renault* (1955), Alain Touraine distingue trois moments différents dans l'histoire de l'industrialisation. À chaque type d'organisation du travail correspond une image de l'ouvrier, que lui-même se donne, ce qui conduit à l'émergence constante et évolutive d'une conscience de classe. La phase A se caractérise par la séparation entre l'atelier et la direction. C'est le système professionnel où le travail ouvrier est relativement autonome, où l'apprentissage du métier se fait par la pratique. Les ouvriers bénéficient alors d'une certaine considération de leur travail. Les ouvriers revendiquent la marche de l'industrialisation et le bénéfice de ses produits. L'organisation de la représentation ouvrière se fait par le syndicalisme de métier. La phase B est marquée par la production en grande série. Les ouvriers qualifiés subsistent, mais ils ne produisent plus directement. Les tâches de production sont effectuées par les ouvriers spécialisés, qui n'ont pas de qualification. L'autonomie ouvrière s'affaiblit. L'union dans un même lieu des ouvriers qualifiés et spécialisés provoque l'apparition d'une conscience de classe. Le mouvement ouvrier est un facteur de changement de la société. La phase C est celle de l'automatisation, où l'ouvrier n'a plus d'action directe sur la production, il surveille des systèmes automatisés. Ces ouvriers sont proches des techniciens. Les revendications particulières se substituent au syndicalisme revendicatif.

Les trois phases de l'évolution du travail ouvrier, telles qu'Alain Touraine les décrit, sont liées à un état donné du système économique et social.

Les relations collectives de travail

Les conflits qui traversent les sociétés naissent souvent dans la sphère du travail, mais sont aussi révélateurs de tensions qui traversent tout le tissu social. Ils sont par ailleurs à l'intersection de la sociologie du travail et des relations professionnelles. Dans les pays anglo-saxons, la recherche autour des relations collectives de travail est autonome et séparée de la sociologie du travail, sous la dénomination « *industrial relations* », alors qu'elle en fait partie en France comme dans les autres pays européens.

L'analyse sociologique du rôle des conflits trouve sa source dans les écrits de K. Marx. Le conflit est perçu, dans sa perspective, comme le moteur du changement social. Selon Marx, « L'histoire de toute société jusqu'à nos jours n'a été que l'histoire de la lutte des classes » (*Manifeste du Parti communiste*, 1848). Un conflit de classes oppose d'une part les capitalistes, qui détiennent les moyens de production, et les prolétaires, qui n'ont pas d'autre choix que de vendre leur force de travail pour survivre. Le rapport social de production capitaliste, c'est-à-dire le salariat, doit devenir dominant avec la prolétarisation des petits producteurs et se caractériser par des rapports de domination, légitimés par l'État et l'idéologie dominante, et d'exploitation. Au départ isolés et mis en concurrence par les capitalistes, les travailleurs doivent peu à peu prendre conscience de leurs intérêts communs pour entrer en conflit : la conscience de classe permet le passage de la classe en soi à la classe pour soi.

En France, la formation du groupe ouvrier comme classe sociale apparaît comme le résultat des luttes sociales : la révoltes des canuts (1831-1834), les insurrections de 1848 et de 1871, bien que se soldant par des défaites, jouent un rôle essentiel dans l'imaginaire social. À la Belle Époque (1890-1914), les grèves se multiplient avec comme avant-garde les gens de métiers qui parviennent à rassembler des franges de plus en plus larges du monde ouvrier. La reconnaissance des syndicats, la création des bourses du travail, la fondation de la Confédération générale du travail (CGT) en 1895, structurent le monde ouvrier et permettent la naissance d'un système de représentation collective et une identité ouvrière au-delà des identités de métier. Le Front populaire se caractérise par l'éruption de la classe ouvrière sur la scène politique. La grève générale de juin 1936 débouche sur les accords de Matignon qui reconnaissent le droit syndical dans l'entreprise et mettent en place un cadre pour les conventions collectives. Des années 1930 aux années 1950, la classe ouvrière se structure ainsi autour d'un groupe central (G. Noiriel, *Les Ouvriers dans la société française*, 1986) composé des mineurs, des métallurgistes (ou métallos), des cheminots, à la fois moteurs des mobilisations sociales et politiques et emblèmes du groupe ouvrier, notamment pour leur rôle dans le mouvement de 1936 et dans la Résistance. Les grandes grèves de 1947-1948 attestent d'une cohésion qui parvient à gommer les différences internes, entretenue par le Parti communiste français et la CGT, considérés alors comme des représentants légitimes du mouvement.

Alain Touraine se donne pour but de repenser la dynamique de l'histoire et la capacité d'action des individus ; pour lui, la société serait capable d'agir sur elle-même. C'est ce qu'il explique par son concept d'historicité, un concept complexe qu'il décrit comme la « capacité d'une société de construire ses pratiques à partir de modèles culturels et à travers des conflits et des mouvements sociaux » (*La production de la société*, 1973). L'historicité est ce qui fait que la société connaît des changements, qu'il y a de l'histoire.

Il existe alors dans chaque société un mouvement social incarnant un projet de changement sociétal. Pour y parvenir, un mouvement doit réunir trois principes :

- un principe d'identité : il s'agit de se demander qui est en lutte ; le conflit définit l'acteur ;
- un principe d'opposition : il faut déterminer qui est l'adversaire dans le conflit ;
- un principe de totalité : lutter pour quoi ? C'est ici tout l'enjeu du conflit que d'orienter le sens de l'histoire.

Chaque type de société est dominé par un mouvement social. Ainsi, les sociétés industrielles placent les rapports de production dans l'ordre économique au centre des préoccupations. Elles se caractérisent par la centralité du mouvement ouvrier, avec des revendications essentiellement matérielles (rémunérations, droits sociaux) portées par les syndicats. « La conscience ouvrière n'est pas à prendre comme donnée, mais comme construite à la croisée d'une expérience de travail et d'une expérience de mobilisation. Elle est composée d'une "conscience prolétaire" faite d'un sentiment de manque et de privation et liée à la position de dominé dans les rapports de production, mais aussi d'une "conscience fière", faite de représentations et de valeurs morales spécifiques et de savoir-faire particuliers » (Y. Renaud, « Mouvement perpétuel. Luttes sociales et historicité de la société dans la théorie d'Alain Touraine », 2003).

Les nouvelles visions de la société amènent à de nouveaux procédés de mobilisation et ainsi à des mouvements sociaux qui diffèrent des anciens mouvements. Selon A. Touraine (*La Société postindustrielle*, 1969), le passage de la société industrielle à la société postindustrielle a ainsi impliqué une transformation des mouvements sociaux. La question centrale se déplace alors de la sphère productive vers la maîtrise des réseaux d'informations. D'où l'apparition de « nouveaux mouvements sociaux » tels que le mouvement étudiant, antinucléaire, les mouvements régionalistes, le mouvement féministe. Ces formes d'actions collectives, qui se développent en dehors de la sphère industrielle, sont également étudiées dans d'autres pays européens, comme l'Italie ou l'Allemagne. Pour R. Inglehart (*The silent Revolution*, 1977), ces mouvements sociaux sont davantage centrés sur les valeurs et l'identité car une fois que les sociétés ont répondu aux besoins matériels, les revendications deviennent plus qualitatives dans une société post-matérialiste.

Cependant, dans les faits, ces revendications sont souvent imbriquées : le mouvement féministe milite pour l'égalité des salaires hommes-femmes par exemple. À l'inverse, la mobilisation pour la journée de huit heures a une dimension qualitative. Le caractère nouveau des mouvements sociaux ainsi que leur capacité à changer la société ont peut-être été surestimés (É. Neveu, *Sociologie des mouvements sociaux*, 2019).

Parallèlement, on assiste à une diversification des formes et des acteurs des mobilisations collectives. Les mobilisations peuvent prendre des formes déjà observées au cours de l'histoire mais elles ont aujourd'hui un écho médiatique certain : blocages, manifestations festives (*gaypride*), occupations de lieux. Par ailleurs, devant la baisse, plus ou moins forte selon les pays, du taux de syndicalisation et une certaine défiance face aux oppositions organisées jugées trop centralisées et trop éloignées des revendications de la base, de nouveaux acteurs peuvent animer les mobilisations. C'est par exemple le cas du collectif Inter-Urgences créé en 2019 pour défendre l'exercice paramédical aux urgences, ou du mouvement des Gilets jaunes. Un collectif de 70 universitaires, dont des sociologues, a mené une enquête sur ce mouvement et souligné « un large rejet des organisations représentatives traditionnelles », rassemblant en majorité des actifs occupés ou des retraités « primo-manifestants » peu rompus à la mobilisation collective (*Le Monde*, « Gilets jaunes : une enquête pionnière sur les revenus modestes », décembre 2018). Une frange de la population ne se sent plus représentée, ni politiquement ni syndicalement.

B. Une diversification des approches et des thématiques

La sociologie du travail, telle qu'elle s'est développée en France depuis les années 1950, s'est très largement confondue avec celle des travailleurs. Les transformations de la population active – arrivée massive des femmes dans le salariat et changements de la relation d'emploi, notamment la multiplication des « formes particulières d'emploi » – ont conduit à une sociologie de l'emploi. Les recherches sur le genre du travail, sur le statut de l'emploi se sont ainsi développées.

Travail et genre

À partir des années 1990, la réflexion sur la prise en compte du genre dans la sociologie du travail se développe. Cette réflexion vient, d'une part, de la rencontre entre deux champs voisins, celui du travail et celui de l'éducation qui fait s'interroger sur la persistance des inégalités entre hommes et femmes alors que s'observe une plus grande réussite scolaire féminine, et, d'autre part, de l'attention portée aux évolutions des métiers et des professions qui conduit la sociologie du travail à se détacher des analyses du seul monde ouvrier.

≫ Une division sexuée du travail

Dans *Un siècle de travail des femmes en France* (2012), Margaret Maruani et Monique Meron retracent l'histoire du travail des femmes au XXe siècle. Leurs conclusions bousculent les idées reçues : contrairement à ce que l'on croit souvent, les femmes ne sont pas entrées sur le marché du travail récemment, elles ont toujours activement participé à l'activité économique. En 1901, la population active comptait 6,8 millions de femmes et 12,9 millions d'hommes. Mais c'est avec la diffusion du salariat que l'activité professionnelle des femmes est devenue visible.

L'entrée des femmes dans le salariat a fortement contribué depuis les années 1960 à la croissance globale de l'emploi. Le taux d'activité des femmes a beaucoup augmenté. Pour la tranche d'âge 15-64 ans, il est passé de 52,7 % en 1975 à 68,2 % en 2019 (contre respectivement 83,6 % et 75,3 % pour les hommes). Ce taux est de 83,3 % pour les femmes dans la tranche 25-49 ans en 2019, et de 92,4 % pour les hommes. Aujourd'hui, la moitié des emplois en France sont occupés par des femmes. Malgré des évolutions importantes dans l'accession des femmes à différents métiers, la division sexuée du travail persiste. Le marché du travail présente des métiers à dominante masculine, d'autres à dominante féminine. La progression de l'activité féminine s'est principalement réalisée dans les emplois déjà féminisés.

Un rapport de la Direction de l'animation de la recherche, des études et des statistiques (DARES) de 2019 indique que sur 87 familles de métiers, moins de 20 présentent une répartition entre les femmes et les hommes à peu près équilibrée. Ce qui atteste d'une ségrégation professionnelle sexuée (Meulders *et al.*, *Meta-Analysis of Gender and Science Research Topic Report : Horizontal and Vertical Segregation*, 2010). La ségrégation professionnelle peut être définie comme une situation où les travailleurs sont assignés, de droit ou de fait, à des professions différentes en fonction de leurs caractéristiques intrinsèques, comme leur sexe ou leur origine ethnique. En France comme dans les autres pays développés, on constate une ségrégation sexuée horizontale correspondant à la concentration des femmes dans certains secteurs d'activités (enseignement, santé, secrétariat, vente, services aux particuliers). Elles sont également concentrées dans moins de familles professionnelles que les hommes. Ainsi, en France, la moitié des emplois occupés par les femmes se concentre dans seulement 12 des 87 familles professionnelles, alors que les hommes se répartissent de manière beaucoup plus diversifiée au sein de ces familles.

À cette ségrégation horizontale s'ajoute une ségrégation verticale. Plus on monte dans la hiérarchie de prestige et de pouvoir, plus la part des femmes s'affaiblit. On constate une sous-représentation des femmes dans des professions présentant des caractéristiques valorisées en termes de revenus et-ou de reconnaissance sociale. Les femmes restent sous-représentées dans les instances dirigeantes des grandes entreprises et connaissent des difficultés à faire évoluer leur carrière vers de hautes responsabilités. On observe ainsi une domination masculine dans la monopolisation du pouvoir au sommet des grandes entreprises et des administrations publiques.

Ces deux dimensions de la ségrégation sexuée, horizontale et verticale, sont le plus souvent liées.

≫ Des inégalités en termes de qualité d'emploi et de rémunération

Des années 1970 aux années 1990, le taux de chômage des femmes était supérieur à celui des hommes. L'écart des taux de chômage était de 2 à 4 points. Dans les années 2000, cet écart s'est réduit et a même disparu à partir de 2012. En décembre 2020, le taux de chômage des femmes est de 8,6 % contre 9,2 % pour les hommes. Ce changement est expliqué principalement par la répartition sectorielle des emplois des hommes et des femmes. Le secteur tertiaire a créé des emplois tandis que l'industrie en a perdu. Or le tertiaire emploie majoritairement des femmes, l'industrie majoritairement des hommes. Et la hausse du chômage des hommes a été plus forte au début de la crise économique, en 2008 et 2009, les emplois industriels étant plus touchés.

Cependant, les femmes sont majoritaires parmi les demandeurs d'emploi en activité réduite et dans le halo du chômage (*cf.* module 4, chapitre 1). Les frontières de l'emploi et du sous-emploi, de l'activité et de l'inactivité, sont fluctuantes pour beaucoup de femmes, en particulier pour les moins qualifiées d'entre elles. L'augmentation de la participation des femmes au marché du travail est due en grande partie à la progression des formes particulières d'emplois que sont les contrats à durée déterminée, le travail intérimaire et le travail à temps partiel en particulier.

Le travail à temps partiel est fortement féminisé. La population à temps partiel est à 80 % féminine. Les catégories socioprofessionnelles les plus représentées dans le temps partiel sont également les plus féminisées. Neuf salariés à temps partiel sur dix travaillent dans le tertiaire. Plus de 28 % des femmes actives sont salariées à temps partiel, contre 8 % des hommes.

Un autre fait notable est la conjonction de l'emploi précaire et du travail à temps partiel. La part de salariés à temps partiel parmi les titulaires d'un contrat de travail temporaire augmente de façon significative depuis une vingtaine d'années, que ce soit pour les hommes ou pour les femmes. Le résultat de cette évolution aboutit, pour les femmes, à accentuer la précarité.

Le temps partiel peut être imposé par les employeurs, il est alors souvent associé à un travail non qualifié, avec des horaires pouvant être atypiques. Il entraîne alors une précarité de l'insertion sur le marché du travail et une dégradation des conditions de vie. Le temps partiel peut aussi être choisi par les femmes pour la garde des enfants. On parle de choix, mais celui-ci peut en fait être contraint, dans le sens où il peut être difficile de trouver des structures d'accueil de la petite enfance. Ce sont ainsi presque toujours les mères qui choisissent alors de travailler à temps partiel. Le travail à temps partiel représente un frein dans la progression de carrière, il entraîne aussi une plus grande dépendance financière, source possible de difficultés lors d'une rupture. Les femmes représentent plus de 80 % des parents à la tête d'une famille monoparentale et le taux de pauvreté (à 60 % du revenu médian) des familles monoparentales est de plus de 35 %.

Ainsi, les femmes demeurent dans une situation plus défavorable que les hommes pour l'accès à l'emploi, contrairement à ce qu'indique le seul examen du taux de chômage.

Les inégalités professionnelles entre les femmes et les hommes se traduisent aussi par des écarts de rémunération. Selon l'INSEE (données 2017), les femmes perçoivent en moyenne une rémunération inférieure de 28,5 % à celle des hommes. Plus de 40 % de cet écart résulte des inégalités de temps de travail, les femmes étant bien plus souvent à temps partiel que les hommes.

Les écarts de salaire entre les femmes et les hommes pour un même volume de travail, c'est-à-dire en équivalent temps plein, se réduisent régulièrement depuis quarante ans, mais ils restent importants. Les femmes salariées du secteur privé gagnent en moyenne 16,8 % de moins que les hommes en équivalent temps plein, ou, dit autrement, les hommes touchent en moyenne un salaire supérieur de 20,3 % à celui des femmes. Deux tiers de l'écart de salaire entre les sexes sont liés à l'emploi occupé, donc à la ségrégation professionnelle : d'une part les hommes et les femmes n'occupent pas les mêmes métiers, ne travaillent pas dans les mêmes secteurs ou les mêmes entreprises, d'autre part les femmes accèdent moins aux emplois les mieux rémunérés. Ces inégalités d'accès aux emplois les mieux rémunérés sont particulièrement élevées parmi les salariés ayant des enfants, si bien que les écarts de salaire entre les pères et les mères sont nettement plus importants qu'entre les femmes et les hommes sans enfant.

L'écart de salaire moyen en équivalent temps plein entre les femmes et les hommes pour un même poste se réduit à 5,3 % dans le secteur privé. Cet écart « toutes choses égales par ailleurs » résulte pour partie de discriminations liées au sexe mais, comme le souligne l'INSEE, il peut aussi refléter des différences de caractéristiques non observées.

≫ Les mécanismes à l'origine des inégalités

La ségrégation professionnelle peut être en partie expliquée par des parcours scolaires sexués. En effet, les différences de choix d'orientation et de poursuite d'études entre filles et garçons ont des incidences ultérieures sur l'insertion dans l'emploi ainsi que sur les inégalités professionnelles et salariales entre les femmes et les hommes.

Les données statistiques mettent en évidence que les filles réussissent mieux à l'école. D'un meilleur niveau scolaire, les filles s'orientent davantage vers l'enseignement général et technologique que les garçons. Mais elles sont moins nombreuses en proportion à s'orienter dans les filières scientifiques. Dans l'enseignement professionnel, la mixité est rarement atteinte, tant dans les domaines de la production – où 15 % des élèves ou apprentis sont des filles – que dans les domaines des services où les filles sont majoritaires (66 %). Les filles ont un taux de réussite plus élevé au baccalauréat général ou technologique de 10 points par rapport aux garçons et obtiennent plus souvent des mentions. Pour le baccalauréat général, l'avantage des filles est très grand : en 2019, quand 42,6 % d'une classe d'âge a obtenu un baccalauréat général, ce sont 50 % des filles qui l'ont obtenu, pour seulement 35,4 % des garçons.

Pourtant, en dépit de cette réussite scolaire, les femmes se dirigent tendanciellement vers des formations et des spécialités moins valorisées socialement. Les filières qui résistent le plus à la parité hommes-femmes sont celles qui sont les plus sélectives et qui conduisent le plus directement aux postes à responsabilités dans l'administration publique ou les grandes entreprises. Cet état de fait peut s'expliquer par des stéréotypes de genre encore en vigueur dans l'éducation des filles. De plus, les filles sous-estiment systématiquement leurs chances de réussite et ont tendance à être moins ambitieuses après le baccalauréat.

Les inégalités professionnelles peuvent aussi s'expliquer par le fait que les métiers occupés par les femmes sont considérés comme moins prestigieux de par la présence même des femmes. La division sexuée du travail entraîne une catégorisation en « métier d'homme » et « métier de femme ». Selon Pierre Bourdieu (*La Domination masculine*, 1998), les métiers d'hommes sont considérés comme de « vrais métiers » tandis que ceux des femmes sont estimés moins favorablement et sont perçus comme des métiers où elles peuvent exprimer leurs dispositions « naturelles ». Implicitement on considère que ces métiers demandent des compétences qui seraient des attributs féminins et non des savoirs et savoir-faire que les femmes auraient acquis, ce qui a un impact sur la reconnaissance des qualifications des femmes.

Le fait que les femmes accèdent moins souvent aux postes à responsabilité et connaissent une moindre progression de leur carrière peut s'expliquer par la présence d'un « plafond de verre », expression apparue aux États-Unis à la fin des années 1970. Jacqueline Laufer (« Femmes et carrières : la question du plafond de verre », 2004) définit le plafond de verre comme l'ensemble des obstacles visibles et invisibles qui séparent les femmes des sommets des hiérarchies professionnelles et organisationnelles. Les variables objectives (diplômes, ancienneté) ne permettent pas de justifier la situation.

Les entreprises valorisent la disponibilité, or les deux tiers du temps quotidien consacré aux tâches domestiques et parentales sont pris en charge par les femmes. Les données les plus récentes de l'Institut européen pour l'égalité entre les hommes et les femmes (agence de l'Union européenne) indiquent que les femmes continuent d'assumer plus souvent les tâches routinières de la maison et que cette inégalité risque de s'accroître avec le vieillissement de la population. En effet, une part grandissante de la population doit répondre aux besoins des seniors dépendants. Mais, tandis que la part des hommes qui s'occupent tous les jours d'une personne dépendante a progressé de 5 points entre 2007 et 2016, elle a augmenté de 11 points chez les femmes. Les femmes supportent ainsi une forte « charge mentale » qui renvoie à l'obligation de penser à tout, tout le temps, supérieure à celle des hommes, d'autant plus lorsqu'elles deviennent mères.

En outre, la maternité, parce qu'elle implique des discontinuités dans la carrière, porte également préjudice aux carrières des femmes. Il en est de même du temps partiel choisi ou contraint qui constitue un handicap dans la progression de carrière.

La compréhension de ce qui, à compétences égales, freine la progression professionnelle des femmes par rapport à celle des hommes passe aussi par le fait que les qualités d'un manager ou dirigeant sont vues comme implicitement masculines. Ces stéréotypes auraient un impact sur les décisions de recrutement et de promotion des entreprises, mais aussi sur les choix que font les femmes qui les auraient intériorisés. Elles auraient une moindre ambition professionnelle et une moindre confiance en elles. Il est possible de parler d'une forme d'autocensure. Tout ceci rend l'accès pour les femmes aux postes à responsabilités plus difficile.

Contrats de travail et statuts d'emploi

À partir des années 1980, avec la montée du chômage et de la précarisation des emplois, les préoccupations relatives à la division du travail perdent du terrain face au souci accordé à l'emploi comme fondement de l'intégration sociale, en particulier à travers la protection sociale qu'il peut assurer. La sociologie du travail, centrée sur la figure de l'ouvrier de la grande industrie, tend à devenir une sociologie de l'emploi qui diversifie ses méthodes d'enquêtes et se rapproche d'autres disciplines (droit, économie notamment).

≫ La fragilisation du statut salarial

Participer à l'activité productive n'a pas été et n'est pas toujours à même d'assurer l'intégration sociale : certaines approches accordent une large place à la conquête des droits sociaux associés au contrat de travail salarié, puis à la fragilisation du statut salarial à partir des années 1980.

Robert Castel, dans *Les Métamorphoses de la question sociale* (1995), souligne dès l'avant-propos de son ouvrage que « le salariat, qui occupe aujourd'hui une grande majorité des actifs, et auquel se rattachent la plupart des protections contre les risques sociaux, a longtemps été une des situations parmi les plus incertaines, et aussi les plus indignes et les plus misérables ». Dans les sociétés préindustrielles, la figure du marginal, du désaffilié, était le vagabond. L'abolition des corporations permet l'émergence du salarié, un travailleur libre relié à l'employeur par un contrat de travail, assimilé à un contrat de louage de service. Mais être ou tomber dans le salariat signifie vivre « au jour la journée » et s'exposer à l'emprise du besoin. La « question sociale » désigne alors au XIXe siècle la prise de conscience des conditions d'existence des populations à la fois agents et victimes de la révolution industrielle et l'inquiétude quant à la capacité à assurer la cohésion sociale.

La conquête des droits sociaux a permis le passage du simple contrat de travail au statut salarial. L'assurance collective apportée par ces droits sociaux permet d'être protégé même sans disposer d'un patrimoine personnel : la propriété sociale protège contre les grands risques sociaux tels que la maladie, les accidents du travail, la vieillesse impécunieuse. C'est ainsi que F. Ewald (*L'État-providence*, 1986) fait de la loi française de 1898 sur les accidents de travail l'acte de naissance de l'État-providence. Le cotisant devient un ayant-droit dans un cadre institutionnel novateur qui associe mobilité et sécurité : telle est la logique de la Sécurité sociale à partir de 1945 en France. Avec la progression des droits sociaux et le développement de l'État-providence, le statut salarial devient valorisé et attractif, la « matrice de base de la société salariale moderne » selon R. Castel.

La montée du chômage et la précarisation des emplois vont pousser au premier plan les thématiques de la vulnérabilité, de la désaffiliation, de la ségrégation, de la relégation ou du déclassement. R. Castel postule qu'il existe une corrélation forte entre la place occupée dans la division sociale du travail et la participation aux réseaux de sociabilité et aux systèmes de protection sociale. D'où la possibilité de construire des « zones » de cohésion sociale. La zone d'intégration correspond à la combinaison travail stable-insertion relationnelle solide. À l'inverse, l'absence d'activité productive et l'isolement relationnel correspondent à la désaffiliation. La vulnérabilité sociale est une zone intermédiaire combinant la précarité du travail et la fragilité des supports de proximité. Ces configurations ne sont pas données une fois pour toutes : si une crise économique survient, la zone de vulnérabilité se dilate, elle ronge la zone d'intégration et alimente la désaffiliation. Un processus de fragilisation de la cohésion sociale peut ainsi être mis en évidence.

R. Castel souligne l'intérêt de combiner les analyses sociologiques, historiques et économiques. En effet, cette « nouvelle » question sociale est liée à une dynamique, analysée en économie comme la dualisation du marché du travail. Les travaux de P. Doeringer et M. Piore (*Internal Labor Markets and Manpower Analysis*, 1971) proposent de distinguer deux marchés du travail : un marché primaire, avec des emplois plus qualifiés, mieux rémunérés, plus stables et protégés ; un marché secondaire, avec des personnels plus précaires, moins qualifiés, davantage soumis aux aléas de la demande (*cf.* module 4, chapitre 1). Les droits et les protections du travail sont progressivement perçus comme des obstacles à l'impératif de la compétitivité. La conséquence des changements des types d'emplois est un effritement de la société salariale qui se caractérise par l'apparition de nouveaux risques rendant le rapport au travail aléatoire. Castel souligne ainsi, dans son ouvrage de 2009 *La Montée des incertitudes*, les effets sociaux du renforcement de l'insécurité sociale. Depuis quarante ans, d'importantes transformations sociales ont érodé certains droits sociaux. Des « individus par défaut » sont renvoyés à des formes inférieures de protection, délivrées sous conditions de ressources, tels les minima sociaux, et n'ont pas accès aux supports nécessaires pour s'en sortir, en particulier les jeunes des banlieues défavorisées ou les chômeurs de longue durée. Ni la politique de la ville ni la politique de l'emploi ne semblent appropriées pour les aider concrètement.

Selon R. Castel, le travail est plus que jamais le principal facteur de cohésion sociale. Alors qu'on parlait à la fin des années 1990 de « la fin du travail » (du nom d'un ouvrage de Jeremy Rifkin sorti en 1995) sous l'effet du progrès technique et de nouvelles méthodes de gestion de la main-d'œuvre, Castel affirme que « parler de la perte de la centralité du travail repose sur une énorme confusion qui assimile le fait que l'emploi a perdu sa consistance avec le jugement de valeur qu'il aurait perdu son importance » (« La fin du travail, un mythe démobilisateur », 1998). Michel Lallement (*Le Travail : une sociologie contemporaine*, 2007) affirme, dans la même lignée, que le travail fait toujours société. Si le travail et les travailleurs se sont transformés au fil du temps, en étant « moteur et révélateur des mutations contemporaines, le travail a plus que jamais statut d'institution ».

Certains travaux soulignent que le processus de marginalisation peut se dérouler au sein de l'activité salariale. Des travaux pluridisciplinaires au sein du Centre d'études et de recherches sur les qualifications (CEREQ) montrent le processus d'exclusion dans le travail de certains salariés, victimes d'usures physiques et mentales, jeunes précarisés, salariés menacés par la fragilité de leurs compétences (illettrisme ou obsolescence de leurs qualifications). Ces travailleurs acceptent leur relégation dans des emplois subalternes (emplois aidés, ateliers protégés, classement en travailleurs handicapés). En 2020, 2,5 millions de personnes âgées de 18 à 65 ans sont en situation d'illettrisme en France et cette maîtrise insuffisante des compétences de base les met en difficulté dans la vie quotidienne et leur parcours professionnel.

Dans une logique proche, Serge Paugam, dans *Le Salarié de la précarité. Les nouvelles formes de l'intégration professionnelle* (2007), évoque la situation d'intégration disqualifiante, qui combine insatisfaction au travail et précarisation de l'emploi. En utilisant la méthode de l'enquête par entretiens approfondis sur cinq bassins d'emplois regroupant une variété de secteurs d'activité (hôpital public, chimie, métallurgie, informatique, agro-alimentaire, assurance), Paugam montre qu'une trop grande incertitude les empêche de se projeter dans l'avenir. Ces travailleurs se détournent de la politique ou du syndicalisme, et intériorisent un sentiment d'incompétence, d'indignité, d'identité négative.

≫ Une réalité de l'emploi de plus en plus fragmentée

Le statut des emplois est à la fois une construction juridique, économique et sociale. À ce titre, selon S. Erbès-Seguin (*La Sociologie du travail*, 2010), il concerne directement la sociologie du travail. L'analyse des éléments juridiques, économiques et sociaux permet au sociologue de comprendre les renouvellements permanents de la relation d'emploi.

La relation d'emploi a été au niveau de la forme juridique majoritairement dominée par le contrat de travail à durée indéterminée et à temps complet jusqu'au début des années 1980. Puis on assiste à une diversification des statuts d'emploi au sein d'un même type de contrat ou entre contrats différents.

À la fin de la première décennie du XXIe siècle, la part des contrats à durée indéterminée dans l'emploi salarié est de 84,7 %, celle des contrats à durée déterminée de 10,1 %. Le CDI est considéré comme le statut d'emploi le plus protecteur, mais cette protection est de plus en plus sujette à caution. Selon la DARES, un tiers des CDI conclus dans l'année sont rompus moins d'un an après leur signature. Le secteur le plus touché est l'hébergement-restauration. La majorité des CDI des employés peu qualifiés sont résiliés au bout de moins d'un an. Les démissions ou les fins de période d'essai sont plus fréquentes chez les 15-24 ans. Par ailleurs, en 2017, a été créé en France le CDI de chantier ou d'opération : c'est un contrat à durée indéterminée conclu pour la durée d'un chantier ou d'une opération. Il a pour spécificité de pouvoir être valablement rompu par l'employeur lorsque le chantier pour lequel le salarié a été recruté est achevé ou l'opération réalisée. À partir de 2008, les analyses des ruptures du contrat du travail montrent l'essor des ruptures « conventionnelles » pour les CDI. Si ces formes de rupture évitent le recours au jugement d'un conseil de Prud'hommes, elles éludent la possibilité de dialogue, une éventuelle amélioration de la situation et la pérennisation de l'emploi du salarié. La rupture conventionnelle individualise une solution qui passe par la sortie du salarié de l'emploi en CDI, et occulte les dimensions collectives des problèmes rencontrés.

Le contrat à durée déterminée (CDD) représente actuellement près de 90 % des embauches. Sa durée moyenne ne cesse de diminuer : la part des CDD très courts (de moins d'un mois) dans l'ensemble des CDD était de 58 % en 1998, elle est désormais de plus de 80 %. Il s'agit de rendre flexible une partie de la main-d'œuvre, de réduire le prix à payer pour rompre le lien de travail, tout en permettant la prévisibilité de ce coût. La souplesse du contrat de travail facilite les politiques d'emploi différenciées selon le type d'entreprise et de main-d'œuvre. Elle est aussi un outil permettant d'individualiser la gestion de l'emploi.

Les formes « non standard d'emploi » (horaires décalés, travail le dimanche, temps partiel, stages, intérim, emplois rémunérés en chèque emplois-services...) représentent près d'un tiers des emplois. Les exigences en termes de disponibilité progressent : en 2016, un salarié sur deux indiquait travailler le samedi, un sur trois le dimanche. Le nombre des emplois temporaires à temps partiel, souvent sous la forme de contrats de vacataires, ne cesse de croître, y compris dans le secteur public (enseignement, monde de la culture en particulier).

Les métiers du monde artistique constituent un terrain de recherche sociologique sur les frontières floues des relations contractuelles, notamment à travers les travaux du Centre de sociologie du travail et des arts. La thèse que défend le sociologue Pierre-Michel Menger (*Portrait de l'artiste en travailleur. Métamorphoses du capitalisme*, 2003) est que les travailleurs du monde artistique sont à la fois en marge du statut salarial traditionnel mais aussi qu'ils préfigurent les changements de l'ensemble du monde du travail (*freelancing*, contrats très courts). Par exemple, la convention collective des réalisateurs de télévision les situe entre le statut salarial et celui d'artiste indépendant, responsable de son œuvre. Les réalisateurs sont cependant répertoriés en tant que salariés par l'INSEE. Leur position est donc ambiguë. Mais, dans une situation de marché devenue de plus en plus difficile, ils tendent actuellement à rejoindre la catégorie des intermittents du spectacle. La crise sanitaire qui a débuté en 2020 a mis la culture à l'arrêt et fragilise avant tout les plus précaires – plasticiens, auteurs, indépendants et vacataires – traités en outsiders d'un monde dont ils sont pourtant les piliers (Roxana Azimi, « Artistes, auteurs et vacataires : l'inquiétude monte chez les précaires de la culture », *Le Monde*, 24 mars 2020). Les mesures d'urgence prises peinent à rassurer le monde de la culture en permettant la continuité des droits et des revenus des intermittents et des techniciens, en partie du fait de l'ambiguïté de statut des travailleurs concernés. Le filet de sécurité incarné par le régime de l'intermittence en France peine à remplir pleinement ses fonctions.

L'émergence des plateformes numériques conduit aussi à une diversification des formes d'emploi. L'ubérisation ou plateformisation du travail correspond à une situation où une plateforme en ligne permet à des sociétés de mettre en contact des travailleurs indépendants avec une multitude de clients potentiels. La part des travailleurs de plateformes dans la population active a augmenté, mais elle reste très modeste : moins d'1 % de la population active en France. Les travailleurs sur plateforme ont des qualifications très diverses. Ces nouvelles formes de travail peuvent être des opportunités pour des professionnels offrant des services à très haute valeur ajoutée et pour des personnes peu ou pas qualifiées ayant des difficultés à s'insérer sur le marché du travail par le biais du salariat.

Cependant, ce nouveau type d'activité peut aussi être synonyme de précarité pour les travailleurs indépendants qui y proposent leurs services. Ils n'ont pas de lien de subordination classique avec la plateforme, mais une simple relation commerciale. Il s'agit d'un travail à la tâche qui fragilise la couverture sociale. On se rapproche ici de l'analyse de la firme proposée par Jensen et Meckling (1976) : le contrat de travail est censé être similaire à un contrat commercial (*cf. supra,* partie 1 de ce chapitre). Or, si ces travailleurs sont indépendants d'un point de vue juridique, ils sont dans les faits en état de dépendance économique vis-à-vis du prestataire de services.

Les mutations des statuts de l'emploi nécessitent de trouver des réponses concernant les protections liées à la relation de travail (comme les négociations collectives, la formation continue) et les droits sociaux.

1600 Création de la BEIC (British East-India Company) ou Compagnie britannique des Indes Orientales.

1602 Création de la VOC (Vereenigde Oostindische Compagnie) ou Compagnie néerlandaise des Indes orientales par les États généraux des Provinces-Unies.

1609 Création de la Banque d'Amsterdam.

1694 Création de la Banque d'Angleterre.

1791 La loi Le Chapelier et le décret d'Allarde interdisent les corporations en France.

1799 *Combination Act* en Grande Bretagne, interdisant les syndicats.

1804 Le Code civil en France définit la société et met en avant la recherche des bénéfices et l'intérêt commun des associés.

1807 Création du statut de société anonyme en France.

1856 Mouvement de libéralisation progressive des sociétés anonymes en Grande-Bretagne.

1867 L'obtention d'une autorisation du Conseil d'État n'est plus nécessaire pour créer une société anonyme en France.

1890 Vote du *Sherman Antitrust Act* aux États-Unis.

1895 Création de la Confédération générale du travail (CGT).

1898 Loi sur les accidents du travail.

1910 Code du travail.

1911 Démantèlement de la Standard Oil Company de J. D. Rockefeller.

1914 Vote du *Clayton Antitrust Act* aux États-Unis.

1936 Accords de Matignon (création des conventions collectives, durée du travail hebdomadaire de 40 heures, 2 semaines de congés payés).

1945 Ordonnances créant la Sécurité sociale.

1950 Création du SMIG.

1958 Création du régime de l'assurance chômage (UNEDIC).

1970 Création du SMIC.

1982 Instauration de la semaine de 39 heures et de la cinquième semaine de congés payés.

1998 Loi Aubry fixant la durée hebdomadaire du travail à 35 heures.

2001 Faillite de la société Enron (courtier en énergie).

2002 Vote de la loi Sarbanes-Oxley aux États-Unis imposant de nouvelles règles comptables et une transparence financière, en réaction à la faillite frauduleuse d'Enron.

2008 Création du régime d'auto-entrepreneur.

2012 Introduction de la notion de télétravail dans le Code du travail.

2013 Loi sur la sécurisation de l'emploi.
Catastrophe du Rana Plaza au Bangladesh dans laquelle 1 138 travailleurs perdent la vie lors de l'effondrement de l'immeuble abritant des entreprises sous-traitantes du secteur du textile.

2016 Loi relative au travail, à la modernisation du dialogue social et à la sécurisation des parcours professionnels (loi El Khomri).

2017 Cinq ordonnances réformant le Code du travail (nouvelles règles de négociation collective, rénovation du droit au télétravail).
Loi sur le devoir de vigilance en France des sociétés-mères sur les pratiques de leurs filiales, fournisseurs ou sous-traitants pour les entreprises de plus de 5 000 salariés.

2019 Loi relative à la croissance et la transformation des entreprises (dite loi PACTE) en France, visant à moderniser la gouvernance des entreprises et introduisant la qualité de société à mission. La société peut avoir des objectifs qui ne se limitent plus à l'intérêt des associés mais touchent à l'intérêt général.

2020 Le régime social des indépendants est supprimé, ils sont désormais intégrés au régime général de la Sécurité sociale.
Facebook est attaqué en justice par une coalition d'États américains et le gouvernement fédéral pour entrave à la concurrence.
Google est attaqué en justice par une coalition d'États américains pour pratiques anticoncurrentielles.

- **Bagla (L.)**, *Sociologie des organisations*, La Découverte, coll. « Repères », 2003.
- **Ballé (C.)**, *Sociologie des organisations*, PUF, coll. « Que sais-je ? », 2021.
- **Bernoux (P.)**, *La Sociologie des organisations*, Seuil, coll. « Points », 2009.
- **Bosc (S.)**, *Stratification et classes sociales*, Armand Colin, coll. « Cursus », 2013.
- **Capron (M.), Quairel-Lanoizelée (F.)**, *L'entreprise dans la société*, La Découverte, coll. « Grands Repères », 2015
- **Combe (E.)**, *Économie et politique de la concurrence*, Dalloz, 2020.
- **Combe (E.)**, *La Concurrence*, PUF, 2021.
- **Durand (J.-P.) et Weil (R.)**, *Sociologie contemporaine*, Vigot, coll. « Essentiel », 2006.
- **Chaudey (M.)**, *Analyse économique de la firme*, Armand Colin, coll. « Cursus », 2014.
- **Erbès-Seguin (S.)**, *La Sociologie du travail*, La Découverte, coll. « Repères », 2010.
- **Hatchuel (A.) et Segrestin (B.)**, *Refonder l'entreprise*, Seuil, coll. « La République des idées », 2012.
- **Lafaye (C.)**, *Sociologie des organisations*, Armand Colin, coll. « 128 », 2014.
- **Lambert-Dansette (J.)**, *Histoire de l'entreprise et des chefs d'entreprise en France*, L'Harmattan, coll. « Chemins de la mémoire », 2001.
- **Levillain (K.), Hatchuel (A.), Segrestin (B.), Vernac (S.)**, *Entreprises, responsabilités et civilisations*, Presses des Mines, 2020.
- **Maruani (M.)**, *Travail et emploi des femmes*, La Découverte, coll. « Repères », 2017.
- **Milewski (F.)**, « Les inégalités entre les femmes et les hommes », *in Les Mutations de la société française*, La Découverte, coll. « Repères », 2019.
- **Misset (S.)**, *Introduction à la sociologie des organisations*, Armand Colin, coll. « Cursus », 2017.
- **Tirole (J.)**, *Économie du bien commun*, PUF, coll. « Quadrige », 2016.
- **Plane (J.-M.)**, *Théorie des organisations*, Dunod, coll. « Les Topos », 2017.
- **Saussois (J.-M.)**, (dir.), *Les Organisations*, Éd. Sciences Humaines, 2016.
- **Stroobants (M.)**, *Sociologie du travail*, Armand Colin, coll. « 128 », 2016.
- **Verley (P.)**, *Entreprises et entrepreneurs du XVIIIe siècle au début du XXe siècle*, Hachette Supérieur, coll. « Carré histoire », 1994.
- *Revue d'économie financière*, n° 130, « Le gouvernement d'entreprise, nouveaux enjeux », juillet 2018.

Module 3

La mondialisation économique et financière

Chapitre 1

La dynamique de la mondialisation économique

1

L'ouverture des économies depuis le XIXe siècle

Le terme mondialisation désigne un processus par lequel les échanges de biens et services, capitaux, hommes et cultures se développent et créent des interactions croissantes à l'échelle de la planète. *Notre première mondialisation* (titre du livre de S. Berger, 2003) démarre dès le XIXe siècle. Mais ce n'est pas un phénomène linéaire puisqu'elle connaît des heurts, et même des retours en arrière, à l'image de la démondialisation de l'entre-deux-guerres. Notre seconde mondialisation présente-t-elle les mêmes fragilités que la première ?

1 La première mondialisation

J. M. Keynes, écrit, dans *Les Conséquences économiques de la paix* (1919), qu'avant 1914, « un habitant de Londres pouvait [...] commander par téléphone les produits variés de toute la Terre en telle quantité qui lui convenait [...] ; risquer son bien dans les ressources naturelles et les nouvelles entreprises de n'importe quelle partie du monde ». On peut distinguer deux grandes mondialisations : une première qui s'étend sur la seconde moitié du XIXe siècle, mise à mal par la crise des années 1930, et une seconde que l'on peut faire démarrer dès les accords du GATT en 1947 mais dont l'accélération se situe surtout à partir des années 1980. Les dernières crises (2008, 2020) nous font craindre une nouvelle démondialisation.

A. Libre-échange, commerce international et mondialisation, quelles différences ?

Stricto sensu, le commerce international ne désigne que les échanges de biens entre pays, même si ce terme est de plus en plus utilisé pour désigner aussi bien les échanges de biens que de services à l'échelle internationale. Le libre-échange désigne un modèle théorique dans lequel les échanges commerciaux sont libres. Comme le déclare P. Lamy, ex-directeur général de l'OMC, dans « Le libre échange n'existe pas » (*Revue internationale et stratégique*, 2017) : « Il n'y a pas de libre échange ; il y a des échanges plus ou moins ouverts, et pour des raisons plus ou moins légitimes. Le "libre-échange" est une fiction à la fois utile et controversée. ». Dans les faits, le protectionnisme entrave les échanges commerciaux par des barrières tarifaires comme les droits de douane ou non tarifaires comme les quotas ou les normes techniques ou sanitaires.

Mesurer l'ouverture internationale

Différents indicateurs permettent de mesurer les échanges internationaux des économies :

La **balance commerciale** est un compte statistique qui enregistre les exportations et importations de marchandises (biens) entre un pays donné et le reste du monde. Le **solde commercial** correspond à la différence entre les exportations (X) et les importations (M) de biens ; ce solde nous éclaire sur les performances commerciales du pays.

Le **degré d'ouverture** est un indicateur qui permet de savoir dans quelle mesure le pays est ouvert sur l'extérieur :

$$\text{degré d'ouverture} = \frac{(X + M)/2}{\text{PIB}}$$

Enfin, les termes de l'échange rendent compte des évolutions relatives des prix des exportations et de ceux des importations :

$$\text{termes de l'échange} = \frac{\text{indice des prix des exportations}}{\text{indice des prix des importations}}$$

En agrégeant les différentes balances commerciales nationales à l'échelle mondiale, on devrait normalement aboutir à un solde proche de zéro car ce qu'un pays importe, un autre l'exporte nécessairement. Or, le solde mondial (X-M) du commerce international n'est pas nul ! C'est ce qu'on appelle le « trou noir » du commerce international. Il s'explique par des différences de méthodes dans la compatibilité de ces flux (catégories de services non harmonisées, utilisation de sources différentes, etc.) mais aussi par l'économie souterraine (fraudes fiscales, transactions illicites, erreurs et omissions, etc.). Le manque de données statistiques fiables rend délicate la mesure des flux internationaux au XIXe siècle, mais aussi à partir des années 1980 avec la globalisation financière et la mise en place du marché commun européen qui suppriment les contrôles aux frontières. De plus, la mesure se fait généralement en dollars. L'évolution d'une année à l'autre est donc le produit d'une progression en volume et d'une variation des cours de change des différentes monnaies par rapport au dollar.

Les chaînes de valeurs mondiales, un défi pour la mesure des flux commerciaux

Le défi aujourd'hui est notamment de mesurer les échanges qui circulent à l'intérieur des entreprises dont les chaînes de valeurs sont de plus en plus segmentées. Depuis les années 1980, les entreprises multinationales ont développé des stratégies de délocalisation de leurs sites traditionnels de production et ont mis en place une décomposition internationale des processus productifs (DIPP), qui fait éclater le processus de fabrication d'un produit entre plusieurs sites de production, en jouant sur la spécialisation fine et l'avantage comparatif de chaque site. Cela se traduit par un accroissement des échanges pour un même niveau de production. Ainsi, l'iPhone d'Apple est conçu à Cupertino en Californie mais sa production implique les cinq continents de la planète. L'assemblage se fait en Chine continentale dans les usines des firmes sous-traitantes taïwanaises, notamment Foxconn. Le produit final est ensuite exporté vers les différents marchés où il est mis à la disposition des consommateurs par le réseau commercial d'Apple. Selon Paul Krugman et Robin Wells (*Microéconomie*, 2019), pour le prix moyen usine d'un l'iPhone de 229 $ par téléphone, seulement 10 $ restent dans l'économie chinoise qui réalise la tâche d'assemblage. La part la plus important du prix – plus de la moitié – représente la rémunération des étapes à forte valeur ajoutée situées en amont (conception, recherche et développement) et en aval de l'assemblage (marketing, services après-vente) et qui sont réalisées par Apple aux États-Unis. Il est donc nécessaire de mesurer les échanges internationaux en valeur ajoutée pour connaître précisément la valeur que chaque pays crée lorsqu'il réalise des tâches à l'intérieur des chaînes de valeur mondiales (CVM) et ainsi déterminer le contenu en valeur ajoutée locale des exportations, ce qui conduit à réévaluer les déséquilibres commerciaux bilatéraux (*cf. infra*, p. 565 et suiv.).

Figure 1 – La courbe du sourire : la valeur ajoutée au long des CVM

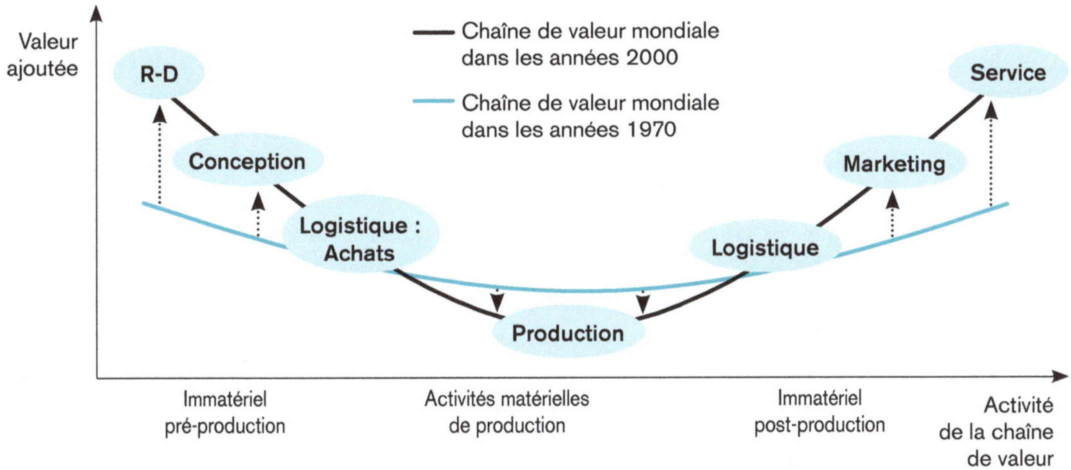

Source : d'après OCDE, *Économies interconnectées, comment tirer parti des chaînes de valeur mondiales* (2014).

Mondialisation ou globalisation ?

Le terme mondialisation a été popularisé à partir de son utilisation par McLuhan en 1962 dans *La Galaxie Gutenberg*. Elle désigne l'interconnexion croissante des économies nationales du fait de l'accroissement des mouvements de capitaux financiers et de biens et services, mais aussi de l'augmentation des flux de personnes et de leurs savoirs. Jacques Le Cacheux souligne que la mondialisation s'accompagne d'un affaiblissement des régulations nationales (« Mondialisation économique et financière : de quelques poncifs, idées fausses et vérités », 2002), tandis que Suzanne Berger (2003) met l'accent sur la mobilité des facteurs de production, capital comme travail. Les notions de globalisation (anglicisme) et de mondialisation sont couramment utilisées l'une pour l'autre. Pourtant, le terme globalisation peut révéler un sens légèrement différent en accentuant l'idée de la constitution d'un « village global » (terme utilisé par McLuhan, 1962, *op. cit.*) où les spécificités nationales tendent à disparaître. Le concept de globalisation a été popularisé par l'économiste Théodore Levitt dans *The Globalization of*

Markets (1983). Il y explique que les avancées technologiques et les nouveaux comportements sociaux permettent aux entreprises de vendre les mêmes produits à travers le monde. Émergent de cette « globalisation » des produits standardisés, vendus à bas prix, une convergence des marchés dans le monde entier et un commerce international dominé par des firmes globales définissant leur stratégie au niveau mondial.

B. Le commerce international s'accélère avec la révolution industrielle

Le commerce au long cours se développe avec les grandes découvertes

Il existe depuis très longtemps une économie internationale et les sociétés aux frontières closes relèvent de l'exception historique. Dès l'Antiquité, il y a des flux commerciaux sophistiqués et complexes, notamment autour du Bassin méditerranéen et vers l'Asie. Par exemple, dès le IIe siècle avant J.-C., les Chinois avaient mis en place un réseau commercial pour exporter la soie vers l'Occident. Sans remonter aussi loin, avant la révolution industrielle, plusieurs villes avaient connu un essor considérable grâce au commerce extérieur : Bruges (1200-1350), Venise (1350-1500), Anvers (1500-1560), Gênes (1560-1620), Amsterdam (1620-1788). Fernand Braudel, dans son ouvrage *La Méditerranée* (1949), parle d'« économies-mondes » pour désigner ces villes assez autonomes mais ouvertes aux échanges extérieurs. Les grandes découvertes des XVe et XVIe siècles vont transformer cet ensemble d'économies-mondes juxtaposées et autonomes en un espace économique plus intégré à l'échelle mondiale, à travers le développement des comptoirs économiques (entre le XVIe et le XVIIIe siècle) et de la colonisation (aux XVIe et XVIIe siècles en Amérique, puis au XIXe siècle en Afrique et en Asie du Sud et Sud-est). Certains territoires restent malgré tout quasiment totalement fermés aux échanges extérieurs, comme le Japon ou la Chine.

Dans l'Europe du XVIIIe siècle, encore influencée par les idées mercantilistes, chaque pays mène des politiques favorisant ses propres exportations. Le mercantilisme atteindrait son apogée avec les guerres napoléoniennes, comme l'expliquent Ronald Findlay et Kevin O'Rourke dans *Power of Plenty* (2007). Commerce et puissance sont alors liés : l'essor du commerce, en accroissant les revenus des pays, en créant des contacts entre les populations, en intégrant celles-ci à des degrés divers dans des flux d'échanges, est alors un déterminant de la puissance des pays. Les grands empires augmentent aussi les flux du grand commerce.

≫ Une mondialisation se met progressivement en place au XIXe siècle

Jusqu'à la révolution industrielle, une frontière forte distingue l'échange interne à la communauté et le commerce au long cours qui est fortement institutionnalisé. K. Polanyi, dans *Trade and Market in the Early Empires* (1957), distingue le *trade*, le commerce international, et le *market* (au sens de marché de village, c'est-à-dire un lieu concret où s'opèrent des échanges locaux sur la base d'interconnaissances). Le grand commerce s'opère dans des *ports of trade*, des espaces définis, sorte d'interfaces contrôlés par l'État où commerçants et négociants échangent à l'écart du *market*. Selon S. Berger (2003), jusqu'à la révolution industrielle il existe une frontière importante, encouragée par l'État, entre l'économie interne et le commerce international, à l'image par exemple au Moyen Âge de la réglementation très stricte séparant et contrôlant les foires internationales qui se tenaient à l'extérieur des villes. Or, selon Suzanne Berger, il ne suffit pas qu'il y ait échanges internationaux pour parler de mondialisation, il faut que ces échanges prennent assez d'importance pour « que les marchés extérieurs [...] déterminent de plus en plus les prix, c'est-à-dire la distribution des ressources et des revenus ». Selon elle, la période 1870-1914 s'inscrit dans le cadre de cette définition : les produits agricoles intègrent de véritables marchés de plus en plus internationalisés et les écarts de prix se réduisent entre les régions du monde. Par exemple, entre les marchés de Chicago et de Liverpool, les écarts de prix du blé sont de 58 % en 1870 et seulement de 16 % en 1913. Si, dans l'ère pré-industrielle, le commerce international concernait surtout des produits de luxe (soie, épices, etc.), désormais il s'intègre plus fortement avec l'appareil productif et ces échanges, jusque-là réservés à quelques grandes familles, entreprises ou banques, concernent de plus en plus d'acteurs au cours de la seconde moitié du XIXe siècle.

Ainsi, les flux commerciaux n'apparaissent pas avec la révolution industrielle, mais ils prennent avec celle-ci une dynamique nouvelle, une plus grande ampleur. Selon R. Bénichi dans *Histoire de la mondialisation* (2008), on observe une multiplication par 7 du commerce mondial entre 1840 et 1914 malgré le reflux protectionniste consécutif à la Grande Dépression des années 1873-1896. Au XIXe siècle, le taux de croissance annuel moyen du commerce international (de 3 à 4 % par an entre 1860 et 1914) est supérieur à celui de la production. Entre 1800 et 1913, le commerce international par tête est multiplié par 25 (il avait été multiplié par 3 au XVIIIe siècle) alors que la production mondiale par tête ne l'est que par 2,2 selon M. Rainelli dans *Le Commerce international* (2015).

≫ Les facteurs de développement du commerce international

De nombreux facteurs ont pu faciliter l'expansion du commerce international au XIXe siècle, comme le développement des moyens de transports (chemin de fer, bateau à vapeur, etc.) et de communication (télégraphe électrique, câbles sous-marins, radios à partir de 1901, etc.). La capacité de la flotte marchande double de 1860 à 1913, la marine à vapeur remplace celle à voile au cours du XIXe siècle. Les coûts de transport sont divisés par 7 en termes réels au cours du siècle selon O'Rourke et Williamson (*Globalization and History*, 1999). La tonne de marchandises entre Marseille et Saigon voit son prix de transport divisé par 10. L'ouverture du canal de Suez en 1869 et la mise au point des navires réfrigérés dans les années 1870 sont des étapes marquantes. Les innovations dans le textile (filature et tissage), la vapeur, l'industrie du fer poussent les firmes bénéficiant d'une avance technique à exporter pour rentabiliser leur production et, avec la croissance économique liée à la révolution industrielle, les entreprises doivent acheter de plus en plus de consommations intermédiaires. Entre 1830 et 1913, la valeur des exportations nettes européennes est multipliée par 16, en particulier après 1846, date de l'abrogation des *Corn Laws* britanniques (Paul Bairoch, *Commerce extérieur et développement économique de l'Europe au XIXe siècle*, 1976). Plus globalement, selon Angus Maddison (*L'Économie mondiale 1820-1992*, paru en 1995), 1 % de la production mondiale est exportée en 1820 et près de 9 % en 1913.

Les États, acteurs de cette ouverture des économies

« La vérité est que, dans l'histoire, le libre-échange est l'exception et le protectionnisme la règle » au XIXe siècle, rappelle Paul Bairoch (*Mythes et paradoxes de l'histoire économique,* 1993). Si le protectionnisme reste l'idéologie dominante, les États européens, dans la seconde moitié du XIXe siècle, vont progressivement créer des conditions plus favorables aux échanges internationaux. Ils interviennent pour assurer des débouchés et l'approvisionnement en assouplissant les régimes de change ou en ouvrant des consulats à finalité commerciale. Le régime d'étalon-or, avec la livre sterling comme monnaie internationale, s'impose progressivement, notamment à partir des années 1870. Cela permet une grande stabilité des taux de change, ce qui diminue les coûts de transaction et permet la mise en place de prêts et d'emprunts à long terme. C'est aussi la période où la pensée classique démontre que le commerce international peut être un jeu à somme positive. David Ricardo lutte ardemment contre les *Corn Laws*, s'opposant au Parlement qui défend les intérêts des propriétaires terriens favorables aux droits de douane sur le blé. Mais les libéraux convainquent peu à peu l'opinion publique des bienfaits des échanges. Le Royaume-Uni commence à réduire ses droits de douane à partir de 1842 et lève l'embargo qui frappait depuis plus de soixante ans l'exportation des machines. En 1846, les lois céréalières (*Corn Laws*), qui empêchaient l'importation de blé sur le territoire britannique, ce qui augmentait le niveau des salaires de subsistance, sont abolies. En 1849, il sera mis fin aux Actes de navigation de Cromwell, relique du mercantilisme britannique (1651) qui instaurait un monopole de sa marine marchande dans les ports du Royaume.

L'influence du libéralisme britannique sur le continent européen se traduira par une vague libre-échangiste emportant l'ensemble du continent à la suite de la signature en 1860 du traité Cobden-Chevalier entre le Royaume-Uni et la France. Ce traité est rapidement suivi par d'autres dans de nombreux pays. Grâce à la clause de la nation la plus favorisée (la concession tarifaire la plus avantageuse s'étend à l'ensemble des partenaires commerciaux), le mouvement conduit à un véritable « désarmement tarifaire » en Europe dont on situe l'apogée aux environs de 1875. Le taux moyen sur les produits manufacturés se situe alors à 6-8 %. Il est à noter qu'aucune conférence multilatérale ni aucune institution internationale n'ont servi de base au développement des échanges commerciaux pendant cette période, contrairement à ce qui a pu se passer pour la seconde mondialisation au XXe siècle. Les États-Unis, suite à la victoire lors de la guerre de Sécession des États du Nord, favorables au protectionnisme, restent à l'écart de ce mouvement, essentiellement européen.

Le retournement de la politique commerciale à partir de 1879

Mais la Grande Dépression (1873-1896), période de ralentissement économique qui touche particulièrement l'agriculture française et britannique, engendre un retournement des politiques commerciales. En 1879, l'Allemagne procède à un relèvement des droits de douane et en 1892 est voté en France le tarif Méline qui augmente les droits de douane, notamment dans l'agriculture. Une spirale protectionniste s'enclenche alors. Parallèlement, les États-Unis, déjà très protectionnistes, votent les tarifs McKinley (1890) qui amènent les droits de douane à 50 %, puis les tarifs Dingley (1897) qui les augmentent à nouveau, à 57 %. Seul le Royaume-Uni reste fidèle au libre-échange, laissant sans suite les campagnes d'opinions protectionnistes. La hausse des obstacles au commerce européen entraîne une réorientation d'une partie des échanges des puissances coloniales vers leurs empires respectifs qui deviennent des sources d'approvisionnement et de débouchés privilégiées. Cependant, ce retour du protectionnisme dans les années 1880 porte sur les seuls droits de douane – il n'y a ni prohibitions ni contingentements et les mouvements de capitaux restent libres – et il n'entraîne pas une fermeture des économies, notamment parce que la baisse des coûts de transport compense en partie la hausse des tarifs douaniers. La hausse du poids de l'industrie dans les économies avancées et le développement d'une agriculture plus commerciale favorisent le commerce international. Celui-ci connaît une croissance de 1,8 % par an en moyenne dans les années 1880-1900 et, malgré le protectionnisme, il augmente à un rythme supérieur à celui de la production mondiale. Les exportations de l'Europe quadruplent entre 1848 et 1875, puis doublent de 1875 à 1915.

La domination européenne – et particulièrement britannique – sur le commerce international

≫ La domination de l'Europe sur le commerce international

La structure géographique du commerce international se caractérise par la prépondérance de l'Europe comme première zone à la fois d'exportations et d'importations. Dès 1780, selon Rostow, l'Europe réalise les trois quarts du commerce mondial ; la Grande-Bretagne et la France sont aux avant-postes grâce au commerce maritime. Mais cette avance se poursuit au XIXe siècle avec leur industrialisation. À la veille de la Première Guerre mondiale, le Royaume-Uni est toujours le premier pays exportateur et le commerce mondial dominé par le Vieux Continent (58 % du commerce mondial, 83 % des échanges de produits manufacturés en 1910). L'Europe reste au cœur du commerce international, notamment grâce à son commerce intra-zone. Selon M. Lemoine, P. et T. Madiès (*Les Grandes Questions d'économie et finance internationales,* 2016), le commerce intra-européen représente alors 40 % des flux, le commerce entre l'Europe et les autres pays 37 %, le commerce entre pays non européens 23 %. Les flux d'échanges existent majoritairement entre les pays dont le niveau de développement est proche. L'échange international n'est donc pas la simple résultante d'une indisponibilité de certains biens (matières premières) qui doivent être importés.

Selon J. Brasseul (*Petite histoire des faits économiques,* 2013), les exportations de produits manufacturés de la Grande-Bretagne sont multipliées par 5 au cours du siècle alors que la production industrielle intérieure n'augmente que de 50 %. Ainsi, la part des exportations britanniques dans le revenu national double. Au milieu du XIXe siècle, un Anglais exporte en moyenne trois fois plus qu'un Français ou qu'un Allemand. En effet, la Grande-Bretagne est un pays à industrialisation précoce et plus rapide que la France. Grâce à son marché intérieur dense et riche, capable d'absorber une production industrielle en augmentation, le *factory system* s'y développe plus précocement et elle va ainsi gagner en compétitivité-prix. Elle peut également s'appuyer sur son empire colonial pour assurer des débouchés croissants, ses colonies d'Asie étant à la fois zone d'origine de ses importations et lieu de destination de ses exportations. Dès le XVIIIe siècle, la Grande-Bretagne bénéficiait d'un accès privilégié au marché nord-américain, de l'Inde et aux Antilles. De plus, la part de ses exportations de biens d'équipement aux pays en voie d'industrialisation s'accroît progressivement (chemin de fer). Les industriels français, avec un marché intérieur plus faible, trouvèrent eux un créneau dans le demi-luxe, comme la soierie lyonnaise ou les tissus de laine innovants. Avec les vins, ces trois postes contribuaient à 40 % des exportations en 1847-1856 selon J. Brasseul. La France, deuxième puissance industrielle exportatrice au milieu du XIXe siècle, n'affronte pas directement la puissance britannique mais développe une stratégie de créneaux en accentuant son avantage dans les produits industriels haut de gamme, dans le textile, la papeterie, la parfumerie, etc. Au cours du XIXe siècle, au fur et à mesure de leur développement, les économies industrialisées, menacées de surproduction, développent leur expansionnisme commercial. Jules Ferry déclare dans son discours à la Chambre des députés le 28 juillet 1885 : « La fondation d'une colonie, c'est la création d'un débouché. » Dès la première moitié du XIXe siècle émerge une structuration de l'économie mondiale qui préfigure celle de la première mondialisation de la fin du siècle que I. Wallerstein (*Capitalisme et économie-monde*, 1980) qualifie de système-monde : l'apparition de systèmes productifs industriels dans un petit nombre de pays génère à la fois un afflux de matières premières vers ces pays et des flux d'exportation de produits manufacturés vers le reste du monde.

Par ses importations, la Grande-Bretagne contribue plus que par ses exportations à l'essor du commerce international, puisque sa balance commerciale est de plus en plus déficitaire : le taux de couverture passe de 70 % vers 1850 à 61 % vers 1900. Le caractère dominant du Royaume-Uni est partiellement remis en cause à la fin du XIXe siècle par l'arrivée de nouveaux concurrents (l'Allemagne, les États-Unis et dans une moindre mesure le Japon). Le déficit commercial britannique est compensé par un excédent dans les échanges de services et en particulier dans le domaine du transport maritime et par des flux de revenus entrants considérables. Si en 1850, le Royaume-Uni exerçait une forte domination (18 % du commerce mondial), suivie de loin par la France (6,2 %), puis les États-Unis (5,5 %), en 1914, la domination britannique est moins forte : les exportations de la Grande-Bretagne représentent 2,5 milliards de dollars, celles de l'Allemagne 2,45, celle des États-Unis avec 2,38 et la France n'est plus que le quatrième exportateur mondial avec 1,3 milliard. Grâce à leur industrialisation, l'Europe de l'Ouest et l'Amérique du Nord réalisent 84 % des exportations mondiales de produits manufacturés en 1914.

≫ La division internationale du travail traditionnelle

Jusqu'à la fin du XVIIIe siècle, le commerce international se résumait pour l'essentiel (environ 60 % des échanges) au commerce des épices et des hommes (lié à l'esclavage). À la fin du XIXe siècle, ce sont les échanges de matières premières agricoles ou minières (coton, charbon) qui représentent environ 60 % du commerce. Les pays les plus industrialisés, en premier lieu la Grande-Bretagne, importent des produits primaires et exportent de plus en plus de produits industrialisés. Entre 1800 et 1913, les exportations européennes sont composées, pour 55 à 65 % du total, de produits manufacturés, d'après les estimations de Paul Bairoch (*Commerce extérieur et développement économique de l'Europe au XIXe siècle,* 1976). Si cette structure d'ensemble du commerce évolue peu, dans ce sous-ensemble, la part des exportations de textile diminue au profit de celle des productions métallurgiques et chimiques durant le siècle. En revanche, les importations européennes comprennent de 80 % à 90 % de produits primaires. La Grande-Bretagne participe à une part essentielle du commerce des produits manufacturés : environ 50 % au milieu du siècle. Dès les années 1830, l'industrie britannique des biens de consommation travaille majoritairement pour l'exportation : elle exporte en masse des produits textiles dont les prix sont orientés à la baisse grâce aux gains de productivité.

La division Internationale du travail (DIT) traditionnelle oppose alors schématiquement les pays industrialisés, producteurs de biens manufacturés aux pays peu développés, producteurs de produits primaires. Le cas du Royaume-Uni est emblématique de cette DIT : les cotonnades, les fers ouvrés, les machines anglaises, sont échangés contre les blés d'Amérique ou d'Europe orientale, les viandes d'Argentine, le coton du Sud des États-Unis, la laine d'Australie, les produits laitiers du Danemark, le fer et le minerai d'Amérique du Sud, le vin du Portugal, et des produits tropicaux de l'Empire (sucre et café) dont la consommation se banalise en Angleterre avec la hausse du niveau de vie. Pourtant, ce type d'échange représente moins de 20 % du commerce mondial à la fin du XIXe siècle. Les pays industrialisés d'Europe échangent entre eux des produits manufacturés mais aussi des produits primaires qui, dans certains cas, occupent une place importante dans leurs exportations : par exemple, 40 % des exportations françaises correspondent à ce type de produits. Les pays européens exportent et importent surtout entre eux-mêmes. P. Bairoch estime que les pays développés pris dans leur ensemble expédièrent vers les pays sous-développés 17 % de leurs exportations entre 1800 et 1938, dont la moitié vers les colonies. C'est donc plus de 80 % des exportations qui se sont dirigées vers des pays développés. Malgré les politiques menées, les colonies ne représentent qu'une faible part des échanges, à l'exception du Royaume-Uni, qui échange avec l'Inde particulièrement.

Protectionnisme, croissance et commerce international

≫ Le rôle du commerce international dans l'impulsion de la révolution industrielle

Karl Marx dans *Le Capital* (1867) estime que le commerce au long cours – avec la révolution agricole – dans l'ère préindustrielle aurait permis une accumulation primitive du capital favorisant la révolution industrielle. La Grande-Bretagne, notamment, aurait été grandement avantagée par sa puissance commerciale et coloniale, source d'enrichissement d'une bourgeoisie marchande au XVIIIe siècle qui aurait nourri l'essor des activités proto-industrielles puis des premières usines. Selon P. Verley (*L'Échelle du monde*, 1997) cette thèse est invalidée dans les faits en France tant les transferts de capitaux du commerce international à l'industrie ont été faibles. Même en Angleterre, Paul Mantoux (*La Révolution industrielle au XVIIIe siècle*, 1906) note que l'industrie s'est développée dans le Yorkshire au nord alors que le capital commercial s'est amassé au sud et à l'est. En réalité, les industries de la première industrialisation ont nécessité peu de capitaux, à l'image du secteur textile. W.W. Rostow, dans *Les Étapes de la croissance économique* (1960), insiste davantage sur le rôle de la modernisation agricole et des transports, et minimise le rôle du grand commerce en tant que force d'impulsion à l'industrialisation. Pour autant, la branche motrice des débuts de la révolution industrielle, celle des cotonnades, est fortement stimulée par le grand commerce. Dès 1760, près de la moitié des cotonnades fabriquées en Grande-Bretagne sont exportées. À la fin du siècle, ce pourcentage grimpe à 80 %. L'activité des colonies productrices de coton en est stimulée, elles achètent en retour plus de produits à la métropole. Certaines villes dont l'importance est liée dans un premier temps aux échanges internationaux deviennent ensuite des centres industriels importants, comme Liverpool-Manchester ou Édimbourg-Glasgow. Ainsi, même si des dynamiques internes (notamment la révolution agricole) ont permis le décollage britannique, le rôle du commerce international ne doit pas être négligé.

≫ Le commerce international, stimulant de la croissance économique ?

Le commerce extérieur a joué un rôle crucial dans l'industrialisation par son impact sur la demande portant sur les secteurs liés à l'armement maritime (chantiers navals, sidérurgie, voiles, bois, artisanats de précision et de luxe) et sur la demande étrangère de produits manufacturés comme le textile selon J. Brasseul (2013). L'accès au marché mondial permet aux industries d'atteindre une taille suffisante pour pousser la spécialisation, ce qui permet une meilleure allocation des ressources selon la loi des avantages comparatifs. Mais il permet aussi de réaliser des économies d'échelle liées à l'élargissement du marché et donc des baisses de prix. L'ouverture incite à l'amélioration de la qualité, à la recherche de l'innovation par la concurrence. Le commerce extérieur permet d'importer les équipements dont on a besoin pour se développer, mais stimule également le savoir, introduit de nouvelles habitudes de consommation et de nouvelles techniques de fabrication. La circulation accrue des capitaux suit les échanges de biens. Le commerce extérieur a permis le développement de services commerciaux et financiers (banques, assurances, transit, fret, etc.) qui ont bénéficié à l'économie dans son ensemble. En outre, la liberté accrue des échanges à partir des années 1860 permet de réduire les coûts salariaux pour les firmes, grâce aux céréales bon marché, et donc d'accroître leurs profits, l'investissement et la croissance.

L'idée que la politique commerciale libre-échangiste ait pu avoir un impact positif sur la croissance est contestée par l'historien Paul Bairoch dans *Mythes et paradoxes de l'histoire économique* (1993). « Le point important est non seulement le fait que la crise ait démarré au plus fort du libéralisme, mais qu'elle se soit terminée vers 1892-1894, juste au moment où le retour au protectionnisme devenait effectif en Europe continentale. » En analysant les statistiques des pays industrialisés sur une période de deux siècles, il fait le constat que la croissance économique et les exportations progressent plus vite en situation de protectionnisme qu'en situation de libre-échange. Dans la seconde partie du XIXe siècle, l'Europe continentale connaît une phase de libre-échange et la Grande Dépression (1873-1896) éclate au moment même où les droits de douanes étaient au plus bas. Le ralentissement de la croissance économique est alors flagrant : le PNB européen par tête, qui avait crû de 1,6 % par an en moyenne dans les décennies 1850 et 1860, n'augmente plus que de 0,6 % par an dans les décennies 1870 et 1880. À l'inverse, la période qui débute en 1892, caractérisée par un retour au protectionnisme, est marquée par une reprise de la croissance : le taux de croissance moyen annuel du PNB par tête en Europe continentale est de 1,5 % jusqu'à la première guerre mondiale (P. Bairoch, *Commerce extérieur et développement économique de l'Europe au XIXe siècle*, 1976). Cette thèse est cependant discutée par J.-C. Asselain (*Histoire économique de la France,*

1985) qui souligne par exemple que la dégradation de la situation de l'industrie française à partir du milieu des années 1870 est à relier à un ensemble de facteurs (perte de l'Alsace et de la Lorraine en 1871, crise du phylloxéra, baisse des coûts de transport renforçant la concurrence étrangère) au sein duquel la politique commerciale n'entre que pour une faible part. Symétriquement, la reprise économique française qui s'amorce dans les années 1890 n'est pas uniquement liée au tarif de 1892, mais à l'influence d'autres facteurs, en particulier l'apparition d'industries nouvelles (construction électrique, chimie, puis automobile et aéronautique) et à l'augmentation du revenu qui stimule la demande de produits manufacturés. D'ailleurs, les nouvelles barrières de 1892 sur les produits agricoles ne se traduisent pas par une franche reprise de l'activité agricole.

➢ Liens entre colonialisme et croissance

Paul Bairoch (1993) montre qu'il y a également une corrélation négative entre colonialisme et croissance. Les débouchés coloniaux joueraient un rôle mineur dans le développement des industries occidentales. Il estime ainsi que les colonies absorbent environ 1 % à 1,25 % du volume total de la production des pays développés dans leur ensemble. Au XIXe siècle, les pays coloniaux (comme l'Espagne, la France, les Pays-Bas, le Portugal et le Royaume-Uni) ont eu une croissance plus faible que les pays non coloniaux (l'Allemagne, la Belgique, les États-Unis, la Suède ou la Suisse). Les marchés coloniaux seraient des marchés captifs, d'accès facile, ce qui serait nuisible à l'esprit d'innovation. Il est très probable qu'une des causes de la relative absence du Royaume-Uni dans le domaine des industries nouvelles à la fin du XIXe siècle soit précisément cette trop grande facilité d'accès à des marchés coloniaux.

Les auteurs marxistes ou tiers-mondistes soutiennent pourtant que les pays colonisateurs ont construit leur croissance en exploitant les pays colonisés, *via* des matières premières bon marché ou des débouchés plus vastes. En 1913, dans *L'Accumulation du capital*, Rosa Luxemburg considère que le capitalisme est confronté au manque de débouchés en raison de la loi d'airain des salaires, ce qui réduit la consommation. Ainsi, le capitalisme est contraint en permanence de s'étendre pour trouver de nouveaux débouchés, notamment dans les colonies. Globalement, l'ouverture de ces pays pauvres aboutit à une désindustrialisation (Inde, Chine, Maroc, Empire ottoman, etc.), à une spécialisation primaire, notamment dans l'agriculture commerciale (Égypte), et à une augmentation des inégalités (Argentine).

➢ L'impact du commerce international sur la croissance est très différencié selon les économies

L'impact des échanges internationaux sur la croissance et le développement est très différent selon les économies. L'influence du commerce international est marginale dans le développement américain en raison d'un protectionnisme important. Le gouvernement américain suit une politique de développement de type substitution d'importations. Alexander Hamilton, premier secrétaire au Trésor, émet dès 1791, dans son *Report on Manufactures*, une première formulation de l'argument des industries naissantes popularisé en Allemagne par F. List en 1841, qui préconise la mise en place de barrières douanières pour favoriser le développement des industries locales en leur réservant le marché interne. La victoire du Nord industriel dans la guerre de Sécession en 1865 renforce encore le caractère protectionniste des États-Unis. Son taux d'ouverture reste très faible : 4 % en 1913 contre 16 % en moyenne pour l'Europe occidentale. En France, l'exportation n'a pas joué non plus un grand rôle moteur, notamment en raison de sa spécialisation (réexportation de produits tropicaux, produits de luxe, etc.) qui n'avait pas de grand effet industrialisant.

Certaines colonies ou pays économiquement dominés vont même subir une ouverture internationale, souvent contrainte, déstabilisante pour leurs économies avec une spécialisation dans des produits primaires imposée par leur métropole. Ainsi, l'Inde qui produisait des cotonnades au XVIIIe siècle, a connu une désindustrialisation au cours du XIXe siècle en subissant la concurrence britannique. La Chine subit aussi une domination économique britannique déstabilisante au XIXe siècle, suite aux deux guerres de l'opium, qui lui impose une ouverture commerciale (traités en 1842 et 1860). Vers 1860, le marché chinois est le troisième marché le plus important pour l'écoulement du textile cotonnier britannique. Plus globalement, le monde en développement a vu sa part de la production manufacturière mondiale passer de plus d'un tiers à moins d'un dixième entre 1860 et 1913 (P. Bairoch, *Le Tiers-Monde dans l'impasse*, 1971).

Pourtant, pour certains pays, la contribution de l'ouverture au développement économique au XIXe siècle est nette, notamment pour les pays, comme le Japon, qui connaissent une industrialisation extravertie. En 1853, une intervention américaine armée oblige les Japonais à ouvrir leurs ports et à limiter leur tarif douanier à 5 % sans réciprocité. Ce traité inégal entraîne en 1868 la fin du régime des shoguns, le retour de l'empereur dans ses fonctions et le début de l'ère Meiji qui favorise l'industrialisation japonaise. Si au début les principaux produits à l'exportation sont la soie et le thé, par la suite le pays commence à diversifier ses ventes à l'extérieur avec des produits manufacturés simples et bon marché, comme les produits textiles. La modernisation du pays se fait par l'acquisition de techniques et de modèles occidentaux, notamment grâce à l'envoi de spécialistes à l'étranger et l'accueil d'experts en provenance de l'extérieur. Le développement d'importations de machines et de produits intermédiaires va progressivement permettre la mise sur pied d'une puissante activité industrielle sidérurgique sur le modèle du « vol d'oies sauvages » théorisé par K. Akamatsu en 1937. Entre la fin des années 1880 et 1914, le taux d'ouverture de l'économie japonaise est multiplié par trois. La Première guerre mondiale favorisera les exportations japonaises, elles passent de 6 % du PNB en 1880 à 22 % en 1915. Plus de la moitié sont des produits manufacturés en 1918.

C. « Notre première mondialisation » : migrations, mouvements de capitaux et commerce international

La première mondialisation ne concerne pas que les échanges commerciaux mais aussi des flux migratoires et des mouvements de capitaux. « L'internationalisation de l'économie y atteignit, dans les domaines du commerce et de la mobilité des capitaux, un niveau qu'elle ne retrouverait qu'au milieu des années 1980 » (S. Berger, 2003).

Le développement des flux de capitaux

Les investissements et prêts extérieurs atteignent une ampleur sans précédent au XIXe siècle. Il s'agit du mouvement de sortie de capitaux le plus massif de tous les temps en termes relatifs. L'apparition de lignes télégraphiques internationales à partir des années 1850 stimule les marchés financiers en facilitant les opérations d'arbitrage entre les places financières. L'adoption progressive de l'étalon-or réduit les risques que la fluctuation des cours fait courir à ceux qui investissent à l'étranger. Les législations favorisent la création de sociétés et de banques par actions. Ainsi, les épargnants commencent à investir leurs fonds en obligations, en actions et en différentes valeurs qui se substituent à la propriété foncière et aux biens immobiliers. Selon S. Berger (*op. cit.*), de 1830 à 1914 le volume des échanges mondiaux de capitaux a été multiplié par 20. L'engouement pour les placements à l'étranger a été excessivement vif, y compris chez les petits épargnants. Les mouvements de capitaux proviennent pour l'essentiel d'Europe : 90 % du stock d'IDE en 1913 est la propriété des Européens, détenu aux deux tiers par des agents économiques installés en Grande-Bretagne et en France. Cette épargne externe atteint 4,9 % du PNB des pays européens en 1913 (contre 1 % seulement dans les années 1960). Les grands pays créanciers sont la Grande-Bretagne (43 % des investissements étrangers en 1914), la France (20 %), suivie de l'Allemagne (13 %). Ces placements à l'étranger sont réalisés surtout dans les autres pays développés, mais aussi dans les pays neufs : États-Unis, Canada, Argentine, Australie, Nouvelle-Zélande, ou encore Russie, mais aussi Amérique latine. Les capitaux investis dans le Nouveau Monde ne sont que rarement des investissements directs. Selon P. Bairoch, dans *Victoires et déboires*, 80-90 % des mouvements de capitaux sont des investissements de portefeuille qui se dirigent surtout — à raison de 70 % entre 1865 et 1914 — vers les infrastructures et les services collectifs (en premier lieu la construction des chemins de fer, mais aussi ports, télégraphe, tramways, téléphone, eau, énergie, etc.). La finalité de ces investissements est de consolider les capacités d'importations et d'exportations des pays dans le Nouveau Monde. Il y a donc une complémentarité entre investissements de capitaux et commerce international.

Si les capitaux anglais se dirigent pour un quart vers les colonies, la France, au contraire, investit peu dans ses colonies. Les Français ont massivement orienté leur épargne vers l'Empire ottoman, l'Amérique latine et la Russie aux ressources et débouchés jugés très prometteurs. Sur la période 1864-1914, l'épargne britannique se dirige pour 30 % vers l'économie domestique, 45 % vers des pays étrangers et 25 % vers l'empire. Au sein de ce dernier, les colonies de peuplement en absorbent 17 %, l'Inde 5 % et les autres colonies dépendantes 3 %. Les capitaux français se dirigent surtout en Russie après l'alliance de 1894, en Espagne et au Portugal, en Europe centrale, au Moyen-Orient et dans une moindre mesure dans les colonies. Les placements coloniaux représentent moins de 10 % des investissements français à l'extérieur, contre près la moitié pour la Grande-Bretagne. Ce n'est qu'à la fin de la période que l'empire colonial attire davantage de placements, surtout après la défaillance russe (les fameux emprunts russes qui représentent un quart des placements français seront répudiés par le régime bolchevik en 1917).

Causes et conséquences du développement de ces mouvements de capitaux

Les pays en retard de développement ont besoin de recourir aux emprunts et à l'endettement externe, conformément à la théorie de la croissance transmise par les mouvements de capitaux développée par T. Boggs (*The International Trade Balance in Theory and Practice*, 1922) ou C. Rist (*Essais sur quelques problèmes économiques et monétaires*, 1933). De plus, il existe dans les pays avancés un excès d'épargne qui s'explique aussi par l'inégalité très forte des revenus. Mais l'exportation massive de capital est surtout liée aux taux d'intérêt plus élevés à l'étranger qu'en Europe du fait des rendements décroissants du capital et de la prime de risques. Ainsi les chemins de fer en Amérique ou en Russie attirent des capitaux énormes : Michael Edelstein (*Overseas Investment in the Age of High Imperialism : The United Kingdom, 1850–1914*, 1982) y a calculé des taux de rendement de 8 % en Amérique du Nord et du Sud, contre 4 % au Royaume-Uni, entre 1870 et 1913. Pour les emprunts russes, les taux sont de 4 %, ils sont de 5 % pour les prêts ottomans, contre moins de 3 % pour les placements en France.

On assiste à un processus d'endettement massif des pays en retard, comparable à celui des années 1970. Si parfois les investissements réalisés entraînent un développement réussi et la création de flux d'exportations qui permettent de rembourser les emprunts (États-Unis, Canada, pays scandinaves, Australie, Nouvelle-Zélande), pour la plupart des autres pays endettés (en Amérique latine ou au Moyen-Orient par exemple), le mécanisme vertueux n'a pas joué. Les États-Unis sont, dans la seconde moitié du XIXe siècle, à la fois emprunteurs à l'Europe et prêteurs à l'Amérique latine et à l'Asie jusqu'en 1914, avant de devenir créditeurs nets après la Première Guerre mondiale.

Les flux migratoires

Le flux de migrants avant 1820 était composé essentiellement d'esclaves africains, de domestiques ou de condamnés. Avec la vague de mondialisation du XIXe siècle, le changement est à la fois dans le type de migration (la part des migrants libres passe de 20 % dans les années 1820 à 80 % dans les années 1840) et dans l'ampleur du flux. Les migrations humaines s'accélèrent dans la seconde moitié du XIXe siècle, surtout pendant les crises, notamment celles de 1845-1848 (« famine de la pomme de terre » en Irlande) et de 1873-1896 (Grande Dépression). La baisse des coûts de transport tout au long du siècle les favorise. Des pays comme l'Irlande ou la Suède ont perdu au moins 10 % de leur population par décennie avant la Première Guerre mondiale selon S. Berger. Environ 55 millions d'Européens s'installent dans ce qu'on appelle alors le Nouveau Monde. Les deux tiers se dirigent vers les États-Unis, les autres vers l'Argentine, le Brésil, le Canada, l'Australie, la Nouvelle-Zélande et l'Afrique du Sud, etc. L'émigration provient essentiellement des Îles britanniques, mais aussi d'Allemagne et des pays scandinaves, puis des pays méditerranéens à la fin du siècle. Au total, ces migrations de masse se traduisent par des taux d'immigration et d'émigration supérieurs à 50 ‰. À la veille de la Première Guerre mondiale, les non-autochtones représentent pratiquement 15 % de la population des États-Unis et 30 % de la population de l'Argentine, c'est-à-dire des proportions nettement plus élevées qu'aujourd'hui. Les flux d'émigration s'expliquent en partie par la misère qui touche une grande partie de la population européenne au cours du XIXe siècle. En effet la croissance démographique pèse sur les salaires réels qui n'augmentent pas jusqu'aux années 1870. Les pays neufs à faible densité démographique et moins rigides socialement apparaissent plus porteurs d'opportunités que l'Europe surpeuplée et inégalitaire. Selon J. Williamson, K. O'Rourke et T. J. Hatton (« Mass migration, commodity market integration and real wage convergence », 1993), la convergence des niveaux de vie pendant la première mondialisation est davantage l'effet des migrations et de l'intégration des marchés du travail, que le résultat de la croissance des échanges commerciaux ou de capitaux. Les migrations ne se limitent à des mouvements intercontinentaux, il y a aussi des flux importants à l'intérieur de l'Europe avec l'émigration irlandaise vers la Grande-Bretagne, les Italiens vers la France et les peuples d'Europe centrale vers l'Allemagne. La France, à l'inverse des flux migratoires en Europe, manque de main-d'œuvre et favorise la venue de travailleurs à la fin du siècle. Enfin, des migrations importantes ont lieu depuis l'Asie. L'Inde en est le principal foyer avec 30 millions de départs de travailleurs engagés, les « coolies », entre 1846 et 1932. La diaspora indienne, organisée par les Britanniques, fournit une solution à la pénurie de main-d'œuvre causée par l'abolition de l'esclavage au XIXe siècle, notamment aux Antilles, à Madagascar, à Maurice, à la Réunion, etc.

2 Après la démondialisation de l'entre-deux-guerres, la mondialisation contemporaine va progressivement se mettre en place

La Première Guerre mondiale puis les années 1930 vont être marquées par un fort repli du commerce international, avant qu'une « remondialisation » (terme de R. Findlay et K. O'Rourke) ne démarre après la Seconde Guerre mondiale. Cette seconde mondialisation des économies peut être divisée en deux phases : la première, celle des Trente Glorieuses, est celle de l'ouverture commerciale de l'Europe et des États-Unis sous l'égide du GATT. La seconde phase – certains vont jusqu'à parler de troisième mondialisation – démarre dans les années 1980 et est marquée par une accélération des flux d'échanges, commerciaux mais surtout financiers. Une fragmentation du processus productif se met en place à l'échelle du monde, incluant les pays émergents aux flux internationaux.

A. L'entre-deux-guerres va donner lieu à des troubles pour le commerce international

Le commerce international connaît dans l'entre-deux-guerres une période de tourmente. Entre 1913 et 1937, le commerce international par tête ne croit que de 3 %. Depuis le début de la révolution industrielle, c'est la seule période durant laquelle le commerce international augmente moins vite que la richesse mondiale. Tout concourt dans cette période à un repli du processus de mondialisation : le passif de la Première Guerre mondiale, l'isolationnisme de la

Russie nouvellement soviétique, la crise de 1929, le protectionnisme, l'instabilité et les rivalités monétaires.

Tout d'abord, la Première Guerre mondiale entraîne une baisse de 35 % des échanges internationaux et même de 45 % pour l'Europe (Brasseul, *op. cit.*). Durant la guerre, l'État devient importateur et exportateur, veille au financement des échanges, met en place contingents et prohibitions (notamment pour les produits de luxe) pour diminuer les dépenses en devises (Grande-Bretagne, France). De 1913 à 1919, le tonnage américain est multiplié par 4 et prend le premier rang mondial (25 % du total mondial). Si le commerce international augmente de plus de 60 % entre 1920 et 1929 (le niveau d'avant-guerre est rattrapé en 1924), la progression du commerce international dans les années 1920 est moins forte que celle de la production, dans un contexte protectionniste et d'instabilité monétaire. Les exportations américaines augmentent fortement vers l'Europe qui connaît un déficit commercial et le commerce colonial contribue à la hausse du commerce international pour la France et le Royaume-Uni. L'Europe cesse d'être un continent d'émigration, notamment parce qu'elle est entrée dans son régime démographique moderne et que les conditions d'entrée dans les pays d'accueil se durcissent, en particulier aux États-Unis (des quotas d'immigrés sont mis en place en 1921 et 1924).

La crise de 1929 accentue la fermeture des économies et se traduit même par une diminution absolue du commerce international : il recule de 35 % en volume entre 1929 et 1932. La déflation provoque un repli en valeur encore plus marqué, de plus de 60 % selon R. Bénichi (*op cit.*, 2008). La guerre commerciale a provoqué une augmentation des droits de douane dont la moyenne mondiale a atteint un sommet de 25 % dans les années 1930 (Clemens et Williamson, « A tariff-growth paradox ? Protection's impact the world around 1875-1997 », 2001). L'économie européenne a été gravement affectée par le double choc déflationniste d'origine américaine de 1928-1929. À la fin de l'année 1928, la haute conjoncture spéculative aux États-Unis provoque une brusque accélération des sorties de capitaux en Europe, attirés vers les marchés financiers américains. Par la suite, le retournement à la baisse de l'activité américaine à partir de l'automne 1929 engendre une forte baisse des importations des États-Unis. Si les décisions de politiques monétaires et budgétaires prises par les gouvernements au lendemain de la crise sont largement procycliques, leurs conséquences ont été aggravées par des stratégies commerciales non coopératives. L'adoption en 1930 du *Hawley-Smoot Tariff Act*, qui prévoit des droits de douane allant jusqu'à 90 % de la valeur des biens importés, engendre une escalade mondiale du protectionnisme. Dès 1932, 60 pays adoptent en représailles des hausses tarifaires. Aucun pays ne manque d'argument (chômage, déficit extérieur) pour défendre son marché intérieur et pour répliquer au protectionnisme de ses voisins. La dévaluation anglaise de 1931 place les autres pays devant un choix difficile : ou bien ils laissent leur monnaie se déprécier avec la livre (pays scandinaves, Japon, dominions) ou bien, en maintenant leur parité-or, ils subissent à leur tour les inconvénients d'une monnaie relativement surévaluée. À tout cela s'ajoutent de plus en plus des restrictions quantitatives directes (quotas ou contingentements). Le protectionnisme des années 1930 n'est donc pas seulement plus intense que celui d'avant 1914, il est de nature différente. Dans les pays à régime autoritaire ou dont l'équilibre extérieur est le plus gravement atteint dans les années 1930, le protectionnisme se présente de façon bien plus contraignante encore : prohibition des importations, licences attribuées au cas par cas, contrôle des changes. Ce dernier, institué en 1931 comme une mesure d'urgence dans la plupart des pays d'Europe centrale et orientale, est considérablement durci en Allemagne et en Italie à partir de 1933-1934. Ces derniers pays vont instaurer une quasi-autarcie. Les échanges subsistants s'effectuent de plus en plus dans le cadre d'accords de *clearing* bilatéraux (qui sont des accords de compensation permettant à des pays de participer à l'échange international sans sortie de devises ou d'or). Même la Grande-Bretagne rompt avec le libre-échange : elle se dote d'un tarif douanier général et négocie, lors des accords d'Ottawa en 1932, un système de « préférences impériales » avec l'Inde et les dominions par lequel les parties signataires s'accordent mutuellement un traitement tarifaire préférentiel. La part des importations du Royaume-Uni en provenance des colonies, des dominions et de l'Inde passe de 30 % en 1929 à 70 % en 1938. De même, les importations de la France en provenance des colonies passent de 12 % à 27 %. On assiste donc à une période de repli sur « l'égoïsme sacré » des nations qui contribuera à exacerber les rivalités entre les puissances de l'époque. La reprise du commerce international s'amorce en 1938 mais il reste encore avant la guerre bien inférieur à son niveau de 1929. Le degré d'ouverture des économies européennes est retombé au niveau de 1850 selon J. C. Asselain *et alii* (*Précis d'histoire européenne*, 2015). En 1938, les États-Unis sont devenus le premier exportateur mondial avec 13,3 % des exportations, suivis par le Royaume-Uni (10 %). Le recul de l'Europe s'accompagne d'une forte baisse du commerce intra-européen (29 % du commerce total en 1938 contre 36 % en 1913).

Durant la guerre de 1939-1945, les blocus réduisent les échanges. L'Allemagne et le Japon exploitent commercialement les pays sous leur domination. L'hégémonie américaine s'affirme : par la loi prêt-bail de mars 1941, les États-Unis donnent la possibilité aux pays alliés de poursuivre leurs achats auprès d'eux, ce qui contribuera à l'accroissement des déficits commerciaux et de l'endettement vis-à-vis des États-Unis.

B. La réouverture des économies nationales est progressive à partir de la Seconde Guerre mondiale

L'ouverture commerciale durant la première phase de la deuxième mondialisation (1947-1973)

La croissance de l'économie mondiale a été beaucoup plus rapide entre 1950 et 1973 qu'avant 1914, et elle s'est faite à beaucoup plus grande échelle, ouvrant un « âge d'or » de prospérité sans précédent (A. Maddison, *L'Économie mondiale, une perspective millénaire*, 2001). Dans cette période, le commerce international s'est accru à peu près deux fois plus vite que la production mondiale. Cependant, il faudra attendre 1975 pour retrouver le niveau observé en 1914. Cette forte progression des échanges internationaux se traduit logiquement par une augmentation du taux d'ouverture à l'exportation pour l'ensemble des pays développés : dans le cas de la France, ce taux passe de 11 % en 1960 à 15,5 % en 1975, contre 7 % pour les États-Unis (effet grand pays). Toutefois, les taux d'ouverture restent encore modestes jusqu'aux années 1970, ce qui conduit P.-N. Giraud (*L'Inégalité du monde*, 1997) à parler de « croissance social-démocrate autocentrée » pour décrire la période de 1945 à 1975 car les dynamiques économiques sont encore centrées sur un territoire.

L'Europe est la zone géographique qui profite le plus de l'essor du commerce international. La part du Japon s'accroît mais demeure modeste. Jusqu'aux années 1960, les États-Unis dominent nettement les échanges : ils représentent 22 % des exportations mondiales en 1950, 15 % en 1970. Cette baisse profite tout d'abord aux pays d'Europe occidentale, dopés par la création du Marché commun, mais aussi au Japon, lequel représente 1,5 % des exportations mondiales en 1950 et 6,5 % en 1970. Les pays du Sud de leur côté n'occupent qu'une place limitée dans le commerce mondial. À la fin des années 1960, plus des deux tiers des exportations mondiales sont le fait des pays industrialisés. Plus encore, on observe une croissance des échanges entre pays développés (38 % des exportations totales en 1955 et 50 % en 1968).

Les causes de cette ouverture commerciale

Selon Findlay et O'Rourke (*Commodity Market Integration, 1500-2000*, 2002), l'essentiel du dynamisme retrouvé des échanges mondiaux est à mettre sur le compte de la forte croissance économique. Les entreprises ont besoin de s'approvisionner en équipements plus sophistiqués, qui ne sont pas forcément produits sur place, et les consommateurs réclament plus de diversité dans leurs achats. Pourtant d'autres facteurs vont favoriser l'ouverture des économies : l'action du GATT, la création d'espaces économiques régionaux (voir *infra*, III), la modernisation des transports, le développement des firmes multinationales, etc.

Comme pour la première mondialisation, le rôle des innovations sur l'ouverture internationale est important. La baisse des coûts du transport (avions et bateaux) et la multiplication de la capacité de la flotte mondiale par 7 de 1950 à 1980 favorisent l'expansion des échanges commerciaux. L'invention du conteneur par Malcolm McLean, à la fin des années 1950, favorise la continuité du convoyage entre la route, le rail et la mer. Au milieu des années 1960, la quasi-totalité des compagnies maritimes internationales avaient déjà recours à des « boîtes » compatibles, ce qui abaisse le coût du fret. Le commerce maritime mondial, qui était de 500 millions de tonnes en 1950, atteignait 4 200 millions de tonnes en 1992 (N. Lundgren, « Bulk trade and maritime transport costs : the evolution of global markets », 1996). Les réseaux autoroutiers et ferroviaires se développent, l'efficacité logistique du fret aérien progresse. En 1980, les coûts réels du transport aérien étaient tombés à un quart environ de leur niveau du début de la Seconde Guerre mondiale, selon D. Dollar cité par l'OMC *in Rapport sur le commerce mondial*, 2013. D. S. Jacks, C. M. Meissner, et D. Novy, dans « Trade Costs, 1870-2000 » (2008), estiment que la baisse des coûts du commerce a contribué pour 33 % à la croissance des échanges entre 1950 et 2000.

La remise en cause de la DIT traditionnelle et le développement du commerce intrabranche

Le développement rapide des échanges de produits manufacturés entraîne un recul relatif des échanges de produits primaires (en particulier des produits agricoles) dans le commerce mondial, la part de ces derniers dans les exportations mondiales passant de 45 % à 38 % entre

1963 et 1973. La part des services, bien que modeste, a également augmenté. Dans les années 1970, près de la moitié des échanges de services concerne le transport.

La division internationale du travail entre un petit nombre de pays industrialisés exportateurs de produits manufacturés et le reste du monde exportateur de produits primaires n'est plus pertinente dans la seconde partie du XXe siècle, notamment en raison de l'industrialisation d'un nombre croissant de pays, en Asie orientale ou en Amérique latine en particulier. Le commerce se déroule surtout entre pays industrialisés et le poids des échanges intrabranches augmente considérablement, jusqu'à représenter la moitié des échanges internationaux depuis la fin du XXe siècle. Le commerce intrabranche désigne le commerce international où un pays est à la fois importateur et exportateur de biens issus de la même industrie. Il s'est beaucoup développé dans les années 1960 et 1970 en Europe, en lien avec la CEE. Le coefficient Grubel et Lloyd (voir *infra*, II-B) est largement supérieur à 50 % pour les pays d'Europe dès 1975. Il augmente fortement pour les États-Unis et reste faible au Japon. Ces échanges de produits similaires constituent aujourd'hui plus de 30 % du commerce international et plus de la moitié du commerce des pays développés. Désormais, la recherche de complémentarité entre les territoires n'a pas disparu mais elle n'est visible que si l'on s'intéresse aux différences de gammes dans l'échange international de produits apparemment similaires.

Les échanges de capitaux : l'essor des IDE

Après 1950, les investissements directs à l'étranger sont à nouveau durablement croissants et les années 1960-1970 sont marquées par la forte croissance des investissements internationaux. Entre 1960 et 1978, le montant du stock d'investissements internationaux dans le monde est multiplié par 6 (il passe de 66 à 380 milliards de dollars). À la différence de la fin du XIXe siècle, l'Europe n'est plus l'émettrice exclusive des investissements directs, qui proviennent surtout des États-Unis. Ces derniers détiennent sur la période plus de la moitié du stock d'investissement mondial et représentent plus de 65 % des flux annuels. La Grande-Bretagne perd son leadership : elle ne détient que 15 % du stock d'IDE et la France est troisième avec 6,5 %. Plus généralement, les pays développés sont à l'origine de la quasi-totalité des IDE (97 %) et en accueillent près de 70 %. Ainsi, les pays en voie de développement ne constituent plus la destination principale des IDE, comme au début du XXe siècle, et ne représentent plus que 30 % environ du stock mondial d'IDE au cours de la période 1960-1971.

C. L'accélération des échanges à partir des années 1980

Les chocs pétroliers de 1973 et 1979 ont provoqué un ralentissement dans la progression des échanges et ont modifié la structure du commerce en faveur des pays exportateurs de pétrole. Mais, contrairement à la crise de 1929, il n'y a pas eu d'effondrement du commerce, ni en valeur ni en volume. À partir des années 1980, s'ouvre une nouvelle phase de la mondialisation. De 1980 à 2017, le volume du commerce mondial a été multiplié par 6,8 tandis que le volume du PIB mondial a été multiplié par 3,5 (INSEE, « L'essentiel sur la mondialisation », 2020).

L'accélération des échanges à partir des années 1980

En 1979, l'arrivée au pouvoir de Ronald Reagan aux États-Unis et de Margaret Thatcher en Grande-Bretagne signifie l'avènement des doctrines libérales. La même année, le Sénégal inaugure le premier « plan d'ajustement structurel » : la crise de la dette vient de commencer pour les pays en développement, obligés d'adopter des « stratégies de développement favorable au marché » selon la formule des institutions financières internationales (Banque mondiale et FMI). Cette unification des modèles économiques gagne non seulement le monde en développement mais aussi les pays de l'Est : c'est en 1979 toujours que la Chine libéralise son agriculture et, en 1984, elle ouvre ses premières zones économiques spéciales. En 1989, la disparition du mur de Berlin annonce celle de l'Union soviétique en 1991, année où l'Inde, jusque-là nationaliste et protectionniste, se libéralise à son tour. Dans les années 2000, une partie des pays d'Europe de l'Est voient leur taux d'ouverture augmenter fortement suite à leur intégration à l'union européenne. Ainsi, l'accroissement de la mondialisation au XXIe siècle est représenté par la croissance des degrés d'ouverture au commerce international des différentes zones mondiales. La Chine a par exemple doublé son taux d'ouverture entre 1995 et 2005. Entre 1986 et 2008, la part relative des exportations par rapport à la production mondiale a plus que doublé, passant de 17 % à plus de 30 % (I. Bensidoun, J. Couppey-Soubeyran, *Carnets graphiques. L'économie mondiale dévoile ses courbes*, CEPII, 2018). La croissance des échanges a été particulièrement forte durant les années 1990-2000 avec une croissance moyenne annuelle de 6,1 % tandis que la production mondiale n'augmentait dans le même temps que de 3,1 % par an. Le commerce international exprimé en pourcentage du PIB est passé de 25 % dans les années 1960 à 61 % en 2008. Cependant, en cas de crise, la décélération du commerce mondial est plus rapide que celle du PIB mondial, et la crise des *subprimes* va marquer une inflexion dans ce processus de mondialisation : les taux de croissance du commerce mondial et du PIB deviennent quasiment identiques.

Les caractéristiques de la mondialisation contemporaine

≫ La mise en place de la globalisation financière

La mondialisation actuelle est d'abord et avant tout une globalisation financière, avec la création d'un marché planétaire des capitaux et le développement des fonds spéculatifs. Il faut attendre les années 1980 pour retrouver la mobilité des capitaux et le degré d'investissement étranger direct et d'échanges de la première mondialisation, selon S. Berger dans *Made in monde* (2006). La fin de la régulation étatique financière mise en place juste après la Seconde Guerre mondiale s'est produite en trois étapes, résumées par Henri Bourguinat dans *Finance internationale* (1992) par la « règle des 3D » : d'abord, la *déréglementation*, suppression des règlements et contrôles sur les mouvements de capitaux facilités par le développement de nouveaux instruments financiers ; ensuite, la *désintermédiation*, possibilité pour les emprunteurs privés de se financer directement sur les marchés financiers sans avoir recours au crédit bancaire ; enfin, le *décloisonnement* des marchés : les frontières qui compartimentaient les différents métiers de la finance sont abolies, permettant aux opérateurs de jouer sur de multiples instruments financiers. La dérégulation a augmenté la fluidité et le volume de capitaux circulant entre les pays. Grâce aux liaisons par satellite, à l'informatique et à internet, la mondialisation se traduit par l'instantanéité des transferts de capitaux d'une place boursière à une autre en fonction des perspectives de profit à court terme. Une économie virtuelle est née, déconnectée du système productif : au gré des variations des taux d'intérêt des monnaies et des perspectives de rémunération du capital, la rentabilité financière des placements devient plus importante que la fonction productive. Les capitaux deviennent plus accessibles, mais cela suscite également une volatilité dangereuse.

Reflets du déploiement des entreprises multinationales, vecteurs de transferts de technologie vers les pays du Sud, substituts aux échanges quand les entreprises produisent sur place pour servir le marché local, mais puissants amplificateurs du commerce lorsqu'ils participent à la division internationale du travail en se localisant là où les coûts sont les plus avantageux, les investissements directs étrangers (IDE) ont connu un essor considérable ce qui s'est traduit par une évolution saisissante du stock mondial d'IDE qui, selon la CNUCED, aurait atteint 37 000 milliards de dollars à la fin de 2019. En proportion du PIB mondial, ce stock d'IDE a presque doublé entre 1980 et 1994, avant d'exploser littéralement dans les années 1990 : 10 % du PIB en 1990, 22,3 % en 2000 et 30 % en 2007 (source : S. Jean, *L'Économie mondiale 2020*, 2021). Depuis, la tendance est moins prononcée, mais la croissance suffisamment soutenue pour porter le stock d'IDE à 43 % du PIB mondial en 2019. Depuis le début du XXIe siècle, on constate une réorientation des investissements à l'étranger de plus en plus vers les pays émergents ou les pays d'Europe orientale, mouvement qui s'est poursuivi en dépit de la crise des *subprimes*. Les pays émergents prennent aussi une place croissance dans les flux d'IDE sortants : en 2017, le stock des IDE sortant de Chine dépasse le stock des IDE entrants. Cependant, les investissements étrangers en Chine en 2020 ont dépassé les investissements chinois à l'étranger en raison des barrières érigées par plusieurs pays développés pour s'en protéger : certains pays développés (Australie, France, Allemagne, etc.) ont abaissé les seuils de contrôle par les autorités des IDE entrant sur leur territoire.

Les investissements de portefeuilles se sont aussi accélérés à la suite de la déréglementation financière. Ils consistent en des acquisitions par des résidents de titres étrangers (les « avoirs ») et en des achats par des non-résidents de titres nationaux (que l'on nomme « engagements »). Cela peut prendre la forme d'achats d'actions, d'obligations ou de dérivés financiers. Ils ont fortement augmenté depuis les années 1990. Les Français, par exemple, ont multiplié par 142 leurs achats de titres étrangers entre la fin des années 1980 et la veille de la crise des *subprimes*, selon M. Lemoine, P. et T. Madiès dans *Les Grandes Questions d'économie et de finance internationale* (2007).

≫ Les progrès des nouvelles technologies de l'information et de la communication

La révolution informatique a permis un effondrement des coûts de l'information numérisable, c'est-à-dire des données, des textes, des sons et des images. Cette « globalisation numérique » a bouleversé les manières de produire en abaissant significativement certains coûts de transaction et de coordination. Les coûts du commerce international ont baissé de 15 % entre 1996 et 2014 selon l'OMC (*Rapport sur le commerce*, 2018). La globalisation numérique permet la production de services à distance (par exemple, elle a permis le rapide développement d'une industrie des logiciels en Inde, des *call centers* au Maroc...). L'OMC prévoit que, grâce aux TIC, la part du commerce des services passera de 21 % à 25 % en 2030. Cela permet aussi aux entreprises de rivaliser plus facilement sur les marchés internationaux en favorisant les transactions électroniques, et aux consommateurs d'accéder à davantage de transparence sur les prix. Le rapport de l'OMC 2018 met en exergue le développement de la place des PED grâce au commerce numérique, estimant que la part des pays en développement dans le commerce mondial pourrait passer de 46 % en 2015 à 57 % d'ici à 2030.

La baisse considérable des coûts de transport et de communication a facilité la dispersion du processus de production à travers les pays et a permis la forte progression de la « spécialisation verticale », à savoir l'utilisation d'intrants importés dans la production de biens qui seront par la suite exportés, chaque pays se spécialisant uniquement dans certaines étapes du processus de production d'un bien donné. Avec l'ouverture des pays émergents, de nouvelles possibilités de réduction du coût du travail sont apparus et la libéralisation financière a encouragé les investissements directs étrangers (IDE), permettant aux entreprises d'établir des usines de production *offshore* dans des pays disposant en abondance de travailleurs peu qualifiés pour effectuer les étapes de production à faible valeur ajoutée (assemblage).

De nouveaux acteurs et une réorientation des échanges

À partir des années 1980, le processus de mondialisation s'élargit (NPIA à partir des années 1960, Amérique latine dans les années 1980, pays de l'Est dans les années 1990, entrée de la Chine et de l'Inde dans la compétition mondiale) et s'intensifie spectaculairement sous l'effet conjugué de plusieurs facteurs : intégration régionale accrue, avènement de firmes multinationales dotées de stratégies mondiales, développement et interconnexion des marchés financiers, déréglementation (finances, transport, énergie, télécom), etc. La dislocation du Bloc soviétique à partir de 1989, puis l'adhésion de la Chine (2001), puis de la Russie (2012) à l'Organisation mondiale du commerce (OMC) renforcent encore le phénomène.

≫ La montée des pays émergents, notamment asiatiques, dans le commerce international

L'économie mondiale d'après-guerre a été largement dominée, jusqu'à la fin des années 1980, par un nombre limité de pays industrialisés, pour l'essentiel les pays riches membres de l'OCDE. Qu'il s'agisse de PIB à prix courants ou d'exportations de marchandises hors énergie et extraction, ils comptaient pour presque 80 % du total mondial au début des années 1990. D'un commerce bipolaire en 1967 (l'Amérique du Nord et l'Europe en représentent alors 66 %), on passe à un commerce mondial tripolaire avec le poids croissant de l'Asie. Au sein de cette « triade », selon l'expression de Kenichi Ohmae (*Triade Power*, 1985), le Japon a représenté la principale force de l'Asie jusqu'aux années 1980, aujourd'hui c'est la Chine. La Chine, les États-Unis et l'Union européenne représentent à eux trois 46 % du commerce international de biens en 2019.

Les rapports de force ont changé avec l'apparition sur la scène économique mondiale, par vagues successives, de pays émergents. Une première vague de nouveaux pays industrialisés d'Asie (NPIA) s'est formée à partir des années 1960 avec les « 4 dragons » d'Asie du Sud-Est :

Hong Kong, Singapour, Taïwan, Corée du Sud. Une deuxième vague de NPIA a surgi à partir des années 1980 avec les « tigres » : Thaïlande, Malaisie, Indonésie, Inde, Philippines. La Chine, à partir des années 1990, constitue une troisième vague. Tous ces pays optent pour une stratégie de développement axée sur l'exportation de produits manufacturés banalisés suivant la théorie du développement en « vol d'oies sauvages » du Japonais K. Akamatsu (1935) selon une logique de remontée de filières : le pays, après avoir exporté des matières premières, produit des produits manufacturés à faible valeur ajoutée, avant d'exporter, au fur et à mesure de son développement, des biens d'équipements à plus haute valeur ajoutée. Le développement de ces échanges est étroitement lié à l'expansion des chaînes de valeur mondiales dirigées par des grandes entreprises ayant leur siège principalement dans les pays industrialisés. Cela a permis à davantage de pays en développement de participer à la division internationale du travail en remplissant certains segments de ces chaînes et en tirant parti d'une abondante main-d'œuvre non qualifiée. L'industrie manufacturière chinoise a rapidement remonté la chaîne de valeur, notamment depuis l'accession du pays à l'OMC en 2001, délaissant les produits à faible valeur ajoutée et à forte teneur en facteur travail (textile, jouets, etc.), pour se réorienter vers des biens à plus forte valeur ajoutée, tels que les ordinateurs et l'électronique. La désintégration de l'URSS à partir de 1989 va marquer une période d'ouverture pour les pays d'Europe de l'Est, particulièrement après leur intégration à l'Union européenne en 2004.

Les pays riches de l'Organisation de coopération et de développement économiques (OCDE) ont ainsi vu leur part dans le total mondial des exportations de biens (hors énergie et extraction) baisser de 80 % à la fin des années 1980 à environ 55 % en 2017 en raison de la montée des pays émergents dans les échanges de produits. L'Europe conserve un poids significatif puisque le seul commerce intra-européen représente le quart du commerce mondial. Les échanges entre économies en développement ont représenté 21,4 % des exportations mondiales de marchandises en 2016. La moitié des exportations totales des économies en développement sont allés à destination d'autres économies en développement en 2016. Les économies en développement ont représenté 30,6 % des exportations mondiales de services et 38,1 % des importations en 2017.

Cependant, cette montée des pays en développement dans les flux de commerce international est surtout liée au poids important pris par quelques pays alors que d'autres, comme les pays les moins avancées (PMA), en sont toujours exclus (leur part dans le commerce mondial est passé de 0,7 % en 1985 à 0,4 % en 2004, pour se stabiliser autour de 1 % depuis 2010). Depuis les années 1990, quatre économies émergentes à forte population, regroupées sous l'acronyme BRIC, occupent une place croissante dans les échanges : le Brésil, la Russie, l'Inde et la Chine. Cette dernière, grâce à des réformes économiques menées à partir de la fin des années 1970, est devenue la première puissance économique en termes de parité de pouvoir d'achat et s'est hissée à la première place des pays exportateurs de marchandises depuis 2009, devant l'Allemagne et les États-Unis.

La montée des échanges de services et de produits décomposés

Reflet de l'évolution des structures productives internes des pays avancés, on observe un poids croissant des échanges de services au niveau international, même s'ils ne représentent aujourd'hui encore qu'un cinquième des échanges internationaux (contre 9 % en 1970). Dans son *Rapport sur le commerce international* (2019), l'OMC indique que depuis 2005 les échanges de services ont augmenté de 5,4 % alors que ceux de marchandises ont progressé de 4,6 % en moyenne. Il s'agit essentiellement de services financiers, de transport et de tourisme. Les chaînes de valeur mondiale ne pourraient pas fonctionner sans ces services de logistique et de communication. À l'inverse, le poids des produits primaires dans le commerce international s'est fortement réduit : représentant deux tiers des échanges en 1914, ils sont évalués à un cinquième depuis 2000.

Les pays développés sont les principaux exportateurs de services (Grande-Bretagne, États-Unis, Union européenne, etc.) mais, depuis la fin des années 1990, l'Inde est devenue le premier exportateur mondial de services fournis à distance, c'est-à-dire que le fournisseur et l'utilisateur restent sur leurs lieux d'installations respectifs, ce qui lui a valu le surnom de « bureau du monde ». On estime que le commerce de services est sous-évalué en raison d'échanges non comptabilisés, notamment entre filiales d'un même groupe. Même s'ils ont reculé de 9 % entre 2000 et 2017 selon l'OMC (2019), les obstacles au commerce international des services restent nombreux : des barrières techniques car la nature même de certains services réclame la proximité du fournisseur et de son client ; des barrières réglementaires surtout car des règles nationales assez contraignantes, au nom de la protection du consommateur ou de l'indépendance nationale, restreignent la fourniture de services par des firmes étrangères. Depuis 1994, le GATS (General Agreement on Trade in Services – AGCS en français) fournit un cadre pour les négociations commerciales multilatérales.

La spécialisation fine du travail a développé un « commerce de similitudes ». Le commerce intrabranche représente environ la moitié du commerce international de biens. Avec la mise en place de la décomposition internationale du processus productif, on a commencé à distinguer le commerce de produits différenciés et le commerce de produits décomposés. L'échange de produits différenciés consiste en des flux de produits appartenant au même secteur mais se différenciant au travers d'une caractéristique ayant trait à la variété ou à la qualité. L'échange de produits décomposés est un échange du même produit mais qui ne se trouve pas au même niveau de finition. Les échanges intrabranches ont connu un essor considérable à partir du début des années 1980, pour atteindre leur apogée à la veille des années 2000. Depuis, si ce type d'échange a conservé une part prépondérante à l'intérieur des régions, la puissance de la spécialisation chinoise a favorisé le retour en force des échanges traditionnels interbranches. La tendance s'est inversée récemment. La part des échanges intrabranches a crû de 3,5 points entre 2012 et 2017 au niveau mondial selon D. Ünal (« L'onde de choc du Brexit sur la maison Europe et la France », CEPII, 2019), mais l'Union européenne y est pour beaucoup (elle explique 41 % de cette hausse).

L'importance des négociations multilatérales et de la régionalisation

Le dernier cycle du GATT (Uruguay 1986-1994) débouche sur l'accord de Marrakech (1994) qui crée l'OMC en janvier 1995. Il s'agit d'une institution qui intègre l'Accord général sur le commerce des services (GATS) et l'Accord relatif aux respects des droits de propriété intellectuelle touchant au commerce (ADPIC). Outre l'abaissement des droits de douane, dans la lignée du GATT, l'OMC prévoit de lever le protectionnisme non tarifaire (subventions, mesures antidumping, normes sanitaires, etc.) et celui concernant des domaines jusqu'alors protégés (agriculture, services, etc.). Les années 1980 vont aussi approfondir la régionalisation des échanges. La communauté économique européenne s'élargit et se renforce et le mouvement des accords commerciaux régionaux (ACR) prend une certaine ampleur avec la formation du Groupe andin (1987), du MERCOSUR (1991) et surtout l'accord de libre-échange passé entre les États-Unis et le Canada (1988), étendu plus tard au Mexique (ALENA, 1992). L'ASEAN (1992) réunit quant à lui les pays d'Asie du Sud-Est. Ces unions douanières ont fortement contribué à la hausse du commerce international (voir *infra*, III).

Les flux migratoires dans le monde

Les mouvements de main-d'œuvre caractérisent aussi la mondialisation contemporaine, même si leur poids démographique rapporté à la population active est deux fois moins marqué qu'à la fin du XIXe siècle (P. Norel, *L'invention du marché. Une histoire économique de la mondialisation*, 2004). Depuis les Trente Glorieuses, l'Europe est un continent d'immigration et les flux migratoires sont l'objet de contrôles beaucoup plus stricts qu'avant 1914. Selon l'ONU, le nombre de migrants internationaux, personnes résidant hors de leur pays de naissance, est passé de 155 millions en 1990 à 281 millions en 2020. Mais cette augmentation en valeur ne traduit qu'une hausse plus modérée en proportion de la population mondiale, de 2,8 à 3,6 %. Ce pourcentage est légèrement supérieur à ce qu'il était en 1975 (2 %) ou en 1960 (2,4 %). Cette part est plus élevée au sein de la population des pays de l'OCDE à hauts revenus (passant de 6 % en moyenne en 1985 à 12 % en 2015 selon le CEPII, *in Carnets graphiques. L'économie mondiale dévoile ses courbes* », 2018). Le rôle joué par les migrations dans la seconde mondialisation reste bien plus faible que celui des échanges de biens et des capitaux.

Entre les années 1950 et les années 1970, les mouvements migratoires étaient en grande partie concentrés au sein des pays de l'OCDE, mais à partir des années 1970 le nombre de migrants en provenance de pays extérieurs à cette zone progresse rapidement. Les pays d'Amérique centrale présentent les taux d'émigration les plus élevés avec ceux de l'Asie de l'Est et du Sud et les pays d'Afrique du Nord. Pourtant, le plus gros contingent de migrants viennent de l'Inde, du Bangladesh, du Pakistan et, à partir du milieu des années 2010, de Syrie. Les pays d'Europe de l'Est présentent aussi depuis les années 2000 des taux d'émigration élevés. Il faut dire que les pays d'origine des migrants sont généralement des pays à revenu intermédiaire bas (selon la dénomination de la Banque mondiale) alors que les taux d'émigration sont faibles dans les pays pauvres (les coûts de l'émigration sont considérés comme trop élevés) et négatifs dans les pays à niveau intermédiaire élevé (l'incitation à émigrer est trop faible). Les régions d'accueil sont les pays les plus riches. Les pays à forte immigration au XIXe siècle (les « pays neufs ») sont pour la plupart restés des pays à forte immigration, à l'image des États-Unis, du Canada, de l'Australie et de la Nouvelle-Zélande.

Parmi les facteurs qui déterminent le rythme des migrations, on compte les facteurs économiques (les crises et le chômage poussent par exemple certains pays à limiter leur immigration et peuvent inciter à l'émigration), les facteurs géopolitiques (à l'image de la guerre en Syrie qui a conduit à une émigration dans la dernière décennie), les facteurs climatiques (l'ONU estime à 250 millions le nombre de réfugiés climatiques dans le monde à l'horizon 2050 en raison des inondations, ouragans, cyclones, sécheresses, montée des eaux, etc.).

Ces migrations internationales ont des conséquences économiques. On accuse souvent l'immigration de tirer les salaires vers le bas dans les pays d'accueil, même si El Mouhoub Mouhoud *(L'Immigration en France*, 2017) explique que l'impact est, dans les faits, très marginal. La pression à la baisse est limitée puisqu'il y a peu d'effets de substitution : les travailleurs immigrés sont le plus souvent concentrés dans des secteurs qui connaissent des difficultés de recrutement (BTP, nettoyage, etc.) et les migrants (à qualification équivalente) travaillent le plus souvent sur le marché secondaire caractérisé par une précarité plus importante et des salaires plus bas. En revanche, les conséquences sont plus prononcées pour les pays d'origine qui perdent souvent leur main-d'œuvre la plus qualifiée et la plus dynamique. Ces pays souffrent d'une fuite des cerveaux, même si les transferts d'argent des migrants représentent des apports financiers essentiels pour beaucoup de pays d'origine, souvent en marge des flux d'IDE. Par contre, selon J.-P. Allegret et P. Le Merrer *(Économie de la mondialisation*, 2007), alors que l'émigration du XIXe siècle s'est traduite par une amélioration des niveaux de vie dans les zones d'émigration – elle a notamment favorisé le recul de la pauvreté en Europe –, on ne retrouve pas aujourd'hui cette tendance car l'émigration touche des zones très peuplées où elle ne fait pas baisser sensiblement l'excès d'offre de main-d'œuvre.

D. Démondialisation ou « slowbalisation » depuis 2008 ?

Depuis la crise des *subprimes*, le taux de croissance du commerce mondial n'est plus supérieur au taux de croissance du PIB mondial, ces deux taux étant quasiment identiques ; la mondialisation semble avoir atteint un palier. Sur la période 2008-2016, la croissance du commerce mondial a ralenti à un rythme moyen de 3 % (soit moitié moins que les 6 % enregistrés de 1980 à 2016). La crise sanitaire de la COVID-19 (2020) a encore accéléré le repli de la mondialisation. Surtout, on observe une hostilité croissante envers la globalisation qui a pu conduire à une résurgence du protectionnisme.

Un ralentissement conjoncturel des échanges internationaux depuis 2008

Entre 2008 et 2009, le PIB mondial a enregistré une baisse de plus de 5 % en dollars courants, mais la contraction du commerce international de biens et services a été plus spectaculaire encore : il a diminué d'environ 20 %, (P. Krugman et M. Obstfeld, *Économie internationale*, 2013). Cet effondrement du commerce international n'a pas atteint l'ampleur de celui enregistré lors de la Grande Dépression du début des années 1930, mais c'est la plus importante chute depuis la fin de la Seconde Guerre mondiale. Cette baisse soudaine a frappé simultanément tous les pays exportateurs et la quasi-totalité des produits échangés. Contrairement à la crise des années 1930, l'élévation des barrières commerciales a été limitée. La surréaction du commerce international à la crise tient sans doute davantage à la nature même de la crise. Comme l'explique P. Krugman, la mise en péril de plusieurs grandes banques a asséché soudainement les sources de financement des entreprises, compromettant la capacité des petites et moyennes entreprises à exporter. La décomposition internationale du processus de production engendre aussi une surréaction du commerce mondial au ralentissement de la production en raison de la baisse des échanges de produits intermédiaires. Enfin, le comportement des consommateurs a pu jouer un rôle puisqu'en temps de crise les ménages comme les entreprises tendent à délaisser les produits « haut de gamme » pour consommer à moindre coût, ce qui revient à faire chuter la valeur du commerce mondial. Plus encore, les entreprises comme les ménages ont tendance à remettre à plus tard leurs dépenses d'investissement. Or le secteur des biens d'équipement pèse lourd dans le commerce international, notamment pour les pays développés (environ 20% de la valeur des exportations mondiales et près du quart des exportations françaises).

Des facteurs structurels expliquent aussi ce ralentissement de la croissance des échanges

Selon S. Jean (« La fin du libre-échange a-t-elle sonné ? », CEPII, 2017), « ce ralentissement est avant tout un retour à la normale après une période d'expansion qui a vu les exportations mondiales passer d'environ 18 % du produit intérieur brut mondial en 1993 à 30 % en 2008. Une telle augmentation n'a rien de naturel, et la théorie économique ne prévoit pas que les échanges commerciaux doivent croître plus rapidement que le revenu ». Depuis la crise financière, les exportations mondiales progressent sensiblement au même rythme que la production industrielle, de sorte que le taux d'ouverture mondial en 2019 est à un niveau similaire à celui atteint lors du pic de 2008. Le stock d'investissements directs à l'étranger continue à augmenter avec le PIB mondial, mais les flux ont baissé par rapport à leur pic de 2007. Les flux d'IDE en 2019 sont moitié moindres que ceux de 2007 selon les données de l'OCDE. La crise a aussi généré un recul des flux financiers entre pays, notamment ceux animés par les banques internationales. Il est vrai que beaucoup d'entre eux étaient guidés par des stratégies d'optimisation fiscale qui sont aujourd'hui plus encadrées.

Ce ralentissement est surtout structurel. Selon S. Jean, la faiblesse de la demande mondiale n'explique en réalité qu'un tiers du ralentissement observé (« Comments on IMF's "Global trade : what's behind the slowdown ?" – or why there is more to trade slowdown than weak demand », CEPII, 2016). Les deux autres tiers s'expliquent principalement par le recentrage de l'économie chinoise sur son marché intérieur et par le raccourcissement des chaînes de valeur mondiales.

La Chine, depuis la crise des *subprimes*, a opéré un recentrage de son économie vers sa demande intérieure et une montée en gamme, ce qui a entraîné un recul très important de la part des produits assemblés en Chine dans le total des exportations de ce pays. Le taux d'ouverture commerciale de la Chine a diminué, passant de 27 % en 2007 à 16 % en 2018 (OFCE, 2018). Alors qu'elle avait connu un développement économique extraverti centré sur des activités d'assemblage, elle tente d'effectuer un rééquilibrage vers un modèle plus soutenable en cherchant à réduire les déséquilibres externes et les risques financiers. Ce rééquilibrage chinois en faveur de la demande interne explique ainsi en partie le retournement du taux d'ouverture chinois et, partant, la réduction du taux d'ouverture mondial. Les autres régions du monde – aussi bien les pays riches (États-Unis et zone euro) que les pays émergents hors Chine – connaissent une progression de leur taux d'ouverture de près de 10 % depuis 2010.

Figure 2 – Évolution du taux d'ouverture

(exportations/production industrielle en volume, 2010 = 1)

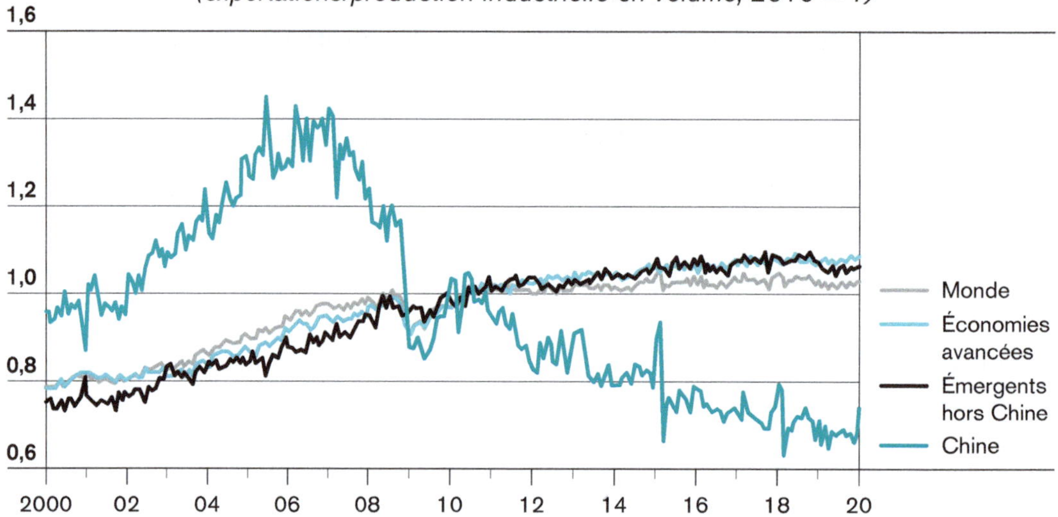

Note : la dernière observation est celle de janvier 2020.

Source : G. Gaulier, V. Vicard, « Le COVID-19, un coup d'arrêt à la mondialisation ? », *Billet du CEPII* du 17 avril 2020.

D'ailleurs, la stagnation du taux d'ouverture marque certes une rupture par rapport à la décennie précédant la crise financière, pendant laquelle le taux d'ouverture avait augmenté de près de 25 %, mais c'est plutôt la période qui s'étend de la fin des années 1990 à 2008 qui est atypique, avec la baisse rapide des coûts de communication et la réduction des barrières commerciales favorisant le développement des chaînes mondiales de valeur. Depuis 2010, les entreprises européennes relocalisent davantage dans le Bassin méditerranéen ou vers l'Europe centrale et orientale, notamment en raison de la hausse des coûts salariaux des pays émergents. En Chine, l'augmentation des salaires a atteint jusqu'à 20 % par an alors que la productivité y stagne. L'automatisation des tâches d'assemblage dans les pays industrialisés peut favoriser la relocalisation de certaines de ces activités tandis que les coûts de transport, les malfaçons et les aléas de livraison ont pu décourager les délocalisations. La résurgence du protectionnisme sous le mandat de D. Trump a accentué les coûts des délocalisations américaines. De plus, dans les pays développés, les consommateurs semblent de plus en plus friands de produits personnalisés et originaux à disponibilité immédiate, ainsi que de produits vertueux en matière environnementale (donc à circuit plus court et traçable). Ainsi, avant même la crise de la

COVID-19, on a également assisté à un rétrécissement des chaînes de valeur mondiales, donnant lieu à une baisse des échanges de biens intermédiaires.

Vers une démondialisation ?

La démondialisation est une expression apparue dans les réflexions économiques suite à la crise de 2008-2009. Elle désigne un arrêt, voire une inversion de la tendance à l'ouverture des économies. Elle est souvent associée à la volonté des pays de se protéger des effets négatifs de la mondialisation. La mondialisation actuelle a fait l'objet de critiques sévères pour ses effets sur l'environnement et pour les risques que des chaînes de production mondiales complexes font courir aux populations en cas de guerre, de choc climatique ou d'épidémie. Certains parlent de *slowbalisation* (néologisme issu de la contraction de *slow* et de *globalisation*, créé par Adjiedj Bakas et popularisé par *The Economist*, janvier 2019). En ce début de XXIe siècle, la mondialisation se trouve ainsi, paradoxalement, en recul, ou en tout cas sa légitimité est contestée ; la tentation du protectionnisme apparaît importante. Pascal Lamy, directeur général de l'OMC entre 2005 et 2013, parle quant à lui dans *Le Monde* du 9 avril 2020 de « précautionnisme ». Ce ne sont plus les entreprises que l'on protège avec du protectionnisme tarifaire, mais les consommateurs que l'on protège avec des normes de qualité ou environnementales. La défiance des populations semble grandissante envers la mondialisation et le multilatéralisme, comme peuvent l'illustrer le Brexit ou l'élection de D. Trump. Si le 15 novembre 2008 la déclaration commune du premier sommet du G20, réuni dans l'urgence pour coordonner les réponses à la crise financière, fut l'occasion pour les chefs d'État et de gouvernement de souligner « combien il est vital de rejeter le protectionnisme », dix ans plus tard presque jour pour jour, le président américain D. Trump tweetait fièrement qu'il était « un homme de droits de douane » (« *I am a Tariff Man* », 4 décembre 2018).

Si le protectionnisme effréné des années 1930 n'a pas refait surface, la paralysie des négociations commerciales multilatérales, conjuguée à la multiplication des barrières non tarifaires, a probablement contribué à la récente décélération du commerce mondial. Tandis que le protectionnisme était dans un premier temps déguisé et non tarifaire (avec des normes sanitaires ou techniques par exemple), la guerre commerciale menée à partir de mars 2018 par D. Trump s'est traduite par un relèvement des droits de douane sur les importations d'acier et d'aluminium, ce qui a entraîné des représailles de la part de la Chine notamment (voir *infra*, II). Cette rupture dans la politique commerciale est un fait marquant parce qu'elle bafoue ouvertement le multilatéralisme institué par les États-Unis. Elle n'est pas uniquement liée à l'impulsivité de D. Trump mais aussi à des changements structurels du système commercial multilatéral (voir *infra*, III) : le retournement des avantages comparatifs, le rôle central de certains pays en développement et le rééquilibrage des puissances rendent la coordination entre États difficile.

La crise de la COVID-19 impacte moins à court terme le commerce international que la crise des *subprimes*

La pandémie de COVID-19 renforce la tendance à la démondialisation. La CNUCED (décembre 2020) estimait la baisse de la valeur du commerce mondial de marchandises à 5,6 % en 2020 par rapport à 2019. Il s'agit de la « plus forte baisse du commerce de marchandises depuis 2009, lequel avait alors chuté de 22 % ». La chute prévue pour le commerce des services est cependant encore plus importante, avec une baisse probable de 15,4 % en 2020 par rapport à 2019 (contre – 9,5 % en 2009). À l'inverse du schéma habituel, la crise de la COVID-19 affecte plus que proportionnellement les services, d'où son effet relativement limité sur le commerce international. Également, la reprise a été soutenue par des interventions importantes en matière de politique budgétaire et monétaire dans les grandes économies, ainsi que par une adaptation dans des secteurs clés (notamment les entreprises de commerce de détail et les fournisseurs de services aux États-Unis et en Europe) à mesure que les entreprises et les ménages adoptaient des solutions technologiques pour faciliter le travail et les achats à domicile.

Depuis les années 1970, le commerce extérieur est en moyenne trois fois plus cyclique que l'activité économique dans son ensemble, ce qui explique la chute du commerce extérieur en 2020. Celle-ci apparaît même limitée si on la compare à celle de 2009 où le commerce extérieur en Europe a connu une chute comparable à celle observée en 2020 en Europe (– 25 %), alors que la contraction de l'activité y était deux fois moins élevée environ à son acmé (– 6,2 %) (C. Bellora, C. Bois et S. Jean, « Le commerce européen dans la crise sanitaire», CEPII, 2020). Une autre différence notable est la rapidité du rebond. En 2009, un trimestre après le point bas, les échanges commerciaux de l'UE étaient inferieurs de 20 % à leur niveau un an auparavant, alors qu'en 2020 ils le sont de 7 % seulement. Tous les aspects de la mondialisation sont affectés. Ainsi l'ONU estime que la croissance des migrations internationales pourrait être négative en 2020. Les IDE ont chuté de 42 % en 2020 (selon un rapport de CNUCED paru en janvier 2021). Ils sont ainsi de 30 % en dessous du creux atteint lors de la crise financière mondiale de 2009. Ce déclin s'est concentré dans les économies développées, où les flux d'IDE ont chuté de 69 %.

Vers un raccourcissement des chaînes de valeur mondiales ?

La tendance à l'éclatement croissant des chaînes de valeur des produits entre les différents territoires de la mondialisation semble s'être ralentie, comme si les entreprises se satisfaisaient du degré actuel de la DIPP et ne souhaitaient pas l'approfondir davantage. La pandémie a renforcé les craintes que les chaînes d'approvisionnement soient allées trop loin en créant une trop grande dépendance vis-à-vis des autres. Des inquiétudes ont notamment été émises à propos du manque de production domestique d'équipements médicaux ou de protection individuelle (gants, masques, etc.) et de produits pharmaceutiques, ce qui pourrait amener les gouvernements à reconsidérer le rapport coûts-bénéfices de cette organisation internationale des chaînes de valeur. Le risque d'un glissement vers le protectionnisme est aggravé par l'absence d'une réponse coopérative. Pourtant, les produits qui ont le moins souffert de la crise sanitaire sont ceux fabriqués avec le plus de composants étrangers ou qui sont à leur tour intégrés dans les productions étrangères, donc les produits les plus dépendants des « chaînes de valeur mondiales ». En mai 2020, les exportations hors de l'Union européenne de ce type de biens n'ont ainsi diminué que de 3 % par rapport à l'année précédente, tandis que les biens les moins dépendants chutaient de 29 %. On ne peut donc pas affirmer que les chaînes de valeurs ont rendu les économies plus vulnérables. Un écart d'autant plus remarquable que la crise de 2009 avait eu l'effet inverse en touchant davantage les produits les plus intégrés à la mondialisation. Cela s'explique par la nature de la crise affectant davantage les services. Il est possible aussi que les entreprises aient tiré des leçons de 2009, notamment l'intérêt d'une diversification de leurs fournisseurs pour résister aux perturbations mondiales. Les décisions prises par les États pourront modifier plus radicalement encore les chaînes de valeur mondiales pour réduire la dépendance à une zone géographique donnée.

3 Les firmes multinationales, actrices de la mondialisation

Une firme multinationale (FMN), ou transnationale (FTN), est une entreprise implantée dans plusieurs pays. Ce terme a été utilisé pour la première fois par D. E. Lilienthal dans *The Multinational Corporation* en 1960. C'est à partir de la seconde moitié du XXe siècle que l'on assiste à un important déploiement des FMN. Elles sont devenues aujourd'hui des acteurs majeurs de l'économie mondiale, leur richesse dépassant parfois le PIB de plusieurs États. Elles sont de plus en plus critiquées pour leurs atteintes à l'environnement ou leurs dispositifs d'optimisation ou d'évasion fiscales. Il convient donc de chercher à comprendre leurs stratégies. Pourquoi une entreprise choisit-elle de s'internationaliser ? Comment fait-elle le choix du commerce international ou de l'intégration par l'investissement direct à l'étranger ?

A. L'histoire des firmes multinationales : pourquoi l'entreprise s'internationalise-t-elle ?

Qu'est-ce qu'une firme multinationale ?

Une firme multinationale (ou transnationale) est une entreprise qui possède au moins une filiale à l'étranger et qui produit ou commercialise hors de son territoire d'origine grâce à ses filiales. Au sens strict, une entreprise ne sera vraiment multinationale que si elle possède au moins une unité de production à l'étranger. Au sens large, une firme multidomestique qui exporte à l'étranger mais ne produit que dans un seul pays peut être qualifiée de multinationale si elle possède ses propres réseaux de distribution à l'étranger. Les investissements directs étrangers (IDE) servent couramment de mesure de l'internationalisation des firmes. L'INSEE les définit comme les « investissements qu'une unité institutionnelle résidente d'une économie effectue dans le but d'acquérir un intérêt durable dans une unité institutionnelle résidente d'une autre économie et d'exercer, dans le cadre d'une relation à long terme, une influence significative sur sa gestion ». L'existence d'une firme multinationale implique la réalisation préalable d'au moins un IDE, qu'il s'agisse de l'implantation d'une unité productive nouvelle ou de la prise de contrôle d'au moins 10 % du capital d'une firme étrangère. En dessous de ce seuil, on parle d'un « investissement de portefeuille ». L'IDE peut se faire selon trois modalités :

- le flux de capital conduit à la constitution d'une nouvelle entreprise filiale *ex nihilo* (stratégie de croissance interne). C'est ce qu'on appelle l'investissement *greenfield* ;
- le flux de capital conduit à l'achat d'actifs financiers d'une firme déjà existante (participation au capital), on parle alors d'investissement *brownfield*. Cela correspond à une stratégie de croissance externe (par exemple par fusion-acquisition). Ce type d'investissement est bien plus important quantitativement que le *greenfield* (près de 90 % des IDE entrants dans les pays développés et 36 % des IDE entrants dans les PED) ;
- les opérations financières entre une société-mère et sa filiale (bénéfices réinvestis ou prêts à court ou long terme).

Pourquoi une entreprise décide-t-elle de contrôler une filiale à l'étranger ? Schématiquement, il existe deux grandes réponses qui correspondent à deux types d'IDE. On parlera d'un IDE horizontal si l'objectif de la firme multinationale est de répliquer dans une filiale le processus de production de la maison mère, et d'un IDE vertical si la firme multinationale fragmente sa chaîne de valeur pour localiser différentes tâches en différents lieux à l'aide de filiales installées à l'étranger, de façon à exploiter pleinement les avantages comparatifs de ces pays. Les décisions d'investissements verticaux contribuent très largement à la forte croissance des IDE mondiaux, notamment vers les pays en développement, et sont principalement guidées par les différences de coût de production. Au contraire, les IDE horizontaux ciblent principalement la proximité de la demande et donc les pays développés.

C'est surtout après la Seconde Guerre mondiale que ce type de firme connaît une période de forte expansion, particulièrement à partir des années 1980. Le nombre de FMN dans le monde s'élève à près de 83 000 aujourd'hui (CNUCED, 2016, *in* El Mouhoub Mouhoud, *Mondialisation et délocalisation des entreprises*, 2017) possédant 800 000 filiales dont les ventes représentent près de 30 milliards de dollars. Elles étaient au nombre de 37 000 au début des années 1990 et possédaient moins de 70 000 filiales dans le monde. Selon E. M. Mouhoud, la production des FMN est cependant très concentrée sur un petit nombre d'entre elles. Les cent plus grandes FMN non financières représentent près de 0,1 % du nombre total de multinationales, mais comptent près de 30 % de l'ensemble des filiales et près de 60 % de la valeur ajoutée mondiale des FMN. Tandis que les 100 premières possèdent plus de 500 filiales réparties dans plus de 50 pays, 70 % des FMN possèdent seulement une filiale et presque 90 % possèdent moins de 5 filiales. Les multinationales sont à l'origine d'au moins les deux tiers des échanges internationaux (dont la moitié est du commerce intrafirme). La CNUCED calcule depuis 1993 un indice de transnationalité des firmes, qui est la moyenne des trois ratios suivants : pourcentage des ventes à l'étranger dans les ventes totales, pourcentage d'employés à l'étranger dans l'emploi total de la firme et pourcentage des actifs étrangers dans les actifs totaux. En 2019, les taux d'internationalisation des 100 premières entreprises multinationales sont restés stables. Leur indice de transnationalité moyen a plafonné aux alentours de 65 % au cours de la dernière décennie.

Encadré 1 – Les difficultés de la mesure de l'activité des FMN

À partir des années 1990, le phénomène d'internationalisation des firmes devient de plus en plus difficile à appréhender parce de nouvelles formes d'internationalisation se développent qui ne donnent pas lieu à des transferts de capitaux (alliances stratégiques, accords de licence, franchises, accords de sous-traitance) et qui ne sont donc pas comptabilisées dans les IDE. Les liens de propriété tendent à être remplacés par des liens contractuels entre entreprises indépendantes, y compris dans le développement à l'international. On parle généralement de « firme-réseau ». Entre un tiers et la moitié du commerce mondial est en réalité du commerce intrafirme. Où commence-t-il et où se termine-t-il ? Des échanges avec un sous-traitant stable et seul producteur du produit ne représentent pas au sens strict du commerce intrafirme. Les données d'investissement direct à l'étranger sont, par ailleurs, des flux financiers, qui peuvent refléter des décisions d'organisation financière et fiscale des multinationales plus qu'une activité réelle de production ou de commercialisation : en témoigne le rôle prépondérant des centres financiers offshore *dans les flux d'IDE. 20 % des multinationales allemandes et 59 % des multinationales américaines possèdent au moins une filiale dans un paradis fiscal (A. Gumpert* et al.*, 2016,* in L'Économie mondiale 2020*, 2019). On estime ainsi que les entreprises américaines avaient accumulé, dans des paradis fiscaux, 2 600 milliards de dollars de profits non rapatriés à fin de l'année 2016 (ITEP, 2017), la législation américaine leur permettant de différer le paiement de l'impôt jusqu'au rapatriement de ces bénéfices. Le poids significatif du commerce intrafirme dans le commerce mondial signifie qu'une part importante des marchandises échangées ne sont plus valorisées à des prix de marché, mais à des prix de transfert entre établissements ou entre filiales d'un même groupe. Ces prix peuvent refléter des stratégies d'optimisation fiscale, notamment localiser les bénéfices dans les filiales situées dans les pays où l'impôt sur les sociétés est particulièrement faible.*

Le développement des FMN depuis le XIXe siècle

Le développement des FMN est l'histoire de choix d'expansion d'entreprises parmi lesquelles Wladimir Andreff, dans *Les Multinationales globales* (2003), se propose de distinguer les stratégies banales (d'approvisionnement, de marché ou de rationalisation) des stratégies globales apparues dans les années 1980.

≫ À partir du XIXe siècle, les premières firmes multinationales cherchent surtout à sécuriser leur approvisionnement en matières premières

Certains font remonter l'existence des firmes multinationales au moins jusqu'à la Compagnie britannique des Indes orientales fondée en 1600. Il est vrai que le grand commerce et la haute banque (à l'image de celle de la famille Rothschild par exemple) impliquent, par-delà les frontières, des réseaux de succursales déjà largement installés au XVIIIe siècle (P. Verley, *Entreprises et entrepreneurs du XVIIIe siècle au début du XXe siècle*, 1994) mais, jusqu'au début du XXe siècle, la stratégie dominante des premières FMN était la stratégie d'approvisionnement : les implantations à l'étranger avaient pour but d'approvisionner la société mère en ressources naturelles. On est présence d'une intégration verticale vers l'amont (IDE vertical). Ainsi, en

1914, 55 % du stock d'IDE est à destination des secteurs agricoles ou miniers, 20 % à destination de la sidérurgie (chemin de fer), 15 % à destination des produits manufacturés, 10 % à destination des services (distribution et banque). Cependant, la stratégie de marché est déjà présente à la fin du XIXe siècle, à l'image de la société multinationale américaine de machines à coudre Singer qui s'installe en France dès 1855, en Écosse dès 1873, et qui dans les années 1880 possède, outre ses usines aux États-Unis, des sites de production au Canada, en Grande-Bretagne et en Autriche, en partie pour contourner des barrières douanières et accéder aux différents marchés de consommation. Avant la Première Guerre mondiale, 349 filiales étrangères ont été créées ou acquises par des sociétés mères selon P. Verley (1994). Deux tiers d'entre elles sont détenues par des entreprises européennes et un tiers par des sociétés dont les sièges sont installés aux États-Unis. La période de la Belle Époque est marquée par une première phase d'accélération de la multinationalisation des firmes : en 1913, les FMN sont à l'origine de 3 à 6 % de la production mondiale. Les IDE ont principalement pour origine la Grande-Bretagne (qui détenait la moitié du stock mondial d'IDE entre 1870 et 1914), suivie des États-Unis (environ 20 %), de l'Allemagne et de la France (environ 10 % chacune). Comme ces investissements correspondent à des stratégies d'approvisionnement, leurs destinations privilégiées sont les pays non industrialisés de l'époque mais qui offrent un cadre institutionnel favorable et/ou qui ont une proximité culturelle avec la Grande-Bretagne : Australie, Canada, Russie, Argentine, Uruguay, Inde, etc. Le seul pays industrialisé qui accueille des IDE de manière significative est les États-Unis.

Dans les années 1920, les stratégies de marché se développent. Elles visent à pénétrer les marchés étrangers en contournant les barrières douanières, à contrer les difficultés de transport de certains produits industriels fragiles, ou à bénéficier de l'avantage de la production à proximité immédiate de certains marchés de consommation. On peut citer les exemples de American Tobbaco, Western Electric, Siemens, Nestlé, Saint-Gobain ou encore Ford et General Motors. Mais le contrôle de l'approvisionnement en matières premières reste une préoccupation plus marquée, comme l'illustrent les cas de la Standard Oil installée en Amérique latine, de United Fruit qui contrôle des plantations dans plusieurs pays des Caraïbes, ou de Dunlop avec ses plantations d'hévéas dans les pays tropicaux. D'ailleurs, 66 % du stock mondial d'IDE se situe dans les pays en développement en 1938. Entre 1914 et 1939, dans un contexte difficile pour les échanges internationaux, le stock d'IDE double et les multinationales américaines tendent de plus en plus à s'imposer, tandis que la domination du Royaume-Uni est moins forte (sa part dans le stock d'IDE passe de 45 % à 40 %, contre 30 % pour les FMN américaines). Plus globalement, la part des firmes européennes dans le stock d'IDE décline alors que les firmes nord-américaines consolident leurs positions (industries électriques, automobiles, pneumatiques, etc.).

≫ Dans les années 1950-1960, la stratégie de marché devient dominante et les filiales relais s'implantent dans les pays développés

Si 155 filiales étrangères sont créées ou acquises par des sociétés mères étrangères en moyenne chaque année entre 1946 et 1958, ce rythme est multiplié par 4 en moyenne entre 1959 et 1967 (Verley, 1994). Cependant, durant les années 1950-1960, le taux de croissance des

IDE est plus faible que celui du commerce mondial, le commerce international de produits finis restant le moyen privilégié par lequel s'exprime la concurrence entre les firmes. L'expansion des FMN provient surtout des firmes américaines (52 % des IDE en 1960) qui vont notamment partir à la conquête de la « forteresse Europe », craignant que la construction européenne ne pousse à l'érection de barrières douanières à l'extérieur du marché commun. Durant les Trente Glorieuses, les FMN américaines possèdent la moitié du stock des IDE mondiaux. Les FMN allemandes et japonaises contestent cette domination. Les flux s'orientent davantage vers les pays industrialisés (deux tiers du stock mondial d'IDE, contre un tiers en 1938) qui deviennent la zone privilégiée des IDE jusqu'aux années 1980 et concernent davantage les biens manufacturés. Les FMN à stratégies de marché ont pour but de remplacer l'activité d'exportation par une production sur le marché étranger. C'est dans les années 1960 que ces firmes multidomestiques s'affirment (P. Norel, 1994). Les filiales relais produisent les mêmes produits que ceux de la société mère auxquels ils se substituent : on parle d'IDE horizontal.

⋙ À partir des années 1970, le développement de filiales ateliers et la mise en place d'une décomposition internationale du processus productif

À partir des années 1970, le taux de croissance des IDE s'aligne sur celui du commerce mondial : 5 % de hausse annuelle moyenne. Avec la naissance des nouveaux pays industrialisés, notamment d'Asie (NPIA), va se développer dès les années 1970 la stratégie de rationalisation des coûts de production, d'où un développement des IDE Nord-Sud. Les FMN développent des filiales ateliers dans les pays émergents pour y profiter des coûts du travail moins élevés et de contraintes juridiques et fiscales moins fortes. Cette stratégie pousse à la délocalisation des activités intensives en travail peu qualifié des pays les plus avancés vers les pays en développement. En France, les firmes du textile vont ainsi très rapidement, malgré les Accords multifibres instaurés dans le cadre de l'OMC (1974-1994), délocaliser leur production vers les pays émergents du Maghreb ou d'Asie du Sud-Est. Cette stratégie entre dans le cadre du cycle de vie du produit (R. Vernon, « International investment and international trade in the product cycle », 1966) dans lequel, une fois le produit banalisé, dans sa phase de maturité, la concurrence entre les firmes va les pousser à des stratégies de rationalisation afin de gagner en compétitivité-prix. Le produit est alors importé par les pays développés.

Généralement, seuls certains segments du processus de production sont délocalisés vers les pays émergents dans des filiales ateliers. Si la production se prête à la décomposition internationale du processus productif (DIPP), selon les termes de B. Lassudrie-Duchêne (*Internationalisation et autonomie de décision*, 1982), la FMN arbitre entre les pays hôtes potentiels en fonction de leurs avantages comparés pour chaque opération du processus productif. Cette stratégie d'optimisation n'est concevable qu'en raison du coût désormais très bas du transport international des marchandises. Ainsi, le leader mondial des puces informatiques Intel a localisé ses activités d'assemblage et de tests (intensives en travail non qualifié) dans des pays où la main-d'œuvre est bon marché (Malaisie, Philippines, Costa-Rica, Chine), tandis que la fabrication des tranches de silicium et la R&D (intensives en travail qualifié) sont réalisées aux États-Unis, en Irlande ou en Israël. La baisse des coûts de coordination des activités entre plusieurs lieux de production, consécutive au développement des technologies de l'information et de la communication, a ainsi favorisé un second dégroupement des activités de production, permettant d'externaliser certaines étapes de la production qui étaient auparavant agglomérées dans un même lieu (R. Baldwin, « Global supply chains : why they emerged, why they matter, and where they are going », 2012). Les firmes développent une approche « modulaire » de la production qui ressemble désormais à un jeu de Lego (S. Berger, *Made in monde*, 2006). Les mêmes composants peuvent être utilisés selon différents schémas dans la fabrication de produits finis variés, ce qui favorise l'innovation « en permettant de nouvelles combinaisons de pièces de Lego inventées à des fins tout à fait différentes ». Ce ne sont plus les produits qui sont standardisés mais leurs composants (comme les briques de Lego). En parallèle, les entreprises ont fragmenté leur production en cherchant les territoires les plus avantageux pour délocaliser et sous-traiter. C'est ainsi que la Chine est devenue « l'atelier puis l'usine du monde ».

Si la logique multidomestique ne favorise pas *a priori* le développement du commerce international (les IDE formant des substituts aux exportations), la DIPP engendre au contraire l'essor d'un commerce intrafirme de produits semi-finis (un tiers du commerce mondial depuis la fin du XXe siècle) qui dynamise globalement les échanges mondiaux de marchandises. De la conception des produits à leur commercialisation, les chaînes de valeur contrôlées par des multinationales sont à l'origine de 80 % des échanges internationaux.

Après la forte accélération des IDE dans les années 1990 et 2000, une stabilisation de la DIPP ?

On a constaté dans les années 1980-1990 une accélération des flux d'IDE qui ont atteint une ampleur historique à partir des années 2000. Alors que, jusqu'au milieu des années 1980, les IDE ne dépassaient 2 % de la formation brute de capital fixe dans le monde, ils sont montés à 17 % en 2000 dans un contexte de bulle sur les valeurs de l'internet. Après un dégonflement au début des années 2000, le nouveau pic atteint en 2007 (13,6 %) n'a plus été approché depuis la crise financière. Il reste que les fluctuations des années 2010 situent la moyenne mondiale des flux d'IDE entre 8 % et 10 % de la formation brute de capital fixe (soit entre 2 % et 2,5 % du PIB), un niveau qui demeure très élevé. Le stock mondial d'IDE rapporté au PIB a progressé plus vite que le PIB mondial. L'accélération est particulièrement significative à partir du milieu des années 1990 jusqu'à l'enclenchement de la crise financière en 2008-2009, le stock d'IDE ayant progressé trois fois plus vite que le PIB sur la période, dépassant ainsi le rythme de croissance du commerce mondial. Il passe d'à peine plus de 2 000 milliards de dollars en 1990 à 15 000 milliards de dollars en 2007. Si les États-Unis restent un important pays d'accueil des IDE entrants, leur part dans les IDE sortants est en net recul dans les années 1980 et 1990 (leur part est divisée par deux). Le Japon, quasiment absent au début des années 1970, devient dominant en matière d'IDE sortants dans les années 1980. En ce qui concerne les IDE sortants, les pays développés dominent pendant toute la période, mais on voit se développer les IDE en provenance des pays en développement à partir du début des années 2000.

Sans remettre en cause le déploiement des entreprises multinationales et de leurs chaînes mondiales de valeur, les flux d'IDE ont ralenti après 2008 et ceux à destination des pays développés sont même en diminution depuis 2016. La réforme fiscale américaine (dispositif

GILTI, taxe BEAT, 2017) a favorisé l'implantation des entreprises sur le sol américain afin d'éviter l'érosion de la base imposable mais cela a conduit à un recul des flux d'IDE, notamment vers les pays européens. De ce fait, la part des pays en développement dans les flux mondiaux d'IDE a atteint pour la première fois 54 % en 2018. Le stock d'IDE mondial reste cependant élevé, plus de 37 000 milliards de dollars en 2019 (selon l'OCDE), dont plus des deux tiers dans les pays de l'OCDE. Si la crise de la COVID-19 a provoqué une chute spectaculaire des flux d'IDE en 2020, qui pourraient passer sous la barre des 1 000 milliards de dollars selon le rapport de la CNUCED (octobre 2020), ce sont les flux à destination des pays développés qui ont le plus reculé. Au cours des six premiers mois de 2020, les pays en développement d'Asie ont représenté plus de la moitié des IDE mondiaux. Cette place croissante des PED s'explique principalement par le poids croissant de la Chine. Les PMA ont attiré en 2019 à peine 1,4 % des IDE mondiaux (21 milliards de dollars).

Figure 3 – Évolution des investissements directs étrangers (IDE)

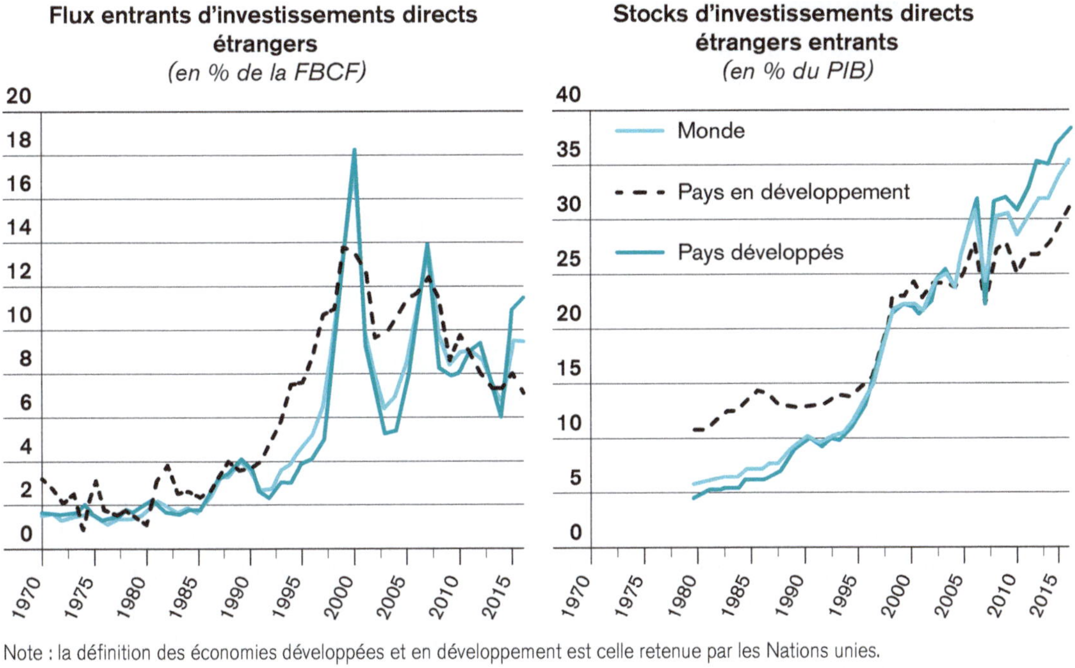

Note : la définition des économies développées et en développement est celle retenue par les Nations unies.

Source : S. Jean, « Carnets graphiques. L'économie mondiale dévoile ses courbes », CEPII, 2018.

La firme globale est-elle un mythe ?

Le poids croissant des firmes multinationales dans le système productif mondial bouleverse le fonctionnement économique du monde. S'affranchissant des frontières, certaines firmes multinationales implantées dans de nombreux pays brouillent l'idée que toute entreprise aurait une nationalité.

≫ Penser sa stratégie au niveau mondial

Les années 1980 sont marquées par l'émergence de nouvelles multinationales, qualifiées par M. Porter (*Competition in Global Industries*, 1986) de firmes globales qui adoptent d'emblée une stratégie mondiale. Leur stratégie de production est la division internationale du processus productif, leur stratégie de commercialisation passe par la standardisation de leurs produits et l'adoption d'une marque mondiale, et leur stratégie de gestion est l'externalisation en utilisant les meilleurs spécialistes mondiaux dans les différents domaines (marketing, recherche et développement, publicité, audit, comptabilité, etc.). Cette firme globale est nécessairement une firme-réseau qui implique la coopération entre de nombreux sites de production. Elle relocalise périodiquement ses activités pour optimiser sa production en tirant le meilleur parti des différences de coûts d'accès aux facteurs de production et des écarts de réglementation entre les territoires. S'il s'agit avant tout d'un idéal-type, certaines firmes s'en rapprochent cependant, notamment des multinationales issues de petits pays, par exemple Nestlé en Suisse.

≫ « Penser globalement, agir localement »

L'ancrage territorial d'une firme peut être un atout. Sur le plan productif, la firme peut ainsi développer des partenariats au niveau local ou national avec des centres de formation ou des collectivités publiques susceptibles de soutenir certaines activités (mise à disposition d'infrastructures, octroi de subventions). On constate également que les FMN continuent à lever l'essentiel des fonds dont elles ont besoin dans leur pays d'origine. Par ailleurs, la commercialisation des produits implique de tenir compte des spécificités des besoins des acheteurs locaux, dans la mesure où la mondialisation n'a pas signifié une uniformisation culturelle au niveau mondial. On peut noter une exigence accrue des consommateurs pour que l'entreprise soit locale, ces derniers considérant que les produits locaux sont de meilleure qualité ou plus vertueux. C'est ce que S. Berger (*op. cit.*, 2006) nomme « l'effet frontière ».

M. Porter (1986) montre que les firmes sont prises entre deux forces. D'un côté, elles sont poussées à une globalisation de leurs activités, ce qui leur permet d'obtenir la meilleure main-d'œuvre au meilleur coût (en fonction du degré de qualification souhaitée), de réaliser des économies d'échelles grâce à la production en masse de produits standards. On peut prendre l'exemple des produits Apple commercialisés de manière standardisée à l'échelle mondiale. D'un autre côté, les firmes sont aussi incitées à opter pour une stratégie d'adaptation aux besoins locaux des territoires (différenciation des produits, culture d'entreprise, etc.), notamment lorsque la clientèle est plus sédentaire. La logique multidomestique perdure alors, à l'image de l'entreprise McDonald's qui est contrainte d'adapter les produits offerts dans ses restaurants (vente de bières dans ses restaurants parisiens, offre de sandwichs plus épicés aux Antilles, etc.). Le cofondateur et ex-PDG de l'entreprise Sony, Akio Morita, a créé dans les années 1990 le néologisme « glocalisation » pour désigner la vocation des firmes à s'internationaliser tout en prenant en compte les caractéristiques locales : « *Think global, act local* ».

≫ Des cultures d'entreprises différenciées

P. d'Iribarne, dans son ouvrage *La Logique de l'honneur* (1989), avait montré que les différences culturelles nationales engendrent des cultures d'entreprises différenciées qui peuvent être à l'origine d'échecs dans les fusions-acquisitions internationales. Par exemple, la fusion entre l'Allemand Daimler et l'Américain Chrysler en 1998 n'a duré que neuf ans. Entre une organisation très hiérarchisée, laissant peu de place à l'initiative, tournée vers la qualité et la performance, et une autre, plus ouverte, plus créative, mais sans doute moins rigoureuse, le courant ne passait pas du tout. Comme dans l'échec de la fusion entre Renault et Volvo (1993), ou les difficultés plus récentes entre Renault et Nissan, la culture managériale, très fortement ancrée dans la culture nationale, a participé grandement à compromettre ces fusions-acquisitions internationales.

B. Les approches théoriques de la firme multinationale

Comment expliquer que des firmes s'implantent à l'étranger plutôt que de produire sur le territoire d'origine afin de servir le marché domestique et/ou d'exporter vers des pays étrangers ?

L'internationalisation comme étape d'un long processus de développement de la firme

≫ Les coûts fixes de l'internationalisation

La décision d'investir à l'étranger tient à un arbitrage entre un coût fixe et un coût variable. Dans le cas des IDE horizontaux, il s'agit d'économiser les coûts de transaction, ces coûts liés à l'imperfection des marchés. Dans le cas des IDE verticaux, il s'agit de profiter des coûts marginaux de production plus faibles pour les segments de la chaîne de valeur dont la production sera localisée à l'étranger. Mais, à chaque fois, l'économie de ces coûts passe par la délocalisation d'une partie de ces activités, ce qui implique un investissement représentant un coût fixe substantiel (établir une organisation, un réseau d'approvisionnement et de vente, rachat d'actifs, etc.). Ainsi, seules les entreprises les plus profitables sont susceptibles de devenir des multinationales (E. Helpman *et al.*, « Export *versus* FDI with heterogeneous firms », 2004) : celles qui sont déjà les plus importantes sur le marché domestique produisent différents biens ou services et sont les plus internationalisées, à l'exportation comme à l'importation. Selon C. Kindleberger (« The theory of direct investment », 1969), une firme produisant à l'étranger connaît les mêmes faiblesses qu'un nouveau venu sur un marché en concurrence. La firme doit donc dégager des profits à l'étranger plus importants que sur son territoire pour rentabiliser son investissement. Pour cela, elle doit donc disposer d'un avantage spécifique (comme la marque, le savoir-faire, la taille de l'entreprise...) qui lui permet de dominer rapidement le marché et constitue donc le contrepoids des faiblesses liées à la nationalité.

≫ Le modèle Uppsala

Le « modèle Uppsala » a été présenté notamment dans l'étude de Johanson et Wiedersheim-Paul (« The internationalization of the firm », 1975) et dans celle de Johanson et Vahlne (« The internationalization process of the firm», 1977). Elles montrent que l'internationalisation s'inscrit avant tout dans un processus de long terme de développement de la firme. Les créations d'entreprises se font généralement dans le pays d'origine du fondateur. Ce n'est que par la suite que l'entreprise cherche à s'internationaliser pour étendre son activité. Le modèle Uppsala est un modèle incrémental selon lequel l'allocation des ressources d'une entreprise aux activités internationales évolue parallèlement à l'apprentissage et à l'expérience acquise sur les marchés étrangers. Le processus d'internationalisation ainsi décrit est dynamique (avec des boucles de rétroaction). La firme va s'internationaliser en fonction de la « distance psychique » perçue par l'entreprise. Il s'agit de l'ensemble des facteurs empêchant ou perturbant le flux d'informations entre une firme et son marché à l'étranger : les différences de langue, de système politique ou juridique, de niveau d'éducation, de niveau de développement des industries et des infrastructures, etc. Bien que corrélée avec la distance géographique, il existe de nombreux cas de proximité psychique entre pays géographiquement éloignés. Par exemple, la Grande-Bretagne entretient, par son histoire, des relations privilégiées avec les États-Unis ou avec l'Inde. Cela expliquerait pourquoi une firme britannique s'internationalisera de façon privilégiée dans les anciennes colonies britanniques.

Commerce international ou IDE, quels déterminants ?

≫ Coûts de transaction et coûts d'organisation

Le choix de passer par le commerce international ou par l'investissement direct à l'étranger peut être appréhendé grâce à la théorie des coûts en termes de coûts de transaction de Ronald Coase (« La Nature de la firme », 1937). Si les FMN existent, c'est parce qu'il existe des coûts lorsqu'on effectue des transactions sur le marché, contrairement au postulat néoclassique qui raisonne dans le cadre de la CPP. Ces coûts de commerce international sont notamment liés à l'absence de transparence de l'information. Internaliser la production permet de les réduire mais, au fur et à mesure de l'expansion de la firme, des coûts d'organisation se développent. Le gigantisme des firmes multinationales peut engendrer des déséconomies d'échelle, sources de pertes de rentabilité. Les coûts d'organisation ne sont pas uniquement liés à la taille de la firme mais aussi à son éclatement géographique qui crée des difficultés logistiques, juridiques, culturelles et génère des coûts de transport. Selon R. Coase, les entreprises doivent donc arbitrer entre coûts de transaction et coûts d'organisation pour optimiser leur taille.

O. Williamson (*Markets and Hierarchies*, 1975) poursuivra ce raisonnement en précisant les fondements des coûts de transactions : la rationalité limitée des agents rend les contrats nécessairement incomplets, ce qui rend possible l'opportunisme lors des échanges commerciaux. Plus les actifs sont spécifiques et la fréquence des transactions importante, plus les coûts de transaction sont élevés : la firme aura donc intérêt à produire en interne (grâce à une filiale et en procédant à un investissement direct à l'étranger) plutôt que d'exporter. Des coûts de transaction élevés peuvent résulter par exemple de droits de propriété incertains ou encore d'institutions défaillantes dans le pays avec lequel la transaction doit être réalisée. Pourtant, en présence de rendements croissants, il peut être plus efficace de concentrer la production dans un petit nombre d'établissements de grande taille et d'exporter. C'est ce que l'on appelle l'arbitrage proximité/concentration. Cet arbitrage explique pourquoi les IDE sont aussi nombreux dans les secteurs où les coûts de transports sont très élevés (automobile par exemple) et les économies d'échelle relativement faibles.

≫ L'IDE comme substitut au commerce international selon la théorie néoclassique

Robert Mundell (*International Trade and Factor Mobility*, 1957) analyse la montée des IDE destinés à contourner les obstacles douaniers érigés par un ou plusieurs pays. Selon lui, les mouvements internationaux de facteurs sont la conséquence de différences de rémunération du capital entre les pays. Dans les pays richement dotés en capital, ce facteur est rémunéré à un taux relativement faible ; il doit donc avoir tendance à se déplacer vers les pays faiblement dotés en capital, où sa rémunération sera plus forte du fait même de sa rareté. Les mouvements de capitaux devraient théoriquement se poursuivre jusqu'à l'égalisation des rémunérations du capital. Or, dans ce cadre d'analyse, le commerce international doit lui aussi favoriser l'égalisation des revenus de facteurs, et donc faire disparaître la motivation des mouvements éventuels de capitaux. Dès lors, selon Mundell, c'est l'existence de barrières aux échanges qui explique le maintien d'un différentiel de rémunération des facteurs et qui est à l'origine des flux de capitaux vers le pays où le capital est rare. Les pays en développement vont ainsi pouvoir produire davantage de biens intensifs en capital, qu'ils importaient auparavant. On a donc une substituabilité parfaite entre les flux d'investissements et les flux de commerce : les entrées de capitaux dans les pays en développement remplacent les importations de biens intensifs en capital. Pourtant, contrairement au modèle de Mundell, le développement des IDE ne s'est pas accompagné d'un recul du commerce international (les deux phénomènes vont de pair à partir des années 1970). Les firmes multinationales contribuent au contraire à la création de nouveaux flux, notamment en biens intermédiaires. Également, l'installation d'une filiale relais peut conduire à ce que le nouveau site de production pénètre les marchés limitrophes (la filiale-relais de Toyota à Valenciennes exporte les Toyota Yaris à travers toute l'Europe).

≫ Les différents degrés d'internalisation des activités internationales

La décision de localisation de tout ou partie de la production dans un pays étranger n'implique pas nécessairement d'intégrer cette activité dans l'entreprise *stricto sensu*. En réalité, il existe une multitude de modes d'internationalisation avec divers degrés d'engagement entre le commerce international et les IDE (O. Williamson, *Les Institutions de l'économie*, 1994) : la cession de licence, la franchise, l'alliance stratégique ou l'*outsourcing* (sous-traitance internationale) sont des modes de production internationale sans participation au capital. La cession de licence, qui consiste à octroyer à une autre firme le droit d'utiliser une technologie ou une marque dans un espace géographique donné en contrepartie d'une redevance, est souvent utilisée dans les productions banalisées. En effet, elle suppose de transmettre ses technologies au partenaire étranger. Par exemple, le constructeur d'automobiles roumain Dacia, de sa création dans les années 1960 à son rachat par Renault en 1999, a essentiellement produit, sous sa marque, des répliques de modèles de voitures développées par Renault. La franchise est une forme de cession de licence dans laquelle le franchiseur apporte un savoir-faire commercial, des méthodes de gestion, et conserve un droit de contrôle des opérations. L'*outsourcing* correspond à une externalisation internationale des activités. Plutôt que de procéder à un IDE vertical, les entreprises ont la possibilité de faire appel à des sous-traitants indépendants. Le risque de transfert technologique est alors moins important puisque seule une partie de la chaîne de valeur est concernée. De plus, on peut penser que les sous-traitants étrangers qui bénéficient de l'avantage d'être des firmes locales sont plus efficaces qu'une filiale de groupe multinational. Les sous-traitants peuvent profiter d'économies d'échelle en se spécialisant dans des activités spécifiques et en travaillant pour de nombreux commanditaires. Par exemple, le fournisseur de Dell, Quanta, est un « *original design manufacturer* » taïwanais, ce qui signifie qu'il est chargé de la fabrication mais sans avoir la marque, ni de contacts avec les consommateurs. Quanta est ainsi le plus grand fabricant mondial d'ordinateurs portables : un ordinateur sur quatre sort de ses usines selon S. Berger (2006). À l'inverse, l'internalisation, via un IDE vertical, évite les coûts associés à la rédaction et renégociation des contrats de sous-traitance qui sont délicats du fait de différences institutionnelles, culturelles et linguistiques entre les pays, et présente l'avantage de contrôler totalement son fournisseur. Par exemple, l'entreprise Apple a dû faire face à de nombreux scandales pour non-respect du droit du travail chez ses sous-traitants taïwanais Foxconn (2019) et Pegatron (2020). Enfin, l'alliance stratégique est un mode de présence à l'étranger « hybride », entre le marché (externalisation) et l'organisation (internalisation). Elle consiste pour des firmes à utiliser de manière conjointe des moyens humains, et/ou industriels, et/ou financiers, en vue de réaliser des objectifs communs sans que cela se traduise par un échange de propriété entre les firmes.

Cet arbitrage dans le degré d'internalisation dépend aussi de la culture managériale de la firme. Les firmes états-uniennes tendent à privilégier un mode de coordination passant par le marché tandis que les firmes japonaises privilégient davantage les IDE, ce qui permet des relations de long terme et un échange de savoirs plus aisé. Bien qu'ayant des stratégies divergentes, ces entreprises bénéficient « au final des mêmes chances de réussite » selon S. Berger (2006).

≫ Le paradigme OLI

J. H Dunning, dans *International Production and the Multinational Enterprise* (1981), a cherché à synthétiser les conditions d'internationalisation des firmes. Il est à l'origine d'une démarche qui combine l'avantage spécifique ou monopolistique de la firme (O, comme *ownership advantage*), l'avantage à la localisation des actifs (L) et l'avantage à l'internalisation des actifs (I). Selon J. Dunning (1981), une firme investira à l'étranger si trois conditions sont satisfaites :

- la firme doit détenir un avantage spécifique par rapport aux autres firmes concurrentes qu'elle va exploiter sur le marché étranger. Cet avantage prend la forme d'un actif intangible, propriété exclusive – au moins temporairement – de la firme et dont la rentabilité est accrue lorsqu'elle est mise en œuvre sur une échelle plus large. Cet avantage doit être transférable à l'étranger et suffisamment important pour couvrir les coûts

d'implantation à l'étranger. Généralement, il s'agit d'actifs immatériels comme une marque, un brevet ou une technologie ;
- la firme cherche à optimiser la localisation territoriale en arbitrant entre les différents choix de délocalisation possibles (coût d'opportunité). Par exemple, l'Irlande constitue pour beaucoup de FMN américaines une porte d'entrée en Europe : son appartenance au marché unique, sa main-d'œuvre anglophone qualifiée et ses conditions fiscales avantageuses (avec un taux d'imposition sur les sociétés à 12,5 %) en font une localisation recherchée ;
- la firme doit enfin avoir un intérêt à exploiter elle-même cet avantage plutôt que de le céder à une firme étrangère (par de la sous-traitance ou un recours au marché international). Par exemple, dans le secteur du textile, Lacoste sous-traite et externalise toute sa production alors que Zara fabrique la plupart de ses vêtements autour de son siège social de La Corogne.

Pour J. H. Dunning, seules les firmes possédant ces trois avantages ont intérêt à procéder à un investissement direct à l'étranger. Si elles ne possèdent qu'un avantage spécifique, elles ont intérêt à exporter. Si elles ne possèdent qu'un avantage spécifique et un avantage à l'internalisation, elles ont intérêt à confier la fabrication ou la commercialisation de leurs produits sous licence à une entreprise locale. Si elles ne possèdent qu'un avantage spécifique et un avantage à la localisation, elles privilégieront la sous-traitance.

Choisir un territoire étranger d'implantation

Différentes raisons poussent la firme multinationale à internationaliser son activité et les choix de la localisation en dépendent.

≫ Diminuer ses coûts de production

C'est sans doute le facteur le plus mis en avant : les firmes peuvent chercher à accéder à une main-d'œuvre meilleur marché que celle du pays d'origine de la firme. Cela est valable surtout pour les activités à faible intensité capitalistique telles que la confection dans le textile ou l'assemblage de composants électroniques. L'objectif est alors pour la firme de gagner en compétitivité-coûts. Cependant, le flux d'IDE vers les pays à bas salaire est relativement peu important. Il est vrai que ces statistiques ne tiennent pas compte des délocalisations effectuées sous la forme de sous-traitance. Il apparaît clairement que l'on ne peut se limiter aux écarts de salaires réels pour expliquer les choix de localisation des firmes européennes. Les coûts de production plus faibles peuvent aussi résulter d'un faible prix des terrains et de la construction, d'une faible fiscalité sur les bénéfices, de coûts de transport plus faibles ou encore d'une proximité des matières premières.

S. Berger (*Made in Monde*, 2006), en analysant les stratégies de 500 entreprises différentes, montre que toutes n'ont pas intérêt à délocaliser leur production dans un pays à main-d'œuvre bon marché. Dans les pays à bas salaires, la productivité du travail est plus faible et la qualité de la production peut être moindre. Le plus important n'est pas le niveau des salaires, mais le coût unitaire du travail qui prend aussi en compte la productivité. Selon S. Berger, la valeur ajoutée par un ouvrier américain moyen, par exemple, est 28 fois supérieure à celle que crée son homologue chinois, notamment parce qu'il travaille avec un meilleur équipement et parce qu'il fabrique des produits qui se vendent plus cher.

≫ Accéder à des marchés plus ou moins réservés

Lorsqu'un marché est protégé de la concurrence étrangère, soit par des barrières protectionnistes, soit par une préférence nationale marquée de la part des consommateurs, la solution la plus simple consiste à devenir producteur local. L'entreprise japonaise Toyota par exemple utilise comme argument de vente le fait que la voiture Yaris est produite à Valenciennes. Le rapprochement du marché peut aussi permettre une meilleure adaptation des produits aux marchés locaux, à l'image de L'Oréal qui multiplie ses implantations pour vendre des produits capillaires adaptés aux cheveux et aux habitudes de vie de ses différents consommateurs à travers le monde. Malgré la forte baisse des coûts de transport et la révolution numérique, la proximité avec le marché continue de jouer un rôle important. L'orientation des investissements directs laisse supposer que ce motif est important : 70% des investissements directs effectués par les pays développés sont dirigés vers d'autres pays développés.

Dans cette optique, on peut aussi chercher à pénétrer un marché potentiel. En effet, les premières entreprises implantées bénéficient généralement d'un avantage par rapport aux nouvelles venues. Dans ce sens, les pays émergents à grosse population regroupés sous l'acronyme BRIC (Brésil, Russie, Inde, Chine) font l'objet de nombreux IDE, en particulier la Chine dont la classe moyenne est pour le moment encore embryonnaire.

≫ Sécuriser ses approvisionnements

S'il s'agit du principal motif d'internationalisation de la firme au XIXe siècle, ce motif n'a pas disparu au XXIe siècle. Les entreprises dont la production est totalement dépendante d'une matière première vont chercher à en sécuriser l'approvisionnement. C'est cette raison qui explique principalement les IDE chinois en Afrique au début des années 2000, les entreprises chinoises cherchant à sécuriser leurs approvisionnements en terres rares. Cela est aussi valable pour l'industrie agroalimentaire ou pour les entreprises pétrolières qui veulent maîtriser la qualité de leur pétrole brut, ou Areva son approvisionnement en uranium.

≫ Bénéficier d'externalités positives

Le nombre d'entreprises locales et étrangères déjà installées dans une zone géographique peut jouer un rôle déterminant. P. Krugman (1991) a montré que les entreprises peuvent avoir intérêt à localiser leur activité là où des entreprises du même secteur sont déjà implantées. Cet effet d'agglomération est lié aux externalités positives que génère la proximité géographique d'unités de production de biens similaires : cela permet à la firme de bénéficier d'échanges permanents et intenses de compétences, de savoirs et de mains-d'œuvre qualifiées, et de bénéficier d'infrastructures adéquates. Mayer et Mucchielli (1999) montrent que cela les expose aussi à une concurrence forte. L'exemple le plus connu de site offrant ces rendements d'échelle croissants externes est évidemment la Silicon Valley pour les entreprises liées aux technologies du numérique, mais on peut aussi citer la City de Londres dans le domaine de la finance ou les réseaux serrés d'entreprises biotech (*cluster economy*) implantées autour du MIT et de Harvard.

Les marchés n'évoluant pas de manière synchrone, s'installer dans des zones géographiques différentes peut au contraire limiter les risques liés à la conjoncture. Plus globalement, la dépendance dans sa production à une zone géographique peut engendrer des ruptures d'approvisionnement, à l'image de la pénurie de vis qui avait paralysé la production de voitures de PSA en 2011.

≫ Profiter de subventions ou de dépenses publiques et/ou s'extraire de réglementations nationales

Le rôle de l'État peut être déterminant dans les choix d'implantation des firmes. Les politiques d'investissement en capital humain ou en capital public (infrastructures de transport ou de communication, stabilité politique et sociale, flexibilité du marché du travail…) peuvent attirer les FMN, alors qu'au contraire une réglementation étatique trop stricte peut générer des flux d'IDE sortants. Avant la déréglementation des années 1980, les banques américaines étaient soumises à de nombreuses contraintes dans le cadre de la Réglementation Q, ce qui les a poussées à créer des filiales en Europe afin de pouvoir rémunérer leurs dépôts en dollars.

Selon l'étude de Fabrice Defever et Jean-Louis Mucchielli (« Décomposition internationale de la chaîne de valeur », 2005) qui porte sur un échantillon de 11 000 choix de localisation de FMN européennes sur la période 1997-2002 dans 23 pays, les stratégies de localisation diffèrent selon les étapes de la chaîne de valeur. En amont de la chaîne de production (direction générale, design, R&D), les choix d'implantation sont très sensibles à la gouvernance des pays d'accueil, notamment à la stabilité politique. Pour les étapes de fabrication (assemblage, etc.), c'est le niveau de coût salarial unitaire qui serait déterminant dans le choix d'implantation. Enfin, pour les activités les plus en aval (logistique, bureaux commerciaux), ce qui est le plus important, c'est la taille de la zone d'accueil.

2

L'analyse économique des échanges internationaux

Au-delà d'une simple relation marchande, comme on pourrait en trouver entre des producteurs et des consommateurs, des entreprises et leurs fournisseurs, l'échange international est analysé comme un échange entre nations. Les explications de l'échange sont multiples et les conséquences sont présentées en termes de performances commerciales sur lesquelles les États peuvent espérer agir.

1 Comment expliquer l'échange international ?

Les échanges internationaux ont considérablement augmenté depuis le XIXe siècle, plus rapidement que la production. La théorie des avantages comparatifs fournit un cadre explicatif cohérent des échanges, mais de nouvelles approches sont apparues depuis les années 1960.

A. L'explication des échanges par l'avantage comparatif

La théorie de l'avantage comparatif vise à expliquer l'échange international et la spécialisation des pays. Née avec la révolution industrielle et liée alors à une théorie de la valeur-travail, elle a connu une réinterprétation au début du XXe siècle à partir des dotations factorielles.

De Smith à Ricardo : l'échange international expliqué par les différences de productivité du travail

Au cours du XVIIIe siècle, la pensée économique se détache progressivement de la doctrine mercantiliste qui supposait que l'enrichissement des nations venait de leur capacité à dégager des excédents commerciaux. Hume d'abord, Smith ensuite, font évoluer leur réflexion vers l'idée que les pays ont un avantage à échanger et que le commerce international est un jeu à somme positive dans lequel un pays peut gagner à importer s'il consacre ses ressources productives aux activités pour lesquelles il est le plus efficace. Mais c'est à Ricardo que l'on doit la théorisation de l'avantage comparatif.

L’évolution de la pensée économique au XVIIIe siècle : vers la promotion de l’échange international

L’analyse smithienne du libre-échange est le prolongement de sa théorie de la division du travail et repose sur une formulation de « bon sens » : « La maxime de tout chef de famille prudent est de ne jamais essayer de faire chez soi la chose qui lui coûtera moins à acheter qu’à faire » (Recherches sur la nature et les causes de la richesse des nations, 1776). Il en déduit que « si un pays étranger peut nous fournir une marchandise à meilleur marché que nous ne sommes en état de l’établir nous-mêmes, il vaut mieux que nous la lui achetions avec quelque partie du produit de notre propre industrie, employée dans le genre dans lequel nous avons quelque avantage ».

Cette vision de l’échange international repose donc sur l’existence d’un avantage absolu dont dispose le pays. La spécialisation qui en résulte, véritable division internationale du travail, permet à chaque pays d’économiser du travail et d’affecter ses facteurs de production là où ils sont les plus efficaces. Cependant, si un pays est capable de tout produire moins cher que les autres (ou rien), il n’a pas intérêt à la spécialisation. C’est sur ce point que Ricardo perfectionne largement l’analyse.

Ricardo et la théorie de l’avantage comparatif

L’analyse développée par Ricardo (*Principes de l’économie politique et de l’impôt*, 1817) repose sur une série d’hypothèses qui définissent les avantages comparatifs des nations. Les facteurs de production sont considérés comme immobiles entre les pays, alors qu’ils peuvent circuler librement d’une activité à l’autre et géographiquement à l’intérieur d’un territoire. La nation est ainsi le lieu de la mobilité des facteurs, tandis que l’international est défini par leur immobilité. Les différences de techniques de production expliquent les avantages dont disposent les pays et déterminent *in fine* la spécialisation. Ces techniques de production ne changent pas, de telle sorte que les avantages sont durables. L’hypothèse de valeur-travail, qui consiste à calculer la valeur des biens à partir de la quantité de travail nécessaire à leur production, permet d’exprimer les coûts en unités de travail. C’est donc la productivité du travail et les technologies utilisées qui sont les déterminants de la spécialisation.

La notion d’avantage comparatif repose sur l’idée qu’il est plus efficace de se spécialiser dans les activités pour lesquelles on est relativement le meilleur, en abandonnant aux autres des activités différentes. Et ceci, même si on est potentiellement capable de tout faire mieux que les autres ! Toute production se fait au détriment d’une autre, car on ne peut pas produire deux choses en même temps, et résulte d’un arbitrage qui fait intervenir un coût d’opportunité. Ce coût peut s’exprimer par la quantité d’un bien ou d’un service que l’on doit renoncer à produire pour pouvoir en fabriquer un autre. Ainsi, un pays possède un avantage comparatif dans la production d’un bien si le coût d’opportunité de la production de ce bien est inférieur à celui observé dans les autres pays.

Dans l’exemple fameux proposé par Ricardo, le Portugal est capable de fabriquer du drap et du vin pour un coût inférieur à la Grande-Bretagne, mais il est plus efficace – pour chacun des deux pays – de se spécialiser. En renonçant à produire du drap, le Portugal peut affecter ses facteurs de production à la production de vin dans laquelle ils sont relativement plus efficaces.

Et réciproquement pour l'Angleterre, qui produit le drap. En autarcie, les prix relatifs des produits sont déterminés par le rapport des coûts de production. L'ouverture internationale permet au Portugal d'obtenir davantage de drap par unité de vin que ce qu'il aurait pu obtenir en autarcie. Inversement, avec le drap anglais, on peut se procurer plus de vin en l'achetant au Portugal qu'en Angleterre.

La généralisation du modèle à n biens permet de déterminer la structure du commerce extérieur de chaque pays, qui exportera certains biens et en importera d'autres en fonction des différences relatives de productivité et de coûts relatifs de production de ces biens.

Encadré 2 – Le modèle de Ricardo

Les coûts de production, exprimés en homme-année-travail sont les suivants :

	Angleterre	Portugal
Travail nécessaire pour une unité de drap	100	90
Travail nécessaire pour une unité de vin	120	80

Il apparaît ainsi que le Portugal dispose d'un avantage absolu, au sens de Smith, dans les deux productions. Mais, pour Ricardo, il faut raisonner en comparant les coûts de production relatifs des deux produits dans chaque pays. On obtient ainsi :

	Angleterre	Portugal
Coût comparatif drap/vin	100/120 = 0,83	90/80 = 1,125
Coût comparatif vin/drap	120/100 = 1,2	80/90 = 0,88

Les coûts comparatifs permettent d'exprimer le coût d'une unité supplémentaire d'un produit en une quantité de l'autre produit. Le coût d'une unité supplémentaire de vin est ainsi de 0,88 unité de drap au Portugal contre 1,2 unité de drap en Angleterre.

Au Portugal, en situation d'isolement, 1 unité de vin s'échange contre 0,88 unité de drap. L'ouverture des frontières permet au producteur de vin portugais d'obtenir 1,2 unité de drap en allant échanger en Angleterre. Il est donc gagnant. Inversement, le drapier anglais obtient 1,125 unité de vin au Portugal alors qu'il n'en obtient que 0,83 chez lui.

Cela devrait donc conduire le Portugal à renoncer à la production de drap pour se spécialiser dans le vin, et inversement pour l'Angleterre. Une telle situation est mutuellement avantageuse. Les tableaux suivants permettent de comparer les coûts de production d'une unité de drap et d'une unité de vin, avec ou sans spécialisation.

Avant spécialisation	Angleterre	Portugal	Total
Coût de la production de drap	1 × 100	1 × 90	190
Coût de la production de vin	1 × 120	1 × 80	200
Coût total	220	170	390

Après spécialisation	Angleterre	Portugal	Total
Coût de la production de drap	2 × 100	0 × 90	200
Coût de la production de vin	0 × 120	2 × 80	160
Coût total	200	160	360

On constate ainsi un gain à l'échange pour les deux pays. La production de drap coûte plus cher, mais c'est largement compensé par la diminution du coût de la production de vin. Il en résulte une économie globale de facteurs de production, qui peuvent être affectés à d'autres activités.

Le théorème HOS : l'avantage comparatif lié à la dotation factorielle

Alors que la pensée économique libérale se tourne vers une théorie de la valeur-utilité dès les années 1860, il faut attendre l'après-Première Guerre mondiale pour voir émerger une nouvelle version des avantages comparatifs ne nécessitant plus explicitement le recours à la valeur-travail.

≫ Les travaux d'Heckscher-Ohlin

Les Suédois Eli Heckscher (« The effect of foreign trade on the distribution of income », 1919) et Bertil Ohlin (« Interregional and international trade », 1933) ont fondé la théorie des avantages comparatifs sur l'importance de la dotation en facteurs de production. Le premier en a l'intuition, le second formule le théorème.

Le raisonnement initial repose sur un modèle à deux nations, deux facteurs et deux produits. Les nations sont définies, comme chez Ricardo, par l'immobilité des facteurs. Les pays sont supposés ne pas avoir les mêmes dotations relatives de facteurs travail et capital et ne peuvent donc pas avoir les mêmes coûts relatifs de production. Les facteurs de production étant substituables, le pays les utilise plus ou moins en fonction de leurs coûts relatifs.

Comme dans le modèle ricardien, la spécialisation se fait en fonction des coûts relatifs et des productivités relatives des facteurs.

Si un pays dispose en abondance d'un facteur de production, son coût relatif sera faible. Il exportera les produits intensifs dans ce facteur tandis qu'il importera les produits intensifs dans son facteur rare. Ohlin peut ainsi écrire que « l'échange international est un échange de facteurs abondants contre des facteurs rares ».

≫ Les prolongements du modèle

Wolfgang Stolper et Paul Samuelson (« Protection and real wages », 1941) ont étudié l'impact de la spécialisation sur la répartition des revenus. L'ouverture internationale accroît l'utilisation du facteur abondant, dont la rémunération était faible relativement au facteur rare. Cela a pour effet d'accroître sa rareté relative et donc son prix. On aboutit ainsi à une vision quasi miraculeuse de l'échange international puisqu'il conduit à un mouvement de rapprochement entre les rémunérations des facteurs de production, tant à l'échelle nationale qu'à l'échelle internationale. Si on suppose qu'il existe une différence de dotation en travail qualifié et non qualifié, les résultats sont plus complexes. La spécialisation réduit les inégalités entre travailleurs dans les pays « pauvres » mais accroît les inégalités entre travailleurs qualifiés et non qualifiés dans les pays richement dotés en travail qualifié.

Tadeusz Rybczynski (« Factor endowments and commodity prices », 1955) propose une approche dynamique de la spécialisation permettant de comprendre comment les dotations factorielles peuvent se transformer. Il montre que, lorsque la dotation factorielle d'un pays évolue – suite à un phénomène de croissance démographique ou à une politique d'accumulation du capital –, la spécialisation du pays se déforme en direction du bien utilisant de manière intensive le facteur qui augmente. Si la population active augmente dans le pays A, le capital y devient relativement plus rare, ce qui renforce l'avantage à la spécialisation dans les activités nécessitant du travail. Si les pays partenaires de A ne connaissent pas la même augmentation de leur population active, ils seront progressivement concurrencés dans les biens intensifs en travail et devront abandonner ces productions à A.

Les limites de l'explication des échanges par l'avantage comparatif

Si la théorie des avantages comparatifs fournit un cadre cohérent pour expliquer la spécialisation des nations, elle n'est pas toujours facilement vérifiée. L'existence d'échanges intrabranches et la difficulté à faire correspondre la théorie à certaines situations réelles permettent d'éprouver les limites du raisonnement.

≫ Le développement des échanges intrabranches et leur difficile intégration dans la théorie de l'avantage comparatif

Il y a échange intrabranche lorsqu'un pays importe et exporte des produits similaires. La mesure est complexe car elle suppose de définir précisément ce que sont des produits similaires. Plus la définition de la branche est large, plus l'intrabranche est fort, et inversement.

Encadré 3 – La mesure de l'échange intrabranche

Herbert Grubel et Peter Lloyd (« The empirical measurement of intra-industry trade », 1971) ont proposé un indicateur de l'échange intrabranche.
La version la plus simple mesure la part du commerce intrabranche dans le commerce total d'une branche donnée.

$$GL_i = \frac{(X_i + M_i) - |X_i - M_i|}{(X_i + M_i)} = 1 - \frac{|X_i - M_i|}{(X_i + M_i)}$$

avec M_i les importations et X_i les exportations du bien i. Le coefficient de Grubel et Lloyd est tel que $0 < GL_i < 1$. Lorsque l'échange intrabranche augmente il se rapproche de 1.
L'indicateur synthétique, décomposé par zone et par produit, s'écrit :

$$GL_i = 1 - \sum_{i=1\,;\,j=1}^{i=n\,;\,j=m} \frac{|X_{ij} - M_{ij}|}{X_{ij} + M_{ij}}$$

avec M_{ij} les importations et X_{ij} les exportations du bien i vers la zone j.

Mais il pose des problèmes d'interprétation. Si on importe des tomates depuis l'Espagne et qu'on en exporte vers la Belgique… est-ce de l'intrabranche ? Si on importe à certaines périodes d'une zone et qu'on exporte vers cette zone à une autre période… est-ce encore de l'intrabranche ou simplement l'effet de variations saisonnières ? Si on importe certaines gammes de voitures d'un pays et qu'on exporte d'autres gammes de voitures… est-ce de l'intrabranche ?
Le tableau suivant suppose par exemple qu'un pays importe et exporte deux produits, à partir de deux zones différentes.

	X	M	X + M	|X – M|	GL
Produit 1	**100**	**100**	**200**	**0**	**1**
Zone A	*0*	*100*	*100*	*100*	*0*
Zone B	*100*	*0*	*100*	*100*	*0*
Produit 2	**100**	**100**	**200**	**0**	**1**
Zone A	*100*	*0*	*100*	*100*	*0*
Zone B	*0*	*100*	*100*	*100*	*0*
Total (1 + 2)	**200**	**200**	**400**	**0**	**1**

Pour chaque produit, et pour l'indicateur global, l'indicateur d'intrabranche GL est égal à 1. On importe et exporte les deux produits. Mais si on décompose par zone, l'indicateur vaut 0. Cela traduit le fait que l'on importe le produit d'une zone et qu'on l'exporte vers une autre. Cela peut être le fait de variations saisonnières, produits agricoles par exemple, ou de marchés géographiques très spécifiques.
Cela peut également apparaître si on ne prend pas une nomenclature assez détaillée : une nomenclature agrégée accroît l'intrabranche, ce qui peut compliquer les comparaisons internationales.

La théorie des avantages comparatifs explique mal l'échange intrabranche. En effet, elle repose sur un principe de spécialisation. On peut certes envisager qu'un pays fabrique un produit, tout en l'important, parce que son marché intérieur est par exemple très grand. En revanche, il n'est pas cohérent d'observer simultanément des exportations et des importations de produits similaires. Pourtant, l'échange intrabranche est devenu un élément essentiel du commerce international et la théorie des avantages comparatifs en est réduite à supposer qu'il y a des différences oubliées. Ainsi, dès 1915, F. W. Taussig écrivait que « le plus souvent […] on constatera que l'article importé, bien qu'il porte le même nom que l'article national, est d'une qualité telle qu'il s'agit pratiquement d'une chose différente. Les laines françaises et allemandes sont importées en Angleterre, mais ce sont des produits très différents de ceux que les Anglais fabriquent et exportent » *(Principles of Economics*, 1915). B. Lassudrie-Duchêne et J.-L. Muchielli (« Les échanges intrabranche et la hiérarchisation des avantages comparés dans le commerce international », 1979) ont également montré que, si l'échange intrabranche n'est pas envisageable dans un modèle à deux pays, deux facteurs et deux produits, comme le modèle

HOS, il devient possible en introduisant davantage de pays. Si le pays A possède un avantage comparatif par rapport à B dans la réalisation d'un produit, mais qu'il ne possède pas le même avantage par rapport à C, il importera le produit de C, tout en vendant le sien à B. Une décomposition fine des échanges permet alors de faire apparaître des différences qui ne sont pas visibles si l'on observe globalement les échanges. Une décomposition du commerce par zone géographique permet ainsi d'affiner l'étude de l'échange intrabranche. De même, la prise en compte des variations saisonnières permet de comprendre que la France puisse exporter des tomates à certaines saisons et en importer à d'autres.

Toutefois, cette analyse ne permet pas d'expliquer les échanges croisés de produits similaires qui existent pourtant dans le commerce international, en particulier de produits identiques quant au niveau de gamme ou différenciés selon une logique horizontale.

≫ Le paradoxe de Leontief et sa résolution : une première manière d'intégrer l'hétérogénéité des facteurs

En cherchant à vérifier empiriquement la théorie des avantages comparatifs, à partir des données du commerce extérieur américain de 1947, W. Leontief (« Domestic production and foreign trade : the American capital position re-examined », 1953) a mis en évidence un paradoxe. Il s'attendait *a priori* à trouver que les États-Unis exportent des produits nécessitant du facteur capital et importent des biens riches en travail. Or, ses statistiques montrent le contraire.

Il propose alors une relecture du modèle HOS intégrant les différences de qualité des facteurs. Il considère en effet que les États-Unis de l'époque sont riches en travail qualifié, et qu'il faut réévaluer le contenu de leurs exportations pour intégrer ces différences de qualification du travail. Cette explication préfigure l'analyse néo-factorielle qui sera développée plus tard par Keesing (« Labor skill and comparative advantage », 1966) Leontief montre également que les statistiques d'exportations ne prennent pas en compte le capital compris dans les infrastructures. Il affirme de surcroît qu'il faut mettre à part les exportations et les importations de ressources naturelles dont l'exploitation ne doit rien à une quelconque dotation factorielle. Une fois ces modifications effectuées, le commerce extérieur américain redevient conforme aux prédictions de la théorie des avantages comparatifs. Cependant, les questions de la technologie et de la formation de la main-d'œuvre seront au cœur de certaines nouvelles approches de l'échange international.

B. Une « nouvelle théorie du commerce international »

Les explications du commerce international par les avantages comparatifs conduisent essentiellement à expliquer les échanges par la volonté des pays d'exploiter leurs différences. Or, une grande partie des échanges se fait entre des pays de niveau de développement proche et porte sur des produits souvent très proches.

La technologie comme déterminant de l'échange international

La réponse au paradoxe de Leontief est une première tentative pour introduire la question de la technologie dans les déterminants de l'échange international. Cependant, l'avantage obtenu est ici très particulier puisqu'il est le résultat d'un effort d'accumulation de capital humain ou de recherche-développement, effort qui peut également être réalisé par d'autres pays. Si les firmes d'un pays acquièrent à une date donnée un avantage lié à leur maîtrise d'une technologie, rien ne permet d'affirmer que cette maîtrise sera durable. Le retournement de l'avantage vers un autre pays est tout à fait possible. Le raisonnement en termes d'avantage comparatif n'est pas non plus évident dans ce cas. Ce n'est pas parce que le pays est relativement bien doté dans un facteur plutôt que dans un autre qu'il possède un avantage, mais plutôt parce qu'il est mieux doté que ses partenaires dans l'un des facteurs. L'échange n'est alors pas lié à un rapport de coûts mais, selon l'expression de Kravis (« "Availability" and other influences on the commodity of trade », 1956), à une situation de « disponibilité-indisponibilité ». On retrouve ainsi un raisonnement en termes d'avantage absolu plutôt que d'avantage comparatif.

Cette question de la technologie a été largement abordée par R. Vernon qui introduit l'idée de cycle de vie du produit (« International investment and international trade in the product cycle », 1966). Selon lui, un produit connaît des phases dans son développement, liées à la maîtrise de la technologie par une ou des firmes et des variations de la demande :
- à sa naissance, la production se fait en petite quantité, destinée principalement au marché national du pays innovateur et les exportations sont très faibles. C'est un produit de luxe ;
- la diffusion du produit favorise le passage à une production en grande série permettant des économies d'échelle et la réduction de son prix. Les exportations se développent ;
- lorsque le produit atteint sa maturité, il se banalise et des concurrents étrangers apparaissent, freinant les exportations et incitant la firme à aller produire dans les nouveaux pays consommateurs ;
- dans sa phase de déclin, la technologie est totalement banalisée et la concurrence se fait par les coûts de production, conduisant à des délocalisations. Le pays initialement créateur du produit l'importe alors.

La différenciation des produits et le rôle de la demande

La prise en compte de la différenciation des produits permet de sortir des hypothèses traditionnelles des marchés de concurrence parfaite. Les travaux de Chamberlin (*La Concurrence monopolistique*, 1933) introduisent l'idée d'une différenciation verticale fondée sur la qualité des produits. Un peu plus tôt, Hotelling, dans « Stability in competition » (1929), propose une différenciation fondée sur les spécifications des produits que l'on appelle aujourd'hui une différenciation horizontale. Lancaster (« Commerce intra-industrie en concurrence monopolistique parfaite », 1980) intègre ces logiques de différenciation à l'échange international.

Cependant, la différenciation ne s'applique pas seulement du côté de l'offre. Les consommateurs sont également sensibles à la variété des produits qui leur sont proposés. Il en résulte une « demande de différence » selon l'expression de B. Lassudrie-Duchêne (« La demande de différence dans le commerce international », 1971).

L'introduction de cette double logique de différenciation dans les échanges internationaux permet d'apporter de nouveaux déterminants à l'échange, qui ne sont pas alors liés à un avantage comparatif.

Dès 1961, Staffan Linder (*An Essay on Trade and Transformation*) propose une interprétation des échanges internationaux mettant l'accent sur le rôle de la demande, lui permettant de justifier également les échanges intrabranches.

Selon lui, la production d'un pays est principalement déterminée par la demande interne : la « demande domestique représentative ». Les producteurs ne sont pas familiarisés avec les marchés étrangers et produisent donc d'abord pour le marché domestique : « Le marché international n'est rien d'autre qu'une extension, au-delà des frontières nationales, de la propre activité du pays. »

La demande représentative détermine le surplus exportable d'un pays. Des pays de développement proche ont une demande représentative comparable et vont alors proposer à l'exportation des produits similaires. « Quelles sont en réalité les forces qui donnent naissance à des avantages comparatifs entre des pays ayant des niveaux de revenu par habitant similaires ? La réponse est simple : les mêmes forces qui donnent naissance au commerce à l'intérieur de chacun des pays créent des échanges entre eux. Il n'y a pas de différence entre le commerce entre des pays ayant le même revenu par habitant et le commerce à l'intérieur d'un pays. » Il est donc logique de trouver d'importants flux commerciaux, y compris intrabranches, entre des pays à niveau de vie et mode de consommation proches.

L'existence de gammes de produits permettant des différenciations est selon lui à l'origine des échanges intrabranches. Il propose la représentation suivante supposant que la demande de qualité (q) augmente avec le revenu (y), ce qui se traduit par la courbe OP.

Figure 4

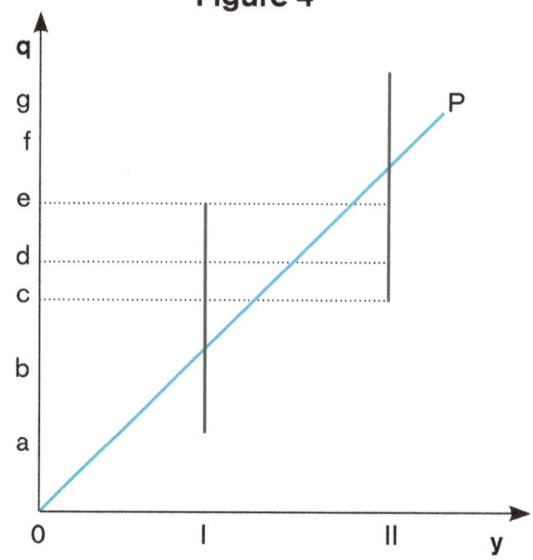

Cependant, dans chaque pays, il existe différents niveaux de qualités demandés du fait des inégalités de revenus.

Dans le pays I, les produits auront une qualité comprise entre a et e, avec une moyenne à b (intersection revenu-demande). Le pays I n'a pas de demande pour des produits d'une qualité supérieure à e et donc ne les exporte pas ni ne les importe.

Dans le pays II, la gamme de qualités de produits sera dans l'intervalle [c-g], avec une gamme moyenne en f. Le pays II n'a pas de demande pour les produits d'une qualité inférieure à c et donc n'importe ni n'exporte ces produits.

L'espace [c-e] comprend des produits qui peuvent faire l'objet d'échanges réciproques. En [c-d] on aura plutôt des exportations du pays I (car plus proches de sa demande représentative) et en [d-e] c'est plutôt le pays II qui exportera vers I.

Ainsi, selon Linder « les possibilités presque illimitées de différenciation des produits – réelles ou annoncées – pourraient, combinées aux particularités apparemment illimitées des acheteurs, permettre un commerce florissant de ce qui est pratiquement la même marchandise ».

Rendements d'échelle et différenciation des produits

Les différentes versions de la théorie des avantages comparatifs raisonnent à partir de rendements d'échelle constants. Il n'y a aucun avantage à la production en grande quantité et la taille des marchés n'a donc pas de conséquence directe sur les choix de spécialisation.

≫ Les différents types de rendements d'échelle

Il y a des rendements d'échelle croissants lorsqu'un accroissement identique des deux facteurs de production se traduit par une augmentation plus que proportionnelle du produit : $f(\lambda K, \lambda L) > \lambda f(K, L)$, avec $\lambda > 1$. On parle aussi d'économies d'échelle puisque cela se traduit par une réduction du coût unitaire de production lorsque la quantité produite augmente. Alfred Marshall (*The Economics of Industry*, 1879 ; puis *Principles of Economics*, 1890) a introduit la distinction entre économies d'échelle internes et externes à la firme.

Les économies d'échelle peuvent être internes lorsqu'elles s'expliquent par l'augmentation de la taille de la firme. C'est particulièrement le cas lorsqu'il existe des coûts fixes importants.

Les économies d'échelle externes sont liées au développement général du secteur d'activité dans lequel opère la firme. Dans ce cas, toutes les firmes voient leur coût de production baisser lorsque la quantité globale augmente, sans que cela se traduise pour autant par une réduction de la concurrence. La proximité de fournisseurs spécialisés, l'opportunité de profiter d'externalités de connaissances, la possibilité de bénéficier d'un bassin d'emploi important et d'une main-d'œuvre formée… sont autant de sources possibles de ces économies d'échelle.

L'introduction de rendements croissants dans les modèles d'échange international aboutit au constat qu'il n'est plus nécessaire d'avoir initialement des avantages comparatifs pour justifier l'échange international.

≫ Rendements d'échelle internes et différenciation des produits

Paul Krugman (« Scale economies, product differentiation and the pattern of trade », 1980) a proposé une analyse des échanges internationaux fondée sur l'existence de rendements d'échelle internes et d'une différenciation des produits. Il s'agit en particulier d'intégrer une différenciation horizontale, alors que la différenciation verticale est en grande partie explicable par les écarts de dotation factorielle et les écarts technologiques.

En présence d'économies d'échelle, l'ouverture internationale procure un avantage au consommateur. En effet, l'accroissement de la taille du marché permet à chaque firme de profiter des rendements croissants. Le marché intégré comporte plus de firmes que les marchés en autarcie, chacune produisant davantage et vendant à un prix plus bas.

Supposons une économie mondiale réduite à deux pays, A fortement doté en capital et B en travail, et deux secteurs d'activité, l'automobile et la chaussure.

Si les secteurs d'activité sont en concurrence parfaite, un raisonnement en termes d'avantage comparatif conduirait à une spécialisation complète, le pays A produisant le bien nécessitant relativement plus de capital, l'automobile, tandis que B serait spécialisé dans la chaussure.

Si l'un des secteurs d'activité, par exemple la chaussure, est en situation de concurrence monopolistique, les producteurs adoptent une stratégie de différenciation des produits.

Le pays A dispose toujours d'un avantage comparatif dans la production automobile et reste donc exportateur de voitures et importateur de chaussures. Le pays B continue à importer des voitures, mais comme les consommateurs demandent des chaussures différenciées, il importe également des chaussures de A, même si elles sont plus coûteuses.

Les échanges internationaux présentent alors des flux commerciaux intrabranches, qui s'expliquent par la combinaison de stratégies de différenciation et par des économies d'échelle.

D'une manière générale, il apparaît que :

- « le commerce interbranche reflète l'avantage comparatif des pays ;
- le commerce intrabranche résulte de la différenciation des produits et des économies d'échelle [...] ;
- l'importance relative des échanges intrabranches et interbranches dépend du degré de similarité entre les pays. Le commerce entre deux économies très similaires (c'est-à-dire présentant des avantages comparatifs peu marqués) sera dominé par les échanges intrabranches. Ainsi, le commerce entre pays développés doit être essentiellement de type intrabranche, alors que le commerce Nord-Sud doit être davantage fondé sur les avantages comparatifs et donc de type interbranche » (Krugman & Obstfeld, *Économie internationale*, 2009).

≫ Rendements d'échelle externe et commerce international

Dans une production caractérisée par des rendements d'échelle externes, un pays avec une production importante est toujours capable de produire avec des coûts de production plus faibles qu'un pays de taille plus réduite. De même, un pays entré le premier dans une production peut toujours produire à un coût plus faible qu'un concurrent potentiel.

La figure 5, tirée de Krugman et Obstfeld (*Économie internationale*, 2009), suppose l'existence de rendements d'échelle croissants dans le secteur des montres et postule que la Suisse est entrée initialement sur ce marché. Sa courbe de coût moyen coupe la courbe de demande mondiale au point 1 et conduit donc à un équilibre (Q_1, P_1).

Figure 5

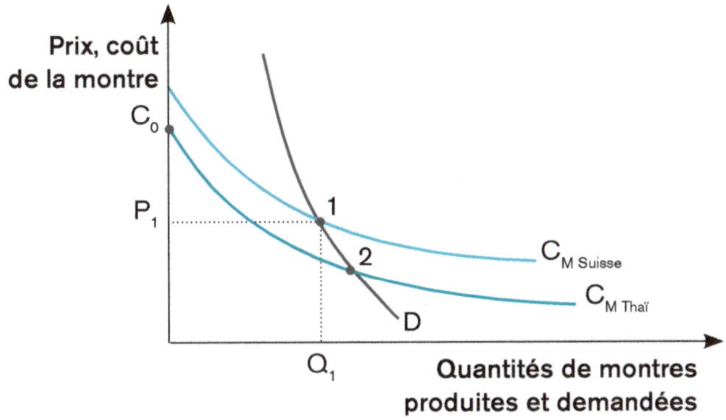

On constate sur cette figure que la Thaïlande pourrait approvisionner le marché mondial à un coût de production plus faible que celui de la Suisse : un prix plus bas et une quantité fournie plus importante. Cependant, il n'est pas envisageable pour la Thaïlande d'entrer directement dans la production et de prendre la totalité du marché, elle ne pourrait faire qu'une entrée progressive. Or, le coût de production de ses premières unités est supérieur au prix auquel la Suisse approvisionne le marché. Il est donc impossible à la Thaïlande d'entrer dans la production et les économies d'échelle réalisées par la Suisse la protègent de la concurrence étrangère.

L'échange international peut ainsi conduire à une situation non optimale. En effet, dans l'exemple précédent, il est évident qu'un déplacement de la production de montres vers la Thaïlande serait avantageux pour les consommateurs (équilibre au point 2). Pourtant, la spécialisation initiale a toutes les raisons de se maintenir, sauf à supposer la mise en place de politiques protectionnistes, ou de subventions lui permettant d'entrer sur le marché. Ainsi, un « accident historique » peut jouer un rôle important dans la détermination du lieu de production et les économies d'échelle externes peuvent favoriser le maintien de structures productives héritées du passé, alors qu'elles ne sont plus conformes aux avantages comparatifs ;

≫ Les effets d'agglomération et le poids de l'Histoire

La réflexion d'Alfred Marshall sur les économies d'échelle est née du constat que les activités industrielles n'apparaissaient pas et ne se développaient pas de manière aléatoire et uniforme. Pourquoi l'industrie automobile américaine est-elle concentrée autour de Détroit dans le Michigan, et pourquoi l'électronique et la micro-informatique se sont-elles développées dans la Silicon Valley ?

La combinaison d'économies d'échelle externes et internes conduit à ce que Krugman nomme la « nouvelle économie géographique ». Reposant sur des « effets d'agglomération », elle permet d'expliquer la localisation des productions, et donc le commerce international, par d'autres facteurs que l'avantage comparatif.

S'il existe des économies d'échelle internes et des coûts de transport, les entreprises ont intérêt à se regrouper le plus près possible du marché le plus important. En effet, si l'on suppose deux pays de taille différente en concurrence monopolistique, les firmes présentes dans le grand pays peuvent bénéficier de coûts de production plus faibles. Celles implantées dans le petit pays peuvent profiter un peu du marché local du fait de l'existence de coûts de transport, mais elles ont intérêt à déplacer leur production vers le grand marché. Il en résulte un mécanisme d'agglomération, renforcé encore par les économies d'échelle externes. La proximité de sous-traitants, la présence d'un nombre important de consommateurs potentiels… renforcent l'avantage qu'il y a à se regrouper sur un même territoire.

La conjonction de coûts de transport faibles, d'économies d'échelle importantes et de produits fortement différenciés est une condition idéale pour générer le processus. Il en résulte alors du commerce international puisque les décisions de localisation conduisent à ne réaliser les productions qu'en un seul endroit.

Krugman (*Geography and Trade*, 1991) montre l'importance des « accidents historiques » dans la création de ces agglomérations. Un micro-événement, dans les conditions évoquées ci-dessus, s'amplifie et suffit à expliquer la localisation. Ainsi, il montre que l'industrie du tapis en Géorgie trouve son origine dans l'habileté d'une certaine Catherine Evans à la fin du XIXe siècle ; que le développement des industries de haute technologie dans le Massachussetts s'explique par la présence d'une université dont l'origine remonte aux puritains ayant besoin de former leurs prêcheurs ; que le garage de Palo Alto dans lequel les jeunes W. Hewlett et D. Packard ont conçu les premiers produits électroniques a donné naissance à la Silicon Valley…

Échange international, taille de marchés et modèles de gravitation

L'analyse géographique des échanges internationaux fait apparaître qu'ils impliquent le plus souvent des pays proches, à structures de production voisines. Le premier partenaire commercial de la France est l'Allemagne, tant à l'exportation qu'à l'importation, et les produits échangés ne semblent pas relever clairement d'une logique de spécialisation par des dotations factorielles. Cela conduit à introduire une dimension géographique dans les déterminants de l'échange.

Sans avoir besoin de chercher des explications sophistiquées de l'échange international, il apparaît que la taille des pays et la distance géographique qui les sépare constituent de très bons éléments de prédiction du niveau des échanges entre eux.

En 2019, sur les 8 premiers partenaires commerciaux de la France (marchandises), 2 seulement ne sont pas en Europe. Ce sont les États-Unis et la Chine, mais le commerce total avec chacun de ces derniers (exportations + importations) est très proche de celui réalisé avec l'Italie, la Belgique ou l'Espagne. La prise en compte de l'ensemble des biens et services ne modifie que peu le classement en faisant remonter les États-Unis et le Royaume-Uni aux deuxième et troisième places, mais la Belgique et l'Italie ne sont pas loin derrière.

Tableau 1 – Principaux partenaires commerciaux de la France à l'exportation (X) et à l'importation (M) en 2019 *(en milliards d'euros)*

	Marchandises				Biens et services			
Pays	X	M	X - M	X + M	X	M	X - M	X + M
Allemagne	69,8	84,9	– 15,1	154,7	96,3	122,7	– 26,4	219,0
Italie	37,5	43,3	– 5,8	80,9	49,2	53,5	– 4,3	102,7
États-Unis	42,1	38,1	3,9	80,2	78,4	65,1	13,3	143,5
Espagne	37,2	37,0	0,2	74,2	46,8	53,3	– 6,5	100,1
Chine	20,9	52,5	– 31,6	73,5	35,8	54,2	– 18,4	90,0
Belgique	34,2	38,1	– 3,9	72,3	59,1	50,2	8,9	109,3
Royaume-Uni	33,6	21,1	12,5	54,7	67,6	54,9	12,7	122,5
Pays-Bas	17,5	25,3	– 7,7	42,8	23,6	38,8	– 15,2	62,4

Note : les exportations de marchandises sont mesurées FAB et les importations CAF.
Champ : Commerce extérieur de marchandises, hors commerce intracommunautaire inférieur à 460 000 € et hors matériel militaire.

Source : d'après l'INSEE pour le commerce de marchandises et la Banque de France pour l'ensemble des biens et services (données *Rapport annuel sur la balance des paiements*).

On peut alors décrire le volume des échanges à partir d'une équation de gravité ayant pour facteurs la taille de pays et leur distance géographique et dont on trouve une première formulation chez Tinbergen (« An analysis of world trade flows », *in Shaping the World Economy*, 1962) :

$$XM_{ij} = A \times Yi^{a} \times Yj^{b} / D^{c}_{ij}$$

Avec A une constante ; XM_{ij} le commerce international entre les pays i et j ; Yi et Yj les PIB des deux pays ; D_{ij} la distance entre eux. Les coefficients a, b et c expriment les poids des différentes variables.

La pertinence d'une telle équation s'explique assez simplement :

- Le PIB du pays importateur joue évidemment un rôle important dans le commerce mondial. Un grand pays se caractérise forcément par une demande importante, sauf s'il mène une politique protectionniste ou s'il recherche l'autarcie. Les États-Unis pèsent sur le commerce mondial même s'ils sont relativement peu ouverts. Le PIB du pays exportateur joue également un rôle puisqu'il détermine la quantité et la variété de produits qui peuvent être proposés au reste du monde.
- Le rôle de la distance est plus complexe à analyser. Comment expliquer que les pays échangent fortement avec les pays proches et si peu avec les pays distants ? On peut évidemment incriminer les coûts de transport, mais leur forte diminution au cours des dernières décennies aurait dû réduire la pertinence de ce modèle gravitationnel. Pourtant, le rôle de la distance reste très important et a même eu tendance à s'accroître au cours des dernières décennies. Selon J. Hugot et M. Fouquin, « en 1830, une augmentation de 10 % de la distance entre deux pays réduisait en moyenne le commerce bilatéral de 3 %. À la veille de

la Première Guerre mondiale, la même différence de distance réduisait le commerce de 13 %. En 2010, la réduction atteignait 19 % » (« La régionalisation, moteur de la mondialisation », 2016). Il faut donc fortement relativiser l'effet de la distance en mettant en avant les dynamiques propres à certaines régions, l'importance de l'information dans la construction des réseaux commerciaux, les barrières culturelles et linguistiques. McCallum a également mis en évidence l'existence d'un « effet-frontière » dans son étude sur le commerce entre les États-Unis et le Canada (« National borders matter : Canada-US regional trade patterns », 1995). Par exemple, le Texas a un PIB deux fois plus important que l'Ontario. Étant à égale distance de la Colombie britannique, le modèle gravitationnel devrait conduire à ce que les échanges de la Colombie britannique avec le Texas soient 1,5 fois plus importants que ceux avec l'Ontario. Or, ils sont dix fois plus faibles. Une communauté de langue, une histoire commune (parfois même par la colonisation), des régimes politiques proches, l'existence d'accords commerciaux régionaux, les configurations géographiques... sont autant d'arguments qui peuvent être invoqués pour comprendre l'effet de la distance. Ainsi, la France commerce beaucoup avec la Belgique parce qu'elle est voisine, parle la même langue, appartient à l'UE...

Différenciation des producteurs et stratégies des firmes

Alors que l'analyse traditionnelle de l'échange international suppose des producteurs homogènes, il apparaît clairement que les firmes sont nettement différenciées et que leurs décisions stratégiques jouent un rôle important dans le développement de l'échange international.

≫ Hétérogénéité des firmes et gains à l'échange

Marc Melitz (« The impact of trade on intra-industry reallocations and aggregate industry productivity », 2003) propose une analyse fondée sur l'hétérogénéité des firmes. Dans un secteur d'activité donné, les entreprises sont diverses, en termes de taille, de profit... en raison de différences de productivité supposées être attribuées de manière aléatoire. L'hétérogénéité des firmes contribue alors à amplifier les gains à l'ouverture.

La libéralisation des échanges permet aux firmes étrangères de pénétrer sur le marché domestique. Les firmes locales, confrontées à cette nouvelle concurrence, subissent une diminution de leurs profits, quel que soit leur niveau initial de productivité. Parallèlement, certaines firmes locales, celles dont les niveaux de productivité sont les plus élevés, se révèlent suffisamment productives pour supporter les coûts permettant d'accéder aux marchés étrangers. Se met alors en place un processus darwinien de sélection des firmes les plus efficaces. Les firmes domestiques les moins productives, restées cantonnées au marché domestique, font des pertes et finissent par se retirer du marché. Les entreprises les plus productives peuvent compenser leurs pertes sur le marché domestique par des gains à l'exportation vers les marchés étrangers. Les entreprises à niveau de productivité intermédiaire se maintiennent sur leur marché d'origine, sans pouvoir accéder aux marchés étrangers. Au total, la productivité moyenne du secteur augmente en raison de l'élimination des firmes les moins efficaces, ce qui traduit une meilleure allocation des ressources productives.

≫ L'impact de la transnationalisation des firmes

Les firmes transnationales jouent aujourd'hui un rôle essentiel dans les échanges internationaux. Elles seraient à l'origine des deux tiers environ du commerce mondial, dont la moitié de commerce intrafirme. Ces données sont difficiles à vérifier, en raison en particulier de la relative opacité des « prix de transfert », c'est-à-dire des prix auxquels les filiales d'une firme s'échangent, en interne, des composants nécessaires à leur production. Même si l'OCDE impose des règles de détermination « de pleine concurrence » visant à éviter l'utilisation du prix de transfert comme moyen d'évasion fiscale – en réduisant le bénéfice là où il est fortement taxé et en l'augmentant là où il est faiblement taxé –, les données ne sont pas très bien connues.

Ce poids considérable s'explique largement par la décomposition internationale des processus productifs (DIPP) qui conduit à segmenter la fabrication des produits pour exploiter au maximum les avantages comparatifs des différents pays. Mais ce développement des multinationales s'appuie sur des investissements directs à l'étranger (IDE), ce qui remet nettement en question la conception de la nation comme « bloc de facteurs » pourtant à la base de la théorie des avantages comparatifs.

Robert Mundell (« International trade and factor mobility », 1957) montre ainsi que l'existence d'un tarif douanier provoque une distorsion dans les avantages comparatifs qui peut pousser les entreprises à aller s'implanter dans un pays plutôt que d'échanger avec lui. Le déplacement des facteurs, *via* les investissements directs, peut se substituer à l'échange international.

S'appuyant implicitement sur les travaux de Coase sur la théorie de la firme (« The nature of the firm », 1937), Stephen Hymer (*The International Operations of National Firms : a Study of Direct Foreign Investment*, 1960) souligne que le choix entre l'IDE et le commerce international dépend des coûts de transaction et des coûts d'internalisation. Si le recours au marché (transaction) est moins coûteux que la production en interne, l'entreprise choisira d'exporter.

Dunning (*International Production and the Multinational Enterprise*, 1981) synthétise dans le modèle OLI les différentes approches de la théorie de la firme internationale. Il montre que l'entreprise investit à l'étranger si elle combine à la fois des avantages spécifiques (*ownership advantage*), des avantages de localisation (*localisation advantage*) et des avantages à l'internalisation (*internalisation advantage*). Si elle ne possède que l'avantage spécifique, elle aura recours au commerce international (*cf. supra*, p. 544).

Le développement des firmes transnationales exerce alors des effets contradictoires sur l'échange international. D'une part, il génère du commerce intrafirme par la DIPP, ainsi que du commerce intrabranche de produits semi-finis. D'autre part, il réduit le volume des échanges en favorisant le développement des IDE et la mobilité des facteurs.

Figure 6 – Théories de l'échange international

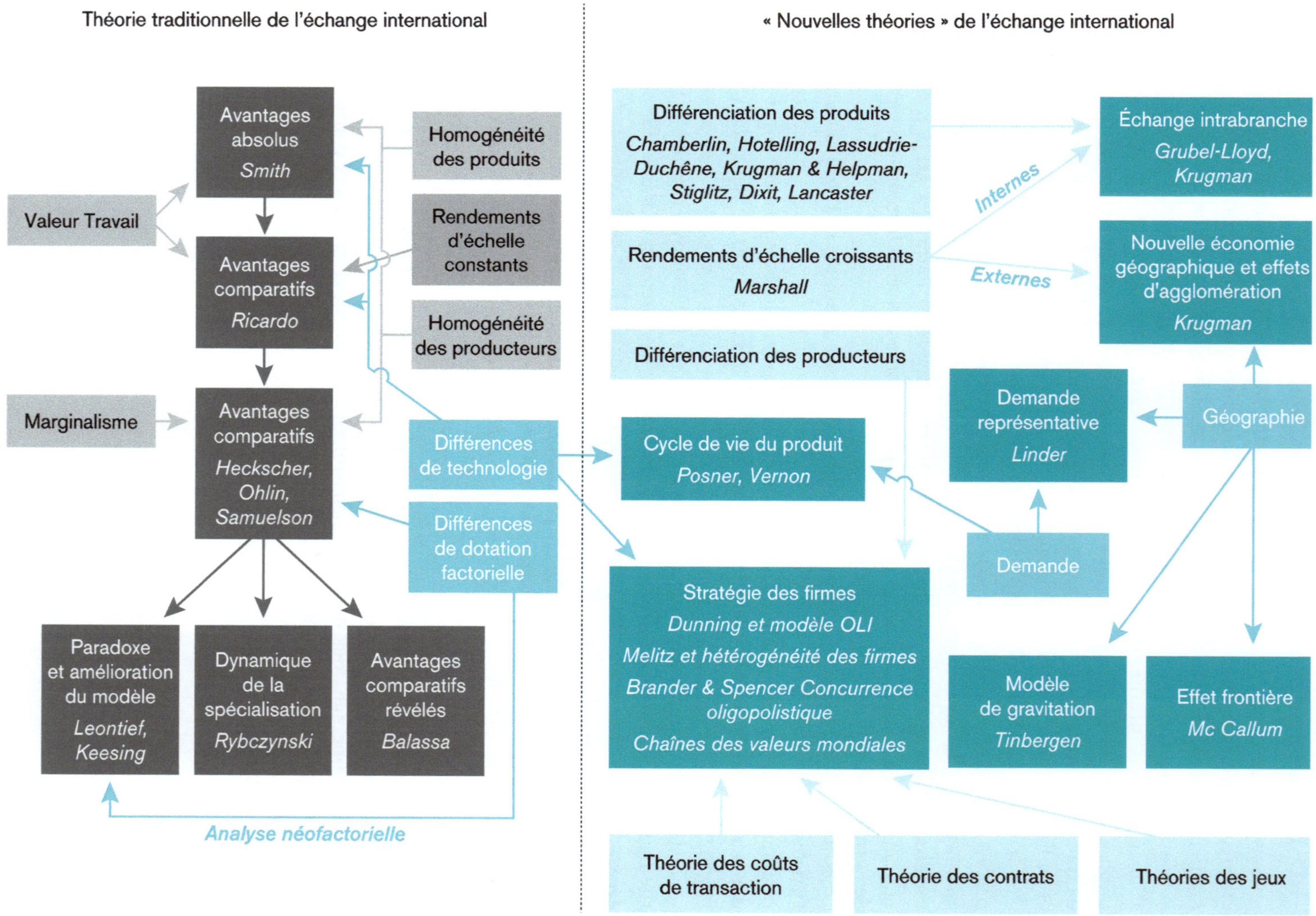

2 Performances commerciales et conséquences économiques de la mondialisation

La décomposition internationale des processus productifs a profondément modifié la nature des échanges. Ils sont de plus en plus intrafirmes, correspondent à un commerce de composants, et sont plus liés à des stratégies de firmes qu'à des avantages de nations. La compétitivité des nations a-t-elle alors un sens ? La prise en compte des conséquences de la mondialisation conduit cependant à réfléchir à un nouveau rôle des États.

A. Comment mesurer les échanges extérieurs et les performances commerciales ? L'importance du commerce en valeur ajoutée

Alors que les comptes nationaux reposent depuis longtemps sur la valeur ajoutée, les statistiques de l'échange international commencent juste à l'intégrer. Pourtant, ces nouveaux indicateurs permettent de mieux rendre compte de la structure des échanges et de leur géographie.

La mesure traditionnelle des échanges internationaux se heurte aux stratégies des firmes

Les statistiques du commerce extérieur se limitent encore largement à fournir des données sur les valeurs et les volumes exportés et importés. Le passage des valeurs aux volumes se fait en déflatant à l'aide d'indices des prix des exportations et des importations, calculés à partir de paniers de biens et de services représentatifs des échanges extérieurs. Les statistiques des échanges internationaux sont ensuite ventilées par branche de biens et de services et par pays d'origine, ce qui permet de faire apparaître des soldes présentant les principaux déséquilibres par branche et par pays (*cf.* module 3, chapitre 2, pour l'étude de la balance des paiements). Les données concernant les principaux partenaires peuvent être décomposées par produit au sein de la matrice des échanges extérieurs. La question de la compétitivité des nations est alors posée en termes de déséquilibres des échanges.

Il faut cependant largement relativiser la pertinence de ces statistiques commerciales. En effet, la DIPP a profondément modifié la nature et la signification des échanges au cours des dernières décennies. Elle se traduit par un double mouvement d'externalisation et de délocalisation des activités. D'une part, les firmes à la recherche d'une réduction des coûts de production et de distribution tendent à externaliser certaines activités, mais ce mouvement peut se faire au sein d'une économie (recours à la sous-traitance locale par exemple), ou vers l'extérieur (sous-traitance internationale). D'autre part, elles tendent également à se délocaliser, pour différentes raisons : recherche de coûts de production plus faibles, proximité des marchés…

Figure 7

		Délocalisation	
		Économie domestique	**Pays étranger**
Externalisation	**À l'intérieur de l'entreprise**	Production interne	Intégration verticale internationale (investissement direct à l'étranger)
	Fournisseur indépendant	Externalisation domestique	Externalisation internationale

Source : S. Miroubot, *in* « Mondialisation des chaînes productives et mesure du commerce en valeur ajoutée », Sénat, 2010.

Ce double mouvement génère un commerce vertical le long de la chaîne de valeur. Ce peut être un commerce national, dans le cas d'une externalisation domestique, mais aussi un commerce international. Il peut être intrafirme, dans le cas d'une intégration verticale internationale, ou concerner des firmes indépendantes. La multiplication des relations de sous-traitance, des achats de produits intermédiaires, des externalisations de services… rend ce commerce vertical très complexe.

Mais surtout, la multiplication des échanges génère mécaniquement du commerce, sans pour autant créer de la valeur. Par exemple, si la branche automobile organise sa production dans plusieurs pays, cela ne génère pas plus de valeur que si elle était entièrement localisée dans un pays. En revanche, cela conduit à un accroissement des échanges de produits intermédiaires. Dans un cadre national, les comptes nationaux traitent depuis longtemps ce découpage du processus productif en ne comptabilisant que la valeur ajoutée (*cf.* module 1, chapitre 1). Pourtant, les données du commerce international continuent à ajouter les tomates exportées d'Espagne et les exportations de pizzas surgelées françaises contenant ces tomates en considérant qu'il s'agit de deux flux de commerce international. Quelle est alors la part de la production « française » qui est exportée ? Si une entreprise française produisant du cognac décide de faire réaliser l'emballage de ses bouteilles en Chine pour les réexporter vers la France ou d'autres pays, il apparaîtra dans les statistiques commerciales mondiales que la France importe du cognac et que la Chine en exporte.

Ce n'est qu'à la fin des années 1990 que voient le jour des travaux prenant en compte un commerce international en valeur ajoutée.

La mesure du commerce en valeur ajoutée

Dans l'exemple ci-dessous, tiré de Daudin *et alii*, « Le commerce extérieur en valeur ajoutée » (2006), on raisonne à partir de trois pays, A, B et C, qui produisent et échangent des voitures et des pantalons. Le pays A produit des voitures, sans les pare-brise, les exporte vers B qui installe les pare-brise et exporte vers C les voitures terminées. C produit des pantalons qui seront exportés vers A et B. On suppose également que A utilise des heures de maintenance pour assurer sa production de véhicules sans pare-brise.

Figure 8-1

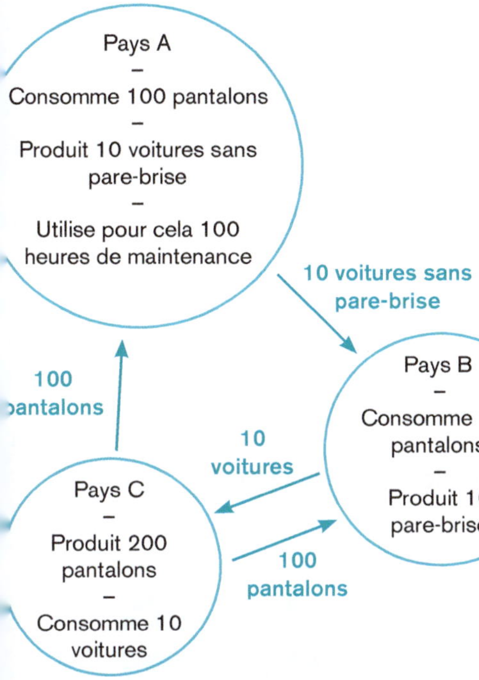

Figure 8-2

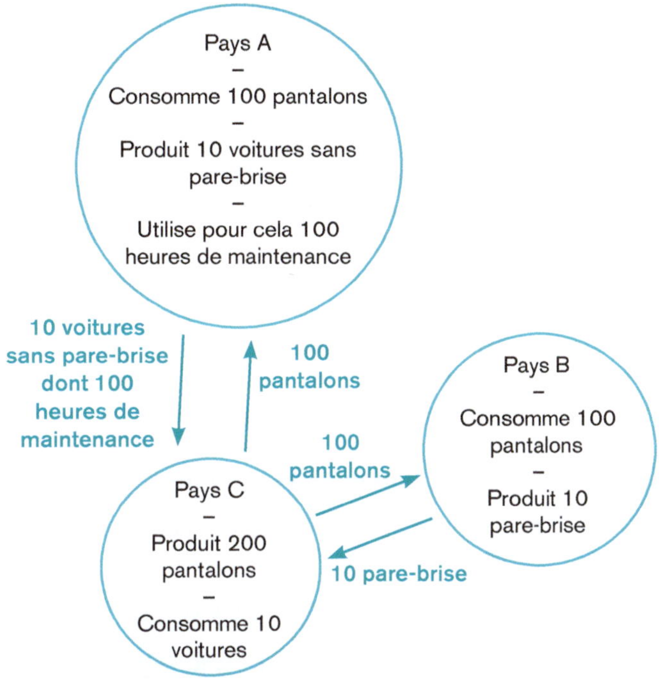

Le « commerce apparent », décrit dans la figure 8-1, est celui que retiennent les statistiques traditionnelles de l'échange international. Les voitures y sont exportées deux fois. Le « commerce en valeur ajoutée », décrit dans la figure 8-2, distingue les exportations de voitures et celles de pare-brise et modifie fortement les flux d'échanges : alors que A exportait des voitures vers B et B vers C, c'est maintenant A qui exporte les voitures (sans pare-brise) vers C, B n'exportant plus que des pare-brise. Le commerce des pantalons est représenté de la même manière dans les deux schémas. Il s'agit d'un commerce dit « horizontal » alors que celui des voitures est « vertical » car il fait appel à une décomposition du processus productif. Apparaissent également des exportations de services de maintenance, compris dans la production de véhicules.

Le solde de la balance commerciale n'est pas modifié par le passage à une comptabilité en valeur ajoutée, mais la répartition géographique et sectorielle change. Les taux d'ouverture des secteurs sont modifiés et le poids des services dans les échanges augmente considérablement : il n'y a plus de produits non exportables.

Les données disponibles

Les organisations internationales se sont progressivement intéressées au commerce en valeur ajoutée. Cela suppose de construire des tableaux internationaux entrées-sorties qui décrivent précisément les structures productives. L'OMC et l'OCDE se sont associées, à travers l'initiative « *Made in the World* », pour construire une base de données du commerce international en valeur ajoutée, hébergée sur le site de l'OCDE, tandis que des tableaux synthétiques, fournis par l'OMC, permettent d'analyser la structure des exportations d'un pays et d'effectuer des comparaisons internationales.

La figure 5 présente la structure de la valeur ajoutée exportée par la France en quatre composantes standardisées :

– la valeur ajoutée (VA) contenue dans les produits directement consommés dans le pays vers lequel ils sont exportés : elle représente 57,2 % de la VA exportée française ;
– la VA exportée vers une première économie puis réexportée vers une seconde, dont le poids (21,2 %) a augmenté entre 2005 et 2015, traduit l'insertion dans un commerce vertical ;
– la VA contenue dans des produits exportés puis réimportée, très faible pour la France (0,3 %), correspond par exemple à des brevets, du design… intégrée à des produits fabriqués à l'étranger et finalement importés ;
– la VA étrangère contenue dans les exportations françaises (21,4 %) est également caractéristique d'une participation aux chaînes de valeurs mondiales (*global value chains*).

Figure 9 – Le commerce extérieur en valeur ajoutée de la France

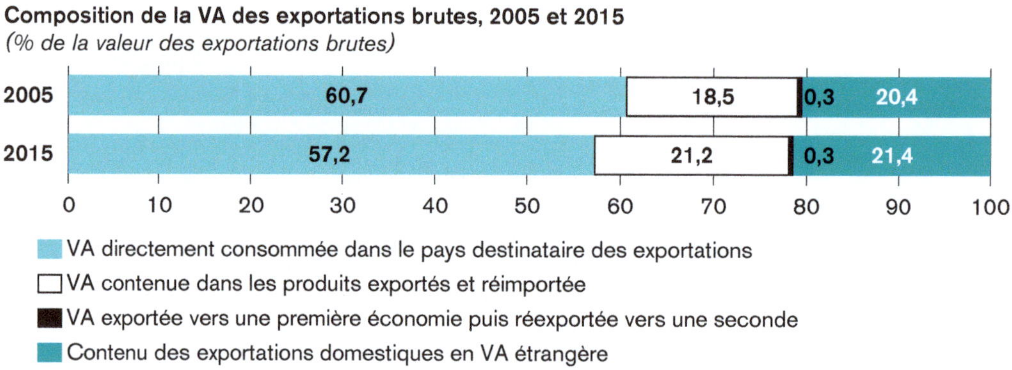

L'OMC calcule ainsi un indice de participation aux chaînes de valeur, somme des composantes 2 (*forward participation*) et 4 (*backward participation*). Il vaut 42,5 pour la France, légèrement au-dessus de la moyenne des pays développés (41,4), alors qu'il est de 31,7 pour les États-Unis, 34,9 pour la Chine, mais 51,7 pour la Corée du Sud et 55,6 pour le Vietnam.

Les enseignements des statistiques en valeur ajoutée

Les analyses du commerce extérieur en valeur ajoutée ont rapidement permis de mettre en évidence quelques résultats clairs.

≫ Une modification du contenu des échanges

Le poids des services est considérablement renforcé. Alors qu'ils représentent les deux tiers du PIB dans la plupart des pays développés, ils ne pèsent que 20 % des échanges mondiaux dans les statistiques globales de l'OMC. Si l'on intègre la valeur ajoutée créée par les services dans les exportations de biens, on atteint 40 % des exportations mondiales. Le poids des services dans les exportations de la France s'établit en 2015 à 60,8 %, dont 50,4 % de services français et 10,4 %

de services étrangers réexportés. La proportion est voisine aux États-Unis (61,5 %), contre 47,7 % en Allemagne et 35 % en Chine. Les exportations françaises de biens manufacturés contiennent 36,7 % de services, contre 29,1 % en Allemagne.

Les échanges de produits intermédiaires permettent de rendre compte de l'importance des chaînes de valeurs mondiales. Ainsi, l'OMC estime que 40 % des importations de produits intermédiaires sont réexportées. La France se situe dans cette moyenne : 38 % de ses importations de produits intermédiaires sont finalement incorporées à ses exportations, mais c'est 46 % pour l'Allemagne, davantage insérée dans les chaînes de valeur mondiales. La valeur ajoutée étrangère contenue dans les exportations (*backward participation*) a cependant atteint un pic au début des années 2010, traduisant probablement une réduction de la fragmentation des chaînes de valeur mondiales. Il faut également tenir compte de la valeur ajoutée nationale contenue dans les importations. Les premiers résultats fournis par l'OMC montraient, au début des années 2010, que 5 % de la valeur des importations américaines de produits intermédiaires trouvait son origine dans une valeur ajoutée américaine.

≫ Une transformation de la géographie des échanges et des déséquilibres commerciaux

Le plus spectaculaire dans les statistiques en valeur ajoutée est la modification géographique des flux d'échanges et des déséquilibres bilatéraux. Si le solde extérieur reste identique en données brutes ou en valeur ajoutée, les soldes bilatéraux entre pays et les soldes sectoriels peuvent être profondément affectés. L'excédent commercial chinois avec les États-Unis diminue très fortement (un tiers environ sur les données 2011) lorsqu'on raisonne en valeur ajoutée. C'est la conséquence d'une forte valeur ajoutée américaine contenue dans les produits exportés chinois. Par exemple, les IPhone exportés par Foxconn, entreprise chinoise, contiennent une forte valeur ajoutée américaine. De la même manière, le déficit de la France avec la Chine est réduit d'un quart et celui avec l'Allemagne de 20 % car ces deux pays exportent vers la France des intrants importés d'autres pays. Le secteur exportateur français apparaît également moins dépendant du marché européen. Alors que l'Union européenne absorbait 50 % des exportations françaises en données brutes, elle ne représente plus qu'un tiers en valeur ajoutée.

B. Compétitivité et politiques commerciales

Les relations commerciales internationales sont le produit d'échanges initiés par des firmes, mais dans un contexte réglementaire largement déterminé par des États. Les accords internationaux, multilatéraux ou bilatéraux, les politiques tarifaires… peuvent influencer les échanges. La compétitivité des États est-elle différente de celles des firmes ? Les conséquences de la mondialisation en termes d'emploi ou de répartition des revenus justifient-elles des actions publiques ?

Comment mesurer la compétitivité ?

≫ Compétitivité des firmes ou compétitivité des nations

« Because for years I thought what was good for our country was good for General Motors, and vice versa » répond en 1953 Charles Wilson, alors PDG de General Motors, à la commission sénatoriale qui devait valider sa nomination comme secrétaire à la Défense des États-Unis. S'il s'agissait ici de justifier que le fait de posséder des actions de GM ne nuirait pas à sa fonction ministérielle, la formule prête à confusion. Ce qui est bon pour une firme est-il toujours bon pour un État ? Lorsque Donald Trump augmente fortement les tarifs douaniers sur les aciers chinois, les entreprises américaines importatrices de ces aciers sont lourdement pénalisées. Et si, « afin de sauvegarder sa compétitivité », Whirpool délocalise en Pologne son usine d'Amiens, c'est l'État français qui subit le coût de l'indemnisation du chômage.

Dans un article de 1994, « Competitiveness : a dangerous obsession » (article repris ensuite dans *La mondialisation n'est pas coupable*, 1998), Paul Krugman dénonce la confusion faite entre la compétitivité des firmes et la compétitivité des nations. Il fustige ce qu'il appelle « l'internationalisme pop », qui considère que le commerce international est un jeu à somme nulle et oublie les apports théoriques des analyses en termes d'avantage comparatif. « Dites à un groupe d'hommes d'affaires qu'un pays est comme une entreprise en plus grand, et vous leur donnez le sentiment réconfortant d'avoir déjà compris les principes de base de l'économie internationale. Essayez de leur expliquer certains concepts économiques, comme celui des avantages comparatifs : ce serait leur demander d'apprendre quelque chose de nouveau. Il ne faut donc pas s'étonner si beaucoup préfèrent une doctrine qui a toutes les apparences d'une théorie très élaborée et qui a en outre l'avantage de ne pas leur demander de penser. »

La compétitivité des firmes est relativement simple à définir. Si l'entreprise ne peut plus payer ses salariés ou ses fournisseurs, elle fera faillite ; sa part de marché permet de mesurer son influence par rapport à ses concurrents et si elle gagne des parts de marché, c'est forcément au détriment de ses concurrents.

La compétitivité des pays est beaucoup plus complexe à analyser. D'une part, si la France et l'Allemagne s'échangent des produits qui se font concurrence, elles constituent également des débouchés l'une pour l'autre. Le commerce international n'est pas un jeu à somme nulle et la théorie des avantages comparatifs montre qu'il existe un gain mutuel à l'échange. Imposer des taxes, des restrictions aux importations, accroît le coût des produits intermédiaires que fournit le partenaire commercial. D'autre part, comment analyser les éventuels déséquilibres ? L'excédent commercial est toujours présenté comme positif – dans une logique qui rappelle le mercantilisme, comme le symbole d'une grande compétitivité – et le déficit comme négatif. Mais un excédent commercial est, de manière comptable, l'équivalent d'un déséquilibre entre l'épargne et l'investissement national (*cf.* l'analyse de la balance des paiements, module 3, chapitre 2). Il peut donc traduire simplement une faiblesse de l'investissement national. Lorsque le Mexique dégage d'importants excédents commerciaux à la fin des années 1980, c'est pour pouvoir rembourser sa dette extérieure et ce n'est pas du tout le signe d'une bonne santé économique. Si le capital se déplace des pays riches vers des pays à bas salaires, cela ne générera pas un excédent commercial de ces pays car cela implique qu'ils investiront davantage qu'ils n'épargneront, ce qui se traduira mécaniquement par un déficit extérieur.

Krugman montre que l'amélioration des niveaux de vie, considérée par les partisans de l'internationalisme pop comme un élément clé de la compétitivité, dépend très largement des conditions internes de la croissance. L'économie américaine, peu ouverte sur l'extérieur dans les années post-Seconde Guerre mondiale, n'en est pas moins une économie compétitive. Pour Krugman, la compétitivité, dans une économie peu ouverte, serait « un curieux synonyme de la productivité, sans aucun lien avec la concurrence internationale ». Dans des économies plus ouvertes, si la dépréciation de la monnaie peut favoriser les exportations, cela peut aussi entraîner une hausse du prix des produits importés défavorable au niveau de vie de la population. Mais cela se heurte à la réalité historique : aux États-Unis, comme en Europe ou au Japon, la croissance du niveau de vie a été à peu près égale à celle de la productivité interne et il n'y a pas eu d'éviction par les termes de l'échange. « Les niveaux de vie restent très largement déterminés par des facteurs internes et non pas par le résultat d'une quelconque compétition pour s'emparer des marchés mondiaux. » Il souligne également que l'analogie entre commerce et guerre économique peut conduire à des erreurs en termes de politique économique. Elle pousse à ériger des barrières douanières en omettant les avantages que peut apporter le libre-échange, elle conduit à une allocation inefficace des ressources facteur de ralentissement de la productivité.

≫ Les indicateurs de la compétitivité

En dépit des débats évoqués ci-dessus, de nombreux indicateurs sont utilisés pour mesurer la compétitivité d'un pays, considérée comme sa capacité à attirer des activités sur son territoire. Plusieurs organismes internationaux publient des indicateurs composites, censés refléter le degré d'attractivité des pays :

- l'International Institute for Management Development (IMD Lausanne), établit un classement de la compétitivité publié dans son *World Competitiveness Yearbook*. Il évalue les performances économiques, mais également l'efficacité du gouvernement, l'efficacité des affaires et la qualité des infrastructures. Singapour y occupe la première place en 2020, suivi du Danemark et de la Suisse (France : 32e) ;
- Le Forum économique mondial détermine un indicateur composite de compétitivité élaboré à partir de 8 indicateurs : l'ouverture, le gouvernement, la finance, les infrastructures, la technologie, le management, le travail, les institutions. Cet indicateur place Singapour en tête du classement 2019, devant les États-Unis, l'Allemagne est 7e et la France 15e ;
- Le cabinet de conseil américain A. T. Kearney publie un indice d'attractivité pour les investissements directs à l'étranger dans lequel les États-Unis occupent, en 2020, la première place, la France étant 5e et l'Allemagne 3e ;
- La Banque mondiale publie chaque année *Doing Business*, qui consacre en 2020 la Nouvelle-Zélande et Singapour (France : 32e).

L'analyse de la répartition sectorielle des activités exportatrices permet de mettre l'accent sur les origines de l'excédent ou du déficit commercial des pays. Le CEPII (Centre d'études prospectives et d'informations internationales) calcule un indicateur d'« avantages comparatifs révélés », conçu en 1965 par Béla Balassa (« Trade liberalization and revealed comparative advantage »), qui compare le solde extérieur pour un produit avec un solde théorique de ce produit en l'absence de spécialisation. On commence d'abord par calculer un solde théorique, dans lequel chaque produit pèserait en fonction de son poids dans les échanges. Si un produit représente 10 % des échanges extérieurs, il devrait représenter 10 % du solde, excédent ou déficit. On compare ensuite avec la réalité observée, la différence permettant de faire apparaître des avantages ou des désavantages. À partir de cet indicateur, le CEPII propose une analyse de la spécialisation des pays (« Panorama de la spécialisation européenne », 2012). Il apparaît que les grands pays européens ont des structures de spécialisation proches : ils ont tous un avantage comparatif révélé dans les produits mécaniques, les véhicules, les produits chimiques et la sidérurgie. Leurs désavantages comparatifs se trouvent également dans les mêmes activités : énergie, textile…

La comparaison entre la France et l'Allemagne, en analysant de manière plus fine les gammes de produits, montre que, pour les produits à forte valeur ajoutée, la France s'oriente principalement vers des produits de haute technologie tandis que l'Allemagne se concentre sur des produits à technologie moyennement élevée (machines et automobiles). Mais les avantages français sont très concentrés sur deux activités principales, aéronautique et pharmacie, et la France perd en compétitivité par rapport aux pays émergents dans d'autres secteurs. L'Allemagne résiste bien mieux à la montée des émergents, en se désengageant des produits de faible technologie pour se concentrer davantage sur ceux de haute et moyenne technologie.

Mondialisation, politiques commerciales et rôle des États

≫ Mondialisation et croissance

Les théories de l'échange international mettent en avant les avantages procurés par l'ouverture et *a contrario* les effets négatifs de la protection tarifaire.

L'ouverture internationale permet de profiter des effets d'un grand marché conduisant à des économies d'échelle, de se spécialiser dans les activités pour lesquelles on bénéficie d'un avantage et donc d'allouer ses facteurs de production de manière plus efficace, tandis que l'accroissement de la concurrence favorise innovation et baisse des coûts. On peut voir cette dimension dans la construction européenne, mettant en œuvre à la fois les effets du grand marché, la recherche des avantages comparatifs des pays, la création d'une DIPP européenne assurant des coûts de production plus faibles… Pour les consommateurs, cela se traduit par des prix plus faibles, l'accès à une plus grande variété de produits, la possibilité de consommer davantage, mais également de dégager du pouvoir d'achat pour consommer d'autres produits (effet de déversement).

L'insertion dans les échanges internationaux est également une stratégie utilisée par des pays en développement pour assurer leur croissance. Les trajectoires de développement des pays du Sud-Est asiatique s'inscrivent dans cette voie. Il s'agit de profiter des avantages liés à des faibles coûts de production (en particulier des coûts salariaux) comme source de la croissance (*cf.* module 2, chapitre 3). Les débouchés extérieurs permettent d'écouler la production tandis que la croissance du marché intérieur est progressivement rendue possible par la progression des revenus.

Les désavantages du protectionnisme sont également bien repérés. Les tarifs douaniers provoquent une augmentation du prix des produits importés et pénalisent donc les consommateurs. Ils maintiennent des activités peu rentables et n'incitent pas les entreprises à investir et à innover.

Cependant, les critiques de la mondialisation sont également importantes. Dès les années 1950, J. Bhagwati a élaboré le concept de « croissance appauvrissante ». Il montre que la hausse des exportations induite par l'ouverture peut provoquer une dégradation des termes de l'échange, aboutissant à l'appauvrissement du pays. Ce peut être le cas si l'élasticité des importations au PIB est forte, si les activités d'exportations pèsent fortement dans l'économie et si la valeur des produits exportés diminue plus rapidement que l'augmentation de leur volume.

Si la situation décrite par Bhagwati concerne principalement les pays en développement, la contestation de la mondialisation est également forte dans les pays développés et se traduit par des tentations protectionnistes. Alors que ces derniers ont pu bénéficier de produits importés à prix plus faibles, libérant de ce fait du pouvoir d'achat permettant de développer certaines activités (services principalement), le transfert d'une partie de l'activité industrielle vers des pays émergents y est également perçu comme une menace pour l'emploi et la croissance. La part de l'industrie dans le PIB français a ainsi fortement chuté depuis les années 1990, passant de 25 % à 17 % (données Banque mondiale), mais la diminution est beaucoup plus faible en Allemagne (de 33 % à 27 %).

Les problèmes écologiques et d'externalités négatives sont également invoqués pour discuter du bien-fondé de la mondialisation. La DIPP conduit à multiplier les transports de produits, générant des pollutions et donc un coût pour la collectivité mal pris en compte par les indicateurs économiques.

⪢ Mondialisation, emploi et répartition

C'est dans le domaine de l'emploi que les débats sur les effets de la mondialisation sont les plus importants. L'ouverture internationale est le gage d'une meilleure efficacité productive au regard des théories de l'avantage comparatif. La DIPP permet également d'exploiter au mieux les faibles coûts salariaux de certains pays et conduit à y localiser les activités fortement intensives en travail. Mais l'ouverture est également synonyme de déplacements d'activité, de délocalisations, qui ont des conséquences sur l'emploi dans les pays d'origine et sont souvent invoquées pour justifier un retour au protectionnisme.

La concurrence internationale a pour effet de détruire des emplois dans les activités insuffisamment compétitives. Ainsi, le textile français a très largement disparu à partir des années 1970, concurrencé par les produits en provenance de pays à bas salaires. Mais les suppressions d'emplois sont aussi liées à des mouvements de délocalisations, *via* des IDE, visant à exploiter les différences de coûts de production entre pays. Cependant, les conséquences ne se limitent pas à des destructions d'emplois d'un côté, compensées par des créations de l'autre. Dans les pays émergents, les IDE entrants ne sont pas la garantie de créations d'emplois. Si l'implantation d'une FMN se traduit par la disparition d'entreprises locales moins compétitives, l'effet sur l'emploi peut être contrasté. Si les effets d'entraînement sur l'économie locale sont importants, *via* des achats de produits intermédiaires par exemple, l'effet peut être positif. Mais cela n'est pas automatique. Dans les pays développés, les destructions d'emplois dans des secteurs peu compétitifs peuvent être compensées par des créations dans d'autres activités. Les effets de déversement de pouvoir d'achat sont ici essentiels (A. Sauvy, *La Machine et le chômage*, 1980). En achetant par exemple des produits textiles moins cher, les consommateurs disposent d'un pouvoir d'achat supplémentaire qui peut être utilisé pour acheter des produits nouveaux. Par ailleurs, les effets du commerce international sur l'emploi sont principalement dus aux échanges interbranches et à la spécialisation qui en découle. Lilas Demmou estime ainsi que 39 % des destructions d'emploi en France entre 1980 et 2007 sont imputables aux échanges extérieurs, pour la quasi-totalité avec les pays émergents (« La désindustrialisation en France », 2010).

L'impact sur la nature des emplois est également complexe. Une vision simple de la mondialisation consiste à dire que les emplois détruits dans les pays développés sont peu qualifiés et que les créations d'emplois concernent en revanche des activités plus qualifiées. Cependant, les effets de déversement ne se traduisent pas seulement par une consommation de produits nécessitant une main-d'œuvre qualifiée. Il peut s'agir de produits non échangeables, par exemple des services à la personne… pas nécessairement qualifiés. Dans ce cas, les emplois industriels perdus peuvent être compensés par des emplois de services, de qualification équivalente. À l'inverse, la montée en gamme des productions dans les pays émergents y a aussi pour conséquence une croissance de l'emploi qualifié.

D'une manière générale, l'ouverture internationale a eu des conséquences importantes sur la répartition des revenus. En interne, elle provoque une déformation du partage des revenus. D'une part, on observe une demande accrue de travail qualifié au détriment du travail non qualifié, ce qui doit conduire à une augmentation des inégalités en vertu du théorème de Stolper-Samuelson. D'autre part, la concurrence accrue, y compris entre pays développés, a favorisé une recherche de flexibilité, a comprimé les revendications salariales et a eu pour conséquence une croissance des salaires plus faible que celle de la productivité. Dans les pays émergents, on assiste au contraire à une montée du coût du travail dans les dernières années, liée à l'épuisement progressif des réserves de main-d'œuvre, à l'augmentation de la qualification et au recentrage de la croissance sur la demande intérieure. Au niveau international, l'accumulation d'excédents d'un côté et de déficits de l'autre s'est traduite par des mouvements de capitaux, par l'accumulation de réserves de change comme alternative à une correction des taux de change (par exemple en Chine) et par une croissance de l'endettement des pays développés (*cf.* module 3, chapitre 2). Si la mondialisation a permis la sortie de la pauvreté d'une partie de la population mondiale, elle a également contribué à un accroissement des inégalités internes aux pays, à la fois dans les pays en développement et dans les pays développés. La « courbe de l'éléphant » présentée par B. Milanović souligne que les gagnants de la mondialisation se trouvent à la fois dans les classes moyennes chinoises et indiennes et dans le 1 % de la population mondiale qui figure en haut de la distribution des revenus (*cf.* module 4, chapitre 3).

≫ Le débat entre le libre-échange et le protectionnisme reste d'actualité

Initié au XVIIIe siècle, le débat entre libre-échange et protectionnisme a conservé une grande importance au cours des deux derniers siècles. Si le libre-échange est souvent considéré comme une situation optimale, à long terme, dans un raisonnement uniquement fondé sur une rationalité économique, le protectionnisme est lui présenté comme le moyen de défense des acteurs, des États, contre la logique du simple calcul économique.

Ainsi, la thèse du protectionnisme éducateur, développée initialement par Hamilton (*Report on Manufactures*, 1791), puis par List (*Système national d'économie politique*, 1841), repose sur l'idée qu'il est nécessaire de protéger une industrie naissante pour lui permettre d'affronter la concurrence internationale. La remontée du protectionnisme à la fin du XIXe siècle vise au contraire majoritairement à protéger des industries déclinantes de la concurrence exercée par des pays neufs.

Ce débat dévie également sur le rôle que peuvent jouer l'État et sa politique commerciale dans la spécialisation des nations. Le choix d'une politique tarifaire, d'une insertion ou non dans les échanges internationaux, dépend très largement de décisions politiques et pas seulement des intérêts microéconomiques des entreprises et des consommateurs. Les politiques de subvention à certaines entreprises, à l'innovation et à la R&D, la gestion différenciée des tarifs douaniers… sont autant d'armes que les États peuvent utiliser pour infléchir les spécialisations productives.

Au cours des dernières décennies, les nouvelles approches du commerce international ont souvent évoqué, plus ou moins directement, la place des États et les politiques commerciales. Ainsi, la prise en compte des innovations met en avant le rôle stratégique que peuvent jouer les États dans la R&D. La présence d'économies d'échelle externes peut parfaitement justifier le recours au protectionnisme éducateur (*cf.* l'exemple des montres, p. 559). Les « politiques commerciales stratégiques », analysées par Brander et Spencer (« International R&D rivalry and industrial strategy », 1983) puis développées par Krugman, montrent que, dans des cas particuliers de structures de marché (duopole international), les subventions à l'innovation apportées par un État à une firme permettent à celle-ci d'acquérir une situation de monopole, ou de déformer le duopole à son avantage. L'exemple des subventions à l'aéronautique et de la compétition entre Airbus et Boeing a souvent été présenté par Krugman comme illustrant cette situation, même s'il considère que ce type de politique risque de conduire à une escalade protectionniste peu souhaitable. Ainsi, la question du protectionnisme est plus largement englobée dans l'étude du rôle que peuvent jouer les États dans la compétition internationale.

Plus récemment, ce sont des préoccupations écologiques et sociales qui ont été mises en avant pour justifier des pratiques protectionnistes. Les arguments de « dumping social », de l'exploitation de la main-d'œuvre dans les pays émergents, de l'utilisation de techniques de production très polluantes… posent la question de l'intégration de clauses sociales ou écologiques aux accords internationaux. Les pays émergents y sont évidemment très réticents car cela conduirait les pays développés à les utiliser comme instrument de protection commerciale.

L'élection de D. Trump à la présidence des États-Unis a marqué une nette inflexion vers un discours et des actes protectionnistes, motivés principalement par l'idée que le déficit extérieur est à l'origine de pertes d'emplois pour l'économie américaine. « I am a Tariff Man » tweete

D. Trump en décembre 2018 alors que les États-Unis ont déjà instauré des droits additionnels de 25 % sur les importations d'acier, de 10 % sur l'aluminium. Ces premières mesures concernent l'ensemble des pays exportant vers les États-Unis, pour l'équivalent de 50 milliards de dollars d'importations américaines, et touchent principalement l'Union européenne et le Canada. Une seconde série de mesures vise particulièrement la Chine pour sanctionner sa politique en matière de protection des droits de propriété intellectuelle et de transfert de technologies : 300 milliards de dollars d'importations américaines, tous produits confondus, sont finalement concernés par des droits additionnels. Les menaces de rétorsion, décidées tant par la Chine que par l'Europe, font alors craindre des guerres commerciales. La trêve signée en janvier 2020, dans le cadre du *Phase One Deal*, traduit une tendance à la détente dans les relations commerciales entre les États-Unis et la Chine. Il ne s'agit pourtant pas d'un recul sur les droits additionnels appliqués depuis 2018, mais d'une pause dans les augmentations prévues. L'élection de J. Biden devrait se traduire par une détente, sans pour autant que les États-Unis renoncent aux mesures tarifaires en vigueur.

L'échec des négociations sur le Traité de libre-échange transatlantique (TAFTA), puis le retrait dès janvier 2017 des États-Unis du Partenariat transpacifique signé en 2016, soulignent les difficultés de négociations commerciales multilatérales entre les grands blocs. La renégociation de l'ALENA s'est faite dans le cadre de discussions bilatérales entre les États-Unis et le Mexique, puis entre les États-Unis et le Canada, aboutissant en 2018 à un nouvel Accord Canada-États-Unis-Mexique (ACEUM), ratifié fin 2019. Cet accord, tout comme le *Phase One Deal*, prévoit ses propres procédures de règlement des différends, alors que l'Organe d'appel de l'OMC est aujourd'hui bloqué, faute de juges. Sa lente asphyxie, menée depuis presque dix ans par les États-Unis en s'opposant aux nominations des juges, se traduit depuis décembre 2019 par le blocage des appels puisqu'il ne reste plus qu'un seul juge alors qu'il en faut trois au minimum pour prendre des décisions. Les institutions du multilatéralisme sont aujourd'hui visiblement impuissantes et c'est un nouveau cadre, fondé sur des relations bilatérales et des épreuves de force, qui semble émerger.

3

Régionalisme, multilatéralisme et gouvernance internationale

Le mouvement d'ouverture des économies s'est accompagné d'un besoin de gouvernance mondiale ou, à défaut, de coopération internationale. Si la première mondialisation s'est faite sans véritable accord multilatéral, la seconde a donné naissance à des institutions internationales. Celles-ci semblent de plus en plus remises en cause au XXIe siècle. Multilatéralisme et régionalisme s'opposent-ils ? Face aux excès de la mondialisation, quelle gouvernance peut-on mettre en place ?

1 Le développement du multilatéralisme au cours du XXe siècle

Après la Seconde Guerre mondiale, la crainte du retour de stratégies non-coopératives telles que celles qui ont existé dans l'entre-deux-guerres, a conduit au développement du multilatéralisme. Le GATT (General Agreement on Tariffs and Trade) a été signé en 1947 dans un contexte global de reconstruction d'un nouvel ordre économique international. La coopération économique très large se distingue alors de celle effectuée dans un cadre plus étroit, comme le bilatéralisme ou le régionalisme.

A. Le GATT, cadre des négociations multilatérales de 1947 à 1994

Le début de la seconde mondialisation s'est accompagné d'efforts de coordination économique internationale s'appuyant sur de nouvelles institutions économiques multilatérales appelées collectivement le « système de Bretton Woods » mis en place après la Seconde Guerre mondiale : le Fonds monétaire international (FMI), la Banque mondiale et l'Accord général sur les tarifs douaniers et le commerce (GATT).

La naissance et le fonctionnement du GATT

Les États-Unis, conscients du fait que leur manque de leadership après 1918 et leur dérive vers le protectionnisme après 1930 avaient conduit aux catastrophes économiques de l'entre-deux-guerres, ont décidé après la Seconde Guerre mondiale de mettre à profit leur domination pour construire un nouvel ordre économique libéral. Selon C. Kindleberger dans *The World in Depression, 1929-1939* (1973), « la crise de 1929 a été générale, profonde et durable parce que le système économique international [était] devenu instable du fait de l'incapacité de l'Angleterre et du refus des États-Unis d'assumer la responsabilité de le stabiliser ». En 1947, les États-Unis assument leur hégémonie et veulent assurer des débouchés extérieurs à leur puissante industrie. Ils renoncent donc à toute dette de guerre et aident même financièrement l'Europe de l'Ouest (plan Marshall) et le Japon à partir de 1949 (plan Dodge).

Le GATT signé en 1947 par 23 pays est à l'origine conçu comme un traité provisoire (avant la mise en place de l'Organisation internationale du commerce intégrée à l'ONU prévue par la charte de La Havane mais finalement non ratifiée). Il va finalement organiser les échanges commerciaux jusqu'en 1994 (date qui marque la naissance de l'OMC). Doté d'une structure institutionnelle très légère, le GATT repose sur deux obligations fondamentales qui incombent aux parties contractantes : le respect de la règle de la nation la plus favorisée et un code de conduite. La clause de la nation la plus favorisée (NPF), posée à l'article premier de l'Accord, impose à chaque partie de traiter tous les autres de manière égale, comme les partenaires commerciaux « les plus favorisés ». Si un pays accroît les avantages qu'il accorde à un partenaire commercial, il doit donc appliquer le même traitement à tous les autres membres signataires du GATT. Le code de conduite pose les conditions d'un commerce loyal (*fair trade*). Les États signataires s'abstiennent de prendre un certain nombre de mesures de nature à entraver le commerce international. Ils sont ainsi censés ne pas pratiquer le dumping, ni aucune discrimination, ni introduire de barrières non tarifaires au détriment des entreprises étrangères vendant sur le marché national (article 3 de l'Accord). Les États s'engagent également à interdire les mesures de restrictions quantitatives aux échanges et à réglementer les subventions à l'exportation. Ce code de conduite n'empêche pas tout protectionnisme mais il en restreint l'usage et en interdit la pratique dissimulée.

Une forte baisse du protectionnisme tarifaire sur les biens manufacturés

Les négociations entre les États signataires leur permettant de s'accorder des réductions des obstacles tarifaires, se déroulent dans le cadre des cycles de négociations commerciales multilatérales (appelés *rounds*). De 1947 à 1994, huit cycles ont rythmé la vie du GATT.

Les cinq premiers rounds de négociation (1947-1962) ont porté exclusivement sur les droits de douane des produits manufacturés et le sixième, le Kennedy Round (1964-1967), a ouvert les négociations sur le protectionnisme non tarifaire (de manière très modeste). Les barrières tarifaires sont divisées par quatre en moyenne entre 1947 et 1967 dans le cadre des négociations internationales du GATT (sans compter l'effet des accords régionaux), ce qui stimule l'ouverture des économies. Cependant, la baisse spectaculaire des taux moyens cache une répartition inégale par produit, elle concerne essentiellement les produits manufacturés et les pays développés. Les produits agricoles ont été largement épargnés par la baisse des droits de douane et les États-Unis notamment ont pratiqué un protectionnisme sélectif sur certains produits qu'ils souhaitaient protéger des importations. Le septième, le Tokyo Round (1973-1979) a concerné 99 pays, il a poursuivi la baisse des protections sur les produits industriels et a conduit à l'adoption d'un code antidumping.

Cette période est caractérisée par une croissance considérable des échanges internationaux. Les taux de croissance du commerce international par tête deviennent, à partir de 1948, supérieurs à ceux de la production. Surtout, l'accord du GATT contribue, à la différence des années 1930, à empêcher le retour du protectionnisme dans le contexte de la crise des années 1970. La croissance de l'économie mondiale s'est faite à beaucoup plus grande échelle que celle d'avant 1914 puisque le cadre du processus de désarmement douanier du GATT s'est progressivement élargi, passant de 23 à 128 pays signataires. Cela a permis de réduire de 40 à moins de 5 % le niveau moyen des tarifs douaniers sur les biens manufacturés des pays industrialisés.

Le cycle d'Uruguay élargit le cercle des négociations

Le huitième cycle, l'Uruguay Round, marque un tournant dans l'histoire du GATT (septembre 1986-avril 1994). Il concerne 125 pays, poursuit la réduction des droits de douane (le taux moyen sur les produits industriels doit passer de 6,3 % à 3,9 %) mais élargit considérablement le champ d'application de la libéralisation commerciale : des limitations au recours aux mesures antidumping sont prévues et les subventions sont strictement réglementées. Plusieurs secteurs, jusque-là fortement exclus des négociations, sont intégrés dans le processus de libéralisation. C'est le cas de l'agriculture, du textile, des semi-conducteurs et des services. À partir de 1986, les États-Unis et l'Europe s'affrontent sur la question du protectionnisme culturel. En 1993, l'Europe accepte que la question soit incluse dans les accords, sous l'appellation souple de « spécificité culturelle » (et non pas d'« exception culturelle »). Lors de ce « round », il est également décidé que l'accord multifibres (AMF) qui protégeait le secteur textile dans les industries vieillissantes depuis 1974 soit démantelé à l'échéance 2005. Les Européens et les Américains s'accordent en 1992 (accord de *Blair House*) pour réduire le volume et la valeur de leurs dispositifs de soutien à leurs agriculteurs nationaux. Un accord est aussi trouvé concernant les « zones grises », ce halo du protectionnisme qui, sans réellement enfreindre les règles du GATT en transgresse l'esprit, à l'image des accords d'autolimitation des exportations de produits entre entreprises ou secteurs d'activité de différents pays. Les pays industrialisés, notamment les États-Unis et les membres de l'Union européenne, en avaient développé l'usage depuis les années 1980.

De plus, l'Uruguay Round se clôture par l'accord de Marrakech (1994) qui crée deux accords-cadres qui viennent s'ajouter à celui du GATT :

- l'accord général sur le commerce des services (AGCS) ou GATS (General Agreement on Trade in Services) constitue un accord-cadre qui offre la possibilité d'intégrer tous les services entrant dans le commerce international (services bancaires, télécommunications, tourisme, services aux entreprises). Il ne touche pas seulement à la fourniture de services, mais aussi à la présence commerciale et physique des entreprises et des personnes fournissant des services dans un pays étranger. Une définition aussi large de l'activité des services renvoie aussi bien aux questions de migration de main-d'œuvre qu'à celles des investissements internationaux ;
- l'accord relatif aux aspects des droits de propriété intellectuelle qui touchent au commerce (ADPIC) constitue une avancée cruciale en matière de consolidation des droits de propriété à travers le monde (droits d'auteur, marques déposées, indications géographiques, dessins

industriels, brevets, etc.) Cependant, cet accord divise pays développés et pays en développement : si les pays en développement invoquent le droit d'accès aux médicaments génériques (par exemple ceux contre le sida), les pays développés veulent lutter contre les contrefaçons qui constituent une concurrence déloyale.

L'accord de Marrakech (1994) crée l'Organisation mondiale du commerce (OMC) mise en place à partir de janvier 1995.

B. L'Organisation mondiale du commerce

Alors que l'accord de 1947 n'avait été signé que par 23 pays, l'Organisation mondiale du commerce (OMC), lors de son entrée en vigueur le 1er janvier 1995, comprenait plus de 120 membres. Elle compte, en janvier 2021, 164 membres, représentant plus de 98 % du commerce mondial. Les accessions de la Chine (2001), puis de la Fédération de Russie (2012) ont confirmé l'intérêt des grandes nations en développement à participer à ce système. Parmi ses membres, on compte 51 pays développés, 74 pays en développement et 39 pays les moins avancés, sachant que ces appellations permettent de différencier les règles qui s'appliquent à chacun.

L'OMC : une réelle institution de régulation du commerce mondial

L'OMC inscrit dans ses statuts les trois accords-cadres : le GATT de 1947 (marchandises), l'AGCS (services) et l'ADPIC (propriété intellectuelle) de 1995. Ces trois accords sont réunis en une seule organisation, un seul ensemble de règles et un seul système de règlement des différends. Contrairement au GATT, simple traité international qui doit être renégocié, l'OMC est une organisation internationale à caractère permanent, comme le FMI, la Banque mondiale ou l'ONU, ce qui doit lui conférer une autorité et une crédibilité plus grandes. Elle dispose donc d'une administration et d'un budget financé par les contributions des pays membres dont les montants sont calculés au prorata de leur poids dans le commerce international.

Si les règles régissant le commerce international restent proches de celles du GATT, l'OMC a vocation à poursuivre l'élargissement du champ de la négociation à de nouveaux domaines dans la continuité de l'Uruguay Round : les services avec l'AGS, la propriété intellectuelle avec l'ADPIC, l'agriculture, et les investissements liés au commerce. Des exceptions au libre-échange demeurent : la protection antidumping (taxes de compensation en représailles à une action unilatérale) reste tolérée ainsi que les barrières protectionnistes en cas notamment de crise de la balance des paiements ou si la situation du secteur est menacée par la concurrence externe (à l'image de l'Accord multifibre de 1974 qui permet la restriction à l'arrivée des produits textiles des pays en développement sur les marchés des pays avancés). Des largesses sont concédées pour les pays en développement. Depuis 1964, ils peuvent bénéficier de la clause de la nation la plus favorisée sans être obligés de pratiquer la réciprocité et des droits de douane sont permis pour la protection des industries naissantes. Mais l'exception la plus importante reste la tolérance de l'accord commercial régional sous certaines conditions.

La procédure de règlement des différends

Avant 1995, le GATT avait bien une fonction de « gendarme » et d'« arbitre » du commerce international, une procédure de règlement des différends existait mais l'unanimité était requise pour voter une sanction. Le pays concerné ne votant jamais la décision à leur encontre, beaucoup d'affaires traînaient en longueur sans arriver à une solution. Les petits États ne lui accordaient qu'une faible crédibilité et les grands États se soustrayaient fréquemment aux dispositions multilatérales de règlement des différends. C'est notamment le cas des États-Unis. Sur la défensive depuis leur relatif déclin économique dans certains secteurs concurrencés par les pays émergents, ils utilisent l'article 301 du *Trade Act* (1974, modifiée en 1988) qui permet au gouvernement américain de prendre unilatéralement des mesures de rétorsion contre un partenaire jugé par eux déloyal.

L'OMC introduit une nouvelle procédure de règlement des différends plus crédible, administrée par « l'Organe de règlement des différends » (ORD). En novembre 2009, Pascal Lamy, en tant que Directeur général de l'OMC, a déclaré qu'il s'agissait du « joyau de la couronne de l'OMC ». Un conflit commercial entre deux États provoque ouverture de consultations qui peuvent se traduire par un accord amiable. Si ce n'est pas le cas, l'ORD a la charge d'enquêter et de rendre une décision rapidement (les procédures ne peuvent excéder 31 mois). En 1995, quelques jours seulement après la naissance de l'OMC, le Venezuela s'est plaint à l'ORD que les États-Unis appliquaient des règles qui établissaient une discrimination à l'encontre des importations d'essence : les caractéristiques chimiques de l'essence importée étaient plus strictes que celles appliquées à l'essence raffinée aux États-Unis, ce qui était contraire à la règle du traitement national, et cela ne rentrait pas dans les exceptions au titre des mesures de protection de la santé et de l'environnement. La procédure prévoit une première étape de consultation et de recherche de solution entre les parties avant de nommer un panel de trois experts chargés de statuer. Dans notre exemple, un an après, l'OMC s'est rangée à l'avis du Venezuela. Suite à la procédure d'appel des États-Unis devant l'Organe d'appel permanent indépendant (l'OAP), l'ORD a rendu son rapport définitif le 20 mai 1996, un an et quatre mois après que la plainte ait été initialement déposée. Les États-Unis ont eu 15 mois pour modifier leur règlement sur les importations d'essence, ce qui a été fait en août 1997.

L'ORD prévoit en outre un mécanisme automatique d'adoption des décisions des conclusions du panel et de l'organe d'appel (sauf en cas de « consensus négatif » des membres de l'OMC), ce qui signifie qu'aucun veto, notamment du pays concerné, ne peut faire obstacle à l'exécution des recommandations de l'ORD. Par exemple, dans le différend franco-américain concernant le bœuf nourris aux hormones (démarré en 1988 et qui a fait l'objet d'un traitement par l'OMC à partir de 1996), l'Union européenne, inquiète pour la santé de ses citoyens, a refusé de se plier aux prescriptions de l'ORD qui exigeait d'en autoriser l'importation, considérant pour sa part qu'il s'agissait de protectionnisme. Les États-Unis ont donc été autorisés par l'OMC à prendre des mesures compensatoires (protectionnisme de rétorsion). Ils ont eu le droit de surtaxer certains produits dont le roquefort, la viande bovine et porcine, le chocolat, les jus, les confitures et les truffes fraîches. Si ce système de rétorsions organisé par l'ORD permet d'éviter une escalade protectionniste, la limite est que ceux qui ont bénéficié de la mesure protectionniste (en l'occurrence les producteurs de viande) ne sont pas nécessairement ceux qui sont touchés par les représailles (par exemple les producteurs de roquefort). Ce litige s'est terminé en mai 2009, par un accord négocié entre les deux parties prévoyant une réduction des sanctions américaines à l'encontre des produits européens en échange d'une augmentation des quotas d'importation européens pour le bœuf non traité aux hormones.

Si les États-Unis et l'Union européenne restent les plus gros utilisateurs de l'ORD, les pays en voie de développement en font un usage croissant pour des litiges les opposant entre eux ou pour ceux vis-à-vis des pays développés.

C. Vers une impasse du multilatéralisme ?

L'OMC est apparue comme une avancée en permettant l'institutionnalisation du multilatéralisme mais celle-ci est très rapidement entrée en crise. La première réunion interministérielle de l'OMC à Singapour affichait des objectifs ambitieux : protectionnisme vert, libéralisation des échanges des produits de technologies de l'information, restrictions d'IDE sur le commerce, liens entre politique de la concurrence et commerce, introduction de la clause sociale dans les accords commerciaux. Pourtant, l'opposition entre les États-Unis et l'Union européenne sur le dossier agricole s'est poursuivie et une rivalité croissante entre pays développés et pays en développement (PED) a émergé.

Le blocage de l'OMC

≫ Un bilan contrasté du multilatéralisme

Le bilan de l'OMC apparaît mitigé. En effet, depuis la création de l'OMC, la libéralisation commerciale a progressé. Cependant, peut-on affirmer que c'est l'institutionnalisation des échanges qui explique la forte croissance du commerce mondial depuis 1945 ? L'étude empirique d'Andrew Rose (2003), « Which International Institutions Promote International Trade? », effectuée sur 175 pays et 50 ans semble prouver le contraire : les pays appartenant ou rejoignant l'organisation du commerce mondial (GATT ou OMC) ne connaissent pas une progression particulièrement plus soutenue de leurs échanges internationaux que les autres ; la forte croissance des échanges internationaux depuis 1945 aurait donc une multitude d'autres causes : baisse des coûts de transport, évolutions de la productivité, des dotations factorielles…

De plus, les résultats obtenus en matière de réduction des barrières non tarifaires ont été très limités. Les taux moyens mesurant la baisse des droits de douane ne prennent pas en compte l'effet des barrières non tarifaires qui se sont de plus en plus substituées aux barrières douanières. Le CEPII (*Carnets graphiques. L'économie dévoile ses courbes*, 2018) estime qu'elles constituent un frein aux échanges équivalents à des droits de douane de 40 %. La difficulté est que ces normes, loin d'être totalement assimilables à des mesures visant simplement à freiner les échanges, expriment aussi des choix collectifs différents en termes de qualité des produits, de sécurité, de conditions sociales et environnementales de production (*cf.* exemple du bœuf aux hormones). Les gouvernements sont donc réticents à les retirer.

La période est aussi marquée par une multiplication des accords commerciaux régionaux qui bafouent les règles de l'OMC et peuvent concurrencer l'institution multilatérale même si, dans les faits, ils contribuent fortement à la poursuite du recul des droits de douane dans le monde. Au total, ceux-ci sont de 2,6 % en moyenne pondérée en 2017 (Banque mondiale).

≫ L'opposition entre pays développés et en développement

Le GATT a été conçu par les pays développés pour les pays développés. C'est en tout cas le reproche croissant que vont lui faire les pays émergents qui intègrent progressivement le GATT et veulent faire entendre leur voix sur la libéralisation de l'agriculture et des services.

La forte mobilisation des ONG contre la libération commerciale empêchera l'ouverture du cycle Millenium à Seattle (1999). Ce n'est donc qu'à Doha en 2001 que le premier, et aujourd'hui le seul, cycle de négociation de l'OMC s'engage mais rapidement les négociations ont été conflictuelles. Les pays en développement (PED) ont exprimé leur opposition à l'ADPIC, en particulier dans le domaine des médicaments. En 2001, ils obtiennent de produire des médicaments génériques antisida (ce que réclamaient notamment le Brésil, l'Inde, Afrique du Sud). Dès 1995, l'AGCS prévoit un traitement préférentiel d'accès aux marchés pour les services et fournisseurs de services des PMA. L'application de ce principe a été facilitée en 2003 et en 2011 en permettant aux PMA des concessions sans réciprocité pour une durée de 15 ans.

Symétriquement, certains pays avancés réclament l'introduction de clauses sociales ou environnementales à l'encontre de certaines exportations issues de pays en développement. En effet si les PMA occupent une place marginale dans le commerce international, certains PED sont devenus d'importants exportateurs. Les pays développés tendent à vouloir remettre en cause les concessions accordées aux PED alors même qu'ils pèsent un poids croissant dans les échanges commerciaux. En effet, ils accèdent aux marchés des pays développés tout en protégeant davantage leurs marchés nationaux.

Figure 10 – La protection tarifaire dans les PMA, PED et pays développés

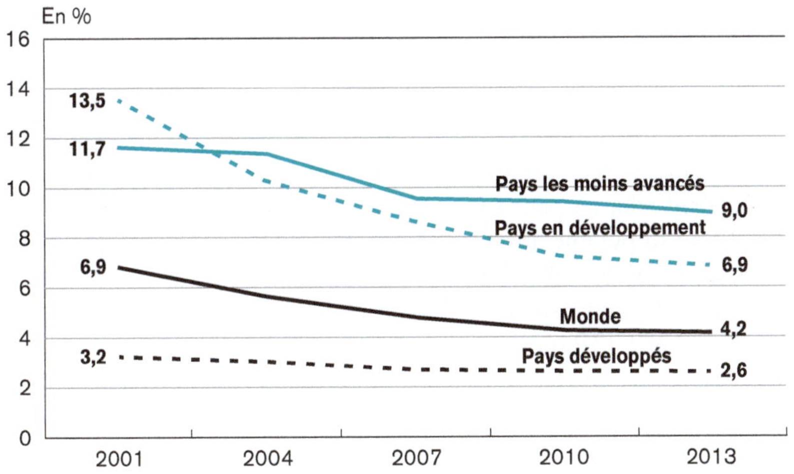

La moyenne de la protection tarifaire est obtenue en utilisant la méthodologie décrite dans Guimbard *et al* (2012)

Source : H. Guimbard, *Carnets graphiques. L'économie mondiale dévoile ses courbes*, CEPII, 2018.

Mais l'opposition principale entre pays émergents et pays développés porte sur la question agricole. Les pays émergents reprochent aux pays développés d'user de protectionnisme dans ce secteur. Le « groupe des 20 » (dont Brésil, Chine, Argentine, Inde, Afrique du Sud), face au manque de volonté des États-Unis de diminuer les subventions à l'agriculture, refuse de baisser leurs droits de douane sur l'agriculture. Quatre pays pauvres (Bénin, Burkina Faso, Tchad, Mali), soutenus par des ONG, lancent également « l'initiative coton » qui dénonce les subventions et aides directes américaines aux producteurs de coton. Celles-ci contribuent à la baisse du cours mondial, appauvrissant les pays les plus pauvres.

Cela explique pourquoi le cycle de Doha, dont la fin était initialement programmée en 2004, ne trouve pas d'aboutissement suite à l'échec des négociations à Cancún en 2003. Face à ces crispations, le cycle de Doha sera suspendu temporairement. En 2013, à Bali, est signé un accord surnommé « Doha Light » portant sur 10 % du programme initial (le cycle de Doha n'a pas encore abouti) portant essentiellement sur la simplification des échanges. Cet Accord sur la facilitation des échanges, entré en vigueur en février 2017, vise à réduire les coûts et le temps de transport des biens échangés grâce à l'automatisation des procédures douanières. Lors de l'accord de Bali, une exemption accrue des droits de douane aux produits provenant des PMA a également été signée. En 2015, la 10e conférence ministérielle de l'OMC s'est soldée à Nairobi sur un constat d'échec concernant le cycle de Doha (« Les membres ont des avis divergents sur la manière de mener les négociations »), mais a offert des avancées sur le front des subventions aux exportations agricoles. L'agriculture (17,3 % en 2013) reste globalement plus protégée que l'industrie (3,1 %) (données CEPII, 2018).

⋙ Les États-Unis rejettent de plus en plus le multilatéralisme

Sous le mandat de D. Trump (2017-2021), les États-Unis ont poursuivi leur volonté de s'écarter du multilatéralisme tel qu'il a été défini au sein de l'OMC, jugeant cette institution défavorable à leurs intérêts nationaux. Ils ont alors adopté un point de vue mercantiliste : utilisation de toute la gamme des instruments de défense commerciale (actions en antidumping et antisubventions, sauvegarde, section 301, invocation – rare – de la clause de sauvegarde pour sécurité nationale dite section 232), remise en cause de l'accord de libre-échange nord-américain (ALENA) et de l'accord passé avec la Corée du Sud, attaque commerciale contre la Chine. L'OMC a alors été considérée comme le principal obstacle à la mise en place de mesures tarifaires qu'ils voulaient adopter pour « rééquilibrer » leur balance externe, considérant que leur déficit commercial était imputable davantage à des causes externes plutôt qu'internes (ce qui est discutable). L'opération de neutralisation de l'OMC prolonge par certains côtés une tendance amorcée sous l'administration Obama, où l'essentiel des négociations se passait déjà en dehors de l'organisation : TPP et TTIP bien sûr, mais aussi accord sur le commerce des services. Sous la présidence de Donald Trump, les États-Unis ont embrassé plus ouvertement la politique de l'*America First* en s'écartant de la libéralisation commerciale et en se tournant vers le protectionnisme, y compris tarifaire. Les États-Unis ont ouvertement bafoué les principes de l'OMC en augmentant leurs droits de douane notamment envers la Chine à partir de 2018 (*cf.* p. 576). Cependant, les tensions commerciales sont restées principalement cantonnées aux deux protagonistes et n'ont pas conduit à un repli généralisé des échanges commerciaux au niveau mondial et, dès 2019, des négociations commerciales entre les deux pays ont eu lieu.

Sébastien Jean dans *L'économie mondiale 2020* (2019) nous enseigne que les cartes du commerce et, avec elles, celles de la puissance économique mondiale ont été rebattues au profit des pays émergents, au premier rang desquels la Chine. Cette nouvelle donne se traduit par un retournement des avantages comparatifs. Ceux qui façonnaient le commerce des économies avancées, quand les accords commerciaux multilatéraux ont été négociés, sont désormais davantage l'apanage des économies émergentes, tandis que ceux des économies avancées portent pour beaucoup sur des domaines où les accords de l'OMC sont plus difficiles à faire appliquer : accès aux marchés des services, protection de l'investissement et des technologies, droits de la propriété intellectuelle (brevets). Ainsi, les accords hérités du passé qui, en leur temps, avaient pu être jugés équilibrés par les États-Unis, ne le sont plus. À l'OMC, chaque pays choisit lui-même s'il se réclame ou non du statut de pays en développement, et du traitement préférentiel qui va avec. La Chine, devenue le premier exportateur mondial, a conservé son statut de PED ce qui remet en cause la légitimité de ce statut aux yeux des pays riches. Ce pays considère, au contraire, qu'en baissant ses droits de douane bien en dessous des autres pays émergents, il a fait d'importantes concessions et que les mesures antidumping dont il fait l'objet sont injustifiées.

Le positionnement critique des États-Unis à l'égard de l'OMC représente un vrai défi pour l'Union européenne, qui a un fonctionnement basé sur le multilatéralisme. Le Japon est traditionnellement attaché au système multilatéral mais il a pris l'initiative de relancer la négociation pour la mise en place d'un TPP à 11, sans les États-Unis, en 2018. La Chine pourrait évidemment prendre un plus grand rôle au sein de l'OMC en tant que premier exportateur mondial mais elle se cantonne depuis son adhésion en 2001, à une posture d'observation, jouant un rôle de passager clandestin, bénéficiaire de l'acquis, menant une politique commerciale plutôt opaque, usant de tous les recours possibles pour protéger son économie mais se pliant finalement toujours aux décisions de l'institution.

Vers une remise en cause de l'institution ?

Derrière le rejet des États-Unis et le blocage des négociations entre pays émergents, se cachent des défauts structurels de l'institution. Sclérosée par la règle du consensus, elle se retrouve incapable de faire avancer les négociations intergouvernementales sur le sujet des IDE, des normes sociales et environnementales notamment.

≥ Une crise structurelle

Deux défauts structurels au moins caractérisent la crise de l'OMC. Le premier est lié à la règle du consensus qui est d'autant plus difficile à obtenir si le nombre de pays participants est élevé. Elle a longtemps pu être contournée grâce au co-leaderhip des États-Unis et de l'Union européenne mais aujourd'hui, seul le repli sur les accords régionaux ou bilatéraux permet d'avancer sur certains sujets. On compte, par exemple, plusieurs centaines d'accords bilatéraux sur l'investissement, faute d'être parvenu à introduire ce thème dans l'OMC.

Le second est lié à la « clause de la nation la plus favorisée » qui ne concerne aujourd'hui qu'une part de plus en plus réduite des échanges mondiaux. Si cette clause permet d'éviter les effets de détournement et la pollution du jeu coopératif multilatéral par des stratégies bilatérales, elle encourage les comportements de passagers clandestins (*free riding*) puisqu'elle garantit aux pays membres l'accès aux marchés des autres quelles que soient leurs concessions. Les accords de Marrakech, en refusant les accords « plurilatéraux », c'est-à-dire les accords qui n'engagent que les pays signataires, a sans doute encouragé le « free riding ». Au contraire, les accords bilatéraux permettent de mieux contrôler la réciprocité. Cela explique sans doute pourquoi ils se sont multipliés depuis le début des années 2000 notamment de la part des États-Unis avec le Chili, le Pérou, Singapour, l'Australie, le Maroc, etc. Sans que l'on observe un retour marqué du protectionnisme, la crise économique dans les pays avancés renforce cette méfiance à l'égard d'une ouverture croissante des économies.

L'ORD, lui aussi, essuie des critiques. On lui reproche notamment son coût (montage des dossiers) qui fait que 80 % des différends traités par l'institution se concentrent sur 11 pays parmi les plus riches et puissants. *De facto* les PMA sont exclus du dispositif. Depuis le mandat de B. Obama et encore davantage sous celui de D. Trump, les États-Unis ont estimé que les jugements de l'ORD leur étaient trop souvent défavorables et ont bloqué la nomination de juges de la cour d'Appel, usant de leur droit de veto. Normalement au nombre de 7, ils ont besoin d'être au moins trois pour trancher un litige, ce qui n'est plus le cas depuis décembre 2019. L'ORD est donc aujourd'hui inopérante. En juillet 2019, l'Union européenne s'est entendue avec le Canada pour mettre en place « une procédure arbitrale d'appel provisoire fondée sur les règles actuelles de l'OMC ».

≫ Vers une nouvelle orientation de l'institution ?

L'OMC est de plus en plus critiquée pour ne pas assez prendre en compte l'imbrication entre les questions commerciales et la protection de l'environnement, ou la garantie de certaines normes sociales. Ces demandes émanent aussi des ONG mais aussi des États qui veulent éviter le dumping social des PED en intégrant dans le GATT les normes sociales minimales de l'Organisation internationale du travail (OIT). La compatibilité avec les objectifs de développement durable est affirmée dès le préambule de la charte créant l'OMC mais l'interprétation dans le cadre des différends est souvent délicate, avec notamment la nécessité de prouver que les restrictions éventuelles sont non discriminantes et s'appuient bien sur des impératifs sanitaires. Ainsi, l'organisation est aujourd'hui confrontée au défi de promouvoir, dans le système commercial mondial, la protection de l'environnement, la diversité culturelle, l'observation d'un minimum social, ainsi que des préoccupations comme la sécurité alimentaire et la défense des consommateurs. Or les grandes puissances ne s'accordent pas sur le terrain normatif. L'Europe, sans doute marquée par l'importance des mouvements écologistes et par des scandales sanitaires comme celui de la « vache folle », applique un strict principe de précaution alors que les États-Unis cherchent à éviter une surévaluation des risques sanitaires et écologiques. Selon S. Jean (« L'Europe face à la crise du système commercial multilatéral », *La Lettre du CEPII*, juin 2020), l'approche la plus réaliste consisterait à mettre à jour une partie des règles de l'OMC, en s'appuyant sur une grande majorité (et non plus un consensus) *via* des accords plurilatéraux (et non plus multilatéraux). Mais cela n'a d'intérêt que si la Chine évolue sur des dossiers importants, par exemple sur les subventions industrielles, les règles sur les entreprises d'État ou sur la question de la propriété intellectuelle. Dans le contexte actuel d'enlisement des négociations multilatérales, de nombreux pays préfèrent négocier, en dehors de l'OMC, des accords régionaux.

2 Le retour du régionalisme et du bilatéralisme depuis la fin du XXe siècle

Depuis les années 1990, les Accords commerciaux régionaux (ACR) sont plus nombreux, représentent une part croissante du commerce mondial et intègrent de nouveaux sujets. Pour certains, les ACR enfreignent le multilatéralisme. Pour d'autres, ils sont une voie d'accès au libéralisme commercial, notamment en contribuant à la baisse des coûts de transaction entre les pays participants à l'ACR. Ainsi, la prolifération des accords régionaux depuis une trentaine d'années inquiète non seulement les critiques de la mondialisation exacerbée et les défenseurs du protectionnisme, mais aussi les partisans du libre-échange et du multilatéralisme commercial. C'est cependant une réponse aussi à l'impasse dans laquelle se trouve le cycle de Doha.

A. Régionalisme et régionalisation

Le régionalisme commercial se définit selon l'OMC (2010) comme « l'ensemble des mesures prises par les gouvernements pour libéraliser ou faciliter le commerce à l'échelle régionale ». Il s'agit donc d'un processus institutionnel initié par les États en vue de libéraliser ou de faciliter le commerce et/ou de favoriser la coopération entre pays proches géographiquement. Cependant, par extension, le régionalisme tend aujourd'hui à désigner tout accord entre plusieurs pays même si ceux-ci sont éloignés géographiquement. L'OMC va ainsi considérer comme accords régionaux tous les accords de préférence qui dérogent au principe de la clause de la nation la plus favorisée et rentrent dans les exceptions prévues, quelle que soit la proximité géographique ou historique des pays concernés. Certains auteurs préfèrent ainsi parler d'accords de préférence commerciale. Un des faits majeurs de ces trente dernières années est la prolifération des ACR. En 2016, tous les membres de l'OMC participent à un accord commercial régional en vigueur, qu'il s'agisse d'accords commerciaux bilatéraux (qui lient seulement deux pays), de vastes unions douanières ou d'accords commerciaux transcontinentaux. Cette prolifération fragilise le multilatéralisme incarné par l'OMC.

On distingue la régionalisation qui est la tendance à commercer au sein d'une même zone géographique, du régionalisme commercial qui correspond à un ensemble d'initiatives institutionnelles pour développer l'intégration économique régionale. La régionalisation peut être provoquée par la signature d'accords préférentiels mais peut aussi se faire « naturellement », sous l'effet de la proximité géographique, culturelle, ou historique entre pays. Échanger davantage de marchandises et de services avec ses pays voisins qu'avec les autres États est une pratique qui a quasiment toujours existé et la proximité reste un atout important des échanges bilatéraux. Alors qu'il coûtait 3,6 fois plus cher d'exporter que de vendre sur le marché intérieur en 1966, il n'en coûte plus aujourd'hui que 2,8 fois plus, grâce à la baisse des coûts de transport et des droits de douane (J. Hugot, *in* « L'économie mondiale dévoile ses courbes », 2018) Paradoxalement, dans le même temps, l'effet de la distance s'est accentué. En 1966, les exportations vers un marché à une distance 10 % plus lointaine du pays exportateur qu'un autre marché étaient plus faibles d'environ 0,9 %. En 2016, ce même écart de distance entre le pays exportateur et le pays importateur réduit le commerce de près de 2 %, soit plus du double. Cela s'explique par la mise en place d'accords de libre-échange régionaux mais aussi par l'importance des barrières linguistiques et culturelles qui croît à mesure que l'on échange des biens de plus en plus complexes.

La mondialisation n'a pas aboli la régionalisation, bien au contraire. La concentration des échanges entre grandes zones de libre-échange monte en puissance depuis 20 ans. Trois blocs majeurs se distinguent : le pôle américain (piloté par les États-Unis), le pôle européen (dominé par l'Allemagne) et le pôle asiatique (où se concurrencent le Japon et la Chine). Dans « La géographie du commerce mondial, 1967-2011 » (2014), le CEPII nous montre qu'une grande partie des flux d'échanges se concentre à l'intérieur des régions géographiques, même en dehors de tout accord institutionnel. Seuls, les pays les plus puissants, ont des relations commerciales plus diversifiées. La région européenne (UE-CEI) présente l'intégration régionale la plus poussée, avec, sur toute la période, plus de 70 % de ses échanges effectués à l'intérieur de la zone. L'émergence de la Chine comme troisième pôle de l'économie mondiale a atténué la suprématie commerciale du couple transatlantique dans les années 2000. Le poids commercial total des États-Unis et de l'Union européenne (tous leurs flux bilatéraux, à l'exception des échanges intra-UE) représentait 40 % du commerce mondial en 1990. Aujourd'hui, il n'est plus que de 28 %, contre 34 % pour le grand ensemble asiatique ASEAN+6, qui comprend les 10 membres de l'Association des Nations de l'Asie du Sud-Est (ASEAN) et six grands partenaires que sont la Chine, le Japon, la République de Corée, l'Australie, la Nouvelle-Zélande et l'Inde. La région Afrique – Moyen-Orient est celle qui a le moins développé ses échanges interrégionaux. Ceux-ci progressent depuis le début des années 1990, mais se limitent aujourd'hui à 12 % du commerce total de la zone.

B. Un développement progressif du régionalisme

Si le nombre d'ACR est resté faible jusqu'aux années 1990, trois grandes vagues de régionalisme, précédant la quatrième vague actuelle, peuvent être distinguées.

Les trois premières vagues de régionalismes

La première vague de régionalisme s'est développée durant la seconde moitié du XIXe siècle. À la suite de l'Union douanière (Zollverein) des 38 États allemands en 1834, c'est le traité Cobden-Chevalier en 1860 qui initie l'important mouvement des accords à la fois entre pays européens et avec les pays qu'ils avaient colonisés ou qu'ils dominaient. La deuxième vague, qui a eu lieu durant l'entre-deux-guerres, a accompagné le renouveau du protectionnisme. Elle s'est traduite par un renforcement des préférences régionales dans le cadre des empires coloniaux ou de zones d'influence qui a eu pour conséquence de fragmenter le monde en blocs relativement fermés (à l'instar des accords d'Ottawa de 1932).

La troisième vague date des années 1950-1960. Le premier accord d'envergure est alors le Traité de Rome signé en 1957 instituant une union douanière entre la RFA, la France, l'Italie et les pays du Benelux. L'article XXIV du GATT (puis, à partir de 1995, l'article V de l'AGCS) prévoit une exception à la clause de la NPF : l'accord commercial régional. Il s'agit pourtant par définition d'une politique commerciale discriminatoire : un accès préférentiel à un marché n'est accordé qu'à quelques pays, bien qu'entre ces pays, l'accord soit réciproque. Lorsqu'un pays signataire du GATT (ou membre de l'OMC) conclut un accord régional, il déroge au principe de non-discrimination notamment défini par l'article 1 du GATT mais les ACR sont autorisés sous certaines conditions : ils doivent être notifiés auprès de l'institution et ne doivent pas faire augmenter les barrières douanières vis-à-vis des tiers. On assiste dès le début des années 1960, à une série d'accords en Europe, en Amérique latine et en Afrique entre des pays qui ne sont d'ailleurs pas tous signataires du GATT : Association européenne de libre-échange (1960), Association latino-américaine de libre-échange (1960), Pacte andin (1969), Marché commun africain (1962), Association des nations du Sud-Est asiatique (ASEAN, 1967) dans le cadre de leurs stratégies de développement par substitution d'importations. Certaines de ces expériences sont cependant restées formelles et peu actives. Dans les années 1970, la CEE multiplie les accords bilatéraux avec les pays européens non membres (pays méditerranéens, pays africains) et la Communauté économique des États de l'Afrique de l'Ouest (CEDEAO) apparaît en 1975. À partir de 1979, le GATT met en place une « clause d'habilitation » dans le cadre des ACR des pays développés avec les PED. Elle permet d'accorder des tarifs douaniers préférentiels sans réciprocité, à l'instar de l'accord de 1975 reliant la Communauté européenne aux pays de l'Afrique, des Caraïbes, du Pacifique (ACP).

La classification de Bela Balassa

Les ACR peuvent être classés selon la forme et le degré d'intégration qu'ils mettent en œuvre. C'est notamment la logique de la typologie proposée par Bela Balassa (*The Theory of Economic Integration*, 1961). Il distingue des phases croissantes de l'intégration régionale :

- la zone de libre-échange consiste en un démantèlement réciproque des barrières tarifaires sur les biens et les services ; chacun maintenant sa propre politique commerciale vis-à-vis des pays tiers. L'association européenne de libre-échange (1960) est un exemple de zone de libre-échange ;
- l'union douanière, en plus des caractéristiques de la zone de libre-échange, prévoit un tarif extérieur commun pour les pays extérieurs à la zone. On peut prendre comme exemple le *Zollverein* qui regroupe plusieurs dizaines d'États allemands au XIXe siècle ou encore le marché commun du Sud (MERCOSUR) qui regroupe l'Argentine, le Brésil, l'Uruguay, le Paraguay (1995) ;
- le marché commun établit une zone de libre circulation des biens et des services, mais aussi des capitaux et des hommes, il y a alors non seulement unification des marchés de biens et de services mais aussi des marchés de facteurs de production. C'est le cas de l'intégration européenne en 1993 quand est créé le « marché unique européen » par la signature de l'acte unique européen en 1986 ;
- l'union économique prévoit de surcroît la mise en place de politiques économiques communes. Même si certaines politiques économiques (comme la Politique agricole commune – PAC –, la politique de la concurrence ou la politique régionale) existaient avant, l'union européenne devient véritablement une union économique avec le traité de Maastricht qui prépare l'avènement de l'euro en 1999 ;

– l'union économique et monétaire est la forme maximale de l'intégration puisqu'elle implique un abandon de souveraineté des pays la composant au profit d'une monnaie unique et de politiques économiques supranationales. Elle suppose une certaine intégration politique. L'étape ultime serait la construction d'une fédération d'États avec harmonisation des politiques sociales et fiscales à l'image de la formation des États-Unis ou de l'Allemagne. La crise de la zone euro a démontré que l'Union européenne n'a pas pleinement atteint cette étape.

Cette distinction entre des « étapes » de l'intégration économique a essentiellement une portée pédagogique. Si l'on étudie l'histoire de l'intégration européenne, on constate que ces différentes étapes se sont enchevêtrées. Par exemple : le « marché commun » n'est achevé qu'en 1993 mais les politiques économiques communes (dont la PAC lancée en 1962) existent bien avant cette date. En outre, cette typologie peine à rendre compte de la grande diversité actuelle des formes d'intégration régionale. En particulier, elle conduit à classer dans la même catégorie des zones de libre-échange, des accords dont le contenu est pourtant sans commune mesure : par exemple l'Accord Canada-États-Unis-Mexique (ACEUM) en 2020, qui contient des dispositions sur les services, l'investissement, le travail, la protection de l'environnement ou la propriété intellectuelle ainsi qu'une procédure interne de règlement des différends, et les accords entre l'Union européenne et les pays méditerranéens qui sont essentiellement des accords classiques de démantèlement douanier.

C. Multiplication et approfondissement des ACR depuis les années 1990

La hausse du nombre d'accords régionaux est spectaculaire à partir des années 1990. De 11 en 1977, 38 en 1994, le nombre d'accords régionaux est ainsi passé à 548 accords notifiés auprès de l'OMC au 1er février 2021, dont 339 accords réellement en vigueur dans le monde en éliminant les doubles comptes (une notification pour les marchandises et une autre pour les services par exemple) ainsi que les accords « en accession ».

La hausse du nombre d'accords régionaux

Le mouvement a été initié dans les années 1980, avec la signature par les États-Unis, jusque-là réticents, d'accords commerciaux avec Israël (1985) et le Canada (1989). Le processus s'est ensuite accéléré à partir des années 1990. L'Union européenne (instituée en 1992 par le traité de Maastricht) a approfondi l'intégration européenne et élargit le nombre de ses membres. Plusieurs autres accords ont vu le jour : Le Marché commun du Sud (MERCOSUR) qui réunit Brésil, Argentine, Uruguay et Paraguay en 1991, l'Accord de libre-échange nord-américain (ALENA), signé en 1994 par les États-Unis, le Canada et le Mexique (devenue ACEUM en 2020) et le Marché commun de l'Afrique de l'Ouest et de l'Afrique australe (COESA, 1994). L'ASEAN a été relancée en 1991 et s'est muée progressivement en zone de libre-échange.

Figure 11 – Les ACR notifiés au GATT ou à l'OMC (1948-2021), y compris les ACR inactifs, par année d'entrée en vigueur

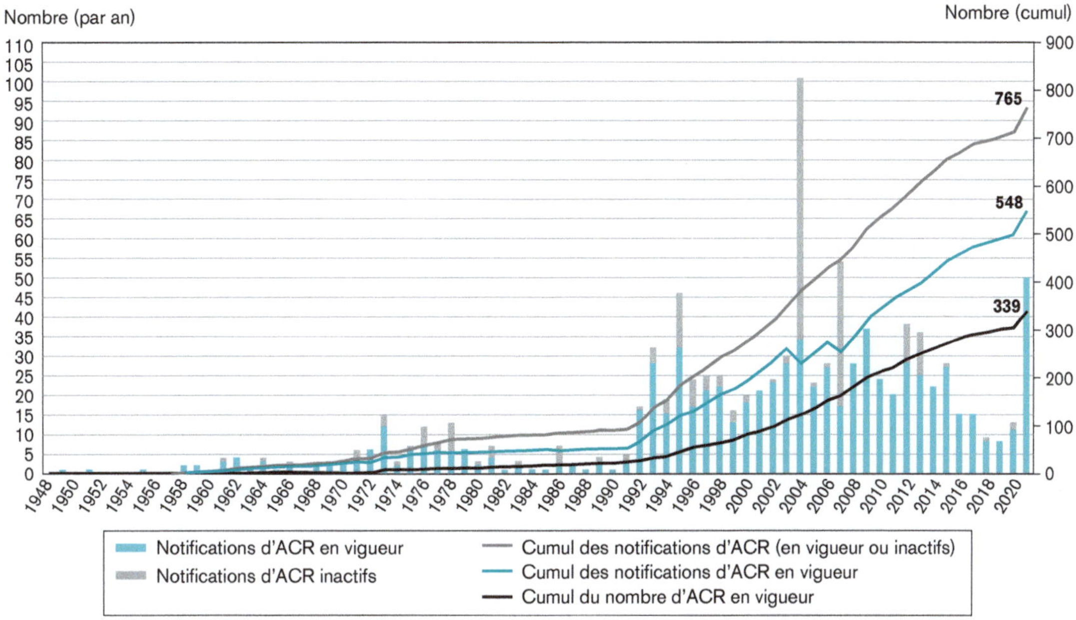

Source : d'après l'OMC, février 2021.

Jusqu'à la fin des années 1990, les ACR associaient des pays appartenant à la même région du monde et qui présentaient une certaine continuité territoriale. La seule exception concernait l'accord États-Unis/Israël de 1985. Depuis, la fin des années 1990, les accords interrégionaux, voire intercontinentaux, se sont multipliés. L'Union européenne et les États-Unis n'hésitent plus à signer des traités de libre-échange avec des pays qui n'appartiennent pas à leur zone « naturelle » : L'Union européenne a ratifié des accords de libre-échange avec par exemple l'Afrique du Sud (2000), la Colombie et le Pérou (2013), le Canada (CETA signé en 2014) ou encore le Vietnam (2020). Les États-Unis ont par exemple signé avec le Maroc (2004) ou la Corée du Sud (2012). Même les pays jusque-là vierges d'accords bilatéraux, comme le Japon, sont entrés dans le club des pays qui négocient et signent des accords préférentiels, comme celui avec la Suisse (2009) ou l'Union européenne (2018). Les accords de libre-échange ont d'abord été Nord-Sud, impliquant d'un côté l'Union européenne ou les États-Unis, plus récemment le Japon, de l'autre des pays en développement, notamment situés dans leur sphère d'influence (pourtour méditerranéen, Amérique centrale, Asie du Sud-Est). Ils sont de manière croissante Sud-Sud, sous l'impulsion de pays émergents comme le Chili, le Mexique ou la Turquie mais aussi du fait d'un fort accroissement du régionalisme en Asie.

En termes de valeur des échanges, les ACR couvraient déjà un quart du commerce mondial dans les années 1970. Leur part a ensuite augmenté à près de 40 %, avec la signature de grands accords commerciaux régionaux (ALENA) et du sud (MERCOSUR) au début des années 1990. Aujourd'hui, les ACR régulent 50 % de la valeur des échanges mondiaux (CEPII, *op.cit.*, 2018).

Figure 12 – Les ACR dans le monde
(situation au 1er janvier 2021)

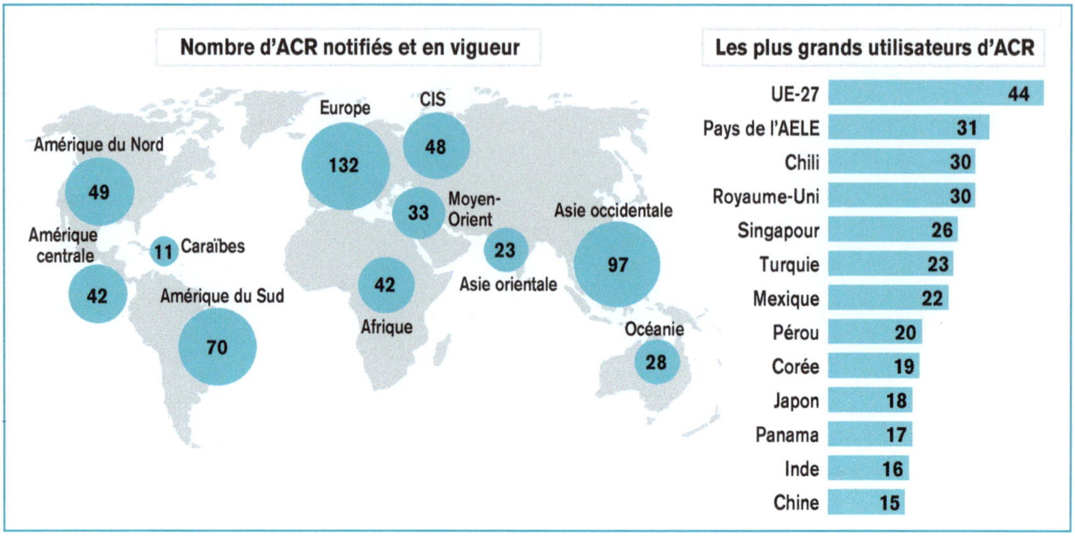

Source : OMC, 2021.

Le « nouveau régionalisme »

Au-delà de leur multiplication, les accords commerciaux ont changé de nature.

≫ Des accords de libre-échange à intégration profonde

L'expression de « nouveau régionalisme » (Ethier, « The New Regionalism », 1998 ; Echinard, Guilhot, « Le "nouveau régionalisme" : de quoi parlons-nous ? », 2007) s'est imposée pour qualifier cette vague récente, parce qu'avec ce renouveau quantitatif s'est ajouté un renouveau qualitatif. Le champ d'application des accords s'élargit comprenant des dispositions relatives aux services, à la propriété intellectuelle ou aux obstacles techniques au commerce (OTC). En cela, ce régionalisme ne s'oppose pas au multilatéralisme. Il semble approfondir les négociations ouvertes par les accords de 1994 (ils sont souvent alors dénommés OMC+), voire contourner les blocages des négociations multilatérales sur des domaines comme les marchés publics ou les investissements. La négociation bilatérale se substitue alors clairement à la négociation multilatérale.

Il y a aussi des dispositions qui incluent des obligations situées en dehors du mandat de l'OMC (appelées souvent OMC-X) et ne relevant pas toujours de la politique commerciale (politique de la concurrence, normes de travail, normes environnementales, éducation, rapprochement des règles et des lois, corruption, fiscalité, gouvernance, mouvements de capitaux, ou encore la question des visas et de l'asile, etc.). Pour désigner ces nouveaux accords d'intégration profonde, l'Union européenne parle d'accords de nouvelle génération. Entré en vigueur en 2017, l'accord entre l'Union européenne et le Canada (CETA) diminue par exemple les droits de douane sur un certain nombre de biens mais il reconnaît également 145 appellations européennes protégées au Canada, et ouvre les marchés publics canadiens aux entreprises européennes. Des dispositions que l'on retrouve dans les accords de libre-échange signés avec le Japon (JEFTA), entré partiellement en vigueur le 1er février 2019, ou le Mercosur (Brésil, Argentine, Uruguay, Paraguay), signé le 28 juin 2019 et qui doit désormais être ratifié. Robert Lawrence, dans *Regionalism, Multilateralism and Deeper Integration* (1996) distingue les accords à intégration superficielle (*shallow integration*), qui se limitent au démantèlement des barrières frontalières aux échanges, des accords à intégration profonde (*deep integration*) qui visent à supprimer les barrières douanières avec harmonisation réglementaire, voire la mise en place d'institutions communes pour administrer l'accord.

≫ Des « méga-accords » régionaux.

Depuis le début des années 2010, des grandes négociations ont été lancées impliquant un grand nombre de partenaires et/ou une grande part de l'économie mondiale (accord transatlantique, transpacifique, CETA, ASEAN+6, etc.). Ces accords d'intégration profonde pourraient modifier l'impact des ACR qui jusqu'à présent concernaient avant tout des pays échangeant « naturellement » entre eux.

Le traité transpacifique, dont le nom est aujourd'hui Comprehensive and Progressive Trans-Pacific Partnership (CPTPP) a certes vu son poids économique diminuer depuis le retrait des États-Unis du projet (passant de 40 % du PIB mondial à environ 16 %), pourtant, l'accord signé en 2018 par 11 autres États (Australie, Brunei, Canada, Chili, Japon, Malaisie, Mexique, Nouvelle-Zélande, Pérou, Singapour et Vietnam) reste d'envergure. Il prévoit l'ouverture des appels d'offres nationaux aux entreprises étrangères, des commissions d'expert chargés des différends avec des investisseurs étrangers, l'harmonisation de la durée des brevets pour les nouveaux médicaments, des normes communes pour le commerce électronique et les services financiers, le respect du droit du travail défini par l'OIT, des engagements environnementaux. Cette intégration vise notamment à faire contrepoids à la Chine en mettant en place une gouvernance économique de l'Asie pacifique orientée vers davantage de libéralisation économique. En réaction, la Chine a négocié un accord signé en 2020 de Regional Comprehensive Economic Partnership (RCEP) en 2020 avec 14 pays asiatiques (notamment ceux de l'ASEAN), cette zone représenterait un tiers du PIB mondial.

Un projet d'envergure nommé Trans-Atlantic Free Trade Area (TAFTA) ou Partenariat transatlantique de commerce et d'investissement (TTIP en anglais, Transatlantic Trade and Investment Partnership) a été lancé début 2013 entre l'Union européenne (UE) et les États-Unis mais celui-ci semble aujourd'hui dans l'impasse tant les désaccords sont apparus comme profonds. Le TAFTA visait surtout à réduire les « barrières réglementaires », c'est-à-dire les différences de réglementations qui empêchent l'Europe et les États-Unis de s'échanger tous leurs produits et services, et qui génèrent des coûts supplémentaires (à l'image de la couleur des feux arrière d'une voiture qui diffèrent d'un côté et de l'autre de l'Atlantique). Mais certains points d'harmonisation ont fait l'objet de tensions. Par exemple, beaucoup d'États européens refusent, au nom du principe de précaution, les biens issus de la culture d'organismes génétiquement modifiés (OGM) alors que les Américains sont beaucoup plus souples pour les mettre sur le marché, et les interdire *a posteriori* en cas de problème.

L'Union européenne multiplie les accords dits « de nouvelle génération » : le JEFTA (pour Japan-EU Free Trade Agreement) est un accord entré en vigueur en 2019, instituant une zone de libre-échange entre l'Union européenne et le Japon mais, au-delà de l'accès facilité aux marchés publics et à ceux de services, une coopération plus intense est envisagée sur la politique étrangère, le changement climatique, l'énergie ou la cybersécurité. Le CETA (Comprehensive Economic and Trade Agreement) a été conclu entre l'Union européenne et le Canada. L'objectif est aussi d'aboutir à une convergence de certaines normes pour limiter ce que les libres-échangistes appellent les « barrières non tarifaires » au commerce. Le CETA installe par exemple un cadre pour multiplier les reconnaissances d'équivalence des appellations ainsi que la reconnaissance mutuelle des qualifications des travailleurs. Si une grande partie de l'accord est aujourd'hui en vigueur, les tribunaux d'arbitrages privés prévus dans l'accord, visant à arbitrer des conflits entre FMN et États, ne sont pas mis en place notamment en raison d'une contestation forte de la société civile.

Ces nouveaux accords ont parfois engendré une vive contestation populaire, soutenue par certaines ONG, particulièrement pendant les négociations portant sur le TTIP ou le CETA. Il faut dire que les obstacles non tarifaires ne sont pas uniquement des barrières protectionnistes mais également un moyen de protection pour les consommateurs. De plus, la libéralisation engendre des gains économiques de plus en plus faibles au fur et à mesure que les barrières qui restent à éliminer diminuent. De ce fait, les effets potentiellement négatifs des accords commerciaux se font davantage ressentir. En outre, lorsque les barrières commerciales sont faibles, les effets environnementaux peuvent être exacerbés dans la mesure où les activités polluantes peuvent être facilement délocalisées.

Explications du développement des ACR

≫ Des facteurs géopolitiques

Dans certaines configurations historiques, des motifs politiques ont pu influencer la conclusion d'accords commerciaux régionaux. Dans le cas des États-Unis (avant la signature de la Constitution) ou de l'Allemagne (avec le Zollverein), ceux-ci ont ainsi constitué un préalable à l'unification nationale. Dans l'esprit de ses fondateurs, la formation de la Communauté européenne devait favoriser le rapprochement politique entre ses membres, voire préparer une intégration fédérale. Dans l'après-guerre, l'exception du GATT a été prévue pour autoriser la Grande-Bretagne et la France à conserver des liens commerciaux privilégiés avec des colonies ou anciennes colonies. La « région » s'assimilait alors à l'ancien Empire colonial. Par la suite, la justification de ces exceptions était largement géopolitique. La logique de « blocs », ou « sous-blocs » régionaux, visait à accélérer la reconstruction de l'Europe de l'Ouest face à la menace soviétique. La création de l'ASEAN en 1967 découlait également de la volonté des gouvernements des cinq pays fondateurs (Indonésie, Malaisie, Thaïlande, Singapour, Philippines) de faire bloc face à l'influence communiste. Par ailleurs, la montée spectaculaire du nombre d'accords préférentiels dans les années 1990 résulte en partie de l'éclatement du bloc communiste. D'ailleurs, certains de ces accords sont devenus obsolètes avec l'élargissement de l'Union européenne. Le regain d'ACR en 2020 tient au « Brexit », la Grande-Bretagne ayant négocié individuellement son ralliement à des zones auxquelles elle appartenait en tant que membre de l'Union européenne. Certains ACR visent aussi à contrer l'émergence de poids lourds du commerce mondial (Chine notamment) à l'image du Partenariat transpacifique global et progressiste (CPTPP). Les grandes puissances économiques, hors Union européenne, qui étaient peu liées entre elles par des traités commerciaux, cherchent de plus en plus à s'associer, à l'image du grand ensemble ASEAN+6.

⋙ Des facteurs économiques

Cependant, le renouveau du régionalisme relève davantage de raisons économiques. Les théories traditionnelles s'intéressent surtout à l'intégration superficielle et mettent en avant comme motivation principale, l'accès préférentiel aux marchés conféré par la réduction des tarifs douaniers. Selon Baldwin (« A Domino Theory of Regionalism », 1993), la compétition commerciale entre pays peut par la suite générer un « effet domino » : perdant des parts de marché, les pays non signataires peuvent être incités à rejoindre un ACR existant ou à en conclure d'autres. Cette logique compétitive semble avoir contribué à la multiplication des accords commerciaux bilatéraux dans les années 1860 après l'impulsion initiale donnée le traité Cobden-Chevalier. Elle fournit aussi une explication aux élargissements successifs de l'Union européenne. Dans le contexte contemporain, l'importance du motif douanier est plus discutable. Toutefois, la logique de l'« effet domino » a pu aussi jouer pour l'accès à d'autres avantages, en matière d'investissement ou d'obstacles techniques au commerce par exemple. Cette logique concurrentielle peut d'ailleurs expliquer la multiplication récente des annonces des méga-projets régionaux comme l'ASEAN+6 ou le CPTPP.

L'explication principale de la prolifération des accords est l'enlisement des négociations multilatérales ouvertes en 2001 à la conférence de Doha qui a incité les pays à négocier de manière bilatérale. Le recours croissant des entreprises à la DIPP génère des pressions en faveur de l'harmonisation réglementaire dans des domaines comme les normes de produits, la propriété intellectuelle ou la protection des investissements. Le caractère évolutif des accords commerciaux en Asie de l'Est illustre le lien existant entre les réseaux de production et l'intégration profonde : l'ASEAN s'est notamment dotée d'un accord sur les services et la propriété intellectuelle en 1995 et d'un autre sur la reconnaissance mutuelle des normes en 1998. À l'OMC, la promotion de nouvelles « règles de loyauté » sanitaires, environnementales ou sociales s'est heurtée à l'opposition des PED qui y voient une forme dissimulée de protectionnisme. Dans le cadre des ACR Nord-Sud, certaines formes de régulation visant à éviter une course au moins-disant social ou environnemental ont été mises en place (« Charte sociale » européenne, annexes sur l'environnement et les normes de travail dans l'ACEUM).

D. Les effets du régionalisme

Le régionalisme a souvent été l'objet de critiques de la part des économistes. On a souvent considéré que l'union douanière crée une discrimination par rapport à la situation de libre-échange généralisé. Le jugement est aujourd'hui plus nuancé : les effets sur le commerce apparaissent faibles et plutôt positifs et l'impact sur le multilatéralisme est ambivalent.

L'Union douanière augmente-t-elle le bien-être ?

≫ La théorie du tarif optimal : la mise en place d'une union douanière peut accroître le bien-être

La théorie du tarif optimal a été mise en évidence par C. Bickerdike, (« The Theory of Incipient Taxes », 1906) mais surtout J. Graaf (« On Optimum Tariff Structures », 1949) et H. G. Johnson (« Optimum Welfare and Maximum Revenue Tariff Policy », 1950). Selon celle-ci, si la zone est suffisamment grande pour influencer le marché mondial, une hausse de son tarif douanier peut améliorer sa situation : la chute de ses importations fait baisser le prix mondial, ce qui améliore ses termes de l'échange au détriment des autres pays. L'union douanière peut ainsi permettre à des petits pays d'obtenir le même avantage que les grands pays : si, individuellement, de nombreux pays n'ont pas d'influence sur les prix mondiaux, l'union douanière peut les rendre *price maker*. La hausse des droits de douane qui en résulte peut permettre à l'union douanière d'accroître le bien-être total des pays membres.

Figure 13 – Les coûts et bénéfices de la mise en place d'une union douanière pour les pays importateurs

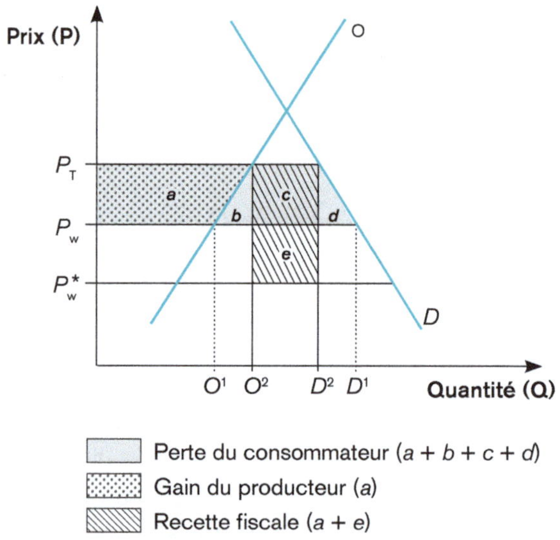

Soit Pw, le prix mondial qui se fixe par le jeu de l'offre et de la demande mondiale, et P_T le prix mondial avec la taxe (en l'absence de modification du prix mondial), les coûts et bénéfices des différents groupes suite à la mise en place d'un tarif extérieur commun peuvent être représentés par les cinq aires a, b, c, d et e. Dans le cas d'un petit pays isolé qui augmente ses droits de douane, la perte de bien-être (liée à la perte de surplus du consommateur, représentée par les surfaces a, b, c, d) est bien supérieure aux gains de bien-être : le transfert de surplus au producteur est représenté par la surface a, et les recettes douanières par la surface c, D^2-O^2 étant la quantité importée après la mise en place du tarif extérieur (alors que D^1-O^1 correspond à la quantité importée avant la mise en place de la taxe). Les surfaces b et d représentent alors les pertes nettes de surplus par rapport à la situation de libre-échange. Mais, dans le cas d'une union douanière, la zone peut être suffisamment puissante pour que la réduction de ses importations diminue le prix mondial du bien. Dans ce cas, les pays participant à l'union douanière peuvent bénéficier théoriquement d'un gain net de bien-être. En effet, si le prix mondial descend jusqu'à atteindre Pw* alors la perte du consommateur (surfaces a, b, c et d) peut être compensée par les gains de bien-être des producteurs de la zone (a) et par le montant des recettes douanières (c et e). Plus précisément, le rectangle e représente le gain de termes de l'échange. Il faut que le gain supplémentaire de recettes douanières liées à la baisse du prix mondial (e) soit plus important que les triangles correspondant à la perte d'efficience (b et d). Dans ce cas, non seulement les producteurs de la zone bénéficient d'un gain de surplus lié à la protection mais la zone dans sa globalité gagnerait à la mise en place de l'union douanière.

≫ La question des « effets de détournement »

D'après l'analyse de Jacob Viner (*The Customs Union Issue*, 1950), un accord commercial portant sur la baisse des droits de douane engendre deux effets aux sens contraires : un effet de création et un effet de détournement de flux commerciaux.

Premièrement, il crée du commerce entre les signataires. Leurs flux de commerce bilatéraux augmentent. Une partie de la production intérieure peut être remplacée par les importations en provenance des producteurs les plus efficients de la zone. Cette création est d'autant plus importante que la diminution du droit de douane (ou de son équivalent pour les mesures non tarifaires) est importante et que l'élasticité du commerce est forte (c'est-à-dire la sensibilité du commerce à une variation du droit de douane). L'élimination du droit de douane génère ainsi un « effet de création » de commerce qui doit conduire les pays à se spécialiser dans les secteurs où ils bénéficient d'avantages comparatifs et, donc, amener à abaisser le prix des biens importés et ainsi, améliorer le bien-être du consommateur et la compétitivité des entreprises importatrices de biens intermédiaires.

Deuxièmement, la zone de libre-échange s'accompagne d'un détournement de commerce lié à la destruction des liens avec les anciens partenaires commerciaux si ceux-ci n'appartiennent pas à la zone, leurs exportations devenant relativement plus chères puisque continuant à être taxées. Or, *a priori*, ces partenaires commerciaux étaient plus efficients. L'effet de détournement, pris isolément, n'est donc pas optimal. Ainsi, l'ACR peut diminuer le bien-être des pays membres qui se retrouvent à payer plus cher le même produit. L'accord commercial a un impact sur les pays qui n'en sont pas partie prenante, et dont les exportations vers les signataires vont avoir tendance à baisser.

Par exemple, en signant des accords de libre-échange avec les pays du Maghreb, l'Union européenne a augmenté ses importations de textile-habillement en provenance du Maroc ou de Tunisie, elle a ainsi importé davantage de produits plus compétitifs (effet de création de commerce considéré comme favorable au bien-être du pays importateur) mais au détriment d'autres pays – Inde, Chine, Bangladesh – encore plus compétitifs (effet de détournement de commerce considéré comme défavorable).

Les études empiriques sur les effets des ACR sur le commerce mondial montrent que les effets réels sont limités et qu'il est difficile de mettre en évidence des effets de détournement.

L'effet de création de trafic l'emportera sur l'effet de détournement si l'ACR est signé entre des pays échangeant ensemble avant l'accord donc notamment s'ils sont proches géographiquement, économiquement ou culturellement. C'est le cas de la CEE notamment dans ses premières années d'existence. Il est alors difficile d'évaluer les gains de l'accord et de les isoler du processus naturel. Les nouveaux accords, qui impliquent une convergence réglementaire des pays partenaires, atténuent l'effet de détournement car le coût de ces adaptations réduit, dans un premier temps, l'avantage de l'accord pour les pays signataires, et, par la suite, l'harmonisation favorisera aussi les pays tiers.

Le Mercosur est considéré comme un cas d'école des effets de détournement. En 1991, quatre pays d'Amérique du Sud (Argentine, Brésil, Paraguay et Uruguay) ont décidé de former une zone de libre-échange : le Mercosur. Le pacte a eu un effet immédiat et spectaculaire sur le commerce : dans les quatre ans qui ont suivi la signature, la valeur du commerce entre ces pays a triplé. Pourtant, selon une étude de la Banque mondiale, menée en 1996, citée par Paul Krugman *et al.* (*Économie internationale*, 2012), les effets nets sur les économies du Mercosur étaient négatifs. L'accord a incité les consommateurs des pays membres à acheter des biens plus coûteux produits par les États voisins, au lieu de ceux, plus compétitifs mais plus fortement taxés, qui provenaient d'autres pays. Ainsi, l'industrie automobile brésilienne, très protégée et assez inefficiente, s'est approprié un marché quasiment captif en Argentine.

≫ Les effets du régionalisme sont plus larges

Le régionalisme a des effets plus larges que ceux analysés précédemment, il impacte à la fois la production et la consommation. Les effets sur la production sont multiples. Les entreprises exportatrices vont avoir accès à de nouveaux marchés mais, en même temps, elles vont faire face à une concurrence accrue sur leur marché domestique de la part des entreprises du partenaire commercial qui bénéficient désormais d'un accès plus aisé. Les entreprises importatrices, de leur côté, devraient pouvoir accéder à des consommations intermédiaires moins chères. Cela peut faire baisser leurs coûts de production et les rendre plus compétitives, à la fois sur leur marché national mais également à l'exportation. Comme la part des importations dans les consommations intermédiaires ou la part exportée de la production diffèrent d'un secteur à l'autre, les impacts d'un accord de libre-échange sur la production seront hétérogènes : certains secteurs seront gagnants alors que d'autres subiront des pertes. La libéralisation commerciale aura tendance à favoriser l'émergence des entreprises les plus productives. Les consommateurs, quant à eux, auront accès à une plus grande variété de produits, mais également à des produits moins onéreux.

De plus, le développement du commerce, et donc l'accord commercial qui le permet, peut également avoir un impact sur l'environnement, même si ces questions ne sont que très rarement abordées dans l'évaluation des accords de libre-échange. Quatre mécanismes principaux sont en jeu. Le commerce fait augmenter la production, ce qui, toutes choses égales par ailleurs, induit un effet négatif sur l'environnement. C'est ce que l'on appelle l'effet d'échelle. Il favorise également la spécialisation de chaque pays en lien avec son avantage comparatif. Cet effet, dit de composition, pourra être positif ou négatif sur l'environnement, selon que les nouvelles productions seront plus ou moins polluantes par rapport à celles qui prévalaient avant la libéralisation. Le commerce facilite également l'accès à des technologies de production qui peuvent être moins polluantes, auquel cas l'effet « technique », sera positif pour l'environnement. Enfin, l'effet sur les émissions liées aux transports est *a priori* négatif si l'accord de libre-échange augmente le transport des marchandises.

Au final, que ce soit en matière économique ou environnementale, il existe des mécanismes opposés qui ne permettent pas de déterminer *a priori* si les accords commerciaux seront bénéfiques ou non. Les modèles d'équilibre général appliqué (ou calculable, MEGC) constituent l'outil le plus souvent utilisé pour prévoir l'impact des accords commerciaux *ex-ante*. Ce type de modèle vise à décrire le comportement des différents acteurs économiques (ménages, entreprises, gouvernement) avec ou sans accord commercial, pour en mesurer l'impact de la façon la plus exhaustive possible. La Commission européenne publie, depuis 1998, des Sustainability Impact Assessments des principales négociations commerciales qu'elle mène. Mais ces analyses ont le défaut de ne pas analyser les conséquences à court terme et sociales. L'évaluation *ex-post* de l'ACR se fait généralement par un modèle, dit de gravité, par analogie avec la loi de la gravité de Newton qui détermine la force entre deux corps (exportations) par leurs masses (PIB) et la distance (coût de transaction) qui les sépare. Ce modèle utilise une méthode économétrique contre-factuelle, il s'agit d'analyser l'évolution des échanges en supposant l'absence d'accord institutionnel et de comparer avec la situation actuelle. Selon Jean-Marc Siroën (« Les accords commerciaux régionaux », 2015), ces tentatives d'évaluation empiriques des accords commerciaux s'avèrent délicates parce que les résultats sont extrêmement sensibles aux paramètres et hypothèses du modèle. Mais la plupart des études montrent que les accords de préférence ont globalement une influence positive sur les échanges intra-zone, même si peu significatives. Les effets sur le commerce seront d'autant plus importants que les traités sont régionaux ou qu'ils associent un grand nombre de pays avec une intégration profonde.

Les unions régionales sont-elles un obstacle au libre-échange ou au multilatéralisme ?

L'objectif du multilatéralisme défini par l'OMC est d'éviter la discrimination envers certains pays, or les ACR ont par définition un caractère discriminatoire, qui s'oppose à la clause de la nation la plus favorisée. Régionalisme et multilatéralisme sont-ils compatibles ?

≫ La question des « blocs régionaux »

La crainte des économistes est aussi que les ACR conduisent à la constitution de grands blocs « forteresses » susceptibles d'influencer le niveau des prix mondiaux (selon la théorie du tarif optimal) et donc de se comporter en prédateurs vis-à-vis du reste du monde. Le régionalisme freine alors l'ouverture de ces pays vis-à-vis des pays tiers. C'est une configuration de ce type qui s'était mise en place au cours des années 1930. On la retrouve, malgré la mise en place de l'OMC, dans les années 1960 en Amérique latine, où l'union régionale, a pu être utilisée pour constituer une forteresse, dans le cadre des stratégies d'industrialisation par substitution aux importations.

Selon P. Krugman (*in* « The Move Toward Free Trade Zones », 1991), la constitution de grands blocs commerciaux peut permettre à ceux-ci d'agir comme des monopoles à l'exportation ou des monopsones (un seul demandeur) à l'importation. Les grands blocs pourraient améliorer leurs termes de l'échange au détriment des plus petits pays. Les autres pays sont alors incités à réagir en formant eux-mêmes une union douanière : on se retrouve alors dans une situation de guerre commerciale conduisant à un équilibre de type « dilemme du prisonnier » non optimal. Les blocs rivaux peuvent se livrer à des « guerres commerciales » autodestructrices ou rechercher des arrangements collusifs au détriment des pays tiers, notamment les pays les moins avancés qui ont un faible pouvoir de négociation. C'est la critique faite notamment par Jagdish Bhagwati (« Regionalism and Multilateralism: An Overview », in *New dimensions in Regional Integration*, 1993) qui souligne combien les traités bilatéraux placent les pays en développement en position de faiblesse par rapport à leurs partenaires qui sont souvent des pays développés tout en marginalisant les pays qui n'y participent pas.

Le risque de la formation de blocs régionaux a été officiellement reconnu lors de la conférence ministérielle de l'OMC à Genève en 2009. Cependant, toutes les unions ne conduisent pas à cette logique. Par exemple, l'élargissement de l'Union européenne ne s'est pas traduit par l'adoption d'un comportement prédateur et a plutôt contribué à baisser le niveau de protection de la zone. Le taux d'ouverture de l'Union européenne est d'ailleurs particulièrement élevé compte tenu de la taille de la zone.

≫ Les ACR, un optimum de second rang

Dans le cadre de la nouvelle théorie du commerce international, Krugman et Brander, (« A Reciprocal Dumping Model of International Trade », 1983) et Lancaster (« Intra-industry Trade under Perfect Monopolistic Competition », 1980), la régionalisation présente un certain nombre d'opportunités qui en font un complément au multilatéralisme *:*

- *des opportunités de synergie* : le régionalisme favorise le multilatéralisme car il permet d'avancer sur des sujets sur lesquels les discussions multilatérales butent ou avancent lentement. L'harmonisation des institutions et des normes de gouvernance supranationales profite ensuite, au moins partiellement, à tous les pays. La *deep integration* est difficilement applicable de manière discriminatoire ;
- *des opportunités de développement économique* avec la possibilité d'économies d'échelle et d'effet d'apprentissage réalisés grâce à l'accroissement de la taille des marchés, une hausse de la variété des produits finis ou intermédiaires ainsi que des économies d'agglomération. En outre, si la zone régionale connaît une croissance plus forte, ses importations en provenance des pays tiers s'accroîtront ;
- *des opportunités de nouveaux accords* plus faciles à obtenir, en raison d'un petit nombre de participants (eu égard aux 164 membres de l'OMC). La règle du consensus à l'OMC conduit à l'immobilisme et à l'inefficacité. Les services, la propriété intellectuelle, les normes environnementales et les politiques en matière d'investissement et de concurrence sont autant de questions qui ont été abordées dans des négociations bilatérales ou régionales et qui ont ensuite fait l'objet d'accords ou de discussions à l'OMC. Certains accords bilatéraux ont vocation à s'universaliser ;
- *des opportunités de fourniture de biens publics mondiaux.* Ce concept de biens globaux qui transpose au niveau international la notion de bien collectif, forgée dans le cadre des États-

nations, résulte d'un constat évident : la pollution atmosphérique, la gestion de l'eau ou des pandémies (sida, COVID-19), par exemple, concernent des domaines d'intervention publique dont les enjeux dépassent le cadre des frontières nationales. Dans un contexte de mondialisation des marchés et de limites des interventions des États, de nombreux biens environnementaux, sanitaires, éducatifs, culturels ne peuvent avoir un caractère public qu'au niveau international. Pourtant, il n'existe pas d'autorité supranationale ayant la légitimité pour agir à l'échelle de la planète. À défaut de gouvernement mondial, le cadre régional peut être une solution. L'échec du protocole de Kyoto a par exemple donné lieu à un marché des droits à polluer mis en place par l'Union européenne. De plus, comme l'explique J. M. Siroën (*La régionalisation est-elle une hérésie économique ?*, 1999), la régionalisation permet de ne pas imposer un bien public universel à tous et de prendre en compte les sensibilités différentes selon les régions et le niveau de développement. Par exemple, l'interdiction du bœuf aux hormones est un bien public pour les Européens, pas pour les Américains.

Ainsi, selon P. Krugman et M. Obstfeld (*op. cit.*, 2012), les accords préférentiels peuvent améliorer le bien-être des nations contractantes, à défaut d'accords multilatéraux. Les ACR sont un optimum de second rang, c'est-à-dire pas la meilleure mais, à défaut, la moins mauvaise solution. Le régionalisme et le multilatéralisme seraient complémentaires : les difficultés rencontrées dans les discussions multilatérales alimentent le régionalisme mais les accords conclus dans les négociations régionales servent d'appui à de nouvelles discussions et accords multilatéraux. Cependant, la prolifération des ACR a aussi un effet pervers qui tend à aggraver la crise du multilatéralisme : Le chevauchement des différents accords est susceptible de créer ce que Jagdish Bhagwati a appelé un « bol de spaghetti » réglementaire (*Éloge du libre-échange*, 2005), compliquant la lisibilité et la transparence des échanges commerciaux et générant des coûts de transaction et de coordination supplémentaires.

3 Y a-t-il un pilote dans l'avion ?

C'est avec la fin de la guerre froide et l'accélération de la mondialisation à partir des années 1980 qu'émerge le concept de gouvernance mondiale dans son acception moderne. Selon Jacquet, Pisany-Ferry et Tubiana (*Gouvernance mondiale*, CAE, 2002), le concept pose la question suivante : comment gouverner la mondialisation sans gouvernement mondial, alors que les interdépendances augmentent (migrations, pollution…) ? Comment exercer, par le jeu d'un ensemble de régulations partielles, un ensemble des fonctions qui, au sein des États-nations, relèvent usuellement des gouvernements ? Les États peuvent se mettre d'accord sur des règles pour organiser leurs relations commerciales et financières, mettre en place des normes et des institutions permettant la gestion collective des questions d'intérêt commun à l'échelle mondiale. Les acteurs impliqués dans cette gouvernance sont les États, des institutions internationales (par exemple l'OMC ou le FMI) ou régionales (telles l'Union européenne ou l'ACEUM), des ONG (World Wild Fund, La Croix-Rouge, ATTAC, Greenpeace, etc.), des autorités de régulation indépendantes comme le Conseil de stabilité financière (Financial Stability Board ou FSB) créé lors de la réunion du G20 à Londres en avril 2009.

A. L'héritage de Bretton Woods en question

Les accords de Bretton Woods en 1944 permettent la mise en place d'organisations telles que le Fonds monétaire international et la Banque internationale pour la reconstruction et le développement (BIRD) qui ont une vocation universelle. Elles sont d'ailleurs englobées dans les institutions spécialisées des Nations unies (1945).

Ces organisations se donnent des buts conformes aux intérêts de tous les pays membres : essor du commerce international, croissance économique, plein emploi, stabilité des changes, amélioration des niveaux de vie et des conditions de travail dans les pays les plus pauvres. Elles accueillent au fil des décennies de plus en plus d'États membres mais elles sont financées par une minorité de pays dans le monde, notamment les États-Unis, les pays de l'Union européenne et le Japon. Contrairement à l'organisation de l'OMC, le poids des différents pays dans les décisions du FMI ou de la Banque mondiale dépend en grande partie de leur « quote-part » financière. Ainsi, les grands apporteurs de fonds, les pays développés, dirigent *de facto* le FMI et la banque mondiale. Dès lors, ces institutions sont parfois perçues comme agissant en priorité dans l'intérêt d'une minorité de pays riches.

Le Fonds monétaire international (FMI) est l'institution par laquelle la communauté internationale vise à maîtriser les phénomènes monétaires plutôt que d'être régie par eux. Il est chargé de résoudre les problèmes d'ajustement des balances des paiements entre les pays. Si, à sa création en 1944, il est le gardien des changes fixes, il conserve à la fin des années 1970, son rôle de prêteur aux pays déficitaires sur leurs échanges extérieurs, le temps que des réformes structurelles permettent de résorber ces déficits. Il intervient notamment dans les années 1980 dans le contexte de la crise de la dette qui affecte plusieurs pays en développement. Le FMI conditionne alors ses prêts à des programmes d'ajustement structurel (PAS) qui ont pour objectif de réduire les besoins de financements extérieurs de ces pays. Ces PAS conduisent à une réduction drastique des dépenses publiques, confrontant les PED à une grave crise sociale, ce qui génère dans les années 1990 d'importantes critiques envers le « Consensus de Washington » (FMI et Banque mondiale). Cependant à partir de la crise asiatique de 1997-1998, la multiplication des crises financières va réhabiliter l'image du FMI chargé de jouer le rôle de prêteur en dernier ressort pouvant permettre aux États d'affronter une crise des paiements extérieurs, par exemple en cas de départ soudain des capitaux étrangers ou de crise de dette souveraine. Bien que souvent critiquées parce qu'accompagnées de contraintes imposées aux États concernés, les interventions du FMI sont souvent rendues nécessaires par l'accumulation par les pays de déséquilibres courants ou budgétaires excessifs et par l'instabilité intrinsèque à la globalisation financière contemporaine. Depuis 2009, le FMI a accru ses capacités de prêts, grâce à des fonds propres supplémentaires fournis par les États membres, et, depuis 2016, les quotes-parts des États et la répartition des droits de vote ont été modifiées, suite à la pression exercée par les pays émergents. Même si les États-Unis continuent à dominer l'institution, les pays émergents dont la Chine voient leur poids augmenter dans les décisions.

La Banque mondiale, a pour mission la réduction de la pauvreté et l'élévation du potentiel de croissance des pays pauvres. Elle accorde des prêts à long terme destinés à financer des infrastructures, des programmes d'éducation et de lutte contre la pauvreté. Il s'agit bien d'une banque au sens où, comme le FMI, elle accorde des prêts qui doivent être remboursés avec intérêts, même si elle n'est pas dotée d'un pouvoir de création monétaire. La Banque mondiale a également subi de sévères critiques à la suite du « Consensus de Washington ». Depuis les années 1990, les contraintes liées aux prêts sont un peu assouplies et la Banque mondiale développe des partenariats avec les ONG pour des actions sur le terrain, au plus près des besoins des populations. La Banque mondiale est concurrencée depuis 2014 par un nouvel acteur financier international, la Banque asiatique d'investissement dans les infrastructures (BAII). Cette institution financière a été voulue en particulier par la Chine, actionnaire principal, qui souhaitait accroître son influence sur les pays en développement. L'institution est notamment mobilisée pour développer les infrastructures dans le cadre de la stratégie chinoise des « nouvelles routes de la soie » (OBOR) qui vise à contourner les voies maritimes classiques vers l'Europe dont les détroits sont souvent contrôlés par les États-Unis. Les États-Unis ont refusé de devenir actionnaires de la BAII.

B. Le besoin d'une nouvelle gouvernance mondiale

Les institutions héritées de l'après Seconde Guerre mondiale ont contribué à permettre une forme de gouvernance dominée par les pays développés. Mais l'émergence de nouveaux pays et de nouvelles problématiques impose une nouvelle configuration.

La nécessité d'une gouvernance financière et environnementale

Le néolibéralisme conjugué à la globalisation financière et à l'ouverture économique grandissante des pays émergents à partir des années 1980 ont fait émerger les dysfonctionnements inhérents à un capitalisme financier sans contrôle. Après la crise asiatique (1997-1998), l'intégration financière a progressé de pair avec l'accumulation des déséquilibres géographiques épargne-investissement et avec le développement d'une instabilité financière. La crise systémique des *subprimes* a alors révélé l'insuffisance de la régulation financière et monétaire. Si le FMI est venu apporter des liquidités et des prêts à certains États, il demeure une institution insuffisante. D'autres organisations ont vu le jour comme le Comité de Bâle qui vise à établir des règles communes (ratio Bâle créé en 1988) pour limiter les prises de risques par les établissements bancaires et garantir des fonds propres suffisants pour faire face à ces risques mais ce dispositif prudentiel au niveau international a été peu efficace. Selon M. Aglietta (CEPII, *L'Économie mondiale 2010*, 2009), les banques ont dicté aux régulateurs les conditions Bâle qui leur convenaient le mieux et cette régulation n'a pas empêché le développement de la titrisation débridée, des leviers d'endettement énormes et procycliques dans le système bancaire parallèle, appelé *shadow banking system*. Les fonds propres des banques se sont révélés très insuffisants face à l'ampleur de la crise de 2008. Cela ravive la question de l'autorité politique capable d'imposer des actions efficaces de prévention et de gestion des crises face au *lobbying* bancaire et aux innovations financières.

Le G7, groupe de discussion économique sous leadership américain (réunissant l'Allemagne, le Canada, les États-Unis, la France, l'Italie, le Japon et le Royaume-Uni), a dans un premier temps cherché à réguler la finance internationale. Depuis 1999, le G20 (G7 ainsi que la Chine, l'Australie, la Corée du Sud et neuf pays émergents), intervient pour favoriser la coopération entre États lors des crises et tenter d'instituer des règles opérationnelles capables de tenir en échec les débordements de la finance. Mais il existe des questions très lourdes sur lesquelles le G20 a fait silence, parce qu'il n'existe aucun consensus, par exemple celles qui concernent l'avenir du système monétaire international. Plus globalement, sur plusieurs dossiers à l'agenda du G20 (stabilisation des marchés de matières premières, rééquilibrage des balances des paiements, politiques de change...), peu de résultats tangibles ont ainsi été enregistrés.

Au-delà de la régulation financière, des problèmes plus fondamentaux de gouvernance mondiale se posent, notamment la question des biens publics mondiaux (*cf.* module 2, chapitre 1 III). En l'absence de coordination, chaque État a intérêt à se comporter en passager clandestin (*free rider*), en laissant aux autres le soin de les financer et de les produire. La qualité de l'air est par exemple un bien public mondial. Le protocole de Kyoto, signé en 1997, visait à réduire l'émission de six gaz à effet de serre (GES) en mettant en place un marché des droits à polluer au niveau mondial mais les États-Unis, qui étaient alors le plus gros émetteur de GES, n'ont pas ratifié l'accord. La Conférence des parties (COP) à la Convention cadre des Nations Unies sur les changements climatiques réunit régulièrement les chefs d'États. En décembre 2015, 195 États, dans le cadre de l'Accord de Paris sur le climat lors de la COP21, se sont engagés à limiter l'augmentation de la température moyenne mondiale à + 2 °C en 2100 par rapport à l'ère préindustrielle (1880-1899) mais cet objectif est d'ores et déjà compromis : les États-Unis se sont retirés de l'accord et, dans tous les cas, cet objectif n'est pas contraignant. Aucune sanction ne peut être prise contre les pays les moins vertueux. Le risque est alors grand d'aboutir à un « dilemme du prisonnier » : lorsque les partenaires d'un jeu ne se font pas confiance, il y a un grand risque que les décisions qu'ils prennent individuellement soient globalement sous-optimales.

S'il apparaît évident aujourd'hui que les questions commerciales et financières entretiennent en effet des liens forts avec les problématiques environnementales, sanitaires, sociales ou culturelles. La gouvernance basée sur le système de Bretton Woods est un système de « gouvernance en silos », avec une spécialisation des institutions qui ne facilitent pas la prise en compte de ces interactions. De plus, *de facto*, le FMI, la Banque mondiale ou l'OMC possèdent un pouvoir supérieur aux autres organisations rattachées au système de l'ONU telles que l'OIT, l'OMS ou l'UNESCO, ce qui dessine une hiérarchie implicite des normes. Ainsi, paradoxalement, les questions touchant à la santé comme celle des médicaments génériques, ou à l'environnement et à la culture, sont principalement négociées à l'OMC. Dani Rodrik (« How to Save Globalization from its Cheerleaders », 2007) propose un « accord sur les sauvegardes sociales ou environnementales » qui permettrait de hiérarchiser les objectifs en cas de contradiction entre ces questions et les enjeux économiques. Cette hiérarchisation des normes serait effectuée à l'issue d'un débat contradictoire où pourrait aussi s'exprimer l'ensemble des acteurs impliqués dans ces transactions.

Des acteurs de plus en plus influents : les FMN et les ONG

Certaines firmes globales semblent être aptes à mener une gouvernance mondiale. Pourtant, la plupart semblent préférer se jouer des différentes législations nationales pour s'affranchir de toutes contraintes étatiques.

≫ Les différentes politiques d'attractivité menées par les pouvoirs publics

Le rôle des institutions et la stabilité politique jouent un rôle important dans les choix d'implantation des FMN. Il existe des pays comme la Corée du Nord ou le Liberia, où les risques politiques sont si élevés et les infrastructures si médiocres qu'ils ne parviennent pas à convaincre les investisseurs étrangers de s'y installer. Parfois, les conflits ethniques et religieux, les mouvements de guérilla et l'agitation politique créent un environnement instable pour l'investissement (Indonésie, Philippines, Birmanie).

On a parfois l'impression depuis les années 1990 que les États cherchent à courtiser les multinationales pour leur impact sur l'emploi ou en termes de création de richesses ou pour leur apport de technologies. Ces politiques de séduction des FMN prennent différentes formes : subventions à la création d'emplois, exemption temporaire de la fiscalité, faiblesse des impôts, etc. (Mayer et Mucchielli, « La localisation à l'étranger des entreprises multinationales », 1999). Par exemple, en 1999, afin de favoriser l'ouverture de l'usine de Toyota à Valenciennes à partir de 2001 (1 500 à 2 000 salariés), l'État français (au sens large) a octroyé des subventions à l'entreprise japonaise de plus de 18 millions d'euros. En intégrant les aides indirectes telles que la réalisation des routes et l'exonération de taxe professionnelle pendant cinq ans, la facture publique s'élève à 51,8 millions d'euros. Plus récemment, en 2018, cette même entreprise a à nouveau sollicité des aides publiques et plus de 20 millions d'euros publics ont ainsi été déboursés pour le maintien et le développement de l'entreprise à Valenciennes (4 000 emplois). Selon le *Rapport sur l'investissement 2019* de la CNUCED, on assiste ainsi à une explosion des zones économiques spéciales (ZES), qui constituent l'un des principaux moyens d'attirer les investissements dans le développement industriel. Plus de 1 000 de ces zones auraient été créées de par le monde au cours des cinq dernières années, sans qu'elles ne soient toujours un succès.

≫ Certaines multinationales s'affranchissent des contraintes étatiques

Parfois courtisées par les gouvernements, les multinationales sont aussi accusées de mettre en concurrence les États. Si les dépenses publiques par l'intermédiaire d'investissements en capital humain ou en infrastructures sont susceptibles d'attirer les IDE, les multinationales parviennent à optimiser leur fiscalité à l'échelle mondiale, diminuant ainsi les recettes fiscales des États et menaçant leur équilibre de compte public. Chaque année, les pratiques d'optimisation fiscale des multinationales feraient perdre entre 90 et 210 milliards d'euros aux États, soit entre 4 et 10 % des revenus mondiaux de l'impôt sur les sociétés, selon l'OCDE (2015). En 2017, la Commission européenne a relevé que les multinationales contribuaient à l'impôt en moyenne à hauteur de 10 % de leurs bénéfices réalisés en Europe contre 23 % en moyenne pour les autres entreprises.

Malgré les mesures prises par le G20 et l'OCDE pour favoriser la transparence fiscale (notamment l'échange automatique de données entre centres financiers *offshore* et administrations fiscales), l'augmentation des IDE depuis 2008 semble avoir principalement des déterminants fiscaux si l'on en croit la part croissante des IDE passant par des pays à faible fiscalité. En 2017, les flux à l'origine et à destination des paradis fiscaux représentaient ainsi 52 % des stocks d'IDE mondiaux, contre 44 % en 2010. Une première technique d'optimisation consiste à manipuler les prix de transfert. Concrètement, les multinationales truquent les prix auxquels leurs filiales s'achètent les unes aux autres leurs propres produits. Les profits apparaissent ainsi dans les paradis fiscaux et les pertes dans les grandes économies à l'imposition plus élevée. Selon Gabriel Zucman « La richesse cachée des nations. Enquête sur les paradis fiscaux », 2017, les FMN des États-Unis déclarent réaliser 55 % de leurs profits étrangers dans six pays : les Pays-Bas, le Luxembourg, l'Irlande, les Bermudes, la Suisse et Singapour. La manipulation des prix de transfert réduirait d'au moins 20 % les recettes de l'impôt sur les sociétés. En 2016, dans le cadre de l'OCDE, a été signé un accord multilatéral sur le « *reporting* pays par pays » dont l'objectif est d'éviter les distorsions dans les prix de transfert. Cependant cette réglementation s'applique difficilement aux entreprises de la nouvelle économie (les GAFA) parce que la valeur des brevets, des logos, des marques ou des algorithmes est intrinsèquement difficile à établir. L'optimisation fiscale des entreprises peut aussi être réalisée par l'intermédiaire de prêts intragroupes ou *via* des structures financières de groupes logées dans des paradis fiscaux. Les filiales situées dans des pays fortement taxés sont alors lestées de dettes et les bénéfices sont transférés dans des pays où ils sont faiblement taxés (Luxembourg, Bermudes, etc.)

≫ Le rôle des ONG

Ce poids croissant des FMN a été en partie contrebalancé par celui, également en progression, des organisations non gouvernementales (ONG) de défense des causes, organisations à but non lucratif. Les ONG environnementales (Greenpeace, World Wide Fund for Nature – WWF –, etc.) ont fortement contribué à la prise de conscience mondiale des dérèglements climatiques et constituent, depuis le sommet de la Terre de Rio en 1992, des acteurs importants des conférences internationales sur le sujet. D'autres ONG spécialisées comme Amnesty International dans la défense des droits de l'homme, Médecins sans frontières dans le domaine de la santé, ou OXFAM dont la vocation est la lutte contre la pauvreté, ont également vu leur audience et leur influence croître depuis les années 1990. Elles apportent de nouvelles expertises venant parfois contrebalancer les expertises des FMN, dans le domaine de l'environnement ou de la santé par exemple. Elles mènent également des actions militantes de sensibilisation de l'opinion et des activités de contre-lobbying.

Pourtant, l'indépendance des ONG vis-à-vis des intérêts économiques n'est pas toujours évidente. Si l'on voit à travers l'ONG une sorte de mobilisation de la « société civile » sur toutes sortes de questions d'intérêt public permettant un contre-pouvoir, dans les faits, certaines, fortement dotées financièrement, sont financées par quelques milliardaires peu représentatifs de cette société civile. Par exemple, la fondation Bill-et-Melinda-Gates doté d'un budget d'environ 47 milliards de dollars (2018) a une influence importante dans le domaine de la santé, elle est notamment le deuxième plus important contributeur au budget de l'OMS, derrière les États-Unis.

1776 Adam Smith, *Recherches sur la nature et les causes de la richesse des nations.*

1815 Vote des *Corn Laws* au Royaume-Uni.

1817 David Ricardo, *Principes de l'économie politique et de l'impôt.*

1834 Union douanière des États allemands (Zollverein).

1842 Friedrich List, *Système national d'économie politique.*

1846 Abrogation des *Corn Laws* au Royaume-Uni.

1849 Abrogation au Royaume-Uni des « Actes de Navigation » datant de 1651.

1853 Ultimatum des États-Unis à l'adresse du Japon pour l'obliger à ouvrir son économie.

1860 Traité de commerce Cobden-Chevalier entre le Royaume-Uni et la France.

1869 Ouverture du canal de Suez.

1879 Relèvement des droits de douane en Allemagne

1892 Mise en place du tarif douanier dit « tarif Méline » en France.

1897 Les tarifs Dingley succèdent au tarifs McKinley de 1890 et portent les droits de douane américains à plus de 50 % en moyenne.

1930 Tarif douanier Hawley-Smoot aux États-Unis.

1944 Accords de Bretton Woods sur le système monétaire international.

1945 Création de l'Organisation des Nations unies (ONU).

1947 Accord général sur les tarifs douaniers et le commerce (GATT).

1957 Traité de Rome instituant la Communauté économique européenne (CEE).

1964 Début du Kennedy Round (fin en 1967).

1973 Début du Tokyo Round (fin en 1979).

1974 Accord multifibres destiné à protéger l'industrie textile des pays du Nord de la concurrence internationale (jusqu'en 2005).

1975 Premier sommet du G6 (devenu G7 en 1976 avec l'ajout du Canada) à Rambouillet.

1986 Ouverture du huitième cycle de négociations du GATT : l'Uruguay Round

1991 Signature du Marché commun du Sud (Mercosur).

1994 Entrée en vigueur de l'Accord de libre-échange nord-américain (Alena).

1994 Accord de Marrakech prévoyant la création de l'OMC l'année suivante. Signature de l'AGCS (services) et l'ADPIC (propriété intellectuelle).

1999 Création du G20.

2001 La Chine devient membre de l'OMC.
Ouverture du premier cycle de négociation de l'OMC: le Cycle de Doha.

2009 Effondrement du commerce international suite à la crise des *subprimes*

2013 Signature de l'Accord « Doha light » lors de la conférence de Bali de l'OMC.

2017 D. Trump retire les États-Unis du Partenariat Trans-Pacifique.

2018 Hausse des droits de douane aux États-Unis sur l'acier et l'aluminium.

2018 Signature du *Comprehensive and Progressive Trans-Pacific Partnership* (CPTPP)

2019 Finalisation de l'Accord Canada-États-Unis-Mexique (ACEUM) suite à la renégociation de l'ALENA (2017-2018).

2020 Baisse du commerce mondial à l'occasion du « grand confinement » (COVID-19).

2020 Signature de l'accord de *Regional Comprehensive Economic Partnership* (RCEP) par 15 pays dont la Chine, le Japon, la Corée du Sud, et les membres de l'ASEAN.

- **Adda (J.)**, *La mondialisation de l'économie, de la genèse à la crise*, La Découverte, 2012.
- **D'Agostino (S.)**, *La démondialisation : mythe ou réalité ?*, Bréal, coll. « Thèmes & Débats », 2020.
- **Bairoch (P.)**, *Mythes et paradoxes de l'histoire économique*, La Découverte, 1994.
- **Benichi (R.)**, *Histoire de la mondialisation*, Vuibert, 2008.
- **Bensidoun (I.), Couppey-Soubeyran (J.)** (dir.), *Carnets graphiques. L'économie mondiale dévoile ses courbes*, Cepii, 2018.
- **Berger (S.)**, *Made in Monde*, Seuil, 2006.
- **Berger (S.)**, *Notre première mondialisation*, Seuil, coll. « La République des idées », 2003.
- **Brasseul (J.)**, *Petite histoire des faits économiques*, Armand Colin, coll. « U », (2013).
- **CEPII**, *L'économie mondiale*, La Découverte, (parution en septembre chaque année).
- **CNUCED**, *Rapport sur l'investissement dans le monde* (disponible chaque année sur le site de la CNUCED : https://unctad.org/fr)
- **Graz (J.-C.)**, *La gouvernance de la mondialisation*, La Découverte, coll. « Repères » n° 403, 2013.
- **Krugman (P.), Melitz (M.), Obstfeld (M.)**, *Économie internationale*, Pearson, 2018.
- **Lemoine (M.), Madiès (P. et T.)**, *Les grandes questions d'économie et finance internationales*, De Boeck, 2007.
- **Mouhoud (E.M.)**, *Mondialisation et délocalisation des entreprises*, La Découverte, 2017.
- **OMC**, Rapport sur le commerce mondial, (disponible chaque année sur le site de l'OMC : https://www.wto.org)
- **Rainelli (M.)**, *Le commerce international*, La Découverte, coll. « Repères » n° 65, 2015.
- **Rainelli (M.)**, *L'organisation mondiale du commerce*, La Découverte, coll. « Repères » n° 193, 2011.
- **Siroën (J.-M.)**, « Les accords commerciaux régionaux », *Ecoflash*, n°299, juin 2015.
- **Siroën (J.-M.)**, *La régionalisation de l'économie mondiale*, La Découverte, coll. « Repères » n°288, 2004.
- **Sylvain (M.)**, *Comprendre la mondialisation*, Bréal, coll. « Thèmes & Débats », 2020.
- **Verley (P.)**, *Entreprises et entrepreneurs du XVIIIe au début du XXe*, Hachette, 1994.

Chapitre 2

La dynamique de la mondialisation financière

1

Balance des paiements, cours de change et systèmes de change

La balance des paiements fournit les informations statistiques sur les relations économiques d'un pays avec l'extérieur. Mais celles-ci ne peuvent avoir lieu que si des agents économiques situés dans des pays différents acceptent d'échanger leurs produits contre la monnaie d'un autre pays. Cela suppose d'exprimer les valeurs des différentes monnaies les unes par rapport aux autres à l'aide des taux de change ou cours de change. La manière dont on détermine les cours de change décrit un système de change.

1 La balance des paiements : instrument comptable et outil d'analyse des échanges internationaux

La construction d'un instrument comptable permettant de retracer les échanges avec l'extérieur et d'analyser la situation d'un pays par rapport à l'étranger n'est pas nouvelle. À ce titre, les premiers essais de comptabilité nationale, dès le XVIIe siècle avec William Petty ou Gregory King par exemple, comportent un volet consacré aux échanges extérieurs. Si la balance des paiements est un document assez austère, dont la compréhension nécessite une certaine maîtrise, c'est aussi une source d'information exceptionnelle sur la situation économique d'un pays.

A. L'architecture de la balance des paiements et les principaux soldes

Selon l'INSEE, « la balance des paiements est un état statistique qui retrace sous une forme comptable l'ensemble des flux d'actifs réels, financiers et monétaires entre les résidents d'une économie et les non-résidents au cours d'une période déterminée ».

Il s'agit de regrouper dans un tableau toutes les informations disponibles concernant les échanges extérieurs, qu'il s'agisse des exportations et des importations de biens et services, mais également des échanges de capitaux, sous toutes leurs formes, depuis les investissements directs à l'étranger jusqu'aux opérations de prêts et d'emprunts.

Pour pouvoir effectuer des comparaisons internationales, il est nécessaire d'avoir des instruments de comptabilisation normalisés. Ainsi, la plupart des pays se fondent sur la présentation de la balance des paiements proposée par le Fonds monétaire international (FMI). La balance des paiements de la France est élaborée par la Banque de France et les données sont disponibles sur son site internet.

Une balance des paiements nécessairement équilibrée

Le principe de comptabilisation en partie double implique que la balance est, par construction, équilibrée. Chaque opération entre un résident et un non-résident se traduit par une variation d'actifs (réels ou financiers) et par une transaction financière correspondante. Celle-ci peut prendre plusieurs formes : une augmentation des dépôts des résidents auprès des banques non résidentes, ou une diminution de leurs engagements vis-à-vis d'elles (si l'agent rembourse par exemple un crédit), ou encore une transformation en monnaie nationale dont on retrouve l'effet dans les réserves détenues par la banque centrale.

Le découpage de la balance en différents comptes permet de faire apparaître des soldes internes. Si un pays connaît un déficit commercial, il est important de voir de quelle manière se réalisent les ajustements. Dans le cas le plus simple, toutes choses égales par ailleurs, le déficit conduira à une diminution des réserves de change détenues par la banque centrale. Mais on peut imaginer également qu'il soit financé par emprunts, ou par émission de titres donnant naissance à des flux financiers vers le pays déficitaire, ou encore par la vente de titres détenus sur des agents non résidents. Ainsi, au-delà d'un simple aspect comptable, la balance des paiements fournit des informations précieuses sur les échanges extérieurs de biens et de services et sur l'origine des excédents et déficits, sur les flux de revenus avec l'extérieur, sur les investissements à l'étranger, les investissements de portefeuille et les prêts et emprunts internationaux. Le suivi dans le temps des « déséquilibres » internes de la balance est un indicateur important, permettant de juger de la stabilité économique d'un pays.

Les principaux comptes et soldes de la balance

La balance des paiements se présente sous la forme d'un grand tableau statistique, composé d'opérations pour lesquelles apparaissent des crédits, des débits et le solde. L'organisation méthodique de ces opérations dans des comptes séparés permet de faire apparaître les soldes intermédiaires.

≫ Le compte des transactions courantes

Le compte des transactions courantes retrace les opérations portant sur les biens, importations de biens et services ; les échanges de revenus primaires, salaires versés à des travailleurs frontaliers, revenus liés aux investissements internationaux directs ou de portefeuille ; les échanges de revenus secondaires regroupant des prestations sociales, les versements effectués par les travailleurs migrants vers leur pays d'origine, ainsi que la contribution de la France au budget européen ou aux organisations internationales.

≫ Le compte de capital

Le compte de capital regroupe les transferts en capital, c'est-à-dire les opérations qui donnent lieu au transfert de propriété d'un actif fixe ou à la remise d'un engagement par le créancier sans que rien ne soit reçu en échange (remise de dettes accordée à des pays étrangers, transferts des biens mobiliers ou immobiliers des migrants...), ainsi que les acquisitions et les cessions d'actifs non financiers non produits (brevets, licences, droits d'auteurs...). Le solde du compte de capital n'est pas en lui-même très significatif, mais si on l'ajoute au solde des transactions courantes (STC), il indique le besoin ou la capacité de financement de l'économie.

≫ Le compte financier

Le compte financier est essentiel pour comprendre par exemple comment les déficits des transactions courantes ont été financés. Il retrace les opérations liées aux investissements internationaux : investissements directs à l'étranger, lorsqu'un agent résident prend le contrôle d'au moins 10 % du capital d'un agent non résident (ou l'inverse) ; investissement de portefeuille lorsque la prise de contrôle n'excède pas 10 %. Il présente également un poste « instruments financiers dérivés » ainsi qu'une rubrique « autres investissements » qui intègre les opérations de prêts et d'emprunts internationaux. Toutes ces opérations ayant pour effet de se compenser partiellement, le poste « variation des avoirs de réserve » devrait donc être égal, au signe près, à l'ensemble des opérations précédentes.

≫ Le poste « erreurs et omissions »

En réalité, des erreurs de comptabilisation peuvent se produire et, surtout, des décalages temporels entre des opérations liées peuvent se produire. Ainsi, une opération d'exportation de biens sera mesurée lors du passage en douane du produit (ou lors de la déclaration dans le cadre de l'Union européenne), tandis que le paiement pourra par exemple être décalé de plusieurs semaines. Le poste « erreurs et omissions », qui apparaît en bas de la balance des paiements, a justement pour objet de permettre que la balance soit équilibrée. L'importance de ce poste rend parfois compliquée l'interprétation des soldes intermédiaires, qui apparaissent ainsi comme faussés.

Convention et signification des signes. Sauf cas particuliers, dans le compte de transactions courantes les opérations sont affectées d'un signe positif. Un solde positif indique un excédent des recettes sur les dépenses, donc une capacité de financement nette. Dans le compte financier, un signe positif représente une augmentation des avoirs ou des engagements, un signe négatif une diminution des avoirs ou des engagements. Une entrée de capitaux peut donc être représentée par un signe positif (augmentation des engagements, par exemple emprunter auprès d'une banque étrangère), mais également par un signe négatif (diminution des avoirs, par exemple en vendant des titres étrangers). Et inversement pour les sorties de capitaux.

Ne pas confondre la balance des paiements et la position extérieure

À l'occasion de la publication des données sur la balance des paiements, la Banque de France fournit également la position extérieure de la nation. Il s'agit d'une comptabilité en termes de stocks, alors que la balance des paiements mesure des flux. L'intérêt est ici de connaître le

Tableau 1 – Balance des paiements de la France en 2020 *(en milliards d'euros)*

	Solde	Crédits	Débits
1. COMPTE DE TRANSACTIONS COURANTES	**– 43,9**	**842,1**	**886,0**
Biens	*– 63,1*	*437,7*	*500,9*
Services	*12,2*	*215,0*	*202,8*
Revenus primaires	*53,8*	*157,0*	*103,2*
Revenus secondaires	*– 46,8*	*32,4*	*79,2*
2. COMPTE DE CAPITAL	2,0	2,3	0,3
	Net	**Avoirs**	**Engagements**
3. COMPTE FINANCIER	**– 52,7**	**490,7**	**543,4**
Investissements directs	*23,0*	*34,8*	*11,9*
Investissements de portefeuille	*– 10,1*	*142,4*	*152,6*
Instruments financiers dérivés	*– 23,8*	*137,0*	*160,8*
Autres investissements	*– 45,7*	*172,4*	*218,1*
Avoirs de réserve	*4,0*	*4,0*	*0,0*
4. ERREURS ET OMISSIONS NETTES	**– 10,8**		

Note *:* les écarts sur les soldes et les totaux sont liés aux erreurs d'arrondis.

Sources : d'après les données de la Banque de France, Webstat au 17 avril 2021.

montant des avoirs et des engagements du pays vis-à-vis de l'extérieur. Ceux-ci sont largement le produit de l'histoire et les conséquences des opérations retracées dans la balance des paiements les années précédentes. Ainsi, les flux d'IDE sortants conduisent à un capital détenu à l'étranger par les résidents. La position extérieure exprime ainsi la différence entre les avoirs des résidents français à l'étranger et ceux des non-résidents en France. Elle peut être positive ou négative.

L'évolution de la position extérieure dépend des flux réalisés dans les années précédentes, mais également de la manière de comptabiliser les placements. Une estimation à la valeur comptable des actifs ne donne pas les mêmes résultats, ni les mêmes évolutions qu'une estimation à leur valeur de marché. Un effondrement des marchés boursiers, comme en 2008, fait chuter la valeur de marché des actifs détenus, tandis que leur valeur comptable reste identique. Les données françaises sont estimées en « valeur mixte », tenant compte de la valeur comptable pour les sociétés non cotées et de la valeur de marché pour les sociétés cotées. Les évolutions différentes des marchés internationaux peuvent conduire à ce que les placements dans les différents pays évoluent de manière divergente, modifiant la position extérieure. De manière identique, les variations des cours du change entre l'euro et les autres devises peuvent modifier la valeur comptable des actifs détenus.

La dégradation de la position extérieure de la France est très nette au cours des dernières années. On voit nettement sur la figure 1 l'érosion de la position concernant les investissements de portefeuille : les résidents français ont vendu des titres étrangers, tandis que les non-résidents ont acquis des obligations françaises. Ces deux mouvements ont contribué à diminuer le patrimoine net. La forte dégradation en 2019 n'est que faiblement liée au compte des transactions courantes, mais s'explique largement par les variations boursières.

Figure 1 – Position extérieure nette

(en milliards d'euros)

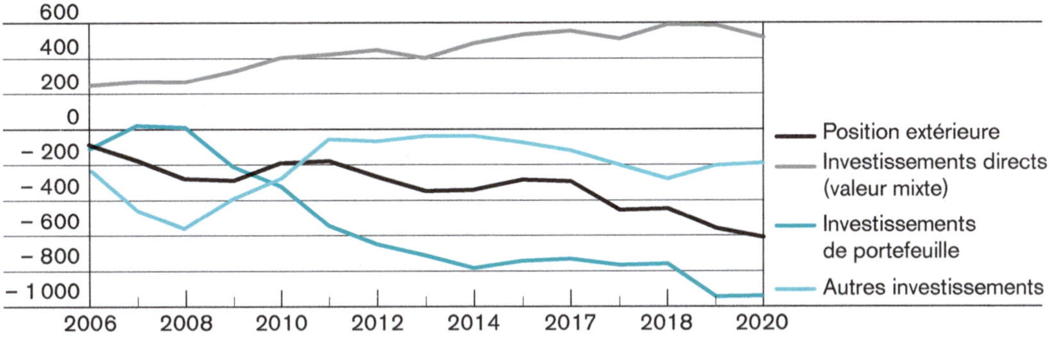

Source : d'après les données de la Banque de France, Webstat.

B. La dynamique de la balance des paiements : évolution des soldes et déséquilibres

La balance des paiements fournit un état, à une date donnée, des échanges d'un pays avec l'extérieur. Mais les évolutions des différents soldes sur le moyen ou long terme donnent des indications précieuses sur la santé économique du pays et renseignent sur les transformations structurelles ou conjoncturelles qui sont à l'œuvre.

L'évolution des principales composantes de la balance des paiements française

La balance des paiements de la France en 2020 est largement le reflet d'évolutions qui se sont produites au cours des dernières décennies. Ainsi, des déficits chroniques de la balance des transactions ont succédé à une période d'excédents structurels. De même, les flux d'investissements internationaux ont connu des transformations au cours de la dernière décennie.

≫ Le solde des transactions courantes (STC)

Alors que le solde des transactions courantes s'était spectaculairement amélioré au cours des années 1990, il s'est détérioré au début de la première décennie du XXIe siècle avant de devenir structurellement déficitaire depuis 2007. Au cours des dix dernières années, le déficit a oscillé entre 10 et 20 milliards d'euros (sauf pour 2020, année exceptionnelle), les variations étant souvent liées aux fluctuations du coût de l'énergie qui pèse sur l'équilibre commercial (échange de biens). Le solde des services est structurellement excédentaire, mais ne compense plus le déficit des biens. Le solde des revenus est le plus souvent légèrement positif, résultat d'un excédent des revenus primaires, lié largement aux revenus des investissements à l'étranger, et d'un déficit des revenus secondaires, qui s'explique par les transferts des revenus des travailleurs, par des prestations sociales (retraites versées à l'étranger) et surtout par la contribution aux institutions européennes.

Ces données sur les échanges de biens et services doivent cependant être nuancées. Les approches en termes de commerce en valeur ajoutée, telles que l'OMC les préconise aujourd'hui, conduisent à modifier la répartition des échanges entre biens et services, ainsi que la géographie des échanges. Il s'agit en effet de tenir compte du contenu réel des produits échangés. Si une entreprise française exporte des parfums en Chine pour y faire décorer les emballages, la France est considérée comme exportatrice et importatrice de parfums, ce qui génère du commerce intrabranche et gonfle les statistiques de l'échange international, puisqu'en fait seule l'opération de décoration devrait être comptabilisée. Les premières statistiques en valeur ajoutée sont aujourd'hui disponibles (*cf.* module 3, chapitre 1), mais pas encore intégrées à la balance des paiements.

Figure 2 – Les principaux soldes de la balance française des transactions courantes
(en milliards d'euros)

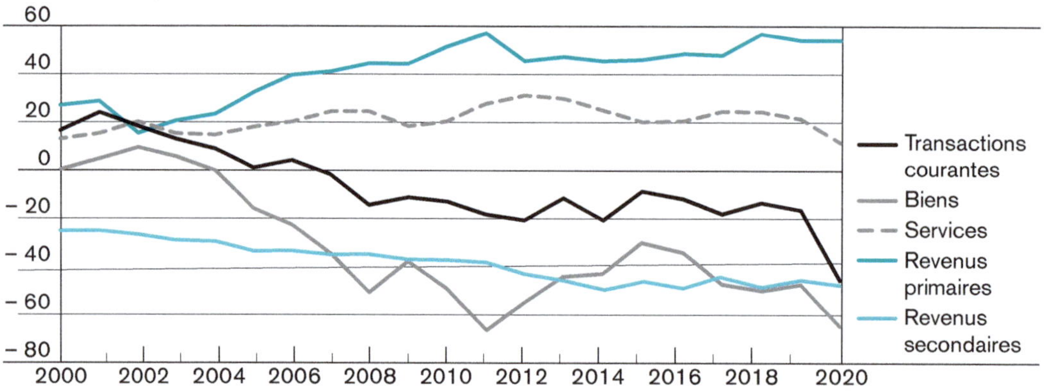

Source : d'après les données de la Banque de France, Webstat.

≫ Investissements directs à l'étranger (IDE)

Les flux d'IDE se traduisent globalement par des sorties de capitaux depuis les années 2000, les investissements français à l'étranger dépassant les investissements étrangers en France. Les IDE sortants avaient atteint un record à la fin des années 1990 dans le contexte de la bulle internet et de la transition dans les pays d'Europe de l'Est. Malgré un très net dégonflement au début des années 2000, les flux sortants sont toujours plus importants que les IDE entrants, mais le solde varie très fortement au cours des dernières années. Ce phénomène, qui est à relier au rôle des firmes transnationales et à la décomposition des processus productifs, explique en partie la désindustrialisation que connaît l'économie française.

Figure 3 - Flux d'investissements directs
(en milliards d'euros)

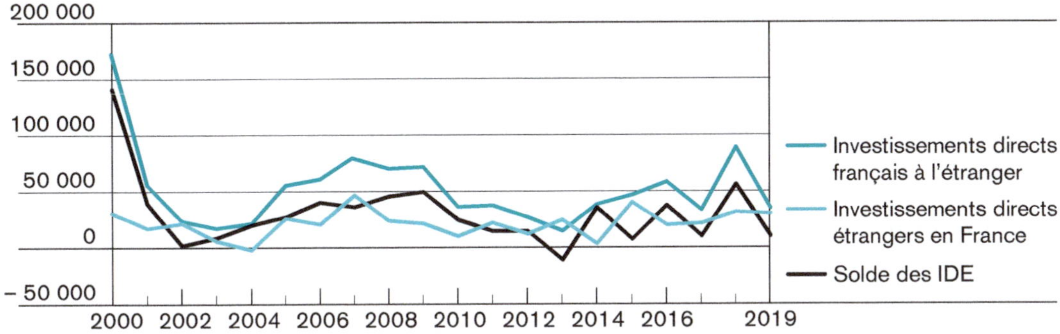

Source : d'après les données de la Banque de France, Webstat.

Compte tenu des éléments précédents et de leur caractère structurel, le déficit des transactions courantes et les investissements directs se traduisent par des sorties de capitaux. Il faut donc trouver des sources de financement, ce qui passe par les investissements de portefeuille, les opérations de crédit et la variation des avoirs de réserve.

≫ Investissements de portefeuille

Les investissements de portefeuille sont le résultat d'acquisitions ou de cessions de titres français par des non-résidents (engagements) et de titres étrangers par les résidents (avoirs). Depuis 2008, ils se traduisent globalement par des entrées nettes de capitaux, contribuant par exemple au financement de la dette publique. Entre 2015 et 2018, le solde est positif dans un contexte de faible variation du montant global des avoirs et engagements. En 2019, le solde négatif s'explique par une très forte augmentation des engagements, traduisant d'importantes acquisitions de titres français par des étrangers. En 2020 (données provisoires) on observe une très forte augmentation des créances, tandis que les engagements se maintiennent au même niveau qu'en 2019 L'agrégation de ces flux d'acquisitions-cessions de titres, sur de nombreuses années, se traduit par ailleurs dans la position extérieure (*cf. supra*).

Figure 4 - Les investissements de portefeuille
(en milliards d'euros)

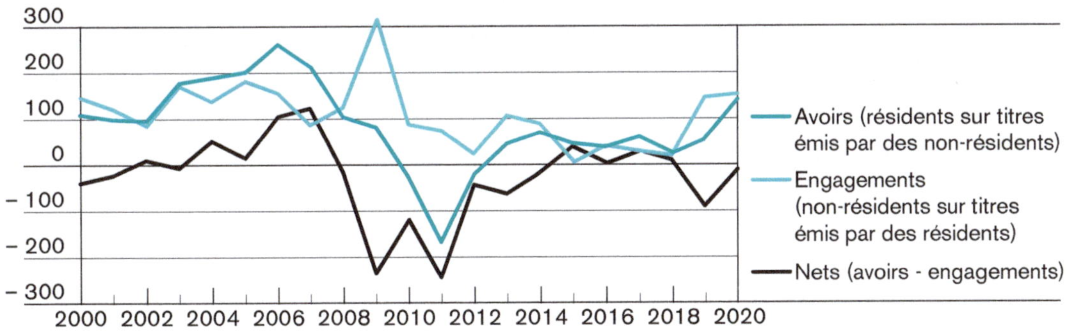

Source : d'après les données de la Banque de France, Webstat.

≫ Autres investissements et produits dérivés

Le poste « autres investissements » regroupe toutes les opérations liées à des crédits et des emprunts réalisés avec l'étranger. Cela concerne aussi bien les opérations réalisées par la Banque de France que celles des institutions financières et monétaires (IFM), des administrations publiques ou des entreprises. Cela complique sérieusement leur interprétation et il est nécessaire alors de détailler par agent pour rechercher des explications. Les opérations sur les produits dérivés apparaissent dans une rubrique à part du compte financier.

Équilibre macroéconomique et balance des paiements

Les déséquilibres internes à la balance des paiements peuvent se replacer dans le cadre plus général de l'équilibre macroéconomique. Ainsi, si on repart de l'égalité comptable entre l'offre et la demande, qui est simplement obtenue à partir des données de la comptabilité nationale, on obtient :

$$Y + M = C + I + X \qquad (1)$$

L'équation (1) ne fait que traduire l'égalisation entre les ressources et les emplois dont dispose l'économie concernant les biens et services : Y représentant le PIB, M les importations, C la dépense de consommation, I l'investissement et X les exportations. C'est l'équation de base permettant de construire les grands tableaux de la comptabilité nationale, particulièrement le tableau d'entrées-sorties.

En réorganisant les termes, on obtient :

$$X - M = Y - C - I \qquad (2)$$

X – M correspond au solde des biens et services. Pour faire apparaître le solde des transactions courantes, on doit introduire dans l'équation (2) les revenus primaires reçus de l'étranger (Rr) et versés (Rv), ainsi que les revenus secondaires (transferts courants) versés (Tv) et reçus (Tr).

$$X - M + Rr - Rv + Tr - Tv = Y + Rr - Rv + Tr - Tv - C - I \qquad (3)$$

Le terme de gauche de l'équation (3) comprend toutes les composantes des transactions courantes, tandis que le terme de droite fait apparaître le revenu national brut à la place du PIB. La différence RNB – C correspond à l'épargne nationale brute, notée S. On obtient alors :

$$\text{Solde des transactions courantes} = RNB - C - I \qquad (4)$$

$$\text{Solde des transactions courantes} = S - I \qquad (5)$$

En appelant « absorption » le total C + I, Sidney Alexander (« Effects of a devaluation on the trade balance », 1952) en déduit que la balance des transactions courantes devient déficitaire lorsque l'absorption dépasse le revenu. Ou, ce qui revient au même, lorsque l'épargne nationale brute est inférieure à l'investissement.

En repartant de l'équation (4) et en considérant que la consommation et l'investissement peuvent être réalisés par le privé ou par l'État, on peut réécrire l'équilibre macroéconomique ainsi :

$$RNB = C' + I' + G + STC \qquad (4')$$

où G représente la dépense publique et C' et I' les composantes privées de la consommation et de l'investissement.

En considérant que T représente l'ensemble des prélèvements obligatoires, l'utilisation du revenu par les agents peut s'écrire de la façon suivante :

$$RNB = C' + S' + T \qquad (5)$$

On obtient alors :

$$STC = (S' - I') + (T - G)$$

Le solde des transactions courantes apparaît ainsi directement lié à l'écart entre l'épargne et l'investissement privés et à la situation des finances publiques.

On peut ainsi le réécrire :

STC = Capacité de financement privée + Capacité de financement publique (6)

À partir de l'équation (6), différents cas de figure sont possibles, sans que l'on puisse pour autant en déduire des relations de causalité. Si les deux capacités de financement sont positives, alors le STC est nécessairement excédentaire. Si les deux capacités de financement sont négatives, le STC est alors forcément déficitaire. Si l'une est positive et l'autre négative, alors le STC dépend des valeurs absolues des deux capacités et tous les cas de figure sont envisageables.

Ainsi, au début des années 1980, comme dans les années 2000, les États-Unis connaissent un déficit des transactions courantes accompagné d'un déficit budgétaire (ce sont les fameux « déficits jumeaux »). À la fin des années 1990, le déficit des transactions courantes correspond à un excédent budgétaire mais c'est le privé qui connaît un besoin de financement.

En France, le déficit des transactions courantes traduit une capacité de financement privée combinée à un besoin de financement public. Un accroissement des déficits publics, sans que la capacité de financement privée augmente, se traduit nécessairement par une dégradation du STC, sans qu'il y ait un réel problème de compétitivité.

2 Les cours de change et leurs déterminants

Les échanges internationaux de marchandises ou de services, comme les flux de capitaux, nécessitent de pouvoir convertir des monnaies nationales en devises étrangères. Le cours de change permet de comparer les prix des biens, services ou titres libellés dans des monnaies différentes, et sert de base pour les opérations de conversion. Le niveau des cours de change et leurs évolutions sont liés aux transformations conjoncturelles ou structurelles des économies, tandis que le choix d'un régime de change est déterminé par certains objectifs que les États se fixent ou par des contraintes qui s'imposent à eux.

A. Les cours de change : de quoi parle-t-on ?

Le cours de change, ou taux de change, est le prix relatif d'une monnaie par rapport à une autre. Si les deux expressions sont utilisées de manière synonyme, il faut en revanche, les distinguer de celle de parité. Le pair d'une monnaie est la définition de la valeur externe de cette monnaie par un certain poids d'or ou par une certaine quantité d'une devise clé. La parité d'une monnaie par rapport à une autre est alors le rapport des pairs des deux monnaies. On ne peut donc parler de pair et de parité que dans le cadre d'un système de changes fixes, comme ce fut le cas du système monétaire international mis en place lors des accords de Bretton Woods (1944), ou semi-fixes comme le système monétaire européen (1979).

Cours de change et mécanismes de cotation

Le cours de change observé sur le marché des changes peut être coté de deux façons, au certain et à l'incertain :

– le cours de change au certain exprime le nombre d'unités de monnaie étrangère que l'on peut obtenir avec une unité de monnaie nationale. Par exemple, 1 € = 1,2084 $ au 1er février 2021. L'augmentation du cours de change traduit une appréciation de la monnaie nationale ;

– le cours de change à l'incertain mesure le nombre d'unités de monnaie nationale qu'il faut fournir pour avoir une unité de monnaie étrangère. De manière symétrique à la cotation au certain, on a 1 $ = 0,82754 € au 1er février 2021. L'augmentation du cours de change correspond alors à une dépréciation de la monnaie nationale.

Les monnaies de l'Europe continentale étaient cotées à l'incertain jusqu'au lancement de l'euro (sauf la livre sterling), laquelle monnaie unique européenne est cotée au certain depuis le jour de son lancement, le 1er janvier 1999, s'alignant sur ce qui était la norme des principales places financières. Les séries statistiques de cotation fournies par les banques centrales respectent ces conventions. Cependant, le fonctionnement du marché des devises, Forex, sur lequel des opérateurs de pays très différents interviennent simultanément, conduit à toujours préciser le sens de la cotation. La convention s'établit ainsi : « EUR/USD = 1,2084 » signifie 1 € = 1,2084 $. La cotation « USD/EUR = 0,82754 », signifie 1 $ = 0,82754 €. La *devise de base*, celle qui est à gauche, est cotée au certain. La devise de droite est appelée *contre-partie* ou *contre-valeur*. Les cotations peuvent se présenter à partir de tableaux de cours croisés permettant de passer d'une cotation à l'autre.

Les cotations pour chaque opérateur sur le marché se traduisent concrètement par deux prix : un cours acheteur et un cours vendeur. Contrairement aux marchés des biens et services sur lesquels les opérateurs sont soit vendeurs soit acheteurs (parfois successivement dans le cas des commerçants), les opérateurs de marché des changes peuvent être acheteurs ou vendeurs en fonction des ordres passés par leur clientèle et/ou des opérations spéculatives qu'ils peuvent effectuer.

Cours de change au comptant et cours de change à terme

Les opérations relatives à la fixation des cours de change peuvent se faire au jour le jour, ou à un terme défini à l'avance. Le cours de change au comptant est celui qui est déterminé au jour le jour sur les marchés des changes, au gré des offres et des demandes des cambistes.

Le cours de change à terme est le cours, fixé à l'avance, correspondant à un engagement d'achat, ou de vente, de devises à une échéance donnée. Par exemple, une entreprise qui sait qu'elle va devoir acquérir des dollars dans trois mois pour payer un fournisseur peut souhaiter sécuriser son opération en fixant immédiatement le cours auquel elle achètera les dollars. Sa banque va alors lui indiquer un cours à terme, dont les déterminants principaux sont les différentiels de taux d'intérêt.

Imaginons un importateur américain qui sait qu'il devra disposer dans trois mois de 10 millions d'euros pour régler un fournisseur. Il ne souhaite pas prendre lui-même le risque de change et demande à sa banque de lui garantir un cours de l'euro contre le dollar, dans trois mois. Pour déterminer le cours de change à terme, la banque effectue une opération simple de couverture, sans risque pour elle. Elle emprunte des dollars à un taux d'intérêt $i_\$$, les convertit immédiatement en euros et place les euros pour trois mois, à un taux d'intérêt $i_€$.

Si on suppose que le taux d'intérêt annuel $i_\$ = 2\ \%$ et $i_€ = 1\ \%$, que l'on divise simplement par 4 pour obtenir le taux sur 3 mois, la banque peut déterminer instantanément un cours théorique du dollar qui se traduit pour elle par une opération blanche.

- Elle commence par calculer la quantité d'euros à acquérir pour disposer de 10 millions d'euros dans 3 mois. Le calcul tient compte du taux d'intérêt de l'euro et donne :

$$\frac{10 \text{ millions}}{1 + \frac{i_€}{4}} = 9{,}975 \text{ millions}$$

  Les 9,975 millions d'euros placés à 1 % annuel, donc 1 % / 4 pour un trimestre, donneront 10 millions dans 3 mois.
- Elle détermine ensuite le montant de dollars nécessaires pour obtenir 9,975 millions d'euros, qui dépend du cours de change courant. En supposant un cours de change euro-dollar de 1 € = 1,2084 $, cela correspond à 12,054 millions de dollars.
- Emprunter ces 12,054 millions de dollars lui coûte réellement, compte tenu des intérêts : $12{,}054\ (1 + i_\$) = 12{,}114$ millions de dollars.

Il est donc facile de calculer que, si on échange les 10 millions d'euros contre 12,114 millions de dollars, la banque ne gagne rien, et ne perd rien. Le cours de change 1 € = 1,2114 $ peut donc être garanti à l'importateur, éventuellement majoré d'une commission pour la banque.

D'une manière générale, si on appelle F le cours à terme, exprimé à l'incertain, et S le cours au comptant (*spot*), i le taux d'intérêt domestique et i* le taux d'intérêt à l'étranger, on obtient :

$$F = S \times \frac{1 + i}{1 + i^*} \approx S\ (1 + i - i^*)$$

L'euro coûte ici plus cher à terme qu'au comptant (il faut plus de dollars pour se procurer un euro) en raison du taux d'intérêt plus important qu'il est nécessaire de payer pour se procurer les dollars, plus élevé que celui obtenu sur le placement en euros. Lorsqu'une monnaie coûte plus cher à terme qu'au comptant, on dit qu'elle est en report. Le report correspond à la différence entre le cours à terme et le cours au comptant. Lorsqu'elle coûte moins cher, elle est en déport. Lorsque le cours à terme est égal au cours au comptant, on dit qu'elles sont « à parité ».

Si l'euro se déprécie, ou s'apprécie moins que le report, l'entreprise américaine aurait pu être gagnante à ne pas réaliser l'opération à terme. Mais elle préfère ici se prémunir contre le risque de perte, quitte à passer à côté de gains éventuels.

Cours de change bilatéral et cours de change effectif

Le cours de change bilatéral est le cours de change, entre deux monnaies, observé sur le marché des changes. Son évolution peut avoir des conséquences sur le commerce extérieur. Ainsi, une dépréciation de la monnaie nationale rend les produits nationaux moins chers pour les acheteurs étrangers et renchérit le prix des importations. Cependant, une dépréciation de l'euro par rapport au dollar peut se traduire simultanément par une appréciation par rapport à la livre sterling ou au yen. Le cours de change bilatéral ne donne donc qu'une vision partielle de l'évolution de la compétitivité. Un pays dont les exportations sont essentiellement libellées en dollars sera très sensible aux variations du billet vert, tandis qu'un autre dont le commerce se fait surtout avec la zone euro sera plus affecté par les variations de l'euro. La seule prise en compte des cours bilatéraux n'est pas suffisante pour analyser les conséquences des fluctuations des changes.

Le cours de change effectif est un outil construit à partir des cours de change bilatéraux et du poids des partenaires commerciaux. On le calcule en effectuant la moyenne pondérée des cours bilatéraux de cette monnaie, les coefficients de pondération correspondant au poids relatif de chaque pays dans le commerce extérieur. L'évolution du cours de change effectif permet ainsi d'apprécier l'effet des variations du cours de change sur le commerce extérieur.

Cours de change nominal et cours de change réel

Le cours de change nominal exprime la valeur d'une monnaie par rapport à une autre à un moment donné. C'est celui qui résulte des mécanismes de cotation décrits plus haut et qui peut être le cours bilatéral ou le cours effectif.

Le cours de change réel permet de rendre compte de la compétitivité-prix des produits nationaux sur les marchés extérieurs en intégrant les différentiels de prix entre les pays. Si P désigne le niveau national des prix, P* le niveau des prix étrangers, e le cours de change nominal, le cours de change réel q est :

$$q = e \frac{P}{P^*}$$

Par exemple, si l'indice des prix pour un panier de biens se situe à 110 en France alors qu'il vaut 100 aux États-Unis, le cours de change réel vaudra 1,1 × e. Cela signifie que, comme les prix sont plus élevés en France, il faut en tenir compte pour mesurer la compétitivité réelle de l'économie.

L'intérêt principal de cet indicateur est de combiner les effets de variations des prix et de variations du cours de change pour analyser la compétitivité extérieure. Si les prix augmentent plus vite dans un pays que dans le reste du monde, le maintien de sa compétitivité extérieure passe par une dépréciation du cours de change nominal. On peut combiner les éléments précédents en calculant un cours de change effectif réel.

B. Les déterminants des cours de change

Dans une perspective de long terme, les cours de change dépendent de paramètres structurels liés aux évolutions de prix, tandis que les variations de court terme s'expliquent par une conjonction de facteurs tournant autour des différences de rémunération du capital entre les pays et des imperfections du fonctionnement des marchés.

Les déterminants liés aux échanges de biens et services

Les premières analyses de la formation des cours de change ont été réalisées à une époque où les échanges internationaux concernaient principalement les biens et les services. C'est donc la partie haute de la balance des paiements qui est ici utilisée pour comprendre les mouvements des changes.

≫ Cours de change et balance des transactions courantes

La relation entre la balance des paiements et le cours de change a été largement développée, au cours des années 1960, par les modèles « keynésiens » en économie ouverte. Le modèle de Mundell et Fleming, IS-LM-BP (*cf.* module 4, chapitre 1), est construit autour de l'idée que l'on peut combiner l'équilibre interne (IS-LM) et celui de la balance des paiements (BP). Le cours de change intervient non seulement dans la détermination de la balance courante, mais également dans les mouvements de capitaux, car la variation anticipée du change est liée au différentiel de taux d'intérêt (*cf. infra*, p. 627).

Les variations des changes doivent ainsi permettre de remédier aux déséquilibres de la balance courante. Le constat empirique est que les pays à monnaies faibles, celles qui ont tendance à se déprécier, sont ceux qui ont une balance des transactions déficitaire. Le déficit semblant conduire à la dépréciation de la monnaie, mais étant aussi perçu comme le moyen de le réduire. En effet, un déficit des transactions courantes se traduit par une demande nette de devises – on doit convertir de la monnaie nationale contre des devises – qui pousse à la dépréciation. Cependant, la dépréciation du change rend les produits nationaux plus attractifs et les importations plus coûteuses. On peut donc en attendre une hausse des exportations et une baisse des importations rétablissant progressivement l'équilibre. Pourtant, les exemples japonais ou allemand ont montré au cours des années 1970-1980 que des monnaies qui s'apprécient peuvent se conjuguer à des excédents commerciaux. Parallèlement, la dépréciation du franc ou du dollar n'a pas permis de résorber des déficits croissants.

On est alors amené à se poser la question des conditions dans lesquelles une dépréciation permet de réduire le déficit… ou pas. L'essentiel de ces conditions repose sur la distinction entre des effets de prix et des effets de volume. Une dépréciation du change augmente le coût des importations. Dans le même temps, la valeur des exportations n'est pas modifiée, mais leur prix exprimé en monnaie étrangère est plus faible. On peut donc en attendre une augmentation des quantités exportées et une réduction des importations.

Mais les effets de prix sont immédiats tandis qu'il faut plusieurs mois pour que les effets sur les volumes soient visibles (les contrats commerciaux mettent du temps à s'ajuster) :

– à court terme (moins d'un an), la dépréciation contribue à creuser le déficit. Les effets de prix jouent à plein (renchérissement des importations), sans que les effets de volume soient présents ;
– à moyen terme, les effets de volume peuvent prendre le relais et permettent la réduction du déficit ;
– à plus long terme, les effets s'atténuent car la propagation d'une inflation importée – liée au renchérissement des produits importés dont la demande n'est que peu sensible aux prix, les matières premières par exemple – finit par réduire la compétitivité-prix obtenue grâce à la dépréciation.

Le mécanisme de la courbe en J décrit ainsi très bien ce qu'il advient du solde des transactions courantes à la suite d'une dévaluation ou dépréciation (*cf. infra* pour la définition précise des termes).

Figure 5

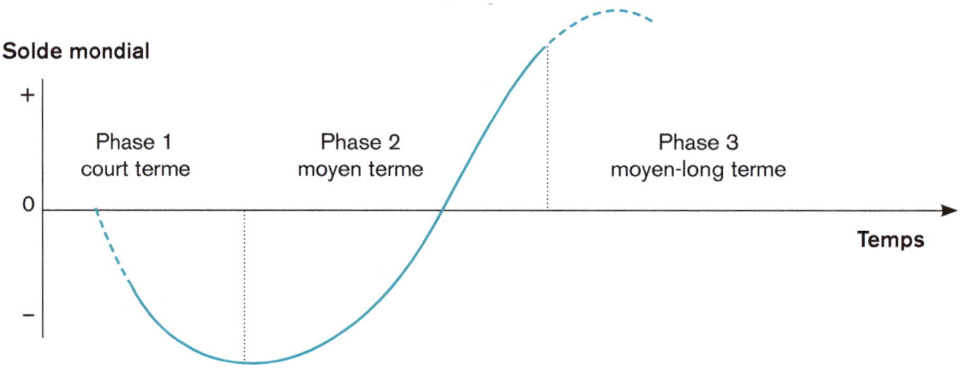

Source : D. Plihon, *Les Taux de change*, La Découverte, coll. « Repères », 2017.

Le rétablissement de la balance à la suite d'une dévaluation n'est cependant pas automatique. Il dépend de l'importance des effets de volume et des effets de prix. Le théorème des élasticités critiques, ou condition de Marshall-Lerner-Robinson[1], établit que la dévaluation permet le rétablissement de la balance commerciale lorsque la somme des élasticités des exportations et des importations par rapport au cours de change est supérieure à 1. Les développements théoriques ultérieurs ont permis de montrer que les conditions pouvaient être un peu assouplies, en raison des comportements de marge des entreprises qui ne répercutent pas totalement dans leur prix les modifications liées au cours de change. Ainsi, une somme des élasticités supérieure à 0,3 permet déjà d'améliorer le solde des transactions courantes. Mais les bienfaits attendus de la dévaluation peuvent être contestés. Il faut également que l'offre nationale soit capable de satisfaire la demande, intérieure et extérieure, ce qui n'est pas toujours le cas, en particulier dans les pays fortement désindustrialisés. Par ailleurs, la dévaluation conduit souvent à accroître

1 Elle est dénommée ainsi en référence aux travaux d'Alfred Marshall (*Money, Credit and Commerce*, 1923), d'Abba Lerner (*Economics of Control*, 1944) et de Joan Robinson, qui a particulièrement analysé les effets pervers des dévaluations (*Essays in the Theory of Employment*, 1937).

l'inflation importée et favorise le développement des tensions inflationnistes. Ces deux raisons expliquent l'inefficacité des dévaluations françaises du début des années 1980 et justifient le passage à des politiques de désinflation compétitive et de « franc fort ».

⪢ La parité de pouvoir d'achat

La théorie de la parité des pouvoirs d'achat voit dans les mouvements des prix relatifs des biens domestiques et étrangers le déterminant essentiel du cours de change. Cette approche remonte aux travaux de Ricardo au début du XIXe, mais c'est surtout Cassel (« The present situation of the foreign exchange », 1916) qui la formalise.

Dans la version « absolue » de la théorie, les cours de change reflètent simplement les différences de valeur des biens et services entre deux économies. L'idée principale sur laquelle repose le raisonnement est que, sur un marché international concurrentiel, sans obstacle à l'échange ni coûts de transport et de transaction, il ne peut y avoir qu'un seul prix pour un produit. Si un même panier de biens vaut 100 € en France et 120 $ aux États-Unis, alors 1 € = 1,2 $. Les cours de change doivent donc, du moins sur le long terme, refléter les différences de niveaux de prix. C'est la logique qui a présidé, en 1986, à la création de l'indice « Big Mac » par le magazine *The Economist*, en supposant que les différences de prix du Big Mac dans le monde permettaient de déterminer des cours de change. C'est un mécanisme plus complexe, mais de même nature, qui permet de calculer des cours de change à parité de pouvoir d'achat.

Dans la version « relative » de la théorie, ce sont les évolutions des cours de change qui sont la conséquence des variations des prix dans les pays. Si un produit coûte 120 $ et 100 € fin 2020, un cours de change de 1,2 $ pour 1 € assure l'équilibre. Supposons que les prix augmentent de 3 % en France et de 4 % aux États-Unis : au bout d'un an le produit français coûte 103 € et le produit américain 124,8 $. Le cours de change devra donc s'ajuster pour que 103 € = 124,8 $, soit 1,2116.

La variation du cours de change est ainsi déterminée par les écarts d'inflation, soit environ 1 % de dépréciation du dollar : $\Delta e / e = \Delta P^* / P^* - \Delta P / P$.

Les déterminants financiers des cours de change

Dans un monde où les échanges sur les marchés financiers sont sans commune mesure avec ceux des marchés de biens et services, les échanges de devises les unes contre les autres sont très largement déterminés par des facteurs financiers.

⪢ Cours de change et parité des taux d'intérêt

La théorie de la parité des taux d'intérêt a été introduite par Keynes (*The Tract on Monetary Reform*, 1923) et repose sur l'idée que le cours de change résulte d'un arbitrage, non pas entre des biens comme pour la PPA, mais entre des placements financiers. Elle suppose que les arbitrages réalisés par les épargnants, dans un contexte de mobilité des capitaux, vont tendre à égaliser les rendements des placements entre les pays.

Un taux d'intérêt national plus faible que le taux étranger va se traduire par une dépréciation de la monnaie nationale par rapport à son cours de change anticipé. Les agents se mettent alors à anticiper une appréciation du cours de change qui viendra compenser le différentiel d'intérêt.

Le cours de change courant est déterminé par le cours de change anticipé et non l'inverse. Supposons que de mauvaises statistiques du chômage aux États-Unis conduisent la Réserve fédérale à baisser son taux directeur : le dollar se dépréciera immédiatement, pour s'apprécier ensuite. L'ampleur de la variation immédiate dépend de la durée anticipée de l'écart de taux d'intérêt.

Un différentiel durable de taux d'intérêt n'est pas possible, sauf dans deux cas :

- soit parce que les mouvements de capitaux ne sont pas complètement libres ni les marchés parfaits. S'il existe des restrictions à la circulation des capitaux, si les coûts de conversion sont trop importants, si les risques liés à certains pays sont trop grands… les agents peuvent accepter des différences de rémunération ;
- soit parce que les agents anticipent durablement une dépréciation du change. C'est une hypothèse évoquée par Keynes dès 1923. Si une monnaie est faible, situation dans laquelle les agents anticipent sa dépréciation, cela va rendre nécessaire un taux d'intérêt plus élevé pour compenser, car les apporteurs de capitaux dans ce pays ont le sentiment de courir un risque de change et n'acceptent de le courir que si leurs placements sont mieux rémunérés. On comprend ainsi pourquoi, lorsque le franc s'affaiblissait par rapport au deutschemark dans les années 1970-1980, il fallait proposer des taux d'intérêt plus élevés pour le franc. Une monnaie forte est une monnaie sur laquelle on propose un taux d'intérêt faible !

On peut cependant trouver des situations dans lesquelles le raisonnement ne semble pas s'appliquer. Les taux d'intérêt très élevés pratiqués aux États-Unis au début des années 1980 (suite au durcissement de leur politique monétaire en 1979) ont favorisé les placements en dollars et ont poussé le dollar à la hausse, sans que des mécanismes compensateurs voient le jour.

≫ Cours de change et politique monétaire

Développée surtout dans les années 1970, l'approche monétariste des cours de change relie l'évolution de la masse monétaire et le cours de change (Jacob Frenkel, « Exchange rates in the 1920's : a monetary approach », 1978). Alors que la PPA définit le cours de change à partir du prix relatif des biens et services, il est ici considéré comme le prix relatif des deux monnaies. Prenons l'exemple de deux pays, l'un représente l'économie domestique, l'autre (noté *) l'extérieur.

L'offre de monnaie (*Mo*) est supposée exogène dans chaque pays, contrôlée par les autorités monétaires, et la demande de monnaie (*Md*) y est considérée comme une fonction des prix, des taux d'intérêt et des revenus réels.

$$M_o = P \times M_d\,(Y,i)$$

$$M^*_o = P^* \times M^*_d\,(Y^*, i^*)$$

Le cours de change (*e*) est déterminé à partir de la parité des pouvoirs d'achat, de telle sorte que $P = e \times P^*$. En combinant les différentes équations, on obtient :

$$e = \frac{M_o}{M^*_o} \times \frac{M^*_d\,(Y^*, i^*)}{M_d\,(Y,i)}$$

Le cours de change dépend donc des niveaux relatifs de la masse monétaire, contrôlés largement par les autorités monétaires des deux pays, des revenus réels et des taux d'intérêt. En supposant que les taux d'intérêt et les revenus réels ne varient pas, si un pays crée davantage de monnaie qu'un autre, sa monnaie doit se déprécier.

≫ Cours de change et fonctionnement des marchés financiers

Des économistes comme Tobin (« A general equilibrium approach to monetary theory », 1969) et Roper (« Theory and implications of currency substitution », 1981) ont complété les déterminants financiers des cours de change en y intégrant les effets de l'offre et de la demande d'actifs financiers (actifs monétaires, titres obligataires, actions). Cette demande d'actifs financiers ne dépend pas seulement des taux d'intérêt mais plus largement aussi de la croissance et des politiques économiques menées. Une légère modification de ces facteurs conduit à de très fortes fluctuations des cours de change, compte tenu de la diversification des portefeuilles des investisseurs et de la substituabilité entre titres nationaux et titres étrangers.

Les mouvements spéculatifs amplifient les fluctuations des cours de change et c'est d'ailleurs ce qui avait incité Tobin à proposer dès 1972 une taxe sur les transactions financières dans le but de réduire la volatilité à court terme des cours de change. Ainsi, l'enquête triennale de la Banque des règlements internationaux (BRI) montre que les transactions quotidiennes sur les marchés de changes sont totalement déconnectées du niveau du commerce international et des flux de capitaux liés aux investissements. En 2019, ce sont plus de 6 500 milliards de dollars qui se sont échangés tous les jours sur ces marchés, soit plus de deux fois le PIB français. Le volume annuel du commerce mondial de biens et services représente à peine quatre jours de transactions sur les marchés des changes. Les montants ont été multipliés par 4,3 depuis la fin des années 1990 tandis que le commerce mondial en valeur était multiplié par 2. Ces mouvements spéculatifs reposent très largement sur des prophéties autoréalisatrices et sur un fonctionnement particulier de ces marchés pour lesquels les hausses de prix, loin de provoquer la baisse de la demande, conduisent au contraire à la faire augmenter. Si des agents anticipent massivement une dépréciation d'une monnaie, ils veulent tous la vendre, provoquant la dépréciation annoncée.

R. Dornbusch (« Expectation and exchange rate dynamism », 1976) a développé un modèle théorique permettant de comprendre des phénomènes de surréaction (*overshooting*) des changes. Il combine dans un même modèle une approche en termes de parité de pouvoir d'achat, qui donne la tendance à long terme des cours de change, et une approche en termes de parité des taux d'intérêt qui traduit les mouvements de court terme liés aux marchés financiers. Par exemple, suite à un accroissement rapide de la masse monétaire, les marchés financiers vont réagir très rapidement, provoquant une baisse des taux d'intérêt et une tendance à la dépréciation de la monnaie. L'impact du choc monétaire sur les prix et la production ne se fera qu'à moyen terme, conduisant alors le cours de change à revenir vers une nouvelle valeur d'équilibre compatible avec la parité des pouvoirs d'achat. Le décalage dans le temps des deux types d'ajustement peut entraîner une variation du cours de change à court terme supérieure à ce qui serait nécessaire pour l'adapter à son niveau d'équilibre de long terme.

R. Meese et K. Rogoff (« Empirical exchange rate models of the seventies : do they fit out of sample ? ») ont montré, en 1983, que les modèles traditionnels se révèlent très largement incapables de prédire le cours de change à une échéance d'un an. S'ils proposent des explications intellectuellement intéressantes de la formation des changes, ces modèles ne sont pas plus efficaces qu'une simple marche au hasard, consistant à prévoir le futur en fonction de la tendance présente.

Cela tient très largement à l'imbrication d'une multitude de facteurs explicatifs, à la très grande instabilité des marchés et aux mécanismes de contagion qui conduisent à suivre la hausse ou la baisse, dans des mouvements mimétiques et de bulles. Une théorie du change est en fait de plus en plus une théorie de la spéculation. Les arbitrages permanents réalisés par les gestionnaires de fonds, l'importance des mouvements de capitaux déconnectés de la sphère réelle, font que c'est très largement la partie basse de la balance des paiements qui joue sur la détermination des cours de change. Par ailleurs, l'importance économique ou politique des pays n'est pas non plus sans influence sur le cours de change. Les mêmes schémas théoriques de détermination ne peuvent pas s'appliquer au cours du dollar et à celui de la couronne norvégienne. Il ne faut pas non plus négliger l'importance des décisions des grandes banques centrales qui, même dans des régimes de change flottants, ne restent pas insensibles au cours de leur monnaie et disposent souvent de moyens d'action, plus ou moins concertés, sur les cours.

3 Forces et faiblesses des différents systèmes de change

Le choix d'un régime de change fait partie des droits régaliens des États. La définition des règles fixant la convertibilité externe de la monnaie, la façon dont la banque centrale est tenue ou pas de fournir de l'or ou des devises en échange de sa monnaie sont des éléments essentiels dans les relations extérieures d'un pays, tant sur le plan politique que sur le plan économique. Les différents régimes de change possibles ne sont pas sans conséquences sur la capacité d'un État à réagir aux chocs extérieurs, ou à conduire de façon autonome sa politique économique.

A. Typologie des régimes de change

Les régimes de change peuvent se différencier en fonction du caractère plus ou moins stable des cours de change. On est ainsi conduit à opposer des régimes de changes flexibles et des régimes de changes fixes. Au-delà de cette opposition simple, il faut retenir que la plupart des régimes existants sont de type intermédiaire, intégrant plus ou moins de fixité ou de flexibilité.

Changes fixes

Le système pur de changes fixes décrit un régime où les parités nominales doivent demeurer largement constantes dans le temps. Les cours de change sont définis par référence à une grandeur extérieure : or, autre devise… et ils ne peuvent être modifiés que par une nouvelle définition de l'unité monétaire. Une diminution ou une augmentation de la valeur de la monnaie nationale est toujours possible, mais elle relève d'une décision des autorités gouvernementales et correspond à une « dévaluation » ou à une « réévaluation ».

Tableau 2 – Classification des régimes de change selon le Fonds monétaire international

Type du régime	Nom du régime	Caractéristiques	Exemple de pays	Nombre de pays concernés en 2019 (et %)
Arrimage ferme (*hard peg*)	Régime sans monnaie officielle distincte (*exchange arrangement with no separate legal tender*)	Utilisation de la monnaie d'un autre pays (ex. : « dollarisation » de l'économie). Pour les pays ayant une monnaie commune, la classification se fait en fonction du régime de change de cette monnaie.	Panama ($) ; Salvador ($) ; Kosovo (€) ; Monténégro (€) ; San Marin (€).	13 (6,8 %)
	Régime de caisse d'émission (*currency board arrangement*)	Le pays s'engage explicitement à échanger sa monnaie contre une devise spécifique à un taux fixe. L'émission monétaire est strictement contrôlée pour pouvoir respecter ces engagements, en fonction par exemple du stock de la devise de référence que détient le pays.	Djibouti ($) ; Hong Kong ($) ; Bosnie-Herzégovine (€) ; Bulgarie (€).	11 (5,7 %)
Arrimage souple (*soft peg*) [1/2]	Régime conventionnel de parité fixe (*conventional pegged arrangement*)	Le pays rattache officiellement sa monnaie à une autre ou à un panier d'autres monnaies (par exemple les devises de ses principaux partenaires commerciaux) en le notifiant au FMI. Les autorités monétaires maintiennent la parité par des interventions directes sur les marchés ou indirectement (modifications des taux d'intérêt, réglementations des échanges extérieurs...). Les taux de changes doivent rester dans une bande de fluctuation maximale de ± 1 % autour de la parité, sur une période de 6 mois minimum.	Arabie Saoudite ($) ; Émirats arabes unis ($) ; Bahamas ($) ; Irak ($) ; Danemark (€) ; pays de l'Union économique et monétaire ouest-africaine (€) ou de la Communauté économique et monétaire d'Afrique centrale (€) ; Koweït (panier).	42 (21,9%)
	Régime stabilisé (*stabilized arrangement)*	Le taux de change reste dans une limite de ± 2 %, sur une période minimale de 6 mois, par rapport à une devise ou un panier de devises. Le classement dans un tel régime repose sur une évaluation statistique et sur le fait que la stabilité des changes provient d'une action officielle (y compris liée à des rigidités du marché), même si cela n'implique pas un engagement des autorités du pays.	Croatie (€); Égypte ; Macédoine du Nord (€) ; Maldives ($) : Maroc ; Roumanie, Vietnam (panier).	25 (13 %)

Arrimage souple (*soft peg*) **[2/2]**	Régime de parités mobiles (ou glissantes) (*crawling peg*)	Le pays adopte officiellement un régime dans lequel les parités sont modifiées régulièrement en fonction de paramètres prédéfinis (écarts inflationnistes par exemple par rapport aux principaux partenaires commerciaux). Les paramètres sont connus et notifiés au FMI.	Honduras ($) ; Nicaragua ($) ; Botswana (panier).	3 (1,6 %)
	Régime proche des parités glissantes (*crawl-like arrangement*)	Le taux de change reste, pendant au moins 6 mois, dans une limite de ± 2 %, autour d'un *trend* repéré statistiquement et le régime de change ne peut pas être considéré comme flottant.	Algérie ; Singapour (panier) ; Soudan ; Tunisie.	18 (9,4 %)
	Régime de bandes de fluctuations mobiles (*pegged exchange rate within horizontal bands*)	Le taux de change est maintenu dans une bande de fluctuation de ± 1 % autour d'un taux central ou l'écart entre le maximum et le minimum du taux de change ne dépasse pas 2 %. Les taux centraux et la largeur de la bande sont publics et notifiés au FMI.	Tonga.	1 (0,5 %)
Flottement (*floating*)	Flottement (*floating*)	Le taux de change est largement déterminé par le marché, sans qu'il soit possible de prédire l'évolution. Il peut y avoir des interventions directes ou indirectes des autorités monétaires pour modérer les évolutions, ou éviter des fluctuations inappropriées, mais la définition d'objectifs de taux de change est incompatible avec un classement dans ce régime.	Argentine ; Bélarus ; Brésil ; Hongrie ; Inde ; Islande ; Israël ; Suisse ; Zimbabwe.	35 (18,2 %)
	Flottement pur (*free floating*)	Le classement dans un régime de flottement pur suppose que les interventions sur les marchés des changes soient exceptionnelles, destinées seulement à corriger des incohérences des marchés et à condition qu'il n'y ait pas plus de 3 interventions sur une période de 6 mois. Dans le cas contraire, ou si les informations ne sont pas fournies au FMI, le classement sera fait en régime de flottement.	Australie ; Canada ; États-Unis ; Japon ; Mexique ; Norvège ; Royaume-Uni ; pays de la zone euro.	31 (16,1 %)
Autres régimes		Catégorie résiduelle utilisée lorsque le régime ne peut pas être classé dans une rubrique précédente. Se produit par exemple lorsque des pays changent fréquemment de politique.	Cambodge ($) ; Chine ; Venezuela.	13 (6,8 %)

Source : d'après FMI, *Annual Report on Exchange Arrangements and Exchange Restrictions*, 2019.

Dans le régime de changes fixes, la banque centrale doit assurer la fixité du cours de change nominal. Elle fournit, de manière théoriquement illimitée et au cours de change nominal officiel, les quantités de devises et de monnaie demandées par les agents. Ses réserves de change, en or ou dans les autres devises, doivent s'élever à un montant suffisant pour garantir la stabilité des changes. Dans le cas contraire, des mouvements spéculatifs risquent de se produire, conduisant à des dévaluations ou à des réévaluations. On comprend donc que la fixation du cours de change ne peut pas s'écarter nettement d'un certain nombre de paramètres fondamentaux.

Le régime de change du XIXe siècle se rapproche le plus d'un système de changes fixes. Les monnaies, définies par un poids d'or ou d'argent, maintiennent entre elles des parités fixes (*cf.* p. 640). Le système monétaire dit de Bretton Woods, défini à l'issue de la Seconde Guerre mondiale, est également un système de changes fixes, avec des marges de fluctuation autorisées ne dépassant pas 1 %. Le système monétaire européen (SME, 1979) est fondé sur l'établissement de parités fixes, mais avec des marges de fluctuations assez larges, autorisant les monnaies à varier de manière plus importante.

D'autres systèmes, plus souvent régionaux ou bilatéraux, lient de manière fixe des monnaies entre elles. Il en est ainsi du mécanisme du *currency board* dans lequel la création monétaire d'un pays dépend très étroitement de ses réserves dans une autre devise. La politique monétaire n'a alors aucune autonomie et ces systèmes autorisent le plus souvent une double circulation monétaire. Ces mécanismes ont été utilisés au XIXe siècle par les empires pour contrôler la création monétaire dans les colonies ou les pays liés. Ils ont retrouvé une actualité certaine à partir des années 1980 pour permettre à des pays en difficulté de sortir des hyperinflations et des dévaluations à répétition (Argentine, 1991, peso/dollar), pour faciliter la transition des économies planifiées vers les économies de marché (Estonie, 1992, couronne/euro), ou pour faciliter la reconstruction après un conflit (Bosnie, 1998, mark/euro).

On peut aussi trouver des mécanismes reliant une monnaie à une autre, sans pour autant subir les contraintes du *currency board*. Ainsi, la monnaie chinoise, le yuan ou renminbi, est restée très longtemps liée directement au dollar, sans que la Chine adhère pour autant à un mécanisme de caisse d'émission monétaire. Après avoir été attaché à un panier de devises, puis de nouveau attaché au dollar dans un « régime proche des parités glissantes », le FMI considère en 2020 que la Chine fait partie des « autres régimes », c'est-à-dire changeant trop souvent de politique pour identifier un comportement stable (*cf.* p. 660).

La forme la plus stricte de changes fixes est l'union monétaire, dans laquelle les taux de change sont irrévocablement fixés. L'Union économique belgo-luxembourgeoise (1921) a permis aux deux monnaies d'avoir une parité fixe entre 1944 et 1999, date de leur disparition dans l'euro. L'Union monétaire européenne est une union monétaire qui a immédiatement adopté une monnaie unique.

Changes flexibles ou flottants

Dans ce système, les cours de change peuvent fluctuer librement les uns par rapport aux autres. Les fluctuations des changes se traduisent par une « appréciation » ou une « dépréciation » de la monnaie (les termes dévaluation et réévaluation doivent être réservés aux changes fixes).

On dit que le système est pur si les autorités monétaires s'interdisent toute intervention sur le marché des changes. Le cours de change nominal est alors déterminé librement par le jeu de l'offre et de la demande sur le marché des changes. En pratique, cependant, le système peut rarement être qualifié de « pur » dans la mesure où il existe souvent des accords de coopération entre les banques centrales pour limiter les fluctuations des monnaies les unes par rapport aux autres. Même en l'absence d'accords, les banques centrales ne sont que rarement insensibles aux variations des taux de change qui rejaillissent sur la compétitivité extérieure des pays. Il est donc fréquent qu'elles interviennent en achetant ou en vendant des devises contre leur monnaie pour orienter les taux de change.

Les régimes de changes flottants se sont largement développés à partir des années 1970, mais rarement dans le contexte des changes flottants purs. L'Union européenne a tenté de mettre en place un flottement concerté avec le mécanisme du serpent monétaire (1972). Les accords du Plaza (1985) et du Louvre (1987) visaient à stabiliser le cours du dollar, d'abord en le faisant baisser, puis en stoppant la baisse. On est ainsi dans un régime de flottement impur, administré, dans lequel les interventions plus ou moins coordonnées des banques centrales visent à donner des signaux aux marchés pour leur indiquer les valeurs souhaitables des cours de change. Ces accords internationaux des années 1980 s'appuyaient d'ailleurs sur la théorie des « zones cibles » développée par John Williamson (*The Exchange Rate System*, 1983). Il s'agit de calculer un taux de change fondamental d'équilibre qui assure la croissance la plus forte possible tout en permettant un équilibre externe et un équilibre interne. L'équilibre externe correspond à un déficit soutenable de la balance courante, c'est-à-dire pouvant être financé par des entrées de capitaux à long terme. L'équilibre interne correspond à la réalisation de la croissance potentielle. Les banques centrales doivent alors maintenir le cours de change dans la fourchette correspondant à la zone cible. La principale difficulté de ce modèle est le calcul du cours de change d'équilibre.

Le régime des parités glissantes, ou *crawling peg*, est un mécanisme fondé sur l'existence de changes fixes, mais dont les parités sont régulièrement modifiées pour tenir compte de l'évolution de paramètres prédéterminés, comme par exemple les écarts de taux d'inflation. De nombreux pays d'Amérique latine ont utilisé ce mécanisme pour corriger leurs taux de change en fonction de l'inflation (Brésil, 1994...).

B. Le choix du régime de change

Alors que les changes fixes avaient dominé le XIXe et une grande partie du XXe siècle à travers les mécanismes de l'étalon-or, les changes flottants réapparaissent dans les années 1970. Jusque-là, leur présence dans l'histoire était toujours associée à des périodes de tension (guerres, crises économiques). Ils sont pourtant présentés alors comme une solution permettant de trouver les « vraies valeurs » des monnaies et le moyen de régler les déséquilibres des balances des paiements. Cependant, le recours aux changes flottants pose problème dans certaines situations, par exemple lorsqu'ils apparaissent comme le moyen de fausser la concurrence dans une zone économique. L'abandon d'un système de parités fixes fondées sur l'or a ainsi conduit à inventer de nouvelles procédures pour arrimer entre elles des monnaies.

Le choix d'un régime de change repose à la fois sur des avantages positifs attendus et sur la présence de contraintes.

Les contraintes, relevant de décisions internationales, qui s'imposent aux pays

Robert Mundell (« The monetary dynamics of international adjustement under fixed and flexible exchange rates », 1960) a formalisé la manière dont les contraintes internationales s'exercent sur les politiques économiques nationales et a montré que les pays ne peuvent pas satisfaire simultanément trois objectifs : la stabilité des changes, l'autonomie de la politique monétaire, la liberté de circulation des capitaux.

Le modèle de Mundell et Fleming, qui reprend la présentation du modèle IS-LM en économie ouverte (*cf.* module 4, chapitre 1), montre que l'efficacité des politiques économiques, et particulièrement de la politique monétaire, dépend de la mobilité internationale des capitaux et du régime de change. En régime de changes fixes, la politique monétaire est inefficace et la politique budgétaire d'autant plus efficace que la mobilité des capitaux est forte. En changes flexibles, la politique monétaire retrouve son efficacité tandis que la politique budgétaire perd la sienne, sauf lorsque la mobilité des capitaux est faible.

≫ Les ajustements en changes fixes

En changes fixes, une politique monétaire expansionniste se traduit par une baisse du taux d'intérêt et par une tendance à la dépréciation de la monnaie. Si les capitaux peuvent circuler librement, la tendance à la dépréciation est forte. Face à la dépréciation du change, la banque centrale est obligée d'intervenir pour maintenir le taux de change, elle rachète donc sa monnaie en échange de devises. Cela correspond alors à un durcissement de la politique monétaire, annulant les effets de relance initiaux. La politique monétaire est particulièrement inefficace lorsque la mobilité des capitaux est forte, mais elle est également inopérante avec une mobilité faible. Il n'y a que dans le cas où un strict contrôle des changes est instauré que la politique monétaire pourrait avoir un impact. Dans un système de changes fixes, il n'est pas possible de concilier la mobilité des capitaux et l'autonomie de la politique monétaire. C'est ce que présente le triangle d'incompatibilité.

Une politique budgétaire expansive, en changes fixes, accroît le niveau de la demande, qui provoque l'accroissement du revenu (effets multiplicateurs). La demande de monnaie pour les transactions augmente alors, réduisant la quantité de monnaie disponible pour la spéculation, ce qui pousse le taux d'intérêt à la hausse. Les effets sont alors différents selon que les capitaux sont mobiles ou pas :

- avec une forte mobilité des capitaux, la hausse des taux d'intérêt contribue à attirer les capitaux étrangers, ce qui fait apprécier le change, en dépit du déficit des transactions courantes lié à l'accroissement de la demande. Pour lutter contre cette tendance, la banque centrale doit acheter des devises contre sa propre monnaie, ce qui provoque un accroissement de la masse monétaire, permet la baisse du taux d'intérêt et renforce l'effet de la relance. La politique budgétaire est donc d'autant plus efficace en économie ouverte que la politique monétaire ne vient pas contrecarrer son action ;
- avec une faible mobilité des capitaux, la situation est différente. La hausse des taux d'intérêt n'attire que faiblement les capitaux étrangers qui ne compensent pas le déficit des transactions courantes. Celui-ci conduit alors à une dépréciation du change et la banque centrale doit

racheter sa monnaie. Elle réduit donc l'offre de monnaie interne pour rétablir l'équilibre de la balance des paiements, annulant en partie les effets de la relance budgétaire.

≫ Les ajustements en changes flottants

En changes flottants, une politique monétaire expansive a pour conséquence une diminution du taux d'intérêt, stimulant l'investissement et la croissance. Dans le même temps, la dépréciation de la monnaie qui en est la conséquence exerce un effet positif sur les exportations et freine les importations. Non seulement la politique monétaire est efficace sur l'activité, mais elle permet de réduire le déséquilibre extérieur, et ce d'autant plus que les capitaux peuvent se déplacer.

La politique budgétaire peut perdre en revanche de son efficacité, et ceci d'autant plus que les capitaux sont mobiles. En effet, l'accroissement de la demande provoque une montée du taux d'intérêt qui a des conséquences différentes selon le degré de mobilité des capitaux :

- si les capitaux sont mobiles, ils affluent, ce qui conduit à une appréciation du cours de change. Celle-ci dégrade la compétitivité extérieure et détériore le solde extérieur (hausse des importations et baisse des exportations). On assiste ainsi à un effet d'éviction par le change : l'augmentation des dépenses publiques est compensée par une diminution de l'activité des entreprises exportatrices et des entreprises concurrencées par les produits importés ;
- si les capitaux sont peu mobiles, le déficit de la balance des transactions provoqué par l'accroissement de l'activité conduit à une dépréciation du change. Celle-ci améliore la compétitivité, ce qui permet de rétablir l'équilibre extérieur. L'effet initial de la politique budgétaire est renforcé par la dépréciation du change. Une restriction aux mouvements des capitaux peut conduire à rendre la politique budgétaire plus efficace.

Le triangle d'incompatibilité et les différentes formes de régime de change

On peut représenter l'évolution des régimes de change depuis le XIXe siècle en les replaçant sur un triangle d'incompatibilité.

Figure 6 – Régimes de change et triangle d'incompatibilité

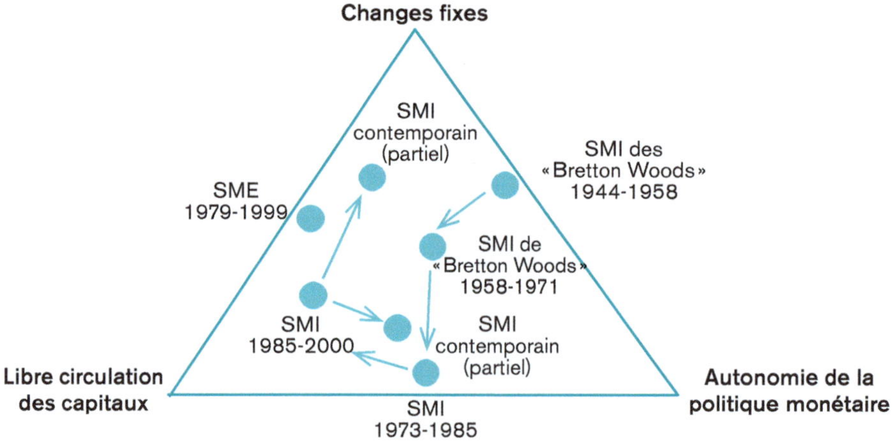

Le SMI de Bretton Woods (*cf.* p. 649) reposait sur des changes fixes mais limitait les possibilités de circulation des capitaux. C'est surtout vrai dans la première époque (1944-1958), avant le retour à la convertibilité externe des monnaies autres que le dollar. La seconde période de ce système (1958-1971) voit les mouvements de capitaux s'accélérer et la stabilité des cours de change devient plus problématique.

L'adoption des changes flottants, progressivement entre 1971 et 1976, marque un nouveau régime de change compatible avec une plus grande liberté de circulation des capitaux et la volonté de rendre les politiques monétaires plus autonomes.

L'ébauche d'une coopération monétaire dans la deuxième moitié des années 1980 (accords du Plaza 1985, accords du Louvre 1987) correspond à une harmonisation des politiques monétaires qui va permettre une plus grande stabilité des taux de change alors que la globalisation financière se poursuit.

Depuis le début du XXIe siècle, avec l'apparition de l'euro et d'un système plus multipolaire, deux tendances assez nettement opposées se dessinent. Les variations des changes entre les grandes monnaies (euro, dollar) ont été d'une grande amplitude, traduisant des politiques monétaires différentes et l'acceptation du flottement des monnaies. En revanche, la « peur du flottement » (Calvo et Reinhart, « Fear of floating », 2002) est visible pour de nombreuses économies émergentes, qui lient leur monnaie au dollar ou à l'euro. La situation du yuan est particulière. Entre 2015 et 2019, le FMI a modifié 4 fois la place de la Chine dans le tableau des régimes de change présenté plus haut. Longtemps liée au dollar, pas totalement convertible, sa valeur de marché oscille autour d'un cours pivot fixé tous les jours par la banque centrale.

Selon le classement du FMI 58 % des pays ont adopté un régime de change fixe ou stabilisé en 2019, tandis que le flottement en séduit un peu plus d'un tiers (34 % en 2019), 7 % environ restant inclassables.

2

Évolution du système monétaire international depuis le XIXe siècle

Un système monétaire international (SMI) est un ensemble de règles qui organisent les décisions des États en matière de change et de réglementation des flux de capitaux et conditionnent de ce fait plus ou moins leur politique monétaire. Quatre éléments permettent généralement de caractériser un SMI :

- **la convertibilité des monnaies et l'organisation des flux de capitaux :** la convertibilité est assurée seulement pour la balance courante lorsqu'il est possible d'échanger une monnaie contre une autre pour réaliser des opérations d'importations et d'exportations de biens et services. La convertibilité du compte financier est réalisée lorsqu'il est possible d'échanger librement des capitaux *via* les prêts et les investissements à l'étranger, directs ou de portefeuille ;
- **le régime de change :** changes fixes ou changes flottants, choix d'un référent tel que l'or ou une devise, mécanismes permettant de réajuster les changes... tous ces éléments ont varié dans l'histoire ;
- **les mécanismes assurant la fourniture de liquidités en cas de besoin :** la nécessité de se procurer des liquidités suppose qu'il existe un agent susceptible de les fournir. On peut imaginer un SMI centré autour d'une banque internationale assurant la fourniture de liquidités, mais l'histoire des deux derniers siècles, au cours desquels la livre puis le dollar ont joué le rôle de monnaie internationale, nous montre que c'est souvent sur un pays que repose la nécessité de fournir les liquidités ;
- **la surveillance et la coopération monétaire :** selon les périodes, cette mission est plus ou moins précisément définie. Au XIXe siècle, elle repose surtout sur les épaules de la Banque d'Angleterre. Depuis le milieu du XXe siècle, c'est le FMI qui est chargé d'assurer la surveillance, tandis que la coopération monétaire, qui a pu prendre des formes variées, a été plus ou moins importante et efficace selon les époques.

1 Le système monétaire international de l'étalon-or et ses variantes

Au cours du XIXe siècle, se met en place un système monétaire international reposant sur l'étalon-or. Il est le résultat d'un lent mouvement qui conduit les pays à adopter un cadre défini par l'économie dominante, la Grande-Bretagne, et qui finit par faire de la livre sterling le véritable cœur du système.

A. L'étalon-or au XIXe siècle : mythe et réalité

Si la définition des monnaies par rapport à un poids d'or n'est pas nouvelle, le débat est nettement réactivé au début du XIXe siècle avec la recherche de règles strictes liant l'émission monétaire et la quantité d'or. Dans les siècles précédents, et même en remontant très loin dans le temps (Empire romain par exemple), les monnaies sont directement frappées dans un métal précieux (or, argent) ou semi-précieux (bronze). La valeur de la monnaie est donc directement liée à la quantité de métal contenue dans la pièce. L'usage de plus en plus fréquent, à partir du XVIIe siècle, de billets de banque pose plus nettement la question de la référence en or de la monnaie. Les billets sont normalement convertibles en métal précieux, mais leur convertibilité réelle n'est pas toujours assurée, comme en témoignent quelques expériences historiques : banqueroute de Law en 1720, expérience des assignats dans la France révolutionnaire…

C'est donc essentiellement la question de la convertibilité en or de la monnaie qui est posée, et en conséquence celle du contrôle de l'émission monétaire. Si la question se pose d'abord sur le plan interne, l'ouverture économique croissante va conduire à aborder le problème de la convertibilité externe de la monnaie et des garanties que la banque centrale d'un pays peut apporter aux non-résidents qui détiennent sa monnaie.

L'origine : la controverse bullioniste

À partir de 1797, du fait de la situation politique et militaire en Europe, les billets de la Banque d'Angleterre deviennent inconvertibles. Jusque vers 1800, la valeur des billets reste la même, ensuite ils se déprécient rapidement. Une seconde crise monétaire se produit en 1810-1811 et le *Bullion Report*, présenté en 1810 à la Chambre des communes, considère que l'émission excessive de billets par la Banque d'Angleterre et par les banques commerciales a provoqué une hausse des prix, une hausse de l'or et donc la dépréciation de la livre. Il reprend en cela les principaux arguments défendus par H. Thornton dès 1802, bien que ce dernier ait une interprétation plus nuancée, mettant également en avant le rôle de la guerre et s'inquiétant de l'effet dépressif sur l'économie que peut avoir une stricte limitation de la création monétaire. La thèse bullioniste trouvera son prolongement dans la *currency school*, à laquelle on associe également D. Ricardo : la stabilité de la monnaie ne peut être garantie qu'en liant strictement l'émission monétaire au stock d'or disponible. Cette approche s'oppose à celle de la *banking school*, défendue par T. Tooke, qui considère que l'émission de monnaie doit répondre aux besoins des agents et que la banque centrale doit lier l'encours des crédits aux mouvements de l'activité.

Même si le Parlement repousse le *Bullion Report*, poursuivant le financement de son effort de guerre contre la France, les thèses de la *currency school* finissent par s'imposer, ce qui ouvre la voie à la définition officielle de la valeur-or de la livre en 1816 et un retour à la convertibilité-or dès 1821. Mais c'est le *Bank Charter Act* de 1844, appelé également Acte de Peel, du nom du Premier ministre qui l'a initié, qui consacre les contraintes de l'étalon-or. La Banque d'Angleterre est divisée en deux départements : un département d'émission, qui émet les billets avec une stricte couverture en or, et un département de banque chargé de l'escompte des effets de commerce. Ce dernier assure l'introduction dans l'économie des billets émis par le premier, mais il est totalement contraint par le niveau des émissions. On fonctionne alors comme dans un système de *currency board* (*cf. supra*, p. 633) et les règles d'émission très strictes sont un facteur de confiance dans la solidité de la livre sterling à l'échelle internationale.

Les principes de l'étalon-or

Le système de l'étalon-or provient de l'instauration par un ensemble de pays, de manière très progressive et empirique, d'un ensemble de règles monétaires strictes liant leur monnaie et un métal précieux (généralement l'or) et permettant d'établir des cours de change entre les monnaies.

≫ Les monnaies sont définies par un poids en métal précieux qui détermine les parités respectives

Dès le début du XIXe siècle on peut, en simplifiant, considérer que l'Europe du Nord fonctionne en régime d'étalon-argent, que la Grande-Bretagne adopte l'étalon-or, tandis que la France et quelques pays latins sont partisans du bimétallisme.

La loi du 7 germinal an XI (28 mars 1803) instaure le bimétallisme. Le franc germinal vaut 5 grammes d'argent, au titre de 9/10 de fin, c'est-à-dire qu'il représente 4,5 grammes d'argent pur, reprenant en cela la définition du franc révolutionnaire de 1795. La même loi établit une parité fixe entre l'or et l'argent sur la base de 15,5 kilos d'argent pour 1 kilo d'or. Un franc vaut ainsi 0,3225 g d'or et 0,29025 g d'or pur. Des pièces en or, d'une valeur de 20 francs, sont frappées et baptisées « Napoléon ».

La livre sterling est longtemps définie de manière bimétallique. La frappe des pièces en or, interrompue en 1797, reprend en 1816 (loi du 22 juin 1816) et l'étalon-or s'impose alors, même s'il faut attendre 1821 et la suppression des entraves à la libre circulation de l'or pour qu'il fonctionne réellement, en dépit de crises bancaires dans les années 1820-1830. La livre sterling pèse 7,988 g d'or, au titre de 11/12 d'or fin, ce qui signifie qu'elle contient en fait 7,3223 g d'or fin. La référence à l'argent s'estompe au cours du XIXe siècle et la convertibilité-or interne de la livre est assurée de manière très stable à partir de 1820. Une livre sterling vaut donc 25,22 francs français (7,3223/0,29025 = 25,22). Cette parité sera respectée pendant tout le XIXe siècle.

≫ Le mécanisme des « points d'or »

La possibilité de convertir les monnaies en or, ou en argent, permet d'établir des limites de fluctuation des cours de change : c'est le mécanisme des « points d'or ». En effet, si une devise tend à se déprécier, il arrive un moment où il devient plus avantageux de la convertir en or et de faire circuler de l'or.

Supposons un commerçant français qui veut s'approvisionner en Angleterre et doit se procurer des livres pour payer ses achats. Il peut les acquérir auprès de sa banque à la parité de 25,22 francs pour une livre sterling. Il peut aussi convertir ses francs en or, transporter l'or en Angleterre et faire une conversion en livres (ou faire frapper des pièces). Cette opération ayant un coût – transport, assurance, monnayage –, il est évident que le commerçant sera prêt à payer les livres sterling un peu au-dessus de leur valeur officielle. En revanche, il n'acceptera pas d'acquérir des livres à un cours trop important et préférera alors faire circuler de l'or. Il existe donc une limite maximale au cours de la livre sterling au-delà de laquelle les échanges auront lieu en or. C'est le point de sortie de l'or de France et le point d'entrée de l'or en Angleterre. Symétriquement, il existe une limite minimale correspondant au point de sortie de l'or de la Grande-Bretagne et à celui de son entrée en France.

Ces limites de fluctuations des cours, liées aux coûts de transport, d'assurance et de monnayage, représentaient au XIXe siècle environ 0,2 % autour de la parité. Cela correspond à une marge de variation de la livre sterling de 5 centimes de franc et un cours qui pouvait osciller entre 25,17 et 25,27 francs. Il faut noter qu'en période troublée les coûts de transport et d'assurance augmentent… et donc que les marges s'accroissent. C'est la raison pour laquelle la Grande-Bretagne a pu maintenir la convertibilité-or externe de la livre sterling pendant la Première Guerre mondiale, ne l'abandonnant qu'à la fin du conflit.

≫ Un système qui garantit un rééquilibrage automatique des échanges extérieurs et une absence d'inflation

Supposons qu'un pays utilisant ce régime de change connaisse un déficit de sa balance commerciale. Il en résulte une tendance à la dépréciation de sa monnaie. Si le point de sortie de l'or est atteint, la banque centrale doit réduire ses émissions monétaires pour se conformer aux règles de l'étalon-or.

Cette diminution de la masse monétaire peut avoir deux effets :

– en vertu des principes quantitativistes qui sont étroitement liés à la doctrine de la *currency school*, cela doit provoquer une réduction des prix. À quantité de production égale, une masse monétaire plus faible se traduit par un niveau de prix inférieur qui améliore la compétitivité-prix du pays et permet de rétablir la balance commerciale ;

– la diminution de la masse monétaire pousse le taux d'intérêt à la hausse, ce qui provoque une réduction de l'activité et de ce fait une diminution des importations (baisse de la demande). Les deux effets cumulés contribuent à améliorer le solde extérieur.

À ces effets auto-stabilisants sur la balance commerciale, s'ajoute la possibilité de maîtriser correctement l'inflation. Un pays dans lequel se déclenche une inflation perd en compétitivité et voit sa balance commerciale se dégrader. En vertu des mécanismes précédents, il en résulte une sortie d'or, une réduction de la masse monétaire et une baisse des prix. Solde extérieur et mouvements de prix sont donc étroitement liés et permettent à la fois d'éviter des déficits et des excédents durables ainsi que des pressions inflationnistes ou déflationnistes trop fortes.

Étalon-or ou étalon-sterling ?

Si la Grande-Bretagne applique un étalon-or interne dès la fin des guerres napoléoniennes, ce n'est qu'avec le *Bank Charter Act* de 1844 que l'étalon-or externe est réellement instauré, mais les circonstances l'obligèrent à le suspendre plusieurs fois (1847, 1857, 1866).

≫ Monométallisme or ou bimétallisme

Au milieu du XIXe siècle, la Grande-Bretagne est encore seule à privilégier l'étalon-or. Dans la plupart des autres pays, la référence à l'argent est toujours présente, soit de manière exclusive soit *via* le bimétallisme. C'est le cas en particulier de la France qui conserve la double définition or-argent de sa monnaie. Cela provoque des mouvements spéculatifs lorsque le prix de l'argent-métal varie par rapport à l'or au gré des découvertes des métaux précieux. Si l'argent se déprécie, il est astucieux d'acheter de l'argent-métal en Angleterre, où il ne coûte pas trop cher, de l'apporter en France et d'y faire frapper des pièces d'argent. En les échangeant ensuite contre de l'or au cours légal français, on obtient une plus-value substantielle. Inversement, dans des périodes où les découvertes d'or font baisser le prix relatif de l'or par rapport à l'argent, on observait des entrées d'or dans les pays bimétallistes, ou une thésaurisation des pièces d'argent dont la valeur intrinsèque augmentait et qui disparaissaient ainsi de la circulation monétaire. C'est le principe de la loi de Gresham : « La mauvaise monnaie chasse la bonne. »

La France, la Belgique, la Suisse et l'Italie créent en 1865 l'Union latine, véritable construction d'un système bimétalliste. La Grèce les rejoint en 1868, puis de nombreux autres pays d'Europe mais également d'Amérique latine adhèrent, plus ou moins strictement, au mécanisme. Il s'agit d'une convention visant à harmoniser le titrage des pièces d'or et d'argent, c'est-à-dire leur teneur en métaux précieux, et à instaurer des règles d'émission et de convertibilité communes. De la sorte, les monnaies des différents pays, tout en conservant leur nom, contiennent la même quantité de métal précieux et ont donc la possibilité de circuler à l'intérieur de l'Union. L'Union latine, au fil des nouvelles conventions, se convertit assez rapidement à l'étalon-or. Dès la fin des années 1860, plusieurs pays plaident pour une adoption de l'étalon-or, mais c'est la décision allemande d'adopter l'étalon-or et de démonétiser l'argent au début de la décennie 1870 qui eut un effet décisif. Elle provoqua un afflux d'argent vers la France et la Belgique, obligeant ces États à mettre fin à la frappe libre des pièces, dès 1873 pour la Belgique, en 1876 puis définitivement en 1878 pour la France ; c'est le « bimétallisme boiteux » car les pièces en argent continuent à avoir cours mais ne peuvent plus être frappées librement.

L'étalon-or se généralise donc dans la seconde moitié du XIXe siècle : Portugal (1854), Allemagne (1871-1873), États scandinaves (1873-1875), Finlande, Serbie (1878), Argentine (1881), Égypte (1885), Roumanie (1890), Autriche-Hongrie (1892), Russie, Bulgarie, Japon, Chili (1897), États-Unis (*de facto* dès 1873, de droit en 1900), Pays-Bas (1901), Mexique (1904)…

≫ Le rôle central de la Grande-Bretagne dans le SMI

L'extension de l'étalon-or témoigne largement de l'importance prise par la Grande-Bretagne dans l'économie mondiale et les échanges internationaux. La livre sterling est devenue l'instrument des échanges internationaux et les banques anglaises assurent également une partie du financement de l'économie mondiale. La plupart des opérations liées aux échanges internationaux sont libellées en livre sterling, qui est même acceptée en paiement en dehors de la zone où elle a cours. Elle est ainsi une véritable monnaie mondiale.

À ce titre, on voit déjà apparaître les contraintes qui seront théorisées par Triffin au XXe siècle : pour qu'une monnaie nationale puisse avoir un statut international, il faut que le pays émetteur en injecte dans l'économie mondiale, mais une trop grande création monétaire risque de saper la confiance dans la devise. Dans la seconde moitié du XIXe siècle, la balance commerciale britannique est constamment déficitaire, mais sa balance courante est excédentaire en raison d'un fort excédent des invisibles. En effet, l'Angleterre domine les opérations de transport, d'assurance… et ses placements extérieurs lui assurent des revenus importants. C'est donc dans le compte financier de la balance des paiements que se trouve le secret de l'internationalisation de la livre : les crédits, à court ou à long terme, les investissements de portefeuille, les investissements directs, contribuent à injecter les livres dont les autres pays ont besoin.

Cependant, le dilemme de Triffin ne joue que partiellement sur cette période. Les livres accumulées à l'extérieur, les balances sterling, devraient provoquer une tendance à la dépréciation de la livre et conduire à une sortie d'or. Mais elles sont, d'une part, relativement réduites et, d'autre part, la politique de taux d'intérêt menée par la Banque d'Angleterre lui permet de ramener les capitaux en Grande-Bretagne, ou incite les étrangers à conserver leurs avoirs en livre sterling et évite les sorties d'or. À ce titre, il est difficile de dire si l'Angleterre s'affranchit complètement des contraintes de l'étalon-or. La modification très fréquente de son taux d'escompte, plus de 400 fois entre 1844 et 1914, peut s'interpréter comme une volonté d'éviter les sorties d'or. Mais cela peut également être vu comme le moyen de provoquer le ralentissement de l'activité, la diminution de la création monétaire, la baisse des prix et l'amélioration de la compétitivité extérieure. En ce sens, ce sont les contraintes de l'étalon-or qui s'imposent et la Grande-Bretagne bride sa croissance économique pour maintenir le rôle central de la livre. On est donc bien dans un étalon-or, mais asymétrique : un seul pays a les moyens de payer dans sa propre monnaie et les conséquences des fluctuations des taux britanniques pèsent lourdement sur les autres pays.

B. L'impossibilité de constituer un SMI multipolaire après la Première Guerre mondiale

Au lendemain de la Première Guerre mondiale, période où a été imposé en interne le cours forcé des billets, le système monétaire international hérité du XIXe siècle ne peut pas être reconstruit. La Grande-Bretagne interdit en 1918 les exportations d'or, mettant fin à un siècle d'étalon-or. Pourtant, la volonté est forte de reconstruire un système monétaire sur des bases proches de celui du XIXe siècle et la plupart des grands pays vont chercher à rétablir la convertibilité-or de leur monnaie, dans un cadre légèrement rénové. Mais la guerre a remodelé le paysage monétaire, consacrant la montée en puissance des États-Unis et le déclin de la Grande-Bretagne et des puissances européennes. Cependant, si les États-Unis sont incontestablement la première puissance économique mondiale, ils ne sont pas prêts à assumer ce rôle, particulièrement dans le domaine monétaire.

La conférence de Gênes et la mise en place d'un étalon de change or

La conférence qui s'est tenue à Gênes en avril-mai 1922 a initialement pour objet des questions économiques centrales pour l'époque : paiement des dettes internationales, particulièrement celles contractées par la Russie avant 1914, problèmes douaniers et commerciaux, transports. Mais c'est le volet monétaire de la conférence qui est passé à la postérité. Elle réunit les principaux pays impliqués dans la Première Guerre mondiale, à l'exception notable des États-Unis, et pose les bases d'une reconstruction du SMI tout en demandant la tenue d'une convention internationale chargée de définir précisément les modalités de mise en œuvre.

Tous les pays membres sont d'accord pour faire de l'or le centre du système : « Il est désirable que toutes les monnaies européennes soient basées sur un étalon commun. L'or est le seul étalon commun qu'à l'heure actuelle tous les États européens pourraient convenir d'adopter. » Mais ils s'inquiètent du risque de manque d'or et « suggèrent que la convention contienne des dispositions tendant à l'économie dans l'usage de l'or, par le maintien de réserves sous forme de balances à l'étranger ; on citera, à cet égard, le système de l'étalon-or de change ("*Gold Exchange Standard*", ou un système de compensation internationale » (Actes de la conférence de Gênes).

Le système mis en place repose sur l'existence de monnaies directement convertibles en or, qui correspondent aux « centres or », et sont des monnaies de réserve internationales. Elles sont garanties par les réserves en or et en devises de leur pays émetteur et constituent des devises clés. Leur convertibilité peut être assurée soit de manière totale, soit – et c'est plus souvent le cas – en la limitant au lingot de 400 onces (ce sera le cas de la Grande-Bretagne en 1925 et de la France en 1928). Les autres monnaies peuvent être rattachées indirectement à l'or par l'intermédiaire des devises clés. On parle d'étalon de change or car la convertibilité n'est possible qu'après échange contre une devise clé.

La stabilité des changes est assurée par le fait que les pays ne recourent pas à la création de papier-monnaie pour financer leurs déficits et s'imposent une stricte discipline budgétaire.

Les difficultés du retour à la convertibilité des monnaies

Au moment de la conférence de Gênes, le dollar est la seule monnaie convertible en or. Au cours des années 1920, d'autres pays tentent d'assurer la convertibilité de leur devise et de devenir des centres or. Mais les conditions pour y parvenir n'ont pas été faciles.

≫ Le retour de la livre sterling à la convertibilité

La Grande-Bretagne lutte pour retrouver sa suprématie, contestée mollement par des États-Unis peu soucieux de s'impliquer dans la direction monétaire du monde. S'ils sont devenus la première puissance mondiale et sont passés d'une situation de débiteurs à créanciers du monde au cours de la guerre, ils n'ont pas le réseau bancaire, les pratiques financières de l'Angleterre, ni même sa flotte commerciale du XIXe siècle.

Le choix de l'étalon-or, affirmé dès 1918 dans le rapport Cunliffe, est renforcé par la conférence de Gênes. La livre sterling, qui flotte depuis la fin de la guerre, s'est nettement dépréciée et l'Angleterre décide, d'une part, de revenir rapidement à la convertibilité-or de la livre et, d'autre part, de réinstaurer la parité-or du XIXe siècle. Ce choix est en partie imposé par l'importance des balances sterling accumulées au cours de la guerre, qui risqueraient d'être converties en or si la livre était dévaluée. Pour atteindre cet objectif, il est nécessaire de mener une sévère politique de déflation visant à ramener les prix à leur niveau d'avant-guerre. Cette politique est menée sous l'impulsion du directeur de la Banque d'Angleterre, Montagu Norman, et est incarnée à partir de 1924 par le chancelier de l'Échiquier, Winston Churchill.

Le 13 mai 1925, la convertibilité de la livre sterling est rétablie, à la parité d'avant 1914, même si la convertibilité n'est assurée que pour le lingot de 400 onces (*gold bullion standard*). Mais la surévaluation de la livre aggrave le déclin industriel de l'Angleterre et les conséquences sociales sont graves, comme le craignait Keynes (*A tract on Monetary Reform*, 1924 ; *The Economic Consequences of Mr Churchill*, 1925). L'Angleterre connaît sa première grève générale en 1926, le chômage ne descend pas en dessous du million de chômeurs (*the untractable million*) sur toute la fin de la décennie. La Grande-Bretagne a sacrifié sa croissance et son industrie à la restauration de son prestige monétaire.

≫ L'Allemagne : de l'hyperinflation au retour à la convertibilité

Au début des années 1920, l'Allemagne connaît une hyperinflation qui est restée dans les mémoires comme l'exemple type de ce phénomène. Et pourtant elle est la première des grandes puissances à retrouver la valeur or de sa monnaie en 1924.

L'inflation est présente en Allemagne au cours de la guerre, comme dans beaucoup d'autres pays, mais ne disparaît pas à la suite du conflit. Le financement de la guerre par émission monétaire y a été plus important qu'ailleurs, augmentant considérablement la masse monétaire. Le traité de Versailles (1919) la condamne à verser d'importantes réparations. Le montant, déterminé par une commission internationale en 1921, est fixé à 132 milliards de marks-or, avec des annuités de 2 milliards augmentées de 26 % du montant des exportations. Le prélèvement effectué sur le revenu national allemand est estimé à environ 10 % de la richesse nationale au début des années 1920 (même si les données sur ce point sont assez inégales)[2]. La décision allemande de 1922 de ne plus payer, à laquelle fait suite l'occupation de la Ruhr par la France (janvier 1923), précipite d'accélération de l'inflation.

Nombreux sont les symboles de cette hyperinflation : enfants jouant avec des montagnes de billets, billets de banque surchargés valant plusieurs milliards de marks-papier. Mais la dépréciation de la monnaie face au dollar est certainement la mesure la plus vertigineuse du phénomène : 1 mark de 1913 est ainsi équivalent à 1 000 milliards de marks de 1923 !

La hausse des prix de gros traduit le même phénomène. Les prix progressent d'abord moins vite que la dégradation du change, puis plus rapidement, de telle sorte que l'indice des prix de

2 C.-L. Holtfrerich, *L'Inflation en Allemagne 1914-1923*, Comité pour l'histoire économique et financière de la France, 2008.

gros atteint 1 261 milliards en décembre 1923 (1913 = 1). Devant une telle hausse des prix et dépréciation du change, on assiste à un phénomène de fuite devant la monnaie, qui contribue d'ailleurs à alimenter l'inflation. Dès que les agents disposent d'une unité monétaire, ils s'empressent de la dépenser ou de la convertir. La baisse de la production au cours de l'année 1923 contribue également à amplifier le phénomène.

La sortie de cette hyperinflation s'est faite grâce à un changement d'unité monétaire impulsé par le Commissaire à la monnaie, puis ensuite président de la Reichsbank, Hjalmar Schacht. Après avoir envisagé de créer une nouvelle unité monétaire indexée sur le prix du seigle, le choix s'est finalement porté sur la création d'une nouvelle banque, la Rentenbank, au statut privé et émettant une nouvelle monnaie, le rentenmark, dont la valeur était calquée sur celle du mark-or d'avant-guerre. Il valait donc 1 000 milliards de marks-papier. La valeur de cette monnaie était gagée sur le capital économique de l'Allemagne et ses réserves d'or.

L'inflation est brisée en quelques semaines, la nouvelle monnaie étant adoptée rapidement par la population qui retrouvait les niveaux de prix d'avant-guerre, mettant fin à la fuite devant la monnaie. L'effet est accentué par l'aide que l'Allemagne reçoit à l'occasion du plan Dawes en 1924 : 40 millions de livres et la certitude que les paiements ne mettraient pas en péril la stabilité du mark.

Le 30 août 1924, le rentenmark est officiellement remplacé par le reichsmark, convertible en or. Il continuera cependant à circuler comme moyen de paiement jusqu'à Seconde Guerre mondiale.

La France et l'instauration du franc Poincaré

Le retour à la convertibilité-or du franc n'est assuré que dix ans après la fin de la Première Guerre mondiale. Au cours de la période, la France a été marquée par une poussée inflationniste et une dépréciation du franc qui a fait craindre un scénario hyperinflationniste comme en Allemagne.

Jusqu'en 1923, la relative stabilité du franc est liée à l'idée que « l'Allemagne paiera » les réparations de guerre auxquelles le traité de Versailles l'a condamnée. L'impossibilité pour l'Allemagne de financer de telles réparations, même étalées dans le temps, accentue la perte de confiance dans la monnaie française. L'occupation de la Ruhr en 1923 n'y change rien et l'hyperinflation allemande finit de ruiner les perspectives de versement. À partir de 1924, dans un contexte de politique de déflation en Angleterre et d'arrivée au pouvoir du Cartel des gauches en France, le franc se déprécie rapidement sur les marchés des changes. La chute se poursuit de telle sorte qu'en 1926 R. Poincaré devient président du Conseil, à la tête d'un gouvernement d'union nationale. Son statut d'ancien président de la République au cours de la Première Guerre mondiale et le changement de gouvernement suffisent largement à rétablir la confiance dans la monnaie, preuve tangible qu'il s'agissait surtout d'un mouvement spéculatif. Le retour des capitaux permet la stabilisation de la valeur du franc dès la fin de l'année 1926, à un taux de change proche de 125 francs pour 1 livre. Cela traduit une nette dévaluation du franc, par rapport à la parité du XIXe siècle, d'environ 80 %.

La stabilisation de fait permet d'aboutir à une stabilisation de droit lorsque, le 25 juin 1928, le franc est de nouveau convertible. La nouvelle définition du franc en or, la première depuis

1803, se fait sur la base de 65,5 mg d'or pour 1 franc. La parité choisie, nettement sous-évaluée, contribue à doper la croissance française de la fin de la décennie, avant que la crise des années 1930 ne la rattrape. Paradoxalement, cette parité sous-évaluée, qui permet à la France d'engranger des excédents commerciaux, provoque des entrées d'or.

L'éclatement du SMI au cours de la crise des années 1930

La crise de 1929 a des conséquences importantes sur le système monétaire international. L'effondrement du système bancaire américain, le retrait massif des capitaux américains placés dans le reste du monde, la contagion qui s'opère via les marchés financiers et le commerce international, ont raison des efforts entrepris depuis dix ans pour assurer la stabilité du SMI. Les dévaluations compétitives, les politiques de déflation, la montée des tensions internationales vont conduire à son éclatement.

≫ Les dévaluations de la livre et du dollar

En quelques mois, en 1931-1932, la Grande-Bretagne abandonne les trois dogmes hérités de l'ère victorienne : la monnaie forte, le libre-échange et la non-intervention de l'État dans l'économie intérieure.

Les exportations britanniques ont diminué de 50 % entre 1929 et 1931 et les invisibles, en nette diminution, ne compensent plus les déficits commerciaux. Les importantes sorties d'or poussent le gouvernement à suspendre la convertibilité de la livre le 21 septembre 1931 et à la laisser flotter. Elle se déprécie rapidement d'un tiers, effaçant la réévaluation réalisée au début des années 1920.

L'*Import Duties Act* de février 1932 établit des droits de douane sur de nombreux produits, puis les accords d'Ottawa d'août 1932 établissent la « préférence impériale ». L'Angleterre accorde une franchise aux produits en provenance des dominions et de l'Inde et obtient en compensation des préférences tarifaires pour ses exportations. Cela se double de concessions politiques qui renforcent l'indépendance des dominions (Statut de Westminster).

De nombreux pays choisissent d'aligner leurs monnaies sur la livre sterling pour préserver leurs échanges avec l'Angleterre : Commonwealth (sauf Canada), pays scandinaves et baltes, Grèce, Irak, Iran, Égypte, Irlande, Portugal. Se constitue ainsi une zone sterling qui permet à l'Angleterre d'éviter l'augmentation du prix des produits importés, tout en pénalisant les pays extérieurs à la zone. La situation économique de l'Angleterre s'améliore, conséquence de l'avantage compétitif d'une monnaie faible mais également des mesures protectionnistes et des interventions de l'État pour soutenir l'agriculture, les charbonnages, la sidérurgie…

La conférence de Londres, en juin-juillet 1933, vise à mettre de l'ordre dans les relations monétaires internationales. Les experts des 66 pays réunis préconisent de cesser les dévaluations compétitives et les surenchères protectionnistes, de créer un fonds de coopération internationale et de favoriser le crédit. Cependant, depuis le 20 avril, le dollar est de fait décroché de sa parité-or et Roosevelt refuse de s'engager à ne pas dévaluer. Il privilégie la stabilité interne et une politique de reflation à la stabilité du taux de change : « La solidité du système économique d'une nation est un facteur beaucoup plus grand de son bien-être que le prix de sa monnaie en devises d'autres pays. » Par le *Gold Reserve Act* du 30 janvier 1934, le président américain est autorisé à fixer la valeur du dollar et, le 1er février, Roosevelt établit une parité de 35 $ l'once d'or, dévaluant le dollar de presque 60 %.

≥ Le franc et le bloc-or

En réplique au choix américain de juillet 1933, la France, l'Italie, la Suisse, les Pays-Bas, la Belgique et la Pologne annoncent la naissance du « bloc-or » et confirment « leur volonté formelle de maintenir le libre fonctionnement de l'étalon-or dans leurs pays respectifs aux parités-or actuelles ».

Le bloc-or semble une construction solide : grâce notamment aux réserves françaises, il dispose d'une encaisse-or supérieure à celle des États-Unis ; il représente 24 % des échanges internationaux et enregistre alors des taux de chômage beaucoup plus faibles que ceux des États-Unis, de l'Angleterre ou de l'Allemagne.

Mais il ne dispose pas d'institutions communes et les tentatives de coordination monétaire entre les pays sont restées peu efficaces. La plupart des signataires connaissent déjà des déficits commerciaux, signe que leurs prix sont trop élevés ou que leurs monnaies sont surévaluées. En refusant la dévaluation, ils s'obligent à des politiques de déflation, coûteuses en termes de croissance et d'emploi. L'Italie (1934) et la Belgique (1935) quittent le bloc-or, et le départ de la France en 1936, matérialisé par la fin de la convertibilité en or des billets, marque la fin de l'expérience.

≥ Les zones monétaires de la fin de la décennie

La signature en 1936 d'un accord tripartite États-Unis, France, Royaume-Uni, établissant la convertibilité des billets en or au seul bénéfice des banques centrales, consacre l'idée que l'or n'a plus qu'un rôle international et vise à réinstaurer des changes fixes. Mais au cours de la seconde moitié des années 1930, c'est un éclatement du SMI en zones monétaires qui se confirme.

La zone sterling est liée à la dévaluation de 1931 et à la décision de nombreux pays liés à la Grande-Bretagne de conserver des relations privilégiées avec elle. Des mécanismes de crédit et des accords commerciaux ont contribué à structurer cette zone qui continuera à jouer un rôle important, y compris pendant la Seconde Guerre mondiale. L'éphémère expérience du bloc-or visait également à instaurer une zone monétaire. La dévaluation du franc en 1936 et l'instauration d'un « franc-élastique » (franc Auriol), dont la valeur peut varier entre 43 et 49 mg d'or, conduisent dans les faits à un flottement de la monnaie française. L'accord monétaire entre la France et le Royaume-Uni en 1938 permet d'arrimer les deux monnaies.

En plus de la zone sterling et du bloc-or, apparaît une zone dollar englobant l'ensemble des pays du continent américain qui alignent leurs monnaies sur la dévaluation officialisée par Roosevelt le 30 janvier 1934 et signent des accords commerciaux bilatéraux avec les États-Unis (*Reciprocal Trade Agreement Act*, 1934).

L'Allemagne nazie a réussi à créer en Europe centrale une zone mark où les échanges sont fondés sur le troc et les accords de clearing. L'URSS utilise seule le rouble et le Japon crée une zone yen dans « la sphère de coprospérité en Asie orientale », l'empire qu'il est en train de constituer en Asie.

À la fin des années 1930, on a donc un cloisonnement commercial et monétaire généralisé, aggravant la paralysie des échanges et désorganisant le marché des capitaux. C'est une stratégie défensive pour les démocraties, mais qui favorise les revendications territoriales des régimes autoritaires. Au nom de la recherche d'un « espace vital » (*Lebensraum* pour les Allemands), ils s'engagent dans des stratégies de conquête qui aboutiront à la Seconde Guerre mondiale.

C. Le SMI de Bretton Woods et la mise en place d'un étalon-dollar

La seconde moitié du XXe siècle s'ouvre par la mise en place, en quelques années, d'un ensemble d'institutions et de règles de coopération internationales qui visent à éviter le retour des conditions de l'entre-deux-guerres : Organisation des Nations unies (ONU, 1945) pour les aspects politiques, *General Agreement on Tariffs and Trade* (GATT, 1947) pour les échanges internationaux, Fonds monétaire international (FMI, 1944) pour les questions monétaires. Les accords de Bretton Woods organisent les relations monétaires internationales pour les trois décennies suivantes.

Le contenu des accords de Bretton Woods

La conférence qui s'est tenue à Bretton Woods, du 1er au 12 juillet 1944, a fait l'objet d'un intense travail préparatoire au cours des deux années précédentes. Ce sont les projets proposés par la Grande-Bretagne et les États-Unis qui sont au cœur des négociations et ils sont le reflet de deux visions différentes de l'après-guerre.

≫ Le contexte de la conférence internationale : le plan Keynes contre le plan White

La délégation britannique est conduite par John Maynard Keynes tandis que celle des États-Unis est menée par le sous-directeur au Trésor, Harry Dexter White. Les deux délégations sont d'accord sur la nécessité de mettre en place un SMI reposant sur l'élaboration d'un système de changes fixes, tout en évitant la déflation liée à une contrainte trop importante sur le stock d'or. Elles souhaitent également mettre en place une institution chargée de faire la police dans les dévaluations et qui puisse prêter aux États en difficulté.

En revanche, le mode de défense des parités et le fonctionnement du système de change font l'objet de thèses très différentes. Le plan Keynes souhaite réduire le rôle de l'or et éviter qu'une monnaie nationale joue également le rôle de monnaie internationale. Il propose la création d'une nouvelle unité monétaire (bancor) uniquement destinée aux règlements internationaux et émise par une banque internationale jouant le rôle de chambre de compensation et assurant le règlement des déficits et des excédents. Les États-Unis préfèrent une solution moins aventureuse, reprenant largement les principes du *Gold Exchange Standard*. Les accords de Bretton Woods entérinent largement la proposition américaine, d'autant plus facilement acceptable que les États-Unis détiennent les deux tiers du stock d'or mondial et sortent renforcés d'un conflit mondial qui marque le déclin de leurs rivaux monétaires traditionnels, la Grande-Bretagne et la France.

≫ Le contenu des accords

Les accords signés en juillet 1944, et qui constituent en fait les statuts du Fonds monétaire international (FMI), portent sur la convertibilité des monnaies, la stabilité des changes, et définissent également le rôle du FMI.

- La question de la convertibilité peut être abordée à deux niveaux. Il peut s'agir de la convertibilité au sens juridique, celle qui impose à un pays – en l'occurrence sa banque centrale – de racheter sa propre monnaie à la demande de ses partenaires : « Tout État membre doit acheter les avoirs en sa propre monnaie détenus par un autre État membre si ce dernier [le demande] » (article VIII, section IV). Les rachats peuvent se faire dans la devise de l'autre État membre ou en or. L'autre manière de concevoir la convertibilité consiste à garantir la libre circulation de la monnaie dans l'espace international. « Aucun membre n'impose, sans l'approbation du Fonds, de restriction à la réalisation des paiements et transferts afférents à des transactions internationales courantes [...]. Aucun membre ne peut recourir [...] à des mesures discriminatoires ou à des pratiques de taux de change multiples [...] [sauf] approbation du Fonds » (article VIII, sections II et III).
- La détermination des taux de change. Chaque État signataire doit définir la valeur de sa monnaie en or, ou en dollars, au titre de 35 $ l'once d'or. L'or est au cœur du système, mais le dollar est consacré comme un substitut de l'or, « *as good as gold* ». Pour éviter les dévaluations « sauvages » des années 1930, chaque État s'engage à maintenir sa parité dans des marges étroites de fluctuation : « Tout membre s'engage à ne permettre sur son territoire que des opérations de change entre sa monnaie et les monnaies des autres pays membres qui respectent un écart ne dépassant pas 1 % de la parité. » Des modifications de parité sont possibles pour corriger un « déséquilibre fondamental », mais des dévaluations ou réévaluations de plus de 10 % doivent obtenir l'accord du FMI. Une modification d'ensemble des parités peut être décidée, il s'agit alors d'une dévaluation ou réévaluation de l'or.
- Le Fonds monétaire international est le gardien de l'orthodoxie monétaire et le garant du respect des accords. Il joue aussi le rôle de caisse de secours mutuel entre les pays signataires. Il dispose pour cela de ressources propres et peut assurer des prêts aux pays en difficulté. Ses ressources sont constituées par des versements effectués par les États membres. Ces « quotes-parts » sont calculées en fonction du poids du pays dans le commerce mondial et de ses réserves en or et sont régulièrement réévaluées. Elles sont versées pour un quart en or et pour trois quarts dans la devise du pays. Chaque pays peut alors bénéficier de lignes de crédit, appelées « droits de tirage », auprès du FMI pour 125 % de sa quote-part. Il s'agit en fait d'échanger sa monnaie contre les devises dont il a besoin et le FMI parle d'ailleurs « d'opérations d'achat ». Il doit ensuite racheter sa monnaie, dans un délai variable, et paye évidemment des intérêts sous la forme de commissions sur le montant non encore racheté. La première tranche de 25 % est automatiquement accordée car elle correspond à son versement en or ; les lignes suivantes sont généralement conditionnées à des mesures de redressement. Le fonctionnement du FMI le conduit ainsi à se charger de monnaies faibles, celles des pays dont la balance est déficitaire, tout en injectant des monnaies demandées dans l'économie mondiale. S'il vient à manquer de certaines devises, il peut proposer au pays émetteur de lui fournir sa monnaie en échange d'or, ou de les emprunter auprès des pays qui en détiennent.

Une mise en place délicate et la transformation en un étalon-dollar

Le SMI inventé à la conférence de Bretton Woods ne s'est mis en place que très progressivement après la guerre. Les statuts du FMI n'ont été ratifiés que le 27 décembre 1945 et il ne commence ses opérations que le 1er mars 1947.

≫ La lettre de 1947 et le rôle central du dollar

Les statuts du FMI prévoyaient une clause d'exception au principe de stabilité des parités : « Est réputé remplir l'obligation ci-dessus [la stabilisation des changes] tout membre dont les autorités monétaires, pour le règlement des transactions internationales, achètent et vendent librement de l'or au cours correspondant à la parité, plus ou moins une marge prescrite par le Fonds. » Cela signifie clairement que toute banque qui vend ou achète de l'or contre sa monnaie, à la parité officielle, n'est plus tenue d'intervenir sur les marchés des changes pour maintenir la valeur de sa devise. Si cette disposition est initialement prévue pour renforcer la confiance dans la convertibilité en or, elle conduit à transformer rapidement le système en un étalon-dollar. En effet, dès la fin 1947, le secrétaire du Trésor, John Snyder, prévient le Fonds que les États-Unis utiliseraient cette disposition. Ils s'engagent à fournir de l'or contre du dollar à ceux qui le demandent et n'interviennent plus sur le marché des changes. De ce fait, le rôle du dollar comme centre du SMI est renforcé, les autres pays devant seulement maintenir la parité de leur monnaie contre le dollar. On comprend ainsi pourquoi J. Denizet écrit qu'« aucune décision n'a été plus importante que la lettre de 1947 de John Snyder au premier directeur du Fonds, Per Jacobsson » (*Le Dollar*, 1985) ou que, pour H. Bourguinat, « le dollar ne saurait être traité comme une autre monnaie : il est par excellence la monnaie-clef du système, le soleil autour duquel s'organisent les autres monnaies satellites » (*Les Vertiges de la finance internationale*, 1987).

≫ L'impossible retour à la convertibilité de la livre sterling

Le rôle central du dollar a été renforcé par l'impossibilité d'une alternative à sa domination. La livre sterling était la seule candidate possible pour servir de contrepoids au dollar : la maîtrise britannique dans la gestion des flux monétaires, l'importance historique de la livre sterling plaidaient pour qu'elle joue un rôle international important. De fait, le Royaume-Uni souhaite un retour rapide à la convertibilité, mais les balances sterling ont considérablement augmenté au cours de la Seconde Guerre mondiale. Elles sont passées de 600 millions à 3 600 millions (M. Lelart, *Le Système monétaire international*, 2007), les pays étrangers ayant accumulé des livres en paiement de l'effort de guerre britannique. Si la Grande-Bretagne rétablit la convertibilité de la livre, il y a un risque que ces balances soient converties en or. Pour lui permettre d'assumer ce risque, les États-Unis concèdent un prêt de 3,75 milliards de dollars dès 1945 à la Grande-Bretagne, à 2 % et remboursable sur cinquante ans. En contrepartie, la Grande-Bretagne ratifie les accords de Bretton Woods et met fin à la zone sterling. Le 15 juillet 1947, la livre est de nouveau convertible en or et… tous les pays détenteurs de sterling demandent la conversion de la totalité de leurs avoirs (sauf l'Australie et la Nouvelle-Zélande) ! Le 21 août, la Grande-Bretagne suspend à nouveau la convertibilité de la livre.

La montée des déséquilibres ne met pas fin à la suprématie du dollar

Les années 1960 sont marquées par une dégradation progressive des conditions de fonctionnement du système de Bretton Woods.

≫ Le paradoxe de Triffin

Le paradoxe de Triffin (*L'Or et la crise du dollar*, 1960) résume assez simplement le problème fondamental d'un système monétaire international dans lequel une monnaie nationale joue un rôle central. Soit le pays émetteur de cette monnaie a une balance des paiements excédentaire, et sa monnaie devient rare, mais appréciée. Soit il a une balance des paiements déficitaire et sa monnaie est abondante dans l'économie mondiale, mais a tendance à se déprécier.

Le fonctionnement du SMI entre 1947 et 1971 oscille entre les deux versions du dilemme. À la fin des années 1940, le dollar est rare. Les États-Unis engrangent des excédents commerciaux, les dépenses militaires à l'étranger sont en diminution et les investissements à l'étranger faibles. Leur balance des paiements excédentaire raréfie les dollars. C'est le *dollar gap*, dont on ne sortira que par une injection massive de dollars dans l'économie mondiale. Celle-ci se produit à l'occasion du plan Marshall qui instaure un soutien massif à la reconstruction européenne.

≫ La montée des tensions sur le fonctionnement du SMI

Alors que les années 1950 sont plutôt marquées par un fonctionnement convenable du SMI, symbolisé par le retour à la convertibilité des principales monnaies, les dysfonctionnements réapparaissent dans les années 1960. Cette fois c'est l'abondance des dollars en circulation qui provoque une tendance à sa dépréciation et oblige à mettre en place des mécanismes originaux de soutien. Cette abondance de dollars s'explique par l'importance des dépenses réalisées par les États-Unis, en particulier les investissements de leurs firmes multinationales. La politique monétaire expansionniste, permettant de financer les programmes spatiaux, militaires, la guerre du Vietnam…, accroît la quantité de dollars en circulation dans l'économie mondiale.

Mais il faut également noter l'apparition d'une nouvelle forme monétaire, dès 1957 : les eurodollars. Il s'agit simplement de dollars détenus dans des banques non américaines par des non-résidents américains. Leur origine provient des placements en dollars effectués par des banques de l'Union soviétique auprès d'institutions financières anglaises, parce que les taux d'intérêt à terme étaient plus importants, mais aussi pour éviter un gel éventuel de leurs avoirs sur le sol américain. Ces comptes constituent une véritable monnaie parallèle, qui peut faire l'objet d'une création monétaire puisque des crédits libellés en dollars peuvent être accordés par des banques en dehors du territoire des États-Unis et ne sont donc pas soumis aux réglementations bancaires américaines.

Le pool de l'or en 1961 puis le double marché de l'or en 1968 sont des étapes importantes vers la fin du système de Bretton Woods. Les difficultés commencent dès 1960 avec une spéculation sur le marché de l'or à Londres. Les États-Unis interviennent *via* la Banque d'Angleterre, qui vend de l'or pour leur compte. Puis ils obtiennent l'aide des principaux pays partageant avec eux les interventions pour vendre de l'or et acheter des dollars. Chaque fois que la banque d'Angleterre intervient pour fournir de l'or, elle cède ensuite les dollars contre de l'or à d'autres banques centrales dans des proportions fixées à l'avance. Le système fonctionne correctement, mais il transforme profondément la nature du SMI. D'une part, il implique que d'autres banques centrales que la Fed assurent la convertibilité. D'autre part, il réduit considérablement la convertibilité réelle du dollar puisque ces banques centrales ne peuvent plus demander la conversion des dollars qu'elles viennent de récupérer.

La reprise de la spéculation au milieu des années 1960, suivie par la dévaluation de la livre (1967) et le retrait de la France du pool de l'or, conduit à la création en 1968 d'un double marché de l'or, prélude à la fin de la convertibilité. En effet, si les États-Unis continuent à assurer la convertibilité du dollar pour les banques centrales, ils ne fournissent plus de dollars pour compenser les ventes d'or sur le marché. Cela signifie la fin des interventions des banques centrales sur le marché libre.

Le coup de grâce est porté au SMI de Bretton Woods le 15 août 1971. Richard Nixon demande à John Connally, son secrétaire du Trésor, de suspendre « provisoirement » la convertibilité du dollar. Dans le même temps, il impose une taxe de 10 % sur les importations et une dévaluation du dollar, affirmant que « le moment est arrivé pour que les taux de change soient rectifiés et pour que les principales nations se fassent concurrence sur un pied d'égalité. Il n'y a plus de raison que les États-Unis luttent avec une main attachée derrière le dos ».

≫ Le privilège exorbitant du dollar

Les difficultés de fonctionnement du SMI de Bretton Woods renvoient à la place particulière du dollar dans ce système. Le double statut de monnaie nationale et internationale donne aux États-Unis un « privilège exorbitant » selon l'expression de Valéry Giscard d'Estaing en 1964. Les États-Unis ont le pouvoir de régler leurs dettes dans leur propre monnaie, au moyen d'une création monétaire et sans subir en contrepartie la dépréciation de leur monnaie. Ils ont ainsi le « secret du déficit sans pleurs, qui permet de donner sans prendre, de prêter sans emprunter et d'acquérir sans payer » (J. Rueff, *L'Âge de l'inflation*, 1963).

Un tel système peut fonctionner si la puissance émettrice de la monnaie internationale soumet sa politique économique aux contraintes de sa politique de change. Si la Grande-Bretagne se conforme assez largement à ces conditions au XIXe siècle, les États-Unis n'entendent pas se laisser dicter leurs politiques économiques, et les objectifs de politique économique interne ont toujours prévalu sur la stabilité du change. Face à une émission importante de liquidités mondiales, il est alors nécessaire que d'autres pays acceptent d'accumuler des réserves. Dans les années 1960, c'est l'Allemagne qui joue ce rôle, mais sa volonté de ne pas importer davantage d'inflation la conduit progressivement à souhaiter une revalorisation de sa monnaie et à refuser d'accepter ces dollars inflationnistes.

Il n'y a cependant aucune alternative au dollar au cours de la période. La seule autre monnaie susceptible de jouer un rôle international, la livre sterling, connaît plusieurs crises qui la fragilisent – 1947, 1957, 1967 – même si la City reste un pôle important de la finance mondiale. La création des droits de tirage spéciaux (DTS), en 1969, est une tentative pour proposer un instrument de règlement alternatif au dollar, mais leur rôle reste très marginal dans le SMI. Ainsi, le dollar continue à jouer un rôle central tandis que la politique monétaire américaine, de plus en plus contraire aux intérêts des autres pays, conduit inexorablement à la fin du SMI de Bretton Woods.

② Le SMI contemporain et ses évolutions

La déclaration d'inconvertibilité du dollar en or marque symboliquement la fin d'un système fondé, directement ou indirectement, sur l'or. Elle conduit également à la fin d'un système généralisé de changes fixes qui avait caractérisé l'après-guerre. Pourtant, ce n'est que progressivement que les États acceptent d'abandonner la référence à l'or et il faudra cinq ans avant qu'un nouveau SMI soit officiellement institutionnalisé. Alors que le dollar a largement contribué à déstabiliser le système antérieur, c'est la référence à l'or qui disparaît. Le dollar reste le cœur du SMI, les États-Unis ne se préoccupent qu'accessoirement de leur cours de change et les fluctuations du dollar ont des conséquences importantes pour les autres pays.

A. L'organisation des changes flottants

La décision américaine du 15 août 1971 transforme profondément le système monétaire international et ouvre une période de crise avec les principaux pays partenaires. En effet, non seulement le dollar n'est plus convertible, mais les États-Unis ont instauré une taxe de 10 % sur leurs importations pour espérer trouver une solution à leurs déséquilibres de balance des paiements.

Des accords du Smithsonian Institute (1971) à la généralisation des changes flottants

La volonté de revenir rapidement à des changes fixes pousse les pays développés à s'entendre sur la manière de reconstruire un SMI et de tenter de prolonger l'illusion de la convertibilité-or des monnaies.

≫ Les accords du Smithsonian Institute

Les accords signés le 18 décembre 1971 au Smithsonian Institute de Washington visent à établir de nouvelles grilles de parité et à mettre fin aux turbulences monétaires. En contrepartie, les États-Unis acceptent de renoncer à la taxe de 10 % sur les importations. Même si le dollar est toujours défini par rapport à un poids d'or, il n'est plus convertible et il est dévalué, sa nouvelle valeur étant de 38 $ l'once. Les parités du franc et de la livre ne varient pas, ce qui correspond à une réévaluation de 8,6 % par rapport au dollar, mais d'autres monnaies sont parallèlement réévaluées par rapport à l'or : le mark de 4,6 % et le yen de 7,7 %. Le dollar est donc largement dévalué par rapport aux monnaies fortes de l'époque et, contrairement à ce que la France tentait d'obtenir, la question du retour à la convertibilité n'est pas à l'ordre du jour.

Les marges de fluctuations sont également élargies, à ± 2,25 %. Le dollar reste toujours au cœur du mécanisme de change et les États-Unis ne sont pas plus tenus que dans le système précédent de stabiliser leur cours de change. Les marges élargies de fluctuations constituent un tunnel dont le centre est le dollar. Les autres pays doivent donc maintenir les parités dans les marges, mais le dollar reste exempté de toute intervention. Les pays de la Communauté économique européenne considèrent que ces marges de fluctuations sont trop importantes pour eux et instaurent en avril 1972 le serpent monétaire européen, imposant à leurs monnaies de varier ensemble dans une bande de fluctuation plus étroite (*cf.* module 3, chapitre 3).

> La marche vers les changes flottants

En dépit des affirmations de Nixon célébrant « l'accord monétaire le plus significatif dans l'histoire du monde », les décisions prises en décembre 1971 n'ont pas permis d'assurer la stabilité du système monétaire international. Une nouvelle crise monétaire se produit dès le début de l'année 1973. Provoquée par une décision italienne d'instaurer un double marché des changes, cette crise monétaire s'exacerbe en février avec une forte spéculation à la baisse sur le dollar, aboutissant à la fermeture du marché des changes du 2 au 19 mars.

Les décisions prises en mars 1973 entérinent le passage aux changes flottants : les États-Unis ne défendent pas la parité de leur monnaie, qui est de nouveau dévaluée de 10 % ; le serpent monétaire européen est adapté pour tenir compte de la nouvelle donne, mais les monnaies faibles de l'Europe ne peuvent pas rester longtemps dans le mécanisme. Les capitaux flottants, la *hot money*, qui se déplace au gré des fluctuations de change, sont toujours là. Seule une hausse des taux d'intérêt américains et une émission massive de titres à long terme pourraient les réduire, mais les États-Unis s'y refusent.

À la fin de l'année 1973, le choc pétrolier rend nécessaire de se procurer des dollars pour payer des importations devenues plus onéreuses. Le dollar remonte alors brutalement, avant de se déprécier à nouveau. Les monnaies européennes sont normalement liées entre elles par le serpent monétaire, mais il est rapidement réduit à une zone mark. La livre (23 juin 1972) et la lire (13 février 1973) en sont sorties ; le franc français quitte le serpent le 19 janvier 1974, y retourne le 10 juillet 1975 et en ressort, définitivement, le 15 mars 1976.

Les accords de la Jamaïque donnent un cadre légal aux changes flottants

La conférence qui se tient à Kingston les 7 et 8 janvier 1976 donne un cadre légal au flottement organisé depuis quelques années et entérine la fin du système de Bretton Woods.

> Banalisation de l'or et rôle central pour les DTS

L'or devient une marchandise comme les autres : son cours varie en fonction de l'offre et de la demande. C'est cependant une marchandise spéciale, puisque les banques centrales peuvent continuer à en détenir parmi leurs réserves et réévaluer leurs stocks au cours du marché. Mais l'or ne peut plus être utilisé pour définir les parités et c'est donc la fin officielle de son rôle monétaire. Le FMI doit restituer aux États membres 1/6 de l'or qu'ils ont versé et en vendre 1/6 aux enchères pour disposer de nouveaux moyens en faveur des pays en développement.

Les droits de tirage spéciaux existent depuis 1969 et le FMI souhaite qu'ils deviennent des instruments essentiels de l'organisation monétaire internationale. Initialement définis par rapport à un poids d'or équivalent à celui du dollar, ils devaient constituer des instruments de réserve et de règlement internationaux pour les banques centrales et proposer une alternative au dollar.

Le DTS n'est pas une monnaie, c'est une créance sur les États membres du FMI qui s'engagent à les convertir en monnaies clés. Le mécanisme, tel qu'il est présenté par Agnès

Bénassy-Quéré et Jean Pisany-Ferry (« Quel système monétaire international pour une économie mondiale en transition rapide ? », CEPII 2011), est le suivant :

« (1) le FMI décide d'une allocation de DTS pour un certain montant ;

(2) les DTS sont répartis entre les États membres selon leurs quotes-parts au Fonds ;

(3) chaque DTS alloué donne lieu, pour l'État concerné, à la perception d'intérêts (le DTS est un actif) et au versement d'intérêts (c'est aussi un engagement) ; le département DTS du Fonds sert de chambre de compensation ; le taux d'intérêt étant le même dans les deux cas, l'opération est neutre au départ ;

(4) un État membre peut convertir ses DTS auprès d'un autre État membre, auquel cas il reçoit en échange l'une des devises du panier, qu'il peut alors utiliser pour faire face à ses engagements ; sa position en DTS devient déficitaire et il verse des intérêts nets au département DTS du Fonds ;

(5) l'État membre s'étant porté contrepartie se trouve en position nette créancière en DTS et reçoit donc des intérêts nets. »

La perspective de la démonétisation de l'or a poussé à chercher une nouvelle définition du DTS. Dès 1974, il est calculé à partir d'un panier de 16 monnaies correspondant aux pays réalisant plus de 1 % du commerce mondial. Le FMI a calculé, le 28 juin 1974, à quelle quantité de chacune des monnaies cela aboutissait pour que la valeur du panier soit équivalente à celle du DTS par rapport à l'or. Depuis, l'évolution des différentes monnaies permet de déterminer la valeur quotidienne du DTS. Par souci de simplification, à partir de 1981, le panier ne retient plus que 5 monnaies (dollar US, yen, livre sterling, deutsche mark, franc français), puis en 1999 l'euro se substitue au mark et au franc. Au 1er octobre 2016, le FMI a intégré le yuan à la composition du panier.

≫ Une grande liberté de régime de change

Les accords de Kingston traduisent bien la difficulté à concilier des points de vue différents et laissent la porte ouverte à tous les types de régimes de change possibles : changes fixes, changes flottants purs, flottement concerté. La rédaction du nouvel article IV des statuts du FMI fait la part belle aux formules qui n'engagent pas à grand-chose et permettent des lectures multiples.

Les nouveaux statuts (article IX, section 4) envisagent la possibilité d'un retour à des changes fixes, par rapport au DTS ou un autre dénominateur, mais ni l'or ni une monnaie. Aucune date butoir n'est cependant fixée et les conditions posées de rétablissement des grands équilibres sont à la fois floues et restrictives : « Le Fonds peut décider, à la majorité de quatre-vingt-cinq pour cent du nombre total des voix attribuées, que les conditions économiques internationales permettent la mise en place d'un système généralisé de régimes de change reposant sur des parités stables mais ajustables. Le Fonds prend une telle décision sur la base de la stabilité sous-jacente de l'économie mondiale et, à cette fin, il tient compte de l'évolution des prix et des taux de croissance économique des États membres. La décision est également prise à la lumière de l'évolution du système monétaire international, eu égard en particulier aux sources de liquidités et afin d'assurer le fonctionnement effectif d'un système de parités [...]. » Ce système, prévu pour fonctionner avec des marges définies à ± 4,5 %, nécessite d'obtenir une majorité de 85 %

des voix. Or, les États-Unis détiennent 15 % des droits de vote et peuvent donc bloquer tout retour à des changes fixes.

B. Changes flottants ou semi-étalon-dollar ?

L'effondrement du système de Bretton Woods, provoqué par les difficultés du dollar et le dilemme de Triffin, a conduit au flottement des principales monnaies. Pourtant, le dollar continue de jouer un rôle essentiel dans le système monétaire international.

La constitution d'un semi-étalon-dollar

Les accords de la Jamaïque permettent une grande variété de régimes de change. Si l'Europe, avec le Système monétaire européen, cherche à reconstruire rapidement un système de changes semi-fixes, la plupart des grandes monnaies connaissent des fluctuations importantes. Le dollar, le yen, la livre sterling flottent et les autorités monétaires abandonnent l'objectif du taux de change pour recentrer leur politique économique sur des priorités internes. Dans le triangle d'incompatibilité, les grands pays ont choisi l'autonomie de la politique monétaire et la liberté de circulation des capitaux.

≫ Le flottement des monnaies et les variations importantes du dollar

Les fluctuations du dollar symbolisent assez bien le changement des priorités. À la fin des années 1970, le dollar est faible. L'administration américaine espère à l'époque que la dépréciation de sa devise permettra d'améliorer le solde extérieur. Mais la perte de compétitivité de l'économie américaine n'est pas seulement liée à un niveau de prix trop élevé : le dollar, faible, provoque un renchérissement des importations et accroît l'inflation. L'année 1979 marque un changement de cap de la politique monétaire américaine, conduite désormais par Paul Volcker à la tête de la Réserve fédérale. Le contrôle strict de la masse monétaire, conduisant à des taux d'intérêt réels très élevés, provoque une flambée du dollar. Entre 1979 et 1985, le dollar monte contre toutes les grandes monnaies. Sa valeur par rapport au franc double, mais il progresse également d'environ 50 % par rapport au mark et de plus de 20 % par rapport au yen. Cette progression est le résultat de la combinaison d'une politique monétaire restrictive et d'une politique budgétaire expansionniste. L'économie américaine cumule des déficits, budgétaire et extérieur, et pourtant le dollar monte car le besoin de financement se traduit par une émission importante de titres, publics et privés, qui sont souscrits par des étrangers.

Le niveau très élevé atteint en 1985 pèse sur la compétitivité de l'économie américaine et pénalise également les pays importateurs de produits dont le prix est libellé en dollar (pétrole par exemple). Les accords du Plaza, le 22 septembre 1985, marquent un retour de la collaboration monétaire internationale. Pour la première fois depuis le début des années 1970, les principaux pays développés coopèrent pour faire baisser le dollar dans le cadre d'une action concertée. Presque dix-huit mois plus tard, les mêmes pays s'accordent pour considérer que le dollar a suffisamment baissé (– 40 % environ) et coopèrent à nouveau pour stopper la baisse. Ce sont les accords du Louvre du 22 février 1987.

≫ Ce qui fait du SMI un semi-étalon-dollar

Michel Aglietta affirme depuis longtemps que le SMI contemporain est devenu un « semi-étalon-dollar ».

La première raison tient au fait que, depuis les années 1990, la plupart des monnaies qui choisissent de s'ancrer plus ou moins fortement à une autre ont choisi le dollar, quelques-unes seulement étant liées à l'euro. Au total, c'est environ la moitié des monnaies existantes qui sont liées directement ou indirectement au dollar. On peut citer l'exemple du peso argentin entre 1991 et 2002, du dollar de Hong Kong, mais également du yuan chinois jusqu'en 2005. On a donc au sein du SMI des devises qui flottent entre elles et par rapport au dollar, et des devises qui sont étroitement liées au dollar.

La seconde raison, conséquence directe de la première, est que la politique monétaire américaine influence considérablement les taux de change et la liquidité mondiale. Qu'ils émettent peu de monnaie et les taux d'intérêt se mettent à monter, tandis que le dollar manque dans l'économie mondiale. Qu'ils émettent au contraire beaucoup de liquidités et les dollars abondent, provoquant d'une part une appréciation du taux de change des monnaies flottantes (euro, yen) et d'autre part une accumulation de réserves de change dans les pays liant leur monnaie au dollar.

Fin 2020, les réserves de change mondiales sont constituées à 60,5 % en dollar, 20,5 % en euro et le reste se partage entre le yen (5,9 %), la livre (4,5 %), le yuan (2,1%)... La composition des réserves est d'une grande stabilité à long terme.

Figure 7 - Composition des réserves de change (1947-2019)

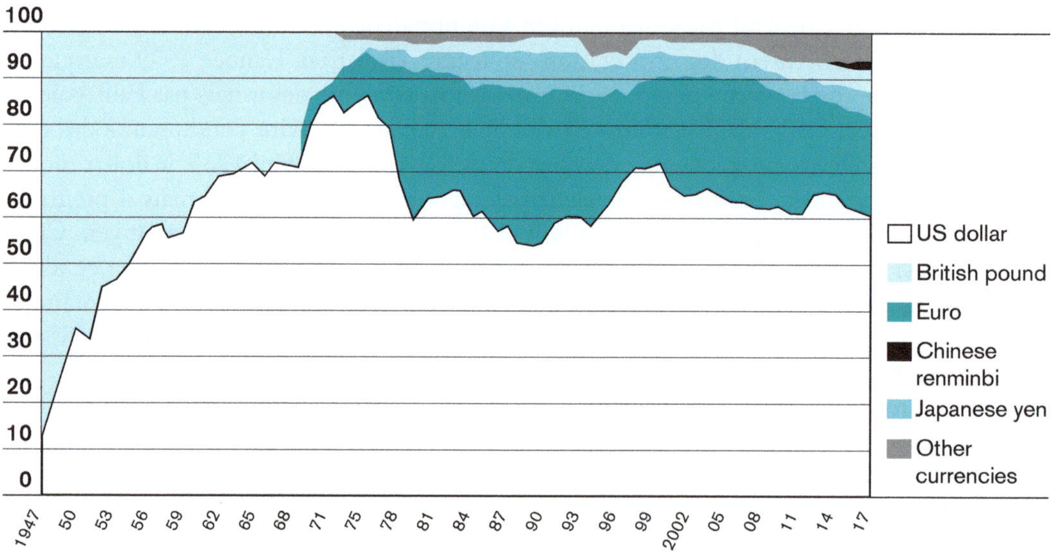

Avant 1999, date de création de l'euro, le graphique agrège sous ce nom les réserves en unité de compte européenne (ECU) et les devises qui ont ensuite formé l'euro (deutschemark, franc, lire...).

Source : FMI, « Reserve currencies in an evolving international monetary system », 2020.

La majorité de ces réserves sont aujourd'hui détenues par les pays émergents, particulièrement la Chine, dont les réserves de change ont explosé depuis 2000. Cette accumulation de réserves est la contrepartie de leurs excédents commerciaux, qui sont eux-mêmes le produit de la sous-évaluation de leur monnaie. Refusant de voir leur monnaie s'apprécier, ils accumulent des réserves, qui leur sont de plus nécessaires pour financer leurs importations ou investissements à l'étranger, puisque leur monnaie n'est pas librement convertible. L'importance des réserves s'explique également par le besoin de pouvoir faire face à des retraits massifs de capitaux. La crise qui a frappé certains pays émergents, asiatiques surtout, dans la seconde moitié des années 1990 leur a montré qu'ils pouvaient se trouver confrontés à des sorties de capitaux extrêmement rapides. Même si quelques pays émergents ont abandonné le lien strict avec le dollar pour une politique de ciblage d'inflation, au cours des années 2000, la nécessité de se procurer des liquidités lors de la crise financière de 2008 les a conduits à se rapprocher de la Réserve fédérale.

Le dollar reste également la principale monnaie de facturation dans les échanges internationaux (55 %) et de nombreux produits qui font l'objet d'un marché mondial y sont cotés en dollar. Il représente 45 % des transactions sur les marchés des changes, la moitié des créances bancaires internationales sont libellées en dollar, ainsi que les trois quarts des émissions externes de dette publique. Aucune autre monnaie ne peut rivaliser actuellement avec le dollar. Seul l'euro est présent dans la finance ou le commerce, mais dans des proportions nettement plus faibles. Le yen, la livre ou le franc suisse sont utilisés pour des investissements internationaux ; le yuan est peu utilisé pour les investissements mais se développe comme monnaie de facturation des échanges.

Quelles évolutions possibles ?

Depuis le début du XXIe siècle, une situation nouvelle est apparue dans les relations monétaires internationales. La création de l'euro puis la montée en puissance de la Chine dans l'économie mondiale laissent penser qu'une recomposition du SMI autour de plusieurs pôles est possible. Cependant, le rôle essentiel que joue encore le dollar ne permettra que des évolutions très lentes.

≫ Un SMI multipolaire ?

La création de l'euro propose une alternative crédible à la domination du dollar. Aujourd'hui, il pèse plus dans les réserves de change que ne le faisaient les monnaies qu'il a remplacées.

Dans le même temps, la montée en puissance de l'Asie, particulièrement de la Chine, rend possible l'émergence d'une monnaie régionale, voire internationale, dans cette zone. Les perspectives à moyen et long termes prévoient que les États-Unis pèseront, en 2050, 20 % du PIB mondial mesuré aux taux de change courants de 2005, un peu plus que la zone euro, contre 25 % pour la Chine (Rapport du CAE, *Réformer le système monétaire international*, 2011).

S'il est très compliqué de prévoir l'évolution du SMI, quelques tendances semblent se dessiner. La forte croissance de la Chine rend possible l'organisation d'un système multipolaire : dollar-euro-yuan. Mais les changements dans les rapports de force économiques se traduisent souvent lentement dans les changements monétaires. I. Wallerstein (*Capitalisme et économie-*

monde, 1980) a montré que l'hégémonie se construit et se détruit dans le même ordre : production, échange, monnaie. La domination commerciale et monétaire anglaise a perduré bien au-delà du déclin industriel britannique. Le dollar continuera certainement à jouer un rôle essentiel, alors que les États-Unis auront cessé d'être la première puissance économique.

En effet, ce n'est pas seulement parce qu'un pays est le plus puissant économiquement que sa monnaie devient internationale : il faut également une ouverture financière favorisant la circulation des capitaux, un marché obligataire profond et liquide[3] permettant de se procurer facilement des titres contre la monnaie, une politique monétaire prévisible, une capacité du pays à absorber les chocs macroéconomiques ou financiers. À ces facteurs économiques peuvent se rajouter des critères tels que la cohésion politique ou la puissance militaire et géopolitique. Actuellement, seul le dollar présente toutes les caractéristiques nécessaires à une monnaie internationale.

L'euro remplit de nombreuses conditions nécessaires à son internationalisation, mais le poids de l'Europe décline. B. Eichengreen (*Un privilège exorbitant, le déclin du dollar et l'avenir du système monétaire international*, 2011) considère que le principal problème est que l'euro est une « monnaie sans État », soulignant le problème posé par l'absence de coordination politique en Europe. Les tensions liées à la crise des dettes souveraines ont montré qu'il était difficile d'avoir une monnaie commune sans coordination efficace des politiques budgétaires. De plus, le marché des titres publics européens est très éclaté, contrairement au marché des bons du Trésor américains. La création d'eurobonds, représentant l'ensemble de la dette publique des États européens, est une solution avancée pour obtenir un marché obligataire profond et liquide. Elle est cependant fortement contestée par certains ; l'Allemagne refuse en particulier leur création, considérant que ce serait un recul sur la maîtrise par chaque État membre de sa politique financière. La position allemande semble cependant évoluer à l'occasion de la crise sanitaire de 2020 et de la mise en place d'un plan de relance européen, financé par une émission de dette commune.

Le yuan (ou renminbi) peut profiter de la puissance économique chinoise, mais les structures financières ne sont pas assez solides pour en faire une véritable devise clé. Il faudrait que le yuan s'internationalise, ce qui suppose que la monnaie soit convertible sans restriction ; que le pays autorise les non-résidents à en détenir (et à posséder des actifs libellés dans cette monnaie) ; que les résidents puissent détenir des devises et des actifs libellés en devises. Si la convertibilité totale est loin d'être encore une réalité, les évolutions des dernières années montrent que le poids du yuan dans le système monétaire international va certainement continuer à s'accroître. Symboliquement, l'introduction du yuan dans la composition du DTS le 1er octobre 2016 traduit cette montée en puissance. Le yuan est également devenu la deuxième monnaie des financements commerciaux, devant l'euro, et même s'il reste loin derrière sur l'ensemble des paiements internationaux, l'évolution des dernières années est impressionnante et il talonne maintenant le yen. Les premières obligations libellées en yuans ont été émises à la Bourse de Londres en 2013 et plusieurs milliards de yuans ont ainsi été levés sur les marchés depuis lors.

3 Un marché est profond si on peut y acheter ou vendre de grandes quantités sans effet majeur sur les prix. Un marché est liquide si on peut y acheter et vendre rapidement sans effet majeur sur les prix.

La monnaie chinoise apparaît aussi dans les réserves de change de certaines banques centrales (Banque de France, Banque d'Angleterre, Bundesbank et BCE). Concernant le taux de change, l'attitude de la Chine a nettement varié au cours des dernières années. En témoignent ses changements dans la classification des régimes de change du FMI. D'une logique d'attachement au dollar, ou à un panier de devises, la Chine semble assumer dernièrement le flottement de sa monnaie.

≫ Quel rôle nouveau pour les DTS ?

Lors de leur création, les DTS sont conçus comme pouvant être une alternative au dollar en pleine crise du système de Bretton Woods. Leur rôle est réaffirmé lors des accords de Kingston (1976) puisqu'ils deviennent officiellement l'unité de compte de référence du FMI et prennent la place dévolue jusque-là à l'or.

Pourtant ils n'occupent qu'une place marginale dans les réserves de change des différents pays. Cela s'explique d'une part par le fait que le dollar est resté au cœur du SMI contemporain et d'autre part par une politique relativement stricte d'émission de DTS. Il n'y a eu que trois allocations générales de DTS depuis 1970. La première portait sur 9,3 milliards de DTS en 1970 et 1972, la seconde sur 12,1 milliards sur la période 1979-1981 et la troisième allocation, de 161,2 milliards, a eu lieu en 2009 pour contrer les effets de la crise financière. Par ailleurs, en 2009, le FMI a procédé à des « allocations spéciales ponctuelles » de DTS, pour un montant de 21,5 milliards, de façon à permettre aux pays qui avaient adhéré tardivement au fonds de pouvoir bénéficier également des DTS. Au total, il y a donc 204,1 milliards de DTS, ce qui représente l'équivalent de 295 milliards de dollars (au cours du 4 janvier 2021) alors que le montant global des réserves de change dépasse 12 250 milliards de dollars fin 2020 selon le FMI. En mars 2021, la directrice générale du FMI, Kristalina Georgieva, a annoncé vouloir procéder à une nouvelle allocation de DTS, pour un montant de 650 Md$ pour apporter aux États les fonds nécessaires pour lutter contre la pandémie de COVID-19.

Le débat sur le rôle des DTS a été relancé en 2009 lorsque Zhou Xiaochuan, gouverneur de la Banque centrale chinoise, a souhaité qu'ils jouent un rôle plus important dans les réserves internationales. Les fluctuations du dollar font peser un risque sur la valeur des actifs libellés en dollars pour les pays qui ont accumulé d'importantes réserves de change au cours des dernières décennies. C'est particulièrement le cas de la Chine, qui détient environ un tiers des réserves de change mondiales. Le DTS est également un moyen de fournir des liquidités internationales à ceux qui en ont besoin sans faire porter toute la responsabilité du prêteur en dernier ressort aux États-Unis.

Plusieurs problèmes se posent cependant pour une extension du rôle international des DTS :

- la création des DTS n'est pas souple. Les allocations sont soumises pour l'instant à l'approbation de l'Assemblée générale du FMI. La procédure permet de gérer la fourniture de ces liquidités sur le moyen terme, mais est peu efficace pour répondre à des besoins ponctuels et des situations de crise. Le développement des DTS suppose donc de réformer au préalable les statuts du FMI ;
- l'importance actuelle du dollar dans les réserves de change ne permet que difficilement d'envisager son remplacement par une autre devise. En effet, si la Chine par exemple décidait

de transférer une partie de ses réserves vers l'euro ou vers le DTS, il en résulterait une dépréciation rapide du dollar. Mais, dans le même temps, tous les placements en dollars détenus par la Chine verraient leur valeur diminuer. On a donc un « équilibre de la terreur financière » selon l'expression de Larry Summers en 2004 ;
- de manière plus radicale, le développement des DTS pose la question de l'existence d'une monnaie internationale qui ne serait pas adossée à une nation. En effet, les titres publics qui sont acquis pour constituer les réserves voient leur valeur liée à la possibilité d'un remboursement. Or il n'est pas facile pour un pays de garantir à la fois sa dette et la dette internationale correspondant à sa quote-part dans le DTS.

≫ Quel rôle pour le FMI et les organisations internationales ?

La généralisation des changes flottants et la fin du système de Bretton Woods ont modifié le rôle que joue le FMI. Sa fonction initiale de gendarme des dévaluations n'a plus lieu d'être, mais sa fonction de « caisse de solidarité », permettant aux pays en difficulté de se procurer les liquidités dont ils ont besoin, a conservé toute son utilité.

Après 1976, le FMI a largement recentré son activité sur l'aide aux pays en développement. Alors que les tirages auprès du Fonds étaient très largement le fait des pays développés au cours de la période 1945-1971, ce sont les pays en développement qui sont les principaux utilisateurs dans la période suivante.

Les crises des années 1980 dans les pays en développement ont conduit le FMI à intervenir. Il a multiplié les mécanismes permettant de venir en aide aux pays en difficulté, en assurant des prêts de court comme de moyen et long termes et ne se concentre plus seulement sur les déséquilibres de balance des paiements comme l'y autorisent ses nouveaux statuts. Il s'est ainsi rapproché du rôle traditionnellement dévolu à la Banque mondiale en finançant des projets de développement et s'est fait le héraut des « politiques d'ajustement structurel » et du « consensus de Washington » (*cf.* module 2, chapitre 1). Défenseur de l'ouverture des marchés, de la libéralisation des économies, il a souvent lié son aide à l'adoption de ces politiques.

Face à la crise financière de 2008, le FMI a accentué ses aides aux pays en difficulté, intervenant pour apporter des liquidités et trouver des solutions aux problèmes de dettes souveraines. L'allocation massive de DTS (2009) a permis de répondre aux besoins de liquidités tandis que le doublement des quotes-parts (2010) lui assurait des moyens financiers nouveaux. Il est également intervenu lors de la crise grecque (2011), aux côtés de l'Union européenne et de la Banque centrale européenne, afin de restructurer la dette et d'imposer des plans d'austérité.

3

Constitution et fonctionnement du marché mondial des capitaux

Les marchés de capitaux sont aujourd'hui très divers et très largement interconnectés. La globalisation financière est certainement un des phénomènes les plus marquants des dernières décennies.
L'histoire économique nous apprend cependant qu'un processus de mondialisation financière, largement comparable à celui que nous connaissons, s'est produit à la fin du XIXe siècle. Son développement et sa disparition apportent un éclairage intéressant sur les transformations à l'œuvre depuis les années 1980.

1 Les marchés de capitaux

« Marchés de capitaux » ou « marchés financiers », il n'est pas rare d'employer l'un pour l'autre et le langage commun conduit souvent à les considérer comme identiques. Pourtant, l'analyse économique fait nettement la distinction entre les deux formes. Les marchés financiers constituent un sous-ensemble des marchés des capitaux, celui des capitaux à long terme.

L'imprécision vient également du fait que l'utilisation intensive d'anglicismes accroît la confusion. En effet, les *capital markets* correspondent aux marchés financiers, tandis que les *financial markets* s'identifient aux marchés de capitaux.

A. Typologie des marchés de capitaux

Une vision étroite des marchés de capitaux conduit à distinguer, d'une part, le marché monétaire qui est un marché des capitaux à court terme et, d'autre part, le marché financier correspondant aux capitaux à long terme. Une vision plus large étend la notion de marchés de capitaux au marché des changes et à celui des matières premières.

Figure 8 – Les principaux marchés de capitaux

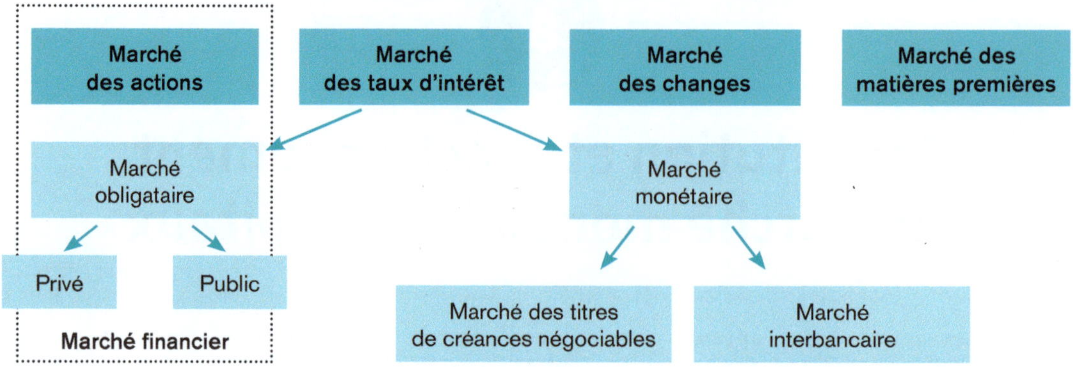

Le marché des actions

Le marché des actions concerne des titres de propriété émis par les sociétés anonymes. On l'appelle classiquement « Bourse des valeurs ». Le détenteur d'une action devient propriétaire d'une partie du capital de l'entreprise et peut donc participer aux décisions prises à l'assemblée générale des actionnaires (une action = une voix). Il est responsable, à la hauteur de son apport, de la situation économique et financière de l'entreprise. En cas de difficulté, le détenteur peut donc perdre la valeur représentée par son titre. En contrepartie, il touche une partie des bénéfices réalisés sous la forme de dividendes. Tous les bénéfices ne sont pas distribués aux actionnaires, chaque entreprise ayant sa propre politique de distribution. Une action n'est pas remboursable, mais peut être vendue librement. Sa valeur dépend de deux facteurs principaux : l'évolution de la valeur du capital de l'entreprise, puisqu'elle représente une fraction de ce capital ; et le montant attendu des dividendes, lié à la fois à l'excédent brut d'exploitation et à la politique de distribution de l'entreprise.

Les marchés de taux d'intérêt

Sous l'appellation marché des taux d'intérêt, on regroupe deux marchés pour lesquels les titres échangés correspondent à des créances et sont porteurs d'intérêt. Ces titres sont émis par des agents à besoin de financement qui empruntent des capitaux à des agents en capacité de financement. L'un correspond aux titres de court terme, l'autre aux titres de long terme.

≫ Le marché monétaire

Le marché monétaire est un marché des capitaux à court terme sur lequel les agents s'échangent des liquidités (pour une durée inférieure à un an dans une version stricte, sept ans dans une définition large). Ce marché monétaire est lui-même divisé en deux compartiments :

- le marché interbancaire sur lequel les banques se prêtent entre elles des liquidités sous forme de monnaie banque centrale, pour des durées très courtes. Une partie de ce marché est strictement réservée aux banques, une autre partie est destinée aux échanges avec la banque centrale et lui permet d'injecter des liquidités dans le système (*open market*) ;

– le marché des titres de créances négociables permet d'échanger des titres de créance à court ou moyen terme contre des liquidités. Parmi les principaux titres courts, on trouve ceux émis par l'État (bons du Trésor négociables), par les entreprises (billets de trésorerie) ou par les banques (certificats de dépôt). Les bons à moyen terme négociables (BMTN) peuvent être émis par des entreprises ou des établissements financiers, pour une durée de un à dix ans et pour un montant supérieur à 150 000 euros. On trouve donc sur ce marché toute une gamme de produits, d'échéance et d'émetteurs variés, qui permettent d'assurer un continuum d'échéances allant du très court terme (usage traditionnel du marché monétaire) au long terme (qui correspond plus naturellement au marché obligataire).

≫ Le marché obligataire

Le marché obligataire concerne les titres de créance émis pour une durée longue. Il existe une grande variété d'obligations. La forme classique prévoit le versement régulier d'un « coupon », correspondant à un taux d'intérêt fixe défini à l'émission. Mais les innovations financières ont conduit à créer des obligations à taux variable. D'autres obligations ne rapportent pas de coupon, mais sont acquises à une valeur inférieure à leur valeur faciale ; d'autres encore ne sont pas remboursées mais rapportent des intérêts de manière perpétuelle... On distingue généralement les titres émis par des agents privés (entreprises qui cherchent à financer des investissements par exemple) et des agents publics (l'État peut assurer un besoin de financement long en émettant des obligations assimilables du Trésor, OAT). Le cours des obligations varie généralement de manière inverse du taux d'intérêt. En effet, si le taux d'intérêt diminue, par exemple de 4 % à 3 %, les obligations les plus anciennes rapportent plus que les obligations nouvelles. Elles vont donc être plus largement demandées par les investisseurs, faisant monter leur cours.

Les marchés des changes et des matières premières

≫ Le marché des changes

Le marché des changes assure la cotation des devises. Les cambistes échangent pour leurs clients des devises entre elles et déterminent les cours au comptant ou à terme. Les échanges de devises répondent à des besoins d'entreprises lors d'opérations d'exportation et d'importation, mais sont également nécessaires dans la réalisation d'opérations financières impliquant des mouvements entre pays (achats ou ventes de titres, prêts...). Plus encore que les autres, le marché des changes est constitué d'un réseau de salles de marché connectées et fournit en temps réel et de manière continue des cotations pour les différentes devises (*cf. supra*, p. 622, pour les mécanismes de cotation).

C'est un marché de gros sur lequel des banques commerciales et d'investissement interviennent pour le compte de leurs clients ou pour leurs activités propres. Les banques centrales sont également des intervenants essentiels, particulièrement pour les monnaies en change fixe. Quelques grandes entreprises internationales y effectuent des opérations, souvent par l'intermédiaire de leurs filiales bancaires.

Ce marché a pour fonction d'assurer la fluidité des échanges internationaux, en assurant la conversion des devises, mais c'est aussi un marché du risque. Les agents sont en effet sensibles aux variations de cours de change et les opérations réalisées visent à s'en protéger ou, au contraire, à tirer profit de ce risque. Un détenteur d'actions libellées en dollar peut vouloir se prémunir contre la variation des cours (opération de couverture). On y réalise aussi des opérations destinées à tirer parti de différences de cours (arbitrages) et des opérations purement spéculatives.

≫ Le marché des matières premières

Le marché des matières premières est de plus en plus souvent considéré comme un marché de capitaux. En effet, s'il porte sur des actifs physiques, il comporte des dimensions qui le rapprochent très fortement des marchés de capitaux. On y trouve une grande quantité d'opérations à terme, portant sur des contrats futurs, utilisant largement des produits dérivés. On peut y distinguer également des marchés organisés et des marchés de gré à gré (*cf. infra*). De nombreux opérateurs interviennent simultanément sur différents marchés, les matières premières faisant aujourd'hui partie des actifs composant des portefeuilles, aux côtés d'actions, d'obligations ou de devises. On distingue habituellement trois compartiments sur ce marché, en fonction du type de produit : produits agricoles, métaux, énergie.

B. Les différents segments des principaux marchés

Outre la typologie générale classant les marchés à partir des actifs qu'ils cotent, on peut les distinguer en fonction d'autres critères. Il existe ainsi des marchés « du neuf » et des marchés « d'occasion », des marchés organisés et des marchés de gré à gré, des marchés au comptant et des marchés à terme, des marchés reposant sur des actifs et d'autres sur des dérivés d'actifs. Mais tous ces marchés sont également interconnectés.

Marché primaire et marché secondaire

Sur les marchés financiers, on peut distinguer différents segments, correspondant à un marché du neuf et un marché de l'occasion.

≫ Marché primaire

On appelle marché primaire, le marché d'émission sur lequel les agents à besoin de financement émettent les titres : bons du trésor ou OAT pour l'État, billets de trésorerie, obligations ou actions pour les entreprises…

≫ Marché secondaire

Le marché secondaire est un marché de revente sur lequel les titres déjà émis peuvent s'échanger contre des liquidités. Ainsi, une action initialement émise par une entreprise peut continuer à circuler aux mains de différents agents : gestionnaires de portefeuilles, entreprise désirant acquérir le capital de la société émettrice… La valeur de revente de ces titres dépend évidemment de nombreux paramètres : dividendes servis, taux d'intérêt proposé comparé au taux d'intérêt des titres nouvellement émis par exemple… Le bon fonctionnement du marché secondaire est essentiel pour rendre les titres attractifs. En effet, le détenteur d'un titre est très soucieux de sa capacité à le revendre, et ceci le plus rapidement possible. On dit qu'un marché est « liquide » lorsqu'il est possible d'échanger rapidement des titres sans que cela affecte trop les cours. Un marché est dit « profond » lorsqu'on peut y échanger de grandes quantités sans que cela affecte les cours. La liquidité et la profondeur du marché secondaire sont essentielles pour que le marché concerné joue un rôle important dans le financement des agents.

Marché au comptant et marché à terme

Sur certains marchés, on peut distinguer des opérations au comptant et des opérations à terme. Une opération a lieu au comptant lorsque la cotation et le transfert de propriété sont simultanés. Sur le marché à terme, la cotation correspond à des échanges futurs. Ainsi, les marchés à terme sont des marchés dérivés d'un autre actif.

Les marchés à terme fonctionnent depuis très longtemps pour les devises et les matières premières (*cf. infra*). Il s'agit ainsi de déterminer un cours pour un achat de devises ou de matières premières, dans trois mois par exemple. Mais, depuis les années 1970, on a assisté à la multiplication d'instruments financiers qui « dérivent » d'autres actifs et l'appellation de marchés de produits dérivés s'applique aujourd'hui pour tous les marchés à terme.

Les marchés de produits dérivés sont construits à partir de la valeur ou de l'évolution de la valeur d'un autre actif, appelé sous-jacent. Ce peut être un autre titre, un indice boursier, le cours d'une matière première… Ainsi, le développement des marchés dérivés permet de prendre des positions à terme sur tous les types de produits. Une entreprise peut chercher à se prémunir contre l'évolution du cours du change, une compagnie aérienne peut souhaiter sécuriser la valeur de ses approvisionnements en kérosène, un prêteur peut souhaiter s'assurer contre le défaut de paiement d'un emprunteur. Les *credit default swaps* (CDS), qui ont défrayé la chronique à l'occasion de la faillite de Lehman Brothers en 2008, sont ainsi des contrats qui visent à protéger d'un défaut de paiement. L'acheteur de protection paye une prime et le vendeur de protection s'engage à compenser les pertes en cas de problème.

On distingue trois grands types de contrat :

- les *futures* : ce sont des contrats fermes qui engagent donc les signataires. Un importateur français qui doit se procurer des dollars dans trois mois peut utiliser un tel contrat pour supprimer son risque de change. Il connaît immédiatement le prix auquel il devra payer les dollars dans trois mois. En échange, il est contraint de les acquérir à ce prix, même si le cours est plus avantageux à l'échéance ;
- les options d'achat (*call*) ou de vente (*pull*) : il s'agit de contrats plus flexibles que les *futures*, mais qui supposent le versement d'une prime au vendeur de l'option s'il est plus intéressant pour l'acheteur de se procurer directement le sous-jacent. Si l'importateur français choisit une option d'achat plutôt que de recourir à un contrat *future*, il peut à l'échéance faire jouer son option ou décider d'acheter directement des dollars si celui-ci s'est déprécié. S'il n'exerce pas son option, il verse simplement une prime à l'autre partie ;
- les *swaps :* il s'agit de contrats visant à échanger des flux financiers futurs. Les principaux *swaps* portent sur les taux d'intérêt, les devises, les matières premières, les défauts de paiements, et même les écarts de température ou de précipitations pour les *swaps* climatiques… Par exemple, une entreprise peut souhaiter transformer son endettement à taux

variable en un endettement à taux fixe si elle anticipe que les taux d'intérêt vont monter ; une entreprise européenne qui a besoin d'un prêt en dollars peut avoir intérêt à emprunter en euros (parce qu'elle aura des conditions plus avantageuses auprès de sa banque) et ensuite à négocier un *swap* avec une entreprise américaine qui se trouve dans la situation inverse ; une compagnie aérienne qui souhaite sécuriser le prix de son pétrole peut ainsi échanger un prix fixe contre un prix variable…

Les produits dérivés visent à se couvrir contre un risque, mais sont également des instruments essentiels de la spéculation.

Marché organisé ou marché de gré à gré... mais marchés interconnectés

Sur les marchés organisés, les contreparties ne négocient pas directement mais passent des ordres de vente ou d'achat auprès d'organismes chargés d'assurer le fonctionnement institutionnel de ce marché. On y trouve des mécanismes de cotation plus ou moins centralisés, avec des acteurs qui « tiennent le marché » et des chambres de compensation. Les garanties imposées aux intervenants se traduisent par la nécessité de fournir des liquidités pour sécuriser les transactions et par une certaine transparence des opérations.

Les marchés de gré à gré (ou marchés OTC, *over the counter*) reposent sur des relations bilatérales entre des contreparties. Le cadre réglementaire est donc beaucoup plus souple et les opérations nettement moins transparentes. Le marché des devises est en partie un marché de gré à gré, mais ce sont surtout les marchés dérivés qui utilisent cette possibilité.

On trouve des marchés organisés et des marchés de gré à gré dans tous les types de marchés de capitaux. Les marchés des actions et des obligations sont l'exemple type de marchés organisés, tandis que les marchés de *swap* relèvent de marchés de gré à gré. Les marchés à terme de matières premières sont souvent organisés, alors que le marché des devises comprend une partie organisée et le reste qui relève d'échanges de gré à gré.

Qu'ils soient organisés ou de gré à gré, les marchés sont largement interconnectés :

- les mêmes opérateurs interviennent sur les marchés : les grandes banques, les fonds d'investissement, les fonds spéculatifs… sont les principaux acteurs des marchés de capitaux. Les décisions qu'ils prennent sur certains marchés ont des conséquences sur d'autres ;
- les marchés au comptant et les marchés à terme sont évidemment liés : les opérations de couverture impliquent à la fois le marché au comptant et le marché à terme ; les dérivés sont aussi affectés par ce qui se passe au comptant…
- les événements qui se produisent sur un marché ont des conséquences sur les autres : une hausse de taux d'intérêt décidée par la Banque centrale européenne aura des conséquences sur le cours de l'euro par rapport au dollar, qui se répercutera sur les cours du blé ou du pétrole…

2 La constitution du marché mondial des capitaux depuis le XIXᵉ siècle

La globalisation financière est le plus souvent associée à la période contemporaine. Les crises financières, les flux internationaux de capitaux en forte croissance sont considérés comme le résultat de la libéralisation des marchés et des innovations financières et technologiques des années 1980-1990. Mais c'est oublier largement qu'une première mondialisation financière a eu lieu au XIXᵉ siècle.

A. La première mondialisation et les mouvements de capitaux au XIXᵉ siècle

Au cours de la seconde moitié du XIXᵉ siècle, désarmement douanier, réduction des coûts de transport et d'information liée à des innovations majeures (chemin de fer, bateau à vapeur, réseau télégraphique international...) permettent une croissance des échanges de biens et services plus rapide que celle de la production. Mais c'est une véritable mondialisation qui est à l'œuvre, portée par des flux de facteurs de production. Les migrations internationales déplacent des millions d'Européens vers les pays neufs et se doublent d'intenses flux de capitaux qui font de cette première mondialisation un phénomène d'ampleur comparable à celui qui touche la fin du XXᵉ siècle.

L'importance des flux internationaux de capitaux au XIXᵉ siècle

Les mouvements internationaux de capitaux ont progressé très rapidement au cours du XIXᵉ siècle. Alors que les exportations mondiales passaient de 0,9 à 18,5 milliards de dollars de 1825 à 1913, le stock des capitaux détenus à l'étranger passait de 1 à 48 milliards. L'accélération de ce mouvement a été très rapide à partir des années 1850-1860.

➢ Le rôle central de l'Europe dans les flux financiers

L'Europe est le principal pourvoyeur de capitaux lors de cette première mondialisation. Bairoch (*Victoires et déboires*, 1997) montre que l'Europe détient 90 % des investissements à l'étranger à la veille de la Première Guerre mondiale, le Royaume-Uni en assurant à lui seul presque la moitié. La montée en puissance des États-Unis n'est vraiment visible qu'à la fin de la période et ce n'est qu'au XXᵉ siècle qu'ils joueront un rôle majeur dans les investissements internationaux.

Les investissements européens se répartissent entre les « pays neufs » et l'Europe elle-même. Quand les capitaux français se portent principalement vers l'Europe (30 % du stock de capital investi se trouve en l'Europe de l'Est), les capitaux britanniques se dirigent largement vers l'Amérique du Nord et du Sud.

Si l'Europe joue un rôle essentiel, tant comme émetteur que comme destinataire, c'est que les marchés financiers s'y sont organisés très tôt et de manière efficace. Les marchés des actions, organisés autour de bourses des valeurs, sont rapidement stabilisés. Des instances de régulation, comme la Compagnie des agents de change à Paris, assurent le fonctionnement des marchés et garantissent le bon déroulement des opérations qui s'y réalisent. Les grands investissements en infrastructures (chemin de fer, ports...) trouvent sur ces marchés les moyens de leur financement. Les compagnies de chemin de fer émettent ainsi des titres pour l'équivalent de 1 % du PIB chaque année pendant plusieurs décennies (Hautcœur, « Les marchés financiers français : une perspective historique », 2011). La révolution bancaire qui s'opère à partir du milieu du XIXe siècle permet à la fois de drainer l'épargne de la population et de participer au financement de l'investissement. La Grande-Bretagne pèse de toute sa puissance sur cette économie mondiale. Elle en est le cœur, structurant les échanges internationaux et les flux financiers. La City est ainsi le centre d'une « économie-monde », au sens de Braudel ou Wallerstein.

L'intégration mondiale se traduit par un rapprochement du prix des actifs. Ainsi, Feldstein et Horioka (« Domestic saving and international capital flows », 1980) montrent que les différentiels de taux d'intérêt sont très faibles à la fin du XIXe siècle, proches de ceux que l'on trouvera un siècle plus tard. Ceci est conforme à l'idée qu'il existe un marché mondial unique pour le capital et que les épargnants peuvent investir n'importe où dans le monde, tandis que les emprunteurs se tournent facilement vers les places qui leur assurent les taux les plus bas.

≫ Une prédominance des investissements de portefeuille

Bairoch (1997) estime que les placements extérieurs se font pour 80-90 % sous forme d'investissements de portefeuille (achat de bons d'État, d'obligations de compagnies de chemins de fer...). Les investissements directs à l'étranger (IDE) n'en représentent donc que 10 à 20 %.

Les banques jouent un rôle essentiel dans ces placements. En Grande-Bretagne, les banques familiales (Rothschild) se sont associées aux banques de dépôt pour créer des banques spécialisées dans certaines régions, les *colonial and foreign banks*. En Allemagne, les « 4 D » (Darmstäter Bank, Deutsche Bank, Dresdner Bank, Diskonto und Commerz Bank) jouent un rôle essentiel en tissant un véritable réseau mondial. En France, les banques d'affaires s'occupent des emprunts privés tandis que les banques de dépôt se chargent de placer les emprunts d'États étrangers.

Si les investissements de portefeuille dominent, on voit cependant apparaître des investissements directs à l'étranger, surtout à la fin du siècle. Ils traduisent les débuts d'une multinationalisation des firmes, à laquelle les entreprises américaines vont largement participer. En 1914, un tiers des firmes multinationales sont américaines contre 17 % seulement de firmes britanniques. Les capitaux placés en portefeuille ou en IDE ont surtout servi aux infrastructures et à l'extraction minière. Une faible part (à peine 15 %) s'est dirigée vers les industries manufacturières.

Les raisons des flux internationaux de capitaux

Les mouvements de capitaux relèvent de motivations économiques – recherche du profit, volonté de sécuriser les approvisionnements ou de contourner des barrières tarifaires –, mais les décisions stratégiques et politiques jouent également un grand rôle.

≫ La recherche du profit

Les différentiels de rendement sont une explication essentielle des placements à l'étranger. Les épargnants individuels sont attirés par le différentiel des taux d'intérêt entre une Europe occidentale où le loyer de l'argent est bas et des pays neufs où la rareté du capital disponible se traduit par des taux élevés. Les investisseurs (entreprises ou banques d'affaires) sont quant à eux attirés par le différentiel des profits, et des dividendes servis, entre les pays neufs et l'Europe.

Pour les marxistes, l'exportation des capitaux est imposée par les contradictions internes du capitalisme. Les profits élevés supposent que les salaires restent bas, empêchant la consommation de progresser. L'exploitation des ressources dans la périphérie du système est le seul moyen de rétablir les taux de profit. Lénine considère ainsi que « l'impérialisme est le capitalisme arrivé à un stade de développement où s'est affirmée la domination des monopoles et du capital financier, où l'exportation des capitaux a acquis une importance de premier plan, où le partage du monde a commencé entre les trusts internationaux et où s'est achevé le partage de tout le territoire du globe entre les plus grands pays capitalistes » (*L'Impérialisme, stade suprême du capitalisme*, 1917).

≫ La recherche de débouchés et la maîtrise des approvisionnements

Les investissements à l'étranger, directs ou non, visent en premier lieu à sécuriser la production et le commerce. À ce titre, le contrôle des approvisionnements et la création d'infrastructures de transport ont été la motivation principale des flux financiers, particulièrement en période de forte croissance.

La recherche de débouchés est également un motif important, surtout lorsque la dynamique interne de la croissance est en panne. Il s'agit parfois de contourner des barrières protectionnistes, comme lors de la remontée du protectionnisme à la fin du siècle, parfois de se donner les moyens d'exploiter ses propres techniques à l'étranger alors que les brevets ne protègent pas assez. Ainsi, Colt a été l'un des premiers Américains fonder une usine à Londres, dès 1852, pour y produire et vendre ses armes. C'est aussi un des motifs d'investissement pour les firmes de petits pays dont le marché intérieur est trop limité : Nestlé en Suisse ou Philips aux Pays-Bas sont rapidement à l'étroit sur leur marché national et cherchent des débouchés à l'étranger.

La répartition sectorielle des investissements européens à l'étranger confirme ces motivations. Compagnies ferroviaires, mines, plantations dominent, devant les activités industrielles et de services. En 1913, par exemple, 58 % des investissements britanniques concernent les transports, contre 10 % respectivement dans les mines, les plantations et les industries, et le reste dans les services (Bénichi, *Histoire de la mondialisation*, 2003).

≫ Une stratégie de puissance et le rôle de la diplomatie

Le rôle important joué par les États dans la globalisation financière traduit également les préoccupations stratégiques et diplomatiques qui visent à développer des zones d'influence et à renforcer la puissance politique du pays fournisseur de capitaux.

De nombreux pays émergents de cette fin du XIXe siècle ont d'importants besoins de financement. Les politiques d'industrialisation, la nécessité de construire des infrastructures ferroviaires coûteuses, la volonté de mettre en valeur leurs richesses minières, les conduisent souvent à lancer des emprunts publics. Ces emprunts ont permis à l'épargne, française par exemple, de trouver des placements attractifs, mais ils ont aussi joué un rôle diplomatique et stratégique.

Le placement des emprunts russes auprès des épargnants français a eu pour contrepartie une alliance franco-russe (1892) permettant d'entourer l'Allemagne. L'Empire ottoman a dû faire appel aux étrangers pour gérer sa dette publique. La Banque ottomane, fondée par un consortium londonien en 1856 à la suite de la guerre de Crimée, fut l'un des principaux soutiens des finances publiques turques. La Chine, humiliée par les « traités inégaux » et son ouverture forcée, fut obligée d'acheter des produits européens pour rembourser ses dettes. Les États-Unis privilégient un impérialisme financier à la colonisation plus classique des Européens.

B. La globalisation financière de la fin du XXe siècle

La mondialisation du XIXe siècle s'achève dans un grand mouvement de repli initié par la Première Guerre mondiale. L'impossibilité de reconstruire un SMI dans les années 1920, l'hyperinflation allemande, la crise de 1929, conduisent à un éclatement des relations monétaires internationales et à la construction de zones économiques et monétaires. Après la Seconde Guerre mondiale, l'organisation des échanges internationaux suppose que les échanges monétaires sont relativement limités, que les politiques monétaires s'exercent dans un cadre national et que le contrôle des mouvements de capitaux est important. L'éclatement du SMI de Bretton Woods et la libéralisation des mouvements de capitaux vont progressivement aboutir à une nouvelle globalisation financière.

Une globalisation souhaitée pour ses effets positifs

La libéralisation des marchés et l'accroissement de leur rôle dans le financement de l'économie sont souhaités pour différentes raisons.

Au-delà d'un présupposé théorique sur l'efficacité des mécanismes de marché, trois effets positifs de la globalisation sont attendus : une réduction du coût de l'intermédiation financière, du fait de l'intensification de la concurrence entre les modes de financement et les opérateurs ; un accroissement de la gamme des placements mis à la disposition des détenteurs de capitaux ; une amélioration de l'efficience informationnelle des marchés en raison de la diffusion rapide de l'information *via* les prix.

La généralisation des changes flottants donne également un cadre théorique et institutionnel nouveau. Le triangle d'incompatibilité repose sur l'idée qu'on ne peut pas avoir simultanément plus de deux éléments parmi les trois suivants : des changes stables, des capitaux circulant librement, des politiques monétaires autonomes. Le SMI de Bretton Woods reposait très clairement sur des changes fixes et supposait donc un arbitrage entre les deux autres possibilités qui s'était traduit par le contrôle des changes et une faible circulation des capitaux. Le basculement vers des changes flottants permet alors de mener des politiques monétaires autonomes dans un nouveau cadre qui est celui de la libéralisation des mouvements de capitaux.

Les réformes des années 1980

La règle des « 3D », présentée par Henri Bourguinat (*Finance internationale*, 1992), est une façon simple de décrire les mécanismes à l'œuvre dans les années 1980.

≫ Le décloisonnement et la déréglementation

Le décloisonnement et la déréglementation sont deux processus conjoints. La suppression d'un grand nombre de règles qui encadraient le fonctionnement des marchés a pour objectif de les décloisonner. Ainsi, l'abandon progressif du *Glass-Steagall Act* par les États-Unis met fin à la distinction entre les banques d'investissement et les banques de dépôt. Instauré en 1933, il est progressivement allégé dans les années 1980 avant d'être supprimé en 1999. Les réformes bancaires initiées en France au milieu des années 1980 reviennent également sur le principe de séparation bancaire qui remontait au XIXe siècle (*cf.* module 1, chapitre 1). L'assouplissement du contrôle des changes permet aux capitaux de circuler beaucoup plus facilement entre les pays. On assiste à un double mouvement avec d'une part l'ouverture internationale des marchés et d'autre part la suppression des compartiments qui rendaient les marchés étanches, y compris au niveau national. La distinction entre le financement de court terme (sur le marché monétaire) et le financement de long terme (marchés financiers) s'estompe progressivement. L'ouverture du marché monétaire aux grandes entreprises, qui y émettent des billets de trésorerie, multiplie par exemple leurs possibilités de financement. Désormais les opérateurs interviennent sur des marchés qui proposent un continuum d'échéances, allant du très court terme au long terme.

≫ La désintermédiation

La désintermédiation se traduit par le recul du financement bancaire au profit de la finance de marché. Les agents non financiers ont de plus en plus recours aux marchés de capitaux pour satisfaire leurs besoins de financement. Les entreprises émettent des titres au lieu d'emprunter auprès des banques. Les États se financent directement sur les marchés en émettant des titres de la dette publique. Ce mouvement se traduit très nettement dans la diminution du taux d'intermédiation.

Le rôle essentiel des marchés financiers au tournant du XXIe siècle

La globalisation financière des dernières décennies se caractérise par trois dimensions principales.

≫ L'intensification de la circulation internationale des capitaux

L'importance des flux de capitaux entre les pays est l'un des signes les plus visibles de la globalisation financière. Alors que les flux financiers étaient faibles à l'issue de la Seconde Guerre mondiale, ils ont commencé à progresser à partir des années 1950-1960 sous l'impulsion des investissements directs des firmes multinationales et de l'accroissement des échanges commerciaux. Toutefois, le contrôle des changes reste important et les flux financiers ne progressent très fortement qu'à partir des années 1980 dans le contexte des 3D.

Ces flux augmentent alors plus vite que la production et plus que les échanges, tandis que l'intégration économique internationale, la décomposition des processus productifs et l'apparition de nouveaux pays sur la scène internationale contribuent à accroître nettement la valeur des échanges commerciaux. Les flux de capitaux internationaux représentaient l'équivalent de 10 % du commerce mondial en 1970, ils en représentent 60 % en 2010. Ces flux sont pour partie le résultat d'investissements à l'étranger importants, dans le contexte de la décomposition des processus productifs, mais ils ont également tendance à s'autonomiser. Les investissements de portefeuille, en très forte augmentation, permettent aux investisseurs de diversifier les risques, de placer l'épargne là où elle rapporte le plus.

Si l'on intègre les marchés des changes, les valeurs échangées prennent une ampleur encore plus considérable. Ce sont quasiment 6 500 milliards de dollars qui s'échangent quotidiennement sur ces marchés, soit presque 2,5 fois le PIB français. Annuellement, cela représente plus de 25 fois le PIB mondial et 95 fois le commerce mondial de biens et services.

≫ Le développement du rôle des marchés dans le financement de l'économie

Le développement du rôle joué par les marchés est la seconde caractéristique du mouvement récent de globalisation. Longtemps on a opposé le modèle de l'économie d'endettement, caractérisé par l'importance du financement bancaire, et l'économie de marchés de capitaux (Hicks, *La Crise de l'économie keynésienne*, 1975). C'est largement ce dernier modèle qui s'est imposé au cours des dernières décennies, le développement des marchés ayant permis de multiplier les possibilités de financement direct.

La diminution du taux d'intermédiation est parfaitement visible dans le cas français. Au sens strict, il se mesure par le rapport entre les crédits accordés par les institutions financières aux agents non financiers et la totalité du financement obtenu par ces agents. Ce rapport est passé par exemple de 55 % en 1994 à 40 % en 2011. En prenant un indicateur plus large, intégrant au numérateur non seulement les crédits accordés par les institutions financières mais également les titres acquis par ces institutions et qui correspondent à un financement indirect de leur part, le taux d'intermédiation passe de 75 % en 1994 à 55 % en 2011.

Le développement de la titrisation a permis à de nouveaux acteurs de participer au financement de l'économie tandis qu'il permettait aux banques de sortir de leurs bilans une partie des prêts consentis et donc de réduire considérablement leurs risques. Le paysage de l'intermédiation financière a ainsi considérablement changé. Les banques, les assureurs, les fonds d'investissement, les fonds de pension… sont devenus des acteurs essentiels du financement de l'économie et assument également une partie importante des risques autrefois pris par les banques.

≫ L'intensification des transferts internationaux d'épargne

C'est au cours des années 2000 que les transferts internationaux d'épargne ont pris une ampleur considérable. Ils correspondent à des déséquilibres internationaux entre l'épargne, qui exprime une capacité de financement, et les besoins de financement.

Les échanges de capitaux entre pays se sont largement équilibrés jusqu'au début des années 2000, se traduisant largement par des flux croisés. Ensuite, les déséquilibres se sont très largement manifestés. Alors que certains pays connaissaient des besoins structurels de financement, d'autres se trouvaient avec des excédents permanents de leurs transactions courantes. Ces situations, nécessairement conjointes, ont conduit à une très forte montée des flux financiers, mais dans un sens surprenant. Ce sont les pays émergents, Chine en tête, mais également les pays « rentiers » exportateurs de pétrole, qui acquièrent des titres émis par les pays développés. La globalisation a ici permis aux pays émergents de poursuivre leur croissance économique alors que leur excédent d'épargne aurait pu les pénaliser. Cela a également permis aux pays développés de poursuivre leur endettement, mais au prix d'un accroissement du risque systémique.

Le financement international a ainsi très largement changé au cours des dernières décennies. Dans son ouvrage *La Tyrannie des marchés* (1995), Henri Bourguinat considérait qu'il y avait eu trois stades depuis les années 1970. Une « *économie internationale d'endettement* » avait fonctionné de 1973 au début des années 1980. Elle reposait sur le recyclage des capitaux pétroliers et avait abouti à la crise de l'endettement des pays latino-américains (1982). Le développement des innovations financières (titrisation) a permis ensuite de passer à une « *économie de marchés financiers* » dans laquelle la finance directe prend le pas sur l'intermédiation classique. Il considère qu'ensuite, à partir des années 1990, on bascule vers une « *économie internationale de spéculation* », caractérisée par des risques plus importants, des prises de position liées à des modifications du prix de l'actif et des opérations à découvert qui prennent une place prédominante. La résurgence des crises financières, très nette depuis la seconde moitié des années 1990 (*cf.* module 4, chapitre 2) est sans doute la conséquence de ces transformations.

≫ Le rôle de la finance dans la transition énergétique

Le début du XXIe siècle est marqué par des crises soulevant la responsabilité du secteur financier dans l'instabilité économique. Mais il marque également une prise en compte de la nécessité d'intégrer une dimension financière à la question du changement climatique. Au-delà des questions morales, que l'on retrouve dans les réflexions autour d'une « finance éthique », ce sont les liens entre la finance et le climat qui sont analysés.

Certains pays ont mis en place des instruments en faveur d'un développement durable, en particulier la taxe carbone ou les marchés de permis d'émission. Mais ces instruments rencontrent un succès mitigé car le prix du carbone qui émerge est insuffisant pour être réellement pris en compte par les agents dans leurs décisions d'investissement. Il existe ainsi un écart significatif entre le rendement social des investissements bas-carbone et le rendement privé de ces investissements. Mettre un prix du carbone élevé est nécessaire. Mais si on impose brutalement ce prix incitatif pour diminuer les externalités carbone, cela va induire un coût très important, tant pour les entreprises que pour les citoyens. Il s'agit donc de trouver un mécanisme de financement transitoire. Il faut alors mettre en place des outils spécifiques.

La conférence de Copenhague (COP15, 2009) échoue à imposer des mesures contraignantes dans la limitation de la hausse des températures, mais l'accord signé affirme le besoin de lever « 100 milliards de dollars par an, d'ici à 2020, pour répondre aux besoins des pays en développement » et insiste sur la nécessité de mobiliser des sources de financement publiques et privées, y compris des sources innovantes, pour lutter contre le changement climatique. Il s'agit donc de trouver les moyens de financement permettant de diriger l'épargne mondiale vers les investissements de la transition bas-carbone et de créer de nouveaux instruments de financement.

L'Accord de Paris (COP21, 2015) inscrit très clairement la finance au cœur des mécanismes concernés par l'objectif de limiter l'élévation des températures à 2 degrés. Ainsi, dès l'article 2 de l'accord, il est écrit qu'il faut rendre « les flux financiers compatibles avec un profil d'évolution vers un développement à faible émission de gaz à effet de serre et résilient aux changements climatiques ». Cela signifie clairement que les flux financiers doivent aller en priorité vers des investissements bas-carbone et se détourner progressivement des combustibles fossiles. L'objectif de 100 milliards de dollars par an est réaffirmé et l'accent est mis sur les instruments financiers permettant de l'atteindre.

De nombreux fonds sont disponibles dans le monde pour investir dans la finance bas-carbone. Le fonds souverain norvégien par exemple, qui pèse plus de 700 milliards de dollars, est sensible au bilan carbone des entreprises dans lesquelles il investit. Les réserves de change chinoises, placées en titres du monde entier, les achats massifs de titres par la BCE dans le cadre de son *quantitative easing*… sont autant de sources de financement possibles. Mais cela suppose l'existence d'instruments financiers permettant de diriger ces fonds vers les besoins de financement. À ce titre, le développement d'obligations vertes (*green bonds*), permettant de financer des programmes environnementaux, apparaît comme un moyen d'orienter les investissements. Émis par des entreprises, mais également par des États, par des banques publiques d'investissement, ces titres verts sont un moyen de mobiliser des financements vers des projets dont le rendement social est supérieur au rendement privé. L'une des principales difficultés dans le développement des « actifs verts » est la diffusion d'une information correcte sur la nature réelle des projets d'investissements qu'ils financent. La mise en œuvre de labels écologiques, l'obligation de transparence sur le risque climat des investissements (article 173 de la Loi de transition énergétique pour la croissance verte en France, 2015)… visent à fournir aux marchés les informations pertinentes.

Au-delà de cette nécessité de mettre la finance au service de la lutte contre le changement climatique, le lien entre risques climatiques et stabilité financière a été clairement présenté par Mark Carney, gouverneur de la Banque d'Angleterre, dans un discours de 2015, quelques semaines avant l'ouverture de la Conférence de Paris. Il y évoque une « tragédie des horizons », parallèle moderne de la « tragédie des communs » de Hardin. Selon lui, les conséquences du changement climatique se produiront dans un horizon bien plus éloigné que celui que prennent en compte les politiques monétaires, ou même les acteurs chargés de s'assurer de la stabilité financière. De telle sorte que, « lorsque le changement climatique sera devenu déterminant pour la stabilité financière, il pourrait déjà être trop tard ». Il souligne également que la stabilité financière peut être mise en danger via trois types de risques liés au changement climatique :

- des risques physiques : les catastrophes climatiques sont coûteuses et leur multiplication pèse sur les compagnies d'assurance et sur la valeur des actifs financiers. Ainsi, les inondations, les ouragans…, en se multipliant, provoquent des dégâts matériels, pèsent sur le commerce et l'activité, tout en impactant les compagnies d'assurance ;
- des risques en responsabilité : on peut penser que, dans le futur, des poursuites judiciaires pourraient être engagées contre des acteurs jugés responsables d'avoir accentué le changement climatique, ou de ne pas avoir suffisamment lutté contre. À l'instar des procès intentés

aujourd'hui contre des groupes pharmaceutiques ou contre l'industrie du tabac, les générations futures pourraient attaquer les entreprises d'extraction et les émetteurs de carbone ;
– des risques de transition : le passage à une économie bas-carbone peut entraîner des changements dans la valorisation des entreprises. Ainsi, la hausse des températures peut réduire à néant la valeur d'une station de ski, tandis que le développement des énergies renouvelables viendrait affecter la valeur des activités d'extraction pétrolière par exemple. C'est une large gamme d'actifs dont les prix seront affectés par l'ampleur du changement climatique.

Les liens systémiques entre climat et finance nécessitent aujourd'hui davantage de régulation. Selon Michel Aglietta : « Il revient à la finance de jeter un pont entre le présent et l'avenir. Or le marché financier, même s'il était efficient, pourrait au mieux synthétiser l'information passée. Il est en revanche incapable de fournir une boussole pour s'orienter vers un futur qui n'est pas connu » (*Le Monde*, 10 mai 2016). Ce sont alors les investisseurs et prêteurs publics qui doivent orienter les financements vers les projets qui engendrent des externalités positives.

CHRONOLOGIE

1803 Franc Germinal.

1816 Définition de la livre sterling par rapport à l'or.

1844 *Bank Charter Act.*

1865 Union latine.

1871-1900 Adoption généralisée de l'étalon-or.

1922 Conférence de Gênes et adoption du *Gold Exchange Standard.*

1928 Franc Poincaré.

1931 Dévaluation de la livre.

1934 Dévaluation du dollar.

1936 Dévaluation du franc.

1944 Conférence de Bretton Woods.

1958 Retour à la convertibilité-or du franc.

1961 Pool de l'or.

1968 Double marché de l'or.

1969 Création des DTS.

1971 Abandon de la convertibilité-or du dollar (15 août) ; accords de Washington (18 décembre).

1972 Serpent monétaire européen.

1976 Accords de la Jamaïque.

1979 Création du système monétaire européen.

1985 Accords du Plaza.

1987 Accords du Louvre.

1992 Accords de Maastricht.

1999 Création de l'euro.

2010 Doublement des quotes-parts du FMI.

2016 Intégration du yuan-renminbi au panier de monnaie définissant le DTS.

- **Aglietta (M.), Coudert (V.)**, *Le Dollar et le système monétaire international*, La Découverte, coll. « Repères », 2014.
- **Bénassy-Quéré (A.), Cœuré (B.)**, *Économie de l'euro*, La Découverte, coll. « Repères », 2014.
- **Bénassy-Quéré (A.), Farhi (E.), Gourinchas (P.-O.), Mistral (J.), Pisani-Ferry (J.), Rey (H.)**, *Réformer le système monétaire international*, Conseil d'analyse économique, septembre 2011.
- **Bénassy-Quéré (A.), Pisani-Ferry (J.)**, « Quel système monétaire international pour une économie mondiale en mutation rapide ? », *Document de travail du CEPII*, mars 2011.
- **Biasutti (J.-P.), Braquet (L.)**, *Comprendre le système financier*, Bréal, coll. « Thèmes & Débats », 2020.
- **Brender (A.), Pisani (F.)**, *La Crise de la finance globalisée*, La Découverte, coll. « Repères », n° 533, 2009.
- **Brender (A.), Pisani (F.)**, *Les Déséquilibres financiers internationaux*, La Découverte, coll. « Repères », 2007.
- **Denizet (J.)**, *Le Dollar*, Fayard, 1985.
- **Eichengreen (B.)**, *Un privilège exorbitant. Le déclin du dollar et l'avenir du système monétaire international*, Odile Jacob, 2011.
- **Guillochon (B.), Kawecki (A.), Peltrault (F.), Venet (B.)**, *Économie internationale*, Dunod, 2016.
- **Lelart (M.)**, *Le Système monétaire international*, La Découverte, coll. « Repères », 2011.
- **Krugman (P.), Melitz (M.), Obstfeld (M.)**, *Économie internationale*, Pearson, 2018.
- **Mucchielli (J.-L.), Mayer (T.)**, *Économie internationale*, Dalloz, 2010.
- **Plihon (D.)**, *Les Taux de change*, La Découverte, coll. « Repères », 2017.
- **Raffinot (M.), Venet (B.)**, *La Balance des paiements*, La Découverte, coll. « Repères », 2003.
- « Dollar : fin de règne ? » *Revue d'économie financière* n° 94 (1-2009). Toute une série d'articles sur l'histoire du rôle du dollar. *http://www.aef.asso.fr/parution.jsp?prm=52520.* Article disponible en ligne en créant un compte gratuit.
- *Rapport annuel de la balance des paiements et la position extérieure de la France.* Disponible sur le site de la Banque de France (www.banque-france.fr). Données internationales sur Eurostat.

Chapitre 3

L'intégration européenne

1

Un projet d'intégration régionale ambitieux

L'idée d'Europe est ancienne. Le terme même, *Europa*, remonte à la Grèce antique. En 1945, le contexte politique semble *a priori* peu propice à la relance d'un projet d'unification politique tel que le proposaient, au XIXe siècle, des écrivains de l'envergure de Hugo ou Goethe. Certes, après la Première Guerre mondiale, des hommes politiques comme Aristide Briand et Gustav Stresemann ont de nouveau porté l'idéal d'une communauté de peuples pacifiés. Mais cette idée s'est brisée sur la réalité des ressentiments nationaux. Elle se réalise progressivement, après la Seconde Guerre mondiale, sur un continent encore ravagé par les conséquences du conflit. Les régimes communistes au pouvoir en Europe de l'Est poussent les gouvernements de l'Ouest à se rapprocher.

1 Une Europe de marché tempérée par des politiques communes

Dès 1946, Winston Churchill évoque, dans un discours célèbre prononcé à Zurich, la mise en place des « États-Unis d'Europe ». S'il lui apparaît, de façon prémonitoire peut-être, que le Royaume-Uni n'a pas nécessairement vocation à en faire partie, l'ancien Premier ministre anglais estime que cette évolution, pour partie politique, est inéluctable. Les pays fondateurs privilégient cependant une intégration par l'« économique », en posant les bases d'une union régionale en priorité libre-échangiste. Le projet européen est depuis lors traversé de tensions multiples. Le succès est indéniable, comme en témoignent les adhésions successives et l'élaboration de politiques sectorielles ou régionales mais les critiques s'accentuent symétriquement.

A. Un espace régional fortement attractif

La réussite de l'union régionale a conduit à des élargissements successifs qui portent le nombre de pays membres de 6 en 1957 à 28 en 2013. Le processus d'ouverture à de nouveaux pays semble inscrit dans les gènes de la communauté européenne. Pourtant, des limites à l'intégration par le marché apparaissent nettement. En 2016, le référendum au Royaume-Uni en faveur du retrait de l'Union européenne constitue un véritable revirement historique.

L'Europe des « fondateurs »

La montée des tensions politiques sur le continent, dans le contexte de la guerre froide, autant que les aides à la reconstruction accordées par les États-Unis, *via* le plan Marshall (1947), favorisent l'accélération du projet européen. Des hommes politiques français, comme Jean Monnet et Robert Schuman, allemand, comme le chancelier Konrad Adenauer, italien, comme le président du Conseil Alcide de Gasperi, jouent ici un rôle déterminant. Ils mettent au point une stratégie des « petits pas », en promettant d'aboutir, par étapes, à une intégration de plus en plus forte.

Le 9 mai 1950, dans le célèbre discours du « salon de l'Horloge », Robert Schuman, alors ministre des Affaires étrangères de la IVe République française, propose au gouvernement allemand de « placer l'union de la production franco-allemande de charbon et de l'acier sous une Haute Autorité commune et largement ouverte à la participation d'autres pays européens ». Le traité de Paris (18 avril 1951) donne naissance à la Communauté européenne du charbon et de l'acier (CECA). Celui-ci réunit l'Allemagne, la France, l'Italie, le Luxembourg, la Belgique et les Pays-Bas. La réalisation d'une union douanière dans ces secteurs, sous l'égide d'une Haute Autorité supranationale présidée par Jean Monnet, marque le premier pas de l'intégration européenne.

L'échec du projet de Communauté européenne de défense (CED), en 1954, met parallèlement un terme au calendrier de coopération politique, du fait des désaccords quant à l'opportunité du réarmement allemand. Sur la base des propositions du comité présidé par Paul-Henri Spaak, ministre belge des Affaires étrangères, la relance de l'Europe suit alors la voie du libre-échange. La signature du traité de Rome, le 25 mars 1957, par les six pays membres de la CECA, sanctionne la naissance de la Communauté économique européenne (CEE) et de la Communauté européenne de l'énergie atomique (Euratom). Le traité pose les bases de la construction d'un « marché commun ». Ce dernier doit s'organiser autour de la suppression progressive des droits de douane internes comme des contingents, mais à l'abri d'un tarif extérieur commun (effectif en 1968).

Il en résulte un renforcement des flux entre pays de la communauté. Les échanges commerciaux internes passent de 27 % des échanges extérieurs réalisés par les pays membres à la fin des années 1950, à plus de 50 % moins d'une décennie plus tard. La priorité donnée au libre commerce n'empêche cependant pas la mise en place de politiques communes comme la PAC (1962) ou l'aide à la mobilité des travailleurs par l'entremise du Fonds social européen.

Une union régionale aux frontières sans cesse repoussées

Le Royaume-Uni refuse initialement de participer à la CEE. Il promeut au contraire la mise en place d'un espace de libre-échange concurrent : l'Association européenne de libre-échange (AELE). Cette dernière regroupe en 1960 sept pays réticents à une intégration économique poussée au-delà des échanges commerciaux : le Royaume-Uni, le Danemark, la Norvège, la Suisse, le Portugal, l'Autriche et la Suède. Le succès de la CEE amène toutefois les gouvernements britanniques successifs à poser leur candidature d'adhésion dès 1961. Le président français Charles de Gaulle leur met son veto à deux reprises, en 1963 et en 1967.

Ce n'est finalement qu'en 1973 qu'a lieu le premier élargissement. Il permet l'entrée du Royaume-Uni, de l'Irlande et du Danemark dans la CEE. Ces pays sont ensuite suivis de la Grèce (1981), de l'Espagne et du Portugal (1986), de la Suède, de l'Autriche et de la Finlande (1995). Par le traité de Maastricht (1992), la CEE devient la Communauté européenne, un des piliers de l'Union européenne (UE).

La chute du mur de Berlin (9 novembre 1989) et l'effondrement du bloc soviétique qui s'ensuit posent rapidement la question de l'élargissement aux pays de l'Europe de l'Est. C'est au sommet de Copenhague, en 1993, que sont fixés les « critères d'adhésion ». Au 1er mai 2004, huit pays d'Europe centrale et orientale, les « PECO » (Estonie, Lituanie, Lettonie, Slovénie, Hongrie, Pologne, Slovaquie, République tchèque), de même que Chypre et Malte, rejoignent l'Union européenne. Celle-ci voit alors son hétérogénéité s'accroître considérablement puisque sa population augmente de 20 %, alors que son PIB ne progresse pour sa part que de 7,5 %. Le niveau de vie des « nouveaux entrants » atteint seulement 50 % de la moyenne de l'ex-UE (ou UE-15), avec un maximum de 70 % en Slovénie. Les salaires y sont, globalement, inférieurs de moitié. Par ailleurs, comme le choix d'un élargissement s'effectue à budget communautaire constant (en pourcentage du PIB de l'Union européenne), se pose déjà avec acuité la question de la stratégie de rattrapage. Plus tard, la Roumanie et la Bulgarie, en 2007, puis la Croatie, en 2013, intègrent l'Union européenne. Le PIB par habitant de ces derniers entrants n'excède pas alors 30 % de la moyenne du cœur de l'Europe.

L'adhésion de 28 États témoigne, bien entendu, de la forte attractivité de l'Union européenne. Toutefois, ces élargissements successifs ne sont pas sans poser de nombreux problèmes institutionnels et accroissent l'hétérogénéité économique et sociale.

En mars 2020, s'engagent les négociations d'adhésion avec l'Albanie et la Macédoine du Nord, qui rejoignent donc la Turquie (depuis 2005, même si ces dernières sont depuis interrompues), le Monténégro (depuis 2012) et la Serbie (depuis 2014).

Le Brexit

Lors du référendum du 23 juin 2016, initié par le gouvernement Cameron, les Britanniques votent à une majorité de 51,9 % en faveur de la sortie de l'Union européenne (*leave*). Les discussions sur les modalités de sortie ont duré plus de trois ans. Le Royaume-Uni ne quitte effectivement l'Union européenne qu'au 1er janvier 2021.

Les Britanniques ont progressivement basculé de l'euroscepticisme vers un rejet plus affirmé de l'Union européenne. Certes, le Royaume-Uni avait toujours fait jouer une forme d'« exceptionnalisme », en refusant d'intégrer l'euro, ou en bloquant de nombreuses initiatives en matière d'harmonisation sociale ou fiscale. Derrière le résultat global du vote s'expriment aussi des divisions territoriales assez nettes : le vote *leave* est majoritaire partout dans les campagnes mais aussi dans les villes du Nord, davantage affectées par le chômage ou la précarité. À l'inverse, Londres (59,9 %) et son agglomération, ou l'Écosse (62 %), ont massivement voté pour le *remain*. Depuis cette date, de nombreux représentants écossaient souhaitent la tenue d'un nouveau référendum voire l'adhésion unilatérale de leur pays à l'Union européenne au risque d'un éclatement du Royaume-Uni.

En quittant l'Union européenne, le Royaume-Uni prenait le risque de se voir fermer les portes du marché européen, son principal partenaire commercial avec 53 % de ses importations et 48 % de ses exportations. Pourtant, le Royaume-Uni demeure moins dépendant du commerce intra-européen que d'autres pays (Allemagne, 63 % d'échanges intracommunautaires, France, 66 %, Espagne, 64 %, par exemple). De plus, ses échanges avec les pays hors UE ont même progressé plus vite qu'avec le marché unique : en 2018, l'Union européenne absorbe 48 % des exportations britanniques contre 60 % en 2000. Le pari des conservateurs de Londres consiste donc à préférer un projet de « Global Britain » à l'ancrage européen, accentuant sa position libre-échangiste historique.

Le coût du Brexit ne peut cependant être minoré. En effet, le Royaume-Uni – et notamment la City – a largement profité du marché financier européen, en étant la première place en termes de transactions en euros, malgré sa non-adhésion à la monnaie unique. La finance (7 % du PIB et des centaines de milliers d'emplois indirects) constitue clairement un avantage comparatif de l'économie britannique. L'accord final de décembre 2020 ne délivre pas pour l'heure le « passeport financier » aux établissements installés sur le territoire britannique. Cela signifie que pour permettre la poursuite des activités de ses acteurs financiers, Londres doit négocier l'octroi d'« équivalences » par type de marché (il en existe une quarantaine. Les États-Unis sont le pays hors UE qui en comptent le plus en 2021, avec un total de 23). De nombreuses banques ont donc d'ores et déjà rapatrié leurs activités sur le continent, principalement dans les villes de Francfort, Amsterdam et Paris, ces dernières places se livrant par ailleurs à une concurrence non dissimulée pour les attirer. Depuis le 1er janvier 2021, la chute des opérations en euros a été clairement significative. Ainsi la quasi-totalité des transactions sur les actions des sociétés européennes a migré vers le continent. Certains redoutent que le Royaume-Uni cède à la tentation de renforcer sa position de place financière internationale en jouant la carte du paradis fiscal aux portes de l'Europe (scénario du « Singapour sur la Tamise »).

Mais la sortie entraîne également d'autres coûts, plus difficiles à évaluer pour l'heure : augmentation des coûts de transaction, par la multiplication des formalités douanières, risque de diminution des IDE sur le sol britannique, du fait d'une divergence possible des réglementations et législations, incertitude à terme sur le statut des travailleurs européens installés sur le marché britannique, etc. Selon une étude de *Bloomberg Economics* (2020), l'incertitude associée aux négociations aurait déjà coûté l'équivalent de 3 % de PIB au Royaume-Uni, de 2016 à 2020.

Pour les pays de l'Union européenne, l'enjeu principal est la préservation du marché unique. De nouvelles frontières sont en effet dessinées, puisque l'Irlande demeure *de jure* dans l'Union européenne tandis que l'Irlande du Nord appartient toujours au Royaume-Uni. Les négociations ont abouti à la mise en place d'un *backstop* ou « filet de sécurité » permettant au Royaume-Uni de rester de manière prolongée au sein de l'union douanière. Les contrôles aux frontières irlandaises sont donc allégés. Si certains points, très sensibles politiquement mais peu significatifs en termes d'activités économiques ont pu être résolus (quotas de pêche), d'autres demeurent en suspens, ainsi de la facture des Britanniques à l'égard de l'Union européenne du fait des engagements pris mais non financés.

Par ailleurs, au cours du premier semestre 2021, les tensions se sont matérialisées notamment autour de la question de la livraison des vaccins à l'Union européenne par les entreprises installées sur le sol britannique. Plus grave encore, des tensions politiques sont réapparues en Irlande du Nord, laissant craindre une remise en cause du fragile équilibre de l'accord du Vendredi saint (10 avril 1998).

B. La priorité donnée à la construction du marché unique et à la politique de la concurrence

Parallèlement à la mise en place du marché commun, le traité de Rome de 1957 pose des objectifs ambitieux en matière de coopération économique ou de politiques intégrées. On observe cependant, au fil du temps, un renforcement de la place prise par la politique de la concurrence.

Le marché unique devient l'horizon ultime de la Commission

Au début des années 1980, le constat d'une stagnation des échanges intra-communautaires, d'une croissance affaiblie et inflationniste, se combine à la remise en cause des politiques keynésiennes menées lors de la précédente décennie. Tout semble plaider alors en faveur d'un renforcement de la concurrence.

La victoire de Margaret Thatcher aux élections britanniques, en 1979, et sa politique intérieure de privatisations et de déréglementations symbolisent l'ancrage des théories de l'offre dans le paysage européen. Progressivement, la Commission accentue, elle aussi, son interprétation libérale de la CEE, comme le démontre l'adoption du Livre blanc (1985). Pour son président Jacques Delors, les 310 mesures doivent relancer l'Europe « par le marché », après la période d'« euroscepticisme » qui a caractérisé les années 1970.

Dans cette ligne, l'Acte unique européen ou Acte unique (1986) repose sur la volonté d'approfondir le « marché unique » qui se substitue donc au « marché commun ». Sa réalisation est effective au 1er janvier 1993. La philosophie générale est au démantèlement des barrières aux échanges, qu'elles soient tarifaires, quantitatives ou réglementaires. Le marché intérieur doit se réaliser particulièrement à travers la reconnaissance des « quatre libertés » : la libre circulation des biens, des personnes, des services et des capitaux. Le *principe de reconnaissance mutuelle* qui autorise l'activité d'une entreprise dans un pays tiers, dès lors qu'elle est légalement reconnue dans son pays d'origine, accélère le processus.

Le rapport Cecchini (1988) évalue les gains de la libéralisation du marché intérieur dans une fourchette de 4,5 à 7 % de PIB. La concurrence est ici supposée entraîner une série de mécanismes positifs pour l'activité : baisse des prix profitable aux consommateurs, meilleure allocation des ressources, par la disparition des entreprises non concurrentielles, renforcement de la compétitivité externe sur les marchés étrangers, et économies d'échelle grâce à l'accroissement du marché potentiel.

Ces arguments sont, depuis lors, mobilisés à chaque étape de l'approfondissement du marché. Par exemple en 1997, avec le Plan d'action en faveur du marché unique ou, en 2011, avec l'Acte pour le marché unique (*Single Market Act*).

La prééminence de la politique de la concurrence

L'influence des théories critiques à l'égard de l'intervention publique se révèle croissante à partir des années 1970 (École de Chicago, monétarisme, nouvelle économie classique). Mais le biais initial, en faveur de la politique de la concurrence, trouve aussi ses origines dans l'ordo-libéralisme allemand. Ce courant est né dans l'entre-deux-guerres sous la plume d'auteurs tels que W. Eucken, W. Röpke ou A. Rüstow. Il recherche une forme de voie intermédiaire entre le libéralisme, alors en échec avec la crise des années 1930, et la planification qui caractérise les régimes communistes.

L'ordo-libéralisme acquiert une place prépondérante dans l'Allemagne d'après-guerre. Il devient un élément fondamental du modèle d'« économie sociale de marché » (*Soziale Markwirtschaft*). Il se caractérise par la défense de la concurrence comme garante de l'efficacité de l'allocation des ressources. Mais il préconise aussi un encadrement très strict du marché par la loi : il s'agit en effet d'éviter les tendances à la concentration et à la monopolisation, ainsi que de limiter les pouvoirs discrétionnaires de l'État. Il en découle une préférence pour l'indépendance des banques centrales et l'adoption de règles budgétaires. Cette doctrine rejoint les positions d'autres économistes européens de premier plan, tels que Maurice Allais (prix Nobel 1988), Jacques Rueff, ou Friedrich Hayek (prix Nobel 1974). L'influence de l'analyse apparaît indéniable par la suite.

Le traité de Rome vise déjà à construire un marché commun par l'extinction des barrières douanières. Il accorde donc une place importante à la politique de la concurrence. La conception sous-jacente est contenue dans trois articles clés : l'article 85, relatif aux ententes entre entreprises, l'article 86, relatif aux contrôles des positions dominantes, et l'article 92, relatif aux aides publiques nationales. L'Acte unique et le traité de Maastricht étendent encore le champ de la compétition par la promotion des « quatre libertés ». Ils ouvrent par exemple les marchés monétaires et financiers à la déréglementation. Par ailleurs, la Direction générale de la concurrence (aujourd'hui DGcomp ou DG compétitivité) s'oppose à plusieurs reprises à des fusions-acquisitions, comme dans les affaires Aérospatiale-De Havilland (1991), Péchiney-Alcan-Algroup (2000), Schneider-Legrand (2001) et plus récemment Alstom-Siemens (2019). Elle empêche *de facto* la naissance de géants industriels de taille mondiale, au motif de risque d'« abus de position dominante » sur le marché continental (*cf. infra*).

Dans les années 1990, ce sont les services et les monopoles publics qui font l'objet de l'ouverture à la concurrence. La Commission accepte, certes, de définir des services d'intérêt économique général (SIEG), mais elle distingue la propriété des réseaux d'infrastructure de leur exploitation commerciale. Elle ouvre par conséquent la voie au démantèlement des monopoles publics (chemins de fer, postes, électricité, télécommunications, gaz, transports aériens par exemple). Elle laisse, à cette heure, les services « non économiques » d'intérêt général hors du marché (police, justice, sécurité sociale).

La prééminence de la concurrence s'affirme par les décisions de la Cour de justice des communautés européennes (CJCE) : l'arrêt « Cassis de Dijon » (1979) ouvre la voie à la reconnaissance mutuelle et à la libre prestation de services, les arrêts Laval, Viking (2007) et Rüffert (2008) favorisent une mise en compétition des systèmes sociaux (*cf. infra*).

La « quasi-constitutionnalisation de la politique de la concurrence » en Europe (Élie Cohen) contraste avec les évolutions constatées ailleurs. Aux États-Unis, les politiques volontaristes se renforcent à partir des années 1990, tandis que les pays émergents, notamment la Chine, n'hésitent pas à subventionner les secteurs jugés stratégiques. Le tournant opéré dans les années 1980 a donc considérablement renforcé, selon l'analyse proposée par Jan Tinbergen, « l'intégration négative ». Cette dernière mise sur la réduction des entraves aux échanges pour soutenir l'activité, au détriment de « l'intégration positive », qui passerait par l'élaboration de politiques communes en matière industrielle, commerciale, budgétaire, etc. Cette option a également été accentuée par les élargissements successifs et par la difficulté à voir émerger des intérêts communs. Cependant, la crise de COVID-19 et ses leçons, ainsi que la guerre technologique que se livrent ouvertement la Chine et les États-Unis, sont susceptibles de rebattre les cartes (*cf.* p. 698 et 732).

C. Des politiques communes pour accompagner la création du marché intérieur

La priorité donnée à la construction du marché intérieur n'a pas éliminé les ambitions initiales d'intégration des politiques économiques, notamment en matière de politique agricole ou de politiques régionales. Cependant, au fil des décennies, on observe ici aussi des changements majeurs.

La politique agricole commune (PAC)

L'Europe souffre de graves pénuries alimentaires dans l'après-guerre. La libéralisation de l'agriculture est inscrite dans le traité de Rome. Constatant la puissance de l'industrie allemande, le président de Gaulle exige que la question agricole, avantage comparatif de l'économie française, fasse l'objet d'une politique particulière. Il s'agit notamment d'aider à la modernisation de l'agriculture, de stabiliser les marchés et de garantir un niveau de vie équitable aux exploitants.

Les trois principes de la PAC sont établis à la conférence de Stresa (1958) : 1) *l'unicité du marché agricole* organise la libre circulation des biens agricoles et supprime les droits de douanes internes ; 2) *la préférence communautaire* repose sur un protectionnisme douanier à l'égard des importations à bas coût, ainsi que sur un mécanisme de subventions aux exportations (« restitutions ») ; 3) la *solidarité financière entre les États membres*, par l'instauration d'un Fonds européen d'orientation et de garantie agricole (FEOGA, 1962). Ce dernier a la double mission de garantir les prix et d'aider à la modernisation structurelle. Une fois par an, les « marathons agricoles » déterminent un ensemble de prix : les *prix de référence* que les pays membres souhaitent atteindre dans chaque secteur, les *prix d'intervention*, c'est-à-dire les prix *minima* qui déclenchent les achats de l'Union européenne (pour limiter l'effondrement des cours), et les *prix de seuil* qui fixent un prix minimum aux biens importés. La PAC fonctionne alors, clairement, comme une politique protectionniste favorable aux surplus des producteurs.

Le volume des échanges intracommunautaires est multiplié par six entre 1962 et 1990. L'autosuffisance alimentaire est atteinte dès la fin des années 1960 et l'Union européenne devient le deuxième exportateur mondial. Ce succès a pour corollaire une part croissante de la

PAC dans le budget communautaire (jusqu'à 73 %, en 1985). Au début des années 1980, la CEE est confrontée à des problèmes structurels d'excédents qui donnent lieu un premier changement de logique, combinant mise en place de quotas (1984), jachères (1992) et aides directes à la place du soutien au marché (*découplage*). Par ailleurs, les critiques internationales se multiplient à l'égard d'une politique jugée protectionniste. De la part des États-Unis mais aussi de pays fortement exportateurs (Argentine, Brésil, Australie par exemple) qui plaident pour une libéralisation complète des échanges. Progressivement, les prix européens doivent s'aligner sur les prix mondiaux.

La réforme de 2003 ou « nouvelle PAC » accentue la tendance antérieure : *découplage*, *éco-conditionnalité* (critères environnementaux et de bien-être animal) et *modulation* des subventions (au détriment des grandes exploitations). L'élargissement vers l'Est (2005, 2007), caractérisé par une agriculture alors faiblement productive et une part importante de la population active dans le secteur agricole (23 % encore en 2020, en Roumanie) suscite de nouveaux compromis, à budget constant.

Les négociations autour de la PAC se sont durcies. Certains pays plaident pour un redéploiement du budget vers d'autres objectifs alors même que le Brexit en a réduit le montant. Une part de l'opinion publique critique son biais productiviste. La PAC, pour la période 2023-2030, devrait rester le premier budget (pour un tiers, soit plus de 400 milliards d'euros). Des tendances s'affirment : « verdissement » (20 % des aides directes relèvent *d'éco-régimes* en conformité avec le Pacte vert, conditionnalité renforcée), flexibilité et subsidiarité accrues (les États disposent une plus grande latitude dans l'attribution des montants pour réaliser les objectifs communs). L'exposition aux prix mondiaux, désormais totale et renforcée par les accords de libre-échange, ainsi que la tendance à une forme de renationalisation des outils de la PAC éloignent cette dernière de son esprit initial.

L'Union européenne compte un peu plus de 10 millions d'exploitations en 2019. L'agriculture emploie 9 millions de personnes (soit 4,4 % de l'emploi total) et 8 % de la surface totale sont consacrés désormais à l'agriculture biologique. Elle est la première puissance agricole mondiale (420 milliards d'euros) et en valeur, les cinq premiers pays sont : la France (18,5 %), l'Allemagne (14 %), l'Italie (13,8 %), l'Espagne (12,3 %) et les Pays-Bas (7 %). Avec 9 milliards d'euros reçus par an, la France demeure la principale bénéficiaire de la PAC.

La politique régionale

Le traité de Rome fait mention de la nécessité pour les États membres de la CEE de « renforcer l'unité de leurs économies et d'en assurer le développement harmonieux en réduisant l'écart entre les différentes régions et le retard des moins favorisées » (aujourd'hui art. 174 du TFUE). S'il n'existe pas encore à proprement parler de politique régionale, le FSE (Fonds social européen, 1958) et le FEOGA (Fonds européen d'orientation de garantie agricole, 1962) contribuent rapidement à réaliser un certain niveau de redistribution entre les territoires.

La nécessité de renforcer la politique régionale est perçue de plus en plus nettement à la faveur des élargissements. C'est l'entrée de l'Irlande, en 1973, qui marque une étape fondamentale. En effet, le pays, qui deviendra bien plus tard le « Tigre celtique », est alors en grand retard de développement. Le Fonds européen de développement régional (FEDER), créé en 1975, devient le pivot de la politique régionale, en aidant au financement d'investissements productifs ou à la modernisation des infrastructures. Il vise indirectement à limiter la concurrence par les salaires ou la fiscalité.

L'élargissement, vers le Sud, au cours des années 1980, souligne une nouvelle fois la problématique. L'Acte unique européen permet à l'Union européenne de se doter d'une politique régionale approfondie mais c'est par le traité de Maastricht (1992) qu'est instaurée une politique dite de « cohésion économique ». Elle se structure aujourd'hui (après plusieurs nouvelles dénominations) autour de cinq fonds qui, dans leur ensemble forment les fonds structurels et d'investissement européens (Fonds ESI) :

- le Fonds social européen (FSE) : il est spécialisé dans la lutte contre le chômage des jeunes et le chômage de longue durée, l'aide aux PME et, depuis 2007, dans l'activation des politiques du marché du travail et la reconversion professionnelle ;
- le FEDER : il aide à la reconversion des bassins productifs ;
- le Fonds de cohésion : il est réservé aux pays dont le niveau de vie est inférieur à 90 % de la moyenne de l'Union européenne. Il se concentre sur les secteurs de l'environnement et des infrastructures de transport ;
- le Fonds européen agricole pour le développement rural (FEADER) : il est, dans le cadre de la PAC, consacré au développement rural (accès aux services publics, mise en valeur du potentiel culturel et environnemental) ;
- le Fonds européen pour les affaires maritimes et la pêche (FEAMP) : il doit contribuer à la cohésion par l'aide à une « pêche durable, innovante et compétitive ».

On doit également rajouter un outil transversal : la Banque européenne d'investissement (BEI). Créée par le traité de Rome, elle est la « banque » de l'Union européenne. Dotée en capital par les pays membres (232 milliards d'euros), elle contribue au financement des investissements de grande envergure en émettant des titres sur le marché obligataire international. Son action se concentre sur le financement des réseaux de transport, le développement régional ou la protection de l'environnement. Elle participe également, au nom de l'Union européenne, aux financements de projets de coopération internationale. En 2020, la BEI annonce que tous les projets d'investissement financés sont désormais soumis au respect de l'Accord de Paris. 50 % de ses investissements doivent être faveur du climat. Une de ses missions devient donc le soutien à la transition des pays et des régions les plus dépendants des énergies fossiles.

La politique de cohésion représente le deuxième budget de l'Union européenne, après celui de la PAC, soit environ 0,4 % du PIB européen. Les principaux bénéficiaires demeurent très majoritairement les PECO et les aides peuvent représenter jusqu'à 4 % du PIB (Hongrie). On observe cependant une inflexion majeure car les objectifs sont désormais clairement articulés à la stratégie de croissance de l'Union européenne : l'innovation, le changement climatique, le développement des infrastructures numériques, la réduction de la pauvreté et le développement des projets locaux. Promouvoir la compétitivité au-delà de la seule redistribution a aussi pour effet une réorientation assez sensible des fonds vers l'Europe du Sud. Le constat que cet ensemble a été fortement touché par la succession de crises s'est imposé. Cela témoigne d'une reconfiguration des disparités régionales au regard des performances en termes de croissance, d'emploi ou de pauvreté, constatées depuis près de deux décennies.

2 Les stratégies successives de croissance de l'Union européenne

Lorsque les pays fondateurs de la CEE rejoignent le marché commun, ils sont en phase de forte croissance. Le diagnostic d'un décrochage de l'Union européenne par rapport aux États-Unis s'impose progressivement. Il donne lieu à l'adoption d'une stratégie ambitieuse, dite de « Lisbonne » (2000), modifiée mais réaffirmée. Toutefois, la priorité donnée au marché intérieur a conduit à négliger la politique industrielle. De même, l'absence de véritable harmonisation fiscale prive en partie les États d'un levier majeur d'action économique.

A. De l'arrêt de la convergence économique à des stratégies de croissance ambitieuses

Dans les années 1960, les économies européennes apparaissent comme des « modèles » de croissance. Elles associent faible chômage, amélioration continue du niveau de vie et systèmes de protection sociale généreux. Les années 1980 et 1990 sont, au contraire, caractérisées par l'idée d'une stagnation de l'Europe dans la compétition internationale. C'est seulement au début des années 2000 qu'apparaît un véritable « agenda de croissance ».

Le décrochage

Jusque dans les années 1970, les pays membres de la CEE connaissent une amélioration continue de leur niveau de vie. Le PIB par tête de l'UE-6, puis de l'UE-15, atteint près de 70 % du niveau de vie américain à la fin des années 1970. Cette proportion stagne au cours des années 1980, avant de décliner, lorsque la croissance américaine accélère de nouveau, à partir des années 1990. L'écart ne se réduit donc plus mais, au contraire, se creuse. Le chômage semble incompressible.

Tableau 1 – Comparaison des performances de croissance et chômage entre les États-Unis et la zone euro[1]

	Indicateurs	1979-1991	1992-1998	1999-2008	2009-2019
Zone euro	Taux de croissance	1,7	1,4	1,8	1,8
	Taux de chômage	7,5	9,9	8,2	10,1
États-Unis	Taux de croissance	1,4	2,5	1,3	1,9
	Taux de chômage	7,0	5,9	5,0	6,5

Sources : « L'euro, une enfance difficile », OFCE (2009) et OCDE (2021) pour la période 2009-2019.

1. Chiffres reconstitués pour la zone euro-19 avant 2015.

La thèse d'une « inaptitude structurelle » à générer des emplois, souvent avancée pour expliquer l'« eurosclérose », doit être nuancée. Si, dans les années 1960, l'Union européenne crée en moyenne dix fois moins d'emplois que les États-Unis, en proportion de la population active, l'emploi total progresse davantage dans l'Union européenne (+ 7 %) qu'aux États-Unis (+ 5 %) au début de la décennie 2000.

Une analyse des taux d'emploi, c'est-à-dire du rapport entre la population effectivement en emploi et la population en âge de travailler, montre malgré tout que les pays européens peinent à mobiliser leur main-d'œuvre. Le taux américain progresse ainsi de 9 % entre les années 1970 et les années 2000, pour atteindre 73 %. Il stagne à 64 % en Europe sur la même période. Cet écart est à lui seul responsable d'un différentiel de croissance entre les deux zones de l'ordre de 0,4 % par an. Par ailleurs, alors que la durée annuelle travaillée progresse aux États-Unis depuis les années 1970, elle diminue de manière relativement uniforme dans les pays européens. Ce sont-là les deux causes principales du décrochage en termes de niveaux de vie relatifs.

Il n'y a cependant pas d'accord sur l'explication du phénomène. Deux thèses s'affrontent, depuis les années 1980 et encore aujourd'hui. Pour la Commission, l'insuffisance de concurrence sur les marchés des biens et des services, ainsi que les rigidités du marché du travail expliquent les mauvaises performances relatives de l'Union européenne. La priorité doit alors être donnée à l'approfondissement du marché intérieur. C'est l'option choisie en 1986, avec l'Acte unique.

Au contraire, les « keynésiens », tels que J.-P. Fitoussi (*Le Débat interdit*, 1995), soulignent la responsabilité du pilotage macro-économique : les politiques restrictives, tant dans le domaine monétaire que budgétaire, mais aussi l'inadéquation des règles, pénaliseraient fortement l'investissement, qu'il soit public ou privé.

Le débat est particulièrement vif au cours de la décennie 1990. Le développement de la « nouvelle économie » souligne la capacité du système productif américain à générer des innovations technologiques radicales. Il met aussi en lumière l'efficacité du *policy-mix* Clinton-Greenspan, qui associe retour à l'équilibre budgétaire et politique monétaire expansionniste, favorable à l'investissement privé. L'Europe connaît une situation presque symétrique, puisque l'investissement dans les NTIC peine d'abord à décoller et que, dans le même temps, le *policy-mix* est, lui, globalement restrictif dans le contexte de qualification à l'euro.

La définition d'une stratégie de croissance

Jusqu'au Conseil européen de Lisbonne (2000), il n'existe pas à proprement parler de « stratégie » de croissance. La philosophie générale reste profondément inspirée de l'analyse libérale des vertus du marché. Ainsi, le traité de Maastricht dispose que « les États membres et la Communauté agissent dans le respect d'une économie de marché ouverte où la concurrence est libre, favorisant l'allocation efficace des ressources » (art. 98 TCE, art. 120 TFUE). Tout au plus, le Conseil, adopte chaque année les grandes orientations de politique économique (les GOPE) qui visent à harmoniser les politiques nationales, sans être contraignantes.

Pourtant, les années 1970 marquent une rupture nette dans la dynamique des gains de productivité. Alors que ceux-ci atteignaient 4,3 % par an dans l'UE-15 avant 1974, ils ne progressent plus ensuite que de 1,6 % en moyenne. S'impose donc le constat que les économies européennes souffrent d'un déficit d'innovation. Leur modèle de croissance, parvenu à la frontière technologique, ne parvient pas à susciter de « destruction-créatrice », dans une logique schumpetérienne. Il apparaît aussi que les dépenses de recherche et développement (R&D), à 1,9 % du PIB en 2000, sont clairement insuffisantes en comparaison avec celles des États-Unis (2,7 %) ou du Japon (3,1 %), alors même que les théories de la croissance endogène soulignent leur importance dans une économie moderne.

À Lisbonne est adoptée une stratégie volontariste. Elle promet à l'Union européenne de devenir « l'économie de la connaissance la plus compétitive et la plus dynamique au monde d'ici à 2010, capable d'une croissance économique durable accompagnée d'une amélioration quantitative et qualitative de l'emploi et d'une plus grande cohésion sociale ». Il s'agit d'atteindre 3 % de croissance annuelle, d'élever le taux d'emploi 70 % pour les hommes et à 60 % pour les femmes. Les principaux leviers sont l'activation des politiques du marché du travail et des dépenses de R&D, avec un seuil minimal de 3 % du PIB dans chacun des pays.

Malgré l'échec relatif, les ambitions sont réactivées avec la stratégie « Europe 2020 » intitulée : « Pour une croissance intelligente, durable et inclusive » (2010). Cinq objectifs sont posés : un taux d'emploi à 75 % pour les 20-64 ans, une dépense de R&D effectivement portée à 3 % du PIB, la sortie de la pauvreté pour 20 millions d'Européens, une proportion de personnes ayant un diplôme de l'enseignement supérieur de 40 % parmi les 30-34 ans, et le respect des objectifs environnementaux, issus de la conférence de Copenhague de 2009 (20 % de réduction des émissions de gaz à effet de serre, 20 % d'énergies renouvelables et 20 % de gains d'efficacité énergétique).

Certains pointent les faiblesses intrinsèques de l'Union européenne pour parvenir à ses fins. Ainsi A. Bénassy-Quéré (« Les obstacles à la croissance européenne », 2006) met en évidence l'existence d'un « triangle d'incompatibilité » sur le modèle du triangle de Mundell. Le premier sommet serait constitué de la stratégie de Lisbonne (et stratégies suivantes) : celle-ci, non contraignante, est fondée sur la coordination, par la méthode ouverte de coordination (MOC, *cf. infra*). Le second sommet en serait le pacte de stabilité et de croissance : il oblige les États à se conformer à un objectif de déficit public, sans prise en compte des investissements favorables à la croissance, et sous peine de sanctions. Le troisième sommet en serait la concurrence fiscale : elle encourage la mobilité des travailleurs qualifiés, parfois au détriment des pays qui les ont formés, ou des entreprises innovantes. Le risque est alors que la stratégie de croissance, de Lisbonne ou de Lisbonne 2020, devienne le « côté faible » du triangle.

Le pacte vert pour l'Europe ou la définition d'une croissance écologique

Arrivée à la tête de la nouvelle commission européenne (1er décembre 2019), la présidente Ursula von der Leyen définit les grandes lignes d'une nouvelle croissance pour l'Union européenne, croissance fondée sur la transition écologique. « C'est un moment aussi important pour l'Europe que lorsque l'homme a marché sur la lune », affirme-t-elle, lors de la présentation de ce Green New Deal ou Pacte vert pour l'Europe (11 décembre 2019).

Ce Green New Deal pose un objectif de neutralité carbone de l'Union européenne à l'horizon 2050. Entre-temps, l'effort en matière d'émission des gaz à effet de serre (GES) est intensifié : la réduction doit atteindre 55 % par rapport à 1990 dès 2030, contre 40 % en 2040, dans la Stratégie 20-20-20 (2008).

La volonté de contenir le réchauffement climatique à deux degrés nécessite des changements majeurs. La Commission estime à 0,7-1 % du PIB européen le surcroît d'investissements nécessaire pour rejoindre une trajectoire de neutralité climatique. Au sein de l'Union européenne, il faudrait donc qu'un tiers du total des investissements, publics comme privés, réalisés chaque année (soit plus 1 100 Mds d'euros) s'inscrive dans les « actifs verts ».

La présidente s'engage à soutenir un plan d'investissement de 1 000 Mds d'euros sur sept ans. Pour une part, la contribution reposerait sur une réorientation des budgets actuels (fonds de cohésion, PAC, etc.) à hauteur de 25 % du budget total de l'Union européenne, combinée à une mobilisation de la Banque européenne d'investissement convertie en « Banque du Climat ». Pour une autre part (près de la moitié de l'ambition affichée au final), l'investissement serait d'origine privée et impulsée par un effet levier comparable à l'architecture du plan Juncker.

Sur le plan interne, l'acceptation du Green New Deal repose sur la mise en place d'un fonds de transition, doté de 100 Mds d'euros. Ce dernier serait destiné à aider les régions touchées par la reconversion des activités polluantes. On sait, par exemple, que les réticences de la Pologne, mais aussi, dans une moindre mesure de certains Länder allemands, encore producteurs de charbon, ont jusqu'ici pesé sur l'adoption d'une stratégie commune.

Sur le plan externe, la Commission envisage également des changements significatifs. Le marché carbone européen qui pèse, jusqu'à ce jour, uniquement sur les producteurs de l'Union, serait étendu aux entreprises extra-européennes : ces dernières, pour pouvoir exporter vers l'Union européenne, devraient à leur tour acheter des droits à polluer, à proportion du contenu carboné de leurs produits. Ensuite, les futurs accords commerciaux, négociés par l'Union européenne – puisque la politique commerciale est une prérogative communautaire – devraient obligatoirement respecter les engagements de la COP 21 (ou Accord de Paris, 2015).

Beaucoup soulignent l'ambition d'une telle stratégie de croissance. L'Union, par son poids dans l'économie et surtout dans le commerce mondial, serait à même de peser sur le comportement des autres acteurs plus que tout autre acteur pris isolément. Ensuite, cette croissance écologique s'inscrit dans une logique technologique et un nécessaire développement d'emplois peu délocalisables, deux défis clairement posés par les mutations de la globalisation contemporaine. Par ailleurs, ces objectifs s'inscrivent dans un contexte particulier. En effet, la crise de COVID-19 a infléchi le *policy-mix* européen dans un sens plus expansionniste, montré les fragilités industrielles de l'Union européenne (*cf. infra*) et accru encore les disparités entre pays. Les faiblesses constatées pourraient alors convaincre les plus réticents d'accélérer la mise en œuvre du Pacte, au risque de voir les forces centrifuges l'emporter.

D'autres insistent, au contraire, sur le fait que l'Union européenne a déjà échoué par le passé (« Lisbonne »). L'annonce de buts légitimes et même économiquement justifiés, ne peut pas faire oublier que la gouvernance européenne actuelle est en crise. Elle peine à résoudre les contradictions issues de son histoire et à concilier les intérêts divergents qui s'y manifestent : difficultés à renforcer la capacité budgétaire lors des rounds de négociation, voire à en limiter la diminution (comme pour le budget 2021-2027), préférences pour un modèle d'exportation ou, au contraire, tentations protectionnistes, nécessité d'une politique industrielle ou prééminence de la concurrence. La crise de COVID-19 pourrait alors renforcer davantage l'hétérogénéité des performances et mettre en péril le projet européen dans sa globalité (Robert Boyer, *Les Capitalismes à l'épreuve de la pandémie*, 2020).

B. La politique industrielle et l'industrie en Europe

Longtemps négligée par les autorités communautaires, la politique industrielle est dans une position asymétrique face à la politique de la concurrence. Les évolutions de la concurrence mondiale ont cependant infléchi la position de l'Union européenne à partir des années 1990. La problématique industrielle est aujourd'hui clairement au cœur de la Stratégie Europe 2020. Si la désindustrialisation affecte l'ensemble des pays européens, elle est en revanche une réalité inégalement partagée. Le cœur industriel s'est concentré géographiquement, au risque, et à cause aussi, d'une véritable guerre de compétitivité interne à l'Union européenne.

Une reconnaissance tardive de la politique industrielle

La priorité donnée à la politique de la concurrence dans le traité de Rome contraste avec l'absence de base légale pour la politique industrielle. Seul l'article 235 reconnaît la possibilité pour le Conseil de prendre les « dispositions nécessaires pour réaliser, dans le fonctionnement du Marché commun, l'un des objets de la Communauté, sans que le traité n'ait prévu les pouvoirs d'actions requis à cet effet ». Les seuls programmes industriels de premier plan qui sont engagés, tels que Concorde (1962), Airbus (1970) ou Ariane (1973), le sont sur la base d'accords intergouvernementaux.

Les sommets de Paris (1972) et de Copenhague (1973) permettent la mise en place du premier outil institutionnel de la Communauté avec la naissance du CERD, Comité européen de la recherche et du développement. Des initiatives, ou « programmes », visant à promouvoir des coopérations en matière technologique sont ensuite engagées pour répondre aux défis ambitieux lancés par l'administration Reagan aux États-Unis : Esprit (1984), Eureka (1985) ou Brite (1986). Toutefois, les résultats sont relativement décevants, car la conception de la concurrence au sein de l'Union européenne limite les aides européennes au seul champ de la « recherche pré-compétitive ». Elle pénalise donc le passage de la recherche au stade du développement industriel.

L'Acte unique européen (1986) pose les premières bases légales d'une action communautaire. L'article 130 dispose que « la Communauté a pour objectif de renforcer les bases scientifiques et technologiques de l'industrie de la Communauté et de favoriser le développement de sa compétitivité internationale ». L'inflexion est renforcée par le traité de Maastricht. Toutefois, si l'Union européenne reconnaît la notion de « compétitivité industrielle », notamment dans le Livre blanc sur la compétitivité, la croissance et l'emploi (1993), elle n'emploie pas clairement le terme de « politique industrielle ». Les années 1980-1990 restent, en effet, caractérisées par la priorité donnée au démantèlement des monopoles nationaux, à la mise en concurrence des industries de réseaux, tandis que la DGC bloque un certain nombre de fusions (*cf. supra*). Seules les politiques « horizontales » favorables à l'environnement des entreprises sont de fait tolérées par la Commission.

La stratégie de Lisbonne marque une évolution majeure, avec la reconnaissance implicite que les économies européennes souffrent d'un retard dans le domaine des NTIC et qu'elles subissent également de plein fouet la concurrence des émergents, dont le bas coût du travail rend délicat le maintien des industries arrivées à maturité. La Commission, dans ses communications, évoque désormais la nécessité d'une action coordonnée (« La politique industrielle dans une Europe élargie », 2002, 2004). En témoignent la mise en place d'un programme Small Business, favorable à la croissance des PME (2008) ou la promotion d'une « politique industrielle intégrée à l'heure de la mondialisation » (stratégie Europe 2020). Cette reconnaissance tardive de la politique industrielle ne se traduit encore que partiellement dans les dépenses communautaires. De fait, les stratégies industrielles restent, pour une large part, du ressort des États membres.

La recomposition de l'industrie européenne

Les économies européennes sont historiquement très industrialisées. Le point haut de la part de l'emploi industriel est atteint au milieu des années 1970, lorsque le tiers des effectifs salariés se trouve dans le secteur secondaire. Mais ce dernier connaît depuis lors une reconfiguration profonde. Dans les années 1980, les pertes d'emplois sont massives : la sidérurgie et les charbonnages sont touchés par des restructurations, l'automobile est concurrencée avec force par les entreprises japonaises et le textile connaît les premières vagues de délocalisation, parfois vers le sud de l'Europe (Portugal, Espagne) mais surtout vers les pays d'Asie ou du Maghreb.

Entre 1980 et 1994, la part de l'emploi industriel diminue de 21 % en France et en Allemagne, de 33 % au Royaume-Uni, de 15 % en Italie, et de 32 % en Espagne. Deux facteurs se combinent pour expliquer cette évolution. D'une part, les gains de productivité progressent plus vite que la demande en biens industriels et, d'autre part, la concurrence des pays à bas coûts rend le travail des salariés européens non compétitif.

Une deuxième grande vague de désindustrialisation touche l'Europe à partir de la fin des années 1990. L'UE-27 perd, entre 1998 et 2008, près de 17,5 % de son emploi manufacturier, qui passe de 35 millions à 29 millions d'emplois. La part de la valeur ajoutée industrielle dans la valeur ajoutée totale recule : au Royaume-Uni et en France, elle passe de 15 % à 11 %, en Italie de 20 % à 17 %. Seule l'Allemagne parvient à maintenir cette part à plus de 25 %.

Cette évolution est portée par la montée en puissance des émergents et notamment de la Chine, devenue la première puissance industrielle au monde et excédentaire dans ses échanges avec tous les pays européens. Cette tendance globale masque cependant des évolutions différenciées au sein de l'Europe. Les derniers élargissements ont contribué à un redéploiement de l'industrie au sein de l'Union européenne au profit des pays d'Europe centrale, qui restent globalement plus industrialisés. Les bas salaires et une fiscalité attractive y ont renforcé l'intérêt des délocalisations ou de la sous-traitance internationale. Ainsi, les coûts salariaux des PECO, rapportés au coût allemand dans le secteur manufacturier, montrent un avantage comparatif indéniable : ils en représentent 75 % en République slovaque, 50 % en Roumanie et en Bulgarie, 80 % en Pologne et en Hongrie (2015). On observe, par exemple, un redéploiement de l'industrie allemande vers les PECO pour réduire les coûts des biens intermédiaires. Les importations en provenance des PECO, qui représentaient moins de 3 % des importations allemandes en 2000, s'élèvent en 2015 à près de 12 % du total.

L'industrie européenne est également marquée au cours de la décennie 2000 par un phénomène de concentration de l'emploi sur quelques pays ou quelques régions. L'Allemagne, qui pesait 17,6 % de l'emploi industriel européen en 1998, en représente 19,3 %, en 2009. L'Italie progresse de 13,6 % à 14,1 %, tandis que la France et l'Espagne stagnent à respectivement 10,5 % et 7,1 % et que le Royaume-Uni voit sa part régresser de 11,6 % à 8,5 %. Au niveau infra-étatique, 9 des 271 régions européennes (3 % du territoire européen) concentrent 16 % de l'emploi industriel. La Lombardie, région la plus industrialisée d'Europe, compte à elle seule 3,5 % de l'emploi industriel du continent. Cette évolution de l'implantation géographique de l'industrie semble relativement conforme à l'analyse des effets d'agglomération proposée par P. Krugman. Dans la mesure où l'industrie demeure un élément déterminant de la croissance, la perte de substance dans ce secteur peut se révéler toutefois très problématique. Ainsi, en moyenne, 70 % des exportations et 80 % des dépenses de R&D sont liées à l'industrie. La désindustrialisation avancée de nombreux pays et la guerre de compétitivité que se livrent les pays de l'Union européenne en l'absence de stratégie commune sont également un élément majeur de la crise de l'Union européenne commencée en 2009 (*cf. infra*).

Vers la fin de naïveté ?

L'ancien ministre des Affaires étrangères français, Hubert Védrine a qualifié l'Union européenne d'« idiot du village planétaire » pour qualifier l'attitude des Européens, trop peu soucieux de protéger leurs intérêts stratégiques. On peut constater, en effet, que la guerre commerciale, industrielle et même géopolitique s'est durcie depuis deux décennies. La Chine et les États-Unis se livrent désormais une concurrence ouverte pour le leadership technologique. Forte de ses atouts hérités du passé, l'Union européenne pèche pour certains par excès de naïveté : ouverture de ses marchés sans barrières protectionnistes, peu d'entraves aux investissements directs étrangers et faible réciprocité exigée dans les négociations.

La prise de conscience semble aujourd'hui actée sous l'effet de plusieurs facteurs. Les États-Unis par exemple, au-delà de leurs investissements en Europe, n'hésitent pas à utiliser l'extraterritorialité de leurs droits pour infliger des sanctions aux entreprises européennes voire à en prendre le contrôle (ex. : BNP Paribas, Alstom ou Volkswagen). La Chine poursuit une politique d'investissements qui va d'infrastructures notamment portuaires (ex. : Le Pirée, en 2016, Zeebruges, en 2018) à l'acquisition de « pépites industrielles ». En 2016, le rachat de l'entreprise allemande Kuka, leader dans le secteur des robots industriels par l'entreprise chinoise Midea, a provoqué un choc national outre-Rhin.

Il faut ensuite souligner que de nombreuses critiques ont été émises à l'égard des politiques antérieures. Les Européens ont ainsi raté le coche du numérique se révélant dépendants des GAFAM voire des entreprises chinoises pour leur propre développement technologique (ex. : Huaweï et la 5G, photovoltaïque). En privilégiant la concurrence, ils ont aussi empêché la naissance de véritables géants européens dans les secteurs pour lesquels ils disposent pourtant d'avantages comparatifs. L'interdiction de la fusion Alstom-Siemens (2019) a de nouveau souligné cette tension, alors même que le géant chinois CRRC dispose d'un marché intérieur lui permettant de réaliser des économies d'échelle et de conquérir des parts de marché à l'international. La crise de COVID-19 accélère sans doute le diagnostic en montrant la dépendance de l'Union européenne dans les secteurs aussi sensibles que la santé (masques ou vaccins) ou le numérique.

L'Union européenne semble désormais prête à affronter plus directement ses concurrents. Sur le plan défensif, un système d'alerte est mis en place à partir d'octobre 2020, visant à surveiller les investissements étrangers dans des domaines tels que les infrastructures, les hautes technologies (aéronautique, biotechnologie ou les données personnelles). Sur le plan offensif, la commission renforce son soutien à l'émergence ou à la préservation des technologies stratégiques. Le programme Horizon 2020 (2014-2020) a été prolongé par le programme Horizon Europe, doté de 95 milliards d'euros dans les domaines de l'environnement et du numérique, en conformité avec le Pacte vert de la Commission Leyen. On peut souligner également l'initiative franco-allemande soutenue par la Commission de poser les bases d'un « Airbus de la batterie » (9 décembre 2019). Dans un secteur aussi pourvoyeur d'emplois que l'automobile et là où il existe de puissants constructeurs européens, le constat d'une dépendance à l'égard des batteries chinoises ou de la concurrence du constructeur Tesla, ne peut rester sans effet. D'autant que la transition écologique aussi bien que les normes européennes en matière de moteurs propres imposent des mutations technologiques. Dans le secteur de la santé, et alors même que l'Europe a largement financé la recherche sur les vaccins, la Commission lance une Agence de recherche biomédicale. En avril 2021, face à une pénurie de microprocesseurs qui oblige à mettre à l'arrêt plusieurs secteurs industriels, le commissaire T. Breton, chargé de la politique industrielle, du marché intérieur, du numérique, de la défense et de l'espace, souligne la nécessité de développer les capacités de production sur le territoire européen, afin de préserver son autonomie à l'égard des fournisseurs. Il faut souligner également que la Commissaire à la concurrence, M. Vestager entend vouloir « actualiser » les règles de la concurrence. Les limites d'une politique historiquement tournée vers le surplus du consommateur apparaissent, face à l'approche américaine (École de Chicago et accent mis sur la contestabilité des marchés) ou à l'agressivité des entreprises chinoises qu'elles soient publiques ou privées mais subventionnées.

Si l'Europe continue de porter la voie du libre-échange à l'OMC, elle paraît, pour certains sur le point de renouer avec les grands projets industriels qui ont marqué son histoire jusqu'au tournant des années 1980.

C. La politique fiscale en Europe

Les pays qui rejoignent l'Union européenne sont caractérisés par des systèmes fiscaux très différenciés. Ils sont restés très soucieux de maintenir leur souveraineté dans ce champ essentiel de la politique économique. Seule la fiscalité indirecte a véritablement fait l'objet d'une forme d'harmonisation, tandis qu'en matière de fiscalité des entreprises, de l'épargne ou des personnes, la concurrence demeure, au risque d'encourager le *dumping* fiscal visant à attirer les bases fiscales les plus mobiles.

Des régimes fiscaux hétérogènes et soumis au principe du vote à l'unanimité

Le poids des prélèvements obligatoires, en proportion du PIB, varie assez largement au sein de l'Union européenne. Ils sont, pour une grande part, le fruit de l'histoire mais aussi du niveau de développement des systèmes de protection sociale et de la fourniture de biens publics (périmètre de l'action publique). Les prélèvements obligatoires atteignent 40,2 % du PIB dans l'UE-28 en 2019, et 41,6 % dans la zone euro-19. Mais la dispersion est importante : l'écart est supérieur à 20 points de PIB entre l'Irlande (22,7 % du PIB) et la France (47,4 % du PIB), ou la Lituanie (30,4 %) et le Danemark (46,9 %). Cette hétérogénéité s'est significativement accrue lors des élargissements de 2004 et de 2007, puis en réponse aux différentes crises. En effet, les PECO présentent des régimes de protection sociale nettement moins généreux que le cœur « historique » de l'Union européenne. Ils sont aussi nettement moins tolérants à l'égard de l'intervention publique du fait de leur assujettissement passé au bloc communiste.

Tableau 2 – Indicateurs de pression fiscale pour quelques pays
(moyenne pour les zones)

	PO (1) en % du PIB		Taux d'IS (2)		Taux de TVA (3)	
	2000	2019	2000	2020	2000	2020
UE (28 pays)	39,9	40,2	32,0	21,9	NR	NR
Zone euro (19 pays)	41,0	41,6	33,3	24,1	NR	NR
Danemark	48,6	46,9	32,0	22,0	25	25
Allemagne	42,0	41,7	51,6	30,2	16	19
Irlande	32,0	22,7	24,0	12,5	21	23
France	45,0	47,4	37,8	28,0	19,6	20
Italie	40,1	42,6	41,3	24,0	20	22
Estonie	31,1	33,3	26,0	20,0	18	20
Slovaquie	33,9	34,6	29,0	21,0	23	20
Suède	49,0	43,8	28,0	21,4	25	25
Grèce	34,9	41,9	40,0	29,0	18	24
Royaume-Uni	34,4	35,3	30,0	19,0	17,5	20

Lecture : (1) prélèvements obligatoires, (2) taux d'impôt sur les sociétés facial augmenté, le cas échéant, des contributions sociales, (3) taux de TVA standard, NR : non renseigné.

Sources : (1) Eurostat (2021), (2) et (3), Commission européenne (2020).

Or, la constitution du marché unique, avec la libre circulation des facteurs de production et des marchandises au sein de l'Union européenne, renforce les opportunités de mise en concurrence des systèmes fiscaux. Cela est particulièrement vrai pour les facteurs les plus mobiles que sont le capital, le travail qualifié, ou les entreprises (notamment pour les sièges sociaux).

Cette question oppose d'ailleurs assez nettement les pays. Pourtant, au fil des traités, le principe de l'unanimité est resté la règle de décision au sein du Conseil, témoignant du maintien de la pleine souveraineté nationale dans ce domaine. Ce principe équivaut, de facto, à octroyer un droit de veto à tout État qui s'oppose à une mesure de coordination ou d'harmonisation.

On peut distinguer plusieurs arguments favorables au maintien de la concurrence fiscale au sein de l'Union européenne :

- elle autorise la diversité des préférences collectives, notamment en matière de niveau de protection sociale et de prise en charge des risques. Ces préférences résultent en effet de la constitution historique des modèles nationaux ;
- elle permet de compenser un handicap géographique, tel que l'éloignement au centre de gravité du marché unique, ou un retard de niveau de vie qui peut s'analyser comme un choc asymétrique permanent. Dans ce cas, le *dumping* fiscal se substitue à l'absence de transferts budgétaires fédéraux ;
- elle est un rempart à « l'État-Léviathan » et conduit les gouvernements européens à améliorer l'efficience des dépenses publiques.

D'autres, au contraire, soulignent les effets néfastes de celle-ci :

- elle introduit des distorsions dans la décision d'implantation des entreprises. Si cet aspect peut être limité par des considérations de demande et de proximité au marché, il reste pertinent pour la localisation des sièges sociaux des entreprises qui détermine le poids relatif de la fiscalité entre l'entreprise mère et les filiales ;
- elle fait peser les charges fiscales sur les assiettes les moins mobiles (travail et consommation), au risque de limiter nettement la progressivité des régimes fiscaux et de limiter la capacité des États à fournir des biens publics à un niveau optimal ;
- Elle encourage l'optimisation mais aussi l'évasion fiscale.

On observe une évolution assez significative des trajectoires fiscales, notamment depuis la mise en place de l'euro : d'abord, une tendance marquée à la baisse des taux de prélèvements obligatoires dans la période qui précède la crise de la zone euro ; ensuite, un allégement des taux d'impôt sur les sociétés (même s'il faudrait tenir compte de l'élargissement, parfois, des bases) ; enfin, un relèvement, presque partout, des taux de TVA « normale ». Il apparaît donc que, loin de converger ou de tendre vers l'harmonisation, les États européens se sont lancés dans une véritable « bataille fiscale » au cours des dernières années. Certains auteurs soulignent cependant que les effets de cette concurrence sont à nuancer (A. Bénassy-Quéré *et al.*, « Renforcer l'harmonisation fiscale en Europe », *Les Notes du CAE*, juillet 2014).

Des degrés divers en matière d'intégration fiscale communautaire

Les avancées en matière de prélèvements obligatoires européens restent très différentes selon la nature des bases fiscales considérées. On peut distinguer quelques grands traits.

L'harmonisation domine en matière d'imposition indirecte. Il s'agit essentiellement de la volonté de construire une fiscalité la plus neutre possible, afin de permettre le fonctionnement du marché unique. La taxe sur la valeur ajoutée (TVA) est sans doute l'impôt pour lequel les règles communautaires ont le plus convergé. La TVA est inventée en 1954, en France. Elle est rapidement adoptée par les pays européens, notamment le Danemark (1967), l'Allemagne (1968), l'Italie et le Royaume-Uni (1973). Deux directives de 1967 posent les bases d'une harmonisation des règles applicables dès 1967. Elles sont ensuite enrichies : en 1977, il est décidé que 1 % des taux nationaux financent le budget européen (1,64 % aujourd'hui) ; en 1992, des modifications sont apportées pour accompagner la mise en place du Marché unique. L'adoption de la TVA est désormais un prérequis à l'adhésion à l'Union européenne.

La TVA est réglée sur le *principe de destination* pour les *assujettis*, c'est-à-dire pour les agents économiques qui reversent à l'État les montants de TVA, et sur le *principe d'origine* pour les *non-assujettis*, c'est-à-dire pour les agents qui supportent l'impôt. Ainsi, une entreprise française s'acquitte du taux français sur les importations qu'elle effectue en provenance de pays tiers, mais ne paie aucune TVA sur les produits exportés hors du territoire national. En revanche, les consommateurs paient la TVA au taux français sur toutes les consommations réalisées en France, et au taux belge sur les achats réalisés en Belgique. Toute baisse de la TVA doit faire l'objet d'un vote à l'unanimité au Conseil. L'augmentation reste du ressort de chaque État membre. Le fait que les exportations soient exonérées du paiement de la TVA peut pousser les États à en augmenter le taux, pour, par exemple, baisser les cotisations sociales nationales. La compétitivité-coût de leurs entreprises domestiques sur le marché international s'en trouve alors potentiellement renforcée, au détriment des produits importés, qui sont soumis au taux national.

La coopération est la règle en matière de fiscalité de l'épargne. Or, la mobilité des capitaux, organisée par la directive sur la liberté des capitaux (1988), rend possible l'optimisation, voire l'évasion fiscale. Le rejet de la proposition de la Commission (1989) de taxer à la source les intérêts des obligations et des dépôts bancaires (du fait du veto du Luxembourg) ainsi que la volonté de protéger le secret bancaire (Luxembourg, Autriche, Belgique) ont conduit historiquement à privilégier la coopération. Les affaires d'évasion fiscale, autant que la remise en cause des paradis fiscaux à partir de 2009, conduisent les États à envisager une plus forte harmonisation. Une directive du Conseil de décembre 2014 organise l'échange automatique d'informations entre les États membres de l'Union européenne à compter de 2017.

La concurrence reste la règle en matière de fiscalité des personnes physiques et des entreprises. Le principe du vote à l'unanimité est ici un puissant levier dans la bataille fiscale que se livrent les économies européennes. Les États se sont opposés à la proposition de la Commission européenne (Comité Rüding, 1991) qui visait une harmonisation du taux d'impôt sur les sociétés (IS), dans une fourchette de 30 à 40 %. Les efforts portent, depuis lors, sur la limitation des « pratiques fiscales dommageables » (déficit d'information, défaut de transparence, par exemple). Il n'existe pas de seuil minimal en matière d'IS. Il en résulte une forte dispersion des taux effectifs maximums d'imposition sur les sociétés. La comparaison reste toutefois malaisée du fait des différences entre le taux facial et le taux effectif, ou même des différences d'assiette. Cependant, la concurrence est clairement effective puisque, depuis 1995, le taux moyen a baissé de plus de 12 points au sein de l'Union européenne. La Commission tente d'aboutir, depuis 2004, à une harmonisation des assiettes, en laissant aux États la possibilité de fixer librement les taux. Cette proposition vise, en premier, à accroître la transparence des régimes fiscaux en maintenant le principe de souveraineté. Une hypothèse de travail semble se dessiner à partir de 2015, qui obligerait les FMN installées sur plusieurs territoires européens à communiquer sur les chiffres d'affaires réalisés, les effectifs employés, ainsi que les impôts payés dans chaque pays. Cette évolution se voit cependant contrariée, au motif du respect du « secret des affaires ».

La question fiscale est donc aujourd'hui traversée d'enjeux contradictoires :

- d'un côté, la possibilité d'une concurrence accrue s'affirme : le Royaume-Uni, à la faveur du Brexit, a annoncé son intention de porter le taux d'IS à 10 %, ce qui installerait une forme de paradis fiscal pour les entreprises, à proximité immédiate du marché unique ;
- d'un autre côté, une forte pression des opinions publiques en faveur d'une coopération renforcée, voire d'une harmonisation. La Commission (2012) évalue le coût de la fraude et de l'évasion fiscales à près de 1 000 milliards d'euros chaque année.

Les révélations sur les pratiques du Luxembourg (« LuxLeaks », 2014, « OpenLux », 2021), de l'Irlande ou des Pays-Bas, pour l'essentiel, ont montré que les grands groupes parvenaient à réduire considérablement leurs impôts, soit par des montages habiles (« double irlandais », « sandwich hollandais », par exemple), soit par des négociations directes avec des gouvernements bienveillants (« *tax ruling* luxembourgeois » par exemple). Les divisions demeurent pourtant nettes entre les capitales européennes comme l'ont révélé les difficultés – et donc l'impossibilité – à mettre en œuvre un principe de taxation des géants du numérique (l'Allemagne, par exemple, redoutant alors des sanctions commerciales de la part des États-Unis de D. Trump). Au début de l'année 2021, la proposition par le président Joe Biden d'un impôt minimal mondial de 21 % sur les profits des multinationales, relance les négociations portées par l'OCDE jusque-là.

2

La construction d'une gouvernance macroéconomique originale

À côté de la construction d'un vaste marché commun, la mise en œuvre d'une union monétaire, au terme d'un processus relativement long, témoigne de la volonté d'intégrer un levier essentiel de leur souveraineté économique. Cet avancement contraste avec le domaine budgétaire qui reste caractérisé par une préférence pour l'encadrement des pouvoirs nationaux au détriment d'un véritable fédéralisme budgétaire.

1 La construction de l'Europe monétaire

L'adoption d'une monnaie unique n'apparaît pas initialement comme une condition nécessaire au marché commun. En effet, le système de Bretton-Woods offre une grande stabilité des changes au sein de la CEE. Son délitement progressif accélère la mise en place de mécanismes d'ancrage à travers le serpent monétaire (1972-1978) puis le système monétaire européen (1979-1998). Le processus s'achève avec la naissance de l'euro et l'instauration d'une banque centrale aux prérogatives originales. Les années 2000 permettent de dresser un premier bilan de la monnaie unique, avant la crise des *subprimes* et de la dette souveraine.

A. Aux origines de la monnaie unique

Le projet d'intégration monétaire date de la fin des années 1960 mais se heurte à la décomposition du système de Bretton-Woods. Si, dans les années 1970, les États membres tentent déjà de limiter les fluctuations des devises, il faut attendre les années 1980 pour que la monnaie unique devienne un objectif de l'intégration européenne.

Du rapport Werner au système monétaire européen (SME)

Suite au mémorandum Barre (1968), le rapport Werner (1970) propose la réalisation d'une « union économique et monétaire ». Trois étapes sont définies : le rétrécissement des marges de fluctuation des monnaies, puis la libéralisation des mouvements de capitaux et, enfin, la définition d'orientations communes en matière budgétaire ou fiscale. La première est engagée le 1er janvier 1971, mais elle échoue du fait de la suspension de la convertibilité du dollar en or

(15 août 1971). Les mouvements monétaires incontrôlés risquent alors de pénaliser les échanges commerciaux intra-européens que la réalisation de l'Union douanière (1968) vient d'intensifier.

Par les accords de Bâle (avril 1972), les six membres de la CEE ainsi que le Royaume-Uni, l'Irlande et le Danemark décident d'appliquer le principe du « serpent monétaire », présenté initialement dans le rapport Werner. Il ne s'agit pas seulement de limiter les marges de fluctuations entre les monnaies, comme l'Europe l'avait déjà expérimenté à partir de 1955 dans le cadre de l'Accord monétaire européen. L'objectif est de faire en sorte que les monnaies européennes évoluent de conserve par rapport au dollar. Ainsi, toutes les monnaies du serpent doivent se retrouver dans une bande de fluctuation d'une largeur de 2,25 %, comprise dans le « tunnel » de 4,5 % défini par les accords de Washington (*cf.* module 3, chapitre 2). Ce dispositif se révèle rapidement fragile, car il fait reposer une grande partie de l'effort sur les monnaies les plus faibles. Lorsque le dollar se déprécie, il s'ensuit une appréciation du mark, valeur refuge alternative. Mais l'appréciation de la devise allemande ne signifie pas forcément une appréciation du franc ou de la livre. Ainsi, les banques centrales française ou anglaise doivent augmenter leurs taux d'intérêt, ou racheter leur monnaie pour qu'elle s'apprécie et puisse rester dans le serpent. Cette asymétrie conduit à la sortie de la livre, dès juin 1972, et de la lire, en février 1973. Le premier choc pétrolier accroît les divergences d'inflation. Le franc quitte le serpent en janvier 1974, le rejoint à nouveau en juillet 1975, avant d'en sortir définitivement en mars 1976. À partir de cette date, le serpent est de fait une zone mark, puisqu'il ne cohabite plus qu'avec le franc belgo-luxembourgeois, le florin néerlandais et la couronne danoise. En 1978, les difficultés des banques centrales à limiter les fluctuations de leur monnaie sont telles que les échanges communautaires sont compromis.

Une étape fondamentale est alors franchie avec l'instauration du système monétaire européen (SME), le 13 mars 1979. Il s'agit ici de mettre en œuvre une zone de stabilité des changes qui soit autonome par rapport au dollar. Une monnaie-panier est créée, l'Écu (European Currrency Unit), dont la composition est officiellement définie sur la base, non seulement du poids économique de chaque État membre, mais aussi de sa part dans le commerce intra-communautaire. Au jour le jour, chaque banque centrale nationale est en charge de défendre la parité de sa monnaie par rapport à toute autre devise, ce qui définit un mécanisme de parités bilatérales, dans la limite théorique de +/– 2,25 % par rapport au pivot que constitue l'Écu. Cette construction oblige, en théorie, les banques centrales nationales à des interventions symétriques, par la vente de la devise qui tend à s'apprécier et par l'achat de la devise qui se déprécie. L'Europe a donc tiré les leçons de l'échec du serpent monétaire en inventant un système coordonné, obligeant toutes les banques centrales à intervenir dans le maintien des taux de change.

Des insuffisances du SME au projet de monnaie unique

La mise en œuvre du SME coïncide avec des pics inflationnistes dans quelques économies européennes (Italie, France ou Royaume-Uni) et le durcissement de la politique monétaire américaine à partir d'octobre 1979. Les réajustements sont donc fréquents à l'origine, du fait des divergences des politiques économiques nationales. Le choix de la France de renoncer à toute dévaluation compétitive (1983) et de privilégier la désinflation compétitive ancre la crédibilité du SME autour du binôme franco-allemand. Ainsi, entre 1987 et 1992, la parité entre le franc et le deutsche mark (DM) n'est pas modifiée, ce qui renforce la convergence des taux d'intérêt entre les deux pays. De nouvelles monnaies rejoignent progressivement le SME : la peseta espagnole (1989), la livre britannique (1990), l'escudo portugais (1992). Seule la drachme grecque reste en dehors du mécanisme au début des années 1990, au sein de l'UE-12.

Cependant, le SME se révèle à son tour asymétrique, le mark s'imposant de nouveau comme la monnaie-pivot du système. L'économie germanique demeure en effet la plus puissante de la CEE, avec plus de 30 % du PIB communautaire. La Bundesbank parvient également à maintenir une inflation domestique plus faible que chez ses partenaires. Le mark est enfin la seule devise européenne qui bénéficie d'un statut international : en moyenne, au cours des années 1980, 15 % des réserves officielles des banques centrales et 10 % du commerce mondial sont libellés en DM. La valeur de la devise allemande est donc intimement liée à la confiance des investisseurs internationaux, mais ses variations se répercutent, *in fine*, sur l'ensemble des devises participant au SME.

Du fait de la suprématie du DM, la banque centrale allemande parvient, de facto, à s'affranchir des obligations formelles du SME. Ainsi, il lui arrive fréquemment de refuser de vendre des marks contre une monnaie plus faible pour soutenir la parité bilatérale. Cette opération, qui accroîtrait la masse monétaire en DM, est en effet jugée potentiellement inflationniste par les autorités monétaires allemandes (et donc non conforme au statut de la Bundesbank). Les pays à monnaie faible doivent alors, unilatéralement, soit procéder à une dévaluation, soit durcir fortement leur politique monétaire pour maintenir le change.

La mise en place d'un marché des capitaux unifié, prévue par l'Acte unique pour le 1er janvier 1991, tend à renforcer cette asymétrie. Ce résultat de la théorie économique, connu sous le nom de triangle d'incompatibilité de Mundell, est popularisé par le rapport Padoa-Schioppa (1987). Il montre qu'il n'est pas possible de concilier simultanément changes fixes, mobilité des capitaux et politique monétaire nationale autonome. Si deux des conditions sont vérifiées, alors la troisième ne peut l'être. Dès lors, la libéralisation des marchés financiers et la volonté de limiter le flottement des changes obligent les banques centrales européennes à s'aligner sur la Bundesbank du fait de la plus forte stabilité du mark.

Les limites intrinsèques du SME poussent les États, au Conseil européen de Hanovre de 1988, à relancer le projet d'une intégration monétaire complète. S'il s'agit donc en priorité d'accompagner et de renforcer le passage au marché unique, la mise en place d'une monnaie unique apparaît également comme un moyen de partager la souveraineté qui échoit *de facto* à la seule Bundesbank. Le Comité Delors, s'inspirant des conclusions du rapport Werner, propose en avril 1989 la mise en place d'une union monétaire en dix ans.

Les critères de zone monétaire optimale (ZMO)

Les gains attendus du passage à l'euro (la dénomination n'est définitivement adoptée qu'en 1995), sont analysés par le rapport Emerson (1990). Sur le plan microéconomique, une monnaie unique est censée favoriser la transparence des prix, réduire les coûts de transaction et améliorer la diffusion de l'information. Elle doit permettre aussi l'intensification de la concurrence et de la division du travail au sein de l'espace européen. Sur le plan macroéconomique, la disparition du risque de change est supposée permettre l'élimination des réserves en devises des banques centrales, renforcer l'intégration commerciale et encourager les investissements à l'étranger. En limitant les primes de risque (ou *spreads*), la monnaie unique doit également assurer la convergence des taux d'intérêt. Elle peut enfin devenir une devise à vocation internationale, potentiellement concurrente du dollar.

Mais l'adoption de l'euro prive aussi les États de la possibilité de dévaluer leur monnaie en cas de choc asymétrique conjoncturel ou de perte de compétitivité. Initiée par R. Mundell (« A Theory of Optimum Currency Areas », 1961), la littérature sur les zones monétaires optimales (ZMO) établit les conditions que doivent remplir des économies pour renoncer à l'outil du change face à un choc asymétrique. Plusieurs critères sont identifiés au fil des travaux académiques :

- **critère de mobilité des facteurs de production.** Pour Mundell, la dévaluation n'est pas nécessaire s'il existe une parfaite flexibilité des prix et notamment des salaires. Le ralentissement économique peut en effet être absorbé par une baisse spontanée des prix qui restaure la compétitivité perdue. Si les prix sont rigides, les facteurs de production (capital et travail) doivent alors être parfaitement mobiles et la résorption du chômage s'effectue par la migration de la main-d'œuvre, des zones en difficulté vers les régions prospères ;
- **critère du degré d'ouverture des économies.** Pour McKinnon (« Optimum Currency Areas », 1963), plus les économies sont ouvertes, plus elles ont intérêt à fixer leur change : une dévaluation compétitive améliore la compétitivité-prix des exportations mais augmente le prix des importations au risque d'une inflation importée, annulant les effets positifs initiaux ;
- **critère de diversité du tissu productif.** Pour Kenen (« The Theory of Optimum Currency Areas: An Eclectic View », 1969), un pays dont le tissu économique est diversifié peut renoncer à la flexibilité du change pour deux raisons : d'abord, les conséquences d'un choc asymétrique sont réduites dans une économie peu spécialisée ; ensuite, une manipulation du change, pour répondre à un problème sectoriel, modifie la totalité des prix relatifs, même pour les secteurs non affectés, ce qui peut se révéler contreproductif ;
- **critère d'intégration financière et fiscale.** Pour Ingram (« Comment: The Optimum Currency Problem ») et Johnson (« The Problems Approach to International Monetary Reform », 1969), une union monétaire nécessite un certain niveau d'intégration financière et fiscale : les déficits éventuels d'une région doivent pouvoir être financés par une mobilité parfaite des capitaux et/ou par des transferts budgétaires fédéraux, pour limiter les pressions sur les taux d'intérêt nationaux ;
- **critère d'homogénéité des préférences.** Pour Haberler (« The International Monetary System: Some Recent Developments and Discussions », 1970) ou Kindleberger (« International Public Goods with International Government », 1986), une monnaie unique s'apparente à un bien collectif. Elle nécessite par conséquent des préférences communes de la part des populations qui la partagent, pour limiter les désaccords, notamment en matière de pilotage monétaire (arbitrage inflation-chômage) ;
- **critère d'endogénéité des cycles.** Pour Frankel et Rose (« The Endogeneity of the Optimum Currency Area Criteria », 1998), l'optimalité d'une zone peut se construire *ex-post*. L'union monétaire, en renforçant l'intégration commerciale et la convergence des niveaux d'inflation,

contribue à la synchronisation des cycles économiques entre régions. La probabilité de choc asymétrique se réduit, ce qui limite l'intérêt des dévaluations.

La mise en œuvre de la monnaie unique ne nécessite pas la réalisation de tous les critères simultanément. Toutefois, les théories ZMO montrent clairement que la non-optimalité de l'Union européenne peut nécessiter une coordination, voire une intégration, étroite des politiques économiques nationales.

B. Une union monétaire originale

Le calendrier retenu par la commission Delors détermine trois phases de convergence pour les États qui acceptent l'adoption de la monnaie unique. Le traité de Maastricht institutionnalise l'organisation effective du Système européen des banques centrales (SEBC). La banque centrale européenne (BCE) se voit alors confier un mandat hiérarchique, clairement tourné vers la lutte contre l'inflation.

La marche à l'euro

La première étape de l'unification monétaire, la « phase I » (1990-1993), repose sur la coordination accrue des politiques monétaires, la libéralisation complète des marchés financiers et l'obligation pour les États de rendre leur banque centrale indépendante. Le calendrier est très largement favorisé par le bouleversement politique que constitue la chute du mur de Berlin. En effet, l'Allemagne n'a que peu d'intérêt à abandonner son autonomie monétaire. Elle l'accepte cependant, sous l'impulsion du chancelier Kohl, pour ancrer l'économie allemande au projet européen et lever les réticences possibles des autres pays à sa réunification (3 octobre 1990).

Du point de vue institutionnel, la monnaie unique rend indispensable une refonte des traités. C'est l'objet du traité de Maastricht (1992) qui entre en vigueur au 1er janvier 1993. Le Royaume-Uni et le Danemark négocient au même moment une clause d'*opting out*, c'est-à-dire une dérogation permanente à l'obligation de rejoindre l'euro.

Durant la « phase II » (1994-1997), les États doivent mettre en œuvre des politiques permettant de respecter cinq critères de convergence nominale :

- un déficit public inférieur à 3 % du PIB. Il s'agit théoriquement d'un seuil qui, compte tenu de la croissance nominale constatée et des taux d'intérêt en vigueur, permet une stabilité du ratio d'endettement ;
- une dette publique inférieure à 60 % du PIB ;
- une inflation qui ne doit pas excéder de plus de 1,5 % la moyenne des trois meilleures performances nationales ;
- un taux d'intérêt de long terme qui ne doit pas dépasser de plus de 1,5 % la moyenne des trois meilleurs taux constatés ;
- une devise nationale ancrée au SME sans modification de parité depuis au moins deux ans.

L'adoption de ces critères coïncide cependant avec une période de faible croissance mondiale du fait de la guerre d'Irak (1991) et la gestion non coopérative de la réunification allemande. Ce dernier élément pèse particulièrement en Europe. En effet, la reconnaissance d'une égalité de valeur nominale entre un mark de l'Ouest et un mark de l'Est, alors même que les écarts de productivité sont de 1 à 2, fait craindre une poussée inflationniste à la Bundesbank, qui décide unilatéralement de relever ses taux d'intérêt. Les autres banques centrales du SME n'ont alors d'autre choix que de relever les leurs pour maintenir leur devise dans le SME. Mais les marchés financiers, fraîchement libéralisés, doutent de la volonté des États d'accepter les effets récessifs associés à ces politiques monétaires restrictives. Il s'ensuit une vague de spéculations sur les monnaies nationales qui ne semblent pas pouvoir tolérer une appréciation calée sur le mark : entre 1992 et 1993, la crise du SME se traduit par la dévaluation de la livre, de la lire et de la peseta, et par le retour d'un contrôle des changes en Espagne, au Portugal et en Irlande. La France décide de s'ancrer sur les taux allemands mais le paie, en 1993, d'une année de récession. Le SME ne perdure que par la décision d'élargir les bandes de fluctuations à +/– 15 %. Il s'agit, de fait, d'un retour au flottement des monnaies européennes entre elles, afin de décourager la spéculation. Pour M. Aglietta (*Zone euro. Éclatement ou fédération*, 2012), cette gestion non coopérative d'un choc asymétrique préfigure les difficultés rencontrées plus tard lors de la crise des dettes souveraines.

La « phase III » débouche sur la mise en place effective du SEBC et de la BCE (juin 1998), la fixation des taux de change irrévocables entre les monnaies et l'adoption de l'euro au niveau communautaire pour les transactions financières. À l'exception du Royaume-Uni, du Danemark (clause d'*opting out*), de la Suède et de la Grèce (non qualifiée avant 2001), tous les pays de l'UE-15 adoptent officiellement l'euro le 1er janvier 1999.

L'organisation du Système européen des banques centrales et de l'Eurosystème

Les pays qui intègrent l'Union européenne après le traité de Maastricht ont vocation à rejoindre à terme la zone euro. Les 27 banques centrales (avec l'intégration de la Croatie au 1er juillet 2013 et le Brexit au 1er janvier 2021) font partie du Système européen des banques centrales (SEBC), tandis que l'Eurosystème, sous-partie du SEBC, ne regroupe que les 19 pays ayant effectivement adopté l'euro à ce jour : l'Allemagne, l'Autriche, la Belgique, l'Espagne, la Finlande, la France, l'Irlande, l'Italie, le Luxembourg, les Pays-Bas et le Portugal, depuis 1999, la Grèce depuis 2001, la Slovénie depuis 2007, Chypre et Malte depuis 2008, l'Estonie, depuis 2011, la Lettonie, depuis 2014 et la Lituanie, depuis 2015. À terme, l'Eurosystème et le SEBC sont appelés à se confondre.

La banque centrale européenne, installée à Francfort-sur-le-Main, est en charge du pilotage de la politique monétaire au sein de la zone euro. Institution dotée d'une personnalité juridique, son capital, de 10,8 milliards d'euros au 1er février 2020, est abondé par les banques centrales nationales (BCN) selon une clé de répartition pondérée par le poids économique de l'État dans l'Union européenne. Les principales contributrices au capital, après le Brexit, sont : la banque centrale d'Allemagne (21,4 %), la Banque de France (16,6 %) et la Banque d'Italie (13,8 %), la Banque d'Espagne (9,7 %).

Trois organes de décision jouent un rôle fondamental mais inégal au sein du SEBC :

- le Conseil des gouverneurs réunit les 6 membres du Directoire et les 19 gouverneurs des BCN qui appartiennent à la zone euro. Il prend les décisions de politique monétaire au cours des réunions qui se tiennent habituellement deux fois par mois. Le président, lors de conférence de presse qui suit la première réunion mensuelle, explique en détail les choix de la BCE ;

– le Directoire est composé de 6 membres nommés pour huit ans (dont le président et le vice-président de la BCE). Il met en œuvre les décisions du Conseil des gouverneurs et est donc en charge de la gestion courante de la politique monétaire en donnant les instructions aux BCN ;
– le Conseil général de la BCE regroupe le président de la BCE, le vice-président et l'ensemble des gouverneurs des BCN de l'Union européenne. Il dispose essentiellement d'une fonction consultative et participe à la collecte des informations statistiques.

Depuis sa création, la BCE a connu quatre présidents : le Néerlandais Wim Duisenberg (1998-2003), le Français Jean-Claude Trichet (2003-2011), l'Italien Mario Draghi (2011-2019) et la Française Christine Lagarde (depuis le 20 octobre 2019).

Un mandat hiérarchique

Le contexte qui prévaut lors de la marche à l'euro pèse fortement sur les objectifs et la gouvernance de la BCE. Ainsi, le « banquier central keynésien », soucieux d'arbitrer entre la lutte contre l'inflation et le chômage, fait l'objet de critiques radicales. Des auteurs monétaristes tels que Milton Friedman (Nobel 1976) ou des nouveaux-classiques, tels que Kydland et Prescott (Nobel 2004) et Lucas (Nobel 1995) dominent le débat économique des années 1990 : les thèses favorables à une banque centrale indépendante et en quête de « crédibilité » face aux marchés financiers s'imposent, après la stagflation des années 1970. Les politiques de désinflation compétitive engagées par de nombreux pays témoignent de ce revirement des politiques monétaires : le « banquier central conservateur » privilégie la stabilité nominale au prix d'un accroissement du chômage (ratio de sacrifice de la loi d'Okun).

L'Allemagne pose par ailleurs des conditions fermes à l'abandon de sa souveraineté monétaire et, notamment, l'adoption de statuts pour la BCE calqués sur ceux de la Bundesbank. Or, le souvenir de l'hyperinflation allemande de 1923, l'utilisation de la politique monétaire pour financer l'effort de guerre par A. Hitler et la tradition ordolibérale avaient fortement pesé sur la définition du mandat de la « Buba » en 1948. Cette dernière avait pour objectif unique la lutte contre l'inflation et une stricte indépendance à l'égard du pouvoir politique. La Buba a été la première institution fédérale après la Seconde Guerre mondiale (et donc un symbole d'une souveraineté recouvrée) et le « miracle économique » allemand a rendu au mark une place prépondérante sur les marchés mondiaux. Ces deux facteurs ont contribué à l'émergence d'un véritable « patriotisme de la monnaie » dans l'opinion allemande.

Le mandat de la BCE contraste assez nettement avec ceux de la Réserve fédérale américaine. Les objectifs de la banque centrale américaine sont, depuis 1977, le plein-emploi, la stabilité des prix et le maintien de bas taux d'intérêt de long terme. Les traités assignent un mandat hiérarchique à la BCE (art. 127 du TFUE) : « L'objectif principal du système européen de banques centrales est de maintenir la stabilité des prix. Sans préjudice de l'objectif de stabilité des prix, le SEBC apporte son soutien aux politiques économiques générales dans l'Union. »

La BCE jouit également d'une indépendance absolue à l'égard du pouvoir politique (art. 130 du TFUE) : « Dans l'exercice des pouvoirs et dans l'accomplissement des missions et des devoirs qui leur ont été conférés par les traités et les statuts du SEBC et de la BCE, ni la banque centrale européenne, ni une banque centrale nationale, ni un membre quelconque de leurs organes de décision ne peuvent solliciter ni accepter des instructions des institutions, organes ou organismes de l'Union européenne, des gouvernements des États membres ou de tout autre organisme. » Ces dispositions sont enfin renforcées par le choix d'un mandat de huit ans pour le président de la BCE, durée qui excède, en 1992, tout mandat électif en Europe. Élément fondamental, la BCE ne peut en aucun cas être le prêteur en dernier ressort des États ou des institutions publiques en vertu de l'article 123 du TFUE.

L'ambiguïté demeure quant à la valeur externe de l'euro. L'article 219 du TFUE offre enfin la possibilité à la BCE de privilégier la lutte contre l'inflation sur une politique de change favorable à la compétitivité-prix. Ainsi, les décisions du Conseil européen en matière de change ne peuvent être mises en œuvre que si elles sont « compatibles avec l'objectif de stabilité des prix ».

C. Un bilan de la politique monétaire après une décennie (1999-2008) par « temps calme »

Le dixième anniversaire de la BCE permet de dresser un premier bilan des réalisations de la monnaie unique. Réussite sur le plan technique, l'euro a permis une accélération des échanges intra-zones et a coïncidé avec une baisse de l'inflation. Le pilotage monétaire reste cependant contesté, la BCE cherchant à asseoir sa crédibilité par une politique monétaire orthodoxe, au moins jusqu'à la crise financière de 2008.

Des réussites indéniables (1998-2008)

Adopté en 1999 comme monnaie scripturale par 11 pays, l'euro devient, au 1er janvier 2002, une véritable monnaie fiduciaire pour les citoyens, avec la mise en circulation des pièces et des billets. Dès 1999, le système TARGET (Trans-European Automated Real-Gross settlement Express Transfer ou Système européen de paiement et de compensation) permet une intégration complète du marché monétaire. La construction d'un marché interbancaire unifié, indispensable à la circulation de la liquidité au sein de l'eurozone, entraîne une réduction significative des taux du marché monétaire.

L'euro favorise également l'intégration commerciale et économique. Les échanges de biens augmentent de plus de 7 points entre 1998 et 2007, passant de 26 % à 33 % du PIB européen, et les échanges de services progressent de 5 % à 7 % du PIB. Sur la même période, les flux avec les trois pays qui ont choisi de rester en dehors de la monnaie unique, à savoir le Royaume-Uni, le Danemark et la Suède, ne progressent que de 3 % de PIB. Les flux d'IDE intra zones (investissements directs à l'étranger) se renforcent également de 15 %.

La réussite la plus incontestable semble résider dans le maintien d'une faible inflation. En 1998, le Conseil des gouverneurs de la BCE décide, de manière parfaitement indépendante, de fixer un objectif chiffré à l'objectif de stabilité des prix inscrit dans le traité de Maastricht : la progression de l'indice des prix à la consommation harmonisé (IPCH) doit être « inférieure à 2 % par an ». Alors que dans les années 1980, l'inflation atteint 8,1 % en moyenne dans la future zone euro et encore 3,1 % au cours des années 1990, la progression des prix n'est plus que de 2,1 %, entre 1999 et 2008. Cette réduction est particulièrement marquée pour les « grands pays » de la zone euro (Allemagne, France et Italie) dont l'inflation moyenne passe, sur la même période, de 6,3 % à 1,8 % par an. La convergence des prix se réalise donc en partie, tandis que l'inflation se révèle moins volatile.

Toutefois, la responsabilité de la BCE dans cette stabilité nominale peut être relativisée. Si l'essentiel du ralentissement de l'inflation a eu lieu avant la mise en place de la monnaie unique, cette évolution n'est pas propre à la zone euro. Elle correspond à l'épisode de « grande modération » et à des mutations structurelles des déterminants des prix mondiaux. Ainsi, de 1999 à 2008, l'inflation s'élève à 2,8 % par an aux États-Unis et à 1,7 % dans les trois pays qui ont décidé de ne pas adopter l'euro. Par ailleurs, les performances globales ne peuvent dissimuler une assez forte hétérogénéité. L'inflation moyenne annuelle atteint 3,3 % en Grèce, 3,2 % en Espagne et 3 % en Irlande, contre 1,7 % en Allemagne et 1,9 % en France. Ces écarts conduisent à des divergences considérables de taux d'intérêt réels. Une même politique monétaire peut, au total, se révéler très expansive pour les économies en forte croissance nominale et très restrictive pour les pays peu inflationnistes.

Un pilotage cependant contesté

En 1998, la BCE définit une stratégie fondée sur deux « piliers » :

- le premier, intitulé « pilier monétaire », fixe un objectif quantitatif pour l'agrégat monétaire M3 dont la progression annuelle ne doit pas excéder 4,5 % ;
- le second, intitulé « pilier économique », rassemble un grand nombre d'indicateurs susceptibles de fournir des informations sur l'évolution future des prix (progression du crédit aux ménages et aux entreprises, variations des prix de l'énergie, écart de la croissance effective à son niveau potentiel, par exemple).

Cette stricte hiérarchie ainsi que le lien explicite entre un objectif quantitatif de masse monétaire et l'inflation anticipée, témoignent d'une forte imprégnation par les thèses monétaristes et par l'héritage de la Bundesbank. La jeune BCE cherche clairement à gagner la confiance des opérateurs financiers et bancaires, conformément aux travaux théoriques qui accordent une grande importance à la crédibilité des banques centrales dans les économies financiarisées.

Le ralentissement économique, après l'éclatement de la bulle des nouvelles technologies en 2000, conduit la BCE à réviser sa stratégie en mai 2003. En premier lieu, l'objectif final devient une « inflation inférieure *mais proche* de 2 % en moyenne », ce qui intègre le risque déflationniste. En second lieu, la hiérarchie des piliers est inversée : le pilier économique passe au premier plan et le pilier monétaire au second. Ces évolutions démontrent donc le souhait de rééquilibrer son pilotage, au profit des variables économiques et au détriment des indicateurs strictement monétaires.

En dépit de ces inflexions, la conduite de la politique monétaire montre une plus faible réactivité de la part de la BCE que de son homologue américaine. Ainsi, sur la période 1999-

2008, la FED procède à plus de 40 révisions de son principal taux directeur, tandis que la BCE ne modifie le sien qu'à une vingtaine de reprises. Cependant, il faut noter que la plus forte financiarisation de l'économie américaine rend la manipulation des taux d'intérêt plus efficace aux États-Unis qu'en Europe, où domine le financement bancaire (75 % du financement total de l'économie).

Les différences de mandat ne peuvent suffire à expliquer de telles dissimilitudes. Ainsi, la stratégie de la BCE, clairement tournée vers la lutte contre l'inflation conjoncturelle, ne lui permet pas de prendre en compte la très grande stabilité de l'inflation sous-jacente (ou structurelle) qui se maintient sur la période à 1,8 % au sein de l'UEM. En effet, les pressions désinflationnistes résultant du poids croissant des importations en provenance des pays émergents ainsi que la bonne maîtrise des coûts de production européens limitent grandement les risques d'emballement des prix.

Une dimension internationale en progression

Pour devenir une véritable devise de stature internationale, l'euro doit remplir trois fonctions (Krugman, « The International Role of The Dollar: Theory and Prospects », 1991) : devenir un moyen de paiement, une unité de compte et une réserve de valeur pour les opérateurs internationaux aussi bien privés que publics. Après plus d'une décennie d'existence, la monnaie unique semble n'avoir que partiellement érodé la place de la monnaie américaine :

- en tant que monnaie de facturation : le dollar reste la devise de référence pour un grand nombre de marchés internationaux tels que les matières premières et le pétrole. En 2018, les pays de la zone euro parviennent à facturer près de 51 % de leurs exportations et 51 % de leurs importations en euros. La proportion n'atteint que 26 % pour les transactions réalisées par les pays hors zone euro. Les flux commerciaux avec les pays membres de l'Union européenne mais non membres de la zone euro, ainsi que ceux avec les partenaires d'accords d'intégration régionale tendent à en renforcer l'usage, du fait des effets de réseaux ;
- en tant que moyen de paiement : l'euro est également en retrait puisqu'il intervient, selon la Banque des règlements internationaux, dans 39 % des opérations de change, contre 89 % pour le dollar. Cet écart est stable depuis 2000, même s'il faut tenir compte de la disparition, dans les statistiques internationales, des opérations de change qui avaient lieu entre monnaies européennes préalablement ;
- en tant que réserve de valeur : les obligations libellées en euros sur le marché international, qu'elles soient publiques ou privées, représentent le deuxième marché mondial (32 % en 2016), derrière le marché obligataire américain (50 %). Le poids des dettes publiques européennes joue ici un rôle déterminant, même si l'absence d'un marché unifié de la dette – les obligations publiques sont libellées en euros mais restent émises par les États nationaux – limite son développement international. L'euro s'est également renforcé dans les réserves de change des banques centrales puisque sa part est passée de 18 % des réserves officielles en 1999 à 27 %, en 2011 et 20,7 % en 2018. Le dollar a vu sa part diminuer de 71 % à 65 %, sur la même période. Au total, la monnaie unique pèse davantage que les devises qu'elle a remplacées.

Les fluctuations face au dollar sont en partie révélatrices de cette incapacité à détrôner la devise américaine. Lancée au cours de 1 euro pour 1,16 dollar en janvier 1999, la devise européenne atteint son plus bas en octobre 2000 au cours de 1 euro pour 0,82 dollar. Elle connaît ensuite une appréciation ininterrompue jusqu'en juillet 2008, pour un maximum à 1 euro pour 1,60 dollar. Outre que ces variations apparaissent souvent contracycliques par rapport à l'activité, l'euro se dépréciant en période de forte croissance européenne et s'appréciant en période défavorable, elles témoignent du rôle secondaire de la BCE dans la détermination de la valeur externe de sa monnaie. La soutenabilité de la croissance américaine mais aussi les options de la FED semblent en effet peser davantage que les équilibres internes européens dans la fixation de la parité.

La tolérance à l'appréciation de l'euro par la BCE révèle aussi l'utilisation du change au profit de la lutte contre l'inflation domestique. Si une valeur élevée de la monnaie unique limite effectivement l'inflation importée, elle oblige à comprimer les coûts de production en cas de faible compétitivité-hors prix. Alors que les exportations françaises ou espagnoles sont pénalisées dès que l'euro dépasse une parité de 1,20 dollar, la très bonne compétitivité hors-prix de l'économie allemande lui permet de tolérer un euro qui excède 1,50 dollar. Le choix d'un euro fort par la BCE s'inscrit dès lors dans la stratégie désinflationniste du traité de Maastricht, mais peut se révéler contradictoire avec le maintien des parts de marché de certains pays européens.

2 La discipline comme principe fondateur de politique budgétaire

La mise en œuvre de la monnaie unique accélère significativement le projet européen. Elle pose au premier chef la nécessité d'encadrer les finances publiques budgétaires, voire de les intégrer, au niveau communautaire. Les États européens font le choix d'une discipline par la règle, règle dont les insuffisances apparaissent rapidement et requiert des aménagements. Le budget européen reste faible et témoigne de l'absence de projet fédéraliste.

A. La logique originelle de la discipline budgétaire européenne

La qualification à l'euro nécessite d'honorer un certain nombre de critères de finances publiques, mais le traité de Maastricht ne garantit pas le respect de cette discipline après la mise en place de la monnaie unique. Le pacte de stabilité et de croissance (PSC) pallie cette carence et encadre de manière définitive les politiques budgétaires nationales à partir de 1997.

Les fondements théoriques et institutionnels

Le traité de Maastricht impose que « les États membres évitent les déficits publics excessifs ». La traduction concrète, lors de la phase de qualification, a été la fixation d'un seuil de déficit public maximal de 3 %, associé à un ratio de dette maximale de 60 % de PIB. Mais rien n'est prévu pour la période suivante, après l'adoption de la monnaie unique. Trois facteurs concourent au renforcement de dispositions visant à proroger l'équilibre des finances publiques :

- l'absence et le refus de solidarité financière (clause de *no bail out*) : « La Communauté ne répond pas des engagements des administrations centrales ou d'autres organismes ou entreprises publics d'un État membre, ni ne les prend à sa charge, sans préjudice des garanties financières mutuelles pour la réalisation en commun d'un projet spécifique » ;
- la domination croissante des thèses des nouveaux classiques lors des années 1980, notamment à la suite des travaux de Kydland et Prescott (« Rules Rather than Discretion: The Inconstency of Optimal Plans », 1977). La critique de l'efficacité des politiques discrétionnaires keynésiennes conduit, en matière budgétaire comme en matière monétaire, à privilégier l'adoption de règles supposées renforcer la confiance des marchés ;
- l'héritage ordo-libéral allemand qui promeut depuis les années 1930 un encadrement strict des déficits et de la dette publics.

Si l'objectif premier est de permettre une meilleure crédibilité des États sur les marchés financiers (crédibilité favorable à une baisse des taux d'intérêt de long terme), il s'agit surtout de prendre en compte l'originalité du *policy-mix* européen.

En effet, la mise en place de l'euro constitue une situation inédite : la politique monétaire est aux mains de la BCE, institution fédérale, et elle est tournée prioritairement vers la lutte contre l'inflation. Les politiques budgétaires restent pour leur part du ressort des États. Ces derniers peuvent donc continuer de privilégier la stabilisation des cycles, l'emploi ou la croissance. Cette répartition des rôles peut trouver une justification théorique forte : la politique monétaire est, conformément au modèle IS-LM-BP, efficace en cas de changes flexibles et de parfaite mobilité des capitaux (cas de la future zone euro face au reste du monde), tandis que les politiques budgétaires sont de leur côté efficaces en cas de régimes de changes fixes et de parfaite mobilité des capitaux (cas de chaque État membre de la zone euro) (*cf.* module 4, chapitre 1). La politique monétaire peut dès lors répondre aux chocs symétriques, c'est-à-dire touchant l'ensemble de la zone, quand l'utilisation des politiques budgétaires nationales reste justifiée par le risque de chocs asymétriques, c'est-à-dire ceux qui n'affectent qu'un ensemble restreint d'économies.

Cette configuration n'exclut cependant pas un risque de « guerre d'usure » (*war of attrition*), comme le démontrent les travaux issus de la théorie des jeux. En effet, il est possible qu'un État membre, se comportant en passager clandestin (*free rider*), laisse filer ses déficits publics pour soutenir sa demande intérieure, tout en profitant des taux d'intérêt faibles de l'ensemble de la zone euro. La BCE pourrait alors être tentée d'augmenter ses taux directeurs pour limiter les effets potentiellement inflationnistes de ces politiques de relance. Le resserrement monétaire pénaliserait l'activité de l'ensemble de la zone et les pays pourraient être incités, par conséquent, à redoubler d'activisme budgétaire pour en contrarier les effets récessifs.

La guerre d'usure entre les deux leviers de la politique économique s'analyse comme un équilibre non coopératif aux conséquences redoutables : si l'augmentation des taux accroît le poids de la dette (effet « boule de neige »), le risque d'insolvabilité des États peut, *in fine*, contraindre la banque centrale à abaisser ses taux, l'obligeant de fait à renoncer à son objectif de stabilité monétaire (monétisation *ex-post* de la dette publique). Aucune des deux parties n'a cependant intérêt à renoncer à sa stratégie, compte tenu de ses intérêts propres. Or, dans le cas européen, la BCE dispose d'atouts significatifs : son indépendance absolue ainsi que son mandat, clairement tourné vers la lutte contre l'inflation, lui garantissent un avantage décisif face aux gouvernements élus. L'encadrement des politiques budgétaires discrétionnaires semble découler logiquement de cette configuration.

De la proposition Waigel à la mise en œuvre du pacte de stabilité et de croissance

Dès 1995, le ministre des Finances allemand Théo Waigel propose l'adoption d'un « pacte de stabilité » visant à proroger la discipline budgétaire issue des critères de convergence au-delà de seule période de qualification. L'objectif est triple. Il s'agit, en premier lieu, de limiter le risque de passager clandestin au sein de l'UEM : un État peut en effet être encouragé à volontairement ignorer les externalités négatives de sa politique (en termes d'inflation notamment) et à en mutualiser le coût, du fait des faibles écarts de *spreads*. Il s'agit, en second lieu, de tenir compte des écarts de la future zone euro aux critères d'optimalité : la faible mobilité de la main-d'œuvre, l'imparfaite flexibilité des salaires et des prix, ou l'absence de budget centralisé, par exemple, sont autant de facteurs qui rendent des chocs asymétriques probables. L'adoption d'une règle visant l'équilibre des finances publiques, en conjoncture moyenne, permet alors théoriquement de maintenir des marges de manœuvre budgétaires, pour faire face à ralentissement temporaire. Il s'agit, en troisième lieu, de protéger l'objectif de stabilité des prix dévolu à la banque centrale, en écartant le risque d'une monétisation *ex-post* des dettes publiques insoutenables.

La proposition est adoptée au Conseil européen d'Amsterdam de juin 1997. Sous la pression du Premier ministre français Lionel Jospin, elle est renforcée d'un volet théorique de « croissance ». La logique du pacte est double : il s'agit de renforcer la prévention des déficits et de garantir des mécanismes de sanction en cas de dépassement des ratios autorisés. Dans les faits, l'objectif de finances publiques « saines et équilibrées » se traduit par la sanctuarisation des seuils limites de 3 % de déficit et de 60 % de PIB de dette publique.

La « procédure de surveillance multilatérale » oblige les États à présenter des évaluations pluriannuelles de finances publiques. La Commission européenne dispose, à ce stade, d'un pouvoir d'appréciation quant à la crédibilité des plans proposés. Le déficit national est jugé « excessif » s'il excède 3 % du PIB, sauf « circonstances exceptionnelles et temporaires », ou en cas de « récession grave » (supérieure à 2 %). En cas de ralentissement économique significatif (baisse du PIB comprise entre 0,75 % et 2 % du PIB), le pays peut demander à être considéré en situation de « récession sévère » et peut obtenir un report de l'ajustement de ses finances publiques.

En cas de dépassement du seuil de 3 % et en dehors des cas de récession, la Commission engage une « procédure pour déficit excessif » (PDE) qui passe par une « recommandation » de politiques à mettre en œuvre. En l'absence de mesures correctrices, le Conseil peut, dans un second temps et à la majorité des deux tiers, mettre en œuvre des sanctions à l'égard du pays concerné : un dépôt légal équivalent à 0,2 % du PIB (jusqu'à 0,5 %) qui peut se transformer en une amende définitive, versée au budget de l'Union européenne. Ces mesures sont par la suite renforcées à la faveur de la crise des dettes souveraines.

B. Les limites d'une intégration budgétaire par la règle

Adopté dans un contexte de rééquilibrage des comptes publics grâce à une forte croissance, le PSC se révèle assez rapidement insuffisant face au ralentissement de l'activité mondiale et européenne. Il en résulte des ajustements significatifs, en 2003 et en 2005, fruits de négociations laborieuses entre les États.

La remise en cause de la pertinence du pacte

Lors de la phase de qualification, la future zone euro dépasse 2,5 % de croissance par an, avec un pic à 3,7 % en 2000. L'éclatement de la bulle technologique (NTIC) et le ralentissement de l'activité, rouvrent rapidement le débat sur la pertinence de la règle budgétaire préalablement adoptée. Plusieurs arguments sont alors avancés.

≫ La pertinence de l'objectif de déficit nul et des seuils retenus

Le PSC oblige les États à atteindre un solde conjoncturel nul. Cette règle équivaut à réaliser des excédents primaires, c'est-à-dire des excédents budgétaires hors charge de la dette. Elle conduit donc logiquement à une dette publique nulle à terme. Or, rien ne permet de conclure *a priori* que la réduction de la dette – voire son extinction – soit nécessairement favorable à la croissance. Il existe, en outre, une demande d'actifs liquides et sûrs de la part des investisseurs de long terme (assurances, fonds de pension, etc.). Cela plaide pour le maintien d'une offre de titres de dettes souveraines sur les marchés obligataires.

La pertinence des seuils retenus, de 3 % et de 60 %, est également discutable. La soutenabilité des finances publiques repose, par construction, sur la prise en compte de nombreux facteurs tels que la croissance, les taux d'intérêt, le stock de dette actuelle, mais aussi des perspectives futures de dépenses publiques et de recettes fiscales (dépenses de retraites, de santé, poids de la fonction publique, dette implicite). Il n'existe donc pas nécessairement de seuil identique pour tous les pays membres de l'Union européenne qui sont par ailleurs diversement affectés par la progression des dépenses de retraites ou de santé dans un contexte de vieillissement de l'Europe.

≫ Une règle pro-cyclique et asymétrique

Le pacte de stabilité cherche à prévenir le « laxisme budgétaire » possible des États. Mais il tolère une certaine dégradation en cas de ralentissement conjoncturel. Toutefois, les stabilisateurs automatiques peuvent se révéler insuffisants pour renverser le cycle économique. Selon les calculs de la Commission européenne (2001), ces derniers permettent au mieux d'absorber 30 % de la chute de l'activité. La règle des 3 % conduit donc potentiellement les États à mener des politiques budgétaires restrictives en bas de cycle, au risque de renforcer, par le jeu du multiplicateur, le ralentissement économique. L'autorisation temporaire de dépassement, en cas de « circonstances exceptionnelles », apparaît également très restrictive puisqu'il faut une récession supérieure à 2 % pour suspendre la mise en œuvre du PSC.

Le pacte se révèle enfin asymétrique, puisqu'il ne fixe aucune règle de comportement en cas de bonne conjoncture. Il reste donc possible à un État en haut de cycle de réduire les impôts ou d'augmenter les dépenses, au risque de dégrader le solde structurel de ses finances publiques.

Par conséquent, le respect des 3 % ne garantit pas intrinsèquement la soutenabilité future de la dette. Typiquement, l'économie irlandaise connaît, au début des années 2000, une phase de forte croissance (4-5 % par an), mais accompagnée d'une inflation par ailleurs supérieure à la moyenne européenne (5 %). Son endettement privé est explosif mais comme l'Irlande respecte parfaitement le PSC, rien ne l'oblige pourtant à limiter les risques de surchauffe par un resserrement budgétaire.

≫ Une règle unique aux effets différenciés

La diminution des *spreads* sur les dettes souveraines permet la convergence progressive des taux d'intérêt de long terme dans la zone euro. Comme les performances en matière d'inflation restent quant à elles très hétérogènes, il en résulte une dispersion forte des taux d'intérêt réels. En 2003, la Commission estime par exemple que l'adoption de l'euro a permis une amélioration spontanée du solde budgétaire de l'ordre de 2 % de PIB en Espagne, sous le seul effet de la baisse du taux d'intérêt réel. Le respect des critères du pacte se révèle donc, au total, plus contraignant pour les économies vertueuses en matière de stabilité des prix que pour les économies inflationnistes.

Les seuils sont enfin inadaptés aux PECO qui rejoignent l'Union européenne en 2004. Ces derniers ont en effet des niveaux d'endettement public relativement contenus. La dette atteint par exemple 57 % de PIB en Hongrie, 42 % en Pologne, 30 % en République tchèque, et seulement 12 % en Lettonie, au moment de leur adhésion. Or, l'effet Balassa-Samuelson montre que, au sein des pays en rattrapage, une dynamique inflationniste s'engage. En effet, les gains de productivité réalisés dans les secteurs exposés à la concurrence permettent des augmentations de salaires qui, en se transmettant aux secteurs abrités, accélèrent l'inflation. Comme la forte croissance nominale réduit le coût de l'endettement (à taux d'intérêt donné), il peut apparaître peu efficace de limiter le déficit public des nouveaux entrants, alors même que leurs besoins en infrastructures publiques modernes justifieraient, au contraire, une politique d'investissements massifs.

≫ L'absence de prise en compte de l'endettement privé

Les règles d'Amsterdam se focalisent sur la soutenabilité des finances publiques. Une estimation de l'endettement soutenable d'un pays doit cependant tenir compte, au-delà de la dette publique, de la dette contractée par le secteur privé (entreprises et ménages). En effet, le besoin ou la capacité de financement extérieur d'une économie résulte du désajustement entre l'épargne totale (publique et privée) et l'investissement total (public et privé). La balance courante est un indicateur pertinent de la dépendance aux marchés financiers internationaux. La soutenabilité globale du mode de croissance peut donc être compromise, sans dette publique élevée, mais à cause d'un excès d'endettement privé. Par exemple, l'Espagne, en 2002, avec un déficit public de 0,5 %, une croissance de 2,8 % et une inflation de 2,7 %, respecte parfaitement le PSC, tandis que l'Allemagne, confrontée à une croissance nulle, un déficit public de 2,8 % et une inflation de 1,3 %, est soumise à une procédure pour déficit excessif. La prise en compte des balances courantes (déficit de – 3,3 % de PIB en Espagne contre un excédent de 2 % de PIB en Allemagne) aurait pourtant obligé la Commission à nuancer son diagnostic : l'économie espagnole, en phase de surchauffe, aurait dû durcir sa politique budgétaire, quand l'économie allemande aurait pu tolérer un déficit conjoncturel grâce à sa capacité de financement. Une règle prenant en compte conjointement déficit public et déficit courant aurait donné, dès lors, des informations plus précises sur le sens des politiques macroéconomiques (A. Bénassy-Quéré, « Le PSC : deux objectifs, deux règles », Cepii, 2003) et peut-être permis d'anticiper les chocs à venir.

La crise du pacte de 2002-2005 et sa réforme

Le ralentissement de l'activité mondiale et européenne, à partir de 2001, affecte particulièrement les « grands pays » de la zone euro. Ainsi, de 2002 à 2005, l'Allemagne, la France et l'Italie connaissent des déficits supérieurs à 3 %, en contravention avec le pacte. Les critiques à l'égard de ce dernier se multiplient, comme en 2002, lorsque le président de la Commission, R. Prodi, déclare qu'il est « stupide, comme toutes les décisions qui sont rigides ».

Une première modification est adoptée en 2003 : l'objectif d'un solde budgétaire « proche de l'équilibre ou en excédent » doit désormais s'apprécier sur l'ensemble du cycle d'activité. Mais le solde structurel, c'est-à-dire corrigé du cycle, doit s'améliorer au rythme de 0,5 point de PIB par an pour les pays en déficit. La réforme corrige donc, partiellement, le caractère asymétrique du pacte, même si les seuils de 3 % et de 60 % sont maintenus.

La crise devient manifeste lorsque le Conseil européen refuse de lancer la PDE à l'encontre de l'Allemagne, de la France et de l'Italie (2005). Les désaccords politiques sur les modalités de révision de la règle sont profonds et fixent des clivages qui perdurent encore : l'Allemagne demande la prise en compte des réformes structurelles coûteuses à court terme mais porteuses de croissance à long terme, de la contribution du pays à la stabilité des prix dans la zone ou des versements nets à l'Union européenne. La France insiste sur la prise en compte des investissements publics, ou des dépenses militaires engagées au titre de la contribution à la sécurité de l'Union. Les « petits pays », Espagne et Irlande en tête, plaident pour le maintien de la discipline en l'état. On est à front renversé des oppositions qui se feront jour à partir de 2009-2010.

Un nouvel accord est donc adopté en 2005, qui donne au Conseil la possibilité d'apprécier l'opportunité d'engager la procédure pour déficit excessif. Il doit tenir compte de « tous les facteurs pertinents » (dépenses de RD engagées au titre de Lisbonne, contributions nettes au budget européen, soutenabilité de la dette et réformes structurelles engagées pour la garantir). La réforme définit des « objectifs à moyen terme » d'assainissement budgétaire (ou OMT) qui peuvent différer selon les pays considérés. La PDE n'est donc plus automatique ce qui soulève la critique de la BCE, par la voix de son président Jean-Claude Trichet.

C. Une communautarisation budgétaire *a minima*

La construction d'un marché commun et, plus encore, d'un espace monétaire intégré, peut justifier la mise en place d'un budget à l'échelle européenne. Toutefois, les désaccords entre États membres, tant sur le périmètre pertinent que sur le niveau, ont débouché sur une communautarisation de faible ampleur. Le budget européen reste *in fine* fortement dépendant des contributions des États et sa structure largement héritée des politiques historiques.

Un budget de faible ampleur

Les théories du fédéralisme budgétaire offrent de nombreux arguments favorables à la mise en place d'un budget au niveau européen. Traditionnellement, la typologie de Musgrave (*The Theory of Public Finance*, 1959) distingue :

- **la fonction d'allocation :** le budget européen peut résulter de la volonté de mettre en œuvre des politiques ciblées, telles que la PAC, ou des projets industriels. L'absence de coopération risquerait en effet de déboucher sur une production sous-optimale, au sens de Pareto, de biens publics favorables aux performances globales de l'Union européenne. Au-delà, la préservation du marché unique ou son renforcement nécessitent le financement d'infrastructures à dimension régionale ;
- **la fonction de stabilisation :** dans un espace intégré, la gestion des chocs ou des cycles à l'échelle étatique peut se révéler faiblement efficace car les politiques budgétaires nationales ignorent les effets de « débordement », c'est-à-dire les conséquences, positives ou négatives, de leurs décisions sur les autres économies. À l'opposé, l'existence d'un budget fédéral permet de faire jouer les stabilisateurs automatiques : les contributions de l'État au budget commun diminuent spontanément, tandis que les transferts du budget fédéral vers les régions affectées par un ralentissement économique s'accroissent. Les nouvelles théories du commerce international montrent, par ailleurs (P. Krugman, « Lessons of the Massachusetts for EMU », 1993), que la probabilité de chocs asymétriques augmente avec la construction d'un marché et d'une monnaie uniques, du fait d'un renforcement de la division du travail à l'échelle régionale ;
- **la fonction de redistribution :** les transferts communautaires se justifient pleinement par les écarts de développement, qu'ils soient nationaux ou infra-étatiques, et qui ont été nettement accrus par les élargissements successifs.

La faiblesse initiale du budget peut s'expliquer, non seulement par la forte similitude de niveaux de vie des membres fondateurs, mais aussi par le consensus, alors encore important, en matière de politiques économiques : interventionnisme élevé et État social protecteur dans chaque pays. En dépit de la mise en œuvre des premiers projets communautaires (Euratom, Fonds social européen, PAC), il plafonne à 0,7 % du PIB au milieu des années 1970.

Le rapport MacDougall (1977) propose de le relever à 6-7 % du PNB de la CEE, et même à 10 % en cas de communautarisation de la politique de défense. L'euroscepticisme dominant puis l'arrivée de M. Thatcher à la tête du Royaume-Uni rendent rapidement caduc ce projet. Ainsi en 1984, au sommet de Fontainebleau, le Premier ministre britannique obtient même une réduction de la contribution de son pays au budget européen (« *I want my money back* » reste l'un des slogans les plus célèbres de l'histoire européenne). La Commission (1993) rejette l'idée d'un fédéralisme centralisé au profit d'un renforcement du principe de subsidiarité. Au total, le budget européen ne dépasse jamais le seuil de 1,24 % du PIB européen.

Le traité de Maastricht ne contient d'ailleurs aucune trace de fédéralisme pour accompagner la création de l'euro. Il se contente, par l'article 99, d'une coordination minimale : chaque année, les « grandes orientations de politique économique » (GOPE) doivent être débattues entre les différents membres du Conseil afin d'harmoniser les objectifs nationaux. Mais ces mêmes GOPE demeurent non contraignantes.

Des ressources fortement contraintes

Depuis 1988, le budget européen fait l'objet d'une programmation pluriannuelle au sein des « cadres financiers », négociés pour une durée de sept ans. Il doit être constamment à l'équilibre, ce qui signifie que l'Union européenne ne se voit pas reconnaître le droit de contracter des dettes. L'Union européenne ne dispose pas non plus du pouvoir de lever l'impôt : les ressources du budget européen restent donc très dépendantes des contributions nationales.

Jusqu'au milieu des années 1970, l'essentiel des recettes provient des droits de douane : perçus par les États, ils sont reversés initialement aux trois quarts au budget communautaire (à hauteur de 80 % désormais). En 1979, pour compenser leur diminution du fait de l'élargissement du marché commun et de l'abaissement des protections tarifaires dans le cadre des négociations du GATT, une nouvelle ressource est introduite : « la ressource TVA ». Elle correspond à un reversement au budget européen de 0,5 point de TVA collectée par les États membres (aujourd'hui 0,3 point). En 1988, est créée la « ressource RNB », qui correspond à un versement des États au budget sur la base de leur revenu national. Cette ressource est par nature plus contributive. En 2020, l'origine du budget européen se décompose ainsi : 71 % pour la « ressource RNB », 12 % pour la « ressource TVA », 17 % pour les ressources douanières et pour le reste par le poste « autres recettes ».

La part croissante de la contribution des États et le financement très concentré sur quelques économies renforcent les marchandages budgétaires lors des négociations. Ainsi, pour l'exercice 2021-2027, les cinq premières économies fournissent plus de 70 % de l'ensemble des recettes et les dix derniers pays moins de 3,5 %. La hiérarchie des pays reste relativement stable, du fait des écarts de RNB : l'Allemagne, avec près de 26 %, est le premier contributeur, suivie de la France (18 %), de l'Italie (13 %), et l'Espagne (9 %). Si l'on corrige les sommes versées par les fonds reçus, la hiérarchie se modifie légèrement : l'Allemagne reste le premier contributeur net, suivi de la France, de l'Italie et des Pays-Bas.

Les principaux bénéficiaires, en termes de fonds européens rapportés au PIB, sont historiquement les pays qui ont rejoint la CEE, puis l'Union européenne, avec des retards de niveaux de vie importants. Dans les années 1970, l'Irlande reçoit chaque année l'équivalent de 7 % de son PIB, au titre de la politique régionale. Dans les années 1980, les principaux bénéficiaires sont la Grèce, l'Espagne et le Portugal avec des montants compris entre 4 % et 7 % de leur richesse nationale. En 2018, en % de leur RNB, les principaux bénéficiaires nets sont : la Hongrie (4,1 %), la Lituanie (3,9 %), la Lettonie (3,1 %). En volume, la Pologne reçoit le plus de fonds européens (près de 15 Mds d'euros par an)

Depuis 2006, la Commission européenne tente de promouvoir l'idée d'un impôt européen qui renforcerait l'autonomie fiscale du budget européen. Toutefois, les États restent très soucieux de maintenir leur souveraineté absolue en matière budgétaire.

Une structure de dépenses en partie héritée de l'histoire des politiques européennes

Les dépenses effectuées sont le reflet des politiques effectivement communautarisées par les États membres. Il n'est donc pas étonnant de constater la place prise par la PAC au cours des années 1960-1970. Cela s'explique d'abord par la faiblesse globale du budget dans son ensemble, ensuite par l'absence d'ambitions réelles dans d'autres secteurs. Au début des années 1980, la PAC absorbe près des trois quarts des fonds européens. Elle suscite alors des critiques farouches, de la part du Royaume-Uni et de l'Allemagne notamment, car elle profite au premier chef à l'agriculture française. Elle recule au profit des dépenses associées à la redistribution interrégionale, en dépit même de l'adhésion des PECO, pour lesquels l'agriculture concentre encore près de 10 % de la population active, dans certains cas.

En dépit de l'annonce du Pacte vert pour l'Union européenne par la présidente von der Leyen, les marchandages autour du budget européen pour la période 2021-2027 sont âpres. Le quatuor des « frugaux » ou des « fourmis » (Pays-Bas, Finlande, Autriche, Suède), soutenus discrètement par l'Allemagne, entend limiter le budget européen à 1 % du PIB. En face, les « clubs des dépensiers » ou « des cigales » soulignent la nécessité de compenser la perte liée à la sortie du Royaume-Uni et de relâcher les politiques d'austérité engagées à la suite de la crise des dettes souveraines. Le débat ne porte pas seulement sur le montant mais aussi sur la structure des dépenses. Les premiers appellent à une réorientation en faveur de la transition numérique et écologique, les seconds espèrent maintenir les postes hérités des équilibres passés (PAC pour la France par exemple).

Le nouveau cadre budgétaire (2021-2027) s'élève à 1 074 Mds d'euros sur 7 ans soit 1,1 % du PIB européen. Il s'accompagne d'un plan de relance de 750 Mds d'euros sur 3 ans, dénommé EU Next Generation (*cf. infra*). Les principaux postes budgétaires sont : le poste « croissance intelligente et inclusive » qui comprend la cohésion économique, sociale et territoriale (38 % du budget) et « la compétitivité pour la croissance et l'emploi » (16 %), le poste « croissance durable : ressources naturelles » (37 % du budget) qui inclut la nouvelle PAC, puis les postes « l'Europe dans le monde » (près de 6 %) et « sécurité et citoyenneté » (2,4 %).

On observe des mutations assez nettes avec une érosion des postes traditionnels de la cohésion et de la PAC, et une forme d'activation des dépenses en faveur de la compétitivité. Surtout le « verdissement » du budget s'affirme. Les fonds prennent également davantage la route du Sud, fortement touchée par les crises successives.

3 La gouvernance européenne de la crise de l'UEM à la crise de la COVID-19

La crise, d'abord financière, puis économique, qui affecte l'économie mondiale à partir de 2008 est une crise née des innovations de la finance anglo-saxonne. Mais alors que les autres pays semblent rebondir assez rapidement, l'Union européenne, et plus encore la zone euro, s'enfoncent à nouveau dans la récession à partir de 2012 (– 0,9 % en 2012 et – 0,3 % en 2013). La configuration de la construction européenne semble en être la cause principale. Face à la pandémie du coronavirus, l'Union européenne est une nouvelle fois soumise à un choc massif.

A. Une crise spécifique à l'UEM ?

La reprise mondiale est sensible dès 2010 et en Europe, la croissance atteint 2,1 %. Toutefois, les pays de la « périphérie » (pays du sud de la zone euro et Irlande) sont touchés par une vague de défiance sur les marchés financiers qui compromet lourdement leur capacité de financement. L'éclatement de la monnaie unique apparaît alors comme un scénario crédible, tant l'euro se révèle être une « monnaie incomplète ».

La polarisation des balances courantes aux origines de la crise européenne ?

La gouvernance publique, construite tant dans la phase d'adoption de l'euro que dans sa consolidation, a profondément insisté sur les questions de maîtrise des finances publiques. La crise mondiale de 2009 puis ses répliques montrent cependant que de nombreux autres indicateurs, comme les divergences de compétitivité, la dynamique de l'endettement privé et la dépendance au financement extérieur, ont été gravement négligés.

≫ Les pays périphériques : des régimes de croissance fondés sur l'endettement (2000-2007)

La mise en place de l'euro coïncide avec une accélération de la croissance dans les pays de la périphérie. Elle signifie pour eux une convergence accélérée vers la moyenne européenne. Entre 2000 et 2007, le revenu par habitant augmente, en rythme annuel, presque deux à trois fois plus vite en Irlande, en Grèce, en Espagne, qu'en Allemagne ou en France. Au total, ces pays représentent une part croissante de la demande intérieure de la zone euro : les demandes intérieures grecque, espagnole et irlandaise cumulées passent de 13,8 % du PIB de la zone euro en 2000, à 17,7 % en 2007.

Mais leur régime de croissance repose en grande partie sur le gonflement de la dette, qu'elle soit privée ou publique. En Irlande et en Espagne, la bulle immobilière alimente la richesse des ménages et soutient leur consommation dynamique. Cette forme de « capitalisme patrimonial » (M. Aglietta et N. Valla, *Macroéconomie financière*, 2017) est artificiellement soutenue par la baisse des taux d'intérêt réels, grâce à une inflation supérieure à la moyenne de l'Union européenne. Elle ne peut perdurer qu'à la condition, peu probable, d'une augmentation continue des cours immobiliers ou financiers. En cas de retournement du marché des actifs, la solvabilité des acteurs privés est largement compromise, le ratio dette sur revenu se révélant parfaitement excessif.

Participent également à cette croissance soutenue la progression des dépenses publiques, notamment sociales (*cf. infra*), ainsi qu'une augmentation significative des rémunérations, au-delà des gains de productivité. Il en résulte une perte de compétitivité, des déficits commerciaux et des déséquilibres très importants des balances courantes.

Le régime de croissance des pays périphériques apparaît donc extrêmement fragile, car fortement dépendant des financements extérieurs, et associé à une dégradation structurelle de la compétitivité. Cependant, jusqu'en 2007, ils portent la performance globale de la zone euro en offrant des débouchés aux économies mercantilistes de l'Union européenne qui accumulent, elles, des excédents commerciaux en comprimant leur demande interne.

≫ Les pays du Nord renforcent leur compétitivité

Les pays du Nord ne cessent au contraire de renforcer leur compétitivité relative au cours des années 2000. L'économie allemande, première puissance de la zone euro et de l'Union européenne, avec près de 20 % du PIB de l'UE-28, est l'exemple le plus abouti de cette évolution. Avec la réunification, elle a subi un important choc d'offre négatif. La productivité du travail dans l'ex-RDA s'est révélée inférieure de moitié à ce qu'elle était en RFA, l'appareil productif y étant également en grande partie obsolète. L'Allemagne est donc entrée dans l'euro avec un mark surévalué d'environ 20 % par rapport à ce qu'aurait été un taux de change d'équilibre. En outre, elle connaît un déficit de la balance courante, du fait d'une dégradation de sa compétitivité, situation inédite depuis plusieurs décennies. Le chômage progresse même jusqu'en 2005, où il atteint 11,3 %.

L'Allemagne est devenue, au début du millénaire, « l'homme malade de l'Europe ». Une véritable réflexion nationale s'engage sur le thème du *Standort Deutschland* (« l'Allemagne comme site de production »). À partir de 2003, le gouvernement Schröder engage une série de profondes réformes dénommées « Agenda 2010 ». Outre une flexibilisation accrue du marché du travail à travers les lois Hartz (*cf. infra*), les dépenses publiques sont diminuées par des mesures d'économies sur les emplois publics, des privatisations d'entreprises et un durcissement du système de protection sociale (par exemple : report progressif de l'âge légal de la retraite de 65 à 67 ans). Les dépenses de protection sociale passent de 29,7 % à 27,8 % du PIB ; les dépenses publiques diminuent globalement de près de 5 points de PIB.

Dans le même temps, le secteur productif se réorganise, avec une accélération des délocalisations ou de la sous-traitance, notamment au profit des PECO. L'économiste Hans Werner Sinn montre ainsi que l'économie allemande se transforme en une véritable « économie de bazar » : des biens intermédiaires sont importés en provenance de pays émergents, surtout des PECO, en vue d'être réexportés, après transformation, vers le reste du monde (« Die Bazar-Ökonomie-Deutschland : Exportweltmeister oder Schlusslicht ? », 2005). La zone euro reste cependant le marché privilégié puisque l'Allemagne y réalise alors les deux tiers de ses excédents commerciaux. Au total le *made by Germany*, synonyme de haute qualité, se substitue de plus en plus au *made in Germany* relativement trop coûteux face aux émergents.

La puissance mercantiliste se renforce également au terme d'une profonde désinflation compétitive : les syndicats de salariés et d'employeurs négocient des gels, ou des baisses de salaires, contre le maintien du volume de l'emploi. Au total, la part des salaires dans la valeur ajoutée baisse de 4 points de PIB. Cette « glaciation salariale », comme l'écrit Jacques Le Cacheux (« La nouvelle désinflation compétitive », 2006), vient renforcer une compétitivité hors-prix déjà excellente.

L'Allemagne redevient le premier exportateur mondial (même si elle est détrônée par la Chine en 2009), mais au prix d'un coût social élevé (*cf. infra*).

Tableau 3 – Le creusement des écarts de compétitivité au sein de l'Union européenne au cœur de la poly-crise ?

	Coûts unitaires de main-d'œuvre (2008)	Compte des transactions courantes en % du PIB				Dette privée en % du PIB				Dette publique brute en % du PIB				
	Base 100 : 1998	2000[2]	2007	2012	2020	2000	2007	2012	2019	2000	2007	2012	2018	2020
Allemagne	104	– 1,8	6,9	7,1	7,0	130	119	111	105	59	64	81	60	69
France	120	1,1	– 0,1	– 1,0	– 1,9	132	151	176	153	59	64	91	98	116
Danemark	132	4,2	1,4	6,3	7,8	162	221	234	222	52	27	45	33	42
Pays-Bas	126	7,6	6,9	10,2	7,8	219	232	281	234	52	43	66	49	54
Espagne	133	– 4,3	– 9,4	0,1	0,7	118	209	211	130	58	36	86	95	120
Grèce	134	– 6,8	– 15,2	– 3,5	– 6,7	54	102	133	110	105	103	160	177	205
Estonie	197	– 5,4	– 14,9	– 1,9	– 1,0	73	137	129	98	5	4	10	8	186

Source : Eurostat (2013, 2021).

Une crise de la dette ou une crise de l'euro ?

L'adoption de la monnaie unique a permis, conformément aux attentes des fondateurs de l'euro, une convergence des taux d'intérêt souverains. En 2007, par exemple, la Grèce emprunte à 10 ans au taux de 4,5 %, soit à peine 0,25 % de plus que le *Bund* allemand – c'est-à-dire le taux à 10 ans des obligations allemandes –, qui sert de référence au marché européen. On observe partout, une diminution du *spread*, ou prime de « risque-pays » exigée par les créanciers sur les marchés. Les conditions de financement sont donc facilitées, tant pour les acteurs privés que pour les États. Surtout, dans les économies où la croissance nominale est forte, la baisse des taux souverains allège spontanément l'endettement.

La mise en place d'un marché de capitaux unifié et la crédibilité acquise par la banque centrale européenne sont grandement responsables de cette évolution. Le système financier européen permet en réalité le recyclage des excédents d'épargne accumulés dans les pays du Nord au profit des pays de la périphérie. Cependant, cet afflux de capitaux ne finance pas toujours des dépenses favorables à la compétitivité et il n'oblige aucunement les gouvernements nationaux à corriger leurs déséquilibres internes. Finalement, alors que l'Union européenne est globalement caractérisée par un équilibre de sa balance des paiements courants, on observe une polarisation croissante des déficits et des excédents en son sein, notamment dans la zone euro. Certains pays sont donc très fortement dépendants de financements extérieurs quand d'autres sont en position de créanciers nets. L'euro agit comme une véritable « machine à fabriquer de l'hétérogénéité », comme le démontre Patrick Artus (*Pourquoi il faut partager les revenus. Le seul antidote à l'appauvrissement collectif*, 2010).

2. Grèce : 2002 ; Pays-Bas : 2004 ; Danemark : 2005.

En 2009, la crise financière mondiale entraîne une chute brutale de l'activité avec une contraction du PIB de 4,4 % dans l'Union européenne et la zone euro. Elle devient une crise spécifiquement européenne à partir de la fin de 2010, lorsque les carences institutionnelles de la monnaie unique laissent libre cours aux spéculations sur les dettes souveraines.

Dans un premier temps, les États européens parviennent aisément à financer leurs déficits publics croissants, ces derniers étant alimentés autant par la récession que par le sauvetage des systèmes bancaires nationaux. En effet, les banques commerciales et plus généralement les acteurs financiers sont très soucieux d'acquérir des titres sûrs (phénomène de *flight to quality*) quand leurs bilans ne cessent de se dégrader, du fait qu'ils sont contaminés par des titres financiers structurés « pourris ». Dans un second temps, la confiance s'érode, lorsqu'il apparaît que les dettes publiques de pays de la périphérie sont peu soutenables, compte tenu de la fragilité de leur croissance.

Le Premier ministre, G. Papandréou, à peine élu, annonce une réévaluation du déficit de la Grèce (octobre 2009) de 6 % à plus de 12 %. Cela sonne le début de la crise proprement européenne. Quelques semaines plus tard, l'Irlande est contrainte de mettre en place un plan de sauvetage de son système bancaire, d'un montant équivalent à 30 % du PIB, mettant un terme au mythe du « Tigre celtique ».

Les marchés financiers s'embrasent, alors même que la dette grecque ne représente pas plus de 3 % du PIB de la zone euro. Le tarissement brutal des flux financiers se traduit par une hausse très forte des conditions de refinancement pour l'ensemble des pays de la périphérie. Tour à tour, ils font face à la défiance des créanciers, renforcée par les dégradations successives des *ratings* donnés par les agences de notation. Les taux souverains à 10 ans dépassent par exemple 8 % en Grèce en mai 2010, et plus de 20 % en 2011. Ils excèdent 6 % en Irlande ou au Portugal au même moment. Cette augmentation souvent brutale, parfois sans fondement (l'Italie rencontre également une hausse de ses taux d'intérêt alors qu'elle enregistre toujours des excédents primaires), transforme dès lors une crise de liquidité en une crise de solvabilité. Elle accroît donc les probabilités de défaut sur les dettes souveraines.

Certains auteurs, à l'instar de M. Aglietta (*Europe. Sortir de la crise et inventer l'avenir*, 2014), montrent qu'à partir de cette période, la relation entre les *spreads* et les taux d'intérêt s'inverse, témoignant d'un comportement mimétique. Alors que les *spreads* sont supposés refléter le « risque-pays », on observe que leurs variations précèdent cette fois les évolutions des taux d'intérêt : l'opinion moyenne des marchés, que Keynes dénommait « la convention », pèse lourdement, confirmant le diagnostic d'une « panique » consécutive à « l'aveuglement au désastre » (Orléan, *De l'euphorie à la panique. Penser la crise financière,* 2009) préalable.

La zone euro est ici frappée d'une crise de balance des paiements courants, doublée d'une crise bancaire (crise dite « jumelle » selon le vocable des années 1980). La dévaluation n'étant pas possible dans l'UEM, ce sont les taux d'intérêt exigés par les marchés financiers qui reflètent les sorties de capitaux. Pour les pays non membres de la zone euro, comme la Hongrie ou la Roumanie, les difficultés de refinancement sur les marchés internationaux donnent également lieu à une envolée des taux souverains. Dans ce cas, ils sont suivis de fortes dépréciations monétaires.

La complémentarité « factice » entre des excédents d'épargne au Nord et une demande intérieure dynamique au Sud se trouve anéantie dès lors que les marchés financiers ne permettent plus la circulation des capitaux. Les limites du *policy-mix* européen élaboré dans les années 1990 sont patentes. Les carences institutionnelles ne permettent pas de réponses aussi rapides qu'aux États-Unis (pas de prêteur en dernier ressort, absence de solidarité budgétaire ou de redistribution sociale), ou même que dans les pays de l'Union européenne non membres de la zone euro, tel le Royaume-Uni, pourtant durement touchés.

B. Une gouvernance macroéconomique remaniée

La crise économique montre rapidement les insuffisances du *policy-mix* dessinées au cours des années 1990 : BCE indépendante et tournée vers la lutte contre l'inflation, une règle de surveillance rigide des finances publiques. Tant l'origine de la crise des *subprimes* que les conséquences sur l'existence même de la zone euro contraignent les gouvernements à élaborer une nouvelle architecture de la gouvernance européenne, dont la cohérence fait toujours débat.

Les nouveaux habits de la politique monétaire

Dès août 2007, la confiance sur les marchés monétaires et financiers disparaît du fait de l'exposition de nombreuses banques au marché des *subprimes*. Pour débloquer le marché interbancaire, la BCE doit inonder le marché de liquidités à court terme pendant quelques jours (7-9 août 2007). Mais, à la différence de son homologue américaine qui abaisse continûment ses taux directeurs au cours de l'année 2008, la banque centrale européenne remonte ainsi ses taux directeurs (juillet 2008). Certes il existe un pic inflationniste dû au renchérissement des matières premières mais le ralentissement économique est déjà installé. De surcroît le taux de change euro-dollar atteint son maximum à (1 euro = 1,60 dollar), pénalisant les exportations des industries continentales.

La faillite de la banque américaine Lehman Brothers (15 septembre 2008) contraint la BCE à engager des politiques monétaires « non conventionnelles » pour limiter la récession et dépasser la trappe à liquidités. Ce nouveau virage fait l'objet de vives critiques, comme en témoignent les démissions d'Axel Weber, successeur putatif à Jean-Claude Trichet, et de Jürgen Stark, économiste en chef de la BCE, incarnant la ligne des « faucons » au sein de la banque centrale.

Dans un premier temps, la banque centrale européenne ne parvient pas à contrer de manière efficace la hausse des taux souverains. Parce que son mandat lui interdit d'acheter des titres sur le marché primaire de la dette publique, elle ne peut en effet jouer le rôle de prêteur en dernier ressort et endiguer les emballements spéculatifs. Elle tente en revanche de limiter la hausse des taux en achetant de la dette publique, essentiellement grecque (2010), espagnole et italienne (2011-2012), sur le marché secondaire. Elle fournit également des liquidités aux banques de second rang, dans des proportions inconnues jusque-là. En effet, entre décembre 2011 et janvier 2012, la BCE, sous l'égide de son nouveau président, Mario Draghi, prête plus de 1 000 milliards d'euros au taux de 1 % aux banques commerciales européennes. Elle fait ici le pari que celles-ci feront baisser les taux obligataires des États périphériques, en achetant des titres publics sur les marchés.

Le succès est de courte durée puisque les taux souverains repartent à la hausse dès l'été 2012. En Italie, en Espagne ou au Portugal, ils dépassent 6 %, quand la France et l'Allemagne empruntent à des taux exceptionnellement bas, proches de 2 %. Ces divergences révèlent le morcellement avancé des marchés monétaires et financiers : on observe de fait une forme de renationalisation du financement des économies domestiques.

Les taux qui affectent les pays du Sud sont intenables dans un contexte de très faible croissance. Le risque d'emballement de la dette est tel, que le président Draghi annonce que « l'euro étant irréversible, il s'engage à faire tout ce qui est nécessaire pour le sauver » (« *Ready to do whatever it takes* », juillet 2012). La BCE promet d'acheter des titres de dette publique pour des montants *a priori* illimités sur le marché secondaire, dès lors que les États auront fait appel au mécanisme européen de stabilité (MES, *cf. infra*). Cette politique, dite d'OMT (Outright Monetary Transactions) est une rupture majeure : la BCE s'apprête à utiliser sa capacité de création monétaire, potentiellement infinie, au service du sauvetage de la monnaie unique. La démarche est habile car, en agissant sur le marché secondaire, elle ne contrevient pas à ses statuts. La réussite est immédiate puisque l'annonce, seule, suffit à faire baisser les taux italien, espagnol et portugais, sans que les États n'aient eu à se soumettre préalablement au MES.

La crise débouche parallèlement sur un renforcement du pouvoir de la BCE. Elle acquiert progressivement un rôle en matière de supervision des banques. Elle se voit déléguer *de facto* la surveillance de tous les établissements de la zone euro, dans le cadre de l'Union bancaire que les États élaborent à partir de la fin de l'année 2012. Cette union, effective au 1er janvier 2014, implique, à côté d'une définition de règles prudentielles communes, une supervision unifiée à travers le mécanisme de surveillance unique (MSU), et un mécanisme de résolution des faillites bancaires (MRU). L'Union bancaire marque une étape importante à deux niveaux. Il s'agit d'abord de « couper le cordon » qui relie les finances publiques et les bilans bancaires, les risques pris par les banques ne devant théoriquement plus être assumés par les États. Ensuite, la BCE se voit confier, à côté de l'objectif de stabilité des prix, un objectif de supervision financière, à l'instar de son homologue américaine.

La crise débutée en 2007 fait donc jouer un rôle primordial à la politique monétaire européenne. Le doublement du bilan de la BCE, entre 2008 et 2016, l'abaissement de ses taux à des niveaux inédits jusque-là (0,00 % pour le principal taux, à compter de mars 2016, le taux de facilité de dépôt marginal devenant même négatif, à – 0,4 %) ainsi que des mesures de politique « non conventionnelles » (*quantitative easing*, *credit easing* et *forward guiding*) rompent avec son « orthodoxie » passée. Elle fait face aux « tempêtes » en sachant activer des leviers inédits par « temps calme » (X. Ragot, *Les Banques centrales dans la tempête*, 2012).

Toutefois, cette évolution est peut-être compromise par le recours effectué auprès de la Cour constitutionnelle de Karlsruhe contre la BCE. Si la légalité de la procédure des opérations de rachat de dette a été validée par la Cour de justice de l'Union européenne, la Cour de Karlsruhe émet des doutes sur le respect par la BCE d'une stricte proportionnalité dans les opérations.

La mise en place d'une solidarité budgétaire conditionnelle

Alors que le choc récessif de 2009 se traduit dans la plupart des pays développés, mais aussi dans les pays émergents, par la mise en œuvre de relances budgétaires, le plan européen reste, lui, plus tardif, de moins grande ampleur et faiblement coordonné. Au total, il ne dépasse pas 1,5 % du PIB de la zone euro contre 5,5 % aux États-Unis. La dimension strictement européenne de la récession pousse cependant à des évolutions importantes et la coopération budgétaire progresse sensiblement. Si le traité de Maastricht excluait toute forme de solidarité financière, l'urgence de la crise de la dette souveraine conduit les États membres de la zone euro à s'engager plus loin. Ils parviennent ainsi à s'entendre sur des mécanismes de prêts aux économies en difficulté de refinancement. La première étape est en fait franchie en 2008, lorsque des aides sont accordées à la Hongrie et à la Roumanie, conjointement par l'Union européenne et le FMI.

Par la suite, des dispositifs de soutien plus ambitieux sont élaborés, à la faveur des crises grecque et irlandaise : Mécanisme européen de stabilité financière (MESF), Fonds européen de stabilité financière (2010) conçus comme temporaires. L'ultime étape est franchie avec la création du Mécanisme européen de stabilité ou (MES), en 2012, qui est une véritable institution financière internationale. Plus ambitieux, il constitue une forme de « fonds monétaire européen », susceptible d'endiguer les crises de balances des paiements au sein de la zone euro. Il dispose d'un pouvoir de prêt de 500 Mds d'euros.

L'accès au MES est cependant conditionné à la ratification du « traité sur la stabilité, la coordination et la gouvernance » (TSCG, 2012), ou « Pacte budgétaire », qui durcit considérablement les règles de finances publiques. Ce dernier prévoit l'inscription d'une « règle d'or » dans la constitution des États (ou dans des dispositifs juridiques contraignants). Les pays signataires s'engagent à ne pas dépasser 0,5 point de PIB de déficit structurel. Ils doivent également réduire d'au moins 1/20 par an l'écart entre leur dette publique et le seuil de 60 %. En cas de déficit supérieur à 3 % de PIB, la sanction devient automatique, sauf en cas de majorité qualifiée s'y opposant (principe de la « majorité qualifiée inversée »). En outre, le « semestre européen » oblige les gouvernements à présenter leurs projets de loi budgétaire à la Commission, préalablement à leur adoption par les parlements nationaux.

Le MES constitue bel et bien une avancée majeure pour la sauvegarde de la monnaie unique : il peut se substituer aux marchés pour éviter la hausse intenable des taux d'intérêt et limiter les crises d'illiquidité. Toutefois, la très forte conditionnalité qui lui est associée fait débat. Le calendrier de la consolidation budgétaire risque de conduire les États à mener des politiques de rigueur coordonnées. Le risque est alors de renforcer l'effet multiplicateur négatif et d'empêcher le désendettement. Enfin, le calcul du déficit structurel, dont la limitation est inscrite dans les lois ou les constitutions, pose de nombreux problèmes théoriques et statistiques.

La crise financière, née pour l'essentiel de la dette privée, a donc conduit à une solidarité *a minima* et à un renforcement des règles budgétaires. La préférence pour la discipline tient davantage d'une conception de l'UEM comme zone de stabilité, sans transferts, que d'une zone intégrée avec transferts budgétaires. Le TSCG offre ainsi la possibilité pour un État de porter plainte auprès de la CJUE, en cas de doute sur les engagements d'un gouvernement tiers en matière de discipline budgétaire. Cette évolution semble donc aussi témoigner d'une forme d'« institutionnalisation de la défiance ». La préférence pour la règle s'impose donc une nouvelle fois. Le rejet du fédéralisme budgétaire est aussi tangible puisque la proposition de mettre en place une émission de dette commune sur les marchés obligataires, par des *eurobonds*, se heurte au refus des pays du Nord, peu soucieux de partager leur crédibilité sur les marchés financiers.

Approfondissement, adaptation ou refonte ?

Les réponses monétaires et budgétaires apportées au plus fort de la crise ont été doublées d'une prise en compte des déséquilibres structurels. Les divergences de compétitivité sont désormais étroitement surveillées. Mais cette nouvelle architecture ne répond pas, pour tous les économistes, aux défis multiples que la crise n'a fait que souligner. De profonds désaccords, voire des oppositions franches, continuent d'obscurcir l'horizon de la monnaie unique.

≫ Une surveillance élargie à travers le pacte Euro-plus

Sous la pression de la chancelière allemande A. Merkel et du président français N. Sarkozy, la Commission européenne propose l'adoption d'un pacte intitulé « Euro-plus » (mars 2011). Celui-ci est censé prévenir les crises futures de la zone euro en intégrant une gamme étendue d'indicateurs, notamment de compétitivité, dont les évolutions avaient été négligées au cours de la période 2000-2007. Au final, ce sont donc les pays de la périphérie (auxquels il faut rajouter l'Irlande) qui apparaissent comme « fautifs » des désordres de la monnaie unique. Les pays du Nord qui ont, eux, laissé stagner leur demande intérieure, ne sont en aucun cas pointés du doigt.

Le cadre de surveillance macroéconomique est finalement élargi à de nombreuses dimensions : progression du crédit intérieur, évolution des coûts salariaux unitaires, viabilité des régimes de pensions, progression de l'endettement privé ou déséquilibres courants. En théorie donc, le diagnostic sur les économies semble s'émanciper de la focalisation sur les seules finances publiques qui prévalaient jusqu'alors.

Le pacte décline concrètement des axes de politiques économiques favorables à la compétitivité. Les pays signataires s'engagent à entreprendre des réformes comme, par exemple la désindexation des salaires par rapport aux prix, la décentralisation des négociations salariales, la promotion des gels des rémunérations contre le maintien de l'emploi. Ils doivent également adosser la durée de cotisation et l'âge légal de la retraite aux gains d'espérance de vie. Si la Commission préconise, depuis les années 1980, des réformes dites « structurelles » supposées accélérer la croissance potentielle, la traduction en acte est ici complète. En effet, au début des années 2000, à travers la stratégie de Lisbonne, puis au moyen de la Stratégie européenne pour l'emploi (SEE), la référence promue par les autorités européennes semblait être la « voie scandinave ». C'est désormais le « modèle allemand », tourné vers l'export et le tassement des coûts salariaux, qui semble dessiner le contour des réformes à suivre.

L'accord accepte, par exemple, une asymétrie dans l'estimation des déséquilibres courants : est jugé tolérable un excédent de 6 % de PIB, en glissement annuel sur trois ans, alors qu'un déficit dépassant 4 % de PIB doit être corrigé. La logique néo-mercantiliste qui sous-tend le pacte convient donc particulièrement à l'Allemagne, à l'Autriche ou aux Pays-Bas, économies caractérisées par un vieillissement avancé et par la nécessité d'accumuler des réserves d'épargne. Le risque est donc grand de voir les économies européennes, et plus particulièrement encore celles de la zone euro, s'engager dans une guerre de compétitivité, sans pour autant accroître les performances globales

≫ Une sortie de crise difficile

L'économie européenne a certes été durement touchée par la crise mondiale, mais sa trajectoire ultérieure, particulièrement pour la zone euro, présente des spécificités. Après un rebond en 2010 et 2011, l'UEM connaît à nouveau deux années de récession (– 0,9 % en 2012 et – 0,3 % en 2013). Le décrochage par rapport aux États-Unis apparaît particulièrement lié aux choix de politiques macroéconomiques effectués dès les premières heures de la crise des dettes souveraines. Plus encore, les divergences au sein de l'Union européenne et de la zone euro semblent se renforcer : pour un indice 100 en 2008, le PIB par habitant atteint par exemple 105 en Allemagne en 2016, 103 au Royaume-Uni, 101 en France, 98 en Espagne, 91 en Italie et 72 en Grèce. Au total, le PIB par habitant de la zone euro, de même que le nombre d'emplois (144 millions), ont tout juste retrouvé, en 2016, leur niveau de 2008.

La responsabilité première dans cette « quasi-décennie perdue » semble incomber aux politiques de consolidations budgétaires menées trop précocement. La « Troïka » a sous-estimé la valeur des multiplicateurs en temps de récession (Blanchard, « Growth Forecast Errors and Fiscal Multipliers », 2013). La demande intérieure, qui s'établissait à 98 % du PIB de la zone euro, ne s'élève plus, en 2016, qu'à 95,5 %. L'UEM souffre donc pour certains d'un déficit d'investissement public chronique, déficit que les règles du TSCG ont potentiellement inscrit dans le marbre en obligeant les pays à atteindre un déficit structurel nul (y compris les investissements publics). Enfin, la question de la soutenabilité des dettes n'est en rien résolue et reste grandement soumise aux évolutions des taux obligataires. Contrairement au FMI, qui préconise un *haircut* (c'est-à-dire une réduction des créances détenues sur les pays débiteurs) sur la dette grecque (177 % du PIB en 2018, contre 110 % en 2008), l'Eurogroupe, sous la pression particulière de l'Allemagne et des Pays-Bas, maintient une conditionnalité forte à tout plan d'aide. Il continue même de plaider pour un durcissement budgétaire en Grèce : alors que l'ajustement du solde structurel des finances publiques, d'ores et déjà réalisé, est sans équivalent dans l'histoire économique (plus de 9 points de PIB), la Troïka exige toujours des gouvernements hellènes d'atteindre un excédent primaire de l'ordre de 4,5 % de PIB dès 2018. Le respect de cet objectif ne pourrait pourtant permettre au pays de rejoindre le seuil de 60 % qu'à l'horizon 2060.

En matière de politique monétaire, la BCE n'a pu contrarier la baisse importante de l'inflation (comprise entre 0,2 % et 0,6 % de 2014 à 2016) et même le risque déflationniste. L'analyse keynésienne montre qu'en cas d'*output gap* négatif (c'est-à-dire l'écart entre le PIB effectif et le PIB potentiel), la baisse des taux directeurs ne peut suffire à renverser le cycle, surtout quand sont menées conjointement des politiques de rigueur budgétaire et des politiques de dévaluation interne. Enfin, malgré, la mise en place de l'union bancaire, les banques européennes restent très fragiles, car la part des prêts non performants, pouvant donc ne pas être honorés, s'est à peine stabilisée depuis la crise. Elle s'est même aggravée, comme en Italie (18 % du total des crédits bancaires en 2015) ou au Portugal (13 %). Il en résulte une faiblesse du volume du crédit octroyé, qui pénalise sans doute l'investissement privé. La fragmentation de l'espace bancaire demeure donc patente en dépit de la mise sous perfusion du système monétaire européen.

Le biais néo-mercantiliste de la gestion de crise est marqué : il s'agit pour toutes les économies de lutter contre des déficits commerciaux antérieurs, jugés excessifs (avec une asymétrie dans la règle, *cf. supra*). Il en ressort que le solde courant de la zone euro, qui était proche de l'équilibre en 2007, est désormais assez nettement excédentaire : il atteint 3,1 % en 2015 et 3,9 % en 2017. La croissance de l'UEM est donc tirée par les débouchés extérieurs, alors même qu'elle est l'un des premiers marchés mondiaux. Cette évolution n'est pas étrangère au durcissement de l'administration Trump à l'égard de l'Union européenne. Par ailleurs, cet excès d'épargne sur l'investissement alimente aujourd'hui des flux de capitaux sortants qui, certes, participent à la baisse à court terme de l'euro sur les marchés mondiaux, mais le maintien d'excédents structurels de la balance des paiements dans certains pays et l'extension de la logique d'équilibre aux autres renforcent, au contraire, la tendance haussière du taux de change.

La nouvelle gouvernance issue de la crise semble donc trouver sa cohérence globale dans un renforcement des règles. Certains, comme J. Stiglitz (*L'Euro. Comment la monnaie unique menace l'avenir de l'Europe*, 2016), estiment que la monnaie unique est, à plus long terme, condamnée faute d'accord politique suffisant pour effectuer le « saut fédéral » nécessaire.

C. L'Union européenne à l'épreuve de la crise de la COVID-19

Un choc inédit

La croissance en Europe ralentit dès le milieu de l'année 2019, notamment en Allemagne qui connaît une quasi-récession du fait notamment des incertitudes sur le secteur automobile (13 % de son PIB). C'est dans ce contexte doublement tendu (ralentissement économique, désunion sur le budget) que la pandémie mondiale du coronavirus commence à affecter très sévèrement les pays de l'Union européenne. La pandémie donne lieu à des réactions que beaucoup pensaient jusque-là impossibles : fermetures (unilatérales) des frontières et donc suspension de l'espace Schengen mais aussi entraves à la libre circulation des marchandises et des biens, pourtant nécessaires à la lutte contre la pandémie (par exemple : suspension des exportations allemandes de matériel médical, réquisitions par l'État français d'un certain nombre de produits). L'Union européenne aborde donc non seulement la pandémie en ordre dispersé mais aussi avec des préférences nationales évidentes voire une tendance à l'unilatéralisme.

La crise de la COVID-19 est tout à la fois une crise d'offre et de demande. Du côté de l'offre, les capacités de production dépendantes des importations chinoises sont les premières affectées (ex. : automobile). Cela témoigne de la profondeur de la division internationale des processus productifs. La globalisation des chaînes de valeur ajoutée alerte sur le degré de dépendance des économies européennes à l'égard des importations, y compris dans des secteurs relevant de la souveraineté (ex. : numérique, vaccins). Du côté de la demande, l'effondrement de l'emploi et donc des revenus, l'impossibilité même de consommer certains biens ou services (ex. : tourisme) prennent une ampleur inédite dans certains secteurs. Les vagues successives contraignent aux fermetures totales ou partielles d'activités qui nécessitent le rassemblement de public ou le déplacement des personnes. Les économies reposant sur le tourisme, la culture (France, Espagne, Portugal, par exemple) sont particulièrement touchées. L'incertitude renforce l'épargne de précaution, même si cette dernière reste pour l'essentiel concentrée sur les plus hauts revenus.

Selon Eurostat, la récession en 2020 s'établit à : – 6,1 % pour l'Union européenne, – 6,6 % pour la zone euro, – 4,9 % pour l'Allemagne, – 8,1 % en France, – 10,8 % pour l'Espagne et enfin – 8,9 % pour l'Italie. Avec les deuxième et troisième vagues, le rebond attendu pour 2021 n'est pas certain. Selon les prévisions du FMI (World Economic Outlook Database, avril 2021), le rebond serait de 3,6 % pour l'Allemagne, 5,8 % pour la France, 4,1 % pour l'Italie et 6,3 % pour l'Espagne. La zone euro dans son ensemble devrait atteindre 4,4 % de croissance et les États-Unis, 6,4 % (*cf. infra* sur les plans de relance).

Les premières réponses sont d'abord nationales. Les systèmes de protection sociale, en première ligne, jouent le rôle de stabilisateurs automatiques, là où les États-Unis, par exemple, sont contraints d'engager immédiatement des plans de relance massifs. Rapidement, les États européens activent ou réactivent des dispositifs d'indemnisation du chômage partiel. Cette solution s'inspire largement des mesures prises en Allemagne, en 2009, et qui avaient alors permis de limiter l'ampleur de la chute de la demande, tout en maintenant le capital humain des entreprises. Des plans de soutien de montants inédits sont annoncés : plus de 400 Md d'euros en France, plus de 1 150 Md d'euros en Allemagne par exemple, en incluant les garanties bancaires. Pour l'essentiel, il s'agit partout d'assurances aux entreprises en difficultés de trésorerie, de report des prélèvements obligatoires, de mécanismes de garanties bancaires et de mesures de soutien au pouvoir d'achat des ménages (en mai 2020, plus de 12 millions de salariés français sont en chômage partiel, soit la moitié de la population active hors fonctions publiques). Dans le cas de la France, l'INSEE mesure que malgré une récession supérieure à 8 %, le revenu disponible des ménages n'a chuté « que » de 4 % en 2020.

La situation macroéconomique semble plus dégradée encore qu'au cours des crises précédentes (2009 puis dettes souveraines). Comme le souligne Xavier Timbeau, directeur principal de l'OFCE (« Annuler la dette, est-ce pertinent ? », 2020), l'équation budgétaire mobilise trois inconnues : la hausse des dépenses, la chute des recettes et la contraction du PIB. Les niveaux de dette publique sont donc appelés à croître dans des proportions inconnues en temps de paix. Pour l'Union européenne et pour la zone euro notamment, cette crise de la COVID-19 met à nouveau la cohérence de l'architecture du *policy-mix* à l'épreuve. La divergence des *spreads*, écarts de taux d'intérêt entre les emprunteurs et le taux de référence du marché (le Bund allemand ou obligation à 10 ans dans la zone), se renforce. Ces écarts de primes de risques exigées par les créanciers témoignent d'une appréciation différente de la qualité de signature. Si ces écarts s'élèvent notablement, ils témoignent à nouveau d'une fragmentation des marchés financiers européens.

Vers une articulation efficace du *policy-mix* dans l'Union européenne ?

Sur le plan monétaire, la BCE est limitée dans son action par des taux d'intérêt déjà à 0 % en entrant dans la crise. Après l'annonce d'achats supplémentaires d'actifs pour un montant de 120 Md d'euros (reprise de mesures non conventionnelles de grande ampleur, mars 2020), la nouvelle présidente de la BCE, Christine Lagarde s'engage ensuite plus fermement, par la mise en place du PEPP (Pandemic Emergency Purchase Programme). D'un montant de 750 Mds d'euros, ce plan autorise l'achat de catégories d'actifs d'ores et déjà acceptés par la banque centrale. En ce qui concerne l'achat de titres publics (ce qui équivaudrait à de la monétisation sur le marché secondaire), le programme est contraint par les clés de répartition au capital de la BCE. Cela signifie que les achats de dette publique allemande seraient plus importants que les achats de dette italienne, française ou espagnole.

Le bilan de la BCE ne cesse de progresser pour atteindre plus 7 500 Mds d'euros en mars 2021, soit près de 54 % du PIB de l'Union européenne. Une nouvelle fois, la politique monétaire se révèle le levier le plus massif et le plus rapidement mobilisé. Au total, 25 % de la dette publique européenne sont détenus par la BCE (avril 2021). En février 2021, une tribune, signée par 150 universitaires de 13 pays, en appelle à une annulation de cette dette au profit d'un plan d'investissement massif en faveur de la reprise et de la transition écologique.

Sur le plan budgétaire, l'héritage de la crise des dettes souveraines est encore présent puisque la trajectoire préconisée lors de l'entrée dans la crise de la COVID-19, est toujours à l'assainissement et au désendettement. Ainsi la dette publique brute en pourcentage du PIB a décru entre 2014 (maximum) et 2019 : de 93 % à 84 % pour la zone euro, de 76 % à 60 % en Allemagne, de 100 % à 95 % en Espagne. Cependant certains pays, sur la même période, ne sont pas parvenus à inverser leur situation : de 95 % à 98 % pour la France, stabilité à 135 % pour l'Italie (source : Eurostat, mai 2020).

Face à l'ampleur de la crise, la première mesure est la suspension du pacte de stabilité et de croissance (PSC), conformément aux « circonstances exceptionnelles » contenues dans le traité de Maastricht. Mais la question d'une solidarité budgétaire face à la récession resurgit rapidement et en des termes politiquement très lourds. C'est le ministre des Finances des Pays-Bas, W. Hoekstra, qui se fait le porte-voix des plus intransigeants, reprenant les positions des pays prétendument « frugaux ». Celui-ci attribue les difficultés sanitaires des pays du Sud à l'impéritie de leurs politiques budgétaires passées. Il estime nécessaire non seulement un passage en revue des dépenses du Sud mais aussi une stricte conditionnalité à toute aide, qui passerait obligatoirement par le mécanisme européen de stabilité (MES). Les réactions politiques montrent que les dissensions sont d'une gravité jamais atteintes par le passé (lettre ouverte du président italien, dénonciation de « l'attitude répugnante et de la mesquinerie récurrente des Pays-Bas » par le ministre de l'Économie portugais).

Sur le plan budgétaire, la crise du coronavirus a donc un impact inédit sur les finances publiques. La réponse européenne est tardive et peu coordonnée. Certains tabous semblent cependant se fissurer. Ainsi, la Commission est autorisée à s'endetter en son nom propre. Il s'agit de la première mutualisation de dette dans l'histoire européenne. À l'issue d'un accord (juillet 2020), un plan de relance de 750 Mds d'euros est annoncé, dont 390 Mds sous forme de dons à destination des États, financés par des obligations au nom des 27. Le reste (360 Mds) prendrait la forme de prêts soumis à des conditions de réformes structurelles et remboursés à terme par les États bénéficiaires. Cette unification, même partielle, est depuis longtemps présentée par certains économistes (T. Piketty, *Peut-on sauver l'Europe ?*, 2012 ou J. Stiglitz, *L'Euro. Comment la monnaie unique menace l'avenir de l'Europe*, 2016), comme une condition indispensable de la pérennité de la monnaie unique.

De fait, pour significatif qu'il soit, le plan de relance tarde à être mis en œuvre car il nécessite l'approbation par l'ensemble des parlements nationaux mais aussi la présentation à la Commission de l'usage des fonds pour approbation (dans le cadre du Semestre européen). Surtout, il tranche avec le volontarisme du président américain Joe Biden qui a fait adopter un plan de relance de 1 900 Mds de dollars dès son entrée en fonction et propose, en avril 2021, un plan supplémentaire de 2 000 Mds de dollars intitulé Build Back Better, aux fins de moderniser les infrastructures et de faire face à la concurrence de la Chine.

3

Une intégration économique et sociale inachevée

Les pays européens ont une longue histoire sociale et ils sont même le berceau des systèmes de redistribution modernes. Mais les logiques de protection sociale se sont élaborées sur des bases nationales avec des compromis sociaux très divers et difficilement transposables. Construire une « Europe sociale » comme complément de l'intégration par le marché est donc autant une gageure qu'une nécessité, compte tenu de l'intégration croissante des économies. Si les ambitions sont grandes, c'est à petits pas et à la faveur des crises que l'Union européenne parvient à élaborer une cohérence d'ensemble.

1 L'Europe sociale

Les systèmes sociaux sont, dans l'ensemble, très protecteurs puisque les dépenses sociales engagées au sein de l'Union européenne, représentent près de 60 % des dépenses sociales mondiales totales. Toutefois, si des objectifs sociaux figurent dans le projet initial de la construction européenne, les réalisations effectives restent sensiblement moins abouties que dans de nombreux autres domaines. L'hétérogénéité croissante de l'Union et le renforcement de la logique d'intégration par le marché ont également contribué à un changement sensible de la philosophie initiale : des avancées institutionnelles notables peuvent être constatées, mais elles demeurent globalement peu contraignantes. Le modèle social européen reste ainsi assez largement « introuvable », comme le constatait déjà l'ancien président de la Commission, Jacques Delors, lorsqu'il affirmait, en 1993, que la dimension sociale était « le talon d'Achille de l'Europe ».

A. Une évolution du projet d'Europe sociale

Les membres de la CEE, puis de l'Union européenne, sont caractérisés par des systèmes de protection sociale développés, les luttes syndicales autour de la « question sociale » ayant joué un rôle moteur dans leur élaboration. La construction européenne se fait, pour une part, dans le respect des modèles d'États-providence qui lui préexistent mais elle infléchit, pour une autre part, les équilibres antérieurs entre marché et protection sociale.

Les premiers pas : du traité de Rome à la fin des années 1970

Le projet des fondateurs est d'abord économique. La dimension sociale n'est certes pas absente du traité de Rome : dans les premiers articles, figure l'objectif « d'améliorer les possibilités d'emploi des travailleurs et de contribuer au relèvement de leur niveau de vie ». Pourtant, la mise en place d'un Comité économique et social (CES) et d'un Fonds social européen (FSE), visant à promouvoir la mobilité géographique et les possibilités d'emploi des travailleurs, ne définit pas de véritable « doctrine ». Le premier reste en effet purement consultatif, et le second, faiblement doté budgétairement.

L'essentiel des premières mesures cherche à garantir la libre circulation des travailleurs au sein du marché commun (titre III du traité, « Libre circulation des personnes, des services et des capitaux »). Elles visent aussi à harmoniser, *a minima*, les dispositifs de protection sociale existants, pour limiter les distorsions de concurrence. Le traité prévoit la mise en place d'un système de couverture sociale du travailleur migrant, en application du principe de liberté d'établissement. Il affirme également le principe selon lequel le droit du travail applicable est celui du pays dans lequel s'effectue l'activité professionnelle. Dès 1959, une vingtaine de règlements organisent la coordination des systèmes de sécurité sociale pour les travailleurs migrants, en garantissant par exemple la portabilité des droits, l'égalité de traitement entre nationaux et autres ressortissants communautaires, ainsi que l'unicité de la législation dans le pays d'emploi.

Le sommet de Paris de 1972, en adoptant le projet d'une union économique et monétaire, à l'issue du rapport Werner, marque aussi la volonté de relancer l'Europe sociale, *via* le droit communautaire. En janvier 1974, le Conseil des ministres approuve les articles du traité de Rome relatifs au rapprochement des législations. Plusieurs directives sont successivement adoptées : sur l'égalité de rémunération entre les hommes et les femmes (1975), sur l'égalité de traitement entre les deux sexes (1976), sur les licenciements collectifs (1975), sur les droits des travailleurs en cas de cession ou de fusion des entreprises (1977), sur l'égalité de traitement en matière de protection sociale (1978) et sur la protection des salariés en cas d'insolvabilité de l'employeur (1980). Cette première strate de textes, si elle révèle une « approche européenne » de la dimension sociale comme composante du projet d'intégration économique, ne constitue pas encore de véritable « doctrine ».

Un modèle social « correcteur » de la libéralisation économique (1980-1990)

La construction européenne subit un infléchissement notable, avec la mise en place du marché unique. Le Livre blanc sur l'achèvement du marché intérieur, présenté par la Commission (1985), ne comporte aucune mention de politique sociale, à l'exception du chapitre sur « La liberté de circulation des travailleurs et autres professionnels ». Pourtant, le président de la Commission, Jacques Delors, affiche des ambitions, affirmant que l'Europe ne peut se passer d'une plus forte coordination et d'une plus forte harmonisation dans le domaine social (« On ne peut pas tomber amoureux d'un marché unique », déclare-t-il). L'opposition du Royaume-Uni à ce projet pèse cependant sur les réalisations effectives. L'Union européenne renonce alors de fait à une politique sociale approfondie, privilégiant le principe de subsidiarité en la matière.

On note malgré tout des avancées dans plusieurs domaines, comme par exemple l'institutionnalisation du « dialogue social européen » (article 118.B. de l'Acte unique. *Cf. infra*).

Le traité de Maastricht (1992) ouvre la voie à une nouvelle procédure d'adoption des règles sociales, en particulier sous la pression des syndicats européens et des pays du Nord. Toutefois, le Royaume-Uni fait jouer la clause d'*opting out* et les dispositions restent, dans un premier temps, pour les 11 pays membres de l'Union européenne qui les acceptent, cantonnées dans un « protocole sur la politique sociale » annexé au traité. Ce protocole est finalement intégré au traité d'Amsterdam de 1997, après le changement de majorité au Parlement britannique. Les évolutions concernent tant la répartition des compétences que les modalités d'intervention de l'Union européenne dans le champ social. Trois niveaux sont distingués :

- les domaines qui restent hors du champ communautaire, tels que les rémunérations, le droit d'association, le droit de grève et le droit de *lock-out*. Ces questions sont de la compétence exclusive des États membres ;
- le vote à la majorité qualifiée remplace le vote à l'unanimité du Conseil, mais après consultation du Comité économique et social (CES) et du Comité des régions, dans de nombreux domaines : santé, sécurité, conditions de travail, information et consultation des travailleurs, intégration des personnes exclues du marché du travail, égalité entre hommes et femmes sur le marché du travail, lutte contre l'exclusion sociale et la modernisation des systèmes de protection sociale. Les décisions ne nécessitent plus l'unanimité. Elles sont adoptées si au moins 55 % des pays, représentant au moins 65 % de la population l'acceptent ;
- le vote à l'unanimité, après consultation du Parlement européen, du CES et du Comité des régions, reste de rigueur, notamment sur les questions relatives à la sécurité sociale et la protection sociale des travailleurs, sur les enjeux relatifs à la représentation, à la défense collective des intérêts des travailleurs et des employeurs, dès lors qu'ils engagent des fonds budgétaires nationaux.

Parallèlement se dessinent les prémices d'un projet social plus ambitieux. La première Charte sociale européenne a été signée à Turin en 1961. La Charte communautaire des droits sociaux fondamentaux des travailleurs, souvent dénommée la Charte sociale, adoptée en décembre 1989, par 11 États sur 12 (du fait du refus britannique), fixe les grands principes d'une politique générale en matière de droit du travail européen. Elle dégage un socle de règles et de valeurs communes dans certains domaines (droit des travailleurs, conditions de travail et de rémunération, protection de certaines catégories de travailleurs, relations sociales et formation professionnelle). Elle est cependant dépourvue d'effets juridiques contraignants. En réalité, seuls les champs relatifs à la protection de la santé et à la sécurité dans le milieu du travail, grâce au passage à la majorité qualifiée (lors de la signature de l'Acte unique) ont pu donner naissance à des directives, notamment concernant les femmes enceintes (1992) ou l'aménagement du temps de travail (1993).

L'ambiguïté du projet demeure donc. Par exemple, si la durée maximale du temps de travail hebdomadaire est fixée à 48 heures, le Royaume-Uni obtient que certains secteurs en soient exonérés (transports, activités en mer, médecins en formation) et que des dérogations soient accordées au niveau national, avec l'accord du salarié concerné. Les avancées institutionnelles des deux décennies 1980 et 1990 se révèlent, finalement, assez subordonnées au calendrier de libéralisation des marchés du travail et des biens et services.

Les systèmes sociaux au service de la compétitivité économique (du début des années 2000 à aujourd'hui)

L'adoption du traité d'Amsterdam, en 1997, offre une nouvelle inflexion à la construction de l'Europe sociale. À partir de cette date, les États membres vont garder la haute main sur la dynamique de leurs systèmes nationaux de protection sociale. Le projet d'harmonisation va céder le pas à la définition d'objectifs communs, mais au prix d'une mise en compétition accrue.

La Commission européenne promeut l'idée que la modernisation des systèmes de protection sociale participe du renforcement de la compétitivité globale des économies. Les « agendas sociaux », lancés à partir de 2000, révèlent ce changement de stratégie : ils ne cherchent plus l'uniformisation des politiques sociales mais leur évolution en faveur de l'efficacité de l'économie de marché (*cf. infra*). La directive Bolkestein par exemple, du nom du commissaire européen au Marché intérieur, occupe le débat européen en 2003-2005. Relative à la libéralisation du secteur des services, elle cristallise de nombreuses oppositions de la part des syndicats et des opinions publiques. S'y joue, à travers la facilitation de la mobilité des travailleurs européens, l'enjeu de la mise en concurrence par les salaires et les coûts sociaux afférents. Ce débat sur les risques du *dumping* social s'incarne, avec virulence, à travers la figure du « plombier polonais », dans la campagne politique française lors du référendum sur le projet de Constitution européenne (2005). Fortement amendée par le Parlement européen, cette directive entre malgré tout en vigueur en 2006.

Ce sont surtout les décisions de la Cour de justice de l'Union européenne qui se substituent aux carences de la gouvernance européenne, mais d'une manière non neutre. Elles tendent, en effet, à renforcer la mise en concurrence des systèmes sociaux, en affirmant la prééminence des libertés associées au marché unique (liberté d'établissement et liberté de prestations de services). Trois arrêts vont particulièrement contribuer à définir la hiérarchie des normes juridiques : l'arrêt Laval (2007), l'arrêt Viking (2008) et l'arrêt Rüffert (2008). Le premier reconnaît la possibilité pour l'entreprise lettone Laval de louer de la main-d'œuvre du pays d'origine à des entreprises travaillant en Suède, aux conditions de salaire et de travail lettones. Le second légalise le changement de pavillon du navire finlandais *Viking* en pavillon estonien, changement qui visait à appliquer des normes sociales inférieures aux membres d'équipage. Le troisième autorise une entreprise de construction opérant en Allemagne à employer des salariés polonais, tout en dérogeant aux conditions de salaire minimal prévues par la convention collective allemande. Se dessine donc, au cours des années 2000, une jurisprudence européenne. Celle-ci semble affirmer la concurrence sociale comme une composante de la concurrence globale.

B. Les réalisations institutionnelles : entre objectifs ambitieux et règles peu contraignantes

Si l'histoire des avancées en matière de protection sociale indique une action dans plusieurs directions au détriment, souvent, d'un modèle de construction bien identifié, il est possible de trouver une cohérence *a posteriori*. Se dégagent, progressivement, la mise en place d'une méthode, à travers la reconnaissance du dialogue social européen, la définition d'objectifs communs par les « agendas sociaux », ainsi que l'autonomisation d'un champ spécifique, comme pour la « Stratégie européenne pour l'emploi » (SEE).

Le dialogue social européen

Il existe depuis le XIXe siècle, et plus encore à partir du XXe siècle, des modalités nationales de dialogue autour des règles de fonctionnement du marché du travail ou des systèmes de sécurité sociale. Les pays européens articulent, chacun à sa manière, le rôle des partenaires économiques et des gouvernements dans l'élaboration des compromis. La mise en place d'un dialogue social au niveau européen marque, dès lors, une étape importante dans l'intégration régionale.

Les prémices datent des années 1970. Mais c'est en 1985, à l'occasion des entretiens dits de « Val-Duchesse » (Bruxelles), que les représentants des employeurs et des syndicats de salariés se rencontrent afin d'adopter des relations conventionnelles. L'Acte unique puis le traité de Maastricht lui offrent ensuite une assise institutionnelle, aujourd'hui reconnue par l'article 155 du TFUE. Techniquement, les partenaires sociaux sont désormais en mesure de proposer l'adoption d'accords-cadres relevant des domaines de la compétence communautaire.

En 1985, ce sont les trois principales organisations syndicales qui se réunissent :

- le Centre européen des entreprises à participation publique et des entreprises d'intérêt économique général (CEEP), créé en 1961. Il représente, encore aujourd'hui, l'organisation patronale des entreprises du secteur public ou gestionnaires d'un service d'intérêt général ;
- l'Union des confédérations de l'industrie et des employeurs d'Europe (UNICE), formée en 1958. Elle est devenue, depuis 2007, Business Europe et regroupe une quarantaine de confédérations nationales issues de 34 pays (donc au-delà de l'Union européenne au sens propre) ;
- la Confédération européenne des syndicats (CES), constituée officiellement en 1973. Elle compte aujourd'hui 89 organisations représentant 39 pays.

Le traité de Maastricht réaffirme le rôle de la Commission en matière d'initiative sociale. Il oblige à consulter les partenaires sociaux avant de présenter toute proposition au Conseil européen. Celui-ci peut ensuite l'adopter ou la rejeter, à la majorité qualifiée ou à l'unanimité, selon le champ concerné (« voie de la consultation »). Par une procédure novatrice, dite « voie de la négociation », le traité offre la possibilité aux partenaires sociaux de se saisir de l'initiative de la Commission, afin d'aboutir à un accord, proposé ensuite au vote du Conseil. Cette négociation directe a, depuis 1993, débouché sur l'adoption de sept « accords-cadres », notamment dans les domaines du congé parental (1995), des contrats de travail à durée déterminée (1999), du télétravail (2002) ou des marchés du travail inclusifs (2010).

Des agendas sociaux au Socle européen des droits sociaux

Les « agendas sociaux » se présentent sous la forme d'un document préparé à l'initiative de la Commission. Ils visent à fixer des objectifs à l'ensemble des acteurs européens. Le premier agenda social est mentionné dans le document préparatoire au Conseil européen de Lisbonne de mars 2000. Le but n'est cependant pas d'harmoniser les politiques sociales qui restent, du fait du principe de subsidiarité, du ressort des États membres. Il s'agit d'instaurer une « coopération volontaire » entre les acteurs. Les acquis sociaux sont donc supposés évoluer en conformité avec le dynamisme économique, dans une économie mondialisée. L'agenda repose sur la mise en place d'une coordination par la « méthode ouverte de coordination » (MOC). Celle-ci oblige les États à se concerter sur les dispositions entreprises au niveau national, sur leur efficacité comparée (le *benchmark*) et sur leur adéquation aux objectifs européens.

Le deuxième agenda social, dénommé « Agenda social européen » (2006-2010) puis l'« Agenda social renouvelé » (2011-2016) adoptent des objectifs ambitieux : « Vers le plein-emploi », « une société plus solidaire » ou « vivre plus longtemps et en meilleure santé », par exemple.

Le 26 avril 2017, la Commission européenne, par la voix de son président Juncker, annonce la mise en place d'un « socle des droits sociaux européens », dans le but de relancer l'Europe sociale. Il s'articule autour de « 20 principes clés », eux-mêmes subordonnés à trois « thèmes » : « égalité des chances et accès au marché du travail », « conditions de travail équitables », ainsi que « protection et insertions sociales ». Destiné en priorité à la zone euro, il invite les pays à choisir le rythme d'intégration et d'harmonisation souhaité, dessinant, ici aussi, une forme d'« Europe à la carte ». Non contraignants, ces objectifs ne sont encore adossés à aucun financement budgétaire mutualisé. Cette annonce indique cependant que la Commission souhaite relancer un dialogue social. La présidente de la Commission von de Leyen renforce les objectifs : « Alors que nous nous employons à surmonter la pandémie, que nous préparons les réformes nécessaires et que nous accélérons la double transition écologique et numérique, il est temps, je pense, d'adapter aussi la réglementation sociale » (janvier 2021). Il s'agit pour cette dernière de mettre sur un « pied d'égalité » les compétences, l'innovation et la protection sociale. Les moyens sont essentiellement tournés vers les individus et leur qualification, requalification ou la mobilité. Pour le cadre 2021-2027, le « Fonds social européen plus » est simplifié et doté de plus de 100 Mds d'euros. Ajouté au Fonds européen d'ajustement à la mondialisation (FEM), créé en 2007, le budget social représente désormais 10 % du budget européen.

La Stratégie européenne pour l'emploi (SEE)

Dès le traité de Rome, la Communauté se fixe un objectif de « niveau d'emploi et de protection sociale élevé ». Pourtant, la question de l'emploi n'est abordée frontalement, pour la première fois, que dans le Livre blanc « Croissance, compétitivité et emploi », en 1993. Au Conseil européen d'Essen (1994), l'Union européenne définit plus clairement une stratégie d'ensemble. Elle promeut l'augmentation du potentiel d'emplois, dans un contexte marqué par un chômage élevé des plus jeunes, des travailleurs âgés et des femmes. Le traité d'Amsterdam consacre pour la première fois un titre entier à cette question, le titre IX. Ce dernier offre à la Communauté européenne la possibilité de fixer des « orientations globales ». Il lui permet également de compléter l'action des États membres, tout en respectant le principe de subsidiarité (articles 145 à 150 du TFUE).

La Stratégie européenne pour l'emploi, ou SEE, repose sur la volonté de promouvoir un haut niveau d'emploi, au-delà même de la lutte contre le chômage. Elle s'appuie sur la Méthode ouverte de coordination (MOC) et s'articule plus généralement aux Grands objectifs de la politique économique (GOPE). Sur la base des comparaisons des résultats et des bonnes pratiques (*best practices*), un Conseil européen se réunit annuellement. Il adopte, à la majorité qualifiée, des « lignes directrices pour l'emploi » (LDE), proposées par la Commission, qui se déclinent ensuite en « plans d'actions nationaux » (PAN). La SEE est articulée à la stratégie de Lisbonne à partir de 2000.

L'adoption d'un Fonds européen d'ajustement à la mondialisation (FEM) en 2007, pour fournir une assistance aux bassins d'emplois fortement touchés par les délocalisations, ou par les restructurations liées à l'évolution du commerce, complète l'action européenne. Doté de 500 millions d'euros pour la période 2007-2013, il intègre pour la première fois la prise en compte des effets de la mondialisation et vise à faciliter les reclassements. Le FEM est prorogé en 2018 et son budget est porté à 1,6 milliard d'euros pour la période 2021-2027, du fait de la crise de la COVID-19. Ses objectifs, comme ceux de la SEE, sont désormais clairement articulés au Socle européen des droits sociaux. Depuis 2017, les lignes directrices intégrées visent quatre grands domaines : stimuler la main-d'œuvre, renforcer l'offre de main-d'œuvre et de compétences, améliorer le fonctionnement du marché du travail, et garantir l'équité, combattre la pauvreté et promouvoir l'égalité des chances.

Les critiques à l'égard de la SEE restent vives. D'abord, les moyens dédiés demeurent globalement faibles. Ensuite, le caractère peu contraignant des objectifs permet aux États de juxtaposer un ensemble de mesures disparates, ou de recycler des mesures nationales, sous des intitulés européens délibérément vastes et généraux. Enfin, un certain nombre d'auteurs soulignent, à l'instar d'E. Malinvaud (« Réduction du chômage : les réussites en Europe », rapport du Conseil d'analyse économique, 2000), la cohérence des modèles nationaux hérités de l'histoire longue. Ils soulignent, par conséquent, la faible « transposabilité » des bonnes pratiques qui limite les espoirs de convergence des modèles d'emplois.

C. Un modèle social européen encore introuvable

La notion de « modèle social européen » (MSE) s'est progressivement imposée dans le discours public. S'il est vrai que les pays de l'Union européenne, notamment ceux de la zone euro, engagent des dépenses particulièrement élevées en matière de protection sociale, comparativement aux régions de même niveau de développement comme le Japon ou les États-Unis, de nombreuses disparités subsistent. La « gouvernance sociale » européenne, élaborée au fil du temps, semble même favoriser leur mise en concurrence.

Des modèles sociaux très différenciés

Au début des années 2000, la stratégie européenne promeut un modèle largement inspiré des canons du modèle de la « flex-sécurité » danoise. Ce dernier associe un haut niveau de protection du salarié en matière de formation, la générosité de l'indemnisation chômage et une forte flexibilité de la relation d'emploi (règles souples d'embauches et de licenciement). L'analyse des systèmes sociaux, dans la lignée des travaux d'Esping-Andersen (« Les trois mondes de l'État-providence », 1990), montre que les États européens présentent pourtant des caractéristiques fortes. On peut identifier, en tenant compte des trois dimensions que sont le rôle des pouvoirs publics, le niveau de développement de la protection sociale et la place des partenaires sociaux, quatre « idéal-types » en Europe.

≫ Le modèle latin ou méditerranéen

Une forte défiance à l'égard des institutions mais aussi entre les citoyens s'y manifeste, avec pour conséquences la domination de logiques « corporatistes » et une fiscalité complexe comportant beaucoup de « niches ». Le marché du travail y est peu fluide : les taux d'emplois sont faibles, essentiellement du fait de barrières à l'embauche des jeunes, le poids des *insiders* dans les négociations favorise le chômage de longue durée des *outsiders*. Le bas taux de syndicalisation y est compensé par le rôle de la loi et la protection statutaire des salariés. La segmentation est donc forte au sein de la société dans son ensemble et au sein des marchés du travail. Ce modèle caractérise par exemple la Grèce, l'Italie ou le Portugal.

≫ Le modèle scandinave ou nordique

Il se définit au contraire par une forte confiance des citoyens dans les institutions et entre eux, une acceptation des règles de l'économie de marché concurrentielle. C'est un modèle social « universel » fondé sur des syndicats puissants (près de 80 % des salariés), qui négocient des conventions collectives globales et peuvent, dans certains cas (comme au Danemark), gérer directement les caisses d'assurance chômage. Les prestations indemnitaires y sont généreuses mais conditionnées à une politique d'activation des dépenses. Le niveau de dépenses publiques y est élevé mais compatible avec une croissance soutenue du fait d'efforts de formation professionnelle continue et autant que de dépenses en R&D significatives. Cet ensemble comprend, notamment, le Danemark, la Finlande ou la Suède.

≫ Le modèle anglo-saxon

Il est fondé sur une logique « beveridgienne », assistantielle et peu généreuse. Il mobilise une responsabilisation aiguë de l'individu. La faible tolérance à l'impôt et la préférence pour la concurrence fiscale, perçue comme un rempart face à l'État-Léviathan, expliquent une forte capacité des gouvernements à réduire rapidement les dépenses publiques pour relancer la compétitivité du secteur productif. Peu répandu en Europe, il est propre à l'Irlande ou au Royaume-Uni.

≫ Le modèle continental

Il prend la forme d'un modèle essentiellement « bismarckien » assurantiel. Il se traduit par une préférence pour la règle, afin d'éviter la manipulation des politiques publiques par les partis politiques. Il conditionne l'ouverture des droits à une activité préalable, associe un degré important de corporatisme à une forte différenciation des catégories socioprofessionnelles. Les négociations sociales portent sur l'emploi et le niveau des salaires, avec des différences nationales qui restent cependant marquées. On peut rassembler dans cet ensemble l'Allemagne, la France, les Pays-Bas ou la Belgique.

Tableau 4 – Indicateurs sociaux de quelques pays membres de l'Union européenne

	Dépenses de protection sociale en % du PIB		Taux de syndicalisation des employés	Indicateur de protection de l'emploi (3)	Indice de Gini du revenu disponible	Taux de risque de pauvreté (60 % du revenu médian) en % la population totale (5)	
Pays / année	**2007**	**2018**	**2013**	**2013**	**2019**	**2000**	**2019**
Allemagne	27,0	29,6	18,1	2,84	0,297	10	14,8
France	30,4	33,7	7,7	2,82	0,292	16	13,6
Danemark	30,4	31,4	66,8	2,32	0,275	13,3	12,5
Pays-Bas	25,9	28,9	17,8	2,94	0,268	11	13,2
Espagne	20,4	23,5	16,9	2,36	0,330	18	20,7
Grèce	21,3	25,3	21,5	2,41	0,310	20	17,9
Estonie	11,9	16,4	5,7	2,07	0,305	18	21,7

Source : Eurostat (2021).

Le déficit de gouvernance entretient le risque de *dumping*

Pour de nombreux analystes, la construction actuelle de l'Union européenne favorise le *dumping* social. Le renforcement de la compétitivité et de l'attractivité des économies nationales se ferait par l'effritement progressif des régimes sociaux nationaux. Ce scénario serait appuyé par la conjonction de deux facteurs : d'une part l'architecture du *policy-mix* européen, d'autre part le choix d'une gouvernance sociale peu coercitive.

En premier lieu, il faut souligner que les contraintes en matière monétaire et budgétaire ne sont pas sans conséquences sur les régimes nationaux. Sur le modèle du triangle d'incompatibilité de Mundell, Torben Iversen et Anne Wren (« Equality, Employment, and Budgetary Restraint: The Trilemma of the Service Economy », 1998) montrent qu'il existe un « triangle d'impossibilité » dans la poursuite simultanée des trois objectifs suivants : réduction des inégalités, recherche d'un haut niveau d'emploi et discipline budgétaire. Si seulement deux de ces objectifs peuvent être atteints simultanément, les gouvernements sont alors amenés à sacrifier le troisième. Par exemple, un modèle soucieux de limiter les disparités de revenus et de viser le plein-emploi serait conduit à renforcer les dépenses de protection, stimuler activement l'activité au détriment de l'équilibre des finances publiques. Symétriquement, conserver la discipline budgétaire et limiter les inégalités aurait un coût en matière d'emploi. Comme les règles de finances publiques sont inscrites dans les traités successifs, il en résulte que les politiques nationales sont soumises à des « dilemmes » d'une difficulté plus ou moins prononcée. En effet, d'après ces travaux, et sous l'hypothèse d'équilibre budgétaire, le modèle « libéral » (ou « anglo-saxon » dans notre typologie) serait relativement adapté, du fait d'une grande tolérance aux inégalités. À l'inverse, le modèle continental ou le modèle social-démocrate, devraient payer un prix élevé en matière d'emploi, notamment pour les moins qualifiés, s'ils cherchent à limiter les écarts de niveaux de vie.

Figure 1– Le triangle d'incompatibilité de T. Iversen et A. Wren

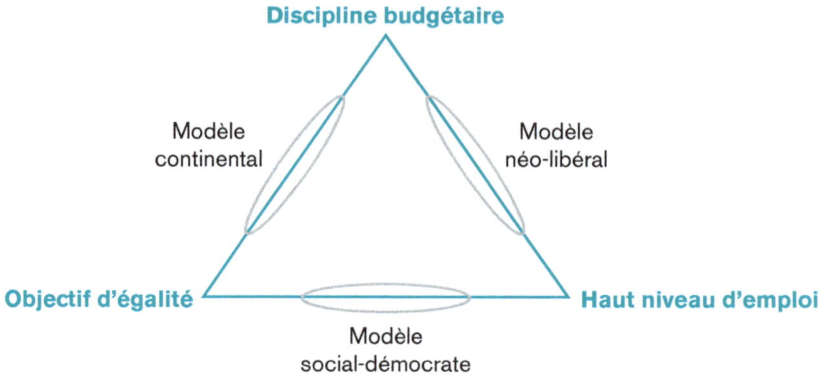

En second lieu, la gouvernance en matière sociale s'est également révélée le « côté faible » du processus décisionnel. Les États sont en effet restés jaloux de leurs prérogatives en ce domaine, tandis que l'hétérogénéité au sein de l'Union européenne, tant en termes de niveaux de dépenses que de « préférences collectives », n'a cessé de croître, depuis l'adhésion du Royaume-Uni jusqu'aux élargissements à l'Est. Il en est résulté une mise en difficulté grandissante de l'« approche fonctionnaliste ». Cette démarche, défendue initialement par Jean Monnet, visait à étendre pas à pas les compétences européennes à de nouveaux champs. Elle bute sur le maintien dans les procédures décisionnelles de la majorité absolue dans de nombreux domaines (*cf. supra*). Face à cette difficulté, l'Union européenne a renforcé au contraire le principe de subsidiarité (les États restant en charge de la mise en œuvre des objectifs au niveau jugé le plus pertinent). On peut souligner toutefois la permanence de divergences en matière de « préférences collectives », les pays d'Europe de l'Est restant globalement très rétifs au renforcement de l'État depuis la fin du bloc communiste. Il faut aussi insister sur le fait que la singularité des modèles sociaux est forte et inscrite dans l'histoire longue (dans la logique de « dépendance au sentier » ou *path dependency*). Ces deux constats sont sans doute corrélés au ralentissement, voire à la paralysie, du processus décisionnel.

Face à ces déséquilibres évidents, certains arguments vont dans le sens d'un rééquilibrage institutionnel des objectifs de l'Union. Il passerait par un renforcement du poids de l'EPSCO (Conseil emploi, politique sociale, santé et consommateurs) qui rassemble notamment les ministres du Travail et des Affaires sociales européens, face à l'ECOFIN, soit le puissant Conseil pour les affaires économiques et financières. Les ministres allemand et français du Travail proposent, en février 2013, la mise en place d'un « Eurogroupe social », se réunissant préalablement aux sommets de l'euro.

2 Le modèle économique et social européen à l'épreuve des crises

Née de l'effondrement de la finance structurée aux États-Unis, la crise des *subprimes* devient rapidement une crise de la zone euro et une crise de l'Union européenne. La croissance des années 2000 a en effet masqué une hétérogénéité croissante des dynamiques nationales ainsi que des divergences de compétitivité difficilement soutenables. La profondeur de la crise sociale et le déficit d'intégration laissent entrevoir le risque d'une concurrence accrue comme unique stratégie de sortie de crise. De nombreux défis restent donc posés au projet social européen.

A. Les modèles sociaux « à l'économie »

La crise économique a des conséquences profondes pour les modèles sociaux. Au-delà de la progression forte du chômage, commune à l'ensemble des pays de l'OCDE, la voie choisie par l'Union européenne pour sauver l'euro porte une responsabilité nette dans le coût élevé, payé par les populations européennes.

Des divergences sociales d'ampleur depuis les années 2000

La mise en place de l'euro coïncide avec une accélération de la croissance dans les pays de la périphérie. On y observe une amélioration continue de l'emploi et une convergence accélérée vers la moyenne de l'Union européenne. Par exemple, entre 2000 et 2007, le revenu par habitant augmente de près de 35 % en Irlande et en Grèce, et de 18 % en Espagne. Il ne progresse, sur la même période, que de 13 % en Allemagne et de 11 % en France.

La forte activité y est soutenue par la progression des dépenses sociales. Leur part dans la richesse nationale augmente globalement, alors qu'elle reste stable dans le reste de la zone euro. En Irlande et en Grèce, la hausse est de 5 points de PIB et elle est de 4 points à Chypre ou au Portugal. Parties d'un niveau plus bas de protection sociale, ces économies sont en phase de convergence vers la moyenne du cœur de l'Europe. La générosité des systèmes n'y est donc que relative. En outre, elle ne se traduit pas par une dérive des comptes publics car, à l'exception du Portugal et de la Grèce, tous ces pays connaissent une phase de désendettement public.

Mais la croissance, l'inflation soutenue et la baisse du chômage contribuent à une hausse des rémunérations plus rapide que les gains de productivité réalisés. La progression des coûts salariaux unitaires est alors nettement plus importante dans le Sud et les PECO que dans le reste de l'Union européenne. Il en résulte une perte de compétitivité à l'exportation qui, combinée à la très bonne dynamique de la demande intérieure, creuse le déficit commercial. Selon les calculs de France Stratégie (2015), le coût salarial unitaire (CSU) augmente dans les pays du sud de 5 points de plus que la hausse du CSU moyen de la zone euro entre 2001 et 2008, quand celui des pays du Nord augmente de 5 points de moins.

Le durcissement du système de protection sociale au service de la compétitivité a été particulièrement marqué en Allemagne. L'Agenda 2010 (adopté par le gouvernement Schröder en 2003) débouche sur des réformes d'ampleur du marché du travail (lois Hartz de 2003-2004) et du système de retraites. Par exemple, la durée d'indemnisation du chômage est réduite de 32 à 12 mois et, au-delà, les sans-emploi basculent dans un dispositif d'assistance, peu généreux. Les emplois atypiques, n'ouvrant que des droits partiels à la santé et à la retraite, sont développés : « mini-jobs », offrant une rémunération inférieure à 450 euros mensuels, et « jobs à 1 euro de l'heure », à vocation de réinsertion et qui sont complétés par une allocation de base (environ 400 000 personnes concernées en 2016). En 2007, le gouvernement Merkel décide également d'augmenter la TVA de 3 points pour abaisser, dans le même temps, les cotisations sociales. L'âge légal de la retraite est reporté progressivement de 65 à 67 ans à l'horizon 2030.

Au total, entre 2000 et 2007, les dépenses de protection sociale passent de 29,7 % à 27,8 % du PIB et les dépenses publiques diminuent globalement de près de 5 points de PIB. Si le chômage est fortement réduit, puisque l'Allemagne renoue progressivement avec le plein-emploi, le coût social est élevé : la part des travailleurs à temps partiel dans l'emploi total passe de 19,4 % en 2000 à près de 27 % en 2017. 45 % des femmes sont concernées par des formes d'emplois atypiques, le plus souvent subis. Le taux de risque de pauvreté progresse de 10 % de la population à un maximum de 16,7 % en 2015, affectant tant les travailleurs que les retraités, dont le niveau de vie est tendanciellement décroissant. Il s'agit là d'un bouleversement assez radical du modèle bismarckien élaboré au cours des décennies antérieures. Le FMI, dans ses conclusions relatives à l'état de l'économie allemande (mars 2017), souligne que la pauvreté importante et persistante, en dépit des bonnes performances du marché du travail, constitue un défi majeur pour les politiques publiques. Par la suite, la baisse massive du chômage combinée à la mise en place d'un salaire minimum, permet une réduction importante du risque de pauvreté.

Le coût social de la crise

La crise en Europe se traduit par une hausse ininterrompue du chômage entre 2008 et 2013, passant de 7 % de la population active à près de 11 %. Les destructions d'emploi sont massives et le chômage augmente dans tous les pays, à l'exception notable de l'Allemagne ou des Pays-Bas par exemple, qui ont recours à des mesures de chômage partiel. La progression est surtout marquée pour les jeunes de moins de 25 ans, dont les niveaux de sous-emploi sont sans précédent dans l'histoire sociale européenne récente.

Après une phase de relative convergence des conditions de vie, les disparités se creusent donc à nouveau. Les divergences de performances d'emploi sont particulièrement marquées au sein de la zone euro : l'écart de taux de chômage entre le Nord et le Sud (plus l'Irlande), qui était de 3,2 points en 1998 et de 0 en 2004, s'élève à 11,3 points en 2013. Le constat est identique en matière de revenu par habitant : les pays du nord de la zone euro restent 30 % plus riches que la moyenne de l'UE-28, les pays de l'Europe de l'Est se maintiennent à 50 % du niveau de vie moyen entre 2000 et 2008, quand les pays du sud de la zone euro (Grèce, Espagne, Italie, Portugal) se situent à 90 % en 2016, mais en retrait de de 10 % par rapport à 2008 (ils étaient alors dans la moyenne du niveau de vie). La Grèce voit même son PIB par habitant chuter de près de 30 %, ce qui équivaut à une annulation totale des gains réalisés depuis son adhésion à la zone euro.

Tableau 5 – Des performances d'emplois très inégales depuis la crise de l'euro

	Croissance de l'emploi total (en %)			Taux de chômage de la population active (en %)				Taux de chômage des moins de 25 ans			
Période	2000-2007	2007-2012	2012-2019	2007	2012	2019	2020	2007	2012	2019	2020
UE- 28	+ 8,0	– 2,3	+ 6,8	7,2	10,6	6,3	7,1	15,7	23,2	14,3	16,8
UEM- 19	+ 9,8	– 2,8	+ 6,3	7,5	11,3	7,5	7,8	15,5	23,5	15,6	17,4
Allemagne	+ 4,0	+ 2,5	+ 7,2	8,7	5,4	3,2	3,8	11,9	8,0	5,6	7,5
France	+ 8,9	0,4	+ 2,4	8,0	9,8	8,5	8,0	19,4	24,4	19,6	19,7
Danemark	+ 2,4	– 7,0	+ 8,3	3,8	7,8	5,0	5,6	7,5	15,8	10,1	11,6
Pays-Bas	+ 3,0	+ 1,5	+ 6,3	4,2	5,8	3,4	3,8	9,4	11,7	6,7	9,1
Espagne	+ 32,7	– 14,5	+ 12,0	8,2	24,8	14,1	15,5	18,1	52,9	32,5	38,3
Grèce	+ 12,0	– 18,8	+ 5,2	8,4	24,5	17,3	16,3	22,7	55,3	35,2	35,0
Estonie	+ 11,7	– 6,5	+ 7,3	4,6	10,0	4,4	6,8	10,1	20,9	11,1	17,9

Source : Eurostat (2021).

Il en résulte que les objectifs sociaux de la Stratégie Europe 2020 (taux d'emploi à 75 %, réduction de la pauvreté d'au moins 20 millions de personnes et accès à un diplôme de l'enseignement supérieur pour 40 % des 30-34 ans) ne sont pas atteints. Les indicateurs de performances sociales dans l'UE-28 se dégradent significativement dans les pays du sud de la zone euro. On y observe même un recul de l'indicateur de développement humain (IDH). Or, ces pays étaient déjà caractérisés par la faiblesse relative de leurs « dépenses d'investissement social » (petite enfance, éducation, formation tout au long de la vie, politiques actives du marché du travail). En moyenne, sur la période 2004-2008, les pays du bloc « méditerranéen » et les « nouveaux membres » consacraient moins de 8 % de leur PIB à ce type de dépenses, contre 10 % dans le bloc « continental », et plus de 15 % dans les pays scandinaves (« Un contrat social pour l'Europe : priorités et pistes d'action », France Stratégie, 2014). Le risque est donc grand que la divergence, loin d'être conjoncturelle, ne témoigne d'écarts structurels qui se maintiendraient par un effet d'hystérèse et qui approfondiraient encore les disparités de productivité à terme.

Enfin, face à la dégradation de leur situation sur le marché du travail, de nombreux jeunes émigrent des pays les plus durement touchés par la crise. Comme ils sont le plus souvent qualifiés, cette perte compromet la croissance potentielle future et donc la capacité de rebond des économies. Phénomène particulièrement marqué en Espagne, en Grèce et en Irlande, cette émigration se fait principalement en direction du Nord. Toutefois, on estime que 50 % des immigrants européens en Allemagne n'y restent pas plus d'un an, faute de reconnaissance de leurs diplômes et du fait de la barrière de la langue. Les flux se dirigent donc aussi en dehors de l'Europe, vers les États-Unis ou l'Amérique latine par exemple, ce qui peut se lire comme une perte nette de capital humain pour l'Union dans son ensemble.

L'ajustement par les dépenses sociales

La Troïka, composée de la Commission européenne, du FMI et de la BCE, préconise, dès le début de la crise de la dette, la mise en place de politiques de « dévaluations internes », c'est-à-dire déflationnistes. Face aux déséquilibres des balances des paiements courants des pays périphériques, il s'agit de rétablir la compétitivité et de ralentir la demande domestique. À court terme, les politiques d'austérité sont supposées rétablir la confiance des marchés financiers et permettre d'obtenir des taux obligataires plus bas. À moyen terme, elles sont censées affermir la compétitivité des producteurs nationaux et restaurer l'équilibre de la balance commerciale.

À l'instar des politiques d'ajustement structurel, engagées par le FMI dans les années 1980, l'essentiel de la consolidation budgétaire s'effectue par une réduction des dépenses publiques et un durcissement des politiques sociales. Qu'elles aient été imposées par la Troïka, lorsque les pays ont fait appel aux mécanismes de soutien européens (Irlande, Portugal, Grèce, Hongrie, par exemple), ou par les gouvernements eux-mêmes (Italie, Espagne, Royaume-Uni, France), les politiques engagées ont présenté de nombreux traits communs :

- baisse des allocations-chômage : en Espagne, en Irlande, en Italie, ou en Lituanie ;
- flexibilisation du marché du travail par la baisse des coûts de licenciement ou la possibilité de déroger aux accords collectifs : au Portugal, en Espagne, au Royaume-Uni, en Italie ou en France ;
- réformes des régimes de retraite : par le report de l'âge légal en Espagne, au Royaume-Uni, en Italie, en Lettonie, en Irlande, ou par le gel des pensions (voire leur diminution) en Grèce ou en Espagne ;
- baisse des salaires *minima* : en Irlande ou en Grèce ;
- diminution du traitement des fonctionnaires : en Roumanie, en République tchèque, en Irlande, en Grèce, en Espagne, ou au Danemark ;
- gel des rémunérations publiques : au Royaume-Uni, en Italie ou en France ;
- hausse de la fiscalité indirecte (TVA) pour compenser une diminution des cotisations sociales : en Espagne, au Portugal, en Irlande, au Royaume-Uni, en Lituanie ou en Irlande ;
- baisse des dépenses de santé par le déremboursement de certains actes et médicaments : en Grèce, en Irlande ou en Italie.

Les dépenses de protection sociale sont donc globalement gelées, voire diminuées, au même titre que les dépenses de fonctionnement de l'État. Ainsi, en dépit de la progression très forte du chômage et de la hausse attendue des dépenses de retraites liée au vieillissement, la part des dépenses sociales stagne (Irlande, Grèce, Portugal, Espagne, France) ou diminue (Royaume-Uni, Pologne ou Lituanie), ce qui témoigne d'un effritement de la générosité des modèles nationaux. La Commission européenne estime que la croissance des dépenses publiques de protection sociale est ainsi inférieure de 5 % à son *trend* pré-crise, entre 2011 et 2014. L'essentiel de l'ajustement budgétaire a donc été porté par la réduction des dépenses publiques (à hauteur de 80 %) et, parmi les dépenses de protection sociale, l'effort a particulièrement pesé sur la santé, les retraites, les allocations-chômage et les politiques familiales. Comme les dépenses d'éducation ont aussi parfois reculé dans les pays d'Europe du Sud, ce sont clairement des investissements en capital humain qui sont affectés.

B. Des chantiers nombreux

Le Socle des droits sociaux constitue désormais le point nodal de l'Europe sociale. La Commission semble vouloir renforcer son action en faveur d'une plus grande harmonisation des droits sociaux. Il apparaît clairement que ces objectifs sont articulés à la stratégie de croissance durable et inclusive. Il n'empêche que de nombreux chantiers demeurent.

La question de la mobilité de la main-d'œuvre

La mobilité des travailleurs, au sein de l'espace européen, est inscrite à l'agenda du marché commun depuis sa création en 1957. Les premières directives en matière sociale ont rapidement cherché à favoriser la possibilité, pour les salariés, de franchir les frontières (*cf. supra*). Cette mobilité du travail est même une des conditions d'optimalité d'une union monétaire, selon R. Mundell. La proportion de travailleurs migrants est pourtant restée faible puisqu'elle n'a concerné que 2 % des salariés de l'Union jusqu'en 2000. Cette part s'est légèrement accrue, pour atteindre 3 % après 2015, notamment du fait des écarts de niveau de vie entre les nouveaux États membres et l'UE-15. Elle s'est sans doute encore accélérée à cause de la disparité des taux de chômage, surtout des jeunes, après la crise. Les flux peuvent cependant être très significatifs dans certains pays. Ainsi, plus de 5 % des Lettons en âge d'être actifs, des Lituaniens, des Bulgares ou des Portugais et même 9 % des Roumains, travaillent dans un autre pays européen. Ce chiffre est, à l'opposé, inférieur à 0,5 % pour les Allemands, les Français ou les Danois, par exemple.

Toutefois, la mobilité intra-européenne, mesurée par la part des immigrés récents, c'est-à-dire des citoyens qui travaillaient et résidaient dans un autre État l'année précédente, reste 10 fois moindre que ce qu'elle est aux États-Unis. Les raisons de cette faiblesse sont relativement connues. Il s'agit, d'abord, de la « barrière de la langue », même si 3 millions de jeunes ont bénéficié du programme d'échanges Erasmus depuis sa création en 1987 (Erasmus pour les étudiants en université, Leonardo pour les stages en entreprise européenne, ou Erasmus + à destination des apprentis). Il s'agit ensuite d'un déficit de reconnaissance mutuelle des diplômes, que ce soit pour les techniciens qualifiés ou les secteurs réglementés (obligation de repasser des examens dans de nombreuses professions, médicales notamment). Il s'agit enfin des difficultés inhérentes à toute forme de migration (recherche d'un emploi, d'un logement, complexité des régimes socio-fiscaux, etc.).

Renforcer la mobilité intra-européenne pourrait donc s'inscrire dans le projet européen. Elle pourrait même répondre, pour une part, au défi de l'hétérogénéité croissante. La Commission européenne s'est fixée de favoriser la « portabilité des droits ». Il s'agit là d'une réalité multiforme. Elle concerne les problématiques d'un égal accès aux droits sociaux (prestations et allocations à destination des citoyens nationaux, accès à la formation, etc.), d'un traitement équivalent en matière de santé, ou d'une meilleure prise en compte des cotisations vieillesse (les retraites pouvant ne pas être prises dans le pays d'activité). En dépit d'avancées notables, il existe encore de nombreuses disparités de traitement entre les nationaux et les salariés en provenance d'autres pays européens. Par exemple, la portabilité des allocations-chômage, garantie au sein du marché unique, reste très réduite : un salarié européen ayant immigré, touché par le chômage dans un autre pays que son pays d'origine, mais ayant cotisé antérieurement, ne peut prétendre qu'à trois mois d'allocations (pouvant être prolongés jusqu'à six mois à discrétion des États membres). Au-delà de cette période harmonisée, les droits dépendent des critères d'éligibilité légalement en vigueur dans le pays d'accueil.

À plus long terme, la Commission envisage une « européanisation » des assurances sociales pour les risques chômage et vieillesse. Mais cette évolution nécessiterait une coopération très forte, tant les modèles sont empreints de spécificités héritées de l'histoire. Si les mobilités ont vocation à devenir permanentes (des salariés grecs s'installant définitivement en Allemagne par exemple), il pourrait paraître légitime d'envisager un dédommagement pour le coût de formation engagé par le pays de départ, soit par des investissements ayant vocation à compenser les écarts de productivité, soit par une mutualisation partielle des budgets d'éducation et de formation.

La mobilité intra-européenne est aussi devenue un enjeu politique conflictuel à travers la question des « travailleurs détachés ». À l'origine, ce statut est défini par une directive de 1996, quand l'Union européenne ne comptait que 15 membres, aux disparités de moins grande ampleur qu'aujourd'hui. Il s'agissait de simplifier la possibilité pour une entreprise, de recruter un salarié en provenance d'un autre pays européen. Elle s'inscrivait dans la continuité de la problématique des travailleurs frontaliers. Toutefois, les élargissements ultérieurs ont considérablement ouvert l'éventail des salaires mais aussi des cotisations sociales afférentes, créant donc des écarts de coût de la main-d'œuvre jusque-là inédits. En 1996 les écarts de salaire allaient de 1 à 3 entre les pays membres et de 1 à 7 en 2016, du fait des élargissements successifs.

Certes, le travailleur détaché ne peut être normalement rémunéré en dessous du salaire minimum national. Deux problèmes se posent d'emblée : d'abord, le salaire minimum peut être appliqué quel que soit le niveau de qualifications (un ingénieur roumain détaché en France pouvant donc être payé au taux horaire du SMIC) ; ensuite, certains pays n'ont pas de salaire plancher. Les cotisations sociales sont, elles, calculées selon le droit en vigueur dans le pays d'origine et versées à ce dernier. L'écart de coût peut ainsi atteindre 30 % sur le marché du travail en France entre un salarié français et un salarié détaché de Bulgarie ou de Roumanie. Par ailleurs, les contrôles effectués par les inspections du travail nationales indiquent une plus forte probabilité de non-respect des règles par les entreprises : heures supplémentaires non payées, retenues sur salaires pour « frais de mission » (dont logement, transports, etc.). Au total, en 2017, le nombre de travailleurs détachés s'élève à près de 2,8 millions, mais la progression a été très sensible au cours de la dernière décennie. La Commission européenne reconnaît par ailleurs ne pas pouvoir évaluer exactement le phénomène, tant est forte la complexité juridique des contrats de travail élaborés par les employeurs directs ou indirects (agences d'intérim installées sur différents territoires). La Pologne est le premier pourvoyeur de main-d'œuvre détachée au sein de l'Union européenne.

Il en résulte une montée très nette des tensions dans les opinions publiques, voire entre entreprises, qui perçoivent ce phénomène comme une « concurrence déloyale », voire une forme de « délocalisation à domicile ». Ces crispations nourrissent, surtout en Europe de l'Ouest, un rejet de l'Union européenne, comme l'ont montré par exemple les sondages consécutifs au Brexit. La Commission européenne a elle-même relevé des abus manifestes, dans au moins trois secteurs : le transport, la construction et l'agroalimentaire.

Une première réforme est engagée en 2016. Elle prévoit notamment une convergence des conditions des travailleurs détachés avec les conditions en vigueur localement. La Commission envisage un renforcement des contrôles, peut-être à travers la mise en place d'une inspection du travail européenne. Elle plaide, au minimum, pour un renforcement de la coopération des administrations nationales entre pays d'origine et d'accueil, afin de vérifier plus rapidement la conformité des détachements aux règles communes (les agences de placement pouvant recourir à des montages particulièrement astucieux en déclarant bénéfices, salariés et activités dans des pays différents afin de profiter des disparités des systèmes sociaux-fiscaux). En 2018, une nouvelle directive est adoptée pour application à partir de 2020. Elle pose le principe « à travail égal, salaire égal sur le même lieu » et limite la durée de détachement à 12 mois. Elle prévoit une dérogation pour le transport routier tant qu'un accord spécifique n'est pas élaboré.

Le débat autour d'une assurance-chômage européenne

Au sein de l'Union européenne, les régimes d'assurance chômage sont d'une grande diversité sur trois dimensions essentielles : durée d'indemnisation, taux de remplacement et critères d'éligibilité. Si la comparaison n'est pas aisée, il est cependant possible de faire ressortir quelques traits caractéristiques :

- critère de la durée d'indemnisation : en 2015, au sein de zone euro, 5 pays ont une durée d'indemnisation inférieure à un an (Malte, Slovaquie, Italie, Autriche et Slovénie) et 6 ont une durée supérieure à deux ans (Pays-Bas, Finlande, Espagne, France, Portugal, Belgique), les autres ayant une durée intermédiaire ;
- critère du taux de remplacement : la générosité est ici aussi variable, puisque le montant des indemnités, rapporté au salaire net passé, est compris entre moins de 55 % (Italie, Autriche, Irlande par exemple) et plus de 70 % (France, Grèce, Luxembourg, Portugal par exemple). La plupart du temps, il existe un plafond maximal mais qui, une fois encore, peut être très différent : près de 7 000 euros en France, contre moins de 950 euros en Espagne ;
- critère d'éligibilité : il s'agit de la période minimale pendant laquelle les salariés doivent cotiser pour acquérir des droits. Cet élément est essentiel pour mesurer le taux de couverture, c'est-à-dire la part des sans-emploi effectivement pris en charge par les régimes d'assurance chômage. La durée nécessaire est donc rapportée à une « période de référence ». Par exemple, en 2012, il fallait cotiser en France au moins 4 mois au cours des 28 derniers mois, pour prétendre percevoir une indemnité, contre 12 mois au cours des 24 derniers mois en Allemagne, ou 6 mois au cours des 8 derniers mois aux Pays-Bas. Dans le cas de la France, la réforme de 2021, articulée aux réformes demandées par Bruxelles, combine un nouveau calcul des droits (sur la base du revenu mensuel du travail et non plus du nombre de jours travaillés) et la dégressivité au bout de 8 mois.

La cohérence des systèmes doit donc s'appréhender à partir de plusieurs paramètres et renvoie pour une large part aux histoires nationales.

Les régimes d'assurance-chômage ont été sévèrement mis à l'épreuve au cours de la crise de 2008 puis de la dette souveraine. Il est clairement apparu que la nécessaire prise en charge des chômeurs pouvait entrer en contradiction avec les politiques de consolidation budgétaire. Dès lors, les efforts de maîtrise des dépenses pouvaient, au contraire, approfondir la récession ou la stagnation par le jeu du multiplicateur.

Plusieurs études plaident pour une mutualisation partielle de l'assurance-chômage au niveau européen (par exemple, Allard *et al.*, « Toward a Fiscal Union for the Euro Area », 2013).

Les objectifs poursuivis sont de plusieurs ordres et s'inscrivent dans une réflexion plus large sur la capacité budgétaire nécessaire au fonctionnement de la monnaie unique. D'abord, cette assurance-chômage pourrait répondre à la fonction d'allocation, en participant au maintien ou à l'accroissement du capital humain. Ensuite, elle répondrait à l'objectif de redistribution, en créant, de fait, une solidarité entre les salariés européens. Enfin, elle relèverait, plus nettement encore, de la fonction de stabilisation face aux chocs conjoncturels. On peut souligner que cette intégration au moins partielle du risque chômage au niveau communautaire (au moins de la zone euro) aurait par ailleurs un impact symbolique fort. Elle pourrait contribuer à renverser l'opinion plutôt négative des citoyens européens à l'égard des politiques sociales de l'UEM (T. Lellouche et A. Sode, « Une assurance chômage pour la zone euro », juin 2014).

Il serait possible d'envisager au moins trois modalités différentes :

- une assurance complémentaire à l'assurance nationale, avec un régime de base commun et la liberté pour les États de le compléter au niveau national ;
- un régime d'assurance séquentielle dans lequel l'assurance européenne serait mobilisée contre le chômage de courte durée, le chômage de longue durée restant du ressort des États ;
- une forme de réassurance au niveau européen, les fonds n'étant activés qu'en cas de progression « anormale » du chômage dans un pays donné.

L'argument principal est celui de la stabilisation. Il s'agirait de limiter l'ampleur des cycles récessifs, en organisant des transferts temporaires entre pays en récession et pays à faible taux de chômage.

Toutefois, d'importantes limites peuvent être pointées. En premier lieu, il faudrait éviter le risque d'aléa moral, c'est-à-dire le risque qu'un État ne profite de cette aide extérieure pour reporter dans le temps des réformes douloureuses et peu populaires. Cela plaiderait pour une indemnisation de courte durée et obligerait à moduler les transferts en fonction du niveau de chômage structurel, mesuré sur une plus longue période. En second lieu, comme le remarque X. Timbeau, de l'OFCE, si l'on cherche à écarter l'hypothèse de transferts structurels ou permanents (ce que les pays parvenus au plein-emploi pourraient rejeter), il faudrait viser une neutralité du solde contributions – transferts sur le cycle. Mais on perdrait alors, selon lui, « l'intérêt systémique » que représente ce projet. Seul le détail des mesures pourrait dessiner l'ampleur des transferts souhaitables et acceptables.

Pour les plus optimistes (A. Bénassy-Quéré et A. Keogh, « Une assurance-chômage européenne ? », juin 2015), la mise en place d'un tel dispositif pourrait réconcilier trois objectifs de l'Union européenne : le marché unique, en favorisant la circulation des travailleurs, la convergence des systèmes économiques et notamment des marchés du travail, et, enfin, la solidarité entre États membres (article 3 du traité de Lisbonne : « Elle [l'Union européenne] promeut la cohésion économique, sociale et territoriale, et la solidarité entre les États membres »).

Face à la crise de COVID-19 est lancé en 2020 le programme SURE (Support to Mitigate Unemployment Risks in an Emergency) pour aider au financement des dépenses engagées par les États contre le chômage induit par la pandémie. Il s'agit d'un programme de prêts à faible taux et à hauteur de 100 Mds d'euros. La Commission est autorisée par les États membres à émettre des « obligations sociales » sur les marchés financiers. Il s'agit de la première mise en œuvre d'une réassurance-chômage à l'échelle européenne ayant vocation à faciliter l'absorption des chocs économiques.

Une politique coordonnée des salaires

La formation des salaires peut apparaître fondamentale dans la détermination de la compétitivité. Cette question est même essentielle dans une union monétaire, dès lors que disparaît la possibilité de dévaluer la monnaie. Pour Mundell, la flexibilité des prix et donc des salaires constitue en effet la première condition d'optimalité d'une zone monétaire. En régime de taux de change nominaux fixes, une augmentation des salaires, non compensée par une augmentation de la productivité, se traduit par une dégradation de la compétitivité-coût, potentiellement équivalente à une appréciation du taux de change réel. La capacité des acteurs à prendre en compte les effets des négociations salariales sur la compétitivité des entreprises (ou sur l'emploi), dépend ici, assez largement, des modes de négociations salariales en vigueur.

À la suite des travaux de Calmfors et Driffil (« Bargaining Structure, Corporatism and Macroeconomic Performance », 1988), il est généralement admis que le degré de centralisation des négociations salariales est relié aux performances en matière de chômage et d'emploi. Ainsi, une courbe en « cloche » semble relier le taux de chômage et le niveau de négociations des salaires : des négociations décentralisées (au niveau des entreprises) et des négociations centralisées (associant les syndicats et l'État au niveau national) seraient plus efficaces que des négociations au niveau intermédiaire (par branche). Or, l'histoire sociale européenne est ici décisive : les négociations décentralisées dominent dans le modèle anglo-saxon (Royaume-Uni, Irlande), tandis que les négociations centralisées restent prééminentes dans le modèle nordique (Danemark, Suède, Finlande) mais aussi dans quelques pays du modèle continental (Pays-Bas avec les accords de Wassenaar de 1982). À l'opposé, les négociations par branche restent davantage la règle dans le modèle méditerranéen ou en France.

La Commission européenne plaide ouvertement pour une décentralisation accrue des négociations salariales. Celle-ci est supposée permettre un meilleur alignement des rémunérations sur les gains de productivité et donc une maîtrise accrue des coûts salariaux unitaires. Le pacte « Euro-plus » décline concrètement des axes de politiques économiques favorables à la compétitivité, comme la désindexation des salaires par rapport aux prix, leur négociation au niveau des entreprises et la promotion des accords d'entreprises reposant sur le *deal* gel de salaires contre maintien de l'emploi. Les modes de négociations salariales qui prévalent en Allemagne, menées au niveau des branches et avec la possibilité d'y déroger pour les entreprises, semblent inspirer la philosophie globale de l'accord. Très clairement, il s'agit aussi d'un élargissement des pouvoirs de la Commission, par le biais de la surveillance, dans un champ, celui des salaires, qui jusque-là ne relevait pas de son périmètre.

Cette évolution reste pourtant problématique. L'indexation stricte des rémunérations sur les prix condamne ainsi les salariés à une stagnation de leur pouvoir d'achat réel. Si, par ailleurs, l'inflation reste inférieure aux gains de productivité, le mécanisme conduit à une déformation continue de la valeur ajoutée, au détriment de la part des salaires, sans résoudre les écarts de compétitivité entre les économies européennes.

Se rajoute à cette question la très forte dispersion des salaires minima en Europe qui, en 2021, vont, en montants bruts, de 332 euros en Bulgarie, 442 euros en Hongrie à 1 554 euros en France ou 2 201 euros au Luxembourg. En termes de pouvoir d'achat, l'écart est de 1 à 3. Ce niveau nominal doit bien entendu être corrigé par la prise en compte du niveau de productivité, de même que par le degré d'extension des négociations par branche. Il n'en reste pas moins que l'absence de salaires minima dans certains pays à haute productivité, comme en Allemagne, en Italie ou au Danemark, couplée à l'intégration des PECO caractérisés par des niveaux très bas, a posé la question de la concurrence par les rémunérations. Certes, depuis le 1er janvier 2015, l'Allemagne s'est dotée d'un salaire minimum (1 614 euros en 2021), mais il subsiste de nombreuses dérogations sectorielles qui en limitent significativement le rôle de prix-plancher. Il apparaît même rétrospectivement que la compression des salaires permise par une décentralisation accrue au cours de la décennie explique en grande partie la chute du chômage en Allemagne, plus encore que les réformes Hartz (J. Beuve et B. Françon, « Les lois Hartz : dix après, quels enseignements ? », 2015).

La question des salaires s'inscrit également dans la gestion de la crise économique. La restauration des balances courantes des pays du Sud a en effet reposé pour l'essentiel sur la compression de la demande intérieure et des actions sur les rémunérations. Or, le tassement des salaires, voire leur réduction, entretient potentiellement le déficit de demande adressée aux entreprises (comme en témoignerait le risque déflationniste persistant du fait d'un *output gap* négatif). La Commission semble donc négliger, ou sous-estimer, assez nettement les effets multiplicateurs négatifs. Les politiques de dévaluation interne exigées des économies en déficit expliqueraient une large partie des difficultés de la zone euro à sortir de la crise ou, du moins, sa croissance faible.

Pour certains économistes plutôt keynésiens (Blot et *al.*, « Des défis à venir pour l'Union européenne », 2019), il faut noter que la dynamique des salaires notamment dans la zone euro présente des caractéristiques défavorables à l'activité. Ainsi avant la crise de 2009, il faut constater une divergence des trajectoires de salaires nominaux, creusant les écarts de compétitivité (*cf. supra*) surtout lorsque ceux-ci n'évoluent pas en ligne avec les gains de productivité réelle. Mais globalement, dans la zone euro, les salaires ont en moyenne progressé moins vite que l'inflation – et même que la cible d'inflation de la BCE – de telle sorte que la part des salaires dans le PIB s'est réduite (surtout après les ajustements unilatéraux exigés des pays de la périphérie). Il en résulte une faible inflation auto-entretenue et une demande anémique. Le modèle de croissance sous-jacent repose donc sur les excédents courants qui sont devenus systématiques à l'échelle de la zone euro dans son ensemble. Il faudrait, pour les auteurs, intégrer des objectifs de politique salariale dans la procédure concernant les déséquilibres macroéconomiques afin de soutenir les performances globales de l'Union européenne. Les pistes qui pourraient être poursuivies vont d'une coordination des politiques salariales nationales à long terme, à une généralisation des salaires minimaux en passant par une limitation de la concurrence déloyale aujourd'hui active *via* les travailleurs détachés. Au-delà du soutien à la demande, une plus forte coordination des politiques salariales pourrait être justifiée par l'objectif de convergence ou, du moins, la réduction de l'hétérogénéité au sein de l'Union européenne.

La commission von der Leyen lance « une consultation sur les salaires minimums équitables dans l'Union européenne » en janvier 2020. Il ne s'agit pas d'une proposition de salaire minimum européen, projet qui fait l'objet d'une opposition du Danemark et la Suède notamment mais, dans le cadre du socle des droits sociaux européens de renforcer les négociations collectives et de déterminer un cadre commun pour les critères objectifs à intégrer dans les conventions comme le logement ou l'inflation (octobre 2020).

1951 Traité de Paris instituant la Communauté européenne du charbon et de l'acier (CECA) entre la Belgique, la France, la RFA, l'Italie et le Luxembourg (18 avril).

1957 Traités de Rome instituant la Communauté économique européenne (CEE) et la Communauté européenne de l'énergie atomique (CEEA) entre la Belgique, la France, la RFA, l'Italie et le Luxembourg et les Pays-Bas (25 mars).

1962 Naissance de la Politique agricole commune (PAC) et création du Fonds européen d'orientation et de garanties agricoles (FEOGA).

1968 Instauration de l'union douanière (1er juillet).

1973 Adhésion du Royaume-Uni, de l'Irlande et du Danemark à la CEE (1er janvier).
Mise en œuvre du Fonds de coopération monétaire (FECOM) (3 avril).

1979 Création du système monétaire européen (SME) (13 mars).

1981 Adhésion de la Grèce à la Communauté (1er janvier).

1986 Adhésion du Portugal et de l'Espagne à la Communauté (1er janvier).
Signature à la Haye de l'Acte unique européen (28 février).

1989 Rapport Delors sur la mise en œuvre d'une union monétaire.

1990 Libéralisation totale des marchés de capitaux.
Réunification de l'Allemagne (3 octobre).

1992 Signature du traité de Maastricht (7 février), la Communauté européenne devient l'UE.

1995 Adhésion de la Finlande, de l'Autriche et de la Suède à l'UE.

1997 Signature du traité d'Amsterdam et adoption du Pacte de stabilité et de croissance.

1998 La Banque centrale européenne (BCE) se substitue à l'Institut monétaire européen (IME).

1999 Adoption officielle de l'euro par onze pays (1er janvier).

2000 Adoption de la Charte des droits fondamentaux de l'UE.

2001 Qualification de la Grèce à la monnaie unique.
Signature du traité de Nice.

2002 Mise en circulation des billets et pièces libellés en euro.

2004 Dix nouveaux pays rejoignent l'UE : l'Estonie, la Hongrie, Chypre, Malte, la Lituanie, la Lettonie, la Pologne, la République tchèque, la Slovaquie et la Slovénie (1er mai).

2007 Entrée de la Bulgarie et de la Roumanie dans l'UE.
Signature du traité de Lisbonne.

2010 Premier pic de la crise grecque.
Adoption du Fonds européen de stabilité financière (FESF) (10 mai).

2011 Accord sur le pacte « euro-plus » (25 mars).

2012 Mise en place du Mécanisme Européen de Stabilité.
Discours de M. Draghi à Londres « whatever it takes » (26 juillet).

2013 Entrée en vigueur du traité sur stabilité, la coordination et la gouvernance (TSCG) (1er janvier).
Adhésion de la Croatie à l'UE (1er juillet).

2014 La Lettonie rejoint la zone euro (1er janvier).
La Commission Juncker entre en fonction (1er novembre).
Mise en place du Mécanisme de Surveillance Unique (MSU), premier pilier de l'Union bancaire (4 novembre).

2015 La Lituanie rejoint la zone euro (1er janvier).
Instauration d'un salaire minimum en Allemagne (1er janvier).
Premier plan de rachat massif de dettes privées et publiques par la BCE (22 janvier).
Entrée en vigueur du Fonds européen pour les investissements stratégiques (septembre).

2016 Le taux de refinancement de la BCE tombe à 0,0 % (10 mars).
Référendum sur la sortie de la Grande-Bretagne de l'UE (23 juin) et victoire du « leave » à 52 %.

2017 Retour de la Grèce sur les marchés financiers (juillet).

2019 Christine Lagarde succède à Mario Draghi à la tête de la BCE (31 octobre).
Prise de fonction de la Commission von der Leyen (1er décembre).

2020 Adoption par le Parlement européen du Pacte vert (15 janvier).
Accord sur le Plan de relance ou Next Generation Europe (21 juillet).
Sortie du Royaume-Uni du marché unique (31 décembre).

- **Aglietta (M.)**, *Europe : Sortir de la crise et inventer l'avenir*, Michalon, 2014.
- **Artus (P.), Virard (M.-P.)**, *Euro, par ici la sortie*, Fayard, 2017.
- **Barthe (M.-A.)**, *Économie de l'Union européenne*, Economica, 2017.
- **Bénassy-Quere (A.), Coeuré (B.)**, *Économie de l'euro*, La Documentation française, Repères n°336, 2014.
- **Créspy (A.)**, *L'Europe sociale : Acteurs, politiques, débats*, Université de Bruxelles, 2019.
- **Delaume (C.), Cayla (D.)**, *La fin de l'Europe*, Michalon, 2017.
- **Dévoluy (M.)** *et alii*, *Les Politiques économiques européennes*, Points, coll. « Poche », 2015.
- **Figliuzzi (A.)**, *100 fiches pour comprendre l'Union européenne*, Bréal, 2020.
- **Galbraith (J. K.)**, *Crise grecque, tragédie européenne*, Seuil, 2016.
- **Jamet (J.-F.)**, *L'Europe peut-elle se passer d'un gouvernement économique ?*, La Documentation française, coll. « Réflexe Europe », 2012.
- **Huberdeau (P.)**, *La construction européenne est-elle irréversible ?*, La Documentation française, coll. « Réflexe Europe », 2017.
- **Le Héron (E.)**, *À quoi sert la Banque centrale européenne ?*, La Documentation française, coll. « Réflexe Europe », 2016.
- **OFCE**, *L'Économie européenne 2020*, La Découverte, coll. « Repères », 2020.
- **Pascal (J.)** *et alii*, *Rapport Schuman sur l'Europe, l'état de l'Union 2020*, éditions Marie B, coll. « Lignes de repères », 2020.
- **Pisani-Ferry (J.)**, *Le réveil des démons. La crise de l'euro et comment vous en sortir*, Fayard, 2013.
- **Stiglitz (J)**, *L'Euro: comment une monnaie commune menace l'avenir de l'Europe*. Les Liens qui libèrent, 2016.

Sites à consulter

- Banque centrale européenne : http://www.ecb.int/home/html/index.en.html
- Commission européenne : http://ec.europa.eu/index_fr.htm
- Eurostat : http://epp.eurostat.ec.europa.eu/portal/page/portal/eurostat/home/
- Observatoire français de conjoncture économique (OFCE) : http://www.ofce.sciences-po.fr/
- Observatoire des politiques économiques en Europe (OPEE) : http://www.opee.unistra.fr/
- Fondation Robert Schuman : http://www.robert-schuman.eu/fr/
- Centre Bruegel : http://www.bruegel.org/

Module 4

Déséquilibres, régulation et action publique

Chapitre 1

Équilibres et déséquilibres macroéconomiques

1

L'inflation et le chômage

Les mouvements de prix et le chômage font partie des grands déséquilibres macroéconomiques. Rares sont les générations qui, au cours des deux derniers siècles, n'ont connu ni l'un ni l'autre. En France, les années 1860, la Belle Époque entre 1896 et 1914, les années 1960, sont de ces rares périodes qui associent des prix assez stables et une prospérité permettant la proximité du plein-emploi. Si les mouvements de prix et le chômage sont des déséquilibres pouvant être analysés séparément, certains mécanismes économiques expliquent pourquoi, parfois, ils peuvent coexister ou au contraire s'exclure.

1 Inflation et déflation

La mesure de l'évolution des prix des produits est un exercice complexe dont la méthodologie, bien que rigoureuse, comporte un certain nombre de fragilités inévitables. Elle implique cependant des enjeux bien connus des populations, dans la mesure où l'évolution du pouvoir d'achat dépend directement de l'inflation. Il existe plusieurs causes majeures conduisant à l'évolution des prix des produits et celle-ci n'est pas sans conséquences sur l'activité économique, l'emploi et la répartition des richesses au sein des sociétés.

A. Terminologie et repères historiques

L'inflation est un mouvement de hausse du niveau général des prix dans une économie, mouvement cumulatif ou auto-entretenu sur plusieurs années.

Des définitions et des mesures délicates

≫ L'inflation

Une hausse ponctuelle du niveau général des prix, par exemple suite à une hausse du taux de TVA dans un pays, ne peut être considérée comme un signe d'inflation. La hausse des prix de certains produits seulement ne peut être considérée comme un signe d'inflation. L'auto-entretien de la hausse des prix implique en particulier la mise en place dans les économies de mécanismes de « second tour » qui désignent des hausses de revenus consécutives aux premières hausses de prix. Il convient, pour mesurer l'inflation, d'observer les évolutions d'indices de prix reflétant l'évolution moyenne des prix d'un ensemble de produits.

La détermination de l'indice pertinent pour mesurer l'inflation est cependant sujette à controverses. Il s'agit tout d'abord de déterminer les prix à prendre en compte. L'indice des prix à la consommation (IPC) est celui généralement retenu comme indicateur de l'inflation. En France, sa première version date de 1914. Utile pour déterminer les évolutions du pouvoir d'achat des consommateurs, pour la revalorisation de certaines prestations sociales ou du salaire minimum, l'IPC n'est pas pertinent cependant pour le calcul de la croissance économique en volume. Dans ce cas, c'est l'indice des prix à la production, c'est-à-dire le déflateur du PIB, qui est nécessaire. Une bonne mesure de l'inflation est indispensable pour déterminer l'évolution de la production de richesses dans une économie. En effet, étant une grandeur monétaire, le PIB est mesuré en valeur mais seule la croissance économique en volume fournit une indication sur l'orientation de l'activité économique réelle. Une surestimation de l'inflation conduit de ce fait à sous-estimer la hausse de la production de biens et de services dans l'économie, tandis qu'une sous-estimation de l'inflation amène à surestimer la croissance réelle du PIB. Cependant, ni l'indice des prix à la consommation ni le déflateur du PIB ne tiennent compte de l'évolution des prix des actifs, qu'il s'agisse notamment des titres financiers ou des biens immobiliers. Une appréciation correcte de l'évolution des prix dans une économie invite donc à considérer aussi ce qui se passe sur les marchés d'actifs car des modifications importantes des prix sur ces marchés peuvent avoir des conséquences majeures sur l'économie réelle, notamment par l'effet de richesse : selon que les ménages se sentent plus riches ou plus pauvres, en raison des modifications de la valeur de leur patrimoine, ils peuvent augmenter ou diminuer leurs dépenses. S'il peut ainsi être pertinent d'élargir la focale pour prendre en compte tous les prix dans une économie, il peut être utile aussi de la réduire pour mettre en évidence le cœur de la dynamique des prix. Certains produits voient en effet leurs prix fluctuer selon les périodes de l'année ou en raison de décisions publiques quant à leur niveau ou aux taxes qu'ils supportent. Pour éliminer l'influence de ces prix plus volatils ou dépendants de décisions politiques (produits frais, tabac, produits pétroliers, etc.), il est possible de calculer l'inflation sous-jacente qui indique la tendance de fond du mouvement des prix.

Le calcul des évolutions de l'indice des prix retenu est lui-même sujet à difficultés. En effet, il s'agit d'un indice type Laspeyres qui reflète l'évolution moyenne des prix des différents produits, pondérée par leur poids dans le panier de consommation moyen de la population. Il convient donc de déterminer le panier de consommation moyen en observant dans le détail les produits consommés par les ménages à travers les différents circuits de commercialisation. En France, ce sont plus de 200 000 produits qui sont suivis à l'aide de relevés mensuels réalisés sur plusieurs milliers de points de vente, dispersés sur le territoire ainsi que sur internet. Il est aussi nécessaire d'actualiser la composition du panier chaque année pour tenir compte de l'évolution des comportements de consommation, de l'apparition de nouveaux produits et de nouveaux points de vente. Cependant, l'indice des prix moyen ne tient pas compte d'une modification en cours de période de la composition du panier des ménages. En effet, ceux-ci ont tendance à remplacer au cours du temps les produits dont les prix augmentent le plus par des produits similaires dont les prix progressent moins. Ces comportements de substitution affectent la précision de la mesure de l'inflation car la pondération du panier retenue pour le calcul de l'indice est celle de la date de base. Cela conduit à une certaine surestimation de l'inflation, comme l'a rappelé aux États-Unis le rapport de la commission sénatoriale Boskin en 1996. De plus, la qualité des produits est très fréquemment modifiée, or l'inflation est par définition mesurée à qualité inchangée des produits. Dès lors, si la qualité d'un produit progresse plus rapidement que son prix de vente, statistiquement son prix en réalité diminue. Mais il est difficile de suivre avec précision et objectivité la qualité des produits, pour lesquels par exemple de nouvelles fonctionnalités peuvent apparaître, mais qui peuvent aussi avoir une durée de vie plus courte. La mesure de l'inflation apparaît comme un exercice bien délicat lorsqu'il s'agit de prendre en compte cet « effet qualité », comme le souligne par exemple ici aussi le rapport Boskin.

Enfin, l'inflation mesurée par l'indice moyen peut se trouver en décalage avec l'inflation perçue par les consommateurs. Ce décalage existe par exemple depuis 2002 en France mais a été observé aussi au début des années 1990. Sur la période récente, l'inflation ressentie est supérieure à celle mesurée. À titre individuel, il est normal que l'inflation perçue ne soit pas celle de la statistique officielle puisque cette dernière repose sur un panier de consommation moyen qui, par définition, ne correspond à la consommation réelle d'aucun ménage : il y a autant de paniers de consommation que de ménages. Toutefois, à l'échelle collective, plusieurs explications permettent de comprendre un décalage ces dernières décennies *a priori* surprenant entre l'inflation mesurée et l'inflation ressentie. Tout d'abord, le passage à l'euro a brouillé certains repères et favorisé l'amorce du décrochage sur la période récente, quand bien même il n'a pas eu d'effet inflationniste marqué en réalité. Certains produits, notamment de consommation courante, ont en effet vu leurs prix arrondis vers le haut suite à la conversion en euros, mais cet effet inflationniste est resté limité à 0,2 point d'inflation. De plus, il apparaît que les consommateurs surestiment psychologiquement la hausse des prix des produits achetés fréquemment (H. Brachinger, « A new index of perceived inflation : assumptions, method, and application to Germany », 2008) par rapport à leur poids réel dans le panier de consommation moyen. Or, un certain nombre de produits frais ont vu leur prix s'accroître effectivement en 2003 et 2004, en particulier en raison de problèmes météorologiques. On constate aussi que les ménages surestiment le poids des loyers dans le panier moyen de consommation, dans un contexte où depuis plusieurs décennies leur montant augmente plus vite que l'inflation globale. Enfin, le décalage peut aussi provenir d'une sous-estimation par les consommateurs de l'effet qualité, notamment sur les produits technologiques dont les fonctionnalités progressent plus rapidement que les prix. Cela n'exclut pas que les statisticiens sous-estiment par ailleurs la perte de qualité d'autres types de produits.

≫ La déflation

La déflation est la tendance à la baisse du niveau général des prix dans une économie. Elle ne doit pas être confondue avec la désinflation, qui signifie la diminution du rythme de la hausse des prix. Les problèmes de mesure de la déflation sont aussi importants et similaires dans leur nature à ceux évoqués concernant la mesure de l'inflation. Jusque pendant l'entre-deux-guerres, faute d'appareil statistique suffisamment étoffé, on considère en effet que les mouvements de prix reflètent les mouvements de l'activité productive, à l'image du travail de Kondratiev sur les cycles économiques. Dès lors, la déflation est vue comme un signe de ralentissement voire de baisse de l'activité productive. Pourtant, le recul nous montre que déflation et difficultés économiques ne sont pas intimement liées, comme l'indique la tendance déflationniste observable des années 1810 aux années 1840 dans plusieurs pays industrialisés et accompagnée d'une croissance du produit réel. Comme l'indique aussi la dépression économique grecque au cours de laquelle le recul de la production entre 2008 et 2012 s'accompagne d'une légère hausse des prix à la consommation.

L'inflation et la déflation dans l'histoire économique mondiale

Des mouvements anciens

La « révolution des prix » du XVIe siècle en Europe est un événement marquant pour les observateurs de l'époque. L'afflux de l'or venant des Antilles, 1 000 à 1 500 kg par an au début du XVIe, puis de l'argent et de l'or du Pérou à partir du milieu du XVIe siècle, contribue à une certaine hausse des prix. Elle se diffuse en Europe par les sorties de métaux précieux de la péninsule Ibérique vers le reste du continent grâce au commerce. L'inflation est perceptible en France dans la deuxième partie du XVIe siècle. La hausse est forte certaines années, aussi pour des raisons conjoncturelles internes (crises frumentaires), mais les années de bonnes récoltes n'effacent pas le mouvement tendanciel de hausse des prix. C'est ce qui interpelle Malestroit (1566) et Bodin (1568) qui débattent sur les causes du phénomène. Bodin souligne le lien entre l'inflation constatée et l'arrivée du métal précieux par l'Espagne tandis que Malestroit en attribue la responsabilité à des mutations monétaires opérées par les princes et les monarques.

Au seuil de l'époque contemporaine en France, au cours de la décennie 1790, les difficultés économiques venant s'ajouter à la crise politique, le pays connaît une période d'inflation entre 1794 et 1797 à cause d'une émission massive de papier monnaie, les assignats, et de l'activité économique déprimée. Dans l'ensemble, la tendance sur le XVIIIe est cependant à une hausse modérée des prix en Europe. Pourtant l'or à nouveau afflue, à un rythme même trois fois plus rapide qu'au XVIe siècle. L'inflation reste malgré cela contenue, ce qui reflète la plus forte élasticité-prix de l'offre productive au XVIIIe qu'au XVIe siècle.

Inflation et déflation depuis le début du XIXe siècle

Le XIXe siècle est marqué par une tendance déflationniste, à travers toutefois un mouvement discontinu noté par les premiers observateurs des mouvements longs de l'économie. À partir de la crise de la deuxième partie des années 1810, les prix sont à la baisse jusqu'au milieu des années 1840. Pour la Grande-Bretagne, la déflation dépasserait 2 % par an en moyenne entre 1815 et 1850 (F. Bédarida, *Histoire de la Grande-Bretagne*, tome 1, 1972). Les gains de productivité réalisés dans certaines activités comme le textile et la hausse de la concurrence permise par un désenclavement des marchés grâce aux progrès des transports contribuent à expliquer cette tendance. Le bas niveau de l'extraction minière d'or et d'argent en Amérique latine dans les années 1820 et 1830 freine toute possibilité de forte progression des prix dans un contexte où la masse monétaire reste encore essentiellement métallique, à hauteur de 80 % en France en 1840 par exemple. Les prix repartent à la hausse entre 1850 et 1873, de manière très modérée toutefois en moyenne sur la période, moins d'1 % par an entre 1851 et 1873 en France selon les données de la Statistique générale de France (SGF). Ce léger retournement des prix à la hausse dans les pays qui s'industrialisent est favorisé par un dynamisme des investissements dans le chemin de fer ou l'immobilier, par l'essor de l'activité industrielle en Allemagne et par une pénurie mondiale de coton dans le contexte de la guerre de Sécession (1861-1865). Le retournement des prix à la hausse est rendu possible par les découvertes de gisements d'or en Californie et en Australie, ainsi que par le développement des formes non métalliques de monnaie. La déflation des années 1873-1896 affecte les pays industrialisés. L'indice des prix de la SGF indique en France une baisse des prix de plus de 3 % par an en moyenne sur cette période, les années d'interruption de la baisse étant rares. Les progrès techniques permettant la baisse du coût de production de la tonne d'acier, la concurrence internationale accrue suscitée par les progrès des transports et l'abaissement en Europe des droits de douane poussent les prix vers le bas. Vers 1880, les taux d'intérêt réels sont souvent assez élevés, ce qui limite le volume des crédits distribués et entretient à la fois une croissance économique limitée et une persistance de la baisse des prix. Dans l'industrie, cette déflation incite à rechercher des solutions permettant de préserver les profits. S'affirment alors les premières grandes concentrations industrielles visant à réduire la concurrence sur les marchés et émergent aussi des réflexions managériales pour une organisation plus efficace du travail au sein des usines. La période de la Belle Époque se caractérise par un retour à une inflation modérée, en moyenne de 1,5 % par an en France entre 1896 et la Première Guerre mondiale. À l'échelle internationale, la monnaie est de nouveau abondante, grâce à une amplification de l'usage de la monnaie scripturale et aux découvertes de mines d'or en Alaska, au Canada et en Afrique du Sud. Mais, surtout, le dynamisme de l'activité économique brise la tendance déflationniste qui accompagnait le marasme de la période précédente.

Figure 1 – Indice des prix de gros en France *(1901–1910 = 100)*

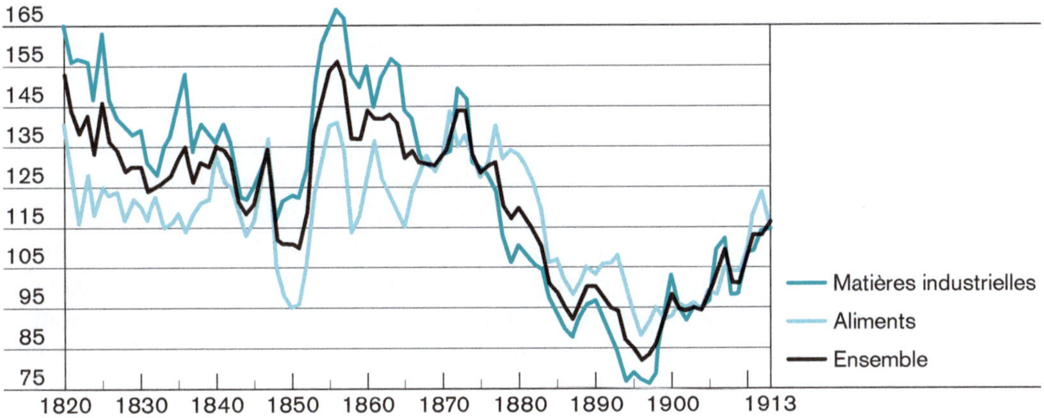

Source : d'après A. Sauvy, « Variations des prix de 1810 à nos jours », *Journal de la Société de statistique de Paris*, 1952.

La période allant de 1914 aux années 1930 se caractérise par une forte instabilité des prix. Lorsque la guerre éclate en 1914, les contemporains de cette époque et leurs parents n'ont pas encore connu de véritable crise inflationniste. L'inflation des années de guerre et des années suivantes est une découverte douloureuse. Les prix augmentent, au rythme de 10 à 30 % l'an pour l'essentiel des pays (25 % par an pour la France et l'Allemagne entre 1913 et 1919) et la hausse se prolonge parfois dans les années qui suivent la fin des hostilités. L'épisode hyperinflationniste en Allemagne en 1923 est connu, mais l'inflation existe aussi ailleurs : jusqu'en 1926 en France par exemple, avec en 1920 et 1926 des pics de hausse annuelle des prix voisins de 40 %. Le mouvement de déflation observé en Grande-Bretagne, avec une baisse de l'indice des prix à la consommation de 4,8 % l'an en moyenne entre 1920 et 1928, est une situation assez exceptionnelle. Il est dû à un retour à la convertibilité-or de la livre qui oblige au maintien de taux d'intérêt élevés dans le pays et se paie d'une croissance faible et d'un chômage élevé. La tendance mondiale à la fin de la décennie est à une légère baisse des prix, en raison notamment de la diminution des cours des produits agricoles dans le monde. La crise de 1929 ouvre véritablement une période de déflation de plusieurs années. Les prix à la consommation baissent en moyenne de 6 % par an environ aux États-Unis entre 1929 et 1933. La baisse des prix de gros dans les pays industrialisés est en moyenne de 30 % entre 1929 et 1932. La déflation cesse au milieu de la décennie.

Depuis la fin de la Seconde Guerre mondiale, la tendance générale est à un retour à la hausse des prix dans les pays avancés et dans ceux qui s'industrialisent. Après une inflation souvent à deux chiffres dans les années d'après-guerre et jusqu'au début des années 1950, les années 1960 sont marquées par une inflation modérée. Celle-ci s'accélère dans les années 1970 et jusqu'au début des années 1980, atteignant des niveaux assez hauts en Grande-Bretagne et en France par exemple, avec des taux moyens, entre 1974 et 1980, de respectivement 15 % et 11 % l'an.

Faisant suite à un choc pétrolier en 1979, la décennie 1980 est paradoxalement le cadre, dans les pays de l'OCDE, d'une division par deux du rythme de l'inflation : de 12 % en 1980 à 6 % en 1990. Pourtant, le prix du baril de pétrole fait plus que doubler au cours de l'année qui suit la révolution islamique en Iran en 1978. C'est que la réaction des pouvoirs publics et des agents économiques est souvent très différente de ce qui avait été observé après 1973. En 1979, le nouveau président de la Réserve fédérale, Paul Volcker, cherche en priorité à réduire l'inflation, et le taux d'intérêt directeur de la Fed monte jusqu'à 19 % en 1981, provoquant une hausse du taux réel supérieure à 5 % au début des années 1980, alors que celui-ci était proche de zéro au milieu des années 1970. Ce durcissement de la politique monétaire est repris dans la plupart des autres pays développés au début des années 1980. On observe par ailleurs que la hausse des salaires est souvent moins forte après le choc de 1979, ce qui s'explique notamment par la montée du chômage et la diffusion de mesures de désindexation des salaires sur les prix dans plusieurs pays, dont la France en 1982. Les entreprises peinent en outre davantage à augmenter leurs prix en raison de la concurrence internationale accrue, et la légère reprise des gains de productivité observée contribue progressivement à restaurer des marges bénéficiaires tout en limitant les hausses de prix. En Europe, la mise en place du système monétaire européen (SME) conduit à généraliser les politiques de désinflation, à la suite de ce qui avait été entamé en Europe de l'Ouest par l'Allemagne dès les années 1970. La fixité des changes n'est en effet pas compatible avec le maintien de différentiels significatifs d'inflation entre les économies membres du système. Pour réduire leurs déficits courants, certains pays, comme la France, essaient même dans les années 1980 d'obtenir une inflation plus faible que celle de leurs partenaires commerciaux : c'est la désinflation compétitive. Le contre-choc pétrolier de 1986 participe aussi à la baisse des tensions à la hausse sur les prix dans les économies développées. Moins inflationniste que celui de 1973, le choc de 1979 est en revanche suivi d'un affaiblissement plus durable de la croissance économique. Cela est essentiellement dû au choix de politiques monétaires et budgétaires d'austérité pour briser l'inflation, bien plus forte en 1980 qu'en 1974. Des récessions apparaissent ainsi en Allemagne et aux États-Unis en 1982. La désinflation des années 1980 est une des dimensions de la « grande modération » dans laquelle entrent alors les économies développées au moins jusqu'à la crise de 2008. Le Japon, au milieu des années 1990, subit même des années de déflation en parallèle d'une croissance faible. Dans les pays en développement par contre, la décennie 1980 et le début des années 1990 voient se dérouler des épisodes d'hyperinflation, en Amérique latine en particulier ainsi que dans les pays entamant une transition postcommuniste vers l'économie de marché.

B. Les explications théoriques aux mouvements du niveau général des prix

Une dynamique d'inflation est un processus complexe qui ne peut être en général simplement imputé à une cause souvent mise en avant : le fonctionnement rapide de la « planche à billets ».

Les évolutions de la masse monétaire peuvent influencer les prix

≫ Les premières formulations de cette explication

L'idée que la hausse du volume de la monnaie en circulation puisse se traduire par une hausse du niveau général des prix et donc par une perte de la valeur interne de la monnaie est formulée déjà par Jean Bodin au XVIe siècle et se retrouve exprimée par exemple par John Locke au XVIIe siècle, lorsqu'il indique que la valeur de la monnaie dans une économie évolue inversement à sa quantité. La théorie quantitative de la monnaie, portée au XIXe par les bullionistes anglais et les tenants de la *currency school*, se développe en opposition à l'idée, héritée de la pensée mercantiliste, que la hausse du stock de monnaie est un signe, sinon un facteur, d'enrichissement d'un pays.

Formalisant les conceptions dominantes au XIXe siècle, Irving Fisher (*Le Pouvoir d'achat de la monnaie*, 1911) s'appuie sur une équation afin d'exposer les effets de la variation de la masse monétaire sur l'économie. Même s'il distingue différentes formes de monnaies, en les regroupant, on obtient :

$$M \times V = P \times T$$

avec : M : masse monétaire ; V : vitesse de circulation de la monnaie ; P : niveau général des prix ; T : volume des transactions. Cette équation est une simple relation comptable tautologique et ne permet pas en elle-même d'expliquer les effets de la variation de M.

En cas de hausse de cette masse monétaire, l'équilibrage est réalisé principalement selon Fisher par la variation de P, en raison de la stabilité intrinsèque des deux autres variables de l'identité. La vitesse de circulation de la monnaie est considérée comme fonction des habitudes et techniques de paiement, de la fréquence de perception des revenus. De plus, Fisher indique que V peut légèrement augmenter en cas de hausse de M, ce qui ne contribue pas à rétablir l'équilibre. T est censé, pour simplifier, refléter le niveau de la production dans une économie. Or, dans la lignée des travaux classiques et néoclassiques, Fisher n'a pas de raison de considérer que, dans une économie de marché fonctionnant correctement, les moyens de production ne sont pas déjà pleinement employés. Il n'existe en particulier ni main-d'œuvre ni capital disponibles à court terme pour accroître la production. Fisher introduit pourtant une certaine nuance en indiquant que la position de l'économie au cours du cycle peut conduire à ce que T progresse légèrement s'il existe, au moment de la hausse de M, une main-d'œuvre temporairement inemployée étant donné la conjoncture. Dès lors, même si la hausse de P est moins marquée que la hausse de M, la hausse des prix est l'effet largement dominant d'une hausse de la masse monétaire supérieure au rythme tendanciel de progression des facteurs de production.

Symétriquement, le raisonnement s'applique aux conséquences d'une baisse de la masse monétaire : s'il y a dichotomie entre les sphères réelles et monétaires, une diminution de la quantité de monnaie provoque une baisse du niveau général des prix, V et T étant inchangés dans l'équation. Expliquer une déflation par une baisse de la masse monétaire implique de considérer que l'offre de monnaie est exogène. Cette baisse exogène de la masse monétaire peut être due à une sortie de monnaie du pays en raison d'un déficit commercial (thèses de Cantillon et Hume au XVIIIe siècle), à un manque de monnaie, comme cela a pu être le cas – bien que ce point soit discuté – pendant la Grande Dépression de la fin du XIXe siècle en Europe (Vidal, *Dépression et retour de la prospérité*, 2000), à l'effondrement du système bancaire créateur de monnaie, comme aux États-Unis au début des années 1930 (Friedman et Schwartz, *A Monetary History of the United States, 1867-1963*, 1963). Des politiques de stabilisation monétaire brutales (forte hausse des taux directeurs) peuvent causer une désinflation marquée, voire contribuer aussi à un bref épisode déflationniste, comme en 1921 aux États-Unis.

≫ Le quantitativisme contemporain, sa pertinence et ses limites

Lorsqu'il déclare : « *Inflation is always and everywhere a monetary phenomenon in the sense that it is and can be produced only by a more rapid increase in the quantity of money than in output* » (*Counter-Revolution in Monetary Theory*, 1970), Milton Friedman semble énoncer lui aussi une tautologie. Pourtant, le monétarisme donne à cette phrase un sens précis : ce sont les excès dans l'émission de monnaie qui expliquent l'inflation. Même s'il admet que la hausse de la masse monétaire peut avoir des effets stimulants à court terme sur la croissance et l'emploi, en raison d'une illusion monétaire passagère des agents, le monétarisme de Friedman (« The Role of Monetary Policy », 1968) renoue donc avec l'idée que, sur le long terme, la monnaie est neutre. Les nouveaux classiques (Lucas, Sargent, etc.), en s'appuyant sur l'hypothèse que les anticipations des agents sont rationnelles, écartent plus radicalement encore l'idée que la monnaie puisse être active, même à court terme.

Si les agents économiques utilisent cette monnaie supplémentaire pour acquérir des biens et services, l'inflation ne se développe véritablement que si l'offre de produits est inélastique à la tendance haussière des prix impulsée par la progression de la demande. S'ils utilisent leur revenu supplémentaire pour acheter des actifs, la hausse des prix se concentre sur l'immobilier ou les cours des titres, amoindrissant l'impact sur le niveau général des prix à la consommation. Des hypothèses fortes sont donc nécessaires pour conclure à l'effet essentiellement inflationniste de la hausse de la masse monétaire. Celle-ci doit susciter une progression de la dépense en biens et services et non une augmentation des achats d'actifs d'occasion, comme on l'observe souvent ces dernières décennies dans les économies développées. Le chômage doit par ailleurs être considéré comme naturel ou volontaire, c'est-à-dire touchant des personnes inaptes à répondre aux besoins des employeurs, ou des personnes ne pouvant occuper que des postes trop peu productifs au regard du salaire minimum, ou encore exigeant des salaires trop élevés. L'investissement en outre doit être considéré comme indépendant de la politique monétaire et donc de l'offre de monnaie, mais lié plutôt à un niveau structurel d'épargne déterminant les taux d'intérêt à long terme dans l'économie.

Déséquilibres entre offre et demande sur le marché des produits et évolutions des prix

≫ Les causes de l'inflation

Attachés à la loi de Say, les quantitativistes ont du mal à considérer que l'inflation puisse être causée par un déséquilibre entre l'offre globale et la demande globale sur les marchés des produits. Pourtant, l'effet de la hausse de la masse monétaire sur le niveau général des prix, explication qu'ils donnent de l'inflation, transite bien par l'impact de la monnaie supplémentaire sur la demande adressée aux producteurs dans une économie (Bezbakh, *Inflation et désinflation*, 2006). Et c'est bien parce que ces producteurs se montrent incapables de répondre à la hausse de la dépense par une hausse de la production que les prix augmentent. Car si l'offre de produits est élastique, alors la hausse de la masse monétaire est beaucoup moins inflationniste (Robertson, *A Survey of Modern Monetary Controversy*, 1938), car T peut suivre au moins en partie la hausse de la masse monétaire. Dès lors, puisque l'inflation n'est pas concevable sans l'existence de ce déséquilibre offre/demande sur le marché des produits, il est envisageable que ce déséquilibre se produise pour d'autres raisons que la variation de la quantité de monnaie.

En cas de choc de demande positif, dû par exemple à une forte hausse de l'investissement, à une baisse du taux d'épargne, ou encore à une politique budgétaire de relance, la demande globale peut s'élever au-dessus de l'offre globale et entraîner de l'inflation. Le modèle de Harrod-Domar (*cf.* module 2, chapitre 1) envisage la possibilité d'une hausse de la demande dans l'économie supérieure à la progression des possibilités productives. L'économie peut connaître une « surchauffe » à l'approche du plein-emploi et d'une pleine utilisation des équipements productifs.

En cas de choc d'offre négatif, la production peut baisser brusquement en dessous de la demande globale dans l'économie, ce qui est un autre facteur d'inflation. Dans les économies anciennes, des causes exogènes peuvent fragiliser l'offre de produits, comme lors des crises frumentaires. Même si les prix des produits artisanaux baissent, puisqu'on s'en détourne alors pour consacrer son budget à la nourriture, la tendance globale est à l'inflation : la hausse des prix des produits alimentaires, qui forment déjà en temps normal dans les économies anciennes l'essentiel des dépenses, l'emporte dans l'évolution globale des prix sur la baisse des prix des autres produits. À l'époque contemporaine, certains épisodes de forte inflation restent en partie explicables par l'effondrement de la production. C'est une des causes de l'hyperinflation allemande de 1922-1923 : une mauvaise récolte agricole en 1922 et une baisse de plus de 30 % de la production industrielle allemande en 1923, même si cette chute est aussi une conséquence de l'hyperinflation. C'est une explication majeure aussi à l'hyperinflation zimbabwéenne des années 2000, qui s'est développée suite à l'effondrement de la production agricole et aux difficultés des activités minières du pays, et pas seulement en raison des excès de l'émission de monnaie.

≫ Les causes de la déflation

En cas de choc de demande négatif, une déflation peut apparaître, comme au début des années 1930 (Keynes, *Théorie générale de l'emploi, de l'intérêt et de la monnaie*, 1936). Le début de la crise est marqué par un effondrement de l'investissement privé, sans s'accompagner d'un recul de l'épargne permettant une élévation de la demande de biens de consommation. Ce choc de demande négatif précipite l'économie dans la dépression et dans la déflation, les producteurs étant obligés de concéder des baisses de prix pour écouler les produits invendus. Voulant préserver leurs marges et profitant de la hausse du chômage, les entreprises s'efforcent de baisser les salaires, ce qui déprime encore plus les possibilités de consommation et oblige les entreprises à baisser encore plus leurs prix.

Un choc d'offre positif peut aussi provoquer une désinflation, voire une déflation. La baisse du prix d'une matière première (comme un contre-choc pétrolier, tel celui de 1986 qui a aidé à la désinflation d'alors dans les PDEM), la diminution du coût salarial unitaire (par exemple au Japon depuis les années 1990, ou en France dans les années 1980), la baisse des taux d'intérêt ou de la fiscalité sur les producteurs, sont des causes possibles d'un choc d'offre. La baisse du coût salarial unitaire peut être due à une modération salariale (pour de multiples raisons : chômage élevé, crise du syndicalisme, abandon de règles d'indexation, anticipations inflationnistes moindres) ou à une accélération des gains de productivité. Le progrès technique est en effet un facteur de désinflation, voire de déflation.

Évolutions des contraintes productives et mouvements des prix

La hausse des coûts de production génère un choc d'offre négatif et peut favoriser une élévation du taux d'inflation. L'augmentation des coûts sera d'autant plus facilement répercutée sur les prix de vente que l'ensemble des producteurs sur un marché sont affectés par un même accroissement des contraintes productives. L'inflation par les coûts peut dès lors se développer.

≫ Les causes de l'inflation par les coûts

À la suite du travail de Phillips (« The relationship between unemployment and the rate of change of money wages in the UK 1861-1957 », 1958), les néo-keynésiens, tels Solow et Samuelson (« Analytical aspects of anti-inflation policy », 1960), considèrent que l'inflation a pour origine principale une hausse des coûts salariaux. Remarquant une corrélation empirique négative entre la hausse des salaires et le taux de chômage, Phillips formule l'hypothèse que les travailleurs sont plus aptes à obtenir des hausses de salaires lorsque l'économie approche du plein-emploi. Le rythme de l'évolution des salaires est donc le résultat d'un rapport de forces collectif entre employeurs et salariés. Plus le taux de chômage baisse en dessous du NAWRU[1] (taux de chômage tel que les salaires sont stables), plus la vitesse de hausse des salaires augmente. Les néo-keynésiens relient la hausse des salaires à l'inflation : si les salaires progressent plus vite que la productivité du travail, les marges des entreprises sont atteintes et les producteurs s'efforcent d'augmenter leurs prix de vente, l'inflation apparaît. Toute hausse du coût salarial unitaire (évolution du CSU horaire = évolution du coût salarial horaire – évolution de la productivité horaire du travail) est, dans l'interprétation néo-keynésienne de la courbe de Phillips, porteuse d'inflation. Les déterminants macroéconomiques du partage des revenus sont dans ce cas en dissonance avec les réalités microéconomiques de l'efficacité des facteurs. Les courants postkeynésien ou cambridgien (Robinson, *Economic Heresies*, 1971 ; Kaldor, *The Scourge of Monetarism*, 1985) insistent davantage encore sur l'idée que l'inflation est fondamentalement liée à une compétition entre groupes sociaux dans le partage du revenu national et à une élévation de certains revenus plus marquée que les gains de productivité ce qui suscite des hausses de coûts de production.

Dans un contexte de plein-emploi ou de négociations collectives sur les salaires, une forte disparité de gains de productivité entre les branches ou entre les secteurs d'activité peut conduire à des évolutions salariales calées sur le rythme des gains de productivité du secteur où la productivité augmente le plus. Ainsi, Baumol (*Performing Arts : The Economic Dilemma*, 1966) indique que les salaires du secteur tertiaire, où les gains de productivité sont faibles, ont tendance à suivre ceux de l'industrie, tirés eux par de forts gains de productivité (loi de Baumol). Comme le souligne Kolm (« Note sur l'inflation de productivité », 1970), la hausse des salaires supérieure aux gains de productivité dans certaines activités est inflationniste puisqu'elle signifie une hausse des coûts de production : c'est « l'inflation de productivité ». La hausse des coûts doit être répercutée soit sur les prix de vente soit, dans le cas des administrations publiques, sur le niveau des prélèvements obligatoires, ce qui entretient l'inflation par les coûts. Plus grande est la part de l'économie où la productivité est stagnante mais où les salaires progressent, plus se manifeste ce phénomène de l'inflation de productivité. Dans les pays en rattrapage économique, les gains de productivité sont bien plus élevés dans les secteurs industriels que dans le reste de l'économie. La hausse des salaires tend à s'aligner sur la hausse de la productivité de l'industrie car celle-ci embauche massivement. Il en résulte des tensions inflationnistes, une hausse du coût de la vie : c'est l'effet Balassa-Samuelson (Balassa, « The purchasing-power parity doctrine : a reappraisal » (1964) ; Samuelson : « Theoretical notes on trade problems », 1964).

La hausse des coûts de production peut avoir d'autres causes que la hausse des salaires. Elle peut être due notamment à une hausse du prix de certaines matières premières, à une hausse des cotisations sociales ou de la fiscalité sur les entreprises, à une élévation du coût du financement externe, etc. Une dévaluation de la monnaie, en renchérissant brutalement le prix de certains intrants importés sans qu'il soit toujours possible de les remplacer par des produits fabriqués dans le pays, favorise une inflation importée. Par ailleurs, à une époque où la perspective de l'épuisement de certaines ressources naturelles utiles à l'activité économique semble se

1 NAWRU : Non accelerating wage rate of unemployment.

rapprocher, on peut craindre une élévation du prix de certains produits incontournables en l'état actuel des technologies pour la production de certains biens. Qu'il s'agisse du pétrole ou des minerais rares, la hausse des cours jusqu'en 2008, portée par le dynamisme de la demande de certaines économies émergentes, contribuait avant la crise des *subprimes* à ressusciter la crainte d'un retour de l'inflation à l'échelle mondiale au cours des décennies à venir.

≫ Une inflation sans hausse de la masse monétaire ?

La difficulté de la théorie de l'inflation par les coûts est qu'elle doit expliquer comment l'identité logique MV = PT est maintenue en parallèle de la hausse de P. Il est envisageable que la hausse des coûts de production s'accompagne d'une récession qui conduise à une baisse de la production, et donc de T, simultanément à la hausse des prix. Mais lorsque la croissance se poursuit, que T reste en augmentation, il est incontournable de se demander comment les acheteurs peuvent continuer à acheter davantage de produits alors même que leurs prix sont plus élevés. Il devient dès lors difficile, pour expliquer l'inflation, d'écarter comme cause complémentaire à la hausse des coûts une possible élévation de la masse monétaire. Les économistes postkeynésiens ne rejettent pas l'idée que la masse monétaire puisse augmenter, mais cela ne serait, selon eux, qu'une conséquence des difficultés financières des entreprises qui, cherchant un soutien financier du côté des banques, obtiendraient davantage de crédit. Suivant une conception endogène de la monnaie à laquelle sont attachés postkeynésiens et cambridgiens, la masse monétaire progresse ici suite à une hausse de la demande de monnaie exprimée par les agents.

Toutefois l'inflation peut se développer sans hausse de la masse monétaire si la vitesse de circulation de la monnaie se modifie. Elle n'a pas de raison d'être immuable selon ces économistes et peut augmenter si les agents économiques le jugent nécessaire. Les entreprises peuvent ainsi gérer différemment leur trésorerie, de sorte que la monnaie récupérée soit plus vite dépensée, pour faire face par exemple à des salaires en hausse. Qui plus est, la monnaie est un actif aux frontières assez largement conventionnelles et beaucoup d'autres actifs très liquides peuvent être utilisés en règlement de dettes si les agents économiques en éprouvent le besoin, sans parler du développement des crédits informels entre agents économiques. Une économie peut donc tout à fait se dispenser d'une masse monétaire officielle croissante pour continuer à régler des transactions à la fois plus nombreuses et à des prix plus élevés.

Anticipations, environnement institutionnel et évolutions de prix

≫ Les anticipations contribuent à expliquer l'auto-entretien de l'inflation ou de la déflation

Si l'économie est installée dans un contexte inflationniste, les agents économiques vont tous s'efforcer de limiter les effets de l'inflation future qu'ils anticipent sur leur pouvoir d'achat. Les salariés vont réclamer des hausses de salaires et les entreprises vont s'efforcer d'augmenter leurs prix. Si un consensus inflationniste tacite s'installe, alors les entreprises accepteront d'autant plus facilement d'augmenter les salaires de leurs employés qu'elles savent pouvoir ensuite répercuter ces hausses de salaires sur les prix de vente.

Si les agents économiques anticipent une inflation très forte, parce qu'ils se trouvent par exemple dans un contexte où le taux d'inflation accélère rapidement, ils peuvent vouloir se débarrasser de leurs encaisses monétaires avant que celles-ci ne perdent trop de valeur. On risque d'assister à une hausse de la vitesse de circulation de la monnaie, voire à une fuite devant la monnaie. Or, si l'on suit l'équation de Fisher, la hausse de V a toutes les chances de provoquer une hausse accrue des prix. Ici encore, l'anticipation de l'inflation conduit à accentuer son rythme.

Si les agents économiques ancrent leurs anticipations sur un mouvement de baisse du niveau général des prix, ils risquent de reporter leurs achats non urgents, espérant dépenser moins quelques mois plus tard. Les vendeurs peuvent éprouver des difficultés accrues à écouler leurs stocks et être contraints, après une certaine attente, de baisser leurs prix de vente pour faire face à des problèmes de trésorerie. L'anticipation de la déflation accroît donc la probabilité de sa survenue ou accélère encore la baisse des prix.

≫ L'environnement institutionnel est plus ou moins favorable à la stabilité des prix

Les monétaristes soulignent le risque inflationniste que représente une banque centrale trop inféodée au pouvoir politique. L'expérience historique montre que l'État, lorsque cela lui était possible, utilise volontiers le pouvoir de création monétaire pour régler des dépenses non couvertes par des impôts, voire pour effacer par l'inflation la valeur réelle de ses dettes internes passées (Reinhart et Rogoff, *Cette fois c'est différent, huit siècles de folie financière*, 2009). Que l'on considère la crise monétaire du IIIe siècle, l'émission massive de papier-monnaie par Law au début du XVIIIe, les assignats des années 1790, les émissions massives de monnaie pendant et juste après la Première Guerre mondiale, ou même plus récemment les hyperinflations des économies en transition ou du Zimbabwe, les gouvernements sont en grande partie les responsables des crises inflationnistes, même s'il peut s'agir, dans certains cas, de faire légitimement face à des besoins de financements impérieux, notamment pendant des guerres. Indépendamment de ces exemples historiques, l'indépendance de plus en plus marquée des banques centrales à la fin du XXe siècle est une conséquence du retour, porté par les monétaristes et les nouveaux classiques (Kydland et Prescott, « Business cycles : real facts and the monetary myth », 1990), de l'idée que la monnaie serait neutre. Une banque centrale indépendante serait un garde-fou à l'inflation car elle permettrait de se prémunir contre des relances monétaires plus nuisibles qu'efficaces, trop souvent guidées par des considérations politiciennes de court terme, en assurant au contraire une progression régulière de la masse monétaire proche du rythme de la croissance économique potentielle.

L'auto-entretien de la dynamique inflationniste implique que les revenus des agents progressent en moyenne au rythme de la hausse des prix, voire davantage. La majorité de la population étant salariée dans les économies contemporaines, la hausse des salaires consécutive à la hausse des prix est donc une condition à la perpétuation d'une tendance inflationniste. Si les salariés sont suffisamment organisés pour obtenir ces hausses de salaire, voire s'ils obtiennent la mise en place de règles d'indexation de l'évolution des salaires sur l'évolution des prix, alors l'inflation a toutes les chances de perdurer. D'où le fait que les politiques de désinflation, comme dans les années 1980 en France et en Grande-Bretagne, peuvent impliquer la suppression de ces règles d'indexation et l'affaiblissement du pouvoir de négociation des syndicats.

Pour que l'inflation s'auto-entretienne, il convient aussi que les prix des produits progressent en moyenne au rythme de la hausse des revenus, voire davantage. Cela signifie qu'il faut se trouver dans une configuration de marché où les entreprises sont en partie *price makers*. Les structures de marché peu concurrentielles facilitent la préservation des marges des entreprises soumises à une hausse de leurs coûts de production. Les prix de vente sont dans ce cas fixés selon la méthode du *mark-up* : le coût unitaire de production plus une marge bénéficiaire déterminent le prix de vente sur le marché. Une telle indexation des prix de vente sur les coûts de production est un mécanisme qui contribue tout autant que l'indexation des salaires sur les prix à favoriser l'inflation. Au total, si un cadre institutionnel s'instaure qui permet à chaque catégorie d'agent économique de reporter sur les autres l'effet négatif de l'inflation sur le pouvoir d'achat, alors l'inflation s'installe ; c'est le mécanisme de la boucle prix-salaires : la hausse de l'un suscite la hausse de l'autre, et réciproquement (Sterdyniak et Debonneuil, « La boucle prix-salaires dans l'inflation », 1984).

L'action concertée sur les prix a été parfois pratiquée dans un contexte au contraire déflationniste pour limiter les baisses de prix. Ainsi, dans les années 1880 et 1890, aux États-Unis par exemple, la mise en place de cartels ou de trusts vise notamment à limiter les baisses de prix pour restaurer les profits. De même, en 1933, le premier New Deal de Roosevelt encourage les producteurs à s'entendre pour, en éliminant les capacités productives excédentaires, réduire les surproductions et stopper la déflation.

Loin d'être vue comme un problème, l'inflation peut être considérée dans une économie comme une solution facile à des problèmes plus difficiles à régler par d'autres moyens. En ce sens, une économie peut trouver dans l'inflation un moyen commode pour masquer ses déséquilibres, son inefficacité. Les entreprises doivent consentir moins d'efforts pour optimiser leurs combinaisons productives, pour maîtriser leurs coûts et gagner en efficacité si elles savent pouvoir compter sur des hausses de prix pour préserver leurs marges. Les salariés peuvent voir leurs salaires progresser sans que cela reflète nécessairement une élévation de leur productivité. L'État peut financer ses dépenses en empruntant à sa banque centrale, ou par des méthodes de répression financière, sans faire l'effort d'équilibrer son budget. En effet, une banque centrale aux ordres du gouvernement ou des banques commerciales soumises à une obligation de détention de titres d'État dans leurs bilans créent de la monnaie en prêtant à l'État. La masse monétaire augmente dans l'économie avec la croissance de la dette publique, voire avec un abondement pur et simple du compte du Trésor par la banque centrale. Enfin, l'économie du pays peut rétablir ses comptes extérieurs en dépit de l'inflation par des dévaluations périodiques qui entretiennent elles-mêmes, par une inflation importée, la tendance inflationniste de l'économie.

C. Les effets économiques de l'inflation et de la déflation

L'inflation et la déflation ont des effets contrastés sur la vie économique. Selon les causes qui les favorisent et leur ampleur, les effets des mouvements de prix sont plus ou moins bien supportés par les populations. En outre, ils ne sont pas vécus de la même manière selon les agents économiques considérés. Il est dès lors difficile de porter un jugement global positif ou négatif quant aux effets des mouvements de prix sur le bien-être.

Les conséquences économiques de l'inflation

≫ L'effet de l'inflation sur le revenu réel des agents économiques

L'inflation est souvent considérée comme néfaste pour le pouvoir d'achat des individus, en partie à juste titre, mais en partie seulement. L'auto-entretien de la dynamique d'inflation implique en effet que la hausse des prix engendre une hausse globale des revenus nominaux au moins équivalente.

Cependant, tous les revenus nominaux ne s'élèvent pas à la même vitesse, si bien que certains agents économiques perdent en pouvoir d'achat tandis que d'autres peuvent y gagner. Tout dépend du mode de fixation des différents types de revenus : ceux qui peuvent être réajustés très régulièrement, voire qui le sont instantanément à mesure que l'inflation se développe, peuvent ne pas y perdre. Les revenus fixés à l'avance et non renégociables voient en revanche leur valeur réelle baisser fortement.

Y gagnent les agents économiques qui ont emprunté et pour lesquels le prix du service de prêt (le taux d'intérêt) n'est parfois pas modifiable (taux fixe). Plus le taux d'inflation est élevé, plus le taux d'intérêt réel est faible et ce dernier peut même devenir négatif. L'inflation élève donc le pouvoir d'achat des emprunteurs. Elle n'est pas non plus forcément néfaste pour les profits réalisés par les entreprises, au contraire : les sociétés sont des agents économiques structurellement en besoin de financement et l'inflation peut réduire le coût réel du financement externe par emprunt de manière considérable. L'inflation accentue donc l'effet de levier de l'endettement. Par ailleurs, en cas d'inflation par excès de demande sur les marchés des produits ou par excès d'émission de monnaie, les prix de vente des produits progressent sur certains marchés plus vite que les coûts unitaires des producteurs. La situation des entreprises des pays industrialisés dans les années 1950 et 1960 illustre cette possibilité. Cependant, en cas d'inflation par les coûts, la valeur réelle des profits n'est préservée que si les producteurs arrivent à faire croître leur prix de vente au même rythme que leurs coûts de fabrication, ce qui n'est généralement qu'en partie le cas, comme le montre la situation des entreprises des pays industrialisés dans les années 1970. Dès lors, l'inflation par les coûts peut engendrer une baisse de la valeur réelle des profits des entreprises. Lorsqu'en période d'inflation les profits réels des producteurs sont préservés, voire progressent, cela se reflète dans les dividendes des actions de ces entreprises. Ainsi, les ménages disposant d'importants placements en actions peuvent voir les revenus réels qu'ils tirent de ces actions préservés. Quant à l'État, ses recettes fiscales augmentent mécaniquement, au moins par la TVA calculée sur les prix de vente, mais aussi par la hausse des revenus des agents privés.

Le pouvoir d'achat des créanciers qui ont prêté à taux fixe baisse en période d'inflation. Les détenteurs d'obligations, dont les taux d'intérêt ne sont pas indexés sur l'inflation, voient la valeur réelle des intérêts perçus chuter d'année en année. Cette situation a été vécue par les rentiers de la Belle Époque et par les créanciers des États ayant participé à la Première Guerre mondiale. La valeur réelle des revenus qu'ils tirent des titres d'État pendant les années de conflit et les années suivantes diminue. Les ménages qui ne parviennent pas à renégocier leurs revenus nominaux perdent aussi beaucoup. Il peut s'agir de salariés des petites entreprises n'ayant que de bien faibles possibilités de pression sur leurs employeurs. Il peut s'agir aussi des ménages vivant de revenus de transfert et qui doivent se soumettre aux règles fixées par les pouvoirs publics quant aux modalités d'évolution du niveau de ces revenus de transfert. Si, par exemple, il n'est pas prévu que les pensions de retraite soient indexées sur l'inflation, celle-ci peut affecter gravement le pouvoir d'achat des pensions.

≫ L'effet de l'inflation sur le patrimoine et les dettes des agents économiques

Dans la mesure où le logement est un produit peu substituable avec les autres produits de consommation, il est possible que les prix des logements n'augmentent pas au même rythme que les autres prix. L'inflation peut tout à fait se développer dans un pays où les prix des logements ne progressent pas, l'offre de logement étant abondante par comparaison avec les besoins d'une population stagnante ou en baisse. Dans ce cas, la valeur réelle des patrimoines composés de biens immobiliers baisse. Mais une configuration inverse est possible aussi.

Par ailleurs, si les profits des entreprises parviennent à rester stables, voire à progresser en valeur réelle en période d'inflation, ce qui peut tout à fait être le cas, les cours des actions n'ont pas de raison de perdre de leur valeur en termes réels. Si bien que les patrimoines en actions ne sont pas forcément affectés.

Les agents économiques qui, en période de crise inflationniste, détiennent des valeurs refuges, c'est-à-dire des actifs dont la valeur ne se déprécie pas à leurs yeux (métaux précieux comme l'or, certaines devises), voient la valeur réelle de leur patrimoine progresser : ces valeurs refuges sont de plus en plus recherchées par ceux qui veulent mettre leur patrimoine à l'abri et leur cours peut progresser plus vite que la hausse du prix des biens de consommation.

Au contraire, la valeur des patrimoines composés d'encaisses monétaires ou d'obligations à taux fixe risque de fondre. Ces titres rapportant des revenus réels de plus en plus faibles, les épargnants s'en détournent et le cours nominal des obligations anciennes risque de baisser, accentuant l'effet de l'inflation sur la baisse de leur valeur réelle. C'est ainsi que nombre de rentiers sont ruinés dans les pays industrialisés par les années d'inflation de la Grande Guerre et du début des années 1920. Il ne s'agit pas seulement de ménages très fortunés, mais aussi de travailleurs âgés des couches moyennes ayant économisé tout au long de leur vie afin d'obtenir des rentes suffisantes pour cesser leur activité professionnelle. La perte de richesse se mue alors parfois en ressentiment à l'égard du système politique et social dans son ensemble, contribuant à l'adhésion d'une partie de la classe moyenne au nazisme en Allemagne dans les années 1920, même si cela n'explique pas les victoires politiques du NSDAP au début des années 1930 dues, elles, à la crise économique et au chômage.

En revanche, l'inflation bénéficie aux agents économiques endettés. Si leurs revenus nominaux progressent, en raison de hausses de salaires pour les travailleurs ou de progression des bénéfices pour les entreprises, leur capacité de remboursement des dettes passées augmente. Ils peuvent donc se désendetter plus vite.

≫ Les effets néfastes d'une inflation forte

Un pays qui connaît une inflation plus forte que celle de ses partenaires commerciaux risque de subir un déficit de son commerce extérieur. La perte de compétitivité doit être compensée, soit par des barrières douanières de plus en plus hautes, soit par des dévaluations monétaires périodiques. Loin d'être une solution, ces dernières entretiennent par l'inflation importée la dynamique de hausse des prix. La dévaluation monétaire peut en outre aggraver la situation financière des agents endettés en monnaie étrangère.

En outre, l'installation de l'inflation dans un pays conduit les créanciers à imposer aux prêteurs des primes de risques inflationnistes importantes sur les nouveaux prêts. Ainsi l'inflation, sauf à être de plus en plus forte ou systématiquement non anticipée par les créanciers, ne peut être un moyen efficace pour obtenir des taux d'intérêt réels durablement faibles. Au contraire, la prime de risque peut conduire à des taux d'intérêt nominaux de plus en plus hauts et donc à des taux réels croissants en dépit de l'inflation forte. Des mécanismes d'indexation des taux d'intérêt sur l'inflation sont en outre de plus en plus souvent imposés par les prêteurs, y compris sur les obligations émises par l'État. Même une fois l'inflation disparue, ces primes peuvent perdurer plusieurs années, par crainte d'un retour de l'inflation.

Une inflation trop forte peut conduire à une perte de confiance des agents économiques dans la monnaie officielle. Un accroissement de la vitesse de circulation de la monnaie en est souvent le signe. Dès lors, on peut assister à un rejet de la monnaie pure et simple et à l'utilisation par exemple d'une monnaie étrangère par les agents privés (phénomène dit de « dollarisation »). La banque centrale du pays perd dès lors le contrôle de la masse monétaire en circulation dans le pays et la politique monétaire devient inopérante.

≫ L'inflation est-elle forcément un problème grave pour une société ?

L'inflation modifie la répartition des revenus et des patrimoines entre les agents économiques. Cette modification ne s'opère ni selon un critère d'efficacité économique ni selon un critère de justice sociale mais est fonction du mode de fixation des revenus et de la nature des patrimoines. La perte d'efficacité économique est renforcée par le fait que, l'inflation étant souvent déséquilibrée (tous les prix n'évoluent pas à la même vitesse), les coûts de transaction progressent. Les agents subissent des coûts d'opportunité plus importants dus à l'instabilité des prix relatifs qui accompagne celle du niveau général des prix.

Une inflation forte sans gravité est cependant en théorie imaginable : si elle s'opère à un rythme équivalent à celle des partenaires commerciaux, si elle s'accompagne d'une indexation des revenus et des patrimoines des agents, si elle est équilibrée et ne met pas en cause la confiance dans la monnaie. Le coût de l'inflation se résume alors au changement des étiquettes de prix.

Il n'existe donc pas de taux d'inflation optimal dans une société. Même si l'inflation peut avoir bien des effets néfastes, leur ampleur dépend assez largement de sa nature : l'inflation de surchauffe est moins gênante que celle due à un choc d'offre négatif. Le niveau d'inflation optimal dépend aussi des préférences collectives d'une société, elles-mêmes fonction du rapport de force politique entre ceux qui perdent et ceux qui gagnent à la dynamique inflationniste.

Les conséquences économiques de la déflation

≫ La déflation : une solution aux crises ?

La déflation survient généralement après une période de crise économique. Elle peut durer des années, le temps que l'économie se rétablisse. Les économistes tels Juglar, Pigou, Hayek, et même d'autres comme Schumpeter, considèrent la déflation comme une phase du cycle économique permettant, par la purge des excès passés, le rétablissement des conditions d'un nouvel essor. La baisse des prix des produits engendre d'inévitables faillites certes, mais ce sont les producteurs les plus fragiles qui disparaissent. La réduction du nombre d'offreurs ne laisse subsister que les plus efficaces et le recul de l'offre permet à la baisse des prix de progressivement cesser. D'autant que la déflation, par effet d'encaisse réelle, stimule la consommation de ceux qui n'ont pas perdu leur emploi.

La demande extérieure peut par ailleurs se redresser grâce à la déflation. En outre, la chute de l'investissement au moment de la crise permet une baisse des taux d'intérêt nominaux. Ainsi, les producteurs n'ayant pas fait faillite ont, par la baisse des salaires et des taux d'intérêt, accès à des facteurs de production moins coûteux qu'auparavant et la croissance économique repart.

Les économistes néoclassiques des années 1930 reconnaissent bien volontiers que le processus de reprise peut mettre du temps à apparaître, en particulier en cas d'entrave à la baisse des prix des facteurs : soit que les salaires ne baissent pas assez en raison de l'action des syndicats ou de la présence de fortes allocations chômage, soit que les taux d'intérêt restent hauts du fait du déficit budgétaire de l'État qui, en épongeant les moyens de financement disponibles, en priverait les entreprises (effet d'éviction).

≫ La déflation : un facteur aggravant des crises ?

Pourtant, loin d'être une solution aux difficultés, il se pourrait bien que la déflation soit un facteur aggravant des crises économiques. C'est la conception qui domine aujourd'hui la pensée économique. Irving Fisher (« The debt-deflation theory of great depressions », 1933), pourtant néoclassique lui-même, émet des doutes sur l'efficacité d'un ajustement par la déflation. Les agents économiques sont souvent fortement endettés lorsque débutent les crises. Or, la déflation accroît le poids réel des dettes passées, rendant de plus en plus difficile leur remboursement. Confrontés à des problèmes de liquidité, les agents endettés doivent vendre progressivement leurs actifs pour faire face aux échéances financières. Ils vendent leurs stocks, leurs titres, leurs biens immobiliers à bas prix, ce qui entretient la déflation et accentue encore l'endettement réel. La déflation s'auto-entretient et étrangle les agents économiques endettés, en particulier les entreprises.

Par ailleurs, en élevant le taux d'intérêt réel, la déflation rend aussi plus coûteux les emprunts nouveaux. Elle détériore les perspectives de rentabilité des projets d'investissement et nuit donc à l'efficacité marginale du capital. La déflation serait donc très mauvaise pour l'investissement selon Keynes. Outre cet attentisme des entreprises, la baisse des prix aurait le même effet sur la consommation de biens durables des ménages. Selon ce raisonnement, la déflation pousse la demande à la baisse dans l'économie, ce qui entretient le cercle vicieux de la déflation.

≫ La déflation heureuse

La déflation n'est pas toujours associée à des situations économiques difficiles. Par exemple, en Grande-Bretagne, la baisse des prix, de la fin des guerres napoléoniennes au milieu du XIXe siècle, s'accompagne d'une poursuite de la croissance. L'activité économique reste également dynamique aux États-Unis pendant une déflation marquée du milieu des années 1870 au milieu des années 1880.

Un choc d'offre positif rend en effet la déflation compatible avec la poursuite de la croissance. La baisse des prix est supportable par exemple lorsque les gains de productivité sont suffisants. Même si les salaires baissent moins vite que les prix des produits, en cas de hausse de la productivité du travail les coûts salariaux unitaires peuvent se stabiliser, voire diminuer. Dans ce cas, la déflation est compatible avec une progression des marges des entreprises et aussi des salaires réels. La baisse du prix d'une matière première permet aussi de concilier baisse des prix et préservation des marges. La déflation encourage alors la consommation. Offre et demande restent dynamiques, la croissance peut se poursuivre.

D. Inflation et déflation : analyse de quelques phases de l'histoire contemporaine

L'histoire économique récente est marquée par des périodes de graves crises monétaires mais aussi par des évolutions moins brutales des prix qui permettent d'illustrer les mécanismes théoriques présentés.

L'hyperinflation allemande

L'effort de guerre entraîne, en Allemagne comme dans les autres pays en conflit, le recours à des moyens de financement exceptionnels : suppression de la convertibilité-or de la monnaie dès 1914, hausses d'impôt. Politiquement isolé, le pays ne peut se financer qu'en interne, auprès de la Reichsbank ou de la population. En France et en Allemagne, l'inflation atteint 25 % en moyenne annuelle entre 1913 et 1919 (Asselain, *Histoire économique du XXe siècle*, tome 2, 1995). La masse de la monnaie fiduciaire en circulation passe en Allemagne de l'indice 100 en 1913 à l'indice 1 141 en 1918, soit une hausse équivalente à celle observée en Grande-Bretagne. Au total donc, l'Allemagne ne termine pas le conflit avec une détérioration de la valeur de sa monnaie plus forte que les autres belligérants, même si le mode de financement de la guerre retenu est plus inflationniste.

L'Allemagne est amputée d'une partie de sa puissance industrielle par la perte de territoires et les confiscations en nature opérées par les vainqueurs ; le traité de Versailles (1919) lui impose de payer des réparations pour un montant de 132 milliards de marks, soit l'équivalent de trois années du PIB allemand d'avant-guerre. Tandis que l'inflation accélère en 1919, sur le marché des changes le mark se déprécie fortement. La situation dérape à partir de 1922 sur le plan monétaire, alors que l'économie réelle repart pourtant bien. Le déficit budgétaire de l'État atteint des niveaux inquiétants, le volume des billets en circulation est multiplié par dix au cours de l'année et l'inflation est en moyenne de plus de 20 % par mois. La Reichsbank pratique des taux d'escompte réels négatifs, ce qui encourage une très forte création monétaire, alors qu'en rythme annuel l'inflation dépasse déjà 1 000 %. L'Allemagne est alors au seuil de l'hyperinflation, si l'on retient la définition de Cagan (« The monetary dynamics of hyperinflation », 1956) d'un taux d'inflation mensuel supérieur à 50 %[2]. L'accélération de l'inflation en 1922 est imputable aussi à l'effondrement du mark dans la deuxième partie de l'année, en raison d'une crise de confiance internationale dans la capacité de l'Allemagne à honorer les paiements prévus pour les réparations. L'hyperinflation s'accentue au cours de l'année 1923 : les prix sont désormais multipliés par 10 tous les mois. Des facteurs nouveaux viennent s'ajouter aux précédents pour expliquer l'emballement. L'occupation militaire de la Ruhr à partir de janvier 1923 par les troupes franco-belges pour obtenir, par des saisies, une compensation du retard de paiement des réparations provoque une chute de l'activité industrielle, alors que les ouvriers, engagés dans une résistance passive, continuent d'être payés. Les problèmes financiers de l'État sont accentués par la chute des recettes fiscales : au début de l'été 1923, ses recettes couvrent moins de 10 % de ses dépenses, le reste étant financé par création monétaire. On assiste enfin à une fuite devant la monnaie avec une multiplication par 10 de sa vitesse de circulation (Asselain, *op. cit.*, 1995). Trait caractéristique des hyperinflations, le rapport M/P diminue fortement, révélant à la fois la fuite devant la monnaie et l'effondrement de l'activité réelle.

La stabilisation monétaire est réalisée par le chancelier Stresemann en moins d'une année entre novembre 1923, moment de l'introduction d'une nouvelle monnaie, le rentenmark, et août 1924 quand la monnaie devient le reichsmark, à nouveau convertible en or et qui plus est au taux d'avant-guerre. Le nouvel institut d'émission créé à l'automne 1923, la Rentenbank, est soumis à un plafond d'émission strict et le budget de l'État est redressé par de très fortes mesures de rigueur (hausses d'impôts et baisses de dépenses). Le soutien financier des États-Unis qui acceptent de prêter à l'Allemagne, le rééchelonnement des réparations et la fin prévue de l'occupation de la Ruhr contribuent aussi au rétablissement de la situation.

Des épisodes inflationnistes des Trente Glorieuses à l'inflation des années 1970

Après une certaine désinflation, l'inflation est de retour en France en 1951-1952 sur un rythme de 14 % l'an, ainsi qu'au début de la guerre d'Algérie. Ces deux épisodes inflationnistes sont cependant combattus, en particulier par un ministre des finances resté célèbre, Antoine Pinay. Associant des mesures comme des grands emprunts populaires pour financer une partie du budget à l'aide d'une épargne préexistante dans la population, le relèvement des taux d'escompte de la Banque de France ou l'encadrement du crédit, des blocages de prix, des hausses d'impôts et restrictions de dépenses, et même un changement de monnaie en 1960 (nouveau franc), ces plans se montrent aptes à calmer les hausses de prix.

2 Ce qui représente une inflation en rythme annuel de plus de 12 000 %. Rogoff et Reinhart retiennent un taux annuel de 500 % comme seuil de l'hyperinflation.

L'accélération de l'inflation est nette à partir de 1974. Le choc pétrolier de 1973 n'explique cependant mécaniquement qu'une hausse de deux points du taux d'inflation en France, alors que celui-ci passe de 6,8 % à 13,5 %. On assiste en fait à une forte hausse des coûts salariaux unitaires puisque la progression des salaires nominaux se renforce dans les années 1970, alors même que les gains de productivité ralentissent. Pour freiner la baisse de leurs marges, les entreprises répercutent autant qu'elles le peuvent ces hausses de coûts sur les prix. La relance budgétaire de 1975, si elle permet de contrer le choc de demande négatif dû à la hausse du prix des carburants et à l'effondrement de l'investissement privé, est une cause ponctuelle à l'accentuation de la tendance inflationniste de l'économie. La hausse des prélèvements sociaux et le deuxième choc pétrolier de 1979-1980 contribuent aussi à renforcer l'inflation. Les mécanismes d'indexation, le fort pouvoir syndical, le caractère modérément concurrentiel de l'économie nationale, le déficit budgétaire permanent de l'État expliquent de même ces tendances inflationnistes en France. Cette situation est assez générale dans les pays occidentaux industrialisés de cette époque : l'inflation est particulièrement forte en Italie et au Royaume-Uni (un peu moins de 15 % l'an entre 1973 et 1979), elle n'est modérée qu'en Allemagne de l'Ouest (4,5 % l'an).

Les hyperinflations récentes

Même si les épisodes d'hyperinflation ont été plus rares depuis le milieu des années 1990, les décennies antérieures comportent plusieurs épisodes d'inflation forte, voire d'hyperinflation au sens de Reinhart et Rogoff (Bolivie, 1984-1985 ; Nicaragua, 1985-1991 ; Argentine, 1986-1990 ; Pérou, 1988-1991 ; Brésil, 1988-1994 ; Angola, 1992-1996 ; Zaïre, 1991-1994 ; Zimbabwe, 2003-2009). À cette liste, il convient d'ajouter la forte inflation des pays de l'ancien bloc soviétique entre 1990 et 1994 : Yougoslavie, Roumanie, Ukraine, Russie.

L'hyperinflation brésilienne est remarquable par sa durée, sept années au cours desquelles l'inflation a été en moyenne de plus de 5 000 % par an, avec un pic en 1990 à plus de 30 000 %. L'inflation, déjà forte depuis le début de la décennie, commence à accélérer au début des années 1980 en raison de difficultés financières croissantes de l'État. La hausse des taux d'intérêt renchérit considérablement la dette extérieure, le choc pétrolier accroît le coût des importations tandis que les prix des produits primaires exportés baissent. L'État est obligé de prendre des mesures de limitation des importations. Les pénuries de produits désorganisent l'économie qui connaît une dépression de plusieurs années. Forte création monétaire pour financer le déficit budgétaire, pénuries, hausses de salaires entretiennent l'inflation. Plusieurs plans de stabilisation, en 1986, 1989, 1990, échouent à casser l'hyperinflation malgré des mesures fortes telles que plusieurs changements d'unité monétaire, avant que le plan real de 1994 n'y parvienne. La désindexation des salaires et la parité symbolique entre un real et un dollar ont contribué, avec d'autres mesures comme la réduction du déficit budgétaire, à briser l'inflation.

La référence à une monnaie étrangère inspirant confiance est parfois choisie de manière plus officielle, comme en Argentine en 1991 avec la mise en place d'un *currency board* destiné à briser l'inflation et à faciliter l'accès aux crédits en dollars auprès des banques internationales. La masse monétaire est liée aux réserves de change disponibles dans le pays. En Argentine comme dans d'autres pays ayant traversé une période récente de très forte inflation, les résidents détiennent souvent une part croissante de leurs actifs en devises et les transactions s'effectuent aussi de façon croissante en monnaie étrangère. Le dollar étant souvent utilisé dans ces substitutions monétaires, on parle de « dollarisation ». Le phénomène peut prendre un caractère officiel, comme dans le cas de l'Argentine, de l'Équateur et du Zimbabwe, ou être plus ou moins avancé de manière informelle (Bolivie, Pérou, Amérique centrale, etc.).

La déflation japonaise contemporaine

De 1995 à 2014, à l'exception de quelques épisodes ponctuels de redressement, l'indice des prix à la consommation diminue au Japon à un rythme d'un peu moins de 1 % par an. En 1990-1991, le Japon subit une crise immobilière et financière considérable. L'endettement s'était énormément accru dans les années 1980, nourrissant une bulle immobilière et boursière. La chute des cours au début des années 1990 conduit à une accumulation de créances douteuses dans les bilans des entreprises et des banques du pays. La baisse des prix des logements et de la bourse de Tokyo jusqu'en 2003, les réticences des agents privés à réaliser leurs pertes et le manque d'action politique visant à apurer les bilans des banques entretiennent le manque de dynamisme de l'offre et de la demande de crédit. L'investissement privé perd son dynamisme des années 1980 et les entreprises se désendettent pendant plus de quinze ans. Ce qui, ajouté à l'effet richesse négatif, rend la demande intérieure atone. La demande extérieure est de plus bridée par un doublement du taux de change effectif du yen entre 1990 et 2012. Le pays est touché par les crises financières et économiques des pays émergents et en transition en 1997-1998, qui fragilisent encore son secteur bancaire et sa demande extérieure. Malgré une tendance à la baisse du taux d'épargne des ménages (de 15 % en 1990 à 5 % en 2012), la consommation intérieure progresse au fil des années de plus en plus lentement, en raison d'une déformation croissante du partage de la valeur ajoutée en faveur des entreprises. Le déficit public élevé, autour de 10 % du PIB depuis la fin des années 1990, et des taux d'intérêt directeurs à zéro depuis cette époque ne compensent pas la faiblesse de la demande privée et les problèmes bancaires. La base monétaire double entre 1998 et 2012 sans que la masse monétaire (M3) ne progresse, révélant l'incapacité de la banque centrale à agir sur le volume de la monnaie en circulation. La mise en œuvre, à partir de 2013, d'une stratégie de détente quantitative est censée permettre, par de nouveaux canaux, de sortir l'économie japonaise d'une déflation qui s'est accompagnée d'une croissance économique de 1 % l'an en moyenne seulement depuis 1990, en rupture avec le miracle japonais des décennies antérieures. On observe entre 2015 et 2017 un redressement de l'inflation qui redevient en moyenne légèrement positive, tandis que l'activité productive poursuit sa très faible progression. La hausse de M3 est pourtant de près de 9 % entre 2013 et 2016 selon l'OCDE.

La zone euro au bord de la déflation de 2014 à 2016

Au sein de la zone euro, le recul du rythme moyen d'inflation a débuté à l'été 2012, notamment sous l'effet du ralentissement de l'inflation en Espagne et en Italie. En 2014 et 2015, l'inflation mesurée en zone euro est comprise entre 0 % et 0,5 % par an, bien en deçà de la cible d'inflation de 2 % de la Banque centrale européenne. L'indice des prix à la consommation baisse même en 2014 et 2015 dans plusieurs pays : en Espagne, en Grèce, en Estonie et à

Chypre, pays qui détient le record des baisses des prix avec un recul de l'IPC de 2 % en 2015. Même des pays comme l'Allemagne ou la France, où les prix continuent d'augmenter, connaissent un ralentissement de l'inflation très perceptible depuis les données annuelles de 2013. La diminution marquée de l'inflation entre 2012 et 2015 ne concerne pas que la zone euro, elle est aussi observable en Europe, aux États-Unis et même au niveau mondial. Depuis plus de trente ans, l'inflation n'a jamais été aussi faible globalement dans le monde. La zone euro fait partie des régions les plus concernées par un phénomène dû en partie à la baisse des prix des matières premières après 2008.

L'observation de l'inflation sous-jacente (inflation corrigée de l'impact des évolutions des prix des produits à prix volatils ou sous contrôle des États) en zone euro montre cependant que, pour cette partie du monde, il faut rechercher des explications complémentaires. La crise des dettes souveraines dans la zone euro depuis 2010 a conduit certains États à réduire leur déficit public et à vouloir diminuer leur dépendance aux capitaux étrangers, ce qui impliquait pour les pays concernés une hausse de leurs soldes courants, auparavant très déficitaires – en Grèce, en Espagne et au Portugal en particulier. Un déficit courant révèle en effet un besoin de financement global des agents économiques résidents, couvert par des fonds apportés par des agents non résidents. La poursuite de tels objectifs a notamment impliqué un effort de compression des demandes internes par des politiques budgétaires d'austérité qui ont conduit à la récession de 2012-2013. Si l'objectif de réduction des déficits courants a été atteint dès 2013 par l'Espagne et le Portugal et en 2015 par la Grèce, ces politiques de compression de la demande, menées dans un contexte de montée du chômage et de baisse des salaires, ont largement contribué au ralentissement voire à la baisse de l'indice des prix à la consommation. Ainsi, c'est le cumul de la récession et des politiques d'austérité menées dans plusieurs pays qui a accentué les pressions déflationnistes en zone euro. Enfin, la lenteur et la difficulté du processus de désendettement des agents privés expliquent aussi que la demande interne soit restée peu dynamique au cours des dernières années dans ces pays. Les difficultés sont en partie la conséquence de l'avortement de la reprise de 2011 : faute de dynamisme retrouvé de l'activité, à la différence de ce qui est observé aux États-Unis par exemple, l'apurement des bilans des agents est plus lent. La priorité au désendettement freine le dynamisme de la demande interne et les bilans des banques conservent des créances douteuses qui limitent les capacités de prêt, comme cela est par exemple le cas en Italie encore en 2016.

Cherchant à éviter tout basculement de l'économie dans une dynamique de déflation et afin d'accélérer le désendettement des agents privés et publics, la Banque centrale européenne conduit depuis septembre 2014 des politiques d'achats fermes d'actifs financiers destinées à amplifier son programme de stimulation de l'économie de la zone euro. En effet, la diminution des anticipations d'inflation dans le contexte de taux d'intérêt directeurs abaissés à un niveau plancher a rendu nécessaire l'utilisation d'outils non conventionnels de la politique monétaire pour augmenter la quantité de monnaie dans l'économie, abaisser encore les taux d'intérêt à long terme et déprécier l'euro. Ces trois évolutions doivent soutenir le dynamisme de la demande interne et favoriser une remontée des rythmes d'inflation. Si le taux de change effectif de l'euro a baissé de plus de 10 % entre 2014 et 2016, l'inflation reste à cette date en zone euro à peine positive. Un indicateur qui, croisé avec l'accroissement important de l'excédent courant des pays de la zone depuis 2012, témoigne d'une atonie persistante de la demande interne en zone euro. Cette fragilité entretient encore en 2016 les pressions déflationnistes, malgré les mesures fortes mises en œuvre par la Banque centrale européenne.

Entre 2017 et 2020 cependant, la progression de l'indice des prix à la consommation en zone euro remonte autour de 1,5 % en rythme annuel. Une tendance que l'on retrouve dans les principales économies de la zone et particulièrement en Espagne, auparavant caractérisée par des pressions déflationnistes au contraire particulièrement marquées. Cet éloignement du risque de déflation s'accompagne d'une reprise de la croissance économique en zone euro, au rythme de 2,4 % en 2017, de 1,8 % en 2018 et de 1,2 % en 2019. La crise sanitaire et économique de 2020 provoque cependant un retour à une légère baisse des prix à la consommation en zone euro sur les cinq derniers mois de l'année 2020.

2 Le chômage : évolution et analyses

Le chômage représente un déséquilibre majeur des pays développés à économie de marché. Sa nature et son intensité ont beaucoup varié selon les périodes mais aussi les pays. D'importants débats opposent les économistes sur les causes du chômage.

A. Mesure et évolution du chômage

La définition du chômage ne va pas de soi du fait de la complexité des situations par rapport à l'emploi. Il est nécessaire de le caractériser et de mettre en lumière son évolution dans les PDEM depuis plus d'un siècle.

Cerner le chômage

≫ Un rapide historique

La catégorie du chômage apparaît à la fin du XIXe siècle. L'existence d'un sous-emploi à l'occasion des crises agricoles n'était pas assimilable à du chômage : les ouvriers n'étaient pas vraiment coupés du monde rural. Un grand nombre d'entre eux conciliaient une activité industrielle salariée et une production agricole non marchande. À partir de la seconde révolution industrielle, le salariat se développe, dépourvu de protection sociale. Le chômage lors des crises économiques entraîne des conséquences désastreuses pour les travailleurs, ces derniers ne disposant que de leur force de travail pour s'assurer un revenu. Les réformateurs sociaux se penchent alors sur la question du chômage ; ils cherchent à distinguer les chômeurs de ceux qui ne travaillent pas et à cerner les causes du chômage. Penser en termes de chômage, c'est commencer à raisonner en termes de phénomène économique et social. Ainsi le concept de chômage moderne fait l'objet d'une « invention » (R. Salais, N. Baverez, B. Reynaud, *L'Invention du chômage*, 1986). La catégorie statistique de chômeur apparaît en France pour la première fois dans le recensement de 1896. Elle ne concerne que les salariés (employés et ouvriers) ayant une profession et étant sans emploi le jour du recensement.

Il faut prendre garde aux comparaisons temporelles des taux de chômage. En effet, les statistiques de la période sous-évaluent le chômage parce qu'elles ne prennent pas en compte celui des travailleurs indépendants, comme les artisans à domicile, ni celui des façonniers ou des journaliers agricoles. De même, le chômage féminin est sous-évalué, les femmes étant souvent déclarées sans profession ou comme « aides familiaux » dans l'agriculture. Le taux de salariat étant bien plus faible au début du XXe siècle qu'aujourd'hui, le seul recours à l'indicateur « taux de chômage » minore le sous-emploi effectif.

Progressivement, les préoccupations autour du chômage se traduisent par des normes internationales. L'Organisation internationale du travail (OIT) est créée en 1919. La définition du chômage continuera d'évoluer après la Seconde Guerre mondiale dans un contexte de quasi-plein-emploi.

≫ La définition statistique du chômage

Le Bureau international du travail ou BIT (secrétariat permanent de l'OIT) a adopté en 1982 une définition du chômage reprise par l'ensemble des instituts statistiques des pays développés. Un chômeur est une personne en âge de travailler (15 ans ou plus), remplissant simultanément trois critères :

- l'absence d'emploi : la personne n'a pas travaillé, ne serait-ce qu'une heure, dans la semaine qui précède l'enquête ;
- la disponibilité : la personne peut occuper un emploi dans un délai inférieur à quinze jours ;
- la recherche active d'emploi : la personne a fait des démarches spécifiques pour trouver un emploi, salarié ou non (par exemple des réponses à des petites annonces, des envois de curriculum vitae). Il faut noter que, depuis 2000, une liste harmonisée des démarches de prospection a été élaborée par l'Institut européen de statistique (Eurostat) ; ainsi, une simple inscription au service public de l'emploi n'est pas considérée comme une recherche active.

Ces recommandations du BIT sont très générales. Pour élaborer un questionnaire d'enquête, les statisticiens de chaque pays doivent les interpréter. La mesure du chômage est donc le résultat d'une construction.

En France, l'estimation du chômage est réalisée par deux organismes. L'Institut national de la statistique et des études économiques (INSEE) calcule le niveau de la population sans emploi à la recherche d'un emploi (PSERE) en se basant sur la définition du BIT. Pôle emploi comptabilise les demandeurs d'emploi en fin de mois (DEFM), c'est-à-dire « des personnes sans emploi et disponibles pour en occuper un, qui ont fait la démarche de s'inscrire à Pôle emploi » : une personne peut donc être chômeur au sens de Pôle emploi tout en exerçant une activité professionnelle très réduite, insuffisante pour interrompre les droits à indemnisation. Il existe cinq catégories classées de A à E en fonction du type d'emploi occupé (ou non) et des démarches imposées.

II apparaît que les données du chômage fournies par l'INSEE ne sont pas identiques à celles proposées par Pôle emploi, les divergences s'expliquant en partie par le fait que l'lNSEE adopte un critère de recherche d'emploi plus restrictif que Pôle emploi.

Le taux de chômage est le rapport du nombre de chômeurs au nombre d'actifs. Dans ce chapitre, les taux seront toujours donnés au sens du BIT, ce qui permet de faire des comparaisons internationales. Il faut cependant prendre ces comparaisons avec précaution, du fait d'un taux de salariat très différent entre les pays, celui-ci étant bien plus faible dans les pays les moins avancés que dans les pays développés. Les PED ont ainsi encore une forte proportion de la population active travaillant dans un cadre non salarié ou dans l'économie informelle. Il y existe sans doute un sous-emploi assez élevé, mais on ne peut pas à proprement parler de chômage.

≫ Le halo du chômage

Répartir la population entre actifs occupés, chômeurs et inactifs pose problème du fait de la multiplication des situations aux frontières des trois catégories. Il est ainsi réducteur de définir le chômage comme la différence entre l'offre et le demande de travail. Il existe un halo du chômage (M. Cézard, « Le chômage et son halo », 1986) qui représente, comme le précise J. Freyssinet (*Le Chômage*, 2004), les individus qui ne sont pas considérés comme chômeurs mais qui sont en situation équivalente à du chômage.

L'INSEE mesure en France un halo du chômage prenant en compte les personnes qui ne sont pas considérées comme chômeurs au sens du BIT, mais dont la situation s'en rapproche. Elles sont sans emploi, souhaitent travailler, mais ne sont pas disponibles dans les quinze jours pour occuper un emploi, ou n'ont pas fait de démarche de recherche d'emploi depuis quatre semaines.

L'INSEE mesure également le « sous-emploi » (au sens du BIT) pour rendre compte des personnes se trouvant à mi-chemin entre l'emploi et le chômage. Ce sont les personnes ayant un emploi mais qui travaillent à temps partiel en souhaitant travailler plus, ou celles qui ont involontairement travaillé moins que d'habitude, pour cause de chômage partiel par exemple. Fin 2020, le taux de sous-emploi était de 7,2 %.

Cette frontière floue entre chômage et emploi explique que les créations d'emplois n'aient pas d'effet symétrique sur le chômage. Le taux de flexion rend compte de cette interdépendance entre l'offre et la demande de travail ; il rapporte la baisse du nombre de chômeurs à la création de 100 emplois : si ce taux est proche de 1, la création d'emplois permet une nette diminution du taux de chômage ; inversement si ce taux est proche de 0.

Les différentes caractéristiques du chômage

L'observation de la composition et de la durée du chômage est nécessaire pour appréhender ce phénomène. L'analyse des entrées dans le chômage permet de saisir aussi la nature de ce dernier.

≫ Un chômage sélectif

Le taux de chômage relatif calculé selon l'âge, le sexe, la catégorie socioprofessionnelle, le diplôme, etc., constitue une mesure de l'inégalité face au chômage. Certaines populations se caractérisent par une forte vulnérabilité au chômage. Les inégalités entre classes d'âge sont nettes : début 2020, le taux de chômage des moins de 25 ans recule par rapport aux années précédentes mais reste à un niveau élevé : 18,2 %. Le risque de chômage varie aussi beaucoup selon le niveau de formation. Le taux de chômage des sans diplôme est trois fois supérieur à celui des diplômés de l'enseignement supérieur ; ce que l'on retrouve au niveau des catégories socioprofessionnelles : les cadres connaissent un taux de chômage cinq fois inférieur à celui des ouvriers non qualifiés. De même, les travailleurs nationaux sont moins vulnérables que les travailleurs d'origine étrangère (hors Union européenne). En revanche, les différences entre les hommes et les femmes, très marquées à la fin du XXe siècle, ont quasiment disparu depuis la fin des années 2000.

≫ La durée du chômage

Prendre en compte la durée du chômage permet de mettre en évidence un cercle vicieux de celui-ci : la probabilité de retrouver un emploi diminue avec l'ancienneté au chômage. Les entreprises ont tendance à ne pas embaucher les personnes au chômage depuis longtemps de peur d'une dégradation de leur capital humain et du fait que cette situation peut être appréhendée comme un signal négatif concernant les performances du chômeur. Enfin, l'intensité de la recherche d'un emploi peut s'affaiblir en raison de la démotivation du chômeur.

Robert Salais (« Le chômage, un phénomène de file d'attente », 1980) montre ainsi que le chômage fonctionne comme un processus de file d'attente inversée. Les formes d'emplois atypiques jouent un rôle dans la production d'un chômage de longue durée car elles fournissent en permanence un flux de nouveaux chômeurs. L'ordre d'arrivée ne détermine pas l'ordre de sortie du chômage : les plus performants des nouveaux entrants passent devant ceux qui le sont moins. La probabilité de maintien dans le chômage augmente ainsi très fortement avec la durée du chômage. Les caractéristiques individuelles jouent au fil du temps un rôle de plus en plus faible pour expliquer la longueur de la recherche d'emploi.

Le chômage de longue durée entraînant ainsi une perte d'employabilité est un déséquilibre majeur du marché du travail, l'employabilité se définissant comme la probabilité de trouver un emploi ou de changer d'emploi. Il peut mener à une marginalisation permanente du marché du travail, avec les risques de pauvreté et d'exclusion sociale. Le taux est particulièrement élevé en France : fin 2020, parmi les chômeurs, 965 000 déclarent rechercher un emploi depuis au moins un an (soit 36 % des chômeurs). Le taux de chômage de longue durée s'établit ainsi à 3,3 % de la population active.

≫ Différentes formes de chômage

Complétant la typologie de J. Freyssinet, J. Gautié (*Le Chômage*, 2009) propose une classification à partir des transitions sur le marché du travail. Le chômage d'insertion concerne les nouveaux entrants sur le marché du travail qui sont essentiellement les jeunes en sortie d'études. Le chômage de conversion touche principalement les travailleurs fréquemment titulaires d'un emploi stable, à la suite d'un licenciement souvent lié aux mutations de l'appareil productif, mais qui sont relativement employables. Ce type de chômage est caractéristique de la période des années 1960 au début des années 1970. Le chômage répétitif concerne les travailleurs qui alternent périodes d'activité et de chômage. Il s'est accru depuis les années 1990 du fait d'une plus grande flexibilité externe du travail. Le chômage d'exclusion est lié à une probabilité d'insertion ou de réinsertion très faible sur le marché du travail. Il se traduit par un chômage de longue durée (plus d'un an), voire de très longue durée (plus de deux ans).

L'évolution du taux de chômage : une perspective historique

Le chômage a connu des évolutions notables depuis sa comptabilisation. Si les Trente Glorieuses ont été marquées par des taux de chômage particulièrement faibles, se pose aujourd'hui la question de la définition du plein-emploi, du fait de taux de chômage restant à des niveaux élevés dans certains pays et de taux d'emploi plus faibles.

≫ Les grandes tendances du chômage

Le chômage reste faible au cours des trente premières années du XXe siècle, hormis au Royaume-Uni qui connaît un chômage bien plus élevé que les autres pays lors des années 1920. Cette période se caractérise par une croissance économique relativement soutenue.

Lors des années 1930, suite à la crise de 1929, le taux de chômage augmente de manière significative. D'environ 2 %, il passe à près de 5 %. Un taux qui paraît faible au regard des critères actuels, mais la comptabilisation était alors différente (*cf. supra*, « La définition statistique du chômage »).

Les Trente Glorieuses sont une période qualifiée de plein-emploi : le taux de chômage ne dépasse pas les 3 % dans la plupart des pays développés.

À partir de la fin des années 1960, on assiste à une montée continue du chômage, qui se transforme en chômage de masse. Des différences importantes entre pays vont apparaître. Les États-Unis vont revenir à des taux de chômage faibles lors des années 1990 (moins de 5 %), à l'inverse de l'Europe. Le chômage européen, malgré des phases de diminution, comme à la fin

Figure 2 – Taux de chômage en France de 1975 à 2020
(au sens du BIT, en %)

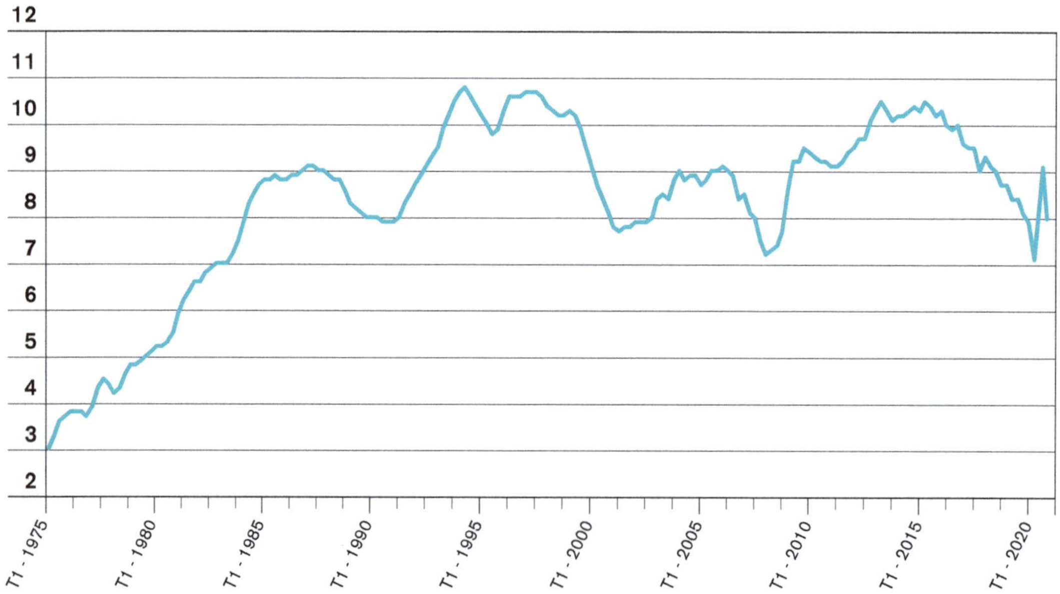

Source : INSEE.

des années 1990, ne parvient pas à descendre en dessous d'un certain niveau. En France, la tendance globale a été plutôt à la baisse du chômage depuis la seconde moitié des années 1990, jusqu'à la crise de 2008 (7,4 % en 2008).

Avec la crise de 2008, l'augmentation du chômage dans les pays développés a lieu avec une rapidité inédite depuis le premier choc pétrolier. Par exemple, aux États-Unis, le taux de chômage passe de 4,6 % en 2007 à 9,6 % en 2010.

Depuis 2010, les pays connaissent des évolutions différentes. Le chômage baisse fortement aux États-Unis, au Japon et au Royaume-Uni, dont les taux de chômage sont respectivement, en février 2020 – avant la pandémie – de 3,8 %, 2,4 % et 4 %. En revanche, la baisse du chômage en zone euro ne s'amorce que timidement, avec des différences importantes entre les pays. En février 2020, le taux de chômage est de 3,6 % en Allemagne, de 4,9 % en Irlande, de 7,9 % en France, de 9,2 % en Italie, de 14 % en Espagne, de 16,6 % en Grèce.

Le taux de chômage des jeunes est un problème préoccupant : en février 2020, d'après les données d'Eurostat, 14,9 % des jeunes de moins de 25 ans étaient à la recherche d'un emploi dans l'Union européenne, 15,6 % dans la zone euro, 36 % en Grèce, 30,6 % en Espagne, ou encore 29,3 % en Italie ; les taux les plus faibles sont observés en République tchèque (5,3 %), en Allemagne (5,6 %) et aux Pays-Bas (6,9 %). Ce qui fait craindre une « génération perdue », comme le souligne le BIT, les jeunes risquant de perdre les acquis de leurs études.

Depuis mars 2020, le taux de chômage rebondit fortement dans l'ensemble des pays de l'OCDE du fait de la crise sanitaire. Par exemple, aux États-Unis, il passe, entre février et avril

Figure 3 – Évolution récente du taux de chômage
(en %)

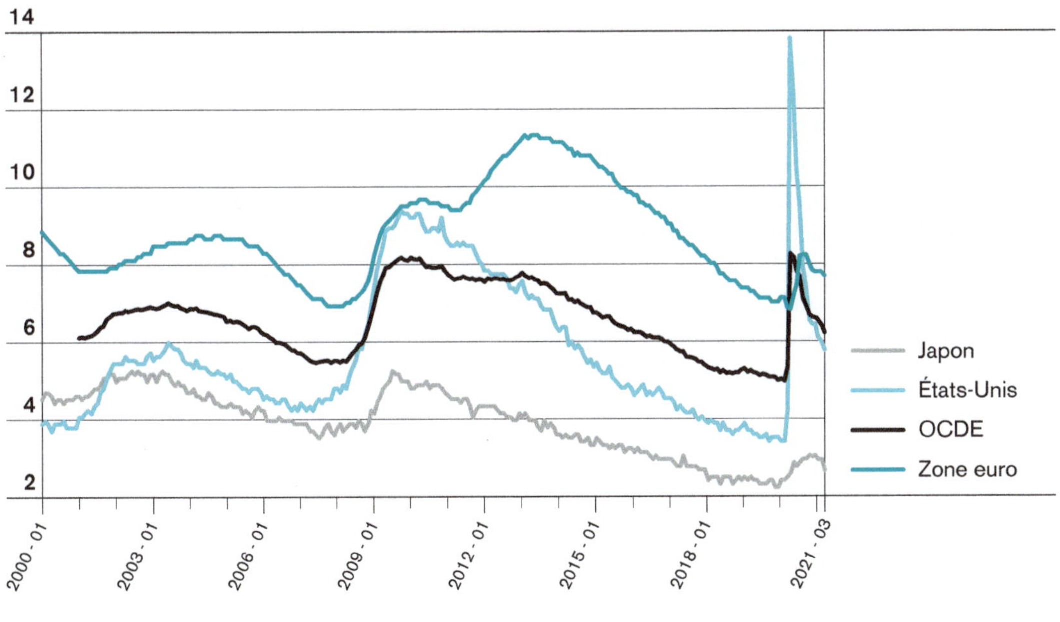

Source : OCDE.

2020, de 3,5 % à 14,8 %, son plus haut niveau depuis les années 1930. Cette forte hausse a été suivie d'un retour des embauches dès que les conditions sanitaires l'ont permis. Le taux de chômage a été réduit de moitié, repassant sous la barre des 7 % en octobre. Décembre marque la fin de cette amélioration.

Dans tous les pays, Les perspectives de croissance et donc des embauches demeurent exceptionnellement incertaines, marquées par des risques de révision à la hausse comme à la baisse.

L'interprétation des données les plus récentes doit être effectuée avec prudence. En effet, l'impact sans précédent du COVID-19 affecte la comparabilité entre les pays des statistiques de chômage. Ceci concerne en particulier le traitement des personnes en mise à pied temporaire ou des salariés mis en chômage partiel par leurs employeurs. Ainsi, les travailleurs au chômage partiel aux États-Unis et au Canada sont enregistrés comme étant au chômage, alors qu'ils sont enregistrés comme étant en emploi dans la plupart des autres pays.

≫ À la recherche du plein-emploi

Le terme plein-emploi désigne une situation de l'économie où toutes les capacités matérielles de production sont requises et où toute personne désirant travailler peut effectivement bénéficier d'un emploi. Le plein-emploi ne correspond pas à une situation où le taux de chômage serait nul. En effet, il y a un certain niveau de chômage frictionnel lié au fait que les nouveaux entrants sur le marché du travail vont rechercher un travail et donc pendant un certain temps être considérés comme chômeurs, mais aussi parce que chaque année des emplois sont détruits et d'autres créés, conformément au processus de destruction créatrice.

Rechercher aujourd'hui le plein-emploi, c'est rechercher avant tout une diminution du taux de chômage. Mais le taux de chômage est un indicateur imparfait du plein-emploi.

On peut tout d'abord inclure l'indicateur du taux d'emploi (proportion de personnes occupant un emploi parmi les personnes en âge de travailler) dans la définition du plein-emploi. L'accroissement à long terme du taux d'emploi dans les pays développés est une nécessité afin, notamment, de faire face aux conséquences du vieillissement démographique. D'ailleurs, les objectifs de la stratégie de Lisbonne puis de la stratégie Europe 2020 ne sont pas des objectifs en termes de taux de chômage mais en termes de taux d'emploi (avec un objectif d'un taux global d'emploi passé de 70 % à 75 %).

Le plein-emploi renvoie aussi à la question du travail à temps partiel non choisi. Le plein-emploi ne peut représenter une situation économique où de nombreux travailleurs en situation de sous-emploi cherchent à travailler davantage.

Il faut aussi se poser la question d'élargir davantage la notion de plein-emploi, en prenant en compte des critères qualitatifs. L'Organisation internationale du travail (OIT) a ainsi introduit le concept de travail décent, qui est la possibilité d'accéder à un emploi, avec une rémunération appropriée, la sécurité au travail et des conditions de travail salubres, le respect des droits fondamentaux (liberté syndicale, non-discrimination au travail, absence de travail forcé et de travail des enfants). Le BIT s'est engagé dans la mise au point de batteries d'indicateurs statistiques destinés à mesurer le travail décent dans le monde.

B. Un chômage lié aux fluctuations de l'activité économique

Dans l'analyse keynésienne, une économie peut être durablement en situation de sous-emploi. Les entreprises sont désireuses de produire plus, mais ne le font pas en raison d'une insuffisance de la demande effective.

Le chômage conjoncturel

Le chômage conjoncturel est lié au fait que le rythme de croissance de l'activité a tendance à fluctuer et que son ralentissement engendre du chômage qui se résorbe lorsque le cycle d'activité recommence à s'accélérer. Mais la croissance n'entraîne pas une diminution proportionnelle du chômage. Ce chômage conjoncturel a des effets différents selon les catégories de travailleurs.

≫ Le chômage keynésien

Dans le chapitre XXIV de la *Théorie générale de l'emploi, de l'intérêt et de la monnaie* (1936), John Maynard Keynes écrit : « Les deux vices marquants du monde économique où nous vivons sont le premier que le plein-emploi n'y est pas assuré, le second que la répartition de la fortune et du revenu y est arbitraire et manque d'équité. » Keynes développe une analyse du chômage non fondée sur une théorie du marché du travail. Il s'oppose à la thèse néoclassique du chômage, en particulier à celle d'A. C. Pigou (*La Théorie du chômage*, 1933) attribuant l'existence d'un sous-emploi permanent à une cause unique : la rigidité des salaires réels à la baisse. Les syndicats empêchent la baisse des salaires et le chômage est donc considéré comme « volontaire ». Pour Keynes, au contraire, le chômage est avant tout « involontaire », c'est-à-dire qu'en l'absence de toute rigidité des salaires à la baisse, le chômage peut subsister, car l'emploi offert est déterminé par le seul niveau de la demande effective, c'est-à-dire de la demande anticipée par les entreprises. Cette dernière détermine le volume de production qu'elles mettent en œuvre et donc l'emploi qu'il requiert. Or rien ne garantit que cette demande effective corresponde à une situation de plein-emploi. Il existe ainsi du chômage involontaire même lorsque le marché des biens et services est en équilibre. Il s'agit d'un équilibre de sous-emploi : la demande effective est insuffisante pour assurer le plein-emploi.

Keynes ne trouve donc pas adéquate la baisse des salaires pour réduire le chômage. Cette diminution est « impraticable et inéquitable », elle entraîne une baisse du pouvoir d'achat se traduisant par un recul de la demande et donc de l'emploi. « Ainsi la réduction des salaires nominaux ne saurait d'une façon durable accroître l'emploi. » Si, toutefois, il faut réduire les salaires réels, il vaut mieux une augmentation des prix, mieux acceptée socialement qu'une diminution des salaires nominaux.

≫ Chômage et croissance économique

Dans l'optique keynésienne, les variations à court terme du PIB ont des répercussions sur le niveau de l'emploi et donc sur celui du chômage. On peut distinguer le PIB effectif, effectivement réalisé, et le PIB potentiel qui désigne le niveau de PIB qui résulterait du plein-emploi des facteurs de production dans l'économie sans apparition de tensions inflationnistes. La différence entre le PIB effectif et le PIB potentiel représente l'écart de production (ou *output gap*). La loi d'Okun représente la relation mise en évidence par Arthur Okun (« Potential GNP : its measurement and significance », 1962) entre l'évolution du chômage et celle de l'écart de production. Le taux de chômage est une fonction croissante de l'écart de production. Si la croissance effective est inférieure à la croissance potentielle, qui est la croissance maximale permise par la pleine utilisation des facteurs de production sans tensions inflationnistes, alors le chômage augmente. La loi d'Okun mesure ainsi la sensibilité du chômage à une modification de l'*output gap*.

L'ajustement de l'emploi aux fluctuations de l'activité n'est ni immédiat ni strictement proportionnel. Par exemple, aux États-Unis, les estimations révèlent que l'augmentation de 1 % du PIB effectif réduit le taux de chômage de seulement 0,5 %. Cela s'explique par plusieurs raisons.

Tout d'abord, l'impact de la croissance sur l'emploi est amorti par le cycle de productivité. Face à des variations de la demande, les entreprises peuvent modifier le nombre d'heures travaillées par les salariés en place plutôt que d'embaucher de nouveaux travailleurs. À l'inverse, une entreprise qui connaît une baisse de ses ventes peut réduire les heures travaillées plutôt que de licencier. Les entreprises ne vont ajuster leurs effectifs que si le rebond ou le creux conjoncturel s'avère durable. La productivité du travail s'accélère donc lors des phases de reprise et se réduit lors des phases de ralentissement conjoncturel. L'emploi et le chômage sont ainsi plus sensibles dans les pays où le marché du travail est flexible que dans les pays où il est relativement rigide. La France a, sur une longue période, un coefficient d'Okun plus faible que celui des États-Unis : Olivier Blanchard et Daniel Cohen (*Macroéconomie*, 2010) estiment que le coefficient d'Okun n'était en France que de 0,17 au cours des années 1960 et 1970, contre 0,40 aux États-Unis. Toutefois, le coefficient a changé en France durant la période récente, rejoignant celui des États-Unis : 0,4 contre 0,5. La croissance s'est donc « enrichie en emploi » en France. Cela est en grande partie lié à une plus grande flexibilité du marché du travail.

De plus, le nombre de travailleurs cherchant un emploi est influencé par la disponibilité des emplois. Lors d'une période de récession, certains travailleurs au chômage se découragent et renoncent à chercher activement du travail. Inversement, en phase de reprise, certaines personnes qui n'étaient pas activement à la recherche d'un travail vont se présenter sur le marché du travail.

Les effets des fluctuations de l'activité économique sur le chômage catégoriel

Les différences de taux de chômage entre les catégories de travailleurs dépendent de leurs productivités et de leurs salaires relatifs, mais aussi de la conjoncture. Ainsi, le taux de chômage des jeunes est plus sensible aux variations de l'activité économique que celui des adultes. En cas de récession, les entreprises n'embauchent pas et ces nouveaux entrants ne trouvent pas d'emploi. Les jeunes en emploi souvent temporaire sont davantage menacés de perdre cet emploi, car les entreprises ne prolongent pas les contrats temporaires en cas de baisse de l'activité.

De même, si elles sont obligées de licencier, elles choisissent davantage les jeunes qui ont moins d'expérience dans l'entreprise et donc moins de capital humain spécifique. De même, les entreprises licencient plus facilement les travailleurs peu qualifiés car ils n'ont pas de compétences recherchées. Ces travailleurs connaissent donc une plus grande vulnérabilité face au ralentissement économique. On retrouve ce même phénomène pour les emplois de cadres et d'ouvriers. Une baisse d'activité a des effets plus rapides sur ces derniers emplois, la suppression des postes d'encadrement n'intervenant qu'en cas de baisse durable.

L'arbitrage inflation-chômage

La courbe de Phillips, entendue de façon large comme une relation entre inflation et taux de chômage, devient rapidement une relation macroéconomique de référence. Pendant les Trente Glorieuses, l'idée d'un arbitrage possible entre le chômage et l'inflation était ainsi dominante.

≫ La courbe de Phillips

En 1958, A. W. Phillips (« The relation between unemployment and the rate of change of money wage rates in the United Kingdom, 1861-1957 ») a mis en évidence une corrélation négative entre le taux de chômage et le taux de croissance des salaires nominaux pour la Grande-Bretagne sur la période 1861-1957. L'explication de cette relation est l'existence d'un mécanisme d'ajustement sur le marché du travail. Une augmentation de la demande de travail fait baisser le chômage, ce qui augmente le pouvoir de négociation des salariés et les salaires tendent à augmenter. Inversement lors d'une baisse de la demande de travail. La relation n'est pas linéaire : l'effet d'une baisse du chômage devient important lorsque le chômage est très faible, tandis qu'il est modeste lorsque le chômage est à un niveau élevé.

À partir d'études sur la Grande-Bretagne et d'autres pays, des économistes comme R. G. Lipsey (« The relation bewteen unemployment and the rate of change of money wage rates in the United Kingdom, 1862-1957 : A further analysis », 1960) trouvent une relation similaire entre le taux de chômage et le taux d'inflation. P. Samuelson et R. Solow développent une analyse semblable (« Analytical aspects of anti-Inflation policy », 1960). Le taux d'inflation est substitué au taux de croissance des salaires nominaux car la liaison entre les deux grandeurs est forte. La hausse des salaires provoque des tensions sur la demande de biens et services, donc sur les prix, et les entreprises augmentent leurs prix pour conserver leurs marges.

Cette relation négative entre inflation et chômage devint centrale dans la politique macroéconomique.

Figure 4 – Courbe de Phillips revue par Solow et Samuelson
(en %)

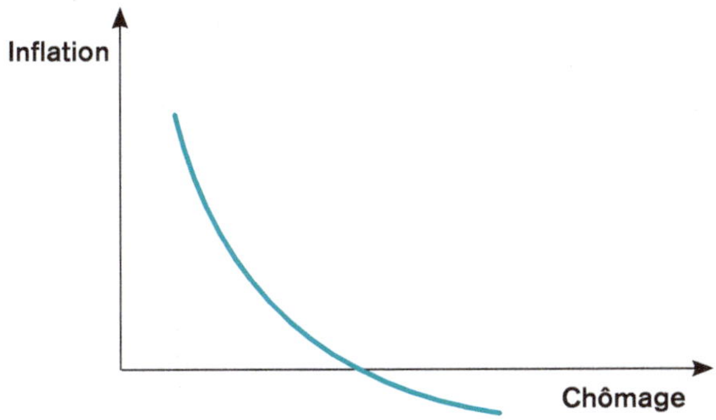

≫ L'arbitrage inflation-chômage et le dilemme de politique économique

La courbe de Phillips revisitée par P. Samuelson et R. Solow complète ainsi le modèle théorique IS/LM qui domine la pensée économique au cours des années 1950 et 1960. Il existe un arbitrage entre l'inflation et le chômage pour les responsables de la politique économique. Ils peuvent choisir entre une inflation faible associée à un taux de chômage plus élevé et une inflation plus forte associée à un taux de chômage plus faible. Ce dilemme de politique économique implique que les responsables accordent plus ou moins d'importance à l'un ou l'autre des objectifs, la stabilité des prix ou l'emploi. L'intervention publique a donc un caractère favorable à travers un réglage fin de la conjoncture (*fine tuning*) : une politique monétaire expansionniste permet de réduire le chômage au prix d'une inflation plus forte, une politique restrictive enraye l'inflation, ce qui se traduit par une augmentation du chômage. Ce fut l'un des fondements des politiques discrétionnaires pratiquées durant les années 1960, à l'image des politiques de *stop and go* mises en œuvre au Royaume-Uni.

≫ L'aplatissement de la courbe de Phillips

Des années 1960 aux années 1980, la courbe de Phillips pour les pays développés était relativement pentue, c'est-à-dire que l'inflation se révélait être sensible au degré de tensions sur le marché du travail (hormis la période de la stagflation où une forte montée de l'inflation et du chômage est constatée). Mais, à partir des années 1990, la corrélation s'est affaiblie. Le constat est celui d'une décélération tendancielle de l'inflation. Ainsi, lors de la reprise qui a suivi la Grande Récession, même lorsque le taux de chômage baissait rapidement, une remontée de l'inflation n'a pas été constatée. Par exemple, en 2019, les États-Unis enregistraient un des taux de chômage les plus bas de leur histoire, 3,5 %, et une inflation de seulement 1,4 %. D'où l'image d'une courbe de Phillips aplatie. L'inflation reste ainsi faible et en dessous des objectifs des banques centrales.

Ce phénomène est le résultat de plusieurs facteurs d'ordre structurel. Tout d'abord, l'inflation est moins réactive aux tensions du marché du travail, ce qui peut s'expliquer par l'affaiblissement du pouvoir de négociation des salariés et la baisse de la part des salaires dans la valeur ajoutée observée depuis le début des années 1990. Les mutations du marché du travail peuvent ainsi avoir freiné la croissance des salaires et réduit en conséquence les pressions inflationnistes.

Les différentes réformes du marché du travail ont impliqué une évolution de la nature des emplois vers plus de flexibilité (travail intérimaire, temps partiel, travail pour compte propre). Le développement de ces emplois atypiques est un élément majeur de compression salariale se répercutant sur les prix.

De plus, ces dernières années, les grandes entreprises, au lieu d'embaucher, ont sous-traité toute une série de tâches. Or le pouvoir de négociation des salariés est bien plus faible dans les entreprises de sous-traitance que dans les grandes entreprises, ce qui freine la progression des rémunérations, notamment des plus basses.

La montée du pouvoir de monopsone ou d'oligopsone sur le marché du travail, en particulier dans l'économie américaine, explique aussi la faible remontée salariale. Différentes études, dont celles d'Aznar, Marinescu, Steinbaum et Taska (« Concentration on the labor market », 2017), montrent ainsi que certaines entreprises peuvent se transformer en oligopsones sur le marché du travail américain. Plus la concentration des employeurs est forte au niveau local, plus les hausses de salaire sont réduites, et la concentration moyenne des employeurs au niveau local a augmenté depuis plus de trente ans aux États-Unis.

Enfin, il existe des réserves de travail inemployées mal captées par les statistiques du chômage, pesant ainsi sur la formation des salaires. Le taux de participation des individus au marché du travail a diminué (ce taux mesure le rapport entre les actifs et la population en âge de travailler). Plusieurs explications peuvent être avancées. La faiblesse du salaire décourage certaines personnes de revenir sur le marché du travail, les gains d'un retour à l'emploi étant insuffisants au regard des coûts. La perte de compétence induite par l'allongement de la durée du chômage rend de plus en plus difficile le retour à l'emploi. Certaines personnes ne disposent pas du tout des compétences en adéquation avec les offres d'emploi. Ainsi, en 2020, la participation au marché du travail des 25-54 ans aux États-Unis était d'un peu moins de 82 %, alors qu'elle atteignait 96 % en 1968. Quant à la BCE, elle considère que les capacités inutilisées sur le marché du travail européen représentent environ 18 % de la population active.

Par ailleurs, les variations salariales n'expliquent pas, à elles seules, celles de l'inflation. Un autre facteur de cette faiblesse de l'inflation est la globalisation des échanges et l'internationalisation des chaînes de valeur. En effet, une part de l'inflation provient de l'évolution des prix des biens importés. La participation de la Chine, de l'Inde et d'autres pays asiatiques au commerce international a entraîné une compression des coûts de production au niveau mondial depuis les années 1990.

En outre, la hausse de l'épargne au niveau mondial, en raison du vieillissement de la population dans les pays industrialisés et de l'accumulation d'une épargne de précaution dans les pays émergents, a contribué à la baisse tendancielle de l'inflation.

Une autre explication peut être recherchée du côté d'une transformation du lien entre inflation anticipée et observée, ce que souligne notamment Olivier Blanchard (« Should we reject the natural rate hypothesis ? », 2018). Les anticipations d'inflation dépendent ainsi de moins en moins de l'inflation passée au profit d'un ancrage sur les prévisions de long terme, ce qui peut être relié à un changement de nature de la politique monétaire des banques centrales, lesquelles mettent davantage l'accent sur la crédibilité des annonces et le guidage des anticipations avec le ciblage d'inflation.

C. Le chômage structurel

Les politiques discrétionnaires visant à relancer la croissance pour diminuer le chômage rencontrent de sévères critiques. Se développe le concept de chômage structurel qui correspond au chômage ne pouvant pas être expliqué par un ralentissement de l'activité économique.

La remise en cause des politiques conjoncturelles de lutte contre le chômage

L'arbitrage entre l'inflation et le chômage est remis en question, tout d'abord dans une optique monétariste, puis par les nouveaux économistes classiques. Le rôle des anticipations des agents devient primordial. Dans les années 1960 et 1970, certains auteurs montrent qu'un chômage « keynésien » et un chômage « classique » peuvent coexister, rendant la pratique des politiques économiques délicate : il s'agit de la théorie du déséquilibre (ou des déséquilibres).

La critique monétariste

En 1968, Milton Friedman (« The role of monetary policy ») remet en cause l'existence de la courbe de Phillips à long terme. Il construit cette dernière en l'augmentant des anticipations et montre qu'il peut exister plusieurs courbes de Phillips à court terme, mais qu'à long terme la courbe est verticale. On retrouve ici à long terme le principe de la neutralité de la monnaie. L'hypothèse de dichotomie entre la sphère réelle et la sphère monétaire est réaffirmée : les variations de la masse monétaire n'ont d'effet que sur le niveau général des prix.

Les agents font des erreurs d'anticipations qu'ils corrigent : ils forment des anticipations adaptatives. Lors d'une politique de relance se traduisant par une augmentation de l'inflation, le salaire réel diminue et les entreprises ont tendance à embaucher, mais les salariés, victimes dans un premier temps de l'illusion monétaire, vont ensuite exiger une hausse de leurs salaires. Ils réalisent que leur pouvoir d'achat est plus faible que celui qu'ils anticipaient. L'augmentation des salaires a pour effet de dégrader la situation de l'emploi et le chômage revient à son niveau initial. La baisse du chômage n'est donc que transitoire. En revanche, la hausse des prix est permanente. « À vrai dire, il n'y a qu'une seule décision à prendre. Le choix est entre le chômage sans inflation, et le chômage avec inflation. Il faut savoir ce que l'on préfère : un chômage modéré tout de suite ou un chômage plus important dans l'avenir » (M. Friedman, *Inflation et systèmes monétaires*, 1968).

Selon Friedman, il n'est pas possible de faire baisser durablement le niveau du chômage du fait de l'existence d'un « taux de chômage naturel » : « Le taux naturel de chômage est le taux qui existerait dans un système d'équilibre général walrasien qui prendrait en compte les caractéristiques structurelles effectives du marché des biens et du marché du travail, y compris les imperfections, les changements aléatoires de la demande et de l'offre, le coût de recherche de l'information sur les emplois vacants et les disponibilités en main-d'œuvre, les coûts de mobilité, etc. » Les imperfections sur les différents marchés expliquent l'existence de ce taux de chômage qui est présent dans tout système économique ; il s'agit d'un taux de chômage plancher contre lequel aucune politique économique n'est durablement capable d'agir. Une réduction temporaire du taux de chômage, en dessous du taux naturel, ne peut être obtenue qu'au prix d'une inflation croissante. Les politiques de relance visant à réduire le chômage sont donc à rejeter.

Figure 5 – Courbes de Phillips selon Friedman

(en %)

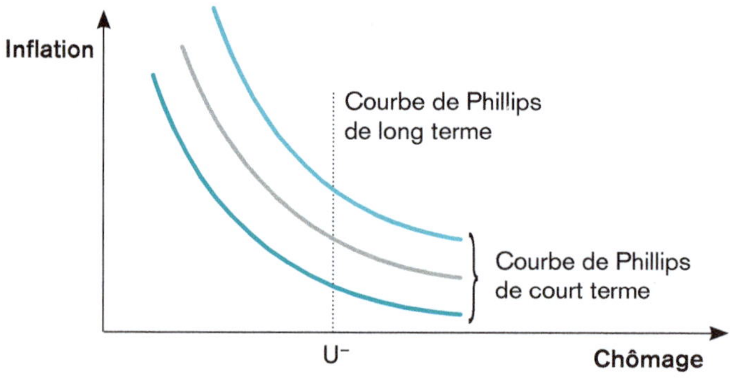

≫ Le NAIRU (non accelerating inflation rate of unemployment)

Des économistes ont déduit de la courbe de Phillips et de sa critique par M. Friedman qu'il existe un taux de chômage compatible avec une inflation stable, c'est-à-dire un taux de chômage qui n'accélère pas l'inflation (il est donc impossible de faire baisser le chômage en dessous d'un certain niveau sans créer de l'inflation).

L'acronyme NAIRU a été introduit par James Tobin (« Stabilization policy ten years after » 1980), mais, à l'inverse de ce que souhaitait montrer M. Friedman, il va fournir un instrument aux politiques macroéconomiques. Celles-ci ont une utilité lorsque le taux de chômage effectif est supérieur au NAIRU calculé. Cette différence représentant le chômage conjoncturel, il est possible de dynamiser l'économie sans créer de tensions inflationnistes. En revanche, à l'approche ou en dessous du NAIRU, toute politique discrétionnaire visant à faire baisser le chômage s'accompagne d'une augmentation du niveau général des prix. Un arbitrage entre inflation et chômage est cependant possible puisque le niveau du NAIRU dépend de la norme d'inflation que l'on se donne. Le niveau de chômage compatible avec une inflation stabilisée à 4 % n'est sans doute pas le même que celui correspondant à une inflation de 2 %.

L'utilité du NAIRU pour la politique économique est discutée, en particulier du fait de son estimation. Les différentes évaluations ne donnent que des mesures imprécises et les évaluations *ex ante* du NAIRU connaissent souvent un biais pessimiste en termes d'inflation en période de baisse du chômage. Par exemple, lorsque le taux de chômage américain est descendu en dessous de 6 % (valeur estimée du NAIRU) à la fin de l'année 1994, la crainte d'une accélération de l'inflation a vu le jour. La banque centrale américaine n'a pas adopté de politique monétaire restrictive et le chômage a continué à baisser sans qu'il y ait de dérapages inflationnistes.

≫ L'approche de la nouvelle économie classique

Les nouveaux économistes classiques vont radicaliser la critique friedmanienne de la courbe de Phillips. L'hypothèse phare est que les agents ont des anticipations rationnelles. Cette notion a d'abord été introduite par J. Muth (« Rational expectations and the theory of price movements » 1961) : « Les anticipations, dans la mesure où elles sont des prévisions bien informées d'événements futurs, sont essentiellement identiques aux prévisions d'une théorie économique correcte. » Les agents forment leurs anticipations en utilisant de manière rationnelle et optimale toute l'information disponible. Les anticipations rationnelles ne sont pas des prévisions parfaites. Les agents commettent des erreurs d'anticipation, mais celles-ci ne sont pas systématiques ; elles sont en moyenne nulles. Ainsi, en se basant sur cette hypothèse, les nouveaux classiques comme R. Lucas (« Expectations and the neutrality of money » 1972) vont affirmer que les agents ne sont jamais victimes de l'illusion monétaire (il existe une stricte neutralité de la monnaie) et donc qu'il n'existe pas d'arbitrage entre inflation et chômage. Toute augmentation annoncée de la masse monétaire se répercute sur les prix, sans que les variables réelles de l'économie soient affectées. Si une politique monétaire expansive est menée, les agents anticipent immédiatement l'augmentation de l'inflation et réclament des hausses de salaires : la relance se traduit uniquement par une accélération de l'inflation. La courbe de Phillips est une droite verticale, à court terme et à long terme.

Dans la continuité de ces travaux, F. Kydland et E. Prescott (« Rules rather than discretion » 1977) mettent l'accent sur la nécessité de suivre des règles pour assurer une cohérence temporelle des décisions de politique économique et donc une crédibilité des autorités publiques. Les nouveaux classiques s'opposent ainsi au caractère discrétionnaire des politiques économiques.

≫ La théorie du déséquilibre… l'arbitrage impossible entre chômage classique et keynésien

L'échec des politiques de relance pour faire face à la stagflation des années 1970 va amener des économistes à proposer de changer de référentiel théorique par rapport à l'approche keynésienne du chômage. Dans le cadre d'une approche en termes d'équilibre général, prenant donc en compte le marché du travail et celui des biens et services, ils vont partir de l'hypothèse que les prix et les salaires sont rigides à court terme et ne s'ajustent pas pour résorber les déséquilibres entre offre et demande sur les différents marchés. D. Patinkin (*Money, Interest and Prices*, 1965), R. Clower et A. Leijonhufvud (« The coordination of economic activities : a keynesian perspective », 1975) sont les précurseurs de la théorie du déséquilibre ou de l'équilibre général à prix fixes. Les travaux de la seconde génération sont ceux en particulier de J.-P. Bénassy (« Théorie du déséquilibre et fondements microéconomiques de la macroéconomie », 1976) et d'E. Malinvaud (*Réexamen de la théorie du chômage*, 1980).

La théorie du déséquilibre cherche à concilier les analyses néoclassique et keynésienne du chômage.

Les prix étant rigides, en cas de déséquilibre, l'ajustement se fait par les quantités, le volume échangé s'ajuste au « côté court du marché », c'est-à-dire au niveau le plus faible de l'offre ou de la demande ; ainsi, il y a toujours une catégorie d'agents qui est rationnée : si le prix est supérieur au prix d'équilibre, ce sont les offreurs ; si le prix est inférieur au prix d'équilibre, ce sont les demandeurs. Dans le cas du marché du travail, l'excès d'offre ne se traduit pas par une diminution du salaire mais par du chômage. Ce chômage peut être « keynésien », résultant d'une insuffisance de la demande sur le marché des biens et services (les politiques traditionnelles de relance par la demande sont alors efficaces), ou de type « classique », lié à un salaire réel trop élevé et donc une rentabilité des entreprises insuffisante (ici les politiques de soutien à la demande sont inefficaces).

Tableau 1 – Typologie des déséquilibres

		Marché des biens	
		Excès d'offre	**Excès de demande**
Marché du travail	**Excès d'offre**	Chômage keynésien	Chômage classique
	Excès de demande	–	Inflation contenue

Ces deux types de chômage peuvent coexister dans une économie. Le chômage mixte traduit cette coexistence : certaines branches productives, en excès d'offre, souffrent d'un chômage keynésien, tandis que d'autres connaissent un chômage lié aux contraintes qui pèsent sur l'offre. Il s'agit alors de stimuler l'offre des entreprises en situation « classique » sans déprimer davantage les débouchés des entreprises en situation « keynésienne ». Des politiques différenciées sont ainsi nécessaires.

Le chômage structurel comme résultat d'un équilibre de marché

Revenir à l'analyse du marché du travail en équilibre partiel est nécessaire pour comprendre les causes du chômage chez les néoclassiques. Progressivement, un consensus a émergé sur la présence d'un chômage structurel qui peut être considéré comme un chômage d'équilibre, dont le niveau ne dépend pas de la conjoncture économique mais qui est lié aux structures économiques.

≫ L'analyse standard du marché du travail

Les néoclassiques proposent une représentation du marché du travail reposant sur plusieurs hypothèses. Le travail est une marchandise comme une autre, échangée sur un marché. La demande de travail (D), représentant le nombre de travailleurs demandés par les entreprises, est décroissante avec le salaire réel (w/p), c'est-à-dire le salaire nominal divisé par le niveau général des prix. La productivité marginale décroît quand la quantité de travail employée augmente. Les entreprises embauchent ainsi tant que la productivité marginale est supérieure ou égale au salaire réel. L'offre de travail (O) représentant le nombre de personnes qui souhaitent travailler est croissante avec le salaire réel, le salarié arbitrant entre temps de travail et temps de loisir en fonction de sa contrainte de revenu (salaire). Si les conditions du modèle de concurrence pure et parfaite sont vérifiées, alors le marché du travail possède un équilibre unique. Il existe un niveau de salaire d'équilibre $(w/p)^*$, qui permet la satisfaction de l'offre et de la demande de travail, à un niveau d'emploi Q^*. Si l'offre de travail est supérieure à la demande de travail, la baisse du salaire conduit certains offreurs à sortir du marché du travail et des demandeurs à entrer sur le marché du travail. Un phénomène inverse se produit lorsque la demande est supérieure à l'offre. Si un déséquilibre persiste, c'est en raison de l'existence de rigidités qui empêchent le salaire de se fixer au niveau d'équilibre. Ces rigidités sont de plusieurs types : existence d'un salaire minimum, indemnisation du chômage, syndicats, législation sur la protection de l'emploi, politique fiscale et prélèvements sociaux. Il en résulte que le chômage est volontaire.

Ainsi, J. Rueff (« L'assurance chômage, cause du chômage permanent », 1931), A. C. Pigou (*The Theory of Unemployment*, 1933) et L. Robbins (*The Great Depression*, 1934) montrent que le chômage persistant de leur époque s'explique par le modèle néoclassique : le chômage résulte d'institutions, telles que le syndicat, le régime d'indemnisation chômage, qui entravent la flexibilité des salaires à la baisse. Comme le salaire observé est supérieur au salaire concurrentiel, un chômage apparaît, qui ne peut être résorbé que par le retour à la libre concurrence sur le marché du travail.

Figure 6 – Le marché du travail dans l'analyse néoclassique

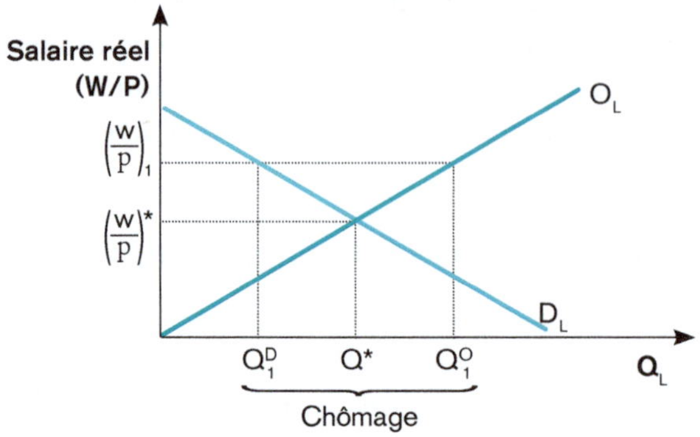

L'équilibre d'un marché du travail imparfait

Les thèses sur le chômage d'équilibre ont en commun d'aboutir au résultat que, à l'équilibre, le chômage est supérieur à ce que justifierait la seule existence de frictions sur le marché du travail.

Il dépend des facteurs structurels liés au fonctionnement des différents marchés, en particulier celui du marché du travail. Différents modèles ont été élaborés pour expliquer la présence de ce chômage d'équilibre : l'accent peut être mis sur les facteurs jouant sur la rentabilité des entreprises.

Des explications sont apportées à l'existence de salaires non concurrentiels. L'explication traditionnelle des néoclassiques est que la rigidité des salaires à la baisse provient de la pression syndicale. Le chômage est alors volontaire. Mais depuis ces dernières années la nouvelle microéconomie du travail apporte d'autres explications.

Certains auteurs se présentent comme nouveaux keynésiens, mais on s'éloigne ici de la vision de J. M. Keynes du chômage. Il s'agit en effet d'un chômage involontaire mais qui est lié au fonctionnement du marché du travail et non à une insuffisance de la demande effective.

Différentes thèses concernant les fondements microéconomiques des rigidités salariales ont été avancées.

La théorie des contrats implicites (C. Azariadis, « Implicit contracts and underemployment equilibria », 1975) suppose que la rigidité des salaires résulte d'accords tacites entre l'entreprise et les travailleurs dont le but est de limiter l'incertitude. Les salariés ont une aversion au risque plus grande que les employeurs et ils souhaitent un salaire moins sensible à la conjoncture que dans le cas concurrentiel. Ils perçoivent ainsi des salaires plus faibles que dans le cas concurrentiel si la conjoncture est favorable, dans l'objectif de se protéger contre des baisses de salaires dans le cas de conjoncture défavorable. Il s'agit d'une sorte d'assurance contre la baisse des salaires qui explique la rigidité des salaires qui génère du chômage.

Le modèle *insiders-outsiders*, développé par A. Lindbeck et D. Snower (*The Insider-Outsider Theory of Employment and Unemployment*, 1988), présente les effets de l'opposition entre les salariés déjà en place (*insiders*), qui ont de l'ancienneté et qui sont expérimentés, et les chômeurs (*outsiders*). Les *insiders* ont connaissance des coûts de rotation dans l'entreprise et peuvent influer sur ces coûts en acceptant de coopérer ou non avec de nouveaux travailleurs. Ils ont donc un pouvoir certain de négociation salariale : les *insiders* étant coûteux à remplacer, l'entreprise est incitée à leur verser des salaires plus élevés que le salaire concurrentiel et n'embauche pas d'*outsiders* pour des salaires plus faibles.

Les théories du salaire d'efficience, comme celle de G. Akerlof (« Gift exchange and efficiency wage theory : four views », 1984) ou celle de C. Shapiro et J. Stiglitz (« Equilibrium unemployment as a worker discipline device », 1984), reposent sur l'hypothèse fondamentale selon laquelle la productivité, supposée résulter de l'effort d'un salarié, est une fonction croissante de son salaire réel. Il peut ainsi être rationnel pour un employeur de rémunérer ses employés au-delà du salaire d'équilibre du marché, la réduction des salaires se traduisant par une baisse de la productivité des salariés.

Encadré 1 – Le dualisme du marché du travail

Les théories de la segmentation du marché du travail remettent en cause l'unicité et l'homogénéité du marché du travail, hypothèses affirmées par le modèle néoclassique. Suite aux travaux de P. Doeringer et M. Piore (Internal Labor Markets and Manpower Analysis, 1971), des économistes proposent de différencier deux marchés du travail : un marché primaire dans lequel les emplois sont stables, bien rémunérés, bien défendus par les syndicats, avec des possibilités de promotion et des conditions de travail satisfaisantes, et un marché secondaire dans lequel les emplois sont précaires, mal rémunérés, peu défendus par les syndicats, offrant peu de promotion et avec des conditions de travail difficiles. Seul le marché secondaire correspond au modèle du travail néoclassique : le salaire y est déterminé par la confrontation de l'offre et de la demande, tandis que sur le marché primaire le salaire n'est pas une variable d'ajustement, les entreprises détenant leurs propres règles concernant la fixation des salaires, les conditions d'embauche ou la promotion interne. Ces deux marchés sont relativement étanches, certains travailleurs se trouvant enfermés dans le marché secondaire sans parvenir à obtenir un emploi dans le secteur primaire.

Les théories récentes du marché du travail, en particulier les théories du salaire d'efficience et des insiders-outsiders, donnent des fondements au rationnement de l'emploi dans le secteur primaire, au différentiel de salaire entre les deux secteurs et à la persistance du chômage. Par exemple, il peut être dans l'intérêt de l'entreprise de constituer un marché interne de la main-d'œuvre où elle mène une politique salariale incitative (salaire d'efficience) pour motiver ses salariés qualifiés à être productifs et pour les dissuader de chercher un emploi ailleurs. De même, l'existence de coûts potentiels de rotation de la main-d'œuvre donne aux salariés du marché primaire une rente de situation (insiders) qui leur permet d'obtenir un salaire supérieur au salaire concurrentiel et d'empêcher la concurrence des autres travailleurs (outsiders).

On peut déduire de ces analyses l'hypothèse de l'existence d'un chômage de file d'attente dû aux difficultés d'insertion sur le marché primaire. Certains demandeurs d'emploi préfèrent attendre de trouver un emploi sur le marché primaire plutôt que d'en accepter un sur le marché secondaire où ils risquent d'être enfermés.

≫ Le modèle WS-PS, ou un équilibre général revisité

Le modèle WS-PS (*wage setting-price setting*), développé par R. Layard, S. Nickell et R. Jackman (*Unemployment*, 1991), constitue l'une des versions les plus abouties des modèles de chômage d'équilibre. Il s'agit d'un modèle d'équilibre général d'une économie fonctionnant en concurrence imparfaite. Les agents économiques ont une influence sur les prix, ils sont *price makers*. Le chômage d'équilibre n'est donc pas défini dans le seul cadre du marché du travail.

Le modèle WS-PS repose sur deux relations impliquant le salaire réel : la première (WS) décrit la formation des salaires et la seconde (PS) celle des prix. WS est décroissante : plus le taux de chômage est fort, moins les salariés sont en mesure d'obtenir des salaires réels élevés. Les nouvelles théories du marché du travail apportent des fondements microéconomiques à la formation de cette courbe. PS est croissante : quand le salaire réel augmente, les entreprises subissent une diminution de leurs marges et procèdent à des licenciements, le taux de chômage augmente.

L'intersection des deux courbes détermine un niveau d'équilibre du chômage, celui qui rend compatibles les exigences en termes de salaire réel des salariés et des entreprises.

Le chômage d'équilibre dépend ainsi des déterminants respectifs des salaires et des prix : il est d'autant plus élevé que le coût salarial est élevé, que le régime d'indemnisation chômage est généreux, que le degré de concurrence sur le marché des biens est faible.

Figure 7 – Le modèle WS-PS

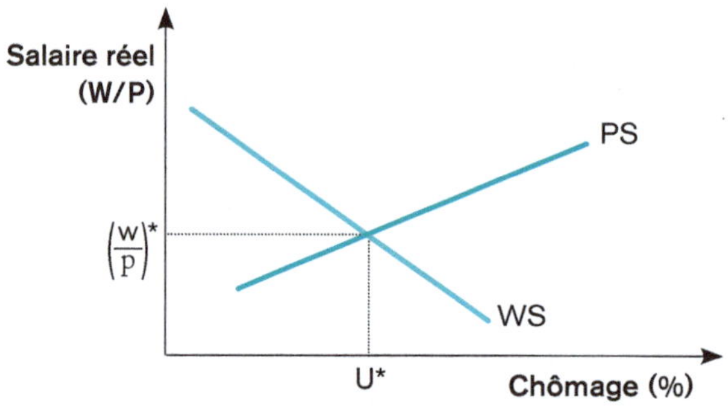

Le chômage structurel comme conséquence de problèmes d'appariement sur le marché du travail

Ce chômage structurel peut aussi être expliqué par les facteurs qui ont un impact sur la mise en relation de l'offre et de la demande de travail.

≫ Chômage de prospection et processus d'appariement

Le chômage structurel peut être expliqué par le processus d'appariement entre l'offre et la demande de travail. Ainsi, des chômeurs peuvent ne pas trouver de travail alors que des entreprises disposent d'emplois vacants. L'appariement résulte de la confrontation entre la recherche d'emploi des travailleurs qui ont une connaissance imparfaite des postes vacants et le recrutement des entreprises qui perçoivent mal les caractéristiques des demandeurs d'emploi.

Les premières théories du chômage structurel l'avaient interprété comme un chômage frictionnel. Les modèles de *job search*, depuis l'article fondateur de G. Stigler (« Information in the labor market », 1962), se focalisent sur la recherche d'emploi. La recherche d'information sur les emplois vacants est coûteuse. Ces coûts peuvent s'apparenter à des coûts directs (comme se rendre à des entretiens d'embauche) mais aussi à des coûts d'opportunité (coût du temps consacré à cette activité de recherche). Ces idées ont été suivies par E. Phelps (*Microeconomic Foundations of Employment and Inflation Theory*, 1970) ou D. Mortensen (« A theory of wage and employment dynamics », 1970) : le chômage s'apparente à une activité rationnelle de prospection. Le chômage de recherche vient de problèmes d'imperfection et donc de coût de l'information. Ne connaissant pas la totalité des postes disponibles ni la distribution des salaires, le demandeur d'emploi reste volontairement au chômage jusqu'à ce que le coût marginal d'un jour de recherche supplémentaire soit égal au bénéfice marginal espéré d'un jour de recherche supplémentaire.

La période de chômage dure d'autant plus que l'indemnisation du chômage est généreuse et longue. Mais C. Pissarides (*Equilibrium Unemployment Theory*, 1990) a une vision plus nuancée que les néoclassiques de l'indemnisation du chômage. Celle-ci peut inciter les personnes à rester au chômage tant que le salaire proposé n'est pas supérieur à leur salaire de réservation (salaire minimal en dessous duquel ce chômeur refuse une offre d'emploi), mais elle laisse aussi le temps de trouver un emploi correspondant aux compétences des travailleurs. Il faut ainsi concevoir un régime d'indemnisation chômage qui fournisse des incitations à travailler, qui laisse le temps de trouver un emploi adapté et qui procure le maximum d'information possible aux chômeurs et aux recruteurs.

Au-delà du chômage frictionnel de prospection, le processus d'appariement renvoie au problème de l'adéquation entre l'offre et la demande de travail qui peut provenir de l'imperfection de l'information, du manque de mobilité des travailleurs, professionnelle ou géographique, de qualifications professionnelles inadéquates au regard des emplois vacants. C. Pissarides affirme ainsi que le chômage d'équilibre est d'autant plus élevé que cette adéquation est mauvaise. Des réformes structurelles sont alors nécessaires pour permettre un meilleur appariement.

≫ La courbe de Beveridge

Jusque dans les années 1980, la courbe de Beveridge, ainsi nommée en référence aux travaux de W. Beveridge (*Full Employment in a Free Society*, 1944), était peu utilisée dans les travaux sur le chômage. L'article d'O. Blanchard et P. Diamond, « The Beveridge curve » (1989), la réactualise. Il s'agit d'une représentation graphique de la relation négative entre taux de chômage et taux d'emplois vacants. L'économie connaît un flux permanent de création et de destruction d'emplois. Si tous les emplois se trouvaient au même endroit et exigeaient les mêmes compétences, la réallocation des travailleurs se ferait sans coexistence d'emplois vacants et de chômeurs. Mais le processus d'appariement des travailleurs et des emplois n'est pas instantané. La position sur la courbe est un indicateur de la situation conjoncturelle de l'économie : lorsque la conjoncture est bonne, le chômage est faible et le taux d'emplois vacants est élevé ; inversement lors d'une conjoncture défavorable. La courbe renseigne aussi sur le fonctionnement du marché du travail. Ainsi, un éloignement de la courbe de l'origine (ici le passage de la courbe 1 à la courbe 2) indique une dégradation de l'adéquation entre l'offre et la demande d'emplois : pour un même taux d'emplois vacants, il y a un taux de chômage plus élevé. Le processus d'appariement s'est détérioré.

Figure 8 – Courbe de Beveridge

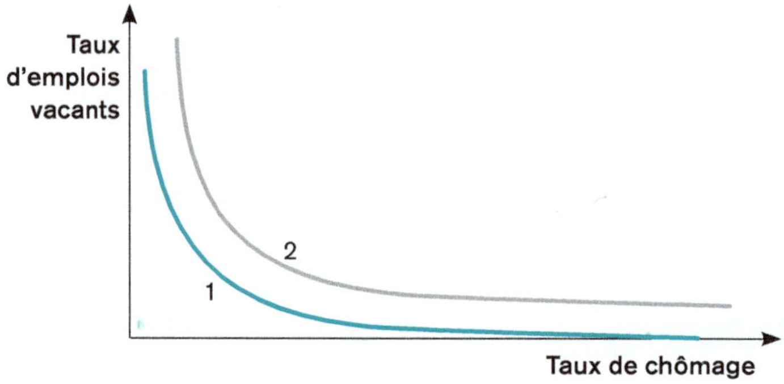

Dans les années 1970, un niveau de chômage bien plus faible en Europe s'accompagnait de difficultés de recrutement moindres qu'aujourd'hui. La courbe de Beveridge a connu un déplacement vers la droite : la composante structurelle du chômage aurait ainsi sensiblement augmenté. À l'inverse, aux États-Unis, elle s'est déplacée vers la gauche, ce qui dénoterait une amélioration du fonctionnement du marché du travail. Les différentes courbes de Beveridge établies pour la zone euro sur les vingt dernières années montrent que la hausse des emplois vacants depuis 2009 ne s'est pas accompagnée d'un recul du taux de chômage. À un même taux d'emplois vacants correspond un chômage plus élevé que lors des années d'avant la crise. Cela pourrait signaler l'émergence d'une dégradation de l'appariement entre emplois créés et qualifications des chômeurs. Plusieurs facteurs peuvent être sources d'une dégradation de l'appariement entre offre et demande de travail, parmi lesquels le manque de mobilité géographique et l'inadéquation des qualifications aux postes vacants (A. Maravalle, M.-É. de la Serve, G. Verdugo, « La courbe de Beveridge dans la zone euro depuis la crise : une hausse du chômage structurel depuis 2010 », 2014).

Lors de son discours au symposium annuel des banques centrales de Jackson Hole en août 2014, Mario Draghi, président de la BCE, affirme que des facteurs cycliques ont contribué à l'augmentation du chômage dans la zone euro, mais aussi qu'une partie du chômage est également structurelle, ce que refléterait « un déplacement plus durable de la courbe vers l'extérieur ». Ce déplacement de la courbe vers l'extérieur peut s'expliquer en partie par une forte baisse du secteur de la construction, « précédemment en surchauffe qui, comme le montre l'expérience aux États-Unis, a tendance à diminuer l'efficience de l'adéquation ». Une autre raison est « le manque d'opportunités de redéploiement pour les travailleurs peu qualifiés privés de leur emploi, comme en témoigne la disparité croissante entre les compétences de la main-d'œuvre et celles requises par les employeurs ».

Ainsi, la crise a entraîné une hausse du chômage structurel en partie lié à des problèmes d'appariement entre l'offre et la demande de travail, essentiellement pour les travailleurs peu qualifiés. Mais il faut différencier selon les pays. Si en France, en Italie, et surtout en Espagne, la courbe s'est déplacée vers l'extérieur, elle s'est rapprochée de l'origine pour l'Allemagne.

≫ L'hystérésis du taux de chômage

Un chômage conjoncturel peut se transformer en chômage de nature structurelle. Ce phénomène d'hystérésis ou hystérèse (concept physique qui désigne la persistance d'un phénomène quand cesse la cause qui l'a produit) a été mis en évidence en particulier par O. Blanchard et L. Summers (« Hysteresis in Unemployment », 1986). L'hystérèse désigne le fait qu'après un choc le chômage d'équilibre tend à augmenter avec le chômage effectif. Un chômage durablement élevé dégraderait les conditions de fonctionnement du marché du travail. La persistance de taux de chômage élevés peut entraîner une augmentation de l'ancienneté moyenne des chômeurs, ce qui peut s'accompagner d'une dégradation du capital humain et d'une perte de motivation dans la recherche de travail. De plus, les entreprises sont réticentes à embaucher des chômeurs qui sont restés longtemps au chômage. L'hystérèse peut aussi être expliquée par le fait que les *insiders* peuvent, lorsque la conjoncture s'améliore, réclamer des augmentations de salaires au détriment de nouvelles embauches. Ces mécanismes peuvent expliquer qu'au cours des années 1980 les taux de chômage ont particulièrement augmenté, notamment en Europe, où les politiques de désinflation menées se sont traduites par une augmentation du chômage effectif.

Ainsi que le rappelle J. Gautié (*Le Chômage*, 2015), « ceci souligne combien il peut être dangereux de laisser augmenter le chômage, celui-ci risquant alors de « s'enkyster » dans la société par tout un ensemble de cercles vicieux : perte d'employabilité, découragement, relégation des chômeurs dans des quartiers éloignés de l'emploi, où se cumulent les difficultés économiques et sociales. La politique économique doit donc être réactive.

Ainsi les modèles du chômage d'équilibre apportent des explications riches de la formation du chômage et de sa persistance. Ils indiquent comment certains chocs structurels peuvent avoir un impact sur le niveau du chômage en passant par une modélisation en équilibre général. « Mais cette forte ambition théorique a dès lors pour contrepartie naturelle une carence des développements empiriques. Parce qu'il pose des difficultés d'évaluation assez extrêmes, le chômage d'équilibre reste par bien des aspects une théorie sans mesure » (Y. L'Horty, F. Thibault, « Le chômage d'équilibre, de quoi parlons-nous ? », 1998). De ce fait, certains économistes doutent du caractère opératoire de ce concept. Il y a une grande diversité d'hypothèses et de résultats des tests économétriques effectués. Pourtant il est considéré comme un instrument de politique économique orientée vers le plein-emploi et est mobilisé par les analystes de très nombreuses institutions. Les différents rapports de l'OCDE depuis les années 1990 renvoient à l'émergence d'une synthèse dans l'analyse du chômage qui s'appuie sur le modèle WS-PS et les fondements microéconomiques de la courbe de Beveridge.

2

L'équilibre macroéconomique à travers les modèles IS-LM, IS-LM-BP, OG-DG

Reposant sur une présentation volontairement simplifiée et formalisée de l'économie, les modèles macroéconomiques cherchent à expliquer les relations entre les grands agrégats que sont l'investissement, la consommation, l'emploi, la production ou encore la masse monétaire. Le modèle IS-LM en économie fermée ou en économie ouverte est considéré comme le premier modèle macroéconomique permettant de simuler les effets des politiques économiques. Le modèle OGDG vise à intégrer également le chômage et l'inflation.

1 Le modèle IS-LM en économie fermée

La crise qui s'ouvre en octobre 1929 aux États-Unis et s'étend au reste du monde durant les années 1930 a marqué de son empreinte la vie politique des grandes nations industrialisées, creusant le lit des régimes autoritaires européens et de la Seconde Guerre mondiale. Elle a également conduit les économistes à opérer une révolution épistémologique dans leur discipline. Alors dominante, la théorie classique reconnaît comme déterminants du revenu national l'offre de facteurs de production (capital, travail) et la technologie de production disponible. Aucun de ces déterminants ne varie de manière significative au moment où survient la Grande Dépression. Les solutions qui s'inspirent de la théorie classique, comme le liquidationnisme d'Andrew Mellon ou les politiques de déflation interne, se révèlent inefficaces. Plusieurs économistes cherchent alors à élargir leur compréhension de la formation du revenu national et à trouver des solutions nouvelles pour sortir de la crise : ils focalisent leur attention sur la capacité de stabilisation conjoncturelle des États. C'est le projet de John Maynard Keynes, qui publie en 1936 sa *Théorie générale de l'emploi, de l'intérêt et de la monnaie*. L'économiste de Cambridge considère qu'il ne faut pas limiter les déterminants du revenu national à l'offre globale de facteurs de production : la faiblesse de la demande globale explique pour une grande part la contraction de la production et l'augmentation du chômage. Il appelle de ses vœux une révolution épistémologique, où sa façon de concevoir l'économie (macroéconomique et soumise aux évolutions de la demande globale) deviendrait le cas général dans lequel s'inscrirait la formulation traditionnelle de l'économie en termes d'offre globale et de microéconomie. Plusieurs économistes de l'époque de Keynes ne versent pas dans le projet radical de refonder la discipline, et tentent de réconcilier sa vision de l'économie avec la théorie classique : ce projet se concrétise par la naissance du modèle IS-LM.

A. Les origines du modèle IS-LM

Le modèle IS-LM en économie fermée est un moment emblématique de la première « synthèse » keynéso-classique. Celle-ci intervient à peine quelques mois après la publication de la *Théorie générale* avec l'article de John Hicks, « Mr Keynes and the "Classics": A Suggested Interpretation », publié en 1937 dans la revue scientifique *Econometrica*. La proposition d'interprétation de Hicks sera enrichie par Alvin Hansen dans un ouvrage de 1938, *Full Recovery or Stagnation?* C'est pourquoi l'autre nom du modèle IS-LM en économie fermée est le modèle Hicks-Hansen. Dans son article de 1937, John Hicks s'efforce de concilier une approche en termes d'équilibre général de marchés interdépendants (issue des travaux de Léon Walras) avec le projet keynésien de lier les phénomènes réels et monétaires. Alvin Hansen cherche à aider les décideurs publics en construisant un modèle simple de politique économique. Leurs propositions combinées aboutissent au modèle IS-LM standard ou modèle ISLM en économie fermée (c'est-à-dire sans échanges extérieurs). Ce modèle sera par la suite enseigné à plusieurs générations d'étudiants en économie, et présenté comme la base de la macroéconomie moderne.

Le modèle IS-LM présente les interactions entre deux marchés : le marché monétaire et le marché des biens et services. Ils sont représentés graphiquement dans un repère orthogonal, avec en abscisse le niveau d'activité et en ordonnée le taux d'intérêt. On a choisi ces deux déterminants car ils agissent à la fois sur les activités économiques réelles (production, consommation, investissement) et sur les activités monétaires (offre et demande de monnaie), et permettent de faire le lien entre les deux marchés. La courbe IS (I pour *investment* ou investissement en français et S pour *saving* ou épargne en français) représente l'ensemble des équilibres possibles sur le marché des biens et services. La courbe LM (L pour *liquidity* ou demande de monnaie et M pour *money* ou offre de monnaie) représente l'ensemble des équilibres possibles sur le marché monétaire. Le « schéma IS-LM » n'est rien d'autre que la représentation graphique, dans un même repère, des courbes IS et LM. Le point où les deux courbes se croisent correspond à l'équilibre simultané des deux marchés. C'est une des thématiques centrales de la *Théorie générale*, qui affirme que l'économie est d'emblée monétaire, autrement dit que la monnaie est échangée au même titre que les autres biens (approche non dichotomique). Mais identifier un équilibre simultané de deux marchés est également en accord avec la logique de l'équilibre walrassien (même si, à strictement parler, IS-LM présente seulement un équilibre partiel et non général). Le modèle IS-LM constitue bien une « synthèse » entre les deux corpus.

B. L'équilibre sur le marché des biens et services : la courbe IS

La construction de la courbe IS repose sur l'équilibre entre les ressources et les emplois déjà évoqué en comptabilité nationale : toutes les ressources trouvent une affectation, tandis que tous les biens et services utilisés proviennent bien d'une production réalisée. Les revenus distribués à l'occasion de la production vont également être répartis entre la consommation et l'épargne.

Le marché des biens et services

On s'intéresse au marché des biens et des services d'une économie, sans État et ne connaissant pas d'échanges extérieurs. Le produit intérieur, que nous noterons par la lettre Y, peut être approximé par la demande adressée à l'économie (1) ou par les revenus distribués dans l'économie (2).

La demande adressée à cette économie fermée est constituée de la consommation finale (notée par la lettre C) et de l'investissement (noté par la lettre I). Le produit intérieur peut donc s'écrire :

$$Y = C + I \ (1)$$

Les revenus distribués rémunèrent les facteurs de production, le travail et le capital. Une partie de ces revenus est affectée à la consommation, le reste à l'épargne. Le produit intérieur s'écrit alors :

$$Y = C + S \ (2)$$

En combinant (1) et (2), on obtient :

$$C + I = C + S$$

$$\Leftrightarrow I = S \ (3)$$

Lorsque le marché des biens et services est à l'équilibre, l'épargne disponible permet de réaliser tous les investissements souhaités : l'épargne égale l'investissement. En termes mathématiques, cela revient à l'identité comptable (3), I = S.

La condition d'équilibre étant posée, il faut maintenant préciser comment se forment l'investissement et l'épargne, autrement dit mettre en évidence les déterminants de chacun des deux membres de l'équation.

La fonction d'investissement dans le modèle IS-LM

≫ Les variations de l'investissement en fonction du taux d'intérêt

Dans le modèle IS-LM, le déterminant principal de l'investissement est le taux d'intérêt (noté i). La relation entre l'investissement et le taux d'intérêt est négative. Plus le taux d'intérêt est élevé, plus le niveau d'investissement est faible : emprunter des fonds pour investir coûte plus cher, ce qui dégrade la rentabilité des projets d'investissement dont le nombre diminue. Plus le taux d'intérêt est faible, plus le niveau d'investissement est élevé : emprunter étant moins coûteux, la rentabilité des projets d'investissement s'accroît et leur nombre augmente.

Représentation graphique de la fonction d'investissement

La fonction d'investissement met en relation le niveau de l'investissement (variable expliquée) et le niveau du taux d'intérêt (variable explicative) : I = f (i). On peut représenter la fonction d'investissement dans un repère orthogonal dont les axes sont le niveau de l'investissement en abscisse et le niveau du taux d'intérêt en ordonnées.

Figure 9 – Représentation graphique de la fonction d'investissement

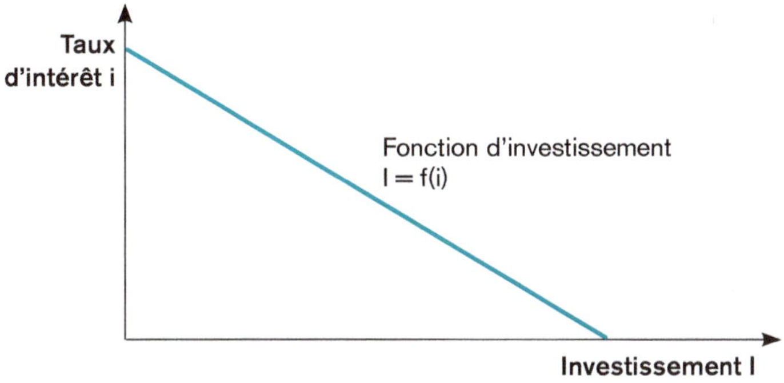

La représentation graphique décrit bien une relation négative entre l'investissement et le taux d'intérêt. Lorsque le taux d'intérêt est faible, l'investissement est élevé. Lorsque le taux d'intérêt est élevé, l'investissement est faible.

Sur un plan mathématique, l'équation de la fonction d'investissement est de la forme : $I = a.i + I_0$, avec *a* un coefficient multiplicateur négatif et I_0 l'ordonnée à l'origine, correspondant à un niveau d'investissement indépendant du taux d'intérêt. Attention, dans cette présentation, i étant en ordonnée, le coefficient b correspond à l'abscisse à l'origine. Le coefficient directeur indique la sensibilité de l'investissement aux variations du taux d'intérêt (en langage économique, on parle d'élasticité). Nous faisons l'hypothèse que la fonction d'investissement est une fonction affine, mais toute spécification décroissante peut être acceptable. On pourrait considérer qu'une diminution du taux d'intérêt n'a pas le même effet selon que le taux d'intérêt est au départ très fort ou très faible. Ainsi, l'incitation à investir sera plus forte lorsque le taux d'intérêt passe de 3 % à 0 % plutôt que de 13 % à 10 %. Dans ce cas, on peut représenter la fonction d'investissement comme une fonction convexe. Elle signifie qu'une même diminution du taux d'intérêt conduit à une augmentation plus forte de l'investissement lorsque le niveau du taux d'intérêt initial est faible.

La fonction d'épargne dans le modèle ISLM

Les variations de l'épargne en fonction du revenu global

Dans le modèle IS-LM, le déterminant principal de l'épargne est le revenu global (noté Y). La relation entre l'épargne et le revenu est positive. Plus le revenu global s'élève, plus la capacité d'épargne augmente. Plus le revenu global diminue, plus la capacité d'épargne décroît.

La fonction d'épargne dérive de la théorie keynésienne. Renversant la perspective classique, Keynes considère que la consommation est première et l'épargne un résidu. La consommation dépend du niveau du revenu mais également d'un paramètre plus psychologique, la propension marginale à consommer (notée *c*), comprise entre 0 et 1. La propension marginale à consommer traduit le « goût » d'une personne ou d'un groupe pour la consommation. Elle illustre également un fait stylisé, auquel Keynes donne le nom de « loi psychologique fondamentale » : en moyenne lorsque le revenu des agents économiques s'élève, la consommation s'accroît mais dans des proportions moindres. Plus les ménages sont riches, moins ils consomment en proportion de leur revenu, en comparaison des ménages plus pauvres.

≫ Représentation graphique de la fonction d'épargne

Au niveau macroéconomique, le niveau de consommation dépend de la propension marginale à consommer de l'ensemble des agents économiques : plus un pays dispose d'un revenu important, plus sa consommation va augmenter. L'épargne étant un résidu, elle se déduit du niveau de consommation : le revenu non consommé est épargné. Il existe ainsi une propension marginale à épargner (notée *s*) qui se déduit de la propension à consommer : *s* est le complémentaire à 1 de *c*, ou encore $s = 1 - c$.

Si la fonction de consommation keynésienne est de la forme $C = c.Y + C_0$, avec *c* la propension marginale à consommer et C_0 la consommation incompressible, et si l'épargne est considérée comme résiduelle, $S = Y - C$, alors la fonction d'épargne s'écrit :

$$S = Y - c.Y - C_0 = Y(1 - c) - C_0$$

$$\Leftrightarrow S = s.Y - C_0$$

Sur un plan mathématique, la fonction d'épargne est donc une fonction affine dont le coefficient directeur indique l'épargne supplémentaire dégagée par l'ensemble des agents économiques lorsque le revenu global varie.

On peut représenter la fonction d'épargne dans un repère orthogonal dont les axes sont le niveau de l'épargne en ordonnée et le niveau du revenu global en abscisses. La fonction d'épargne met en relation le niveau de l'épargne (variable expliquée) et le niveau du revenu global (variable explicative) : $S = f(Y)$

Figure 10 – Représentation graphique de la fonction d'épargne

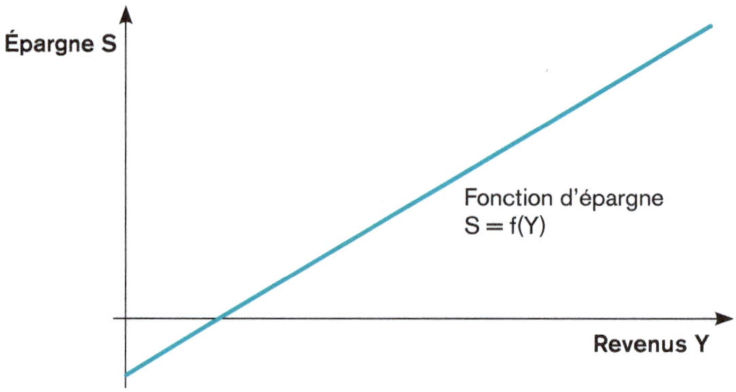

La représentation graphique décrit bien une relation positive entre l'épargne et le revenu global. Lorsque le revenu global est faible, l'épargne est faible. Lorsque le revenu global est élevé, l'épargne est élevée.

On remarque que l'ordonnée à l'origine est négative : il s'agit de la consommation incompressible.

L'équilibre sur le marché des biens et services

≫ Expression mathématique de l'équilibre sur le marché des biens et services

Comme nous l'avons vu plus haut, la condition d'équilibre du marché des biens et services s'exprime par l'égalité I = S. Nous pouvons remplacer les deux termes de l'équation par leurs expressions mathématiques.

$$I = S$$

$$\Leftrightarrow a.i + I_0 = s.Y - C_0$$

L'objectif est d'exprimer le taux d'intérêt en fonction du revenu, i = f(Y). Il vient :

$$i = \left(\frac{s}{a}\right) Y - \frac{I_0 + C_0}{a} \quad (4)$$

Mathématiquement, la condition d'équilibre prend la forme d'une fonction affine, dans laquelle il y a plusieurs constantes :

- la propension marginale à épargner *s* qui est fixe à court terme, avec $0 < s < 1$;
- le coefficient d'élasticité de l'investissement au taux d'intérêt *a*, fixe à court terme et négatif ;
- l'ordonnée à l'origine de la fonction d'investissement, I_0, positive et constante ;
- l'ordonnée à l'origine de la fonction d'épargne, $-C_0$, négative, correspondant à la consommation incompressible.

La pente $(\frac{s}{a})$ de l'équation étant négative, on en déduit que le taux d'intérêt dépend négativement du revenu : plus le taux d'intérêt diminue, plus le revenu augmente et réciproquement. Par ailleurs, l'ordonnée à l'origine est positive (I_0 et C_0 sont positifs et *a* est négatif).

Tous les points de la droite désignée par l'équation (4) vérifient l'équilibre du marché des biens et des services. Nous appellerons cette droite (IS).

≫ Représentation graphique de (IS)

La droite (IS) représente l'ensemble des équilibres du marché des biens et des services, pour divers niveaux du taux d'intérêt et du revenu global. On la représente dans un repère orthogonal dont les axes sont le taux d'intérêt en ordonnée et le revenu global en abscisse, c'est-à-dire les déterminants de l'investissement et de l'épargne. Chaque point de (IS) vérifie la condition d'équilibre du marché des biens et services, I = S.

On peut construire (IS) à l'aide d'un agencement de 4 graphiques. Deux d'entre eux ont déjà été vus : il s'agit des représentations graphiques des fonctions d'investissement et d'épargne. Le troisième est ce que l'on nomme un graphique de passage, qui représente la condition d'équilibre du marché des biens et services : I = S. Le quatrième permet de déduire la représentation graphique de la droite (IS). Les 4 graphiques s'agencent comme suit :

Figure 11 – Construction de la droite IS à partir des fonctions d'investissement et d'épargne

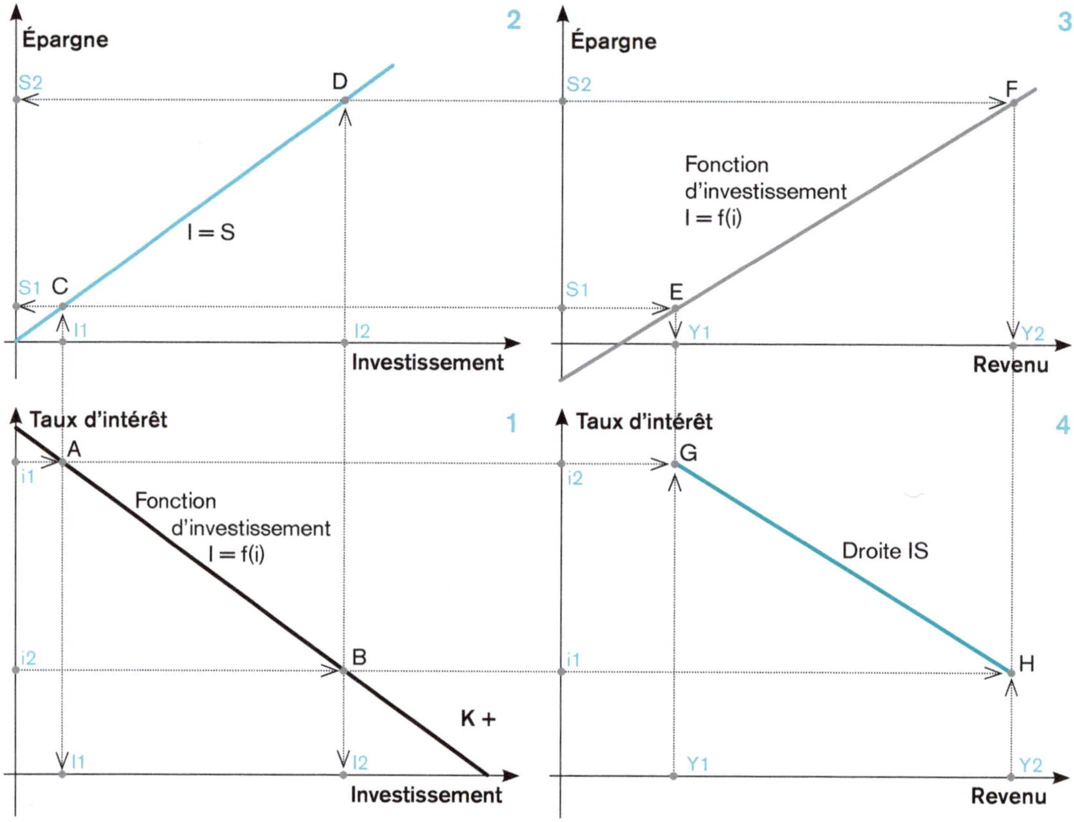

Partons du cadran 1 représentant la fonction d'investissement : aux taux d'intérêt i_1 et i_2 correspondent respectivement les valeurs d'investissement I_1 et I_2.

À l'équilibre du marché des biens et services I = S, représenté par le cadran 2 (ou graphique de passage), il faut obtenir une épargne de valeur S_1 et S_2 pour financer un investissement de respectivement I_1 et I_2.

Pour obtenir une épargne de valeur S_1 et S_2, il faut, selon la fonction d'épargne représentée dans le cadran 3, un revenu global de respectivement Y_1 et Y_2.

Ainsi, à un taux d'intérêt i_1 correspond un revenu global de Y_1, et à un taux d'intérêt i_2 correspond un revenu global de Y_2. L'intersection des valeurs donne respectivement les points G et H, qui sont les coordonnées de deux points de la courbe IS dans le plan (taux d'intérêt, revenu global), comme cela est visible dans le cadran 4. À partir de ces deux points, on peut tracer la droite (IS) dans le plan (Y, i).

On remarque que (IS) est décroissante : le lien entre revenu global et taux d'intérêt est négatif.

Étude de la courbe (IS)

⪢ Déterminants de la pente de (IS)

Repartons de l'équation (4), qui exprime le taux d'intérêt en fonction du revenu global à l'équilibre du marché des biens et services.

$$i = (\frac{s}{a})\,Y - \frac{I_0 + C_0}{a} \quad (4)$$

Il est possible de transformer légèrement cette équation pour faire apparaître l'action de l'État. En effet, jusqu'à maintenant, nous n'avons pas distingué l'investissement privé de l'investissement public. Or l'État est un acteur particulièrement important des économies modernes : ses dépenses font partie de la demande adressée à l'économie, au même titre que les dépenses des ménages ou d'investissement des sociétés. Pour financer ses dépenses, l'État prélève des impôts qui viennent réduire le revenu disponible (Y_d) des agents. Le produit intérieur est dès lors constitué des dépenses de consommation finale, C, de l'investissement privé, I, et des dépenses publiques, notées G. Les paramètres C et I ne sont donc plus les mêmes que dans l'équation (1) de départ. On obtient :

$$Y = C + I + G$$

La consommation est déterminée par le revenu disponible : $C = c.Y_d + C_0$ et l'épargne devient également $S = s.Y_d - C_0$, avec $Y_d = Y - T$.

L'équation (2) devient : $Y = C + S + T$, le revenu se répartissant en consommation, épargne et impôts.

L'équilibre sur le marché des biens et services voit son expression mathématique modifiée pour prendre en compte les dépenses de l'État :

$$Y = C + I + G = C + S + T$$

$$\Leftrightarrow I + G = S + T$$

Si le budget de l'État est équilibré, on retrouve la condition I = S, sinon le déséquilibre budgétaire se traduit par un écart entre l'investissement et l'épargne.

Les dépenses de l'État sont décidées sur moyen ou long terme : par exemple, dans le cas de la France, les dépenses de l'État sont consignées dans un projet de loi de finance qui donne lieu à un examen annuel à l'Assemblée nationale. Dans le modèle IS-LM, on raisonne à court terme : les dépenses de l'État sont considérées comme fixes sur cet horizon de temps ($G = G_0$). Nous considérerons également les impôts comme fixes ($T = T_0$). L'équilibre sur le marché des biens et services s'écrit alors :

$$a.i + I_0 + G_0 = s.Y_d - C_0 + T_0$$

On cherche alors la nouvelle expression de la courbe (IS), qui associe les variables taux d'intérêt et revenu global à l'équilibre du marché des biens et services. Il vient :

$$i = \left(\frac{s}{a}\right) Y - \frac{I_0 + C_0 + G_0 - cT_0}{a} \quad (5)$$

- **La pente de (IS) est négative.** En effet, le coefficient directeur de la droite est égal au ratio $\left(\frac{s}{a}\right)$, c'est-à-dire au rapport entre la propension marginale à épargner de l'économie (positive) et le coefficient d'élasticité de l'investissement au taux d'intérêt (négatif). On peut retrouver ce résultat mathématique par un raisonnement économique : si le taux d'intérêt i diminue, l'investissement I augmente, ce qui implique que l'épargne S augmente également. Une épargne plus importante nécessite que le revenu global Y augmente. Donc i et Y varient en sens inverse **à l'équilibre du marché des biens et services.**
- La pente de (IS) est d'autant plus forte que l'investissement est moins sensible (peu élastique) aux variations du taux d'intérêt, à propension marginale à épargner constante.
  - Si I est totalement insensible (inélastique) aux variations de i, la courbe IS devient une verticale dans le plan (Y, i). En termes mathématiques, pour des valeurs très faibles de a (proches de 0 en valeur absolue), s étant fixe, la valeur du ratio $\frac{s}{a}$ sera élevée, donc la pente de (IS) plus forte.
  - Si I est extrêmement sensible (infiniment élastique) aux variations de i, la courbe IS devient une horizontale dans le plan (Y, i). En termes mathématiques, pour des valeurs très élevées de a (proches de 1 en valeur absolue), s étant fixe, la valeur du ratio $\frac{s}{a}$ sera faible, donc la pente plus faible également.
- La pente de (IS) est d'autant plus forte que la propension à épargner est forte (ou que la propension à consommer est faible) à élasticité de l'investissement au taux d'intérêt donnée.
  - En termes mathématiques, pour des valeurs très faibles de s (proches de 0), a étant donné, la valeur du ratio $\frac{s}{a}$ sera faible, donc la pente de (IS) plus faible.
  - Pour des valeurs très fortes de s (proches de 1), a étant donné, la valeur du ratio $\frac{s}{a}$ sera forte, donc la pente de (IS) plus forte.
- En dynamique :
  - si s augmente plus vite que a, alors $\frac{s}{a}$ augmente : la pente de (IS) s'accroît ;
  - si s augmente moins vite que a, alors $\frac{s}{a}$ diminue : la pente de (IS) décroît.

≫ Mouvements de la courbe (IS)

La courbe (IS) peut se déplacer dans le plan (Y, i) : mathématiquement, les mouvements de (IS) sont déterminés par l'ordonnée à l'origine de l'équation (2), c'est-à-dire le ratio :

$$-\frac{I_0 + C_0 + G_0 - cT_0}{a}$$

On fait l'hypothèse que la pente de (IS) ne varie pas pour étudier ses mouvements.

Les déplacements de IS dépendent des variations des paramètres exogènes de la demande. Ainsi, un accroissement de l'investissement autonome (I_0), de la consommation incompressible

(C_0), de la dépense publique (G_0), décale IS vers la droite, tandis qu'une hausse des impôts (T_0) la déplace vers la gauche.

Mais qu'en est-il de l'ampleur du déplacement de IS lorsque les dépenses autonomes varient ? Pour le comprendre, nous prendrons l'exemple d'une variation de la dépense publique. L'effet repose sur un autre mécanisme keynésien, le multiplicateur de dépenses publiques. Celui-ci postule qu'1 € de dépense publique donnera lieu à une création de revenus supérieure à 1 €. Pour le comprendre, repartons de l'expression du produit intérieur par la demande : $Y = C + I + G$.

On peut représenter cette expression par une droite, que l'on nomme **la droite à 45 degrés** (ou *Keynesian Cross* en anglais). Ce graphique nous permettra de mettre en évidence les effets d'une augmentation des dépenses publiques sur l'équilibre du marché des biens et services.

Figure 12 – Représentation de la droite à 45 degrés

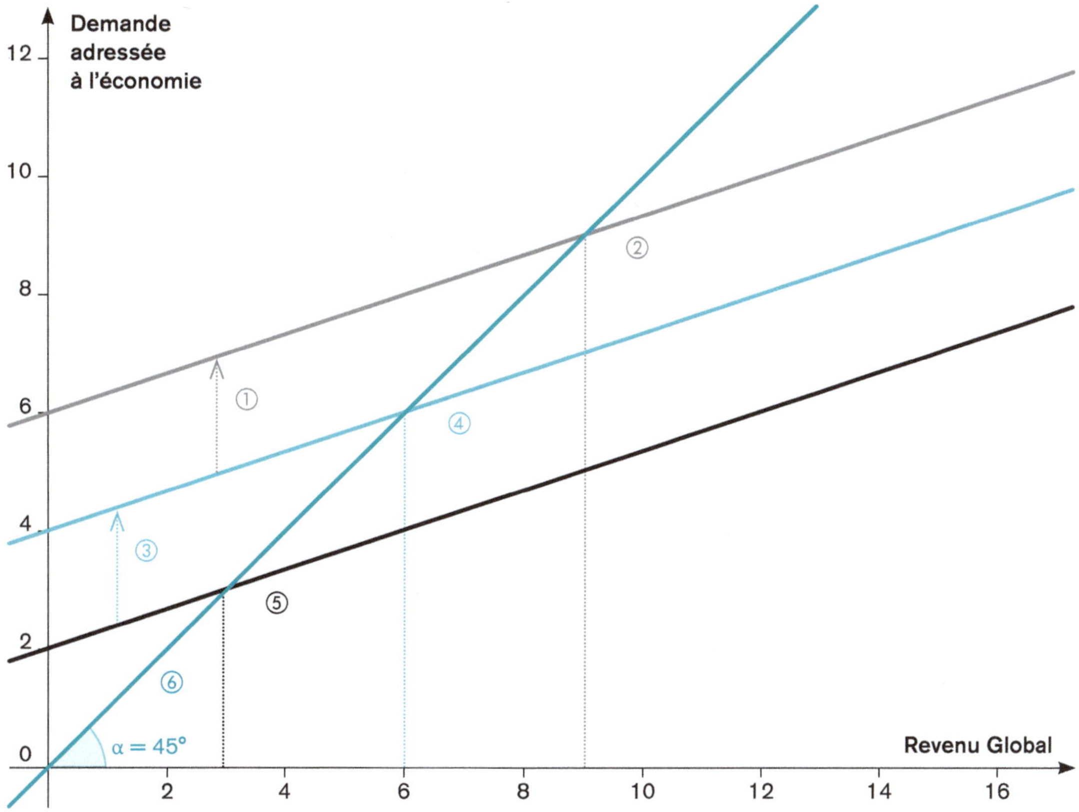

① Effet des dépenses publiques G
② Demande adressée à l'économie prenant en compte les dépenses publiques $c.Y + C_o + I + G$
③ Effet de l'investissement I
④ Demande adressée à l'économie hors dépenses publiques. Somme de l'investissement privé et de la consommation finale $c.Y + C_o + I$
⑤ Fonction de consommation keynésienne. Représente la demande de consommation finale $C = c.Y + C_o$
⑥ Droite à 45° ou première bissectrice

Ce graphique nous montre que, toutes choses égales par ailleurs, une augmentation des dépenses de consommation des administrations publiques se traduit par une augmentation plus que proportionnelle de la production, et donc du revenu pour les industries. Avec les chiffres du graphique, une augmentation de 2 unités des dépenses publiques contribue à augmenter le revenu de 3 unités. Le rapport de l'augmentation du revenu par rapport à l'augmentation des dépenses publiques est appelé multiplicateur de dépenses publiques.

$$\text{Multiplicateur des dépenses publiques} = \frac{\text{Augmentation du revenu total}}{\text{Augmentation des dépenses publiques}} = \frac{\Delta Y}{\Delta G} = \frac{3}{2}$$

L'importance du multiplicateur des dépenses publiques dépend de la structure de l'économie, et, de la même façon que le multiplicateur d'investissement en économie fermée, de la valeur de la propension marginale à consommer. Pour le montrer, reprenons l'expression du produit intérieur par la demande. Il vient :

$$Y = C + I + G$$

$$\Leftrightarrow Y = c.Y_d + C_0 + I + G = c(Y - T_0) + C_0 + I + G$$

$$\Leftrightarrow Y - c.Y = -c.T_0 + C_0 + I + G$$

$$\Leftrightarrow Y(1 - c) = -c.T_0 + C_0 + I + G$$

$$\Leftrightarrow Y = \frac{1}{1 - c}(-c.T_0 + C_0 + I + G)$$

Les effets d'une variation des dépenses publiques ΔG sur le revenu peuvent s'exprimer comme suit :

$$\Delta Y = (1)/(1\text{-}c)\ \Delta G$$

En économie fermée, la valeur du multiplicateur des dépenses publiques est $\frac{1}{1 - c}$. C'est elle qui détermine l'ampleur du déplacement de la courbe (IS) :

- L'effet se visualise graphiquement : l'augmentation de la dépense publique et par suite du revenu conduit à un déplacement de la courbe (IS) vers la droite, l'éloignant de l'origine des axes. Sur le graphique 5, on constate que l'ajout de 4 unités de dépenses publiques induit un mouvement de la courbe IS vers la droite : on passe de IS_1 à IS_2, soit un accroissement du revenu global de 6 unités, le taux d'intérêt restant constant.

  Dans cet exemple, le multiplicateur des dépenses publiques est égal à :

$$\frac{\text{Augmentation du revenu total}}{\text{Augmentation des dépenses publiques}} = \frac{\Delta Y}{\Delta G} = \frac{3}{2} = 1{,}5$$

  En d'autres termes, une augmentation de la dépense publique de 1 € entraîne un accroissement du revenu global de 1,5 €.

- Inversement, une réduction des dépenses publiques conduit à une réduction plus que proportionnelle du revenu (le multiplicateur des dépenses publiques fonctionne aussi à la baisse) et à un déplacement de la courbe (IS) vers la gauche.

• L'ampleur du mouvement est déterminée par la valeur du multiplicateur des dépenses publiques, et donc par la valeur de la propension marginale à consommer. En cas d'augmentation de la dépense publique, plus le multiplicateur est fort, plus l'effet revenu et le mouvement de (IS) vers la droite sont importants. Inversement, en cas de diminution de la dépense publique, plus le multiplicateur est fort, plus l'effet revenu et le mouvement de (IS) vers la gauche sont importants.

Figure 13 – Effet multiplicateur et mouvements de la courbe IS

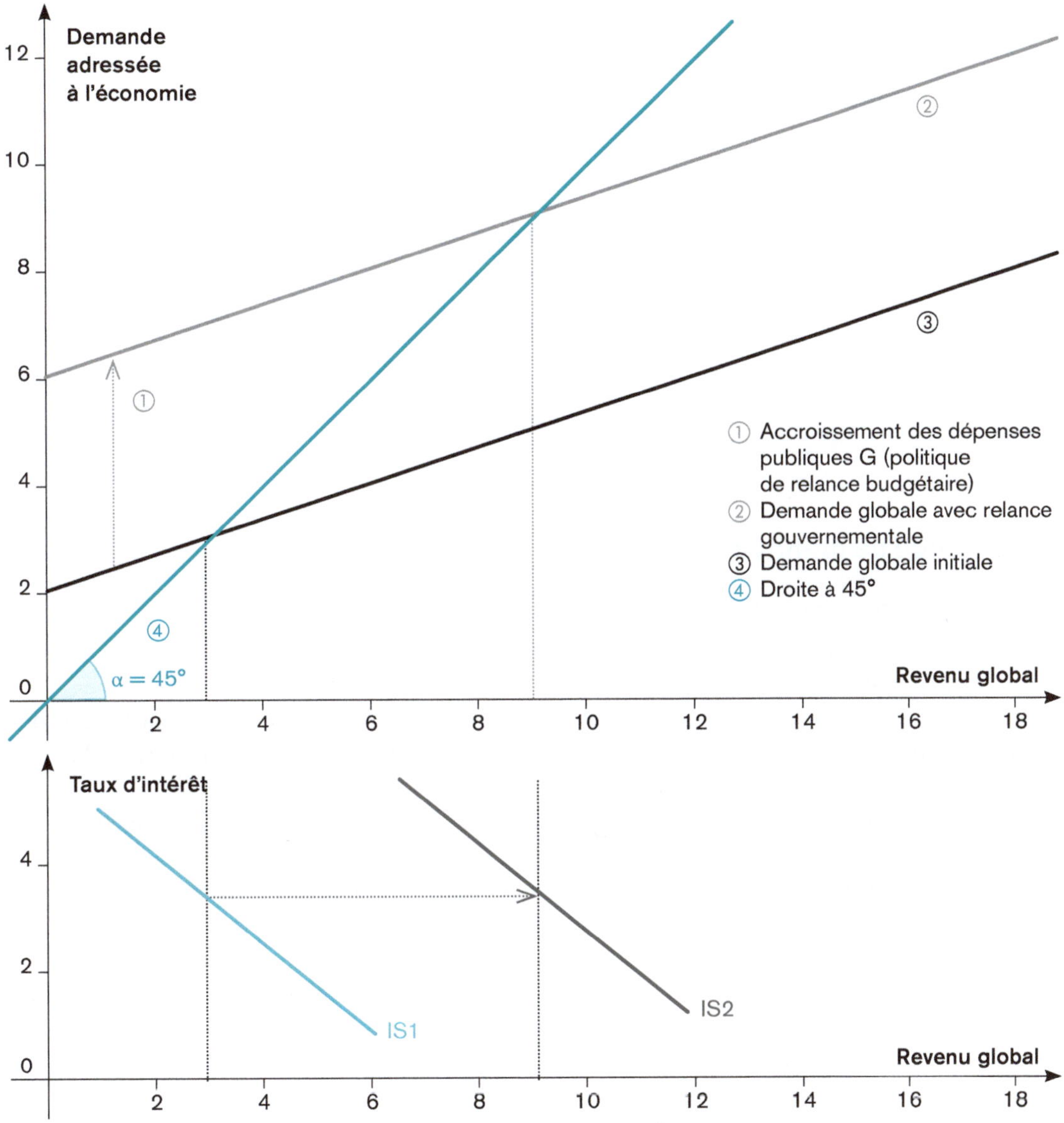

C. L'équilibre sur le marché de la monnaie : la courbe LM

Pour Keynes, la monnaie n'est pas un bien particulier dont l'équilibre découle de paramètres exogènes. C'est un bien comme les autres, disposant d'un marché avec une offre et une demande, et aboutissant à un équilibre. En tant que marché parmi d'autres, l'équilibre qui s'y établit peut avoir un impact sur les autres marchés, empêchant ou facilitant l'établissement de l'équilibre général. La monnaie n'est pas neutre : elle peut avoir une influence sur les variables réelles et sur les prix non monétaires ou relatifs. Cette vision de l'économie, qualifiée de non dichotomique, est reprise dans le schéma IS-LM en économie fermée : l'étude du marché de la monnaie permet de construire la courbe (LM).

L'offre de monnaie

≫ L'offre de monnaie est exogène et inélastique au taux d'intérêt

Dans le modèle IS-LM, l'offre de monnaie est considérée comme exogène, c'est-à-dire qu'elle ne dépend pas du taux d'intérêt et du revenu global : elle est décidée unilatéralement par les autorités monétaires. Pour simplifier, on peut la considérer fixe à court terme, qui est l'horizon de réflexion du modèle.

L'offre de monnaie est par ailleurs réelle : elle prend en compte le niveau général des prix. On peut l'exprimer de façon mathématique par l'expression :

$$M = \frac{M_o}{P} \quad (6)$$

La demande de monnaie

≫ La préférence pour la liquidité

Dans la théorie keynésienne, les agents économiques souhaitent détenir de la monnaie sous forme liquide pour trois motifs :

- transaction : la demande de monnaie pour le motif de transaction répond au besoin des consommateurs d'acheter des biens et des services. Par exemple, pour acheter le pain quotidien, il faut détenir de la liquidité ;
- précaution : c'est la logique du bas de laine. L'agent économique détient de la monnaie au cas où se produirait un événement inattendu, nécessitant de l'argent liquide ;
- spéculation : il s'agit de la détention de monnaie liquide pour pouvoir investir si l'opportunité se présente, notamment si la rémunération des placements financiers augmente.

Sur cette base, deux déterminants de la demande de monnaie se détachent :

- le revenu : plus il est élevé, plus la demande de monnaie pour les motifs de transaction et de précaution est forte. En effet, la consommation augmente avec le revenu, bien que dans des proportions moindres (loi psychologique fondamentale). La demande de monnaie pour ce motif dépend positivement du revenu des agents : $L_1 = f(Y)$;
- le taux d'intérêt : il représente l'opportunité d'un placement financier. Lorsque le taux d'intérêt est élevé, les agents économiques vont souhaiter placer leur argent car il leur rapportera plus.

Le coût d'opportunité de la détention de liquidités augmente : les agents économiques détiendront plus de titres, et moins de liquidités. Inversement, si le taux d'intérêt est faible, les agents économiques conservent leur monnaie sous forme liquide dans l'attente d'opportunités de placement plus intéressantes : la quantité de monnaie liquide détenue pour ce motif augmente, et le nombre de titres détenus est faible. La demande de monnaie pour motif de spéculation dépend donc négativement du taux d'intérêt : $L_2 = f(i)$.

À quantité de monnaie disponible fixe (l'offre de monnaie étant exogène), les agents économiques arbitrent en permanence entre la détention de monnaie liquide pour motif de spéculation et pour motif de transaction : si les agents économiques augmentent leurs encaisses pour motif de spéculation, alors nécessairement la quantité d'encaisses pour motif de transaction diminue. Les deux motifs sont donc complémentaires.

≫ Formulation mathématique de la demande de monnaie

Sur un plan mathématique, il faut dans un premier temps exprimer l'idée que la demande de monnaie pour les motifs de transaction et de précaution est croissante du revenu des agents économiques. La consommation augmentant moins vite que le revenu, on obtient :

$$L_1(Y) = u.Y$$

Avec u un coefficient multiplicateur tel que $0 < u < 1$, et Y le revenu

Figure 14 – Demande de monnaie pour le motif de transaction et de précaution

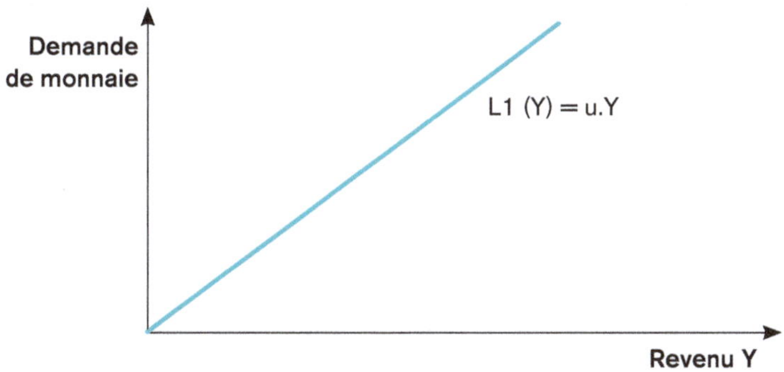

Dans un deuxième temps, il faut traduire mathématiquement l'idée d'opportunités de placements dépendant du taux d'intérêt : il faut faire apparaître que la demande de monnaie pour motif de spéculation dépend négativement du taux d'intérêt. On établit ainsi que :

$$L_2(i) = v.i + z$$

Avec v un coefficient multiplicateur tel que $v < 0$, i le taux d'intérêt et z l'ordonnée à l'origine telle que $z > 0$. Dans la figure 15, le taux d'intérêt est en ordonnée donc le coefficient z correspond à l'abscisse à l'origine.

Figure 15 – Demande de monnaie pour le motif de spéculation

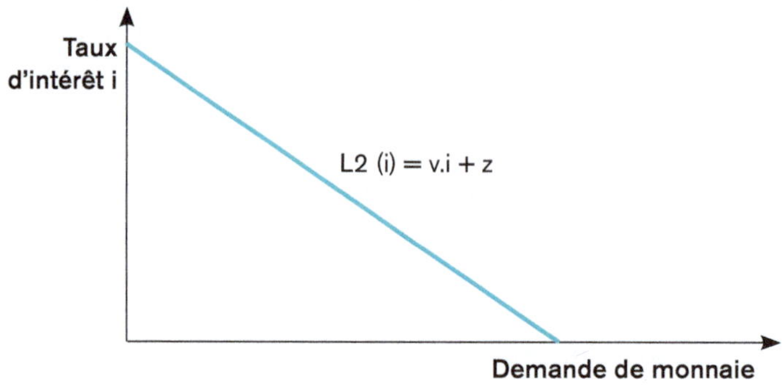

Prises ensemble, les deux composantes de la demande de monnaie donnent la formule suivante :

$$L\,(Y, i) = L_1\,(Y) + L_2\,(i) = u.Y + v.i + z \quad (7)$$

L'équilibre sur le marché de la monnaie

≫ Expression mathématique de l'équilibre sur le marché de la monnaie

Le marché de la monnaie est à l'équilibre lorsque la demande de monnaie égale l'offre de monnaie sur le marché. En utilisant les équations (6) et (7), on obtient :

$$M = L$$

$$\Leftrightarrow \frac{M_o}{P} = u.Y + v.i + z$$

L'objectif est d'exprimer le taux d'intérêt en fonction du revenu, i = f (Y). Il vient :

$$v.i = - u.Y + \frac{M_o}{P} - z$$

$$i = -\frac{u}{v}.Y + \frac{M_o}{P.v} - \frac{z}{v} \quad (8)$$

Mathématiquement, la condition d'équilibre prend la forme d'une fonction affine, dans laquelle il y a plusieurs constantes :

- le coefficient d'élasticité de la demande de monnaie transactionnelle et de précaution au revenu *u*, fixe à court terme et positif ;
- le coefficient d'élasticité de la demande de monnaie spéculative au taux d'intérêt *v*, fixe à court terme et négatif ;
- l'offre de monnaie réelle $\frac{M_o}{P}$, exogène et positive ;

- l'ordonnée à l'origine de la fonction de demande de monnaie spéculative z, constante et positive.

La pente $(-\frac{u}{v})$ de l'équation étant positive, on en déduit que le taux d'intérêt dépend positivement du revenu global : plus le taux d'intérêt diminue, plus le revenu diminue et réciproquement. Le signe de l'ordonnée à l'origine est indéterminé : $(-\frac{z}{v})$ est positif et $(\frac{M_0}{P.v})$ est négatif. Toutefois, le modèle IS-LM se concentre sur la partie de la droite qui concerne des valeurs positives de Y et i.

Tous les points de la droite désignée par l'équation (8) vérifient l'équilibre du marché de la monnaie. Nous appellerons cette droite (LM). Compte tenu des paramètres de cette équation, la droite (LM) est une fonction croissante dans le plan (Y, i).

≫ Représentation graphique de (LM)

On peut construire (LM) à l'aide d'un agencement de 4 graphiques. Deux d'entre eux ont déjà été vus : il s'agit des représentations graphiques des fonctions de demande de monnaie spéculative et transactionnelle. Le troisième est un graphique de passage, qui représente la complémentarité des motifs de détention de monnaie liquide. Le quatrième permet de déduire la représentation graphique de la droite (LM). Les 4 graphiques s'agencent comme suit :

Figure 16 – Construction de la droite LM à partir des motifs de demande de monnaie

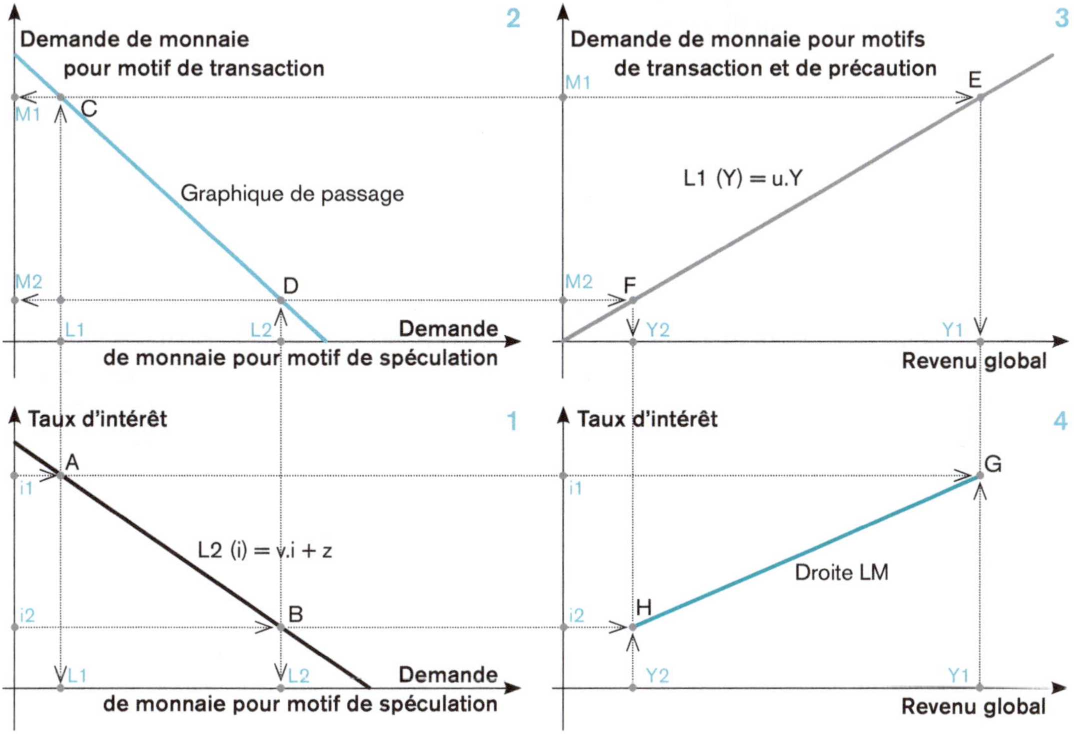

Partons du cadran 1 représentant la demande de monnaie pour motif de spéculation : aux taux d'intérêt i_1 et i_2 correspondent respectivement les demandes de monnaie pour motif de spéculation L_1 et L_2.

La complémentarité des deux motifs de détention de monnaie liquide, représentée par le cadran 2 ou graphique de passage, fait apparaître qu'aux niveaux L_1 et L_2 de détention d'encaisses pour motif de spéculation correspondent les niveaux M_1 et M_2 de détention d'encaisses pour motifs de transaction et de précaution.

Les valeurs de demande de monnaie pour motif de transaction M_1 et M_2 correspondent respectivement aux valeurs Y_1 et Y_2 de revenu global, comme le montre le cadran 3.

Ainsi, à un taux d'intérêt i_1 correspond un revenu global de Y_1, et à un taux d'intérêt i_2 correspond un revenu global de Y_2. L'intersection des valeurs donne respectivement les points G et H, qui sont les coordonnées de deux points de la courbe LM dans le plan (taux d'intérêt, revenu global), visibles sur le cadran 4. À partir de ces deux points, on peut tracer la droite (LM) dans le plan (Y, i).

On remarque que (LM) est croissante : le lien entre revenu global et taux d'intérêt est positif.

Étude de la droite LM

≫ Déterminants de la pente de (LM)

À partir de l'équation (8), il est possible d'étudier les variations de la pente de la droite (LM). Nous avons déjà établi que la pente de LM $(-\frac{u}{v})$ est positive.

- **Une augmentation du coefficient u** (qui représente l'importance de la demande de monnaie pour motifs de transaction et précaution) à v constant se traduit par une pente plus forte. En termes économiques, cela signifie que les encaisses détenues par les agents économiques pour faire face aux opportunités d'investissement ont été placées : la demande de monnaie pour motifs de transaction et de précaution devient dominante. À l'extrême limite, lorsque les taux d'intérêt sont très forts, la demande de monnaie transactionnelle et de précaution constitue l'unique motif de demande de monnaie. La pente de la courbe LM tend vers la verticale. On dit qu'on est dans la **phase « classique » de LM** : la monnaie est « seulement » transactionnelle, ce qui correspond au modèle macroéconomique classique.
- **Une augmentation du coefficient v** (qui représente l'importance de la demande de monnaie pour motif de spéculation) à u constant se traduit par une pente de (LM) moins forte. En termes économiques, cela signifie que les agents économiques attendent une remontée des taux (une augmentation de la rentabilité des placements) pour placer leurs encaisses. À l'extrême limite, lorsque les taux d'intérêt sont proches de zéro, la demande de monnaie spéculative constitue l'unique motif de demande de monnaie. La pente de la courbe LM tend vers l'horizontale. On dit qu'on est dans la **trappe à liquidités de LM** : la monnaie est « seulement » spéculative, aucune encaisse n'est placée et les investisseurs attendent les opportunités financières liées à la remontée des taux.
- **Entre ces deux positions extrêmes, la pente de LM dépend de l'importance de la sensibilité de la demande de monnaie au revenu par rapport à la sensibilité de la demande de monnaie au taux d'intérêt.** Plus la demande de monnaie transactionnelle est forte, c'est-à-dire plus les

taux d'intérêt sont forts, plus la courbe LM se « verticalise ». Plus la demande de monnaie pour motif de spéculation est forte, c'est-à-dire plus les taux d'intérêt sont faibles, plus la courbe LM s'« horizontalise ». **Dans cette phase dite normale**, la demande de monnaie liquide réagit aux variations des taux d'intérêt et du revenu par une substitution des titres aux encaisses liquides.

Figure 17 – Les 3 phases de la droite LM

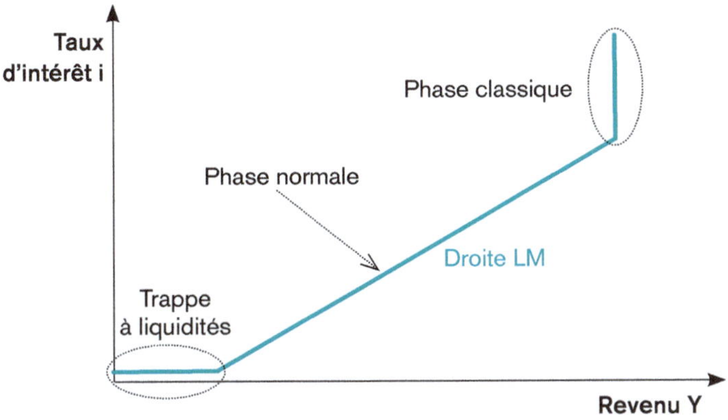

≫ Déplacements de la droite (LM)

- La droite (LM) peut se déplacer dans le plan (Y, i) : mathématiquement, les mouvements de (LM) sont déterminés par l'ordonnée à l'origine de l'équation (8), $\frac{M_o}{P.v} - \frac{z}{v}$.
- L'ordonnée à l'origine dépend des paramètres comportementaux, *z* et *v*, dont les modifications peuvent déplacer LM, voire modifier sa pente.
- Mais (LM) se déplace également en fonction de l'offre de monnaie M_0, déterminée de manière exogène par les autorités monétaires. Une augmentation de l'offre de monnaie par la banque centrale se traduit, toutes choses égales par ailleurs, par une diminution de l'ordonnée à l'origine, et par un déplacement de (LM) vers la droite.
  Une diminution de l'offre de monnaie par la banque centrale se traduit, toutes choses égales par ailleurs, par une augmentation de l'ordonnée à l'origine, et par un déplacement de (LM) vers la gauche.
  En termes économiques, une politique monétaire expansionniste accroît l'offre de monnaie sur le marché monétaire, se traduisant par une baisse du taux d'intérêt et un mouvement de (LM) vers la droite. Une politique monétaire restrictive conduit à restreindre l'offre de monnaie sur le marché monétaire, donc à un mouvement de (LM) vers la gauche.
- Une augmentation de l'ordonnée à l'origine se traduit par un déplacement de la droite LM vers la gauche ; inversement, une diminution de l'ordonnée à l'origine se traduit par un déplacement de (LM) vers la droite.

D. L'équilibre global des marchés des biens et services et de la monnaie : le schéma IS-LM

Nous disposons de deux droites, qui ont pour propriété de lier toutes les deux les mêmes variables, le produit global Y et le taux d'intérêt i. La première, IS, nous donne l'ensemble des couples (Y, i) qui équilibrent le marché des biens et services. La seconde, LM, nous donne l'ensemble des couples (Y, i) qui équilibrent le marché de la monnaie. Leur intersection ou **équilibre global** des marchés de la monnaie et des biens donne le couple (Y, i) qui équilibre simultanément les deux marchés.

Représentation graphique du schéma IS-LM

Figure 18 – L'équilibre global des marchés de la monnaie et des biens et services

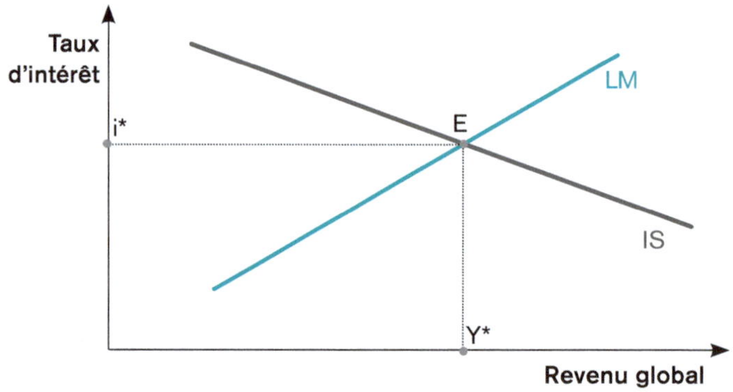

Sur cette représentation graphique, l'**équilibre global** des marchés de la monnaie et des biens se situe au point E, point d'intersection des droites (IS) et (LM), correspondant à un taux d'intérêt d'équilibre i* et un revenu global d'équilibre Y*. La représentation graphique permet de déterminer une combinaison unique de taux d'intérêt et de revenu global compatible avec l'équilibre global du marché de la monnaie et du marché des biens et services.

Utilisation du schéma IS-LM pour représenter les effets d'un *policy-mix*

Représenter graphiquement l'équilibre global permet d'interpréter les effets des politiques macroéconomiques. Le schéma IS-LM permet de visualiser le *policy-mix* « adéquat » pour atteindre le niveau de revenu ou de taux d'intérêt souhaité.

La politique budgétaire (action sur la demande autonome) agit sur la droite (IS) : avec une politique budgétaire expansionniste (augmentation des dépenses publiques ou réduction d'impôts), l'État accroît le revenu global, provoquant un déplacement de (IS) vers la droite. Une politique budgétaire restrictive (diminution des dépenses publiques ou augmentation des impôts) contracte le revenu global, et provoque un déplacement de (IS) vers la gauche. Qu'elle soit expansionniste ou restrictive, une politique budgétaire a un effet sur le revenu d'autant plus fort que le multiplicateur de dépense publique est élevé.

La politique monétaire agit sur la droite (LM) : une politique monétaire restrictive va réduire l'offre de monnaie, provoquant un déplacement de (LM) vers la gauche. Une politique monétaire expansionniste va accroître l'offre de monnaie, provoquant un déplacement de (LM) vers la droite.

Comme le marché du travail ne participe pas à la détermination de l'équilibre global, on peut imaginer, à la suite de Keynes, que le couple (Y, i) corresponde à un « équilibre de sous-emploi ». Il est alors possible de revenir au plein-emploi en manipulant les politiques budgétaire et monétaire. Leur coordination permet ainsi de régler finement l'économie (*fine tuning*). L'optique des concepteurs du modèle, Hicks en tête, était d'interroger l'efficacité de l'action publique pour se rapprocher du plein-emploi. Le taux d'intérêt est une variable clé pour faire le pont entre les marchés monétaire et de biens et services, c'est-à-dire entre les sphères réelle et monétaire de l'économie.

Dans la figure 19, on illustre les effets d'un *policy-mix* expansionniste.

- On mène d'abord une politique monétaire expansionniste : elle consiste à augmenter l'offre de monnaie. Par la suite, le taux d'intérêt directeur s'ajuste à la baisse. Elle conduit graphiquement à un déplacement de (LM) vers la droite : on passe de l'équilibre E_1 (revenu de 10 unités) à l'équilibre E_2 (revenu de 13 unités), soit un accroissement du revenu global de 3 unités accompagné d'une détente des taux d'intérêt (perte de 1 unité de taux d'intérêt).
- Dans un second temps, on mène une politique budgétaire expansionniste : elle consiste à accroître la demande autonome pour obtenir un surcroît de revenu dont l'ampleur dépend de la valeur du multiplicateur de dépense publique. Elle conduit graphiquement à un déplacement de (IS) vers la droite : on passe de l'équilibre E_2 à l'équilibre E_3 (revenu global de 14, 75), soit un accroissement du revenu supplémentaire, mais cette fois-ci au prix d'un accroissement du taux d'intérêt (on revient au niveau précédant la relance monétaire).

Figure 19 – Représentation d'un *policy-mix* expansionniste

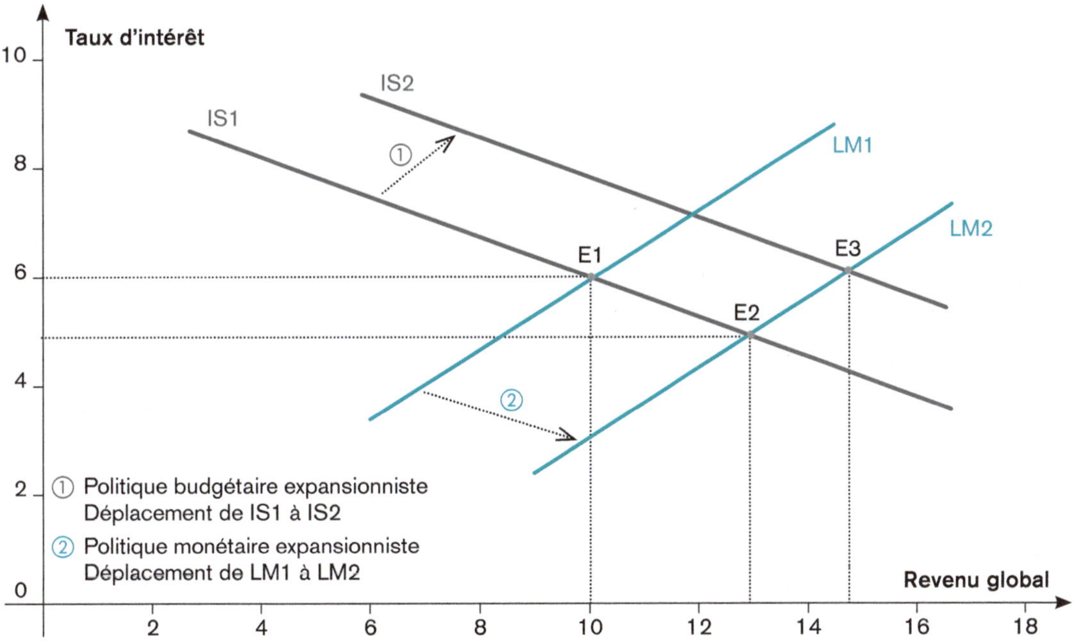

À chaque époque, les autorités publiques ont développé des *policy-mix* « typiques » : durant les Trente Glorieuses, suivant la règle de Tinbergen (un instrument pour chaque objectif visé), les gouvernements utilisent la politique budgétaire pour résoudre les problèmes réels comme le chômage, et la politique monétaire pour gérer les problèmes monétaires comme l'inflation ou le change. La politique macroéconomique utilisée dépend de l'objectif que l'on cherche à atteindre en priorité. L'autre politique macroéconomique vient alors en soutien de la première pour en atténuer les effets déstabilisateurs. Ainsi, la France a mené durant cette période des politiques budgétaires essentiellement restrictives (jusqu'au plan Chirac de 1975, un tiers des politiques budgétaires « seulement » sont des politiques de relance). La politique monétaire est essentiellement accommodante pour atténuer les effets de contraction du revenu global d'une politique budgétaire restrictive.

Un autre exemple de *policy-mix* historique est celui mené durant les années de désinflation aux États-Unis. La FED de Paul Volcker a ainsi contracté la masse monétaire et laissé le taux d'intérêt augmenter à partir de juillet 1979 (c'est le « choc Volcker », une politique monétaire très restrictive) pour réduire le rythme de l'inflation galopante, conséquence du deuxième choc pétrolier. L'administration Reagan, en fonction à partir de janvier 1981, a mené une politique budgétaire expansionniste, en relançant notamment la « guerre des étoiles » (un programme militaire spatial) et en pratiquant des *tax cuts*, c'est-à-dire une baisse de la fiscalité portant sur les ménages les plus aisés et les entreprises. Une politique budgétaire expansionniste n'est pas gênante pour le *chairman* de la FED, puisque l'accroissement du revenu qui en résulte s'accompagne d'une augmentation du taux d'intérêt, rendant l'accès aux dollars plus coûteux, ce

Figure 20 – Représentation du *policy-mix* Volcker-Reagan

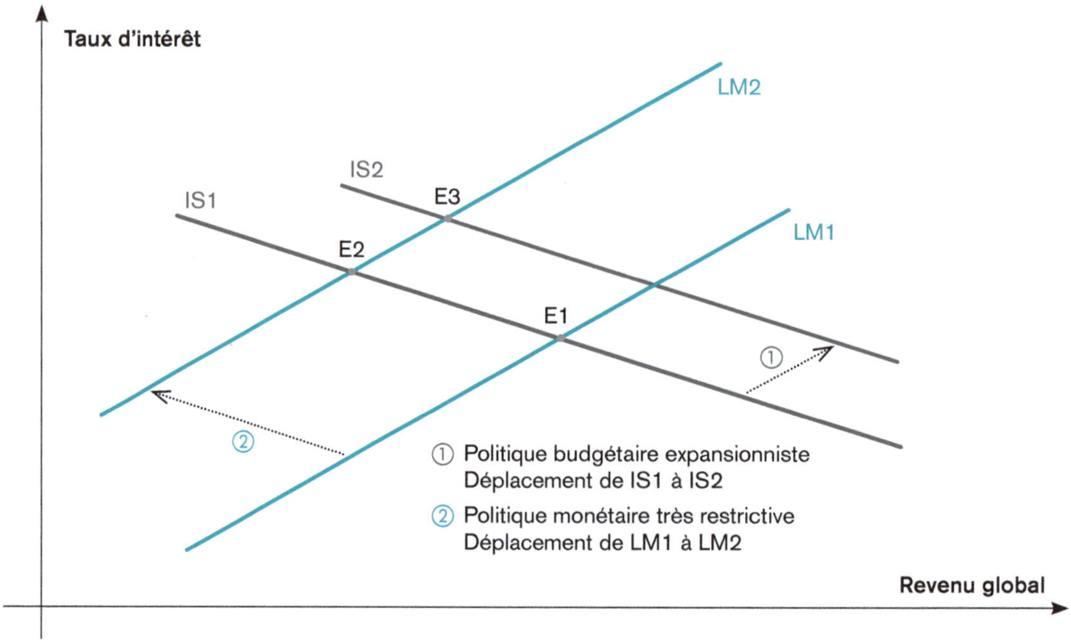

qui va dans le sens de la politique monétaire restrictive. Représenté avec IS-LM, ce *policy-mix* consiste à faire bouger (LM) vers la gauche (politique monétaire restrictive) et (IS) vers la droite (politique budgétaire expansionniste). On passe de l'équilibre global E_1 à E_2 sous l'effet de la politique monétaire très restrictive menée par la FED : la contraction de la masse monétaire conduit à une augmentation brutale du taux d'intérêt et à une diminution du revenu global (récession). Puis la politique budgétaire expansionniste menée par l'administration Reagan fait passer l'équilibre global de E_2 à E_3, accentuant la pression à la hausse sur le taux d'intérêt, avec un effet revenu global positif.

2 Le modèle IS-LM en économie ouverte

Le modèle IS-LM repose sur une hypothèse restrictive : l'économie est fermée, c'est-à-dire que l'économie nationale n'a pas de relations économiques avec le reste du monde. En d'autres termes, les échanges extérieurs (les importations et exportations de biens et services) et les flux de capitaux entre les pays ne sont pas pris en compte. Un prolongement du modèle de base consiste à « ouvrir » l'économie : c'est l'objectif du modèle IS-LM-BP. Il est dérivé des travaux de deux auteurs : un article de Robert A. Mundell, publié en 1963 dans la *Revue canadienne d'économie et de science politique*, « Capital Mobility and Stabilization Policy under Fixed and Flexible Exchange Rates », et un article de Marcus J. Fleming publié en 1962 comme document de travail du FMI, « Domestic Financal Policies under Fixed and Floating Exchange Rates ». L'économiste Rudi Dornbusch, dans une série d'articles publiés en 1976, fait la synthèse de leurs propositions théoriques et propose le nom de modèle Mundell-Fleming pour la désigner. Cette terminologie et la version ouverte du modèle IS-LM ont depuis lors constitué un incontournable de la littérature macroéconomique.

A. Les ajouts du modèle IS-LM-BP au modèle IS-LM

Au moment où Fleming et Mundell rédigent leurs articles, les thuriféraires de Keynes considèrent que les politiques budgétaire et monétaire ont globalement le même effet sur le revenu national et la balance courante. Toutefois, l'utilisation du levier monétaire pour relancer l'économie, entraînant une baisse des taux d'intérêt, aboutit à des fuites de capitaux vers l'étranger : ce mouvement est défavorable à l'équilibre de la balance des paiements. La différence entre les deux outils de relance se situe donc au niveau des effets sur le compte financier. La contribution de Fleming revient sur la différence d'efficacité des politiques macroéconomiques en la contextualisant selon le régime de change (fixe ou flottant). Pour l'économiste britannique, la politique monétaire est plus efficace en régime de changes flottants que la politique budgétaire. Mundell propose quant à lui un principe simple : une politique économique doit être affectée à l'objectif sur lequel elle aura le plus d'influence, relativement aux autres politiques. L'affectation de la politique monétaire à un objectif interne (la croissance de l'économie nationale) ou externe (la stabilité du taux de change) dépend du régime de change en vigueur.

Il démontre qu'en régime de change flottant, la politique monétaire est plus efficace que la politique budgétaire pour rétablir l'équilibre interne. Il montre également que la politique budgétaire est inefficace pour restaurer l'équilibre interne lorsque les changes sont flottants et la mobilité des capitaux parfaite.

Le modèle Mundell-Fleming permet de rendre compte de l'efficacité relative des politiques monétaire et budgétaire en fonction du régime de change et du degré de mobilité des capitaux. L'efficacité des politiques est jugée au regard des deux équilibres, interne et externe. L'ouverture des économies est introduite par une nouvelle droite nommée (BP), pour balance des paiements. Cette dernière représente une situation d'équilibre de la balance de paiements, c'est-à-dire lorsque les transactions courantes sont parfaitement compensées par des flux de capitaux enregistrés dans le compte financier. Elle vient s'ajouter aux deux droites (IS) et (LM), représentant respectivement les équilibres des marchés des biens et services, et monétaire, aux expressions mathématiques modifiées pour intégrer l'ouverture de l'économie. Dans la suite de la présentation, nous ferons l'hypothèse que le pays étudié est « petit » : les échanges économiques entretenus avec l'extérieur ne peuvent influencer de manière décisive le reste du monde.

B. Les modifications des droites (IS) et (LM) liées à l'ouverture de l'économie

L'ouverture de l'économie a des conséquences sur les courbes IS, *via* l'introduction des échanges internationaux de biens et services, et sur la courbe LM, en raison de la conversion de devises en monnaie domestique.

Le marché des biens et services en économie ouverte

≫ Expression de l'équilibre sur le marché des biens et services en économie ouverte

On s'intéresse au marché des biens et des services d'une économie qui réalise des échanges extérieurs, c'est-à-dire au produit intérieur avec les importations et les exportations. Lorsque l'économie est fermée, le produit intérieur Y peut être approximé par la demande intérieure (ou domestique) adressée à l'économie. En économie ouverte, il faut également prendre en compte la demande adressée par les consommateurs non-résidents à l'économie domestique (correspondant aux exportations de biens et services) et la demande adressée par les consommateurs résidents aux économies extérieures (correspondant aux importations de biens et services).

En termes comptables, les ressources de l'économie sont donc constituées des biens et services produits sur le territoire domestique par les résidents de l'économie (le produit intérieur Y) et des importations (notées M). Les emplois de l'économie sont constitués des dépenses de consommation finale C, de l'investissement privé I, des dépenses publiques G, et des exportations (notées X).

On obtient l'équilibre comptable ou équilibre emplois-ressources suivant :

$$Y + M = C + I + G + X$$

On peut transformer l'expression pour faire apparaître le produit intérieur Y :

$$Y = C + I + G + X - M \quad (9)$$

(X - M) correspond à la différence entre la valeur des exportations de biens et services X et la valeur des importations de biens et services M, exprimées en monnaie domestique. Il s'agit de l'expression comptable du solde extérieur, qui correspond dans le modèle Mundell-Fleming à une approximation du solde du compte des transactions courantes de la balance des paiements, le modèle ne tenant pas compte des flux internationaux de revenus.

Le montant des importations est déterminé par le revenu global domestique (Y) et par le taux de change (e) : M = f (Y, e). Plus Y est élevé, plus le pays a tendance à importer. Il s'agit à la fois d'un effet richesse (la capacité de consommation augmente avec le revenu) et d'une contrainte de production (pour produire plus, il faut plus d'intrants étrangers). Selon les mêmes modalités que la consommation domestique, il existe une propension à importer inférieure à l'unité que l'on peut déterminer à un niveau macroéconomique. Le deuxième déterminant des importations est le taux de change de la monnaie (dans IS-LM-BP, il est indifférent de parler de taux de change nominal ou réel, car les prix sont fixes). Une appréciation du taux de change de la monnaie domestique (en cotation au certain) diminue le prix des biens étrangers exprimé en monnaie domestique par rapport au prix des biens domestiques : les importations de l'économie domestique depuis l'étranger augmentent. La relation entre taux de change et importations est donc positive. Dans le modèle, on considère que le taux de change ne varie qu'en régime de changes flottants : en changes fixes, le taux de change est considéré comme stable (absence de dévaluation) et les importations ne dépendent que du revenu global domestique.

Les importations dépendent du revenu global domestique et du taux de change. La fonction d'importation s'écrit :

$$M = f(Y) = m_1.Y + m_2.e$$

Avec m_1 la propension marginale à importer du pays telle que $0 < m_1 < 1$ et $m_2 > 0$.

Le montant des exportations est déterminé par le revenu global extérieur (Y_E) et par le taux de change (e). Plus Y_E est élevé, plus la demande adressée à l'économie domestique par les non-résidents augmente. Du point de vue de l'économie domestique, les exportations s'accroissent avec le revenu global extérieur. Il existe une sensibilité des exportations *x* à la variation du revenu global extérieur que l'on peut déterminer à un niveau macroéconomique : un paramètre *x* plus élevé signifie que les exportations sont plus sensibles aux variations de Y_E. Le deuxième déterminant du volume des exportations est le taux de change. Selon le même raisonnement que pour les importations, une appréciation du taux de change de la monnaie domestique (en cotation au certain) augmente le prix des biens domestiques exprimé en monnaie étrangère par rapport au prix des biens étrangers : les exportations de l'économie domestique vers l'étranger diminuent car le prix relatif des biens domestiques a augmenté. La relation entre taux de change et exportations est donc négative.

La fonction d'exportation s'écrit :

$$X = f(Y_E, e) = x_1.Y_E + x_2.e$$

Avec x_1 la sensibilité des exportations aux variations du revenu extérieur telle que $x_1 > 0$ et $x_2 < 0$.

Les fonctions d'importations et d'exportations peuvent être réunies avec l'expression du solde des transactions courante (X – M) et s'expriment comme suit :

$$X - M = x_1.Y_E + x_2.e - (m_1.Y + m_2.e)$$

$$X - M = x_1.Y_E - m_1.Y + e\,(x_2 - m_2)$$

Le coefficient $(x_2 - m_2)$ représente la sensibilité des transactions courantes au taux de change réel. Pour plus de lisibilité, on écrira $(x_2 - m_2) = q$. C'est un paramètre négatif. Les coefficients m_1 et x_1 représentent respectivement la propension à importer et la sensibilité des exportations à une variation du revenu global extérieur. Ces paramètres sont positifs. Pour plus de lisibilité, nous considérerons que $x_1 = x$ et $m_1 = m$.

≫ Expression de la nouvelle équation de la droite (IS)

La condition d'équilibre du marché des biens et services implique, en termes comptables, que les ressources soient égales aux emplois. La construction de la droite IS en économie ouverte repose sur l'équilibre ressources-emplois tel que décrit par l'équation (9). On peut l'écrire comme suit :

$$Y = C\,(Y) + I\,(i) + G_0 + x.Y_E - m.Y + q.e$$

$$\Leftrightarrow Y = c.Y_d + C_0 + a.i + I_0 + G_0 + x.Y_E - m.Y + q.e$$

$$\Leftrightarrow Y = c(Y - T) + C_0 + a.i + I_0 + G_0 + x.Y_E - m.Y + q.e$$

$$\Leftrightarrow Y\,(1 - c + m) + c.T - C_0 - G_0 - x.Y_E - q.e - I_0 = a.i$$

$$\Leftrightarrow i = \left(\frac{s+m}{a}\right) Y - \frac{I_o + C_o + G_o + x.Y_E + q.e - c.T}{a} \quad (10)$$

L'équation (10) correspond à l'équation de la droite (IS) en économie ouverte. Elle permet d'étudier les **caractéristiques de (IS) en économie ouverte** :

- comme la droite (IS) en économie fermée, la droite (IS) en économie ouverte a une pente négative. Le taux d'intérêt reste lié négativement au niveau de l'investissement : i et Y varient en sens inverse **à l'équilibre du marché des biens et services ;**
- mais cette pente est plus forte en économie ouverte : alors que le coefficient directeur de (IS) dépend en économie fermée des valeurs respectives de *s* (la propension marginale à importer) et de *a* (le coefficient d'élasticité de l'investissement au taux d'intérêt), il faut en économie ouverte prendre en compte la propension à importer *m*. Le nouveau coefficient directeur est de la forme $(\frac{s + m}{a})$, ce qui signifie qu'à *s* et *a* donnés, une ouverture de l'économie aux échanges extérieurs conduit à un numérateur plus élevé (*m* est positive), donc à une pente plus forte ;
- la pente de (IS) est d'autant plus forte que la propension à importer est forte (et/ou que la propension à consommer domestique est faible) à élasticité de l'investissement au taux d'intérêt donnée.

Remarque : sur un plan économique, la pente plus forte de (IS) en économie ouverte traduit le fait que les effets multiplicateurs y sont moins forts qu'en économie fermée. Lorsqu'une économie s'ouvre aux échanges extérieurs, la valeur du multiplicateur de dépense publique devient $(\frac{1}{1 - c + m})$, ce qui signifie qu'une partie de la relance publique est « captée » par les entreprises étrangères sous la forme d'importations. Plus le déficit extérieur de l'économie nationale s'accroît, moins une relance strictement nationale fait sens : dans ce cas en effet, le revenu national augmentera moins qu'en situation d'autarcie à dépense publique supplémentaire donnée.

L'équation (10) permet également d'étudier les **mouvements de (IS) en économie ouverte** :

- on retrouve ainsi les mêmes déterminants qu'en économie fermée : la position de (IS) dans le plan dépend de la demande autonome, et en particulier de la dépense publique G_0. Une demande autonome plus élevée décale IS vers la droite dans le plan (Y, i). Ce mouvement est d'autant plus important que l'effet multiplicateur de la dépense publique est fort ;
- mais de nouveaux déterminants s'ajoutent aux anciens. Ainsi, une augmentation des exportations liée à un accroissement du revenu global extérieur conduit à décaler (IS) vers la droite dans le plan (Y, i). La hausse du revenu extérieur peut par exemple être causée par une relance budgétaire des pays étrangers. Elle est d'autant plus forte que les exportations sont sensibles aux variations du revenu global extérieur (que le paramètre x est élevé). À l'inverse, une contraction du revenu global extérieur entraîne une diminution des exportations et décale (IS) vers la gauche, l'ampleur du mouvement dépendant là encore de la sensibilité des exportations aux variations du revenu global extérieur ;
- par ailleurs, une dépréciation de la monnaie domestique conduit à un déplacement de (IS) vers la droite dans le plan (Y, i). La dépréciation conduit à une augmentation du niveau des exportations, liée à l'augmentation de la demande des non-résidents (les biens produits par les résidents de l'économie domestique sont meilleur marché), et à une diminution des importations, c'est-à-dire de la demande de biens extérieurs par les résidents. À l'inverse, une appréciation de la monnaie domestique conduit à un déplacement de (IS) vers la gauche (diminution des exportations et augmentation des importations).

Remarque : l'effet d'une variation du taux de change de la monnaie domestique dépend de la sensibilité des exportations et des importations au taux de change. En théorie, une dépréciation de la monnaie nationale devrait se traduire par une baisse des importations, mais cela n'est pas forcément le cas, par exemple lorsque le pays importe des matières premières ou des produits intermédiaires qu'il ne fabrique pas. De même les exportations seront favorisées par la diminution de leur coût en devises étrangères à condition que les étrangers souhaitent se procurer les produits nationaux. On retrouve ici une question évoquée sous l'appellation « théorème des élasticités-critiques » (*cf.* module 3, chapitre 2).

Le marché monétaire en économie ouverte

≫ Expression de l'équilibre sur le marché monétaire en économie ouverte

Le modèle Mundell-Fleming conserve une vision non dichotomique de l'économie : il existe un marché de la monnaie qui, à l'équilibre, égalise une offre et une demande de monnaie. L'expression de l'offre de monnaie est toutefois modifiée en économie ouverte. Pour rappel, l'offre de monnaie était considérée comme réelle et exogène en économie fermée, et ne dépendait pas de l'évolution du taux d'intérêt i. L'ouverture de l'économie implique que des devises circulent entre les pays, pour régler en monnaie étrangère des biens achetés à l'étranger (importations) et pour recevoir des règlements en monnaie domestique depuis l'étranger (exportations). La banque centrale doit constituer des réserves de change, c'est-à-dire détenir un stock de devises qu'elle aura acheté sur le marché des changes en contrepartie d'une émission de monnaie domestique. Il y a donc deux offres monétaires en économie ouverte : une offre correspondant à l'activité économique interne et une offre correspondant au montant de devises que la banque centrale souhaite se procurer. L'offre de monnaie est toujours exprimée en termes réels : elle prend en compte le niveau général des prix. On peut l'exprimer comme suit :

$$M = \frac{M_o}{P} + \frac{M_r}{P}$$

Avec M_0 l'offre de monnaie émise pour répondre aux besoins de l'activité économique interne et M_r l'offre de monnaie émise en contrepartie des achats de devises.

Il faut maintenant distinguer deux situations, selon le régime de change en vigueur. En régime de change flottant, les réserves de change ne sont pas mobilisées pour défendre le cours de la monnaie nationale : elles sont considérées comme fixes. L'offre de monnaie M est exogène et répond uniquement aux besoins internes. En changes fixes, la banque centrale doit intervenir sur le marché des changes pour défendre le cours de sa monnaie : elle puise dans ses réserves de change et les reconstitue à intervalles réguliers. L'offre de monnaie M est affectée directement par une diminution de M_r.

L'ouverture de l'économie ne modifie pas la demande de monnaie. Son expression reste la même que dans le modèle IS-LM en économie fermée :

$$L(Y, i) = L_1(Y) + L_2(i) = u.Y + v.i + z$$

À l'équilibre, l'offre et la demande de monnaie s'égalisent. On obtient donc l'égalité suivante :

$$M = L$$

$$\Leftrightarrow \frac{M_o}{P} + \frac{M_r}{P} = u.Y + v.i + z$$

L'objectif est d'exprimer le taux d'intérêt en fonction du revenu, i = f(Y). Il vient :

$$v.i + z = \frac{M_o}{P} + \frac{M_r}{P} - u.Y$$

$$i = -\frac{u}{v}Y + \frac{M_o}{P.v} + \frac{M_r}{P.v} - \frac{z}{v} \quad (11)$$

En économie ouverte, la condition d'équilibre du marché monétaire se différencie du modèle de base par l'ajout de la monnaie émise en contrepartie des achats de devise. L'équation (11) correspond à l'équation de la droite (LM) en économie ouverte. La pente de (LM) reste positive : elle est une fonction croissante dans le plan (Y, i).

≫ Déplacements de (LM) en économie ouverte

On retrouve les deux déterminants principaux des mouvements de (LM) en économie fermée : l'offre de monnaie et la sensibilité de la demande de monnaie pour motif de spéculation au taux d'intérêt. La position de (LM) dans le plan dépend en particulier des variations de l'offre de monnaie par les autorités monétaires. Une politique monétaire expansionniste (une augmentation de l'offre de monnaie exogène) décale LM vers la droite dans le plan (Y, i). Inversement, une politique monétaire restrictive engendre un déplacement de (LM) vers la gauche.

Toutefois, un nouveau déterminant s'ajoute en économie ouverte : la variation de M_r ou offre de monnaie pour se procurer des devises. Ainsi, une augmentation de M_r (autrement dit une augmentation des réserves de change) aboutit à un déplacement de (LM) vers la droite, tandis qu'une diminution de M_r (soit une diminution des réserves de change) conduit à un déplacement de (LM) vers la gauche.

C. La balance des paiements et la droite BP

La construction de BP représente l'équilibre de la balance des paiements, dans ses deux grandes dimensions que sont la balance des transactions courantes et la balance des capitaux. Comme IS et LM, elle représente l'ensemble des combinaisons du taux d'intérêt domestique et de la production domestique permettant de réaliser cet équilibre.

L'introduction d'une balance des paiements simplifiée

≫ IS-LM-BP prend appui sur une représentation simplifiée de la balance des paiements

Le modèle IS-LM-BP intègre une balance des paiements simplifiée (*cf.* module 3, chapitre 2 pour une présentation complète de la balance des paiements) : seules les transactions courantes (importations et exportations de biens et services) et les mouvements de capitaux sont pris en compte.

Par construction, la balance des paiements doit être équilibrée. Cela signifie que chaque transaction courante effectuée entre un résident et un non-résident a une contrepartie financière (une dette ou un avoir vis-à-vis d'un non-résident). Lorsque les importations sont supérieures aux exportations, le compte des transactions courantes est en déficit. En d'autres termes, les résidents de l'économie sont endettés vis-à-vis des non-résidents. Il faut compenser cet endettement par des entrées nettes de capitaux. Une balance des transactions courantes déficitaire (importations > exportations) aboutit à des entrées nettes de capitaux : le solde du compte financier est négatif, la balance des capitaux est excédentaire. Une balance des transactions courantes excédentaire (exportations > importations) se traduit par des sorties nettes de capitaux : le solde du compte financier est positif, la balance des capitaux est déficitaire. On peut l'exprimer à l'aide d'une égalité mathématique simple :

$$BTC + BK = 0$$

Dans le modèle IS-LM-BP, la droite BP représente l'équilibre de la balance des paiements. Plus précisément, elle représente l'ensemble des combinaisons de Y et de i compatibles avec l'équilibre de la balance des paiements. Pour en déterminer les caractéristiques et les mouvements, il faut étudier séparément les déterminants de la balance des transactions courantes et des mouvements de capitaux comptabilisés dans le compte financier.

≫ La balance des transactions courantes

Dans le modèle IS-LM-BP, les transactions courantes sont principalement déterminées par le revenu global et le taux de change : les importations sont déterminées par le niveau du revenu global domestique ($M = m.Y$), les exportations par le niveau de revenu global extérieur ($X = x.Y_E$), et la totalité de la balance courante est déterminée par la variation du taux de change de la monnaie domestique (*cf.* p. 830).

$$BTC = f(Y, Y_E, e)$$

$$<=> BTC = X - M = x.Y_E - m.Y + q.e$$

On peut représenter graphiquement la balance des transactions courantes dans le repère (BTC ; Y). Pour simplifier la représentation graphique, on considère que q.e est une constante et $x.Y_E$ est fixe à court terme : $x.Y_E + q.e = X_0$.

Figure 21 – Représentation de la balance des transactions courantes

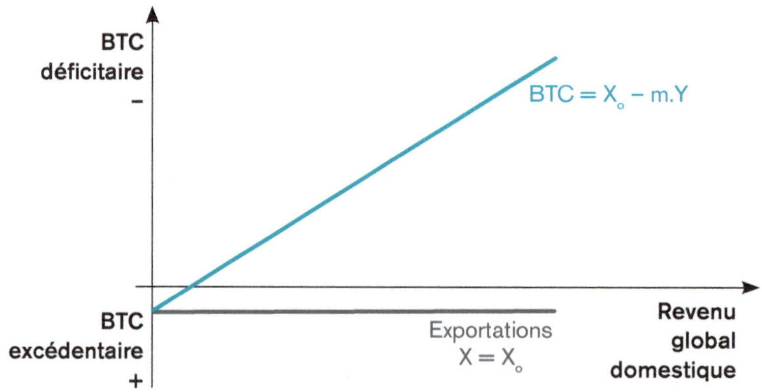

Le solde du compte des transactions courantes est indiqué sur un axe des ordonnées inversé. Un solde positif (BTC excédentaire) se situe au-dessous de l'origine des axes ; un solde négatif (BTC déficitaire) se situe au-dessus de l'origine des axes. Les exportations ne dépendent pas du revenu global domestique et le taux de change *e* est considéré comme constant : on les représente par une horizontale dans le plan telle que $X = X_0$, et on la situe du côté excédentaire de la BTC (les exportations prises seules entraînent par définition un solde courant positif). D'après la fonction d'importation $M = m.Y$, les importations sont croissantes du revenu global domestique. À niveau d'exportation et de taux de change X_0 donnés, un accroissement du revenu global domestique va creuser le déficit courant $X_0 - m.Y$. La représentation graphique de la balance des transactions courantes illustre cette idée en indiquant que pour des niveaux de revenu global domestique faibles (proches de l'origine des axes), le solde courant est positif ; plus le revenu s'accroît (plus on s'éloigne de l'origine des axes), plus le solde courant se dégrade et devient déficitaire.

≫ La balance des capitaux

Dans le modèle IS-LM-BP, les mouvements de capitaux dépendent du taux d'intérêt. Avec l'ouverture de l'économie, il faut faire la distinction entre le taux d'intérêt domestique i et le taux d'intérêt extérieur i_E. Les capitaux peuvent bouger entre les pays : ils vont vers la meilleure rémunération. Si $i_E > i$, alors les capitaux vont s'investir à l'extérieur. Les mouvements de capitaux rendent compte de l'arbitrage effectué par les investisseurs pour obtenir le meilleur rendement de placement financier. Le solde de la balance des capitaux dépend de cette différence de rendement.

Par exemple, en cas de déficit de la balance des transactions courantes, une balance des paiements à l'équilibre nécessite de faire entrer des capitaux. Pour attirer ces capitaux, il faut servir une rémunération supérieure à la rémunération proposée à l'étranger : $i - i_E > 0$.

La balance des capitaux peut s'exprimer de la manière suivante :

$$BK = k\,(i - i_E)$$

Le paramètre k représente la sensibilité des mouvements de capitaux au différentiel de taux d'intérêt. Nous faisons l'hypothèse que $k > 0$.

On peut représenter graphiquement la balance des capitaux dans le plan (BK, i). Pour cela, nous faisons l'hypothèse simplificatrice que seul le taux d'intérêt domestique i varie. Le taux d'intérêt extérieur i_E est considéré comme fixe à court terme.

Envisageons tout d'abord les entrées de capitaux. Lorsque le taux d'intérêt domestique i s'élève (i_E étant constant), $(i - i_E)$ augmente, et les entrées de capitaux s'accroissent. Lorsque le taux d'intérêt domestique se réduit, $(i - i_E)$ diminue, et les entrées de capitaux décroissent. Les entrées de capitaux sont donc d'autant plus fortes que $(i - i_E)$ est élevé, et d'autant plus faibles que $(i - i_E)$ est faible.

Envisageons maintenant les sorties de capitaux. Elles répondent à la logique inverse. Lorsque le taux d'intérêt domestique i s'élève (i_E étant constant), $(i - i_E)$ augmente, et les sorties de capitaux diminuent. Lorsque le taux d'intérêt domestique se réduit, $(i - i_E)$ diminue, et les sorties de capitaux s'accroissent.

BK dépend de la différence entre les entrées et les sorties de capitaux : une balance excédentaire traduit l'idée que les capitaux entrants sont plus importants que les capitaux sortants. Une balance déficitaire signifie que les capitaux entrants sont moins importants que les capitaux sortants.

Figure 22 – Représentation de la balance des capitaux

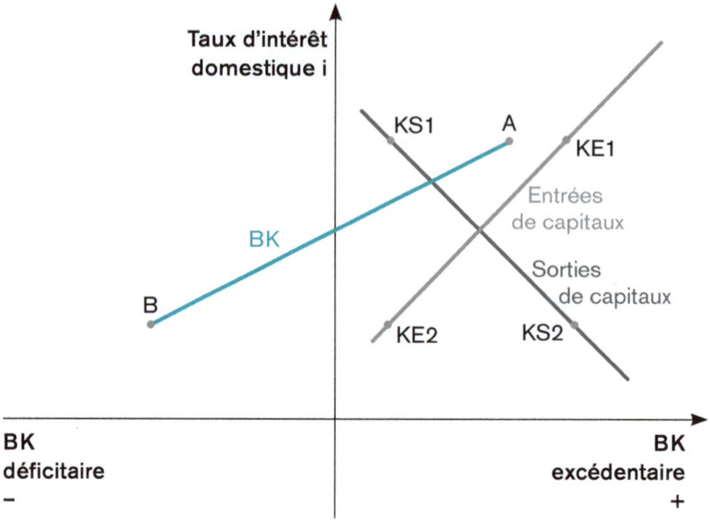

Dans la représentation graphique ci-dessus, on illustre l'idée que la valeur de BK dépend des entrées de capitaux, qui sont une fonction croissante du différentiel de taux d'intérêt $(i - i_E)$, et des sorties de capitaux, qui en sont une fonction décroissante.

Le point A correspond à la différence entre KE1 (le niveau des capitaux entrants correspondant à un différentiel de taux d'intérêt positif) et KS1 (le niveau des capitaux sortants pour le même différentiel). BK est excédentaire : les capitaux entrants sont plus importants que les capitaux sortants. Le point B correspond à la différence entre KE2 (le niveau des capitaux entrants correspondant à un différentiel de taux d'intérêt négatif) et KS2 (le niveau des capitaux sortants pour le même différentiel). BK est déficitaire : les capitaux entrants sont moins importants que les capitaux sortants.

L'équilibre de la balance des paiements

≫ Formulation mathématique de l'équilibre de BP

La condition d'équilibre de BP est telle que BTC + BK = 0. En remplaçant BTC et BK par leurs expressions respectives, on obtient :

$$BTC + BK = x.Y_E - m.Y + q.e + k\,(i - i_E) = 0$$

L'objectif est d'exprimer le taux d'intérêt domestique en fonction du revenu global domestique, i = f(Y). Il vient :

$$k\,(i - i_E) = m.Y - x.Y_E - q.e$$

$$\Leftrightarrow k.i = m.Y - x.Y_E - q.e + k.i_E$$

$$\Leftrightarrow i = \frac{m}{k}Y - \frac{x.Y_E + q.e}{k} + i_E \quad (12)$$

La pente de (BP) est déterminée par la valeur du ratio $(\frac{m}{k})$, qui est positif. On en déduit que le taux d'intérêt domestique dépend positivement du revenu global domestique : des valeurs plus faibles de i s'accompagnent de valeurs plus faibles de Y.

Tous les points de la droite désignée par l'équation (12) vérifient l'équilibre de la balance des paiements. Nous appellerons cette droite (BP). Compte tenu des paramètres de l'équation, la droite (BP) est une fonction croissante dans le plan (Y, i).

≫ Représentation graphique de (BP)

(BP) est une droite représentant l'ensemble des équilibres de la balance des paiements, pour divers niveaux du taux d'intérêt et du revenu global. On la représente dans le même repère orthogonal que (IS) et (LM), dont les axes sont le taux d'intérêt domestique en ordonnée et le revenu global domestique en abscisse. Chaque point de (BP) vérifie la condition d'équilibre BTC + BK = 0.

On peut construire (BP) à l'aide d'un agencement de 4 graphiques (*cf.* figure 23). Deux d'entre eux ont déjà été vus : il s'agit des représentations graphiques de la balance des transactions courantes BTC et de la balance des capitaux BK. En ajoutant un graphique de passage, on en déduit la représentation graphique de (BP).

Figure 23 – Construction de la droite BP à partir de BTC et BK

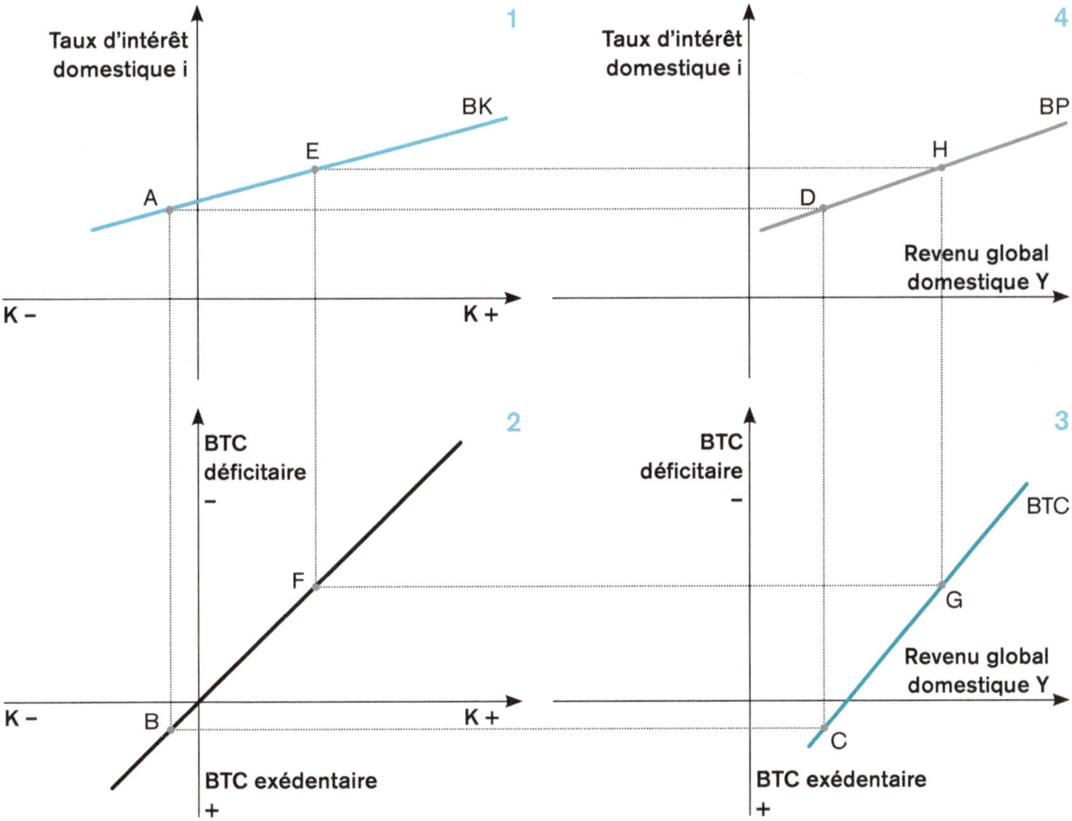

Partons du cadran 1 représentant la balance des capitaux : le point A correspond à une BK déficitaire (les capitaux sortants sont plus importants que les capitaux entrants, ce qui est cohérent avec un faible taux d'intérêt). La condition d'équilibre de la balance des paiements, BTC + BK = 0, est représentée dans le cadran 2. Elle implique que le déficit de BK soit compensé par un excédent de BTC : graphiquement, cela correspond au point B. Le niveau de revenu global domestique permettant d'obtenir l'excédent de BTC nécessaire pour équilibrer BP est visible sur le cadran 3 et correspond au point C. Il reste alors à reporter le niveau de revenu global domestique et le niveau de taux d'intérêt domestique de départ dans le cadran 4. On aboutit au point D, qui correspond à l'équilibre de BP compatible avec le couple de point (Y, i) considéré.

En appliquant le même raisonnement, on trouve qu'un excédent de BK correspondant au point E dans le cadran 1 implique, pour répondre à la condition d'équilibre indiquée dans le cadran 2, un déficit de BTC correspondant au point F. Le niveau de revenu global domestique permettant d'obtenir le déficit de BTC nécessaire pour équilibrer BP est visible sur le cadran 3 et correspond au point G. Il reste alors à reporter le niveau de revenu global domestique et le niveau de taux d'intérêt domestique de départ dans le cadran 4. On aboutit au point H, qui correspond à l'équilibre de BP compatible avec le couple de point (Y, i) considéré.

À partir de deux points D et H, on peut tracer la droite (BP) dans le plan (Y, i). On remarque que (BP) est croissante : le lien entre revenu global domestique et taux d'intérêt domestique est positif.

Étude de la droite (BP)

≫ Les déterminants de la pente de (BP)

À partir de l'équation (12), il est possible d'étudier les déterminants de la pente $(\frac{m}{k})$ de la droite (BP).

- Toutes choses égales par ailleurs, plus la propension à importer m est forte, autrement dit plus le volume des importations est sensible aux variations du revenu global domestique, plus la pente de (BP) est forte. Inversement, une propension à importer faible, signifiant que les variations du revenu global domestique affectent peu le volume des importations, entraîne une pente de (BP) faible.
- Toutes choses égales par ailleurs, plus la sensibilité des mouvements de capitaux au différentiel de taux d'intérêt k est forte, autrement dit plus les capitaux sont mobiles d'un pays à l'autre, plus la pente de (BP) est faible. Inversement, une faible valeur de k (donc des capitaux peu mobiles) entraîne une pente de (BP) forte.

En termes économiques, la pente de (BP) représente l'importance de la compensation du déficit des transactions courantes par les entrées de capitaux. Nous pouvons le comprendre à l'aide de la figure 24.

- Prenons le cas d'une pente de (BP) faible (représentée par la droite BP rouge). Cela signifie que la propension à importer du pays est faible et/ou que la mobilité des capitaux est forte. Une hausse du revenu domestique de Y1 à Y2 se traduit par une faible augmentation du déficit des transactions courantes. Ce déficit est compensé facilement par une sensibilité élevée des capitaux au différentiel des taux d'intérêt, autrement dit une mobilité des capitaux forte. Une faible hausse du taux d'intérêt domestique de i1 à i2 suffit à attirer les capitaux nécessaires sur le territoire.

- En revanche, une pente de (BP) forte (représenté par la droite BP bleue) signifie que la propension à importer d'un pays est forte et/ou que la mobilité des capitaux est faible. Ainsi, une augmentation du revenu domestique de Y1 à Y2 se traduit par un accroissement significatif du déficit des transactions courantes. Il faut alors compenser le déficit courant par une entrée tout aussi significative de capitaux sur le territoire : le taux d'intérêt domestique doit augmenter de i3 à i4 pour creuser le différentiel avec le taux d'intérêt extérieur. En effet, une faible mobilité des capitaux nécessite un différentiel de taux d'intérêt élevé pour attirer sur le territoire les capitaux nécessaires à la compensation du déficit courant.

Figure 24 – Les déterminants de la pente de (BP)

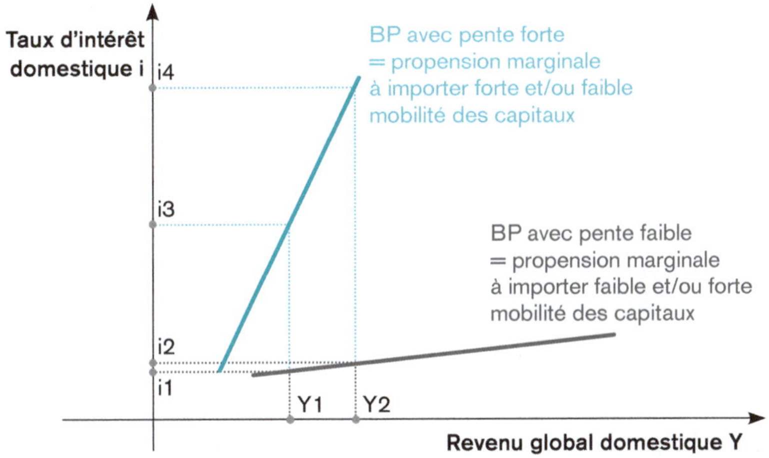

Si l'on raisonne uniquement sur le paramètre k, il est possible de représenter graphiquement plusieurs cas idéal-typiques de mobilité des capitaux. La figure 25 permet de les illustrer :

Figure 25 – Représentation des différentes mobilités des capitaux à l'aide de BP

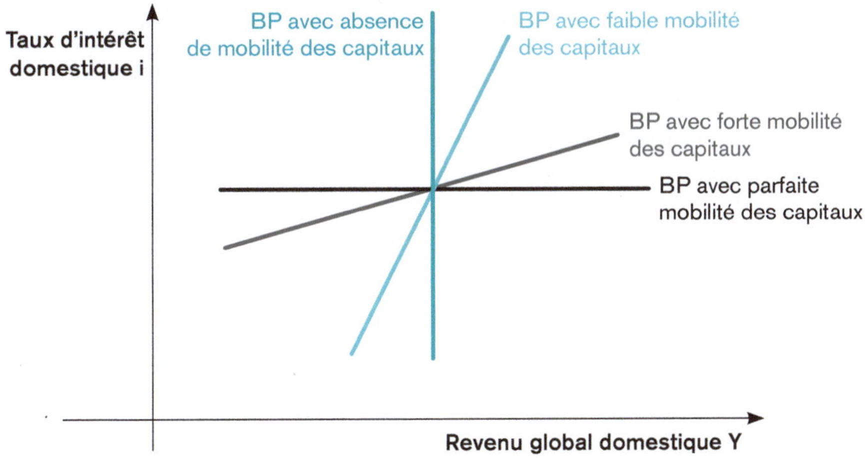

Une absence de mobilité des capitaux signifie que k -> 0, autrement dit que la pente $(\frac{m}{k}) \to +\infty$: la représentation graphique de cette situation est une verticale dans le plan (Y, i).

Une parfaite mobilité des capitaux signifie que k -> + ∞, autrement dit que la pente $(\frac{m}{k}) \to 0$: la représentation graphique de cette situation est une horizontale dans le plan (Y, i).

≫ Les déplacements de (BP)

– La droite (BP) peut se déplacer dans le plan (Y, i) : mathématiquement, la position de (BP) dans le plan est déterminée par l'ordonnée à l'origine de l'équation (12), $-\frac{x.Y_E + q.e}{k} + i_E$.

Commençons par le taux d'intérêt extérieur (i_E). Sur un plan mathématique, toutes choses égales par ailleurs, une augmentation de i_E conduit à un déplacement de (BP) vers la gauche. Inversement, une diminution de i_E entraîne un déplacement de (BP) vers la droite. En termes économiques, si i_E augmente de telle manière que $(i - i_E) < 0$, alors les capitaux sortants du territoire sont plus nombreux que les capitaux entrants. La balance des capitaux devient déficitaire. Pour maintenir une balance des paiements à l'équilibre, il faut que le déficit de BK soit compensé par un excédent de BTC. Cela nécessite que les importations diminuent, ce qui n'est possible, dans le modèle, que si le revenu global domestique Y baisse. Graphiquement, la droite (BP) se déplace bien vers la gauche.

Envisageons maintenant l'effet des exportations ($x.Y_E$). Rappelons que le niveau des exportations est déterminé par l'**évolution du revenu global extérieur Y_E** qui ne constitue pas une variable du modèle. Si Y_E diminue, le niveau des exportations diminue : toutes choses égales par ailleurs, l'ordonnée à l'origine augmente et (BP) se déplace vers la gauche. Inversement, si Y_E augmente, le niveau des exportations augmente : toutes choses égales par ailleurs, l'ordonnée à l'origine diminue et (BP) se déplace vers la droite.

Terminons par l'effet du taux de change (q.e). C'est également un paramètre exogène au modèle. Toutes choses égales par ailleurs, une appréciation de la monnaie domestique entraîne un renchérissement des prix des biens produits sur le territoire domestique exprimés en monnaie extérieure par rapport au prix des biens produits par les non-résidents. L'appréciation de la monnaie domestique conduit donc à une diminution de la capacité d'exportation de l'économie domestique mais permet d'augmenter le volume des importations. En termes mathématiques, l'appréciation de la monnaie domestique fait augmenter l'ordonnée à l'origine ($q < 0$), ce qui conduit à un déplacement de (BP) vers la gauche. Inversement, une dépréciation de la monnaie domestique entraîne une diminution du prix des biens produits par les résidents, exprimé en monnaie extérieure, par rapport au prix des biens produits par les non-résidents. Il en résulte, du point de vue de l'économie domestique, un accroissement des exportations et une diminution des importations. En termes mathématiques, la dépréciation de la monnaie domestique fait diminuer l'ordonnée à l'origine, ce qui conduit à un déplacement de (BP) vers la droite.

≫ Les déséquilibres de (BP)

La balance des paiements est par construction équilibrée : elle décrit des transactions courantes et des mouvements de capitaux qui ont déjà eu lieu et ont été compensés sur un plan comptable. Il est toutefois possible de raisonner sur les déséquilibres initiaux pour comprendre l'action des « forces de rappel » de BP. On peut identifier ces situations à l'aide de la figure 26 :

Figure 26 – Les déséquilibres de BP

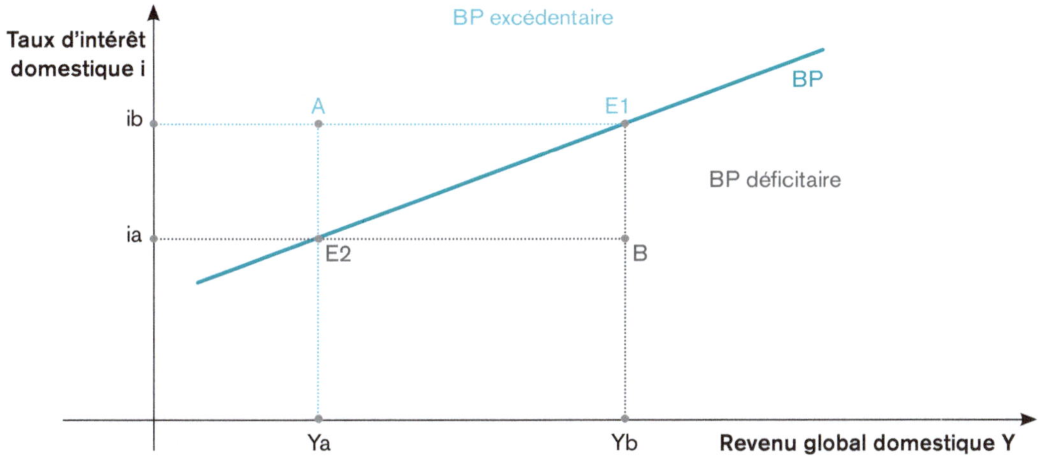

Comme nous l'avons déjà indiqué, l'ensemble des points qui constituent la droite (BP) représentent des situations d'équilibre de la balance des paiements pour différentes combinaisons de (Y, i). Ce n'est pas le cas des points A et B.

Le point A est situé au-dessus de BP : à taux d'intérêt domestique donné ia, le revenu global domestique correspondant au point A est Ya. Or l'équilibre de BP pour un niveau de taux d'intérêt ia est théoriquement atteint avec un niveau de revenu Yb : cela correspond au point E_1 sur le graphique. Comme Ya < Yb, les importations correspondant au point A sont inférieures aux importations correspondant au point E_1 : toutes choses égales par ailleurs, la balance courante est excédentaire. Le déséquilibre courant peut être compensé soit par une augmentation du revenu global domestique qui rétablit l'équilibre du compte des transactions courantes, soit par une diminution du taux d'intérêt domestique qui s'accompagne d'une sortie de capitaux, aboutissant à un déficit du compte financier.

Le point B est situé au-dessous de BP : à taux d'intérêt domestique donné ib, le revenu global domestique correspondant au point B est Yb. Or l'équilibre de BP pour un niveau de taux d'intérêt ib est théoriquement atteint avec un niveau de revenu Ya : cela correspond au point E_2 sur le graphique. Comme Yb > Ya, les importations correspondant au point B sont supérieures aux importations correspondant au point E_2 : toutes choses égales par ailleurs, la balance courante est déficitaire. Le déséquilibre courant peut être compensé soit par une diminution du revenu global domestique qui rétablit l'équilibre du compte des transactions courantes, soit par une augmentation du taux d'intérêt domestique qui s'accompagne d'une entrée de capitaux, aboutissant à un excédent du compte financier.

On peut généraliser le raisonnement : tout point situé à droite de (BP) correspond à une situation de déficit potentiel de la balance des paiements. Tout point situé à gauche de (BP) correspond à une situation d'excédent de la balance des paiements. Dans les deux cas, l'équilibre de la balance des paiements doit être rétabli soit par des variations de capitaux, soit par une modification des transactions courantes.

D. Équilibre macroéconomique et ajustements en économie ouverte

La modification de l'équilibre macroéconomique avec l'ajout de BP

En économie fermée, l'intersection des droites (IS) et (LM) aboutit à un équilibre global des marchés de la monnaie et des biens et services : graphiquement, le point d'intersection entre (IS) et (LM) donne le couple de points (Y, i) qui équilibre simultanément les deux marchés. En économie ouverte, il faut prendre en compte les opérations réalisées avec l'étranger : on ajoute une troisième droite (BP) qui correspond à l'équilibre de la balance des paiements. Ainsi, l'équilibre global des marchés de la monnaie, des biens et services et de la balance des paiements est réalisé au point d'intersection des trois droites (IS), (LM) et (BP). Dans la figure 27, il s'agit du point E. On peut décomposer l'équilibre global des marchés en un équilibre interne (représenté par les droites IS et LM) et un équilibre externe (représenté par la droite BP).

Figure 27 – Équilibre macroéconomique en économie ouverte

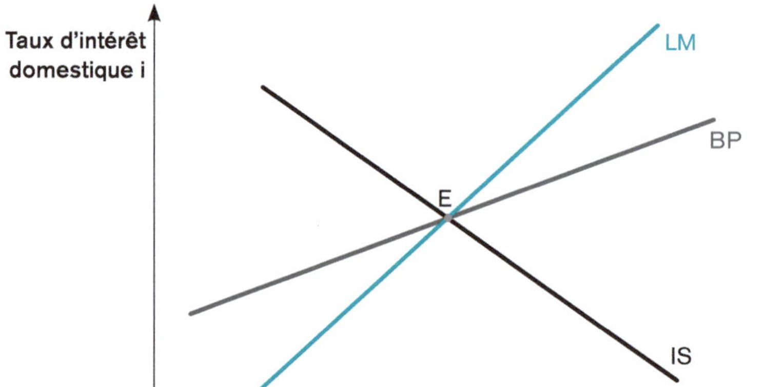

Il est possible que l'équilibre interne et l'équilibre externe ne coïncident pas : le point d'intersection entre (IS) et (LM) est alors distinct de la droite (BP). Comme le montre la figure 28, deux situations théoriques sont possibles. Si l'équilibre interne E_1 est situé au-dessus de la droite BP2, alors la balance des paiements est excédentaire. Si l'équilibre interne E_1 est situé au-dessous de la droite BP1, alors la balance des paiements est déficitaire. Ces déséquilibres initiaux de BP entraînent des ajustements pour que l'équilibre externe coïncide avec l'équilibre interne.

Figure 28 – Absence de coïncidence des équilibres interne et externe

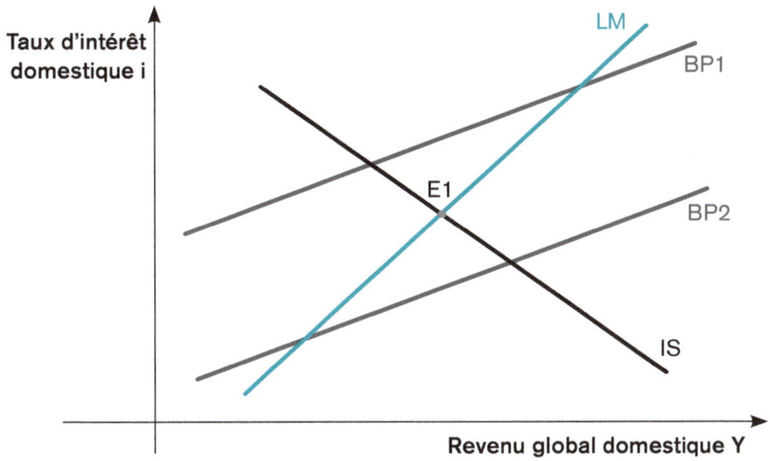

Les ajustements selon le régime de change

≫ Cas d'une balance des paiements déficitaire

Le cas d'une balance des paiements potentiellement déficitaire est représenté par le point E_1 sur la figure 29 : l'équilibre interne (point de rencontre entre IS_1 et LM_1) est situé à droite de BP_1 (représentant l'équilibre externe). Ce déficit a deux origines possibles : soit un déficit de la balance des transactions courantes (importations > exportations) supérieur aux entrées nettes de capitaux, soit un déficit de la balance des capitaux (sorties de capitaux > entrées de capitaux) supérieur à l'excédent des transactions courantes. Envisageons le cas d'un déficit de la balance des transactions courantes :

- l'excès d'importations signifie que les entreprises importatrices doivent se procurer des devises étrangères auprès des banques. Sur le marché des changes, il en résulte un accroissement de l'offre de monnaie domestique proposée en contrepartie de devises. La monnaie domestique, plus abondante, tend à se déprécier ;
- en changes flottants, la dépréciation de la monnaie domestique ne nécessite pas d'intervention de la banque centrale pour défendre le cours de la monnaie. En supposant réalisée la condition de Marshall-Lerner-Robinson, la dépréciation de la monnaie domestique conduit à un gain de compétitivité-prix des marchandises produites par les résidents : les exportations augmentent et les importations diminuent. Le déficit courant se réduit. (IS) se déplace vers la droite dans le plan (Y, i) en IS_2. La dépréciation de la monnaie domestique a également un effet sur (BP), qui se déplace vers la droite dans le plan (Y, i) en BP_2. On aboutit à un équilibre global des marchés E_2 ;
- en changes fixes, la dépréciation de la monnaie domestique donne lieu à une intervention de la banque centrale : elle utilise ses réserves pour acheter sa propre monnaie sur le marché des changes, réduisant l'offre de monnaie domestique pour revenir au cours initial. (LM) se

déplace vers la gauche dans le plan (Y, i) en LM_2. On aboutit à un équilibre global des marchés E_3.

Dans cet exemple, les ajustements sont automatiques (amélioration de la balance courante en changes flottants) ou déclenchés par une politique de change (diminution des réserves de change pour maintenir la parité en changes fixes). Ils permettent de revenir à l'équilibre de la balance des paiements pour faire coïncider les équilibres interne et externe.

Figure 29 – Ajustements en cas de balance des paiements déficitaire

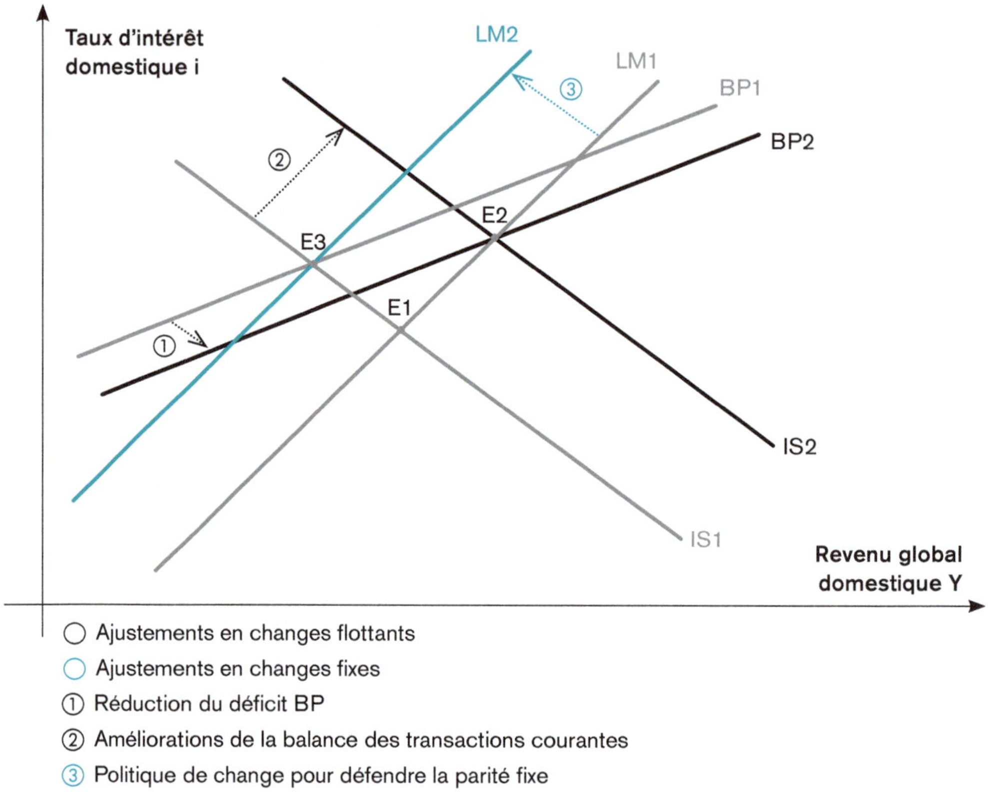

≫ Cas d'une balance des paiements excédentaire

Le cas d'une balance des paiements potentiellement excédentaire est représenté par le point E_1 sur la figure 30 : l'équilibre interne (point de rencontre entre IS_1 et LM_1) est situé à gauche de BP_1 (représentant l'équilibre externe). Cet excédent a deux origines possibles : soit un excédent de la balance des transactions courantes (exportations > importations) supérieur aux sorties nettes de capitaux, soit un excédent de la balance des capitaux (entrées de capitaux > sorties de capitaux) supérieur au déficit des transactions courantes. Envisageons le cas d'un excédent de la balance des capitaux :

– des entrées de capitaux plus nombreuses que les sorties indiquent que la rémunération des capitaux est plus avantageuse dans l'économie domestique. Un investisseur étranger souhaitant acheter des titres vendus en monnaie domestique doit d'abord acquérir la monnaie domestique contre des devises sur le marché des changes. La monnaie domestique est plus demandée : toutes choses égales par ailleurs, son cours s'apprécie ;

- en changes flottants, l'appréciation de la monnaie domestique ne nécessite pas d'intervention de la banque centrale pour défendre le cours de la monnaie. En supposant réalisée la condition de Marshall-Lerner-Robinson, l'appréciation de la monnaie domestique conduit à une perte de compétitivité-prix des marchandises produites par les résidents : les exportations diminuent et les importations augmentent. Le déficit courant se creuse. (IS) se déplace vers la gauche dans le plan (Y, i) en IS_2. L'appréciation de la monnaie domestique a également un effet sur (BP), qui se déplace vers la gauche dans le plan (Y, i) en BP_2. On aboutit à un équilibre global des marchés E_2 ;
- en changes fixes, l'appréciation de la monnaie domestique donne lieu à une intervention de la banque centrale : elle augmente l'offre de monnaie domestique sur le marché des changes pour revenir au cours initial. (LM) se déplace vers la droite dans le plan (Y, i) en LM_2. On aboutit à un équilibre global des marchés E_3.

Figure 30 – Ajustements en cas de balance des paiements excédentaire

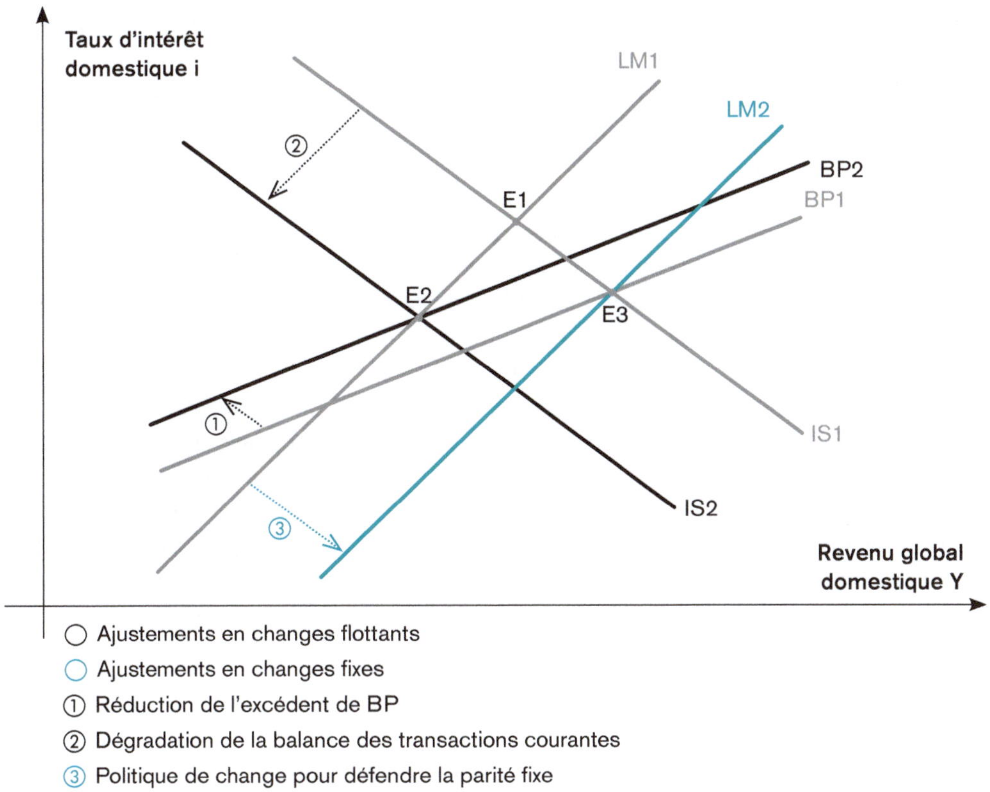

Les effets des politiques économiques

Les autorités publiques peuvent agir à l'aide de la politique budgétaire et/ou de la politique monétaire pour faire correspondre les équilibres interne et externe. L'efficacité des politiques mises en œuvre dépend du régime de change, de la mobilité des capitaux et de l'objectif affecté aux politiques utilisées.

≫ L'inefficacité d'une politique monétaire de relance en changes fixes avec parfaite mobilité des capitaux : le triangle des incompatibilités de Mundell

Prenons le cas d'une économie avec parfaite mobilité des capitaux et changes fixes (*cf.* figure 31). La parfaite mobilité des capitaux est représentée par une (BP) horizontale. L'objectif est de déterminer l'efficacité des politiques macroéconomiques dans ce cadre.

Les autorités monétaires décident de mener une politique monétaire expansionniste pour répondre à des objectifs internes (augmentation de la croissance économique et/ou diminution du chômage) : l'offre de monnaie domestique s'accroît et le taux d'intérêt diminue (passage de i_1 à i_2). L'effet revenu de la politique monétaire expansionniste est positif : LM bouge vers la droite dans le plan (Y, i) en LM_2 et le revenu global passe de Y_1 à Y_2. On obtient un nouvel équilibre interne au point E_2, à droite de BP. La baisse du taux d'intérêt a diminué la rentabilité des capitaux dans l'économie domestique. Le solde de la balance des capitaux se dégrade et la balance des paiements devient déficitaire. La monnaie domestique est moins demandée sur le marché des changes tout en étant plus offerte par les autorités monétaires en raison de la politique de relance : elle se déprécie.

Le contexte des changes fixes nécessite que les autorités monétaires mènent une politique de défense du cours de la monnaie domestique : elles utilisent leurs réserves de change pour acheter de la monnaie domestique sur le marché des changes, afin d'en réduire l'offre et de retrouver l'équilibre de la balance des paiements. Cela conduit à un mouvement de LM vers la gauche dans le plan (Y, i) jusqu'à retrouver l'équilibre de la balance des paiements en LM_1. La diminution des réserves de change a fait augmenter le taux d'intérêt qui est revenu à son niveau initial i_1 et diminuer le revenu global domestique en Y_1.

En d'autres termes, les effets d'une politique de relance monétaire sont contrecarrés par la politique de défense du cours de la monnaie qu'impliquent les changes fixes. En situation de parfaite mobilité des capitaux et en changes fixes, affecter une politique monétaire à un objectif interne est donc inefficace : la politique monétaire doit être dédiée à l'objectif externe de maintien de la parité monétaire. C'est ce que l'on appelle le triangle d'incompatibilité de Mundell : en changes fixes, il est impossible de réaliser une intégration financière totale et de maintenir une indépendance de la politique monétaire.

Figure 31 – Le triangle des incompatibilités de Mundell

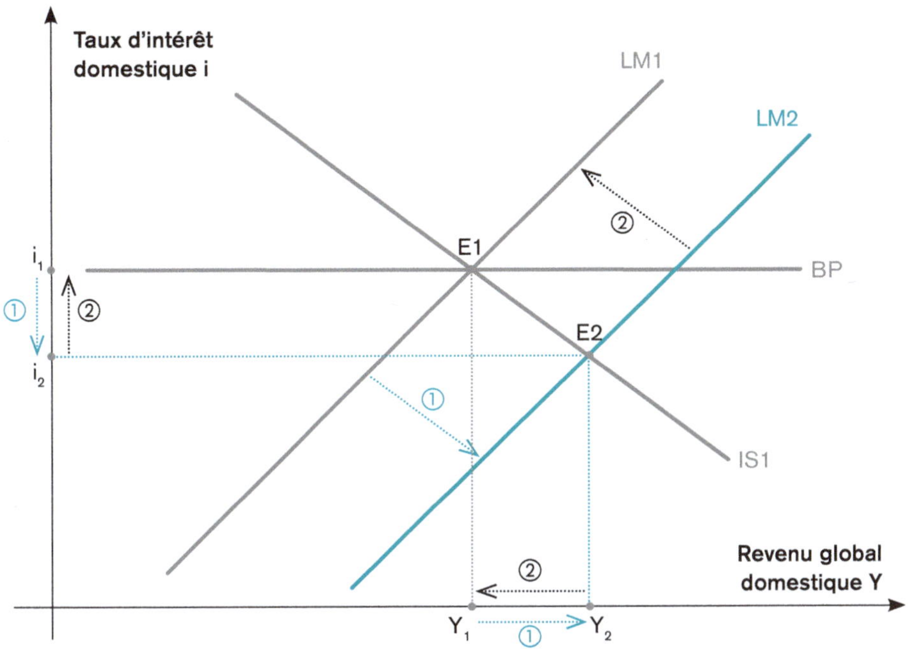

① Politique monétaire expansionniste

② Politique de change pour défendre la parité fixe

En revanche, la politique monétaire retrouve son efficacité si elle est affectée au maintien de la parité fixe en appui d'une politique budgétaire de relance. Comme le montre la figure 32, une politique budgétaire expansionniste se traduit par un déplacement de IS vers la droite en IS_2. L'équilibre interne représenté par le point E_2 se situe au-dessus de (BP) : la balance des paiements est excédentaire. L'effet revenu positif de la politique budgétaire expansionniste a entraîné une augmentation des importations, creusant le déficit courant. Dans un contexte de parfaite mobilité des capitaux, la hausse du taux d'intérêt a été suivie des entrées de capitaux qui ont plus que compensé le déficit courant. La monnaie domestique s'apprécie. La banque centrale intervient pour défendre la parité fixe de sa monnaie : elle accroît l'offre de monnaie domestique sur le marché des changes, ce qui conduit à un déplacement de LM vers la droite en LM_2 jusqu'à retrouver l'équilibre de la balance des paiements au point E_3. L'effet positif sur le revenu global de la politique budgétaire expansionniste (passage de Y_1 à Y_2) est renforcé par l'action de défense du cours de la monnaie domestique par la banque centrale (passage de Y_2 à Y_3). Par ailleurs, la politique de change permet d'éviter les effets d'éviction de la politique budgétaire : le taux d'intérêt qui était passé de i_1 à i_2 sous l'effet de la politique budgétaire expansionniste revient au point i_1 sous l'effet de la politique de maintien de la parité.

Le *policy-mix* le plus efficace en changes fixes avec parfaite mobilité des capitaux consiste donc à affecter la politique budgétaire à l'équilibre interne et la politique monétaire à l'équilibre externe. C'est la **règle de Mundell** : il faut affecter les instruments de politique économique aux objectifs sur lesquels ils ont l'efficacité relative la plus grande. Cette règle n'est valable qu'en changes fixes avec mobilité forte ou parfaite des capitaux : son application est donc limitée. L'étude de cas qui précède confirme toutefois qu'on ne peut pas atteindre deux objectifs (interne et externe) avec une seule politique économique. C'est la **règle de Tinbergen** : une condition nécessaire mais non suffisante de l'efficacité d'une politique économique est qu'il existe autant d'instruments indépendants que d'objectifs à atteindre.

Figure 32 – *Policy-mix* efficace en changes fixes avec parfaite mobilité des capitaux

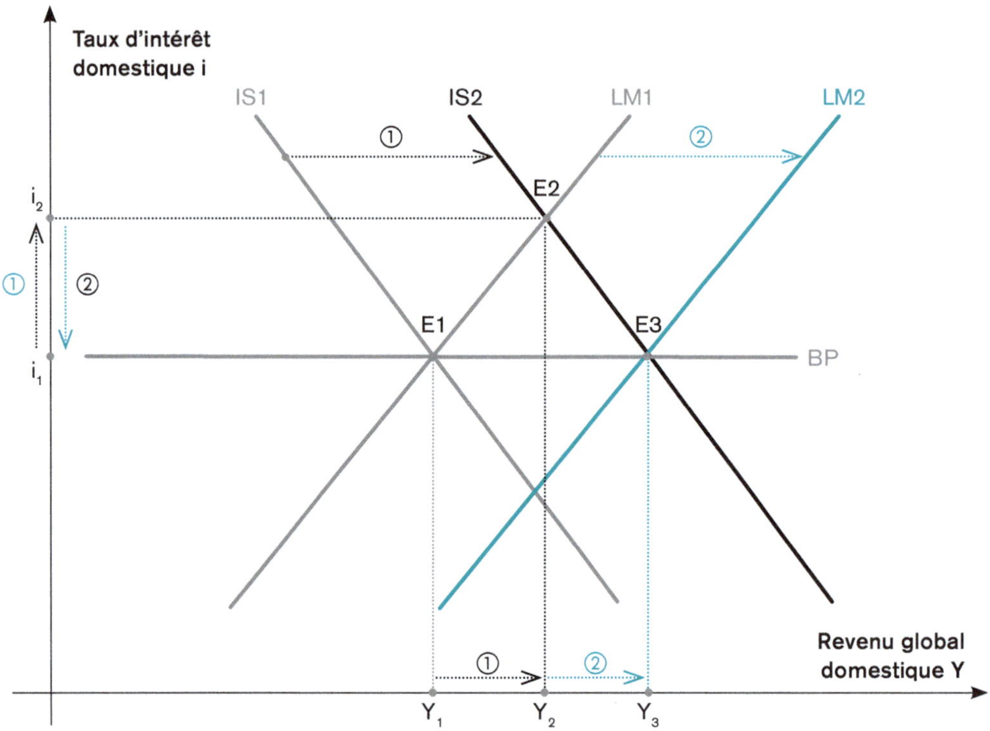

① Politique budgétaire de relance

② Politique de change pour défendre la parité fixe

➢ Le choix des politiques économiques en fonction de leur efficacité : récapitulatif (*Cf.* pages suivantes).

Changes fixes

Parfaite mobilité des capitaux	
Politique monétaire expansionniste	**Politique budgétaire expansionniste**
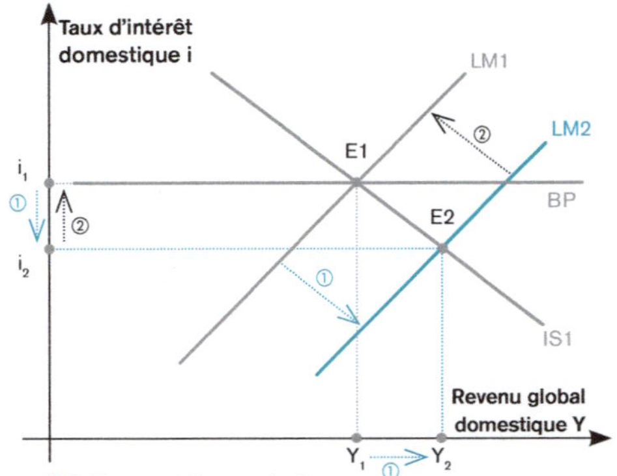 ① Politique monétaire expansionniste ② Politique de change pour défendre la parité fixe	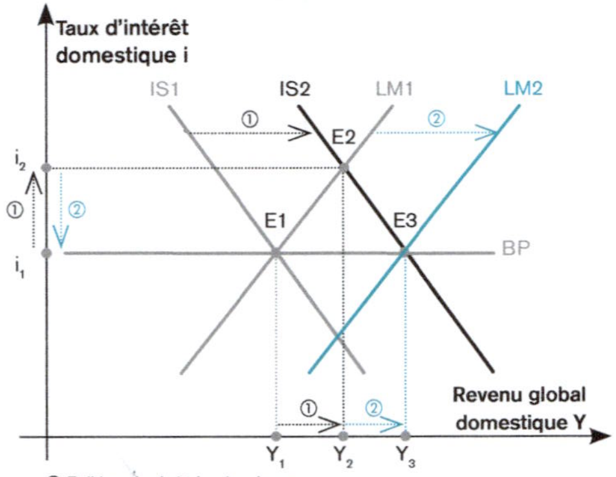 ① Politique budgétaire de relance ② Politique de change pour défendre la parité fixe
La politique monétaire est inefficace si elle est affectée à l'équilibre interne en raison de la contrainte des changes fixes : c'est le triangle des incompatibilités de Mundell.	La politique budgétaire est efficace lorsqu'elle est affectée à l'équilibre interne. La politique monétaire affectée à l'objectif externe accentue l'effet revenu positif et réduit l'effet d'éviction de la dépense publique.

Changes fixes

Imparfaite mobilité des capitaux

Politique monétaire expansionniste

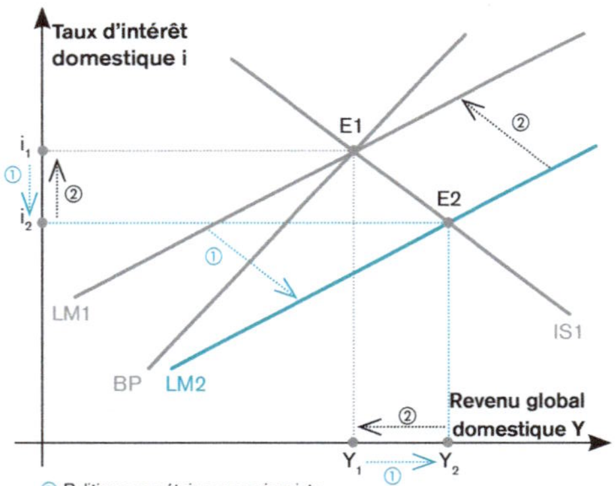

① Politique monétaire expansionniste
② Politique de change pour défendre la parité fixe

Le résultat est identique à la mobilité parfaite des capitaux : la politique monétaire est inefficace quand elle est affectée à l'équilibre interne.

Politique budgétaire expansionniste

Mobilité forte

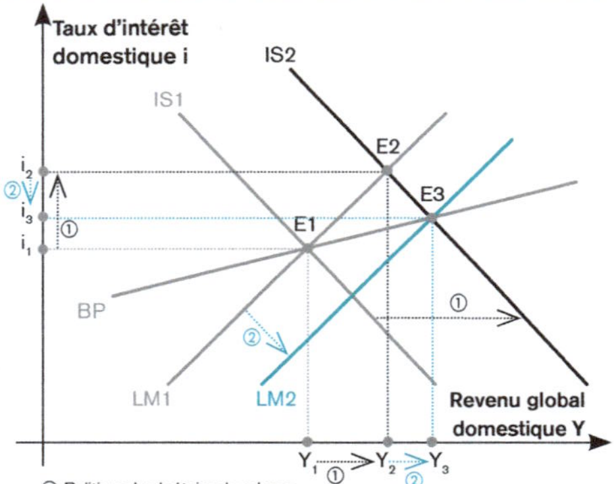

① Politique budgétaire de relance
② Politique de change pour défendre la parité fixe

La politique budgétaire est efficace lorsqu'elle est affectée à l'équilibre interne. L'effet revenu généré par la politique de change pour rétablir la parité fixe est moindre que dans le cas d'une parfaite mobilité des capitaux, mais toujours positif.

Mobilité faible

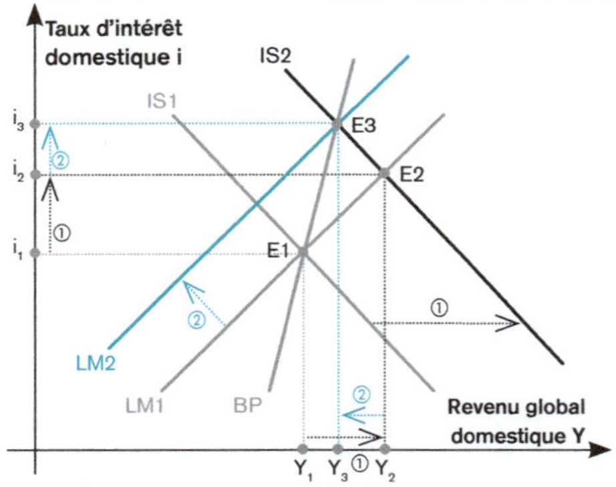

① Politique budgétaire de relance
② Politique de change pour défendre la parité fixe

La politique budgétaire expansionniste déplace IS vers la droite en IS_2 avec un effet revenu positif (Y_1 à Y_2). La balance des paiements est alors en situation déficitaire : la monnaie domestique se déprécie. La banque centrale diminue ses réserves de change pour acheter la monnaie domestique sur le marché des changes et rétablir la parité fixe. LM se déplace sur la gauche en LM_2. Le taux d'intérêt augmente deux fois : une première sous l'effet d'éviction de la dépense publique (i_1 à i_2), une seconde sous l'effet de la contraction des réserves de change (i_2 à i_3). L'efficacité de la politique budgétaire est réduite par l'action de la banque centrale contrainte par les changes fixes : l'effet revenu négatif (Y_2 à Y_3) compense partiellement l'effet revenu positif de la politique de relance budgétaire.

Changes fixes

<table>
<tr><th colspan="2">Absence de mobilité des capitaux</th></tr>
<tr><th>Politique monétaire expansionniste</th><th>Politique budgétaire expansionniste</th></tr>
<tr><td>
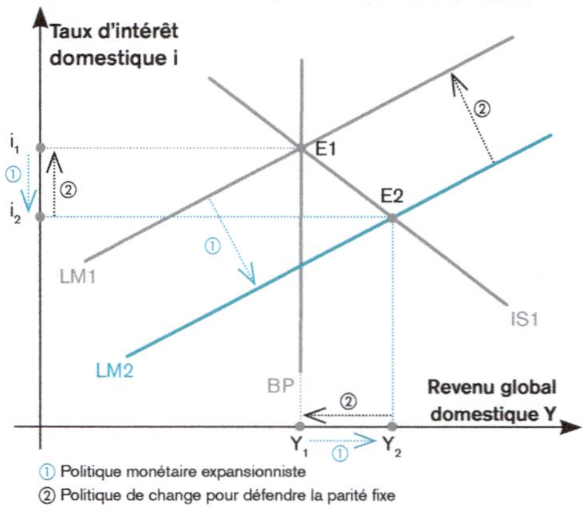

On retrouve une nouvelle fois le même résultat : la politique monétaire est inefficace quand elle est affectée à l'équilibre interne.
</td><td>
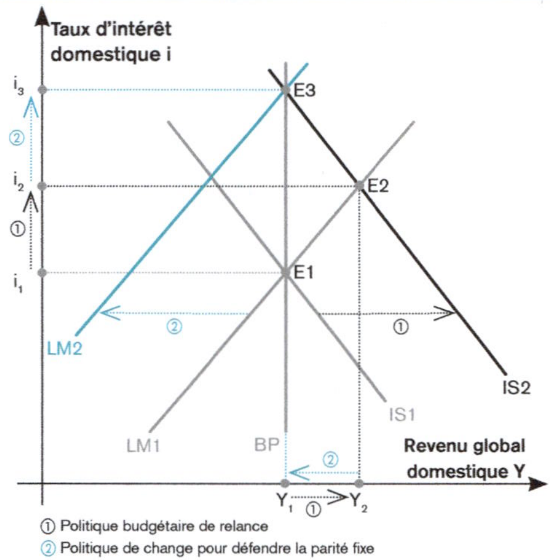

Le raisonnement est identique au cas de la mobilité faible des capitaux : la politique de défense de la parité fixe conduit à un effet revenu négatif, qui compense ici totalement l'effet revenu positif de la politique budgétaire de relance (passage de Y_2 à Y_1).
</td></tr>
</table>

Changes flottants

Parfaite mobilité des capitaux

Politique monétaire expansionniste

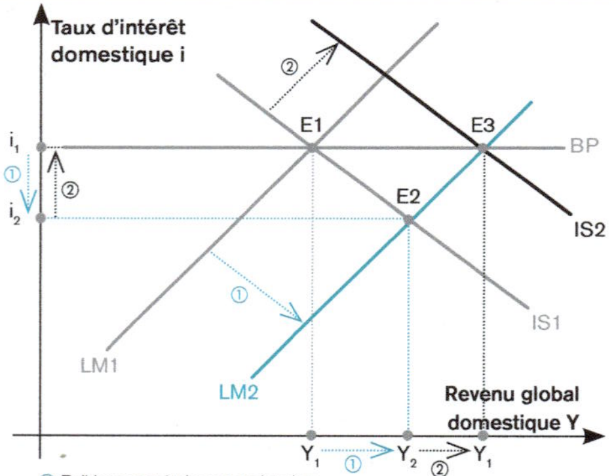

① Politique monétaire expansionniste
② Amélioration de la balance courante résultant de la dépréciation

La politique monétaire expansionniste déplace LM vers la droite en LM_2, entraînant une diminution du taux d'intérêt (i_1 à i_2) et un effet positif sur le revenu global (Y_1 à Y_2).
La diminution du taux d'intérêt domestique conduit à des sorties de capitaux et creuse le déficit de la balance des capitaux. La balance des paiements est donc en déficit : la monnaie domestique se déprécie. La dépréciation de la monnaie domestique conduit à une augmentation du niveau des exportations et à une diminution des importations. La balance courante s'améliore : IS se déplace vers la droite en IS_2 et le revenu global domestique s'accroît (passage de Y_2 à Y_3). **La politique monétaire est donc efficace pour répondre à un objectif interne. L'effet revenu positif est renforcé par l'amélioration de la balance des transactions courantes.**

Politique budgétaire expansionniste

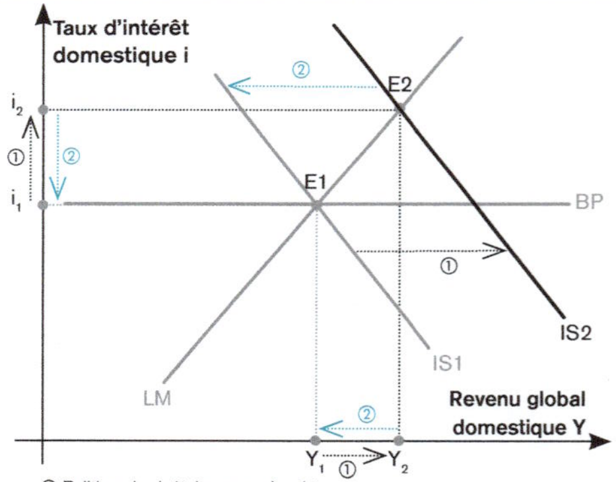

① Politique budgétaire expansionniste
② Dégradation de la balance courante résultant de l'appréciation

La politique budgétaire expansionniste déplace IS vers la droite en IS_2 avec un effet revenu positif (Y_1 à Y_2). L'accroissement des importations creuse le déficit courant. Ce déficit est plus que compensé par l'entrée des capitaux en raison d'une (trop) forte augmentation du taux d'intérêt (i_1 à i_2). La balance des paiements est donc en excédent : la monnaie domestique s'apprécie.
L'appréciation de la monnaie domestique conduit à une diminution du niveau des exportations et à une augmentation des importations, creusant le déficit courant et exerçant un effet revenu négatif qui compense les effets positifs de la politique de relance budgétaire (passage de IS_2 à IS_1).
La parfaite mobilité des capitaux contrecarre l'effet positif sur le revenu global de la politique budgétaire : elle entraîne une appréciation de la monnaie qui freine les exportations et accroît les importations.

Imparfaite mobilité des capitaux

Politique monétaire expansionniste

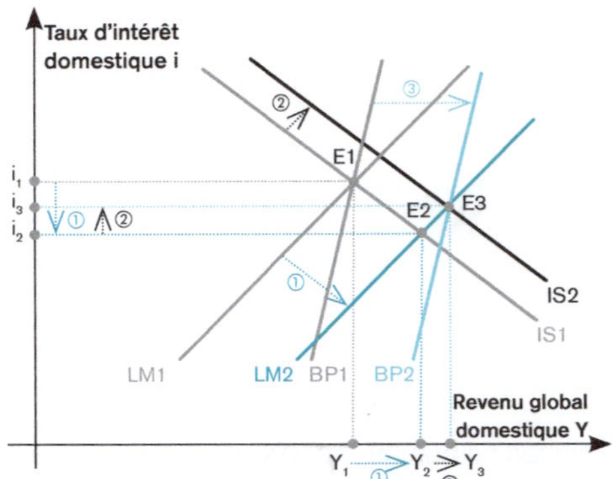

① Politique monétaire expansionniste
② Amélioration de la balance courante résultant de la dépréciation
③ Réduction du déficit de BP sous l'effet de la dépréciation

La politique monétaire expansionniste déplace LM vers la droite en LM_2, entraînant une diminution du taux d'intérêt (i_1 à i_2) et un effet positif sur le revenu global (Y_1 à Y_2). La diminution du taux d'intérêt domestique conduit à des sorties de capitaux et creuse le déficit de la balance des capitaux. La balance des paiements est déficitaire : la monnaie domestique se déprécie. La dépréciation de la monnaie domestique conduit à une augmentation du niveau des exportations et à une diminution des importations. La balance courante s'améliore : IS se déplace vers la droite en IS_2 et le revenu global domestique s'accroît (Y_2 à Y_3). La dépréciation de la monnaie domestique a également un effet sur BP dont le déficit diminue avec la réduction du déficit des transactions courantes (passage de BP_1 à BP_2) et l'augmentation des taux d'intérêt (i_2 à i_3) qui conduit à une entrée de capitaux. **La politique monétaire est donc efficace pour répondre à un objectif interne, mais est un instrument moins pertinent qu'en forte ou parfaite mobilité des capitaux.**

Politique budgétaire expansionniste

Mobilité forte

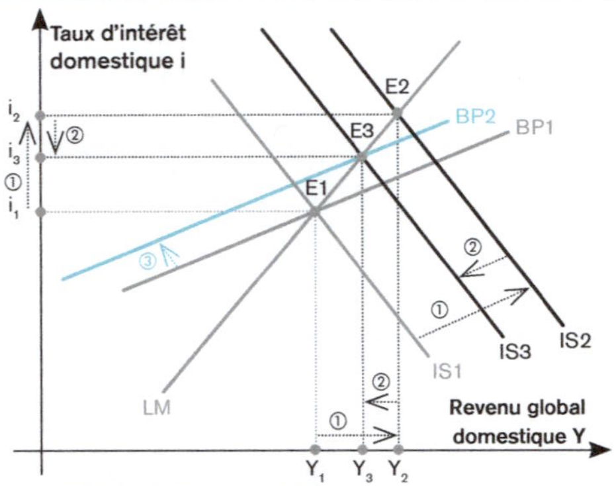

① Politique budgétaire expansionniste
② Dégradation de la balance courante suite à l'appréciation
③ Creusement du déficit de BP sous l'effet de l'appréciation

La politique budgétaire expansionniste déplace IS vers la droite en IS_2 avec un effet revenu positif (Y_1 à Y_2). L'augmentation du taux d'intérêt correspondante (i_1 à i_2) conduit à un excédent de la balance des capitaux qui n'est pas compensé par l'accroissement des importations. La balance des paiements est excédentaire et la monnaie domestique s'apprécie. L'appréciation diminue la compétitivité-prix des exportations et augmente les importations, ce qui dégrade le déficit courant et conduit à un déplacement de IS_2 en IS_3. L'appréciation de la monnaie domestique a également un effet sur BP dont le déficit s'accentue avec la dégradation de la balance courante (mouvement vers la gauche de BP_1 à BP_2). L'effet revenu positif de la politique budgétaire est contrecarré par l'appréciation de la monnaie domestique qui diminue les exportations. **La politique budgétaire reste efficace pour répondre à un objectif interne, mais est moins pertinente qu'en mobilité faible ou sans mobilité des capitaux.**

Mobilité faible

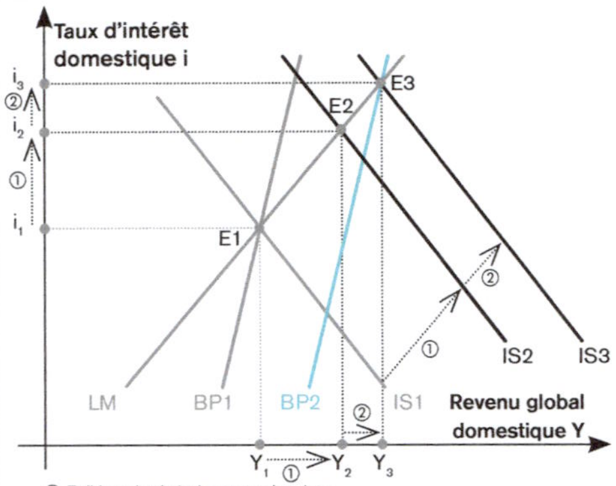

① Politique budgétaire expansionniste
② Amélioration de la balance courante suite à la dépréciation
③ Réduction du déficit de BP sous l'effet de la dépréciation

La politique budgétaire expansionniste déplace IS vers la droite en IS_2 avec un effet revenu positif (Y_1 à Y_2). L'accroissement des importations creuse le déficit courant, qui n'est pas compensé par l'entrée des capitaux en raison d'une trop faible augmentation du taux d'intérêt (i_1 à i_2). La balance des paiements devient déficitaire et la monnaie domestique se déprécie. La dépréciation accroît la compétitivité-prix des exportations et diminue les importations, ce qui améliore le déficit courant et conduit à un déplacement de IS_2 en IS_3.
La dépréciation de la monnaie domestique a également un effet sur BP dont le déficit diminue avec la réduction du déficit des transactions courantes (mouvement vers la droite de BP_1 à BP_2). L'effet initial de la stimulation budgétaire est renforcé par la dépréciation de la monnaie domestique qui pousse les exportations. **La politique budgétaire est très efficace pour répondre à un objectif interne.**

Changes flottants

Absence de mobilité des capitaux

Politique monétaire expansionniste

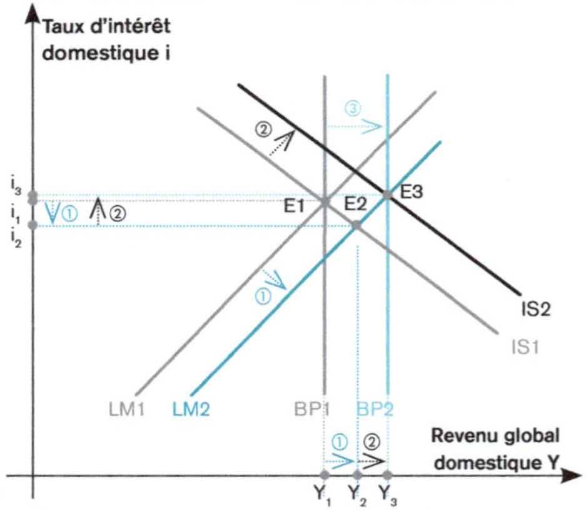

① Politique monétaire expansionniste
② Amélioration de la balance courante résultant de la dépréciation
③ Réduction du déficit de BP sous l'effet de la dépréciation

Le résultat est identique à la mobilité imparfaite des capitaux : la politique monétaire est efficace quand elle est affectée à l'équilibre interne, mais moins pertinente qu'en mobilité forte ou parfaite des capitaux.

Politique budgétaire expansionniste

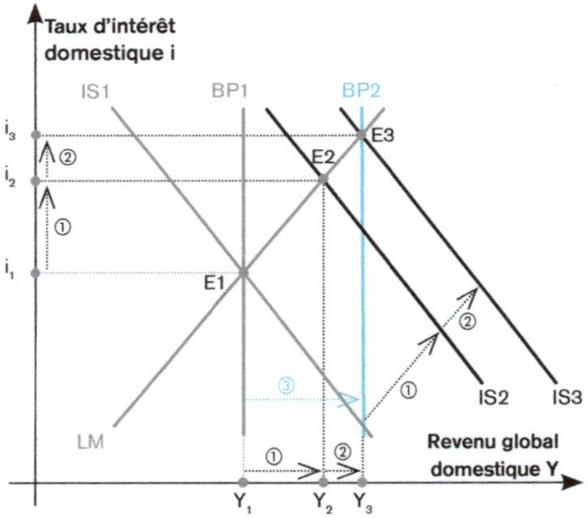

① Politique budgétaire expansionniste
② Effet de la dépréciation de la monnaie domestique
③ Réduction du déficit de BP sous l'effet de la dépréciation

Le résultat est identique à la situation de faible mobilité des capitaux : la politique budgétaire reste efficace quand elle est affectée à l'équilibre interne.

Bilan du choix des politiques économiques en fonction de leur efficacité

En changes fixes

- Quel que soit le degré de mobilité des capitaux, la politique monétaire est inefficace lorsqu'elle est affectée à un objectif d'équilibre interne. La contrainte des changes fixes oblige la banque centrale à mener une politique de change qui annule l'effet revenu de la politique monétaire de relance de l'activité.
- L'efficacité de l'affectation de la politique budgétaire à un objectif d'équilibre interne dépend du degré de mobilité des capitaux. Le régime de changes fixes contraint la banque centrale à défendre la parité de sa monnaie : si les capitaux sont parfaitement ou fortement mobiles, la politique monétaire accroît l'efficacité de la politique budgétaire. En cas de mobilité faible ou d'absence de mobilité des capitaux, la politique monétaire réduit, voire compense totalement l'effet revenu positif de la politique budgétaire.

En changes flottants

- Quel que soit le degré de mobilité des capitaux, la politique monétaire retrouve en changes flottants l'efficacité qu'elle n'avait pas en changes fixes pour atteindre l'équilibre interne. L'efficacité de la politique monétaire est d'autant plus importante que la mobilité des capitaux est forte.
- La politique budgétaire est efficace pour atteindre l'équilibre interne lorsque la mobilité des capitaux est faible ou nulle. Dans le cas contraire, la mobilité des capitaux diminue la compétitivité-prix des exportations : la contrainte externe réduit fortement, voire compense totalement l'effet revenu positif de la politique budgétaire.

3 Le modèle OG-DG

Le modèle IS-LM décrit la formation du revenu global domestique sur un horizon de court terme et fait l'hypothèse d'une fixité des prix. L'analyse est centrée sur la composante demande de l'économie. Il n'y est question que des marchés de la monnaie et des biens et services. Le modèle OG-DG (pour offre globale - demande globale), ou AS-AD en anglais (*Aggregate Supply - Aggregate Demand*) complète IS-LM sur ces points : les prix y sont flexibles, l'horizon de temps est élargi au moyen et long terme, le marché du travail et le comportement des offreurs sont intégrés à la réflexion sur les fluctuations du revenu global. La flexibilité des prix est variable selon l'horizon temporel retenu : des rigidités peuvent exister à court terme mais disparaissent à long terme. IS-LM a été conçu comme un modèle de synthèse entre les approches keynésienne et néoclassique. OG-DG conserve cette ambition, mais renforce nettement le versant néoclassique, permettant d'expliquer les effets de chocs macroéconomiques sur l'offre et la demande. Par ailleurs, le modèle conduit à une compréhension plus fine des chocs inflationnistes et déflationnistes, ainsi qu'à des effets des politiques économiques sur la formation des prix.

A. La construction de l'offre globale et de la demande globale

La demande globale

≫ Détermination de la demande globale

Au sens strict, la demande globale est une relation entre la quantité de produit global demandée et le niveau agrégé des prix : elle donne une information sur la quantité de biens et services que souhaitent acheter les agents économiques pour chaque niveau de prix. La demande globale dans IS-LM est conçue sur la base de prix fixes : en relâchant cette hypothèse, le modèle OG-DG permet d'en construire une nouvelle version. Pour ce faire, il faut envisager l'effet des variations de prix sur les marchés de la monnaie et des biens et services (*cf.* figure 33).

Supposons que le niveau des prix augmente (passage de P_1 à P_2). Pour un niveau de masse monétaire nominale M_0 exogène, c'est-à-dire non déterminé par le revenu global ou le taux d'intérêt, mais décidé unilatéralement par les autorités monétaires, l'augmentation des prix se traduit par une diminution de la masse monétaire réelle M_0/P. En vertu de l'effet d'encaisses réelles de Pigou, le pouvoir d'achat de la masse monétaire mise en circulation par la banque centrale décroît : c'est un effet richesse négatif. D'après l'équation (8), une diminution de M_0/P se traduit par un déplacement de (LM) vers la gauche en LM_2 : la contraction de la masse monétaire réelle s'accompagne d'une augmentation du taux d'intérêt (i_1 à i_2). La demande de monnaie pour motif de spéculation diminue tandis que la demande de monnaie pour les motifs de transaction et de précaution augmente (effet de substitution des motifs de demande de monnaie ou effet « Keynes »). L'augmentation du taux d'intérêt a également des effets sur le marché des biens et services : l'investissement privé diminue, générant une contraction du revenu global domestique (Y_1 à Y_2). L'équilibre des deux marchés de la monnaie et des biens et services est modifié : il correspond à un niveau de taux d'intérêt plus élevé et de revenu global plus faible. Graphiquement, on passe de E_1 à E_2. Ainsi, à chaque niveau de prix correspond un équilibre global des marchés unique. Toute augmentation des prix se traduit par une diminution du revenu global, conséquence d'une baisse de la demande globale : la relation entre demande globale et niveau des prix est décroissante.

Remarque : En économie ouverte, l'effet du taux de change s'ajoute aux effets richesse et de substitution. Une augmentation des prix domestiques à taux de change nominal constant augmente le taux de change réel (au certain) : les marchandises produites sur le territoire domestique perdent en compétitivité-prix, la balance courante se dégrade et IS se déplace vers la gauche dans le plan (Y, i). L'augmentation des prix domestiques correspond bien à une dégradation du revenu global domestique : la droite de demande globale est décroissante dans le plan (Y, P).

≫ Représentation graphique de la demande globale

Il est possible de représenter graphiquement la relation décroissante entre les prix et le revenu global dans un repère orthogonal, avec en abscisse le revenu global Y et en ordonnée le niveau général des prix P : c'est la droite de demande globale. Son équation est de la forme DG = f (P), avec f' (P) < 0. Graphiquement, on voit que la demande globale se déduit des équilibres IS-LM pour chaque niveau de prix.

Figure 33 – Représentation graphique de la demande globale

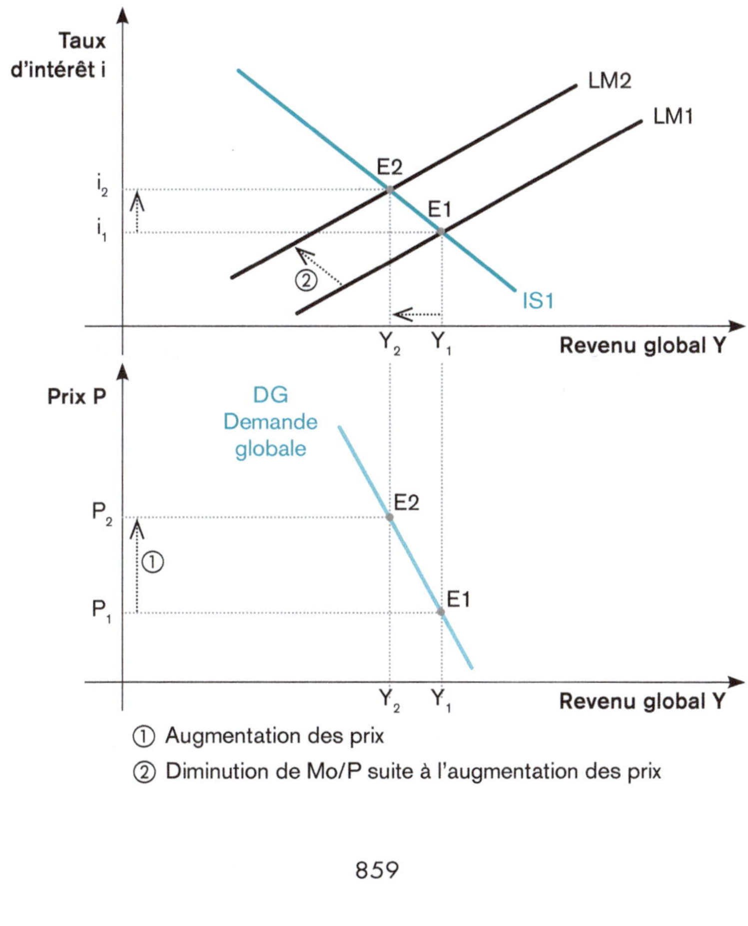

① Augmentation des prix
② Diminution de Mo/P suite à l'augmentation des prix

≫ Mouvements de la droite de demande globale

La demande globale se déduisant de l'équilibre global des marchés de la monnaie et des biens et services, les mouvements des droites (IS) et (LM) se traduisent également par des mouvements de la droite de demande globale dans le plan (Y, P).

Rappelons qu'en économie fermée, les déplacements de (IS) dépendent des variations des paramètres exogènes de la demande : un accroissement de l'investissement autonome (I_0), de la consommation incompressible (C_0), de la dépense publique (G_0) décale IS vers la droite, tandis qu'une hausse des impôts (T_0) la déplace vers la gauche. Prenons le cas d'une politique budgétaire de relance par augmentation des dépenses publiques, illustrée par la figure 34. Cette politique se traduit par un effet revenu positif (passage de E_1 à E_2) et un effet d'éviction de l'investissement privé par une augmentation du taux d'intérêt (i_1 à i_2). Si l'on considère le niveau des prix comme fixe, l'augmentation du revenu global (donc de la demande globale) entraîne un déplacement de DG_1 en DG_2 parallèlement à elle-même dans le plan (Y, P). Pour un même niveau de prix, le niveau de la demande globale est plus important qu'avant la relance budgétaire. Plus généralement, les déplacements de (DG) dans le plan (Y, P) sont liés à la variation des composantes de la demande autonome, en particulier du déficit public : tout accroissement des

Figure 34 – Les mouvements de la demande globale : exemple d'une politique budgétaire expansionniste

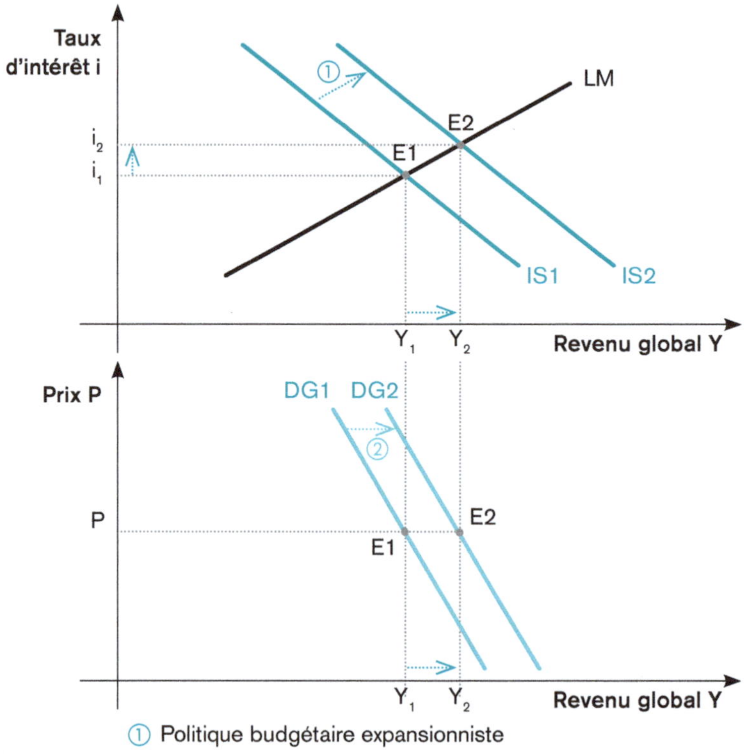

① Politique budgétaire expansionniste

② Augmentation de la demande globale à prix fixes

dépenses publiques et/ou une réduction des impôts conduit à un déplacement de (DG) vers la droite, et inversement. L'ampleur du mouvement de (DG) dépend de l'importance de la relance budgétaire et de l'effet multiplicateur de la dépense publique (ou fiscal) : plus il est fort, plus le déplacement de (DG) vers la droite du plan (Y, P) est important.

Les mouvements de (DG) sont également liés aux déplacements de (LM). Rappelons qu'en économie fermée, l'offre de monnaie sur le marché monétaire est le déterminant principal des mouvements de (LM). Prenons l'exemple d'une politique monétaire expansionniste : elle consiste, dans le modèle IS-LM, à accroître l'offre de monnaie nominale. Le taux d'intérêt diminue sous l'effet de l'abondance de la monnaie sur le marché monétaire, et le revenu global s'accroît. (LM) se déplace vers la droite dans le plan (Y, i). En considérant que les prix sont fixes, l'effet positif sur le revenu global se traduit par un déplacement de (DG) vers la droite du plan (Y, P) : pour un même niveau de prix, la demande globale est plus forte.

Récapitulons :

- une variation du niveau des prix conduit à un déplacement le long de la droite de demande globale ;
- une augmentation de la dépense publique, de l'investissement autonome, ou une réduction des impôts (autrement dit une politique budgétaire expansionniste) conduit à un déplacement de (DG) vers la droite dans le plan (Y, P). Inversement, une diminution de la dépense publique, de l'investissement autonome, ou une augmentation des impôts (autrement dit une politique budgétaire restrictive) conduit à un déplacement de (DG) vers la gauche dans le plan (Y, P) ;
- une augmentation de la masse monétaire nominale (respectivement une diminution) conduit à un déplacement de (DG) vers la droite dans le plan (Y, P) (respectivement vers la gauche). En d'autres termes, une politique monétaire expansionniste entraîne un déplacement de DG vers la droite, et restrictive vers la gauche.

L'offre globale

≫ Détermination de l'offre globale

Au sens strict, l'offre globale est une relation entre la quantité de produit global offerte et le niveau agrégé des prix : elle donne une information sur la quantité de biens et services que les producteurs souhaitent mettre sur le marché pour chaque niveau de prix. L'offre globale n'existe pas dans IS-LM : le modèle OG-DG introduit une fonction de production agrégée qui met en relation le produit global et la combinaison productive. On considère généralement que deux facteurs de production sont utilisés pour produire : le travail et le capital. Comme cela a été vu en microéconomie, deux contraintes s'imposent au producteur rationnel : une contrainte technique (le choix de la combinaison productive dépend de la quantité de facteurs de production disponible) et une contrainte financière (le coût relatif des facteurs de production).

Dans le modèle OG-DG, on fait l'hypothèse que seul le facteur travail varie, le facteur capital étant donné. En conséquence, les producteurs maximisent leur profit en utilisant comme paramètres la quantité et le coût du facteur travail, qui correspond aux salaires versés aux travailleurs. Il faut donc introduire dans l'analyse le marché du travail, sur lequel se fixent un niveau de salaire d'équilibre et un niveau d'emploi d'équilibre. Ainsi, l'offre globale dépend de l'équilibre du marché du travail, lequel diffère selon le degré de flexibilité des salaires. L'analyse dépend donc de l'horizon temporel considéré. Dans une perspective keynésienne de court terme, les salaires sont rigides. Dans une perspective néoclassique de long terme, les salaires sont parfaitement flexibles. Il en résulte deux types d'offres globales : une offre globale de court terme avec salaires rigides (offre globale keynésienne), et une offre globale de long terme avec salaires flexibles (offre globale classique).

Comme en microéconomie, le producteur continue de produire tant que le coût marginal (le salaire versé à la dernière personne embauchée) est inférieur à la recette marginale (le prix de vente de la dernière unité produite).

À court terme, le coût réel du facteur travail est lié à la variation du niveau général des prix : une hausse des prix diminue le salaire réel (les salaires nominaux sont rigides), donc les coûts de production. Les offreurs réagissent en augmentant la demande de travail et par suite les quantités produites. À l'inverse, une diminution des prix augmente le salaire réel et par extension les coûts de production : les offreurs diminuent la demande de travail et la quantité de biens mise sur le marché. L'offre globale de court terme (keynésienne) est une fonction croissante du niveau général des prix. Comme l'illustre la figure 35, elle peut être représentée par une fonction croissante dans le plan (Y, P) telle que OG = f(P) avec $f'(P) > 0$. Une augmentation des prix de P_1 à P_2 se traduit par une augmentation du revenu global domestique de Y_1 à Y_2.

À long terme en revanche, toute variation du niveau général des prix se traduit par un ajustement des salaires nominaux pour maintenir le coût de production constant : une diminution des prix (donc une hausse du salaire réel) entraîne une baisse des salaires nominaux pour réduire le déséquilibre provoqué par l'accroissement de l'offre et la diminution de la demande sur le marché du travail. L'ajustement se poursuit jusqu'à retrouver un niveau de salaire correspondant à l'équilibre du marché du travail : les effets de la diminution des prix sont compensés par la baisse des salaires nominaux. Il n'y a pas de chômage, sauf volontaire : le niveau de l'emploi, et par conséquent l'offre globale, reste inchangé. L'offre globale de long terme (classique) ne dépend pas du niveau général des prix : elle peut être représentée par une verticale dans le plan (Y, P) (*cf.* figure 35). Quel que soit le niveau général des prix (P_1 ou P_2), le niveau de revenu global domestique reste inchangé en Y_3.

Remarque : il existe un cas théorique que l'on nomme la fonction d'offre globale keynésienne extrême. Elle correspond à une offre globale de très court terme, où les salaires sont rigides mais également les prix (hypothèse retenue dans le modèle IS-LM). En ce cas, la fonction d'offre globale est représentée par une horizontale dans le plan (Y, P). Le niveau de prix reste identique, quel que soit le niveau de revenu global domestique retenu.

Figure 35 – Représentation graphique des offres globales de court terme et de long terme

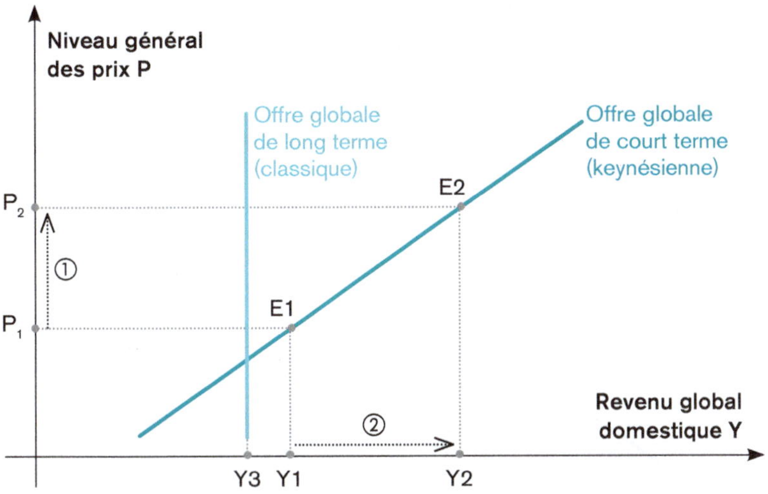

① L'augmentation des prix…

② … conduit à une hausse du revenu global.

Mouvements de la droite d'offre globale

Considérons d'abord l'offre globale de long terme : ses mouvements correspondent uniquement à des modifications de la croissance potentielle, c'est-à-dire du niveau maximal de production qu'une économie peut atteindre sans pression inflationniste, en utilisant de manière optimale les facteurs de production disponibles. Les déterminants de la croissance potentielle sont la productivité du travail et la main-d'œuvre mobilisable dans une économie. Par extension, la croissance potentielle dépend de la durée du travail, de l'intensité capitalistique et de la productivité globale des facteurs (approximation du progrès technique). Ces facteurs fixent le niveau de la productivité du travail et indirectement l'offre globale de long terme.

Le niveau de production de court terme représente, à l'équilibre du marché du travail, la production maximale qu'il est possible d'obtenir compte tenu des contraintes techniques, de disponibilité et de coût du facteur travail. L'offre globale de court terme dépend donc uniquement des modifications touchant le facteur travail : la variation du coût réel et le niveau de productivité.

Les chocs de productivité ont un effet sur la courbe d'offre globale de court terme. Rappelons que la productivité du travail mesure la valeur ajoutée par travailleur Y/N, avec Y la valeur ajoutée totale de l'entreprise et N le nombre de travailleurs mobilisés. Une augmentation de Y, à N constant, correspond à une augmentation de la productivité du travail par travailleur. La productivité du travail a un effet sur la combinaison productive de l'entreprise : en cas d'augmentation de la productivité, elle peut ajuster le nombre de travailleurs à la baisse ou produire plus à nombre de travailleurs constant. Envisageons le cas d'un choc de productivité positif, lié par exemple à l'introduction d'une nouvelle technologie de production. Comme l'illustre la figure 36, à niveau de prix donné P_1, l'augmentation de la productivité du travail se traduit par une production plus importante (Y_1 à Y_2) : la courbe d'offre globale de court terme se déplace vers la droite dans le plan (Y, P) en OG_2. Inversement, un choc de productivité négatif conduit à réduire l'offre en Y_3 à P_1 donné : la courbe d'offre globale se déplace vers la gauche en OG_3.

Figure 36 – Mouvement de l'offre globale de court terme suite à un choc de productivité

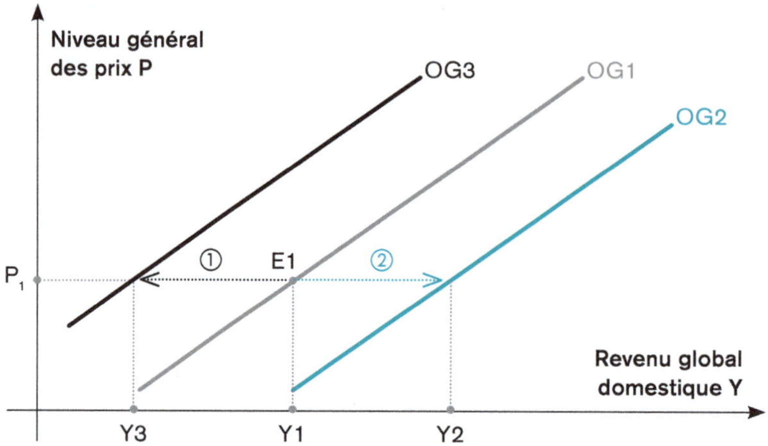

① Choc de productivité négatif – Y diminue à prix donné

① Choc de productivité positif – Y augmente à prix donné

Concernant le coût réel du travail, nous avons fait l'hypothèse d'une rigidité des salaires nominaux sur un horizon de court terme. Toutefois, les employeurs peuvent être contraints par un choc externe, par exemple l'introduction d'un salaire minimum légal, de modifier le niveau de salaire nominal. Les entreprises étant contraintes de payer plus leurs salariés, elles augmentent les prix de vente de leurs produits pour restaurer partiellement leurs marges. Comme l'illustre la figure 37, le niveau général des prix s'élève en P_3 pour un même niveau de production Y_1 : la courbe d'offre globale se déplace vers la gauche dans le plan (Y, P) en OG_3. Le déplacement de l'offre globale représente une situation d'inflation par les coûts de production. Inversement, la suppression du salaire minimum légal entraîne un choc négatif sur les coûts de production des entreprises : elles sont en mesure de baisser leurs prix de vente en P_2, à niveau de production constant Y_1. La courbe d'offre globale se déplace vers la droite dans le plan (Y, P) en OG_2.

Figure 37 – Mouvement de l'offre globale de court terme suite à un choc de coût réel du travail

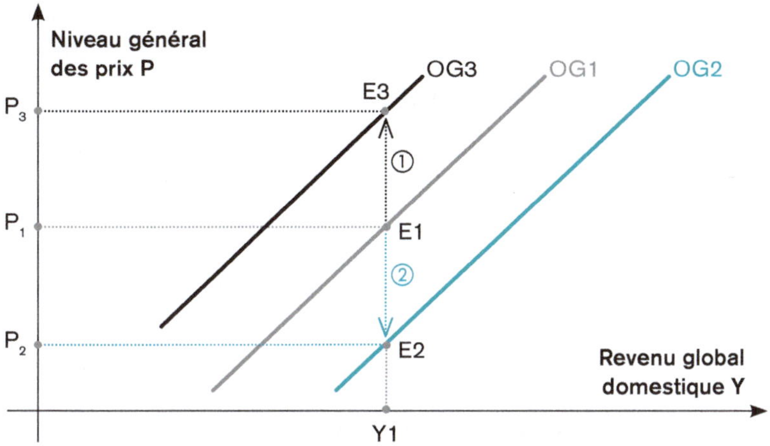

① Choc positif sur le coût réel du travail – P augmente à Y donné

① Choc négatif sur le coût réel du travail – P diminue à Y donné

Remarque : Le modèle OG-DG permet d'illustrer d'autres cas d'inflation par des déterminants réels. L'ajout d'autres facteurs de production que le travail et le capital, comme les matières premières, en est un bon exemple. En cas d'augmentation brutale du prix des matières premières (par exemple lors d'un choc pétrolier), les coûts de production s'accroissent, et conduisent l'entreprise à restaurer partiellement ses marges en augmentant le prix de vente. À volume de production macroéconomique donné, le niveau général des prix s'élève : on retrouve une situation d'inflation par les coûts de production. Un contre-choc pétrolier (une diminution brutale du prix des matières premières) conduit à une diminution du niveau général des prix, à volume de production constant : c'est une situation de déflation.

B. Équilibre macroéconomique et politiques économiques

L'équilibre macroéconomique s'obtient au croisement des courbes d'offre et de demande globale. Deux cas se présentent, selon que l'on raisonne à court ou long terme : une situation d'équilibre avec offre globale keynésienne et un équilibre avec offre globale classique.

L'équilibre macroéconomique dans le modèle OG-DG

≫ Équilibre avec offre globale keynésienne de court terme

On peut représenter cet équilibre à l'aide de l'offre globale de court terme OG_1 et de la demande globale (*cf.* figure 38). Le point de rencontre de l'offre et de la demande globales E_1 permet de déterminer un niveau de production effective d'équilibre Y_1 et un niveau de prix d'équilibre P_1. Le point E_1 correspond à un équilibre simultané des marchés des biens et services, de la monnaie et du travail, ce que traduit l'égalité entre l'offre globale de court terme et la demande globale.

≫ Équilibre avec offre globale classique de long terme

On peut représenter cet équilibre à l'aide de l'offre globale verticale de long terme OG_2 et de la demande globale (*cf.* figure 38). Rappelons que l'offre globale est, dans cette situation, indépendante du niveau général des prix. Le point de rencontre entre l'offre globale de long terme et la demande globale se situe au point E_2. Le niveau de production d'équilibre Y_2 correspond au niveau de production potentielle, c'est-à-dire non inflationniste. Dans le cas représenté ici, le niveau de production potentielle Y_2 est supérieur au niveau de production effective Y_1. L'écart entre Y_2 et Y_1 correspond à l'*output gap* (écart de production en français), qui montre que l'économie domestique dispose de capacités de production non exploitées. À l'aide de politiques idoines, comme des politiques de baisse du coût réel du travail ou d'investissement de productivité, la puissance publique peut combler l'écart de production pour parvenir au plein-emploi des facteurs. Si la relance est trop forte, le niveau de production effective dépasse celui de la production potentielle et génère de l'inflation.

Figure 38 – L'équilibre macroéconomique dans OG-DG

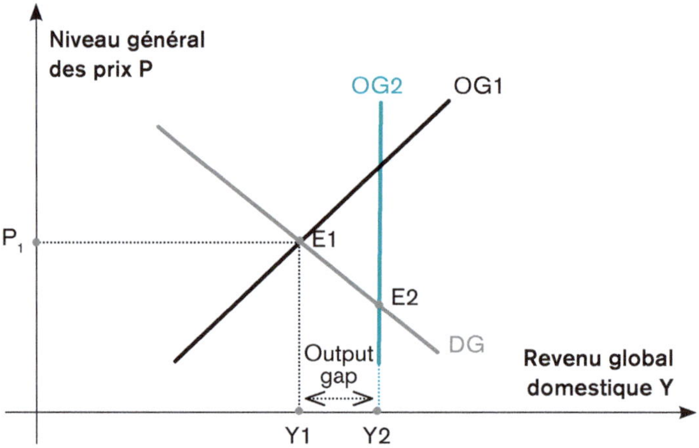

Effets des politiques conjoncturelles sur l'équilibre macroéconomique : un exemple

≫ Politique monétaire expansionniste : effets de court terme

Considérons la figure 39 : y est représentée l'évolution de l'équilibre macroéconomique de court terme lorsque les autorités monétaires mènent une politique monétaire expansionniste. Nous faisons l'hypothèse que l'équilibre macroéconomique initial E_1 (la production effective) correspond à la production potentielle de l'économie domestique : Y_1 est le niveau de revenu global généré par le plein-emploi des facteurs de production disponibles, sans tension inflationniste.

À niveau de prix fixé, la demande globale augmente sous l'effet de l'accroissement de la masse monétaire nominale : DG se déplace dans le plan (Y, P) de DG_1 à DG_2. Si l'on raisonnait à prix fixes (par exemple à très court terme), le revenu global domestique augmenterait théoriquement de Y_1 à Y_2 (flèche numérotée 1 sur le graphique). Mais dans le modèle OG-DG, le niveau de produit global et les prix augmentent simultanément : l'augmentation de la demande globale modifie l'équilibre macroéconomique. Sur le plan de la demande globale, l'augmentation des prix se traduit par une diminution de la masse monétaire réelle M/P. L'effet richesse est négatif. La contraction de la masse monétaire réelle s'accompagne d'une augmentation du taux d'intérêt en raison de l'effet de substitution des motifs de demande de monnaie. Sur le marché des biens et services, l'investissement privé diminue, générant une contraction du revenu global domestique. La demande globale diminue : c'est l'effet d'éviction par les prix (flèches numérotées 2). Sur le plan de l'offre globale, l'augmentation des prix se traduit par une diminution du coût réel du travail W/P : la demande de travail et l'offre globale augmentent (flèche numérotée 3). Graphiquement, on passe de l'équilibre macroéconomique E_1 à l'équilibre E_2. La politique monétaire expansionniste s'est donc traduite par une hausse du revenu global plus faible que dans une situation de prix fixe en raison de l'éviction par les prix et par une augmentation du niveau général des prix ou inflation (flèches numérotées 4).

Figure 39 – Effet d'une politique monétaire expansionniste sur le court terme

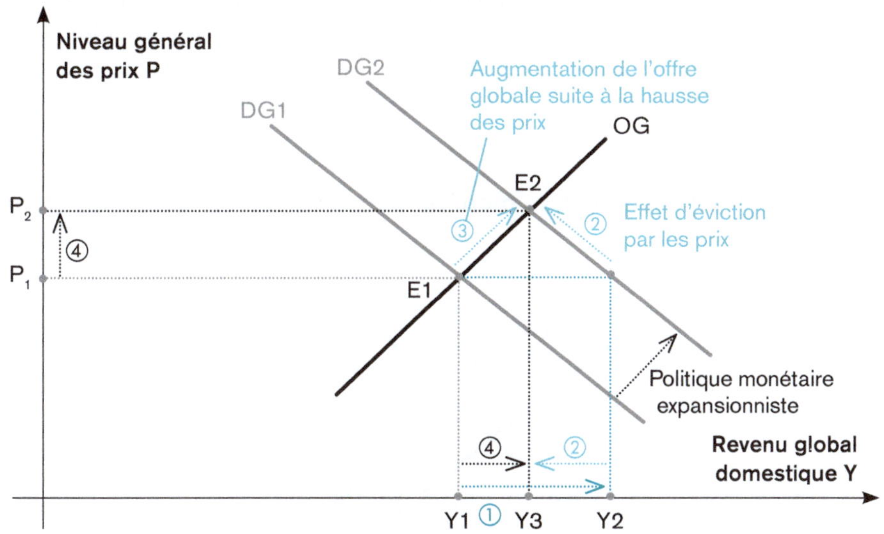

≫ Politique monétaire expansionniste : effets de long terme

À long terme, l'offre globale se modifie : les salaires nominaux, rigides à court terme, deviennent flexibles et peuvent s'ajuster. Les travailleurs, conscients de la perte de salaire réel générée par l'augmentation des prix, réclament des augmentations de salaire. Le coût réel du travail W/P augmente et l'offre globale diminue : graphiquement, OG se déplace vers la gauche dans le plan (Y, P) en OG_2 et le niveau des prix augmente de P_2 à P_3 (*cf.* figure 40). Le nouvel équilibre macroéconomique se situe en E_3 : on constate que la contraction de l'offre globale a conduit à une diminution du revenu global domestique de Y_3 à Y_1, soit le niveau de revenu global avant recours à la politique monétaire expansionniste. En revanche, le niveau des prix se situe durablement en P_3.

Imaginons que la séquence précédente se répète : les autorités monétaires décident de mener une nouvelle politique de relance monétaire. DG se déplace vers la droite dans le plan (Y, P) en DG_3, générant à court terme un accroissement du revenu global en Y_4 et une augmentation du niveau général des prix en P_4. À long terme, sous l'effet de l'ajustement des salaires nominaux à la hausse, OG se déplace vers la gauche dans le plan (Y, P) en OG_3, ramenant le revenu global à son niveau initial Y_1, tandis que le niveau général des prix atteint P_5. Le nouvel équilibre macroéconomique se situe en E_5. En reliant les équilibres macroéconomiques de long terme (E_1, E_3, E_5) on obtient une verticale dans le plan (Y, P) correspondant à l'offre globale de long terme OG*.

En d'autres termes, mener une politique monétaire expansionniste alors que l'économie est déjà à son niveau de production potentielle n'accroît le revenu global que sur le court terme : à long terme, l'économie revient « naturellement » (par des ajustements de marché) au niveau de production et de revenu global qui maximise l'utilisation des facteurs de production disponibles. La politique monétaire n'a qu'un effet durable : l'inflation. À travers OG-DG, on retrouve la conception de Milton Friedman d'une dichotomie faible de l'économie : l'action sur la masse monétaire a un effet réel de court terme sur le revenu global, qui disparaît sur le long terme au profit d'un effet purement monétaire, l'augmentation du niveau général des prix. Si un effet réel existe sur le court terme, c'est en raison des rigidités du marché du travail qui allongent le temps nécessaire aux ajustements de marché : les agents économiques se rendent compte avec retard de la perte de salaire réel et agissent en conséquence. On retrouve le concept d'anticipations adaptatives cher à Friedman.

Figure 40 – Effet d'une politique monétaire expansionniste sur le long terme

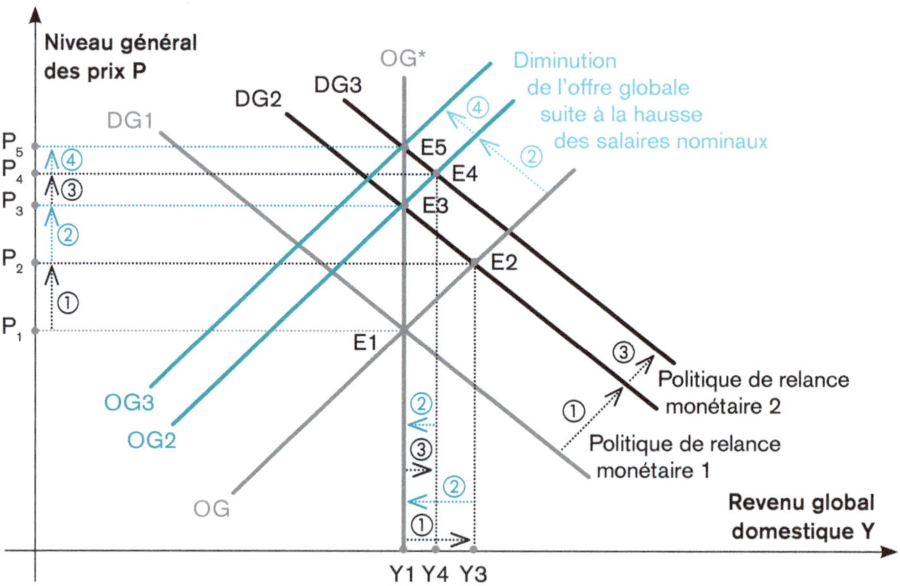

1794-1797 Forte inflation en France (crise des assignats).

1815-1850 Déflation en Grande-Bretagne et dans plusieurs pays qui s'industrialisent.

1873-1896 Déflation de la Grande Dépression de la fin du XIXe siècle.

1896 Apparition en France de la catégorie statistique de chômage lors du recensement.

1911 Création du premier régime d'assurance chômage au Royaume-Uni.

1919 Création de l'Organisation internationale du travail.

1919-1920 Inflation d'après-guerre en France.

1922-1923 Hyperinflation allemande.

Années 1920 Déflation britannique.

1933 A. C. Pigou, *La théorie du chômage*.

1935 Fondements de l'assurance chômage aux États-Unis avec le *Social Security Act*.

1936 J.M. Keynes, *Théorie générale de l'emploi, de l'intérêt et de la monnaie*.

1945-1948 Forte inflation d'après-guerre en France.

1951-1952 et 1956-1958 Épisodes inflationnistes en France.

1958 Création de l'UNEDIC, régime d'assurance chômage en France.
Courbe de Phillips.

1960 Courbe de Phillips revue par Samuelson et Solow.

1967 Création de l'ANPE.

1968 M. Friedman, *Inflation et systèmes monétaires*.

1972 R. Lucas, « *Expectations and the neutrality of money* ».

1973 Premier choc pétrolier, doublement du taux d'inflation dans les pays développés à économie de marché en 1974.

1979 Deuxième choc pétrolier.
Forte hausse des taux directeurs de la Fed pour lutter contre l'inflation.

1986-1990 Hyperinflation en Argentine.

1988-1994 Hyperinflation au Brésil.

1990-1994 Forte inflation en Europe de l'Est et dans les pays de l'ex-URSS.

1991 Modèle WS-PS développé par Layard, Nickell et Jackman (*Unemployment*, 1991).

1992-1993 Crise de change en Europe.

1995-2014 Pressions déflationnistes au Japon (sauf en 1997 et en 2008).

2003-2009 Hyperinflation au Zimbabwe.

2008 Création de Pôle emploi, issu de la fusion entre l'UNEDIC et l'ANPE.

2009 Baisse ponctuelle des prix en zone euro et aux États-Unis concomitante à la récession.

2012-2016 Désinflation en zone euro et épisodes déflationnistes entre fin 2014 et début 2016.

2013-2016 Déflation en Grèce.

Inflation

- **Aglietta (M.), Dufrénot (G.) et Faivre (A.)**, « Inflation et macroéconomie dans la globalisation », *in L'économie mondiale 2019*, La Découverte, coll. « Repères », 2018.
- **Asselain (J.-C.)**, *Histoire économique du XXe siècle*, Presses de Sciences Po et Dalloz, 1995.
- **Bassoni (M.), Beitone (A.)**, *Monnaie, théories et politiques*, Sirey, 1997.
- **Bezbakh (P.)**, *Inflation et désinflation*, La Découverte, coll. « Repères », 2011.
- **Crozet (Y.)**, *Inflation ou déflation ? Du dilemme aux arbitrages intergénérationnels*, Nathan, 1999.
- **De Boyer (J.)**, *La pensée monétaire, histoire et analyse*, Les Solos, 2003.
- **Goux (J.-F.)**, *Inflation, désinflation, déflation*, Dunod, 1998.
- **Manoury (J.)**, *Des délices de l'inflation aux affres de la déflation*, Presses universitaires de Rouen et du Havre, 2009.
- **Theret (B.)** (dir.), *La monnaie dévoilée par ses crises*, Ehess, 2008.
- **Vilar (P.)**, *Or et monnaie dans l'histoire 1420-1920*, Champs, Flammarion Poche, 1978.

Chômage

- **Anne (D.), L'horty (Y.)**, *Économie de l'emploi et du chômage*, Armand Colin, 2013.
- **Bénassy-Quéré (A.), Coeuré (B.), Jacquet (P.), Pisani-Ferry (J.)**, *Politique économique*, De Boeck, 2017.
- **Blanchard (O.), Cohen (D.)**, *Macroéconomie*, Pearson Éducation, 2017.
- **Cahuc (P.), Carcillo (S.)**, *Améliorer l'assurance chômage*, Presses de Sciences Po, 2014.
- **Cahuc (P.), Zylberberg (A.)**, *Les ennemis de l'emploi, le chômage, fatalité ou nécessité ?*, Flammarion, 2015.
- **Centre d'études de l'emploi**, *La qualité de l'emploi*, La Découverte, coll. « Repères », 2006.
- **Gautie (J.)**, *Le chômage*, La Découverte, coll. « Repères », 2015.
- **Gazier (B.), Petit (H.)**, *Économie du travail et de l'emploi*, La Découverte, 2019.
- **Krugman (P.), Wells (R.)**, *Macroéconomie*, De Boeck, 2019.
- **OFCE**, *L'Économie européenne 2020*, La Découverte, coll. « Repères », 2020.

- **Mignon (V.)**, *La macroéconomie après Keynes*, La Découverte, coll. « Repères », 2010.
- **Perrot (A.)**, *Les nouvelles théories du marché du travail*, La Découverte, coll. « Repères », 1999.
- « Emploi des jeunes et qualification », *Problèmes économiques* n° 3098, novembre 2014.
- « L'adieu au chômage. Non, les politiques n'ont pas tout essayé », *Regards croisés sur l'économie*, La Découverte, 2013.
- « Comprendre l'économie. Questions économiques contemporaines », *Cahiers Français*, hors-série n° 8, 2015.

Modèles macroéconomiques

- **Blanchard (O.), Cohen (D.)**, *Macroéconomie*, Pearson, 2020.
- **Généreux (J.)**, *Économie politique – macro-économie*, Dunod, 2021.
- **Guillaumin (C.)**, *Macroéconomie*, Dunod 2020.
- **Krugman (P.), Wells (R.)**, *Macroéconomie*, De Boeck, 2019.
- **Mankiw (G.)**, *Macroéconomie*, De Boeck, 2019.
- **Montoussé (M.), Waquet (I.)**, *Macroéconomie*, Bréal, coll. « Introduction à l'économie », 2018.
- **Montoussé (M.), Waquet (I.)**, *100 fiches de micro et macroéconomie*, Bréal, 2018.
- **Montoussé (M.)** dir, *Macroéconomie*, Bréal, coll. « Grand Amphi », 2019.
- **Stiglitz (J.), Walsh (C. E.), Lafay (J.-D.)**, *Principes d'économie moderne*, De Boeck, 2014.

Chapitre 2

L'intervention économique des pouvoirs publics

1

Fluctuations économiques et politiques de régulation des cycles

La dynamique générale de croissance que connaissent les économies développées depuis le XIXe siècle est marquée par d'importantes fluctuations, pouvant aller jusqu'à se traduire par des phases de baisse de la production. Face aux dégâts causés par ces épisodes, les pouvoirs publics ont été amenés à intervenir pour tenter de modérer l'amplitude des cycles, de prévenir la survenue des crises, notamment financières et/ou d'en limiter les conséquences.

1 Les politiques de régulation des fluctuations économiques

Confrontés à la récurrence des fluctuations économiques et des crises, les pouvoirs publics ont progressivement évolué vers une attitude plus interventionniste. Depuis les années 1930, ils ont recours à des politiques de régulation, monétaire et budgétaire, aux modalités et à l'efficacité variables.

A. Penser les fluctuations et les crises

Les économistes n'ont pas tous la même conception ni la même interprétation des fluctuations de l'activité économique et des crises, leurs divergences en la matière n'étant évidemment pas sans lien avec le jugement qu'ils portent sur l'opportunité de l'intervention publique.

Caractériser et mesurer des fluctuations économiques

≫ La distinction entre le trend et les fluctuations

Si la croissance moderne se singularise par son caractère durable et auto-entretenu, elle ne s'est pas faite à un rythme régulier. Les taux de croissance ont varié et varient encore non seulement à l'échelle des siècles ou des décennies mais aussi d'une année à l'autre. Lors de certaines périodes, la production de biens et services connaît même des baisses plus ou moins fortes et prolongées. On parle aujourd'hui de récession quand ce recul s'effectue sur au moins deux trimestres consécutifs, de dépression s'il dure plusieurs années. Faciles à constater et directement ressenties par les populations, en particulier lors de ces épisodes de contraction, ces irrégularités dans la croissance économique apparaissent au premier abord assez erratiques. Le constat du retour périodique des mêmes enchaînements a toutefois conduit les économistes à les analyser en termes de fluctuations, c'est-à-dire de variations alternées par rapport à une grandeur moyenne. La toile de fond étant la croissance, la moyenne elle-même n'est cependant pas stable. On a ainsi pris l'habitude de distinguer le trend, ou tendance de long terme, des fluctuations de court-moyen terme autour de ce trend.

≫ L'interprétation des fluctuations comme cycles endogènes

Certains économistes analysent les fluctuations comme l'expression d'une dynamique inhérente à la croissance, au capitalisme et/ou à la sphère financière. Le concept de cycle est emblématique de cette représentation. Au sens fort, il désigne l'alternance de phases d'amplitude identique ou proche et de périodicité régulière, chacun des retournements prenant de surcroît sa source dans le processus de la phase précédente. Si les critères d'amplitude et de périodicité peuvent être relâchés, il véhicule toutefois l'idée d'une récurrence des mêmes phénomènes, comme l'exprime la définition donnée par Burns et Mitchell, fondateurs de l'analyse statistique des cycles aux États-Unis au sein du National Bureau of Economic Research (NBER) : « Un cycle consiste en des phases d'expansion affectant quasi simultanément différentes activités économiques, suivies par des récessions puis des reprises, qui forment la phase d'expansion du cycle suivant » (*Measuring Business Cycles*, 1946).

C'est en ces termes que les pionniers de l'analyse des fluctuations les ont pensées. Clément Juglar, dans son ouvrage de 1862 *Des crises commerciales et de leur retour périodique en France, en Angleterre et aux États-Unis*, explique ainsi avoir identifié des cycles de huit années environ, qui voient se succéder quatre phases, plus précisément deux périodes de sens inverse, l'expansion et la dépression et deux points de retournement, la crise et la reprise. Nikolaï Kondratiev, dans son étude de 1926 *Les Grands Cycles de la conjoncture*, prétend quant à lui mettre au jour des cycles longs d'une cinquantaine d'années environ, structurés de la même façon et au sein desquels s'insèrent les cycles Juglar. De multiples interprétations ont été proposées de ces cycles, mettant notamment l'accent sur le rôle de l'investissement, de l'endettement, du partage de la valeur ajoutée ou encore des innovations.

≫ La critique des théories du cycle et l'interprétation des fluctuations comme produit de chocs exogènes

Les théories du cycle proposent une représentation déterministe de la dynamique économique qui cadre mal avec une trajectoire réelle plus heurtée. Contestant cette vision, d'autres auteurs mettent l'accent sur le rôle des chocs exogènes (catastrophe naturelle, progrès technologique, hausse du coût des matières premières) au caractère aléatoire. Dès 1933, Ragnar Frisch (« Propagation Problems and Impulse Problems in Dynamic Economics ») a ainsi montré qu'une fluctuation plus ou moins régulière de l'activité économique peut très bien être la résultante d'une cause opérant de manière irrégulière. Il s'appuie lui-même sur une intuition de Wicksell qui, comparant le mouvement de l'économie à celui d'un cheval à bascule, expliquait : « Si vous frappez un cheval à bascule avec un bâton, les mouvements du cheval sont très différents de ceux du bâton. » Selon Frisch, de la même manière qu'on peut donner des coups de bâton irréguliers sur un cheval à bascule et obtenir malgré tout un mouvement régulier, il est possible que des chocs exogènes aléatoires impulsent malgré tout un mouvement cyclique à l'activité économique. La critique formulée en 1927 par Slutsky appuie cette analyse (« The Summation of Random Causes as the Source of Cyclic Processes »). Pointant la fragilité du travail statistique de Kondratiev, il montre qu'en utilisant comme celui-ci la méthode des moyennes mobiles, on peut faire apparaître une dynamique cyclique à partir de numéros sortis d'une loterie. Sa critique peut être étendue à l'ensemble des études s'efforçant d'établir une distinction entre trend et cycles. Dans les séries statistiques brutes, il n'y a en effet pas de données moyennes stables autour desquelles des mouvements conjoncturels se dessineraient « naturellement ». Les variations du PIB par exemple ne se font pas autour d'une moyenne constante puisque le PIB tend à croître à long terme. Mais cette croissance elle-même est sujette à des inflexions et, selon la durée retenue (une ou plusieurs décennies, un siècle), le trend de croissance change. La décomposition entre trend et cycles est donc malaisée et inclut toujours une part d'arbitraire.

≫ La distinction entre croissance potentielle et croissance effective : une lecture synthétique et plus souple des fluctuations

Selon la représentation dominante qui s'est imposée depuis les années 1950, le trend exprime la « croissance potentielle » d'une économie, c'est-à-dire le rythme tendanciel de hausse des possibilités de production sans apparition de tensions inflationnistes. Elle dépend de facteurs « d'offre », l'augmentation du volume des facteurs de production et la hausse de leur efficacité (en particulier le rythme du progrès technique). Les fluctuations, quant à elles,

Figure 1 – Croissance potentielle et croissance effective

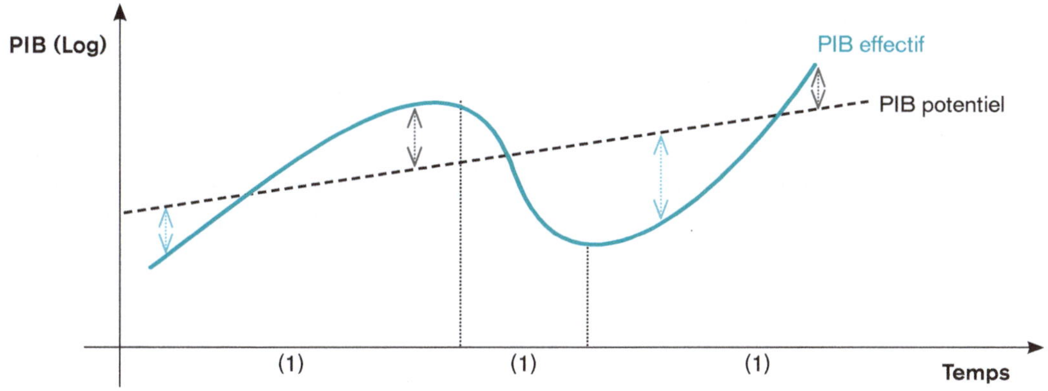

(1). Situation où la croissance effective est supérieure à la croissance potentielle, l'écart de production négatif se résorbe ou bien un écart de production positif se creuse.

(2). Situation où la croissance effective est inférieure à la croissance potentielle, l'écart de production négatif se creuse ou bien un écart de production positif se résorbe.

⇕ Situtation où le PIB effectif est au-dessus du PIB potentiel (écart de production positif).

⇕ Situtation où le PIB effectif est en dessous du PIB potentiel (écart de production négatif).

s'interprètent comme des écarts temporaires de la croissance effective par rapport à la croissance potentielle. Les phases de ralentissement de la croissance voire de récession ou de dépression traduisent ainsi l'apparition d'un écart de production (différence entre le PIB effectif et le PIB potentiel, en anglais *output gap*) négatif, manifesté par une baisse marquée du taux d'utilisation des équipements dans les entreprises et par le développement d'un chômage de type conjoncturel. À l'inverse, la croissance effective peut temporairement dépasser la croissance potentielle, ce qui se mesure par un écart de production positif. C'est le cas notamment dans les phases succédant à un ralentissement ou à une récession où l'exploitation des capacités de production inutilisées permet un dépassement de la tendance de long terme sans générer de tensions inflationnistes.

Issue des travaux historiques sur les cycles, cette distinction entre croissance potentielle et croissance effective s'en sépare toutefois partiellement. En premier lieu, les analyses en termes de cycles longs sont *a priori* rejetées : la compréhension de la dynamique de la croissance potentielle relève des théories de la croissance qui la pensent plutôt comme un processus continu, sujet éventuellement à des inflexions de rythme. En second lieu, si les écarts de la croissance effective à la croissance potentielle peuvent se penser dans le cadre des théories du cycle, ils sont aussi susceptibles d'être interprétés comme le produit de chocs exogènes temporaires d'offre (hausse du coût des matières premières, hausse de la fiscalité sur l'activité productive) ou de demande (brusque effondrement de l'investissement, de la consommation ou de la demande extérieure induit par une modification des préférences des agents).

≫ Les limites de la distinction entre croissance potentielle et croissance effective

Cette conception continue toutefois de reposer sur la distinction entre un trend de long terme et des variations de court terme et est donc soumise aux mêmes fragilités statistiques. L'évaluation de la croissance potentielle peut certes se faire d'une autre façon, par une fonction de production utilisant les facteurs de production disponibles dans une économie. Mais cette méthode est elle-même très fragile et sujette à controverse, comme l'illustrent les fréquents désaccords entre économistes et les révisions régulières : elle suppose notamment d'évaluer le niveau du chômage d'équilibre (ou du NAIRU), qui n'est pas constant, mais aussi d'anticiper les gains de productivité à venir.

Sur le plan théorique, les économistes de la nouvelle économie classique, reprenant la critique de Frisch, considèrent qu'il faut abandonner cette distinction. Dans cette perspective, initiée par Kydland et Prescott (« Time to Build and Aggregate Fluctuations », 1982), les variations de la croissance sont analysées comme le résultat de l'adaptation rationnelle des comportements des agents à des chocs technologiques exogènes dont la survenue est aléatoire. La séparation entre croissance effective et croissance potentielle est abolie, comme celle entre trend et fluctuations. À court terme comme à long terme, seules les variations de l'offre productive expliquent la dynamique de la croissance.

Les économistes postkeynésiens questionnent également la distinction mais sur la base d'un tout autre raisonnement (S. Storm, C. W. M. Naastepad, *Macroeconomics Beyond the NAIRU*, 2012). Selon eux, en raison d'effets d'hystérèse, les chocs de demande négatifs peuvent avoir un impact durable sur la croissance : les chômeurs perdent en employabilité, des investissements rentables ne sont pas réalisés... En revanche, dans une économie fonctionnant proche du plein-emploi, l'incorporation du progrès technique se fait plus vite et les gains de productivité sont stimulés. Il est donc vain de vouloir calculer *a priori* une croissance potentielle indépendamment de la croissance effective.

Différencier les crises

Au sens strict, l'expression « crise économique » désigne le retournement brutal de la conjoncture précipitant le passage d'une phase d'expansion à une phase de récession ou de dépression. Au sens large, il englobe également cette phase de contraction elle-même. L'analyse des crises est donc très liée à celle des fluctuations.

Si elles présentent des traits communs, les crises n'ont pas toujours les mêmes origines ni les mêmes manifestations. Conformément à l'expression de l'historien Ernest Labrousse, selon lequel « les économies ont les crises de leur structure » (*Esquisse des mouvements des prix et des revenus en France au XVIIIe siècle*, 1933), leur forme a évolué depuis le XIXe siècle avec l'industrialisation puis la tertiarisation et la financiarisation des économies. Reprenant cette idée, les auteurs de la théorie de la régulation avancent que les caractéristiques des crises diffèrent également en fonction du régime d'accumulation du capital (extensif, par la simple augmentation des facteurs de production, ou intensif *via* le progrès technique et les gains de productivité) et du mode de régulation (ensemble de formes institutionnelles assurant la compatibilité des comportements et notamment l'ajustement entre la production et la demande sociale). Mais ils montrent en outre que les crises se distinguent selon leur source et leur ampleur et en proposent une typologie éclairante. Le premier type est la crise provoquée par des perturbations exogènes (catastrophes naturelles, guerres). La brutale contraction de l'activité économique induite par la pandémie de COVID-19 et les mesures sanitaires prises pour y faire face (chute de 8,2 % du PIB français en 2020 selon les premières estimations) constituent une illustration frappante de ce type de crise. Le deuxième type est la crise endogène : elle survient périodiquement à l'intérieur d'un mode de régulation auquel elle participe en résorbant les déséquilibres. La parenté avec l'analyse cyclique des fluctuations est claire. Les troisième (crise du mode de régulation) et quatrième (crise du régime d'accumulation) types correspondent à des crises plus structurelles : ce sont les rapports sociaux et les modalités de la croissance qui sont remis en cause. Ces « grandes crises » (crise de 1929, crise de 1973, crise de 2008) initient généralement des transformations profondes dans les formes institutionnelles et notamment les modalités d'action des pouvoirs publics. Elles sont aussi, de manière liée, des moments de questionnement de l'analyse économique, qui aboutissent à des renouvellements théoriques voire à une remise en cause des paradigmes dominants.

B. Les pouvoirs publics face aux fluctuations et aux crises du XIXe siècle à la crise de 1929 : du laisser-faire à l'intervention

Jusqu'au début du XIXe siècle, l'action régulatrice des pouvoirs publics face aux fluctuations et aux crises demeure limitée. Les crises sont perçues soit comme des accidents temporaires qui ne remettent pas en cause le caractère foncièrement équilibrant des mécanismes marchands, soit comme des moments nécessaires qui participent à la régulation de l'économie.

La crise de 1929, par son ampleur et surtout par sa durée, conduit à des profonds changements tant dans la théorie que dans la pratique. Elle constitue le substrat empirique de la « révolution keynésienne » qui légitime une intervention régulatrice beaucoup plus forte des pouvoirs publics.

Des crises récurrentes mais régulatrices

≫ Des crises d'un nouveau type

Dans les économies préindustrielles, les crises économiques étaient dues à des causes exogènes, guerres, maladies ou événements climatiques provoquant de mauvaises récoltes. Crises de sous-production agricole, ces crises d'Ancien Régime se transmettaient au reste de l'économie *via* la hausse du prix du blé et du pain qui pesait sur le pouvoir d'achat du plus grand nombre et réduisait la demande pour les biens non agricoles. Si ces crises dites aussi frumentaires ne disparaissent pas complètement au XIXe siècle, leur fréquence et leur impact diminuent avec la hausse des rendements agricoles et l'amélioration des transports.

Parallèlement, avec le développement des activités industrielles et financières, des crises d'un type nouveau émergent, illustrant le propos de Labrousse. La crise de 1847-1848, qualifiée de « crise mixte », est représentative de cette évolution. La composante ancienne réside dans la mauvaise récolte en 1846 et la diffusion de la maladie de la pomme de terre (provoquant la famine en Irlande). La composante moderne trouve sa source dans l'essor des investissements dans les chemins de fer en Angleterre et en France au cours des années précédentes, essor nourri par l'expansion du crédit et accompagné d'une hausse des cours boursiers. Le durcissement des conditions d'accès au crédit et la prise de conscience de la rentabilité moindre qu'anticipée des chemins de fer enclenchent la crise, provoquant chute des cours, faillites industrielles et bancaires et baisse de la production. La crise de 1873 apparaît quant à elle comme une crise purement moderne, révélatrice qui plus est des interdépendances créées par la hausse des échanges commerciaux et financiers ainsi que de la montée en puissance de nouvelles nations. Issue à nouveau d'un emballement spéculatif autour des chemins de fer, elle est déclenchée par un krach boursier en Allemagne, en Autriche et aux États-Unis, suivi d'un recul marqué des investissements et de faillites bancaires. Elle se diffuse en France et en Angleterre, notamment *via* la baisse des exportations.

≫ Des crises cycliques et régulatrices

La récurrence de ces crises au cours du siècle (douze crises économiques entre 1816 et 1914) représente un défi pour la pensée économique classique. La Loi de Say, reprise par Ricardo, énonce en effet l'impossibilité d'une crise générale de surproduction, au motif que l'offre crée sa propre demande (« un produit terminé offre, dès cet instant, un débouché à d'autres produits pour tout le montant de sa valeur », *Traité d'économie politique*, 1803), la monnaie, simple intermédiaire des échanges, ne pouvant rationnellement faire l'objet d'une thésaurisation prolongée. L'analyse cyclique des crises qui s'impose au cours de la seconde moitié du XIXe siècle ne rompt toutefois pas avec l'idée du marché autorégulateur. Elles sont certes pensées comme endogènes à la dynamique économique mais aussi comme participant à sa régulation. C'est le cas notamment chez Clément Juglar (1862). La distribution du crédit joue pour lui le rôle moteur. Son expansion lors de la phase d'essor nourrit la hausse des prix et les emballements spéculatifs mais fait baisser la part des encaisses métalliques dans le bilan des banques. Pour stopper ce mouvement, les banques finissent cependant par remonter leur taux d'intérêt, ce qui contribue à la survenue de la crise. Précipitant le passage à la dépression, la crise est toutefois vue positivement par Juglar qui, jouant de l'analogie avec la médecine dont le terme est issu, la présente comme une purge, un assainissement nécessaire, préparant les conditions de la reprise. Entreprises et banques mal gérées sont sanctionnées par la faillite, permettant la résorption des capacités de production excédentaires, tandis que les prix baissent jusqu'à ce qu'ils permettent un relèvement de la demande.

Bien qu'il y voie l'expression des contradictions fondamentales du capitalisme et qu'il prédise leur aggravation inéluctable, l'analyse des crises par Karl Marx (*Le Capital*, 1867) fait écho à cette conception cyclique et régulatrice. Selon lui, la tendance à accumuler toujours plus de capital suscite l'élévation des capacités de production mais aussi celle de la part des machines dans la composition organique du capital (ratio du capital constant au capital variable, c'est-à-dire des avances consacrées aux moyens de production et aux matières premières sur celles consacrées aux salaires), et donc la baisse tendancielle du taux de profit. Pour endiguer cette dernière, les capitalistes s'efforcent de maintenir bas les salaires des prolétaires, mais ce faisant ils limitent les débouchés, ce qui conduit à des crises récurrentes de surproduction, marquées par une baisse des prix, des faillites et une hausse du chômage. En faisant baisser les salaires et en éliminant les entreprises les moins efficaces, la crise permet toutefois la restauration de la plus-value chez les survivantes, ce qui engendre un retour de la croissance.

Reprenant en partie ces analyses, les théoriciens de la régulation classent les crises du XIXe siècle parmi les crises « de régulation ». Tirant leur origine de facteurs endogènes, à savoir la baisse des profits et l'insuffisance de débouchés périodiquement induites par un régime d'accumulation principalement extensif, elles participaient à la « régulation concurrentielle », c'est-à-dire à la résorption des déséquilibres entre offre et demande *via* la flexibilité des prix et des salaires, conformément aux mécanismes décrits par les classiques et les néoclassiques.

Les économies industrielles traversent bien une période moins faste lors du dernier tiers du XIXe siècle (1873-1896), marquée par une sensible déflation et plusieurs crises industrielles et boursières. Mais contrairement à l'appellation « Grande Dépression » donnée par les contemporains, la croissance ne fait que ralentir (surtout en France et en Grande-Bretagne). En outre, les économies industrielles retrouvent à partir des années 1890 une croissance plus vive, portée notamment par l'émergence de nouvelles activités motrices dans l'électricité, l'automobile ou la chimie. Reprenant les travaux de Nikolaï Kondratiev (*op. cit.*, 1926), Joseph Schumpeter (*Business Cycles: A Theoretical, Historical and Statistical Analysis of the Capitalist Process*, 1939) y voit la manifestation de cycles plus longs (d'une cinquantaine d'années environ), dont la phase ascendante est impulsée par la diffusion d'innovations survenant en grappes, la phase descendante correspondant à l'épuisement de leurs effets.

≫ Des interventions minimales des pouvoirs publics

Les pouvoirs publics ne sont pas restés inactifs face aux crises. Par leurs conséquences sociales (faillites, chômage, baisse des revenus), celles-ci représentaient une menace pour la cohésion nationale et pour leur propre légitimité. Elles s'accompagnaient d'ailleurs régulièrement de conflits sociaux (révoltes luddistes, grèves, manifestations ouvrières) voire débouchaient sur des troubles politiques (révolution de 1848 en France, mouvement populiste aux États-Unis à la fin du XIXe siècle). Les interventions sont toutefois demeurées majoritairement limitées à la gestion du volet monétaire et financier ou à l'atténuation de l'impact social des crises. Sur le plan financier, la Banque d'Angleterre a régulièrement assumé le rôle de prêteur en dernier ressort au cours de la seconde moitié du siècle. Sa gestion monétaire en revanche a toujours donné la priorité à la préservation de l'étalon-or (et donc de la valeur externe de la livre) au détriment de la stabilité de l'activité économique et de l'emploi (Obstfeld, Shambaugh et Taylor, « The Trilemma in History: Tradeoffs Among Exchange Rates, Monetary Policies, and Capital Mobility », 2004). Sur le plan social, les gouvernements ont progressivement pris des mesures de soutien aux victimes des crises. La mise en place, à la fin du XIXe siècle et au début du XXe siècle, des premières assurances sociales, et singulièrement l'instauration en Angleterre en 1911 d'une assurance chômage, peut se lire dans cette perspective. Sur le plan strictement économique, l'éphémère création d'Ateliers nationaux par la IIe République en février 1848 (employant 100 000 ouvriers, ils sont dissous en juin) constitue l'exception. Globalement, les principes libéraux de non-intervention prévalent, confortés par la représentation « juglarienne » des crises comme sanction et moments de liquidation nécessaires.

Le tournant de la crise de 1929 et la révolution « keynésienne »

≫ Une crise partie des États-Unis et qui devient mondiale

Au cours des années 1920, les États-Unis connaissent une vive croissance économique (4,5 % l'an en moyenne). La diffusion des méthodes tayloro-fordistes génère de forts gains de productivité dans l'industrie, le secteur moteur de l'automobile en particulier. L'immobilier et plus encore le marché des actions connaissent aussi un fort dynamisme : l'indice Dow Jones est multiplié par 2,5 entre 1922 et 1928. Cet essor apparaît toutefois fragile. Les salaires industriels ont progressé beaucoup moins vite que la productivité et le secteur agricole, qui représente encore 25 % de l'emploi, souffre d'une surproduction structurelle. Comme le souligne notamment J. K. Galbraith, dans ce contexte de creusement des inégalités de revenus, la demande ne suit donc le dynamisme de l'offre qu'au prix d'un endettement croissant des ménages et des entreprises (*The Great Crash*, 1955). Celui-ci fragilise la situation des banques en même temps qu'il alimente la croissance des cours boursiers qui prend en 1928-1929 un caractère clairement spéculatif. Précédé par l'apparition des difficultés dans l'immobilier et l'automobile, le krach boursier éclate le jeudi 24 octobre 1929. L'effondrement des cours est brutal et va se poursuivre jusqu'en 1932, entraînant une baisse de 90 % au total du Dow Jones.

La forte baisse du patrimoine financier des ménages (effet de richesse négatif), la contraction du crédit bancaire (*credit crunch*) et le choc psychologique se traduisent par une baisse de l'investissement et de la consommation, limitant un peu plus les débouchés. Les faillites d'entreprises et de banques se multiplient et le chômage s'élève rapidement. La propagation internationale de la crise se fait par les canaux commerciaux et financiers. La contraction du commerce mondial induite par la dépression est renforcée par le choix de stratégies non coopératives (protectionnisme, dévaluation monétaire). Les économies européennes, elles-mêmes fragiles, sont victimes du retrait des capitaux américains, en particulier l'Allemagne qui en était très dépendante. La faillite de la banque autrichienne Kredit Anstalt en 1931 provoque une panique financière et bancaire. La Grande-Bretagne, en grande difficulté commerciale et forcée de dévaluer la livre en 1931, puis la France sont à leur touchées par la dépression et la montée du chômage. D'autres régions du monde, notamment l'Amérique latine, sont également très affectées.

≫ Une crise qui s'enlise, mettant en question la doctrine libérale

Singulière par son intensité (le PIB des États-Unis baisse de 30 % entre 1929 et 1933) et sa diffusion mondiale, la Grande Dépression consécutive à la crise de 1929 l'est surtout par son installation dans la durée. Les mécanismes qui permettaient traditionnellement l'ajustement et la reprise (liquidation des entreprises non rentables, baisse des prix) sont mis en défaut et paraissent au contraire contribuer à l'aggravation de la crise. La hausse des faillites accroît le nombre de chômeurs, celles des banques ruinent les particuliers et augmentent les difficultés d'accès au crédit pour les entreprises. La baisse des prix quant à elle, alimentée par la course aux liquidités des agents qui vendent leurs actifs, accroît la valeur réelle de leurs dettes passées, rendant plus difficile leur désendettement. C'est la spirale de la déflation par la dette, théorisée significativement en 1933 par l'économiste néoclassique Irving Fisher jusque-là défenseur des thèses libérales (« The Debt-Deflation Theory of Great Depressions »).

Les réactions des gouvernements, fidèles aux remèdes traditionnels, varient entre l'attentisme et les efforts pour hâter l'ajustement par l'austérité budgétaire et la déflation. En dépit de quelques interventions timides, l'administration américaine du président Hoover incarne la première voie. Le secrétaire au Trésor Andrew Mellon notamment défend la position « liquidationniste » et, après 1931, la volonté de contrôler le déficit budgétaire l'emporte. L'Allemagne du chancelier Brüning (1930-1932) et la France (notamment avec le président du Conseil Pierre Laval en 1935) illustrent la deuxième : au nom du rétablissement des équilibres commerciaux et budgétaires et pour défendre la valeur de la monnaie, ils coupent dans les dépenses, haussent les impôts et baissent les salaires des fonctionnaires. Dans un contexte où les autres pays font le choix de la dévaluation, ces politiques échouent toutefois à rétablir la compétitivité extérieure et dépriment un peu plus la demande. Les autorités monétaires apparaissent également défaillantes. Friedman et Schwartz (*A Monetary History of the United States, 1867-1960*, 1963) notamment, ont pointé « l'erreur de la FED » qui n'a pas joué son rôle de prêteur en dernier ressort : en n'injectant pas assez de liquidités dans l'économie, elle a laissé s'effondrer une bonne part du système bancaire américain, ce qui a abouti à une contraction de plus de 30 % de la masse monétaire Plus globalement, la priorité donnée dans un premier temps à la défense de la valeur de la monnaie (conformément à l'étalon-or) a conduit à un durcissement monétaire néfaste. Après avoir baissé ses taux d'intérêt jusqu'à 2 % début 1931, la FED les a ainsi remontés à 4 % au cours de la même année pour attirer les capitaux étrangers, alors même que l'économie était en pleine dépression. À l'inverse, la dévaluation forcée de la livre dès 1931 a donné de l'air à la Grande-Bretagne, autorisant une baisse des taux d'intérêt et ouvrant la voie à une reprise plus rapide.

≫ Une crise qui inspire et légitime la révolution keynésienne

L'enlisement dans la crise et l'apparent échec des remèdes libéraux questionnent les théories classiques et néoclassiques de l'économie. Cette fois, la loi de Say est mise en défaut durablement et les mécanismes de marché semblent impuissants à permettre d'eux-mêmes le retour à l'équilibre. Les économistes libéraux ont certes avancé leur propre interprétation de la crise : selon eux, ce n'est pas que les mécanismes marchands ont été inefficaces, c'est qu'ils n'ont pu fonctionner comme par le passé, et ce en raison de diverses rigidités. Lionel Robbins notamment met en cause la concentration croissante des entreprises et le poids des cartels qui a limité la flexibilité des prix, ainsi que l'influence des syndicats et des lois sociales qui a bridé celle des salaires (*The Great Depression*, 1934). Cette thèse a une part de validité mais elle échoue à expliquer la spirale dépressive du début des années 1930 et l'incapacité de la déflation à relancer la demande. Selon la théorie de la régulation, non seulement la régulation concurrentielle à la mode du XIXe siècle avait été altérée par les transformations institutionnelles pointées par Robbins mais elle n'était plus adaptée à un régime d'accumulation devenu intensif qui exigeait une progression plus soutenue des salaires pour qu'à la production de masse réponde la consommation de masse. Crise structurelle affectant le mode de régulation et le régime d'accumulation, la crise de 1929 appelait donc un changement de paradigme en matière de théorie et de politique économique.

Largement inspirée par cette conjoncture des années 1930 et ses propres expériences politiques, l'œuvre de John Maynard Keynes, en particulier la *Théorie générale de l'emploi, de l'intérêt et de la monnaie* qu'il publie en 1936 est le principal vecteur de ce changement. Elle propose à la fois une analyse originale de la dépression, une critique plus générale des théories classiques et des préceptes nouveaux de politique économique. L'incertitude radicale, la psychologie, les conventions et la monnaie y jouent un rôle central. Pointant l'existence d'une préférence pour la liquidité et donc de comportements de thésaurisation, Keynes conteste la loi de Say et théorise la possibilité d'une insuffisance durable de débouchés. Il souligne en outre le poids des anticipations des agents et notamment des entreprises dans l'évaluation de l'efficacité marginale du capital. Si, à la suite d'un choc tel le krach boursier de 1929, elles anticipent une baisse de la demande effective, elles réduisent leur investissement et leur production. Le revenu global et l'emploi diminuant en conséquence, ces anticipations ont un caractère autoréalisateur mais aussi autovalidant, ce qui peut enfermer l'économie dans un équilibre de sous-emploi. D'autant plus que face à la montée du chômage et de l'incertitude, les ménages accroissent leur épargne, ce qui réduit encore les débouchés (« paradoxe de l'épargne »). En outre pour Keynes, en raison de la préférence pour la liquidité, le taux d'intérêt ne se forme par sur le marché des fonds prêtables et n'assure donc pas automatiquement l'équilibre entre l'épargne et l'investissement. Il se forme au contraire sur le marché de la monnaie et fait le lien entre la sphère monétaire et la sphère réelle (autre rupture avec les classiques). En augmentant l'offre de monnaie, la Banque centrale est ainsi en mesure de faire baisser le taux d'intérêt et donc de contribuer à la relance de l'investissement. Mais la préférence pour la liquidité étant très forte en contexte de crise, cette intervention peut ne pas être suffisante (situation de « trappe à liquidité »). D'où la nécessité pour Keynes d'une action de l'État qui seul détient la capacité, en augmentant ses dépenses et en jouant sur l'effet multiplicateur, de relancer la demande globale. Plutôt que de chercher l'équilibre, les autorités publiques ne doivent donc pas hésiter à creuser le déficit budgétaire, d'autant plus que l'existence de capacités de production inemployées dans l'économie limite les risques d'inflation et d'éviction de la dépense privée. En même temps qu'une interprétation originale de l'enlisement dans la dépression comme équilibre de sous-emploi, Keynes fournit ainsi des voies d'action qui vont inspirer les politiques mises en œuvre après la Seconde Guerre mondiale.

≫ Des politiques plus interventionnistes après 1932

Face à la persistance de la crise, plusieurs gouvernements mettent en place au cours des années 1930 des politiques plus volontaristes. Dans la plupart des cas, ces politiques n'étaient pas directement inspirées des théories de Keynes, mais des idées proches sur la nécessaire relance de la demande par l'État circulaient déjà. Rétrospectivement, certaines politiques peuvent ainsi être qualifiées de prékeynésiennes. Si elle s'inscrit dans le cadre d'un contrôle beaucoup plus poussé et autoritaire de l'économie, la politique de grands travaux (autoroutes notamment) puis de réarmement de l'Allemagne nazie s'apparente ainsi à une relance par le déficit budgétaire, ce qui a amené certains à parler de keynésianisme militaire. La production est relancée et le chômage se résorbe rapidement mais la croissance est très déséquilibrée en faveur du capital et la consommation ne suit pas. Avec une tout autre orientation idéologique, le gouvernement social-démocrate suédois mène également à partir de 1932 une politique de travaux publics qui entraîne effectivement une relance de la consommation et accélère la sortie de crise du pays.

L'expérience la plus marquante est toutefois celle du New Deal, menée à partir de 1933 sous la conduite du président Roosevelt. Ensemble vaste et disparate, le New Deal n'est pas à proprement parler keynésien. Il comporte une importante dimension réglementaire qui vise notamment à prévenir les désordres financiers (*Glass Steagall Act*, 1933) mais aussi à encadrer les marchés pour modérer la concurrence : l'*Agricultural Adjustment Act* (1933) entend ainsi enrayer la baisse des prix en subventionnant les agriculteurs pour qu'ils baissent leur production ; différentes lois sociales renforcent les droits des salariés et de leurs syndicats, établissant le principe de négociations collectives en matière de salaire et d'heures de travail (*Wagner Act*, 1935) et instaurent de premières assurances sociales vieillesse et chômage (*Social Security Act*, 1935). Structurelles plus que conjoncturelles, ces dispositions n'en ont pas moins pour objectif de lutter contre la déflation et de sécuriser les revenus. Plus proches d'une logique de relance par la dépense publique sont la Civil Works Administration qui embauche des chômeurs et les emploie essentiellement pour la construction d'infrastructures (elle emploie 4 millions de personnes en 1934) ou encore la Tennessee Valley Authority, entreprise publique qui prend en charge l'aménagement et l'électrification de cette région pauvre du sud du pays. Creusant le déficit budgétaire, ces politiques s'accompagnent d'une détente monétaire, après la décision de dévaluer le dollar prise en 1934. « La solidité du système économique d'une nation est un facteur beaucoup plus grand de son bien-être que le prix de sa monnaie en devises d'autres pays », déclare à cette occasion Roosevelt, marquant bien l'inversion de l'ordre des priorités. Le bilan à court terme du New Deal apparaît mitigé. La déflation a été stoppée et la production et l'emploi se sont redressés mais en 1939 le PNB en volume est à peine supérieur à son niveau de 1929 et le chômage reste élevé. Les keynésiens y voient le résultat de la timidité de Roosevelt, qui, encore trop attaché à l'équilibre budgétaire, prend en 1937 des mesures de freinage débouchant sur une nouvelle récession. Le bilan à long terme est plus flatteur. Les infrastructures du pays ont été considérablement améliorées (122 000 bâtiments publics, 77 000 ponts, 1 million de kilomètres de routes…) et le New Deal a posé les bases d'une nouvelle organisation économique et sociale faisant plus de place à la régulation sociale, aux négociations collectives et à l'intervention contracyclique de l'État.

C. Des politiques de *stop and go* relativement efficaces pendant les Trente Glorieuses

Les décennies qui suivent la Seconde Guerre mondiale sont caractérisées par une intervention plus massive de l'État dans l'économie qui s'exprime notamment en matière conjoncturelle. Majoritairement inspirées par les thèses keynésiennes, les politiques combinent les leviers budgétaire et monétaire et fonctionnent selon le principe du *stop and go* : lorsque la croissance ralentit et que des poches de sous-emploi apparaissent, les autorités publiques mettent en place des politiques de relance. Quand, au contraire, sous l'effet d'une croissance plus forte, l'inflation s'accroît et/ou que le déficit extérieur se creuse, elles recourent à des politiques de rigueur. La croissance et l'emploi apparaissent toutefois comme les objectifs prioritaires et la politique budgétaire joue le rôle moteur. Dans un contexte favorable, ces politiques se révèlent relativement efficaces dans la maîtrise des fluctuations.

Encadré 1 – Principes, instruments et modalités des politiques budgétaires et monétaires

Les politiques de régulation des fluctuations économiques, également appelées politiques conjoncturelles, regroupent la politique budgétaire et la politique monétaire. On parle de policy mix *pour désigner la combinaison de ces deux politiques. Au sein de la typologie des fonctions de l'intervention de l'État établie par Richard Musgrave en 1959 (*A Theory of Public Finance*), elles remplissent la fonction de stabilisation. Les débats relatifs à ces politiques sont très liés à la théorie macroéconomique et peuvent se lire à travers les modèles IS-LM, IS-LM-BP* et *OG-DG (*cf. *module 4, chapitre 1, partie 2). Ils s'inscrivent toutefois aussi dans des contextes historiques et politiques en évolution.*

La politique budgétaire

La politique budgétaire agit sur l'activité économique en jouant sur les dépenses et/ou les recettes de l'État, autrement dit par le budget de l'État. On parle de relance quand la politique cherche à stimuler l'activité économique, d'austérité ou de rigueur quand elle s'efforce de la freiner.

Les instruments de la politique budgétaire

Ces politiques supposent donc des décisions publiques faisant varier le niveau des dépenses et/ou des recettes dans un objectif de régulation conjoncturelle. Dans le cas d'une politique de relance, il peut s'agir, par exemple, d'une hausse de l'investissement public, de versement d'aides financières exceptionnelles ou d'une diminution des impôts. La politique fiscale qui désigne l'ensemble des mesures visant à modifier le niveau et/ou la structure de la pression fiscale constitue de ce point de vue une des composantes de la politique budgétaire. La politique fiscale poursuit cependant d'autres objectifs qui relèvent plus des politiques structurelles (financer la production de biens collectifs, corriger les inégalités des revenus primaires et des richesses, modifier les comportements des agents notamment pour corriger les externalités).

Politiques conjoncturelles et politiques structurelles peuvent toutefois se recouper en partie. Même si elles sont souvent mises en œuvre dans le cadre de « politiques d'offre », dont la logique est d'accroître les incitations à l'effort productif pour augmenter la croissance potentielle, les baisses d'impôt par exemple n'en ont pas moins aussi un impact sur la demande et la croissance effective. À l'inverse, les politiques d'« austérité » elles-mêmes ont souvent pour principal objectif le rétablissement de la soutenabilité des finances publiques, ce qui entre plutôt dans le champ des politiques structurelles. C'est pourquoi, en dehors des politiques visant explicitement la stabilisation de l'activité, les économistes s'efforcent aussi d'apprécier l'« orientation budgétaire » résultant de l'ensemble des décisions publiques

Pour cela, ils examinent les variations du solde public, différences entre les recettes et les dépenses de l'ensemble des administrations publiques (État, collectivités territoriales, Sécurité sociale), qui est à distinguer d'un point de vue comptable du seul solde budgétaire, différence entre les recettes et les dépenses de l'État central. Si la partie sur laquelle les pouvoirs publics ont le plus de latitude est le budget de l'État, des mesures décidées dans le cadre de politiques de relance ou d'austérité peuvent en effet relever du budget de la Sécurité sociale.

Les canaux de transmission de la politique budgétaire

*L'efficacité de la politique budgétaire repose principalement sur l'effet multiplicateur (*cf. *module 4, chapitre 1). Constituant en soi une demande, un investissement supplémentaire ou une hausse* *des dépenses publiques génèrent en outre une distribution de revenus amenés à être en partie consommés. Une variation des dépenses publiques se traduit donc par une variation de la production k fois supérieure : $\Delta Y = k \, \Delta G$. La valeur du coefficient multiplicateur k est un des enjeux principaux des débats sur l'efficacité des politiques budgétaires (*cf. *partie 3 de ce chapitre).*

Il est à noter en outre que même sans modification discrétionnaire des budgets publics, ceux-ci peuvent exercer un effet stabilisateur. Les variations du solde public s'expliquent en effet d'abord par l'évolution de la conjoncture économique : quand la croissance est forte, les rentrées fiscales tendent à être plus importantes alors que les dépenses publiques (notamment les dépenses sociales) sont plus modérées, le solde public s'améliore donc mécaniquement ; l'inverse se produit quand la croissance ralentit et a fortiori *quand l'économie connaît une récession. Dans ce dernier cas, comme on mesure usuellement le solde public en % du PIB, la détérioration du ratio apparaît d'autant plus importante que le dénominateur diminue. S'ils ne relèvent pas de la politique budgétaire au sens strict, ces mouvements du solde public provoqués par les fluctuations conjoncturelles ont eux-mêmes un effet en retour modérateur sur ces fluctuations : l'amélioration du solde public en cas d'accélération de la croissance freine la hausse de la demande, sa détérioration en cas de récession tend au contraire à la soutenir. On parle ainsi de « stabilisateurs automatiques ».*

La politique monétaire

La politique monétaire agit sur l'activité économique via *le contrôle de la quantité de monnaie en circulation et/ou de son coût. Elle est mise en œuvre par la Banque centrale. Elle peut avoir différents objectifs selon le mandat qui est fixé à celle-ci.*

Les instruments de la politique monétaire

*Les banques centrales disposent d'une palette d'instruments dont l'usage a varié selon les configurations institutionnelles. Si elles ont pu utiliser par le passé des instruments quantitatifs, leur action passe aujourd'hui essentiellement par le taux d'intérêt, ce qui autorise une régulation plus incitative, jouant notamment sur le coût de refinancement des banques. Par la fixation de taux directeurs et des opérations d'*open market*, elles pilotent ainsi le taux du marché interbancaire au jour le jour (*FED funds rate *aux États-Unis, taux EONIA,* euro overnight index average *dans la zone euro). Le principal « taux directeur » de la FED est ainsi en fait une fourchette cible très réduite (entre 0 et 0,25 % depuis avril 2020) dans laquelle elle maintient le taux du marché interbancaire par le biais de ses opérations d'*open market *(cessions ou reprises temporaires de liquidités). Le principal taux directeur de la BCE (taux Refi) correspond quant à lui au taux qu'elle pratique lors d'opérations hebdomadaires de refinancement par appels d'offres. Ce pilotage « marchand » est complété par deux autres taux fixes utilisés dans le cadre des « facilités permanentes » : le taux de rémunération des réserves excédentaires déposées auprès de la Banque centrale (taux des facilités de dépôt pour la BCE) et le taux auquel les banques commerciales peuvent se refinancer de manière illimitée pour 24 heures (taux de facilité de prêt marginal). Le premier constitue un plancher et le second un plafond, qui dessinent un corridor dans lequel évolue le taux interbancaire. Enfin, dans les situations de crise ou de forte tension sur le marché interbancaire, les banques centrales peuvent aussi procéder ponctuellement à des opérations d'*open market *(achat ou prise en pension de titres) de plus grande ampleur. Depuis la crise de 2008, cette panoplie traditionnelle s'est toutefois enrichie de nouveaux instruments dits « non conventionnels » : assouplissement quantitatif et/ou qualitatif, guidage prospectif (*forward guidance*) ou encore taux d'intérêt négatifs (*cf. infra*).*

Les canaux de transmission de la politique monétaire

La politique monétaire influence l'économie par différents canaux. Le coût du crédit bancaire et plus largement du financement à court terme constitue le premier canal de transmission : les variations des taux du marché interbancaire sont effectivement répercutées sur les taux d'intérêt à court terme exigés par les banques et autres intermédiaires financiers, ce qui affecte la capacité de dépense et les choix des ménages et des entreprises. Du fait des arbitrages et des modifications d'anticipation, les taux à long terme sont également sensibles aux modifications des taux directeurs des banques centrales (même si le lien est plus complexe) : les décisions d'investissement (résidentiel comme productif) peuvent alors être modifiées. L'efficacité de ce canal, traditionnellement mis en avant (notamment dans la construction de la courbe IS), dépend toutefois de l'élasticité de l'investissement au taux d'intérêt, qui a plutôt eu tendance à se réduire. Un autre canal de transmission, devenu plus important avec la financiarisation croissante des économies, est celui qui passe par les variations des prix d'actifs : une baisse des taux d'intérêt tend à faire monter la valeur des obligations anciennes (dont le rendement était plus élevé) et des actions qui apparaissent plus rentables, elle pousse également la valeur des biens immobiliers à la hausse en stimulant la demande de logements. Les agents détenteurs d'actifs voient ainsi leur richesse s'accroître, ce qui les pousse à consommer une part plus importante de leurs revenus (effet de richesse). Pour les entreprises, la valeur du q de Tobin (rapport de la valeur boursière de l'entreprise au coût de remplacement de son capital) s'élève, ce qui incite à l'investissement. En outre, la hausse de la richesse nette des agents améliore leur solidité financière et leur capacité à apporter des garanties, donc diminue la prime de financement externe réclamée par les intermédiaires financiers (canal du bilan). Par ailleurs, la politique monétaire a aussi un impact sur le taux de change dans les régimes de flottement : une baisse du taux d'intérêt rend moins avantageux les placements dans la monnaie nationale, ce qui induit une dépréciation et donc améliore la compétitivité-prix des produits nationaux. Enfin, dans des économies où les anticipations des agents jouent un rôle croissant, les banques centrales exercent aussi leur influence par le canal des effets d'annonce, en prenant des engagements ou en donnant des informations sur leur attitude future.

Un interventionnisme légitimé théoriquement et politiquement

L'expérience de l'entre-deux-guerres mais aussi celle de la Seconde Guerre mondiale dans les pays anglo-saxons, pendant laquelle la forte demande publique a permis le retour au plein-emploi, tendent à légitimer les idées keynésiennes. Sur le plan théorique s'impose aux États-Unis une « synthèse » entre les théories néoclassiques et keynésienne incarnée par des figures comme Alvin Hansen, John Hicks, Paul Samuelson ou Robert Solow. Selon celle-ci, les concepts néoclassiques sont pertinents pour analyser l'allocation des ressources à l'échelle microéconomique et permettent également de penser la dynamique macroéconomique à long terme. En revanche à court-moyen terme, la croissance peut s'éloigner de son sentier d'équilibre et les analyses keynésiennes s'appliquent. C'est à cette époque que s'impose véritablement la distinction entre trend et croissance potentielle définie par Okun (« Potential GNP : Its Measurement and Significance », 1962) d'un côté, fluctuations et croissance effective de l'autre. Les premiers relèvent de facteurs d'offre et des politiques structurelles, les seconds de facteurs de demande et des politiques conjoncturelles. Cela s'exprime par la séparation entre le modèle de Solow qui analyse la croissance à long terme en faisant l'hypothèse d'un équilibre entre épargne et investissement et le modèle IS-LM qui formalise des déséquilibres de court terme et la possibilité de les résorber par des politiques conjoncturelles. Sur le plan politique, si l'influence des thèses keynésiennes est inégale selon les pays, la balance penche en faveur d'une intervention plus large de l'État dans l'économie et la volonté d'éviter la réédition de la dépression du début des années 1930 est générale. Dans le contexte de la guerre froide, le plein-emploi et le progrès social s'imposent comme les nouvelles priorités, ainsi que l'illustre notamment le vote en 1946 aux États-Unis de l'*Employment Act*, confiant un objectif d'emploi maximal au gouvernement fédéral.

Un contexte favorable

Le contexte institutionnel et économique est globalement favorable à la mise en œuvre de politique de régulation de la demande par l'État. Le poids de l'État dans l'économie s'est accru, sous l'effet notamment de l'extension des États-providence (Sécurité sociale en France en 1945) et dans certains pays (France, Royaume-Uni) des nationalisations. La mise en place de systèmes de comptabilité nationale et de services de prévision permet en outre une meilleure connaissance de la situation économique et la construction de modèles simulant les effets des politiques. Forts de cette expertise, les économistes acquièrent une influence plus grande, comme l'illustre la création aux États-Unis en 1946 d'un Council of Economic Advisers, chargé de conseiller le président. Sur le plan économique, le potentiel de croissance est élevé, notamment dans les économies d'Europe en reconstruction et en rattrapage vis-à-vis des États-Unis qui bénéficient de la diffusion des méthodes tayloro-fordistes, ce qui autorise une réponse rapide de l'offre aux pressions de la demande. Si le système de Bretton Woods impose un ancrage monétaire externe et que les accords du GATT vont dans le sens de la libéralisation commerciale, les taux d'ouverture demeurent modérés et le maintien de contrôle des capitaux limite la contrainte extérieure. Sur le plan intérieur, comme le soulignent les théoriciens de la régulation, la concentration est relativement élevée et la concurrence par les prix est limitée, tandis que les négociations collectives s'imposent comme mode principal de fixation des salaires selon une logique fordiste de redistribution des gains de productivité. S'impose ainsi un nouveau mode de régulation « monopoliste », plus adapté au régime d'accumulation intensive, dans lequel le pilotage de la demande globale par les politiques de *stop and go* se substitue à la flexibilité des prix comme vecteur principal d'ajustement entre l'offre et la demande.

Des applications différentes selon les pays

Pays où l'influence du keynésianisme est la plus forte, les États-Unis et le Royaume-Uni sont logiquement ceux où les politiques conjoncturelles s'appliquent le plus fidèlement aux préceptes théoriques. Les orientations de la politique américaine fluctuent toutefois au gré des alternances politiques. Résolument keynésienne sous l'administration du démocrate Truman, la politique budgétaire est moins activiste et plus soucieuse de l'équilibre lors du mandat du républicain Eisenhower (1952-1960) avant de redevenir plus expansionniste avec Kennedy et Johnson. La politique monétaire connaît les mêmes inflexions : attachée à garantir un financement à faible coût des déficits budgétaires liés à la guerre et à la reconversion dans les années 1940, la FED conquiert son indépendance en 1951 et mène alors une politique relativement moderne de contrôle de l'inflation par le taux d'intérêt, avant d'en revenir à une orientation plus expansionniste dans les années 1960. Au Royaume-Uni, la continuité est plus forte : en dépit des alternances politiques, les différents gouvernements y mettent en œuvre des politiques de *demand management* à caractère contracyclique, n'hésitant pas notamment à recourir au déficit budgétaire. La politique monétaire y est soumise à la politique budgétaire. La Banque d'Angleterre, nationalisée en 1946, mène globalement une politique d'*easy money*, notamment pour diminuer la charge de la dette publique, même si elle s'efforce de tempérer l'inflation *via* le contrôle du crédit bancaire.

En France, si certains responsables politiques et hauts fonctionnaires sont influencés par le keynésianisme, l'application est moins systématique. L'encadrement et la direction de l'économie par l'État y sont en fait plus poussés, *via* en particulier la planification et la politique industrielle. La régulation conjoncturelle se développe également mais plus souvent pour stopper l'inflation et rétablir l'équilibre extérieur (plans Pinay en 1952 et 1958, plan Giscard en 1963) que pour soutenir une demande globale dont la progression spontanée est plus souvent excessive. Se confondant avec une politique du crédit qui vise d'abord à orienter la distribution des financements vers les secteurs jugés prioritaires, la politique monétaire passe beaucoup moins par le taux d'intérêt, maintenu globalement bas pour les besoins de la reconstruction, que par des restrictions quantitatives temporaires à la distribution du crédit. Dans une économie largement dominée par le financement bancaire, celles-ci affectent significativement le niveau de l'activité et les prix (Monnet, « La politique monétaire française des Trente Glorieuses », 2016). La République fédérale d'Allemagne enfin se singularise par le poids de l'ordo-libéralisme qui inspire notamment l'indépendance de la Bundesbank (1957). La priorité y est accordée à la stabilité des prix et l'activisme budgétaire demeure limité, l'influence du keynésianisme ne s'y faisant sentir qu'à la fin des années 1960.

Des politiques globalement efficaces

La régulation des fluctuations de l'activité économique par les politiques conjoncturelles n'a pas été parfaite. La France et le Royaume-Uni ont dû faire face à des pics inflationnistes les obligeant à dévaluer, les États-Unis ont connu des récessions en 1954 et 1958. Ces épisodes ont toutefois été de courte durée et les autorités publiques sont parvenues par leurs interventions à limiter la surchauffe et surtout à relancer l'activité. Si les fluctuations économiques n'ont pas disparu, elles apparaissent ainsi de moindre amplitude et le point bas du cycle correspond plus souvent à un simple ralentissement de la croissance et non à une récession. La politique de New Economics menée sous les administrations de Kennedy et Johnson (1960-1968) apparaît comme l'incarnation d'une politique de relance efficace. Héritant d'une croissance ralentie et d'un taux de chômage monté à 6 % en 1960, ils mènent une politique budgétaire offensive, basée sur des baisses d'impôts et une augmentation des dépenses publiques (dépenses militaires, programme spatial, extension de la couverture sociale avec les programmes Medicare et Medicaid) et appuyée par une détente monétaire. Les résultats sont flatteurs : le taux de croissance atteint 4,4 % par an en moyenne entre 1961 et 1966, le taux de chômage s'établit à

3 % de la population active en fin de période tandis que le taux de pauvreté est divisé par deux. Quant au déficit public, il se résorbe dès 1965 grâce au retour de la croissance. Seule l'inflation tend à s'accroître. Plus généralement, les hauts niveaux de croissance atteints dans la plupart des pays développés et la faiblesse du chômage éloignent le spectre du retour de la Grande Dépression et paraissent valider l'efficacité des politiques keynésiennes.

D. Des politiques remises en cause et qui deviennent moins activistes des années 1970 aux années 2000

À partir des années 1970, les politiques conjoncturelles font l'objet d'une remise en cause à la fois pratique et théorique. Si elles ne sont pas complètement abandonnées, leur conduite devient plus encadrée et moins activiste.

Des politiques qui perdent en efficacité

≫ Des politiques impuissantes face à la stagflation et à la contrainte extérieure

Au regard de l'histoire longue, la croissance dans les pays occidentaux demeure relativement soutenue dans les années 1970 (3 % par an en Europe occidentale entre 1973 et 1980). Le terme « stagflation » utilisé pour qualifier cette période est donc en partie impropre car la production ne « stagne » pas. Le choc pétrolier de 1973 marque toutefois une inflexion significative par rapport à la dynamique d'expansion forte et régulière des décennies précédentes. Moins vive et entrecoupée d'années de récession, la croissance s'accompagne surtout d'une montée conjointe de l'inflation et du chômage, phénomènes que la doctrine keynésienne dominante pensait alternatifs. Face à cette configuration, les politiques conjoncturelles, auxquelles recourent majoritairement les autorités publiques, se retrouvent en échec. À court terme, les politiques de relance stimulent certes la croissance et l'emploi mais elles alimentent l'inflation et échouent à endiguer durablement la montée du chômage. La fréquence de l'alternance entre politiques de stop et politiques de go tend ainsi à s'accélérer (la France enchaîne par exemple plan d'austérité en 1974, plan de relance en 1975 et à nouveau plan d'austérité en 1976) sans que les autorités n'arrivent véritablement à maîtriser ni l'inflation ni le chômage. Parallèlement, dans un contexte de montée en puissance de nouveaux concurrents industriels (Japon, NPI) et d'expansion de la circulation des capitaux, la contrainte extérieure tend à se renforcer. L'échec de la politique de relance menée par le gouvernement Mauroy en 1981 (*via* une hausse de certaines allocations sociales et la création d'emplois publics) est à cet égard emblématique de la dilution de l'effet multiplicateur par les importations. Mise en place à contre-courant, alors que les autres pays occidentaux ont fait le choix de la rigueur, elle ne parvient pas à faire baisser le chômage et se traduit surtout par un fort creusement du déficit extérieur, obligeant le gouvernement à dévaluer trois fois le franc entre 1981 et 1983.

≫ Erreur de diagnostic ou crise structurelle ?

Cet échec des politiques d'inspiration keynésienne a fait l'objet de différentes interprétations. Selon les théoriciens du déséquilibre, les gouvernements auraient surtout fait une erreur de diagnostic en prenant pour du « chômage keynésien » ce qui était essentiellement du « chômage classique » (Malinvaud, *Réexamen de la théorie du chômage*, 1980). En raison des procédures d'indexation des salaires sur les prix, le choc pétrolier a en effet été principalement supporté par les entreprises qui ont vu leur taux de marge diminuer au cours de la décennie 1970, d'autant plus que la baisse du rythme des gains de productivité a aussi fait s'élever les coûts salariaux unitaires. En réagissant par des politiques de demande à un choc d'offre, les autorités publiques n'auraient ainsi fait qu'entretenir la boucle prix-salaires. Les régulationnistes reprennent en partie ce constat mais l'intègrent dans une lecture plus générale qui voit dans cette « crise des années 1970 » une crise structurelle du régime de croissance fordiste combinant accumulation intensive et régulation monopoliste. Cette crise, dont le ralentissement de la croissance et la hausse de l'inflation (qui avait débuté avant le choc pétrolier, dès la fin des années 1960) sont les symptômes, s'explique par l'épuisement des gains permis par la généralisation de l'organisation scientifique du travail et par la saturation de la demande de biens durables. Dans ce contexte, les entreprises sont conduites à chercher à l'extérieur des sources de baisse des coûts et des débouchés, ce qui renforce la concurrence internationale et le dilemme entre stimulation de la demande intérieure et compétitivité. Stagflation et perte d'efficacité des politiques conjoncturelles sont ainsi les manifestations d'une crise plus générale d'un mode de régulation.

Des politiques jugées moins efficaces et porteuses de biais

Si l'ampleur économique réelle de la rupture n'est pas comparable avec celle des années 1930, la qualification de crise structurelle s'impose sur le plan de la théorie et de la conduite des politiques économiques. C'est en effet une autre interprétation de la crise qui s'est majoritairement imposée, légitimant une remise en cause plus globale des politiques de régulation du cycle.

≫ Des politiques inefficaces selon les monétaristes et les nouveaux classiques

Les politiques keynésiennes avaient fait l'objet de plusieurs critiques de la part du courant monétariste qui trouvent une validation dans la conjoncture des années 1970. C'est notamment le cas de la conférence donnée en 1968 par Milton Friedman (« The Role of Monetary Policy ») qui apparaît rétrospectivement comme une anticipation de la stagflation. Il y introduit notamment la notion de taux de chômage naturel et y remet en cause l'existence d'un arbitrage inflation-chômage. Les politiques de relance ne peuvent selon lui faire baisser le chômage en dessous de son niveau naturel que temporairement, et ce uniquement en raison de l'illusion monétaire des agents. Du fait de la hausse de la masse monétaire induite par la relance, les dépenses augmentent dans un premier temps et l'activité est stimulée. Mais les entreprises répercutent sur leurs prix la hausse des coûts salariaux nécessaire pour attirer de la main-d'œuvre. Découvrant que la hausse de leur salaire nominal n'est pas une hausse de leur pouvoir d'achat, les anciens chômeurs quittent leur emploi ou réclament des hausses de salaire, ce qui, dans les deux cas, ramène le chômage et la production à leur niveau initial. Instruits par l'expérience, les agents intègrent toutefois dans leurs anticipations et leurs revendications le nouveau niveau d'inflation. Pour faire baisser à nouveau le chômage temporairement, les autorités publiques doivent ainsi générer encore plus d'inflation. Loin de permettre de stabiliser l'activité, les interventions publiques génèrent ainsi elles-mêmes des fluctuations et conduisent à moyen terme à une élévation du niveau d'inflation nuisible pour la croissance potentielle.

En se basant sur l'hypothèse d'anticipations rationnelles (Muth, « Rational Expectations and the Theory of Price Movements », 1961), la nouvelle école classique développe une critique plus radicale. Dans ce cadre théorique en effet, les agents anticipent parfaitement les effets des politiques et ne peuvent donc être victimes d'illusion monétaire. Le seul effet des politiques de relance monétaire, à court terme comme à long terme, est donc d'accroître l'inflation (Sargent, Wallace, « Rational Expectations, the Optimal Monetary Instrument and the Optimal Money Supply Rule », 1975). Reprenant la critique par Friedman (*A Theory of the Consumption Function*, 1957) de la fonction de consommation keynésienne, selon laquelle les consommateurs sont plus sensibles à leur revenu permanent (somme actualisée de leurs revenus présents et futurs) qu'à leur revenu courant, Barro (« Are Governement Bonds Net Wealth ? », 1974) remet pareillement en cause l'efficacité des politiques budgétaires de relance : anticipant que la hausse du déficit budgétaire donnera lieu demain à une hausse d'impôts pour rembourser l'endettement contracté, les agents, plutôt que de consommer les revenus distribués, les épargnent. Selon le principe dit de l'équivalence ricardienne, une hausse des dépenses financée par endettement n'a ainsi pas plus d'effet que si elle l'était par une hausse équivalente des impôts.

≫ Des critiques nuancées par la nouvelle économie keynésienne et les études empiriques

Les arguments avancés par les monétaristes et les nouveaux classiques sont à nuancer. Une bonne part de la portée de la critique de Friedman tient par exemple dans l'hypothèse d'existence d'un taux naturel de chômage vers lequel l'économie converge automatiquement. Si ce n'est pas le cas, les politiques conjoncturelles conservent une possibilité d'agir sur le chômage tant que celui-ci n'a pas atteint le NAIRU, comme l'a notamment remarqué Tobin (« Stabilization Policy Ten Years After », 1980). Or, en reprenant l'hypothèse d'anticipations rationnelles mais en prenant en compte la présence d'asymétries d'information, les nouveaux keynésiens ont montré l'existence de rigidités nominales sur les marchés des biens et services, du travail comme du crédit. Ils les expliquent par exemple par l'existence de coûts de catalogue (Akerlof, Yellen, « A Near-rational Model of the Business Cycle, with Wage and Price Inertia », 1985) qui font que les entreprises sont réticentes à changer leurs prix, ou par la mise en place de salaires d'efficience pour limiter les problèmes de sélection adverse et d'aléa moral dans la relation salariés-employeurs (Shapiro, Stiglitz, « Equilibrium Unemployment as a Worker Discipline Device », 1984). En présence de telles rigidités, l'ajustement aux chocs peut ne pas être instantané et les politiques conjoncturelles ont une certaine efficacité. Ils mettent en outre en avant l'existence d'effets d'hystérèse qui font que les conséquences d'un creusement de l'écart de production peuvent être durables. En particulier, les chômeurs temporairement exclus du marché du travail peuvent perdre en compétences, en employabilité et/ou en motivation (Blanchard, Summers, « Hysteresis in Unemployment », 1986). Si la résorption du choc est trop lente, le chômage d'équilibre risque de s'élever et la croissance potentielle de diminuer. Atténuer les fluctuations est dans cette perspective utile non seulement à court terme mais aussi à long terme.

L'hypothèse d'anticipations rationnelles a par ailleurs fait l'objet de critiques. Les travaux issus de l'économie comportementale ont notamment souligné l'existence de biais court-termistes chez les agents, qui nuisent à la rationalité de leurs arbitrages intertemporels (Thaler, « Toward a Positive Theory of Consumer Choice », 1980). Même en admettant l'hypothèses d'anticipations rationnelles, l'existence d'asymétries d'information sur les marchés financiers peut en outre conduire à ce que certains agents soient rationnés dans leur accès au crédit, ce qui perturbe leurs arbitrages intertemporels et leur interdit de consommer autant qu'ils le souhaiteraient (Flavin « Excess Sensitivity of Consumption to Current Income: Liquidity Constraint or Myopa », 1985) Si des comportements ricardiens peuvent exister chez certains ménages, ils sont ainsi moins probables chez les ménages les moins favorisés et contraints dans leurs dépenses. En pratique, comme le montrent notamment les travaux d'Angus Deaton, la consommation est beaucoup plus sensible au revenu courant que ne le supposent les théories du revenu permanent et de l'équivalence ricardienne (Campbell, Deaton, « Why Is Consumption so Smooth? », 1989).

≫ La critique des biais des politiques conjoncturelles et la promotion de l'encadrement par des règles

La relativisation de l'inefficacité des politiques conjoncturelles n'élimine toutefois pas toutes les critiques qui leur sont adressées. Reconnaissant leur possible influence, d'autres théories mettent en avant simultanément leurs défaillances et leurs risques potentiels pour la stabilité comme pour la croissance. C'est le cas par exemple des travaux inspirés par l'École du Public Choice. Adoptant une méthodologie individualiste, ces tenants montrent que les responsables politiques sont essentiellement motivés par la perspective de leur réélection et qu'ils sont ainsi enclins à mener des politiques de relance distribuant des revenus à leur clientèle et susceptibles de faire baisser temporairement le chômage en période préélectorale, avant d'être contraints de mettre en œuvre des politiques plus rigoureuses après les élections (Nordhaus, « The Political Business Cycle », 1975). Porteuse de fluctuations, cette attitude, par son incohérence temporelle, ôte toute crédibilité à la politique monétaire dans la lutte contre l'inflation. Pour permettre aux banques centrales de lutter efficacement contre l'inflation, il convient donc, selon le monétariste Friedman comme selon les nouveaux classiques Kydland et Prescott (« Rules Rather than Discretion: The Inconsistency of Optimal Plans », 1977), de les rendre indépendantes du pouvoir politique, de leur confier un mandat exclusif et d'encadrer leur action par des règles. En se liant les mains, elles gagneront en crédibilité et seront capables d'ancrer les anticipations des agents. Selon Friedman, cette règle doit imposer une croissance de la masse monétaire au même rythme que la production potentielle, quelles que soient les circonstances.

De la même façon, la politique budgétaire doit être disciplinée, par des règles encadrant la progression des dépenses publiques, le niveau des déficits et/ou celui de la dette. Porteuse de biais inflationnistes, elle est en effet susceptible de compliquer la tâche des autorités monétaires dans leur lutte contre l'inflation. Mais elle est aussi vectrice de biais déficitaires, aux potentiels effets néfastes pour le niveau de la croissance et sa stabilité : éviction de la dépense privée *via* la hausse des taux d'intérêt induite par le besoin de financement public, élévation des dépenses liées au remboursement des intérêts de la dette publique et donc baisse des marges de manœuvre, possible effet boule de neige débouchant sur une crise de la dette souveraine. La mise au jour des défaillances de l'État, des problèmes d'information auxquels ses responsables sont eux aussi confrontés et des pesanteurs de l'action publique constitue un autre argument pour diminuer le pouvoir discrétionnaire des responsables budgétaires. Comme le soulignait Milton Friedman dès 1948 (« A Monetary and Fiscal Framework for Economic Stability »), les délais d'action d'une politique budgétaire de relance sont élevés : au «délai de reconnaissance » correspondant à la durée nécessaire pour que les autorités publiques prennent conscience de la détérioration de la conjoncture et de la nécessité d'une intervention budgétaire, s'ajoute le « délai administratif », renvoyant au laps de temps nécessaire aux administrations pour concevoir les mesures et en assurer la préparation matérielle, puis le délai d'exécution effective des mesures prévues et enfin le délai d'impact sur les comportements des agents. Le risque est alors que les effets expansionnistes se fassent sentir trop tard et/ou à un moment où l'activité est déjà repartie d'elle-même, le *stimulus* budgétaire pouvant alors conduire à la surchauffe.

Des politiques qui deviennent globalement moins activistes dans les années 1980-2000

≫ Un tournant monétariste pour casser l'inflation

Les politiques économiques connaissent un tournant entre la fin des années 1970 et le début des années 1980. Les politiques de relance d'inspiration keynésienne sont progressivement abandonnées et la priorité est donnée à la stabilité des prix. Influencé par les évolutions théoriques, ce changement d'orientation l'est d'abord par le consensus qui s'établit au sujet des méfaits de l'inflation. Sa généralisation est aussi le fait du poids de la concurrence internationale, les pays qui conservent des niveaux de progression des prix supérieurs voyant leur déficit commercial se creuser. La politique menée par Paul Volcker à la tête de la FED à partir de 1979 est emblématique de ce tournant. Déterminé à casser les anticipations d'inflation, il met en œuvre les préceptes monétaristes de strict contrôle de la croissance des agrégats monétaires, ce qui pousse le taux des FED *funds* jusqu'à 20 % en 1980. Ce faisant, il provoque une grave récession en 1982 (baisse du PIB de 2,2 % aux États-Unis) accompagnée d'une hausse du taux de chômage, qui révèle l'impact réel persistant des chocs monétaires. Se diffusant à l'échelle internationale, la forte hausse des taux d'intérêt est aussi un élément déclencheur de la crise de la dette en Amérique latine. L'objectif toutefois est atteint : l'inflation diminue fortement (de 12,5 % en 1980 à 3,8 % en 1983), ce qui permet une détente des taux d'intérêt et la croissance repart fortement en 1983-1984, tirée qui est plus par une orientation budgétaire expansionniste. En Europe, c'est la mutation de la politique française qui incarne le tournant. En 1983, la relance est abandonnée au profit d'une politique de rigueur budgétaire et monétaire, le choix étant fait de défendre désormais la fixité du taux de change du franc par rapport au mark dans le cadre du Système monétaire européen. Pour la France, comme pour les autres pays du SME, c'est ainsi l'ancrage externe qui sert de cadre à la politique monétaire, obligeant, dans un contexte de libre circulation des capitaux, à s'aligner sur les priorités anti-inflationnistes de la Bundesbank. Parallèlement, dans le cadre de la libéralisation financière, les instruments administratifs perçus comme nuisant à la bonne allocation du capital sont supprimés (fin de l'encadrement du crédit en France en 1987) au profit d'un pilotage plus « marchand » par le biais du taux d'intérêt. Comme aux États-Unis et même plus rapidement, la désinflation est au rendez-vous.

Au total, les politiques inspirées par le monétarisme ont donc atteint leur but. Certes, d'autres facteurs ont contribué à la désinflation : modération salariale négociée et/ou imposée dans un contexte de diminution du pouvoir de négociation des salariés sous l'effet du chômage et des réformes du marché du travail (désindexation des salaires sur les prix, libéralisation), poids croissant de la concurrence internationale, contre-choc pétrolier après 1985. Mais la contribution des politiques monétaires à l'endiguement des anticipations inflationnistes est indéniable.

≫ Des politiques monétaires de ciblage de l'inflation qui contribuent aussi à la stabilisation de l'économie dans les années 1990-2000

Si la priorité donnée à la stabilité des prix demeure, les politiques monétaires connaissent toutefois de nouvelles évolutions dans les années 1990-2000. Les limites de l'ancrage externe, révélées par la crise du Système monétaire européen en 1992-1993, conduisent ainsi la plupart des pays développés à opter plutôt pour l'indépendance de la Banque centrale et la fixation d'un mandat impératif de maintien de la stabilité des prix pour garantir la crédibilité de la politique monétaire, conformément aux recommandations des nouveaux classiques. Le statut de la Banque centrale européenne, défini dès 1992 par le traité de Maastricht, est à cet égard emblématique : dotée d'une stricte indépendance à l'égard du pouvoir politique avec un mandat de huit ans pour son président, elle se voit confier un mandat hiérarchique où l'objectif prioritaire est la stabilité des prix, que son Conseil des gouverneurs traduit en 1998 en maintien d'un niveau d'inflation inférieure à 2 %. En outre, si la dynamique haussière des années 1970 a bien été « cassée », les outils préconisés par les monétaristes, en particulier le contrôle des agrégats monétaires, ont montré leurs limites, en particulier car dans un contexte de fortes innovations, les frontières entre actifs monétaires et non monétaires ont eu tendance à se brouiller. Au cours des années 1990, le ciblage de l'inflation s'impose donc comme le nouveau *modus operandi* des banques centrales. Plus significatif pour les agents et donc plus susceptible d'ancrer leurs anticipations, il offre simultanément plus de souplesse que la règle de Friedman : contraints dans leurs objectifs, les banquiers centraux disposent d'une certaine discrétion dans la mise en œuvre de leur politique (Bernanke et Mishkin parlent de « discrétion contrainte », « Inflation Targeting: A New Framework for Monetary Policy », 1997). Conventionnel, le chiffre de 2 % est apparu comme un équivalent « symbolique » crédible de la stabilité des prix et comme un moyen de lutter à la fois contre les risques inflationnistes et déflationnistes (la BCE est ainsi passée en 2003 à un objectif d'inflation inférieure mais proche de 2 %). Même dans le cadre de la nouvelle économie keynésienne, l'indépendance des banques centrales et le ciblage de l'inflation se trouvent ainsi justifiés.

L'apparente réussite de ces politiques monétaires se donne à voir dans la période de « Grande Modération » (selon l'expression de Claudio Borio) dont ont bénéficié les économies occidentales au cours de la période 1995-2007 (et même depuis 1985 pour certains auteurs), caractérisée par une inflation faible et peu volatile. Mieux encore, les fluctuations du PIB et de la consommation sont elles-mêmes restées limitées. Apparaît ainsi ce qu'Olivier Blanchard et Jordi Gali (« Real Wage Rigidities and the New Keynesian Model », 2007) ont nommé la « divine coïncidence ». L'apparition d'un écart de production positif, perçu comme le signe avancé de tensions inflationnistes, conduit à hausser les taux et donc à freiner l'activité ; inversement, un écart de production négatif, annonçant de possibles pressions déflationnistes, commande une baisse des taux et donc une stimulation de l'activité. En poursuivant l'objectif de stabilité des prix, les autorités monétaires participent ainsi aussi, sans le chercher explicitement, à maintenir la croissance effective au niveau de la croissance potentielle et le chômage proche de son niveau d'équilibre. Certes, cette « Grande Modération » s'accompagne d'un retour de l'instabilité financière (krach boursier de 1987, crise du SME, krach obligataire en 1994, éclatement de la bulle Internet en 2000-2001), mais les banques centrales et notamment la FED, sous la conduite d'Alan Greenspan, semblent en mesure par une injection massive de liquidités de limiter la transmission des crises à l'économie réelle.

≫ Des politiques budgétaires encadrées par des règles et une orientation globalement restrictive

Dans ce contexte de « dominance monétaire », les politiques budgétaires font l'objet d'un relatif abandon. Sur le plan théorique, elles sont jugées beaucoup moins souples que les politiques monétaires du fait de leurs délais de mise en œuvre et de leur moindre réversibilité. Il suffit d'une simple réunion de la Banque centrale pour décider de la modification des taux d'intérêt et si la décision se révèle erronée il est facile de la corriger rapidement par un mouvement en sens inverse. Un programme d'investissements publics a au contraire des effets durables et il est parfois difficile aussi politiquement de revenir sur les baisses d'impôts ou les aides sociales consenties lors d'un plan de relance. La capacité de la politique monétaire à stabiliser à la fois les prix et la croissance fait en outre apparaître la politique budgétaire au mieux comme inutile, au pire comme un élément de perturbation de la tâche des banques centrales. Les stabilisateurs automatiques, beaucoup plus prévisibles et réversibles, sont jugés largement suffisants pour amortir les chocs. John Taylor exprime notamment bien cette opinion dans un article de 2000 intitulé significativement « Reassessing Discretionary Fiscal Policy[1] ». Si la politique monétaire est plus efficace, conclut-il, pourquoi ne pas tout simplement « lui laisser faire le travail ? » (« *Why not let monetary policy do the job?* »). Sur le plan pratique, les États sont confrontés depuis les années 1970 à une hausse structurelle de leurs dépenses sociales et sont contraints du côté des recettes par la hausse de la concurrence fiscale. Les budgets sont structurellement déficitaires, ce qui, dans le contexte de hausse des taux d'intérêt réels liée aux politiques de désinflation des années 1980, conduit à une progression de l'endettement public. Globalement, la priorité est donc donnée à la consolidation budgétaire avec l'objectif de garantir

1 Ce que les Anglo-Saxons appellent *fiscal policy* correspond à la définition française de la politique budgétaire.

la soutenabilité à long terme de la dette publique et de permettre ainsi une détente sur les taux d'intérêt souverains. Pour y parvenir et discipliner les gouvernements, des règles sont instituées dans les années 1990-2000 (selon le FMI, 76 pays étaient concernés en 2012 contre seulement 5 en 1990). C'est notamment le cas dans l'Union européenne avec les critères de convergence du traité de Maastricht repris en 1997 par le Pacte de stabilité et de croissance qui obligent à contenir le déficit public à 3 % du PIB et la dette publique à 60 % du PIB. Cela l'est aussi aux États-Unis où des objectifs de réduction des déficits et un contrôle de la progression des dépenses publiques sont aussi introduits par la loi Gramm-Rudman-Hollings de 1985 puis le *Budget Enforcement Act* de 1990.

Si les objectifs sont en partie atteints (les États-Unis passent d'un déficit de 4,5% en 1992 à un excédent de 2 % en 2000, le solde public moyen en zone euro est à l'équilibre en 2000), les effets macroéconomiques de ces politiques sont contrastés. Dans certains pays (Canada, Irlande, Suède), cet effort de consolidation budgétaire s'accompagne d'une accélération de la croissance, interprétée par certains auteurs comme le signe que les effets positifs en termes de baisse des taux d'intérêt et de rétablissement de la confiance peuvent l'emporter sur les effets récessifs « keynésiens », rendant l'austérité « expansionniste » (Alesina, Ardagna, « Large Changes in Fiscal Policy: Taxes Versus Spending », 2009). La portée de ces expériences doit toutefois être nuancée, ces pays ayant tous bénéficié d'autres facteurs de stimulation de la demande globale (détente de la politique monétaire, dépréciation) et de gains de productivité dynamiques. Dans la zone euro en construction, le bilan apparaît moins favorable : la croissance italienne notamment a souffert de l'effort budgétaire massif consenti. Par ailleurs, l'abandon des politiques budgétaires discrétionnaires est aussi à relativiser, en particulier dans le cas des États-Unis : officiellement inspirées par l'économie de l'offre, les baisses d'impôt décidées par Reagan au début des années 1980 et par Bush au début des années 2000 ont, associées à une hausse des dépenses militaires, participé à la relance de la croissance (même s'il est difficile de distinguer les effets d'offre et de demande).

E. Renouveau et renouvellement des politiques conjoncturelles depuis la crise de 2008

Confrontés à des crises d'une ampleur inégalée depuis les années 1930, les pouvoirs publics ont été amenés à ajuster leurs réponses. Explorant de nouveaux territoires, les politiques monétaires voient leur efficacité questionnée tandis que les politiques budgétaires connaissent une certaine réhabilitation.

Deux crises de grande ampleur

En contraste avec la « Grande Modération », les économies ont été frappées depuis 2008 par deux crises très différentes (l'une endogène provoquée par l'explosion d'une bulle immobilière et financière, l'autre exogène consécutive à un choc sanitaire), mais dont l'ampleur a appelé des réponses d'envergure.

La crise de 2008 : une « grande crise » qui remet au jour les mécanismes keynésiens

Partie de la sphère financière (*cf. infra*), la crise de 2008 s'est transmise à l'économie réelle selon des mécanismes similaires à celle de 1929 : effets de richesse négatifs, *credit crunch*, dynamique de désendettement conduisant à une hausse de l'épargne. Sa diffusion internationale a été encore plus forte du fait de l'accroissement des interdépendances commerciales et financières induit par la mondialisation. En conséquence de ce choc de demande négatif, la production s'est fortement contractée en 2009 : par exemple selon l'OCDE - 2,8 % en France, - 2,9 % aux États-Unis et -5,6 % en Allemagne. Frappante par son ampleur (c'est la plus forte récession dans les pays de l'OCDE depuis la fin de la Seconde Guerre mondiale), cette crise l'a été aussi par la réapparition de mécanismes « keynésiens » entraînant l'économie dans une spirale récessive : anticipations autoréalisatrices conduisant à une chute de la demande effective, trappe à liquidité qui bloque l'ajustement par la baisse du taux d'intérêt, déflation par la dette, paradoxe de l'épargne (Eggertsson, Krugman, « Debt, Deleveraging and the Liquidity Trap », 2012). Instruites par l'expérience, les autorités publiques ont réagi avec vigueur en venant en aide au système bancaire et en mettant en place des politiques monétaires et budgétaires expansionnistes, évitant un effondrement général. Si la reprise est intervenue dès 2010 dans la plupart des pays, la croissance n'a toutefois pas retrouvé son rythme d'avant la crise (la zone euro connaissant même une nouvelle récession en 2012 et 2013) et le chômage a mis du temps à se résorber, signe pour beaucoup d'économistes de la persistance d'un écart de production négatif.

Le recul historique manque pour interpréter cette crise comme un tournant à l'égal de la crise de 1929 ou de la rupture de croissance de 1973, mais elle n'en constitue pas moins une crise structurelle mettant en cause certains des éléments du régime de croissance financiarisé dominant depuis les années 1980. D'une part, les dangers des emballements de la sphère financière pour la sphère réelle sont apparus beaucoup plus forts que ce qui était jusque-là imaginé. D'autre part, la hausse des inégalités, perçue comme un mal nécessaire à la croissance, se révèle comme un facteur de déstabilisation. Comme dans les années 1920, l'expansion du crédit aux États-Unis dans les années 2000 a ainsi été nourrie par les écarts croissants de revenus, l'abondante offre d'épargne par les plus riches permettant aux catégories populaires et moyennes de maintenir leur niveau de consommation par le recours à l'endettement (Kumhof, Rancière, Winant, « Inequality, Leverage and Crises », 2015). En ce qui concerne les politiques conjoncturelles, les principes prévalant avant la crise se retrouvent bousculés à la fois par la nécessaire mise en œuvre d'interventions de grande ampleur et par la lenteur de la reprise.

La crise économique liée à la pandémie de COVID-19

La crise économique provoquée par la pandémie de COVID-19 est d'une ampleur plus forte encore. Selon l'OCDE, la baisse du PIB en 2020 a atteint 3,4 % au niveau mondial, 3,5 % aux États-Unis, 6,8 % dans la zone euro et 9,9 % au Royaume-Uni. Cette chute est essentiellement liée aux mesures sanitaires décrétées par les gouvernements pour tenter d'enrayer la dynamique épidémique, qui ont provoqué un double choc, d'offre et de demande. Le premier est lié aux mesures de confinement et aux décisions de fermeture administrative des activités jugées non essentielles ou trop risquées. Choc direct pour les secteurs et les pays concernés, il a eu des répercussions indirectes en désorganisant la production et en provoquant des difficultés d'approvisionnement. Le choc de demande a, lui, été particulièrement important pour les activités liées au tourisme et aux transports mais il est aussi passé par la baisse des dépenses (consommations intermédiaires, énergie, biens d'investissement...) des entreprises les plus touchées. Les interventions des autorités publiques ont toutefois évité une contagion plus générale encore : les banques centrales sont intervenues pour limiter les tensions sur les marchés financiers tandis que les gouvernements ont apporté leurs garanties aux prêts bancaires et consenti des reports de paiement de cotisations aux entreprises ; les États européens ont aussi massivement financé le recours à l'activité partielle, ce qui a limité la montée du chômage ; l'État fédéral américain quant à lui a préféré accorder aux chômeurs une allocation additionnelle et verser des chèques aux ménages. En Allemagne, au Royaume-Uni et plus encore aux États-Unis, le choc sur les revenus primaires a ainsi été surcompensé : le revenu disponible global des ménages s'est accru en 2020. Si l'on tient compte des autres dépenses (de santé notamment pour le développement des vaccins et le dépistage), le total des mesures budgétaires de soutien pour l'année 2020 s'élève ainsi à 3,4 points de PIB en Allemagne, 3,1 points en France, 6,2 points au Royaume-Uni et plus de 9 points aux États-Unis, et le maintien de contraintes sanitaires en 2021 a poussé les États à prendre de nouvelles mesures. En avril 2021, les prévisions de croissance de l'OCDE étaient relativement optimistes : une croissance de 5,6% était attendue en 2021 mais l'évolution restait fortement tributaire de l'issue de la course entre vaccins et variants du virus.

Des politiques monétaires poussées en territoire « non conventionnel »

Leurs moyens conventionnels mis en échec, les politiques monétaires ont sensiblement innové depuis 2008, pour un bilan mitigé.

≫ Des politiques non conventionnelles en voie d'institutionnalisation

Dès l'automne 2008, les banques centrales ont réagi vivement à la crise, abaissant leur taux d'intérêt jusqu'à la borne zéro (la FED et la Banque d'Angleterre plus vite que la BCE cependant, qui s'est arrêtée à 1 % en 2009 et n'est descendue à 0 qu'en 2014). Les limites de ce levier traditionnel face à l'ampleur du choc les ont toutefois conduites à innover. Pour venir en aide au système financier, elles ont allongé l'échéance de leurs refinancements (la BCE allant jusqu'à quatre ans), ont accepté en contrepartie des titres de moindre qualité voire ont acheté directement sur les marchés financiers des titres risqués (on parle d'assouplissement qualitatif). Au-delà toutefois de la stabilisation financière, les banques centrales avaient à lutter contre les pressions déflationnistes. Or selon les analyses keynésiennes traditionnelles, la politique monétaire est impuissante une fois atteinte la borne zéro, confrontée qu'elle est à la trappe à liquidité. Elle ne peut pousser plus bas le taux d'intérêt nominal à court terme (alors que même une stricte application de la règle de Taylor exigeait des taux négatifs en 2009) tandis que les taux réels à long terme restent élevés du fait de la défiance et des anticipations de faible inflation, voire de déflation. Instruits par le cas du Japon confronté dès les années 1990 à la même situation (comme l'analyse notamment Krugman en 1998 dans « It's Baaack! Japan's Slump and the Return of the Liquidity Trap »), les nouveaux keynésiens avaient toutefois imaginé d'autres moyens d'action qui ont été effectivement mobilisés. Le premier est la *forward guidance* ou guidage des anticipations (promue notamment par Eggertsson et Woodford, « Optimal Monetary Policy in a Liquidity Trap », 2003) : les banques centrales ont annoncé qu'elles laisseraient leur taux au plancher pendant plusieurs années ou jusqu'à ce qu'un seuil soit atteint en matière de chômage, s'efforçant de faire baisser les taux longs et de raviver les anticipations d'inflation. Le deuxième est l'assouplissement quantitatif (*quantitative easing* ou QE) : les banques centrales se sont portées acquéreuses de titres de dette privée et (principalement) publique, ce qui les a menées à accroître considérablement la taille de leur bilan (la Banque du Japon l'avait utilisé dès 2001, la FED y a eu recours en 2008, la BCE en 2015). Les objectifs étaient pluriels : faire baisser les taux à long terme pour détendre les conditions de financement mais aussi générer des réallocations de portefeuille, des effets de richesse et accroître les anticipations d'inflation. Avec la baisse des taux d'intérêt, le rendement des obligations anciennes s'accroît en effet, poussant leurs cours à la hausse ; les banques centrales asséchant le marché des titres sûrs, les investisseurs institutionnels sont aussi conduits à acquérir des titres plus risqués, notamment des actions dont les cours montent également. La hausse du patrimoine financier des agents est censée soutenir la consommation et l'accès au crédit et donc la hausse des prix. Enfin, les banques centrales ont parfois eu recours à des taux négatifs, en particulier sur les réserves excédentaires détenues par les banques de second rang (il est de - 0,5 % en zone euro depuis 2019) pour inciter celles-ci à les utiliser pour financer l'économie réelle. L'arrêt progressif des programmes de QE (la FED stoppe le sien en 2014, la BCE en décembre 2018) et la remontée des taux de la FED à partir de 2015 a pu laisser croire à un retour à la normalité d'avant-crise. Mais face au ralentissement de la croissance, la BCE a réactivé son programme dès septembre 2019, soit avant même la crise pandémique. Celle-ci a ensuite conduit l'ensemble des grandes banques centrales à accroître à nouveau massivement leurs achats : en avril 2021, le bilan de la FED approche ainsi les 7 700 milliards de dollars, celui de la BCE les 7 500 milliards d'euros. Au-delà de cette situation exceptionnelle, de plus en plus d'économistes estiment, à l'instar d'Adair Turner (« What If Zero Interest Rates Are the New Normal? »), que dans un contexte de faiblesse structurelle des taux d'intérêt, le recours aux politiques non conventionnelles pourrait devenir la « nouvelle normalité ».

≫ Des politiques aux effets controversés

Les effets de ces politiques sont toutefois discutés. Elles ont effectivement contribué à faire baisser les taux d'intérêt à long terme, ce qui a allégé le poids des dettes publiques (dans la plupart des pays de l'OCDE, le montant des intérêts payés chaque année a baissé alors que les niveaux d'endettement s'élevaient) et privées, limitant les pressions récessives induites par des efforts trop brutaux de désendettement. Le redressement des valeurs financières, qui était un objectif intermédiaire, a par ailleurs été spectaculaire. Les effets sur l'inflation et la croissance apparaissent moins nets. Elles ont sans doute évité l'entrée dans une spirale déflationniste, qui menaçait en 2009 et de nouveau en 2015 en zone euro. Selon la Banque de France, elles auraient ainsi contribué à rehausser l'inflation en zone euro de 1,3 à 2,6 points en cumulé entre 2015 et 2019. Par rapport à l'ampleur des moyens déployés, les résultats sont toutefois modestes : l'inflation est restée en moyenne en dessous de la cible de 2 % aux États-Unis et plus encore en zone euro et les écarts de production ont mis du temps à se résorber. Cela a certes désarmé la critique portée par certains monétaristes selon lesquels ces politiques allaient conduire à une hausse de l'inflation. Au contraire, les liens entre base monétaire, masse monétaire et niveau de prix apparaissent durablement distendus : selon la Banque de France, en zone euro entre 2007 et 2020, la première a augmenté de 12 % par an, la deuxième de 3,8 % par an et le troisième de 1,25 %.

De nombreux autres effets pervers de ces politiques ont toutefois été pointés. Sur le plan international, elles ont été considérées comme non coopératives. Le programme de QE lancé en 2010 par le gouverneur de la FED Ben Bernanke a ainsi fait s'apprécier les monnaies des pays émergents, détériorant leur compétitivité (le ministre de Finances brésilien Guido Mantega a dénoncé une « guerre des monnaies »), avant que l'annonce de son arrêt à venir en 2013 ne déclenche un reflux des capitaux vers les États-Unis, provoquant des crises de change chez certains émergents. Sur le plan intérieur, elles ont été accusées, notamment par certains responsables de la Bundesbank, de miner la rémunération de l'épargne et de mettre en danger la rentabilité des banques ou des compagnies d'assurances. Face à la baisse du rendement des titres sûrs, elles sont contraintes à prendre plus de risques pour offrir une meilleure rémunération à leurs clients. Pour certains, la baisse de la profitabilité des banques pourrait même les conduire paradoxalement à réduire leur offre de crédit. En dessous d'un certain seuil, la baisse des taux d'intérêt serait ainsi contre-productive (*reversal interest rate*). Par ailleurs, les taux bas facilitent la survie artificielle d'entreprises « zombies » (firmes peu productives et rencontrant des difficultés persistantes de paiement de leurs créanciers), retardant la « destruction créatrice » et nuisant aux gains de productivité, comme cela a été le cas au Japon dans les années 1990 (Caballero *et al.*, « Zombie Lending and Depressed Restructuring in Japan », 2008). Pour certains, ils retardent aussi les nécessaires ajustements des finances publiques, en rendant indolore le financement de la dette publique. Enfin, les politiques monétaires non conventionnelles contribueraient à la formation de bulles sur les marchés d'actifs, creusant les inégalités de patrimoine et entretenant un régime de croissance par l'endettement dont la crise de 2008 a pourtant révélé les effets délétères (Artus, Virard, *op. cit.*, 2016).

La validation empirique de ces différentes critiques est pour l'instant incertaine et la ligne de défense des banquiers centraux est par ailleurs solide. Ils soulignent d'une part qu'en l'absence de ces politiques, les économies risquaient l'effondrement, d'autre part qu'ils n'ont cherché qu'à amener les taux monétaires au niveau du taux naturel d'équilibre qui en raison d'un excès structurel d'épargne serait lui-même proche de zéro voire négatif, et enfin, à l'instar de l'ancien président de la BCE Mario Draghi, que « la politique monétaire ne peut pas tout ». Sur la base de ce dernier constat, certains sont toutefois conduits à remettre en cause les principes plus généraux de sa conduite (*cf.* partie 3 de ce chapitre), d'autres estiment que ses effets pervers excèdent aujourd'hui ses bénéfices et qu'elle devrait laisser la main à la politique budgétaire (Stansbury, Summers, « Wither Central Banking », 2019).

Des politiques budgétaires en voie de réhabilitation

La mobilisation massive de moyens budgétaires au cours de la crise de la COVID-19 et plus encore les recommandations d'organisations internationales comme le FMI ou l'OCDE, hier défenseuses de la rigueur budgétaire, en faveur de mesures de relance fortes et prolongées, témoignent d'un changement de regard sur les politiques budgétaires. Tant l'échec des politiques d'austérité menées au début des années 2010 que l'évolution du contexte économique y ont contribué.

≫ Une consolidation trop précoce après la crise de 2008

La réponse à la crise de 2008 a marqué une première forme de réhabilitation des politiques budgétaires puisque les États ont tous mis en œuvre des politiques budgétaires de relance. D'ampleur variable (l'impulsion budgétaire a été d'environ 5 points de PIB aux États-Unis, de 1,5 point en moyenne dans l'Union européenne), ces plans ont participé à la limitation de l'ampleur de la récession. Face à la hausse de l'endettement public provoquée par les effets cumulés des stabilisateurs automatiques, de ces plans et du sauvetage des établissements financiers, les gouvernements ont, dès 2010, fait le choix de passer à la consolidation budgétaire (hausses d'impôts et/ou baisses des dépenses publiques). Entre 2011 et 2015, l'orientation budgétaire a ainsi été restrictive dans la grande majorité des pays développés et de manière plus marquée encore dans les pays de la zone euro touchés par la crise des dettes souveraines. Le débat économique s'est donc concentré sur les effets de ces politiques d'austérité et notamment sur leur responsabilité dans la lenteur de la reprise globale et la rechute de la zone euro. Le raisonnement qui a prévalu lors du lancement de ces politiques reflétait l'opinion dominante des années 1990-2000 : si l'outil budgétaire pouvait être mobilisé en cas de circonstances exceptionnelles, la priorité devait être donnée au maintien de la soutenabilité des dettes publiques. Réduire les déficits publics était ainsi censé permettre de faire baisser les taux d'intérêt en limitant l'éviction de l'investissement privé et en rétablissant la confiance. Du côté des ménages, l'équivalence ricardienne était susceptible de jouer positivement : les efforts de réduction des dépenses publiques faisant anticiper un moindre niveau de pression fiscale et poussant donc à la consommation. Sur la base notamment des travaux d'Alesina et Ardagna (2010), certains, comme le gouverneur de la BCE Jean-Claude Trichet, pensaient même que l'austérité serait « expansionniste » : « En ce qui concerne l'économie, l'idée que les mesures d'austérité pourraient déclencher une stagnation est incorrecte [...]. Je crois fermement que, dans les circonstances actuelles, des politiques inspirant confiance vont favoriser et non pas entraver la reprise économique, parce que la confiance est le facteur clé aujourd'hui » (2010).

Le contexte économique était toutefois très différent de celui qui avait permis à certains pays de combiner consolidation budgétaire et croissance dans les années 1990 (*cf. supra*) et l'insuffisante prise en compte de ces différences a conduit à une sous-estimation des multiplicateurs budgétaires, comme l'ont notamment reconnu Olivier Blanchard et Daniel Leigh, alors économistes au FMI (« Growth Forecast Errors and Fiscal Multipliers », 2013) : évalués à 0,5, ils apparaissent *a posteriori* avoir été supérieurs à 1,5 voire à 2. Les auteurs avancent trois raisons principales pour expliquer ce niveau plus élevé : les taux d'intérêt étant déjà au plancher, les banques centrales n'ont pu amortir les effets récessifs de la politique budgétaire ; le système financier demeurant fragilisé, de nombreux agents étaient confrontés à des contraintes de liquidité et leur consommation était très dépendante de leurs revenus courants (réduits par la baisse des dépenses publiques) ; l'ensemble des pays ayant opté pour l'austérité, les demandes extérieures n'ont pas compensé l'atonie des demandes intérieures. Au total, les politiques de consolidation budgétaire ont donc retardé la résorption des écarts de production et ont même pu, en présence d'effets d'hystérèse, affecter négativement la croissance potentielle (Fatas, Summers, « The Permanent Effects of Fiscal Consolidations », 2018).

≫ Un contexte globalement plus favorable

S'il est impossible de savoir ce qu'il se serait passé en cas de stimuli plus forts et prolongés, ce constat d'échec a participé *a contrario* à la *réhabilitation* de l'intérêt des politiques de relance. Mais c'est surtout le contexte économique qui leur apparaît aujourd'hui plus favorable. La caractéristique principale de ce nouveau contexte est la faiblesse structurelle de la demande globale, que Larry Summers a théorisée en reprenant le concept de « stagnation séculaire » (« U.S. Economic Prospects: Secular Stagnation, Hysteresis, and the Zero Lower Bound », 2014). Dans un article emblématique où il oppose la « nouvelle vision », plus positive, (« The New View on Fiscal Policy and Its Application », 2016) à l'ancienne vision exprimée par Taylor en 2000, Jason Furman, président du Council of Economic Advisers sous Obama, a bien résumé en quoi cela conduit à réévaluer à la hausse l'utilité de la politique budgétaire. Premièrement, la baisse du taux d'intérêt d'équilibre, qui est une manifestation de la stagnation séculaire, rend beaucoup plus fréquents les épisodes où la politique monétaire se trouve contrainte par la borne zéro. Même si les politiques monétaires ont fait preuve de créativité, leurs risques impliquent pour Furman comme pour Summers que la politique budgétaire prenne le relais. Deuxièmement, dans ce type de situation de « trappe à liquidité », la politique budgétaire expansionniste a, conformément au diagnostic keynésien traditionnel, peu de risques d'entraîner une hausse des taux d'intérêt et ses effets d'entraînement ont toutes les chances de l'emporter sur d'éventuels effets d'éviction. Bien que les résultats des études empiriques sur les multiplicateurs demeurent incertains (*cf.* partie 3 de ce chapitre), les travaux récents vont d'ailleurs plutôt dans le sens de niveaux élevés, singulièrement en situation de récession : Auerbach et Gorodnichenko («Fiscal Multipliers in Recession and Expansion», 2012) estiment ainsi le multiplicateur des dépenses publiques aux États à 2,5 dans les phases de récession contre 0,6 en période d'expansion. Troisièmement, avec de tels niveaux des multiplicateurs, les politiques budgétaires peuvent, en stimulant la croissance, faire baisser le ratio dette publique/PIB plutôt que l'augmenter. En outre, la baisse des charges d'intérêt, facilitée par les interventions massives des banques centrales, a nettement accru l'espace budgétaire. Quatrièmement, il existe dans certains pays (États-Unis, Italie, Allemagne) un déficit d'investissements publics qui nuit aussi à la croissance potentielle. Une politique de relance des investissements publics bien ciblée est donc susceptible de stimuler à la fois l'offre et la demande. Cinquièmement, en cas de choc symétrique et de simultanéité mondiale des politiques, les externalités de demande sont fortes, négativement en cas d'austérité mais aussi positivement en cas de relance. S'ajoutant à un soutien déjà massif en 2020, l'effort budgétaire projeté par la nouvelle administration Biden aux États-Unis (1 900 milliards de dollars votés en mars 2021, essentiellement consacrés à soutenir les revenus avec des allocations aux chômeurs et des chèques aux ménages ; 2 250 milliards d'investissement dans les infrastructures, annoncés en avril) et dans une moindre mesure l'accord européen pour un plan de relance commun de 750 milliards d'euros (Next Generation EU) semblent concrétiser ce nouveau tournant en matière de politique budgétaire.

2 Crises financières et régulation financière

Comme le rappelle Alain Bihr (*Le Premier Âge du capitalisme*, tome 2, 2019), les crises financières s'observent déjà avant le XIXe siècle, dans le milieu du capitalisme financier, dont l'essor précède celui du capitalisme industriel. Parmi les épisodes célèbres, peuvent être citées les faillites des années 1340 des banques florentines Peruzzi et Bardi suite au défaut du roi d'Angleterre Édouard III engagé dans des opérations militaires coûteuses au début de la guerre de Cent Ans, ou encore la crise du marché des tulipes en Hollande en 1637, un krach faisant suite à une hausse surprenante des cours des bulbes de ces fleurs, lorsque certains spécimens dépassaient le prix d'un logement. Autre épisode marquant, les crises de 1720, celle du système Law en France et celle de la Compagnie des mers du Sud en Angleterre. Dans les deux cas, des excès de valorisation des actions de compagnies de commerce suivis de brusques effondrements de cours. S'ajoute en France une crise bancaire qui remet en cause pour plusieurs décennies l'usage de la monnaie papier dans le pays.

À partir du XIXe siècle, avec la possibilité accrue de création monétaire par le développement des formes non métalliques de monnaie, les crises financières sont sans doute plus fréquentes. Une évolution à laquelle contribue aussi, grâce à la hausse des niveaux de vie, l'accumulation d'une épargne toujours à la recherche de placements rentables. Pour autant, l'accroissement du nombre des crises financières n'est pas une tendance historique linéaire. Reinhart et Rogoff (*Cette fois, c'est différent, huit siècles de folie financière*, 2010) montrent la corrélation entre l'importance de la mobilité internationale des capitaux et l'occurrence des crises bancaires, tandis que Boyer, Dehove et Plihon (*Les Crises financières*, 2004), en s'appuyant notamment sur la comparaison avec la période des Trente Glorieuses, soulignent que les crises financières sont plus fréquentes dans les périodes de faible régulation financière.

Une crise financière est une catégorie d'analyse regroupant les crises de valorisation d'actifs, les crises bancaires, les crises de dette souveraine et les crises de change. Les crises financières sont à distinguer analytiquement des crises monétaires qui se caractérisent d'abord par une forte baisse de la valeur interne de la monnaie (*cf.* p. 781), même si empiriquement elles coïncident parfois. Par exemple, la crise allemande des années 1922-1923 est d'abord une crise monétaire d'hyperinflation même si elle est accompagnée d'une crise de dette extérieure (la crise des Réparations) et d'une crise de change, avec l'effondrement du mark. L'observation des crises financières permet de remarquer la combinaison fréquente de plusieurs de leurs formes : la crise de 1929 commence comme une crise boursière et devient rapidement aussi une crise bancaire et immobilière. La crise de 1997 en Asie du Sud-Est est initialement une crise boursière et une crise de change mais elle affecte ensuite le milieu bancaire. La crise de 2008, au départ une crise immobilière, se mue ensuite en crise boursière et bancaire, jusqu'à favoriser l'éclatement d'une crise des dettes souveraines dans plusieurs pays de la zone euro.

A. Les crises de valorisation d'actifs

Des actifs très divers peuvent être affectés par des crises de valorisation, qu'il s'agisse de titres monétaires ou financiers, de biens immobiliers mais aussi de matières premières, d'œuvres d'art, de crypto-monnaies, etc. Ces actifs sont des valeurs financières ou des biens matériels conservant une valeur dans le temps. S'ils forment des supports permettant la constitution de patrimoines, ils peuvent aussi être l'objet d'opérations spéculatives, c'est-à-dire d'achats en vue de ventes futures permettant la réalisation de plus-values.

Les crises boursières sont une forme commune de crise de valorisation d'actifs. Si les krachs boursiers de 1929 et 2008 ou l'éclatement de la bulle internet entre 2000 et 2002 en constituent les manifestations les plus célèbres de l'histoire récente, le XIXe siècle est déjà marqué par nombre d'épisodes de chutes massives de cours en Europe de l'Ouest ou aux États-Unis : en 1825 avec le premier grand krach boursier de l'âge industriel à la Bourse de Londres, en 1837 encore à Londres, en 1847 à Paris et à Londres suite à un engouement excessif pour les titres des entreprises liées aux activités ferroviaires, en 1857 avec pour la première fois New York comme épicentre de la crise boursière, en 1866, en 1873 notamment en Allemagne et en Autriche et en 1882 en France.

Quant aux crises immobilières, elles sont une dimension importante de la crise financière de 2008 en Espagne ou en Grande-Bretagne, et le krach de 1990-1991 au Japon est à la fois un krach boursier et immobilier. Il marque la fin de la période de longue expansion économique du pays après la Seconde Guerre mondiale. En 1882 commence en France la plus grave crise immobilière que le pays ait connue au XIXe siècle, après une intense phase de construction au cours des décennies précédentes et alors que la croissance démographique et économique du pays est très faible, limitant la progression de la demande de logements. La crise de 1873 en Europe centrale est en grande partie une crise immobilière, suite à la formation de bulles dans plusieurs grandes villes, dont Vienne en particulier.

Les mystères des bulles d'actifs

La formation d'une bulle spéculative peut précéder l'apparition d'un krach, c'est-à-dire une chute rapide et brutale des cours, par convention d'au moins 20 % sur le marché d'un ou plusieurs actifs. Une bulle signifie une valorisation excessive de l'actif considéré par rapport à sa valeur fondamentale. Une indication de l'existence d'une bulle sur le marché d'un actif est la faiblesse de son rendement : le prix de l'actif est excessivement élevé au regard des revenus qu'il génère. L'indice de Shiller propose cette méthode d'identification des bulles d'actifs pour le marché des actions. Il s'agit de diviser la capitalisation boursière associée aux actions d'un indice boursier par la moyenne des bénéfices réels réalisés par les sociétés composant l'indice sur les dix dernières années. Plus l'indice de Shiller est au-dessus de sa moyenne historique plus cela indique que les actions sont chères et donc qu'une bulle peut s'être formée.

Pourtant l'existence de bulles est parfois difficile à déterminer avant leur éclatement, en particulier pour les actifs ne rapportant pas de revenus (les métaux précieux ou les crypto-monnaies par exemple) ou ceux n'en générant pas encore (les parts des nouvelles sociétés très innovantes). La valorisation des actions des sociétés repose plus sur les bénéfices futurs qu'elles sont susceptibles de générer que sur les bénéfices passés, ce qui limite la pertinence de l'indice de Shiller. Dans le cas de sociétés très innovantes, ces bénéfices sont particulièrement incertains, ce qui rend complexe l'évaluation de la valeur fondamentale des actions qu'elles émettent. Difficile dans ce cas d'identifier d'éventuelles bulles de valorisation. D'où les moments d'enthousiasme lorsque des branches d'activité nouvelles émergent (Kindleberger, *Histoire mondiale de la spéculation financière*, 1978), comme le chemin de fer au XIXe, les biens de consommation durables dans les années 1920 aux États-Unis, les entreprises liées à Internet dans les années 1990. Des phases d'essor suivies parfois de déceptions lorsque pour certaines sociétés les profits futurs espérés ne se révèlent que des mirages.

Fama (« Efficient Capital Markets: A Review of Theorical and Empirical Work », 1970) explique que le prix de marché d'un actif financier reflète au mieux toute l'information disponible pertinente pour assurer sa valorisation (efficience informationnelle). Dans ce cas, une chute brutale des cours peut être simplement la conséquence de l'apparition d'une information nouvelle conduisant à reconsidérer la valeur de l'actif. Le krach n'est alors pas la conséquence de la formation d'une bulle spéculative. Pourtant, nombre d'économistes considèrent que les imperfections informationnelles empêchent le marché financier de fonctionner véritablement d'une manière si parfaite que l'expose Fama et que la formation de bulles est possible. Le paradoxe de Stiglitz-Grossman (« On the Impossibility of Informationally Efficient Markets », 1980) indique que si l'obtention de l'information sur les fondamentaux des émetteurs de titres est coûteuse, alors que les prix des titres sont censés refléter parfaitement ces informations fondamentales, il est moins coûteux de se fier à l'avis des autres opérateurs financiers contenu dans les prix de marché que d'étudier les données fondamentales. On voit mal dès lors comment les prix de marché pourraient parfaitement refléter les fondamentaux.

Ainsi, la rationalité des opérateurs financiers est en partie autoréférentielle (Keynes, *Théorie générale de l'emploi, de l'intérêt et de la monnaie*, 1936 ; Orléan, « Les marchés financiers sont-ils rationnels ? », 2004), comme le montre l'importance de l'analyse technique ou chartiste dans les arbitrages effectués par les traders, ce qui peut conduire à la formation de bulles rationnelles (Blanchard, « Speculative Bubbles, Crashes and Rational Expectations », 1979) ou d'équilibres de taches solaires fondés sur des croyances qui animent les marchés financiers (Woodford, « Stationary Sunspots Equilibria in a Finance Constrained Economy », 1986). L'incertitude fondamentale quant à la valeur de certains actifs associée à des phases de polarisation des opinions en faveur de la hausse des cours et à l'abondance des moyens de financement à disposition des acheteurs de titres peut facilement conduire à la formation de bulles. Les innovations financières facilitant l'endettement en période prospère contribuent aussi à des prises de risques excessives. Minsky (*cf.* encadré) considère que l'excès d'optimisme dans les phases d'expansion de l'économie et de hausse des cours sur les marchés d'actifs favorise la fragilisation des bilans. Les prêteurs acceptent de financer des agents économiques déjà très endettés car les anticipations de hausse des profits et des cours sont élevées. L'illusion peut un temps être entretenue par la dimension autoréalisatrice des prédictions majoritaires de hausse des cours et par l'accès facile aux liquidités, grâce à une politique monétaire accommodante ou à des entrées massives de capitaux étrangers. Tout concourt alors à la formation de bulles. Leur éclatement repose sur le tarissement d'un ou plusieurs moteurs de la hausse : arrêt de la hausse de l'endettement dû au niveau excessif du ratio dette/fonds propres, resserrement de l'accès au crédit, retrait de capitaux étrangers, renversement de l'opinion d'opérateurs financiers influents quant à l'orientation des cours suite à des données fondamentales décevantes qui fait basculer la tendance majoritaire vers des ventes massives.

Encadré 2 – Les crises financières analysées par Minsky

*Dans la lignée de travaux de Keynes, Hyman Minsky (*Stabilizing an Unstable Economy, *1986) a considéré que les aspects monétaires et financiers étaient des facteurs d'évolution cyclique de l'économie. Une économie capitaliste n'est pas figée et c'est dans les périodes de prospérité, quand l'endettement s'accroît pour financer les projets, quand l'optimisme se mue progressivement en euphorie, que sont semés les germes des futures crises financières (paradoxe de la tranquillité). Les agents économiques, pleins de projets prometteurs, souhaitent emprunter de plus en plus. Les banques, qui vivent des intérêts perçus sur les crédits distribués, ne s'y opposent pas. Elles essaient même d'accroître, par l'innovation financière, la diversité des titres et mécanismes d'endettement. La croissance étant forte, le développement de l'activité par emprunt permet dans un premier temps de couvrir les frais d'endettement, voire d'accroître les profits ; la structure financière reste saine. Minsky parle de* hedge finance. *Mais l'optimisme devient généralement excessif et l'endettement avec : progressivement, les revenus supplémentaires liés au développement de l'activité permettent simplement de payer les intérêts des emprunts et non plus de rembourser le capital (situation de* speculative finance*). Les dettes anciennes ne sont remboursées que par de nouvelles dettes. Pourtant, souvent, la prise de conscience des risques ne se produit pas. Minsky parle d'« économie euphorique ». La situation financière de certains agents peut alors devenir vraiment périlleuse et Minsky évoque dans ce cas une structure de type* Ponzi finance, *caractérisée par des problèmes de liquidités qui peuvent obliger à emprunter pour payer les intérêts. Cette situation est intenable à terme puisqu'elle conduit à une hausse des dettes sans hausse des actifs et qu'il faut toujours plus de dettes pour faire face aux engagements financiers. L'accroissement de la fragilité financière est endogène à l'activité économique. La recherche du profit et l'innovation, y compris financière, associées à l'aveuglement au désastre conduisent à cette dynamique interne. Ce boom de l'endettement finit par provoquer une raréfaction des liquidités et une hausse des taux d'intérêt. Les entreprises les plus fragiles, dont la rentabilité est moins forte que prévu et qui ont un endettement important et de plus en plus coûteux, peuvent être contraintes de vendre à perte certains actifs (stocks de produits lorsque cela est autorisé, titres, immobilier) pour récupérer des liquidités leur permettant de faire face à leurs engagements de remboursement ; c'est le « moment Minsky ». La chute des cours des actifs dégrade encore plus les bilans des agents endettés et accélère les faillites, beaucoup d'entreprises n'arrivant pas à honorer leurs engagements.*

Les conséquences des crises de valorisation d'actifs sur l'économie réelle

Un krach financier peut avoir des effets considérables sur l'économie réelle ou n'avoir que des conséquences limitées. Les deux principaux krachs boursiers du XXe siècle aux États-Unis, celui de 1929 et celui de 1987, ont ainsi des conséquences très différentes sur l'activité économique. Le krach de 1929 précipite une dépression économique mondiale tandis que le krach boursier de 1987 reste limité à des conséquences modestes, circonscrites qui plus est à la sphère financière. Et ce n'est pas l'écart d'ampleur de la chute des cours qui explique la différence, puisque la chute du Dow Jones est plus forte en une journée en 1987 qu'en 1929. Par ailleurs, lorsqu'ils apparaissent, les effets d'une crise financière sur l'économie réelle ne sont que partiellement mécaniques. Des mécanismes psychologiques agissent aussi pour expliquer l'apparition d'éventuelles récessions.

L'éclatement de bulles d'actifs entraîne une perte de patrimoine pour de nombreux agents économiques. Cet effet richesse négatif peut les inciter à renoncer à certaines dépenses et donc à réaliser un effort d'épargne financière afin de reconstituer ce patrimoine. Pour certaines entreprises, la chute des cours induit une diminution de la valeur de marché de certains actifs ou d'éléments de leurs passifs. Cette dégradation de la qualité des bilans risque d'amoindrir leur volonté d'engager de nouveaux projets. Outre ces effets mécaniques, un krach financier peut constituer un signal psychologique négatif incitant les consommateurs à différer des achats de biens durables et les entreprises à reporter des décisions d'investissement ou d'embauche. Ces effets mécaniques et psychologiques peuvent contribuer à la survenue d'un choc de demande négatif.

Si les banques elles-mêmes subissent des pertes financières, leurs bilans sont fragilisés et elles accordent moins de crédit. Un krach financier peut donc avoir aussi pour effet de durcir l'accès au crédit en raison de problèmes de bilans, contrariant les effets favorables au crédit d'une baisse des taux directeurs de la banque centrale que l'on observe souvent pendant les crises. Un *credit crunch* dû à la chute à la fois de la demande de crédit et de l'offre de crédit marque ainsi souvent le passage d'une crise financière à une crise générale de l'économie.

Quand la crise financière éclate, ses conséquences sur l'économie réelle sont d'autant plus douloureuses que les dettes accumulées par les agents économiques avant la crise étaient élevées, comme le souligne Minsky. Lorsque l'endettement des acheteurs vient soutenir la hausse des cours des actifs, la bulle peut se gonfler pendant plusieurs années et la crise financière n'en est souvent que plus douloureuse. Si l'effet de levier permet de gagner vite beaucoup d'argent pendant la hausse, il étrangle rapidement les emprunteurs en cas de retournement. Et la crise se transmet alors généralement aux prêteurs, affaiblis par les défauts de leurs débiteurs. Le désendettement se réalise dans des conditions douloureuses. Il nécessite un effort d'épargne des agents, ce qui contribue à déprimer durablement la demande globale sur les marchés des produits. Circonstance aggravante comme le souligne Fisher (« The Debt-deflation Theory of Great Depressions », 1933), l'apparition d'une éventuelle tendance déflationniste due à la liquidation des actifs et à la crise économique peut accroître le poids réel des dettes passées et étrangler financièrement les agents économiques endettés, provoquant une multiplication des faillites qui prolonge la crise.

Encadré 3 – La crise financière de 2007-2008

La crise des subprimes *combine des innovations financières, des acteurs aveuglés par leur réussite et des conséquences qui en font une crise particulièrement grave.*

Les innovations financières : titrisation et instruments dérivés

Dans le cadre de la globalisation financière, se sont développés de nouveaux instruments issus d'une ingénierie financière de plus en plus sophistiquée.

*La titrisation est une pratique apparue dans les années 1970 pour les crédits hypothécaires et qui se développe considérablement à partir des années 1980. À l'origine, les organismes de crédit hypothécaire américains, Freddie Mac et Fannie Mae, rachètent aux banques les crédits qu'elles ont accordés et financent ce rachat par des titres qu'ils émettent sur le marché. On obtient ainsi des MBS (*mortgage backed securities*). Ce principe est ensuite étendu à d'autres titres (crédits automobile, prêts étudiant, encours de cartes de crédit…), ce qui donne des ABS (*asset backed securities*) et la pratique va se généraliser à la fin des années 1980. Des sociétés sont créées spécialement pour racheter les prêts accordés par les banques, elles émettent en contrepartie des titres, plus ou moins risqués et à rendement plus ou moins important. L'intérêt est important pour les banques, qui ne sont plus obligées de conserver dans leur bilan les contreparties des prêts accordés et peuvent donc respecter les ratios prudentiels qui leur sont imposés, tout en continuant à accorder des crédits. Ces titres jouent un rôle essentiel dans l'accroissement de la liquidité des marchés.*

*Le développement des produits dérivés est en partie lié à celui de la titrisation. En mélangeant des titres issus d'une première titrisation, on obtient des CDO (*collateralised debt obligations*). Ces titres sont eux-mêmes le plus souvent découpés en trois catégories plus ou moins risquées. On appelle « senior » la catégorie la première tranche, peu risquée et au rendement faible, « mezzanine » la suivante qui n'est remboursée qu'après la première, et enfin « junior » ou « equity » la troisième, fortement risquée mais à fort rendement. Et pour ne pas s'arrêter en chemin, il est possible de mélanger les CDO dans des CDO au carré et CDO au cube…*

*La logique de cette dérivation de crédit repose sur l'idée que la dissémination du risque permet de le faire disparaître. Le risque de défaut d'un client pèse peu dans l'ensemble des paquets titrisés. La crise de 2008 montrera qu'il n'en est rien. Les CDS (*credit default swap*) sont des contrats d'assurance contre les défauts de paiement. Un acheteur de protection paye une prime pour se protéger du défaut. L'offreur de protection reçoit la prime et tant qu'il n'y a pas trop d'emprunteurs qui ne remboursent pas, il est gagnant. Lehman Brothers était le principal acteur du marché des CDS qui avait été multiplié par dix entre 2002 et 2007. Sa disparition en septembre 2008 provoque la plus grave crise financière depuis 1929.*

Des acteurs aveuglés par leur réussite

Dans la crise des subprimes, *tous les acteurs des marchés financiers portent une part de responsabilité dans l'enchaînement conduisant au désastre. Aveuglés par leur réussite, subjugués par les résultats des mathématiques financières qui promettent de supprimer les risques, ils ont fait preuve de « l'aveuglement au désastre » dont parle André Orléan.*

• Les banques, les assurances et les monolines prennent des risques

Certains acteurs comme les fonds spéculatifs sont naturellement preneurs de risque, mais le problème est venu de la prise de risque par des acteurs dont ce n'est pas la fonction traditionnelle.

La fin de la séparation bancaire a conduit au développement de la banque à tout faire : banque de dépôt, d'investissement, bancassurance, caisse d'épargne... Cela permet aux établissements bancaires d'accroître leur taille, de diversifier leurs activités, de multiplier les occasions de profit tout en évitant d'être dépendants de certains secteurs. Elles accroissent leurs activités en proposant toujours plus de produits financiers, de plus en plus sophistiqués. Elles interviennent sur les marchés pour leurs clients, mais également pour leur compte propre, ce qui contribue souvent à une proportion importante de leurs résultats. Beaucoup de ces opérations ont lieu sur des marchés de gré à gré, peu régulés. Quelques « affaires » (Leeson et la faillite de la Barings en 1995, Kerviel et la Société générale en 2008) viennent ternir l'image des golden boys *de la finance, et montrent que les procédures de contrôle internes ne sont pas efficaces, mais comme ces activités sont globalement rentables, elles se développent. Ces* golden boys *sont rémunérés en fonction des performances de leurs placements et sont donc incités à prendre des risques.*

Les assurances diversifient leurs activités traditionnelles vers des services financiers proches de ceux des banques et participent au développement des produits dérivés. Elles assurent également les prêts bancaires et seront donc touchées par les défauts de remboursement.

*Les rehausseurs de crédit (*monolines*) sont des établissements financiers qui apportent leur garantie à des emprunteurs, leur permettant ainsi d'obtenir des crédits à des taux plus faibles. Le rehausseur dispose d'une bonne note et en fait profiter, moyennant une prime, l'emprunteur. Très importants aux États-Unis (MBIA, Ambac), ils y jouent un rôle essentiel dans le financement des collectivités locales. Ils ont également apporté leur garantie à des produits titrisés (particulièrement des CDO) et vont se retrouver touchés par la crise.*

• Les agences de notation fournissent une information imparfaite

*Les agences de notation jouent un rôle essentiel pour l'information des acteurs des marchés. Trois grandes agences de notation – Moody's, Standard & Poor's et Fitch Ratings – dominent l'essentiel de cette activité. Elles évaluent la solvabilité financière des emprunteurs directs (entreprises, États) et notent également les opérations de titrisation. Leur notation (*rating*) permet d'évaluer les risques et fournit un signal aux marchés. Elle détermine les taux d'intérêt, primes de risque... qui sont alors imposés aux emprunteurs.*

Si leur rôle est fondamental pour l'information des acteurs des marchés, elles ont également participé largement à l'aveuglement au désastre. Payées par les acteurs dont elles sont chargées de noter les produits, elles ont été critiquées pour avoir attribué des notes excellentes à des produits qui se sont révélés très risqués. Les banques ont parfois utilisé pour construire les produits titrisés les mêmes outils que les agences qui devaient assurer la notation.

• Les autorités de régulation ne maîtrisent rien...

Dans un contexte marqué par une déréglementation généralisée, il n'est pas surprenant que le poids des autorités de régulation ait été limité.

Les banques centrales ont acquis la certitude qu'elles pouvaient gérer les crises financières en douceur. Leur succès dans la lutte contre l'inflation a accru leur crédibilité et a permis des taux d'intérêt faibles. Elles ont théorisé et intégré l'idée qu'il suffisait d'injecter des liquidités en cas de

problème engendrant un aléa moral dans le monde financier : la FED injecte ainsi massivement des liquidités en 1987, 1998 ou 2000 et sauve les établissements représentant un risque systémique (cf. LTCM). Alan Greenspan, à la tête de la Réserve fédérale pendant près de vingt ans, s'est ainsi confessé en 2008 devant une commission du Congrès :
– Henri Waxman : « You found that your view of the world, your ideology, was not right, it was not working? »;
– Alan Greenspan : « [...] No, that's precisely the reason I was shocked, because I had been going for 40 years or more with very considerable evidence that it was working exceptionally well. »
Dans ce contexte de déréglementation, les institutions internationales ont été très en retrait. Elles n'ont pas su, pu, voulu imposer des règles prudentielles et les règles instaurées ont été facilement contournées par les banques. Le ratio Cooke défini par le Comité de Bâle en 1988 imposait que les fonds propres atteignent 8 % des engagements de crédit. Mais la titrisation a permis aux banques de sortir de leurs bilans une grande partie de leurs engagements. Le ratio Mc Donough, plus restrictif, a été décidé en 2005, mais n'était pas encore appliqué lors de la crise de 2008.
Le développement des paradis fiscaux a permis de créer des structures financières opaques, incontrôlables, que les autorités internationales n'ont pas su ou pas pu réguler. Le FMI n'est intervenu dans les crises qu'a posteriori, et en imposant le plus souvent une déréglementation supplémentaire et l'ouverture des marchés.

Un enchaînement inéluctable

Partie d'un tout petit segment du marché immobilier américain, la crise va se propager à la finance mondiale en quelques mois.
Les crédits subprimes sont accordés à des ménages à faible revenu, peu solvables, ceux que l'on appelait dans le jargon de la banque les « Ninja » (No income, no job or asset). Ce sont des crédits à taux variables, dans un contexte de faibles taux d'intérêt conduisant à des mensualités supportables. La montée du marché immobilier permettait de leur prêter sans risque, puisque leur bien garantissait le crédit. De plus, la valeur de leur bien augmentant, il devenait possible d'y adosser d'autres crédits (consommation, études...). À partir de 2004, la FED augmente ses taux d'intérêt pour lutter contre les tendances inflationnistes. Les banques répercutent alors sur les emprunteurs dont les mensualités augmentent. Les premiers défauts de paiement apparaissent, alors que le marché de l'immobilier se retourne, rendant plus faible la probabilité de remboursement des crédits. Les saisies immobilières se développent, accentuant la baisse du marché.
Par le mécanisme de la titrisation, les crédits subprimes ont été mélangés à d'autres crédits, transformés en titres disséminés sur les marchés financiers. Il n'est quasiment plus possible de savoir qui détient les produits toxiques. Le risque censé avoir disparu est en fait devenu systémique.
Dès le début de l'année 2007, des indices de défaillance liés aux subprimes se multiplient. HSBC lance son premier profit warning en raison du développement des impayés sur les crédits immobiliers ; les premières difficultés apparaissent pour les organismes liés aux subprimes, New Century Financial Corporation n'arrive plus à se refinancer, en Grande-Bretagne Kensington revoit fortement ses résultats à la baisse. L'été 2007 révèle la gravité du problème. En juillet, la banque Bear Stearns ferme deux hedge funds. Les opérateurs vendent des titres pour retrouver de la liquidité et les marchés boursiers dévissent rapidement. Début août, plusieurs banques sont en difficulté et les banques centrales injectent massivement des liquidités car le marché interbancaire s'assèche. Dans les mois suivants, de nombreuses banques et assurances sont en faillite ou

gravement menacées et la crise s'est propagée à la finance mondiale. La Northern Rock, spécialiste anglaise du crédit immobilier, n'est sauvée que par l'intervention de la Banque d'Angleterre ; Union des banques suisses (UBS), puis Merrill Lynch et Citigroup sont en difficulté dès la fin 2007, American International Group (AIG), leader du marché de l'assurance, annonce des pertes considérables. La Bear Stearns, quasiment en faillite, est rachetée par J. P. Morgan avec l'appui de la FED en mars 2008...

La faillite de Lehman Brothers en septembre 2008 marque une accélération dans la diffusion de la crise. Elle est le principal acteur du marché des CDS et disparaît en quelques jours. Alors que Bank of America et/ou la Barclays sont candidats à la reprise, la FED refuse de donner sa garantie contrairement à ce qu'elle avait fait pour J. P. Morgan à la reprise de Bear Stearns. Ce signal, qui peut être interprété comme la volonté de faire un exemple (lutte contre l'aléa moral), déclenche l'effondrement des marchés.

Les faillites bancaires se multiplient, les États sont obligés d'intervenir pour soutenir les banques, et éviter que les clients vident leurs comptes. Le paysage bancaire se recompose complètement, les marchés financiers poursuivent leur baisse. Le sauvetage des banques et le financement des plans de relance provoquent une montée de l'endettement public, dans un contexte de ralentissement économique marqué. À la fin 2009 apparaît alors une crise des dettes souveraines en Europe. L'endettement de certains États explose (Irlande), à la suite des plans de sauvetage, tandis que les finances d'autres pays sont durement touchées par la crise (Grèce, Portugal...). Les écarts de taux d'intérêt sur les titres publics se creusent entre les pays, accentuant les risques de défauts. L'Europe cherche alors à mettre en place des mécanismes de solidarité financière, mais se heurte aux premières véritables difficultés de la monnaie unique. Les tendances divergentes entre des économies partageant une monnaie unique conduisent à une véritable crise de la zone euro.

B. Les crises bancaires

Si elles peuvent être observées déjà bien avant le XIXe siècle, elles ne se raréfient pas avec l'émergence du système bancaire moderne : on peut relever en Grande-Bretagne par exemple deux vagues de faillites bancaires, en 1825-1826 et entre 1837 et 1839. La crise financière aux États-Unis en 1907, essentiellement une crise bancaire, est une des plus importantes de l'histoire du pays, même si elle est éclipsée dans les mémoires par le krach financier d'octobre 1929 qui précipite le monde dans plusieurs années de dépression et qui est suivi aussi par plusieurs vagues de faillites bancaires. Après une accalmie des années 1940 aux années 1970, les crises bancaires reviennent la décennie suivante, avec par exemple la faillite de nombreuses caisses d'épargne aux États-Unis suite à l'éclatement d'une bulle immobilière et les graves difficultés en France du Crédit lyonnais, très engagé lui aussi dans l'immobilier.

Les crises de liquidité bancaires : des versions anciennes aux versions récentes

L'activité des banques s'est développée à partir du XIXe siècle autour d'un rôle d'intermédiation qui a longtemps formé le cœur du métier bancaire : les banques accordent des prêts et collectent des dépôts. Un équilibre *a priori* simple à percevoir sur le plan comptable mais qui peut poser des difficultés pratiques en raison du degré différent de liquidité de l'actif et du passif. Ainsi, les déposants exigent de pouvoir retirer rapidement sous forme de monnaie métallique ou en billets, et uniquement sous cette dernière forme depuis la démonétisation de l'or dans les années 1930, les sommes figurant sur leurs comptes courants. Cependant, les banques commerciales ne peuvent créer ni les pièces d'or ou d'argent ni les billets de banque que sont en droit de réclamer leurs clients. Si ces derniers ne demandent généralement à retirer qu'une petite partie de la monnaie figurant sur leurs comptes en banque, il peut arriver qu'ils se précipitent dans les agences bancaires pour effectuer des retraits en masse. Un phénomène que l'on désigne par l'expression de « ruée bancaire » et qui s'est très régulièrement produit au XIXe et jusqu'au milieu du XXe siècle. Une banque à l'activité rentable et bien gérée n'a jamais en réserve, sous forme de pièces ou de billets, l'équivalent de la monnaie scripturale figurant sur les comptes de ses clients. En temps normal, une réserve modique permet d'honorer les demandes de conversion. Ce n'est plus le cas lorsqu'une ruée bancaire se déclenche. Un tel événement peut se produire parce qu'une angoisse soudaine saisit les déposants qui craignent une faillite de leur banque et donc la perte de leurs économies. Une crainte motivée par une crise politique grave comme une guerre, par la faillite d'une autre banque, par des rumeurs de fragilité financière, etc. Les motifs déclencheurs d'un *bank run* sont potentiellement nombreux. Si la banque ne parvient pas à honorer les demandes de ses clients, elle peut devoir fermer temporairement ses portes ou être acculée à la faillite. Des astuces sont parfois mises en œuvre pour ralentir les retraits des clients : le paiement en petite monnaie au XIXe, plus récemment le défaut d'approvisionnement des distributeurs ou le plafonnement des retraits quotidiens. De rares ruées bancaires sont encore observées à notre époque, comme en 2007 à l'encontre de la banque britannique Northern Rock ou en Grèce au début de l'année 2012, lorsque les déposants grecs craignaient une sortie de la zone euro.

Des crises de liquidité bancaires peuvent aussi apparaître vis-à-vis de créanciers des banques autres que les déposants ; ce sont là les formes plus contemporaines de ces crises bancaires. Comme toute entreprise, une banque peut être mise en difficulté si, bien que fondamentalement rentable, elle est confrontée à des problèmes de trésorerie. Les problèmes de liquidité ne résident plus ici dans l'incapacité à satisfaire les demandes de retraits des clients, mais dans les difficultés à honorer les dettes auprès de créanciers bancaires ou non bancaires. À leur passif, les banques détiennent depuis les années 1980 une part de plus en plus grande de dette auprès d'autres opérateurs financiers. Cette dette doit être honorée, ce qui implique souvent de pouvoir émettre de nouveaux emprunts. Ainsi, les difficultés de la Northern Rock en 2007 commencent lorsque la banque ne parvient plus à placer sur le marché de nouveaux titres d'emprunts destinés à lever les fonds nécessaires au remboursement de ses anciennes dettes.

Au quotidien, les banques doivent effectuer entre elles des opérations de compensation qui sont la contrepartie des transactions réalisées entre des clients de banques différentes.

Des compensations qui s'effectuent grâce aux sommes inscrites sur les comptes que les banques commerciales détiennent auprès de la banque centrale. Faute de réserve suffisante en monnaie centrale sur son compte, une banque peut généralement en emprunter aux autres banques commerciales ou à la banque centrale. Le marché interbancaire, sur lequel la monnaie centrale s'échange contre des titres, est essentiel à la liquidité du système bancaire dans son ensemble. Mais il arrive qu'une banque perde son accès à ce marché interbancaire, en particulier si elle apparaît financièrement fragile aux yeux des autres banques. Si cette banque ne parvient pas à conserver des réserves suffisantes en monnaie centrale, elle ne peut plus participer à la compensation interbancaire et ses clients risquent de voir certains de leurs paiements refusés. Il peut même arriver que dans son ensemble le marché interbancaire cesse de fonctionner, en raison d'une crise de confiance générale : dans ce cas les banques commerciales qui ont des liquidités en excès refusent de les prêter aux banques qui ponctuellement en manquent. Des difficultés qui constituent une composante de la crise financière de 1907 aux États-Unis ou de celle qui frappe les pays développés en 2007 et 2008.

Les crises de solvabilité bancaires : des crises en général coûteuses pour le contribuable

Les crises de solvabilité des banques interviennent lorsque la qualité du bilan des banques est extrêmement dégradée, quand une ou plusieurs composantes de l'actif du bilan des banques subissent une forte dépréciation, soit qu'il s'agisse de créances auprès de la clientèle soit qu'il s'agisse d'autres formes d'actifs.

En cas de crise économique grave, la qualité des créances détenues par les banques à l'occasion de prêts distribués aux clients, particuliers ou entreprises, se détériore. Certains individus perdent leur emploi et n'ont plus la capacité de rembourser leurs emprunts selon l'échéancier prévu. Certaines entreprises font faillite et leurs actifs résiduels sont insuffisants pour couvrir leurs anciens engagements financiers. Une partie de ces prêts peut avoir été assurée mais il n'est pas impossible que l'assureur soit lui-même placé dans une situation financière délicate. Les banques peuvent ainsi accumuler les créances douteuses. Par ailleurs, en cas de krach boursier ou immobilier, une banque qui détenait à son actif d'importantes immobilisations immobilières ou financières peut subir des pertes considérables. La dépréciation de certains actifs ampute comptablement les fonds propres de l'établissement financier et l'oblige, pour les reconstituer, à provisionner année après année une part de ses bénéfices. Cette fragilité de bilan limite la capacité des banques à accorder de nouveaux prêts. Une banque dans cette situation est donc moins apte à financer l'économie tant que son bilan n'est pas apuré.

En cas de défaut de solvabilité, dans le système économique contemporain, un acteur économique fait en principe faillite et disparaît. Il est même possible que plusieurs acteurs importants d'une branche disparaissent si leur activité n'est plus rentable. Ainsi, dans les pays développés, l'essentiel des activités minières a disparu et il reste peu d'entreprises dans le textile ou la sidérurgie. D'autres entreprises, dans d'autres domaines ont pris le relais. Il est par contre impossible pour un pays de se passer de banques. Il est même difficilement concevable qu'une banque de dépôt fasse faillite, en raison des répercussions sur la population. La monnaie est une institution nécessaire au fonctionnement du système économique dans son ensemble et c'est ce qui explique que les crises bancaires soient généralement coûteuses pour les pouvoirs publics qui ne peuvent laisser s'effondrer leur système bancaire. Si les crises de liquidité peuvent être surmontées par des prêts à court ou moyen terme octroyés par les banques centrales ou les États, les crises de solvabilité impliquent des coûts sur la durée : il faut réaliser les pertes, recapitaliser les banques, nettoyer les bilans. Les actionnaires prennent souvent une partie de l'effort à leur charge, ne serait-ce que par la perte de la valeur de leurs actions, mais bien souvent les capitaux propres ne suffisent pas et les pouvoirs publics apportent les fonds qui manquent. Une crise de solvabilité bancaire accroît l'endettement public et le contribuable en supporte les conséquences.

Ainsi, dans les années 1980, les caisses d'épargne aux États-Unis subissent des pertes considérables en raison de l'effondrement des prix de l'immobilier et de la détention de créances financières douteuses. Les pouvoirs publics créent une structure de défaisance chargée de gérer les actifs pourris et regroupent les caisses d'épargne pour les consolider. Le fonds fédéral d'assurance des dépôts doit lui-même être recapitalisé pour assurer sa mission. La crise des caisses d'épargne coûte plus de 120 milliards de dollars aux contribuables des États-Unis. Au Japon, la crise boursière et immobilière de 1990-1991 fragilise considérablement les banques. Après avoir espéré qu'elles seraient en grande partie capables d'apurer elles-mêmes leurs bilans, le gouvernement japonais entreprend de les restructurer plus activement à partir de 1998, pour un coût représentant 20 % du PIB du pays. Au début des années 1990, les banques européennes sont elles aussi nombreuses à être touchées par la crise immobilière, notamment en Suède ou en France. En Suède, le secteur est complètement restructuré pour un coût de 4 % du PIB. En France, le Crédit lyonnais, le Crédit foncier et le Comptoir des entrepreneurs subissent des pertes considérables. Le Crédit lyonnais n'est sauvé qu'au prix d'un cantonnement des créances immobilières dans un « consortium de réalisation » public, chargé les liquider en minimisant les pertes. Pour un coût cependant d'environ 21,3 milliards d'euros, selon un rapport de la Cour des comptes publié en 2000. La crise irlandaise de 2008 est essentiellement une crise bancaire qui oblige l'État à intervenir et à demander, pour venir en aide à ses banques, le soutien de l'Union européenne et du Fonds monétaire international. À la suite de cette aide, combinée avec les effets de la récession due en grande partie à la crise bancaire, la dette publique irlandaise passe de 25 % du PIB en 2006 à 91 % du PIB en 2010. Rien que pour l'année 2010, le déficit public atteint 32 % du PIB, largement imputables au programme de sauvetage des banques.

C. Les crises de dette souveraine

Les États peuvent eux aussi être confrontés à des crises de liquidité ou de solvabilité. Les difficultés financières des États ne les conduisent pas à la faillite mais elles ont des répercussions géopolitiques et surtout des conséquences pour les citoyens des pays concernés. Les crises de dette souveraine ne sont pas des accidents historiques isolés comme le montrent Reinhart et Rogoff (*op. cit.*, 2010) : au cours des décennies 1830 et 1880, des années 1930 aux années 1950 ou encore à la fin des années 1980, environ 40 % des États dans le monde sont en situation de défaut extérieur ou procèdent à une restructuration de leur dette extérieure. Si les pays pauvres sont plus souvent concernés, la Grèce au bord du défaut en 2011 convainc les banques commerciales de renoncer à 50 % de leurs créances sur l'État.

Les principaux facteurs augmentant le risque de crise de dette souveraine

Il n'existe pas de seuil d'endettement déclenchant automatiquement une incapacité d'un État à honorer ses engagements financiers. Un premier indicateur de vulnérabilité est pourtant bien le taux d'endettement des administrations publiques (dette publique/PIB). Cet indicateur est critiquable car il rapporte un stock de dette à la base du flux annuel des recettes fiscales, alors qu'une comparaison de la dette publique aux actifs cessibles d'un État (participations dans des sociétés, actifs immobiliers, etc.) aurait plus de sens. Sans compter que l'État a en général la capacité de lever des impôts supplémentaires pour transférer la charge de sa dette sur d'autres agents économiques. Pourtant, si l'on fait l'hypothèse que la somme correspondant aux intérêts de la dette est d'autant plus haute que la dette est élevée, un ratio dette/PIB haut suggère que le poids du service de la dette dans le total des recettes fiscales est d'autant plus important. Un État très endetté est ainsi contraint dans ses dépenses par un budget élevé à consacrer au paiement des intérêts de sa dette, ce qui le fragilise. Des raisons structurelles peuvent par ailleurs accroître ou amoindrir l'exposition d'un État à une crise de dette souveraine.

Si la dette publique est massivement détenue par des agents non-résidents, l'État est à la merci de créanciers étrangers sur lesquels il a peu de prise et qui peuvent décider de cesser de refinancer la dette ou exiger des intérêts plus élevés. Un État souverain est par définition plus à même d'imposer sa volonté à des créanciers résidents ou de les taxer pour se financer. La nationalité des créanciers dépend de la position financière de la nation : lorsqu'une nation connaît un déficit de sa balance courante et que son État est en déficit budgétaire, celui-ci ne peut trouver parmi les agents résidents l'épargne nécessaire au financement de son déficit. Il est dès lors obligé d'emprunter à des agents non-résidents. Au contraire, une nation en excèdent courant permet plus facilement à son État d'emprunter dans le pays de quoi couvrir son déficit budgétaire. Une telle situation permet par exemple à l'État japonais d'afficher sans difficulté un endettement de près de 240 % du PIB en 2019, alors que l'État espagnol, éprouve en 2011 une difficulté à refinancer sa dette qui ne représente pourtant alors que 60 % de son PIB : une des explications est que l'important déficit courant de l'Espagne la rend à cette époque dépendante de créanciers extérieurs.

D'autres vulnérabilités structurelles existent : tout d'abord, lorsque la dette de l'État est libellée en devises. Celle-ci peut avoir été contractée à des taux préférentiels auprès de banques étrangères, sur les marchés financiers ou auprès d'institutions internationales comme le FMI. Lorsque la devise domestique perd de sa valeur face à la devise dans laquelle est libellée la dette, ou lorsque la devise dans laquelle l'État est endetté s'apprécie, il devient de plus en plus difficile à l'État, qui prélève ses impôts en monnaie locale, de la rembourser. Ainsi s'explique par exemple le défaut de l'État argentin en 2001. Enfin, si un État ne peut bénéficier du soutien de sa banque centrale pour des raisons juridiques, il est plus exposé puisque la banque centrale ne peut agir comme prêteur en dernier ressort pour l'État considéré. C'est la deuxième grande explication à la crise des dettes souveraines qui affecte plusieurs États de la zone euro en 2011 et 2012 (la Grèce, le Portugal, l'Irlande, l'Espagne en particulier), à côté du rôle joué alors par les déficits courants massifs de ces pays.

À côté de ces facteurs structurels de vulnérabilité, des variations conjoncturelles jouent aussi un rôle important. Il s'agit principalement des niveaux relatifs du taux d'intérêt réel de la dette publique et du taux de croissance économique (en volume). Lorsque le taux d'intérêt dépasse le taux de croissance économique, l'État doit dégager un excédent budgétaire primaire, c'est-à-dire hors paiement des intérêts de la dette, pour espérer stabiliser son taux d'endettement. Faute de quoi celui-ci progresse, ce qui l'oblige à emprunter aussi pour payer ses intérêts et, par « effet boule de neige », accroît de plus en plus le taux d'endettement de l'État. La dette dans ce cas n'est pas soutenable et une crise de dette souveraine se profile à l'horizon. Elle peut survenir rapidement si les créanciers, la jugeant inévitable, réclament immédiatement des taux d'intérêt plus hauts. Au contraire, un taux de croissance économique supérieur au taux d'intérêt de la dette publique peut, année après année, abaisser le taux d'endettement de l'État sans que celui-ci ait à mener une politique d'austérité.

Une crise de dette souveraine peut avoir des conséquences douloureuses pour une population

Lorsqu'un État est confronté à une crise de dette souveraine, il ne peut en principe plus emprunter. C'est donc en général par une crise de liquidité que tout commence. L'État ne peut plus payer ce qu'il doit à ses créanciers mais aussi à sa population et donc les conséquences douloureuses se répartissent de manière variable entre ces différents agents économiques : banques nationales et étrangères, investisseurs institutionnels mais aussi fournisseurs, fonctionnaires, pensionnés des régimes de retraite publics (exemple de la Grèce en 2010), etc. La nécessité d'équilibrer brutalement les comptes, puisque tout emprunt est devenu temporairement impossible, implique d'augmenter certains impôts et de couper dans les dépenses : une politique sévère d'austérité ne peut être évitée. La crise de dette souveraine peut conduire à une crise bancaire interne et à un choc de demande négatif plongeant un pays dans une récession.

Lorsque l'État doit faire face à un endettement interne important, la tentation est forte de susciter une importante création monétaire pour financer le déficit budgétaire, ce qui peut favoriser des tensions inflationnistes : l'inflation réduit progressivement le poids réel de la dette publique au détriment des créanciers de l'État qui sont remboursés dans une monnaie dépréciée, elle agit comme un impôt sur les prêteurs.

Depuis la fin de la Deuxième Guerre mondiale, le Fonds monétaire international intervient auprès des États confrontés à des crises de dettes souveraines couplées à des crises de balance des paiements, donc auprès d'États dépendants de créanciers étrangers qui refusent désormais de refinancer leur dette. Agissant comme un prêteur en dernier ressort, le FMI permet d'adoucir les conséquences d'une crise de dette souveraine en prenant le relais des créanciers privés. Par les conditions strictes qu'il assortit toutefois à son intervention et leur efficacité parfois décevante, le FMI a assez mauvaise presse. Il accorde pourtant aux États en difficulté des prêts pour une durée limitée et les oblige à des réformes visant à résorber leurs déficits courants et à accroître la croissance potentielle de leur économie. Il s'agit de rendre les États aptes à réduire leur endettement et à ne plus dépendre à l'avenir de créanciers extérieurs.

D. Les crises de change

Les crises de change sont des situations dans lesquelles la valeur externe d'une monnaie chute brutalement et contre la volonté des autorités du pays concerné, souvent suite à des attaques spéculatives. Ces crises de change sont associées à des déséquilibres macroéconomiques couplés parfois à des fragilités microéconomiques.

Les crises de change dues à d'importants déficits publics inflationnistes

Il s'agit de crises de change correspondant à des modèles dits de première génération (Krugman, « A Model of Balance-of-Payments Crises », 1979). Un pays à antécédents inflationnistes peut être tenté d'adopter des changes fixes pour rassurer les investisseurs étrangers mais, si les tendances inflationnistes persistent, alimentées notamment par des déficits budgétaires publics chroniques financés par création monétaire, le maintien du taux de change devient intenable. En effet, le creusement du déficit courant que l'excès d'inflation entraîne induit une dépendance toujours plus forte aux capitaux étrangers pour équilibrer la balance des paiements. La dévaluation de la monnaie est inéluctable, souvent sous la pression de spéculateurs qui parient à la baisse sur le cours de la monnaie et obligent la banque centrale à puiser dans ses réserves pour éviter la chute de sa devise. La crise mexicaine de 1982 illustre cette situation : le pays connaît une forte inflation couplée à un déficit budgétaire chronique. Au début de l'année 1982, les autorités mexicaines sont contraintes de dévaluer de 40 % le peso face au dollar.

Les crises de change dues à la perte de crédibilité dans la défense du cours de change

Dans les crises de change correspondant aux modèles de deuxième génération (Obstfeld, « The Logic of Currency Crises », 1994), les autorités sont contraintes de renoncer à la défense du cours de change en raison du coût trop élevé de son maintien au regard des bénéfices qu'il apporte à l'économie. Une attaque spéculative intervient car des opérateurs financiers considèrent que les autorités ne pourront maintenir un cours de change jugé excessif, en raison des effets négatifs que celui-ci entraîne sur l'économie, en termes de rythme d'activité économique ou de chômage en particulier. La crise du système monétaire européen de 1992 et 1993 illustre ce type de crise de change. La livre sterling et la lire italienne sortent du SME suite à des attaques spéculatives qui permettent notamment au financier George Soros, surnommé « l'homme qui a fait sauter la Banque d'Angleterre », d'acquérir une certaine célébrité. À l'été 1993, c'est le franc qui est attaqué. La France connait une inflation faible et un excédent courant mais les taux d'intérêt des emprunts d'État à 10 ans sont voisins de 10 %, un niveau jugé intenable au regard de la croissance faible et du chômage persistant dans le pays. Les attaques spéculatives conduisent à une réforme du SME élargissant les marges de fluctuation des devises pour permettre une certaine dépréciation du franc face au mark tout en sauvant le mécanisme de change. Les pays qui sortent du SME ne souffrent finalement pas des effets de cette crise de change : la perte de valeur externe de leur devise favorise un accroissement de la compétitivité prix des produits de ces économies. On peut dans une certaine mesure rapprocher ce type de crise de change de celle connue par le Royaume-Uni en 1931 : le renoncement à la défense d'une parité avec l'or avait permis à la Banque d'Angleterre d'abaisser ses taux d'intérêt, ce qui avait permis à la Grande-Bretagne d'être un des premiers pays à connaître une sortie de crise au début des années 1930.

Les crises de change dites de troisième génération

Les études sur les crises de change de troisième génération combinent les effets de la libéralisation des mouvements internationaux de capitaux avec des vulnérabilités macroéconomiques et des fragilités microéconomiques au sein des systèmes financiers domestiques. À l'échelle macroéconomique, la faiblesse des économies concernées par ces crises de change tient à l'existence d'importants déficits courants associée à la dépendance à l'égard de capitaux étrangers volatils. Il n'y a souvent pas de problèmes inflationnistes ou de déficits budgétaires massifs comme dans les crises de première génération, mais des fragilités structurelles propres aux économies en rattrapage : une croissance plus forte que dans le reste du monde attire les capitaux extérieurs et mécaniquement suscite l'apparition de déficits de la balance courante. À cela vient s'ajouter une prise de risque excessive du système bancaire domestique qui soutient l'expansion économique interne, y compris des projets peu pertinents, et s'endette volontiers en devises pour emprunter à taux faible sur les marchés financiers internationaux afin de prêter en monnaie locale à des taux plus élevés. Il existe donc des fragilités microéconomiques observables par le poids de la dette privée, notamment en devises, et par la rentabilité douteuse de certains projets, noyés dans l'euphorie de l'expansion d'économies émergentes en plein rattrapage. La crise mexicaine de 1994 est associée à cette forme de crise de change. Le pays bénéficie d'arrivées importantes de capitaux étrangers, attirés notamment par la perspective d'entrée du pays dans l'ALENA, la situation budgétaire de l'État est bonne mais l'économie est en déficit courant. Une modeste dévaluation du peso crée une crise de confiance sur la solidité du taux de change et provoque des sorties brutales de capitaux, induites aussi par le changement inattendu de politique monétaire de la FED qui augmente au même moment ses taux directeurs. Cette inversion massive des flux de capitaux étrangers (*sudden stop*) provoque un décrochage de la monnaie mexicaine face au dollar. Les banques mexicaines sont plongées dans de grandes difficultés en raison de leur endettement élevé en dollar et sont rachetées souvent par des banques étrangères pour ne pas disparaître. Le PIB mexicain chute de 10 % en six mois et le taux de chômage triple. La crise asiatique de 1997 qui débute en Thaïlande et touche aussi l'Indonésie, la Malaise, les Philippines, la Corée du Sud, suit un schéma similaire : déficits courants, endettement des banques en dollars, entrées massives de capitaux étrangers volatils suivies de sorties brutales. Les fragilités des banques locales sont mises à jour et aggravées par la crise, les États doivent les recapitaliser avec des coûts très élevés pour leurs finances publiques. Ces crises de change de troisième génération sont donc souvent associées à des crises bancaires et elles se diffusent en général à plusieurs pays considérés comme similaires par les opérateurs financiers (effet dit « tequila » de la crise mexicaine de 1994 ou diffusion en 1997 de la crise thaïlandaise aux pays asiatiques ayant des régimes de changes similaires).

E. Agir contre les crises financières

L'action des pouvoirs publics contre les crises financières est d'abord une action immédiate, pour en limiter l'ampleur et en réduire les effets néfastes sur l'activité productive et sur l'emploi. À plus long terme, il s'agit de mettre en place des régulations permettant de réduire la probabilité de leur survenue. L'intervention publique face aux crises financières peut cependant inciter certains opérateurs financiers à des prises de risques plus importantes, dans la mesure où la collectivité offre une garantie de sauvetage en cas de problème. Si l'action publique permet ainsi de lutter contre certaines formes de crises financières, elle peut aussi faire émerger des difficultés nouvelles.

Endiguer les conséquences des crises financières peut favoriser un aléa moral, en particulier lors des crises bancaires

≫ Le cas des crises de liquidité

La fonction de prêteur en dernier ressort est présentée par Thornton (*An Inquiry into the Nature and Effects of the Paper Credit of Great Britain*, 1802) et Bagehot (*Lombard Street: A Description of the Money Market*, 1873). Lorsqu'une banque ne peut plus emprunter selon les circuits de financement classiques qu'elle utilise habituellement, elle est confrontée à une crise de liquidité. Dans ce cas, un prêteur en dernier ressort peut accepter de prendre temporairement le relais pour éviter la faillite de la banque. Une banque centrale peut agir comme prêteur en dernier ressort pour des banques commerciales ou des États. Le FMI à l'échelle international est pensé comme un prêteur en dernier ressort pour les États. L'existence d'un prêteur en dernier ressort est utile en principe à plusieurs conditions : s'il intervient en réponse à une crise de liquidité et non de solvabilité, si des garanties suffisantes sont fournies quant au remboursement des prêts, si le prêteur dispose d'une capacité de prêt élevée et si les prêts accordés le sont à des conditions financières moins avantageuses qu'en temps normal, pour rendre peu incitatif le recours à ce prêteur. Il s'agit dans ce cas de limiter l'aléa moral engendré par l'existence d'un prêteur en dernier ressort trop facile à solliciter.

L'existence de prêteurs en dernier ressort a effectivement permis de réduire la survenue ou la gravité de certaines crises financières. Lors de la crise de 1907 aux États-Unis, une pure crise de liquidité bancaire, l'absence de prêteur en dernier ressort est durement ressentie et explique en grande partie le mouvement conduisant à la création de la Réserve fédérale des États-Unis en 1913. C'est la banque JP Morgan, accompagnée d'un *pool* de financiers new-yorkais, qui avait finalement réussi à fournir les liquidités manquantes aux banques permettant d'éviter de justesse l'effondrement du système bancaire du pays. En 2008, alors que le marché interbancaire a cessé de fonctionner, les banques centrales interviennent massivement pour fournir aux banques commerciales les liquidités dont elles ont besoin, ce qui évite des faillites en cascade. Une différence avec qui s'était passé aux États-Unis au début des années 1930 et qui avait alors contribué à plonger l'économie américaine dans une grave dépression. Spécialiste de la crise des années 1930, le président de la FED en 2008, Ben Bernanke, en a de ce point de vue tiré les leçons.

Cependant, l'existence de prêteurs en dernier ressort à disposition des banques commerciales crée de nouveaux problèmes. Censées n'intervenir qu'en réponse à des crises de liquidité, les banques centrales sont poussées à participer au sauvetage de banques *too big to fail* (banques systémiques) ou de banques emblématiques de manière quasi automatique et quelle que soit la nature des difficultés rencontrées par ces établissements. La faillite de banques importantes représente en effet un risque de contrepartie considérable car les opérateurs financiers sont imbriqués par leurs dettes réciproques et la disparition d'un opérateur important peut entrainer des faillites en chaîne provoquant des difficultés systémiques au sein de la sphère financière. La faillite inattendue d'une banque peut aussi entrainer un mouvement de panique, comme le krach boursier de septembre 2008 consécutif à l'annonce de la faillite de la banque Lehman Brothers. La garantie implicite d'appui par les pouvoirs publics peut inciter les banques de grande taille à accroître leur prise de risques. L'existence d'un prêteur en dernier ressort augmente donc l'aléa moral et la probabilité de survenue d'une crise financière.

≫ Le cas des crises de solvabilité

La restructuration des banques en cas de crise de solvabilité est nécessaire pour limiter les risques de faillite de ces établissements mais aussi pour s'assurer qu'ils retrouvent rapidement une capacité à financer l'économie. La lenteur de la réaction des autorités japonaises confrontées à une fragilisation de la qualité des bilans des banques du pays suite à la crise financière de 1990-1991 est de ce point de vue souvent mise en contrepoint de l'action au contraire rapide des gouvernements des pays scandinaves confrontés au début des années 1990 à une crise bancaire. Dans le premier cas, des faillites bancaires finissent par se produire et plusieurs banques conservent des bilans dégradés jusqu'à la nouvelle crise de 1997, alors qu'en Suède des restructurations rapides sont entreprises. L'État apporte sa garantie aux créanciers des banques et les nationalise partiellement dès 1992. Une structure de défaisance permet le cantonnement des créances douteuses des banques suédoises et favorise une reprise de l'activité de prêt.

Dans la mesure où des banques accueillent des volumes élevés de dépôts ou représentent des risques de contrepartie trop importants, elles ne peuvent disparaître, même lorsqu'elles sont insolvables. L'État agit alors comme un assureur en capital pour ces banques, ce qui favorise aussi l'aléa moral et n'incite pas à une gestion prudente de ces établissements. D'où une recommandation théorique pouvant être de privilégier des procédures de *bail in*, en faisant payer en priorité les actionnaires de ces banques, y compris avec menace de nationalisation (*cf.* Northern Rock), ainsi que les principaux créanciers (dont ceux qui disposent de dépôts élevés), alors que les seules procédures de *bail out*, qui reposent sur l'apport de fonds publics, font retomber le coût de ces sauvetages sur les contribuables et entraînent un aléa moral qui n'incite pas les établissements bancaires à adopter une bonne gestion des risques.

Prévenir la survenue des crises financières

≫ La prévention des crises bancaires

La place des banques dans l'origine et les conséquences des crises financières est souvent importante. Certaines peuvent avoir de manière déraisonnable soutenu la formation d'excès de valorisation sur les marchés d'actifs ou d'excès d'endettement, comme avant les crises de 1929 et 2008. Elles peuvent avoir pris des risques excessifs et fragilisé leurs propres positions, comme plusieurs banques asiatiques avant la crise de 1997, elles peuvent avoir contribué à la diffusion de titres toxiques dans la sphère financière, comme plusieurs d'entre elles avant la crise de 2008. Par ailleurs, la détérioration de l'état de santé des banques est un facteur central de diffusion des effets négatifs de nombreuses crises financières à l'économie réelle. Alors même que les banques sont des institutions économiques d'intérêt général, puisqu'elles assurent la création monétaire et sont des acteurs centraux du financement de l'économie, leur contribution à la genèse ou à la gravité des conséquences des crises financières apparaît centrale. Cette double raison explique l'importance de l'enjeu d'une régulation bancaire pertinente.

Une des premières formes de réglementation visant à prévenir les crises bancaires est l'assurance des dépôts par les pouvoirs publics. Une telle mesure figure par exemple dans le *Banking Act* ou *Glass Steagall Act* de 1933 aux États-Unis (création de la *FEDeral Deposit Insurance Corporation*) et est actuellement généralisée dans les pays développés, par exemple jusqu'à 100 000 euros par client et par banque dans la zone euro. Le modèle de Diamond et Dybvig (« Bank Runs, Deposit Insurance, and Liquidity », 1983) justifie à postériori une telle mesure en montrant son efficacité théorique. L'assurance des dépôts évite les paniques bancaires et réduit considérablement le nombre des ruées bancaires sans représenter un coût pour les pouvoirs publics. En effet, la seule existence de cette assurance des dépôts suffit à ce que les ruées bancaires disparaissent et à ce que l'assurance n'ait pas besoin d'être mise en œuvre. La raréfaction des ruées bancaires est donc un succès de la régulation.

Un autre axe de régulation de l'activité des banques consiste à séparer leurs activités de banque de détail de celles conduites sur les marchés financiers. L'objectif est que les pertes éventuelles réalisées sur le segment « banque d'investissement » ne contaminent pas le reste de l'activité des banques et que les pertes réalisées sur les marchés financiers puissent éventuellement conduire à la faillite de banques d'affaires sans affecter le segment « banque de dépôts ». L'État n'est alors plus obligé de venir au secours des banques de dépôt qui accueillent l'épargne des ménages et financent le tissu productif, puisque cette partie de l'activité bancaire est isolée. Le *Banking Act* de 1933 sépare ainsi jusqu'en 1999 aux États-Unis les banques d'investissement des banques de dépôts. En France, une telle mesure est en place entre 1945 et 1984. Suite à la crise de 2008, une approche similaire est de retour, de manière moins stricte cependant. La réglementation Dodd-Frank de 2010 aux États-Unis limite ainsi la capacité des banques de dépôts à réaliser des opérations spéculatives (règle Volcker) et, en France, la loi bancaire de 2013 oblige les banques à cantonner leurs activités les plus spéculatives dans les filiales pouvant être éventuellement mises en faillite de manière distincte en cas de pertes trop élevées, ce qui s'inscrit dans l'esprit de la « règle Vickers » appliquée en Grande-Bretagne. La directive européenne de 2014 sur la résolution des crises bancaires oblige les établissements de la zone euro à prévoir des mécanismes d'isolement des actifs sains dans des banques-relais pouvant poursuivre leurs activités. Pour que les banques soient elles-mêmes en situation de faire face à d'éventuelles pertes, les législations françaises et européennes prévoient la constitution de fonds de résolution des crises alimentés par les banques pouvant être mobilisés en cas de besoin.

Depuis 1974, le Comité de Bâle contribue à proposer des réglementations bancaires censées renforcer la capacité des banques à absorber des chocs financiers. En 1988, le ratio Cooke est ainsi adopté dans le cadre des accords de Bâle I : il est proposé que les banques détiennent en fonds propres l'équivalent d'au moins 8 % des créances qu'elles possèdent, une disposition reprise par exemple par une directive européenne de 1989 qui impose aux banques le « ratio de solvabilité européen ». Avec les accords de Bâle II en 2004, des règles prudentielles plus strictes sont proposées avec la prise en compte de la qualité des créances (ratio dit « Mc Donough ») et un renforcement des procédures de contrôle des risques par les banques elles-mêmes. Les dispositions des accords de Bâle doivent cependant être reprises par des textes juridiques internes aux pays pour être mises en application. Les accords de Bâle II n'étaient pas encore mis en œuvre par exemple aux États-Unis au moment du déclenchement de la crise de 2008. Les accords de Bâle III signés en 2010 et finalisés en 2017 sont censés imposer aux banques de nouveaux ratios prudentiels. Les dettes ne peuvent représenter plus de 97 % du passif (et donc les fonds propres moins de 3 %), afin de limiter l'effet de levier. En outre, des ratios de liquidité sont introduits pour renforcer la solidité des banques.

Une des nouveautés des accords de Bâle III est l'apparition d'une approche complémentaire en termes de régulation macroprudentielle. Alors que la régulation microprudentielle consiste, établissement par établissement, à encadrer la prise de risque par les banques ou à accroître leur capacité à supporter un choc financier, l'approche macroprudentielle considère qu'il faut adapter les contraintes mises à l'activité des banques en fonction de la position de l'économie dans le cycle économique et en fonction de la dimension plus ou moins systémique des établissements financiers. C'est la stabilité d'ensemble du système financier qui est recherchée. Ainsi une trentaine de banques dans le monde, dont douze en Europe et quatre en France sont identifiées comme systémiques. Il s'agit surtout de banques de dépôt. Le comité de Bâle prévoit que des contraintes particulières, en fonds propres en particulier, soient imposées à ces banques reconnues officiellement comme *too big to fail*. Il est prévu aussi que les banques constituent des réserves en phase ascendante des cycles pour pouvoir absorber plus facilement les chocs financiers sans restreindre alors l'accès au crédit. Il s'agit en quelque sorte de lisser le cycle du crédit, en limitant la croissance de l'offre de crédit dans les phases d'expansion et en maintenant cette offre dans les périodes qui suivent les chocs financiers.

≫ La prévention des crises de change

Les crises de change les plus marquantes des dernières décennies sont intervenues dans des contextes de taux de change fixe, que ce soit au Mexique en 1982 et en 1994, lors de la crise du SME en 1992-1993, dans les pays d'Asie du sud-est en 1997, ou encore en Russie en 1998. Ces observations ont conduit le FMI à préconiser l'abandon de ces régimes en faveur de changes flexibles. La défense des taux de change se heurte il est vrai à la limite des réserves en devises des banques centrales et dans les régimes de change fixe, les attaques spéculatives sont tentantes, en particulier si le taux de change apparaît surévalué. Mais les crises de change, notamment depuis les années 1990, sont souvent causées aussi par un retournement brutal des flux internationaux de capitaux. Ces retournements peuvent se produire autant dans les régimes de change fixes que flottants. Ainsi, c'est bien plutôt la coexistence d'un régime de changes fixes et de capitaux mobiles entre les pays qui est problématique, comme l'avait montré Mundell avec son triangle d'incompatibilité (« The Monetary Dynamics of International Adjustment under Fixed and Flexible Exchange Rates », 1960). Par ailleurs, d'autres sources des crises de change comme la méfiance à l'égard des déficits courants des pays émergents ainsi que la tendance de ces pays à s'endetter en devises sont des facteurs de fragilité qui persistent quel que soit le régime de change adopté. La période des Trente Glorieuses a été celle d'une diminution remarquable de la fréquence des crises de change, dans un contexte où les capitaux privés étaient peu mobiles.

Alors que les pays avancés ont levé l'essentiel des restrictions aux mouvements de capitaux dans les années 1970 et 1980, le débat se centre dans les années 1990 sur les pays émergents, qui reçoivent alors des flux financiers privés de plus en plus importants. Le Fonds monétaire international incite à cette époque ces pays à s'insérer dans la globalisation financière pour profiter de l'épargne abondante de pays développés disposant d'excédents courants élevés, comme le Japon ou l'Europe de l'Ouest. Pourtant, à partir de la crise mexicaine de 1994, on voit s'affirmer l'idée que l'ouverture mal maîtrisée d'un pays émergent aux flux financiers internationaux l'expose à des risques importants, même si elle est aussi une opportunité pour financer les dynamiques de rattrapage. Des économistes comme Bhagwati (« The Capital Myth », 1998), Rodrik (« Who Needs Capital-Account Convertibility? », 1998) ou Krugman (*Pourquoi les crises reviennent toujours ?*, 1999) considèrent que des freins à de brusques mouvements de capitaux peuvent être souhaitables. Après avoir condamné les pays mettant en place des obstacles aux mouvements internationaux de capitaux au moment des crises, comme la Malaisie en 1998, le FMI recommande finalement de ne libéraliser que progressivement le compte financier de la balance des paiements, en commençant par attirer plutôt les capitaux de long terme. À partir de 2008, plusieurs pays ont instauré des mesures de gestion des flux de capitaux, pour répondre aussi bien aux flux entrants (Brésil, Corée, Indonésie, Pérou, Thaïlande) qu'aux flux sortants, parfois lors d'épisodes de crises de leur balance des paiements (Islande, Ukraine, Chypre, Grèce). Selon une nouvelle ligne prudente du FMI, une utilisation efficace du contrôle de capitaux par les pays recevant des capitaux étrangers peut être légitime, soit parce que les politiques monétaire et de change sont contraintes par le contexte macroéconomique (pour se dégager donc du triangle de Mundell), soit parce que la stabilité financière risque d'être remise en cause. Ces contrôles ne doivent cependant pas se substituer à des efforts de bonne gestion macroéconomique et de consolidation du système financier interne des pays, conditions pour que l'ouverture financière soit réussie. La question du contrôle des flux internationaux de capitaux a fait par ailleurs ressurgir la proposition formulée en 1972 par James Tobin d'une taxe sur les transactions financières d'un faible montant (jusqu'à 1 %) mais permettant de « jeter du sable » dans les flux financiers internationaux, en particulier de court terme. Une telle mesure cependant n'aurait guère d'effets pour entraver les brusques mouvements de capitaux anticipant des variations de cours d'actifs ou de devises pouvant représenter plusieurs dizaines de pourcents, comme on en observe lors des grandes crises de change.

2

Politiques structurelles et interventions de l'État face aux défaillances de marché

Les politiques structurelles visent à élever le taux de croissance sur le long terme en dynamisant le tissu industriel, en renforçant la concurrence, en stimulant la recherche et l'innovation, lesquelles sont facteurs de compétitivité, et en orientant l'offre et la demande de travail dans le sens d'une plus grande efficacité. Elles ont aussi une responsabilité quant à la préservation de la soutenabilité de cette croissance.

1 Les politiques structurelles visant à accroître la croissance potentielle des économies et leur compétitivité

Les politiques structurelles s'inscrivent dans le moyen-long terme et concernent l'ensemble des actions mises en œuvre par les pouvoirs publics pour assurer durablement la croissance et la compétitivité de l'économie nationale. Ces actions portent notamment sur la dynamisation du secteur industriel, de l'innovation et de l'accumulation du capital humain.

A. La politique industrielle

Dans son acception la plus large, la politique industrielle désigne l'ensemble des mesures prises par les pouvoirs publics pour agir sur la structuration et le développement de l'industrie. Elle touche à la fois à la politique commerciale (quel degré d'ouverture ?), à la politique de concurrence (quel degré de concentration ?) et à la politique de R&D (quel niveau d'aides ?). Conduire une politique industrielle suppose que les mécanismes de marché ne permettent pas à eux seuls l'émergence et le développement d'un secteur industriel dynamique.

Justifications et évolution de la politique industrielle

La politique industrielle a une origine ancienne. Elle a été utilisée de manière cyclique au cours de l'histoire et ses conceptions ont évolué au gré du contexte économique et des orientations politiques dominantes.

≫ Les justifications de la politique industrielle

Promouvoir une politique industrielle peut se justifier du point de vue de l'analyse économique mais aussi compte tenu du rôle moteur de l'industrie dans l'économie.

L'analyse économique justifie l'intervention de l'État en situation de défaillances de marché. Lorsque l'information est imparfaite ou en présence d'externalités, l'allocation des ressources n'est pas optimale, ce qui légitime l'intervention de l'État. Par exemple, l'existence d'une asymétrie d'information sur le marché du crédit explique que les banques rationnent la demande de crédit émanant des entreprises. Ce phénomène touche plus particulièrement les PME-PMI qui peuvent éprouver des difficultés à trouver les fonds nécessaires auprès des banques commerciales traditionnelles pour financer leurs investissements et donc leur développement. Ceci s'explique par le fait que le système financier peut manquer d'informations sur les chances de succès d'une (jeune) entreprise. Une politique industrielle visant à favoriser l'accès aux crédits pour les PME (qui sont celles qui éprouvent le plus de difficultés à se financer) peut permettre de corriger cette imperfection de marché et dynamiser le tissu industriel.

La création en janvier 2013 de la Banque publique d'investissement (BPI) renvoie à cet objectif. Dotée de 20 milliards d'euros de capitaux propres, elle doit financer les TPE, PME et ETI (entreprises de taille intermédiaire), soit par des opérations en fonds propres, soit par des prêts et garanties. Elle doit soutenir tout particulièrement les investissements dans les secteurs stratégiques d'avenir (le numérique, les énergies renouvelables) avec pour modèle revendiqué le *Mittelstand* allemand, ce tissu de PME et ETI très compétitives et tournées vers l'exportation.

Dans son ouvrage *Nations et mondialisation* (2008), Dani Rodrik souligne que l'État doit soutenir les entreprises qui veulent introduire de nouvelles technologies sur leur marché car elles doivent faire face à des coûts d'apprentissage (elles ne connaissent pas les coûts réels qu'elles devront supporter et doivent engager des dépenses pour récolter de l'information). Ceci induit des coûts privés (que n'auront plus à subir les autres) qui diminuent d'autant leurs bénéfices anticipés. Mais elles produisent en même temps des bénéfices sociaux qui peuvent justifier que l'État subventionne les premiers entrants. Il s'agit là d'externalités positives qu'il convient d'encourager.

≫ Le rôle moteur de l'industrie dans l'économie justifie une politique dédiée

Pourquoi vouloir développer une politique spécifiquement orientée vers l'industrie alors que celle-ci occupe une place minoritaire et décroissante dans l'économie de la plupart des pays développés ?

D'abord parce qu'elle produit des effets d'entraînement pour l'ensemble des secteurs d'activité. Par la diversité des consommations intermédiaires qu'elle intègre dans ses processus productifs, elle génère de l'activité et de l'emploi aussi bien dans les services, dans le BTP que dans l'industrie elle-même. Selon une étude réalisée dans le bassin grenoblois (« Impact du site microélectronique de Crolles sur l'emploi et le pôle économique Grenoble-Isère », université Pierre-Mendès-France et cabinet Reverdy, 2007), lorsque STMicroelectronics crée un emploi, un autre emploi est créé chez ses fournisseurs directs et quatre emplois sont créés dans le secteur tertiaire. On observe d'ailleurs que les régions françaises qui connaissent le plus fort développement de l'emploi sont celles où le tissu industriel est le plus dynamique.

Par ailleurs, l'industrie est à l'origine des deux tiers des efforts de R&D en France et les innovations qui en découlent irriguent ainsi tout le tissu productif. En 2016, l'équipementier automobile Valeo, leader du dépôt de brevets, en a déposé à lui seul 994, suivi de PSA avec 930 demandes publiées. L'industrie joue aussi un rôle central dans les échanges extérieurs puisque les produits industriels représentent les trois quarts des exportations des biens et services (Il faut noter toutefois que le secteur des services doit être réévalué si on prend en compte le contenu domestique des exportations de ce secteur). Enfin, l'industrie enregistre des gains de productivité sensiblement plus élevés que les autres secteurs, ce qui, par un effet de déversement, profite à l'ensemble de l'économie.

Les différentes approches de la politique industrielle

Il existe un débat sur l'orientation que doit prendre la politique industrielle. Doit-elle cibler des secteurs ou des entreprises (vision privilégiée par la France) ou bien l'environnement global des entreprises (vision communautaire) ?

≫ La politique industrielle : approche verticale *versus* approche horizontale

Deux grandes approches guident la mise en œuvre d'une politique industrielle. L'approche verticale consiste à sélectionner des secteurs ou des entreprises qui bénéficieront du soutien des pouvoirs publics. C'est historiquement la voie choisie par la plupart des pays dans la mesure où il s'agissait de cibler des activités que l'on voulait soutenir pour en faire des « champions nationaux », afin d'assurer l'indépendance nationale ou encore de protéger les activités en déclin. L'approche horizontale consiste à agir sur l'environnement global des entreprises par des actions portant principalement sur la concurrence et l'attractivité du territoire (infrastructures de recherche, incitations fiscales et réglementaires favorisant l'innovation) en vue de renforcer la compétitivité de l'appareil productif industriel. Depuis les années 1970, les politiques industrielles conduites par les États ont eu tendance à se déplacer des politiques sectorielles verticales vers des politiques horizontales d'entreprises. En Europe, les aides d'État de type horizontal représentaient 85 % du montant total des aides en 2009 contre 50 % au milieu des années 1990. Parmi les explications, on peut signaler que la politique de la concurrence limite drastiquement les aides directes aux entreprises, ce qui renforce l'approche horizontale. Enfin, en se rapprochant de la frontière technologique, l'État serait moins apte que le marché pour sélectionner les secteurs porteurs d'avenir.

≫ Grandeur et décadence de la politique industrielle en France

La politique industrielle française a une longue histoire. Elle débute sous Colbert avec la création de la Manufacture royale de glaces de miroirs (1665), à l'origine de Saint-Gobain (1665), se poursuit avec la construction d'écoles dédiées comme l'École des ponts et chaussées

(1747) et l'École des mines (1783). Au début du XXe siècle, la France souhaite s'affranchir de sa dépendance énergétique. Cette volonté conduit l'État à devenir un des propriétaires de la Compagnie française des pétroles (devenue Total), dont elle rachète en 1931 35 % du capital, et pousse au développement d'une filière de production, du puits à la station-service, seule à même de garantir l'indépendance.

Les Trente Glorieuses se caractérisent par un volontarisme industriel avec la mise en place, après-guerre, d'une planification indicative et la nationalisation de nombreuses entreprises, de réseaux en particulier. Les années 1960 et 1970 marquent l'apogée de la politique industrielle ; il s'agit alors de créer quelques « champions nationaux » dans chaque secteur capables d'affronter la concurrence mondiale. Élie Cohen (« Que reste-t-il des politiques industrielles ? », 2007) parle d'un « colbertisme high-tech » pour qualifier ce type d'intervention de l'État axé sur le développement des grands projets nucléaire, aéronautique, ferroviaire, de télécommunications... Pour y parvenir, les pouvoirs publics favorisent la concentration industrielle (d'autant plus qu'un certain nombre d'entreprises sont publiques), utilisent un protectionnisme offensif, préfinancent le développement industriel, facilitent le transfert des résultats de la recherche publique au champion national ou encore ouvrent des débouchés par ses commandes publiques. Il s'agit d'une approche typiquement verticale.

Le début des années 1980 coïncide avec l'arrivée de la gauche au pouvoir et la nationalisation de banques et d'industries dont l'objectif est d'orienter plus facilement les choix industriels, mais aussi de venir au secours d'entreprises en difficultés. L'État veut développer et renforcer les filières de production (filière bois, filière automobile...). L'échec relatif de cette stratégie et les contraintes imposées par l'Union européenne vont mettre un terme à ce volontarisme industriel. Il faut attendre le milieu des années 2000 pour qu'émerge un nouveau consensus favorable à des politiques industrielles actives, avec notamment la notion de « pôle de compétitivité ».

La politique industrielle dans le cadre européen

L'Europe a longtemps réduit sa politique industrielle à une politique commerciale visant à intensifier la concurrence au sein de la zone. La politique industrielle a longtemps été étrangère aux objectifs communautaires. Cependant, la mondialisation et l'intensification de la concurrence pourraient marquer l'émergence d'un volontarisme industriel en Europe.

≫ Une politique industrielle communautaire a minima

Le traité de Rome, signé en mars 1957, donne naissance à la Communauté économique européenne. Elle a pour objectif premier l'élimination des obstacles à l'échange et le développement de la concurrence, la réalisation de cet objectif devant permettre à elle seule de renforcer la compétitivité de l'industrie européenne. L'instauration d'un grand marché présente les avantages de toute politique libre-échangiste : l'élargissement des marchés permet de faire jouer les économies d'échelle ; la spécialisation accentue l'avantage comparatif dont bénéficient certains secteurs. Le renforcement de la concurrence pousse les entreprises à se moderniser et à se concentrer, ce qui accroît leur compétitivité et pousse à l'émergence de firmes de taille européenne ou mondiale. La politique industrielle relève *de facto* de chaque pays membre en vertu du principe de subsidiarité. La communauté va donc s'efforcer d'abolir les barrières protectionnistes tout en instaurant un tarif extérieur commun. À la fin des années 1960, la suppression des droits de douane est acquise, en avance sur le calendrier initial. Cela se traduit par un accroissement des échanges extérieurs pour les six pays fondateurs, les exportations augmentant en moyenne de 12 % par an entre 1958 et 1965. Pourtant, le sentiment de retard de l'industrie européenne face aux États-Unis et au Japon se renforce. Apparaît alors l'idée que la taille du marché n'est pas une condition suffisante au maintien d'une Europe compétitive.

L'Europe affiche à partir des années 1970 un volontarisme industriel dont l'objectif est d'accroître la taille des firmes européennes afin qu'elles puissent s'imposer sur les marchés extérieurs. Les moyens mobilisés sont cependant très éloignés de cette ambition industrielle. Les faibles efforts financiers consentis seront davantage orientés vers les restructurations industrielles (crise pétrolière) que vers les industries de pointe (la politique technologique représente 2 % du budget communautaire, soit 0,02 % du PIB). Les résultats les plus tangibles, bien que modestes, concernent le programme Eurêka, créé en 1985, qui organise la coopération scientifique et technique entre entreprises et laboratoires européens. Plusieurs programmes ont été lancés (Esprit, Brite, Race...) dans le domaine des hautes technologies. Mais c'est finalement la logique concurrentielle qui va être renforcée avec l'adoption de l'Acte unique (1986) et le traité de Maastricht (1992) : contrôle renforcé des concentrations et des aides d'État à l'industrie, ouverture des marchés publics et déréglementation des monopoles publics nationaux.

≫ Vers une nouvelle politique industrielle européenne plus offensive ?

L'intensification de la concurrence internationale et l'avènement d'une économie fondée sur l'innovation pourraient réorienter la politique industrielle communautaire. En effet, on assiste depuis les années 2000 à un regain d'intérêt pour la politique industrielle en Europe. Cela s'explique par l'intensité de la concurrence internationale, un processus de désindustrialisation perceptible dans un certain nombre de pays de l'UE et la prise de conscience de l'importance du secteur manufacturier. En effet, l'industrie emploie plus de 34 millions de personnes, représente les trois quarts des exportations communautaires et plus de 80 % des dépenses de R&D du secteur privé. La Commission européenne a lancé en 2005 une politique industrielle, mieux intégrée, qui comprend sept nouvelles initiatives trans-sectorielles sur la compétitivité, l'énergie et l'environnement, les droits de la propriété intellectuelle, l'amélioration de la réglementation, la recherche et l'innovation industrielles, l'accès aux marchés, les compétences et la gestion des mutations structurelles. À ce niveau, l'approche reste essentiellement horizontale en favorisant avant tout l'environnement de l'entreprise. Il s'agit de promouvoir et d'élaborer un environnement économique qui encourage la compétitivité. Mais la Commission y ajoute sept nouvelles initiatives visant des secteurs spécifiques, tels que les produits pharmaceutiques, la défense et l'information ou encore les technologies de la communication, répondant à une approche plus sectorielle et verticale. Parmi les actions sectorielles, l'énergie est désormais considérée comme l'un des piliers essentiels de la compétitivité européenne. En effet, le prix de l'énergie est devenu un facteur clé de la compétitivité des entreprises européennes puisque ce poste de dépense est le deuxième après les frais de main-d'œuvre. Il faut noter que la politique industrielle communautaire ne se substitue pas à l'action des États membres mais la complète.

≫ Le renouveau de la politique industrielle communautaire se heurte à des problèmes de financement

L'ambition industrielle de l'Europe repose principalement sur des financements privés. Cela constitue un obstacle majeur au développement de grands projets d'infrastructures pouvant servir de point d'appui à l'industrie. Le programme européen de radionavigation par satellite, Galileo, concurrent du GPS américain, illustre bien ces difficultés ; il a pris un retard considérable en raison d'un financement public-privé inadéquat. Il a finalement été décidé de lui substituer un financement intégral par le budget européen. Toutefois, le plan de relance européen de 750 milliards d'euros adopté le 21 juillet 2020 suite à la crise sanitaire pourrait être de nature à donner un nouvel élan à la politique industrielle communautaire dans les années à venir. Par ailleurs, le commissaire européen au marché intérieur et aux services, Michel Barnier, a proposé que soit mis en place des *project bonds* ouvrant la possibilité aux investisseurs de financer des projets d'envergure européenne *via* des obligations émises par l'Europe. L'Europe doit sans doute se donner les moyens de ses ambitions car, comme le souligne Joseph Stiglitz, si la Corée avait joué le jeu de l'avantage comparatif en acceptant les règles du libre-échange, elle serait aujourd'hui spécialisée dans la production de riz plutôt que de dominer le marché mondial de l'Internet haut débit.

La décision de créer en octobre 2017 un « Airbus de la batterie » montre les difficultés auxquelles se heurte l'Europe dans un domaine qui apparaît stratégique pour l'industrie automobile européenne. En effet, la transition des voitures thermiques vers l'électrique va donner aux producteurs de batteries un avantage compétitif décisif dans la mesure où les accumulateurs représentent environ 40 % de la valeur ajoutée d'une voiture électrique. L'Alliance européenne pour les batteries (EBA, European Battery Alliance) a pour ambition d'échapper à la dépendance de l'Europe vis-à-vis des producteurs asiatiques qui concentrent 90 % des parts de marché dans ce secteur. En décembre 2019, la Commission européenne a classé l'EBA comme « projet important d'intérêt européen commun » (PIIEC) en autorisant sept États à débloquer 3,2 milliards d'euros de subventions, dont 1,25 milliard pour l'Allemagne et 960 millions pour la France. Pour l'heure, un seul projet franco-allemand a bénéficié de ces aides publiques directes qui doit conduire à la création de deux *gigafactories* à partir de 2023, une dans les Hauts-de-France et l'autre à Kaiserslautern en Allemagne. Mais les producteurs asiatiques ont pris une longueur d'avance en installant des usines de grandes tailles sur le sol européen. Si les batteries ne représentent donc plus un problème d'équilibre extérieur pour l'UE, en revanche ce sont les producteurs chinois qui maîtrisent la technologie, qui investissent et captent les profits générés par leurs usines européennes ; ils pourraient aussi privilégier d'autres pays étrangers aux dépens des Européens. Cet exemple montre bien la timidité de l'Europe pour faire émerger des filières d'avenir (faible dotation, lenteur dans la prise des décisions et primat de la politique de concurrence sur la politique industrielle).

≫ Vers une DARPA européenne ?

La crise sanitaire de 2020 a mis en exergue la capacité innovatrice des laboratoires pharmaceutiques américains dans le domaine des vaccins et illustre une politique industrielle favorable à l'émergence d'innovations de rupture. Le rôle de l'État s'est révélé essentiel dans cette réussite. Le modèle DARPA (Defense Advanced Research Projects Agency), agence de recherche du ministère de la défense des États-Unis, illustre bien l'idée d'une politique industrielle réussie. En effet, celle-ci a été créée en 1958 dans le but de rattraper le retard des États-Unis par rapport à l'Union soviétique dans le domaine du spatial. Pour qu'un projet soit éligible à la DARPA, il faut que l'utilité sociale du projet soit avérée, que les coûts de la recherche soient élevés alors même que les résultats sont incertains, et enfin qu'il existe des problèmes de coordination entre les parties prenantes qui rendent l'intervention publique indispensable. La gouvernance de la DARPA combine une approche descendante (*top-down*) et ascendante (*bottom-up*) : celle-ci finance les programmes, choisit les chefs de programme et évalue leurs résultats tous les trois ans ; de leur côté, ces chefs de programmes organisent librement les partenariats entre laboratoires de recherche, start-ups et grandes entreprises.

Ce modèle DARPA en a inspiré d'autres aux États-Unis, en particulier la BARDA dans le domaine de la santé (Biomedical Advanced Research and Development Authority). Sous l'autorité du ministère de la Santé, l'Agence américaine pour la recherche et le développement biomédical avancé a été créée en 2006 pour lutter contre le bioterrorisme (anthrax en particulier) et les épidémies de grippe. Elle a joué un rôle majeur dans la mise sur le marché de nouveaux vaccins contre la COVID-19 en finançant les laboratoires privés dans leurs recherches vaccinales, mais aussi dans l'industrialisation à grande échelle de leurs produits. Elle a permis de mobiliser près de 12 milliards de dollars (opération *Warp Speed*) pour financer huit laboratoires américains et étrangers, dont AstraZeneca, Moderna ou encore Sanofi. Le succès de cette politique a mis en lumière le retard européen (la santé n'étant que du ressort des États-membres jusque-là) et la volonté de la présidente de la Commission européenne, Ursula von der Leyen, de créer une Europe de la santé sur le modèle de la BARDA.

B. Les politiques visant à stimuler l'innovation

Les politiques d'innovation sont devenues une « ardente obligation » pour tous les pays de l'UE depuis l'adoption de la stratégie de Lisbonne (2000). L'objectif de ces politiques est d'améliorer la compétitivité et la croissance de long terme.

Les justifications d'une intervention publique en matière d'innovation

La production de nouvelles connaissances est une activité qui, typiquement, génère des externalités positives. En effet, il est très difficile pour un agent, une entreprise par exemple, de s'approprier tous les bénéfices de son invention. D'autres agents vont inévitablement utiliser ce nouveau savoir (qui est un bien collectif) pour en tirer un profit, sans coûts de recherche et sans qu'ils aient à rémunérer l'inventeur. Cette défaillance de marché conduit à un sous-investissement en R&D dans la mesure où le rendement privé de l'innovation est inférieur au rendement social. L'État est alors légitime pour intervenir de manière à ce que l'investissement en recherche soit à la mesure du rendement social. Ce phénomène est particulièrement aigu concernant la recherche fondamentale pour laquelle le rendement privé est faible (les applications immédiates sont marginales) et le rendement social élevé (les connaissances qui en résultent irrigueront de nombreuses découvertes sur le long terme).

L'innovation joue un rôle central dans les économies avancées. L'État doit donc veiller à créer les bonnes institutions pour repousser la frontière technologique et favoriser les gains de productivité, lesquels sont les seuls à même sur une longue période d'élever la croissance potentielle et le niveau de vie d'une collectivité.

Enfin, la transition écologique impose que l'État participe à la réorientation de l'innovation des entreprises vers des technologies vertes. En effet, les études montrent qu'une entreprise qui dans le passé a beaucoup innové dans les technologies polluantes tend à innover davantage dans ces technologies dans le futur. Il existe donc un sentier de dépendance (*path dependence*) qui peut empêcher les entreprises de se réorienter vers des technologies plus écologiques.

La politique de recherche et d'innovation peut utiliser pour cela plusieurs types d'instruments. On peut citer la recherche publique (laboratoires publics, universités), les financements directs (subventions), les financements indirects (crédits d'impôt), les infrastructures (physiques ou institutionnelles), les réglementations ou encore la propriété intellectuelle. Chaque instrument peut être plus ou moins approprié pour un certain objectif, pour certains acteurs (différents types d'entreprises par exemple) ou certaines circonstances (structure de marché).

Les instruments des politiques d'innovation

Il existe de nombreux instruments permettant aux entreprises d'être plus performantes en termes d'innovation.

≫ Les incitations passent par des règles et des aides financières

Une politique d'innovation passe d'abord par la protection des idées nouvelles. Il faut pouvoir assurer à l'auteur d'une invention qu'il puisse en tirer un avantage exclusif pendant une période de temps donnée afin d'inciter aux efforts d'investissement. C'est la raison pour laquelle la CEE a adopté en 1973 la convention sur le brevet européen (CBE) qui unifie le droit des brevets au niveau européen. L'adoption du brevet unitaire européen, reportée à maintes reprises, devrait être effective en 2022. Le BUE permettra, d'une part, de réduire les coûts pour les entreprises européennes et d'assurer une protection automatique dans les 27 États membres et, d'autre part, de porter les procédures contentieuses devant une unique juridiction supranationale en lieu et place des différentes juridictions nationales. Par ailleurs, l'UE a fait de la recherche et de l'innovation une de ses priorités pour dynamiser l'emploi et la croissance. La stratégie de Lisbonne adoptée en 2000 prévoyait que les États membres consacrent 3 % de leur PIB à la R&D (1 % de financement public et 2 % d'investissements privés). Cet objectif (non atteint) a été réaffirmé lors de l'adoption de la stratégie Europe 2020 en juin 2010. Le traité de Lisbonne, entré en vigueur en 2009, renforce l'action de l'UE dans la recherche et l'innovation. Il jette les bases d'un espace européen de la recherche (EER) dont l'objectif est de « permettre la libre circulation des chercheurs, des connaissances scientifiques et des technologies » au sein de l'Union et de stimuler la coopération entre l'industrie et la recherche dans un cadre transnational. Ce programme a été doté d'un budget de 75,9 milliards d'euros pour la période 2021-2027.

La politique d'innovation de la France passe principalement par le crédit d'impôt recherche (CIR), créé en 1983 ; son coût représente plus de 6 milliards d'euros par an pour l'État. Il a pour objectif d'encourager les efforts des entreprises en matière de R&D. Il bénéficie aux entreprises soumises à l'impôt sur les sociétés qui effectuent des dépenses de recherche et peut représenter jusqu'à 30 % de leurs dépenses en R&D jusqu'à 100 millions d'euros ; au-delà, la subvention fiscale est de 5 %. Le bilan de ce dispositif est difficile à établir. Certaines critiques portent sur le comportement opportuniste des entreprises qui l'utiliseraient comme un instrument d'optimisation fiscale ; les effets d'aubaines sont aussi dénoncés, notamment pour les grandes entreprises qui engagent d'importants efforts financiers dans ce domaine, que les subventions fiscales soient faibles ou fortes. D'après P. Aghion, C. Antonin et S. Bunel (*Le Pouvoir de la destruction créatrice*, 2020), les taux de subventions fiscales sur les dépenses de R&D sont très élevés en France et biaisés en faveur des grandes entreprises puisque les 100 plus grandes entreprises ont capté en 2014 34 % de l'enveloppe totale du CIR. Il semble souhaitable de reprofiler ces dépenses fiscales pour qu'elles bénéficient davantage aux PME (à l'instar de ce que fait le Royaume-Uni par exemple), lesquelles ont une intensité innovatrice plus forte (mesurée par le rapport nombre de brevets déposés/nombre de salariés) et se révèlent plus radicales. C'est en partie pour cela que, depuis 2013, le crédit d'impôt innovation (CII) a été créé et vient compléter le CIR ; il est doté d'une enveloppe d'environ 200 millions d'euros par an. Ce dispositif, réservé aux PME, prévoit un remboursement à hauteur de 20 % des dépenses engagées en aval de la R&D, celles portant sur « la conception de nouveaux produits, de prototypes ou installations pilotes ». Cela revient à rendre éligibles des investissements qui ne pouvaient pas l'être au titre du CIR.

≫ Quelle efficacité des politiques d'innovation ? Le bilan des pôles de compétitivité

Les pôles de compétitivité marquent le retour d'un certain volontarisme industriel en France. Cette politique a été lancée en 2004. Elle répond à la volonté de soutenir l'innovation en incitant au développement de projets collaboratifs de recherche et développement émanant d'entreprises de toutes tailles, de laboratoires de recherche et d'établissements de formation. L'objectif d'un pôle de compétitivité (ou *cluster*) est de créer des synergies entre chercheurs, industriels et formateurs regroupés sur un territoire bien identifié et spécialisés sur une thématique donnée. Il s'agit donc d'agir sur la spécialisation de l'économie française de façon à la rendre plus compétitive dans un contexte de mondialisation. Pas moins de 71 pôles ont été labellisés dans des domaines aussi divers que les biotechnologies, l'aéronautique, les écotechnologies… Le soutien de l'État aux pôles de compétitivité passe par des aides financières, qui s'élèvent à environ un demi-milliard d'euros par an.

Au-delà de la question de leur efficacité, les pôles de compétitivité semblent avoir gagné leurs lettres de noblesse : ils sont aujourd'hui perçus et reconnus comme des pôles d'excellence dans leurs domaines respectifs. La politique des pôles a incontestablement permis d'intensifier les relations entre les différentes parties prenantes, même lorsqu'il existait déjà une tradition de coopération. Par ailleurs, cette politique a permis de mobiliser des acteurs locaux, notamment les collectivités locales, gage d'une meilleure adéquation avec les spécificités territoriales. Les critiques ne sont pas moins nombreuses : on peut souligner le nombre sans doute excessif de pôles labellisés : l'objectif initial était de n'en retenir que 15, à l'instar de ce qui existe en Allemagne avec les *Spitzenclustern*. Il existe donc un risque de saupoudrage préjudiciable à l'efficacité du dispositif. Par ailleurs, les effets d'aubaines sont importants puisque les aides financières sont versées à des acteurs qui souvent coopéraient déjà par le passé. Enfin, la gestion des pôles paraît trop bureaucratique et trop éloignée du terrain, ce qui est antinomique avec la logique *bottom-up* des pôles.

C. Les politiques visant à accroître le capital humain

Il existe une corrélation positive entre capital humain et croissance

Le niveau d'éducation et de santé caractérisant la population d'une économie apparaît comme un déterminant essentiel de la croissance de long terme et, par conséquent, du niveau de vie de ses citoyens. L'accumulation de capital humain contribue, au même titre que l'accumulation de capital physique, à un accroissement qualitatif du facteur travail et donc de sa productivité. Pour l'OCDE, le capital humain recouvre les connaissances, les qualifications, les compétences et les autres qualités d'un individu qui favorisent le bien-être personnel, social et économique. Par ailleurs, disposer d'une main-d'œuvre hautement qualifiée permet aux pays développés d'exploiter leurs avantages comparatifs face à des pays en développement disposant d'une population active abondante, peu coûteuse et en moyenne moins instruite.

Historiquement, le lien entre investissement en capital humain et croissance paraît robuste. À la fin du XIXe siècle émerge dans des pays comme l'Allemagne et les États-Unis un enseignement de masse qui précède une période de forte croissance dans ces deux pays. Plus récemment, les Tigres asiatiques (Singapour, Corée du Sud et Taïwan) avaient misé sur l'élévation du niveau de qualification de leur population active avant que leur croissance ne décolle à partir des années 1970-1980. Les écarts de performance économique entre l'Inde et la Chine peuvent s'expliquer en partie par un taux d'alphabétisation plus faible dans le premier (77 %) que dans le second (96 %). Une main-d'œuvre insuffisamment instruite constitue un goulet d'étranglement pour les entreprises cherchant des diplômés et contribue à une hausse des salaires, donc de leurs coûts de production.

Pour ces raisons, les questions d'éducation, de formation et de santé ne peuvent rester à l'écart du champ des politiques économiques. D'autant que, sans une action des pouvoirs publics dans ces domaines, le risque d'un sous-investissement en capital humain est fort probable pour au moins 6 raisons :

- le rendement de l'éducation est parfois sous-estimé par certains groupes sociaux (par exemple entre filles et garçons), ce qui peut conduire à des choix et des durées scolaires sous-optimaux ;
- l'investissement en capital humain est risqué dans la mesure où les rendements de l'éducation sont en partie imprévisibles entre le moment où les choix individuels sont faits et l'entrée sur le marché du travail ; en outre, le choix d'une spécialisation professionnelle est difficilement réversible ;
- le marché du crédit est relativement fermé aux catégories socioprofessionnelles les moins favorisées (défaillances de marché), lesquelles sont justement celles qui ont le plus de difficultés à financer les études de leurs enfants ;

- les investissements en capital humain génèrent des externalités positives qui conduisent les individus à ne tenir compte que du rendement privé de leurs efforts en formation, sans intégrer dans leur calcul les bénéfices sociaux qui découlent de leurs investissements ;
- il y a peu de chance que les entreprises investissent autant que nécessaire dans la formation de leurs salariés car, contrairement à l'accumulation des autres capitaux (terres, bâtiments, machines...), il est impossible pour la firme de se l'approprier vraiment. Un salarié peut toujours quitter son entreprise pour valoriser ces nouvelles compétences chez un concurrent ;
- enfin, un niveau de capital humain élevé permet à la population qui en bénéficie une meilleure insertion sur le marché du travail et une réduction du risque de chômage. Cette diminution du risque est particulièrement nette pour les jeunes, bien que s'atténuant avec l'âge.

Comment un État doit-il orienter sa politique de formation ?

≥ Quelles leçons pour les décideurs politiques ?

Les économistes s'intéressent d'abord aux questions liées au financement de l'éducation. En effet, les frais de scolarité et les contraintes financières ont un impact négatif sur les investissements en capital humain. De fait, jusqu'au deuxième cycle du supérieur, l'enseignement général est essentiellement financé par l'État dans la plupart des pays de l'OCDE. Au niveau du supérieur, le taux moyen de subvention varie entre 50 % ou moins dans des pays comme la Corée, les États-Unis et le Japon, à près de 100 % dans certains pays européens comme l'Autriche, le Danemark, l'Islande ou encore les Pays-Bas.

Si l'État est donc légitime pour subventionner une partie ou la totalité des frais de scolarité, cela peut se faire *via* l'école publique gratuite ou en distribuant par exemple des « bons d'éducation » (*vouchers*) aux parents. Ces derniers peuvent être utilisés pour payer les frais de scolarité exigés par les écoles, qu'elles soient publiques ou privées. Pour certains économistes, les « bons d'éducation » accroissent la capacité de choisir des ménages, notamment en leur permettant de mieux séparer leurs décisions de localisation résidentielle et leurs choix scolaires ; cela peut encourager les ménages à s'établir dans des quartiers de moins bonne qualité (où le prix des maisons est plus faible) et à inscrire leurs enfants dans l'école de leur choix.

D'autres travaux portent sur un certain nombre de règles institutionnelles. Relever l'âge minimal pour entrer sur le marché du travail pourrait constituer une mesure efficace pour élever le niveau de formation tout en diversifiant les parcours scolaires. Pour J. Heckman (*Evaluating Human Capital Policies*, 2004), prix Nobel d'économie en 2000, une réduction de l'impôt sur le revenu au profit des taxes à la consommation aurait tendance à stimuler l'investissement en capital humain, en augmentant le rendement de l'éducation. Concernant le niveau du salaire minimum, si celui-ci est élevé, cela peut encourager le travail pendant les études et affecter négativement les résultats scolaires de certains étudiants. Ce résultat pourrait militer en faveur de l'introduction d'un salaire minimum inférieur pour les jeunes.

≫ Politique de formation et distance à la frontière technologique

Selon P. Aghion, G. Cette et É. Cohen (*Changer de modèle*, 2014), lorsqu'un pays est éloigné de la frontière technologique (la plupart des secteurs d'activité de ce pays sont faiblement productifs par rapport aux économies les plus avancées), il doit concentrer ses efforts d'investissement éducatif vers l'enseignement primaire et secondaire, les mieux à même pour imiter des technologies existantes. Il s'agit principalement des pays à revenu faible et intermédiaire. En revanche, les pays proches de la frontière technologique, les pays développés, doivent eux-mêmes innover et disposer pour cela d'une proportion importante de main-d'œuvre qualifiée. Cela justifie que ces économies donnent la priorité à l'enseignement supérieur long et à la recherche afin de soutenir la croissance économique. Dans ces pays, selon Aghion *et al.* (*Crise et croissance : une stratégie pour la France*, 2012), une hausse d'un point de pourcentage de la proportion de diplômés du supérieur accroît le taux de croissance de la productivité globale des facteurs (PGF) de 0,1 point de pourcentage à moyen terme.

Qu'en est-il du système éducatif français ? Les résultats dans ce domaine paraissent décevants. Les tests PISA (Programme international pour le suivi des acquis des élèves) organisés par l'OCDE tous les trois ans et qui mesurent l'acquisition des savoirs et des compétences (en lecture, maths et sciences) montrent que la France stagne en milieu de classement parmi les pays de l'OCDE. Par ailleurs, l'école républicaine enregistre en son sein de fortes inégalités puisque la France est le pays de l'OCDE où les résultats scolaires sont le plus fortement corrélés avec l'origine socioéconomique. La Finlande, qui consacre le même budget par rapport au PIB, se classe au 2e rang, ce qui tend à montrer que la qualité de l'investissement est au moins aussi importante que la quantité des moyens investis. Pourtant, la France se situe au-dessus de la moyenne des pays de l'OCDE (5,8 % du PIB) en termes de dépenses éducatives (elle y consacre 6,7 % de son PIB).

En revanche, la répartition des dépenses entre les différents niveaux d'enseignement y est très atypique : la France consacre relativement plus de moyens au secondaire qu'au primaire et à l'enseignement supérieur. Le sous-financement de l'enseignement supérieur est particulièrement préjudiciable dans une économie de l'innovation où la priorité doit être donnée au supérieur long et à la recherche. Cet objectif, consensuel par ailleurs, de faire croître la part des diplômés de l'enseignement supérieur, est inscrit dans la loi de 2005 qui la fixe à 50 % d'une classe d'âge. Si la France se situe au-dessus de la moyenne de l'OCDE pour ce qui est de la part des diplômés de l'enseignement supérieur court, elle est distancée pour ce qui est de l'enseignement supérieur long, ceci en raison de la stagnation de la part des bacheliers généraux dans une génération (la hausse de la part des bacheliers dans une génération s'est essentiellement faite grâce aux bacs professionnels et technologiques).

② Politiques économiques et imperfection de la concurrence

Le bénéfice le plus évident de la concurrence, c'est la baisse des prix et/ou une qualité plus élevée pour les consommateurs et les entreprises (lesquelles se fournissent en inputs), une diversification de l'offre et une incitation à l'innovation. La concurrence stimule les gains de productivité des entreprises en place et fait émerger de nouvelles jeunes pousses plus productives qui dynamisent le tissu productif. La libre concurrence empêche que des entreprises consacrent des ressources pour obtenir des avantages de la part des décideurs publics afin de conserver ou d'accroître leur rente.

A. Les politiques visant à stimuler la concurrence

La politique de concurrence se développe à partir de la fin du XIXe siècle aux États-Unis. Il s'agit de mettre en œuvre une législation susceptible de s'opposer aux concentrations industrielles qui menacent les fondements mêmes de l'économie de marché.

Une mise en perspective historique des politiques de la concurrence

Les politiques de concurrence sont relativement récentes. Elles sont contemporaines du phénomène de concentration des entreprises.

≫ Dans quel contexte la politique de la concurrence aux États-Unis naît-elle ?

Les États-Unis sont le berceau des politiques de concurrence. Cela s'explique par le fait que le décollage économique de ce pays s'est appuyé sur des entreprises de grande taille bénéficiant d'économies d'échelle grâce à un vaste marché (forte croissance de la population et uniformité des goûts). Ces firmes apparaissent dans des secteurs très capitalistiques (pétrole, chemins de fer, sidérurgie…) dans lesquels l'importance des coûts fixes limite le nombre de concurrents. Dans ce contexte, ces grandes entreprises vont développer deux grands types de stratégie visant à échapper à la concurrence :

- les ententes ou les cartels : il s'agit dans le premier cas d'un accord, explicite ou tacite, entre entreprises d'une même branche concernant la fixation du prix et/ou la répartition des parts de marché ; dans le second, les adhérents constituent un organisme commun dans le but de fausser les règles de la libre concurrence ;
- les trusts : il s'agit d'une organisation spécifique (imaginée par un conseiller de Rockefeller, Samuel Dodd) qui consiste à transférer les titres détenus par des actionnaires de sociétés juridiquement indépendantes à une direction commune d'un conseil de *trustees* (hommes de confiance), lesquels vont gérer le groupe au nom des actionnaires et des sociétés. Le premier trust aux États-Unis est la Standard Oil (1882), créée par Rockefeller et qui contrôlait 85 % de la production du pétrole raffiné. Les États-Unis vont être les premiers à interdire ces monopoles de fait en instaurant le *Sherman Antitrust Act* en 1890. Cette loi condamne à de lourdes amendes et à des peines d'emprisonnement tout membre d'une entente qui vise à

restreindre le commerce, mais elle laisse aux tribunaux une marge d'interprétation importante. Plusieurs entreprises tomberont sous le coup de cette loi : la Standard Oil sera divisée en 34 sociétés distinctes en 1911. Le *Clayton Act* voté en 1914 vient compléter le *Sherman :* il interdit les pratiques commerciales déloyales et les cumuls de fonction d'administrateur de sociétés concurrentielles. Ces deux lois, qui ont une valeur quasi constitutionnelle, ont définitivement posé les bases de la politique de concurrence américaine.

≫ La généralisation des politiques de concurrence

Tous les pays industrialisés ont adopté au cours du XXe siècle une politique antitrust dont la sévérité est variable selon les pays et les époques. Les années 1930 marquent un assouplissement de cette législation avec l'adoption aux États-Unis du *National Industrial Recovery Act* (1933) qui légalise de fait les cartels pour lutter contre la déflation des produits industriels. Les années d'après-guerre correspondent au retour à une politique de concurrence plus stricte avec l'adoption du *Celler-Kefauver Act* (1950) qui renforce le contrôle des concentrations. Les années 1980 marquent une inflexion de cette politique sous l'influence de la théorie des marchés contestables issue des travaux de Baumol, Panzar et Willig (*Contestable Markets and the Theory of Industry Structure*, 1982). Pour ces auteurs, il suffit de garantir la libre entrée et la libre sortie sur un marché pour que le jeu de la concurrence s'exerce pleinement. Ainsi, même lorsque le nombre d'offreurs est limité (voire unique), la simple menace d'entrée d'une entreprise concurrente suffit à maintenir les prix et les profits au même niveau qu'en régime de concurrence pure et parfaite.

Il semble pourtant que la concurrence et les politiques antitrust se soient affaiblies depuis le début des années 2000 aux États-Unis. C'est le constat que fait T. Philippon dans *The Great Reversal : How America Gave Up on Free Markets* (2019) en montrant que l'on observe dans ce pays un accroissement très marqué des concentrations dans certains secteurs tels que la finance, la santé ou encore des NTIC, ainsi qu'une augmentation des marges et une baisse des créations d'entreprises. Les hausses de profits aux États-Unis se sont transformées en augmentations de dividendes et en rachats d'actions, pas en investissement ou en R&D. Pour cet auteur, la baisse de l'intensité concurrentielle a été favorisée par une hausse des dépenses de lobbying auprès des régulateurs et des politiques. Ce phénomène explique en partie le ralentissement des gains de productivité depuis deux décennies dans ce pays.

Si la politique de la concurrence a été plus tardive à se mettre en place en Europe, elle n'a cessé d'être renforcée depuis le traité de Rome.

La politique européenne de concurrence

La politique européenne de concurrence est au fondement du marché commun. La plupart des règles sont contenues dans le traité de Rome de 1957. Le contrôle de la concurrence s'exerce à travers le contrôle des ententes et des fusions d'une part, le contrôle des aides d'État d'autre part.

≫ Les règles de concurrence contenues dans le traité de Rome

L'article 101 du traité sur le fonctionnement de l'Union européenne (TFUE) interdit explicitement les ententes dans le marché intérieur. La Commission prohibe toute forme « de partage de marché, la fixation de quotas de production ou accord sur les prix entre entreprises pour les maintenir artificiellement élevés ». Il s'agit de pratiques qui faussent le marché au détriment des consommateurs et des autres producteurs.

L'article 102 du TFUE interdit les abus de position dominante. Il ne s'agit pas de condamner les positions dominantes qui peuvent résulter de la plus grande efficacité d'une entreprise sur son marché, mais la tentation qu'elle pourrait avoir de profiter de cette situation pour utiliser des pratiques déloyales (ventes liées, prix excessifs…). Seuls les abus sont sanctionnés par le droit communautaire de la concurrence.

L'article 107 de ce même traité interdit les aides de l'État, quelle qu'en soit la forme (subventions, taux d'intérêt bonifiés…), accordées aux entreprises et susceptibles de fausser la concurrence. Il existe cependant des dérogations (notamment lorsqu'une région est gravement touchée par une crise).

≫ Les règles de concurrence adoptées après le traité de Rome

Les concentrations sont réglementées depuis 2004. L'objectif est de veiller à ce que les mouvements de concentration (par fusions-acquisitions) ne conduisent pas, *a priori*, à des risques de domination de marché. À ce titre, la Commission européenne utilise un indice synthétique pour mesurer le degré de concentration du marché, c'est-à-dire une situation dans laquelle un petit nombre d'entreprises représente une grande partie de la production. Cet indicateur, c'est l'IHH (indice de Herfindahl-Hirschman), qui permet d'appréhender le possible pouvoir de marché ou, symétriquement, le degré de concurrence qui s'exerce entre entreprises. L'indicateur additionne les carrés des parts de marché de toutes les entreprises du secteur. Plus l'IHH est fort, plus la production est concentrée. Si une opération de concentration est susceptible de faire progresser l'IHH de plus de 250 points pour des niveaux d'IHH compris entre 1 000 et 2 000, une investigation est lancée pour savoir si l'opération de concentration est acceptable. Pour un IHH supérieur à 2 000, la concentration ne doit pas conduire à le faire progresser de plus de 150 points.

En ce qui concerne les marchés publics, longtemps réservés aux entreprises nationales, ils sont désormais ouverts à l'ensemble des entreprises européennes. La directive du 31 mars 2004 consacre l'égalité de traitement, la non-discrimination et la transparence en ce qui concerne l'accès aux marchés publics dans l'UE. L'enjeu est important car il s'agit d'investissements représentant environ 15 % du PIB de l'UE.

B. La délicate mise en œuvre des politiques de la concurrence

Politique de la concurrence et distance à la frontière technologique

Si favoriser la concurrence semble un objectif souhaitable pour atteindre un fonctionnement efficace des marchés, un degré trop élevé de concurrence peut dans certains cas décourager l'innovation en éliminant les rentes de l'innovateur, ce qui est préjudiciable à la croissance de moyen/long terme. Pour P. Aghion, C. Antonin et S. Bunel (*Le Pouvoir de la destruction créatrice*, 2020), la politique de la concurrence doit tenir compte de la distance d'un secteur d'activité, voire d'un pays, par rapport à la frontière technologique. Les entreprises qui sont proches de la frontière technologique (c'est-à-dire celles dont la productivité est proche du niveau maximal de productivité dans ce secteur) vont innover davantage lorsque la concurrence s'exacerbe. Inversement, les entreprises qui en sont éloignées (entreprises en rattrapage) vont être découragées par la concurrence. Il s'ensuit que la concurrence est davantage un levier de croissance pour les pays avancés. De plus, la croissance « à la frontière » requiert davantage d'innovations, donc de destruction créatrice, afin de faciliter la sortie des entreprises qui ne réussissent pas pour donner leur chance à d'autres innovateurs potentiels. Les études empiriques corroborent cette idée en montrant que, pour les entreprises les plus efficaces, il existe une corrélation positive entre concurrence et nombre de brevets déposés. Dès lors, la politique de la concurrence doit s'adapter au fur et à mesure que l'on se rapproche de la frontière technologique. A. Bergeaud, G. Cette et R. Lecat (*Le Bel Avenir de la croissance*, 2018) illustrent bien cette analyse en montrant que l'Argentine, qui avait un PIB par habitant voisin de celui de la France à la fin du XIXe siècle, a décroché à partir de la fin des années 1930 en raison d'une inadaptation de ses institutions. En effet, ce pays s'est développé grâce à une spécialisation orientée vers la production et l'exportation de produits agricoles. Elle a été frappée de plein fouet par la crise des années 1930 et l'effondrement de la demande mondiale en produits primaires. Mais, au lieu de diversifier sa production et de miser sur l'innovation, elle s'est engagée dans une politique de substitution aux importations afin de se protéger de la concurrence internationale. L'Argentine n'a pas su adapter ses institutions et est demeurée au stade de pays à revenu intermédiaire.

A contrario, la Corée du Sud a su sortir du « piège du revenu intermédiaire » (*middle income trap*). Dans les faits, le changement de modèle de croissance qu'elle a opéré lui a été imposé par les circonstances de la crise de 1998. Alors que la croissance de rattrapage de ce pays s'est appuyée sur le développement de grands conglomérats industriels et financiers (les chaebols) grâce au soutien financier et à une protection commerciale et monétaire de l'État, la crise financière asiatique de 1997-1998 a considérablement affaibli ces conglomérats (faillite de Daewoo par exemple). Pour bénéficier de l'aide du FMI, la Corée du Sud a dû libéraliser les investissements directs à l'étranger en acceptant que les entreprises étrangères puissent devenir majoritaires au capital des entreprises coréennes et les politiques antitrusts ont été renforcées. En ouvrant davantage le pays à la concurrence, les chaebols ont été concurrencés par de nouvelles entreprises innovantes, lesquelles ont permis un rebond de la productivité et de la croissance. L'exemple de l'Argentine et de la Corée du Sud montrent bien que les pays qui ne parviennent pas à transformer leur économie de rattrapage en économie avancée sont ceux qui n'ont pas su ou pu engager des réformes allant vers davantage de concurrence. Les entreprises en place font barrage à l'entrée de nouveaux concurrents et empêchent une croissance par l'innovation

La politique de la concurrence européenne est-elle trop rigoureuse ?

La concurrence des marchés est au fondement du marché commun, au point qu'elle est assimilable à un principe constitutionnel de l'Union européenne. La stricte application de ce principe lui a parfois été reprochée en nuisant à l'émergence d'entreprises de grandes tailles. Les projets de fusions-acquisitions d'envergure doivent être notifiés à la Commission européenne et font l'objet de négociations entre l'entreprise et la Commission. Cette dernière peut demander des cessions d'actifs dans le cas où la nouvelle entité constituerait une domination de marché dans certaines activités. Assurer la concurrence au sein du marché européen peut cependant être un obstacle à la création de champions européens capables d'affronter des firmes mondiales. Cette question a fait l'objet d'un vif débat lorsque la direction générale de la concurrence de la Commission a interdit le 6 février 2019 la fusion entre Alstom et Siemens en considérant que ce rapprochement créerait un pouvoir de marché excessif sur le marché de la signalisation ferroviaire et des trains à grande vitesse. Selon les autorités de la concurrence, la fusion aurait conduit à une augmentation des prix pour les compagnies ferroviaires et, *in fine*, pour les voyageurs. Les contradicteurs ont fait valoir que cette interdiction constituait un obstacle à la formation d'une entreprise européenne capable de concurrencer le géant chinois CRRC, certes absent du marché européen pour l'instant mais pouvant constituer une menace à moyen terme. C'est l'arbitrage intertemporel qui questionne : des prix bas à court terme doivent-ils être privilégiés quitte à fragiliser les producteurs de matériels ferroviaires européens à moyen terme ? Cette critique doit cependant être relativisée dans la mesure où, depuis 2003, moins de 1 % des projets de concentration notifiés ont conduit à un veto de la Commission. En outre, il semble que la position de la Danoise M. Verstager, commissaire à la concurrence, ait évolué depuis le début de son second mandat en décembre 2019 en indiquant que « le temps est venu d'actualiser les règles de la concurrence dans l'UE » et de prôner la fin de l'Europe « naïve » pour mieux faire face à la concurrence internationale.

3 Préserver la soutenabilité de la croissance

La croissance conduit généralement à une dégradation des conditions environnementales et peut s'accompagner d'une hausse des inégalités économiques et sociales. Ces conséquences néfastes sont susceptibles de remettre en cause le processus de croissance lui-même à long terme et justifient des interventions correctives de l'État.

A. La contrainte environnementale implique une correction des externalités négatives

Sans intervention de l'État, les agents économiques ne sont pas incités à internaliser les effets externes négatifs que leurs activités produisent sur l'environnement.

La croissance impacte négativement l'environnement et compromet en retour sa pérennité

≫ En présence d'externalités négatives, le signal prix est biaisé, ce qui conduit à un niveau de production non optimal

L'impact environnemental de la croissance est multidimensionnel. Elle favorise l'émission de gaz à effet de serre (GES) responsables du réchauffement climatique, elle participe à l'épuisement des ressources naturelles non renouvelables (pétrole, minerais…) et renouvelables (surexploitation des ressources forestières, halieutiques…), elle menace la biodiversité et dégrade la qualité des sols, de l'eau et de l'air. Autant d'externalités négatives générées par la croissance qui, non internalisées, sont de nature à remettre en cause la croissance à long terme (et la vie humaine !).

Rappelons que les externalités négatives (ou déséconomies externes) renvoient à des actions de production ou de consommation d'un agent économique qui dégradent le bien-être d'autres agents sans donner lieu à une compensation monétaire. Pour illustrer le premier cas, on peut citer l'installation d'une entreprise rejetant dans une rivière des polluants générés par son activité ; les nuisances qui en découlent peuvent être considérées comme des externalités négatives puisqu'elles proviennent d'une activité productive et les coûts indirects de cette activité (travaux de dépollution) ne sont pas supportés par l'entreprise. Utiliser une voiture à moteur thermique de forte cylindrée correspond à une externalité de consommation négative puisque la pollution émise (GES, particules…) va réduire le bien-être des citoyens sans qu'ils bénéficient d'une compensation pour le préjudice subi.

Les externalités négatives constituent une défaillance de marché dans la mesure où les quantités produites ou consommées ne sont pas optimales. En effet, l'agent qui est à l'origine de l'effet externe n'est pas conduit à intégrer dans son calcul coûts/avantages la nuisance que son action produit sur les autres agents. De fait, l'agent produit ou consomme une quantité excessive de certains biens par rapport au niveau qui serait socialement souhaitable. Un agent qui produit un effet externe négatif ne prend pas en compte dans sa fonction de production le coût du préjudice ; les coûts privés de production sont inférieurs au coût social (le coût social correspond à la somme des coûts de production privés et des coûts supportés par les victimes), ce qui conduit à un niveau de production trop élevé par rapport à l'optimum.

Encadré 4 – Divergence valeurs privées – valeurs sociales, le cas de la pollution

Les problèmes posés par l'existence d'une externalité peuvent être illustrés par l'exemple (classique) d'une usine polluante qui crée une nuisance pour un riverain. Le prix de marché du bien produit par l'usine vaut 10 € et son coût marginal de production (i.e. le coût de production d'une unité supplémentaire) est croissant (il vaut 7 € pour la 1re unité, 8 € pour la 2e, 9, 10 et 11 € pour chacune des trois suivantes). La pollution de l'usine est proportionnelle à sa production et on suppose que chaque unité produite génère un dommage évalué à 1 € par le riverain. Le profit de l'usine s'accroît avec son niveau de production tant que la dernière unité produite lui rapporte davantage qu'elle ne lui coûte. Il est donc maximum pour le niveau de production tel que le prix de marché s'égalise au coût marginal (privé), soit ici 4 unités.

En raison de la pollution générée par l'usine, le coût marginal de cette production est, pour la collectivité, supérieur à celui de l'usine. Le coût marginal social intègre la nuisance marginale subie par le riverain. Il vaut 11 € (10 + 1) quand l'usine produit à son niveau d'équilibre. La production de l'usine coûte donc à la collectivité, à la marge, davantage qu'elle ne lui rapporte, l'avantage marginal social étant représenté par le prix de marché. Du point de vue de la collectivité, le niveau de production choisi par l'usine est ainsi excessif. Dans cet exemple, le niveau socialement optimal (qui est tel que son coût marginal social s'égalise au prix de marché) est de 3 unités (le coût marginal social vaut alors 9 + 1 et est donc bien égal au prix).

Source : d'après Y. Croissant et P. Vornetti, « État, marché et concurrence, les motifs de l'intervention publique », Les Cahiers français, *n° 313, mars-avril 2003.*

≫ L'impact du réchauffement climatique sur la croissance

Le réchauffement climatique est le produit de l'activité économique, notamment de l'utilisation d'énergies carbonées (pétrole, gaz, charbon…) à l'origine des émissions de gaz à effet de serre (GES). Ce changement climatique se traduit par une hausse des températures moyennes (+ 1°C depuis un siècle), ainsi que par une hausse de la fréquence des événements extrêmes, notamment des intempéries : hivers tardifs, sécheresses, pluies diluviennes, tempêtes, cyclones, mais aussi d'autres effets sur l'environnement comme la modification des écosystèmes, l'acidification des océans, ou encore la hausse du niveau des eaux engendrée par la dilatation des mers et la fonte des glaces. Les rapports successifs du GIEC (Groupe intergouvernemental d'experts sur l'évolution du climat) évaluent la trajectoire de réchauffement à 3,2°C d'ici la fin du siècle, soit bien au-delà des recommandations de celui-ci de ne pas dépasser 1,5°C. Quand bien même on n'accorderait qu'une valeur fonctionnelle à l'environnement, le dérèglement climatique est de nature à réduire les richesses créées et les revenus. En effet, la hausse des températures réduit les rendements agricoles (chaque degré supplémentaire réduit les rendements de blé de 6 %, de riz de 3,2 %, de maïs de 7,4 % et de soja de 3,1 % ; ces cultures fournissent actuellement deux tiers des apports en calories de l'humanité et les revenus de millions d'individus). Le coût serait particulièrement élevé pour les pays pauvres qui sont plus dépendants de l'agriculture que les pays riches. Les secteurs de la construction, du bâtiment et du logement ainsi que du transport devraient également subir d'importants dommages. Les événements climatiques devraient accroître les coûts de construction et d'entretien des bâtiments comme des infrastructures. Le commerce international serait affecté, non seulement par l'impact d'une hausse du coût des produits pétroliers, mais aussi par l'ajustement des avantages comparatifs résultant du changement climatique qui modifierait les productivités et, *in fine,* la répartition des flux commerciaux à l'échelle mondiale. Les secteurs financier et assurantiel pourraient être parmi les plus touchés par le changement climatique, ce dernier engendrant des risques physiques qui se transmettraient au secteur financier par la dépréciation de la valeur des placements financiers touchés et par la hausse de la sinistralité liée aux événements extrêmes. L'augmentation des températures aurait un impact important sur la santé humaine. Deschenes et Moretti (« Extreme weather events, mortality and migration », 2009) estiment que le taux de mortalité augmenterait de 2 % par degré au-dessus de 32,2°C aux États Unis. Par ailleurs, la prolifération de certaines maladies pourrait être facilitée par la hausse des températures. Enfin, les effets économiques du changement climatique pourraient avoir des conséquences importantes sur la stabilité politique et sociale, en particulier du fait des migrations.

L'estimation empirique du changement climatique sur l'activité (on parle de fonction de dommage) est difficile à évaluer en raison de la complexité et du caractère systémique des phénomènes physiques en présence, mais aussi de l'absence de précédent historique. Il semble néanmoins que les dommages qui seraient évités par les politiques de réduction des émissions mondiales dépassent de loin le coût généralement associé à ces politiques (autour de 1 % du PIB par exemple selon Stern). Le rapport de Nicholas Stern, publié en 2006 par le ministère des Finances britannique, a le premier estimé le coût économique du réchauffement climatique à 5 500 milliards d'euros. Depuis, les études se sont succédé et n'ont cessé de réévaluer le coût prévisible du dérèglement climatique. La nouvelle étude publiée par le National Bureau of Economic Research (M. Burke et V. Tanutama, « Climatic constraints on aggregate economic output », 2019) montre que depuis 2000 le réchauffement climatique a déjà coûté aux États-Unis et à l'Union européenne une perte de production équivalente à 4 000 milliards de dollars, et les pays tropicaux sont plus de 5 % plus pauvres qu'ils ne l'auraient été en l'absence d'un tel réchauffement climatique.

Comment agir contre le réchauffement climatique ?

≫ Les pouvoirs publics peuvent mobiliser différents instruments pour conduire les agents économiques à internaliser les effets externes négatifs

Les pouvoirs publics peuvent conduire les agents économiques à internaliser les effets externes en augmentant le coût des activités qui génèrent des externalités négatives en introduisant une taxe (on parle de taxe pigouvienne, du nom de l'économiste britannique A. C. Pigou qui l'a préconisée dans *The Economics of Welfare,* 1920). L'introduction d'une taxe permet d'accroître le coût privé de la production ou de la consommation de manière à le rendre égal au coût social : c'est le principe du pollueur-payeur. Dans cet esprit, la France a mis en place depuis le 1er avril 2014 la contribution climat énergie (CCE), sorte de « taxe carbone » payée par les ménages lors de l'utilisation d'énergies fossiles émettant des gaz à effet de serre. Cette taxe environnementale doit permettre de rétablir la vérité des prix, c'est-à-dire le coût social de l'utilisation de ces énergies. Le plan climat voté en 2018 prévoit que cette taxe soit réévaluée chaque année pour atteindre 160 € la tonne de CO_2 émise, avec pour objectif la neutralité carbone en 2050. La crise des Gilets jaunes, consécutive à la hausse du prix de l'essence, qui a débuté en novembre 2018 a toutefois donné un coup d'arrêt à la hausse de cette taxe depuis cette date.

Une autre solution est de combiner régulation étatique et régulation par le marché moyennant la mise en place d'un marché des droits à polluer, comme le préconise Ronald Coase dans *Le Problème du coût social* (1960). Les pouvoirs publics distribuent aux entreprises des permis à polluer qu'elles peuvent revendre à celles dont l'activité dépasse les niveaux de pollution autorisés. L'échange des droits à polluer crée de fait un marché sur lequel se confrontent l'offre et la demande des permis à polluer et un prix d'équilibre. Comme dans le cas de la taxe pigouvienne, les pollueurs payent les externalités négatives qu'ils produisent et sont incités à modérer leur niveau de pollution.

Le premier pays à avoir adopté ce système de droits à polluer est les États-Unis ; il s'agissait alors de lutter contre le SO_2 (dioxyde de soufre) responsable de maladies respiratoires. Il a été expérimenté dès 1970 lors de l'adoption du *Clean Air Act,* puis étendu à tout le territoire en 1990 lors de la réforme de cette loi, mais il ne touche que le secteur de production électrique en raison de son fort impact sur la pollution de l'air (responsable de 70 % des émissions de ce polluant). Ce pays a donc déjà une longue expérience dans ce domaine.

Depuis le 1er janvier 2005 et suite aux objectifs de réduction des gaz à effet de serre (GES) fixés à Kyoto (1997), un système de droits à polluer a été lancé en Europe. Chaque pays de l'Union reçoit un quota d'émission maximal puis le répartit entre les différentes entreprises éligibles à ce dispositif. Le mécanisme est censé les pousser à investir dans des procédés visant à réduire ces émissions dans la mesure où, s'ils n'utilisent pas tous leurs droits, ils peuvent les revendre dans une bourse d'échanges spéciale (marché européen du carbone), et, s'ils dépassent les autorisations reçues, ils doivent acheter sur ce marché des droits à polluer. Le but est donc de faire jouer les mécanismes de l'offre et de la demande pour favoriser une baisse des émissions de CO_2. Le marché européen couvre plus de 12 000 installations d'industries grandes consommatrices d'énergie (cimenterie, papeterie, production d'électricité, sidérurgie, verre, etc.) qui sont responsables d'à peu près la moitié des émissions de CO_2 de l'UE. Jusque-là, ce marché n'a pas réellement fonctionné comme prévu dans la mesure où l'offre de droits à polluer a été largement supérieure à la demande, si bien que le cours de la tonne de CO_2 s'est effondré (jusqu'à moins de 1 €), ne poussant guère les industriels à s'engager dans des actions de dépollution. La raison principale en est que les gouvernements n'ont pas voulu alourdir les coûts de production de ces entreprises dans un contexte de concurrence mondialisée. La crise des *subprimes* de 2008 puis la pandémie de COVID-19 de 2020, en pesant sur l'activité, n'ont fait qu'accentuer cette tendance à la baisse. Pour la période 2021-2030, le Conseil européen a approuvé une réduction de 2,2 % par an des quotas avec pour objectif que le prix du carbone remonte au-dessus de la barre des 30 € par tonne, ce qui permettrait d'avoir un effet véritablement dissuasif.

≫ La question de la crédibilité d'un accord international portant sur un bien commun tel que le climat

Dans la mesure où les causes et les effets du changement climatique sont globaux, il est nécessaire que l'ensemble des pays participent aux efforts de réduction d'émissions de gaz à effet de serre pour contenir le réchauffement climatique à 1,5 ou 2°C d'ici la fin du siècle. Mais comme le souligne J. Tirole dans *Économie du bien commun* (2016), deux facteurs empêchent les nations de s'engager dans un tel programme : l'égoïsme vis-à-vis des générations futures et le problème du passager clandestin. En d'autres termes, « les bénéfices liés à l'atténuation du changement climatique restent essentiellement globaux et lointains, tandis que les coûts de cette atténuation sont locaux et immédiats ». Les préconisations de l'analyse économique quant à l'internalisation des effets externes sont inopérantes dans ce cas parce qu'il n'existe aucune autorité supranationale susceptible d'imposer, par exemple, une taxation carbone à l'échelle mondiale. En outre, un pays qui déciderait unilatéralement d'introduire une telle taxation ferait fuir ses entreprises nationales fortement émettrices de GES vers des pays moins vertueux, sans bénéfice écologique significatif. Ce problème de « fuites de carbone » renforce l'idée selon laquelle seul un accord global peut résoudre la question du climat. Si des actions nationales ou régionales ont néanmoins été engagées depuis une trentaine d'années, qu'il s'agisse de droits d'émissions négociables, de taxes carbone ou de normes environnementales, ces mesures restent modestes et ne permettront pas d'atteindre les objectifs fixés. À cela s'ajoute la question des inégalités que pourrait produire une taxation du carbone. Au niveau national, une fiscalité écologique entraîne une baisse du pouvoir d'achat des ménages, en particulier des plus modestes. La crise des Gilets jaunes en France a montré les effets délétères d'une hausse de la taxe carbone non compensée par des transferts équivalents pour les ménages les plus modestes. Au niveau international, les pays pauvres peuvent faire valoir que l'instauration d'une taxe carbone uniforme serait injuste dans la mesure où les pays riches ont financé leur industrialisation en polluant la planète, l'introduction d'une telle taxe les empêchant à leur tour d'accéder au développement. La solution serait alors d'organiser des transferts en faveur des pays pauvres de manière à ne pas empêcher leur décollage, tout en maintenant le principe d'un prix carbone indifférencié, ce qui évite les fuites de carbone et ne biaise pas le signal prix. Quoi qu'il en soit, tout accord international dans ce domaine doit pouvoir assurer l'efficacité économique, les incitations à respecter les engagements et l'équité. Peut-être, par exemple en donnant à l'OMC le pouvoir de sanctionner le non-respect d'un accord international sur le climat, une pratique assimilable à du dumping environnemental ?

B. Une croissance durable ne peut être qu'inclusive

Lorsque le croissance s'accompagne d'un creusement des inégalités, l'insécurité économique et sociale réduit les possibilités d'arbitrage des agents et mine leur confiance dans la capacité les institutions politiques à répondre à leurs attentes.

Un système redistributif efficace favorise la croissance de long terme

Un système redistributif efficace favorise la cohésion sociale et la croissance économique de long terme.

> Une corrélation entre protection sociale et croissance économique

À une période où l'on considérait que les difficultés de la protection sociale étaient dues au ralentissement de la croissance, a succédé la période actuelle qui fait porter à la protection sociale une responsabilité (plus ou moins grande) dans le ralentissement économique. Pourtant, l'observation empirique du lien entre protection sociale et croissance économique ne confirme pas cette dernière thèse. La période pendant laquelle les systèmes de protection sociale se sont le plus développés correspond aux Trente glorieuses. On pourrait alors conclure que croissance économique et protection sociale vont de pair. Il convient cependant de rester prudent car cette relation positive n'indique rien sur le sens de causalité. On peut aussi bien soutenir que le développement de la protection sociale a stimulé la croissance, notamment en soutenant la demande grâce aux prestations sociales versées, ou que la croissance économique a permis de générer les ressources nécessaires au développement de la protection sociale. L'hypothèse d'un lien d'interdépendance entre ces deux phénomènes est sans doute la plus probable. L'histoire nous montre toutefois que toutes les grandes nations ont vu se développer conjointement leur croissance économique et leur système de protection sociale, qu'il s'agisse de l'Allemagne à la fin du XIXe siècle ou des États-Unis dans les années 1930. Les pays scandinaves sont les pays d'Europe qui consacrent aujourd'hui le plus de ressources à la protection sociale et qui réalisent les meilleures performances économiques.

> La protection sociale, en réduisant les inégalités et l'incertitude, favorise la croissance économique

Bien que de nombreuses analyses économiques portant sur la protection sociale pointent les effets indésirés des prélèvements sociaux sur les performances économiques et sur l'emploi, il faut souligner les bienfaits d'un système redistributif qui favorise la croissance à long terme et la cohésion sociale. En effet, les prélèvements sociaux ont pour contrepartie le versement de prestations sociales qui visent à pérenniser ou à développer le capital humain et le capital social d'une société. Il faut entendre par capital humain l'ensemble des capacités productrices des individus mesurées en termes de savoir, savoir-faire, savoir-être et de santé. En engageant des dépenses en vue d'améliorer les connaissances et la santé de sa population, la collectivité élève le niveau de productivité des travailleurs, une situation profitable pour les entreprises (main-d'œuvre plus efficace) et pour les salariés (qui peuvent prétendre à des salaires plus élevés). Sans une prise en charge socialisée des principaux risques sociaux, certains individus ne pourraient ou ne voudraient pas engager les dépenses nécessaires, ce qui freinerait la mobilité sociale et serait source d'inefficacité économique. Par exemple, la couverture vaccinale doit être intégrale si l'on souhaite éradiquer certaines maladies, ce qui justifie la gratuité de la prise en charge. La protection sociale participe donc à l'efficacité globale du système productif en permettant à tous de bénéficier d'un système de santé de qualité, de pensions de retraite convenables et de la garantie d'un minimum de ressources en cas de chômage, ce qui facilite une meilleure adéquation entre la qualification des travailleurs et les emplois proposés. Dans le cadre d'une concurrence exacerbée, les actifs devront nécessairement être plus mobiles que par le passé, développer leur formation tout au long de la vie pour faire évoluer leurs compétences, s'adapter à de nouveaux métiers. Seule une protection sociale étendue et efficace peut accompagner ce phénomène.

La protection sociale, en réduisant les inégalités et l'insécurité, permet de réduire les tensions sociales pouvant nuire au système économique et peut même faciliter la prise de risque lorsqu'il existe une protection collective garantie à tous. Il existe une corrélation très forte entre le niveau des prélèvements socio-fiscaux et le taux de pauvreté. Les pays qui connaissent le moins de pauvreté sont ceux qui ont les prélèvements les plus élevés. Bien que le niveau des prélèvements ne soit pas le seul facteur expliquant les inégalités et la pauvreté, la redistribution est un outil essentiel au service de la solidarité nationale. Les pays scandinaves servent une fois de plus d'exemple. En favorisant la solidarité et un sentiment de sécurité, les systèmes de protection sociale soutiennent la confiance des ménages, réduisent le taux d'épargne de précaution et stimulent la consommation. Dans la même perspective, Keynes a montré qu'une réduction des inégalités permettait de soutenir la consommation, donc la croissance et l'emploi, en opérant une redistribution verticale entre les hauts revenus (qui ont un taux d'épargne élevé) et les bas revenus (dont la propension à consommer est forte). Une thèse qui réconcilie efficacité économique et justice sociale. *A contrario*, la faiblesse du *welfare* aux États-Unis s'accompagne d'un niveau élevé de pauvreté et d'inégalité, d'un taux de criminalité supérieur à celui de la plupart des pays industrialisés (par exemple le taux d'homicides y est trois fois supérieur à celui du Canada) et d'un taux d'incarcération en moyenne sept fois supérieur à celui des pays de l'Union européenne. Autant de pathologies sociales qui sont inefficaces d'un point de vue économique et social et qui génèrent des coûts élevés pour la collectivité. Selon l'OCDE, une progression de 1 % des inégalités induit une baisse de 0,6 à 1,1 % du PIB, du moins dans les pays de l'OCDE.

Les inégalités peuvent accroître l'occurrence de crises financières et la montée des populismes préjudiciables à la croissance

≫ Inégalités économiques et crises financières

Des auteurs comme R. Rajan (*Fault Lines*, 2010) ou J. Stiglitz (*Le Prix de l'inégalité*, 2012) soulignent que la montée des inégalités augmente l'endettement des ménages, accentue le cycle financier et l'occurrence de crises financières. En effet, la demande de crédit augmente lorsque les revenus sont inconstants, voire lorsqu'ils diminuent. Par ailleurs, la stagnation des revenus des plus pauvres et des classes moyennes aux États-Unis a engendré une pression politique pour faciliter l'accès au crédit. L'augmentation des inégalités économiques aurait donc pu jouer un rôle dans le mouvement de dérégulation financière des années 1980 dans la plupart des pays développés et la politique monétaire accommodante conduite par la FED dans les décennies 1990-2000 aux États-Unis serait une réponse à cet accroissement des inégalités. En alimentant le gonflement du crédit, l'accroissement des inégalités favorise les risques de bulles et de crises financières qui souvent s'ensuivent, à l'image de la crise des *subprimes* de 2008-2009. La réduction des inégalités devient alors un objectif central de la politique économique.

Figure 2 – Relations complexes entre inégalités, endettement privé et crises financières

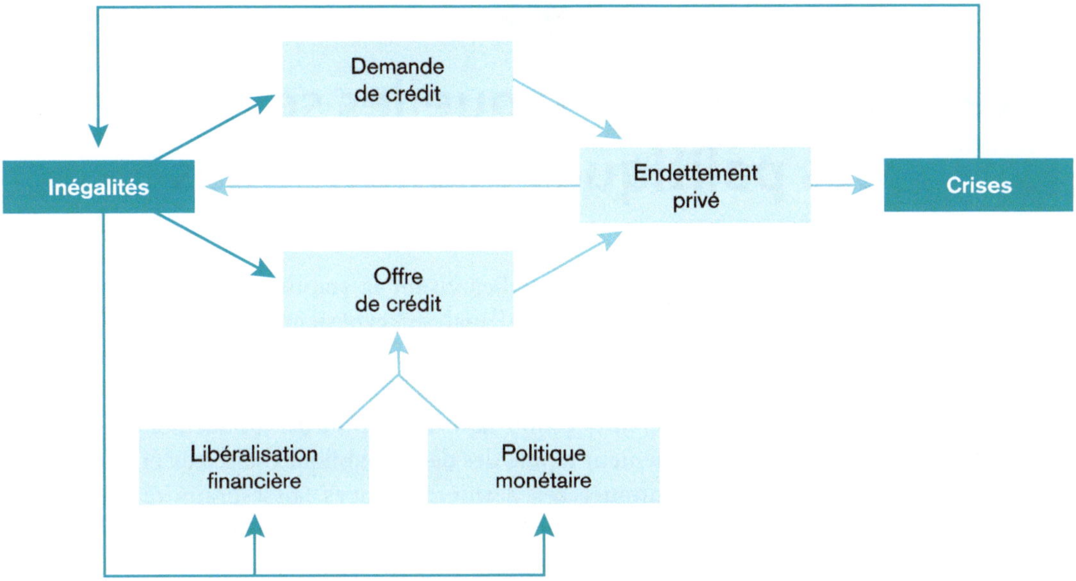

Sources : R. Bazillier, J. Héricourt, S. Ligonnière, « La relation circulaire entre inégalités de revenu et finance : tour d'horizon de la littérature et résultats récents », *Revue d'économie financière*, 2017/4, n° 128.

≫ Augmentation des inégalités et montée des mouvements populistes

Un nombre croissant de travaux universitaires tendent à montrer que l'accroissement des inégalités économiques est un des facteurs expliquant l'arrivée au pouvoir de mouvements populistes. Le chercheur américain en sciences politiques Francis Fukuyama définit le populisme comme « les politiciens qui revendiquent avoir une connexion charismatique directe avec le peuple, ce qui leur conférerait une légitimité spéciale lorsqu'ils travaillent dans l'intérêt du peuple ». Pour cet auteur, les populistes ont en commun, d'une part, de mettre en cause les tribunaux, les médias, les technocrates et les institutions de contrôle et, d'autre part, de promouvoir des politiques économiques populaires à court terme mais délétères à long terme. Comme le montre T. Piketty *et alii* (*Pour un traité de démocratisation de l'Europe*, 2017), la hausse des inégalités n'a pas favorisé les partis de gauche, lesquels ont perdu au fil du temps le soutien des électorats les moins diplômés qui ont été particulièrement touchés par la crise et les mutations de l'emploi, au profit des idées et des mouvements populistes.

3

Les contraintes auxquelles se heurtent les politiques économiques

Les politiques économiques conjoncturelles visent la stabilisation du cycle économique. Elles s'inscrivent au cœur de l'analyse keynésienne et ont été très largement mobilisées durant les Trente Glorieuses. Mais dans un contexte d'ouverture croissante des économies et de montée de l'incertitude, l'efficacité de ces politiques a été remise en question tant d'un point de vue factuel que théorique. Tandis que le gonflement rapide des dettes publiques suite aux crises majeures que le monde a connues ces dernières années laisse craindre un problème de soutenabilité, l'intégration croissante de l'Union européenne impose de fixer des règles de conduite quant à l'utilisation de ces politiques, ce qui limite leurs usages.

1 Des contraintes d'efficacité

Les politiques conjoncturelles ont été très largement plébiscitées pendant les Trente Glorieuses. Pourtant, celles-ci sont venues buter sur de nouvelles contraintes à partir des années 1970-1980, les rendant inopérantes, voire responsables, pour certains, des dysfonctionnements économiques constatés. Qu'en est-il ?

A. Une remise en cause de l'efficacité de la politique budgétaire

L'impact expansionniste de la relance budgétaire se heurte à l'ouverture croissante des économies et ne conduit pas nécessairement aux effets escomptés comme le soulignent les économistes libéraux.

Une remise en cause du multiplicateur keynésien

≫ L'effet multiplicateur, principal canal d'influence de la politique budgétaire

C'est en 1936 que John Maynard Keynes suggère l'existence d'un multiplicateur budgétaire, idée qu'il a empruntée à l'économiste britannique R. Kahn, lequel en avait exposé les principes en 1931 dans un article intitulé « La relation entre l'investissement intérieur et le chômage ».

Le multiplicateur keynésien représente la variation du produit intérieur brut induit, toutes choses égales par ailleurs, par la variation d'une unité de dépenses ou de recettes publiques. Une stimulation budgétaire génère un accroissement de la production et des revenus par le biais de la consommation additionnelle ainsi créée qui apporte des débouchés supplémentaires pour les entreprises. Une variation des dépenses publiques se traduit donc par une variation de la production k fois supérieure : $\Delta Y = k \, \Delta G$.

L'ampleur de l'effet multiplicateur dépend en particulier de la propension marginale à consommer et de la propension marginale à importer dans le cas d'une économie ouverte. Le coefficient multiplicateur k est égal à $(\frac{1}{1-c})$ en économie fermée et à $(\frac{1}{1-c+m})$ en économie ouverte (avec c = propension marginale à consommer et m = propension marginale à importer). L'épargne comme les importations représentant une fuite dans le circuit de la demande adressée à l'appareil productif national, l'effet multiplicateur est d'autant plus élevé que la propension à consommer est forte et que la propension à importer est faible. Le multiplicateur est plus faible si la politique budgétaire se fait par le biais d'une hausse des transferts publics (versements effectués par les administrations aux ménages sous la forme d'allocations-chômage, familiales, de bourses scolaires…). En effet, contrairement à la construction d'un pont ou d'une école, ceux-ci ne représentent pas une demande directe et la fuite liée à l'épargne intervient immédiatement. En économie fermée, le coefficient k pour les transferts publics est ainsi égal à $(\frac{c}{1-c})$. De manière symétrique, le multiplicateur fiscal est égal à $(\frac{-c}{1-c})$. Cela incite *a priori* à privilégier les politiques de relance par la hausse des dépenses publiques (hors transferts). En outre, comme l'a souligné l'économiste norvégien Haavelmo (« Multiplier Effects of a Balanced Budget »), cela ouvre la possibilité qu'un budget équilibré ait un effet expansionniste, certes moins prononcé qu'en cas de déficit volontaire : en cas de hausse des dépenses publiques financée par une hausse des impôts de même valeur, le coefficient k (en économie fermée) est ainsi égal à $(\frac{1-c}{1-c}) = 1$. On peut ajouter qu'une politique de redistribution verticale peut également avoir un effet de relance, compte tenu de la plus forte propension à consommer des ménages les plus pauvres.

Un multiplicateur élevé justifie qu'un État accroisse ses dépenses publiques et/ou diminue les impôts pour relancer l'activité en période de crise. Ajoutons que le multiplicateur joue à la fois pour relancer l'activité et pour juguler une surchauffe de l'économie (lorsque la croissance effective devient supérieure à la croissance potentielle). Il faudrait alors parler dans ce dernier cas de diviseur budgétaire puisque la baisse des dépenses publiques et/ou la hausse des impôts exerce normalement un impact négatif sur la production.

Pour identifier l'orientation budgétaire, les économistes calculent un solde public corrigé des fluctuations conjoncturelles ou solde public structurel, qui correspond au niveau du solde public qui prévaudrait en l'absence d'écart de production. Une part des dépenses échappe en outre, au moins à moyen terme, à la décision des autorités publiques, celles qui sont consacrées au paiement des intérêts de la dette publique. C'est pourquoi il est plus pertinent d'observer le solde primaire, solde public avant paiement de ces intérêts. Le solde structurel primaire mesure ainsi la part du solde public qui relève des choix des pouvoirs publics et constitue l'indicateur le plus pertinent de l'orientation budgétaire d'un pays. L'exemple de l'Italie est de ce point de vue significatif : souvent présenté comme « dépensier » et ayant de fait régulièrement connu un solde global déficitaire, ce pays a en fait affiché un solde primaire quasi constamment excédentaire depuis les années 1990, traduction d'une orientation budgétaire restrictive. Mesurer l'évolution du solde structurel d'une année à l'autre constitue un moyen alternatif d'apprécier l'intensité de l'« impulsion budgétaire » lors de la mise en œuvre d'une politique de relance ou de l'effort de « contraction budgétaire » en cas d'austérité.

Encadré 5 – Budget et stabilisateurs automatiques

Il faut préciser que le budget agit spontanément de manière contracyclique, en dehors même de toute intervention discrétionnaire du fait de l'existence des stabilisateurs automatiques. En effet, en période de récession, les dépenses augmentent (hausse des allocations-chômage par exemple) tandis que les recettes diminuent (la baisse de la production et des revenus réduit les impôts et taxes versés). En France, l'évolution du solde budgétaire est particulièrement sensible à la conjoncture économique en raison de l'importance des stabilisateurs automatiques. On peut l'appréhender par l'élasticité budgétaire qui correspond à la sensibilité du solde public à la variation de la production. Un coefficient de 63 % signifie qu'une baisse du PIB de 1 % conduit à une hausse du déficit public de 0,63 point de PIB. Il s'agit de l'élasticité la plus élevée au sein de l'Union européenne, en raison principalement du poids de la redistribution. L'output gap négatif (la production globale effective est inférieure à la production globale potentielle) dont souffre la France de manière récurrente depuis plusieurs décennies explique en grande partie la succession des déficits publics par le simple jeu des stabilisateurs automatiques.

Figure 3 – Impact des stabilisateurs automatiques sur le déficit budgétaire dans les pays de l'Union européenne *(en pourcentages)*

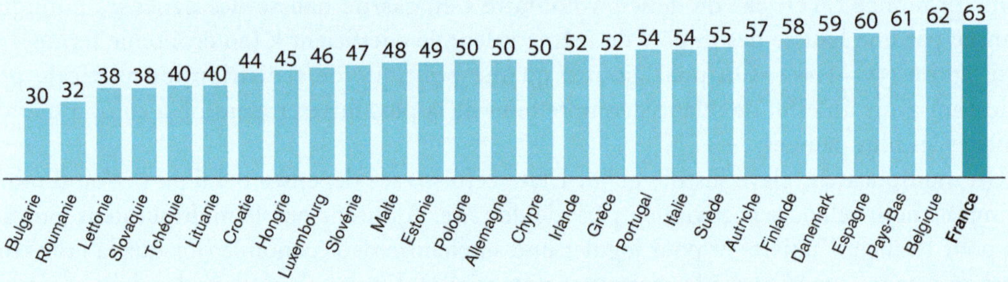

Source : Commission des finances du Sénat (d'après : G. Mourre, A. Poissonnier et M. Lausegger, « The Semi-Elasticities Underlying the Cyclically-Adjusted Budget Balance: An Update & Further Analysis », Commission européenne, European Economy, Discussion Paper 098, mai 2019).

≫ Les critiques portant sur la valeur du multiplicateur keynésien s'appuient sur des arguments théoriques et factuels

Pour les économistes libéraux, l'investissement public utilisé pour relancer l'économie se substitue en partie (ou en totalité) à l'investissement privé, avec un faible impact (ou aucun impact) sur le niveau global de la demande. Cela repose sur un double effet d'éviction. M. Friedman insiste sur le fait que pour financer le déficit public généré par l'augmentation des dépenses, l'État va devoir emprunter sur les marchés financiers. Ce faisant, il capte une partie de l'épargne disponible et contribue à accroître les taux d'intérêt (augmentation de la demande de fonds prêtables). L'augmentation des taux d'intérêt décourage une partie des investissements privés, ce qui réduit l'effet de relance. Les monétaristes ajoutent par ailleurs que la lenteur dans la mise en œuvre des politiques de relance est de nature à agir de manière procyclique et donc à accentuer les déséquilibres.

Figure 4 – Politique budgétaire de relance et effet d'éviction

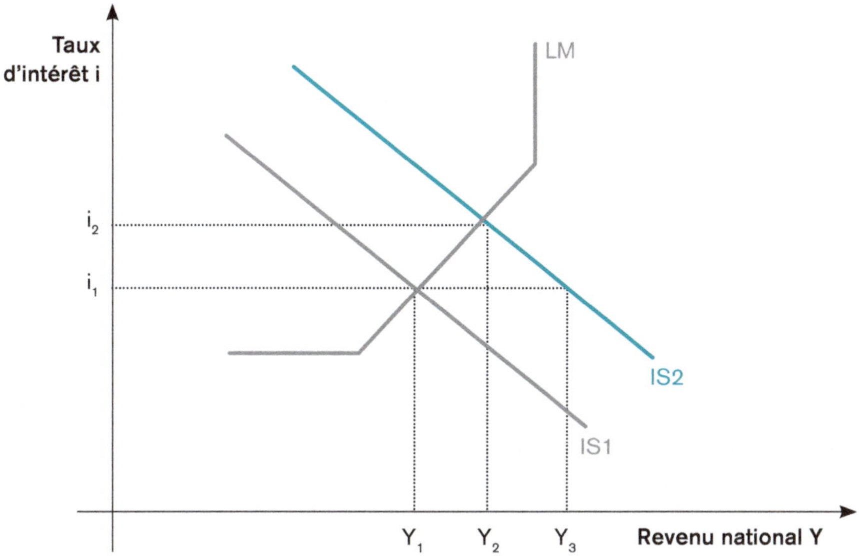

À cet effet d'éviction indirect, par le taux d'intérêt, s'ajoute un effet d'éviction direct lié au fait que les agents anticipent une hausse future des impôts (pour combler le déficit) ; la hausse de l'épargne ôte toute efficacité à la politique budgétaire. Financer le déficit public par l'emprunt ou par l'impôt est équivalent : c'est ce que l'on appelle le théorème d'équivalence Ricardo-Barro. R. Barro indique dans son article de 1974 « Are Government Bonds net Wealth? » que la politique budgétaire est totalement inefficace quand bien même la hausse des impôts ne toucherait que les générations futures : « Si les générations consécutives sont liées entre elles par une chaîne de transferts altruistes, alors une politique budgétaire expansive financée par une augmentation des prélèvements futurs n'aura aucun effet sur la consommation courante, même si les prélèvements en question sont entièrement supportés par les générations à venir. »

≫ L'ouverture croissante des économies accroît la contrainte extérieure

Les politiques budgétaires expansives sont régulièrement soupçonnées de favoriser l'activité des pays partenaires au détriment de la production nationale, sur fond d'augmentation du déficit extérieur. Des évaluations conduites par l'OCDE montrent qu'en situation d'économie ouverte, l'effet multiplicateur peut perdre 40 % de son efficacité. Un tel effet a été clairement observé lors de la relance opérée par le gouvernement de P. Mauroy en 1981, celle-ci ayant dû être interrompue après l'apparition d'un déficit des transactions courantes record (4 % du PIB) qui a eu pour résultat la dévaluation du franc. De fait, toute politique de stimulation de la demande doit intégrer la contrainte extérieure : la croissance plus rapide que permet la relance se traduit par une dégradation de la balance commerciale et oblige à freiner la demande. Par exemple, relancer la consommation lorsque la production intérieure ne peut la satisfaire aboutit nécessairement au creusement du déficit extérieur, sans gains significatifs en termes de croissance. Ce phénomène est susceptible de gagner en importance au fur et à mesure de l'internationalisation des économies même si le fait d'appartenir à une zone monétaire semble réduire les contraintes puisque ne nécessitant plus pour un pays membre de défendre la parité de sa monnaie. Ce débat rejoint celui, plus général, de l'autonomie des politiques de relance dans le cadre d'une économie ouverte. On peut rendre compte de l'ouverture d'une économie par le ratio importations/PIB et, à partir de cette donnée, se forger un jugement sur la sensibilité des importations aux évolutions de la croissance. Ce taux a progressé dans toutes les économies ; par exemple, il est passé en France de 12,4 % en 1960 à 33 % en 2019 (+ 30 % en moyenne pour les pays de l'OCDE).

En ce qui concerne la France, mais ce n'est pas le seul pays dans ce cas, l'élasticité des importations par rapport à la croissance du PIB a progressé au cours de ces dernières décennies, passant de 2 dans les années 1990 à 2,5 à partir du milieu des années 2000. Au total, le coefficient de « fuite à l'importation » a augmenté, ce qui rend d'autant moins efficace les tentatives de relances. Faut-il en conclure que toute velléité de relance isolée se solde inévitablement par une dégradation accélérée du solde extérieur ? Deux paramètres doivent être analysés : quelle composante de la demande cibler et quels agents économiques ? Le contenu en importation de l'investissement est sensiblement plus élevé que celui de la consommation, les biens d'équipement faisant traditionnellement l'objet de volumes d'importation soutenus. Stimuler la consommation peut donc s'avérer moins préjudiciable pour la balance commerciale. Par ailleurs, les ménages les plus modestes ont une propension à consommer plus forte et une propension à consommer des biens importés plus faible ; ils consacrent une part plus importante de leurs ressources aux biens primaires (alimentation, logement, transport…) alors que les ménages plus aisés, moins contraints sur leur budget, consomment en proportion plus de biens secondaires (équipement du ménage, loisirs…), plus souvent importés. Ainsi, la recherche d'une plus grande efficacité économique serait de privilégier une injection de pouvoir d'achat en direction des plus démunis si l'objectif est de promouvoir une relance rapide de l'activité. Cela est conforme par exemple aux « chèques » faits aux ménages américains par l'administration Biden aux États-Unis en 2021, soit 1 400 dollars par personne aux foyers américains gagnant moins de 75 000 dollars par an et moins de 150 000 dollars pour les couples mariés. Au-delà, le montant de l'aide est dégressif, et les individus gagnant plus de 80 000 dollars n'y sont pas éligibles (160 000 dollars pour les couples).

Enfin, une stimulation budgétaire produit tous ses effets sur l'économie d'un pays lorsque celle-ci est coordonnée à une échelle régionale sans que cela affecte sa balance courante. Le périmètre européen semble particulièrement pertinent pour opérer une telle action dans la mesure où le taux d'ouverture de la zone euro, et *a fortiori* de l'Europe des 27, est relativement faible ; le commerce intra-zone de l'Union européenne est particulièrement intense en s'élevant à plus des deux tiers. Pour l'OFCE (« Comment désamorcer une déflation ? », 2008), le multiplicateur « passe du simple au double suivant que la relance est isolée ou qu'elle est menée à l'identique chez l'ensemble des partenaires commerciaux de la France ». Sans coordination, le multiplicateur résultant d'une relance par la consommation est cantonné à l'unité à l'horizon d'un an (une dépense publique représentant un point de PIB majore la croissance du même montant) ; dans l'hypothèse d'une relance concertée, la taille du multiplicateur est doublée. À ce titre, le plan de relance européen de 750 milliards d'euros adopté (après d'âpres négociations) en juillet 2020 semble exemplaire par son ampleur et son financement puisque résultant d'un endettement commun à 27, et susceptible de relancer efficacement la croissance communautaire sans accentuer les déséquilibres extérieurs. Cela n'exonère pas certains pays comme la France d'améliorer l'offre compétitive de leur économie pour desserrer la contrainte externe à moyen/long terme.

Vers une réévaluation de la taille des multiplicateurs budgétaires

Suite à la crise de 2008, la dette publique a fortement augmenté dans la plupart des pays développés, laissant craindre, pour un certain nombre d'États du sud de la zone euro, une crise d'insolvabilité. Dans un contexte d'orthodoxie budgétaire, les plans de relance de la première période ont laissé place à des plans d'austérité dès 2010 avec la conviction que la taille des multiplicateurs budgétaires était plutôt faible, sans doute inférieure à 1, et probablement autour de 0,5. On estimait alors que l'austérité était légèrement récessive à court terme (rappelons que le multiplicateur joue dans les deux sens), mais expansionniste à long terme, lorsque le retrait de l'État de l'économie en libérerait le potentiel. Certains économistes comme F. Giavazzi et M. Pagano (« Can Severe Fiscal Contractions Be Expansionary? », 1990) développent même l'idée que l'austérité serait aussi expansionniste à court terme. Ils parlent de « consolidations budgétaires expansionnistes », en postulant qu'une diminution des dépenses publiques induit chez les ménages une anticipation à la baisse des impôts, ce qui accroît leur demande, surtout s'ils considèrent cette baisse comme permanente. Pourtant, le résultat de ces politiques d'austérité a été de replonger la zone euro dans une récession entre 2011 et 2013 et d'aggraver *in fine* le taux d'endettement des États les plus fragiles en raison d'une contraction du PIB. Le cas de la Grèce est emblématique des effets contre-productifs des politiques d'austérité qui lui ont été imposées par la Commission européenne, le FMI et la BCE (Mémorandum d'entente) en contrepartie de leur aide, puisque le PIB s'est contracté de 26 % entre 2008 et 2014 tandis que le ratio dette publique/PIB est passé de 109,3 % à 177,1 % sur la même période.

Ce constat a montré que les politiques budgétaires restrictives avaient été manifestement sous-évaluées. Dans ses « Perspectives de l'économie mondiale » (2012), le FMI reconnaît lui-même que « le principal constat, basé sur des données concernant 28 pays, est que les multiplicateurs utilisés pour établir les prévisions de croissance sont systématiquement trop faibles depuis le début de la Grande Récession, l'erreur allant de 0,4 à 1,2, selon la source des prévisions et les spécificités de la technique d'estimation. Des indications informelles laissent penser que les multiplicateurs employés implicitement pour générer ces prévisions sont de l'ordre de 0,5. Les multiplicateurs réels pourraient donc être supérieurs et s'échelonner de 0,9 à 1,7 ». En janvier 2013, l'économiste en chef du FMI, O. Blanchard, reconnaissait dans un article intitulé « Growth Forecast Errors and Fiscal Multipliers » que les multiplicateurs avaient vraisemblablement été sous-évalués et que, pendant une période de récession profonde, les multiplicateurs étaient plus proches de 2 que de 0,5. L'impact récessif de l'austérité avait donc été plus important qu'anticipé et la baisse du PIB, plus forte que prévu, avait finalement empêché d'atteindre l'objectif de réduire le taux d'endettement.

Le débat sur la taille des multiplicateurs reste largement ouvert. S. Gechert et H. Will ont réalisé une synthèse des différentes méthodes et résultats concernant l'évaluation de la valeur des multiplicateurs dans « Fiscal Multipliers: A Meta Regression Analysis » (2012). Ils en tirent trois conclusions principales :

- la valeur des multiplicateurs de la dépense publique est proche de 1 (et non de 0,5, valeur qui fondait les perspectives des programmes de consolidation budgétaire dans les pays en crise de la zone euro) ;
- conformément à l'argumentaire keynésien, les multiplicateurs de la dépense sont plus élevés que ceux de l'impôt et des transferts ;
- la valeur du multiplicateur est plus élevée lorsque l'*output gap* est élevé.

Il convient de rappeler que la revalorisation de la politique budgétaire est liée au contexte et qu'elle ne l'absout pas de toute contrainte d'efficacité. Son efficacité dépend d'un certain nombre de facteurs, dont en tout premier lieu le degré d'ouverture de l'économie et l'écart de production. Conformément au message keynésien, si la croissance effective est proche de la croissance potentielle, la valeur du multiplicateur sera égale à zéro et l'effet d'éviction total. La règle des « 3T » élaborée dans les années 2000 pour juger de la pertinence d'une impulsion budgétaire reste essentielle : le soutien doit survenir à temps (*timely*), ce qui peut justifier la préférence pour les transferts en cas de forte récession, il doit être bien ciblé (*targeted*), privilégiant notamment les agents à forte propension à consommer, et temporaire (*temporary*) pour éviter de devenir procyclique. Si pousser la croissance proche de son potentiel peut comporter des bénéfices, les risques d'inflation et de perte de compétitivité qui pourraient en résulter doivent conduire à manier l'outil budgétaire avec discernement. Des réflexions qui restent centrales au moment où le spectre d'une sortie prochaine de la pandémie de COVID-19 pourrait s'accompagner d'un resserrement des comptes publics.

B. La politique monétaire est soumise à des contraintes

Face aux limites rencontrées par la politique budgétaire pour agir efficacement contre les fluctuations de l'activité, la politique monétaire est aujourd'hui considérée comme un instrument efficace pour favoriser une croissance durable et la stabilité des prix. Une analyse qui doit être toutefois nuancée.

Le débat sur l'indépendance/crédibilité de la banque centrale

La plupart des banques centrales ont pour objectif principal la stabilité des prix. Il existe aujourd'hui un consensus pour considérer que l'indépendance des instituts d'émission est une condition de leur réussite.

≫ L'indépendance de la banque centrale, une condition de sa crédibilité ?

Le degré d'indépendance d'une banque centrale peut être mesuré à l'aune de trois critères :

- l'autonomie organique : une banque centrale est d'autant plus autonome que le mandat des gouverneurs de la banque centrale est long et désynchronisé des échéances politiques ;
- l'autonomie fonctionnelle renvoie à la capacité de la banque centrale à définir à la fois ses objectifs et les instruments pour les atteindre ;
- enfin, l'autonomie financière doit permettre à la banque centrale de mettre en œuvre sa politique grâce à des ressources suffisantes.

L'indépendance de la banque centrale par rapport au pouvoir politique est considérée comme une condition de sa crédibilité. Sa politique monétaire sera jugée crédible si les agents privés ont confiance dans le fait qu'elle mettra tout en œuvre pour atteindre l'objectif qu'elle s'est assigné, à savoir défendre avec constance la stabilité des prix. Une telle crédibilité ne peut s'acquérir que sur une longue période ; cela peut expliquer la plus grande rigueur dont on a fait preuve la BCE depuis sa création en 1999 comparée à la FED (créée en 1913) pour lutter contre l'inflation et gagner la crédibilité des marchés. La transparence est une autre condition de la crédibilité de la banque centrale. En communiquant aux marchés toutes les informations concernant ses analyses et ses décisions de politique monétaire, et en affirmant sa volonté de poursuivre sa mission, les agents peuvent ancrer leurs anticipations de prix conformément aux objectifs de la banque centrale.

≫ Les enjeux de la crédibilité pour les banques centrales

Pourquoi rechercher une telle crédibilité ? La montée en puissance des marchés financiers, sur lesquels les anticipations des agents ont une grande influence, oblige les autorités monétaires à évaluer l'impact de leurs décisions sur l'évolution des comportements des agents. Si les décisions prises par la banque centrale apparaissent comme contraires à la stabilité des prix, cela peut modifier les anticipations des agents dans le sens d'un comportement inflationniste et remettre en cause l'efficacité de la politique monétaire. Pour les économistes de la nouvelle école classique F. Kydland et E. Prescott (« The Inconsistency of Optimal Plans », 1977), l'incohérence temporelle menace la crédibilité des banques centrales. Il y a incohérence temporelle lorsque les autorités monétaires s'engagent durablement à lutter contre l'inflation et que, le moment venu, cet objectif est abandonné (par exemple, pour modifier l'arbitrage inflation/chômage à l'approche d'une élection ou encore pour faire face à une crise bancaire) sans que les opérateurs en soient informés à l'avance. L'enjeu de la crédibilité peut trouver un équivalent en termes de sécurité routière ; l'efficacité d'une politique de sécurité routière est d'autant plus grande que le gouvernement fera tout et durablement pour que les accidents de la route reculent (notamment *via* une politique de répression). De fait, les automobilistes seront plus prudents, ce qui conduira à une baisse des accidents de la route. Si, à l'approche d'une élection, on apprend qu'une amnistie pourrait être votée pour les infractions routières, les comportements se relâchent… Dans le cas de la politique monétaire, si la banque centrale sacrifie temporairement son objectif de lutte contre l'inflation, les agents vont anticiper une hausse des prix qu'ils vont intégrer dans leurs négociations… conduisant à de l'inflation.

Une banque centrale indépendante lutte-t-elle plus efficacement contre l'inflation ?

Si l'indépendance des banques centrales est généralement considérée comme un moyen efficace de lutter contre l'inflation, c'est une condition ni nécessaire ni suffisante.

≫ Indépendance des banques centrales et lutte contre l'inflation

Est-il avéré que l'indépendance des banques centrales favorise leur réussite dans la lutte contre l'inflation ? Plusieurs études empiriques ont cherché à tester la relation entre leur degré d'indépendance et la stabilité des prix. D'un point de vue théorique, on s'attend à une relation inverse entre indépendance de la banque centrale et inflation (plus elle est indépendante, moins l'inflation est forte). R. Barro et D. Gordon ont montré (« Rules, Discretion and Reputation in a Model of Monetary Policy », 1983), dans le prolongement des analyses de Kydland et Prescott, que lorsque la politique monétaire est conduite par une banque centrale non indépendante, elle est sujette à un biais inflationniste. En effet, les gouvernements peuvent être tentés d'adopter des actions monétaires discrétionnaires afin de doper la production et l'emploi en générant une inflation surprise. La plupart des études semblent en effet confirmer une corrélation négative entre autonomie et inflation (avec de nombreuses exceptions) mais de faible intensité.

On peut aussi s'interroger sur le sens de la causalité : les pays les plus vertueux en termes d'inflation peuvent aussi être ceux qui garantissent le plus facilement et le plus précocement l'indépendance à leur banque centrale.

≫ L'indépendance des banques centrales est une condition ni nécessaire ni suffisante pour lutter contre l'inflation

L'argument selon lequel seule une banque centrale indépendante permettrait de lutter efficacement contre l'inflation est discutable. Si l'on considère la politique de désinflation menée dans les années 1980 dans la plupart des pays industrialisés, on se rend compte qu'elle a largement atteint son objectif alors même que la plupart des banques centrales n'étaient pas indépendantes (sauf FED et Bundesbank). La baisse structurelle du taux d'inflation en France pendant cette période est essentiellement liée à une modification de la répartition de la valeur ajoutée (désindexation des salaires), alors même que la Banque de France restait dépendante du pouvoir politique.

D'autres auteurs soulignent les limites des banques centrales indépendantes en montrant que cela peut conduire à des jeux non coopératifs entre autorités monétaires et autorités budgétaires. L'économiste américain William Nordhaus montre (*Policy Games*, 1994) que si la coopération entre ces deux autorités est insuffisante, cela peut se traduire par un « jeu destructeur ». Une banque centrale indépendante qui conduirait une politique très restrictive (taux d'intérêt élevés pour lutter contre l'inflation) pourrait voir son action contrebalancée par une politique budgétaire expansive dans le but de compenser les effets récessifs de la politique monétaire. Il peut alors s'instaurer une radicalisation du *policy-mix* (action combinée de la politique monétaire et budgétaire), le durcissement monétaire allant de pair avec un déficit budgétaire croissant. C'est la situation qu'a connue la zone euro au début des années 2000. Ce phénomène a été amplifié dans la mesure où les nouveaux pays entrant dans l'Union européenne (Pays d'Europe centrale et orientale, PECO) avaient des taux d'inflation supérieurs à la moyenne. La politique monétaire de la BCE a donc été en moyenne (trop) restrictive pour les pays les moins inflationnistes, avec des conséquences négatives sur la croissance et l'emploi.

La politique monétaire et la trappe à liquidité

≫ La trappe à liquidité rend la politique monétaire conventionnelle inefficace pour relancer l'économie

Keynes distingue un cas extrême où les variations de la masse monétaire n'ont aucune influence sur les taux d'intérêt. Il considère en effet qu'il existe un niveau plancher, en dessous duquel le taux d'intérêt ne peut plus baisser. Lorsque ce seuil est atteint, toute augmentation de l'offre de monnaie de la part des banques centrales est immédiatement stérilisée par les agents économiques au lieu d'être investie dans l'économie réelle : les entreprises et les ménages préfèrent thésauriser plutôt que d'investir et de consommer, les banques commerciales accumulent des réserves excédentaires auprès des banques centrales plutôt que d'accorder des prêts. La demande de monnaie devient infiniment élastique au taux d'intérêt. Keynes qualifie cette situation de trappe à liquidité, situation dans laquelle la politique monétaire devient inefficace pour relancer l'économie, lorsque IS coupe LM dans sa partie horizontale.

Figure 5 – Trappe à liquidité et inefficacité de la politique monétaire

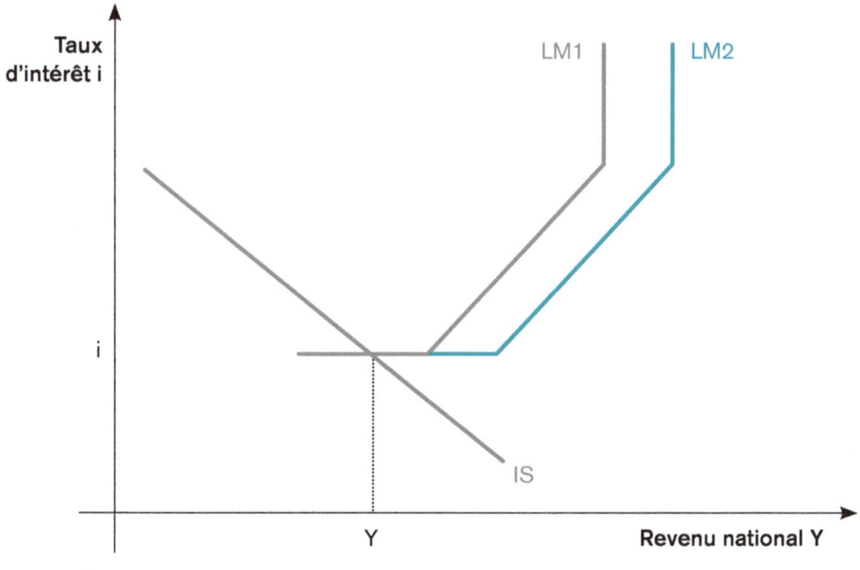

De plus, Keynes considère qu'en situation de sous-emploi, les investissements sont peu sensibles aux variations du taux d'intérêt. La relance monétaire sera donc d'une très faible ampleur. Cela s'explique par le fait que les entrepreneurs ajustent d'abord leurs plans d'investissement en fonction de la demande anticipée plutôt qu'au regard du coût de l'emprunt. En situation de sous-emploi, le manque d'investissement ne s'explique pas par une crainte de coût, mais par un déficit de demande. Ainsi, seule l'anticipation d'une croissance de la demande incitera les producteurs à investir davantage. Une politique budgétaire expansive est capable d'orienter les anticipations dans ce sens et s'avère particulièrement efficace en situation de trappe à liquidité puisque sans effet sur les taux d'intérêt ; l'effet multiplicateur joue pleinement. La politique monétaire pourra par la suite jouer un rôle d'accompagnement qui consiste à préserver la dynamique d'investissement en maintenant le taux d'intérêt à un niveau raisonnable.

Figure 6 – Trappe à liquidité et efficacité de la politique budgétaire

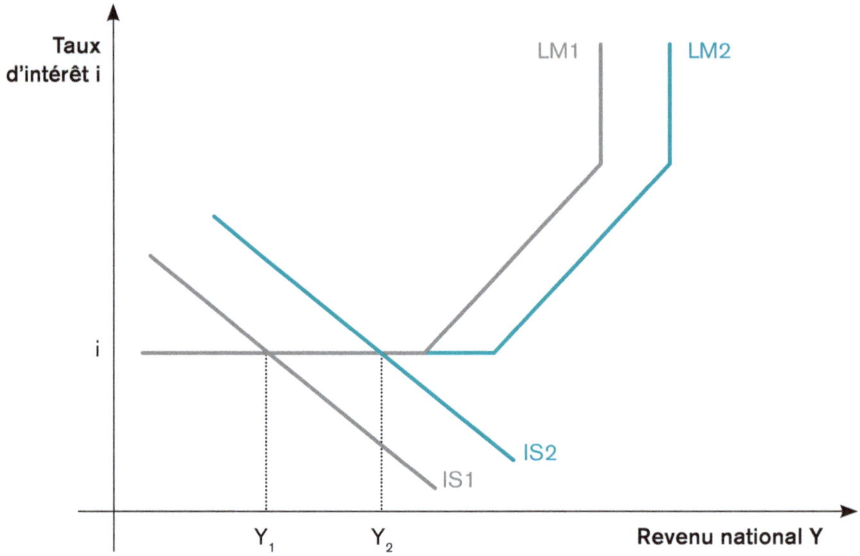

≫ La politique monétaire non conventionnelle pour échapper à la trappe à liquidité

Lorsque les taux directeurs sont très bas ou nuls, il devient très difficile pour les banques centrales de les réduire davantage. Celles-ci disposent toutefois d'instruments non conventionnels pour stimuler la demande et atteindre l'objectif d'inflation, la *forward guidance* (guidage des anticipations) en fait partie. Il s'agit pour une banque centrale de fournir des indications sur l'orientation future de sa politique monétaire en ce qui concerne non seulement l'évolution de ses taux directeurs, mais aussi sur ses programmes de rachat d'actifs. Par exemple, le fait d'affirmer pour une banque centrale qu'elle maintiendra durablement ses taux d'intérêt directeurs à un niveau bas doit inciter les banques commerciales à diminuer les taux d'intérêt de leurs prêts à long terme, sachant qu'elles pourront se refinancer à faible taux auprès de la BC ; elle agit donc sur les taux longs (rappelons que la politique monétaire dite conventionnelle consiste à faire varier le taux d'intérêt à très court terme). Les entreprises et les ménages peuvent obtenir des prêts de long terme moins coûteux pour financer leurs investissements (immobilier pour ces derniers), stimulant ainsi la croissance et luttant contre les tensions déflationnistes. En ancrant les anticipations, la *forward guidance* permet également de limiter la volatilité des anticipations des marchés financiers. Le futur devient plus prédictible, ce qui peut se traduire par la baisse des primes de risque exigée par les investisseurs pour des actifs de long terme. L'efficacité de cet instrument est fortement corrélée à la crédibilité des banques centrales.

Les politiques d'acquisition massive de titres (assouplissement quantitatif) par les banques centrales ont elles aussi pour objectif de réduire les taux longs et relèvent d'actions non conventionnelles. En achetant en grande quantité des titres souverains sur le marché secondaire, les banques centrales garantissent la solvabilité des États et favorisent leur endettement, lequel peut stimuler l'activité en période de sous-emploi. Par ailleurs, la baisse des taux longs favorise une hausse du prix des actifs financiers. Les ménages qui sont détenteurs d'un portefeuille financier fortement investi sur les marchés boursiers vont avoir le sentiment d'un enrichissement – effet de richesse positif – susceptible d'avoir un impact favorable sur la demande et donc sur l'activité.

Pour Mark Carney, gouverneur de la Banque d'Angleterre de 2013 à 2020, la trappe à liquidité constitue une réelle menace pour les pays développés. Lorsque les taux directeurs avoisinent les 0 %, la politique budgétaire doit devenir centrale contre un ralentissement économique, et ce non seulement parce que la politique monétaire devient incapable de stimuler l'économie, mais aussi parce qu'à de très faibles taux d'intérêt sont généralement associées une prise de risque excessive et une hausse de la fréquence des bulles spéculatives.

2 Des contraintes de soutenabilité

R. Solow définit la soutenabilité comme la faculté « de doter les générations futures de tout ce qui sera nécessaire pour atteindre un niveau de vie au moins aussi bon que le nôtre et pourvoir pareillement aux besoins de la génération qui suivra » (« An Almost Practical Step toward Sustainability », 1993). Une question qui interroge ici les politiques budgétaire et monétaire telles qu'elles sont conduites dans la plupart des pays et leur impact à moyen-long terme sur la croissance.

A. Le débat sur la soutenabilité de la dette publique

La soutenabilité de la dette publique renvoie à la capacité d'un État à faire face à ses engagements. Il s'agit toutefois d'une notion complexe qui fait intervenir de très nombreux paramètres.

De quoi parle-t-on ?

≫ La notion de dette publique

L'accroissement rapide de la dette publique consécutive à la crise des *subprimes* (2009) puis à la crise sanitaire (2020) a fait resurgir des questions fondamentales quant à l'origine de la dette, sa soutenabilité et son financement. Il faut rappeler que les notions de déficit et de dette publique sont définies, pour ce qui est de l'Union européenne, dans un cadre comptable européen : les déficits publics intègrent à la fois le déficit (excédent) budgétaire, les déficits (excédents) des collectivités locales et les déficits (excédents) des organismes de sécurité sociale.

Ces déficits se cumulent et viennent accroître le stock de dette (la dette correspond à la mémoire des déficits). La dette souveraine, qui ne concerne que celle contractée par les administrations publiques centrales (État et organismes divers), représente en France environ 80 % de la dette publique totale, les 20 % restant se répartissant à peu près également entre les collectivités locales et les organismes de sécurité sociale.

En Europe, seule la dette brute est prise en compte, autrement dit sans tenir compte des actifs de l'État. Si l'on tient compte de la dette nette de l'État c'est-à-dire en soustrayant les actifs immobiliers et financiers, celle-ci est environ deux fois moindre. Dans la mesure où il est relativement délicat de mesurer la valeur du patrimoine immobilier de l'État (quelle est la valeur de la tour Eiffel ?), certains organismes comme l'Observatoire français des conjonctures économiques (OFCE) ne prennent en compte que les actifs financiers (notamment la part du capital détenu par l'État dans certaines entreprises comme ADP, Renault, Air France-KLM, etc.). Même en ne retenant que la dette nette, cela ne remet pas en cause la dégradation continue de la dette publique en France depuis plus de 40 ans, avec des périodes d'accélération et de stabilisation relative. En outre, la dette ne prend pas en compte la dette implicite, c'est-à-dire les recettes et les dépenses certaines à venir mais pas évidentes à évaluer : c'est le cas par exemple du financement des régimes publics de retraite par répartition ou encore du système de prêts garantis par l'État pour soutenir les entreprises qui ont dû fermer pendant la crise sanitaire de COVID-19.

≫ Le financement de la dette publique

Pour financer sa dette, l'État doit emprunter en émettant des titres à plus ou moins longue échéance. En France, c'est l'Agence France Trésor (AFT), créée le 8 février 2001, qui est chargée de la gestion de la dette publique. Elle émet trois types de titres. Les bons du Trésor à taux fixe (BTF) dont la maturité est de 4 à 7 semaines, les bons du Trésor à intérêt annuel (BTAN) émis pour une durée de 2 à 5 ans, et surtout les OAT (obligations assimilables au Trésor) dont l'échéance va de 2 à 50 ans. Tous les premiers jeudis du mois, l'AFT réalise une adjudication d'OAT suivant le principe de l'enchère hollandaise : les offres dont les prix sont les plus élevés sont servies en premier. Celles de niveau inférieur le sont ensuite, jusqu'à hauteur du montant souhaité par l'AFT. Les emprunts de court terme sont généralement moins coûteux que les emprunts de long terme mais renouveler fréquemment des émissions de court terme expose l'État au risque de devoir emprunter à des taux d'intérêt plus élevés (exemple : crise de confiance). En période d'incertitude, les investisseurs peuvent aussi préférer des titres à maturité courte (terme de l'échéance). Dans les années 2000, l'AFT a privilégié les OAT à court et moyen termes. Cela oblige à renouveler chaque année une partie importante de la dette qui arrive à échéance, sans compter le financement du déficit budgétaire annuel. C'est ce qu'on appelle le « roulement de la dette ». Alors que la loi de finances 2021 a voté un déficit budgétaire pour la France de 173,3 milliards d'euros, le besoin de financement s'élèvera à 280 milliards d'euros couverts par des émissions de dette à moyen et long termes pour 260 milliards et des emprunts de court terme pour 20 milliards. Pour réduire le roulement de la dette, l'AFT s'est engagée depuis plusieurs années à remplacer des dettes à court et moyen termes par des dettes à très long terme, autrement dit, à emprunter sur des durées de plus en plus longues. Cela étant facilité par la faiblesse des taux d'intérêt, voisins de 0 % pour des OAT à 10 ans. De fait, la durée de vie moyenne des encours est passée de 7 ans et 38 jours en 2015 à 8 ans et 265 jours en 2020. Un moyen d'alléger la contrainte de remboursement de la dette arrivant à échéance chaque année.

≫ La question des détenteurs de la dette publique

Les contraintes portant sur la dette doivent aussi tenir compte de la part des titres publics détenus par les non-résidents. Avec l'accroissement des dettes publiques, on assiste en Europe à une progression sensible de ce phénomène, jusqu'à une période récente. Dans certains pays membres, la proportion de créanciers non résidents dépasse 70 %, comme Chypre, la Lettonie ou la Lituanie. Dans la moitié des États membres de l'Union européenne, la dette est détenue pour au moins la moitié par des non-résidents. Cette situation crée naturellement une dépendance à l'égard d'investisseurs qui peuvent être moins captifs que des investisseurs domestiques et plus instables que les résidents. Il faut toutefois signaler que la part des détenteurs non européens de la dette publique européenne ne dépasse pas en moyenne 30 %. On assiste donc en Europe à un marché des dettes publiques assez fortement intégré, ce qui pousse certains à envisager une gestion commune de la dette à travers une agence européenne dédiée qui émettrait des obligations européennes (*eurobonds*) pour l'ensemble de la zone euro. Cela assurerait une protection mutuelle et une mutualisation des risques en décourageant en particulier la spéculation contre la dette des États de la zone euro les plus vulnérables.

La part de la dette publique française détenue par les non-résidents a connu d'importantes fluctuations depuis 20 ans. De 28,8 % en 1999, elle a atteint un maximum de 70,6 % en 2009 puis a amorcé une lente décrue pour se situer à 51 % en 2020. Ce phénomène s'explique principalement par le rachat massif de dettes publiques depuis 2015 par la Banque de France pour le compte de la BCE. Elle détient désormais 22 % de la dette publique française contre 5 % en 2014. P. Artus met en lumière que la dette détenue par la Banque de France a un statut particulier dans la mesure où celle-ci appartient à l'État français et lui reverse ses profits. « La Banque de France est donc une composante de l'État français : la dette publique qu'elle détient est en réalité une dette de l'État achetée par l'État. On doit donc seulement considérer l'ensemble constitué par la Banque centrale et par l'État, et le bilan consolidé de cet ensemble. Au passif du bilan consolidé de la Banque centrale et de l'État, on trouve la seule dette publique qui compte, qui est la partie de la dette publique qui n'est pas détenue par la Banque centrale. Le reste de la dette publique, détenu par la Banque centrale, à nouveau, n'existe pas en réalité, puisque, même s'il existe comptablement, c'est une créance de l'État sur lui-même » (« Quelle est vraiment la dette publique de la France ? », *Le Cercle des économistes*, 12 novembre 2020).

Comment évaluer la soutenabilité de la dette publique ?

≫ La notion de soutenabilité de la dette publique

L'indicateur le plus souvent utilisé pour appréhender le caractère soutenable ou pas de la dette publique est le ratio dette publique/PIB. On dit que la situation des finances publiques est insoutenable (ou non viable) si, sur la base de la politique économique suivie et des prévisions disponibles, l'évolution projetée de la dette publique débouche sur une situation dans laquelle l'État est incapable de faire face à ses échéances compte tenu de ses ressources. Il ne faut pas confondre crise de solvabilité et crise de liquidité : il y a crise de liquidité lorsqu'il existe des actifs (rentrées fiscales à venir ou actifs financiers qui ne trouvent pas immédiatement d'acquéreurs) mais qui ne sont pas mobilisables immédiatement ; l'État peut alors se trouver en défaut alors même qu'il est solvable. Une politique budgétaire peut donc être insoutenable sans que se posent immédiatement des problèmes de solvabilité. Simplement, cette politique devra être modifiée dans le futur. *A priori*, un État doit toujours pouvoir assurer le service de sa dette (le remboursement du capital plus les intérêts) dans la mesure où il peut lever l'impôt (contrairement à un ménage ou à une entreprise qui ne peuvent pas accroître leurs revenus à leur guise). En réalité, comme l'illustre le cas de la Grèce, il existe des limites politiques et sociales, le consentement à l'impôt, qui interdisent à un État d'accroître les prélèvements pesant sur sa population au-delà d'un certain niveau.

Évaluer la soutenabilité des finances publiques est très délicat. Il n'y a pas de critères empiriques universellement acceptés ni un niveau déterminé et unique du ratio dette publique/PIB caractéristique d'une situation d'insoutenabilité. Il n'y a pas non plus de ratio d'endettement public optimal. Pour preuve, certains pays comme le Japon s'accommodent d'une dette publique supérieure à 260 % du PIB tandis que d'autres ont pu connaître un défaut, comme la Grèce en 2010, alors même que sa dette atteignait 130 %. De même, une augmentation de l'endettement public peut cacher des réalités très différentes : est-ce le résultat d'investissements (accumulation de capital public) favorables à la croissance future, la conséquence d'un soutien nécessaire à l'activité en période de crise (légitime pour éviter une destruction de capital productif et humain) ou est-ce le résultat d'un accroissement des dépenses courantes sans effet sur la croissance potentielle ?

Une autre méthode pour juger de la soutenabilité des finances publiques repose sur la contrainte budgétaire intertemporelle : les finances publiques sont viables si la valeur actualisée de toutes les recettes publiques est au moins égale à la valeur actualisée de toutes les dépenses futures (parmi ces dépenses futures, on inclut notamment les dépenses de retraite et de santé). Autrement dit, ce qui importe, ce n'est pas de rembourser tout de suite la dette publique, c'est de pouvoir un jour la rembourser car la croissance aura accru les bases fiscales. Ce calcul fait cependant intervenir beaucoup de paramètres, qui sont tous exposés à un degré élevé d'incertitude. Parmi ces différents paramètres, on trouve les taux d'intérêt, la croissance, le solde budgétaire primaire, la maturité de la dette ou encore la possibilité d'augmenter ou non certains impôts.

≫ Tout endettement public est-il nocif ?

L'endettement public ne doit donc pas être rejeté dans la mesure où il permet de financer des projets d'investissement, sources de croissance future. Tant pour des questions d'efficience que dans une logique d'équité, il est justifié de faire payer aux générations futures l'infrastructure, le savoir et les technologies dont elles hériteront des générations actuelles. À ce sujet, il existe un débat sur le fait de savoir quelles sont les « bonnes dépenses publiques » ; on oppose fréquemment les dépenses d'investissement aux dépenses de fonctionnement (masse salariale et dépenses courantes), les premières étant jugées plus productives que les secondes ; mais en réalité, dans le cas d'un État, la distinction n'est pas facile à faire car la nature des biens (en réalité des services) produits par l'État requiert une forte proportion de facteur travail, comme la santé ou l'éducation, il est donc difficile de ne pas associer ces deux activités à des investissements immatériels.

Donc le véritable enjeu pour les pays qui doivent réduire leurs dépenses pour contenir leur dette publique est de ne pas réduire celles qui sont porteuses d'avenir, autrement dit celles qui réduisent la croissance potentielle ; c'est pourtant ce qu'ont fait les États fragilisés du sud de l'Europe suite à la crise de la dette de 2010 (les dépenses de santé en Grèce sont passées de 23,2 milliards d'euros en 2009 à 14,7 milliards en 2014, stabilisées par la suite). Certains analystes considèrent qu'il serait souhaitable de sortir du déficit certaines dépenses d'investissement comme la R&D ou la santé du déficit public évalué par Maastricht, de les « sanctuariser ».

≫ Dette publique et effet « boule de neige »

Les déficits budgétaires conduisent à un accroissement de l'endettement public, lequel peut produire un « effet boule de neige ». Les déficits (flux) successifs viennent gonfler la dette (stock). Les emprunts nécessaires pour faire face à ces déficits génèrent des frais financiers (intérêts) de plus en plus lourds qui alourdissent le poids de la dette. L'endettement n'est soutenable que si le taux d'intérêt réel est inférieur au taux de croissance du PIB.

Lorsque le taux d'intérêt réel est supérieur au taux de croissance, l'endettement continue d'« augmenter tout seul » même si l'équilibre primaire est atteint, c'est-à-dire hors charge de la dette. À titre d'exemple, si le solde public primaire est nul et que la dette publique atteint 100 % du PIB, le numérateur du ratio d'endettement va s'accroître du montant de la charge de la dette, tandis que le dénominateur évolue au même rythme que le taux de croissance. Si le taux d'intérêt est supérieur au taux de croissance, le numérateur augmente plus vite que le dénominateur. Par conséquent, le ratio d'endettement augmente, alors même que l'équilibre primaire est atteint. On parle alors d'effet « boule de neige » défavorable. Ce phénomène est susceptible de s'auto-entretenir, si bien que stabiliser l'endettement requiert de dégager un excédent primaire toujours plus élevé (cela implique une baisse des dépenses et/ou une hausse des impôts) ou d'anticiper une accélération de la croissance ou encore une baisse des taux d'intérêt. À l'inverse, si le taux d'intérêt est inférieur au taux de croissance, un solde primaire à l'équilibre (ou même légèrement négatif) suffit pour diminuer l'endettement. On parle alors d'effet « boule de neige » favorable. Il faut noter que même avant la crise des *subprimes* et *a fortiori* la crise sanitaire de 2020-2021, la France connaît un déficit primaire récurrent depuis le premier choc pétrolier : 12 années d'excédent primaire seulement depuis 1978, alors que le solde budgétaire a été constamment négatif sur la même période.

La soutenabilité de l'endettement implique donc de comparer le taux de croissance potentiel de l'économie avec le taux d'intérêt qui devra être payé sur la dette à moyen terme. Jusqu'à présent, l'Allemagne comme la France bénéficiaient d'un effet « boule de neige » favorable. La crise sanitaire n'a pas modifié la donne en raison de la politique monétaire très accommodante de la BCE qui a accentué la baisse des taux sur les titres souverains, y compris pour les pays du sud de la zone euro. La question est alors de savoir comment vont évoluer les taux d'intérêt souverains lorsque le soutien monétaire de la BCE cessera. Il existe un relatif consensus parmi les économistes pour considérer la baisse des taux souverains comme structurels, les principaux facteurs s'expliquant par un excès d'épargne mondiale (en partie lié à une augmentation des inégalités) et un déficit d'investissement. Dès lors, même en l'absence de soutien monétaire, la France devrait pouvoir se financer à moyen terme sur les marchés à un taux inférieur à sa croissance potentielle couramment évaluée entre 1 et 1,5 %.

Dette publique, dette privée et dette globale

Ne tenir compte que de la situation financière de l'État est insuffisant : il existe souvent un effet de compensation entre endettement privé et endettement public ; il y a des pays, comme la France, dans lesquels les ménages sont modérément endettés (66,9 % du PIB), le taux d'épargne est élevé et l'État est relativement plus endetté ; en revanche, l'endettement des entreprises est sensiblement plus élevé dans l'Hexagone (85,9 % du PIB). L'Italie connaît une dette publique très élevée mais les ménages et les entreprises sont relativement peu endettés (respectivement 44,4 et 69,9 % du PIB) si bien que la dette globale italienne est équivalente à celle de l'Hexagone (265 % du PIB). Dans cette perspective, l'endettement public peut avoir pour fonction d'alléger l'endettement des ménages (la socialisation des dépenses de santé ou d'éducation limite les dépenses des agents privés) et de recycler l'épargne des ménages. La dette globale peut s'avérer plus pertinente pour juger de la soutenabilité car si celle-ci est élevée, la nation devra pouvoir attirer suffisamment de capitaux extérieurs pour assurer ses besoins de financement, avec le risque, si ces derniers sont essentiellement de court terme, de faire face à une défiance des investisseurs et à des retraits massifs de capitaux volatils. Ce phénomène est aggravé lorsque les agents nationaux s'endettent dans une monnaie étrangère, le reflux des capitaux s'accompagnant d'un effondrement de la monnaie nationale et d'une augmentation à due concurrence des dettes contractées. La crise asiatique de 1997-1998 illustre bien ce phénomène.

Le débat sur le lien entre dette publique et croissance économique

Le débat sur la soutenabilité de la dette et le lien entre dette et croissance a été relancé à partir d'un article de recherche publié en 2010 par deux économistes réputés de Harvard, Carmen M. Reinhart et Kenneth S. Rogoff intitulé « Growth in a Time of Debt » (« Croissance en période de dette »). Leur principale conclusion est que de hauts niveaux de dette publique s'accompagnent d'une croissance plus faible. Lorsque le ratio dette/PIB atteint et excède 90 %, la croissance de long terme est significativement réduite. Cette publication a eu un fort retentissement dans les milieux économiques mais aussi institutionnels et politiques, permettant à de nombreux décideurs de justifier la mise en place de politiques budgétaires très restrictives après la crise des *subprimes* pour éviter, coûte que coûte, le seuil fatidique de 90 % du PIB. Si ce résultat était robuste, il serait en effet urgent d'éviter d'atteindre ou de dépasser ce ratio dans un contexte de dégradation rapide des finances publiques. Reste qu'au-delà d'un travail considérable, les critiques sont nombreuses. Outre le fait que le sens de causalité peut être interrogé – est-ce la dette élevée ou la croissance économique faible qui préexiste ? –, la thèse de ces deux auteurs a été remise en cause par T. Herndon, M. Ash et R. Pollin dans « Une dette publique élevée entrave-t-elle constamment la croissance économique ? » (2013). Ces trois auteurs ont répliqué les tests de « R&R » et ont mis en évidence des erreurs de calcul et d'échantillonnages ne faisant apparaître *in fine* qu'une corrélation faiblement négative entre dette publique croissance. Il n'existe donc pas réellement de preuve empirique solide montrant qu'une dette publique élevée provoque une croissance plus faible.

La soutenabilité de l'endettement extérieur

Dans une économie ouverte, tout déséquilibre macroéconomique interne se traduit par un déséquilibre externe de la balance des paiements. En effet, si les ménages ainsi que les administrations publiques connaissent un besoin de financement (se traduisant par un investissement supérieur à l'épargne pour les premiers et des dépenses supérieures aux recettes pour les secondes), cela signifie que le total des dépenses est supérieur à la production domestique, avec pour implication un déficit extérieur (*cf.* module 3, chapitre 2). Un accroissement des déficits publics, sans que la capacité de financement privée augmente, se traduit nécessairement par une dégradation du solde des transactions courantes et donc par un endettement extérieur. Se pose alors la question de la soutenabilité de l'endettement extérieur.

Un pays peut-il connaître durablement une situation de déficit des transactions courantes ? Les autorités européennes ont introduit en 2012 le solde des transactions courantes, ainsi que la position extérieure et l'évolution des parts de marché, parmi les indicateurs de la stabilité économique que les États membres doivent respecter, aux côtés des classiques seuils de déficits budgétaires et de dettes publiques. En effet, en union monétaire, les déficits ne peuvent plus être corrigés par des dévaluations. Des seuils significatifs pour une croissance soutenable ont été fixés : STC compris entre – 4 et – 6 % du PIB en moyenne sur les trois dernières années, position extérieure négative inférieure à 35 %, perte de parts de marché inférieure à 6 % sur cinq ans. Cela s'explique en partie par le fait que les mêmes mécanismes peuvent être invoqués pour analyser la soutenabilité du déficit des transactions courantes et du déficit des finances publiques. Dans les deux cas, on se retrouve souvent avec une croissance de l'endettement extérieur qui fait peser une contrainte de remboursement.

Si l'on suppose, pour simplifier, que le déficit des transactions courantes est totalement financé par un emprunt à l'extérieur, on peut réécrire l'équilibre extérieur sous la forme :

Exportations + Emprunts = Importations + Remboursement du capital + Intérêts de la dette

Le raisonnement ne serait pas très différent si on rajoutait des investissements directs ou de portefeuille, qui donneraient lieu à des dividendes ou des intérêts.

On considère ici que les exportations et les importations comprennent les revenus et transferts courants (cela permet de simplifier les équations), que la variation des réserves est une créance du reste du monde qui vient réduire le montant de l'endettement. L'équation (7) équilibre ainsi les entrées de fonds (termes de gauche) et les sorties (termes de droite).

En notant F les emprunts nouveaux, A les remboursements (amortissement) et D la dette extérieure et r le taux d'intérêt de la dette, on obtient :

$$X_t + F_t = M_t + A_t + rD_t$$

où l'indice t représente la période lorsqu'il s'agit de flux et le début d'année pour les stocks.

En considérant que $F_t - A_t$ représente l'augmentation de l'endettement, soit $D_{t+1} - D_t$, on obtient :

$$X_t + D_{t+1} - D_t = M_t + rD_t$$

$$D_{t+1} = (1 + r)\, D_t + M_t - X_t \quad (8)$$

L'équation (8) exprime la dynamique de l'endettement extérieur : la dette augmente en fonction du déficit de la balance courante et du paiement des intérêts liés à l'endettement antérieur.

La dette est « supportable », « soutenable » lorsque le ratio dette/PIB est stable, soit $d_{t+1} = d_t$

Si on considère que g est le taux de croissance économique et Y_t le PIB, on obtient :

$$d_t + 1 = \frac{1 + r}{1 + g}\, d_t + \frac{M_t + X_t}{(1 + g)\, Y_t}$$

Ce qui donne approximativement :

$$d_t + 1 = (1 + r - g)\, d_t + \frac{M_t + X_t}{(1 + g)\, Y_t}$$

La condition pour que le ratio soit stable est :

$$(g - r)\, d_t + \frac{M_t + X_t}{(1 + g)\, Y_t}$$

En conséquence, si $(\frac{M_t + X_t}{(1 + g)\, Y_t})$ est stable – c'est-à-dire lorsque les exportations et importations progressent au même rythme que le PIB –, il suffit que g soit supérieur à r pour que la dette extérieure soit soutenable. Une croissance économique supérieure au niveau des taux d'intérêt permet de stabiliser l'endettement extérieur, même en cas de déficit des transactions. Il n'est donc pas nécessaire de dégager des excédents si $g > r$. En revanche, lorsque $r > g$, la stabilisation de la dette extérieure nécessite la réalisation d'excédents des transactions courantes.

Si la question de la soutenabilité est posée à l'occasion d'un déficit, on peut s'interroger sur l'impact économique d'un excédent permanent. Il ne pose pas réellement de problème pour le pays concerné puisqu'il se traduit par un accroissement de ses créances. Il correspond pourtant à un déséquilibre interne, une insuffisance d'investissement par rapport à l'épargne dégagée par exemple, ou des excédents budgétaires récurrents. La situation de l'Allemagne est, à cet égard, intéressante. Elle dégage structurellement un excédent de la balance courante de plus de 7 %. Dans une zone économique intégrée comme l'est l'Europe, c'est forcément la contrepartie de déficits des autres pays. Stigmatiser le déficit, comme le fait l'Union européenne, sans pointer du doigt la responsabilité de l'excédent, est pour le moins surprenant.

B. La question de la soutenabilité de la politique monétaire de la BCE

La politique monétaire très accommodante que mène la BCE depuis 2015 interroge sur ses potentiels effets pervers et sa réversibilité.

Le changement de la doctrine monétaire de la BCE modifie en profondeur son action et fait peser de nouveaux risques

≫ La doctrine du *whatever it takes*

L'arrivée de M. Draghi à la tête de la BCE en 2011 s'est accompagnée d'un changement de doctrine à partir du moment il déclarait en 2012 qu'il ferait tout ce qu'il faut pour sauver l'euro (*Whatever it takes*). La traduction de ce changement de paradigme monétaire a été, à partir de mars 2015, le lancement des programmes d'achats massifs d'actifs (*quantitative easing*), principalement de la dette des États européens. Cette politique a franchi un nouveau cap depuis la pandémie de COVID-19 puisque depuis le 18 mars 2020, la BCE a renouvelé son programme massif d'achat d'obligations des pays en difficulté de la zone euro, donc en remettant en cause sa règle de proportionnalité concernant les achats de titres souverains. Cette politique non conventionnelle lui permet *de facto* de réguler les taux longs et les *spreads* (en Europe, ils correspondent à la différence entre le taux auquel emprunte l'État allemand sur dix ans et les autres taux souverains ; l'Allemagne étant considérée comme le pays le moins risqué, ce pays emprunte au taux le plus bas). Il faut ajouter qu'à cette hausse de la taille du bilan de la BCE se combine une modification de sa structure en raison du rachat d'une proportion croissante de titres de moins bonne qualité (on parle de *qualitative easing*). De fait, la BCE participe de façon très active au financement des dettes publiques. Par exemple, la Banque de France détient 22 % de la dette publique française. Existe-t-il un risque à poursuivre durablement une politique monétaire aussi accommodante ?

≫ Les risques portant sur l'inflation et sur le taux de change de l'euro

L'assouplissement monétaire a fourni des volumes considérables de liquidités aux banques, lesquelles sont incitées à les prêter en raison notamment du taux négatif appliqué aux dépôts placés auprès de la BCE. Si les perspectives économiques et la confiance venaient à s'améliorer, le système bancaire pourrait alors accorder beaucoup plus de crédits et ainsi relancer la consommation et l'investissement. Dans un contexte de désorganisation de la production lié à la crise sanitaire et de désinvestissement dans la période précédente, les contraintes d'offre conjuguées à une forte reprise de la demande pourraient générer des tensions sur les prix. Un risque qui semble toutefois limité à court et moyen termes en raison de la faible augmentation des encours de crédit avant même la crise de COVID-19, de la forte hausse du taux d'épargne et d'une régulation sur les marchés du travail et des biens et services qui reste très concurrentielle. Autant de raisons de ne pas craindre dans l'immédiat une reprise durable de l'inflation.

La politique monétaire accommodante menée par la BCE s'est traduite par une dépréciation de l'euro en raison de la baisse des rendements des obligations des États de la zone euro. Les investisseurs ont de fait réalloué leur portefeuille d'actifs vers des titres souverains présentant un meilleur rendement pour une qualité comparable, en particulier des bons du Trésor américain avec pour conséquence une dépréciation de l'euro par rapport au dollar. Si la BCE devait resserrer sa politique monétaire plus rapidement que la FED, il en résulterait une appréciation de l'euro qui serait préjudiciable à la compétitivité-prix de la zone euro et donc à son redémarrage.

La politique monétaire de la BCE semble difficilement réversible. En effet, si elle décidait de stopper le financement des États et de réduire la taille de son bilan (en vendant des obligations souveraines), cela pourrait conduire à une flambée des *spreads*. Une hypothèse d'autant plus probable que la dette publique de plusieurs pays européens atteint des niveaux inédits en période de paix, constat peu rassurant pour les investisseurs. Si l'inflation venait à atteindre voire à dépasser l'objectif de 2 % à moyen terme, un risque *a priori* faible à court terme, la BCE serait pourtant amenée à durcir sa politique monétaire avec un risque de remontée des taux sur les titres souverains et donc sur la soutenabilité de leur dette.

≫ Politique monétaire et bulles

Les critiques portant sur le rôle de la politique monétaire dans le développement des bulles sont nombreuses. On parle de bulle spéculative lorsque le prix d'un actif augmente de manière excessive, de telle sorte qu'il s'éloigne de sa valeur réelle. Cette hausse s'auto-entretient par le comportement mimétique des investisseurs et finit par se déconnecter totalement de l'économie réelle. À cette phase de hausse succède un effondrement brutal de son prix. L'abondance de liquidité injectée par les banques centrales depuis plusieurs années sur les marchés financiers pourrait conduire à des surévaluations des actifs financiers et immobiliers, et ainsi alimenter la formation de bulles du prix des actifs dont l'éclatement menacerait le fonctionnement du système financier, provoquant une mauvaise allocation du capital et des récessions.

Il existe une abondante littérature à ce sujet. On peut citer les travaux de J. Taylor (« Getting off Track: How Government Actions and Interventions Caused, Prolonged, and Worsened the Financial Crisis », 2009) pour qui le maintien de conditions monétaires excessivement accommodantes par la FED entre 2001 et 2004 a contribué à l'émergence d'une bulle sur le marché immobilier américain avec pour conséquence la crise des *subprimes*. Les tenants d'une telle interprétation sont naturellement critiques quant aux mesures exceptionnelles prises d'abord par la FED puis par la BCE dans le sillage de la crise financière de 2008, mesures renforcées depuis la pandémie de 2020, y voyant les germes de nouveaux déséquilibres et d'une future crise financière. Les études empiriques confirment bien l'existence d'une relation inverse entre les prix des actions et l'évolution du taux directeur des banques centrales. Il faut ajouter à cela qu'en achetant une plus grande proportion de titres de moins bonne qualité, les instituts d'émission incitent les investisseurs à réallouer leurs portefeuilles vers des titres toujours plus risqués, faisant grimper leur valorisation. Toutefois, il n'est pas évident de séparer dans la hausse du prix d'un actif ce qui relève d'une augmentation des fondamentaux de ce qui est imputable à une bulle. D'autres auteurs comme B. Bernanke (« Monetary Policy and the Housing Bubble », 2010) insistent sur le fait que les politiques monétaires très accommodantes sont moins responsables de la formation de bulles qu'un défaut récurrent de réglementation sur certains marchés d'actifs, à l'instar du développement des prêts titrisés aux États-Unis dans les années 2000.

Les risques politiques de la politique monétaire accommodante de la BCE

L'assouplissement monétaire de la BCE repose sur un compromis politique fragile. C'est davantage sur ce terrain-là que sur celui de l'économie que repose la principale menace sur la soutenabilité de son action. Officiellement, il n'est question ni de monétisation des dettes publiques, ni d'une politique visant à réduire les *spreads*. L'article 123 du traité de Lisbonne (qui reprend l'article 104 du traité de Maastricht) interdit en effet toute monétisation des dettes publiques, c'est-à-dire de faire de la création monétaire afin de financer directement les États. La BCE utilise un subterfuge consistant à acheter des obligations souveraines sur le marché secondaire, essentiellement auprès des banques commerciales. Comme le souligne le chef économiste de la BCE, Philip Lane : « Dans cette période de choc commun où les États augmentent leur déficit pour soutenir leurs économies, notre politique de rachats d'actifs, à travers différents programmes, permet de maintenir des conditions de financement favorables. »

Encadré 6 – Le mandat de la BCE d'après les traités européens

L'article 127 du traité sur le fonctionnement de l'Union européenne (TFUE) dispose :
« L'objectif principal du Système européen de banques centrales, ci-après dénommé SEBC, est de maintenir la stabilité des prix. Sans préjudice de l'objectif de stabilité des prix, le SEBC apporte son soutien aux politiques économiques générales dans l'Union, en vue de contribuer à la réalisation des objectifs de l'Union. »
Ces objectifs de l'Union sont définis à l'article 3 du traité sur l'Union européenne (TUE). En matière économique, l'Union européenne « œuvre pour le développement durable de l'Europe fondé sur une croissance économique équilibrée et sur la stabilité des prix, une économie sociale de marché hautement compétitive, qui tend au plein-emploi et au progrès social, et un niveau élevé de protection et d'amélioration de la qualité de l'environnement. Elle promeut le progrès scientifique et technique ». En outre, elle « promeut la cohésion économique, sociale et territoriale, et la solidarité entre les États membres ».

L'Allemagne se montre particulièrement sourcilleuse à l'égard de ces opérations de rachat de dette par la BCE comme l'a montré la Cour constitutionnelle allemande de Karlsruhe le 5 mai 2020, considérant ces rachats de titres souverains comme illégaux. Si le gouvernement allemand et le Bundestag ont souligné la nécessité de préserver la monnaie unique, le successeur d'A. Merkel pourrait remettre en cause ce compromis très instable. Dans ce contexte, les débats concernant l'annulation de la dette détenue par la BCE ou l'opportunité que celle-ci puisse financer directement les États de la zone euro risquent de fragiliser un peu plus la position allemande alors même que la faiblesse des taux d'intérêt ne remet pas en cause la soutenabilité de la dette publique, sauf en cas de panique sur les taux souverains.

3 Les politiques conjoncturelles sont soumises à des contraintes institutionnelles

Dans une étude de 2012 (« Fiscal Rules in Response to the Crisis : Toward the "Next-Generation" Rules »), le FMI montrait que les règles budgétaires se sont considérablement développées au cours de ces dernières années partout dans le monde : 76 pays disposaient d'au moins une règle en 2012 contre seulement 5 en 1990. Dans l'Union européenne, le traité de Maastricht a instauré des critères de convergence relatifs notamment au déficit et à la dette publique, préalable à l'adoption d'une monnaie unique en 1999. Ces règles apportent un certain nombre de garanties quant à la bonne utilisation des politiques économique mais font aussi l'objet d'importantes critiques.

A. La politique budgétaire est contrainte dans le cadre de l'Union européenne

L'intégration croissante de l'Union européenne impose de fixer des règles de conduite quant à l'utilisation de la politique budgétaire, ce qui limite son usage.

La discipline budgétaire est indispensable dans le cadre d'une zone monétaire intégrée

Une discipline budgétaire semble indispensable dans le cadre d'une Union économique et monétaire dans la mesure où des politiques budgétaires non harmonisées peuvent avoir des répercussions néfastes sur le bon fonctionnement d'une zone monétaire intégrée. On peut invoquer plusieurs raisons :

- une politique budgétaire non soutenable conduite par un pays membre d'une zone peut se traduire tôt ou tard par une perte de confiance des créanciers et une hausse des primes de risques (*spread*) exigées sur les dettes souveraines. L'augmentation des taux d'intérêt peut produire des effets de contagion sur les taux d'intérêt de l'ensemble des pays membres de la zone, ce qui est dommageable pour la croissance économique ; par ailleurs, la hausse des *spread* peut être telle que le financement de la dette par les marchés devient impossible. La banque centrale est alors contrainte d'acheter de la dette de ce pays (la solidarité budgétaire ne jouant pas dans le cadre de l'Union européenne), avec un risque d'inflation préjudiciable à l'ensemble de la zone ;
- le défaut souverain d'un État membre peut conduire à la faillite d'un certain nombre d'établissements bancaires et à une crise systémique ; la banque centrale doit alors jouer son rôle de « prêteur en dernier ressort » pour assurer la survie du système bancaire et de la zone dans son ensemble ;
- un déficit public excessif peut générer de l'inflation si l'impact sur la demande est trop expansif. Or, si les taux d'inflation divergent au sein d'une zone, l'action monétaire devient inopérante. La crise de la dette que connaît l'Union européenne depuis ces dernières années a amplement illustré les risques d'un endettement non maîtrisé.

Le débat concerne donc moins l'utilité d'une discipline budgétaire que les modalités de cette discipline.

L'évolution de la discipline budgétaire au sein de la zone euro

≫ Les différentes étapes renforçant la discipline collective budgétaire

Dans ce domaine, plusieurs traités concernant des questions financières et budgétaires ont été signés en vue de préparer puis de renforcer l'UEM.

- L'article 104 du traité de Maastricht signé le 7 février 1992 indique que les États doivent éviter les déficits excessifs. C'est à cette occasion que sont établis les critères de convergence obligeant les pays membres à ne pas dépasser 3 % du PIB pour le déficit public et 60 % du PIB pour la dette publique. Bien que des sanctions aient été prévues en cas de non-respect de ces règles, les procédures de mise en œuvre n'ont pas été intégrées dans le traité ; le non-respect de ces critères par un pays désireux d'intégrer la zone euro le disqualifiait de fait.
- Le Pacte de stabilité et de croissance (PSC) signé à Amsterdam en 1997 réaffirme les règles précédentes en indiquant que l'équilibre budgétaire doit, à moyen terme, être assuré pour les pays ayant intégré la zone euro ; seules des circonstances exceptionnelles peuvent légitimer un déficit public supérieur à 3 %. Par ailleurs, les sanctions sont codifiées : en cas de dépassement des 3 % de déficit public, la sanction est de 0,2 % du PIB plus 0,1 point de PIB par point de déficit en trop, sans excéder 0,5 % du PIB. Le non-respect de cette règle notamment par la France et l'Allemagne a quelque peu discrédité ce pacte. Il a d'ailleurs été assoupli en 2005 tout en réaffirmant la norme de l'équilibre.
- En 2011, le pacte de stabilité et de croissance a été renforcé par le « six-pack », puis le « two-pack » en 2013, dont l'objectif est d'inciter les États membres à appliquer le pacte budgétaire. Pour ce faire, ils mettent en place de nouvelles sanctions. Par exemple, tout État dont la dette publique dépasse 60 % de son PIB sera soumis à la procédure de déficit excessif, si l'écart entre son niveau de dette et le seuil de 6 % n'est pas réduit de 1/20 chaque année (en moyenne sur trois ans). Les pays sous procédure de déficit excessif sont passibles d'une amende. Cet arsenal législatif s'est toutefois avéré insuffisant dans la mesure où la France a par exemple accusé un déficit supérieur à 3 % sans discontinuer de 2007 à 2017.
- Dans le but de renforcer la discipline collective budgétaire, le pacte budgétaire européen signé le 2 mars 2012 par 25 États membres de l'Union européenne (tous sauf le Royaume-Uni, lequel est sorti de l'Union européenne depuis le 31 janvier 2020 et la République tchèque, la Croatie rejoignant l'Union européenne en 2013), appelé officiellement « Traité sur la stabilité, la coordination et la gouvernance » (TSCG), est entré en vigueur le 1er janvier 2013. Il fixe une véritable règle d'or au niveau européen en contraignant les pays membres à respecter une contrainte budgétaire dont un certain nombre de pays s'étaient dispensés. Chaque pays signataire s'engage à ne pas dépasser un déficit structurel de 0,5 % du PIB. Les pays qui affichent une dette globale modérée, c'est-à-dire « nettement en dessous de 60 % du PIB », auront droit à un déficit structurel toléré de 1 %. Ce déficit structurel correspond au solde budgétaire corrigé des variations conjoncturelles. Évaluer la part structurelle du déficit n'est toutefois pas simple, d'autant que le traité ne précise pas la méthodologie. Cela revient à estimer la croissance potentielle de longue période (nouvelle difficulté) et à la comparer à la croissance effective. L'enjeu est d'importance car le pacte budgétaire européen prévoit des sanctions automatiques en cas de non-respect des 0,5 % ; il s'agit d'une sanction financière pouvant s'élever jusqu'à 0,5 % de son PIB. Par ailleurs, les États doivent toujours réduire leur dette à moins de 60 % du PIB. Et pour éviter des sanctions, les pays

doivent réduire l'écart entre leur niveau de dette et la barre des 60 % à un rythme moyen d'un vingtième par an : pour la France, cela revient à réduire la dette de 3 % chaque année [1/20 × (120 % – 60 %)], soit 70 milliards de plus par an.

≫ Vers un relâchement des règles budgétaires ?

Le pacte comprend une « clause de circonstance exceptionnelle » et une « clause de crise générale ». La première a déjà été utilisée après le tremblement de terre en Italie en 2009 et les attentats terroristes en Belgique en 2016. Elle autorise des dépenses exceptionnelles dues à un événement indépendant de la volonté des États et ayant un impact grave sur leurs économies. Dans cette configuration, ces dépenses ne sont pas prises en compte dans le calcul du déficit structurel. La clause de crise générale a été activée pour la première fois en mars 2020 pour faire face à la pandémie de COVID-19 ; elle permet de suspendre temporairement les obligations budgétaires et assouplit les règles en matière d'aide d'État, en particulier aux entreprises.

Le rapport annuel du comité budgétaire européen (l'EFB est un organe consultatif indépendant de la Commission européenne) publié le 20 octobre 2020 recommande une réforme des règles budgétaires avant le rétablissement du Pacte de stabilité et de croissance prévu fin 2022. Pour le comité, la crise sanitaire a mis en évidence trois réformes à mettre en œuvre dans l'architecture de la zone euro :
- une capacité fiscale centrale et permanente (un fonds budgétaire permanent) ;
- un mécanisme de suivi pour chaque État membre l'incitant à maintenir ou augmenter les dépenses publiques favorables à la croissance (éducation et santé par exemple) ;
- un pacte de stabilité et de croissance réformé, allégé et simplifié avec une règle de réduction de la dette propre à chaque pays.

Face à la détérioration rapide et significative des finances publiques déclenchée par la pandémie, des questions fondamentales sur l'adaptation du cadre du PSC se posent désormais. Pour y répondre, le comité propose une hausse du taux de référence de la dette publique supérieur à 60 % du PIB ou une période plus longue de réduction de la dette pour les États à fort endettement ou une combinaison de ces deux propositions.

Figure 7 – Avec la crise, les règles budgétaires ont volé en éclats *(en % de la zone euro)*

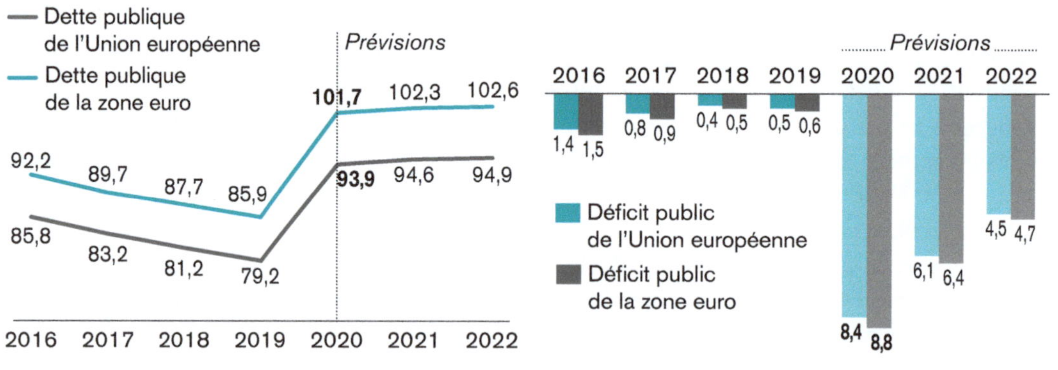

Source : V. Malingre, « L'Europe prête à prolonger la suspension du pacte de stabilité jusqu'à fin 2022 », *Le Monde*, 3 mars 2021.

B. Les contraintes institutionnelles s'imposant aux banques centrales leur laissent-elles des marges de manœuvre ?

Le principal objectif des autorités monétaires est de garantir la stabilité de la monnaie. Pour ce faire, les banques centrales répondent à des règles plus ou moins contraignantes définies par leurs statuts, lesquelles encadrent leur politique monétaire.

Les banques centrales contournent, en partie, certaines règles institutionnelles

L'organisation institutionnelle des banques centrales depuis les années 1980 a largement été inspirée par les conclusions du modèle Barro et Gordon (« Rules, Discretion and Reputation in a Model of Monetary Policy », 1983). Pour ces auteurs, il existe un biais inflationniste de la part des banques centrales qui essaient de stimuler la production au prix d'une hausse de l'inflation sans que le chômage ne soit durablement diminué. Autrement dit, la courbe de Phillips est verticale au-delà du court terme. La conclusion est que, d'une part, les banques centrales doivent être indépendantes du pouvoir politique afin qu'elles puissent échapper à leur demande de stimulation de la production, d'autre part, que leur mandat soit clairement orienté vers la recherche de la stabilité monétaire. Si certaines banques centrales étaient déjà indépendantes de longue date (c'est le cas de la Bundesbank lors de sa création en 1957 par exemple), ce mouvement va se généraliser à partir des années 1990. En Europe, l'adoption du traité de Maastricht va imposer aux banques centrales nationales formant le Système européen des banques centrales (SEBC) de devenir indépendantes, sur le modèle allemand. Le traité de Maastricht a confié à la banque centrale européenne (BCE) la mission prioritaire de « maintenir la stabilité des prix » dans la zone euro. Autrement dit, de veiller à ce que l'inflation reste en dessous d'un seuil fixé autour de 2 % sur le moyen terme. Dans un deuxième temps seulement, la BCE est appelée à « apporter son soutien aux objectifs de l'Union » que sont « un niveau d'emploi élevé et une croissance durable et non inflationniste ». En comparaison, la Réserve fédérale américaine (FED) doit répondre à trois objectifs non hiérarchisés : « l'emploi maximum, des prix stables et des taux d'intérêt à long terme modérés ».

Par ailleurs, l'article 123 du traité sur le fonctionnement de l'Union européenne (TFUE) interdit formellement le financement monétaire des États dans le but de garantir la stabilité des prix et pour éviter que la politique monétaire n'entrave la discipline budgétaire : « Il est interdit à la banque centrale européenne et aux banques centrales des États membres, ci-après dénommées "banques centrales nationales", d'accorder des découverts ou tout autre type de crédit aux institutions, organes ou organismes de l'Union, aux administrations centrales, aux autorités régionales ou locales, aux autres autorités publiques, aux autres organismes ou entreprises publics des États membres ; l'acquisition directe, auprès d'eux, par la banque centrale européenne ou les banques centrales nationales, des instruments de leur dette est également interdite ».

L'envolée des dettes publiques dans la plupart des pays depuis la crise sanitaire de COVID-19 a fait resurgir le débat sur le financement monétaire des États par les banques centrales, notamment dans l'Union européenne. Le financement monétaire peut se faire en réalité selon deux modalités : *ex-ante*, la banque centrale crée de la monnaie pour la prêter directement à l'État tandis que, dans le cas de la monétisation *ex-post*, la banque centrale rachète les emprunts que l'État a déjà vendus sur les marchés financiers, à des banques commerciales notamment. Si le droit de l'Union européenne prohibe le recours à la monétisation *ex-ante* pour financer les dettes publiques nationales, l'article 123 autorise les banques centrales à mettre des liquidités à disposition des établissements publics de crédit, en France par exemple, la Caisse des dépôts et consignations ou BPI France. Au niveau européen, la Banque européenne d'investissement peut également emprunter auprès de la BCE et reprêter aux États membres pour financer certains de leurs projets. Si la BCE n'est pas autorisée à acquérir de la dette souveraine directement auprès d'un Trésor public sur le marché primaire, elle peut en revanche créer de la monnaie pour racheter des titres de dettes publiques sur le marché secondaire ; c'est ce que fait la BCE comme la plupart des grandes banques centrales depuis les années 2010 dans le cadre de leur politique monétaire non conventionnelle.

Ces actions non conventionnelles sont de trois types :

- une politique d'assouplissement quantitatif, qui vise à acheter en grande quantité des titres de dettes, souvent publiques, contre des liquidités fournies aux banques commerciales. Cette augmentation massive de la base monétaire (billets + réserves des banques commerciales à la banque centrale) a pour objectif de faciliter l'octroi de crédits. Mais cela n'a un impact sur la masse monétaire que si les banques commerciales distribuent effectivement davantage de crédits ;
- la politique de *qualitative easing* consiste à modifier la structure de bilan de la banque centrale en acceptant de prendre en pension des titres plus risqués. C'est un moyen de soutenir les banques en difficulté en réduisant la part des actifs risqués détenus par les banques de second rang fragilisées ;
- la politique de *credit easing* vise à combiner ces deux instruments, la banque centrale jouant à la fois sur la taille et sur la composition de son bilan.

La monétisation *ex-post* des dettes publiques renforce de fait les interactions entre la politique monétaire et la politique budgétaire. Les principales banques centrales n'ont aujourd'hui pas le choix de mener une autre politique d'achats d'actifs pour éviter une envolée des taux d'intérêt qui pousserait les gouvernements à faire défaut et les banques commerciales à la faillite. Si en apparence, les statuts des banques centrales restent inchangés, la contrainte s'exerçant sur la politique monétaire réduit *de facto* leur indépendance et montre leur capacité à s'adapter au contexte. L'acquisition de volumes croissants de titres de dette publique (la part du stock de dette publique détenu par la banque centrale était en 2020 de 22 % aux États-Unis, de 25 % en zone euro et de 43 % au Japon) rend leur indépendance vis-à-vis du pouvoir politique de plus en plus fictive. Ce retour à une forme de « dominance budgétaire », avec ses avantages (moindre dépendance des États aux marchés financiers) et ses risques (faible incitation à la rigueur dans la gestion des finances publiques) est une raison de plus de s'interroger sur les missions confiées aux banques centrales et la faiblesse de leur contrôle démocratique.

Politique discrétionnaire *versus* politique de règle

Lorsque la banque centrale a défini ses objectifs, elle doit déterminer sa ligne de conduite. Elle peut soit recourir à un mode d'intervention fondé sur des règles, soit pratiquer une politique discrétionnaire. Si l'objectif principal d'une banque centrale est de garantir la stabilité des prix, se pose alors la question de sa ligne de conduite. Doit-elle agir de manière discrétionnaire, c'est-à-dire piloter sa politique monétaire en fonction des circonstances, sans règle prédéfinie, ou doit-elle recourir à une règle stricte parfaitement prévisible, définie à l'avance ? Dans le second cas, soit on considère que la règle s'applique de manière systématique, quelle que soit la situation de l'économie (règle passive ou règle de Friedman), soit on considère que la règle tient compte des circonstances (règle active ou contingente). La conduite de la politique monétaire peut donc se résumer aux options suivantes :

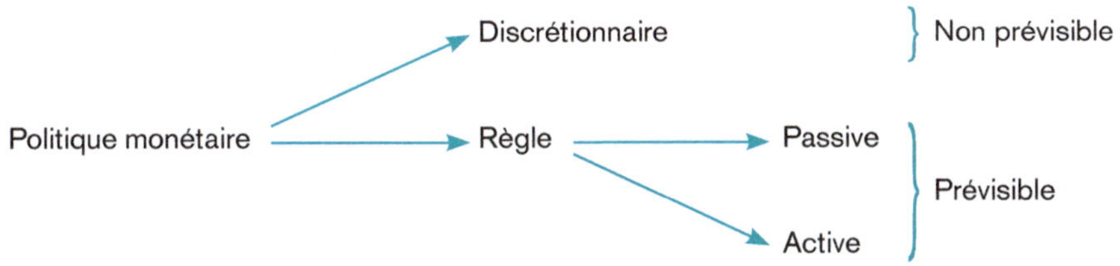

Pour Milton Friedman, la politique monétaire doit s'appuyer sur une règle intangible, quel que soit le contexte (donc règle passive), qui consiste à faire croître la masse monétaire à un rythme constant correspondant au taux de croissance nominal de l'économie sur le long terme.

La règle de Taylor correspond à une règle active. L'économiste américain John B. Taylor, spécialiste des questions monétaires, a proposé, en 1993 (« Discretion Versus Policy Rules in Practice »), un modèle qui doit permettre de guider la banque centrale dans la mise en œuvre de sa politique monétaire. Cette règle permet de calculer le taux d'intérêt optimal compte tenu de l'évolution de l'inflation et du PIB. Ce taux optimal se calcule de la manière suivante :

$$r = r^* + p + 0{,}5\,(p - p^*) + 0{,}5\,(y - y^*)$$

r = le taux d'intérêt de court terme ; r^* = taux d'intérêt neutre (qui n'a un effet ni récessif ni expansif) équivalent au taux de croissance tendanciel de l'économie ; p = inflation courante ; p^* = objectif d'inflation ; y = PIB effectif réel ; y^* = PIB potentiel.

En pratique, cela signifie que la banque centrale doit augmenter (baisser) son taux d'intérêt de 0,5 point si l'écart entre le taux d'inflation constaté est supérieur (inférieur) d'un point à la cible et/ou si apparaît un écart de production positif (négatif). Règle active, prévisible mais laissant une certaine marge de manœuvre à la banque centrale, cette règle peut sembler, par l'introduction de l'écart de production, revenir à une conception plus « keynésienne » de la politique monétaire, plus conforme au mandat de la FED aussi qui accorde une égale importance à l'objectif de stabilité des prix et à celui d'emploi maximal. De fait, elle rend relativement bien compte de la politique monétaire américaine dans les années 1990-2000, un peu moins de celle de la BCE qui apparaît globalement moins réactive sans doute parce qu'elle donne le primat à la lutte contre l'inflation. Dans l'esprit de Taylor toutefois, l'objectif prioritaire reste bien la stabilité des prix et l'écart de production n'est introduit que comme un indicateur avancé des potentielles tensions « inflationnistes » ou « déflationnistes » amenées à se manifester dans l'économie.

Une politique monétaire discrétionnaire a l'avantage de la flexibilité. Elle doit permettre le réglage fin de l'économie (*fine tuning*). Les keynésiens sont favorables aux politiques monétaires discrétionnaires ; l'action sur les taux d'intérêt peut être un instrument efficace de la politique conjoncturelle *via* le multiplicateur d'investissement. Une action discrétionnaire peut même se révéler particulièrement efficace car, en surprenant les agents, les effets sur l'économie réelle sont démultipliés. Une analyse remise en cause par la nouvelle école classique pour laquelle les agents font des anticipations rationnelles qui neutralisent tout effet de la politique monétaire.

Dans la pratique, la plupart des banques centrales modulent leurs interventions sans recourir à une règle explicite mais de manière pragmatique. Les autorités monétaires mènent des stratégies flexibles, hybrides donc discrétionnaires.

Des principes en question

Au-delà de l'expérimentation des politiques non conventionnelles, la crise de 2008 et les années qui ont suivi questionnent la plupart des principes qui gouvernaient la conduite des politiques monétaires dans les années 1990-2000 : séparation entre stabilité monétaire et stabilité financière, règle de Taylor, ciblage de l'inflation, indépendance de la banque centrale. Avant la crise, l'opinion dominante était ainsi que la stabilité monétaire suffisait à assurer la stabilité financière et que les banques centrales n'avaient pas à se soucier de la situation sur les marchés financiers : ceux-ci étaient considérés comme autorégulateurs et, au pire, il serait toujours possible de nettoyer les bulles *a posteriori*. La crise de 2008 a battu en brèche ces différents postulats, faisant apparaître notamment ce que Claudio Borio a nommé le « paradoxe de la crédibilité » (Borio, English, Filardo, « A Tale of Two Perspectives: Old or New Challenges for Monetary Policy? », 2003) : en se montrant crédibles dans leur tâche de stabilisation de l'inflation, les banques centrales ont créé un environnement de confiance et de taux bas qui a alimenté la prise de risques et la formation de bulles. Si la nécessaire prise en compte de la stabilité financière par les banques centrales fait ainsi aujourd'hui relatif consensus, la conciliation avec leurs autres tâches est toutefois malaisée et les instruments à mobiliser font débat. Certains ont plaidé pour l'intégration d'une cible de stabilité financière (niveau du crédit, prix d'actifs) dans les règles de politique monétaire mais l'utilisation du taux d'intérêt pour deux objectifs (stabilité monétaire et stabilité financière) exposerait à des dilemmes. La politique macro-prudentielle, *via* notamment l'ajustement contracyclique des ratios de fonds propres, paraît ainsi un outil plus pertinent. La règle de Taylor, guide principal des politiques monétaires dans les années 1990-2000, fait aussi l'objet de débat. John Taylor lui-même a reproché à Ben Bernanke de s'en être dangereusement écarté en lançant le *quantitative easing*. La réponse de Bernanke (« The Taylor Rule: A Benchmark for Monetary Policy? », 2015) est intéressante à plusieurs titres. Il souligne d'une part la difficulté d'évaluation de plusieurs paramètres de la règle (écart de production, taux d'intérêt d'équilibre), revendiquant une part plus forte d'interprétation discrétionnaire. Il défend par ailleurs un ciblage de l'inflation sous-jacente, plus représentative des tendances de fond de l'économie que l'inflation courante. Cela lui a permis d'éviter les erreurs de la BCE qui a augmenté ses taux en juillet 2008 et de nouveau en 2011 sur la base de tensions uniquement temporaires sur les marchés pétroliers. Il revendique en outre avoir attribué un poids plus important à l'écart de production (coefficient 1 au lieu de 0,5). Ces deux derniers arguments font apparaître les interrogations qui concernent aussi le ciblage de l'inflation. La « divine coïncidence » paraît avoir disparu depuis 2008, en même temps que les liens entre inflation, écart de production et emploi perdaient en intensité. Entre 2007 et 2009, en dépit de la récession et de la montée du chômage, l'inflation sous-jacente n'est par exemple passée que de 2,3 % à 1,7 % aux États-Unis. Comme le souligne notamment Paul Krugman (« Good enough for Government Work? Macroeconomic Since the Crisis », 2018), dans cette configuration de faible volatilité structurelle, stabiliser l'inflation ne peut plus être considéré comme un critère suffisant de réussite pour les banques centrales. C'est notamment ce qui justifie la valorisation plus forte de l'écart de production par Bernanke. Mais comme l'écart de production est lui-même difficile à mesurer, certains économistes (notamment Blanchard dès 2010) ont plaidé plutôt pour un relèvement de la cible d'inflation à 4 %. Sous la conduite de son actuel gouverneur Jerome Powell, la FED a quant à elle choisi en 2020 de viser désormais une inflation proche de 2 % en moyenne, ce qui signifie qu'après une période où l'inflation aura été durablement inférieure à la cible, elle cherchera à atteindre des niveaux supérieurs à la cible pour compenser. Cela signale une plus forte tolérance à l'inflation et une volonté de pousser l'économie à la limite de la surchauffe pour stimuler emploi, salaires et gains de productivité.

1637 Crise des tulipes en Hollande.

1720 Banqueroute de Law.

1816-1817 Crise économique frumentaire en France, crise mixte en Grande-Bretagne.

1825 Krach boursier à Londres. Faillites bancaires en 1825 et 1826.

1837 Crise boursière et bancaire à Londres et à New York.

1845-1848 Crise économique dans plusieurs pays européens qui prend la forme d'une crise mixte en France et en Grande-Bretagne.
Crise boursière et bancaire en Europe (1847).

1857 Crise boursière à New York.

1866 Crise bancaire à Londres (faillite d'Overend Gurney).

1873 Krachs boursiers à Vienne et à New York (faillite de Jay Cooke and Co).
Début de la « Grande Dépression » (1873-1896).

1882 Crise bancaire (faillite de l'Union générale) et immobilière en France.

1883-1887 Dépression économique en France (baisse cumulée de 10 % de la production globale).

1890 Crise de la Barings.

1907 Crise boursière et bancaire aux États-Unis.

1913 Création de la Réserve Fédérale des États-Unis.

1929 Krachs boursiers à New York (24 et 29 octobre).
Crise boursière et bancaire américaine puis généralisée.

1933 Franklin Delano Roosevelt devient président des États-Unis. Début du New Deal.

1946 Nationalisations de la Banque de France et de la Banque d'Angleterre.

1957 Création de la Bundesbank, indépendante du pouvoir politique.

1961-1968 Politique de relance sous la présidence de J.F. Kennedy puis L.B. Johnson aux États-Unis (« New Economics »).

Années 1970 Stagflation dans les PDEM.

1979 Arrivée de Paul Volcker à la tête de la Fed.
Mise en place d'une politique monétariste stricte de lutte contre l'inflation.

1981 Relance Mauroy en France.

1982 Crise de l'endettement (Mexique, Brésil, Argentine...).

1983 Tournant de la rigueur en France.
Passage à une politique de désinflation compétitive.

1987 Krach boursier.

1987-2006 Alan Greenspan président de la Fed.
Politique de ciblage de l'inflation proche de la règle de Taylor.

1988 Ratio Cooke de solvabilité bancaire (accords de Bâle I).

1990 Crise japonaise (début).

1992 Traité de Maastricht qui prévoit la création d'une monnaie unique et définit des critères de convergence.
Politiques de contrôle de l'inflation et d'assainissement des finances publiques.

1992-1993 Crise de change en Europe.

1993-2000 Bill Clinton mène une politique de rétablissement de l'équilibre budgétaire aux États-Unis.

1994 Crise mexicaine, crise brésilienne.

1997 Crise asiatique.
Pacte de stabilité et de croissance (PSC) : il vise à coordonner les politiques budgétaires nationales des pays de la zone euro.

1998 Établissement de la Banque centrale européenne. Crise russe, faillite de LTCM.

2000-2001 Krach boursier rampant, crise de la « nouvelle économie ».

2004 Ratio Mc Donough de solvabilité bancaire (accords de Bâle II).

2007-2008 Crise des subprimes (début).
Faillite de la banque américaine Lehman Brothers (16/09/2008), krach boursier dans de nombreux pays.

2008-2009 La crise des subprimes se diffuse et entraîne une récession.
Assouplissement des politiques monétaires (lancement du quantitative easing aux États-Unis) et plans de relance budgétaire.

2010 Début de la crise des dettes souveraines en zone euro. Passage général à des politiques d'austérité budgétaire.
Accords de Bâle III. Loi Dodd-Frank sur la régulation bancaire aux Etats-Unis.

2012-2013 Récession en zone euro.

2013 Traité sur la stabilité, la coordination et la gouvernance (TSCG) : il renforce la discipline collective budgétaire en introduisant le critère de déficit structurel.
Loi de régulation bancaire en France.

2014 Entrée en vigueur de l'Union bancaire en Europe (Mécanisme de surveillance unique, Mécanisme de résolution unique).

2015 Mario Draghi lance un vaste programme d'achats d'actifs (*quantitative easing*) en zone euro.

2020 Crise économique provoquée par la pandémie de COVID-19.
Relance des politiques de rachats d'actifs par les Banques centrales.
Accord européen sur un plan de relance budgétaire commun (Next Generation EU) d'un montant de 750 milliards d'euros.

2021 Plan de soutien (1 900 milliards de de dollars) et plan d'investissement (2 250 milliards de dollars) lancés par Joe Biden aux États-Unis.

- **Aglietta (M.), Valla (N.)**, « Taux d'intérêt négatifs et stagnation séculaire : politique monétaire ou choix sociétal ? », Panorama du CEPII, 2016.
- **Artus (P.), Gravet (I.)**, *La crise de l'euro*, Armand Colin, 2012.
- **Bénassy-Quéré (A.), Cœuré (B.), Jacquet (P.), Pisani-Ferry (J.)**, *Politique économique*, De Boeck, 2017.
- **Betbèze (J-P.), Bordes (C.), Couppey-Soubeyran (J.) et Plihon (D.)**, *Banques centrales et stabilité financière*, Rapport au Conseil d'analyse économique n° 96, 2011.
- **Blot (C.), Hubert (P.)**, « De la monétisation à l'annulation des dettes publiques, quels enjeux pour les banques centrales ? », *Policy Brief*, OFCE, novembre 2020.
- **Bosserelle (E.)**, *Dynamique économique*, Gualino, 2010.
- **Boyer (R.)**, *Économie politique des capitalismes, Théorie de la régulation et des crises*, La Découverte, coll. « Repères », 2015.
- **Brender (A.), Gagna (E.), Pisani (F.)**, *La crise des dettes souveraines*, La Découverte, coll. « Repères » n° 601, 2013.
- **Brender (A.), Pisani (F.)**, *La crise de la finance globalisée*, La Découverte, coll. « Repères » n° 533, 2009.
- **Chavagneux (C.)**, *Une brève histoire des crises financières. Des tulipes aux subprimes*, La Découverte, 2011.
- **Conseil d'analyse économique**, *Les crises financières*, n° 50, 2004.
- **Conseil d'analyse économique**, *La crise des subprimes*, n° 78, 2008.
- **Conseil d'analyse économique**, *Quelles leçons de la crise pour les banques centrales ?* n° 96, 2011.
- **Couderc (N.), Montel-Dumont (O.)**, *Des subprimes à la récession*, Documentation française, 2009.
- **Couppey-Soubeyran (J.)**, *Monnaie, banques, finance*, PUF, coll. « Quadrige Manuels », 2015.
- **Couppey-Soubeyran (J.), Tripier (F.)**, « Après dix ans de politique monétaire non conventionnelle, un retour à la normale est-il possible ? », *in* CEPII, *L'économie mondiale 2020*, La Découverte, 2019.
- **De Bandt (O.), Drumetz (F.), Pfister (Ch.)**, *Stabilité financière*, De Boeck, 2013.
- **Farvaque (E.)**, *La Banque centrale européenne*, La Découverte, coll. « Repères », 2010.
- **Galbraith (K.)**, *Brève histoire de la folie financière*, Seuil, 1992.

- **Geerolf (F.), Grjebine (T.)**, « Effets macroéconomique des politiques fiscales : Keynes, le retour », *in* CEPII, *L'économie mondiale 2019*, La Découverte, 2018.
- **Gilles (P.)**, *Histoire des crises et des cycles économiques*, Armand Colin, coll. « U », 2009.
- **Kindleberger (C.)**, *Histoire mondiale de la spéculation financière*, Valor édition, 2004.
- **Krugman (P.)**, *Pourquoi les crises reviennent toujours*, Seuil, 2000, rééd. 2009.
- **Krugman, (P.), Wells (R.)**, *Macroéconomie*, De Boeck, 2016.
- **Lordon (F.)**, *Jusqu'à quand ? Pour en finir avec les crises financières*, Raisons d'agir, 2008.
- **Marcel (B.), Taïeb (J.)**, *Les grandes crises, 1873-1929-1973-2008 ?* Armand Colin, coll. « Cursus », 2016.
- **Montel-Dumont, (O.)** dir., *La politique économique et ses instruments*, La documentation française, 2010.
- **Ragot (X.)**, « Plus ou moins de dette publique en France ? », OFCE *Policy Brief*, n°84, 2021.
- **Reinhart (C.), Rogoff (K.)**, *Cette fois, c'est différent. Huit siècles de folie financière*, Pearson Éducation, 2010.
- « Comprendre les crises économiques », *Problèmes économiques*, hors-série n°2, 2012.
- « Comprendre les politiques économiques », *Problèmes économiques*, hors-série n°4, 2013.
- « La taille du bilan des Banques centrales, nouvel instrument de la politique monétaire », *Trésor-éco*, n°213, janvier 2018.

Chapitre 3

Les politiques sociales

1

Justice sociale et légitimation de l'intervention publique

L'État est devenu providence après la Seconde Guerre mondiale en Europe en instaurant des systèmes de protection sociale (*cf.* partie 2 de ce chapitre) et des politiques de réduction des inégalités (*cf.* p. 998 et suiv.). Des dispositifs variés sont aujourd'hui mobilisés (redistribution, services publics, réglementation) et ont une certaine efficacité. Depuis une trentaine d'années, l'évolution de l'architecture de ces dispositifs a évolué, faisant largement écho aux débats théoriques sur la justice sociale, notamment autour de l'œuvre de J. Rawls.

1 Le maelström des théories de la justice sociale

La question de la justice sociale émerge en France au milieu des années 1980 dans un contexte de renversement de tendance en matière de réduction des inégalités. Alors que les inégalités économiques s'accroissent avec la hausse du chômage et la rigueur salariale qui s'impose à partir de 1983, l'égalité des droits et des chances est de plus en plus réclamée : marche pour l'égalité et contre le racisme, dite « marche des Beurs », et politique des ZEP à la rentrée scolaire 1982. Si la première s'inscrit dans la lignée de la Révolution française de 1789, la seconde fait davantage écho à l'ouvrage de J. Rawls, *Théorie de la justice*, paru en 1971 aux États-Unis, dont la traduction ne paraît qu'en 1987 en France. Depuis, la question de la justice sociale est au cœur de nombreux débats philosophiques qui opposent un ensemble de théories souvent très formelles et abstraites.

A. La justice sociale comme fondement de l'intervention publique

L'entrée la plus évidente en matière de justice, c'est l'égalité : quand vient le dessert, la justice consiste à partager le gâteau en parts égales.

Égalité ou liberté ?

En première approche, la justice sociale peut s'entendre comme l'ensemble des règles présidant à la répartition des biens et des positions sociales. On trouve dans l'*Éthique à Nicomaque*, d'Aristote, une conception de la justice fondée sur l'égalité : ce qui est juste est ce qui est égal. Aristote distingue alors la justice commutative qui repose sur l'égalité arithmétique (ce qui est de même valeur dans l'échange marchand par exemple) et la justice distributive qui repose sur l'égalité proportionnelle, géométrique (un salaire double par exemple pour une durée du travail ou une productivité double).

Dans nos sociétés démocratiques, une triple égalité est en jeu selon Alexis de Tocqueville (*De la démocratie en Amérique*, 1835) : l'égalité des droits, l'égalité de fait et l'idéal de l'égalité des chances. Dans le passage de la société aristocratique à la société démocratique, la naissance s'efface devant le mérite comme critère de distribution des statuts, désormais acquis et donc « justes », et non plus assignés et « injustes ». Les hommes naissent et demeurent libres et égaux en droit dans la société démocratique, chacun devient le seul responsable de ses réussites comme de ses échecs. La croyance en la méritocratie est une « fiction nécessaire » qui justifie l'existence d'inégalités « justes ». Elle participe de l'idéal démocratique de l'égalité des chances et de la mobilité sociale.

Pourtant, les libertariens rejettent la justice sociale. Le libertarisme est un courant de philosophie politique qui donne en effet la primauté absolue à la liberté individuelle. Contrairement aux libéraux classiques, ils ne conçoivent pas la liberté individuelle comme le meilleur moyen pour atteindre le bonheur collectif (*cf. infra*, l'utilitarisme dans la lignée de J. Bentham et A. Smith), mais comme une fin en soi. La défense de la propriété privée et la suprématie du marché, la lutte contre le pouvoir étatique et le danger de toute préoccupation de justice sociale sont les thèmes qu'ils développent. Une société juste est d'abord une société libre.

Pour son principal représentant historique, F.-A. Von Hayek, la notion de justice sociale est vide de sens car l'ordre du marché est « une catallaxie ». C'est un ordre spontané, c'est-à-dire un ordre résultant de l'action des hommes, mais qui n'a pas été consciemment construit et planifié : « Chacun est conduit, par le gain qui lui est visible, à servir des besoins qui lui sont invisibles. » Elle est même dangereuse car elle revient à « personnifier » la société et à l'imposer aux hommes : « Aussi longtemps que la croyance en la "justice sociale" régira l'action politique, le processus doit se rapprocher de plus en plus d'un système totalitaire » (*Droit, justice et liberté*, tome 2, « Le mirage de la justice sociale »).

R. Nozick est le principal philosophe contemporain du libertarisme. Dans *Anarchie, État et utopie* (1974), il défend l'idée d'un « État minimal » dont le rôle est limité au maintien de la sécurité civile, de la propriété privée et à la garantie du respect des contrats. Toute forme de protection sociale et d'État-providence est rejetée au nom de la liberté individuelle et du respect du droit de propriété. Des inégalités extrêmes sont donc le prix de la liberté.

Entre l'égalitarisme radical qui considère toute restriction apportée au principe d'égalité arithmétique comme cachant une injustice inacceptable, même au nom du mérite, et l'ultralibéralisme qui nie la notion même de justice sociale, la doctrine dominante a longtemps été l'utilitarisme.

L'utilitarisme, la pensée dominante de la justice sociale ?

Les sujets humains sont régis par la logique égoïste du calcul des plaisirs et des peines selon Jeremy Bentham (1748-1832), fondateur de l'utilitarisme : comme il le dit dans *An Introduction to the Principles of Morals and Legislation* de 1780, sont justes les institutions humaines qui permettent de maximiser l'utilité collective, ou encore de produire le « plus grand bonheur pour le plus grand nombre ». L'utilitarisme de J. Bentham est égalitariste et scientiste : tous les individus sont égaux, « chacun compte pour un, et aucun ne compte pour plus qu'un », et tout est ramené à une simple question de calcul individuel et collectif dans un monde où l'utilitarisme est universel. En vertu de la décroissance de l'utilité marginale, il faut prendre aux riches pour donner aux pauvres puisque la baisse du bonheur des premiers sera plus faible que la hausse du bonheur des seconds : l'égalisation des richesses par la redistribution accroît le bonheur collectif. La réduction des inégalités de revenus et des autres avantages socioéconomiques est souhaitable car les phénomènes d'envie et de jalousie sont par ailleurs des désutilités qui diminuent l'utilité totale.

Trois critiques principales peuvent être opposées à l'utilitarisme selon P. Van Parijs (*Qu'est-ce qu'une société juste ?*, 1991). Tout d'abord, le présupposé de comparabilité des utilités individuelles : il est très difficile d'établir l'intensité d'une préférence de manière à savoir si celle-ci compense ou non celle d'un autre individu. Si l'individu A préfère X à Y et l'individu B préfère Y à X, il est difficile de savoir combien prendre du Y à A pour le donner à B contre du X. Avec V. Pareto, l'économie néoclassique a ainsi abandonné l'utilité cardinale pour l'utilité ordinale. Ensuite, le radicalisme égalitariste de J. Bentham pose problème : d'une part la répartition compte, et pas seulement le bonheur collectif ; d'autre part le développement de la protection sociale, principalement dans les États européens, va au-delà de son apport au bien-être collectif dans l'optique de la plupart des utilitaristes libéraux héritiers de J. Bentham. En effet, ces derniers rendent très fréquemment l'État-providence responsable de la moindre efficacité économique des économies européennes : son coût et ses prestations tout à la fois brideraient la compétitivité, limiteraient les incitations au travail, à l'épargne et à la production. Le critère utilitariste de la maximisation du bien-être collectif, à leurs yeux, met donc le plus souvent au premier plan la liberté individuelle et seulement au second l'intervention de l'État. Enfin, le radicalisme scientiste est intenable : le bien-être matériel n'est pas la seule chose qui compte, tout ne peut pas lui être sacrifié, notamment les droits de l'individu.

B. Les théories de la justice sociale de J. Rawls et A. Sen

La théorie de la justice de J. Rawls a justement pour but d'éviter que l'on sacrifie le sort des plus défavorisés au bien-être de la majorité. Elle a été abondamment discutée, notamment par A. Sen.

Égale liberté pour tous et principe de différence chez J. Rawls

Contre cette tradition utilitariste dont il déplore la domination, J. Rawls publie en 1971 son ouvrage majeur, *Théorie de la justice*. Il reproche aux utilitaristes d'oublier la répartition des satisfactions individuelles et les libertés fondamentales des individus.

J. Rawls formule un projet politique et non moral en affirmant la priorité du juste sur le bien. Il part des théories du contrat social et cherche à dégager les principes de justice nécessaires à la fondation d'une société juste, forcément « issus d'un accord conclu dans une situation initiale elle-même équitable ». La situation initiale conçoit les partenaires « comme des êtres rationnels qui sont mutuellement désintéressés ». La fiction de l'état de nature propre aux théories du contrat social est alors remplacée par le « voile d'ignorance », une expérience de pensée qui utilise les principes du « choix rationnel en situation d'incertitude » : ce « comme si » aboutit à un « accord de principe qui doit assurer la conciliation des perspectives d'existence ». Les hommes, placés sous un voile de l'ignorance, c'est-à-dire sans avoir la moindre information sur la position qu'ils occuperont dans la société ni sur ce que seront leurs caractéristiques personnelles (homme ou femme, intelligence, état de santé, goûts, etc.), auraient intérêt à maximiser leurs chances en minimisant leurs risques : c'est le principe du maximin.

Les deux principes de base qui seraient alors choisis par des individus placés sous le voile d'ignorance sont le principe de l'égale liberté pour tous et le principe de différence. La justice, en ces deux principes par conséquent, régit la répartition des « biens sociaux primaires », c'est-à-dire « ce qu'un être rationnel désirera, quels que soient ses autres désirs », soit :

- les libertés de base (libertés politiques, liberté d'expression et de réunion, liberté de pensée et de conscience, protection de l'intégrité de la personne, droit de propriété personnelle, protection à l'égard de l'arrestation et de l'emprisonnement arbitraires) ;
- les chances d'accès aux diverses fonctions et positions sociales, les prérogatives et pouvoirs attachés à celles-ci, la richesse et le revenu, et le respect de soi.

Le principe de l'égale liberté pour tous est un principe constitutionnel des libertés et droits inaliénables. « Chaque personne a un droit égal à un ensemble pleinement adéquat de libertés et droits de base égaux pour tous, qui soit compatible avec un même ensemble pour tous, et dans lequel les libertés politiques égales, et elles seules, doivent être garanties à leur juste valeur. »

Le principe de différence est défini en deux temps : « Les inégalités sociales et économiques doivent être organisées de façon à ce que, à la fois, (a) l'on puisse raisonnablement s'attendre à ce qu'elles soient à l'avantage de chacun et (b) qu'elles soient attachées à des positions et à des fonctions ouvertes à tous. » Les inégalités sont un fait, il faut déterminer les inégalités justes. J. Rawls rejette donc tout à la fois la liberté naturelle (c'est l'exigence de la justice qui doit s'imposer) et l'aristocratie naturelle, mais aussi l'égalité libérale (la simple égalité des chances, qui revient à abandonner la justice au profit de la loterie des dons naturels). Ainsi, les inégalités économiques et sociales sont justifiées si elles sont attachées à des positions et à des fonctions ouvertes à tous et si elles sont au plus grand bénéfice des membres les plus désavantagés de la société. Ces principes sont cependant hiérarchisés (ordre « lexical ») : l'amélioration de la situation des plus désavantagés au nom du principe de différence ne peut pas justifier des atteintes aux libertés de base ni restreindre la juste égalité des chances. Selon J. Rawls, des institutions visant à réduire l'influence des contingences sociales et du hasard naturel ont donc toute leur place. Les mécanismes de redistribution font alors bénéficier les plus défavorisés de l'efficacité du système économique.

La justification du principe de différence se trouve dans la prise en compte du bien-être, notamment de ceux qui ont le moins : l'utilitarisme sort par la porte (principe d'égale liberté) et revient alors par la fenêtre avec le principe de différence. Par ailleurs, celui-ci est compatible avec des inégalités considérables de situations, notamment avec la thèse du ruissellement (*trickle down*) de l'économie de l'offre : « Favoriser les plus désavantagés : cette position “rawlsienne” peut paraître, à première vue, très radicale. Mais elle n'est pas si éloignée de ce que disent les responsables politiques qui préconisent des réductions d'impôts : ils expliquent que celles-ci vont stimuler l'activité économique, donc rapporter des recettes fiscales supplémentaires que l'on pourra utiliser pour relever les revenus des plus pauvres d'entre nous. Ce raisonnement le montre bien : l'objectif de Rawls n'a rien d'intrinsèquement égalitariste. En cherchant à maximiser le bien-être des plus désavantagés, on peut aboutir à une répartition très inégalitaire » (Anthony B. Atkinson, *Inégalités*, 2016).

Égalisation des capabilités (A. Sen) et des réalisations (M. Fleurbaey)

A. Sen, s'il reconnaît l'importance de la contribution de J. Rawls, s'en démarque en insistant sur la diversité fondamentale des êtres humains : les différences liées à l'âge, l'hérédité, la santé, les aptitudes physiques et intellectuelles, leur donnent des possibilités très différentes de choisir leur vie, même quand ils disposent d'un bagage identique de biens premiers sociaux. « Il est important de prendre en compte non seulement les biens premiers détenus par les individus, mais aussi les caractéristiques personnelles qui commandent la conversion des biens premiers en facultés personnelles de favoriser ses fins » (A. Sen, *Repenser l'inégalité*, 1992). De fait, un invalide riche peut souffrir de plus de restrictions qu'un pauvre sans handicap physique, nous dit A. Sen, qui propose en conséquence de réorienter la question de la justice sociale des moyens d'existence aux possibilités réelles d'effectuer les activités qu'on valorise.

A. Sen articule ainsi son argumentation autour de deux concepts qu'il a forgés : les *capabilities* et les *functionings*. Le premier, généralement traduit en français par « capacités » ou par le néologisme « capabilités », désigne les chances qu'a une personne de réaliser ses objectifs, de pouvoir choisir sa vie. Le second, le plus souvent traduit en français par « fonctionnements », désigne les façons d'être et d'agir des individus, des plus élémentaires (avoir suffisamment à manger, être en bonne santé, échapper aux maladies et à la mort prématurée, etc.) aux plus complexes (être heureux, rester digne à ses propres yeux, prendre part à la vie de la communauté, etc.) que les individus valorisent. Dans *L'Idée de justice* (2009), A. Sen souligne que derrière les « fonctionnements accomplis », il peut y avoir des capabilités bien différentes et par conséquent ces dernières ne peuvent être ramenées aux premiers : « Par exemple, en termes de faim ou de carence alimentaire, quelqu'un qui jeûne volontairement pour des raisons politiques ou religieuses est parfois tout aussi dénutri qu'une victime de la famine. Leur sous-alimentation manifeste – leur fonctionnement accompli – est tout à fait comparable ; pourtant les capabilités de la personne aisée qui choisit de jeûner sont bien supérieures à celle de la personne qui meurt de faim involontairement par pauvreté et indigence. » Ce qui compte alors, c'est moins la perspective des fonctionnements réalisés que celle des capabilités, de l'aptitude réelle des gens à choisir entre différents types de vie selon A. Sen.

Pour ce dernier, on ne peut pas restreindre la question de la justice sociale, comme le fait J. Rawls, à la répartition des « biens premiers sociaux ». La justice sociale doit être évaluée en termes de « capacités » à convertir la dotation en biens premiers sociaux en liberté de choisir sa vie. Par exemple, une personne handicapée peut être mieux dotée qu'une personne valide, mais aura moins de « capacités » en raison de son handicap. Les inégalités de dotations en atouts naturels doivent donc être corrigées par des mécanismes redistributifs. En faisant référence aux libertés réelles qu'ont des personnes différentes de choisir leur vie, cette égalisation des « capacités » va plus loin que l'égalisation des « biens premiers sociaux ».

Dans une perspective proche de celle d'A. Sen, M. Fleurbaey s'intéresse aux « réalisations fondamentales » des individus (*Théories économiques de la justice*, 1996). Celles-ci correspondent aux « fonctionnements » d'A. Sen. Elles sont influencées par trois catégories de facteurs selon M. Fleurbaey : les ressources externes (principalement les revenus et les richesses), les facteurs internes que les individus ne maîtrisent pas (les dons naturels notamment) et les facteurs internes qu'ils peuvent contrôler (les préférences et objectifs personnels). Devant la difficulté à différencier clairement les facteurs que les individus contrôlent et les autres, M. Fleurbaey propose de distinguer parmi les « réalisations fondamentales » celles qui relèvent de la responsabilité individuelle et celles qui impliquent une certaine responsabilité de la société, qualifiées de « réalisations sociales » et au nombre de six : le respect de la vie privée, la santé, l'éducation et la formation, la richesse, le pouvoir (influence sur les décisions collectives) et l'intégration sociale. Face aux inégalités injustes en termes de « réalisations sociales », la justice sociale consiste alors en une action compensatrice et redistributive.

Malgré leurs divergences, les théories de la justice sociale ont toutes pour ambition de trouver un critère d'impartialité permettant de traiter de façon similaire tous les membres d'une collectivité. Dans la mesure où elle constitue un enjeu essentiel du contrat social, l'égalité est le principe de justice sociale privilégié des sociétés démocratiques contemporaines. Néanmoins, selon J.-P. Fitoussi et P. Rosanvallon (*Le Nouvel Âge des inégalités*, 1996), « l'égalité n'est pas un état, mais un projet, un principe d'organisation qui structure le devenir d'une société. [...] Il est essentiel que la société y adhère et y croie : autrement, les inégalités y seraient vécues comme profondément injustes. Ce qui peut rendre les inégalités existantes intolérables n'est peut-être pas tant leur croissance qu'un affaiblissement de la perception du principe d'égalité qui les légitime, ou l'impression que ce principe n'est plus réellement en vigueur ».

Au-delà des désaccords existant sur le type d'égalité socialement souhaitable par conséquent, cette aspiration égalitaire des sociétés démocratiques se traduit dans les principes de justice de J. Rawls, les logiques compensatoires d'A. Sen et M. Fleurbaey, ainsi qu'à certains égards dans les approches utilitaristes, en ce qu'ils justifient tous l'intervention des pouvoirs publics en matière de protection sociale. Celle-ci consiste alors dans un ensemble de mécanismes de redistribution des revenus qui ont à la fois pour mission de faire bénéficier les plus démunis de l'efficacité du système économique et de réduire les inégalités qui limitent les capabilités de certains individus (*cf. infra*, p. 998 et suiv.). Ce faisant, le bien-être individuel et le bien-être collectif augmentent.

C. Du mérite à la reconnaissance

Dans les sociétés démocratiques, les revendications de justice évoluent : à la garantie des besoins de base pour tous, la reconnaissance des mérites de chacun et la réduction des inégalités (M. Forsé et M. Parodi, « Justice distributive. La hiérarchie des principes selon les européens », 2006), s'ajoute la reconnaissance de l'égale valeur des identités.

Les ambiguïtés de l'idéal républicain du mérite

Tandis que l'égalité arithmétique consiste à donner à tous la même chose, le mérite est une égalité proportionnelle : il donne à chacun en fonction de sa contribution. L'ambiguïté du mérite tient alors en premier lieu à sa fonction idéologique. La croyance en la méritocratie est en effet une « fiction nécessaire » qui justifie l'existence d'inégalités « justes ». Elle participe de l'idéal démocratique de l'égalité des chances et de la mobilité sociale (Tocqueville, *De la démocratie en Amérique*, 1835).

Pour les libertariens, le mérite aussi s'impose puisque les individus sont libres de mettre en jeu leurs capacités dans la compétition sociale. Ceux qui s'investissent sont récompensés. En revanche, pour des « libéraux égalitaires » comme J. Rawls, A. Sen ou M. Fleurbaey, les individus ne sont pas responsables des facteurs qui échappent à leur contrôle. En conséquence, ils ne devraient pas être pénalisés pour leur absence de « talents ». Ce sont là des « inégalités injustes ». Ils devraient seulement être récompensés pour leurs « efforts ». Il faudrait donc distinguer dans le mérite la composante du « talent » de celle de « l'effort ».

Lever cette ambiguïté n'est pas aisé. Ainsi, associé à l'idéal républicain d'égalité des chances, le principe du mérite permet de justifier certaines inégalités sociales, par exemple celles liées à la réussite scolaire. Or, pour M. Duru-Bellat (*L'Inflation scolaire*, 2006), le mérite scolaire n'est pas juste puisque les enfants ne choisissent ni leurs parents ni ce qu'ils leur lèguent. Les verdicts scolaires entérinent des inégalités de réussite réelles, dont les élèves ne sont pas entièrement responsables. Certes, ces verdicts prennent en compte les efforts des élèves, mais personne n'est dupe que ces efforts se greffent et/ou bénéficient d'un soutien dépendant du milieu familial. Si le mérite scolaire existe bien – concrètement, les élèves réalisent des performances inégales –, l'origine de ce mérite est marquée par les aléas de l'héritage.

Les sociétés démocratiques reposent ainsi sur un programme paradoxal, qui n'implique pas forcément d'éliminer les inégalités sociales elles-mêmes, mais d'atténuer l'effet des inégalités sociales sur les chances de succès des individus.

De l'égalité des résultats à l'égale valeur des identités (la reconnaissance)

Toutefois, cette importance du mérite n'a de sens que par rapport à la fonction sélective de l'école, c'est-à-dire dégager une hiérarchie scolaire venant fonder la hiérarchie sociale sur une autre base que la naissance. Dans une école où prévaudrait l'objectif de formation de tous, c'est l'égalité de résultat qui serait recherchée. On rejoint alors le principe d'égale satisfaction des besoins de base mis en exergue par la tradition marxiste.

Dans le communisme en effet, « à chacun selon ses besoins ». Il n'est pas exclu que, pour Marx, il ne s'agisse là que d'une description optimiste d'une société d'abondance où chacun pourrait prélever tout ce dont il a besoin. Mais la plupart des marxistes y voient plutôt un principe de justice sociale, en l'occurrence d'égale satisfaction des besoins. Ceci dit, ils ne s'en tiennent pas à une définition restrictive des besoins, limitée aux seuls besoins physiologiques, c'est-à-dire un minimum vital (pauvreté absolue). Ils incluent aussi les divers biens que les hommes estiment dignes d'être possédés, donc ce qui est nécessaire non pas pour survivre, mais pour mener une vie jugée « décente ». Développer une telle approche nécessite de représenter les éléments de consommation ou de conditions de vie jugés indispensables (envoyer ses enfants à l'école jusqu'à la fin de la scolarité obligatoire, participer à la vie politique, pouvoir entretenir sa maison, etc.). Ce minimum « social », multidimensionnel, élargi des besoins fondamentaux aux besoins sociaux minimaux, doit permettre une réelle intégration sociale. Après tout, un gouvernement socialiste qui se contenterait de fournir aux citoyens les moyens de subsistance matérielle les plus élémentaires ne constituerait guère un progrès par rapport à l'invention de l'État-providence en Europe au XXe siècle.

Un tel élargissement des besoins pris en compte dans le minimum social fait intervenir la subjectivité des experts. Quand on choisit de se référer aux gens eux-mêmes et qu'on laisse les pauvres s'auto-désigner notamment, la dimension subjective est délibérément assumée. La pauvreté ainsi mesurée n'est pas une bonne manière d'appréhender leur bien-être : on peut être très insatisfait de son sort tout en se considérant à l'aise matériellement, et inversement être heureux malgré les difficultés financières quotidiennes. Il apparaît en conséquence bien compliqué de déduire directement du principe d'égale satisfaction des besoins (voire de bien-être) une politique de lutte contre la pauvreté et de redistribution.

Les besoins ne sont pas seulement physiologiques et sociaux, mais symboliques, voire psychologiques, comme l'atteste la demande de reconnaissance dans nos sociétés contemporaines. Le fait de ne pas se sentir traité comme un égal en termes de respect dû aux individus définit une absence de reconnaissance : des jeunes, des femmes, des homosexuels, des salariés, etc., tous demandent la reconnaissance de leurs singularités individuelles et communautaires. Dans nos sociétés contemporaines, N. Fraser (*Qu'est-ce que la justice sociale ? Reconnaissance et redistribution*, 1997) pense repérer même un « tournant culturel » (peut-être pas total) dans les revendications de justice : elles évoluent d'une demande de redistribution économique – l'égale allocation des biens – à une demande de reconnaissance culturelle – l'égale valeur des identités. Ainsi, « la quête de reconnaissance » fait aujourd'hui figure de « nouveau phénomène social total » (A. Caillé, 2007) : le désir d'être reconnu est devenu un motif de mobilisation, de « lutte pour la reconnaissance » (A. Honneth, 1992).

L'ouvrage de C. Taylor, *Multiculturalisme. Différence et démocratie* (traduit en 2009), paraît la même année que celui d'A. Honneth, et son objet est sensiblement le même : la « politique du multiculturalisme » est en effet d'emblée identifiée à une « politique de la reconnaissance ». « Plusieurs courants politiques actuels tournent autour du besoin – parfois de l'exigence – de reconnaissance. Le besoin, peut-on dire, est l'une des forces à l'œuvre derrière les mouvements politiques nationalistes. Quant à l'exigence, elle vient au premier rang de bien des façons, dans la politique actuelle des groupes minoritaires ou subalternes, dans certaines formes de féminisme et dans ce qu'on appelle aujourd'hui la politique du "multiculturalisme" » (Taylor, *op. cit.*).

Selon C. Taylor, nous sommes passés depuis le XVIIIe siècle d'une société fondée sur le code de l'honneur, où le statut des uns et des autres obéit à un principe hiérarchique très strict, à une société de l'égale « dignité » de tous les citoyens. C'est désormais la personne en tant que telle qui doit être respectée, autrement dit sans distinction de classe, de sexe, etc. Ce modèle moderne de l'égale dignité, hérité des Lumières, conditionne l'exigence de reconnaissance : en tant que citoyens égaux en dignité aux autres, certains citoyens refusent la discrimination et exigent d'être reconnus. Néanmoins, selon C. Taylor, en même temps que l'exigence universelle d'égale dignité se manifeste un « idéal d'authenticité » qui voit, dans la revendication d'une identité au contraire singulière d'un individu ou d'un groupe, le fondement de sa valeur. D'où par conséquent une tension entre une politique libérale de la dignité et une politique communautaire de la différence. La première définit la justice en termes de droits universels et n'accepte pas la différenciation du droit. L'État garantit l'égalité des droits sans considération pour les options culturelles et la façon dont les citoyens définissent la « vie bonne ». La politique de la reconnaissance de C. Taylor pense à l'inverse la justice comme reconnaissance des différences, du fait de l'importance de la culture et de la « vie bonne » pour l'identité individuelle et collective.

L'État libéral, qui refuse de prendre en compte les différences culturelles – en interdisant le port public du voile pour les musulmans par exemple –, ne permet pas aux citoyens issus des minorités de perpétuer leur culture. Ils intériorisent alors une image dépréciée d'eux-mêmes. Pour C. Taylor, cette « cécité à la différence » de l'État libéral est le symptôme d'une domination culturelle qui n'accorde pas de valeur aux cultures minoritaires. Accommoder le droit en fonction des différences culturelles constitue en revanche une politique de la reconnaissance de la diversité culturelle.

Cependant, la plupart des féministes opposent à C. Taylor que cet objectif d'égalité culturelle peut entrer en conflit avec celui d'égalité entre hommes et femmes compte tenu de la place subordonnée des femmes dans certaines configurations culturelles. Pour les libéraux, il est certes envisageable de protéger une culture minoritaire de la domination de la culture majoritaire, mais il n'est pas légitime de contraindre des individus à pratiquer la culture du groupe auquel ils sont identifiés. Il s'agit de concevoir la reconnaissance culturelle comme devant servir la liberté individuelle : les cultures peuvent en effet être des supports à la construction du sujet, mais ne doivent pas enfermer le sujet.

Reconnaissance et redistribution dans nos sociétés contemporaines

Pour N. Fraser, les sociétés contemporaines restent de toute manière caractérisées à la fois par des injustices socioéconomiques – de marginalisation économique par exemple (chômage, précarité, etc.) – et par des injustices culturelles ou symboliques – de mépris et d'invisibilité sociale par exemple (S. Beaud, *La France invisible*, 2006). Il ne s'agit pas de les identifier les unes aux autres, elles ont une part d'irréductibilité. Ces injustices sociologiques nécessitent donc des politiques différentes, de redistribution et de reconnaissance en l'occurrence. Les minorités (les femmes par exemple) peuvent à la fois demander la reconnaissance de leur différence et l'égalité par la redistribution. N. Fraser s'appuie en fait sur la distinction établie par M. Weber dans *Économie et société* (1921) entre classes économiques (déterminantes d'une probabilité d'accès aux biens et services) et groupes de statut (déterminants d'un certain prestige, *i.e.* honneur social) : la reconnaissance n'est pas une question psychologique (un « besoin humain vital » selon C. Taylor), mais un problème d'organisation sociale et d'institutions qui produisent des statuts différents. N. Fraser formule ainsi une « théorie critique de la reconnaissance » : elle refuse d'essentialiser la différence culturelle, mais propose de reconnaître l'égalité de statut des identités culturelles. Une minorité ethnique, culturellement dominée par exemple, doit bénéficier d'une discrimination positive afin d'élever son statut et lui donner un égal accès de participation à la vie sociale et politique. Au-delà, ce modèle statutaire de la reconnaissance présente deux avantages par rapport au modèle de C. Taylor : la politique de redistribution est maintenue comme une condition objective de la participation du citoyen, et la politique de reconnaissance statutaire évite de se prononcer sur la valeur des différentes cultures.

Bien que renvoyant à deux représentations différentes de la société, les inégalités liées aux rapports sociaux de classe et les discriminations dont sont victimes certains groupes minoritaires participent de toute manière bien souvent d'une même logique de domination. En effet, en France notamment, les handicaps liés à l'origine culturelle et à l'origine sociale se cumulent d'autant plus nettement que la ségrégation urbaine est marquée. La question sociale s'avère donc complémentaire de la question « ethnico-raciale » dans « l'économie globale des relations entre groupes sociaux » selon R. Castel (*La Discrimination négative. Citoyens ou indigènes*, 2007) : la lutte contre les discriminations doit faire diminuer la surreprésentation des minorités ethniques parmi les chômeurs, les précaires, les pauvres et des jeunes de banlieues parmi les jeunes en échec scolaire. Ménager un supplément de ressources par une politique de discrimination positive est donc nécessaire, comme de déroger à l'égalité de l'école républicaine par des zones d'éducation prioritaire (ZEP) : ce serait « plutôt le levier d'une critique pratique des déviations élitistes de ce système qui est censé traiter à parité tous les enfants, mais qui, en réalité, fonctionne comme un instrument de sélection pour accéder aux échelons supérieurs en éliminant et en humiliant successivement les élèves trop mal armés pour la compétition scolaire conçue comme une course à l'excellence ».

2 L'intervention des pouvoirs publics permet de réduire les inégalités économiques et le manque de reconnaissance

Il existe différentes formes d'inégalités, économiques, sociales, culturelles, etc., qui ont même tendance à se cumuler et à se reproduire (A. Bihr et R. Pfefferkorn, *Le Système des inégalités*, 2008). La question de leur compensation mobilise des théories de la justice sociale permettant de juger du caractère illégitime de ces inégalités. Les politiques de lutte contre les inégalités consistent à mettre en œuvre des dispositifs visant à compenser, totalement ou partiellement, les manques de ressources économiques, sociales, culturelles, etc., de certaines personnes ou de certains groupes, puisque contraires aux principes de justice sociale retenus. En général, on considère qu'il est juste de compenser les inégalités dont la source échappe au contrôle de l'individu, à l'instar de ses héritages (économiques comme le patrimoine, sociaux comme le genre, culturels comme l'origine ethnique, etc.). Ces derniers peuvent en effet brider la capacité de l'individu à construire sa vie alors qu'il ne peut en être tenu pour responsable. Ainsi, alors même que les valeurs démocratiques devraient interdire tous les comportements qui traitent inégalement des personnes égales, on continue d'observer des pratiques discriminatoires – comme le montre par exemple la difficulté des élèves des lycées professionnels d'origine maghrébine à obtenir un stage dans une entreprise.

Les politiques de redistribution des revenus par l'intermédiaire de prélèvements et de transferts monétaires, l'offre de services publics (d'éducation notamment) et l'action par la réglementation visent à limiter les inégalités et leur reproduction.

A. La redistribution monétaire, outil principal de réduction des inégalités économiques primaires

Les inégalités économiques de revenus primaires sont diminuées par le système socio-fiscal qui opère une redistribution en prélevant davantage sur ceux qui gagnent le plus et en réalisant des transferts monétaires (mais aussi en nature, *cf. infra*), prioritairement en faveur de ceux qui gagnent le moins. Cependant, cet objectif de redistribution est contesté depuis les années 1980, principalement au nom d'un objectif concurrent d'incitation.

Redistribuer monétairement pour lutter contre les inégalités de niveaux de vie

Dans son *Portrait social* de la France, l'INSEE mesure l'impact redistributif du système socio-fiscal français. Le champ d'analyse retenu par cette étude est celui de la redistribution monétaire, qui exclut à ce titre la redistribution opérée par les transferts en nature (éducation et santé principalement, *cf. infra*). Il ne comprend pas non plus les transferts sociaux et les cotisations sociales liés aux assurances sociales (retraite, maladie et chômage, *cf. infra*, partie 2 de ce chapitre) et, s'agissant des prélèvements, il laisse de côté les impôts indirects acquittés par les ménages (par exemple la TVA). Le niveau de vie d'un ménage est le revenu après redistribution monétaire ou revenu disponible du ménage par unité de consommation (*cf.* figure 1 en page suivante). Pour calculer le niveau de vie des personnes au sein d'un même ménage, on utilise l'échelle d'équivalence des unités de consommation qui attribue 1 unité de consommation au premier adulte du ménage, 0,5 unité de consommation à toute personne supplémentaire de 14 ans ou plus, et 0,3 unité de consommation à tout enfant de moins de 14 ans. À revenus égaux, les familles plus nombreuses ont un niveau de vie plus faible.

Figure 1 – Schéma récapitulatif des différents concepts de revenu et contours du champ de la redistribution

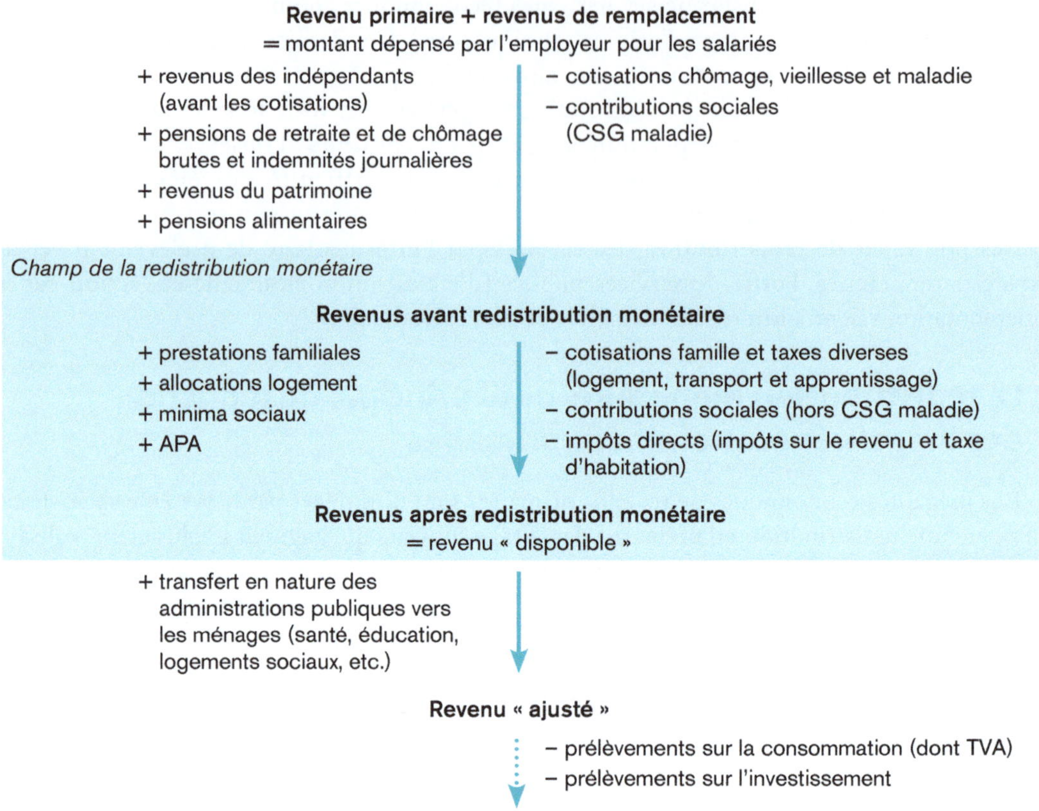

Source : INSEE, *in France, portrait social*, 2012.

Avant redistribution monétaire, les 10 % qui gagnent le plus touchent 24,4 fois plus de revenus primaires que les 10 % qui gagnent le moins en 2019 (tableau ci-dessous). Après redistribution monétaire, ce n'est plus que 5,8 fois plus. De même, les 20 % qui gagnent le plus touchent 8,75 fois plus que les 20 % qui gagnent le moins. Après redistribution monétaire, ce n'est plus que 3,99 fois plus.

Les prélèvements et les prestations ne contribuent pas tous également à réduire les inégalités de niveau de vie. Leur efficacité redistributive dépend notamment de leur progressivité.

Un prélèvement est progressif s'il représente une part croissante du revenu lorsque celui-ci augmente. Une prestation est progressive si sa part dans le revenu diminue à mesure que le niveau de vie initial s'accroît. Plus un prélèvement ou un transfert est progressif, plus il contribue à la redistribution des niveaux de vie au profit des plus pauvres. Tous les prélèvements ne sont pas progressifs : l'impôt sur le revenu l'est, mais les prélèvements proportionnels (la CSG par exemple) ne le sont pas et les prélèvements forfaitaires sont mêmes dégressifs. Les prestations sont en revanche toutes progressives (mêmes forfaitaires, elles représentent une part décroissante du revenu quand celui-ci augmente), mais certaines le sont davantage que d'autres : elles

Tableau 1 – La réduction des inégalités de niveau de vie opérée par la redistribution monétaire en 2019

	Fractiles de niveau de vie avant redistribution monétaire (2019)							
	D1	Q1	Q2	Q3	Q4	Q5	D10	Ensemble
Niveau de vie avant redistribution (A)	**3 260**	**6 930**	**16 800**	**23 230**	**31 090**	**60 700**	**79 660**	**27 750**
Prélèvements	**– 200**	**– 410**	**– 1080**	**– 2 020**	**– 3 810**	**– 13 560**	**– 20 410**	**– 4 170**
Financement de la protection sociale :	– 190	– 400	– 1 010	– 1 640	– 2 330	– 5 530	– 7 730	– 2 180
Cotisations sociales[1]	*– 70*	*– 170*	*– 410*	*– 620*	*– 860*	*– 1 900*	*– 2 580*	*– 790*
Contributions sociales[2]	*– 120*	*– 230*	*– 600*	*– 1020*	*– 1 460*	*– 3 630*	*– 5 150*	*– 1 390*
Impôts directs :	– 10	– 10	– 70	– 380	– 1 480	– 8 030	– 12 680	– 1 990
Impôt sur le revenu	*10*	*20*	*20*	*– 240*	*– 1 230*	*– 7 230*	*– 11 660*	*– 17 360*
Taxe d'habitation	*– 20*	*– 30*	*– 90*	*– 140*	*– 250*	*– 690*	*– 810*	*– 240*
Impôt sur la fortune immobilière	*0*	*0*	*0*	*0*	*0*	*– 110*	*– 210*	*– 20*
Prestations	**7 140**	**5 330**	**1 570**	**770**	**440**	**230**	**190**	**1 680**
Prestations familiales :	1 900	1 620	830	520	320	140	110	690
Allocations familiales	*850*	*730*	*420*	*300*	*240*	*110*	*80*	*360*
Autres prestations familiales[3]	*1 050*	*890*	*420*	*210*	*80*	*30*	*30*	*330*
Aides au logement	1 890	1 370	180	40	20	10	10	330
Minimas sociaux et prime d'activité[4]	3 350	2 340	560	210	100	80	70	660
Niveau de vie après redistribution (B)	**10 200**	**11 860**	**17 290**	**21 970**	**27 720**	**47 380**	**59 440**	**25 240**
Taux de redistribution (B-A) / A (en %)	**212,9**	**71,1**	**2,9**	**– 5,4**	**– 10,8**	**– 21,9**	**– 25,4**	**– 9,0**

1. Les cotisations sociales retenues ici sont les seules cotisations patronales famille car ce sont les seules non contributives. Les cotisations des micro-entrepreneurs ne sont pas incluses car ils s'acquittent d'un forfait social, ce qui ne permet pas de distinguer les cotisations famille.

2. Hors part de la contribution sociale généralisée (CSG) affectée à la maladie.

3. Allocation de soutien familial, allocation d'éducation de l'enfant handicapé, prestation partagée d'éducation de l'enfant de la Paje (prestation d'accueil du jeune enfant), complément familial, allocation de base et prime à la naissance de la Paje et allocation de rentrée scolaire.

4. Revenu de solidarité active, minimum vieillesse (ASPA), allocation supplémentaire d'invalidité, allocation pour adulte handicapé et son complément garantie jeunes.

Source : d'après INSEE, *Portrait social*, édition 2020.

peuvent être en effet plus ou moins ciblées sur les niveaux de vie les plus faibles. Globalement, les prestations réduisent bien davantage les inégalités de niveau de vie que les prélèvements puisqu'elles y contribuent à hauteur de 62 %, contre 38 % pour l'ensemble des prélèvements en 2019.

Tableau 2 – Contributions respectives des prélèvements et des prestations à la réduction des inégalités de niveau de vie *(en %)*

Prélèvements	**38,0**
Cotisations et contributions sociales redistributives :	7,0
Cotisations sociales	*1,5*
Contributions sociales	*5,6*
Impôts directs :	30,9
Impôt sur le revenu	*29,2*
Taxe d'habitation	*1,3*
Impôt sur la fortune immobilière	*0,5*
Prestations	**62,0**
Prestations familiales :	21,4
Allocations familiales	*9,9*
Autres prestations familiales	*11,5*
Aides au logement	14,3
Minimas sociaux et RSA activité	26,4
Niveau de vie	**100**

Source : INSEE, *Portrait Social*, édition 2020.

Du côté des prélèvements, l'impôt sur le revenu (en incluant la prime pour l'emploi) réalise 29,2 % de la réduction des inégalités de niveau de vie. S'il ne représente en masse qu'un peu moins du tiers des prélèvements, il est en revanche le prélèvement le plus progressif : de fait, il contribue à diminuer le niveau de vie du 4e quintile de 4 % et du 5e quintile de 12 %.

Du côté des prestations sociales, les prestations familiales constituent l'instrument principal de réduction des inégalités (contribution à hauteur de 21,4 %). Deux types de prestations familiales différentes sont néanmoins en jeu. D'une part, les prestations familiales sans condition de ressources – c'est le cas des allocations familiales jusqu'en juillet 2015, du complément de libre choix d'activité, complément de libre choix de garde, des subventions publiques aux crèches collectives et familiales, dont le barème est le plus souvent forfaitaire – jouent un rôle important dans la réduction des inégalités du fait de l'importance des sommes en jeu et parce que les ménages avec enfants situés en bas de la distribution des revenus sont plus nombreux et sont donc les premiers bénéficiaires. D'autre part, les prestations familiales sous condition de ressources, qui réalisent *a priori* une redistribution plus forte du fait de leur ciblage (40 % de ces prestations sont attribuées au 1er quintile) mais dont les montants distribués sont globalement plus faibles (15 % de l'ensemble des dépenses de prestations sociales contre 41 % pour les prestations familiales sans condition de ressources), opèrent de ce fait une redistribution finalement moins importante que les prestations familiales sans condition de ressources. Pour les 20 % des ménages les plus modestes, les prestations familiales représentent au total 13,6 % de leur niveau de vie (contre 2,7 % en moyenne sur l'ensemble de la population).

Quant aux aides au logement et aux minima sociaux, ils contribuent respectivement à 11,6 % et 19,7 % du niveau de vie du 1er quintile, et ensemble, réduisent de 40,7 % (14,3 % + 26,4 %) les inégalités de niveau de vie. Les aides au logement sont très ciblées et concernent quasi exclusivement les 20 % les plus modestes, qui touchent 1 370 euros par an en moyenne par ménage allocataire. L'aide personnalisée au logement (APL), créée en 1977, est attribuée aux locataires sous conditions de ressources.

Fin 2019, 4,3 millions de personnes sont bénéficiaires de l'un des dix minimas sociaux. Un chiffre relativement stable depuis cinq ans. Destinés à garantir un minimum de ressources, les minima sociaux élèvent d'abord le niveau de vie des plus pauvres, notamment de 2 340 euros par an contre 920 euros en 2008 pour le 1er quintile. La hausse des dépenses pour les minima sociaux a été marquée entre 2009 et 2015 (+ 4,1 % par an en termes réels) : elle est liée à celle des effectifs (+ 3,1 % par an) dans un contexte de crise économique (DREES, *Minima sociaux et prestations sociales*, 2020), mais également à plusieurs plans de revalorisation (entre 2007 et 2012 tout d'abord, puis entre 2018 et 2020). Les montants des minima sociaux sont variables, d'autant plus élevés que les bénéficiaires sont éloignés du marché du travail. Ce sont ainsi les montants du minimum vieillesse (ASPA) et l'allocation adulte handicapé (AAH) qui sont les plus élevés – respectivement 903,2 et 902,7 euros pour une personne seule au 1er avril 2020, et qui ont le plus augmenté (de 20 % en termes réels en l'occurrence entre 2010 et 2020).

En juin 2009, le revenu de solidarité active (RSA, *cf. infra*) a remplacé le RMI et l'allocation parent isolé (API), augmenté de son volet « activité ». La prime d'activité (PA) est une aide à l'emploi plutôt qu'un minimum social, mise en place le 1er janvier 2016. Elle remplace la prime pour l'emploi (PPE) et le RSA activité. La PA a été créée avec un barème proche du RSA activité au moment de son lancement, mais elle étend le bénéfice aux salariés et non-salariés dès 18 ans. En conséquence, elle touche davantage de foyers : environ 4,5 millions fin 2019, alors que le RSA activité comptait 900 000 bénéficiaires à la fin de 2015. La croissance du nombre de bénéficiaires a été particulièrement forte en 2019 (+ 42,7 %) sous l'effet de la revalorisation de 90 euros du montant maximal de bonification individuelle de la PA à partir du 1er janvier 2019, à la suite du mouvement des Gilets jaunes.

Au total, en 2019, les 20 % des ménages les plus modestes ont un revenu après redistribution monétaire supérieur de 71,1 % à leurs revenus avant redistribution monétaire, alors que les 20 % des ménages qui gagnent le plus ont subi une perte de 21,9 %. Pour les quintiles intermédiaires, notamment Q2 et Q3, l'impact de la redistribution monétaire est en revanche très limité puisqu'il est respectivement de + 2,9 % et – 5,4 % en 2019 : ils ne sont ni assez aisés pour payer un impôt élevé sur le revenu, ni assez pauvres pour bénéficier des prestations et minima sociaux sous condition de ressources. L'équité semble prévaloir ici : la priorité à la lutte contre la pauvreté conduit à vouloir assurer un revenu décent à tous, quitte à réduire l'écart avec les catégories de revenus situées juste au-dessus de la pauvreté.

Néanmoins, les prélèvements retenus ici excluent les cotisations sociales liées aux assurances sociales et les impôts indirects acquittés par les ménages. Si on les intègre, C. Landais, E. Saez et T. Piketty (*Pour une révolution fiscale*, 2011) montrent que l'ensemble de ces prélèvements obligatoires est dégressif pour les revenus les plus élevés et faiblement progressif pour les revenus plus faibles : les 0,001 % qui gagnent le plus s'acquittent d'impôts plus faibles en proportion de leur revenu que les 10 % qui gagnent le moins. Les auteurs en appellent donc à « une révolution fiscale ».

Figure 2 – Un système fiscal faiblement progressif… ou franchement régressif ?

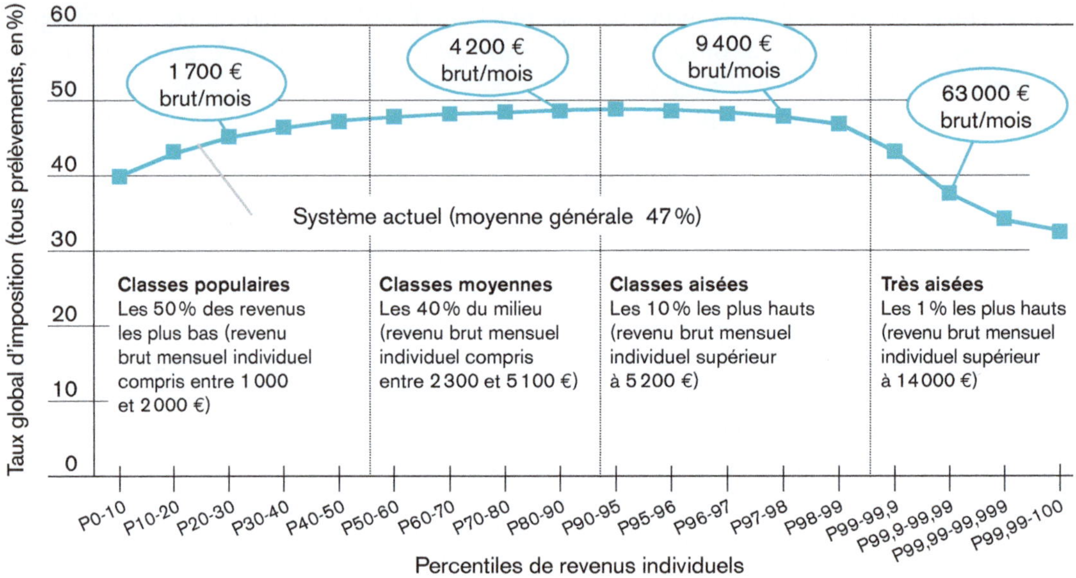

Lecture : le graphique montre le taux global d'imposition (incluant tous les prélèvements) par groupe de revenus au sein de la population de 18-65 ans travaillant à au moins 80 % du plein-temps. P0-P10 désigne les percentiles 0 à 10, c'est-à-dire les 10 % des personnes avec les revenus les plus faibles ; P10-20 les 10 % suivants… P99,999-100 désigne les 0,001 % les plus riches. La moyenne générale des taux d'imposition est de 47 %. Les taux d'imposition croissent légèrement avec le revenu jusqu'au 95e percentile, puis baissent avec le revenu pour les 5 % les plus riches.

Source : C. Landais, T. Piketty et E. Saez, *Pour une révolution fiscale*, chap. 1, p. 50, 2011.

Inciter monétairement au détriment de la redistribution

La prise en compte croissante de l'objectif d'incitation dans le système socio-fiscal depuis les années 1980 fragilise sa capacité à redistribuer, tant du côté des prélèvements que du côté des prestations sociales.

Du côté des prélèvements, le principe constitutionnel d'imposition des citoyens selon leurs capacités contributives commande une progressivité de l'impôt sur le revenu. Cependant, la tranche supérieure de l'impôt sur le revenu est passée de 65 % en 1982 à 40 % en 2010, puis est remontée à 45 % depuis 2012. La contribution de celui-ci à la réduction des inégalités de niveau de vie a ainsi nettement baissé en France, notamment depuis la réforme de 2007, passant de 36,9 % en 1996 à 26,2 % en 2007 pour atteindre 28,7 % en 2011 et 29,2 % en 2019.

Il ne faut pas oublier en effet que les prélèvements peuvent poursuivre d'autres objectifs que le seul objectif de redistribution, notamment celui d'incitation aux comportements vertueux et de financement des dépenses publiques. Or, depuis les années 1980, ces trois objectifs de redistribution, d'incitation et de financement sont suspectés de ne pas être compatibles. L'économie de l'offre au tournant des années 1980 a en effet défendu avec succès auprès des gouvernements conservateurs de M. Thatcher et R. Reagan l'idée que « trop d'impôts tue l'impôt » (A. Laffer) : la hausse des prélèvements nécessaires pour financer des dépenses publiques supplémentaires versées à des fins de redistribution désincite les ménages à travailler et à épargner, donc diminue la production et par conséquent l'assiette sur laquelle les prélèvements sont effectués. En voulant augmenter les impôts, on les diminue : il y a un dilemme entre incitation et redistribution.

C'est à ce titre que, du côté des prélèvements, notamment de l'impôt sur le revenu, des baisses des taux marginaux ont été conçues comme nécessaires, diminuant la contribution de l'impôt sur le revenu à la lutte contre les inégalités de niveaux de vie. De telles mesures incitatives bénéficient aux plus riches et leur accumulation tend même à remettre en cause le principe d'une participation de chacun à l'impôt en fonction de ses facultés contributives. De l'après-Seconde Guerre mondiale au début des années 1980, les classes supérieures des pays d'Europe continentale s'étaient plus ou moins résignées à des taux de prélèvement relativement élevés. La mondialisation leur permet maintenant d'y échapper ou de menacer d'y échapper. La société de semblables qu'avait finalement engendrée l'État-providence (*cf. infra,* partie 2 de ce chapitre) tend à être remise en cause : la redistribution est plus difficile à organiser et à faire accepter à mesure que le pays devient moins homogène. La capacité des pays à organiser la redistribution par l'impôt s'érode ainsi progressivement.

De même, du côté des prestations, la redistribution est remise en cause. Alors que la faiblesse de l'écart entre le revenu minimum des sans-emploi et des salariés était considérée auparavant comme positive, à la fois du point de vue de la justice sociale (l'égalité des conditions) et de l'efficacité économique (comme soutien de la demande), on lui reproche désormais de créer une trappe à inactivité, les travailleurs les moins qualifiés étant peu incités au retour à l'emploi compte tenu de la faiblesse du gain. Le débat sur les trappes à inactivité depuis le milieu des années 1990 en France a néanmoins contribué à mettre en évidence l'injustice dont sont victimes les travailleurs pauvres, notamment du fait du RMI (instauré en 1988) et des droits connexes qui y sont attachés (environ tout de même 20 % du RMI). Selon D. Anne et Y. L'Horty (« Transferts sociaux locaux et retour à l'emploi », 2002), un couple avec deux enfants par exemple doit travailler 44 h 30 au SMIC horaire par semaine pour atteindre le même niveau de vie qu'en restant au RMI et en bénéficiant des droits connexes liés à ce statut (transports publics gratuits, tarif préférentiel de la cantine scolaire pour les enfants, prime de Noël, etc.). Le taux marginal de prélèvement sur le RMI est en effet de 100 % (même si, à partir de 1992, un intéressement est mis en place, il ne permet de cumuler les revenus d'activité avec le RMI que pendant un an) : tout euro gagné en travaillant diminue d'autant le montant du RMI. L'incitation au retour à l'emploi est ainsi nulle – ce qui a justifié le remplacement du RMI par le RSA (revenu de solidarité active) au 1er juin 2009, mais la redistribution est forte puisque, jusqu'à l'équivalent de 15 550 euros annuels dans le cas-type évoqué, le niveau de vie est le même.

Le principe du RSA est de cumuler des revenus d'activité et le revenu de solidarité afin que le travail paie dès la première heure effectuée. Pour cela le taux marginal de prélèvement est limité à 38 % : pour 100 euros gagnés en travaillant, le revenu de solidarité ne baisse plus que de 38 euros, si bien que la personne a élevé ses revenus de 62 euros. Selon D. Anne et Y. L'Horty (« Aides sociales locales, RSA et gains au retour à l'emploi », 2009), même en tenant compte des aides sociales locales (les droits connexes), le RSA rend le retour à l'emploi rémunérateur dans la quasi-totalité des 13 villes étudiées et des configurations familiales. Il faudrait néanmoins transformer les aides locales liées au statut du RSA en aides sous condition de ressources pour diminuer les effets de seuil lorsque les revenus d'activité augmentent et font sortir la personne du statut du RSA.

Le bénéfice premier du passage du RMI au RSA relève donc de la justice sociale : toute personne qui travaille gagne plus qu'une personne qui ne travaille pas. Si la montée en régime du dispositif a été initialement décevante – preuve que la question de la stigmatisation n'avait pas été réglée –, le remplacement du RSA activité par la prime d'activité (PA) au 1er janvier 2016, présentée comme une aide à l'emploi et donc moins stigmatisante *a priori* que le RSA, a néanmoins permis d'augmenter le taux de recours. O. Bargain, S. Carcillo, Y. L'Horty et É. Lehmann (« Mieux lutter contre la pauvreté par des aides monétaires », 2017) préconisent d'aller plus loin en automatisant les versements sous condition de ressources pour mettre fin au non-recours, ce qui pourrait passer selon eux par la fusion du RSA et de la PA au sein d'un revenu de base unique, sous condition de ressources, et associé à un programme d'insertion pour les personnes sans emploi. L'activation (*cf. infra*, partie 2 de ce chapitre) des inactifs risque néanmoins de déboucher sur l'institutionnalisation de sous-emplois de quelques heures par semaine, contribuant à la consolidation d'un « précariat » (R. Castel, « Au-delà du salariat ou en deçà de l'emploi ? », *in* S. Paugam, dir., *Repenser la solidarité. L'apport des sciences sociales*, 2007). Enfin, la crise économique dans laquelle est entrée l'économie française à partir de 2009 a posé à nouveau davantage le problème de l'insuffisance de la demande de travail que celle de l'offre de travail.

B. L'offre de services publics et la réglementation

Le niveau de vie des ménages est souvent modifié par les transferts et prélèvements monétaires précédents, mais il bénéficie également de transferts des administrations publiques « en nature », c'est-à-dire opérés sous forme de services gratuits ou délivrés à faible coût. La réglementation peut également infléchir le fonctionnement du marché dans le sens de l'égalité.

Les services publics réduisent les inégalités et leur reproduction

Ces services publics touchent en particulier les domaines de la santé, de l'éducation et du logement social. Ils répondent au souci de garantir aux personnes un accès *a priori* identique aux soins, à l'éducation ou aux services de logement, quel que soit leur niveau de ressources. Ils répondent ainsi davantage à un objectif d'équité que de redistribution. D'un point de vue comptable, ces transferts en nature ne font pas partie du revenu disponible brut (RDB) mais s'y ajoutent pour constituer un second agrégat, le revenu disponible ajusté (RDBA).

Dans cette nouvelle perspective (*cf.* tableau ci-dessous datant de 2008, faute d'actualisation par l'INSEE), la redistribution monétaire réalise désormais tout juste 50 % (32 % + 17,5 %) de la réduction des inégalités. Les transferts en nature apparaissent bien davantage redistributifs puisqu'ils contribuent pour 69 % à la réduction des inégalités.

Ceci s'explique avant tout par l'importance des sommes dépensées, notamment dans la santé et l'éducation. En 2011, l'INSEE évalue ainsi la dépense des ménages en éducation à 9,2 milliards d'euros tandis que les administrations publiques y consacrent dix fois plus, à savoir 95,5 milliards d'euros. Avec une contribution de 36,5 % à la réduction des inégalités, l'éducation est même le transfert en nature des administrations publiques vers les ménages le plus redistributif. Il est en effet très progressif en raison de la surreprésentation des ménages avec enfants dans le bas de l'échelle des niveaux de vie. D'un poids comparable, mais d'une progressivité moindre, la santé contribue à hauteur de 29,6 % à la réduction des inégalités globales de niveau de vie.

Tableau 3 – Contributions respectives de la redistribution monétaire et de la redistribution en nature à la réduction des inégalités de niveau de vie en 2008
(en %)

Champ « habituel » de la redistribution	Prélèvements	17,5
	Cotisations et cotisations redistributives	*2,8*
	Impôt sur le revenu (net PPE)	*14,7*
	Taxe d'habitation	*0,0*
	Prestations	32,0
	Prestations familiales	*14,5*
	Aides au logement (location)	*8,0*
	Minima sociaux	*7,9*
	Allocation personnalisée d'autonomie	*1,6*
Transferts en nature des administrations publiques vers les ménages	Total services	69,0
	Santé	*29,6*
	Éducation	*36,5*
	Logement social	*2,9*
Impôts indirects	Total impôts indirects	– 18,6
	Taxes sur la consommation	*– 17,9*
	Taxes sur l'investissement	*– 0,7*
Niveau de vie « final »	100	

Note : le revenu « final » ou niveau de vie « final » est le revenu ajusté (*cf.* schéma *supra*) corrigé des prélèvements sur la consommation et l'investissement.

Source: E. Amar, M. Beffy, F. Marical, É. Raynaud, « Les services publics de santé, éducation et logement contribuent deux fois plus que les transferts monétaires à la réduction des inégalités de niveau de vie », *in France, portrait social*, INSEE, 2008.

Enfin, les prélèvements sur les ménages laissés de côté jusqu'à présent, en particulier un certain nombre de taxes sur la consommation (taxe sur la valeur ajoutée, taxe intérieure sur les produits pétroliers, droits de consommations sur les tabacs, etc.) et sur l'investissement (prélèvements sur les transactions immobilières et sur les gros travaux) affectent aussi les niveaux de vie. Ces prélèvements sur la consommation et l'investissement sont les seuls instruments dont l'effet final tend à augmenter les inégalités de niveaux de vie : ils y contribuent à hauteur de 18,6 %, dont 17,9 % au titre des impôts sur la consommation.

Se loger est une possibilité que les pauvres n'ont pas, c'est pourquoi le logement social est apparu à la fin du XIXe siècle. Depuis la loi Siegfried (1894) qui organise les premières formes du logement social, les habitats à bon marché (HBM), le logement social s'est développé notamment à l'occasion de la crise du logement après la Seconde Guerre mondiale. Sur les 2,15 millions de logements sociaux construits entre 1955 et 1975, les deux tiers sont situés dans les dizaines de grands ensembles qui voient le jour au même moment dans des ZUP (zones à urbaniser en priorité) à la périphérie des villes existantes, mal reliées au centre. En 2016, sur 29,2 millions de résidences principales, dont 11,6 millions sont mises en location, le logement social représente 4,9 millions, soit 16,8 % des résidences principales. Lorsqu'un ménage accède à un logement social, il paie *a priori* un loyer plus faible que s'il louait ce logement sur le marché libre. Il bénéficie donc d'une subvention implicite des administrations publiques qui correspond à la différence de loyer (corrigé des allocations logement, *cf. supra*) entre le secteur libre et le secteur locatif social pour ce logement.

La part des dépenses de logement social dans le revenu disponible ainsi mesurée est très faible et leur effet redistributif final est par conséquent limité (2,9 %). Pour comparaison, l'incidence des aides au logement, dont le poids dans le revenu disponible est à peine plus élevé, est près de trois fois plus importante. Les aides au logement bénéficient en effet aux plus pauvres.

Figure 3 – Poids des services des administrations publiques et des taxes sur la consommation et l'investissement par rapport au revenu net, selon le niveau de vie avant redistribution

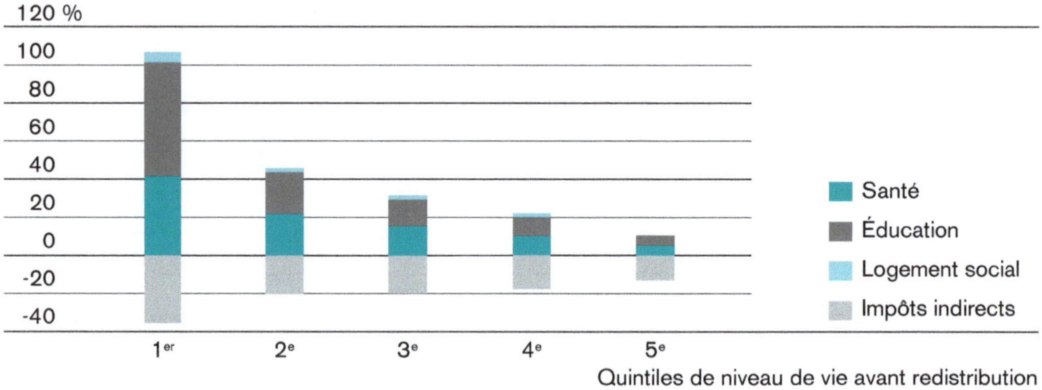

Source : E. Amar, M. Beffy, F. Marical, É. Raynaud, « Les services publics de santé, éducation et logement contribuent deux fois plus que les transferts monétaires à la réduction des inégalités de niveau de vie », dans *France, portrait social*, INSEE, 2008.

Le service public d'éducation, réducteur d'inégalités ?

Dans le cadre d'analyse de J. Rawls, l'accès à des biens fondamentaux doit être garanti afin de permettre à chacun de mener sa vie comme il l'entend et non d'être contraint dans ses projets. L'égalité des chances commande de plus que les positions sociales les plus valorisées dans une société soient ouvertes à tous et ne soient pas préemptées par certains groupes. C'est à cette condition que les inégalités de positions peuvent être légitimes. Certes, J. Rawls n'inclut pas explicitement l'éducation (et la santé) dans les « biens premiers sociaux », mais une société juste fournit à chacun la possibilité de faire l'effort et même doit « donner le plus à ceux qui ont le moins », donc compenser, au moins en partie, le manque de talent naturel. Une manière pour la société de s'acquitter d'une telle tâche est de promouvoir un service public d'éducation.

Dans la lignée des critiques faites aux travaux de G. Becker (*Human Capital. A Theoritical and Empirical Analysis with Special Reference to Education*, 1964) sur les investissements en capital humain comme résultat d'un calcul coûts/avantages d'individus rationnels, un service public d'éducation trouve aussi sa justification dans sa contribution à l'efficacité économique. La rationalité limitée des acteurs et l'imperfection du marché du crédit font que les enfants, notamment ceux issus de milieux modestes, risquent de ne pas suffisamment s'éduquer. La croissance économique est alors plus faible.

La massification scolaire est la généralisation de l'accès à l'école pour les générations récentes. Le lien entre l'origine socioculturelle (mesurée par la position sociale du père ou le niveau de diplôme le plus élevé chez les parents) et le niveau scolaire s'estompe. La massification de l'éducation primaire est l'œuvre de la IIIe République de J. Ferry, mais celle de l'éducation secondaire s'étale des années 1960 aux années 1990. Depuis le milieu des années 1990, les trois quarts d'une classe d'âge accèdent au baccalauréat. La massification de l'enseignement supérieur se poursuit et les diplômés du supérieur représentent 46 % des classes d'âge qui sortent du système éducatif en 2017 (DEPP, *L'État de l'école*, édition 2020).

Pourtant, les inégalités sociales à l'école restent fortes, même plus fortes que dans les systèmes éducatifs des autres pays de l'OCDE. Pour C. Baudelot et R. Establet (*L'Élitisme républicain. L'école française à l'épreuve des comparaisons internationales*, 2009), l'école française se caractérise avant tout par son élitisme : une culture du classement et de l'élimination précoce, doublée d'une grande tolérance aux inégalités et à leur reproduction. Au sein de l'enseignement supérieur coexistent ainsi les universités, relativement ouvertes, et les grandes écoles, particulières sélectives. Or, l'entrée dans ces grandes écoles est fortement déterminée par l'origine sociale, les réservant de fait aux enfants de cadres et d'enseignants. Ce sont ainsi les enfants des ménages les plus aisés qui font les études les plus longues et qui bénéficient de dépenses d'éducation supérieures. Ce faisant, ils accèdent aux positions sociales les plus rémunératrices et alimentent la reproduction sociale. Pour certains, peu nombreux, la méritocratie scolaire est donc une course aux meilleures positions ; pour d'autres, très nombreux, elle se traduit par une relégation rapide et désormais particulièrement coûteuse sur le marché du travail. Au XXIe siècle, l'école française demeure largement otage des idées qui l'ont vue naître à la fin du XIXe : distinguer une petite élite sans se soucier d'élever suffisamment le niveau des autres.

Le genre joue aussi un rôle dans la réussite scolaire, même s'il est moindre. La phase de démocratisation de l'enseignement secondaire dans les années 1950 et 1960 a davantage bénéficié aux filles et celles-ci réussissent mieux à l'école que les garçons (C. Baudelot et R. Establet, *Allez les filles !*, 1992). Pourtant, les parcours scolaires des filles restent marqués par des stéréotypes de genre – elles sont surreprésentées dans les filières littéraire et économique et sociale et sous-représentées dans les filières scientifiques, et, malgré leur meilleure réussite scolaire, n'intègrent pas les formations les plus rentables pour leur insertion sur le marché du travail. L'inefficacité des politiques publiques à réduire cette différenciation sexuelle des parcours scolaires est d'autant plus préjudiciable aux filles que le diplôme est devenu plus déterminant qu'avant pour l'accès aux différentes positions sociales. Les inégalités dans le système éducatif expliquent ainsi en partie les inégalités de salaires entre hommes et femmes sur le marché du travail (M. Duru-Bellat, *L'École des filles. Quelle formation pour quels rôles sociaux ?*, 2004).

La réglementation contribue à réduire les inégalités économiques

Dans une économie de marché, la liberté de fixation des prix est présentée comme la condition de l'efficacité économique. Néanmoins, à certaines périodes de l'histoire en France, par exemple, un contrôle des prix a pu être établi, comme le contrôle des loyers initié pendant la Première Guerre mondiale, pour préserver le pouvoir d'achat des ménages. C'est cependant l'action sur les prix des facteurs de production qui intéresse principalement la réduction des inégalités économiques. Si l'État ne détermine directement que la rémunération des fonctionnaires, il peut néanmoins modifier la répartition primaire des revenus par la législation. Les économistes distinguent en général les rationnements de marché provoqués respectivement par des prix planchers (comme le salaire minimum) et des prix plafonds (comme le contrôle des loyers). Compte tenu des effets statiques et dynamiques de ces contrôles des prix, les économistes préconisent souvent de les écarter et de leur substituer éventuellement une action correctrice des prix de marché *a posteriori* par la redistribution monétaire (*cf. supra*). Pourtant, l'exemple du salaire minimum montre que ce n'est pas forcément le cas.

Le salaire minimum interprofessionnel de croissance (SMIC) en France est accusé d'être responsable d'une partie du chômage et de creuser les inégalités en privant certains individus, souvent les moins qualifiés, d'un accès au marché du travail. Instauré en 1970 en remplacement du salaire minimum interprofessionnel garanti (SMIG), qui était indexé sur l'inflation mais pas sur la croissance, le SMIC a certes permis, dans le sillage de la forte hausse du SMIG de 1968, de réduire les inégalités de salaires en France : entre 1968 et 1983, le pouvoir d'achat des salariés au SMIC a notamment augmenté de 130 %. Cependant, la hausse du chômage des salariés rémunérés autour du SMIC a accompagné ce mouvement de sorte qu'un chômage classique se serait ainsi développé en France selon certains économistes, tels P. Cahuc et A. Zylberberg (*Le Chômage : fatalité ou nécessité ?*, 2005). La productivité marginale de nombreux travailleurs est trop faible pour compenser un salaire horaire minimum si élevé, si bien qu'ils sont mis à l'écart (hausse du chômage) ou seulement utilisés les quelques heures où leur productivité est suffisante et où ils sont donc rentables économiquement (hausse du temps partiel et des emplois précaires). La baisse des inégalités salariales obtenue par l'instauration du SMIC aurait donc pour effet pervers de produire une hausse des inégalités face à l'emploi (chômage, temps partiel, emplois précaires).

Le problème majeur reste qu'il existe peu d'études sur le SMIC en France, et pour cause : il ne connaît pas de hausse brusque, mais des glissements annuels, et son caractère national fait qu'il n'y a pas de variation géographique. Ceci empêche d'appliquer la méthode des doubles différences de D. Card et A. Krueger (*cf. infra*). F. Kramarz et D. Margolis (dans leur contribution à l'article collectif « The economic impact of minimum wages in Europe », *Economic Policy*, 1996) trouvent par exemple que dans les départements de France où les salaires étaient les plus faibles à la fin des années 1960 la hausse du SMIC (1967-1985) « n'a pas eu d'impact négatif sur l'emploi » (*in* J. Gautié, *Le Salaire minimum et l'emploi*, 2020).

Figure 4 – Le salaire minimum en France et aux États-Unis, 1950-2020
(en %)

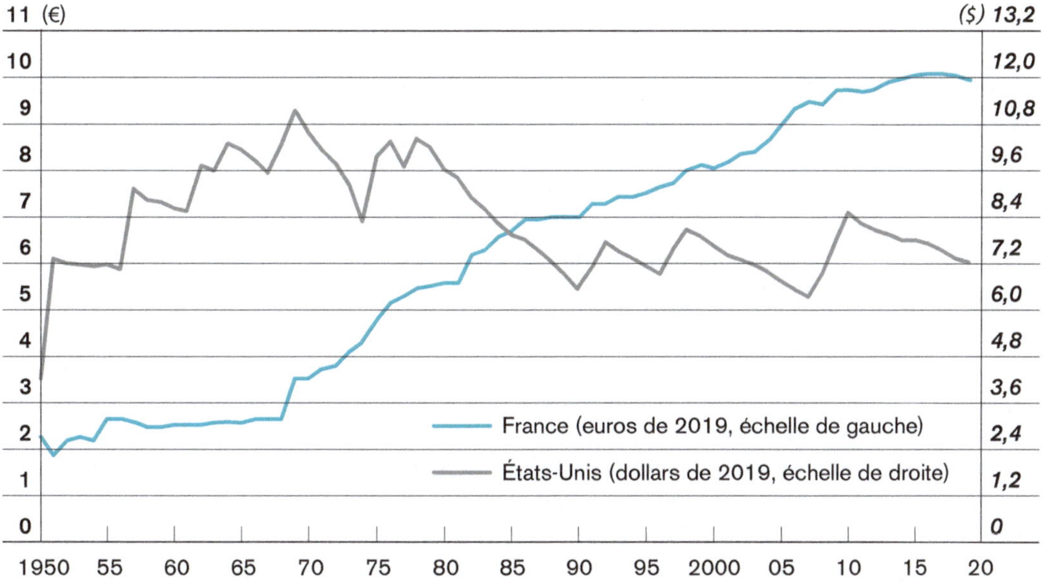

Lecture : en 1968, le salaire minimum horaire réel en France est d'environ 4 € alors qu'il est de presque 9 $ aux États-Unis.

Source : http://piketty.pse.ens.fr/files/ideologie/pdf/G11.10.pdf

En revanche, aux États-Unis, le capitalisme fondé sur le marché laisse une plus grande place à l'ajustement marchand des salaires, de sorte que si le chômage est resté plus faible, les inégalités salariales ont augmenté de 20 % entre les qualifiés et les non-qualifiés entre 1979 et 1995 (P. Krugman *et alii*, *Économie internationale*, 9e éd., 2012). Entre 1968 et la fin des années 1980, le salaire minimum fédéral réel a baissé de 38 %. Instauré en 1938 par le *Fair Labor Standard Act* (FLSA), sa modification nécessite en effet un amendement, ce qui a conduit à une forte politisation du salaire minimum (les démocrates souhaitant sa hausse alors que les républicains sont en général contre).

À travers des exemples empiriques, l'ouvrage de D. Card et A. Krueger, *Myth and Measurement : the New Economics of the Minimum Wage* (1995) dénonce des situations où le pouvoir de monopsone sur le marché du travail conduit à un niveau de salaire inférieur au niveau concurrentiel. Dans une étude empirique sur les *fast-food* du New Jersey, la hausse du salaire minimum dans cet État en 1992 conduit ainsi à la hausse de l'emploi. L'instauration d'un salaire plancher suffisamment élevé par l'administration fédérale peut donc réduire les inégalités tout en améliorant l'efficacité économique en compensant au moins partiellement la structure non concurrentielle de marché. Même si on ne peut pas rendre compte de la hausse des inégalités salariales aux États-Unis par l'existence d'un pouvoir de monopsone, un salaire minimum dont le niveau n'est pas trop faible est efficace économiquement et juste socialement. D'ailleurs, les études empiriques sur le salaire minimum ont des conclusions ambiguës, même lorsqu'elles s'intéressent à l'importance de l'écart entre le salaire minimum et le salaire moyen ou le salaire médian. D. Cengiz et *alii* (« The effect of minimum wages on low-wage jobs : evidence from the United States using a bunching estimator », 2019) ne trouvent ainsi aucun effet négatif significatif sur le nombre d'emplois à bas salaires des 138 augmentations de salaire minimum étatiques aux États-Unis entre 1979 et 2016, et ce quel que soit le niveau d'éducation, le genre, le groupe ethnique, l'âge (les *teenagers*). L'effet négatif sur l'emploi n'apparaît que dans les secteurs les plus exposés à la concurrence internationale et d'autant plus là où la part des salariés rémunérés au salaire minimum est forte : les entreprises peuvent alors plus difficilement répercuter la hausse du salaire minimum sur leurs prix et/ou sur les autres salariés, de sorte que le maintien du profit à distribuer peut conduire à faire le choix de diminuer l'emploi.

Depuis la crise de 2008, l'Angleterre (2015) et certains États des États-Unis (2016) se sont engagés dans un processus d'augmentation du salaire minimum alors que l'Allemagne en a créé un au niveau fédéral (en 2015). Destinées d'abord à contrer les effets déflationnistes de la compression des salaires (argument keynésien), ces mesures ont également des visées de correction des inégalités dont la responsabilité dans la crise est aujourd'hui démontrée (argument classique) tandis que les effets négatifs du salaire minimum sur l'emploi apparaissent finalement peu avérés par les études américaines précédemment citées.

Sur les marchés des biens et services, certains suggèrent plutôt de libérer les prix : en réduisant les rigidités des marchés de biens et services, notamment dans les industries en réseaux (transports, énergie, etc.) et le commerce de détail, l'offre devient plus concurrentielle, les prix baissent et vont accroître le pouvoir d'achat des consommateurs. De même, il serait possible de faire baisser les prix par une réforme des professions réglementées, qui bénéficient soit de monopoles légaux, soit de barrières à l'entrée (conditions de diplômes, *numerus clausus,* charges patrimoniales), soit de tarifs réglementés (dans le droit, la médecine, l'artisanat, l'urbanisme, etc.) : la plus grande ouverture à la concurrence (en revoyant le régime d'autorisation de prestations qui régit leur accès) pourrait entraîner des baisses de tarifs qui libéreraient du pouvoir d'achat pour les ménages, notamment pour les plus modestes. Autrement dit, plutôt que d'augmenter le salaire minimum, on encourage la baisse des prix afin de hausser le pouvoir d'achat sans toucher à son niveau nominal, ce qui peut être favorable à la compétitivité des produits nationaux.

Tableau 4 – Des types distincts de capitalismes (B. Amable, 2005)

	Capitalisme fondé sur le marché (États-Unis, Royaume-Uni)	Capitalisme européen continental (France, Allemagne)	Économies sociales-démocrates (Danemark, Suède)	Capitalisme asiatique (Japon)
Concurrence sur le marché des produits	La concurrence par les prix est centrale : l'État n'intervient pas, les variations de prix coordonnent les agents économiques (ménages, entreprises, etc.).	La concurrence par les prix s'accompagne d'une concurrence par la qualité : engagement de l'État, la coordination « hors-prix » des agents économiques est forte.	Grande importance de la concurrence par la qualité, fort engagement de l'État, la coordination « hors-prix » des agents économiques est forte.	La concurrence par les prix s'accompagne d'une concurrence par la qualité : engagement de l'État, la coordination « hors-prix » des agents économiques est forte.
Rapport salarial	Faible protection de l'emploi, flexibilité externe, pas de politique de l'emploi active, stratégies défensives des syndicats, décentralisation de la négociation salariale.	Forte protection de l'emploi, flexibilité externe limitée, politique de l'emploi modérément active, syndicats modérément forts, coordination de la négociation salariale.	Protection de l'emploi modérée, politique de l'emploi active, syndicats forts, centralisation des négociations salariales.	Protection de l'emploi dans la grande firme, flexibilité externe limitée et dualisme du marché du travail, aucune activation de la politique de l'emploi, décentralisation de la négociation salariale.
Secteur financier	Forte protection des actionnaires minoritaires, faible concentration de la propriété, grande importance des investisseurs institutionnels, marché actif pour les fusions-acquisitions, sophistication des marchés financiers, développement du capital-risque.	Faible protection des actionnaires extérieurs, forte concentration de la propriété, aucun marché actif pour les fusions-acquisitions, faible sophistication des marchés financiers, développement modéré du capital-risque, forte concentration bancaire.	Forte concentration de la propriété, importance des investisseurs institutionnels, pas de marché pour les fusions-acquisitions, faible sophistication des marchés financiers, haut degré de concentration bancaire.	Faible protection des actionnaires extérieurs, forte concentration de la propriété, participation des banques à la gestion des entreprises, pas de marché pour les fusions-acquisitions, aucune sophistication des marchés financiers, haut degré de concentration bancaire.
Protection sociale	Faible protection sociale, faible participation de l'État, accent sur le soulagement de la pauvreté, système de retraite par capitalisation.	Haut degré de protection sociale fondée sur l'emploi, engagement de l'État mais financement par des cotisations, systèmes de retraite par répartition.	Haut niveau de protection sociale, forte participation de l'État qui assure le financement par l'impôt.	Faible protection sociale, accent sur le soulagement de la pauvreté, faible part des dépenses sociales dans le PIB.
Éducation	Faibles dépenses publiques, système d'enseignement supérieur très compétitif, éducation secondaire non homogénéisée, accent sur les compétences générales et formation tout au long de la vie.	Haut niveau des dépenses publiques, forts taux de scolarisation dans l'éducation secondaire, accent sur l'homogénéité de celle-ci, accent sur les compétences spécifiques.	Haut niveau de dépenses publiques, forts taux de scolarisation, accent sur la qualité de l'éducation primaire et secondaire, accents sur les compétences spécifiques et la formation permanente.	Faible niveau des dépenses publiques, forts taux de scolarisation, accents sur l'éducation secondaire, technique et les compétences spécifiques.

Source : extrait de B. Amable, *Les Cinq Capitalismes. Diversité des systèmes économiques et sociaux dans la mondialisation*, Seuil, 2005. Le capitalisme méditerranéen n'est pas présenté ; quelques modifications et simplifications ont été apportées par l'auteur.

Enfin, les réglementations traduisent aussi les préférences collectives en matière d'inégalités. La question de la diversité des modèles économiques a été traitée par Michel Albert (*Capitalisme contre capitalisme*, 1991) : il introduit la distinction entre le modèle rhénan et le modèle néo-américain. On doit à Bruno Amable (*Les Cinq Capitalismes. Diversité des systèmes économiques et sociaux dans la mondialisation*, 2005) une analyse institutionnelle élargie à l'ensemble des économies développées contemporaines. Les institutions sont des règles, formelles et informelles, du jeu économique : elles ouvrent et ferment des possibilités et orientent donc les comportements des acteurs économiques. Nos économies diffèrent ainsi, selon B. Amable, de par les institutions particulières dans les domaines de la concurrence sur les marchés de produits, du marché du travail et de la relation d'emploi, de la protection sociale, du système éducatif et du système financier. Les complémentarités institutionnelles associées à ces institutions particulières sont spécifiques, définissant des types de capitalisme distincts (*cf.* tableau de la page précédente).

Par exemple, un ensemble de règles organisent dans le capitalisme européen continental et social-démocrate le marché du travail, à commencer par celles relatives à la fixation des salaires qui permettent de lutter contre les inégalités salariales. L'instauration légale d'un salaire minimum (en France) ou des négociations entre les syndicats des salariés et des employeurs dans les économies sociales-démocrates (en Suède par exemple) fixent un salaire plancher en deçà duquel il est interdit de rémunérer un salarié. En France, le taux de syndicalisation des salariés est faible et de l'ordre de 8 %, si bien que les inégalités de salaires sont bornées par le bas grâce à la hausse régulière du SMIC. Plus qu'un choix entre efficacité économique et justice sociale, chaque configuration institutionnelle lutterait ainsi contre certaines inégalités dont on peut penser que la population les tolère peu, et laisserait en revanche proliférer d'autres inégalités.

Il demeure que toutes les configurations institutionnelles ne sont pas égales ; pour B. Amable comme pour C. Mathieu et H. Sterdyniak (« Le modèle social européen et l'Europe sociale », 2008), le modèle des économies sociales-démocrates de l'Europe du Nord représente une configuration institutionnelle supérieure, aussi efficace économiquement, mais surtout beaucoup plus juste socialement que le modèle anglo-saxon (*cf.* le triangle d'or danois, p. 1035).

C. Les politiques de discrimination positive : l'exemple français

La lutte pour l'égalité passe de plus en plus par la reconnaissance des comportements discriminatoires. Les politiques dites de discrimination positive en France ont néanmoins des objectifs plus larges.

Qu'est-ce que la discrimination positive ?

En traitant également des personnes dont les conditions sociales sont inégales, l'égalité formelle a été accusée, notamment par la critique marxiste, de légitimer les inégalités réelles. Afin de satisfaire les aspirations à l'égalité réelle des chances des individus dans les sociétés démocratiques (Tocqueville, *De la démocratie en Amérique*, 1834), la discrimination positive « institue une inégalité formelle en faveur d'un certain groupe d'individus en vue de parvenir à une réelle égalité des chances entre les uns et les autres » selon L. Ferry dans son introduction à *Pour une société de la nouvelle chance. Une approche républicaine de la discrimination positive* (2005).

D. Schnapper (« Lutte contre les discriminations et lien social », *in* S. Paugam, dir., *Repenser la solidarité. L'apport des sciences sociales*, 2007) distingue deux types de « politiques communément dites de discrimination positive ».

La première consiste à prendre des mesures pour compenser les handicaps sociaux, mais qui conservent le principe de l'égalité formelle : on « donne plus à ceux qui ont moins » pour assurer l'égalité des chances, c'est-à-dire faire reposer les inégalités sociales sur les différences de « capacité » des individus (*cf. supra*, J. Rawls, 1971). C'est ainsi le rôle des bourses au mérite dans l'Éducation nationale.

La seconde en revanche consiste à atteindre l'égalité des résultats en imposant la représentation égale des groupes particuliers (sexe, origine ethnique ou raciale) dans les diverses institutions sociales, donc en suspendant l'égalité formelle. La parité hommes-femmes imposée dans certaines élections en France s'inscrit dans cette logique (*cf. infra*). Selon D. Schnapper, il faut réserver à ce second type de politiques la formule « discrimination positive ». Ces politiques remettent en question le principe de l'égalité des individus en les assignant à un groupe d'origine (*cf. supra*, C. Taylor, 1992).

La discrimination positive instaure un dispositif préférentiel qui rompt avec l'égalité en droits au profit de certains groupes jugés être dans des situations si défavorables que les politiques traditionnelles de lutte contre les inégalités sont insuffisantes. Née aux États-Unis, la politique de discrimination positive – *affirmative action* – s'inscrit d'abord dans une logique de réparation envers les Noirs et dans le mouvement social des « droits civiques » (*cf.* D. Sabbagh, *L'Égalité par le droit. Les paradoxes de la discrimination positive aux États-Unis*, 2003). En 1965, l'*Executive Order 11246* du président Johnson encadre les politiques d'actions positives qui commencent à être expérimentées depuis le début des années 1960, dans les universités notamment. Des places sont réservées aux Noirs à l'école, puis dans l'emploi. Ces accès privilégiés de certains Noirs doivent permettre de dégager une élite noire dont le dividende sera double : à la fois fragiliser le stéréotype racial des Blancs – les Noirs ne sont « bons à rien » – et proposer aux Noirs des modèles auxquels s'identifier (G. Calvès, *La Discrimination positive*, 4e édition, 2016). Néanmoins, au début des années 1980, des étudiants d'autres minorités ethniques (asiatiques et hispaniques notamment) ont obtenu de la justice la remise en cause de certains dispositifs d'*affirmative action.* Au même moment, ces dispositifs sont aussi accusés de favoriser un recrutement moins diversifié qu'au cours des décennies précédentes, en l'occurrence dans les classes moyennes, au détriment des milieux sociaux défavorisés des ghettos. De même, C. K. Myers (« A cure for discrimination ? Affirmative action and the case of California's proposition 209 », 2007) utilise la suppression des programmes d'*affirmative action* en Californie en 1996 dans l'éducation et dans le recrutement de la fonction publique pour en mesurer l'impact. Elle découvre qu'après leur suppression le taux d'activité des minorités a baissé. Ainsi, ces programmes doivent à tout le moins être poursuivis beaucoup plus longtemps que ce qui avait été envisagé au départ pour obtenir des résultats contre la discrimination au travail. Mais c'est alors un problème pour nos démocraties : en sont-elles encore tout à fait si l'égalité formelle est suspendue de manière permanente ?

En France, le refus proclamé de prendre en compte toute dimension « ethnique » au nom du « modèle républicain » est dans les faits contourné par les politiques publiques qui favorisent certaines populations en les définissant non pas de manière « ethnique » mais par des critères territoriaux et sociaux. Ainsi la politique de la ville identifie par exemple des « zones sensibles » (1991) ou des « zones franches » (1996) selon des critères socioéconomiques (taux de chômage, pauvreté, etc.), alors qu'une politique ouverte de discrimination positive aurait directement visé, selon un critère « ethnique », les populations immigrées les plus modestes concentrées dans les « quartiers ». Il en est de même s'agissant de la politique des « zones d'éducation prioritaire » (ZEP) mise en place dès les années 1980 (*cf. infra*).

Cette euphémisation de la discrimination positive est apparue en France comme une nécessité pour gérer de manière pragmatique les tensions entre égalité formelle et égalité réelle. Car, par définition, pour assurer l'égalité réelle, les politiques de discrimination prennent en compte des critères contraires (origine historique, religion ou traits phénotypiques) à l'égalité formelle qui fonde la citoyenneté. Selon D. Schnapper, cet infléchissement de la politique française, qui conduit à prendre en compte les singularités historiques et identitaires dans le pays qui y résistait le plus fortement, est un signe de la force de la dynamique démocratique.

Néanmoins, selon G. Calvès (*La Discrimination positive*, 4e éd., 2016), la discrimination positive s'est accompagnée dès la fin des années 1990 du passage au second plan de la répression des faits discriminatoires, dont la violation expose pourtant théoriquement à des sanctions pénales. La discrimination positive s'est trouvée diluée, à l'instigation des pouvoirs publics, dans des pratiques diverses de « conciliation » et de « médiation ». Les victimes présumées de discrimination ont été encouragées non pas à déposer plainte auprès de la justice mais à faire leurs « réclamations » auprès de la Haute Autorité de lutte contre les discriminations et pour l'égalité (HALDE, 2005-2011 ; et, depuis, le Défenseur des droits), pourtant dépourvue de tout pouvoir de sanction. Ainsi, l'arme du droit a été mise de côté et tout se passe comme si s'opérait de fait une décriminalisation des comportements discriminatoires. L'action des pouvoirs publics apparaît ainsi comme ambiguë : d'un côté ils prennent des mesures de discrimination positive qui peuvent remettre en cause l'égalité formelle et, de l'autre, ils se refusent à prendre au sérieux les faits discriminatoires qui contestent la simple égalité en droit des citoyens.

S'agissant de la France, on peut s'attacher à faire ici très (trop) rapidement un double bilan : celui de la politique des zones d'éducation prioritaire menée depuis 1982 et celui de la loi sur la parité entre femmes et hommes en politique, votée en 2000. La première consiste à donner davantage à ceux qui ont le moins dans un objectif d'égalisation des chances et ne relève pas à proprement dit d'une politique de discrimination positive si l'on suit D. Schnapper (*cf. supra*), la seconde en est en revanche un exemple parfait puisque la loi de 2000 remet en cause l'égalité formelle à des fins d'égalisation réelle.

Deux exemples français de discrimination positive : la politique des ZEP et la loi sur la parité

En France, la politique d'éducation prioritaire est mise en place à la rentrée scolaire 1982 par A. Savary, ministre de l'Éducation nationale. L'objectif poursuivi, maintes fois défini et rappelé dans la réglementation, est de « renforcer l'action éducative dans les zones où les conditions sociales sont telles qu'elles constituent un facteur de risque, voire un obstacle, pour la réussite scolaire des enfants et des adolescents et donc, à terme, pour leur intégration sociale » (circulaire n° 90-028 du 3 février 1990, citée par P. Merle *in La Ségrégation scolaire*, 2012). Ces zones sont dites « zones d'éducation prioritaire » (ZEP). Il est néanmoins difficile de faire le bilan de la politique d'éducation prioritaire car elle a été remodelée plusieurs fois depuis 1982. De 1982 à 2004, la métamorphose est d'abord numérique puisque la proportion des collégiens concernés est passée de 8 % à 20 %, notamment à l'occasion de la création des « réseaux d'éducation prioritaire » (REP) par S. Royal en 1997. En 2006, la création des « réseaux ambition réussite » (RAR) doit recentrer les moyens vers les établissements qui en ont le plus besoin, après l'extension précédente qui les avait en partie dilués. En 2015, il y eut une nouvelle actualisation du dispositif et des aménagements avec le retour à la dénomination REP. En 2019, 21,4 % des élèves scolarisés dans les collèges publics sont dans des établissements de l'éducation prioritaire, respectivement 7,2 % en REP+ et 14,2 % en REP.

Au-delà des difficultés d'évaluation liées à l'instabilité du dispositif, la plupart des études ont conclu à un bilan mitigé, voire négatif, de la politique d'éducation prioritaire. R. Bénabou, F. Kramarz et C. Prost (« Zones d'éducation prioritaire : quels moyens pour quels résultats ? », 2004) concluent à un effet non significatif sur les résultats scolaires pour des élèves en ZEP par rapport à des élèves à profil identique hors ZEP.

Il faut dire que les moyens supplémentaires restent limités : l'effort budgétaire global en faveur des collèges ZEP notamment est inférieur à celui consenti pour les collèges de centre-ville. La discrimination positive est paradoxalement négative (*cf. infra*) car les établissements hors ZEP bénéficient de professeurs plus expérimentés, donc en moyenne mieux rémunérés, et d'une offre scolaire plus attractive (plus d'options, de sections linguistiques). La mauvaise image scolaire contribue au *turnover* élevé et à l'instabilité du corps enseignant. Les attentes des enseignants à l'égard des élèves sont limitées, ce qui exerce un effet négatif sur leur progression.

Le recentrage des moyens sur les collèges « ambition réussite » (RAR) à partir de 2006 a dégradé la réussite scolaire dans ces établissements car leur étiquetage a renforcé la stigmatisation, provoquant des stratégies d'évitement de la part des familles et des enseignants. Les demandes de dérogation émanant des familles et de mutation de la part des enseignants ont ainsi fortement augmenté et la ségrégation scolaire et sociale s'est aggravée. Le bilan négatif des collèges RAR valide plus globalement celui de l'éducation prioritaire : les élèves dont les compétences scolaires sont les plus faibles sont ainsi de plus en plus scolarisés dans les établissements de l'éducation prioritaire. Entre 2003 et 2009, leur part est passée de 25 % à 33 % (*cf.* P. Merle, *op. cit.*).

Dès les années 1970, l'ONU et les institutions européennes ont reconnu la logique de discrimination positive en faveur des femmes afin de promouvoir l'égalité de genre : des mesures spécifiques dérogeant au principe de l'égalité de traitement (et notamment des quotas) ont été préconisées pour contrer les effets de la discrimination réelle dont sont victimes les femmes en l'absence de dispositifs formels discriminatoires. La loi du 6 juin 2000, dite « sur la parité », oblige ou incite les partis politiques à présenter autant d'hommes que de femmes à la plupart des élections. Aujourd'hui, une centaine de pays sont de même concernés par l'application de quotas sexués pour remédier à la sous-représentation persistante des femmes en politique. Vingt ans après l'adoption de la loi, constate-t-on un accroissement du nombre de femmes dans les assemblées politiques ? Cette loi est-elle d'autre part un réel levier d'égalité ?

Le succès relatif de la loi sur la parité était inscrit dans ses termes mêmes. Elle a été votée par des élites politiques très majoritairement masculines (le Parlement était alors composé à 90 % d'élus hommes). Si les mandats municipaux, régionaux et européens ont été fortement affectés par la loi sur la parité, celle-ci n'a eu qu'un impact très limité dans les assemblées politiques où le monopole masculin s'exerçait de la manière la plus massive avant le vote de la loi (Assemblée nationale, Sénat, conseils généraux). Ainsi, le pourcentage de femmes élues à l'Assemblée nationale est passé de 12,3 % en 2002 à 26,9 % en 2012 et même 38,8 % en 2017. Dans cette lente progression de la féminisation, les partis politiques ne sont cependant pas égaux : en 2012, à gauche, les femmes représentent 44,8 % des candidats et 36,7 % des élus, mais, à droite, les femmes représentent 38,4 % des candidats et seulement 12,8 % des élus. Ces disparités mettent en lumière les stratégies électorales des partis politiques et en particulier l'attribution de circonscriptions plus difficiles aux femmes.

À rebours de la plupart des discours qui ont publiquement soutenu la parité, et dans une perspective féministe, notamment soutenue par Christine Delphy (« Pour l'égalité : action positive plutôt que parité », *in Classer, dominer. Qui sont les « autres » ?*, 2008), la loi sur la parité est une discrimination positive appliquée aux femmes en tant que minorité : non pas une minorité numérique, mais un groupe *minorisé* dans la structure des rapports de genre. C'est bien parce qu'elles sont concrètement discriminées dans l'accès aux positions politiques par un ensemble de mécanismes plus ou moins visibles (dont certains peuvent se parer des habits de l'universalité et de la méritocratie) que les quotas sexués sont justifiés. Ainsi entendue, la parité est une critique de la « domination masculine » (P. Bourdieu, 1998) et interroge les limites démocratiques de la vision libérale de la représentation politique, qui conduit *de facto* à légitimer le monopole des positions de pouvoir par les membres du groupe majoritaire. La loi sur la parité constitue ainsi un levier pour lutter contre les inégalités structurelles entre hommes et femmes, dans le champ politique et au-delà. Mais elle ne peut pas être le seul. Comme le suggère N. Fraser, les politiques d'égalité pourraient associer une logique de *redistribution* des ressources vers les groupes dominés/minorisés avec une dimension de *reconnaissance* symbolique de ces groupes (*cf. supra*).

3 La hausse des inégalités économiques dans les PDEM depuis trente ans : quels enjeux ?

Au-delà des inévitables querelles de chiffres inhérentes à la mesure d'un phénomène – qui plus est sensible –, le retour d'inégalités économiques croissantes dans les pays développés à économie de marché (PDEM), notamment aux États-Unis, est désormais bien étayé. Les explications de ce retour des inégalités dans les pays développés sont aussi bien circonscrites. Nombre d'économistes assurent que, désormais, les inégalités économiques ont atteint aujourd'hui dans les PDEM un niveau trop élevé, tant dans une perspective de justice sociale que d'efficacité économique.

A. Définitions, mesures et évolutions historiques des inégalités économiques dans les PDEM

Réfléchir sur la hausse des inégalités économiques nécessite en premier lieu de les identifier et d'en cerner les frontières. Au cours des trente dernières années, les inégalités économiques internes ont augmenté dans les PDEM, venant remettre en cause la courbe de Kuznets (« Economic growth and income inequality », 1955).

Définir et mesurer les inégalités économiques

L'étude des inégalités est longtemps restée un angle mort de la recherche économique car la théorie néoclassique qui s'est imposée depuis le dernier tiers du XIXe siècle évacue la question de la répartition, centrale dans l'analyse classique, notamment chez Ricardo et Marx. L'antinomie ricardienne salaire-profit (*cf.* chapitre 1) disparaît puisque la rémunération supposée des facteurs de production à leur productivité marginale est juste (égalité proportionnelle). Cependant, des travaux, surtout empiriques, se sont multipliés ces dernières décennies et ont soulevé les effets potentiellement négatifs des inégalités sur le dynamisme économique. Le livre de T. Piketty, *Le Capital au XXIe siècle* (2013), en est probablement le point d'orgue.

Les inégalités économiques sont des différences d'accès aux ressources économiques, les revenus et patrimoines au premier chef. Les revenus (flux) peuvent alimenter les patrimoines (stocks) qui génèrent eux-mêmes des revenus : les inégalités économiques sont donc cumulatives. Pour certains auteurs, comme A. Bihr et R. Pfefferkorn (*Le Système des inégalités*, 2008), elles sont aussi structurantes des inégalités sociales : une plus faible réussite scolaire des enfants peut être liée à l'absence d'une chambre pour soi, conséquence de la faiblesse des revenus des parents par exemple.

Dans nos sociétés salariales (90 % des actifs sont salariés en France aujourd'hui), le revenu principal des individus est le salaire, c'est-à-dire la rémunération de l'offre de travail dans le cadre d'une analyse néoclassique. Les inégalités de salaires renvoient alors aux inégalités de productivité, elles-mêmes découlant des inégalités de capital humain (G. Becker, 1964). Les asymétries d'information sur le marché du travail sont telles, néanmoins, que les écarts sont importants entre les deux, voire dans une relation causale opposée (théorie du salaire d'efficience). La répartition sociale primaire des revenus va de toute manière s'écarter de la répartition fonctionnelle des revenus entre les facteurs de production (travail et capital), car certains acteurs toucheront des revenus mixtes ou des revenus du capital, et pas les autres. L'intervention redistributrice horizontale des assurances sociales et verticale des pouvoirs publics (État, collectivités territoriales) modifie enfin la répartition primaire et débouche sur des inégalités de niveaux de vie des ménages (*cf. supra*).

Les patrimoines économiques se transmettent de génération en génération. L'héritage a pendant longtemps été accusé d'alimenter les inégalités de patrimoine et de revenus. Selon la dernière enquête de l'INSEE sur les patrimoines (2019), début 2018 les 10 % de ménages les mieux dotés en patrimoine (D9) possèdent au minimum 607 700 euros d'actifs, alors que les 10 % les plus modestes (D1) en détiennent au maximum 3 800 euros chacun, soit 160 fois moins. Les inégalités de patrimoine sont beaucoup plus marquées que celles des revenus. À titre de comparaison, en 2019, les 10 % de ménages les plus modestes gagnent après redistribution 5,8 fois moins que les 10 % qui gagnent le plus.

La mesure des inégalités peut être effectuée tout d'abord par des indicateurs de disparité. En ordonnant les ménages selon le revenu ou le patrimoine par ordre croissant, il est possible de construire un continuum au sein duquel par exemple on peut découper des déciles (des tranches de 10 %) : la médiane (D5) est le revenu ou le patrimoine qui sépare en deux l'effectif. Le rapport inter-déciles (D9/D1) donne le coefficient multiplicateur entre le revenu et le patrimoine des 10 % les plus aisés et les 10 % qui le sont le moins. Les travaux de Piketty, les succès de l'article de J. Stiglitz « Of the 1 %, by the 1 %, for the 1 % » en 2011 et surtout derrière *Occupy Wall Street* avec le slogan « *We are the 99 %* », ont conduit à populariser des études découpant les distributions en centiles (1 %). Avec l'explosion des inégalités tout en haut de la distribution des revenus, des études mobilisent les millimes (0,1 %) et dix-millimes (0,01 %).

La mesure des inégalités peut utiliser des indicateurs de dispersion, au premier rang desquels la courbe de Lorenz – qui rapporte graphiquement, en abscisse, la part cumulée d'une population, à, en ordonnée, la part cumulée d'un critère (revenu, patrimoine, etc.) – et le coefficient de Gini, qui n'est autre que le rapport [A / (A + B)], soit 2A puisque A + B = 1/2 (le coefficient de Gini est donc compris entre 0 et 1).

Figure 5

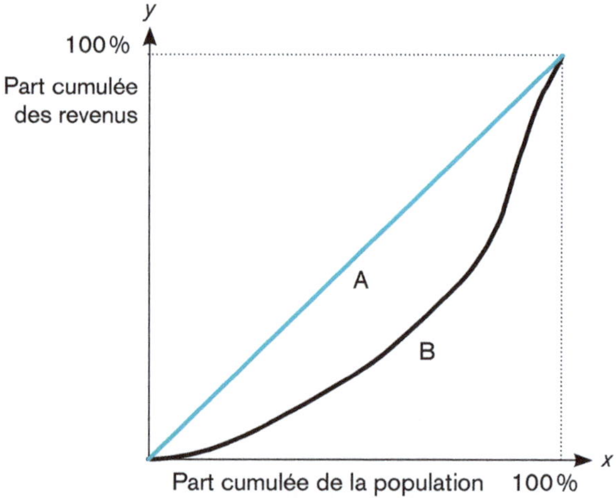

L'avantage du coefficient de Gini est qu'il prend en compte toute la distribution. Ce n'est pas le cas par exemple du rapport interdécile, qui ne mesure que l'écart entre les deux déciles D1 et D9, sans tenir compte des autres écarts entre déciles. Cependant, l'utilisation du coefficient de Gini n'est pas toujours aisée. Pour mesurer les inégalités de revenu dans le monde par exemple, trois solutions sont habituellement retenues : le PIB par habitant, le PIB par habitant pondéré par la population du pays en question, le revenu individuel. Mais le poids de la population chinoise dans la population mondiale est tel que la hausse rapide du PIB par habitant chinois entre 1980 et 2000 suffit à elle seule à conduire à la baisse des inégalités internationales dans le monde si on pondère les PIB par habitant de chaque pays par le poids relatif de sa population, là où, en l'absence d'une telle pondération, on constate au contraire une hausse des inégalités internationales dans le monde. D'une part, 1/5 de la population mondiale a vu son niveau de vie progresser et ce n'est pas rien, de l'autre, pour les 4/5 restants, les inégalités ont progressé sur la période. Deux résultats somme toute importants.

Les évolutions historiques récentes des inégalités économiques dans les PDEM

Après la Seconde Guerre mondiale, les inégalités économiques à l'intérieur des PDEM ont eu tendance à diminuer. On doit à S. Kuznets (1955) une relation successivement croissante et décroissante entre les inégalités à l'intérieur d'un pays et son niveau de développement (au sens du PIB par habitant). Alors que, dans les premiers temps de l'industrialisation, les inégalités de revenus avaient pu augmenter à la faveur des opportunités saisies par quelques-uns, après la Seconde Guerre mondiale la croissance économique s'accompagne davantage de la réduction des inégalités grâce au recul des revenus de la propriété, à la progression des salaires pour les travailleurs qualifiés de plus en plus nombreux en lien avec la diversification du salariat et les progrès de l'éducation, mais également, pour S. Kuznets, aux développements nouveaux de l'État-providence.

De fait, la première moitié du XXe siècle a été très défavorable aux propriétaires : deux guerres mondiales et la crise de 1929 ont eu raison de la forte concentration du capital qui caractérisait à la fois l'Europe et les États-Unis de la Belle Époque. T. Piketty montre que la « grande compression » (P. Krugman) des inégalités économiques au XXe siècle est aussi en

Figure 6 – Le taux supérieur de l'impôt sur les revenus, 1900-2020

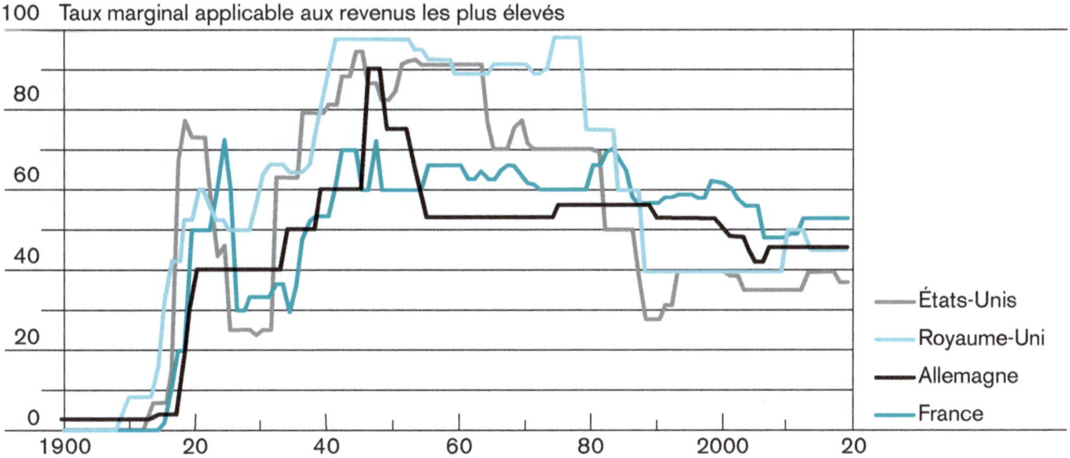

Lecture : le taux marginal supérieur de l'impôt sur le revenu (applicable aux revenus les plus élevés) aux États-Unis est passé de 70 % en 1980 à 28 % en 1988.

Source : http://piketty.pse.ens.fr/files/ideologie/pdf/G0.7.pdf

partie le produit de l'introduction de deux impôts progressifs : l'impôt sur les successions et l'impôt sur le revenu (respectivement 1901 et 1914 pour la France). Jusqu'à la fin des années 1970, leur forte progressivité va maintenir la concentration du capital et des revenus à un niveau historiquement faible.

Figure 7 – Le taux supérieur de l'impôt sur les successions, 1900-2020
(en %)

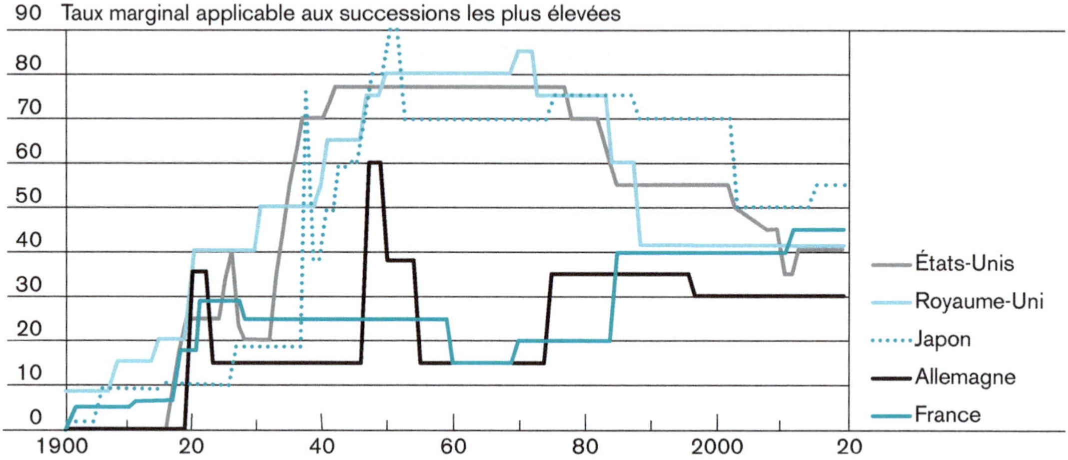

Lecture : le taux marginal supérieur de l'impôt sur les successions (applicable aux successions les plus élevées) aux États-Unis est passé de 70 % en 1980 à 35 % en 2013.

Source : http://piketty.pse.ens.fr/files/ideologie/pdf/G10.12.pdf

Il y a un siècle, à la veille de la Première Guerre mondiale, l'impôt sur le revenu n'existait quasiment pas. En France par exemple, si l'impôt sur les successions est voté en 1901, l'impôt sur le revenu ne voit véritablement le jour que deux semaines avant la déclaration de la Première Guerre mondiale, et encore, avec une progressivité très réduite puisque le taux marginal appliqué en 1914 est à 2 %. Les taux augmentent ensuite et le taux marginal atteint 10 % en 1916 puis 20 % en 1917. À partir de la fin de la guerre et du début des années 1920, les taux ont augmenté très vite. Si tous les pays sont concernés, ce sont clairement les États-Unis puis le Royaume-Uni qui sont à l'avant-garde et, sur la période 1930-1980, c'est-à-dire un demi-siècle, on constate que le taux applicable aux revenus américains les plus élevés est en moyenne de 82 %, avec des pointes à 91 % des années 1940 aux années 1960, de Roosevelt à Kennedy, et toujours de 70 % lors de l'élection de Reagan en 1980. Sur la même période, la France et l'Allemagne se limitent à des taux supérieurs de l'ordre de 50-60 %, ce qui est déjà une révolution par rapport à l'avant-Première Guerre mondiale, mais qui reste modeste en comparaison. L'écart est encore plus massif s'agissant de l'impôt sur les successions. Les États-Unis et le Royaume-Uni appliquent pendant des décennies des taux de l'ordre de 70-80 % aux plus grandes fortunes, alors que le taux marginal de l'impôt sur les successions a généralement été compris entre 20 % et 40 % en Allemagne et en France tout au long du XXe siècle. Le taux de 45 % actuellement appliqué aux plus fortes successions est historiquement le plus élevé jamais utilisé dans l'Hexagone, mais il paraît bien modeste relativement.

Il demeure qu'en France, pendant les Trente Glorieuses, les inégalités salariales en revanche augmentent, ce qui fait dire à L. Chauvel (« Le retour des classes sociales ? », 2001) que ce sont davantage les « inégalités dynamiques » (le rattrapage rapide du niveau de vie des catégories sociales favorisées) que les « inégalités statiques », au sens du rapport interdécile, qui s'effondrent : un ouvrier peut se projeter dans la vie d'un cadre dont il rattrape le niveau de vie en vingt-cinq à trente ans lorsque les salaires augmentent de 5 % par an en termes réels, quand bien même l'écart de niveau de vie entre cadres et ouvriers augmente sur la période. La réduction des inégalités « statiques » est paradoxalement davantage un produit des années 1970, lié notamment à l'instauration du SMIC en 1970, qui passe de la moitié du salaire médian cette année-là à deux tiers du salaire médian en 1982 (calculs de l'auteur à partir de G. Cornilleau, « Inégalités de salaires et de revenu. La stabilité dans l'hétérogénéité », 2012).

Depuis le tournant des années 1980, les inégalités économiques augmentent dans les PDEM, particulièrement aux États-Unis. Les inégalités de revenus primaires comme les inégalités de patrimoine sont d'ailleurs de nos jours beaucoup plus fortes aux États-Unis qu'en Europe (Royaume-Uni, France, Allemagne et Suède). Mais c'était l'inverse il y a un siècle, souligne T. Piketty (*Le Capital au XXIe siècle*, 2013), identifiant par conséquent un « grand renversement des inégalités » entre l'Europe et les États-Unis depuis trente ans. De nos jours, aux États-Unis, les 10 % les plus riches possèdent 70 % du patrimoine et les 50 % les plus pauvres ont moins de 5 % du patrimoine alors qu'ils touchent entre 20 et 30 % du revenu. Les États-Unis sont cependant aujourd'hui encore loin du niveau des inégalités de patrimoine en Europe du début du XXe siècle : la classe moyenne américaine a toujours existé et aujourd'hui 30 % à 40 % du patrimoine appartient encore à la classe moyenne, soit ici les ménages situés entre les 50 % les plus pauvres et les 10 % les plus riches. Il n'y a en revanche aucune réelle classe moyenne en Europe avant les années 1960, lorsque les 10 % les plus riches voient leur part baisser de 90 % à 60 % du patrimoine total. La classe moyenne européenne détient aujourd'hui un peu plus que la classe moyenne américaine, mais c'est un phénomène historique récent.

Figure 8 – L'inégalité patrimoniale : Europe et États-Unis 1810-2010 *(en %)*

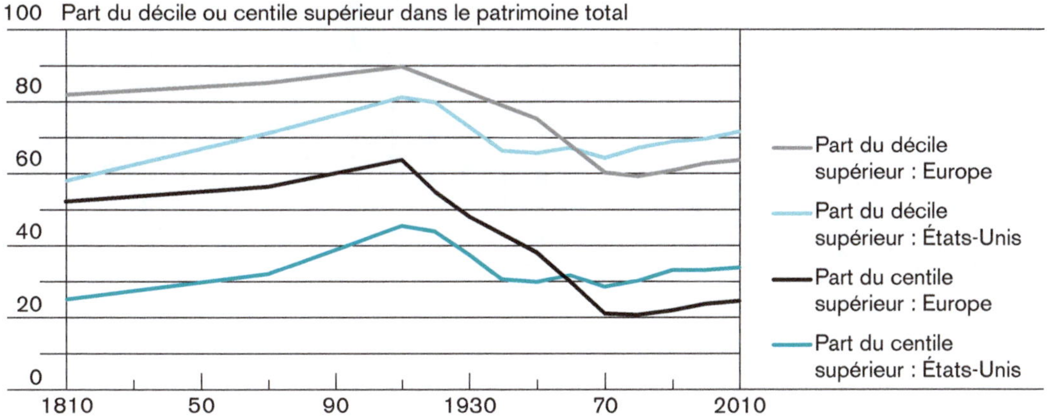

Lecture : jusqu'au milieu du XXe siècle, les inégalités patrimoniales étaient plus fortes en Europe qu'aux États-Unis.

Source : T. Piketty, *Le Capital au XXIe siècle*, 2013.

Figure 9 – L'inégalité des revenus : Europe *vs* États-Unis, 1900-2010 *(en %)*

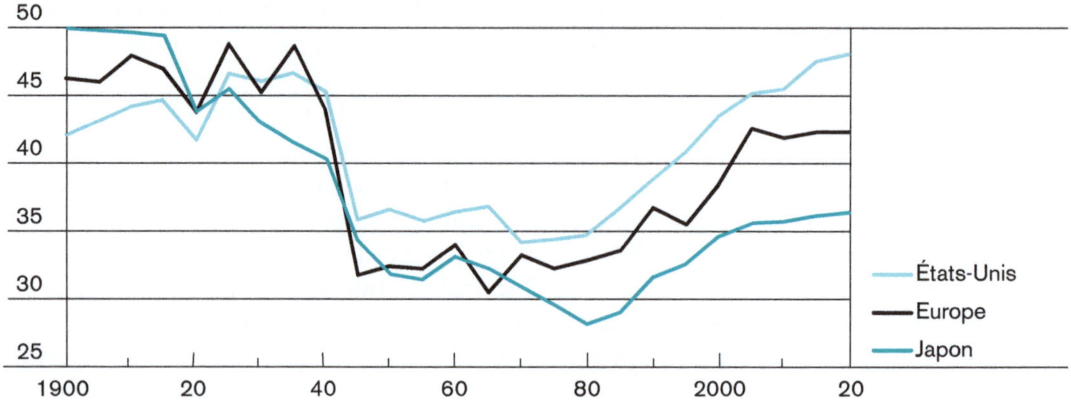

Lecture : la part du décile supérieur dans le revenu national était plus forte en Europe en 1900-1910, mais elle est nettement plus forte aux États-Unis en 2000-2010.

Source : http://piketty.pse.ens.fr/files/ideologie/pdf/G0.6.pdf

De fait, l'OCDE a bien étayé statistiquement un phénomène de hausse des inégalités économiques quasi généralisée dans les PDEM : entre 1985 et 2013, seule la Turquie connaît une baisse des inégalités de revenus au sens de l'indice de Gini. En France, si la hausse des inégalités de revenus apparaît limitée sur la période, elle cache une ouverture de l'éventail des revenus tout en haut de la distribution : selon T. Piketty, entre 1983 et 2015, le revenu moyen des 1 % les plus aisés y a progressé de 100 % (en sus de l'inflation), et celui des 0,1 % les plus aisés de 150 %, contre à peine 25 % pour le reste de la population (soit moins de 1 % par an).

Figure 10 – Coefficients de Gini des inégalités de revenu, milieu des années 1980 et 2013, ou dernière année connue

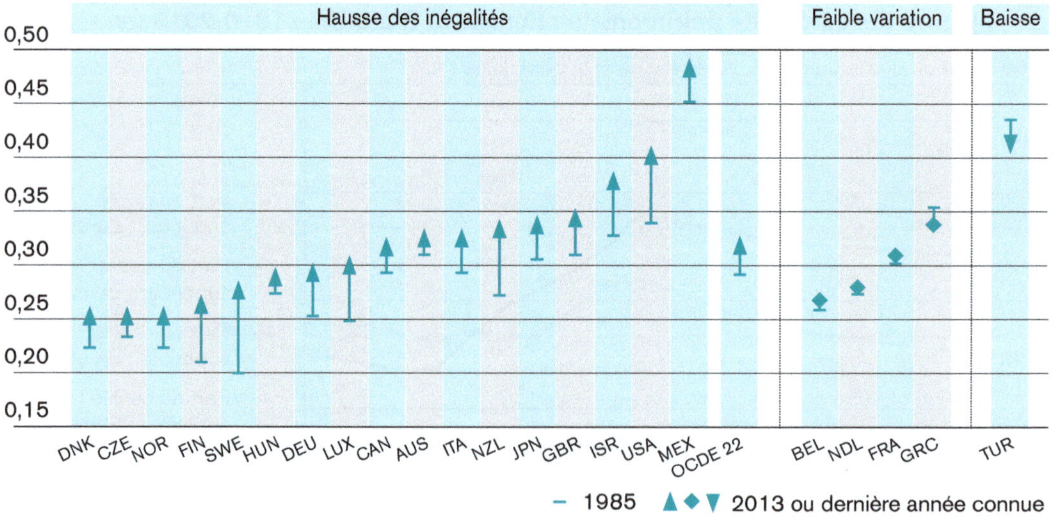

Source : OCDE, *Tous concernés : pourquoi moins d'inégalité profite à tous*, 2015.

Ce phénomène de hausse des inégalités économiques par le haut – voire le très haut – est quasi général dans les PDEM, ce dont rend compte la hausse de la part du revenu national que s'accaparent ceux qui gagnent le plus – au sens notamment des 1 % et non des 10 % par exemple dans le graphique ci-dessous : cette augmentation a été particulièrement marquée aux États-Unis et au Royaume-Uni, mais beaucoup plus faible en France.

Figure 11 – La hausse quasi générale de la part du revenu national avant impôts du 1 % qui gagne le plus depuis le début des années 1980

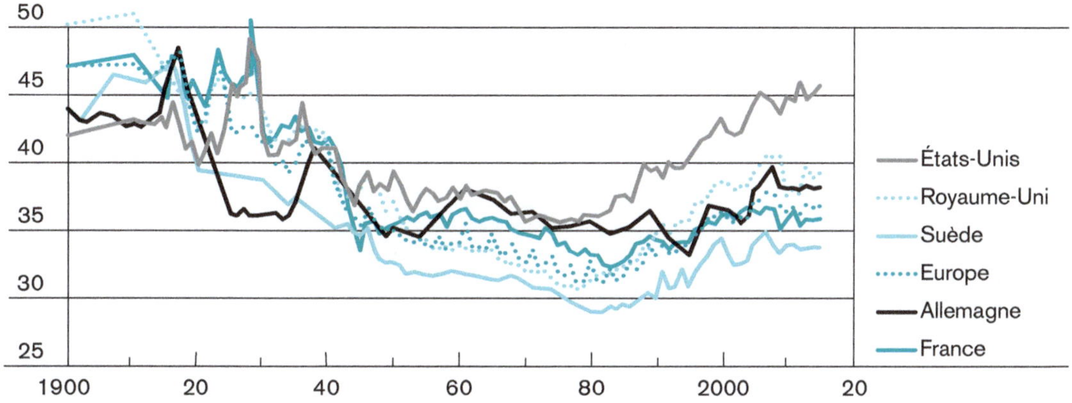

Lecture : la part du centile supérieur dans le revenu national a retrouvé au tournant des années 2000 son niveau historiquement le plus élevé de la Belle Époque aux États-Unis.

Source : http://piketty.pse.ens.fr/files/ideologie/pdf/G10.3.pdf

Pour B. Milanović (*Inégalités mondiales*, 2019), qui analyse l'évolution des revenus à l'échelle mondiale au cours de la période 1988-2008, deux catégories de personnes ont enregistré une forte progression de leurs revenus (supérieure à 60 %) pendant ces deux décennies : les 1 % les plus riches, qui correspondent essentiellement aux classes supérieures des pays riches, et les personnes situées autour de la médiane mondiale, identifiables aux classes moyennes des pays émergents. Par contraste, les personnes situées entre le 80e et le 90e percentile, correspondant aux classes populaires et moyennes inférieures des pays riches, ont vu leur revenu stagner voire baisser. C'est la « courbe de l'éléphant » (*cf.* figure 12).

Ainsi observe-t-on dans les PDEM, selon Milanović, une nouvelle phase de hausse des inégalités de revenus dans ces pays : la courbe de Kuznets laisserait la place à des « vagues de Kuznets »… les mêmes causes pouvant produire les mêmes effets : la hausse des inégalités économiques serait tout à la fois alimentée par la révolution technologique des NTIC, s'accompagnant de la destruction d'emplois productifs industriels bien rémunérés au profit de la création d'emplois de services plus hétérogènes en termes de qualification et de rémunération, mais aussi par la mondialisation contemporaine et la moindre redistribution monétaire.

Figure 12 – Courbe de l'éléphant (1980-2008)

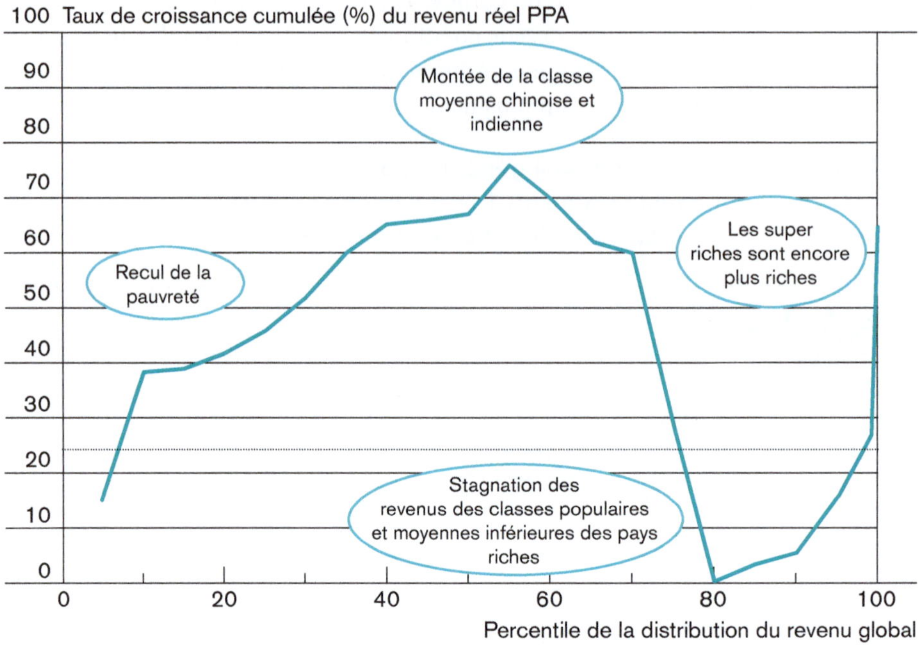

Lecture : en ordonnée, la croissance du revenu disponible réel enregistrée entre 1988 et 2008 ; en pointillé, la croissance moyenne de 25 % entre 1988 et 2008.

Source : d'après B. Milanović, *Inégalités mondiales*, La Découverte, 2019.

La courbe de l'éléphant de B. Milanović a été actualisée par l'équipe du World Income Lab (WIL). Le premier rapport, publié en 2018, conduit à mettre en évidence l'allongement de la trompe de l'éléphant selon J. Sandefur (2018), autrement dit l'accaparement toujours plus marqué de la hausse du revenu réel par les plus hauts revenus. Sur le graphique ci-dessous, reproduit sur le site de T. Piketty et dans *Capital et Idéologie* (2020), les 0,1 % des revenus les plus élevés ont connu une croissance cumulée de leur revenu réel entre 1980 et 2018 de 90 %, mais celle des 0,01 % des revenus les plus élevés de 140 %, et celle des 0,001 % de près de 240 %. Or, en se fondant sur les données fiscales – et non sur les enquêtes par sondages des instituts de statistiques comme B. Milanović –, les chercheurs du WIL estiment évaluer avec plus de précision les revenus des ultra-riches. Pour J. Sandefur, ce n'est plus un éléphant, mais un monstre du Loch Ness ou un brontosaure !

Figure 13 – Courbe de l'éléphant actualisée (1980-2018) du World Income Database

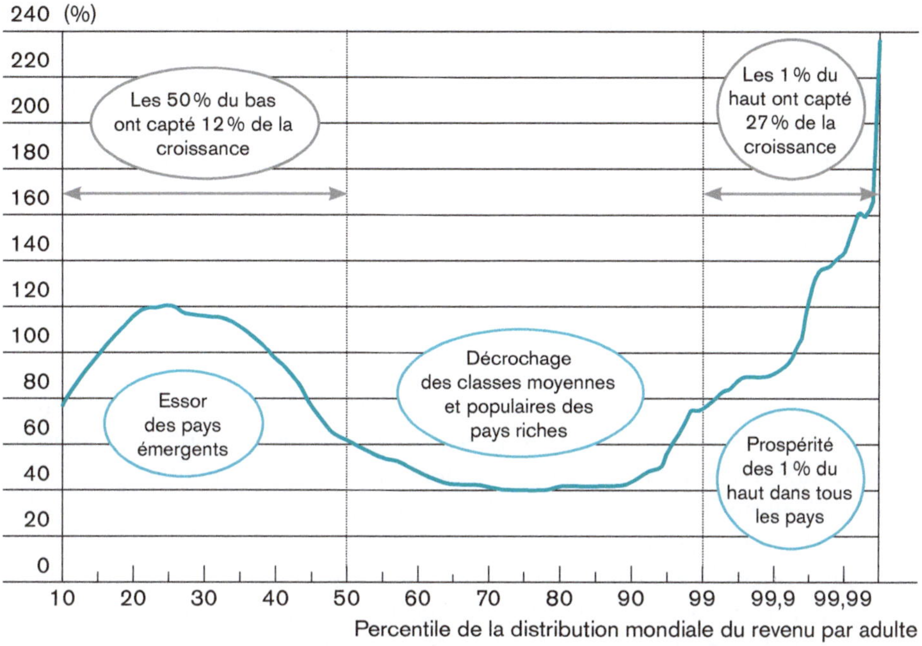

Lecture : entre 1980 et 2018, les 1 % des revenus les plus élevés du monde ont connu une croissance de leurs revenus de 80 % à 240 % alors que les classes moyennes et populaires des pays riches, dont les revenus sont intermédiaires (50 %-90 %), ont vu les leurs décrocher avec une hausse lente de 40 % à 60 %.

Source : http://piketty.pse.ens.fr/files/ideologie/pdf/G0.5.pdf

B. Les explications de la hausse récente des inégalités économiques dans les PDEM

La mondialisation contemporaine et le progrès technique lié à la révolution des NTIC se conjuguent et se renforcent pour augmenter les inégalités économiques dans les PDEM. Toutefois, les politiques mises en œuvre ont influé significativement sur les évolutions nationales.

Le rôle de la mondialisation commerciale, productive et financière

Les inégalités entre travailleurs qualifiés et travailleurs non qualifiés se sont notamment creusées dans les pays développés : aux États-Unis, le *skill premium* (écart de salaire lié à la qualification supérieure) des salariés titulaires d'un diplôme universitaire par rapport à ceux n'ayant pas dépassé le niveau d'enseignement secondaire est passé de 40 % en 1980 à près de 80 % dans les années 2000. Dans les pays d'Europe continentale comme la France, ce sont les inégalités d'accès à l'emploi qui se sont creusées, les travailleurs non qualifiés étant plus touchés par le chômage. Dans la phase de mondialisation contemporaine, les pays du Nord et les pays du Sud ont en effet surtout échangé, conformément aux prédictions du théorème HOS, du travail qualifié contre du travail non qualifié. Le développement du commerce Nord-Sud a donc pesé dans le sens d'une hausse de la demande et de la rémunération du travail qualifié et symétriquement d'une baisse pour les travailleurs non qualifiés.

La libéralisation des mouvements de capitaux et les technologies de l'information et de la communication ont joué dans le même sens : dans le cadre de la DIPP, les firmes ont délocalisé leurs activités intensives en main-d'œuvre non qualifiée dans les pays en développement. Le risque de délocalisation concerne même de plus en plus des tâches relativement qualifiées mais répétitives (comptabilité, services informatiques, ingénierie) : A. Blinder et A. Krueger (« Alternative measures of offshorability : a survey approach », 2009), évaluent à 25 % des emplois aux États-Unis la part des emplois délocalisables (*offshoring*). Cela pourrait expliquer que les salaires des professions intermédiaires ont très peu progressé dans les pays développés depuis 1990 selon L. Chauvel (*La Spirale du déclassement*, 2016).

La mondialisation a par ailleurs contribué à la hausse des inégalités par d'autres canaux (F. Bourguignon, *La Mondialisation de l'inégalité*, 2012). La libéralisation des mouvements de capitaux a stimulé l'optimisation du rendement du capital, contribuant à redéfinir la gouvernance de l'entreprise dans le sens de la maximisation de la valeur actionnariale, ce qui s'est traduit par l'augmentation de la part du capital dans la valeur ajoutée. La hausse de la concurrence internationale a justifié l'adoption d'une fiscalité moins progressive sur les bases mobiles (capital et hauts revenus). Dès lors, « éviter la mondialisation de l'inégalité passe par une mondialisation de la redistribution », écrit F. Bourguignon (2012).

Le rôle du progrès technique

Le creusement des inégalités entre travailleurs qualifiés et non qualifiés dans les pays développés peut s'expliquer également par un progrès technique biaisé en faveur du travail qualifié : pour Paul Krugman, si *La mondialisation n'est pas coupable* (1998), c'est en partie parce que l'explication se trouve du côté de la révolution des NTIC. Si le chômage en France est inégal et touche bien davantage les moins diplômés et que les inégalités salariales ont fortement augmenté aux États-Unis, c'est du fait d'évolutions relatives de l'offre et de la demande de travail selon les qualifications différentes : quand la demande de travail qualifié progresse alors que la demande de travail non qualifié régresse, ou quand l'offre de travail qualifié n'augmente pas assez vite alors que l'offre de travail non qualifié diminue trop lentement. L'existence d'une rigidité à la baisse des salaires, comme le SMIC en France, conduit alors à un rationnement de l'offre de travail non qualifié plutôt qu'à la baisse de sa rémunération comme aux États-Unis. La destruction créatrice schumpétérienne serait le principal facteur de la hausse des inégalités de salaires, donc de revenus, ou face à l'emploi.

Dans la même perspective, la baisse relative depuis les années 1990 des emplois intermédiaires et de leur rémunération pourrait s'expliquer par une plus grande possibilité d'automatiser les tâches répétitives et codifiables. Erik Brynjolfsson et Andrew McAfee (*Le Deuxième Âge de la machine*, 2014) soulignent ainsi qu'avec la révolution numérique le retour du chômage technologique affecte non seulement le volume mais aussi la structure des emplois et la répartition des revenus. Les NTIC permettent de remplacer les travailleurs dans les tâches administratives (la révolution informatique dans le secteur bancaire par exemple), dans les ateliers d'usine (automatisation) et le traitement de l'information : les perdants sont davantage les qualifications intermédiaires, ce dont témoigne la stagnation du revenu médian aux États-Unis depuis les années 1970. Les petits cols blancs et non seulement les cols bleus sont touchés. Seuls ceux qui ont des aptitudes supplémentaires à la créativité sont gagnants (hausse de revenus et d'opportunités d'emplois). Le déversement pour les autres vers des emplois à faible valeur ajoutée dans les services protégés ou non exportables (hôtellerie, restauration, services de soins personnels) creuse alors les inégalités puisqu'il ne peut se faire qu'au prix de la baisse des salaires pour ces emplois de « serviteurs » (A. Gorz, « Pourquoi la société salariale a besoin de nouveaux valets », 1990).

Cependant, la distinction entre les effets de la mondialisation et ceux du progrès technique est malaisée, les deux phénomènes étant largement interdépendants dans les PDEM selon P.-N. Giraud (*La Mondialisation : émergences et fragmentation*, 2012). La pression concurrentielle accrue par l'ouverture commerciale induit en effet des « innovations défensives » (A. Wood, *North-South Trade, Employment and Inequality : Changing Fortunes in a Skilldriven World*, 1994) et sélectionne les entreprises les plus productives, qui sont aussi celles qui recourent le plus à l'innovation technologique (les autres externalisent à l'international, délocalisent). Prenant en compte ces éléments, les études menées dans les années 2000 ont tendu à réévaluer la responsabilité de la mondialisation dans la montée des inégalités salariales à 50 %. La mondialisation productive via la DIPP met en concurrence les travailleurs qualifiés « nomades » (P.-N. Giraud) des PDEM, de sorte que la faiblesse des salaires des travailleurs « sédentaires » peut être un facteur de compétitivité en limitant les rémunérations des travailleurs « nomades », tout en maintenant leur niveau de vie par la stagnation des prix des services produits par les « sédentaires » qu'ils consomment : dans ce cas, la mondialisation productive récompense les PDEM qui laissent les salaires des « sédentaires » baisser, donc les inégalités se creuser.

Au total, les effets du progrès technique et de la mondialisation dans ces différentes dimensions se conjuguent à court terme pour détruire des emplois et polariser les revenus dans les PDEM.

Le rôle des changements institutionnels et de politiques

Les évolutions des inégalités internes de revenu au cours de la période contemporaine ont été différentes selon les PDEM, en dépit d'une exposition proche à la mondialisation : les politiques mises en œuvre ont influé significativement sur les évolutions nationales. Tant les institutions du marché du travail que la politique en matière de redistribution pèsent sur le niveau national des inégalités de revenu dans les pays développés.

Depuis trente ans, la fiscalité est devenue moins progressive, particulièrement aux États-Unis. Partout, les taux marginaux d'imposition ont baissé au nom des « incitations » (*cf. supra*, T. Piketty, 2013). L'optimisation fiscale des acteurs privés, à commencer par celle des FMN, s'est développée grâce à l'utilisation des niches fiscales qui ont été multipliées (plus de 400 en 2016 en France pour un manque à gagner budgétaire annuel de l'ordre de 90 milliards d'euros) et le recours aux paradis fiscaux, qui restent au cœur de la mondialisation financière en dépit des quelques avancées depuis le G20 de Londres (avril 2009). P. Egger *et alii*, (« The taxing deed of globalization », 2016) mettent en évidence une baisse de 1,5 % du taux d'imposition des plus riches entre 1980 et 2012 dans les PDEM. Pour T. Piketty, si les inégalités économiques de revenu et de patrimoine ont bien davantage progressé dans les pays anglo-saxons qu'en France, ce n'est pas du fait de la mondialisation et du progrès technique, qui ont également touché la France, mais en raison de la diminution relativement plus rapide et plus forte de la progressivité de leurs fiscalités. E. Saez et G. Zucman (*Le Triomphe de l'injustice : richesse, évasion fiscale et démocratie*, 2020) identifient ainsi la source principale de « l'injustice fiscale » à partir des séries statistiques des revenus fiscaux : la baisse de la progressivité de l'impôt a été telle depuis l'arrivée de R. Reagan en 1981 qu'en 2018, et pour la première fois, les 400 plus grandes fortunes ont payé proportionnellement moins d'impôts que les 50 % des ménages les plus modestes aux États-Unis.

De même, la déréglementation inégale des marchés nationaux, particulièrement du marché du travail, a joué un rôle important dans la hausse différenciée des inégalités économiques nationales selon l'OCDE. Certes, depuis trente ans, la plupart des pays de l'OCDE ont mené des réformes réglementaires visant à renforcer la concurrence sur les marchés. Tous les pays ont notablement assoupli par exemple leur législation de protection de l'emploi (LPE) applicable aux titulaires de contrats temporaires. Les salaires minimums ont de leur côté reculé relativement aux salaires médians dans différents pays. Les mécanismes de fixation des salaires ont été décentralisés, accompagnant le recul du taux de syndicalisation dans la plupart des pays. Les taux de remplacement des prestations de chômage ont souvent été diminués. À l'exception de la LPE, ces aspects des changements réglementaires et institutionnels ont, pour l'OCDE, exercé un impact positif sur le taux d'emploi. Cependant, ils ont aussi contribué au creusement, certes inégal selon les mesures prises mais réel, des disparités salariales. Différentes études ont ainsi mis en évidence une relation entre, d'une part, la moindre sévérité de la LPE et le recul du taux de syndicalisation et de conventions collectives et, d'autre part, une plus forte dispersion salariale parmi les actifs. En France, où la part des formes particulières d'emploi (FPE) est passée de 4,7 % à 10,9 % entre 1985 et 2000 alors que le SMIC était maintenu, la dispersion des salaires a peu augmenté en termes de salaires horaires, mais beaucoup plus en termes de « revenu salarial », à savoir la somme de tous les salaires touchés au cours d'une période donnée, qui permet de prendre en compte la diversité des temps de travail professionnel sur l'année liée au développement des FPE.

C. Les enjeux liés aux fortes inégalités économiques actuelles dans les PDEM

Pour de nombreux économistes, que ce soit en termes d'efficacité économique, notamment de croissance économique, ou de justice sociale, particulièrement d'égalité des chances dans nos sociétés démocratiques, les inégalités économiques dans les PDEM sont devenues trop élevées.

De fortes inégalités économiques limitent l'accès au capital et donc la croissance économique selon l'OCDE et le FMI

Depuis la crise de 2008, les institutions internationales (OCDE, 2015, *Tous concernés : pourquoi moins d'inégalité profite à tous* ; FMI, 2015, *Causes et conséquences de l'inégalité*) alertent sur le risque pour la croissance que représentent les trop fortes inégalités économiques actuelles dans nombre d'économies développées : l'augmentation des inégalités entre 1985 et 2005 a fait perdre 4,7 points de croissance aux pays de l'OCDE entre 1990 et 2010, et même 6 à 7 points aux États-Unis ; selon le FMI, une augmentation de 1 % des revenus des 20 % les plus pauvres se traduit au contraire par une croissance accrue de 0,38 point dans les cinq années qui suivent.

Figure 14 – Les inégalités sont préjudiciables aux compétences des plus pauvres

Score moyen en maîtrise des chiffres en fonction du niveau d'instruction des parents (NIP) et des inégalités

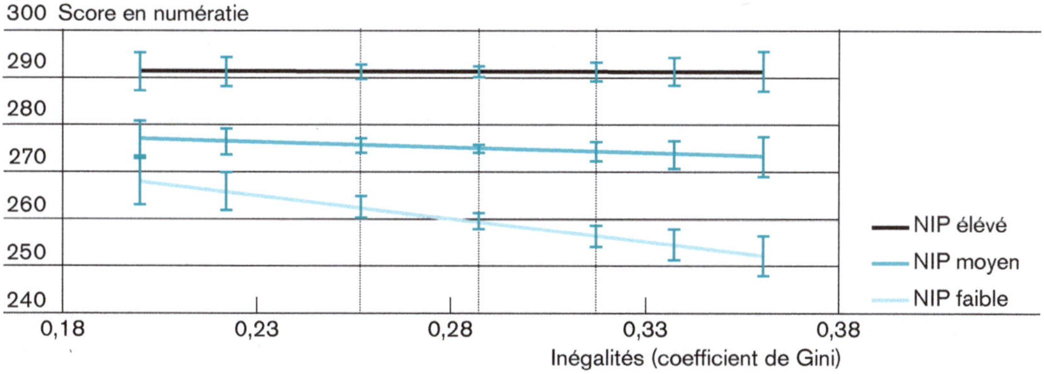

Lecture : ce graphique représente le score moyen estimé en maîtrise des chiffres pour les individus dont les parents ont un niveau d'instruction faible, intermédiaire ou élevé, en fonction du degré des inégalités (exprimé en points de Gini). NIP faible : aucun des deux parents n'a accédé au deuxième cycle de l'enseignement secondaire ; NIP moyen : au moins l'un des deux parents a accédé à l'enseignement secondaire/post-secondaire ; NIP élevé : au moins l'un des deux parents a accédé à l'enseignement tertiaire. Les barres représentent les intervalles de confiance à 95 %. Les lignes verticales en pointillés indiquent de gauche à droite le 25e centile, la médiane et le 75e centile de la distribution sous-jacente des inégalités.

Source : OCDE, *Tous concernés : pourquoi moins d'inégalité profite à tous*, 2015.

Le capital humain est au cœur de l'explication de l'OCDE : le capital humain des personnes dont les parents ont un faible niveau d'instruction (NIP) diminue lorsque les inégalités de revenu augmentent, ce qui n'est pas le cas avec un niveau d'instruction moyen ou élevé.

Les inégalités de revenu empêchent les populations défavorisées de s'instruire, « ce qui limite la mobilité sociale et le développement des compétences ».

De fait, les inégalités d'accès à l'éducation ont atteint des sommets inouïs aux États-Unis : les enfants issus des milieux les plus modestes ont une probabilité à peine supérieure à 20 % d'accéder aux études supérieures, contre plus de 90 % pour les enfants issus des milieux les plus favorisés. Encore faut-il préciser que les enfants d'origine modeste qui parviennent à se frayer un chemin vers les études ne vont évidemment pas aux mêmes universités que les enfants favorisés. Le revenu moyen des parents des étudiants de Harvard correspond actuellement au revenu moyen des 2 % des Américains les plus aisés. La corrélation apparaît parfaite entre le revenu des parents et la probabilité d'accéder à l'enseignement supérieur, nécessaire à l'accès aux positions sociales les mieux rémunérées : l'égalité des chances est ainsi très faible aux États-Unis (*cf. infra*).

Figure 15 – Le taux d'accès à l'université des enfants dépend fortement du revenu des parents aux États-Unis

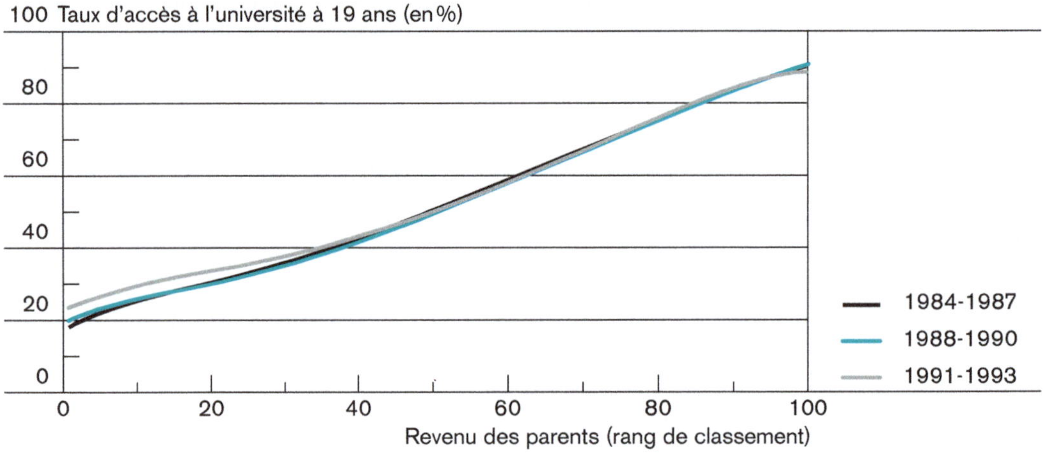

Lecture : en ordonnée, le taux d'accès à l'université des enfants selon, en abscisse, le revenu des parents.

Source : Chetty *et alii*, « Is the United States still a land of opportunity ? Recent trends in intergenerational mobility, 2014.

L'OCDE en arrive à recommander des politiques de lutte contre les inégalités visant les 40 % les plus pauvres. Il ne s'agit plus de réduire la pauvreté et de donner plus à ceux qui ont le moins, mais d'opérer une plus grande redistribution en visant aussi les classes moyennes inférieures. Cela passe par des prestations en espèces et une amélioration de l'accès aux services d'éducation et de soin. Les stratégies de développement doivent renforcer la formation et l'enseignement professionnel pour les travailleurs les moins qualifiés.

L'accumulation de capital humain joue en effet un rôle important dans la croissance économique pour les théoriciens de la croissance endogène, tant dans une perspective schumpétérienne (P. Aghion et P. Howitt, « A model of growth through creative destruction », 1992) que dans la perspective des externalités positives que cette accumulation du capital humain génère et qui entretiennent la croissance économique (R. Lucas, « On the mechanics of economic development », 1988).

De fortes inégalités économiques peuvent perturber les incitations, limiter la demande et fragiliser la démocratie

Selon J. Stiglitz (*Le Prix de l'inégalité*, 2012), les inégalités économiques peuvent être la conséquence de rentes obtenues par quelques-uns, notamment par la « capture du régulateur » : les grands dirigeants qui contrôlent un conseil d'administration et obtiennent des rémunérations disproportionnées ; le secteur bancaire et financier qui bénéficie du soutien des pouvoirs publics en toutes circonstances (déréglementation/faible régulation et socialisation des pertes en cas de crise). Mais c'est aussi l'exploitation des plus démunis via des prêts usuriers et l'utilisation des cartes de crédit.

Selon Stiglitz, les poids croissants de l'héritage et de la rente financière conduisent à des inégalités économiques de plus en plus coûteuses. Économiquement, la croissance souffre d'un manque de demande du fait de la stagnation des revenus du plus grand nombre dont le surendettement pendant un temps a constitué un mauvais palliatif (crise des *subprimes* en 2007). La croissance risque ensuite de baisser du fait d'une mauvaise allocation des ressources détournées d'usages productifs par les rentes. Politiquement, la démocratie représentative est capturée par la ploutocratie, conduisant les classes populaires au vote protestataire ou à l'abstention et à des révoltes sociales.

De fortes inégalités économiques, en fragilisant la cohésion sociale, peuvent nuire à la croissance économique. Elles limitent la mobilité sociale, qui est pourtant au cœur de l'idéal égalitaire des sociétés démocratiques (Tocqueville, 1834) : la « courbe de Gatsby le Magnifique », de Miles Corak (2012), est une relation inverse entre inégalités économiques et mobilité sociale. Les États-Unis sont à la fois le pays riche le plus inégalitaire et où le revenu des enfants est le plus lié à celui de leurs parents (liaison mesurée par l'élasticité intergénérationnelle des revenus) : l'*American dream* n'existe pas, la mobilité sociale y est très faible.

Figure 16 – Les revenus des enfants dépendent d'autant plus de ceux de leurs parents que le pays est plus inégalitaire

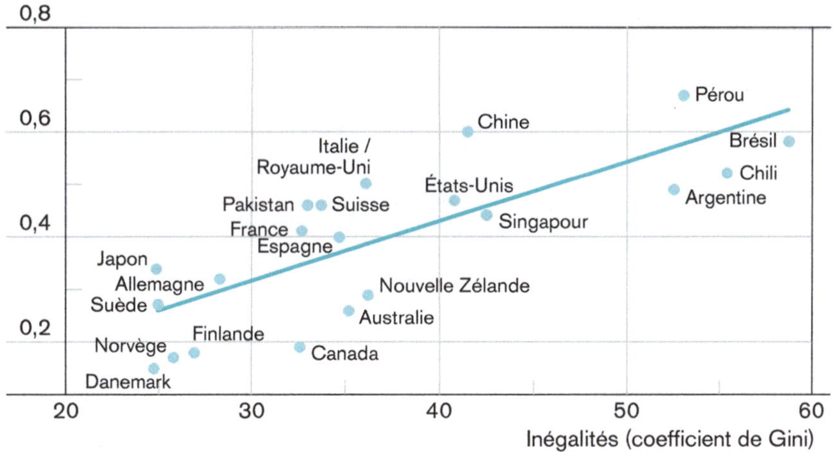

Lecture : en ordonnée, l'élasticité intergénérationnelle des revenus et, en abscisse, l'indice de Gini. Plus les inégalités sont fortes, plus les revenus des enfants dépendent de ceux de leurs parents.

Source : M. Corak, « Inequality from generation to generation : the United States in comparison », 2012.

En comparant la situation aux États-Unis et celle au Canada, Miles Corak met en avant l'importance de l'éducation dans les premières années de vie de l'enfant et celle du temps consacré par les parents à l'éducation de l'enfant (durée du congé maternité, pourcentage de familles divorcées, durée de travail des parents et disponibilité le soir...) en montrant que cela permet d'améliorer la mobilité sociale. Il met également l'accent sur le fait qu'il ne faut pas uniquement considérer les ressources monétaires, mais aussi justement ces ressources non monétaires : la générosité de l'État-providence et le droit du travail favorisent la mobilité sociale.

Tableau 5

	Paradigme keynésien	Paradigme néoclassique	Stratégie d'investissement social
Auteurs de référence	Keynes, Beveridge	Hayek, Friedman	Amartya Sen, G. Esping-Andersen
Diagnostics sur le chômage	Chômage et récession sont liés à un déficit de demande.	Chômage et inflation sont liés aux coûts et rigidités du marché du travail, aux prestations sociales passives qui découragent la recherche d'emploi.	Chômage et précarité sont liés au manque de qualification adéquate des individus et au manque d'activité à haute valeur ajoutée dans l'économie.
Analyse des relations entre les politiques sociales et l'économie	Relations positives, renforcements mutuels. Les assurances sociales permettent de lisser les comportements de consommation (de réduire l'épargne de précaution et de stimuler la consommation de masse), de relancer l'économie en période de récession et de créer des emplois.	Impact négatif des dépenses sociales publiques sur l'économie. L'État-providence apparaît comme une des causes de la crise (stagflation). Les systèmes sociaux sont trop coûteux (niveaux élevés des prélèvements obligatoires ; effets démotivants des prestations, les politiques sociales empêchent certaines activités privées de se développer dans le domaine des assurances et des fonds de pension notamment).	Les politiques d'investissement social apparaissent comme pré-condition de la croissance économique et de la création d'emplois de qualité. Rôle économique positif des politiques sociales d'investissement dans le capital humain, des politiques d'égalité, des politiques de conciliation, qui favorisent la hausse des taux d'emplois de qualité et accompagnent l'entrée dans l'économie de la connaissance.
Objectifs des politiques sociales	• Sécurité sociale et maintien du revenu. • Plein emploi (des hommes). • Permet l'indépendance par rapport au marché.	• Lutte contre la pauvreté et l'inactivité. • Favorise la croissance par la réduction des prélèvements obligatoires et des dépenses sociales publiques. • Pousse au retour de tous sur le marché du travail.	• Lutte contre les inégalités héritées. • Favorise la participation de tous au marché du travail. • Élargit la base fiscale. • Prépare les générations présentes à l'économie de demain.

Source : B. Palier et R. Roussel (dir.), « Stratégies de croissance, emploi et protection sociale », *Revue française des affaires sociales*, La Documentation française, 2016.

En effet, l'État-providence n'est pas seulement un coût, il peut être un investissement : la lutte contre la pauvreté, la ségrégation urbaine, l'amélioration de l'accès à un enseignement de qualité, des législations contre les discriminations, des mesures de discrimination positive pour les zones défavorisées, peuvent favoriser la mobilité sociale. B. Palier et G. Esping-Andersen développent l'idée (*Trois leçons sur l'État-providence*, 2008) que l'État-providence peut favoriser l'activité des femmes en prenant en charge en partie les enfants en bas âge et par là contribuer également à l'égalité des chances puisque de nombreux travaux montrent que les inégalités se construisent très tôt et sont plus difficiles à corriger qu'à prévenir. Il faut ainsi promouvoir, selon les auteurs, un État-providence stratège, un État-providence de l'amont (prévenir) et non plus seulement de l'aval (guérir) : le triangle d'or danois en offre un exemple, assurant la sécurité du revenu et de l'employabilité au moyen d'une politique de formation tout au long de la vie plutôt que la sécurité de l'emploi. La faible sécurité de l'emploi permet alors la destruction créatrice, moteur de la croissance schumpétérienne. Le « paradigme néoclassique » initié depuis le tournant néolibéral des années 1980, qui avait pu effacer, plus ou moins selon les PDEM, le « paradigme keynésien », doit céder la place à une « stratégie d'investissement social » (N. Morel, B. Palier et J. Palme, « Towards a social investment welfare state ? », 2012).

Dans son dernier ouvrage, *Inégalités* (2016), Anthony B. Atkinson invite les pays de l'OCDE à reconstruire les politiques de redistribution qu'ils ont démantelées depuis les années 1980 en renforçant la progressivité de l'impôt sur le revenu (avec une tranche marginale au moins à 65 %) ainsi que l'imposition sur les successions et les cessions de patrimoine car, citant J. Stuart Mill (1861), « l'État doit favoriser la diffusion plutôt que la concentration des richesses ». Les transferts publics envers les enfants doivent être augmentés pour réduire la pauvreté infantile via des allocations familiales (inexistantes aux États-Unis, la pauvreté infantile a progressé d'un tiers entre 1969 et 2013).

Cependant, les pays de l'OCDE doivent aussi innover en matière de redistribution, notamment en finançant, avec des recettes fiscales supplémentaires, un héritage minimum pour quiconque atteint l'âge de 18 ans, et en introduisant un « revenu de participation » : il remplacerait l'exonération d'impôt sur le revenu en attribuant à chacun la même somme d'argent liquide et irait à ceux qui participent à la vie en société en général (emploi, éducation, formation, recherche d'emploi, aide à autrui – critères dont seraient dégagés les malades et les handicapés). Ce « revenu de participation » est une forme, parmi d'autres proposées, de « revenu universel de base ».

Les gouvernements doivent aussi s'attaquer au chômage en fixant une cible de chômage à atteindre (à l'instar de la Fed chargée par le Congrès américain de promouvoir « l'emploi maximum »), non pas grâce à la flexibilisation du marché du travail et à l'encouragement au retour à l'emploi, mais par l'action du gouvernement comme employeur en dernier ressort qui fournirait des emplois garantis (*cf.* la loi américaine de 1978 autorisant le Président à créer des « réservoirs d'emplois publics »). Enfin, les pays de l'OCDE doivent mieux répartir les richesses en relevant le salaire minimum, en favorisant un rééquilibrage des parties prenantes pour sortir du capitalisme actionnarial et en mettant en place des comptes pour les petits épargnants dont les rendements seraient garantis et positifs par rapport à l'inflation.

À l'instar d'Anthony B. Atkinson, nombreux sont ainsi les économistes à mettre en avant aujourd'hui la nécessité d'une lutte plus affirmée contre les inégalités économiques dans les PDEM.

2

État-providence et protection sociale

Selon F. Démier, *Histoire des politiques sociales* (1996), dont les contenus ci-dessous sont largement inspirés, la notion d'État-providence ne prend sa pleine signification que dans l'espace européen ; elle est une composante de l'histoire de l'Europe et un des signes de son originalité par rapport aux États-Unis ou au Japon. Toutefois, du premier XIXe siècle libéral et individualiste à l'Europe de la sécurité sociale de l'après-Seconde Guerre mondiale, l'évolution n'est pas linéaire et les voies nationales semblent avoir prévalu dans la définition d'une politique sociale moderne.

1 Sans l'État-providence (1789-1945) ?

Dans une Europe où l'histoire de la nation s'est partiellement confondue avec celle de l'émergence de l'État moderne, rationnel et centralisé, la protection sociale a été l'une des attributions de la puissance publique dès l'Ancien Régime. L'État-providence de l'Ancien Régime en Europe relève néanmoins essentiellement d'une politique sociale de maintien de l'ordre face aux pauvres que l'Église et la charité privée ne parviennent plus à contenir. L'approche minimale de la politique sociale qui domine le discours libéral au XIXe siècle ne parvient pas non plus à faire face à la « question sociale » posée en partie par l'industrialisation, de sorte que s'élaborent progressivement d'autres réponses, complexes, faites de traditions – la charité privée –, et d'innovations – la prévoyance individuelle, le mutualisme et les assurances sociales.

A. Libéralisme, industrialisation et question sociale au XIXe siècle (1789-1883)

Jusqu'aux années 1830 persiste la conviction libérale que la pauvreté est le résultat du sous-développement économique de la société féodale. Le progrès industriel fera reculer la misère. Pour un temps, c'est cependant l'inverse qui se produit. Une nouvelle forme de pauvreté, le paupérisme, apparaît au début du XIXe siècle pour désigner non pas une pauvreté liée à des circonstances exceptionnelles comme de mauvaises conditions climatiques, mais une pauvreté de masse (indigence, maladie, vieillesse sans ressource, etc.) dont le développement accompagne celui de l'industrialisation.

La conviction libérale du recul de la misère par l'industrialisation

La lutte contre la pauvreté est condamnée par les économistes anglais, et d'abord par le pasteur T.-R. Malthus. Dans son *Essai sur le principe de population* (1798), il dénonce les lois sur les pauvres qui entretiennent la pauvreté en encourageant la reproduction des pauvres (*cf.* module 1, chapitre 1). La « bienfaisance publique » est perçue comme une fausse bonne idée. En offrant un complément hebdomadaire de revenu aux travailleurs pauvres, le système de Speenhamland qui se généralise à partir de 1795 est accusé de favoriser l'inactivité. La taxe des pauvres en Angleterre est passée de 2 à 7 millions de livres entre 1775 et 1831. Le gouvernement whig de 1834 vote en conséquence une loi sur les pauvres qui conditionne l'octroi d'une aide à l'entrée dans les *workhouses*, véritables maisons de redressement (séparation des sexes et des générations, uniforme et éducation religieuse) dans lesquelles les pauvres sont punis et rééduqués. Les paroisses ne sont plus tenues de secourir les pauvres valides. Dès 1835, la taxe des pauvres a baissé de 30 %. En Angleterre, ce schéma libéral antiétatique trouve néanmoins une plus grande cohérence parce qu'il est épaulé par un progrès économique plus net qu'en Europe continentale. Le boom ferroviaire crée de nombreux emplois tandis que la baisse du prix du blé soutient le pouvoir d'achat des salaires, du moins jusqu'à la crise de 1848.

En France, dès 1790, le Comité de mendicité de l'Assemblée constituante affirme qu'il n'est pas de devoir plus important pour la société nouvelle, fondée sur un contrat d'hommes libres, que d'éradiquer la pauvreté, mais c'est l'option « libérale » qui l'emporte dans la philosophie des notables avec le décret d'Allarde du 2 mars 1791 qui supprime les maîtrises et les jurandes, et la loi Le Chapelier du 14 juin 1791 qui abroge les corporations et les associations. Le secours ne peut être que conditionnel et ce qui paraît déterminant est la capacité ou non à travailler. Le Comité présidé par La Rochefoucauld-Liancourt déclare ainsi : « La société doit à tous ses membres de la subsistance ou du travail. S'ils sont malades, on doit les secourir. Mais c'est en donnant du travail à ceux qui n'en ont pas qu'on détruira la mendicité. » Le système d'assistance hérité de la société féodale et reposant sur l'hôpital doit donc être démantelé. La mise au travail de ces pauvres hérités de la société féodale favorisera la croissance économique, seule à même de les sortir de leur pauvreté. Le travail dans les prisons ou dans les ateliers de charité doit réinsérer le pauvre dans le salariat, le responsabiliser et décharger la société. La politique sociale ne concerne plus alors que les pauvres « invalides » : les enfants, les vieillards, les malades incurables ou mentaux, tous incapables de travailler (Bronislaw Geremek, *La Potence ou la pitié. L'Europe et les pauvres du Moyen-Âge à nos jours*, 1987).

La « modernité libérale restreinte » (P. Wagner) : le défi du paupérisme

Le projet d'une société libérale est en principe universel, mais il ne s'est pleinement appliqué, dans un premier temps, qu'à une fraction très limitée des populations des pays occidentaux qui connaissaient leur industrialisation. Au tournant des années 1840 selon J.-B. Marbeau, l'inventeur des crèches, la France aurait 250 000 mendiants, 1,8 million d'indigents, 3 millions d'individus inscrits aux bureaux de bienfaisance, et 6 millions de Français, soit plus de 15 % de la population, ont besoin d'être secourus. Ce n'est donc pas seulement la misère des ouvriers et de leurs familles qui accompagne la première industrialisation, c'est plus généralement la perpétuation d'un état d'insécurité sociale permanente qui affecte la plupart des catégories populaires. Telle est la face sombre de l'État de droit. Il laisse de côté ceux qui n'ont pas les moyens d'assurer leur existence par la propriété (R. Castel, *L'Insécurité sociale*, 2009). En France, la plupart des libéraux, tel A. Blanqui, partagent les inquiétudes des catholiques sociaux, tel Villermé dans son *Tableau de l'état physique et moral des ouvriers employés dans les manufactures de coton, de laine et de soie*, publié en 1840.

Face au paupérisme en France, les réponses sont cependant longtemps dérisoires. L'ensemble des dépenses sociales représente 0,3 % du revenu national en 1840. Les bureaux de bienfaisance, créés en 1796 dans le but d'organiser à domicile l'assistance aux pauvres, ont été rattachés à l'administration municipale. À la veille de 1848, il y a 1 338 hôpitaux et hospices et 7 599 bureaux de bienfaisance. Le pivot de l'assistance sociale en France demeure l'hôpital : en 1840, quand les hôpitaux ont dépensé en secours publics pour 49 millions de francs, les bureaux de bienfaisance n'en ont dépensé que 9 millions. Néanmoins, l'hôpital est d'abord une institution urbaine et parisienne si bien que les bureaux de bienfaisance sont au cœur d'une assistance aux pauvres extrêmement variée : distribution de pain, de bouillons, de linge, placement des enfants en apprentissage, inhumation gratuite, et quelques médecins y donnent des consultations gratuites. Par ailleurs, un réseau complexe d'institutions anciennes et modernes, religieuses et laïques, tente d'aider, de contrôler et de moraliser la société des pauvres. De « généreux » souscripteurs mettent en place dans les années 1840 des dispensaires et des petits hospices, tel le vicomte A. de Melun qui crée en 1844 la Société d'économie charitable. Mais la mendicité est toujours réprimée : dépôts de mendicité et maisons de refuge traitent encore le pauvre par l'enfermement.

La révolution de 1848 montre avec évidence l'inadaptation des œuvres de bienfaisance à la société industrielle. Les sociétés de charité, pour la plupart chrétiennes, sont submergées financièrement et leur discours moralisateur est de plus en plus mal reçu. Les hommes de 1848 souhaitent adapter le droit à la nouvelle société industrielle par l'instauration d'une protection sociale. Pour L. Blanc, la prévoyance généralisée doit remplacer l'assistance occasionnelle.

La prévoyance individuelle, solution face aux risques sociaux ?

Les notables du début du XIXe siècle tentent de promouvoir la prévoyance individuelle. Les caisses de secours mutuels doivent apporter la sécurité aux pauvres en leur permettant d'accéder à terme à une petite propriété. À l'exception des socialistes, en effet, on est persuadé que le travail ne peut être réglementé sans que l'édifice industriel ne s'effondre. Aussi les mesures prises sont-elles cantonnées à la préservation de la « race », comme on dit alors, par l'interdiction du travail des enfants (1836 en Angleterre, 1841 en France).

À la fin du XVIIIe siècle en Angleterre, sont fondées les premières caisses d'épargne afin d'accueillir les économies des travailleurs. En juillet 1828, une charte leur assure un intérêt de 3,5 % et, vers 1850, elles comptent 1,2 million de déposants et 80 millions de livres de dépôts. En France, la monarchie de Juillet encourage les caisses d'épargne en 1830 par un intérêt de 4 % mais, vers 1840, on n'en compte qu'une trentaine. Avec une limite imposée aux épargnants en France à 1 500 francs, elles ne peuvent de toute manière constituer une assurance vieillesse.

De fait, les classes populaires ont surtout largement recours aux monts-de-piété. À la veille de 1848, 364 caisses prêtent 49 millions de francs.

La véritable nouveauté des années 1840 est dans le progrès des sociétés de secours mutuels (*friendly societies*). En 1851, en Angleterre, il y en a 14 000 de reconnaissance légale qui rassemblent 1,6 million de membres et un capital de 160 millions de livres. Elles assurent les secours les plus divers : frais d'enterrement, secours en cas de maladie, veuvage ou vieillesse, fourniture de combustible, de vêtements, etc. En France, les sociétés mutuelles sont alimentées par les cotisations des travailleurs ainsi que par des subventions d'origine patronale ou municipale. Leur objectif est de garantir, en cas de maladie, une allocation quotidienne pour servir de salaire. En 1847, elles sont au nombre de 2 050, ce qui reste faible en comparaison de l'Angleterre où leur succès est beaucoup plus net.

En France, après juin 1848, nombreux sont ceux à être persuadés qu'on ne peut plus abandonner l'assistance et la prévoyance à la seule initiative privée. L'État doit intervenir. La loi du 22 avril 1850 sur l'assainissement des logements insalubres entraîne l'ingérence des pouvoirs publics dans la gestion du patrimoine immobilier contre les propriétaires. La cité ouvrière Rochechouart est construite en 1849. La loi du 24 juillet 1850 réforme l'administration des monts-de-piété et celle du 10 janvier 1849 organise l'Assistance publique à Paris, avec un directeur nommé par le ministre, et crée pour la France un Conseil de l'Assistance publique ainsi que des comités cantonaux chargés de la surveillance du travail et des institutions de charité. Les crèches publiques sont fondées. La loi du 15 juillet 1850 permet aux sociétés de secours mutuels de devenir des « établissements d'utilité publique ». Le 25 juin 1850, la Caisse nationale des retraites est créée, ouverte à tous, mais financée par les seuls ouvriers sur la base du volontariat car les libéraux ont réussi à faire échouer l'obligation et le principe de cotisations patronales. Certes, les salaires sont bas, ce qui constitue un frein au développement, mais la prévoyance a désormais la priorité sur l'assistance.

À l'opposé d'une Angleterre où le libéralisme a suffisamment de vitalité pour inviter les travailleurs à gérer eux-mêmes leur propre sécurité, la France (mais aussi l'Allemagne), à cause de la profondeur de la crise politique qu'elle traverse, est donc portée, au milieu du siècle, à réintroduire une responsabilité collective de l'État devant le sort des travailleurs. La politique de Napoléon III institue un contrôle étatique sur des organisations dominées par l'idée de la prévoyance individuelle. Les mutuelles « approuvées » bénéficient d'une aide de l'État : elles couvrent maladie et retraite et, à partir de 1868, les accidents et le décès. Le préfet Haussmann établit à Paris en 1853 le premier service de médecine gratuite pour les indigents. L'État-providence ne peut cependant pas être confondu avec l'État autoritaire. Les ouvriers refusent les « cités » ouvrières, restent réticents vis-à-vis des sociétés de secours mutuels d'utilité publique et s'inscrivent en faible nombre à la Caisse nationale des retraites. Il est vrai que les caisses de retraite, à l'opposé des caisses d'épargne, n'offrent aucun droit de regard au déposant jusqu'à l'échéance. Cela explique l'échec de cette tentative précoce d'un État-providence autoritaire.

B. La naissance de l'État-providence (1883-1914) ?

La tentation de la « monarchie-providence » en Allemagne

En Allemagne, la poussée révolutionnaire de 1848 confirme le rejet de l'option libérale. Frédéric-Guillaume IV envisage de promouvoir une « monarchie-providence » capable d'organiser une collaboration solide entre la « couronne » et le prolétariat contre la bourgeoisie libérale. Mais c'est Bismarck, fortement frappé par la Commune de Paris et confronté à une percée rapide du socialisme allemand, qui a vite été convaincu de la nécessité d'une politique sociale beaucoup plus interventionniste dans une société malmenée par l'industrialisation rapide.

Le tournant est pris en 1879 quand les élections portent au Reichstag une majorité conservatrice. Les droits sociaux nouveaux s'imposent pour ne pas concéder des droits politiques plus larges. Nombre de technocrates défendent l'idée d'une intervention nécessaire de l'État dans la société. A. Wagner, mais aussi le conseiller de Bismarck, H. Wagener, souhaitent une politique capable de soutenir la société, menacée d'éclatement par le libéralisme. La « nouvelle école historique allemande » est proche de ce courant technocrate. G. Schmoller préconise le recours à l'État dans une approche conservatrice et nationaliste de la question sociale. Le consensus autour d'une « monarchie-providence » s'impose. Le patronat n'est pas hostile à une coordination des assurances par l'État, même obligatoires, et c'est un moyen de lui faire prendre en charge une partie des frais du paternalisme. Mais il veut contrôler localement les caisses d'assurance et limiter le niveau des aides accordées. Les travailleurs ne sont pas contre l'assurance obligatoire et les socialistes restent confiants dans leur capacité à participer à la réforme sociale, tout en conservant leur liberté.

L'assurance maladie est instaurée par la loi du 15 juin 1883, complétée en 1892. Elle est alimentée pour les deux tiers par les ouvriers, pour un tiers par le patronat. Elle accorde la gratuité des soins et de l'hôpital, le versement en argent de la moitié du salaire pendant 26 semaines. Elle est obligatoire mais la loi laisse subsister les caisses de maladie établies par les ouvriers ou les patrons. L'assurance est administrée non par l'État, mais par des associations corporatives, élues pour les deux tiers par les ouvriers et pour un tiers par les patrons, sous le contrôle des autorités locales.

L'assurance accident est instaurée par la loi du 6 juillet 1884. Elle est financée par les seuls employeurs organisés en caisses mutuelles. Elle ouvre droit à des secours monétaires pouvant monter jusqu'aux deux tiers du salaire. L'assurance vieillesse-invalidité est votée le 22 juin 1889. Les ouvriers et les patrons cotisent à égalité à un système de retraite par capitalisation dont les frais de gestion sont pris en charge par l'État, qui contribue aussi à son financement. L'assurance est obligatoire pour les salaires inférieurs à 2 000 marks et ouvre droit à une retraite à l'âge de 70 ans après trente ans de cotisation. Elle est gérée par des caisses régionales mixtes composées d'ouvriers, de patrons et de délégués du gouvernement. Les cotisations ne représentent que 0,5 % du salaire, mais à l'époque, sur 500 ouvriers assurés, 6 seulement parvenaient à l'âge de 70 ans. Aucune indemnité n'est versée à la veuve ou à l'orphelin (S. Kott, *L'Allemagne au XIXe siècle*, 2006).

Le schéma mis en place est assez éloigné du schéma étatiste de Bismarck. Décentralisé, il ne donne à l'État qu'un rôle de contrôle en dernier ressort. Le patronat cotise assez peu et contrôle tout de même l'organisation, mais la présence d'ouvriers en son sein est une avancée importante. Alors que Napoléon III en France n'avait pu rallier véritablement les ouvriers à son projet de Caisse nationale de retraite qui fonctionnait de manière administrative et bureaucratique, très habilement, l'État allemand autoritaire et antidémocratique a su confier partiellement l'administration de l'assurance aux assurés eux-mêmes, ce qui condamne rapidement un mouvement mutuelliste qui n'avait du reste jamais été très puissant.

À partir des années 1890, les caisses de gestion des assurances font une place plus grande aux représentations des travailleurs et jouent même un rôle d'arbitrage dans les conflits au sein des entreprises. Les classes dirigeantes européennes, dans leur majorité, considèrent que l'intervention de l'État allemand sur le terrain social n'est que l'expression de l'archaïsme d'un pouvoir autoritaire. Les faits démentent le catastrophisme libéral. Le Reich, à partir des années 1890, inclut les familles, sans augmenter les cotisations. En 1892, l'assurance maladie est étendue des seuls ouvriers de l'industrie aux domestiques et aux ouvriers agricoles. L'indemnité n'est égale qu'à 50 % du salaire, pour 13 semaines. En 1913, 13 millions de personnes bénéficient de l'assurance maladie et le régime des retraites est bénéficiaire : 290 millions de recettes pour 193 millions de pensions versées.

Le succès de l'économie allemande, la possibilité d'intégrer les syndicats dans un système étendu de conventions collectives (il n'y a pas en Allemagne d'équivalent du syndicalisme révolutionnaire français), démontrent que les débuts de l'État-providence s'imposent finalement comme une composante de l'efficacité économique du capitalisme allemand.

Le Royaume-Uni sur la voie du réformisme social

La Grande-Bretagne ne dispose pas d'un système de protection sociale efficace vers 1870. Les nombreuses sociétés privées philanthropiques ne font pas reculer la grande pauvreté. De fait, malgré la Grande Dépression (1873-1896), la Grande-Bretagne résiste encore à l'intervention de l'État. Les classes populaires ont largement recours aux compagnies d'assurance (7 millions de membres en 1874) et au réseau mutuelliste des *friendly societies* (4 millions de membres en 1874). En effet, le très puissant mouvement syndical anglais est jusqu'à la fin du siècle un obstacle à l'intervention de l'État. Les *trade unions* fonctionnent en fait comme des sociétés de secours mutuels. Les cotisations élevées qui leur sont versées servent aussi de secours en cas de maladie et de chômage. Elles financent des retraites sans qu'il y ait véritablement de fonds spécial affecté à cet usage. L'élargissement progressif des bases du syndicalisme anglais à des catégories de travailleurs moins qualifiés étend cette protection sociale.

Certes, au tournant des années 1880, J. Chamberlain fait évoluer la loi des pauvres : il incite les municipalités à donner du travail et de l'aide aux pauvres, à assister les enfants, en dehors des *poor houses*. Vers 1900, les dispensaires, les aides familiales, les visites de médecins, sont désormais les dépenses les plus importantes de la loi des pauvres et les *poor houses* n'accueillent plus que des invalides et des vagabonds. Pourtant, jusqu'en 1905, les réformes anglaises sont bloquées. Chamberlain ne parvient pas à persuader son parti de faire prendre en charge les retraites par l'État.

De 1906 à 1914, le parti libéral se convertit à l'idée d'une intervention sociale de l'État. W. Churchill et D. Lloyd George, appuyés par le courant réformateur dont fait partie W. Beveridge, obtiennent une majorité législative acquise aux réformes. Elle y est poussée par la pression qu'exerce la nouvelle tendance des *trade unions*, le néo-unionisme, inspiré par le marxisme et la *Fabian Society* (1884). Les grèves et le chômage imposent le vote d'une pension vieillesse non contributive financée par le budget et destinée aux plus de 70 ans n'ayant pas 32 livres de revenus par an (*Old Age Pension Acts*, 1908). L'indemnité vieillesse est un minimum vieillesse à destination des indigents. En 1914, 970 000 personnes bénéficient de 12 millions de livres d'aide. La voie vers une politique de redistribution est ouverte.

En 1911, les libéraux font voter, avec l'appui du Labour et des *trade unions* mais contre le corps médical, le *National Insurance Act* couvrant la maladie et le chômage. Lloyd George lui-même avait étudié les assurances sociales bismarckiennes et était désormais persuadé des vertus de l'obligation. Pour les salaires de moins de 160 livres, l'affiliation est obligatoire et l'assurance chômage ouvre un droit à une aide durant 13 semaines. Loin de l'étatisation, la gestion des assurances est confiée à des organismes agréés (mutuelles, syndicats, mais aussi sociétés d'assurance). Le système d'assurance maladie devient le plus étendu d'Europe. Il couvre tous les travailleurs manuels âgés de 16 à 70 ans et les autres salariés touchant de basses rémunérations. Le financement est assuré conjointement par les cotisations des salariés, des patrons et une aide de l'État. En 1914, 14 millions de Britanniques sont couverts. Ce plan de Lloyd George est un plan contre la pauvreté.

Les hésitations sociales de la République française

Depuis le début du XIXe siècle, un des soucis majeurs du patronat français a été de retenir un ouvrier. Le paternalisme d'entreprise est une réponse qui s'est imposée depuis longtemps, notamment dans les grandes usines (mines, métallurgie, voire textile), mais qui prend des formes de plus en plus variées dans la seconde moitié du XIXe siècle. Au Creusot, les Schneider contrôlent la société ouvrière depuis l'école jusqu'à l'hôpital et la maison de retraite. La philanthropie alsacienne s'inscrit dans les cités ouvrières. J.-H. Dollfus a créé en 1853 la Société des cités ouvrières, comprenant 500 maisons ouvrières, l'école, les caisses d'épargne, les institutions d'hygiène sociale. Ainsi, en France comme en Europe en général, le patronat des grandes entreprises entend imposer à l'État sa police sociale. Mais il le peut d'autant plus que le syndicalisme révolutionnaire refuse de toute manière la troisième voie réformiste. Ce faisant, il encourage le patronat à compter sur un camp de la peur et à partir de 1906 sur la répression.

Il faut dire aussi que le Second Empire, qui a porté atteinte aux libertés, a discrédité l'idée de l'intervention de l'État et que le *Sozial Staat* allemand constitue un contre-exemple. Certes, l'aile radicale autour de Clemenceau demande des enquêtes sur la condition ouvrière dans la crise et souhaite l'intervention sociale de l'État. C. Raspail demande la création d'un ministère du Travail. Mais la France républicaine, à l'opposé de l'Allemagne, cherche moins le consensus dans la sécurité sociale que dans la démocratie politique, promesse d'un accès de chacun à la propriété et à la sécurité dans l'indépendance. Le droit de réunion et d'association accordé par la loi Waldeck-Rousseau (1884) va dans ce sens. Ainsi, aux yeux des dirigeants républicains, le prolétariat n'est plus une classe à part. Pour J. Ferry : « Il n'existe pas de solution étatiste au problème de la misère ouvrière. [...] L'État ne doit que faciliter le développement de la prévoyance individuelle. » C'est ainsi que le projet de Mirman est rejeté en 1905 – un revenu minimum avant la lettre, financé par l'impôt et capable d'assister l'ensemble de la population, salariés et non-salariés, dans le besoin. Jaurès y voit le piège d'une législation uniquement assistantielle qui limiterait les secours aux catégories les plus démunies et interdirait de développer une législation sociale en faveur des salariés : « Nous sommes sûrs qu'un jour c'est l'organisation générale et systématique de l'assurance étendue à tous les risques qui se substituera à l'assistance. » Généraliser l'assistance, ce serait accroître la dépendance du peuple. Promouvoir l'assurance à laquelle l'ouvrier accède en payant ses cotisations, c'est faire, comme Jaurès le disait, « qu'il n'y ait plus là comme une organisation de charité, mais comme la reconnaissance du droit sanctionnée par un sacrifice égal » (cité par R. Castel, *Les Métamorphoses de la question sociale*, 1995). Pour le courant réformateur, la référence au solidarisme de Léon Bourgeois s'impose. Si l'égalité économique est impossible, des assurances obligatoires pour les travailleurs doivent leur donner accès à un minimum social. Ce courant réformateur exerce une réelle influence à l'Office du travail (1891) puis au ministère du Travail (1906).

Le tournant est de fait pris en France à l'occasion du vote de la loi sur les accidents du travail (1898). L'incapacité permanente donne droit à une rente des deux tiers du salaire, la mort à une rente au conjoint de 20 % du salaire. Une proposition de loi sur les retraites ouvrières finit même par passer le 5 avril 1910 malgré les réticences du patronat : l'âge de la retraite est fixé à 65 ans, les assurés gagnant moins de 3 000 francs par an cotisent obligatoirement et les employeurs contribuent pour le même montant qu'eux. Mais à l'opposition patronale s'additionne une opposition ouvrière bien compréhensible – 94 % des assujettis ne devaient pas atteindre le cap des 65 ans ! À la Belle Époque, au total, seulement 10 % des salariés masculins bénéficient d'un régime de retraite.

Cependant, la France développe encore des lois d'assistance qui, tout en étant décalées par rapport à la logique moderne de l'assurance sociale promue par les réformateurs, apportent un soulagement à la fraction la plus pauvre des salariés : l'assistance médicale gratuite pour le plus démunis (1893), la protection sociale des vieillards et des infirmes (1905), le repos de quatre semaines après l'accouchement avec indemnité compensatrice de la perte de salaire (1913). Le budget de l'assistance publique ne représente pourtant que 5 % du budget. La politique sociale locale conjugue action municipale et œuvres privées. La mutualité française se fédère en 1898 mais, en dépit d'une aide croissante de l'État, il n'y a en 1913 que 2 millions de mutualistes assurés contre la maladie et 5 % des ouvriers.

Le parti radical et les classes moyennes ont joué un grand rôle dans l'échec d'une politique sociale nouvelle. La base sociale du parti radical, la petite entreprise, refuse en effet de voir l'État social pénétrer dans la sphère de la production. Tenté avec son aile gauche et les réformateurs de promouvoir une législation sociale plus avancée, le parti radical s'arrête à mi-chemin. Cette contradiction se retrouve dans des avancées législatives multipliant les dérogations qui vident la loi de son contenu. En 1906, à l'unanimité, l'Assemblée vote la loi sur le repos hebdomadaire, mais dès 1907 les préfets multiplient les dérogations en faveur des petites entreprises. À défaut de s'acheminer vers l'État-providence, l'État reste en France avant tout le défenseur de la propriété, d'une propriété démocratisée qui offre une certaine sécurité à une partie de la classe moyenne, plus qu'aux classes populaires. Il y a ainsi plus de 15 millions de déposants dans les caisses d'épargne en 1913, mais seul un ouvrier sur huit dispose d'un livret.

Une Europe du progrès social au tournant du XXe siècle

L'État social bismarckien annonce, même si c'est encore dans un cadre autoritaire, l'État-providence qui naîtra dans un grand mouvement démocratique après 1945. L'intervention sociale progresse partout en Europe, certes inégalement, davantage par exemple en Angleterre qu'en France.

Devant la montée des socialismes et à l'heure d'un capitalisme de grandes entreprises, les bourgeoisies européennes renoncent en partie à l'individualisme libéral.

Dès 1888, l'Autriche instaure un régime à l'allemande d'assurances sociales. Puis c'est le Danemark en 1891-1892, la Belgique en 1894 et le Luxembourg en 1901. L'obligation de cotiser signifie qu'il s'agit de corriger les défauts du libéralisme. Dans toute l'Europe, au tournant du siècle, la panoplie des lois sociales s'enrichit. L'indemnisation des accidents du travail reconnaît un risque professionnel un peu partout : l'Allemagne (1884), l'Autriche (1889), la Norvège (1894), l'Angleterre (1897), la France et l'Italie (1898), les Pays-Bas (1899). Dans les années 1890 émergent, avec la seconde révolution industrielle, des grandes entreprises au sein desquelles les salariés sont amenés à rester durablement, notamment à mesure que s'affirme la coupure avec la campagne. Or, les activités de cette seconde révolution industrielle sont plus dangereuses encore pour les salariés. Ces entreprises multiplient les accidents de travail et utilisent plus intensivement le travail (taylorisme).

Outre le fait qu'il ne touche que les ouvriers de la grande industrie, abandonnant les autres à eux-mêmes, le paternalisme n'empêche plus l'explosion de grandes grèves et les caisses d'épargne sont de plus en plus souvent déficitaires. En revanche, l'essor du mouvement associatif ouvrier se traduit par la création de coopératives de consommation, de production et de caisses de chômage. En France, en Grande-Bretagne et en Allemagne, des politiques sociales nouvelles émergent dans le cadre municipal alors qu'une partie importante des courants socialistes demande le renversement du système capitaliste (1re Internationale et 2e Internationale). Car, alors que le capitalisme change d'échelle, on a redécouvert une pauvreté endémique. En Angleterre, un tiers des classes populaires vit dans une terrible pauvreté, dénoncée par C. Booth (*La Vie et le Travail de la population de Londres,* 1889). La croyance dans l'auto-assistance est contestée à partir des années 1880 par l'idée d'action collective. Le congrès des *trade unions* fait pression sur les commissions royales qui étudient la question sociale. Enfin, le libéralisme européen est aussi contesté par l'encyclique *Rerum novarum* du nouveau pape Léon XIII qui voit dans le libéralisme le responsable de la dissolution des liens sociaux. En France, les catholiques français en viennent à soutenir l'intervention sociale de l'État.

À la veille de la Première Guerre mondiale, l'avancée la plus importante a eu lieu dans le domaine de l'assurance maladie, et à un moindre degré dans celui des retraites. À l'exception de l'Angleterre, les expériences d'assurance contre le chômage ont échoué. Mais ces premières avancées vers les « assurances sociales » sont réservées surtout au secteur de la grande entreprise.

Le changement ne touche guère la petite entreprise qui connaît au tournant du siècle le développement du *sweating system* (travail à domicile des femmes et des enfants), en dehors de tout contrôle. Une large partie des classes populaires relève encore de la logique traditionnelle de l'assistance, voire de la charité.

C. Les politiques sociales en danger pendant l'entre-deux-guerres

Le naufrage du *Wohlfahrtsstaat* (l'État de bien-être) de la République de Weimar

L'Allemagne qui disposait d'un important système de protection sociale n'a pu éviter l'échec de l'union sacrée, le glissement d'une partie de son mouvement ouvrier vers la révolution. L'unité de la société allemande s'est disloquée, mais la bourgeoisie industrielle, tel W. von Siemens, est néanmoins parvenue à isoler les révolutionnaires et à trouver l'appui d'un socialisme réformiste qui avait un bilan social important à défendre aux yeux des ouvriers. La politique sociale de Weimar constitue un des piliers d'un régime très fragile. Dès lors que celle-ci s'effondre sous les coups de butoir de la crise des années 1930 et du choix de la déflation par le chancelier Brüning, Hitler et les nazis accèdent au pouvoir et se posent en garants de la Constitution – « en facteurs d'ordre, prêts à réprimer une tentative révolutionnaire violente de la gauche avec la police et, au besoin, l'armée » (H. A. Winkler, *Histoire de l'Allemagne. XIXe-XXe siècle*, 2000).

De fait, le nouveau danger pour l'équilibre social vient d'un chômage d'une ampleur sans précédent. Le principe d'une assurance chômage est néanmoins acquis par la loi du 16 juillet 1927. Elle est financée par une contribution des salariés et des employeurs et s'organise en lien avec les bureaux de placement. Les syndicats, puissants, confortent leurs positions dans la gestion de l'ensemble du système d'assurances sociales : l'Allgemeine Deutsche Gewerkschaftsbund (ADGB) contrôle en 1928 73 % des caisses d'assurance maladie regroupant 85 % des assurés. Le système de secours des syndicats (secours complémentaires de chômage, maladie, décès, besoins imprévus, etc.) prend une ampleur inédite, passant pour l'ADGB de 10 millions de marks en 1924 à 110 millions en 1931, soit 52 % de ses dépenses. De très nombreux accords collectifs sont signés dans les entreprises (salaires, durée du travail, congés payés) par un patronat paternaliste. Le consensus social, fondé sur le dialogue social entre les syndicats et le patronat, va néanmoins rapidement éclater au début des années 1930. La politique déflationniste du chancelier H. Brüning (mars 1930-mai 1932) pour soutenir le mark entraîne la réduction des dépenses sociales. Le 29 septembre 1931, le patronat demande à Brüning la baisse des salaires et des charges sociales. Les syndicats demandent une hausse de l'indemnité chômage. Mais la forte poussée du chômage en rend le financement impossible. L'État est même conduit à prendre en charge l'assurance chômage et impose au contraire de fortes baisses des allocations. La crise économique est trop forte pour que les assurances sociales résistent. Une partie importante du monde ouvrier allemand penche alors pour une tout autre voie que celle de la « démocratie sociale » voulue par Weimar. Beaucoup rejoignent le parti communiste. D'autres, peu nombreux, se laissent séduire par la « communauté nationale » défendue par les nazis.

En Allemagne (comme en Italie), les partis fascistes proposent une politique sociale nouvelle. L'État totalitaire doit apporter la sécurité au travailleur face à l'inefficacité de la démocratie libérale. L'année 1932 est un point bas économiquement, mais aussi politiquement en Allemagne : le NSDAP arrive en tête aux élections législatives de novembre, porté par les classes moyennes (*Mittelstand*), après la dissolution du Reichstag par Von Papen (qui a remplacé Brüning en mai). La baisse du chômage en Allemagne est le grand succès d'Hitler – nommé chancelier le 30 janvier 1933 –, mais les Allemands le paient très cher. Dès 1934, Hitler interdit la grève et crée une organisation d'État, le DAF (Deutsche Arbeit Front) pour remplacer les syndicats et les procédures de négociation collective mises en place par la République de Weimar. L'offre de travail est réduite par l'exclusion des juifs et des femmes (« *Kinder, Kirche, Küche* ») pour lesquelles les allocations maternité sont portées à 12 semaines, et une pension pour les veuves à partir du troisième enfant est décidée. Le développement de l'activité est facilité par le blocage des salaires nominaux alors que la réduction de la concurrence par la coordination par l'État permet d'augmenter les prix et conduit à la baisse du salaire réel : la part des salaires dans le PIB passe de 64 % à 57 % entre 1932 et 1938 et celle de la consommation de 83 % à 59 % (du fait de la hausse des impôts) au profit des dépenses publiques. Pourtant Hitler est très populaire en 1938 et 1939 avec la fin du chômage et les succès en politique extérieure.

La priorité de l'équilibre financier sur les dépenses sociales en France et en Angleterre

Malgré le faible contenu social de la République, la France a réussi en 1917 à éviter que les masses, sur le front ou à l'arrière, ne remettent radicalement en cause le consensus politique et social.

Pour la paysannerie, la propriété a joué un rôle stabilisateur et, pour les familles de mobilisés, l'allocation largement accordée par l'État a permis de maintenir le pouvoir d'achat populaire et le moral. En Angleterre, à cause de la demande de main-d'œuvre, le nombre des assistés recule de 762 000 en 1914 à 555 000 en 1919. La pression des militaires et des syndicats (forts de 8 millions de membres en 1919 contre 1 million en 1914) a joué.

Dans tous les pays belligérants, l'habitude est prise d'une intervention plus fréquente de l'État dans les rapports sociaux. Les syndicats sont associés à la politique économique. En France, la pression est forte pour que l'on rattrape le retard sur les législations sociales étrangères. Il s'agit de conjurer la révolution russe, de tenir compte des avantages acquis par l'Alsace-Lorraine, de faire face à l'état social et sanitaire de la population après la guerre. Pourtant, les seules mesures significatives sont acquises sur le plan social en avril 1919, la journée de 8 heures et la reconnaissance des conventions collectives. La crise financière, le poids des indemnisations liées à la guerre, submergent les gouvernements.

En Angleterre, la loi de 1920 augmente l'indemnité vieillesse et l'assurance chômage est étendue à tous les salariés. Cependant, la politique déflationniste visant à faire recouvrer à la livre sa parité-or d'avant la guerre entraîne la stagnation économique et le chômage. Un certain nombre d'améliorations au système de protection sociale britannique sont néanmoins apportées.

Un régime contributif de pension vieillesse, avec une retraite fixée à 60 ans pour les femmes et 65 ans pour les hommes, est instauré en 1925.

En France en 1921, Millerand, alors président du Conseil du Bloc national, présente un projet d'assurances sociales inspiré du modèle allemand, mais il est bloqué au Sénat. Les expériences du Bloc national et du Cartel des gauches sont en effet aussi dominées par le mythe du retour à la Belle Époque. Le retour à l'équilibre financier, clé de toute stabilisation de la société, exclut de se lancer dans de lourdes dépenses sociales. La crainte partagée de mettre en difficulté la petite entreprise en augmentant les coûts salariaux et la faiblesse de syndicats divisés empêchent de rompre avec l'équilibre traditionnel.

À partir de 1926 néanmoins, l'échec des politiques traditionnelles de gauche comme de droite impose le changement. La loi de 1928 introduit un système d'assurance obligatoire pour les seuls salariés du commerce et de l'industrie gagnant un salaire inférieur à un plafond et qui cotisent à hauteur de 4 % de leur salaire, les employeurs contribuant pour le même montant. Les risques maladie et maternité sont désormais couverts pour un peu plus d'un tiers de la population à la veille de la guerre. Le régime maladie implique un ticket modérateur de 25 %. Mais la loi de 1928 rencontre une forte opposition, du patronat, mais aussi du monde médical et de la mutualité. La loi du 30 avril 1830 permet ainsi aux médecins de conserver la liberté des tarifs, le tarif de l'assurance n'étant qu'une base de remboursement. L'obligation d'affiliation constitue certes une évolution significative, mais les prestations sont très faibles et, même complétées en 1932 par un régime d'allocations familiales, les assurances sociales de 1930 demeurent des compléments à un dispositif qui, sur le fond, relève toujours de la prévoyance individuelle (assurances privées) ou collective (mutualité), en particulier pour le risque vieillesse.

Comme en Allemagne, la crise de 1929 met à mal le système d'aide aux chômeurs en Angleterre. Dès 1931, des coupes affectent l'ensemble des aides sociales malgré l'appel de J. M. Keynes à ne surtout pas diminuer les dépenses sociales. Le niveau de revenu accordé par l'indemnité chômage (*dole*) est très bas, à 35 livres par semaine pour une famille de 5 personnes. La sortie de crise est néanmoins rapide en Angleterre : avec une croissance économique de 4 % par an entre 1932 et 1937, le chômage baisse. L'Angleterre bénéficie en effet du gouvernement d'union nationale de Ramsay McDonald et du consensus politique autour de deux ruptures favorables à la croissance : l'abandon de la livre forte avec la dévaluation de 18 % de décembre 1931 et du libre-échange avec la multiplication par 3 des droits de douane, ainsi qu'une politique économique expansionniste. À partir de 1933, en effet, l'État augmente ses dépenses, alors qu'il ne commence à réarmer qu'à partir de 1935, et la banque d'Angleterre mène une politique de *cheap money* en baissant son taux d'escompte à 2 % en 1933. La hausse de la demande intérieure, notamment la hausse des dépenses publiques, a permis le retour de la croissance et la baisse du chômage. À partir de 1935, un organisme centralise la politique d'aide aux chômeurs : l'Unemployment Assistance Board, qui accorde une aide au-delà des 36 semaines du *dole*.

En France, en dépit de mesures importantes de promotion du progrès social, le Front populaire ne modifie pratiquement pas la politique de protection sociale en France. La révolution nationale de Vichy redéfinit les grandes orientations de la politique sociale. Elle repose sur une conception « communautaire » des rapports sociaux. La famille, la patrie, doivent accorder à l'individu les moyens de vivre. La Charte du travail doit instaurer une « communauté de l’entreprise », mais impose surtout un syndicat unique. La mise en place d’un salaire minimum garanti et d’« offices départementaux de placement » chargés des chômeurs complète les leviers d’un paternalisme étatique prôné par Pétain. Mais les contraintes de l’occupation entraînent le rejet du régime de Vichy.

2 Avec l’État-providence de 1945 à nos jours ?

L’idée très classique d’une naissance de l’État-providence moderne en 1942 avec le plan Beveridge (*Social Insurance and Allied Services*) n’est pas fausse. Une nouvelle solidarité et une nouvelle dynamique sociale émergent sur les décombres de la Seconde Guerre mondiale. Désormais, la puissance publique entend protéger l’ensemble de la population des risques sociaux majeurs (maladie, vieillesse, chômage et accident du travail).

A. L’édification de mondes d’État-providence à l’heure de la prospérité (1945-1979)

Au nom de la guerre contre le fascisme, la lutte des classes a été pour un temps écartée. La paix revenue, l’État-providence pourrait éviter son retour.

La mise en place de l’État-providence en Europe à la fin de la Seconde Guerre mondiale

Le plan Beveridge de 1942 en Grande-Bretagne avait pour finalité « d’abolir la misère », « de libérer l’homme du besoin » et de lutter contre « la maladie, l’ignorance, la sordidité et l’oisiveté ». Ce plan est fondé sur les trois principes d’unité, d’uniformité et d’universalité : il s’agit de garantir à chacun un minimum décent par des prestations uniformes financées par des cotisations uniformes, mais aussi de fiscaliser les prestations familiales et de santé. Beveridge souhaite enfin une centralisation des fonds et de l’organisation en rupture avec l’héritage des *friendly societies*. Cette politique de sécurité sociale s’articule à la politique économique keynésienne de plein-emploi qui fait du chômage un risque majeur. L’État-providence et régulateur de l’activité économique est désormais consensuel et perçu comme le seul moyen de faire société.

Le plan Beveridge trouve une application au Royaume-Uni dans cinq grandes lois mises en place par les travaillistes. Avec le National Health Service en 1945, un système de santé très complet est instauré, financé par l’impôt et fournissant à chacun des services médicaux gratuits. Une nouvelle loi sur les accidents du travail et une loi sur l’assistance en 1948 remplacent celles de 1897 et 1908. La loi sur les allocations familiales (1945) institue le premier régime d’allocations familiales qui s’applique à toute famille à partir de 2 enfants. En 1946, la loi sur l’assurance nationale unifie tous les régimes existants, confiés désormais à un ministère de l’Assurance maladie. Sans cotisation préalable, tous les citoyens accèdent donc aux soins. Les montants des pensions et des indemnités chômage ne dépendent pas des salaires antérieurs. Après 1945, au Danemark, en Irlande, en Norvège, en Suède, en Finlande, le rapport Beveridge sert de base aux systèmes de protection sociale qui se mettent en place.

L'auteur du projet français de sécurité sociale est Pierre Laroque, nommé en septembre 1944 à la tête de la nouvelle Direction générale des assurances sociales. En mars 1944, le Conseil national de la Résistance (CNR) adopte à l'unanimité le programme décisif « d'un plan complet de sécurité sociale visant à assurer à tous les citoyens des moyens d'existence dans tous les cas où ils ne sont pas capables de se les procurer par le travail, avec une gestion appartenant aux représentants des intéressés et de l'État ». L'objectif de P. Laroque est de mettre en place un système unique, s'appliquant à tous les travailleurs, tout en restant fidèle à la tradition française de la mutualité. Le choix de l'assurance sociale néanmoins conduit à la couverture des seuls travailleurs cotisant à une caisse. L'ordonnance du 4 octobre 1945 confie la gestion aux intéressés sur la base des principes mutualistes. Un système étatique à l'anglaise a été écarté. La loi du 22 mai 1946 institue la sécurité sociale pour l'ensemble des Français. Les cotisations sont versées auprès d'une caisse primaire départementale de manière paritaire par les employeurs et les salariés (maladie, vieillesse) et par le seul employeur pour les accidents du travail et la famille. La Caisse nationale assure la solidarité entre les régions et les professions. La Sécurité sociale couvre les risques maladie, invalidité, vieillesse, accidents du travail. L'assuré n'a pas le choix de sa caisse, mais il peut choisir son médecin et son hôpital. En mai 1946, le système est étendu aux non-salariés et, en août 1946, les prestations sont élargies (allocations prénatales, primes à la première naissance). Les dépenses de sécurité sociale représentent 8,1 % du PIB en 1947. La forte ambition de cet ensemble contraste avec la timidité jusque-là de la législation sociale française. Le système français apparaît ainsi comme poursuivant des buts beveridgiens (universalité) avec des moyens bismarckiens (assurances couvrant les travailleurs) selon B. Palier (*Gouverner la Sécurité sociale*, 2002).

Dès l'automne 1946 pourtant, la Sécurité sociale se heurte à une opposition du patronat, de la mutualité et des compagnies d'assurance. L'unité du système est contestée. La loi du 21 février 1949 consacre ainsi l'autonomie des caisses d'allocations familiales (qui étaient gérées jusque-là par le patronat). Les professions déjà protégées imposent le maintien de leurs propres régimes : agriculteurs, commerçants, mineurs, artisans, cheminots, marins, militaires, etc. Salariés et exploitants agricoles obtiennent l'autonomie et la prise en charge de l'ensemble des risques par la Mutualité sociale agricole (MSA). Dès mars 1947, la négociation de l'AGIRC (Association générale des institutions de retraites des cadres) a permis les retraites complémentaires pour les cadres. Enfin, en 1953, 25,3 % des Français ne bénéficient toujours pas de la Sécurité sociale.

En Allemagne, l'« économie sociale de marché » fait l'objet d'un consensus après la guerre, aussi bien pour son principal artisan, L. Erhard de la CDU, que pour les socialistes qui rompent avec le marxisme au congrès de Bad Godesberg, en 1959. L'économie de marché est productive, source de croissance, elle fournit le carburant à une politique de redistribution qui peut se faire en conséquence de plus en plus généreuse. L'intervention de l'État est limitée à la mise en place d'un cadre favorable : c'est un ordolibéralisme. Les assurances sociales bismarckiennes sont rétablies. La réforme Adenauer de 1957 vise à rapprocher le plus possible la pension de retraite et celle d'invalidité du pouvoir d'achat obtenu pendant la vie active. Il s'agit de maintenir le statut de l'ancien actif mais aussi, à l'encontre du schéma égalitaire anglais, d'accepter le maintien des inégalités de revenus après redistribution. La pension s'élève alors à 60 % du revenu d'activité et est indexée sur l'inflation. À partir de 1961, un droit de tous à l'assistance est reconnu. Les ambitions allemandes sont donc celles d'un État-providence riche où les transferts sociaux sont rendus possibles par l'efficacité économique.

Développement de l'État-providence et développement économique

L'État-providence qui se met en place à l'échelle européenne à partir de 1945-1946 a changé de nature et de fonction. Son but était encore dans l'entre-deux-guerres celui de l'assistance, d'un rééquilibrage précaire des dysfonctionnements sociaux les plus voyants, dans un souci politique qui consistait à neutraliser les luttes de classes à l'heure du développement de la grande industrie. Sans perdre totalement cette fonction politique, l'État-providence d'après-guerre joue un rôle beaucoup plus vaste qui lui est assigné par la réflexion critique sur la grande crise des années 1930. Cette dernière a montré qu'une couverture très insuffisante des risques sociaux se traduit par une véritable spirale déflationniste qui risque d'emporter l'économie libérale elle-même. Après 1945, les dépenses sociales de l'État-providence apparaissent comme un soutien à la fois pour la demande et pour l'offre en contribuant à la hausse de la productivité du travail. Le progrès économique ne nécessite plus le sacrifice du progrès social, mais au contraire s'en nourrit.

La forte croissance économique au cours des Trente Glorieuses a permis un élargissement très rapide de la couverture sociale. Depuis 1974, 99,5 % des Français sont couverts par la Sécurité sociale. En Allemagne, depuis l'intégration des revenus les plus élevés dans le système en 1970, 99 % des Allemands sont couverts. La couverture ne concerne plus seulement la maladie et la vieillesse, mais l'ensemble des risques. L'indemnisation du chômage, déjà acquise en Angleterre et en Allemagne, a aussi été instaurée en France en décembre 1958 : l'UNEDIC (Union nationale interprofessionnelle pour l'emploi dans l'industrie et le commerce) est financée par les cotisations sur les salaires et des subventions de l'État. Dans tous les pays européens, des régimes de retraite complémentaire ont gommé partiellement la différence de niveau de vie entre la période d'activité et celle de la retraite.

Cette volonté d'améliorer les prestations a conduit à une renaissance des mutuelles, mais surtout à une intervention croissante de l'État. La liberté contractuelle qui avait présidé au développement de la mutualité a régressé au profit d'une « société assurantielle » contrôlée par l'État. La priorité est devenue l'éradication du risque. La présence des représentants des assurés dans les organismes de sécurité sociale a été pratiquement garantie dans l'ensemble des pays européens, mais elle n'a pas empêché une bureaucratisation progressive des institutions et un déplacement de la responsabilité et de la direction du système vers l'État. En France, l'État tente d'imposer une plus grande homogénéité, notamment des régimes de retraite.

La protection sociale a sorti les classes populaires de la grande vulnérabilité face aux risques sociaux qu'elles connaissaient au XIXe siècle, les rapprochant dans leur condition du reste de la société. L'État-providence contribue fortement non à réduire les inégalités de revenus par exemple, mais à produire une société de semblables (R. Castel, *Les Métamorphoses de la question sociale*, 1995). En France, la solidarité est renforcée par la politique familiale qui s'appuie certes sur des allocations mais aussi sur des réductions d'impôts accordées aux familles (le quotient familial), des politiques d'aides à l'enfance (dont les crèches), des aides au logement, etc. Attribuée non pas en fonction de l'intégration professionnelle mais du fait de la résidence sur le territoire national, cette aide favorise l'intégration à la communauté nationale.

La redistribution verticale reste par ailleurs limitée. Dans la plupart des pays européens, les prélèvements ne sont pas progressifs avec le revenu et le taux de cotisation décroît même au-dessus d'un revenu plafond. De plus, dans les États-providence bismarckiens (Allemagne, France dans une moindre mesure) bien davantage que dans les États-providence beveridgiens (Royaume-Uni, mais surtout social-démocraties d'Europe du Nord), l'effort se traduit par des prestations en espèces plutôt que par des services collectifs gratuits ou quasi gratuits (école, hôpital, etc.).

Le système de retraite français reproduit les inégalités de revenu de l'âge actif, voire les accentue si l'on tient compte de l'espérance de vie. L'aide sociale aux personnes âgées a eu beaucoup de mal à s'imposer, à l'instar du minimum vieillesse (1956). Jusqu'à la fin des années 1970, le minimum vieillesse ne dépasse pas 50 % du SMIC. Malgré la croissance des Trente Glorieuses, les politiques d'assistance sont restées nécessaires car la pauvreté touche entre 5 et 10 % de la population.

Les voies nationales de l'État-providence

Aux États-Unis, si la politique économique conjoncturelle est traditionnellement très réactive depuis les années 1960 (régulation), l'État-providence y est résiduel comparativement aux États-providence qui se sont développés en Europe après la Seconde Guerre mondiale. Les régimes d'entreprises de protection sociale ont recours aux assurances privées et l'intervention de l'État est cantonnée à l'assistance.

Selon R. Titmuss (*Social Policy*, 1974), on peut distinguer le modèle résiduel américain du modèle institutionnel redistributif européen. Dans le modèle résiduel, la politique sociale intervient en dernière instance quand les solidarités primaires (réseau familial, communautaire ou corporatif) ou le marché font défaut. Les prestations sociales s'adressent uniquement aux pauvres, à ceux qui ne peuvent se prendre en charge eux-mêmes et pour un temps limité. Dans le modèle institutionnel, l'État doit assurer à chacun la possibilité de se réaliser. L'État fournit des services que le marché ne parvient pas à fournir, mais différenciés selon les classes sociales.

Selon F.-X. Merrien (*L'État social. Une perspective internationale*, 2005), l'État-providence est certes la grande réalisation européenne du XXe siècle, mais sa généalogie est triple : le concept français d'État-providence, la notion allemande d'État social (*Sozialstaat*) et la notion britannique de *welfare state*. G. Esping-Andersen (*Les Trois Mondes de l'État-providence*, 1990) retient de son côté trois « mondes » d'État-providence : le monde libéral (le marché reste le principe central d'organisation de la société), le monde conservateur-corporatiste (l'État se substitue au marché en s'appuyant sur le statut du travail salarié et la famille) et le monde social-démocrate (l'État se substitue au marché en s'appuyant sur la citoyenneté).

La notion de « monde d'État-providence » signifie un ensemble d'arrangements institutionnels stables entre marché, État et sphère privée. Ainsi, chaque monde peut être identifié par un degré de dé-marchandisation, c'est-à-dire « le degré jusque auquel les individus ou les familles peuvent soutenir un niveau de vie socialement acceptable indépendamment d'une participation au marché » (G. Esping-Andersen), et par des relations stables entre l'État, le marché et la famille. Le modèle continental-conservateur reflète tant la mobilisation de gauche que l'influence catholique et la redistribution est faible. En revanche, le modèle libéral accorde un rôle principal aux mécanismes de marché – assurances privées –, limitant sa protection aux plus faibles tout en les stigmatisant d'être assistés. Enfin, le modèle social-démocrate est un système beveridgien généreux universaliste à la redistribution assumée. Un quatrième monde d'État-providence peut être identifié selon Stephan Leibfried (1992) dans l'Europe du Sud. Il est à mi-chemin entre les modèles bismarckien et beveridgien, mais les solidarités familiale et communautaire, notamment religieuse (l'Église), jouent un rôle beaucoup plus important du fait de l'économie informelle et de la très faible dé-familialisation pour les femmes (il est difficile pour la femme de ne pas être épouse et mère au foyer).

Si la France comme l'Allemagne appartiennent au monde des États-providence conservateurs, il y a pourtant des différences nettes entre les deux pays. La France a un modèle plus égalitariste, reconnaissant le travail des femmes, la prise en charge publique des jeunes enfants, alors que l'Allemagne défend un modèle familial traditionnel et privatise l'éducation des enfants. En Allemagne et en Europe du Sud, la division traditionnelle des tâches règne, « l'homme gagne le pain de la famille » (*male breadwinner*). Cette tradition explique la faible participation des femmes au marché du travail, la nature de leur travail lorsqu'elles travaillent (temps partiel), le manque de crèches, l'insuffisance de la protection de la maternité et l'inégalité face à la sécurité sociale. À l'opposé, en Suède par exemple, les femmes sont incitées à l'emploi par une fiscalité séparée, des congés parentaux et un grand nombre de crèches. La France est, de ce point de vue, plus proche de la Suède que de l'Allemagne.

Les systèmes de santé et de retraite diffèrent au sein de l'Europe de l'État-providence. Le financement des régimes de santé est contrasté. La fiscalisation domine au Danemark, en Irlande, au Royaume-Uni, mais moins en Allemagne et en France où les cotisations sociales assurent l'essentiel du financement. La part laissée à la charge du citoyen britannique représente 10 % des frais médicaux, mais 15 % pour l'Allemand et 20 % pour le Français (hors mutuelles). En France, en Belgique et au Luxembourg, les patients sont remboursés malgré un ticket modérateur (fixé à 20 % en 1945 en France par exemple) mais il y a libre choix du médecin. À l'inverse, dans d'autres pays d'Europe, la médecine est gratuite, le généraliste est salarié, mais les patients doivent s'inscrire alors à l'année auprès d'un seul généraliste. Le libéralisme à la française (celui de choisir son médecin, de rémunérer le médecin à l'acte, la liberté d'installation et de prescription) se révèle plus coûteux sans apporter de meilleurs résultats médicaux.

Les régimes de retraite peuvent retenir le versement de pensions uniformes (Royaume-Uni, Danemark) ou proportionnelles aux revenus antérieurs (France, Allemagne). La pension publique forfaitaire au Royaume-Uni étant faible, elle s'accompagne pour la moitié des salariés d'un complément (20 % du salaire) versé par l'entreprise et au-delà repose largement sur des fonds de pension alimentés par les entreprises et l'assurance individuelle financée par l'épargne. En fait, employeurs et salariés peuvent même s'affranchir du système officiel de cotisation pour y substituer des fonds de pension privés basés sur la capitalisation et alimentés par des contributions défiscalisées. La moitié des Britanniques en bénéficient à la fin des années 1970. Les syndicats ont accepté cette solution de capitalisation qui compense selon eux la faiblesse des pensions versées par l'État. Le système est mixte (répartition/capitalisation) dans les pays d'Europe du Nord et en Allemagne. La Sécurité sociale verse environ 50 % du salaire moyen au salarié qui atteint 65 ans. Un complément, versé par les entreprises qui organisent leur système de prévoyance, permet au salarié d'atteindre les deux tiers de son salaire net d'actif. Dans les pays d'Europe latine (France, Espagne, Italie, Portugal), les retraites reposent en revanche totalement sur la répartition. Les retraites de base et complémentaires sont entièrement financées par les cotisations sur le travail et gérées par les partenaires sociaux. Au total, l'addition des différentes retraites permet de percevoir les deux tiers de son salaire net d'actif.

B. L'État-providence en question depuis les années 1980

Face à la triple crise de l'État-providence (P. Rosanvallon, *La Crise de l'*État-*providence*, 1981), les propositions anglo-saxonnes radicales d'un retour à l'État-gendarme ont été évitées en Europe depuis les années 1980. Néanmoins, le tournant récent des politiques d'activation est ambigu.

La crise financière de l'État-providence

La croissance des dépenses sociales dans les années 1970 (+ 90 %) et au début des années 1980 (+ 24 %) en Europe continentale s'explique par des hausses de prestations sociales en faveur des catégories sociales les plus touchées par la crise économique (ouvriers de l'industrie au chômage, familles monoparentales, chômeurs de longue durée). L'effet ciseau de la hausse des dépenses et de la stagnation des recettes induite par le ralentissement économique a été accentué jusqu'à la fin des années 1980 par le fait que beaucoup de gouvernements ont fait sortir des chômeurs de la population active par des dispositifs de préretraite ou de pensions d'invalidité, mettant en œuvre ce qu'Esping-Andersen a appelé une « protection sociale sans travail » (*Welfare States in Transition*, 1996). Des hausses de cotisations sont intervenues sur la même période pour compenser l'augmentation des dépenses.

Cependant, le financement et l'avenir de l'État-providence ne sont pas seulement hypothéqués par la crise économique. Les problèmes de financement de l'assurance vieillesse sont aussi croissants avec la hausse de l'espérance de vie et des droits des actifs prenant leur retraite. Le vieillissement démographique va en effet s'accélérer d'ici à 2035 du fait du départ à la retraite des générations nombreuses du baby-boom. Ce choc démographique massif constitue une « nouvelle transition démographique » en France comme en Europe. Il signifie la hausse rapide du ratio de dépendance des personnes âgées, mesuré par le quotient des plus de 65 ans aux 15-64 ans, et par conséquent la mise en péril du financement des systèmes de retraite et de la protection sociale. En conséquence, les réformes des systèmes de retraite se multiplient.

S'y ajoute le problème de financement de l'assurance maladie. Certes, là encore, le vieillissement pèse sur les dépenses de santé. La France est le 4e pays du monde pour les dépenses de santé. Celles-ci représentent 11,2% du PIB en 2018, comme en Allemagne, mais loin derrière les États-Unis (16,9 %) et la Suisse (12,2 %). En effet, les dépenses de santé augmentent avec l'âge : les dépenses de soins sont de 2 à 2,5 fois supérieures entre 60 et 80 ans, et de plus de 3,5 fois au-delà, à ce qu'elles sont entre 40 et 50 ans. Néanmoins, l'évolution du poids des dépenses de santé dans le PIB dépend de bien d'autres facteurs que du vieillissement démographique. Il s'agit d'abord de l'évolution de la richesse nationale, des prix relatifs des soins et produits de santé, du progrès technique, notamment en ce qu'il étend l'offre de soins ; mais aussi, bien sûr, des modes de régulation du système et de l'effet à long terme des réformes.

Dans ce contexte, on assiste en Europe à une combinaison, variable selon les pays, de hausse du coût des dispositifs sociaux et par conséquent des cotisations et des impôts qui les financent, de réductions des prestations et de hausse des déficits et de l'endettement.

La contestation croissante de l'État-providence dans les années 1980 et 1990

Sous la pression des exemples anglo-saxons, le compromis social-démocrate de Keynes-Beveridge a été progressivement remis en cause. M. Thatcher au Royaume-Uni et R. Reagan aux États-Unis ont opéré dans les années 1980 une révolution conservatrice qui a considéré la protection sociale comme une cause de la crise économique.

Les néolibéraux des années 1970, à commencer par M. Friedman, souhaitent limiter fortement l'action de l'État et soulignent l'excessive réglementation de l'économie de marché. À l'occasion de l'échec des remèdes keynésiens à sortir de la crise de 1973, ils parviennent à faire entendre l'idée que la crise n'est plus celle de l'économie de marché comme en 1929, mais celle de l'État-providence. Ainsi, Laffer explique que « trop d'impôt tue l'impôt » et défend le retour au capitalisme par le retour à l'État minimum. L'État-providence doit être ramené à une assistance minimale alors que les assurances privées prendraient davantage en charge les risques sociaux pour les classes moyennes pouvant payer.

Les nouveaux dispositifs introduits à partir du milieu des années 1980 retiennent des actions ciblées et tendent à invoquer des responsabilités individuelles, par exemple liées à l'accoutumance au chômage et à la dépendance par rapport à l'aide publique. La réduction de la générosité de l'indemnisation de l'inactivité est perçue comme nécessaire pour favoriser l'intégration par le travail. Le *workfare* vise pour l'essentiel à réduire la part des budgets sociaux par la baisse de la solidarité et l'instauration de fortes incitations à l'activité quelles qu'elles soient. C'est une remarchandisation de la relation salariale. Le *workfare* doit succéder au *welfare*.

Les responsables de la vie économique et politique en Europe ont écarté dans les années 1980 ces stratégies de rupture anglo-saxonnes. Les droites ont certes critiqué l'État-providence mais, arrivées au pouvoir, n'ont que peu réformé. À partir des années 1990 néanmoins, le contexte change. Sous l'effet de la récession économique de 1993 qui augmente le besoin de financement de la protection sociale et des contraintes européennes liées au nécessaire respect des critères de Maastricht, les pays d'Europe continentale optent désormais pour un recul de la protection sociale : en France par exemple, de nouvelles conventions médicales sont signées, l'allocation unique dégressive de chômage est mise en place en 1992 et le mode de calcul des retraites est modifié en 1993. En Allemagne, les lois Blum de 1989 et Seehofer de 1993 ont redéfini les mécanismes de contrôle des médecins, des hôpitaux et des médicaments. Le recul progressif des « acquis sociaux » touche l'ensemble des assurances sociales.

Il demeure que l'objectif annoncé de ces réformes de *retrenchment* (B. Palier, « La politique des réformes dans les États-providence bismarckiens », dans *Réformes de la protection sociale en Europe*, 2006) est la consolidation financière du système et non son démantèlement, et il passe par la plus grande contributivité des prestations, c'est-à-dire que les prestations sont de plus étroitement déterminées par les cotisations qui ont été versées. L'État obtient d'ailleurs souvent l'accord des partenaires sociaux en proposant de financer en contrepartie par l'impôt les prestations non contributives (les minima sociaux, comme l'allocation spécifique de solidarité pour les chômeurs de longue durée en fin de droits et âgés de plus de 50 ans). Ainsi ces changements ont aussi pu être perçus comme préservant les assurances sociales.

La crise d'efficacité et de légitimité de l'État-providence

Depuis les années 1990, le discours est devenu de plus en plus critique à l'encontre des assurances sociales. On les accuse d'aggraver les difficultés économiques, sociales et politiques : la contributivité de la plupart des prestations sociales renforcerait l'exclusion sociale puisque, à défaut d'avoir cotisé ou suffisamment cotisé, des personnes n'accèdent pas à la protection sociale ; le poids des cotisations sociales rejaillirait sur le coût du travail et la compétitivité, la gestion par les partenaires sociaux empêcherait l'État de contrôler les dépenses et de mettre en œuvre les réformes nécessaires.

Face à la nouvelle pauvreté et aux nouveaux problèmes sociaux, le chômage de longue durée d'exclusion et l'augmentation du nombre de familles monoparentales notamment, l'État en France met ainsi en place de nouvelles prestations ciblées financées par l'impôt. Le financement de la Sécurité sociale est modifié par la politique de baisse des cotisations sociales sur les bas salaires menée à partir de 1993 et par le basculement du financement des prestations non contributives sur la CSG, donc sur les ménages et sur tous les revenus et pas seulement les salaires. Créée en 1990, la CSG est ainsi passée de 1,1 % à son instauration à 9,2 % en 2020 de l'ensemble des revenus des ménages, devenant l'impôt direct le plus important, devant l'impôt sur le revenu. De nos jours, la CSG représente quasiment 20 % du financement de la Sécurité sociale. Le Parlement a obtenu un rôle important dans la gestion de l'assurance maladie avec le vote d'un Objectif annuel national des dépenses d'assurance maladie (ONDAM) depuis 1996. La crise de légitimité mise en évidence par P. Rosanvallon (*op. cit.*, 1981) s'approfondit : si le développement de la protection sociale depuis 1945 n'a pas été porté par les mouvements sociaux mais décidé par l'État, il en est désormais de même s'agissant de la réduction de la protection sociale.

Le consentement au financement de l'État-providence a fortement diminué depuis les années 1990. Certes, la cotisation sociale est traditionnellement perçue comme plus légitime que l'impôt car elle obéit à une logique assurantielle dans laquelle son montant est la contrepartie objectivement calculée du risque pris en charge. Cependant, dans les systèmes bismarckiens, les cotisations sont proportionnelles au salaire et non au risque. De plus, la perception de la justice du système assurantiel a évolué à mesure que celui-ci prenait en charge des situations non seulement objectives, mais également susceptibles d'être occasionnées par des comportements. Le chômeur est certes sans emploi, mais fait-il tous les efforts pour en retrouver un ? L'objectivité des risques a de plus elle-même changé de nature. Les comportements à risque – tabac, alcool, surpoids, etc. – sont bien plus qu'avant désignés dans l'explication de la réalisation de risques de santé. Or, plus la perception du rôle du comportement est forte et moins le système assurantiel apparaît légitime. Pour conserver l'État-providence, il faut alors redresser les comportements. À défaut, la contestation des prélèvements sociaux se fait de plus en plus forte (P. Rosanvallon, *La Nouvelle Question sociale*, 1995).

L'activation des politiques sociales depuis les années 2000

La crise d'efficacité et de légitimité de l'État-providence nécessiterait sa refondation. Les dispositifs de protection sociale sont toujours tournés vers le maintien du niveau des retraites et la compensation de la perte de revenu des chômeurs tandis que les sources majeures d'inégalités concernent, depuis la fin des années 1980, l'exclusion sociale par le chômage de longue durée, l'opposition entre le travail manuel et intellectuel et l'accès aux postes à responsabilité. Ces nouvelles inégalités peuvent être des freins à l'efficacité économique dynamique : perte d'expérience professionnelle, désocialisation des chômeurs de longue durée et lenteur du processus de modernisation productive. Le lien entre justice sociale et efficacité économique demanderait ainsi davantage à être reconfiguré qu'à être abandonné.

Dans cette perspective, les politiques sociales actives visent à rechercher d'autres moyens pour relever les défis collectifs que le seul recours aux impôts et aux transferts publics. Pour l'OCDE (*Accroître les chances de chacun. Pour une politique sociale active au bénéfice de tous*, 2005), la politique sociale active consiste à renoncer à l'ancienne approche fondée sur l'indemnisation pour mettre « l'accent sur l'investissement dans les individus pour qu'ils soient le plus à même de devenir des membres autonomes de la société qui subviennent à leurs propres besoins ». Elle introduit dans les dispositifs de solidarité des mesures d'activation et de responsabilisation individuelle.

Depuis le début des années 2000, une nouvelle vague de réformes a ainsi été engagée en Europe continentale. Les gouvernements ont mis en place des politiques d'activation visant à favoriser le retour à l'emploi des chômeurs et des inactifs (l'intéressement du RMI puis le RSA en juin 2009 en France par exemple), et des politiques de réduction de la couverture sociale maladie renvoyant les citoyens vers les assurances privées pour les responsabiliser. De même, les systèmes de retraite par répartition sont rendus moins généreux pour laisser davantage de place à la prévoyance individuelle par le recours à l'épargne et aux régimes par capitalisation (par exemple les PERP et PERCO créés en 2003 pèsent respectivement 14 milliards d'euros d'encours pour 2,3 millions de PERP et 13 milliards d'euros d'encours pour 2,2 millions de PERCO fin 2015 selon la Fédération française de l'assurance).

Ces politiques d'activation s'inscrivent en référence au modèle du *workfare* anglo-américain dominant depuis les années 1990. Cependant, elles peuvent trouver dans la flexisécurité danoise une alternative avantageuse, qui améliore par exemple l'efficacité des politiques de l'emploi sans comprimer excessivement la part des dépenses de solidarité collective. Le Danemark est en effet largement ouvert à la concurrence internationale, mais la fiscalité et les cotisations sociales y absorbent près de la moitié du PIB, l'indemnisation du chômage atteint 90 % du salaire pour les chômeurs les plus défavorisés pendant quatre ans, le taux de syndicalisation est de 80 % et l'emploi public représente un tiers de l'emploi total. Pourtant, le taux d'emploi y est un des plus élevés du monde, le chômage faible, le niveau de vie proche de celui des États-Unis et la croissance économique dans la moyenne des économies de l'OCDE. C'est la complémentarité institutionnelle du triangle d'or danois : flexibilité quantitative de l'emploi, indemnisation généreuse assurant la sécurité du revenu et politique active de l'emploi passant par la formation. Cette configuration institutionnelle a l'avantage d'une grande réactivité, donc de favoriser une croissance schumpétérienne dont les gains de productivité sont répartis ensuite entre les acteurs (entreprises, salariés et État). De fait, avec cette flexisécurité, la solidarité est maintenue par des dispositifs collectifs et non pas marchands.

Le cercle vertueux entre solidarité sociale et progrès économique qui caractérisait les Trente Glorieuses a disparu. La cohésion sociale ne va plus de soi, comme lorsque le progrès de la productivité obtenu au prix d'une spécialisation croissante des tâches industrielles suffisait à accroître la solidarité. Elle devient au contraire le résultat d'une mobilisation politique de la société civile face à l'ensemble des risques qu'elle encourt. L'État n'est plus le garant du progrès, mais celui qui met en place des incitations. Il est devenu un animateur : c'est un État qui « rend capable » chacun d'entrer dans le jeu de la compétition économique (J. Donzelot, « Un État qui rend capable », dans S. Paugam (dir.), *Repenser la solidarité. L'apport des sciences sociales*, 2007).

Ces réformes institutionnelles conduisent au passage d'États-providence bismarckiens préservant le revenu et le statut à des systèmes destinés à favoriser l'emploi et la compétitivité. À cette occasion, les assurances sociales n'ont pas disparu, mais un « deuxième monde » d'assistance sociale s'est constitué à leurs côtés : séparer assurance et solidarité implique en effet que les assurances sociales ne doivent plus être solidaires. Ces réformes ont toutes contribué à dualiser le système français de protection sociale selon B. Palier. Cette dualisation est triple. Tout d'abord, elle sépare ceux qui relèvent de l'assurance (car ayant suffisamment contribué pour bénéficier des prestations d'assurance sociale) et les autres, ceux qui relèvent de la solidarité. Ensuite, les dispositifs publics de protection sociale diminuent et la part prise par les organismes privés est croissante. Enfin, les secteurs relevant toujours principalement des assurances sociales (retraites et chômage, même s'ils intègrent des prestations sous condition de ressources destinées aux plus démunis) sont de plus en plus distincts des secteurs relevant davantage d'une logique non contributive, financée par l'impôt et servant des prestations forfaitaires (santé et famille, politiques sociales de l'État – nationales, départementales et communales). Ce processus de dualisation ne touche pas que la France, mais aussi l'Allemagne et les pays d'Europe du Sud.

Cette dualisation pose problème. En effet, l'opinion est attachée à la protection sociale, et même si les citoyens reconnaissent son coût élevé, très peu envisagent une remise en question de la couverture des risques sociaux, et ce pour une raison fondamentale : l'État-providence, beaucoup plus qu'un simple mécanisme de protection sociale, est devenu la condition nécessaire de la citoyenneté. Son invention a permis de dépasser la question sociale du XIXe siècle. Dans les termes de R. Castel, si la propriété privée est l'apanage de quelques-uns, la propriété sociale est en revanche commune à tous. La démocratie libérale devient alors possible.

Enfin, Éloi Laurent défend même « le bel avenir de l'État-providence » dans un ouvrage éponyme (2014). Il pointe tout d'abord de « fausses accusations » à l'encontre de l'État-Providence. D'une part, ce dernier ne bride pas le dynamisme économique et il n'écrase pas de ses insupportables charges la création de richesse et l'innovation puisqu'il favorise la prise de risque, développe les capacités humaines et maintient la cohésion sociale. D'autre part, l'État-providence n'est pas insoutenable financièrement puisqu'il n'a jamais provoqué la moindre crise économique et que son coût est ridiculement faible en termes de frais de gestion par rapport à une multitude d'assurances privées, grâce aux économies d'échelle qu'il permet, tout en étant extrêmement rémunérateur en stabilisant les revenus en cas de crise (il a ainsi divisé par quatre les effets de la crise de 2008 pour les ménages européens). Le rôle de l'État-providence doit ensuite être étendu selon É. Laurent car « la nature du risque (et de l'assurance) a changé depuis la fin du XIXe siècle et l'après-Seconde Guerre mondiale : le risque n'est plus seulement social, il est devenu social-écologique ». Alors que les inégalités sociales et les inégalités écologiques se renforcent, il faut effectuer « la transition de l'écologie qui accuse à l'écologie qui protège » en créant une nouvelle branche « vulnérabilité écologique » de la Sécurité sociale et en développant des politiques de santé environnementale : le rôle des facteurs environnementaux (pollution…) dans le développement des maladies chroniques (diabètes, cancers…) est en effet avéré et davantage de dépenses de prévention dans ce domaine permettraient d'économiser beaucoup sur celles de la santé.

1834 Loi sur les pauvres en Angleterre.

1883, 1884 et 1889 Lois sur les assurances sociales allemandes (maladie, accident du travail et vieillesse).

1898 Loi sur les accidents du travail en France.

1908 Assistance vieillesse en Angleterre (*Old Age Pension Acts*).

1910 Loi sur les retraites ouvrières en France.

1911 Assistance maladie et chômage en Angleterre (*National Insurance Act*).

1925 Assurance vieillesse en Angleterre.

1928, 1930 et 1932 Assurances maladie et maternité et allocations familiales en France.

1938 Salaire minimum aux États-Unis.

1942 Rapport Beveridge en Angleterre.

1945 Instauration du National Health Service en Angleterre.

1946 Instauration de la Sécurité sociale en France.

1956 Instauration du minimum vieillesse en France.

1958 Indemnisation du chômage en France (naissance des ASSEDIC).

1970 Création du SMIC en France.

1988 Mise en place du RMI en France.

1992 Allocation unique dégressive de chômage en France.

1993 Réforme de l'assurance vieillesse en France.

1996 Instauration de l'Objectif national des dépenses d'assurance maladie (ONDAM) en France.

2000 Loi sur la parité en France.

2001 Remplacement de l'allocation unique dégressive par l'allocation de retour à l'emploi (non dégressive mais liée à la durée de cotisation précédente et limitée à 24 mois) en France.

2009 Instauration du RSA en France.

2013 Loi sur le mariage « pour tous » en France.

2016 Loi travail en France.

2018 Transformation de l'ISF en IFI (impôt sur la fortune immobilière) en France.

2019-2020 Réformes de l'assurance-chômage et des retraites en France.

BIBLIOGRAPHIE

- **Atkinson (A. B.)**, *Inégalités*, Seuil, 2016.
- **Biasutti (J.-P)., Braquet (L.)**, *Comprendre les inégalités*, Bréal, coll. « Thèmes & Débats », 2016.
- **Calvès (G.)**, *La discrimination positive*, PUF, coll. « Que Sais-Je ? », 4e édition, 2016.
- **Démier (F.)**, *Histoire des politiques sociales*, Seuil, 1996.
- **Esping-Andersen (G.)**, *Les Trois Mondes de l'État-providence*, PUF, 1990, trad. 2007.
- **Fleutot (D.)**, *Les États-providence*, Bréal, coll. « Thèmes & Débats », 2017.
- **Fraser (N.)**, *Qu'est-ce que la justice sociale ? Reconnaissance et redistribution*, 1997, La Découverte, 2011.
- **Gazier (B.), Palier (B.), Périvier (H.)**, *Refonder le système de protection sociale*, Presses de Sciences Po, 2014.
- **Guéguen (H.), Malochet (G.)**, *Les Théories de la reconnaissance*, La Découverte, coll. « Repères », 2e éd., 2017.
- **INSEE**, *France, portrait social*, 2019.
- **Kymlicka (W.)**, *Les Théories de la justice. Une introduction*, 1990, La Découverte, 2003.
- **Lahire (B.)** (dir.), *Enfances de classes*, Seuil, 2019.
- **Merrien (F.-X.), Parchet (R.), Kernen (A.)**, *L'État social. Une perspective internationale*, Armand Colin, coll. « U Sciences Po », 2005.
- **Palier (B.)**, *La Réforme des systèmes de santé*, PUF, coll. « Que Sais-Je ? », 8e édition, 2017.
- **Palier (B.)**, *La Réforme des retraites*, PUF, coll. « Que Sais-Je ? », 5e édition, 2014.
- **Paugam (S.)** (dir.), *Repenser la solidarité. L'apport des sciences sociales*, PUF, coll. « Le lien social », 2007.
- **Piketty (T.)**, *L'Économie des inégalités*, La Découverte, coll. « Repères », 7e édition, 2015.
- **Piketty (T.)**, *Le Capital au XXIe siècle*, Seuil, 2013.
- **Piketty (T.)**, *Capital et idéologie*, Seuil, 2020.
- **Rosanvallon (P.)**, *La Société des égaux*, Points, coll. « Points Essais », 2013.
- **Rosanvallon (P.)**, *La Crise de l'État-providence*, Seuil, 1981.
- « Inégalités économiques, inégalités sociales », *Cahiers français* n° 355, 2009.
- « La protection sociale : quels débats ? Quelles réformes ? », *Cahiers français* n° 358, 2010.

- « Justice sociale et action publique. Des principes à leur mise en œuvre », *Problèmes politiques et sociaux* n° 949-950, juin-juillet 2008.
- « Les inégalités », *Cahiers français* n° 386, avril 2015.
- « Pauvreté et vulnérabilité sociale », *Cahiers français* n° 390, janvier 2016.

Méthodologie

Les épreuves d'ESHMC aux concours des écoles de commerce et de management

1 Méthodologie de la dissertation d'économie, sociologie et histoire du monde contemporain

A. Les caractéristiques de la dissertation

La dissertation d'ESHMC obéit aux canons classiques de la dissertation telle qu'elle est traditionnellement présente dans la plupart des concours en France. Il s'agit de présenter une argumentation, s'appuyant sur une structure solide et visant à construire une démonstration, tout en utilisant les éclairages apportés par les trois disciplines constitutives de l'enseignement : l'économie, la sociologie et l'histoire. C'est un exercice difficile, qui ne s'improvise pas, et qui n'est pas non plus « inné ». On peut apprendre à faire une dissertation, comme on apprend à résoudre des équations. Les qualités littéraires sont évidemment utiles, mais l'essentiel de la dissertation réside dans la construction d'un plan, dans la logique et l'équilibre de la démonstration réalisée, dans la volonté de proposer une réponse à la question posée.

B. Les banques d'épreuves et leurs spécificités

Les concours des écoles de management sont organisés autour de deux banques d'épreuves, ECRICOME d'un côté, Banque commune d'épreuves (BCE) de l'autre, dans lesquelles les écoles puisent pour composer leur concours.

Les écoles de la banque ECRICOME réalisent un concours commun et il y a donc une épreuve d'ESHMC chaque année, avec deux sujets au choix, portant habituellement sur des parties différentes des programmes. La liste des sujets (*cf.* p. 1074) proposés les dernières années montre la grande diversité des questions abordées. Ils portent sur le programme des deux années, croisant parfois des éléments de première et de deuxième année.

La **Banque commune d'épreuve** (BCE) propose 3 épreuves d'ESHMC, pilotées respectivement par HEC, l'ESSEC et l'ESCP-SKEMA jusqu'en 2021. Alors que le sujet HEC n'était utilisé que par HEC, celui proposé par l'ESSEC n'était choisi que par l'ESSEC et l'EDHEC et toutes les autres écoles choisissaient le sujet ESCP-SKEMA. À partir du concours 2022, il devrait y avoir une épreuve commune HEC-ESSEC, une épreuve ESCP-SKEMA, et une troisième épreuve pilotée par une ou plusieurs autres écoles. Cela devrait également conduire à une nouvelle répartition des écoles sur les différents sujets. Les caractéristiques précises des épreuves ne sont pas connues (en mai 2021) mais le contenu du programme ayant été modifié, en intégrant les notions « d'économie approfondie » au programme d'ESH, les énoncés des prochaines années pourront intégrer ces notions.

C. Les étapes de la réalisation d'une dissertation

Analyse du sujet et élaboration d'un plan provisoire (15 minutes)

L'analyse du sujet est une période essentielle de la réalisation de la dissertation. Elle se joue dans les premières minutes et conditionne souvent toute la suite du travail. C'est ici que peuvent se faire et s'éviter les contresens, les dérives par rapport au sujet posé, les oublis importants. Une erreur d'interprétation d'un terme, une mauvaise perception du champ temporel ou spatial, peuvent rapidement mener au hors-sujet ou à un traitement partiel de la question posée. Il faut donc consacrer suffisamment de temps à cette étape.

La démarche consiste à étudier précisément tous les termes du sujet posé, à se mettre au clair sur le sens des mots, à repérer l'angle suggéré par le libellé, à en délimiter le champ.

Les sujets posés au cours des dernières années présentent une grande variété de libellés. Beaucoup sont posés sous forme de question :

- Toute destruction est-elle créatrice ? (HEC 2021)
- La mondialisation est-elle irréversible ? (ESSEC, 2018)
- Doit-on considérer que la désindustrialisation constitue un processus inéluctable dans un pays développé ? (ESCP, 2018)
- Les politiques économiques peuvent-elles éviter les crises économiques ? (ECRICOME, 2020)

Dans tous ces sujets une réponse nuancée est attendue, même si la construction simple « oui » - « non » n'est pas toujours la plus appropriée. Si elle s'impose dans des sujets qui commencent par « Dans quelle mesure… », très minoritaires, elle conduit trop souvent à ne pas répondre, à ne pas trancher. Or, les rapports de jurys insistent fortement sur le fait que le candidat doit tenter d'apporter une réponse à la question posée après avoir présenté des arguments variés. Ainsi, il n'y a pas réellement de corrigé-type pour chaque sujet, mais des manières différentes de le traiter en fonction de la problématique choisie, de la réponse apportée, des arguments présentés et de leur hiérarchisation.

D'autres sujets sont posés de façon très neutre, sans donner d'angle de réponse immédiat :

- Un monde sans inflation (ESCP 2021)
- Commerce international et crises économiques : les enseignements de l'histoire. (ECRICOME, 2010)
- La guerre des monnaies. (ESSEC, 2016)
- Protection sociale et croissance depuis le XIXe siècle. (ECRICOME, 2019)

Dans ce cas, le candidat est encore plus libre du traitement qu'il propose. Le choix de l'angle, la problématique, doit alors faire l'objet d'un soin particulier, bien explicité lors de l'introduction du devoir.

Analyser correctement le sujet c'est d'abord bien comprendre et définir les termes utilisés. C'est aussi repérer le sens des verbes : étudier, analyser, expliquer… Beaucoup de sujets sont cependant construits sans verbe, se contentant d'opposer des termes : « Croissance et inégalités » (ESSEC, 2015). Cela laisse toute liberté au candidat pour chercher les implications dans un sens ou dans l'autre, trouver des relations pertinentes qui permettront de construire un plan.

Lors de l'analyse du sujet il faut s'attarder sur les mots employés, se demander si le sujet change de sens lorsqu'on remplace un mot par un autre. Parler de « crises financières » n'a pas le même sens que « crises économiques », « fluctuations » n'a pas la même signification que « crises »… Il faut accorder une attention particulière aux adverbes ou aux adjectifs.

Quelques exemples :

- L'inflation est-elle la meilleure des solutions pour résoudre les crises de la dette publique ? (ESCP, 2012) – Le superlatif « meilleure » donne tout son sens au sujet et invite de ce fait à comparer cette solution à d'autres. De même, « publique » limite fortement le champ d'étude. Les retirer modifie très sensiblement l'intitulé.
- La concentration industrielle est-elle toujours un obstacle à la concurrence ? (ESCP, 2006) – Retirer l'adverbe « toujours » donnerait un sujet beaucoup plus plat.
- L'internationalisation financière a-t-elle accru les inégalités de développement ? (ECRICOME, 2006) – Supprimer « financière » transformerait radicalement le sujet.
- Faut-il craindre le retour de la concentration industrielle ? (ESCP, 2020) – La formulation « Faut-il craindre… » implique de réfléchir à la fois à la probabilité que cela se produise et au danger que cela représente.

Le champ spatial et temporel est parfois précisé dans le sujet, mais il est souvent laissé à la libre interprétation du candidat. Il faut toujours se demander si le sujet concerne tous les pays, ou seulement certains groupes. L'oubli d'une dimension géographique est toujours pénalisant. De même, il ne faut pas traiter les sujets dans une seule perspective d'actualité. Le programme d'ESHMC est explicitement construit autour d'une dimension historique et l'oublier, y compris dans des sujets qui paraissent d'actualité, ou très théoriques, conduit forcément à ne traiter qu'une partie de la question posée. Ne jamais oublier qu'il y a une première mondialisation à la fin du XIXe siècle, que les structures sociales ou celles de l'entreprise évoluent beaucoup au XIXe, que les problèmes de financement du développement sont aussi présents à cette période et que les crises économiques et financières sont récurrentes depuis la révolution industrielle… et même avant.

À l'issue de cette analyse du sujet, on a souvent des premiers éléments de réponse qui permettent d'envisager un **plan provisoire**. Il ne s'agit pas de faire l'ensemble de la construction, mais de trouver une construction (ou plusieurs) qui réponde à une **problématique** choisie. Cette première approche de la construction doit permettre de dégager les grandes parties de l'argumentation, mais elle pourra être invalidée lors des étapes suivantes.

Recherche des connaissances (45 minutes)

Cette étape est très importante et il faut y consacrer un temps suffisant, de 30 à 45 minutes, faute de quoi on manquera de matière pour alimenter le contenu du devoir. Il ne faut pas s'arrêter trop tôt et continuer à réfléchir, même si on a l'impression d'avoir épuisé ses connaissances. Le fonctionnement de la mémoire est tel qu'une idée nouvelle en fait venir d'autres.

Deux types d'informations et connaissances sont à rechercher et peuvent être classés sur deux supports de brouillon différents.

D'une part, des analyses, références théoriques, mécanismes économiques ou sociologiques, qui doivent permettre de construire les raisonnements. Ils permettront d'élaborer la structure de l'argumentation, celle des sous-parties ou des paragraphes.

D'autre part, des faits, des chiffres, des dates… qui permettront de justifier les analyses, d'illustrer les mécanismes, et donneront de la consistance au devoir.

Construction du plan détaillé (40 minutes)

Cette troisième étape de préparation va permettre de construire l'ossature du devoir. L'objectif est d'aboutir à un plan suffisamment détaillé pour ne plus avoir ensuite à se préoccuper de la construction et du contenu. Toutes les idées doivent y apparaître, les illustrations doivent y trouver leur place… ce qui laissera l'esprit libre dans la phase de rédaction.

À ce stade de la réflexion on doit d'abord se demander si le plan provisoire imaginé à la fin de la première étape doit être maintenu. C'est peut-être le cas, mais il ne faut pas hésiter à revenir au sujet et à s'assurer que la construction imaginée est bien en adéquation avec la question posée. Il ne sera plus possible dans les phases suivantes de revenir en arrière sur la problématique et la construction.

Avant de choisir un plan il faut **élaborer une problématique**. Elle consiste à mettre en avant les enjeux du sujet, à formuler les bonnes questions… et finalement à donner un angle permettant d'y répondre. La problématique découle du sujet mais ne s'y réduit pas. Certains sujets imposent un angle, mais la plupart, même lorsqu'ils posent une question, peuvent appeler des réponses variées. Plusieurs problématiques sont évidemment envisageables sur la plupart des sujets et conduisent à des constructions différentes. C'est la problématique par exemple qui va permettre de définir l'ordre des arguments, de donner un sens à la progression du devoir, conduisant à apporter une réponse à une question posée.

Plusieurs types de plans sont envisageables en fonction des sujets posés.

- Le **plan dialectique et ses variantes**. le plan dialectique pur, correspondant à une articulation de type thèse, antithèse, synthèse, est très rarement utilisé et on lui préfère très largement le plan de *type dialectique* qui oppose deux parties amenant à nuancer une proposition. On a alors une articulation de la forme « Il est vrai… » (I) – « Mais… » (II) ou encore « Portée » (I) – « Limites » (II). Ce type de plan est adapté aux sujets posés sous forme de question et pour ceux dont les libellés commencent par « Dans quelle mesure… », mais également pour des sujets tels que « Intérêt et limites de l'intervention de l'État » (ESSEC – 2006). Cependant, comme les jurys attendent des candidats un engagement, une tentative pour répondre à la question posée, et pas seulement de lister des arguments pour et contre, il est fréquent de transformer la dialectique en un plan en trois parties. C'est souvent une manière également d'équilibrer les parties lorsque les arguments pour et contre sont inégalement distribués. On aboutit ainsi à des plans de type « Oui » – « Non » – « Non » (ou l'inverse), ou « Argument » – « Portée » – « Limite ». La progression dans la réflexion conduit à développer à la fin les arguments qui apparaissent comme les plus convaincants. On aboutit alors à un plan que l'on qualifie parfois de *progressif*.

- Le **plan analytique**. Il découpe le sujet en divers éléments qui s'opposent. On retrouvera ici des clivages simples du type économiques/sociaux ; court terme/long terme ; causes/conséquences… Il est approprié lorsque le sujet demande d'analyser un phénomène sans engager une discussion. Par exemple : « Les déséquilibres démographiques mondiaux et leurs conséquences sur le développement » (ECRICOME, 2002). C'est un plan simple, assez rarement utilisé dans la construction d'ensemble des devoirs, mais qui peut servir de « roue de secours » à celui qui ne trouve pas de meilleure articulation En revanche, cette approche est souvent efficace pour structurer les parties et sous-parties car elle permet de bien mettre en valeur les argumentations.
- Le **plan comparatif**. Ce type de plan, construit autour de comparaisons de périodes, ou de pays, est rarement utilisable dans les sujets proposés aux concours. Il peut en revanche s'avérer efficace pour construire les sous-parties et paragraphes.
- Le **plan interactif**. Il vise à mettre en avant des relations entre les phénomènes évoqués dans le sujet. « Performances économiques et justice sociale » (HEC, 2019), « Administrations publiques et compétitivité depuis le début du XIXe siècle » (HEC, 2013), « Commerce international et crises économiques : les enseignements de l'histoire » (ECRICOME, 2010), « Croissance et inégalités » (ESSEC, 2015). L'objectif de la construction est alors de mettre en scène les relations, dans un sens et dans l'autre. Le sujet ne précise pas le sens de la relation causale et le candidat devra s'appliquer à décortiquer les différentes hypothèses. La nécessité de discuter les relations conduit parfois à transformer ou à combiner cette approche avec un plan dialectique.
- Le **plan historique** : C'est un plan possible quand le sujet fait nettement intervenir le temps. « Analyser l'évolution du système monétaire international, des accords de Bretton Woods au flottement des monnaies » (ESSEC, 2002), « Qu'est-ce qui a fait et qui fait du dollar une monnaie internationale ? » (ECRICOME, 2019). Il peut s'avérer pertinent pour des sujets posés sur très longue période (comme souvent les sujets HEC), mais il n'est efficace que si on peut repérer dans l'histoire économique des périodes très différenciées. Ainsi, des oppositions sur les politiques économiques avant et après la Seconde Guerre mondiale, des grandes phases dans la construction de l'Union européenne… justifient que l'on oppose des parties. Le plan historique n'a de sens que s'il s'appuie sur des ruptures, si on peut très nettement repérer des comportements différents, des conséquences différentes, des évolutions différentes entre les périodes.

Rédaction de l'introduction et de la conclusion (20 minutes)

La préparation au brouillon de l'introduction et de la conclusion est la dernière étape avant la rédaction du devoir. Il faut les préparer soigneusement car elles constituent le premier et le dernier contacts avec le correcteur. Lorsqu'il a lu l'introduction d'un devoir, un correcteur a déjà une impression très forte sur la qualité de la prestation. Il sait si le sujet est compris, si la problématique choisie est intéressante, si le plan proposé est pertinent. Il n'est pas encore en état de mettre une note au devoir, mais il sait par exemple si le devoir correspond ou non aux attentes.

L'introduction obéit à une construction simple, en forme d'entonnoir, conduisant à l'annonce du plan. Elle se décompose en :

- **Une accroche**. La phrase d'accroche du sujet doit être choisie avec soin. Elle doit inciter le lecteur à aller plus loin, le surprendre parfois, montrer l'érudition du candidat. Les références à l'actualité peuvent servir, l'utilisation de statistiques est un moyen d'entrer directement dans le vif du sujet, mais on pourra également utiliser les approches théoriques (citations...) ou historiques qui donnent de la profondeur au sujet. Il faut au maximum éviter les phrases « bateaux » et chercher au contraire à contextualiser le sujet.
- **Une présentation du sujet**. Il s'agit ici de reprendre le sujet posé, de définir les termes importants, de montrer son intérêt. L'objectif n'est pas nécessairement de réécrire l'intitulé à l'identique, mais de se l'approprier. Il faut évidemment veiller ici à ne pas poser un sujet différent de celui qui doit être traité. À vouloir modifier légèrement la question, on finit parfois par répondre carrément à côté !
- **Une problématisation du sujet**. L'énoncé de la problématique permet de donner l'angle qui permettra de répondre au sujet et de poser les questions intermédiaires qui justifieront la construction. Ainsi, dans un sujet qui appelle un plan thématique, c'est ici que l'on présentera les différents critères qui structureront l'analyse. Si on a choisi un plan progressif on mettra en avant les éléments de cette progression.
- **Une annonce de plan**. Le plan doit être annoncé à la fin de l'introduction et il découle directement de la problématique choisie. Cependant, il ne suffit pas d'énoncer la problématique pour présenter le plan. On se contentera d'indiquer les grandes parties, sans évoquer les sous-parties. On peut énoncer le plan de façon explicite : « Dans une première partie, nous aborderons... » Mais il est également possible de construire une ou plusieurs phrases d'annonce en se contentant d'indiquer entre parenthèse les numéros de parties. Il faut surtout que l'annonce soit claire.

La conclusion obéit également à des règles formelles assez strictes et reprend la logique de l'entonnoir, mais inversé. Elle doit traditionnellement comporter deux phases, souvent séparées en deux paragraphes, mais pas obligatoirement.

- **Une synthèse**. Un premier paragraphe reprend rapidement, sans les développer, les éléments de démonstration présentés dans le devoir. Il s'agit ici de réaliser une synthèse et de rappeler les résultats obtenus. C'est l'occasion de clarifier une dernière fois la position qui a été choisie dans le débat lorsque le sujet était posé sous cette forme. Il ne faut absolument pas présenter dans la conclusion des arguments nouveaux qui auraient dû figurer dans le développement. Ce n'est pas une séance de rattrapage et rédiger au brouillon la conclusion, en même temps que l'introduction, permet d'éviter ce travers.

- **Une ouverture**. Le second paragraphe vise à ouvrir la réflexion vers des sujets proches, vers des questions qui peuvent découler de celle qui a été traitée. Il faut veiller à ne pas trop s'éloigner du sujet et éviter les formules trop convenues du genre « l'avenir nous le dira... ».

Rédaction du devoir (100 minutes)

Si la dissertation a été sérieusement préparée par les étapes précédentes, le candidat doit pouvoir se consacrer maintenant à la rédiger soigneusement. Il n'est plus temps de modifier la construction, de transformer la problématique ou de réfléchir au sujet posé. L'objectif principal est de présenter les argumentations de façon claire et rigoureuse, tout en respectant les règles de forme.

Il faut avoir présent à l'esprit que le correcteur d'un concours travaille généralement plusieurs heures sur son paquet de copies et qu'il en a plusieurs dizaines à corriger. Une copie agréable à lire, bien présentée... est immédiatement valorisée, tandis qu'une copie au même contenu mais illisible ou à la structure peu visible... est nécessairement pénalisée. Il faut également tenir compte du fait que les corrections de concours sont dorénavant dématérialisées. Les copies sont donc corrigées en ligne et apparaissent sur un écran d'ordinateur, ce qui modifie leur perception globale. Si la qualité de la numérisation est généralement très bonne, la présentation des copies revêt encore plus d'importance dans ce contexte.

Quelques règles de bon sens doivent être respectées :

- **Écriture**. Il est nécessaire de soigner l'écriture, en évitant d'écrire trop petit, ou trop gros. Il faut utiliser une encre foncée, noire ou bleue, et proscrire les encres très claires qui risquent de ne pas nettement apparaître après numérisation.
- **Présentation**. La structure du devoir doit être visible. On peut rendre apparent le plan des grandes parties en mettant des titres, mais il est en général préférable de le remplacer par une phrase-titre. Les sous-parties doivent être très clairement identifiables, au besoin en les séparant par des étoiles (*). Chaque étape de l'argumentation, qui détermine un paragraphe, doit se traduire par un retour à la ligne et peut même faire l'objet d'une matérialisation, décalage du texte, voire utilisation de puces.
  Il est impératif de commencer les parties par une introduction partielle, indiquant le découpage des sous-parties, et de les terminer par une conclusion partielle. Ces introduction et conclusion étant visuellement repérables, par un saut de ligne par exemple.
- **Style et orthographe**. Le style doit être agréable à lire, mais doit surtout permettre de comprendre les argumentations développées. On privilégiera des phrases courtes et simples. Le correcteur ne doit pas être obligé de relire une phrase plusieurs fois pour en comprendre le sens ou pour repérer les différents arguments présentés. On veillera particulièrement à l'orthographe, accords des verbes et des sujets, temps employés, orthographe des noms propres... On cherchera à utiliser les mots de liaison appropriés, ainsi que les expressions qui permettent de conduire l'argumentation et les enchaînements logiques.
  Si des sigles usuels peuvent être utilisés, à condition d'être définis à leur première utilisation, les abréviations doivent être proscrites. Les références, auteurs, ouvrages... doivent être

précises. Pour rendre la lecture plus fluide, il est possible de renvoyer en note de bas de page les références précises des citations proposées, ou les indications d'œuvres d'auteurs cités.

Relecture (20 minutes)

Cette dernière étape doit permettre de s'assurer de la qualité du travail demandé. Ce n'est pas une étape superflue, même si l'expérience montre que les candidats la négligent souvent, par manque de temps ou par crainte de se juger mauvais. Il est normal d'avoir une impression très mitigée lorsqu'on se relit ; on trouve toujours qu'on aurait pu faire mieux.

Mais la relecture permet de corriger des défauts mineurs dans le devoir, de réduire le nombre de fautes d'orthographe, de repérer des mots qui manquent. Il n'est plus temps évidemment de rajouter des passages ou de tenter de déplacer des éléments de l'argumentation. Les ajouts en marge, ratures de passages entiers, flèches matérialisant des déplacements de paragraphes… sont autant de signes que la construction initiale était mal maîtrisée.

2 L'épreuve orale d'ESH

Quelques écoles proposent une épreuve d'ESH à l'oral parmi leurs épreuves d'admission. C'est le cas d'HEC, de l'ESCP et de l'École supérieure militaire de Saint-Cyr qui utilise la banque d'épreuve de la BCE. L'École normale supérieure de Paris-Saclay, qui n'est accessible que pour des étudiants admissibles à au moins une des trois « parisiennes », HEC, ESSEC ou ESCP, propose également une épreuve orale d'ESH.

Dans ces trois écoles, l'oral se déroule de manière similaire. Le candidat se voit proposer un sujet, composé d'un court libellé, et il dispose d'une vingtaine de minutes de préparation. Le même sujet est parfois proposé à plusieurs candidats successifs, ce qui permet d'effectuer des comparaisons. L'épreuve dure également une vingtaine de minutes, pour partie consacrée à la présentation du candidat, suivie de questions posées par le jury. Ces dernières permettent d'une part de faire préciser certains points de l'exposé, d'autre part d'élargir le champ de l'interrogation vers d'autres thèmes du programme. Il est fréquemment demandé au candidat de tracer des courbes au tableau, d'exposer certaines « lois » économiques, de préciser la pensée d'un auteur…

Les sujets proposés lors des dernières sessions, et publiés dans les rapports de jury, permettent de voir qu'ils portent sur la totalité des programmes des deux années, et présentent autant de diversité que les sujets d'écrit. Quelques exemples puisés dans les sujets d'HEC et de l'ESCP depuis 2014 :

- Quelles sont les alternatives au PIB par habitant pour mesurer le bien-être ?
- Quelle est la pertinence de la théorie du cycle de vie (Modigliani) ?
- Peut-on se passer des banques ?
- Comment les États se financent-ils ?
- Quels sont les outils du sociologue ?

- L'opposition entre Durkheim et Weber est-elle pertinente ?
- Qu'est-ce qu'un entrepreneur ?
- Y a-t-il une taille optimale pour la firme ?
- En quoi la théorie de la croissance endogène renouvelle-t-elle les analyses de la croissance économique ?
- L'accumulation des facteurs de production fait-elle la croissance économique ?
- L'économie est-elle naturellement cyclique ?
- Les crises peuvent-elles être utiles ?
- Qu'a-t-on appris de la crise de 1929 ?
- Industrialisation et transformations du marché du travail au XIXe siècle.
- Assiste-t-on à un processus de désindustrialisation ?
- La transition démographique est-elle terminée ?
- L'évolution de la productivité en France depuis les années 1970.
- Le rôle des institutions dans l'essor du capitalisme au XIXe siècle.
- Quelle est l'analyse économique de la pollution ?
- Qui gagne à l'échange international ?
- Comment expliquer les phénomènes de régionalisation de l'économie mondiale ?
- Le rôle des firmes multinationales dans le commerce international.
- Les crises de change sont-elles inévitables ?
- Taux d'intérêt et taux de change : quels liens ?
- Quelles politiques structurelles en Europe aujourd'hui ?
- Avantages et contraintes de la monnaie unique.
- L'union budgétaire est-elle souhaitable au sein de la zone euro ?
- Le système financier est-il à l'origine des crises économiques ?
- Asymétries d'information et marché du travail.
- Faut-il craindre le retour de l'inflation ?
- L'efficacité des politiques budgétaires aujourd'hui.
- Quels sont les canaux de transmission de la politique monétaire ?
- La fiscalité, instrument de justice sociale ?
- Faut-il indemniser la pauvreté ?
- La richesse ruisselle-t-elle sur l'ensemble de l'économie ?

Comme pour l'écrit, il est nécessaire de bien réfléchir à toutes les dimensions du sujet et de chercher à apporter une réponse à la question posée. Il n'y a pas nécessairement une réponse attendue par le jury, mais le candidat doit montrer qu'il est capable de contextualiser son sujet, de trouver une problématique et un plan. Il est également jugé sur la qualité de la prestation orale : clarté et fluidité du discours, capacité à écouter les questions posées et à y répondre de manière efficace, maîtrise des concepts utilisés.

SUJETS CORRIGÉS

Liste des sujets corrigés

1 Les phénomènes économiques résultent-ils de comportements rationnels ?

2 Banques centrales et endettements

3 Quelles sont les spécificités de la méthode wébérienne d'analyse des faits sociaux ?

4 Comment la sociologie rend-elle compte des phénomènes de déviance ?

5 Pourquoi est-il essentiel d'exploiter et d'utiliser les ressources naturelles de manière efficace ?

6 Vous étudierez les enjeux du choix d'une stratégie de développement.

7 La dette est-elle un obstacle au développement des pays en développement ?

8 Doit-on considérer que la désindustrialisation constitue un processus inéluctable dans un pays développé ? (ESCP, 2018)

9 Évolutions démographiques et croissance économique dans les pays industrialisés depuis le XIXe siècle

10 L'entreprise doit-elle avoir une responsabilité exclusivement économique ?

11 Les échanges internationaux s'expliquent-ils par les avantages comparatifs ?

12 Firmes transnationales et mondialisation

13 La seconde mondialisation est-elle une simple répétition de la première ?

14 Les déséquilibres des balances courantes sont-ils un problème ?

15 L'Union européenne pèse-t-elle encore dans la mondialisation ?

16 La monnaie unique nécessite-t-elle un fédéralisme budgétaire ?

17 La croissance est-elle une condition suffisante pour résorber le chômage ?

18 Comment sortir d'une déflation ?

19 Dans les pays développés, les États ont-ils toujours les moyens de stimuler la croissance économique ?

20 Les trappes à inactivité : quels enjeux ?

21 La politique budgétaire doit-elle être soumise à des règles ?

22 Croissance et inégalités économiques depuis le XIXe siècle

23 L'État-providence est-il toujours un instrument de justice sociale ?

SUJET 1

Les phénomènes économiques résultent-ils de comportements rationnels ?

Accepter de réduire les êtres humains à des *homines œconomici* pour expliquer des phénomènes économiques aussi divers que la consommation, la production, les décisions d'investissement ou d'épargne et le fonctionnement des différents marchés, c'est poser comme postulat une rationalité calculatrice et intéressée, capable de traiter une grande quantité d'informations à la manière d'un programme informatique. Cependant, il est difficile de supposer que les choix scolaires, matrimoniaux, ou même de consommation, sont le produit de décisions strictement individuelles effectuées par des agents parfaitement informés, constamment calculateurs et en tout point semblables dans leurs programmes de calcul. Le modèle de l'*homo œconomicus* peut-il rendre raison de tous les phénomènes économiques ?

I. Les phénomènes économiques découlent de la poursuite de leurs intérêts bien compris par des individus capables d'optimisation.

A. « L'intérêt gouverne le monde » depuis les débuts du capitalisme jusqu'à nos jours.

1. A. O. Hirschman (*Les Passions et les intérêts*, 1977) montre ce que l'invention du capitalisme doit à des justifications morales inédites : moins noble que la raison, mais moins dangereux que les passions (religieuses), l'intérêt est mis en avant depuis le XVIIIe siècle. Le régime de production qui en découle, et que nous connaissons encore de nos jours (le capitalisme), place donc la satisfaction de son propre intérêt pécuniaire au fondement des comportements économiques.

2. Cette thèse se retrouve dans les écrits des économistes classiques, notamment d'A. Smith (*RDN*, 1776). Sans postulats très restrictifs sur la nature de la rationalité humaine, A. Smith prétend tout de même que c'est la poursuite d'un intérêt individuel (chercher les meilleures opportunités de profit pour ses investissements par exemple) qui pousse les acteurs individuels à commercer les uns avec les autres, à augmenter la division du travail, à faire des affaires sur des marchés où, « poussés comme par une main invisible », ils se trouvent conduits à œuvrer à la prospérité de tous.

B. La poursuite d'un intérêt individuel suppose que ce dernier soit reconnu comme tel, mais ne dit rien de sa nature.

Ainsi, du point de vue des économistes, les préférences des agents sont exogènes et l'on peut seulement déduire des modèles les comportements de maximisation sous contrainte qui leur permettront de parvenir à leurs fins (profit ou utilité). On peut ainsi comprendre que, même pour des biens Veblen dont la demande peut être croissante lorsque leur prix augmente (« consommation ostentatoire » selon le concept de T. Veblen), on peut parler de rationalité : maximiser l'utilité suppose de consommer plus, en se ruinant peut-être, mais en satisfaisant ainsi le programme donné par les préférences du consommateur en question.

Dans le prolongement de ce postulat de rationalité substantive, les théoriciens du choix rationnel ont appliqué à divers phénomènes aussi bien économiques que sociaux, et mêmes politiques, cette grille d'analyse fondée sur la maximisation du bien-être d'un individu représentatif. C'est le cas notamment des travaux d'A. Downs (*Inside Bureaucracy*, 1967) qui montrent comment les « bureaucrates » (les employés des administrations publiques), en maximisant leurs intérêts propres (carrière, prestige, rémunération, vacances, et éventuellement services rendus au public), fournissent de manière sous-optimale les biens publics dont ils ont la charge.

C. Dès lors, la poursuite de l'intérêt pousse à des comportements qui, s'ils sont rationnels à l'échelle individuelle, peuvent être profondément incohérents au niveau macroéconomique.

1. Il en est ainsi de l'investissement en capital humain, qui pousse les familles de milieux modestes à faire l'effort de consentir un coût (au moins d'opportunité) pour envoyer leurs enfants dans le supérieur court (IUT et BTS), mais qui produit une massification des titres scolaires, c'est-à-dire une inflation qui réduit leur valeur relative sur le marché du travail, comme le montre Raymond Boudon (*L'Inégalité des chances*, 1973), puis M. Duru-Bellat (*L'Inflation scolaire*, 2006).

2. De même, une bulle spéculative ou une panique bancaire ne sont que l'addition de comportements individuellement rationnels (au sens le plus strict), et collectivement absurdes : alors même qu'une banque dispose de liquidités suffisantes pour son volume courant de retraits quotidiens, il suffit qu'une rumeur s'installe quant à son illiquidité pour pousser chacun de ses clients à retirer au plus vite ses dépôts, précipitant par là même sa faillite. Les paniques bancaires, explique R. K. Merton, sont donc des « prophéties auto-réalisatrices » (*Éléments de théorie et de méthode sociologique*, 1965). Elles n'en restent pas moins, étrangement, rationnelles au sens néoclassique du terme.

II. Les phénomènes économiques laissent place à une grande indécision, à des informations incomplètes, et parfois à l'incertitude radicale, même lorsque les agents individuels cherchent à être rationnels.

A. Le capitalisme n'est pas l'application maîtrisée d'un programme de maximisation du profit, mais bien plutôt un régime d'accumulation passionnelle du capital, sans aucune mesure ni maîtrise.

1. K. Marx, *Le Capital*, 1867 : l'avènement de la bourgeoisie en tant que classe dominante ouvre les débuts du « fétichisme de la marchandise ». On croit maximiser son intérêt, et on est esclave de son rôle dans les rapports de production (y compris pour les capitalistes eux-mêmes).

2. M. Weber, *Éthique protestante et esprit du capitalisme*, 1904 : la naissance du capitalisme ne doit pas grand-chose à la rationalité en finalité, elle s'enracine dans des idéaux et des croyances qui persuadent les entrepreneurs que leur succès terrestre est l'indice de leur salut (doctrine de la prédestination de Calvin) dans l'au-delà (« rationalité en valeur »).

B. Toutefois, l'histoire du capitalisme montre une rationalisation progressive des conduites et des relations sociales qui permet davantage de rationalité dans les comportements économiques.

1. M. Weber, *Économie et société*, 1921 : les grandes entreprises modernes, mais aussi les États, ont davantage de pouvoir de planification, de coordination et de création de valeur, grâce à la bureaucratisation.

2. Le développement des marchés permet de soustraire les relations sociales à l'empire de la tradition, de la religion, bref, de l'irrationalité. Par exemple, les marchés financiers permettent de distribuer les risques et de financer des entreprises, ce qui était jusque-là inenvisageable, grâce à l'impersonnalité des relations de marché et à la liquidité plus grande des titres.

C. Il ne faut cependant pas avoir une trop grande confiance dans la rationalité des marchés, au contraire : on n'observe jamais autant de crises économiques que lorsqu'ils sont pleinement dérégulés.

1. J. M. Keynes, *TGEIM*, 1936, chap. 12 : même lorsque les agents économiques cherchent à être rationnels, ils sont contraints de prendre des décisions dans des situations d'incertitude, impossibles à probabiliser et radicalement incertaines. L'évaluation des actifs financiers est comparable à un concours de beauté.

2. E. Cohen, *Penser la crise*, 2009 : la libéralisation financière aux États-Unis dans les années 1980 et 1990 – le *Glass-Steagall Act*, symbole de la régulation financière mise en place par F. D. Roosevelt en 1935 est démantelé en 1999 – a permis le développement de l'aléa moral qui s'est avéré être au cœur de l'explication de la crise des *subprimes* selon l'auteur.

III. Il faut donc envisager la rationalité dans un sens plus large : les phénomènes économiques sont le produit de comportements intentionnels et intéressés, mais bien souvent incapables d'une rationalité substantive.

A. Les phénomènes économiques sont le produit d'une rationalité limitée.

1. La plupart des choix effectués par les consommateurs, les travailleurs, les entrepreneurs, ne sont pas « les meilleurs possibles », mais simplement la recherche d'une « satisfaction ». Pour cette raison, il est rationnel (au sens de « raisonnable ») de s'en remettre à des organisations pour produire plutôt qu'au marché. On explique ainsi la place grandissante des (grandes) entreprises dans les économies contemporaines (J. March et H. Simon, *Organizations*, 1958).

2. Du coup, la rationalité individuelle, même dans le domaine économique, est grandement soutenue par des procédures, des routines (celles qui sont mises en place par les organisations précisément), voire des institutions (J. Elster, *Le Laboureur et ses enfants : deux essais sur les limites de la rationalité*, 1986).

B. Les choix qui paraissent les plus individuels (consommation) découlent de la recherche d'un intérêt personnel, lequel ne peut être compris qu'en référence à l'espace social dans lequel ces choix ont une signification.

1. G. Simmel, *Philosophie de la mode*, 2013 (édition originale : 1905) : double signification de la mode (imitation du courant dominant quel qu'il soit, et affirmation d'un style personnel). L'intérêt ne se forme pas de manière purement singulière, il n'a de signification que par rapport au contexte dans lequel il s'inscrit.

2. P. Bourdieu, *La Distinction*, 1979 : « l'espace des styles de vie » dessine un ensemble de comportements économiques qui découlent de la stratification sociale. On se distingue par sa consommation de même que par bien d'autres pratiques (vote, choix scolaires, ou encore esthétiques).

C. Il n'y a finalement pas de coupure nette entre le domaine des « actions logiques » (l'économie, selon V. Pareto) et celui des « actions non logiques » (sociologie, selon V. Pareto).

1. Les actions des salariés qui se tuent à la tâche dans des organisations très exigeantes sont logiques, de leur point de vue. Ils peuvent avoir le sentiment subjectif d'une forme de rationalité alors qu'ils paraissent objectivement aliénés selon les analyses marxiste ou néomarxiste (J.-P. Durand, *La Chaîne invisible*, 2004).

2. Dès lors, il est le plus souvent impossible de décréter à la place des agents ce qui est de l'ordre du rationnel et de l'irrationnel. Après tout, les croyances religieuses qui motivent certains comportements économiques sont-elles rationnelles ? Non, si l'on suit Weber.

SUJET 2

Banques centrales et endettements

Depuis au moins dix ans, les crises financières ont conduit à une nette évolution de la politique monétaire des banques centrales (avec l'adoption de politiques monétaires non conventionnelles – PMNC) et à s'interroger sur leur mandat conservateur-monétariste (la lutte contre l'inflation comme seul objectif). Les BC monétaristes ont en effet laissé filer l'endettement, quel qu'il soit, notamment privé (laisser-faire : les monétaristes sont libéraux) et extérieur (dès lors qu'il renvoie à de l'endettement privé), mais également et plus paradoxalement public (l'équilibre budgétaire est pourtant un dogme imposé par des règles budgétaires et n'est pas de la responsabilité d'une BC indépendante).

Fondamentalement, les BC monétaristes n'ont qu'un objectif de stabilité monétaire et non financière : c'est la « croyance conventionnelle » d'A. Schwartz (1995). Le développement des endettements a donc pu s'effectuer, certes plus facilement pour l'endettement privé que public, sauf que, sous la contrainte des crises financières et économiques, ce dernier s'est avéré nécessaire : l'État, assureur en dernier ressort du capital et de l'économie, est intervenu. Les BC ont dû sortir de leur mandat pour assurer la stabilité financière par la mise en place de PMNC, y compris pour assurer la stabilité des finances publiques.

Au-delà des différences de pratiques entre les BC – *quantitative easing* (QE) précoce de la Fed contre QE plus tardif, mais usage de taux d'intérêt négatifs sur les réserves excédentaires pour la BCE par exemple –, la légitimité du mandat et l'indépendance des BC sont donc en question. Au « déficit démocratique » des BC, notamment de la BCE, s'est en effet ajouté l'arbitraire, y compris depuis le printemps 2020 avec la crise de la COVID-19 : jusqu'à quand la BCE, par exemple, acceptera-t-elle de permettre aux États membres de la zone euro – en contribuant à maintenir les taux d'intérêt proches de zéro sur les émissions de dettes publiques – d'augmenter leur dette publique (+ 20 points en un an en moyenne pour les États de la zone euro) et de faire « rouler » leurs dettes en euros ?

I. Les BC monétaristes luttent seulement contre l'inflation dans les années 1980 et 1990 : elles ont ainsi pu laisser filer les endettements dès avant la crise de 2008.

A. Les BC monétaristes en lutte contre l'inflation...

1. La pensée monétariste de M. Friedman (1968) triomphe avec l'arrivée de P. Volcker à la tête de la Fed en 1979 : la politique monétaire doit abandonner l'objectif de soutien à l'économie pour la seule lutte contre l'inflation.

2. Avec le monétarisme, les BC deviennent indépendantes (K. Rogoff, 1985) et adoptent des politiques de règles – « *rules rather than discretion* » (F. Kydland et E. Prescott, 1977).

B. ... sont indifférentes au développement de l'endettement privé et national avant la crise de 2008...

1. La cécité des BC au développement de l'endettement privé résulte en partie du « paradoxe de la tranquillité » (C. Borio, W. English et A. Filardo, 2003) : les BC n'ont plus besoin d'avoir des taux d'intérêt élevés, mais la pratique de taux d'intérêt faibles encourage l'endettement privé que les BC monétaristes ne surveillent pas (pas d'objectif de stabilité financière).

2. L'aveuglement des BC au développement de l'endettement national est une conséquence du

Consensus de Washington (Williamson, 1990) : la libéralisation des taux de change et des mouvements de capitaux font apparaître les déficits courants résultant d'un endettement national comme à la fois favorables à la croissance économique des pays concernés et non durables (« plaidoyer flexibiliste » de M. Friedman).

C. … et n'ont pas à se préoccuper de la hausse de l'endettement public, dont le contrôle est censé être assuré par des règles budgétaires.

1. L'endettement public est condamné par la contre-révolution keynésienne des années 1970-1980 : pour R. Barro (1974), le déficit budgétaire financé par l'émission de dette publique est sans effet sur l'activité car les ménages diminuent leur consommation. C'est le « théorème » de l'équivalence ricardienne qui justifie une règle budgétaire pour forcer les États à rechercher l'équilibre budgétaire.

2. Les règles budgétaires (sur les dépenses, les recettes, le solde budgétaire ou encore le niveau de dette) se sont imposées rapidement dans les années 1990, notamment en Europe avec les critères de Maastricht, prorogés par le Pacte de stabilité et de croissance (1997). Selon le FMI (2012), en 1990, 5 États avaient adopté une règle budgétaire, 76 en 2012.

II. La montée des différentes formes d'endettement a conduit à des crises financières qui ont obligé les BC à improviser des politiques monétaires non conventionnelles et à redécouvrir l'objectif de stabilité financière.

A. Les développements de l'endettement privé et national ont alimenté des crises financières…

1. Le développement de l'endettement national de la Thaïlande débouche en 1997 sur la première grande crise de la globalisation financière (D. Rodrik, 2008 et J. E. Stiglitz, 2002). Contrairement au postulat d'efficience des marchés financiers de E. Fama (1970), la libéralisation financière s'est accompagnée d'une instabilité financière dans un contexte d'incertitude (H. Minsky, 1986, et C. Kindleberger, 1978).

2. Le développement de l'endettement privé aux États-Unis dans les années 2000 a débouché sur la crise des *subprimes*, qui est une crise de la libéralisation financière (A. Orléan, 2009) : la dynamique d'endettement privé des ménages a été permise par la prégnance de l'aléa moral (E. Cohen, 2009) dans les relations financières et le développement du *shadow banking system* (Y. Tadjeddine, 2017).

B. … qui ont contribué à faire exploser l'endettement public au point de provoquer une crise des dettes souveraines dans la zone euro…

1. La nécessité pour les États de pratiquer des déficits budgétaires élevés pour soutenir à la fois leurs secteurs bancaires et financiers (L. Scialom, 2019) et leurs économies (J. M. Keynes, 1936) a conduit à l'envol de l'endettement public dans les PDEM malgré les règles budgétaires, mise en suspens pour faire de l'État un grand assureur du marché libéralisé.

2. La crise des dettes souveraines dans la zone euro est venue sanctionner une dynamique d'endettement national des pays du Sud (déficits courants croissants) rendue possible par le marché unique (libre circulation du surplus de l'épargne de l'Europe du Nord vers l'Europe du Sud) sans surveillance financière (M. Aglietta et T. Brand, 2013), et une trajectoire de la dette publique grecque rendue insoutenable par la crise de 2008.

C. … obligeant les BC à prioriser un objectif de stabilité financière au moyen de politiques monétaires innovantes (PMNC).

1. Contrairement à la « croyance conventionnelle » des monétaristes – « un régime monétaire qui assure la stabilité du niveau général des prix promeut par là même la stabilité du système financier » (A. Schwartz, 1995) –, les crises financières sont apparues dans un régime de basse inflation et les BC ont dû redécouvrir leur rôle de prêteur en dernier ressort (PDR) (W. Bagehot, 1873) pour assurer l'objectif de stabilité financière tant au niveau national et international que privé et public. Si la Fed a dû jouer un rôle de PDR international dès la crise de 1997, la BCE a dû accepter un rôle de PDR des États de la zone euro en 2012 (« *whatever it takes* », M. Draghi).
2. Avec la crise de 2008 et la menace de la déflation (I. Fisher, 1933) bien davantage que celle de l'inflation, les banques centrales ont dû improviser des politiques monétaires non conventionnelles (B. Bernanke et V. Reinhart, 2004 ; M. Aglietta, 2013). La Fed au QE précoce s'est distinguée de la BCE au QE tardif (E. Carré, 2015), mais cette dernière a mis en place des taux d'intérêt négatifs sur les réserves excédentaires (C. Blot et P. Hubert, 2016) compte tenu de l'importance du financement bancaire pour l'économie dans la zone euro.

III. Le mandat et l'indépendance des BC en question à l'heure de la priorité donnée à la soutenabilité de l'endettement privé et public.

A. La redéfinition du mandat des banques centrales est rendue nécessaire par le contexte actuel de menace déflationniste et la priorité désormais donnée aux BC d'assurer la stabilité des finances privées.

1. Si l'inflation a disparu, le mandat des BC ne peut plus être de lutter contre l'inflation, d'autant plus que la stabilité financière n'a cessé d'être l'objectif de fait des BC depuis la crise de 2008 – le risque systémique n'avait toujours pas baissé en 2018 (J. Couppey-Soubeyran et T. Renault, 2018) – et que la crise de la COVID-19 a fragilisé financièrement les économies au risque d'une multiplication des « entreprises zombies » (R. Banerjee et B. Hofmann, 2020).
2. Les réformes financières depuis la crise de 2008 ont déjà donné aux banques centrales des responsabilités nouvelles, notamment en matière de surveillance du recours à l'endettement des institutions financières systémiques (Conseil de stabilité financière, 2019), par exemple dans le cadre de l'Union bancaire (2014) dans la zone euro.

B. L'indépendance des BC n'est plus tenable dès lors qu'elles sont garantes de la soutenabilité des finances publiques.

1. Le « déficit démocratique » des BC indépendantes est critiqué depuis longtemps (J. E. Stiglitz, 1998) ;
2. J.-P. Fitoussi, (2006) et la gestion de la crise de la dette grecque par la BCE a ravivé cette critique. Or, les besoins de financement colossaux des États depuis la crise sanitaire de la COVID-19 nécessitent une politique monétaire visant le maintien permanent des taux d'intérêt proches de zéro sur les émissions de dettes souveraines, mais qui dépend du bon vouloir des BC en l'absence de remise en cause de leur indépendance.

3. La priorité donnée à la politique monétaire d'assurer la soutenabilité des finances publiques fait ainsi réapparaître la complémentarité entre politique monétaire et politique budgétaire – la première étant au service de la seconde dans le traditionnel « *policy-mix* » d'ISLM (Hicks, 1937). Que la politique monétaire échappe au débat démocratique et reste entre les mains d'experts indépendants est en conséquence d'autant plus choquant.

SUJET 3

Quelles sont les spécificités de la méthode wébérienne d'analyse des faits sociaux ?

En tant que père fondateur de la sociologie, M. Weber est à l'origine d'une méthode de recherche propre, prenant pour base l'individu. Par méthode, il faut entendre un ensemble de démarches que suit la science pour traiter de son objet de recherche. Ces démarches ne se font pas au hasard : elles impliquent logique, raisonnement et vérification empirique. Comment Weber conçoit-il la sociologie ? Quelles démarches scientifiques suggère-t-il et emploie-t-il dans son œuvre ? Quelle postérité sa méthode a-t-elle connue ?

I. Une sociologie de la compréhension des activités sociales

A. Une science de l'activité sociale

1. Définition de la sociologie. « Nous appelons sociologie une science qui se propose de comprendre par interprétation l'activité sociale et par là d'expliquer causalement son déroulement et ses effets » (*Économie et société*, 1922).

2. Définition de l'activité. « Nous entendons par *activité* un comportement humain [...], quand et pour autant que l'agent ou les agents lui communiquent un *sens* subjectif. Et par *activité sociale* l'activité qui, d'après son sens visé par l'agent ou les agents, se rapporte au comportement d'autrui, par rapport auquel s'oriente son déroulement » (*Économie et société*, 1922).

3. Distinction entre activité et comportement. L'activité est un comportement auquel les individus donnent un sens. Si j'ai un accident de voiture, c'est un simple comportement. Si je fonce volontairement dans la voiture d'en face, c'est un comportement doté de sens : on parle d'activité. L'analyse wébérienne prend comme point de départ les motivations de l'action individuelle : c'est une perspective individualiste.

4. Distinction entre action et action sociale. Lorsque l'activité est orientée par rapport à autrui, on parle d'activité sociale. L'analyse est donc axée sur les motivations de l'action mais centrée sur les situations d'interactions.

B. Les idéaux types de l'action

1. L'action rationnelle en finalité. L'individu confronte les fins recherchées avec les moyens dont il dispose. Il met en œuvre un calcul coût/avantage.

2. L'action rationnelle en valeur. Action motivée par la conviction qu'un comportement est souhaitable en raison de sa valeur propre, quels que soient les effets qui peuvent en découler.

3. L'action traditionnelle. Elle est motivée par la coutume, la tradition, l'habitude.

4. L'action affective. Elle est motivée par des sentiments, des passions. C'est l'exemple du crime passionnel.

C. Compréhension et causalité

1. Le but de la sociologie est de reconstruire le sens de l'action. Le sociologue ne doit pas se limiter à une compréhension spontanée ou aux explications fournies par l'acteur, mais il doit reconstruire les motifs de l'action. Comprendre, c'est expliquer.

2. Le résultat d'une action diffère du sens visé. Exemple de l'éthique protestante et de l'esprit du capitalisme. Pour le croyant, l'action individuelle n'a d'autre sens que de répondre à des valeurs religieuses. L'agrégation des comportements individuels conduit à l'apparition du capitalisme occidental.

3. Les affinités électives. En sociologie, la causalité est historique et à moyenne portée. On a des relations de causalité limitées entre des phénomènes historiques qui ne se reproduisent jamais à l'identique. Weber raisonne en termes d'affinités électives.

II. Une démarche comparative

A. Un vaste champ d'analyse

1. Weber adopte une démarche comparative. Il s'appuie sur l'analyse de phénomènes appartenant à des champs très différents : histoire du droit, des structures sociales et politiques, des religions, analyse des facteurs géographiques, etc.

2. La comparaison s'effectue dans le temps et dans l'espace. Il utilise des exemples qui portent sur l'Antiquité grecque et romaine, la période médiévale, le XIXe siècle, qui concernent aussi bien l'Europe occidentale que les États-Unis (étude des sectes protestantes), la Chine (confucianisme et taoïsme), l'Inde ou le Moyen-Orient.

3. Une prise de distance par rapport à l'évolutionnisme. La comparaison ne vise pas à établir des lois de développement, mais à mettre en évidence l'originalité de la civilisation occidentale : Weber s'oppose à l'évolutionnisme.

B. L'idéal type comme méthode

1. Une multiplicité des genres d'idéaux types. Ces types correspondent à une configuration sociale (l'éthique protestante, le capitalisme occidental) ou décrivent des processus de développement (passage d'un mode de domination charismatique à un mode bureaucratique).

2. Les caractéristiques d'une typologie. L'idéal type ne prétend pas être une forme de description exhaustive d'un phénomène historique. Il s'agit d'un instrument construit par le savant pour rendre la réalité concrète intelligible rationnellement, en ne retenant que les traits les plus caractéristiques qui intéressent le sociologue.

3. Un exemple : les modes de domination politique. Weber distingue trois types de mode de domination légitime : la domination rationnelle légale, qui repose sur la conformité aux règles de droit positif (*cf.* L'État bureaucratique moderne) ; la domination traditionnelle, dans laquelle les traditions ancestrales sont garantes de la légitimité des règles ; et la domination charismatique, où les individus se soumettent aux ordres ou aux règles énoncées par un chef en vertu du caractère sacré ou exemplaire qu'ils lui prêtent.

III. Une science empirique

A. La fin de l'illusion spéculative

1. La négation de la loi : on ne peut réduire la diversité des faits sociaux à des lois. Il est impossible d'envisager toutes les formes de causalité possibles. La méthodologie d'une science ne peut viser la généralité, mais elle doit prendre comme base une méthodologie individualisante.

2. Le refus du classement des sciences. On ne peut classer les sciences en fonction de leur degré d'apport à la compréhension d'un phénomène. La sociologie n'est pas première (s'oppose à Comte et Durkheim).

3. Une nécessité de rendre compte de ce qui se passe effectivement. On s'éloigne de l'évolutionnisme et de toutes les autres formes de rationalité dépassant les hommes. L'histoire est le produit de l'action sociale, donc de l'action des hommes (« derrière l'action, il y a l'homme »).

B. Les conséquences méthodologiques de ce point de vue

1. Il faut faire attention à l'usage de concepts abstraits. Le danger est de confondre les abstractions conceptuelles avec la réalité ou de prétendre déduire la seconde des premières.

2. L'usage de concepts collectifs doit être contrôlé. Les concepts comme l'État, les classes sociales, le capitalisme, sont utiles pour expliquer la réalité. Mais ils ne doivent pas avoir d'autre signification que celle de l'idéal type. L'analyse concrète doit vérifier dans quelle mesure et jusqu'à quel point la réalité leur correspond.

3. Les structures sociales doivent leur existence à l'activité des agents sociaux. Afin d'attribuer à des structures le statut de sujet autonome, le sociologue doit s'appuyer sur la compréhension des actions individuelles.

C. Le rapport aux valeurs

1. La subjectivité de la sélection. Le travail du scientifique est une mise en perspective des faits sociaux. Il construit son objet de méthode par une opération de sélection, car le monde est infini et défie toute tentative d'explication causale. La science est toujours partielle, elle est « légitimement arbitraire ».

2. L'objectivité de la méthode : le principe de neutralité axiologique. Il s'agit d'une attitude rigoureuse que le sociologue doit adopter en mettant à distance ses propres valeurs. Ce principe distingue l'homme de science de l'homme d'action.

3. La distinction entre jugement de fait et jugement de valeurs. Le travail du sociologue porte sur des faits, il ne contient pas de jugement d'évaluation par rapport à ses propres valeurs (ou jugement de valeur). Le sociologue doit se limiter aux jugements de fait.

SUJET 4

Comment la sociologie rend-elle compte des phénomènes de déviance ?

Jusqu'en 1990 en France, la mendicité était un délit pouvant conduire le coupable en prison. Elle est aujourd'hui reconnue et en partie prise en charge par les pouvoirs publics. Parallèlement, l'évolution des sociétés modernes conduit à pénaliser des comportements jadis tolérés ou considérés comme normaux : certaines formes de corruption, d'atteinte à l'environnement ou de violences « morales ». Ainsi les normes juridiques, qui délimitent les comportements légalement acceptables, évoluent au cours du temps. Mais la règle de droit ne saurait rendre compte de la totalité des mécanismes de régulation sociale. Les normes sociales, formelles ou informelles, façonnent un espace de régulation plus étendu que le droit. La déviance, entendue comme un comportement s'écartant des règles acceptées par un groupe social, est une notion plus large que la délinquance : son étude ne peut se limiter à un examen approfondi du code pénal. Les sociologues font leur cette ambition et cherchent à expliquer scientifiquement les phénomènes de déviance. Pour cela, il leur faut rompre avec le sens commun et procéder à un travail de définition, de contextualisation et de mise à distance des prénotions. La déviance ne peut plus être considérée simplement comme un état figé dans le marbre de la loi : elle est un construit social dont l'origine et l'évolution sont soumises aux actions d'individus ou de groupes sociaux. Comment la sociologie parvient-elle à une compréhension scientifique des phénomènes de déviance ? Quels outils mobilise-t-elle ? L'explication sociologique permet-elle d'aller plus loin qu'une compréhension intuitive de la déviance ?

I. Une première approche de la déviance : l'étude de la criminalité par la première école de Chicago

A. L'écologie urbaine de l'école de Chicago

1. Dans les années 1920 et 1930, des travaux fondateurs des sociologues américains de l'Université de Chicago mettent en évidence le rôle de l'acculturation des migrants, la formation et le développement des bandes de délinquants.
2. Ils s'intéressent également aux effets de la ségrégation urbaine. On qualifie ces travaux d'« écologie urbaine » car la structure urbaine a un impact sur la naissance et le développement de cultures communautaires.

B. La déviance comme désorganisation sociale

1. William Thomas et Florian Znaniecki (*Le Paysan polonais*, 1918) forgent le concept de désorganisation sociale. Les migrants qui débarquent aux États-Unis sont concentrés dans des quartiers pauvres, forcés de cohabiter avec d'autres groupes culturels et confrontés aux contradictions qui surgissent entre la culture d'origine de leur communauté et la culture américaine individualiste.
2. Cette tension et ces contradictions affaiblissent les normes et les solidarités, créant une ambivalence et une incertitude morales qui facilitent la transgression de la norme.

C. La déviance résulte du conflit des cultures

1. Plutôt que de penser le choc de cultures très différentes en termes de contradictions perturbantes, certains sociologues l'analysent en termes de choix exclusifs. Thorsten Sellin (*Conflits de culture et criminalité*, 1938) affirme que la déviance provient de la coexistence d'une culture valorisant ou tolérant une pratique interdite par une autre culture. La déviance résulte donc du conflit des cultures.
2. En 1955, Albert Cohen, dans *Delinquent Boys*, proposera d'élargir cette notion pour inclure non seulement les normes transmises au sein de la famille, mais aussi les normes construites par les adolescents, dans des groupes de pairs, en réaction à la culture dominante. L'acte déviant est interdit par la culture dominante et/ou par la culture traditionnelle mais peut être valorisé par la sous-culture adolescente.

II. La construction sociale de la déviance : de Merton à la deuxième école de Chicago

A. La déviance résulte d'une frustration relative

1. Dès la fin des années 1930, les sociologues américains relèguent au second plan la problématique du choc des cultures. Robert K. Merton (*Éléments de théorie et de méthode sociologique*, 1949) souligne l'importance du décalage entre les aspirations à la réussite sociale qu'encouragent l'idéologie individualiste des sociétés modernes et la réalité des inégalités sociales (et raciales) qui n'offrent pas à tous les moyens d'y parvenir. On s'intéresse au vécu des criminels et au sentiment d'injustice qu'ils manifestent.
2. Ces constats sont toujours valides. Ce mécanisme est souvent cité pour comprendre la délinquance des jeunes des quartiers pauvres, exclus de la réussite sociale et se sentant souvent victimes du racisme et de la « mauvaise réputation » de leurs cités.

B. La déviance comme résultat d'une représentation

1. La déviance comme stigmate. C'est l'approche d'E. Goffman, qui définit un stigmate comme un attribut personnel dont la présence suscite un doute concernant l'ajustement entre la personnalité virtuelle et la personnalité réelle du déviant. Il remarque également que le stigmate peut être retourné comme objet de revendication identitaire du groupe déviant (exemple de la Gay Pride).

2. Les théories de l'étiquetage. Les déviants ne naissent pas déviants : la déviance est une construction sociale qui résulte d'un regard extérieur stigmatisant. Le processus de désignation peut se faire de façon formelle (entrepreneurs de morale) ou informelle. La déviance n'est qu'un rôle endossé par celui qui est victime de la stigmatisation des autres. S'il persiste (l'individu est « étiqueté » déviant), ce rôle peut entraîner une modification de la personnalité de l'individu ainsi qu'une modification de ses relations sociales. Il entre alors progressivement dans une « carrière » de déviant. Exemples : Becker et les fumeurs de marijuana (*Outsiders*, 1963) ou Goffman (*Asiles*, 1968).

C. Les théories rationnelles de la déviance

1. Le délinquant fait des choix concernant sa vie, anticipe les effets probables de ses actes et de ses paroles, apprend des techniques, etc. En cela ce sont des individus parfaitement rationnels.

2. Les approches « stratégiques » (théories dites de l'« opportunité » criminelle) ont justifié une forme de prévention dite « situationnelle » : si l'on supprime l'opportunité de commettre un acte déviant, il ne sera pas accompli car l'individu est rationnel.

SUJET 5

Pourquoi est-il essentiel d'exploiter et d'utiliser les ressources naturelles de manière efficace ?

On dénomme ressources naturelles les diverses ressources minérales ou biologiques nécessaires à la vie de l'homme et à ses activités économiques. Une ressource naturelle est qualifiée de non renouvelable lorsque sa vitesse de destruction dépasse sa vitesse de création. À l'inverse, une ressource est renouvelable lorsque sa production est possible sur un temps court (production animale, végétale, etc.) ou lorsque la ressource n'est pas détruite par l'usage. Il ne faut pas oublier que des ressources naturelles renouvelables peuvent devenir non renouvelables en cas de surexploitation.

L'exploitation est l'action d'assurer la production d'une matière, d'un minerai, d'un produit. L'utilisation est la mise en valeur de la ressource pour son utilisation.

La formulation « manière efficace » renvoie à trois enjeux :

– une exploitation des ressources naturelles doit être efficace dans le sens où il faut éviter une surexploitation ;

– des ressources naturelles doivent être gérées de manière efficace car une mauvaise utilisation des ressources naturelles peut freiner la croissance et le développement ;

– une exploitation et une utilisation des ressources naturelles doivent être efficaces pour que le développement soit durable, dans le sens où les émissions de gaz à effet de serre ou encore les déchets peuvent être un frein au développement sur le long terme.

Une surexploitation des ressources naturelles est ainsi à éviter (I), l'utilisation des ressources naturelles peut être facteur de développement sous certaines conditions (II), enfin la gestion de ces ressources doit se concevoir sur le long terme (III).

I. Il faut éviter une surexploitation des ressources naturelles.

A. Recherche une gestion optimale d'une ressource non renouvelable.

1. Règle de Hotelling : d'un point de vue microéconomique, la gestion optimale d'une ressource non renouvelable à travers le temps est un problème économique d'allocation intertemporelle des ressources. Gérer de façon optimale des ressources naturelles revient à déterminer quel flux de ressource apportera le plus de revenus sur l'ensemble de la période d'exploitation.

2. Les difficultés de l'application de cette règle. Une telle règle peut guider les décisions des producteurs de ressources épuisables telles que les énergies fossiles. À de très rares exceptions près, les marchés des ressources naturelles n'ont pas eu dans le passé le comportement prédit par Hotelling du fait de nouvelles découvertes ou de produits de substitution.

B. Des biens communs qui peuvent être surexploités, d'où des mesures à adopter pour éviter cette surexploitation.

1. « La tragédie des communs » de Garrett Hardin (1968). Les ressources naturelles ont des caractéristiques qui font d'elles des biens publics impurs, elles peuvent être rivales, mais non excluables. Ce sont des biens communs. Il en résulte une conséquence majeure : la surexploitation, voire la disparition de la ressource. La « tragédie des biens communs » (ou « tragédie des communs ») désigne le problème posé par l'exploitation de la ressource partagée par des agents économiques agissant de manière individuelle, dans une logique court-termiste. Déjà, en 1954, Gordon montre qu'en l'absence de contrôle les ressources halieutiques vont diminuer.

2. Plusieurs solutions peuvent être avancées pour tenter de résoudre cette « tragédie » :

- la nationalisation : l'État devient propriétaire de la ressource et peut la réglementer (par exemple en mettant en place des quotas, des limitations d'accès, voire des interdictions d'accès) ;
- la privatisation : transformer la ressource en une ressource privée. Le droit de propriété sur la ressource va inciter le propriétaire à la gérer de manière rationnelle.
- La gestion par les acteurs locaux (Elinor Ostrom) : les ressources sont gérées par les acteurs locaux à travers des normes sociales et des arrangements institutionnels.

II. Il est nécessaire que l'utilisation des ressources naturelles soit au service de la croissance et du développement.

A. Une gestion inefficace peut entraîner un handicap pour la croissance.

1. Un risque de croissance appauvrissante. Le développement extraverti passe par des exportations de produits primaires et des mécanismes de croissance appauvrissante (Bhagwati) peuvent voir le jour.

2. Malédiction des ressources naturelles. Celle-ci part de la constatation que la croissance n'est pas toujours au rendez-vous pour les pays richement dotés en ressources naturelles ; au contraire, il semblerait même que leur développement soit souvent en retard comparativement à celui de pays moins bien dotés.

3. Les dangers liés à la « reprimarisation » de certaines économies d'Amérique latine. La reprimarisation de l'économie est source de vulnérabilité dans la mesure où, en raison d'un manque de diversification de l'économie, celle-ci exacerbe fortement la dépendance vis-à-vis de la demande extérieure et de la fluctuation des prix internationaux des matières premières.

B. Faire en sorte que l'exploitation des ressources naturelles soit source de croissance.

1. La prise en compte du lien entre ressources naturelles et croissance.

- Il existe un lien certain entre ressources naturelles et innovations. Kenneth Pomeranz s'interroge sur les raisons pour lesquelles la révolution industrielle a eu lieu en Europe, et plus précisément en Angleterre. Au XVIIIe siècle, certaines régions chinoises étaient aussi développées que les régions anglaises et rien ne prédisait la « grande divergence » entre l'Europe et la Chine. C'est l'inégale allocation géographique des ressources en charbon et la conquête du Nouveau Monde permettant une augmentation des ressources qui ont donné l'impulsion finale à l'économie européenne.

- Le capital naturel revêt une importance particulière pour les PED. D'après les estimations, sa part dans le total des richesses atteint 26 % dans les pays à faible revenu (13 % dans les pays à revenu intermédiaire et seulement 2 % dans les pays développés). Les moyens de subsistance des populations les plus pauvres reposent généralement sur les ressources naturelles (produits agricoles, pêche). Le capital naturel contribue à la croissance : exportations de bois, poissons, minéraux, pétrole.

2. Les recettes d'exportation peuvent être utilisées pour permettre un glissement des avantages comparatifs. L'objectif est une diversification du système productif.

III. Une gestion des ressources naturelles est indispensable dans un objectif de développement durable.

A. L'exploitation et l'utilisation de certaines ressources naturelles peuvent entraîner des externalités négatives, d'où des mesures à mettre en place.

1. Externalités négatives :

- des difficultés de l'estimation des dégâts réalisés se posent. Il est ainsi nécessaire de donner une valeur aux biens environnementaux ;
- une autre question se pose pour cette évaluation des dommages : celle de l'actualisation. Plus le taux est bas, plus cela incite à prendre des mesures immédiates. Ce choix d'un taux d'actualisation est un choix politique et social.

2. Solutions pour pallier ces défaillances de marché :

- les normes et réglementations ;
- la taxation (principe du pollueur-payeur de Pigou) ;
- le recours aux mécanismes de marché (Coase) ;
- l'éducation, l'information, l'utilisation de *nudges* verts.

B. D'autres modes de production et de consommation sont nécessaires pour permettre un développement durable.

1. Deux visions différentes :

- durabilité forte : aller vers la décroissance ;
- durabilité faible.

2. Le PNUE définit l'utilisation efficace des ressources dans une perspective de cycle biologique et de chaîne de valeur. Cela signifie qu'il faut réduire l'impact total de la production et de la consommation de biens et services sur l'environnement, depuis l'extraction des matières premières jusqu'à la consommation finale et l'élimination.

3. La nécessité d'une réelle gouvernance environnementale mondiale.

SUJET 6

Vous étudierez les enjeux du choix d'une stratégie de développement.

Les stratégies menées dans la plupart des PED des années 1950 aux années 1980 avaient un objectif commun, celui de vouloir affirmer l'indépendance politique des États. Des choix différents en termes de stratégies de développement se traduiront par des réussites et des échecs.

Le développement est défini par François Perroux comme « la combinaison des changements mentaux et sociaux d'une population qui la rendent apte à faire croître cumulativement et durablement son produit réel et global et qui transforment les progrès particuliers en un progrès du tout social ». C'est donc un processus de transformation des structures économiques, sociales et culturelles d'une société qui lui permet d'améliorer son niveau de richesse et son bien-être.

Un enjeu est ce que l'on peut gagner ou perdre lors d'une action. Ici, ce qui est recherché, c'est la croissance et le développement.

I. Des stratégies de développement qui ont connu des limites importantes.

A. L'accent est mis, dans certains pays, sur le développement autocentré.

1. L'analyse structuraliste fait des relations inégales entre les pays développés (« le centre ») et les pays pauvres (« la périphérie ») la cause du sous-développement. Pour assurer le développement des PED, certains économistes prônent la « déconnexion » et font la promotion d'un développement autocentré (basé sur le marché intérieur).

2. L'industrialisation par substitution d'importations. Cette stratégie pose des problèmes dès les années 1960. Le protectionnisme réduit la concurrence, n'incite pas à l'innovation et génère de l'inflation. La demande est trop peu dynamique pour tirer la production. Elle suppose aussi un endettement extérieur croissant.

3. L'industrialisation par industries industrialisantes. Les politiques menées ont mis l'accent sur l'industrie lourde. Celle-ci doit exercer des effets d'entraînement sur le reste de l'économie. Elle est adoptée en Inde et en Chine à partir des années 1940, mais aussi en Algérie à partir de 1966 sous l'ère Boumediene. Elle est inspirée de l'expérience soviétique. Mais cette politique rencontre des limites. Les industries lourdes nécessitent des capitaux importants, des techniques de production ainsi qu'une main-d'œuvre qualifiée, qu'il n'est pas toujours possible de trouver sur place. La dépendance financière et technologique est forte vis-à-vis de l'extérieur. De plus, les activités autres que l'industrie lourde manquent des ressources nécessaires pour se développer.

B. La promotion des exportations de produits primaires est un choix de plusieurs PED.

1. En vertu de l'approche traditionnelle de la spécialisation, des PED vont suivre une stratégie classique de spécialisation dans l'exportation des produits primaires. Les ressources financières tirées de ces exportations doivent permettre d'importer des biens d'équipement pour favoriser l'industrialisation du pays.

2. La dégradation des termes de l'échange des pays exportateurs de produits primaires non pétroliers a réduit l'impact positif de cette stratégie. Celle-ci s'est avérée particulièrement négative pour les pays spécialisés dans une monoculture. De plus, la concurrence et les pratiques protectionnistes des pays du Nord rendent ce processus de développement instable. Beaucoup de ces pays, hormis les pays de l'OPEP, font partie des pays les moins avancés aujourd'hui, en partie du fait de leur spécialisation internationale défaillante.

3. Dans un article de 1958, Jagdish Bhagwati montre qu'une croissance économique fortement biaisée à l'exportation peut détériorer à ce point les termes de l'échange d'une économie ouverte qu'elle voit disparaître tous les bénéfices de sa croissance.

II. Des politiques de développement promues par les institutions financières, à partir des années 1980, qui ont pu entraîner des effets négatifs.

A. La crise de la dette a entraîné un renouvellement de l'économie du développement.

1. Le retournement de la politique monétaire américaine, en 1979, a pour effet de porter les

taux d'intérêt à des niveaux très élevés. Une partie des prêts contractés par les PED étant à taux variable, les charges d'intérêt vont exploser. S'ajoutent les conséquences de la récession mondiale. Les débouchés se contractent pour les PED, qui connaissent simultanément une détérioration des termes de l'échange du fait de l'effondrement des cours des produits primaires. Enfin, comme la plupart des emprunts contractés par les PED sont libellés en dollars et que la valeur de la monnaie américaine s'apprécie, le service de la dette s'accroît fortement. En 1982, le Mexique annonce qu'il est en incapacité de rembourser ses dettes. Plusieurs PED vont aussi se retrouver en défaut de paiement. Les pays d'Amérique latine sont les plus touchés.

2. Le Consensus de Washington marque un retournement complet dans la façon d'appréhender la question du développement : les problèmes viennent de pays qui ont fait de mauvais choix. Les institutions financières internationales proposent des prêts sous conditions : ce sont les politiques d'ajustement structurel (PAS).

B. Des conséquences négatives en termes de développement.

1. Le Consensus de Washington a fait l'objet d'une remise en cause à la suite des conséquences des PAS. Ces derniers ont pu avoir des effets sociaux dramatiques. Dans certains pays d'Afrique subsaharienne, l'IDH a diminué du fait des restrictions dans les budgets sociaux des pays pauvres. De plus, certains PMA, malgré de faibles coûts de main-d'œuvre, ne sont pas compétitifs sur les marchés internationaux, mais aussi sur leurs propres marchés avec une production agricole subventionnée par des pays développés. De plus, les incitations aux exportations les ont parfois détournés de l'agriculture vivrière.

2. En 1997, Joseph Stiglitz intègre la Banque mondiale en tant qu'économiste en chef et vice-président. Il démissionne en 2000 en critiquant les politiques recommandées (*La Grande Désillusion*, 2002). Il préconise un rôle accru de l'État en complément du marché et affirme la nécessaire élaboration des stratégies de développement, à un niveau local, par les populations concernées, et non imposées par les institutions internationales. Il prend les exemples des PED ayant réussi leur décollage sans avoir suivi strictement les principes du Consensus de Washington.

III. Une « bonne » stratégie de développement doit prendre en compte des aspects essentiels.

A. Certaines stratégies d'industrialisation extraverties, fondées sur le marché extérieur, sont une réussite.

1. L'industrialisation par substitution d'exportations. Des pays vont suivre, à des périodes différentes, une stratégie d'industrialisation passant par une participation croissante au commerce international, suivant en cela les principes de la théorie néoclassique des avantages comparatifs. Cette stratégie de promotion des exportations a été initiée dès les années 1950 par deux pays asiatiques, Hong Kong et Singapour, rejoints dans les années 1960-1970 par la Corée du Sud et Taïwan.

2. Cette politique se traduit par une remontée de filière avec l'image du « vol d'oies sauvages » d'Akamatsu. Ce modèle décrit la montée en gamme de la production d'une économie sous-développée à travers l'exploitation et la transformation de ses avantages comparatifs, qui permet une transition entre des activités intensives en main-d'œuvre et d'autres plus intensives en capital. La Chine et d'autres pays (Malaisie, Indonésie, Thaïlande, Philippines) en sont de bons exemples.

3. Le développement extraverti n'a été un succès que pour les pays qui ont su faire évoluer leur spécialisation en remontant la filière de leurs exportations.

4. La globalisation financière joue un rôle non négligeable. Les marchés financiers émergents

se développent grâce à un processus de libéralisation interne et externe. Un marché financier émergent est un marché accessible ayant entamé un processus de croissance et de modernisation le rendant attractif pour des investisseurs qui peuvent réaliser des gains de diversification de portefeuille. Mais cette ouverture financière est aussi source d'instabilité (*cf.* la crise asiatique de 1997).

B. Des changements institutionnels sont ainsi nécessaires.

1. Apparaît progressivement, à la toute fin des années 1990 et au cours de la première décennie du XXIe siècle, une reformulation du Consensus de Washington autour du rôle central que doivent jouer les institutions. Dans son rapport annuel de 1997, la Banque mondiale affirme que la « bonne gouvernance » est indispensable au bon fonctionnement du marché.

2. La réussite des stratégies de développement repose sur la modernisation de l'agriculture afin d'accroître l'efficience de ce secteur pour réduire la dépendance alimentaire et pour intégrer le monde rural à la dynamique du développement.

3. Le modèle de développement adopté par la plupart des pays qui ont émergé est un mélange de libéralisme et d'interventionnisme. Des investissements dans les domaines sources d'externalités positives (thèse de la croissance endogène) sont effectués. Des mesures protectionnistes (inspirées des travaux de F. List) sont prises. L'État, dans les pays du Sud-Est asiatique, a aussi mis en place des politiques plus égalitaires envers les populations. Est ainsi nécessaire une complémentarité État-marché dans une stratégie de développement efficace.

SUJET 7

La dette est-elle un obstacle au développement des pays en développement ?

Le Fonds monétaire international (FMI) s'inquiète d'une hausse « alarmante » de la dette des pays pauvres et émergents dans un rapport publié le jeudi 1er octobre 2020. Il redoute des défauts de paiement en cascade et précise que cette dette pèse sur le budget des États à bas revenus à un moment où leurs recettes fiscales diminuent et qu'ils doivent augmenter leurs dépenses sociales et de santé pour faire face à la crise sanitaire. Cette dette est principalement une dette extérieure constituée de l'ensemble des dettes engagées par les agents économiques de ces pays envers des agents économiques extérieurs. Elle comprend la dette publique contractée par les emprunteurs publics et la dette privée contractée par les emprunteurs privés.

La dette a des effets contradictoires sur le développement des PED. Elle paraît essentielle, mais en même temps elle peut devenir un fardeau si elle n'est pas soutenable sur le long terme. Nous entendrons par PED les pays qui ont un retard de croissance et de développement par rapport aux pays industrialisés, mais il faut souligner que ce terme regroupe des pays très hétérogènes. Les éléments de différenciation entre les pays émergents et les pays les moins avancés sont nombreux. Les besoins de ces pays sont donc très dissemblables.
Ainsi, si la dette peut porter le développement, elle risque aussi de devenir un obstacle majeur au développement. Elle doit donc répondre à certaines exigences.

I. L'endettement est une opportunité pour le développement

A. La dette peut être favorable à la croissance des PED

1. Des capitaux extérieurs sont nécessaires pour financer les investissements indispensables à la croissance, le sous-développement étant globalement perçu comme un manque de moyens financiers. Emprunter peut accroître l'investissement national, qui doit générer une croissance économique permettant ensuite de rembourser l'emprunt.
2. L'endettement permet de briser les cercles vicieux du sous-développement et de la pauvreté (*cf.* l'analyse de Ragnar Nurkse, *Problems of Capital Formation in Underdeveloped Countries*, 1953).
3. L'endettement peut porter la croissance en raison de l'effet de levier de l'endettement mis en lumière par le Suédois Knut Wicksell à la fin du XIXe siècle.

B. Une corrélation positive constatée entre endettement extérieur et développement

1. Déjà au XIXe siècle, les pays tardivement industrialisés, ou *late comers*, ont fait appel à l'épargne extérieure et ont pu financer les investissements nécessaires à leur industrialisation, comme les États-Unis pour les chemins de fer (A. Gerschenkron, *Economic Backwardness in Historical Perspective*, 1962).
2. Dans les années 1960, les pays d'Asie du Sud-Est ont fait appel aux capitaux étrangers pour financer leurs stratégies d'industrialisation. Ils ont pu modifier leur spécialisation initiale, ont conquis de nouveaux marchés dans les secteurs traditionnels des pays riches et se sont lancés dans la production de biens sophistiqués : stratégie de remontée de filière (*cf.* thèse d'Akamatsu et le « vol d'oies sauvages »). Cependant, nous devons noter que ces pays avaient une forte épargne intérieure qui venait en complément de l'endettement.

II. Cependant, la dette n'est pas toujours au service du développement

A. Une dette excessive freine le développement

1. La mise en œuvre de politiques de développement a exigé un fort endettement extérieur des économies en développement. Cet endettement a très largement été encouragé et, à partir des années 1960, la dette extérieure des PED augmente fortement. Cette dette contractée en dollars, souvent à des taux variables, va devenir insoutenable (retournement de la politique monétaire américaine, conséquences de la récession mondiale, appréciation forte du dollar). La crise de la dette apparaît d'abord au Mexique en 1982. La résolution de cette crise a finalement pris plusieurs années au cours desquelles les économies d'Amérique latine ont stagné ; c'est la « décennie perdue ».
2. La stratégie de la Banque mondiale et du Fonds monétaire international est alors d'aider financièrement les pays endettés tout en leur imposant des réformes structurelles. Les politiques d'ajustement structurel ont entraîné des mesures de réduction drastique des dépenses publiques, comme dans la santé, l'éducation, les infrastructures, ce qui a nui au développement de ces pays, en particulier des pays les moins avancés (*cf.* J. Stiglitz, *La Grande Désillusion*, 2002).

B. L'endettement peut ne pas servir au développement

1. Des institutions inefficaces engendrent des coûts de transaction élevés et donc des résultats économiques médiocres. Les ressources provenant de l'endettement ne vont donc pas porter le développement du fait de l'insécurité, de la corruption, du système clanique, ou du manque de transparence de la gestion publique.
2. Une partie de l'aide publique au développement est représentée par l'octroi aux PED de prêts à des taux préférentiels. Pour W. Easterly, cette aide est un échec. Les remises de dettes ont entraîné un cercle vicieux : l'anticipation de l'annulation de la dette pousse au gaspillage

tout en incitant les prêteurs à ne plus prêter à ceux qui en ont besoin (*Le Fardeau de l'homme blanc*, 2006). Pour D. Moyo (*Dead Aid*, 2009), l'aide extérieure est mauvaise pour l'Afrique car elle crée de la dépendance et encourage la corruption.

3. La « dette odieuse » représente la dette contractée par un pays non démocratique qui fait usage des fonds à mauvais escient, ce dont sont conscients les créanciers.

III. D'où la nécessité de conditions pour orienter la dette vers le développement

A. Une action nécessaire pour alléger l'endettement des pays les plus vulnérables

1. Certains pays se retrouvent avec une dette insoutenable : les recettes fiscales ne servent qu'au remboursement des intérêts de la dette. Une restructuration est nécessaire pour que tout endettement futur puisse financer des projets favorisant le développement.

2. Une justification théorique de l'abandon de certaines créances est avancée par Paul Krugman (« Analytical issues in debt », 1989) au travers de la courbe de Laffer de la dette. Il peut être dans l'intérêt des créanciers d'accorder des réductions de dette afin d'accroître la probabilité de remboursement.

3. Des politiques de réduction de la dette ont été préconisées par les institutions financières internationales avec l'adoption, en 1996, de l'initiative Pays pauvres très endettés et, en 2005, de l'initiative d'allégement de la dette multilatérale, qui ont depuis profité à un grand nombre de pays les moins avancés.

4. La dette, pendant la pandémie de COVID-19, devrait fortement augmenter. Les pays plus pauvres auront besoin d'un allégement prolongé de leur dette, y compris par le biais de l'Initiative de suspension du service de la dette du G20. En novembre 2020, le G20 a signé un accord devant permettre de faciliter les opérations de restructuration afin de limiter les défauts de paiement.

B. Le rôle majeur des institutions pour que la dette favorise le développement

1. Des institutions efficaces vont réduire les coûts de transaction par le bais de la réduction de l'incertitude et des risques (*cf.* D. North, *Institutions, Institutional Change and Economic Performance*, 1990). L'endettement peut alors favoriser les investissements essentiels pour le développement des pays.

2. Il faut ainsi mettre en place des institutions efficaces : la démocratie, une gestion des affaires publiques saine, sans corruption ni clientélisme, un système juridique favorisant la mise en place et la protection de droits de propriété. Cette protection est essentielle : elle fournit les bonnes incitations aux individus (D. Acemoğlu et J. Robinson, *Why Nations Fail*, 2012).

3. Cette vision a profondément influencé les institutions financières internationales, la conditionnalité des prêts et aides ne portant plus seulement sur les politiques économiques à mettre en place, mais aussi sur les changements institutionnels indispensables.

SUJET 8

Doit-on considérer que la désindustrialisation constitue un processus inéluctable dans un pays développé ? (ESCP, 2018)

La désindustrialisation désigne la tendance à la baisse de la part de l'industrie dans l'emploi et dans la valeur ajoutée, à savoir, selon l'INSEE, « des activités économiques qui combinent des facteurs de production [...] pour produire des biens matériels destinés au marché ». Au cours des cinquante dernières années, les pays développés, c'est-à-dire les pays à niveau de vie et indice de développement humain élevés, ont tous, à des degrés divers, connu un tel processus, si bien qu'il est souvent apparu comme un mouvement « naturel », consubstantiel à la croissance économique et commandant le passage vers un stade supérieur de développement, celui de la société post-industrielle (D. Bell, 1973.) Depuis les années 2000 toutefois, le regard porté sur la désindustrialisation est moins serein, en particulier dans des pays comme la France, le Royaume-Uni ou les États-Unis où elle a eu tendance à s'accélérer. Ses effets pervers en termes d'emploi, de perte de souveraineté, d'affaiblissement du potentiel de croissance ou de cohésion sociale, sont mis en avant et, répondant à des appels de plus en plus nombreux à infléchir le mouvement, les États ont mis en place des plans de reconquête industrielle (qu'on songe au slogan de Donald Trump « *Bring back manufacturing jobs* »).

Ces actions ont-elles une chance de réussir, de mettre un terme à la désindustrialisation voire de l'inverser, ou bien ne sont-elles que vaine agitation et gaspillage de ressources face à un mouvement inexorable dont il convient plutôt de gérer les conséquences ? La désindustrialisation en somme constitue-t-elle pour les pays développés un processus « normal » ou une évolution problématique que les autorités publiques se doivent d'endiguer ?

I. La désindustrialisation des pays développés procède en partie de transformations structurelles solidaires du développement économique auxquelles il est vain de vouloir s'opposer.

A. La désindustrialisation résulte principalement du progrès technique et des préférences des consommateurs.

1. La désindustrialisation s'inscrit dans la logique du processus de déversement sectoriel (A. Sauvy). Ce déversement s'est historiquement effectué du secteur primaire vers les secteurs secondaire et tertiaire, puis, à partir des années 1970, du secteur secondaire vers le secteur tertiaire.

2. Le déversement de l'industrie vers les services s'explique ainsi d'abord par des différences de rythme des gains de productivité : le progrès technique est en effet plus rapide dans l'industrie que dans les services. La production des biens industriels requiert donc de moins en moins de travail et les prix relatifs de ces biens diminuent, ce qui fait baisser la part de l'industrie dans la valeur ajoutée.

3. En dépit de cette baisse des prix relatifs, la structure de la demande intérieure des pays développés s'est déformée en défaveur de l'industrie, les gains de pouvoir d'achat étant majoritairement utilisés pour consommer davantage de services, dont beaucoup ont une élasticité supérieure à 1 (éducation, santé, culture notamment). La production industrielle continue de s'accroître dans les pays développés, mais moins vite que les gains de productivité, ce qui fait baisser la part de l'industrie dans l'emploi total.

B. La désindustrialisation reflète aussi l'évolution normale de la spécialisation internationale des économies développées.

1. Conformément à la théorie HOS, l'ouverture commerciale implique une spécialisation en fonction des dotations factorielles relatives. Les pays développés, étant relativement mieux dotés en capital et en travail qualifié, ont eu tendance à se spécialiser dans des secteurs plus capitalistiques et requérant un plus haut niveau de qualification, laissant aux pays en développement les activités intensives en travail peu qualifié.
2. L'accélération de la mondialisation à partir des années 1990 a accentué cette évolution. En particulier, la division internationale des processus productifs, rendue possible par les progrès dans les techniques d'information et de communication, a induit une spécialisation par tâche et non plus seulement par branche. Les phases d'assemblage et de fabrication, intensives en travail peu qualifié, ont été délocalisées dans les pays en développement, les pays développés se focalisant sur les phases amont (R&D, conception) et aval (marketing, distribution).
3. La sensibilité accrue des populations des pays développés aux problématiques sanitaires et environnementales génère en outre une pression à la mise en place de normes plus exigeantes qui renforcent les incitations à la délocalisation des activités industrielles les plus polluantes ou énergivores.

C. Il apparaît vain voire néfaste de vouloir lutter contre ces évolutions.

1. Chercher à freiner le progrès technique dans l'industrie ou à stimuler la consommation de biens industriels en la subventionnant n'aurait guère de sens économiquement et irait à l'encontre des préférences des consommateurs. Assouplir les normes environnementales pour retenir les activités industrielles serait aussi socialement nuisible.
2. Faire revenir ou chercher à préserver systématiquement les emplois industriels peu qualifiés, en instaurant des tarifs douaniers ou en abaissant massivement le coût du travail, paraît aussi peu réaliste. Cela impliquerait un coût très élevé pour les consommateurs finaux et les entreprises importatrices (ou pour les finances publiques dans le second cas) et serait contraire à l'évolution des dotations factorielles.
3. Il paraît préférable de reconnaître le caractère inéluctable de la destruction de certains emplois industriels et d'accompagner les reconversions individuelles et territoriales par une combinaison de politiques de redistribution, d'investissement et de formation.

II. La rapidité et l'intensité de la désindustrialisation dépendent de facteurs contingents et influencés par les politiques publiques.

A. Certains déterminants de la désindustrialisation contemporaine sont transitoires voire réversibles.

1. L'accélération de la désindustrialisation au cours des années 2000 a coïncidé avec l'hypermondialisation et la montée en puissance de la Chine. Depuis la crise de 2008 au contraire, la mondialisation semble sur un plateau et les forces poussant à la délocalisation des activités industrielles s'estompent en partie avec le relatif recentrage de l'économie chinoise et l'essoufflement de l'allongement des chaînes de valeur mondiale. La prise de conscience de la dépendance induite par ce mode d'organisation de la production pousse même certaines firmes à relocaliser leurs activités dans les pays développés.
2. Dans un contexte où les préoccupations environnementales et éthiques exercent une influence croissante, l'évolution des préférences des consommateurs en faveur des circuits courts et de la production locale constitue une autre force susceptible de favoriser un renouveau de l'activité industrielle dans les pays développés.
3. Les progrès rapides dans les techniques de transport et de communication ont favorisé dans les années 1990-2000 le recours à la production à l'étranger. Mais des progrès plus

significatifs dans les techniques de production (robotique, imprimante 3D) pourraient au contraire mener à une reconcentration des activités à proximité des compétences et des marchés de consommation. Si cela peut stopper voire inverser la tendance en matière de valeur ajoutée, l'impact sur l'emploi risque toutefois d'être limité.

B. L'intensité de la désindustrialisation diffère selon les caractéristiques des pays, une désindustrialisation accélérée pouvant refléter des faiblesses intrinsèques.

1. À niveau de développement proche, le poids de l'industrie est très variable. En 2019, la part de l'industrie manufacturière dans la valeur ajoutée était par exemple de 11 % en France contre 21 % en Allemagne. Dans ce dernier pays, alors que les pertes avaient été conséquentes dans les années 1990, cette part est restée quasi stable depuis 2000, tout comme celle de l'emploi industriel. En France au contraire, comme dans les pays anglo-saxons, la désindustrialisation a été très rapide dans les années 2000.

2. Ces évolutions différenciées répondent en partie à des déterminants circonstanciels. L'Allemagne a ainsi bénéficié d'un tissu productif dense et diversifié, de points forts traditionnels dans les biens d'équipement qui lui ont permis de tirer parti de la demande des pays émergents et de ses relations privilégiées avec les pays d'Europe centrale et orientale. Les effets d'agglomération au sein du marché unique européen ont joué à son avantage.

3. Mais une désindustrialisation accélérée est aussi le reflet de faiblesses intrinsèques. En France en particulier, elle est corrélée à l'apparition d'un déficit commercial chronique et donc à une perte de compétitivité. L'industrie française semble avoir notamment souffert de coûts plus élevés des consommations intermédiaires et d'une fiscalité plus lourde qui a conduit les grands groupes à faire le choix des délocalisations et les PME à comprimer leurs marges au détriment de la montée en gamme.

C. Les politiques publiques peuvent infléchir significativement le rythme de la désindustrialisation.

1. Les différences de trajectoire nationale sont aussi en partie le résultat de choix stratégiques. Le Royaume-Uni a notamment donné la priorité au développement des services financiers au détriment de l'industrie manufacturière, quand l'Allemagne a mis en place à la fin des années 1990 une stratégie combinant modération des coûts, exploitation de la division régionale des processus productifs avec les pays d'Europe centrale et montée en gamme.

2. Les pertes de parts de marché qu'ont connues les pays développés au profit des pays émergents n'ont pas été uniquement le produit des avantages comparatifs. Les pays d'Asie de l'Est et la Chine en particulier ont mené des politiques industrielles et commerciales actives : ils ont subventionné leurs entreprises et orienté les financements en fonction de priorités stratégiques, encouragé voire forcé les transferts de technologie et utilisé l'arme monétaire pour maintenir leur compétitivité.

3. Face à ces politiques qui s'affranchissent de certaines règles multilatérales, les pays développés désirant conserver une base industrielle garante de leur souveraineté et de leur potentiel de croissance doivent mettre en œuvre des politiques de défense commerciale plus solides (filtrage des investissements étrangers, taxe carbone aux frontières) et des politiques industrielles elles-mêmes plus volontaristes (à l'instar de l'initiative franco-allemande sur les batteries).

SUJET 9

Évolutions démographiques et croissance économique dans les pays industrialisés depuis le XIXe siècle

À partir de 1979, la « politique de l'enfant unique » mise en place par Deng Xiaoping en Chine, en même temps que la politique des « Quatre Modernisations », semble avoir contribué au développement du pays. Pourtant, l'adage formulé par J. Bodin au XVIe siècle, « il n'y a de richesse ni force que d'hommes », peut également s'appliquer au cas chinois qui appuie sa puissance économique sur son 1,4 milliard d'habitants. Évolutions démographiques et croissance économique semblent donc entretenir des liens complexes. On appelle évolutions démographiques les changements affectant les populations. Ils peuvent être quantitatifs (liés aux flux migratoires ou à l'accroissement naturel) mais ils peuvent aussi être qualitatifs ou structurels (âge, qualification, etc.). La croissance économique désigne l'évolution de la richesse créée dans un pays, mesurée généralement par le PIB. Jusqu'au XVIIIe siècle, on ne notait pas de grandes différences entre les pays. Ce n'est que progressivement, avec la transition démographique et la révolution industrielle, que certains pays vont connaître une évolution singulière : une hausse importante de leur population au XIXe siècle suivie d'un vieillissement démographique à la fin du XXe siècle. Ces pays vont également connaître dès le XIXe siècle la croissance économique moderne. Quelles interactions peut-on établir entre ces évolutions ?

I. Croissances démographique et économique peuvent former un cercle vertueux.

A. La croissance démographique peut être une condition favorable à la croissance économique.

1. La croissance démographique agit en effet sur l'offre de travail. Une forte croissance démographique induit une population jeune et dynamique. Les mercantilistes puis les classiques ont insisté sur l'importance du facteur travail dans la création de richesse. Le fort accroissement naturel en Angleterre à partir du XVIIIe siècle est concomitant avec la révolution industrielle : dans la première phase de la transition démographique, la mortalité diminue sans diminuer la natalité. Certains pays ont pu également appuyer leur développement économique au XIXe siècle sur une immigration massive, à l'instar des États-Unis. Dans le même ordre d'idée, le vieillissement actuel peut nuire à la capacité à entreprendre des pays industrialisés.

2. La croissance démographique a aussi un rôle moteur sur la demande de biens et services. E. Boserup (*Évolution agraire et pression créatrice*, 1965) a illustré cela avec son concept de « pression créatrice » : l'augmentation du nombre d'habitants exerce une pression favorable sur les innovations. Le vieillissement démographique dans les pays industrialisés à la fin du XXe siècle contribuerait à la stagnation économique en engendrant une demande moins dynamique. Selon le cycle de vie de F. Modigliani, l'anticipation d'une hausse de l'espérance de vie (ainsi que la défaillance des systèmes de retraites) peut pousser les actifs à accroître leur épargne. Les personnes âgées présenteraient une plus grande aversion pour les innovations.

B. La croissance économique favorise l'accroissement démographique : elle concourt en effet à l'évolution du taux d'accroissement naturel et du solde migratoire.

1. La croissance économique agit sur le taux d'accroissement naturel. Les révolutions industrielles et agricoles ont accompagné la transition démographique. En Europe à partir du XVIIIe siècle, la hausse des rendements agricoles permet une baisse de la malnutrition. Cette réduction de la mortalité est amplifiée au XIXe siècle par une amélioration de l'hygiène consécutive par exemple à la diffusion des vêtements de coton et du savon. La mortalité s'abaisse de 35 ‰ environ à 25 ‰ au milieu du XIXe siècle. Et ce mouvement se poursuit après 1850 grâce à l'amélioration du niveau de vie et aux progrès de la médecine. Inversement, le déclin économique de l'URSS a augmenté la mortalité, notamment infantile, comme l'ont montré les travaux du démographe E. Todd (*La Chute finale*, 1976). Aujourd'hui, dans les pays industrialisés, on observe que la crise économique et la montée du chômage peuvent favoriser le recul de la natalité. La décision de faire un enfant dépend de la façon dont les parents potentiels voient le futur. Or, plutôt que d'avoir un enfant, ils peuvent chercher à améliorer leurs perspectives de revenu ou d'emploi. Le ralentissement de la croissance économique au Japon dans les années 1990 a renforcé la tendance à la baisse de l'indice de fécondité. On retrouve ce mécanisme en France en 2020 durant la crise du coronavirus.

2. Les phases de croissance dans les pays industrialisés correspondent à des phases d'immigration croissante. Ce sont souvent les besoins en main-d'œuvre qui ont été à l'origine d'arrivées de migrants. En France, les Trente Glorieuses favorisent une immigration importante, surtout après 1956 lorsque le recrutement de la main-d'œuvre étrangère s'accélère. Ce processus prendra fin à partir de 1974. Ainsi, si l'immigration permet de faire face aux tensions sur le marché du travail, quand la demande des entreprises l'emporte sur l'offre de travail, les émigrés jouent aussi un rôle d'amortisseur en cas de crise et de développement du chômage. Ainsi, en 1845 en Irlande et pendant la Grande Dépression (1873-1896), les mouvements migratoires ont servi de soupapes en Europe lors des crises économiques.

II. Mais la prise en compte des évolutions structurelles de la population complexifie son lien avec la croissance économique.

A. La croissance démographique doit s'accompagner d'une hausse de l'investissement pour permettre la croissance économique.

1. Si l'augmentation de la population absorbe le surplus de production fourni par la croissance, alors la croissance démographique engendre la diminution du revenu par tête (Malthus, *Essai sur le principe de population*, 1798). Ricardo (*Principes de l'économie politique et de l'impôt*, 1817) explique que la mise en culture des terres moins fertiles augmente les salaires de subsistance et la rente différentielle, ce qui conduit à un état stationnaire.

2. Dans un contexte de croissance intensive que connaissent les pays industrialisés, la contribution du travail à la croissance se modifie : plus que le nombre d'hommes, c'est leur dotation en capital qui devient déterminante. Dans le modèle de Solow (1956), il apparaît que la croissance démographique peut entraîner une dilution du capital par tête, ce qui nuit à la croissance économique intensive. Selon les théoriciens de la croissance endogène (R. Lucas), la croissance économique favorise la formation de capital humain, elle-même source de croissance économique. Bien davantage que le simple baby-boom, ce qui aurait permis la croissance des Trente Glorieuses, ce serait la démocratisation de l'enseignement, à l'origine d'importants gains de productivité (Carré, Dubois et Malinvaud, *La Croissance française*, 1973).

B. Le développement économique peut réduire la fécondité des femmes.

1. Avec la révolution industrielle, les valeurs autour de l'enfant évoluent : les enfants, considérés jusque-là comme une ressource, apparaissent progressivement comme une charge, ce qui exige d'en réduire le nombre. Cette charge est financière dans la mesure où les transformations de l'appareil productif vont exiger un allongement de la durée de formation : le travail des enfants est réglementé en France dès 1841 et la scolarité devient obligatoire en 1881 (lois Ferry). La charge est également affective et sociale. Comme l'a montré P. Ariès, l'enfant devient le centre de la famille et cela exige davantage de temps pour s'en occuper.

2. À partir des années 1960, la croissance intensive exige une qualification de plus en plus importante de la main-d'œuvre et un recours au travail des femmes. Or, selon Gary Becker, la décision d'avoir un enfant résulte d'un calcul rationnel « coûts – avantages ». Dans cette idée, l'augmentation de l'investissement en capital humain des femmes les pousserait à diminuer leur fécondité car la maternité réduit la rentabilité de leur investissement. De plus, les parents, notamment de classes moyennes, ont tendance à vouloir élever le moins d'enfants possible afin de concentrer leurs investissements éducatifs dans un but d'ascension sociale. Enfin, le développement s'est accompagné de l'émergence d'une société basée sur l'épanouissement personnel et les loisirs qui sont jugés prioritaires par rapport aux enfants. On observe donc un raisonnement en boucle : la dotation en capital humain d'une population active influence la croissance et le développement, qui elle-même influence la démographie.

III. Dans les pays industrialisés, les politiques interviennent pour dynamiser la croissance démographique et réguler la croissance économique.

A. Les gouvernements des pays industrialisés cherchent à favoriser la croissance démographique.

1. Si l'on reprend la théorie du choix rationnel de Gary Becker, l'État peut influencer la natalité en diminuant les coûts économiques escomptés de la naissance et de l'éducation par des bourses, des aides fiscales, des tarifs réduits, des « allocations familiales » (créées en France en 1932). La relation entre niveau de développement économique et fécondité, négative au départ – à un niveau économique plus élevé est associée une fécondité plus basse – devient en général positive à partir d'un certain niveau de développement – la fécondité augmente quand le niveau économique progresse. Parmi les pays riches de l'OCDE, la capacité des femmes à concilier vie professionnelle et vie familiale devient déterminante pour le taux de natalité (A. Luci et O. Thévenon, 2011). Les mesures de politique familiale cherchent aujourd'hui à favoriser cette conciliation par des structures d'accueil de la petite enfance, des congés parentaux mixtes, etc.

2. Un des défis majeurs des vieux pays industrialisés est de faire face au vieillissement démographique. Certaines politiques visent à favoriser l'embauche des seniors. C'est d'ailleurs un des objectifs affichés de l'UE dans le cadre de la stratégie de Lisbonne et d'Europe 2020. On peut aussi chercher à favoriser l'immigration « choisie », c'est notamment l'orientation mise en avant par le Canada.

B. L'enjeu est moins aujourd'hui de parvenir à une démographie contrôlée qu'à une croissance maîtrisée.

1. À long terme, la croissance démographique, si elle s'accompagne du développement de la société de consommation, exerce une pression trop élevée sur les ressources non renouvelables. L'enjeu pour obtenir une croissance durable n'est pas tant de maîtriser sa fécondité que de maîtriser sa consommation.

2. La stagnation séculaire et démographique pourrait être un avenir souhaitable pour nos vieux pays industrialisés. L. Summers, en reprenant une idée des années 1930 de A. Hansen, considère que la stagnation démographique, associée à une hausse de l'épargne et à un faible progrès technique, favorise une stagnation économique.

Il existe donc des interactions complexes et évolutives entre croissance économique et évolutions démographiques. Ces interactions s'inscrivent dans la dynamique du changement social qui détermine leur nature et leur intensité. L'État a évidemment un rôle à jouer dans la gestion de ces bouleversements économiques et sociaux, notamment en favorisant la cohésion sociale, là où ces évolutions tendraient à accroître les tensions intergénérationnelles.

SUJET 10

L'entreprise doit-elle avoir une responsabilité exclusivement économique ?

L'annonce de l'éviction, mi-mars 2021, du président-directeur général de Danone par le conseil d'administration de l'entreprise, du fait d'une gestion trop centrée sur les enjeux sociétaux, a entraîné la hausse du cours de l'action de Danone de près de 4 %. Les marchés ont ainsi salué le retour d'une gestion centrée sur la responsabilité économique de l'entreprise.

La responsabilité de l'entreprise est la traduction française de l'expression anglo-saxonne *corporate responsibility*. Il s'agit d'analyser les objectifs de l'entreprise et la manière de les atteindre. Si, selon l'historien de l'économie R. Heilbroner, faire du profit le ciment de la société a longtemps semblé « pure folie », cet objectif s'impose peu à peu à l'entreprise, entendue comme une unité économique qui combine des moyens de production afin de créer des biens et des services vendus sur un marché. Dire que l'entreprise doit avoir une responsabilité économique, c'est souligner qu'elle doit rechercher la maximisation du profit et mettre en place une forme de gouvernance permettant la plus grande efficacité possible. Cependant, cette exigence de rentabilité peut avoir des effets pervers pour l'entreprise comme pour l'ensemble de l'économie. Certaines catastrophes humaines et environnementales, telle celle de Bhopal en Inde en 1984, en attestent. L'entreprise doit alors adopter une forme de gouvernance qui permet de concilier responsabilités économique, sociale et environnementale.

Ainsi, la responsabilité économique de l'entreprise peut être source de croissance. Mais les conséquences néfastes de la recherche de la maximisation du profit à tout prix doivent conduire à concilier performances économiques et responsabilité sociétale de l'entreprise.

I. L'entreprise doit avoir une responsabilité économique.

A. Recherche la maximisation du profit est souhaitable.

- La recherche de maximisation du profit par l'entreprise lui permet d'atteindre une taille optimale. Dans la perspective néoclassique, en concurrence pure et parfaite, l'entreprise produit jusqu'à ce que le coût marginal égalise la recette marginale, c'est-à-dire le prix de vente.
- C'est en recherchant le profit, dans le respect de la législation en vigueur, que l'entreprise rend les meilleurs services à la société. C'est le sens de la tribune publiée par M. Friedman en 1970.

Dans la lignée d'A. Smith, l'entreprise doit maximiser le profit car le profit permet l'investissement, qui accroît la compétitivité des entreprises, et le développement de l'emploi, ce qui est source de croissance. D'autre part, il souligne que seules les entreprises qui maximisent leur profit survivent à la sélection du marché. Peu importe alors si certaines ne se comportent pas ainsi, elles sont vouées à disparaître. L'économiste doit donc raisonner comme si toutes les entreprises recherchaient le profit maximal. Enfin, l'entreprise n'a aucune légitimité pour produire des biens collectifs ou corriger les externalités liées à sa production, n'étant pas élue.

- Ainsi, la poursuite d'autres objectifs que la maximisation revient à voler les actionnaires. M. Friedman dénonce la décision du DG de General Motors de protéger les salariés par une assurance santé complémentaire non obligatoire au nom de l'intérêt de l'actionnaire.

B. La gouvernance actionnariale est la forme de gouvernance la plus efficace.

- L'entreprise doit être envisagée comme un « nœud de contrats », un ensemble de relations d'agence dans un contexte de rationalité parfaite et d'information imparfaite. C'est la perspective de Jensen et Meckling dans l'article fondateur « Theory of the firm : managerial behaviour, agency costs, and ownership structure » (1976). La firme est une fiction légale qui centralise les contrats et minimise ainsi les coûts d'agence.
- Les théories de l'agence et des incitations sont les fondements théoriques de la gouvernance actionnariale de l'entreprise. Il s'agit alors de maximiser la valeur pour l'actionnaire (*shareholder value*) en alignant les intérêts des managers et ceux des actionnaires de la firme. Le conseil d'administration a une fonction disciplinaire qui s'exerce par l'incitation à travers le système de rémunération des dirigeants qui lie leur rémunération à l'évolution de la valeur actionnariale (bonus ou stock-options) ; par la sanction, l'éviction du dirigeant à l'issue d'une OPA ou d'un vote ; par la surveillance en décidant d'un audit par exemple.
- De nouveaux modes de gestion s'imposent dans les entreprises cotées. Des exigences de rentabilité accrue sont imposées par les fonds de pension ou d'investissement, devenus des acteurs majeurs sur les marchés financiers. Le *return on equity*, c'est-à-dire le rapport entre le résultat net de l'entreprise et les capitaux propres, atteint près de 15 % à la fin des années 1990.

II. L'entreprise doit combiner performances économiques et responsabilité sociale et environnementale.

A. La gouvernance actionnariale a de nombreux effets négatifs, tant pour l'entreprise que pour l'économie dans sa globalité.

- La recherche de la rentabilité maximale peut conduire les managers à prendre des décisions qui nuisent à la pérennité de long terme de l'entreprise. Considérer la main-d'œuvre comme une variable d'ajustement conduit les salariés à sous-investir dans leur capital humain spécifique (R. Rajan et L. Zingalès, « Power in the theory of the firm », 1998).
- Rechercher le profit à court terme conduit à négliger les investissements de long terme. D'où, pour M. Carney, une « tragédie de l'horizon » qui conduit à négliger les risques qui se produisent au-delà de l'horizon des décideurs économiques. Ces stratégies court-termistes sont défavorables à l'entreprise car elles ne sont pas propices à l'innovation et sont un obstacle à la soutenabilité de la croissance.
- La gouvernance actionnariale a conduit à accroître l'instabilité de la croissance. A. Hatchuel et B. Segrestin, dans *Refonder l'entreprise* (2012), soulignent que la gouvernance de l'entreprise centrée sur la création de valeur pour l'actionnaire est à l'origine d'un certain nombre de fraudes (Enron) ou d'excès dans le

secteur bancaire (crise des *subprimes*). Cette forme de gouvernance a aussi conduit à une augmentation des inégalités, elle-même source d'instabilité. (J. Stiglitz, *Le Prix de l'inégalité*, 2012).

B. Adopter une responsabilité sociale et environnementale peut être bénéfique.

• Les entreprises peuvent choisir d'aller au-delà de leurs obligations réglementaires en matière sociale ou environnementale car elles ont intérêt à le faire (D. Vogel, *The Market for Virtue*, 2005). Intégrer les contraintes environnementales peut donner un avantage concurrentiel car la réduction des coûts en évitant les gaspillages permet de gagner en compétitivité-prix. Intégrer des considérations sociales peut être source d'efficacité économique pour l'entreprise et d'amélioration du bien-être des populations. Les firmes peuvent innover pour adapter leurs produits aux populations les plus pauvres (C. K. Prahalad *The Fortune at the Bottom of the Pyramid : Eradicating Poverty Through Profits*, 2004).

• À l'inverse, ne pas intégrer les contraintes sociales et environnementales peut conduire l'entreprise à sa perte. L'accident sur la plateforme Deepwater au large du Mexique a provoqué une perte financière pour British Petroleum de 65 milliards de dollars. Outre les pertes financières directes, l'activité de l'entreprise peut être affectée indirectement par une mauvaise image de marque (J. Tirole et R. Bénabou, *Individual and Corporate Social responsibility*, 2009).

• La RSE est une responsabilité intrafirme mais aussi une responsabilité interfirmes (les fournisseurs et les sous-traitants). Cette responsabilité s'appuie sur des codes de bonnes conduites ainsi que sur les normes internationales. La norme ISO 26000 englobe l'ensemble des responsabilités de l'entreprise.

C. Réformer la gouvernance des entreprises est nécessaire.

• L'investissement socialement responsable permet de faire converger les performances financières et sociétales. Il s'agit de prendre systématiquement en compte les critères extra-financiers liés à l'environnement, au social et à la gouvernance (critères ESG), en plus des critères financiers.

• La gouvernance des entreprises doit devenir davantage partenariale. Considérer la gouvernance à travers la seule relation entre les actionnaires et la firme est réducteur. La notion de valeur créée par la firme doit être à même de prendre en compte l'intégralité des parties prenantes (actionnaires, salariés, fournisseurs, créanciers, sous-traitants). L'entreprise doit maximiser la valeur créée pour toutes les parties prenantes (R. E. Freeman, *Strategic Management, a Stakeholder Approach*, 1984).

• L'entreprise doit être envisagée comme un projet collectif de long terme tourné vers l'innovation et le progrès (Hatchuel et Segrestin, *Refonder l'entreprise*, 2012). Cette vision a influencé en France la loi relative à la croissance et à la transformation des entreprises de 2019, dite loi Pacte, qui prévoit la possibilité pour une entreprise de se doter d'une raison d'être dans ses statuts, ou de devenir une société à mission. Cette mission peut être plus large que la seule recherche du profit et englober des objectifs sociétaux. Mais le statut d'entreprise à mission de Danone n'a pas empêché l'éviction d'Emmanuel Faber par son conseil d'administration en raison de la rentabilité insuffisante de la société.

SUJET 11

Les échanges internationaux s'expliquent-ils par les avantages comparatifs ?

À la fin du XVIIIe siècle, Adam Smith affirme que « si un pays peut nous fournir une marchandise à meilleur marché que nous ne sommes en état de l'établir nous-mêmes, il vaut mieux que nous la lui achetions avec quelque partie du produit de notre propre industrie, employée dans le genre dans lequel nous avons quelque avantage » (*Richesse des nations*, 1776). Il rompt ainsi avec une tradition mercantiliste fondée sur le protectionnisme et le repli national.

Si la théorie de Smith, en termes d'avantages absolus, marque une rupture dans la pensée économique, elle est rapidement dépassée par l'apport fondamental de Ricardo (*Principes de l'économie politique et de l'impôt*, 1817) qui raisonne en termes d'avantages comparatifs. Il montre en effet que, même si un pays dispose d'un avantage absolu dans tous les domaines, il a intérêt à se spécialiser. Cette approche ricardienne réalisée dans le cadre d'une théorie de la valeur-travail est complétée au début du XXe siècle par les travaux des économistes suédois Heckscher et Ohlin qui construisent les avantages comparatifs à partir des dotations factorielles. Ce cadre théorique, encore largement accepté, est cependant critiqué et complété par une « nouvelle théorie du commerce international » cherchant à intégrer des dimensions nouvelles et à mieux expliquer la réalité des échanges.

Nous montrerons que le volume des échanges internationaux s'explique d'abord par des raisons non économiques (I), puis que la théorie des avantages comparatifs fournit un cadre de raisonnement intéressant mais partiel pour expliquer la structure des échanges (II), ce qui a conduit à l'émergence d'une nouvelle théorie de l'échange international qui réhabilite partiellement l'avantage absolu (III).

I. Le volume des échanges est largement conditionné par des facteurs politiques et historiques.

A. Les décisions d'ouverture ou de fermeture sont éminemment politiques.

1. Le volume du commerce international dépend largement des conditions politiques internationales. Le GATT est un moyen d'assurer la paix par le développement du multilatéralisme. La construction européenne est portée par une volonté politique et l'ouverture n'en est que la conséquence, il n'y a aucune stratégie de recherche d'avantages comparatifs. La Chine ne dispose pas de plus d'avantages comparatifs dans les années 1990 que vingt ans plus tôt... mais son contexte politique a changé.

2. Les choix de fermeture sont aussi politiques. Le développement du protectionnisme à la fin du XIXe siècle relève de choix politiques (opposition franco-allemande...). Les replis protectionnistes de l'entre-deux-guerres (Grande-Bretagne, Allemagne, États-Unis...) ne relèvent pas d'une critique de la spécialisation ou de l'avantage comparatif, mais de la volonté de pouvoir mener des politiques autonomes et d'une logique isolationniste.

B. Des facteurs macroéconomiques et historiques sont déterminants.

1. L'existence du SMI. Un SMI est nécessaire pour assurer le règlement des échanges internationaux, garantir la valeur des contrats commerciaux à moyen terme. Les échanges progressent en même temps que le SMI se structure au XIXe siècle : rôle du *Banking Act* (1844), adoption de l'étalon-or par la plupart des grands pays à la fin du XIXe.

2. Les conséquences d'une conjoncture économique favorable. La croissance économique contribue au développement du commerce global. La tendance est même à une progression des échanges plus rapide que la croissance, ce qui fait augmenter le taux d'ouverture. La progression de la demande des consommateurs et les besoins des entreprises en produits intermédiaires font augmenter les échanges internationaux.

3. La sensibilité des échanges aux crises économiques. Les crises économiques se traduisent par une contraction des échanges, sans qu'il y ait un lien avec une transformation des avantages comparatifs et un changement dans la spécialisation.

II. Les avantages comparatifs contribuent à expliquer la structure des échanges.

A. Les avantages comparatifs et la logique de spécialisation...

1. La théorie des avantages comparatifs selon Ricardo (1817). Il est plus efficace de se spécialiser dans les activités pour lesquelles on est relativement le meilleur et abandonner les autres. La spécialisation se fait en fonction des coûts comparatifs, et les pays ont tous intérêt à l'échange.

2. La théorie des dotations factorielles. Les travaux d'Heckscher (1919) puis Ohlin (1933), complétés par Samuelson (1941), montrent que la spécialisation doit se faire en fonction des dotations en facteurs de production qui déterminent les coûts comparatifs.

B. ... expliquent une partie des échanges internationaux...

1. Les avantages comparatifs expliquent certaines stratégies d'ouverture. L'ouverture anglaise au XIXe siècle est en partie justifiée par la logique ricardienne. L'abolition des *Corn Laws* (1846) vise à modifier la structure des échanges en permettant d'obtenir du blé moins cher tout en augmentant la compétitivité des industriels anglais. Les stratégies de développement fondées sur l'insertion dans les échanges internationaux, menées par les NPIA à la fin du XXe siècle, reposent aussi sur la volonté d'exploiter les avantages comparatifs.

2. La DIPP est une stratégie de firmes qui repose largement sur le principe de l'avantage comparatif. Les firmes décomposent les processus productifs pour exploiter au maximum les avantages comparatifs des pays dans lesquels elles produisent. Cela a pour conséquence un accroissement du commerce intrafirme qui représente aujourd'hui une grosse partie de l'échange international.

C. ... mais peinent à expliquer certaines caractéristiques de l'échange.

1. Le développement des échanges intrabranches. Les échanges intrabranches correspondent à des échanges croisés de produits similaires. La théorie de l'avantage comparatif a du mal à les intégrer dans son raisonnement car ils semblent étrangers à une logique de spécialisation. On ne peut les intégrer qu'en prenant en compte des différences fines entre les produits, ou en découpant les échanges par zone ou dans le temps.

2. Le commerce entre pays proches. Une grande partie de l'échange international se fait entre des pays de niveaux de développement proches et ne semble pas clairement relever d'une logique de spécialisation. Lorsque des échanges nettement spécialisés sont visibles, ils relèvent plus souvent d'une logique d'avantage absolu que comparatif, comme les échanges de matières premières.

III. Les nouvelles théories de l'échange international ne reposent pas sur l'avantage comparatif.

A. Des explications techniques liées à la production.

1. Technologie et échange international. L'hypothèse de cycle de vie du produit (Vernon, 1966) montre que le commerce international d'un produit varie selon sa maturité. Cette approche permet de comprendre comment le commerce international se transforme au fil du temps. Elle souligne aussi que la spécialisation relève plus d'un avantage absolu temporaire que d'un avantage comparatif. Un pays possède un avantage technologique à un moment, mais peut le perdre lorsque les autres innovent.

2. Échanges internationaux, rendements d'échelle et différenciation des produits. Les rendements externes croissants conduisent à ce que la spécialisation ne soit pas forcément optimale pour le consommateur (Krugman). Les pays entrés les premiers dans une production sont toujours avantagés. Les stratégies des entreprises pour différencier leurs produits et les goûts des consommateurs pour la différence expliquent en partie les échanges intrabranches. Krugman montre qu'en combinant rendements d'échelle internes et différenciation des produits on peut expliquer que la spécialisation ne soit pas complète. Le commerce interbranche relève de l'avantage comparatif, l'échange intrabranche de la différenciation et des économies d'échelle.

B. Des contraintes géographiques.

1. L'importance de la demande. Linder (1961) souligne l'importance de la demande domestique pour les producteurs. L'échange international n'en est que le prolongement. Cela permet d'expliquer que le commerce se fasse surtout entre pays de niveau de développement équivalent et qu'on y trouve des échanges intrabranches.

2. Les effets d'agglomération et le poids de l'histoire. Krugman souligne l'importance des « accidents historiques » pour expliquer la localisation des activités. La présence d'économies d'échelle suffit ensuite à y concentrer les activités et donc l'échange international.

3. Taille des marchés et modèles de gravitation. La taille des pays et la distance qui les sépare expliquent assez largement l'importance des échanges internationaux. Cela montre que l'échange international est finalement déterminé par la proximité géographique et culturelle des pays et par l'importance de la demande.

C. Des stratégies de firmes.

1. Commerce intrafirme et DIPP. Le commerce intrafirme est la conséquence de la décomposition des processus productifs. La localisation des activités dépend de nombreux paramètres qui ne peuvent pas s'analyser seulement par des dotations factorielles. L'importance de la DIPP remet en cause la vision de la nation comme « bloc de facteurs » propre à la théorie de l'avantage comparatif.

2. Le modèle OLI de Dunning. Il montre que l'entreprise peut arbitrer entre commerce international et implantation à l'étranger (et donc recours aux IDE) en fonction des coûts de transaction et des coûts d'internalisation.

SUJET 12

Firmes transnationales et mondialisation

En avril 2021, Janet Yellen annonce que l'administration de Joe Biden souhaite taxer les multinationales qui échappent très largement à l'impôt sur les bénéfices. Si la question de la fiscalité des firmes multinationales (ou transnationales) n'est pas nouvelle, elle a pris une place centrale dans les réflexions sur la mondialisation au cours des dernières années. Les GAFAM, firmes géantes du numérique, sont les acteurs de la mondialisation des services numériques, mais également de la production de biens (ordinateurs, téléphones...) qu'elles ont structurée au niveau mondial.

Si l'existence de firmes « multinationales » est attestée au moins depuis le XIXe siècle, elles échappent en partie à l'analyse classique de l'échange international qui repose sur une hypothèse forte d'immobilité des facteurs de production. Les IDE et la transnationalisation des firmes ne seraient donc pas compatibles avec le développement de l'échange international.

Pourtant, le développement des FTN accompagne la croissance des échanges au cours de la deuxième moitié du XXe siècle et ces firmes sont le produit de la mondialisation autant qu'elles en sont les acteurs centraux : en 2014, selon l'OCDE, elles assurent un tiers de la production mondiale (21 % pour les maisons mères, 12 % pour les filiales), 28 % de la valeur ajoutée mondiale (18 % et 10 %), 55 % des exportations mondiales (24 % et 31 %) et représentent 23 % de l'emploi mondial (16 % et 7 %). Elles exploitent également la mondialisation à leur profit.

I. Les FTN sont des produits de la mondialisation.

A. Dès le XIXe siècle, naissent des FTN dans un contexte d'ouverture des échanges… et le mouvement s'accentue après la Seconde Guerre mondiale.

1. Les Compagnies des Indes : compagnies ayant un monopole légal du commerce entre les métropoles européennes et leurs colonies. La VOC, Compagnie néerlandaise des Indes orientales, a contribué à la naissance des bourses de valeurs, disposait d'une flotte considérable et a participé largement à l'expansion territoriale des Provinces-Unies. La Compagnie britannique des Indes orientales (BEIC) a participé à la création de l'Empire britannique, tandis que les Compagnies françaises, tant des Indes orientales qu'occidentales, ont eu du mal à se développer.

2. Les premiers mouvements de transnationalisation des firmes au XIXe siècle se déroulent dans des logiques de coopération avec leur État d'origine : les FTN profitent des empires coloniaux (ex. : Michelin développe ses plantations d'hévéa en Indochine, tandis que Dunlop s'installe en Malaisie). Le rôle des FTN américaines après la Seconde Guerre mondiale : « ce qui est bon pour les États-Unis est bon General Motors » (Charles Wilson, PDG de GM, 1953). La United Fruit Company, symbole de l'impérialisme économique et politique américain, serait directement impliquée dans le coup d'État organisé au Guatemala par la CIA (1954).

B. Quelles explications au développement des FTN ?

1. Des logiques d'offre fournissent une première source d'explication :

- la sécurisation des approvisionnements explique largement les investissements pour prendre le contrôle des mines, des plantations, des réseaux de transport…
- l'accès à des technologies ;
- la recherche d'un moindre coût de production, explication non essentielle au XIXe siècle où le coût en main-d'œuvre n'est pas l'élément essentiel de l'implantation, mais qui prend une place importante dans la deuxième moitié du XXe siècle avec le développement des filiales-ateliers.

2. Des logiques de demande sont déjà présentes :

- la remontée du protectionnisme à la fin du XIXe siècle conduit des firmes à faire du « tarif jumping » : sidérurgistes anglais et allemand s'implantant en Russie après l'instauration du tarif Mendeleïev ;
- un rapprochement du consommateur pour réduire les coûts de distribution, voire produire sur place des produits impossibles à transporter. Logique des filiales-relais, mais dans une logique « multidomestique » : on produit à l'étranger avec les mêmes techniques de production que dans le pays d'origine (c'est l'avantage technologique du pays d'origine qui est exploité) ;

• un marché intérieur petit qui incite à s'implanter à l'étranger. Nestlé vend sa farine lactée en France, en Allemagne... dès la fin du XIXe siècle.

II. Les FTN sont à l'origine d'une nouvelle mondialisation.

A. Les changements observés depuis les années 1970-1980 : DIPP et CVM.

1. Une division internationale des processus productifs (Lassudrie-Duchêne, 1982) apparaît dès les années 1950 avec des FMN américaines en Asie du Sud-Est. Il s'agit d'exploiter finement les avantages comparatifs des pays d'accueil en appliquant une logique de division internationale du travail à la production des composants. La DIPP se traduit par un double mouvement d'externalisation internationale et de délocalisation.

2. « *Made in World* ». La DIPP a conduit à l'intensification d'un commerce le long de la chaîne de valeur, en grande partie orchestrée par les FTN. Les statistiques du « commerce en valeur ajoutée » présentées par l'OCDE et l'OMC visent à mieux rendre compte des échanges extérieurs des pays, complètement transformés par la DIPP.

3. Depuis les années 1990, deux nouvelles tendances. D'une part, l'émergence de FTN en provenance des pays émergents (Corée, Chine...). D'autre part, les progrès dans les technologies de l'information et de la communication permettent de délocaliser des activités de service et permettent également à de grandes firmes internationales de développer des activités de service à l'échelle planétaire (*cf.* Amazon).

B. Quelles explications ?

1. La maîtrise d'une technologie (Vernon, 1966) peut pousser les firmes à s'implanter à l'étranger. La combinaison d'un avantage absolu dans la technologie et du cycle de vie du produit conduit à l'extension internationale de la production dans l'ordre suivant : production nationale, exportation, délocalisation de la production et importation.

2. Les théories de la firme transnationale et celles des IDE se recouvrent de plus en plus. La logique d'internalisation/recours au marché de Coase (1937) devient une logique d'IDE ou d'exportation. Les coûts de transaction, liés aux imperfections des marchés, poussent à internaliser au lieu d'échanger.

3. Le modèle de Dunning (1981) montre que l'implantation à l'étranger suppose des avantages dans trois domaines : des avantages spécifiques à la firme (*ownership advantages*), liés par exemple à sa maîtrise d'une technologie, à sa taille, à sa capacité à différencier ses produits... ; des avantages liés à la localisation (*localisation advantages*) qui constituent l'avantage comparatif du pays d'accueil ; des avantages liés à la réduction des coûts de transaction (*internalisation advantages*) liés par exemple à l'avantage organisationnel de la firme, à sa maîtrise des contrats...

C. Les FTN participent à une uniformisation de la consommation, à la constitution d'un réseau mondial : rôle des GAFAM et des FTN globales.

1. Les FTN ont de plus en plus une stratégie globale, indépendante des États, ce qui justifie l'emploi du terme « transnationales » plutôt que « multinationales ». Leur autonomie croissante par rapport aux États, combinée à des stratégies de production, de localisation, de commercialisation... planétaires, conduit à parler de « firmes globales » organisées en réseaux.

2. Les FTN globales (Andreff, 1996) sont les vecteurs d'un marché mondial homogène, où le produit est diffusé à l'identique dans le monde. De la logique McDonald à celle d'Amazon ou de Microsoft... ces firmes globales diffusent des modes de consommation planétaires. Andreff montre que les multinationales changent de forme et deviennent globales. Mais toutes les FTN ne sont pas globales. Il reste plein de FTN de petite taille.

III. Les FTN utilisent la mondialisation à leur profit.

A. La mondialisation permet d'échapper à la taxation.

1. Les « prix de transfert » entre les filiales des firmes transnationales sont un moyen légal d'optimisation fiscale : les filiales situées dans les pays fortement taxés vendent leurs produits à des prix élevés de manière à ne pas faire apparaître de bénéfice (ou modeste). Les filiales dégageant du profit sont ainsi situées dans les pays les moins taxés.

2. À partir des années 1970, dans le cadre d'organisations internationales comme l'OCDE, des règles d'utilisation des prix de transfert ont été établies. Elles reposent sur le « principe de pleine concurrence », c'est-à-dire sur l'utilisation de prix qui auraient été fixés entre des entreprises indépendantes pour des transactions comparables. Ces règles donnent la possibilité aux fiscs des différents États de corriger les déclarations fiscales des entreprises et de les taxer. Mais les taux d'imposition que subissent les grandes FTN sont aujourd'hui très inférieurs à ceux des entreprises locales (ex. : Apple en Irlande).

3. Une véritable concurrence fiscale s'est instaurée entre les pays et est particulièrement intense en Europe. L'Irlande, le Luxembourg, les Pays-Bas... ont permis à de grands groupes internationaux d'échapper à l'impôt, soit par des montages financiers habiles (« sandwich hollandais »), soit par des négociations directes avec des gouvernements bienveillants (« *tax ruling* » luxembourgeois). Les multinationales arrivent ainsi à échapper à l'impôt, réduisant les ressources disponibles pour les États, faussant la concurrence avec les firmes qui ne peuvent pas échapper à l'impôt, et participant à l'accroissement des inégalités dans la distribution des richesses.

B. Des firmes tellement puissantes que les États ne peuvent pas les réguler et cherchent à les attirer.

1. Les États sont dans une logique d'attraction des IDE et des FTN. Depuis la crise des années 1970 marquant le début d'une désindustrialisation pour les économies avancées, les États cherchent à attirer des investissements étrangers. Il s'agit parfois de redynamiser des territoires, parfois de mener des stratégies de développement (zones franches permettant d'éviter l'impôt, zones économiques spéciales dans lesquelles des lois plus libérales s'appliquent...).

2. Les grands groupes sont accusés de profiter de leur puissance au détriment des populations. Les délocalisations, comme celles de Whirlpool vers la Pologne, ou de Mittal dans la sidérurgie, posent la question des subventions qui ont pu être apportées à certaines entreprises et des conséquences pour l'emploi et les finances publiques des pays concernés.

SUJET 13

La seconde mondialisation est-elle une simple répétition de la première ?

Depuis la révolution industrielle, le monde a connu deux grandes périodes d'extension des échanges internationaux, la première au XIXe siècle et la seconde à partir de la fin des années 1960, avec une forte accélération depuis les années 1980. La période de l'entre-deux-guerres a été marquée par une contraction brutale de ces échanges. La mondialisation n'est donc pas un processus linéaire et semble progresser par vagues. Mais s'agit-il d'un même processus ? Si c'est le cas, notre mondialisation pourrait bien être aussi fragile que la première.

Or, depuis 2008, plusieurs signes évoquent le spectre d'une démondialisation. Pourtant n'existe-t-il pas des caractéristiques qui font de l'interpénétration actuelle des marchés un processus singulier ?
Si la seconde apparaît comme plus intense que la première, les deux phases de mondialisation présentent des similarités. Pourtant, certaines particularités contemporaines rendent notre mondialisation moins fragile.

I. La seconde mondialisation, plus intense que la première ?

A. Certes, en termes relatifs, la première mondialisation apparaît comme plus poussée que la mondialisation actuelle.

1. L'intensité élevée des échanges commerciaux de 1914 n'a été retrouvée puis dépassée qu'à partir des années 1970. La liberté de circulation des biens, des hommes et des capitaux en termes relatifs n'a jamais été aussi grande qu'au XIXe siècle, notamment parce qu'aujourd'hui la main-d'œuvre est moins mobile du fait des restrictions considérables à l'entrée dans les pays développés.
2. De même, les investissements directs à l'étranger représentaient en 1900-1910 à peu près l'équivalent de l'investissement intérieur tandis qu'au début du XXIe siècle ils s'élèvent à seulement 6 % de cet investissement dans les pays développés. L'intégration financière au XIXe siècle a été favorisée par la stabilité des changes qu'autorisait le système de l'étalon-or. Faut-il rappeler que la Chine pratique un fort contrôle des changes alors qu'elle est la deuxième économie mondiale ? À ce titre, notre « mondialisation » est beaucoup moins libérale que celle qui s'est déployée au cours du XIXe siècle au moment de la libre circulation des capitaux et de l'étalon-or.

B. Les différences de composition des flux commerciaux et le renforcement du poids des pays émergents dans le commerce international rendent cependant la seconde mondialisation plus poussée.

1. Elle concerne tout d'abord quasiment toute la planète alors qu'en 1914 nombre de régions du monde restaient isolées. Géographiquement, la mondialisation actuelle accorde une place nettement supérieure à l'Asie. Elle se caractérise par le poids croissant du commerce entre pays à différents stades de développement. En 1913, le taux d'exportation moyen calculé sur 17 pays était voisin de 13 % et, en 2008, ce taux moyen calculé sur 110 pays atteint un sommet historique à 24 %, selon le CEPII (2017).
2. La pertinence d'une comparaison historique sur la base du ratio commerce international sur PIB est limitée sur le long terme, la taille et la composition du PIB s'étant fortement modifiées entre les deux vagues de mondialisation : la part des services dans le PIB a crû au cours du XXe siècle, impliquant une baisse de la part des biens échangeables dans le PIB. Les biens échangés sont davantage diversifiés d'une vague de mondialisation à l'autre : la part des produits primaires a reculé et celle des services a progressé.

II. On observe des similarités entre les deux mondialisations.

A. À chaque phase de mondialisation on retrouve certaines constantes, comme la révolution des transports et des moyens de communication, ainsi qu'une puissance économique favorisant les échanges internationaux.

1. Les deux vagues de mondialisation se sont caractérisées par l'intégration croissante des marchés de biens et de capitaux, favorisée par la baisse des coûts de transport et de communication. Dans la seconde moitié du XIXe siècle, elle est liée à la diffusion des chemins de fer,

des bateaux à vapeur et du télégraphe. Elle a contribué à la réduction des écarts de prix des matières premières alimentaires entre pays industrialisés. De même, la conteneurisation dans les années 1960, puis Internet depuis les années 1990, ont largement participé au développement des échanges internationaux.

2. À chaque période de mondialisation, une puissance hégémonique a impulsé le mouvement d'ouverture des économies. La Grande-Bretagne a été la première à s'ouvrir dès les années 1840 et c'est le traité franco-anglais Cobden-Chevalier (1860) qui a marqué véritablement le début d'accélération de la première mondialisation. De même, les États-Unis vont impulser l'ouverture des économies, notamment sous l'égide du GATT à partir de 1947. La croissance des échanges commerciaux a par ailleurs coïncidé pour chacune des périodes de mondialisation avec l'affirmation d'une nouvelle puissance, les États-Unis à la fin du XIXe siècle, la Chine aujourd'hui. L'affirmation des États-Unis au début du XXe siècle s'est accompagnée du creusement progressif du déficit commercial de la Grande-Bretagne, tandis que les États-Unis connaissaient un excédent croissant. La situation de la Chine aujourd'hui, qui importe peu de produits manufacturés en provenance des pays industrialisés à des fins de consommation finale, fait écho à celle des États-Unis un siècle plus tôt.

B. Les deux mondialisations ont favorisé l'intégration financière et exposé les économies à une plus grande vulnérabilité aux crises.

1. Les destinataires des flux de capitaux présentent des caractéristiques communes d'une vague de mondialisation à l'autre : les capitaux vont là où la productivité globale des facteurs est élevée et le cadre institutionnel favorable au recouvrement des créances. Le paradoxe de Lucas se vérifie dans les deux mondialisations : le capital ne circule que peu des pays riches vers les pays pauvres alors qu'ils ont un niveau de capital par tête moindre. Dans les deux périodes, les pays destinataires sont riches en ressources naturelles, disposent d'une main-d'œuvre formée et bénéficient de coûts de transport limités. De même, la stratégie actuelle de la Chine, destinataire d'IDE mais également exportatrice de capitaux en vue de s'assurer l'accès aux matières premières, fait écho à celle des États-Unis au début du XXe siècle.

2. La première mondialisation s'est accompagnée de crises financières auxquelles les crises contemporaines font écho. Les épisodes de chute brutale des flux entrants de capitaux dans les pays émergents observés à la fin du XXe siècle font écho à ceux du début des années 1890. Pendant les années 1880, alors que l'Europe traversait une « dépression », la perspective de rendements élevés dans les pays émergents avait favorisé un afflux de capitaux vers ces pays. Lorsque ensuite la Banque d'Angleterre a augmenté ses taux à la fin des années 1880, cela a brutalement réduit les flux de capitaux destinés aux pays émergents, qui avaient alors rencontré des difficultés pour financer leurs déficits courants. Les crises de surendettement des pays émergents en Amérique latine dans les années 1980 ou en Asie dans les années 1990 présentent un schéma similaire.

III. Des différences qui rendent la seconde mondialisation moins fragile.

A. Contrairement à la phase actuelle de mondialisation, la première mondialisation n'a pas été caractérisée par la décomposition internationale des processus de production (DIPP).

1. Cette DIPP renforce les interdépendances des économies et explique l'importance du commerce intrabranche et intrafirme dans la seconde mondialisation. Bien que le commerce entre pays industrialisés ait été significatif lors de la première mondialisation, le commerce intrabranche est propre à la mondialisation actuelle. La division internationale du travail, entre un petit nombre de pays exportateurs de produits manufacturés et le reste du monde exportateur de produits primaires, n'est plus pertinente. La recherche de complémentarités entre les territoires est aujourd'hui beaucoup plus fine que cette simple opposition.

2. En outre, le rôle des firmes multinationales (FMN) était limité au début du siècle alors qu'elles jouent dorénavant un rôle prépondérant. Les quelques FMN qui existaient au XIXe siècle suivaient essentiellement une stratégie d'approvisionnement en matières premières tandis que les FMN poursuivent aujourd'hui de nombreuses stratégies à l'échelle mondiale (de marché, de rationalisation des coûts, etc.). L'importance des FMN et la DIPP tendent à renforcer les interdépendances entre les économies mondiales et rendent délicate la mise en place de mesures protectionnistes.

B. Si la seconde mondialisation apparaît comme davantage institutionnalisée et donc moins fragile, cela ne l'empêche pas de subir des critiques virulentes.

1. La première mondialisation a été marquée par l'absence de réciprocité des politiques commerciales, elle a été surtout impulsée par la Grande-Bretagne. Après la courte période libre-échangiste en Europe, la période 1879-1892 a été marquée par le retour progressif du protectionnisme. La Première Guerre mondiale, puis surtout la crise de 1929, ont montré combien elle était réversible. Lors de la seconde mondialisation, la mise en place du GATT (Accord général sur les tarifs douaniers et le commerce) en 1947 puis la création de l'OMC (Organisation mondiale du commerce) en 1995 encadrent la libéralisation des échanges et a contribué à empêcher tout retour du protectionnisme tarifaire lors de la crise des années 1970 ou de celle des *subprimes*. Alors qu'au cours de la première mondialisation l'exposition des secteurs manufacturiers des pays en développement (PED) à la concurrence d'économies plus matures avait été déstabilisatrice (Inde, Chine, etc.), la clause de sauvegarde de l'OMC autorise les PED à appliquer des droits de douane élevés pour protéger leurs industries naissantes.

2. La perception de la mondialisation a changé entre les deux mondialisations. Au XIXe siècle, la gauche internationaliste voit en elle une occasion de sceller la solidarité entre travailleurs par-delà les frontières. Selon S. Berger (2003), la seconde mondialisation aurait perdu le regard bienveillant des partis et syndicats de gauche. En abattant les frontières, elle est perçue comme un facteur d'affaiblissement de la capacité politique et une menace pour la démocratie. Selon D. Rodrik (2008), hyper-mondialisation, souveraineté nationale et démocratie forment un triangle d'incompatibilités. Les décisions des États ne consistent plus qu'à attirer les FMN et l'épargne mondiale au détriment de l'expression populaire en faveur de l'État-providence. Conserver un espace national de décision politique et la démocratie réclame un peu moins de mondialisation. S. Berger rappelle pourtant que cet État social a jeté ses premières bases durant la « première mondialisation ». Si la fracture sociale et la prise de conscience environnementale conduisent parfois à rejeter la mondialisation, la comparaison des deux mondialisations nous laisse penser qu'elle serait peut-être moins coupable que le mode de croissance intensif mis en place pendant les Trente Glorieuses.

Ainsi, la mondialisation actuelle apparaît comme moins fragile que la première mondialisation. Si certaines critiques se font virulentes, l'institutionnalisation des échanges ainsi que l'imbrication des chaînes de valeur mondiales rendent délicat tout retour en arrière dans le processus de mondialisation. Il est malgré tout urgent que les États prennent conscience de leur rôle dans le partage des fruits et dans la prise en charge des conséquences négatives de la mondialisation.

SUJET 14

Les déséquilibres des balances courantes sont-ils un problème ?

Le maximum des déséquilibres courants au niveau mondial depuis le XIXe siècle a été atteint entre 2006 et 2008, peu avant la grande crise financière mondiale de 2008. Excédents et déficits courants correspondent à un solde déséquilibré du compte des transactions courantes qui, au sein de la balance des paiements, retrace les flux monétaires qui sont la contrepartie du commerce international des biens et services ou qui reflètent des flux de revenus entre pays.
Alors même que la Chine et les États-Unis possèdent depuis plusieurs décennies d'importants déséquilibres courants, leurs excédents et déficits respectifs ne les empêchent pas d'être les deux principales puissances économiques mondiales. Dans quelle mesure, dès lors, les déséquilibres courants sont-ils problématiques ? Peut-on mettre sur le même plan les effets des excédents et ceux des déficits ? En quoi certains déséquilibres courants peuvent-ils être facteurs de crises financières ? Quelles sont les conséquences des déséquilibres courants sur les pays concernés et sur le système économique international ?

I. Il existe des situations de déséquilibres courants qui ne sont pas défavorables à certaines économies nationales et qui sont compatibles avec une stabilité du système international.

A. Les déséquilibres courants sont la norme dans un monde composé d'économies ouvertes aux échanges.

1. Les différentiels de croissance, de compétitivité, de position extérieure nette entre les pays, l'existence de firmes multinationales et de travailleurs migrants induisent des déséquilibres courants inévitables.
2. Il existe des mécanismes qui permettent aux pays de gérer des situations de déséquilibres courants de manière simple, grâce à des entrées de capitaux venus du reste du monde ou par une dépréciation de la monnaie domestique.

B. Il existe des déséquilibres courants qui ne sont pas problématiques pour une économie.

1. Un excédent courant peut avoir des effets positifs pour une économie. Il permet ainsi d'accumuler une position extérieure nette positive et de générer par conséquent des flux nets entrants de revenus qui entretiennent l'excédent courant et élèvent le revenu national au-dessus du PIB du pays.
2. Un déficit courant d'une économie en rattrapage n'est pas forcément problématique. Une croissance plus forte que la moyenne tend mécaniquement à faire apparaître un déficit commercial et une économie en développement peut, grâce aux capitaux étrangers, financer un investissement intérieur dynamique, même si cela peut s'accompagner d'une hausse des flux de profits sortants. Si les capacités exportatrices se développent grâce aux IDE, le pays remboursera sa dette extérieure initiale (Rist, Boggs et Cairncross).
3. Un pays émetteur de monnaie internationale peut tout à fait supporter un déficit courant, comme les États-Unis depuis les années 1970. Ces derniers conservent le « privilège exorbitant » (Giscard d'Estaing, 1964 ; Eichengreen, 2011) de pouvoir payer l'essentiel de leurs importations en dollars.

C. Avant 1914, la montée des déséquilibres courants s'est réalisée dans le cadre d'un système monétaire et économique international assez stable.

1. Les pays industrialisés ont accumulé les excédents courants et une position extérieure nette très élevée, ce qui a permis la domination financière de l'Europe à la fin du XIXe siècle, en particulier de la Grande-Bretagne.

2. Les déficits courants des pays moins industrialisés ont souvent abouti à une domination économique du centre sur la périphérie en adéquation avec la géopolitique de l'époque.

II. Cependant, certaines formes de déséquilibres courants exposent les pays à des dangers.

A. Un déséquilibre courant peut être le symptôme de difficultés rencontrées par une économie.

1. Des déficits courants importants peuvent révéler des fragilités de l'économie d'un pays et peuvent constituer le symptôme inquiétant d'une perte de compétitivité des producteurs domestiques, d'un processus excessif de désindustrialisation, et donc d'une dépendance aux capitaux étrangers.

2. Il existe des excédents courants indiquant certaines fragilités des économies qui les affichent. Un excédent courant peut témoigner d'un investissement atone ou d'une épargne contrainte par la faiblesse des systèmes de protection sociale ou par la démographie (ex. de la Chine ou de l'Allemagne).

B. Un déséquilibre courant est parfois une vulnérabilité qui peut exposer une économie à un risque de crise financière.

1. Un déficit courant en changes fixes peut déboucher sur une crise de change affectant gravement l'économie d'un pays. Lorsque les flux nets de capitaux entrants ne sont plus suffisants, une crise de change de troisième génération peut apparaître (Obstfeld, 1994).

2. Un déficit courant couplé à un déficit budgétaire peut exposer un pays à une crise de dette souveraine et à une dépression économique. Le déficit budgétaire inflationniste provoque une hausse insoutenable du taux de change réel, obligeant à une dévaluation qui rend insupportable la dette libellée en devise (modèle de Krugman de 1979 et crise mexicaine de 1982).

III. Des dysfonctionnements du système monétaire international peuvent rendre certaines situations de déséquilibres courants difficilement gérables et problématiques pour l'économie internationale.

A. L'incapacité des pays à gérer des déséquilibres courants dans un contexte de changes fixes et de mobilité des capitaux : l'exemple de l'entre-deux-guerres.

1. En situation de changes fixes et de mobilité du capital entre les pays, les contraintes sur le solde courant sont fortes. Le triangle d'incompatibilité de Mundell souligne que, si le solde courant est déficitaire, la politique monétaire peut être excessivement restrictive pour attirer des capitaux.

2. Les crises de balance des paiements de l'entre-deux-guerres ont rendu les économies incapables de gérer leurs déséquilibres courants et ont favorisé la fermeture des économies.

B. Des déséquilibres courants trop marqués, même si complémentaires, révèlent des excès qui favorisent les crises financières.

1. Les déficits courants importants dans certains pays sont la contrepartie d'un excès d'épargne dans d'autres pays. De tels déséquilibres peuvent conduire à un endettement excessif (ex. de PED dans les années 1970) ou à un surfinancement extérieur déstabilisant (ex. de l'Asie orientale dans les années 1990).

2. La crise financière de 2008 se développe dans un contexte de déséquilibres courants inédits qui ont pu la favoriser. Les excédents courants considérables de la Chine, de l'Allemagne ou des pays de l'OPEP suscitent dans les années 2000 une épargne abondante qui finance un surendettement aux États-Unis et en Europe du Sud.

C. Les difficultés posées par la diffusion internationale de stratégies commerciales néomercantilistes depuis une vingtaine d'années.

1. Les stratégies néomercantilistes des émergents, des pays pétroliers et de certains pays développés depuis la fin des années 1990 sont fondamentalement non coopératives, puisque les excédents des uns ne sont possibles que grâce aux déficits des autres.
2. La quête de l'excédent courant par beaucoup de pays favorise un ralentissement de la croissance mondiale selon une approche en termes de stagnation séculaire (Summers, 2013). Les excédents courants ont favorisé depuis le début du XXIe siècle une hausse des réserves de change dans le monde, alimentant la hausse des cours de nombreux actifs plus que l'activité productive.

Les déséquilibres courants sont le reflet du fonctionnement normal d'économies interconnectées par des flux de produits et de capitaux et il existe des mécanismes pour les réduire (variations de change) ou les financer (flux de capitaux). Lorsque les capitaux sont mobiles entre les pays, les changes flexibles offrent une souplesse de correction des déséquilibres courants plus marquée que les changes fixes.

Les causes des déséquilibres courants sont multiples et ce sont elles qu'il convient d'étudier pour prendre la mesure du caractère problématique ou non pour un pays d'un déséquilibre courant. Il existe de bons et de mauvais déficits, de bons et de mauvais excédents.

La gestion des déséquilibres courants est un défi pour le système économique international. Certaines situations de déficit courant pouvant être déstabilisantes et porteuses de crises financières, il convient alors d'éviter les excès. Ce qui est aussi de la responsabilité des pays qui, cherchant à accroître leurs excédents courants, peuvent, par là, contribuer à ces déstabilisations.

SUJET 15

L'Union européenne pèse-t-elle encore dans la mondialisation ?

La mondialisation contemporaine s'organise de plus en plus autour d'une nouvelle guerre froide, pour l'heure économique, entre les États-Unis et la Chine. Dans ce bras de fer, l'Union européenne semble reléguée au second plan alors même qu'elle regroupe 27 pays au 1er janvier 2021, dont certains figurent aux tout premiers rangs dans la hiérarchie mondiale. Forte d'un marché de près de 450 millions de consommateurs, au pouvoir d'achat élevé, elle demeure donc, sur le papier, l'un des pôles majeurs de la globalisation économique et financière. Elle est, de fait, le premier exportateur mondial et son PIB la place peu derrière les États-Unis. Avec l'euro, l'UE dispose par ailleurs d'une monnaie de dimension internationale et d'un marché financier attractif.
Pourtant, la capacité de l'UE à peser dans l'économie mondiale demeure incertaine car sa croissance semble pour l'essentiel déterminée par le cycle américain ou par la bonne volonté chinoise d'ouvrir son marché ; de même, son poids dans les négociations commerciales est affaibli par des intérêts divergents. La monnaie unique est par ailleurs minée par des déséquilibres internes qui la fragilisent au plan international. L'Europe pèse-t-elle donc véritablement dans la mondialisation ? Est-elle en

mesure de faire valoir des intérêts propres ou dépend-elle des stratégies élaborées en dehors de ses frontières ?

I. L'Europe s'est affirmée comme un espace attractif et compétitif ainsi qu'une puissance financière de premier plan...

A. Une puissance évidemment attractive et compétitive.

1. Des atouts en matière d'attractivité : près de 450 millions de consommateurs au pouvoir d'achat élevé, une main-d'œuvre qualifiée, des infrastructures de transport (ports, aéroports, voies ferrées, routières, etc.) et de réseaux (information, énergie, etc.). L'UE est donc un espace très interconnecté offrant des facteurs de production très attractifs (2017 : 300 Mds $ d'IDE reçus sur un total mondial de 1 430 Mds $; 2019 : 200 Mds sur un total de 1 300 Mds).

2. Un poids économique indéniable : 4 pays européens parmi les 15 premiers mondiaux en termes de PIB : l'Allemagne (4e), la France (7e), l'Italie (9e) et l'Espagne (14e). L'UE représente plus de 22 % du PIB mondial (soit 13 305 Mds € en 2020) et est le second exportateur mondial (15,6 % du total du commerce) et le second importateur (14,8 % du total). Des entreprises de taille mondiale et des avantages comparatifs dans tous les domaines : agriculture (2e puissance exportatrice), industrie (aéronautique : Airbus ; automobile : Volkswagen, Renault-Nissan ; chimie : Bayer ; luxe : LVMH) et services (distribution, finance, tourisme). Les entreprises européennes sont présentes dans tous les secteurs et à chaque niveau de gamme.

B. Une puissance monétaire et financière de premier plan.

1. Au sein de l'UE, l'euro offre les avantages d'une monnaie stable et crédible. La fixation des changes a permis l'approfondissement des échanges intra-européens et la possibilité de facturer en euros les échanges extra-européens (limitation du risque de change). L'euro est présent dans 25 % des transactions de change et compte pour plus de 20,7 % des réserves de change des banques centrales (2018).

2. Une puissance financière : Euronext est la 6e place boursière mondiale (Francfort, Euronext Paris). L'UE se place au 2e rang pour le marché obligataire, un quart des prêts internationaux sont libellés en euros et elle enregistre des excédents courants récurrents (2,3 % de PIB en 2020 pour la zone euro). L'UE dispose donc d'une épargne abondante et de structures financières sophistiquées permettant une allocation efficace du capital. Elle est le premier émetteur d'IDE sortants et le stock d'IDE sortants représente 60 % de son PIB. Les banques européennes (BNP, Crédit agricole, Deutsche Bank ou Santander par exemple) figurent parmi les plus grands établissements financiers mondiaux.

II. ... mais elle apparaît davantage comme une somme de grandes économies plutôt qu'une puissance mondiale.

A. Un rôle international miné par des fragilités flagrantes.

1. Une zone devenue peu dynamique et affaiblie par les crises : structurellement, la croissance européenne semble plus faible que la croissance américaine, les phases d'expansion (« nouvelle économie », reprise après 2010) y étant moins marquées. Les stratégies de croissance affirmées (Lisbonne, Europe 2020) sont pour une large part restées lettre morte du fait d'une coordination minimale et d'un caractère faiblement contraignant. La stratégie du Pacte vert est ambitieuse. Mais le plan de relance européen tarde à être mis en œuvre et est significativement moindre que les plans de l'administration Biden (750 Mds € contre près de 4 000 Mds$ annoncés aux États-Unis).

2. Des intérêts divergents qui pèsent sur la capacité à exister dans la mondialisation : les négociations commerciales sont du ressort de la Commission, mandatée par les États membres. Cette puissance potentielle est atténuée par les intérêts divergents (menaces américaines sur l'automobile, intérêts français dans l'agriculture, etc.). Par ailleurs face aux IDE hors-UE, qui visent les intérêts stratégiques, il n'existe pas de véritable ligne commune (route de la soie chinoise qui se développe en Italie et en Grèce, taxation des GAFAM). Les autres pôles économiques mondiaux ont la possibilité de jouer sur les désaccords internes ou de faire jouer leur législation extraterritoriale (États-Unis) au détriment des entreprises européennes.

B. Une gouvernance à réinventer pour peser sur la scène mondiale.

1. Un *policy mix* « incomplet » mais qui pourrait être amélioré (renforcer la cohésion interne).

- En matière monétaire, la préférence a été donnée à la lutte contre la hausse des prix (Maastricht) mais les différentiels d'inflation ont subsisté, favorisant des écarts de taux d'intérêt réels et des divergences de compétitivité. Face à la crise, la BCE n'a pas pu, du fait de ses statuts, jouer rapidement le rôle de prêteur en dernier ressort. Les politiques non conventionnelles qu'elle a ensuite engagées ont fait l'objet de critiques sévères, notamment en Europe du Nord. La BCE fait cependant figure d'institution fédérale à même de sauver l'euro face aux chocs.
- En matière budgétaire, la réponse à la crise des *subprimes* puis à la crise des dettes souveraines a montré la faiblesse de la coordination des politiques de relance et la préférence pour un désendettement rapide (TSCG). L'absence de dette unifiée (voire unique) expose toujours les économies nationales aux spéculations des marchés financiers. Face à la crise du coronavirus, un premier pas a été fait vers une dette commune et une volonté d'investissement.

2. Des intérêts extérieurs à promouvoir.

- La mise au second plan des politiques industrielles au profit de la politique de la concurrence doit être renversée (pour éviter les échecs comme dans les TIC ou les panneaux solaires). L'UE doit développer des filières d'avenir (voiture autonome, intelligence artificielle, secteur dans lequel elle ne compte que pour 15 % des dépenses mondiales de R&D). La fin de la naïveté semble à l'ordre du jour avec la volonté de redéfinir les règles de la concurrence et la promotion d'investissements communs (numérique, batterie, intelligence artificielle).
- Les différentiels de compétitivité persistants amènent à des désaccords sur le niveau pertinent de l'euro et l'opportunité d'une politique de change face au dollar et au yuan. L'euro est ainsi, pour certaines économies, sous-évalué (Allemagne, Pays-Bas) et, pour d'autres, surévalué (France, Italie, Espagne). La monnaie unique, dont le flottement est parfaitement libre, apparaît pour l'heure déterminée par les variations du dollar et du yuan. Les intérêts commerciaux doivent être réaffirmés (ouvertures réciproques des marchés publics américains et chinois par exemple). Face au néoprotectionnisme américain (extraterritorialité du droit) ou au volontarisme industriel chinois, l'UE apparaît difficilement capable de faire émerger une stratégie commune et de maintenir ses avantages comparatifs dans la mondialisation.

L'Union européenne apparaît donc comme un pôle majeur dans la mondialisation contemporaine. Elle dispose d'atouts indéniables tant par la qualité des facteurs de production qu'elle offre que par l'existence d'entreprises parfaitement insérées au marché global. Toutefois, la gouvernance de l'euro aussi bien que l'absence de stratégie de croissance commune ont plutôt favorisé une concurrence interne qu'une volonté de peser face aux puissances économiques américaine et chinoise. Les divergences entre économies européennes, tant en matière de croissance, d'emploi que de finances publiques, rendent à l'évidence nécessaire un approfondissement de la construction européenne si l'UE ne veut pas risquer le délitement progressif (comme pourrait l'annoncer le Brexit) ou le morcellement par l'affirmation des appétits américains et chinois. À maints égards, l'UE demeure donc, pour l'heure, une somme d'économies nationales plus qu'une véritable puissance économique et financière à même de peser dans la mondialisation. Les incertitudes nées de l'affrontement entre la Chine et les États-Unis semblent renforcer le débat quant à un changement de stratégie globale qui passerait par une coordination renforcée.

SUJET 16

La monnaie unique nécessite-t-elle un fédéralisme budgétaire ?

La succession de crises (*subprimes*, crise des dettes souveraines, COVID-19) a montré les difficultés des pays de l'Union européenne à coordonner leur politique budgétaire. Face aux chocs récessifs, les pays ont en effet avancé en ordre dispersé et ont peiné à mettre en œuvre des mesures de relance ou à partager le poids des conséquences de la crise en termes de chômage.

Le choix d'une intégration budgétaire *a minima* est ancien. Il s'inscrit dans les traités fondateurs de l'euro, notamment le traité de Maastricht, qui ont privilégié le respect de critères de finances publiques tout en limitant le budget européen aux alentours d'1 % du PIB communautaire.

Si la zone euro s'est donc constituée sur le principe d'une union de stabilité, la langueur de l'activité européenne, les divergences persistantes entre économies – voire leur renforcement – obligent à considérer sérieusement une intégration budgétaire accrue. La zone euro nécessite-t-elle la mise en place de transferts ? Si oui, pour quels objectifs ?

I. La gouvernance de la zone euro a privilégié la stabilité et des transferts a minima…

A. La préférence initiale pour la règle a encore été renforcée à la faveur des crises.

1. La mise en place de l'euro (traité de Maastricht, 1992), a reposé sur la mise en place de critères de convergence en matière de finances publiques (limites à 3 % de déficit et à 60 % de dette publique). Il s'agissait de garantir des « finances saines et équilibrées ». L'adoption d'une règle assortie de sanctions s'inscrit dans une lecture budgétaire de l'inflation, les conclusions de l'approche des nouveaux classiques et l'ordolibéralisme allemand. Cette règle est réaffirmée avec l'adoption du Pacte de stabilité et de croissance (1997).

2. Suite à la crise des dettes publiques, la règle budgétaire est renforcée dans une logique de consolidation budgétaire (Pacte budgétaire européen ou Traité sur la stabilité, la coordination et la gouvernance, 2012) : l'évaluation *ex ante* des trajectoires budgétaires (Semestre européen) est assortie d'un double objectif de désendettement (pour passer sous le seuil de 60 %) et de déficit structurel maximal (0,5 % de PIB). La sous-estimation des multiplicateurs en temps de crise a cependant contribué au difficile rebond de l'UE (Blanchard, 2012), voire à une véritable « décennie perdue » pour certaines économies (Grèce).

B. L'euro s'appuie sur des transferts structurels *a minima* par le budget.

1. La CEE puis l'UE se sont dotées d'un budget « fédéral » (d'un montant théorique maximal de 1,27 % du PIB de l'Union) en vue de consolider le fonctionnement du marché unique. Initialement dominé par la politique agricole commune, ce budget a été progressivement réorienté pour faciliter la convergence après les élargissements consécutifs. L'effort budgétaire reste pourtant en deçà des préconisations antérieures (rapport MacDougall, 1977) ou des nécessités de la monnaie unique (critère d'Ingram et Johnson, 1969). Les transferts au titre de la politique de cohésion peuvent être significatifs (jusqu'à 4,5 % du PIB des pays récipiendaires) mais les ressorts essentiels du rattrapage passent par la concurrence fiscale ou sociale.

2. Les traités proscrivent la solidarité budgétaire entre États et tolèrent – voire organisent – une concurrence fiscale forte, notamment en matière de fiscalité des entreprises. Mais, pour faire face à la crise de dettes publiques, la zone euro s'est dotée d'un mécanisme de solidarité, le MES (Mécanisme européen de stabilité, 2012). D'une capacité théorique de 750 Mds €, il a pour vocation de venir en aide aux pays qui ne parviennent plus à se financer sur les marchés. Son déclenchement demeure conditionné à l'adoption d'un calendrier de mesures structurelles, mesures supposées améliorer la soutenabilité des finances publiques.

II. … mais la persistance des déséquilibres et l'exposition aux chocs externes plaident pour des transferts renforcés (un fédéralisme des dépenses).

A. La monnaie unique est menacée par la polarisation des économies et par le morcellement financier.

1. La convergence réelle n'a eu lieu que partiellement (croissance plus forte des PECO que du cœur historique). À l'abri du cycle de croissance de la décennie 2000, les écarts de compétitivité se sont creusés. Taux d'intérêt réels divergents, politiques de dévaluation interne au profit de compétitivité (ex. : Allemagne), effets d'agglomération (Krugman) se sont en effet combinés pour accentuer la polarisation au sein de la zone euro. Les politiques d'ajustement post-crise des dettes souveraines ont rétabli la plupart des balances courantes des pays de la périphérie mais les performances réelles (chômage, croissance) restent très hétérogènes.

2. Les économies nationales ont découvert à la faveur de la crise leur exposition à la confiance des marchés financiers (divergence des *spreads* et des taux d'intérêt obligataires). L'absence de marché unifié de la dette publique (et donc de partage de la qualité de « signature ») contribue à cette fragmentation financière. Pour une large part, la mutualisation s'est opérée à travers les politiques monétaires non conventionnelles de la BCE et par le recyclage des excédents du Nord en direction du Sud via le refinancement des banques. Toutefois, l'Union bancaire, toujours inachevée, montre la fragilité de la mutualisation.

B. Un renforcement de la solidarité budgétaire et du fédéralisme budgétaire semble justifié.

1. Une plus forte intégration budgétaire peut être justifiée d'abord par la nécessité de faire face aux chocs symétriques et asymétriques grâce aux stabilisateurs automatiques (par une assurance chômage et/ou un budget fédéral), mais aussi par la nécessité de contribuer à l'optimalité du marché unique ou de la zone euro (la mobilité de la main-d'œuvre, notamment qualifiée, représente une perte sèche pour les pays de départs, tant en matière de dépenses de formation réalisées que de croissance potentielle). La politique budgétaire, faiblement coordonnée en 2011-2012 et marquée par l'austérité, s'engage face à la crise du coronavirus dans un plan de relance à hauteur de 750 Mds € et une première mutualisation des dettes publiques (Next Generation EU).

2. Le retour (ou le maintien) des politiques industrielles au sein des pôles concurrents (Chine, États-Unis, Japon) plaide également pour une accentuation des dépenses budgétaires en faveur de l'innovation. Le maintien ou la création d'avantages comparatifs passe par des investissements dans des secteurs stratégiques, remis à l'ordre du jour par la dépendance à l'égard des importations (dépenses militaires

aux technologies duales, transition écologique, énergétique, batteries, numérique, etc.). Les excédents courants de la zone euro (2,3 % du PIB en 2020) offrent des marges conséquentes pour des dépenses dans ce sens.

Pour certains, « l'Europe sera budgétaire ou ne sera pas ». Or, la construction de la gouvernance européenne a jusqu'ici privilégié un fédéralisme de la règle, encadrant fortement tant le budget européen que les marges de manœuvre nationales. La double crise (des *subprimes* puis de la dette publique en zone euro) a encore accentué cette tendance. Toutefois, cette quasi-décennie perdue a aussi clairement pointé les limites d'une union uniquement tournée vers la stabilité.

En effet, les difficultés de l'UE pour renouer avec la croissance et le plein-emploi ont montré que les difficultés semblaient beaucoup plus profondes : absence de convergence réelle, polarisation des économies, précocité (et coûts) des politiques de consolidation budgétaire. La pérennité de l'euro à long terme semble engagée et le débat sur un fédéralisme des dépenses (qu'elles soient d'allocation ou de redistribution), ou sur le degré de transferts qui seraient nécessaires à la monnaie unique, semble se renforcer. La crise du coronavirus et le programme Next Generation EU peuvent renforcer la tendance vers un fédéralisme budgétaire.

SUJET 17

La croissance est-elle une condition suffisante pour résorber le chômage ?

En février 2021, le taux de chômage de la zone euro était de 8,3 %, et en hausse par rapport à 7,3 % en février 2020. La crise sanitaire a eu un impact négatif sur la croissance, pesant sur les chiffres du chômage. Pour nombre d'économistes, une relance de la croissance est nécessaire pour endiguer ce phénomène. La recherche d'une augmentation des richesses produites sur le long terme, généralement mesurée par l'évolution du PIB en termes réels, est primordiale pour permettre une diminution du chômage. Le chômage, au sens du Bureau international du travail (BIT), représente la situation de personnes sans emploi, disponibles pour travailler et en recherche active d'un emploi. La réalité du chômage est plus importante encore que ne le suggèrent les statistiques. C'est le problème du halo du chômage : des personnes non classées comme chômeurs connaissent une situation objective de chômage. Par exemple, en France, 7,2 % des actifs sont en sous-emploi fin 2020, c'est-à-dire qu'ils ne travaillent pas autant qu'ils le souhaiteraient (travail à temps partiel non choisi ou chômage partiel).

La question de la lutte contre le chômage a pris de l'ampleur à partir des années 1980 avec l'apparition d'un chômage de masse. Elle est d'une actualité certaine aujourd'hui du fait du net accroissement du chômage. Mais le chômage ne saurait se réduire à un chômage conjoncturel lié aux fluctuations de l'activité économique. Il existe aussi un chômage de type structurel sur lequel une reprise de la croissance n'aurait pas d'impact. Il faut donc se pencher sur la possible coexistence de ces deux types de chômage.

Ainsi, si la croissance est une condition nécessaire pour réduire le chômage, elle ne saurait être suffisante pour permettre sa résorption à un niveau frictionnel, c'est-à-dire à un niveau que l'on peut considérer comme le plein-emploi.

I. La croissance, condition nécessaire pour réduire le chômage.

A. Un lien positif entre croissance et création d'emplois.

1. Pour produire plus, il y a nécessité de créer des emplois, ce qui permet une hausse des revenus distribués, d'où une hausse de la demande qui nécessite une hausse de la production, et donc davantage d'investissements et de créations d'emplois.

2. L'optique keynésienne met l'accent sur la nécessité d'une relance de la demande pour lutter contre le chômage.

3. Des références au modèle IS/LM (politique monétaire et politique budgétaire de relance – déplacement des courbes) et à la courbe de Phillips (dilemme inflation-chômage) sont indiquées.

B. Un seuil critique de croissance nécessaire.

1. Le chômage est une fonction croissante de l'*output gap*, c'est-à-dire de la différence entre la croissance effective et la croissance potentielle, celle-ci étant entendue comme la croissance résultant de la pleine utilisation des facteurs de production dans l'économie sans apparition de tensions inflationnistes : c'est la « loi d'Okun ».

2. La politique économique doit intervenir lorsque la croissance effective s'éloigne de la croissance potentielle.

3. Il faut tenir compte du fait que l'augmentation du PIB ne se traduit pas par une baisse proportionnelle du taux de chômage :

- l'impact de la croissance sur l'emploi est amorti par le cycle de productivité ;
- le nombre de travailleurs cherchant un emploi est influencé par la disponibilité des emplois ;
- le taux de flexion du chômage : le nombre d'emplois créés ne se traduit pas par une baisse de même nombre des chômeurs.

Ainsi, en France, les différentes études (comme celles de l'OCDE ou de l'OFCE) indiquent que le taux de croissance doit au moins atteindre 1,5 % pour permettre une diminution du chômage.

Pour faire baisser le chômage, il est nécessaire de créer suffisamment d'emplois pour absorber la croissance de la population active en tenant compte des gains de productivité.

C. Le problème de la situation européenne actuelle.

1. La croissance est faible, voire négative, depuis plusieurs années dans certains pays. Crainte de la déflation. Le chômage ne cesse de s'accroître. Pour revenir à des taux d'endettement considérés comme soutenables, les pays ont adopté des politiques de rigueur dans les années 2010 qui ont entraîné des réductions budgétaires importantes.

2. La question de savoir à quel moment mener une politique budgétaire est cruciale. Il en va en effet de l'efficacité même de la stratégie de politique économique mise en place. Une impulsion budgétaire positive aura un impact différent sur l'activité selon que l'économie se situe en bas ou en haut de cycle. Dans le cas d'une relance budgétaire en haut de cycle, l'impact inflationniste annulera progressivement, via le creusement du déficit commercial, les effets positifs de la relance. À l'inverse, une politique de relance en bas de cycle sera durablement efficace car non inflationniste, le chômage structurel baissant avec le chômage effectif. Or, l'Union européenne se trouve en bas de cycle.

3. Cependant, pour réduire la composante keynésienne du chômage, il faut modifier la stratégie de sortie de crise. En effet, les multiplicateurs budgétaires sont très élevés et la réduction simultanée dans les pays européens des déficits publics a des effets très négatifs sur l'activité et augmente le chômage. Fin 2012, Olivier Blanchard, économiste en chef du FMI, a cosigné une étude montrant que le Fonds avait dramatiquement sous-estimé l'effet récessif des coupes budgétaires.

4. Les taux de chômage, en particulier celui des jeunes, sont élevés. Crainte de l'effet d'hystérèse : les taux de chômage effectifs conduisent à un taux de chômage d'équilibre plus élevé. Il faut éviter que le chômage ne s'enkyste. La politique économique doit donc être réactive et ne pas laisser la situation de l'emploi se dégrader lors d'un retournement de conjoncture.

5. La crise commencée en 2020 du fait de la pandémie, parfois appelée « Grand Confinement », a amené les banques centrales, dont la BCE, à réagir rapidement et massivement. Jamais les banques centrales n'avaient assoupli leur politique monétaire de façon aussi rapide et radicale. Les gouvernements ont aussi été très réactifs. De nombreux pays ont mis en œuvre des mesures d'ampleur. Les règles budgétaires européennes ont été mises de côté. Les mesures de confinement afin d'atténuer la propagation du virus ont conduit à une chute brutale de l'activité économique. Les mesures budgétaires ont eu pour principal objectif d'amortir les conséquences immédiates de la crise pour les entreprises et les ménages, et de préserver la capacité de production. Au-delà de ces mesures d'urgence, des politiques de relance sont vues comme nécessaires. En juillet 2020, les chefs d'État et de gouvernement européens se sont accordés autour d'un plan de relance exceptionnel de 750 milliards d'euros, appelé Next Generation EU. Pour la première fois dans son histoire, l'UE va emprunter en son nom propre sur les marchés financiers.

II. La croissance n'est pas une condition suffisante à la résorption du chômage.

A. Un chômage structurel correspondant au chômage non expliqué par un ralentissement de l'activité économique.

1. Un même taux de croissance ne se traduit pas par une même diminution du chômage. Si on compare les pays européens, et plus particulièrement la France, aux États-Unis, on s'aperçoit que, au cours des décennies 1980 et 1990, ce n'est pas le taux de croissance du PIB qui explique la meilleure performance américaine en termes de création d'emplois. Le coefficient d'Okun est ainsi plus élevé aux États-Unis, autrement dit la croissance de ce pays est plus riche en emplois. Ce que certains expliquent par une plus grande flexibilité du marché du travail américain.

2. Il existerait ainsi un chômage d'équilibre correspondant au fait que, à l'équilibre, le chômage est supérieur à ce que justifierait la seule existence de frictions sur le marché du travail : modèle WS/PS et courbe de Beveridge.

B. Des réformes structurelles agissant sur le marché du travail ont ainsi été adoptées.

1. L'objectif est de se rapprocher d'un marché du travail plus flexible pour permettre une croissance plus riche en emplois.

2. Jouer sur la demande de travail : baisser le coût du travail, en particulier celui des travailleurs peu qualifiés, rechercher une plus grande flexibilité du marché du travail.

3. Jouer sur l'offre de travail : activer les politiques de l'emploi – former les salariés et les chômeurs, accompagner les travailleurs pour permettre un meilleur appariement.

4. Aller vers la flexisécurité.

5. Les Britanniques ont autorisé le recours à des contrats zéro heure depuis le milieu des années 1990. Ce type de contrat ne garantit aucun travail, l'employé n'est informé de ses horaires qu'au dernier moment (généralement une ou deux semaines auparavant) et n'est rémunéré qu'en fonction des missions acceptées. Les pouvoirs publics ont choisi de faire confiance aux employés et aux employeurs pour s'entendre sur les modalités du contrat zéro heure.

Sur le marché du travail allemand, les lois Hartz engagées au début des années 2000 ont contribué à flexibiliser le marché du travail (inciter les chômeurs à accepter un emploi, encourager l'activité professionnelle, en particulier des femmes et des seniors, raccourcir la période d'indemnisation du chômage, réduire les charges patronales).

En Italie, les réformes de Mario Monti ont permis aussi la création de nouveaux types de contrats flexibles qui permettent à une entreprise de faire travailler un employé en fonction de ses besoins, pour des prestations non continues dans le temps.

En Espagne, l'éventail de contrats de travail temporaire a été élargi, avec par exemple le contrat *obra y servicio* pour la réalisation d'une tâche précise et temporaire mais sans durée précise.

Ainsi, les contrats de travail de courte durée se multiplient en Europe depuis une dizaine d'années (ils représentent environ de 15 % des emplois en France ou en Allemagne, plus de 20 % au Portugal et en Espagne) et on constate une montée en puissance de la part des temps partiels courts.

C. D'autres réformes structurelles sont nécessaires.

1. Favoriser une plus grande concurrence sur le marché des biens et services : baisser les barrières réglementaires à l'entrée, adopter une politique de la concurrence puissante. La flexibilité du marché du travail est insuffisante, le chômage structurel ne s'explique pas seulement par le fonctionnement du marché du travail. Des effets de complémentarité sont à rechercher. Les règles qui limitent la concurrence sur les marchés des biens et services ont un impact significatif négatif sur l'emploi. En France particulièrement, les barrières à l'entrée (en termes de quota, de limitation de surface…) dans des activités comme le commerce contribueraient à expliquer de façon importante le « déficit » d'emplois.

2. Des investissements primordiaux en capital humain, en recherche-développement. L'enjeu est de stimuler l'innovation.

3. Une politique industrielle d'envergure. Ainsi le rapport du CAE, « Crise et croissance : une stratégie pour la France » (2011), met l'accent sur une stratégie qui combine des interventions « horizontales » de l'État, susceptibles de concerner tous les secteurs (innovation, R&D, éducation, marché des biens, marché du travail…) et des interventions « verticales » touchant certains secteurs prioritaires ou stratégiques.

SUJET 18

Comment sortir d'une déflation ?

En 2019, avant la survenue de la crise de la COVID-19, l'orientation des politiques monétaires aux États-Unis et dans la zone euro laissait entrevoir la poursuite d'un processus de normalisation, en raison en Europe d'une croissance économique modérée apparemment bien installée et aux États-Unis d'un développement rapide de l'activité associé à un taux de chômage faible. Aussi bien l'Allemagne que les États-Unis sont alors des économies proches du plein-emploi et les tensions sur les salaires auraient pu finir par accélérer le rythme d'inflation. Le risque de déflation entrevu lors de la grande récession en 2009, et qui s'était concrétisé dans certains pays de la zone euro en 2014 et 2015, semblait s'éloigner. La déflation correspond à une tendance à la baisse du niveau général des prix dans une économie. Souvent redoutée car historiquement parfois associée à des périodes économiques difficiles, comme dans les années 1880 ou au début des années 1930, la déflation n'est guère souhaitée par les pouvoirs publics. Une déflation peut en effet prendre la forme d'une dynamique auto-entretenue de baisse des prix et de morosité économique. L'inversion de cette dynamique n'est pas forcément simple à obtenir, comme l'a montré la situation japonaise entre 1995 et 2014.

La baisse des prix d'un produit sur un marché en équilibre partiel est en général le signe d'un excès d'offre par rapport à la demande, excès qui peut se réduire de lui-même avec la baisse des prix, jusqu'à ce que l'équilibre soit rétabli. Mais ce raisonnement microéconomique n'est pas forcément transposable à une échelle macroéconomique. Autrement dit, pourquoi la tendance à la baisse des prix dans une économie n'est-elle pas susceptible de s'interrompre à la suite d'un rééquilibrage spontané des marchés des produits ? À quelles conditions les mécanismes marchands fonctionnent-ils pour permettre le retour d'une tendance modérément inflationniste dans une économie après une période de déflation ? Quelle peut être l'action des pouvoirs publics pour accélérer la sortie d'une déflation lorsque celle-ci s'installe, perdure et s'accompagne de conséquences négatives pour le bien-être collectif ?

Nous verrons tout d'abord que la sortie d'une déflation peut, à certaines conditions, résulter de la correction spontanée des déséquilibres déflationnistes sans action des politiques économiques, puis nous soulignerons que les politiques de relance peuvent cependant être utiles à la sortie d'une déflation. Nous montrerons enfin que quitter une situation de déflation implique parfois de devoir agir sur le taux de change et plus en profondeur sur les structures d'une économie.

I. La sortie d'une déflation peut, à certaines conditions, résulter de la correction spontanée des déséquilibres déflationnistes sans action des politiques économiques.

A. La déflation causée par un choc d'offre positif peut provoquer des effets stimulants sur la demande susceptibles d'accélérer le rythme de l'activité et d'interrompre la baisse des prix sans que l'action de l'État soit utile.

1. Les chocs technologiques, qui sont des chocs d'offre positifs, élèvent la croissance potentielle et la croissance effective, même s'ils peuvent parfois temporairement conduire à une certaine déflation si les marchés sont très concurrentiels.

2. Sortir de ce type de déflation, en partie similaire à celle connue au Royaume-Uni entre les années 1815 et 1845 (hors effets de la crise financière de 1825), ne nécessite pas d'intervention publique, même si certains producteurs moins efficaces souffrent de la baisse des prix de vente.

B. Une déflation se déroulant au cours d'une crise économique peut permettre de purger une économie de ses excès passés avant que la reprise, sous certaines hypothèses assez fortes, finisse par s'opérer spontanément.

1. La déflation peut être la conséquence d'une chute de la demande sur nombre de marchés lors de crises économiques du type de celles analysées par Hayek (1931). Dans ce cas, la déflation permet de purger l'hypertrophie de certaines activités, notamment dans les biens de production, et il est souhaitable selon cet auteur de laisser le processus aller à son terme.

2. Cette analyse rejoint les recommandations du courant néoclassique selon lesquelles les mécanismes marchands sont aptes à conduire une économie hors de la déflation suite aux faillites et grâce à la baisse des prix, notamment des facteurs de production.

3. Comme l'a souligné Keynes, l'ajustement spontané des marchés repose sur des hypothèses discutables. Il est en particulier probable que la baisse des salaires ne se produise pas ou qu'elle entretienne la déflation en déprimant la demande finale.

C. Par le commerce extérieur, une économie en déflation peut voir l'orientation de ses prix s'inverser sans action nécessaire de l'État.

1. Dans un contexte monétaire international dominé par l'usage de la monnaie métallique, une déflation, expliquent notamment Cantillon et Hume au XVIIIe siècle, se résorbe spontanément dans un pays par le commerce extérieur : les exportations se développent et les importations se réduisent.

2. De manière plus générale, la déflation dans un pays peut, à taux de change nominal inchangé, améliorer la compétitivité-prix d'une économie et favoriser une reprise de l'activité et de l'inflation par la hausse de la demande extérieure.

II. Les politiques de relance de la demande peuvent cependant être utiles à la sortie d'une déflation.

A. Une politique budgétaire de relance peut faire augmenter la croissance effective, réduire le chômage conjoncturel et favoriser un arrêt de la baisse des prix des produits grâce au soutien de la demande globale.

1. Une politique de relance budgétaire consiste à abaisser le solde budgétaire structurel des administrations publiques par une diminution des prélèvements obligatoires et/ou une hausse des dépenses publiques.

2. Les conditions d'efficacité de la relance budgétaire pour sortir de la déflation sont cependant nombreuses et son succès n'est pas automatique. Un taux d'ouverture trop élevé et une compétitivité de l'offre domestique insuffisante ainsi qu'une propension marginale à consommer trop faible nuisent à l'efficacité des relances budgétaires.

B. La politique monétaire de relance est efficace pour lutter contre la déflation si elle parvient à faire baisser les taux d'intérêt plus vite que les prix, si elle augmente la masse monétaire et si tout cela stimule suffisamment la demande globale dans l'économie.

1. Par la baisse des taux d'intérêt, la banque centrale peut favoriser la hausse de la masse monétaire, la reprise de l'investissement, et le soutien à la demande globale permettant d'enrayer la baisse des prix.

2. Cependant, l'efficacité de la politique monétaire conventionnelle pour sortir d'une déflation peut être limitée, notamment parce que la baisse des taux directeurs peut ne pas suffire à enrayer la hausse des taux d'intérêt réels.

3. L'usage de politiques non conventionnelles de détente quantitative peut permettre à la politique monétaire de retrouver une efficacité en élevant de manière directe la masse monétaire.

III. Pour sortir d'une déflation, des actions sur le taux de change et sur les structures de l'économie sont parfois nécessaires.

A. Une baisse de la valeur externe de la monnaie contribue à lutter contre la déflation dans une économie.

1. La dévaluation de la monnaie nationale ou sa dépréciation, par des opérations sur les marchés des changes ou par la recherche d'un différentiel de taux d'intérêt avec le reste du monde, sont un moyen de favoriser l'arrêt d'un processus de déflation. En effet, la demande extérieure soutient davantage la demande globale et offre de nouveaux débouchés aux entreprises.

2. Cependant, la dépréciation ou la dévaluation de la monnaie constituent une action à l'efficacité incertaine pour enrayer une tendance déflationniste. En effet, la hausse des prix des produits importés peut déprimer encore plus une demande intérieure insuffisante, et l'élasticité-prix de la demande étrangère adressée aux producteurs nationaux peut être trop faible.

B. Favoriser une capacité de consommation accrue permet de soutenir durablement la dynamique de la demande sur le marché des produits.

1. Favoriser des hausses de salaires contribue à réduire les pressions déflationnistes. La consommation intérieure est ainsi soutenue, de même que la demande sur les marchés des produits.

2. Une indemnisation des chômeurs, comme celle décidée par Roosevelt au cours du New Deal, peut soutenir la demande sur les marchés des biens et services et enrayer une tendance à la baisse des prix.

3. Une épargne trop élevée des ménages peut aussi expliquer une tendance à la déflation, ce qui peut justifier des mesures redistributives permettant de la réduire.

C. Des actions sur les structures financières et les structures de marché peuvent aussi réduire les pressions déflationnistes.

1. Une consolidation du secteur bancaire est nécessaire pour que celui-ci soit apte à augmenter l'offre de monnaie et à soutenir la hausse des dépenses des agents privés.

2. Réduire l'offre de produits de manière organisée sur certains marchés trop déséquilibrés est un moyen de briser les tendances déflationnistes.

Les exemples historiques nous montrent que la sortie d'une déflation peut être longue et difficile, comme cela a été le cas en Europe dans la deuxième moitié du XIXe siècle, dans le monde au milieu des années 1930 ou au Japon depuis la décennie 1990. Sortir d'une déflation due à une tendance à l'insuffisance de la demande sur les marchés des produits et à un dynamisme insuffisant de la création monétaire implique à la fois l'usage des politiques conjoncturelles et une action sur les structures de l'économie. Certes, il est théoriquement possible que ce type de déflation s'interrompe de manière spontanée. Mais une telle solution est incertaine et peut être lente à se mettre en place. Elle est en tout cas douloureuse pour les populations. D'où l'intérêt d'une réflexion sur les modalités d'une sortie de déflation par l'action publique, même s'il ne faut pas en sous-estimer les limites.
Les réflexions sur la montée des pressions déflationnistes au cours des années récentes dans certains pays de la zone euro, ou depuis les années 1990 au Japon, ont longtemps occulté les risques d'un retour à court terme de pressions inflationnistes dans d'autres économies proches du plein-emploi. Pour la BCE par exemple, apparaît ainsi un nouveau défi, celui de gérer la coexistence de pressions inflationnistes et déflationnistes dans des pays différents au sein d'une même zone monétaire.

SUJET 19

Dans les pays développés, les États ont-ils toujours les moyens de stimuler la croissance économique ?

Les moyens exceptionnels déployés par les États (en particulier les États-Unis) pour se sortir de la crise provoquée par la pandémie de COVID-19 seront-ils suffisants pour relancer durablement la croissance économique ?

Si le doute existe, c'est que les pays développés connaissent depuis les années 1970 une baisse tendancielle de leurs taux de croissance et font preuve d'une lenteur récurrente pour se relever des récessions. Tout se passe en effet comme si ces pays, parvenus à un stade de richesse leur permettant de satisfaire les besoins fondamentaux de leur population, voyaient s'épuiser leurs ressorts historiques de croissance et comme si leurs autorités publiques centrales, efficaces pendant les Trente Glorieuses pour stimuler cette hausse de la production de richesses, avaient perdu leur pouvoir d'influence. Tant sur le plan financier que du côté des possibilités d'action, les moyens pour accroître la croissance potentielle, croissance maximale sans tensions inflationnistes, comme pour rapprocher de celle-ci la croissance effective, paraissent manquer.

Les États seraient-ils devenus impuissants, incapables de relancer une croissance structurellement affaiblie et dont les sources fondamentales leur échappent ou bien, comme pourrait le faire croire l'exemple américain, est-ce la volonté qui a manqué par le passé ? Sont-ils en somme en toute situation et encore aujourd'hui en capacité financière et économique d'élever le rythme de progression de la production des richesses ?

I. Les États des pays développés font face à des contraintes qui limitent leur capacité à stimuler la croissance économique.

A. La capacité des États à stimuler la croissance est inégale selon les circonstances.

1. La stimulation de la croissance effective par l'action budgétaire ou monétaire n'est possible qu'en situation de sous-emploi. S'il n'existe pas dans l'économie de moyens de production inemployés et mobilisables de manière rentable par les entreprises, une politique de relance aura pour seul effet un accroissement du niveau général des prix.

2. La capacité de dépenses des États peut aussi être limitée par la contrainte de financement. Si le niveau de la dette publique est trop haut, l'État peut avoir à payer des taux d'intérêt plus élevés. À la limite, il peut ne pas trouver d'acteurs acceptant de le financer, à l'instar de la Grèce en 2010.

3. La contrainte extérieure constitue également un facteur limitatif. L'ouverture commerciale limite en effet l'impact expansionniste des politiques de relance en diminuant le niveau du multiplicateur. Cette contrainte est particulièrement forte pour les pays à la compétitivité dégradée.

B. Les conséquences du développement économique affaiblissent les marges de manœuvre des États…

1. Stimuler la croissance est plus difficile à proximité de la frontière technologique qu'en situation de rattrapage. Les défaillances organisationnelles (rigidité bureaucratique, exposition à l'influence des lobbies) et informationnelles (difficulté à identifier *ex ante* les secteurs d'avenir) des États sont alors plus problématiques.

2. Le développement économique va aussi de pair avec certaines transformations structurelles qui limitent le potentiel de croissance des économies (tertiarisation, achèvement de la transition démographique, vieillissement) en pesant sur la dynamique de l'offre et de la demande (stagnation séculaire). Ne relevant pas directement de la responsabilité des États, ces évolutions structurelles affectent en pratique leur capacité à accroître le rythme de la croissance économique.

C. … tout comme les évolutions structurelles de l'économie mondiale.

1. La mondialisation commerciale et la montée en puissance des pays émergents ont rendu plus prégnante la contrainte extérieure pour les pays développés. Les politiques industrielles verticales d'aide à des « champions nationaux » ou à des filières prioritaires y ont aussi perdu en valeur : les firmes opérant de plus en plus à l'échelle mondiale, les externalités positives ne sont plus cantonnées au territoire national.

2. La globalisation financière est aussi porteuse de nouvelles contraintes pour l'action étatique. En changes flottants, la mobilité des capitaux limite l'efficacité des politiques budgétaires expansionnistes. En changes fixes, elle oblige à s'aligner sur les choix du pays-ancre. Elle favorise par ailleurs la concurrence et l'optimisation fiscales, ce qui affecte négativement les moyens budgétaires des pays développés (Zucman).

3. En faisant le choix de la libéralisation commerciale et financière multilatérale mais aussi de l'indépendance des banques centrales ou des privatisations, les États se sont privés de certains moyens d'intervention. La politique monétaire ne relève plus de leur responsabilité directe, le recours aux subventions et la politique budgétaire sont encadrés par des règles (OMC, Union européenne).

II. Ils conservent toutefois des marges de manœuvre significatives qu'il leur appartient d'utiliser et d'élargir.

A. Les leviers d'action transversaux demeurent importants.

1. La mise en œuvre de politiques d'éducation plus efficaces, réduisant le coût d'accès à l'enseignement supérieur et augmentant les ressources allouées aux élèves issus des catégories défavorisées, est susceptible d'élever les performances éducatives et donc le niveau et le rendement de l'investissement en capital humain.

2. Des politiques limitant les inégalités seraient bénéfiques à la fois du côté de l'offre en améliorant les possibilités d'investissement en capital physique et humain des plus démunis et du côté de la demande en soutenant la consommation autrement que par le recours à l'endettement.

3. Des politiques d'*empowerment*, améliorant la formation professionnelle, peuvent permettre une mobilisation plus efficace de la main-d'œuvre et donc accroître la croissance potentielle en élevant le taux d'emploi sans dégrader la productivité.

4. L'innovation elle-même n'est pas sans lien avec les politiques publiques. Les pays qui consacrent une part plus importante de leur PIB à la R&D tendent à connaître une croissance plus forte. Mais le maintien de la contestabilité des marchés est également crucial pour stimuler l'innovation et sa diffusion.

B. Les moyens d'action budgétaires peuvent être élargis.

1. Si les niveaux de dette publique ont progressé, la contrainte de financement apparaît paradoxalement moins forte. Les taux d'intérêt ont en effet connu une baisse tendancielle, ce qui a limité d'autant la charge de la dette (Furman, Summers, 2020). Les banques centrales ont en outre les moyens d'intervenir pour endiguer une éventuelle remontée et sont disposées à le faire dans un contexte de faiblesse structurelle de l'inflation.

2. La restauration d'une plus grande capacité fiscale apparaît possible. Les propositions faites par l'OCDE dans le cadre du projet BEPS (Base erosion and profit shifting) d'un taux d'imposition minimal pour les multinationales et d'une taxation des profits sur les lieux de consommation des produits offriraient aux États des moyens d'action supplémentaires.

3. À l'échelle des pays de l'Union européenne, moins grands et plus ouverts que les États-Unis, la contrainte extérieure demeure un obstacle important. Mais des progrès vers plus de coopération, voire un certain fédéralisme budgétaire (*cf.* plan de relance New Generation EU lancé au printemps 2020), sont possibles.

C. Des politiques plus offensives sont possibles.

1. L'État a la capacité de se comporter en entrepreneur, de s'engager dans des projets innovants en prenant des risques et en créant de nouveaux marchés (Mazzucato, 2013). En stimulant le développement national d'activités à fortes externalités d'apprentissage, il a donc encore les moyens d'élever le niveau de croissance.

2. Compte tenu de la faiblesse des taux d'intérêt, la relance de l'investissement public apparaît comme un levier de croissance important. Le financement par l'endettement d'investissements publics dont le rendement économique et social est supérieur au coût de financement et dont les effets positifs s'étalent sur plusieurs générations est à la fois économiquement justifié et socialement légitime (Blanchard, 2019).

3. Des politiques budgétaires apportant un soutien à la demande peuvent également être bénéfiques à la croissance à long terme. En situation de crise, elles évitent l'effondrement de la demande et limitent les effets (Fatás, Summers, 2018). Dans un contexte de stagnation séculaire et de perte relative d'efficacité de la politique monétaire, les situations où un soutien budgétaire est nécessaire sont amenées à être plus fréquentes.

SUJET 20

Les trappes à inactivité : quels enjeux ?

Depuis le sommet de Lisbonne de 2000, la question de l'emploi est devenue un objectif européen. L'orientation était d'atteindre un taux d'emploi (pourcentage de la population en âge de travailler –15-65 ans – occupant un emploi) de 70 % à l'horizon 2010. Une telle stratégie s'explique par le fait que les pays qui réussissent le mieux en termes de croissance et de chômage sont aussi ceux qui ont le taux d'emploi le plus élevé. Dans ce contexte, la réduction des trappes à inactivité et à chômage s'avère indispensable.

Les trappes à inactivité correspondent à des situations dans lesquelles un individu n'a pas intérêt à accepter un emploi compte tenu de l'écart trop faible entre le revenu de l'emploi et le revenu de l'assistance. Par extension, les trappes (ou pièges) à chômage résultent d'une différence insuffisante entre revenu de l'emploi et allocations chômage.

Un phénomène dont l'ampleur doit être évaluée et qui nécessite la mise en place de politiques spécifiques.

I. Les trappes à inactivité sont susceptibles de réduire le taux d'emploi.

A. Les minima sociaux et les allocations chômage peuvent être désincitatifs.

1. Pour les économistes néoclassiques, l'offre de travail résulte d'un arbitrage individuel entre la consommation et le loisir. En acceptant de travailler, les salariés consacrent leur temps disponible à une activité source de désutilité, le travail, au détriment du loisir. En revanche, ils perçoivent un salaire réel (w/p) qui leur permet de consommer. Plus le salaire réel est élevé, plus le coût d'opportunité du loisir est élevé et plus l'individu acceptera d'y renoncer au profit d'une activité source d'utilité, la consommation. La rémunération du travail doit donc être suffisamment élevée pour que l'individu substitue du travail au loisir.

2. Des revenus d'assistance ou de remplacement relativement élevés font progresser le salaire de réservation et désincitent à la reprise d'activité. La théorie du *job search* (ou chômage de prospection), initiée par G. Stigler, montre que les individus font un calcul coût-avantage pour évaluer la durée optimale du chômage. Ils prolongeront leur prospection jusqu'au point où le coût supplémentaire (ou marginal) de l'information obtenue s'égalise avec l'espérance des gains anticipés. Dans ce cadre-là, tout dispositif visant à diminuer le coût de la recherche, tel que les allocations chômage, allonge la durée de prospection et le niveau du chômage volontaire.

B. Les situations de trappes à inactivité ne doivent pas être négligées.

1. Bien que l'écart entre le SMIC et le RSA soit relativement important, le développement des temps partiels contraints (qui concernent très souvent des emplois peu qualifiés et donc rémunérés au SMIC) réduit les perspectives de gains supérieurs aux revenus d'assistance en se portant sur le marché du travail. Il faut ajouter à cela les frais connexes à une reprise d'activité (transports, repas, garde d'enfants...) qui affaiblissent d'autant le différentiel. Par ailleurs, le montant du RSA est indexé sur la composition familiale et croît (non proportionnellement) avec le nombre d'individus au sein du ménage.

2. Le calcul réalisé par un individu intègre non seulement le salaire qu'il peut percevoir en se portant sur le marché du travail mais aussi les prélèvements et/ou les baisses de prestations qui pourraient en résulter. Les bénéficiaires de minima sociaux sont souvent exonérés, totalement ou partiellement, de certaines taxes (taxe d'habitation par exemple) ou bénéficient de la gratuité de certains services (transports publics par exemple). Reprendre une activité signifie perdre ces avantages.

II. Un phénomène en recul et qui doit être relativisé.

A. Les politiques de l'emploi visent une réduction des trappes à inactivité.

1. Depuis les années 1980-1990, on assiste dans la plupart des pays industrialisés à une redéfinition de la politique de l'emploi dans le sens d'une plus grande activation de ces dépenses. La tendance est à une baisse des conditions d'indemnisation chômage (réduction de la durée et du montant des indemnités comme en Allemagne avec les lois Hartz) mais aussi à un contrôle accru des chômeurs.

2. Second volet de cette politique de l'emploi : faire en sorte que le travail paie. L'objectif est de réduire les trappes à inactivité/chômage en augmentant l'écart entre revenu d'activité et revenu de remplacement et/ou d'assistance. Le premier dispositif de ce genre a été introduit aux États-Unis en 1975 (*earned income tax credit*) sous la forme d'un crédit d'impôt ou impôt négatif. Il est versé aux ménages pauvres dont un des membres perçoit une rémunération proche du salaire minimum. En France, la prime d'activité introduite en 2016 remplace et revalorise les dispositifs précédents (RSA activité et prime pour l'emploi) et vient compléter les salaires au voisinage du SMIC. Un dispositif susceptible de réduire les trappes à inactivité.

B. Alors que ce phénomène doit être relativisé, les politiques de lutte contre les trappes à inactivité peuvent présenter des risques.

1. Plusieurs études ont montré qu'environ un tiers des bénéficiaires de minima sociaux quittaient les dispositifs assistanciels alors même qu'ils n'amélioraient pas significativement leur condition financière en se portant sur le marché du travail. Cela montre que l'emploi procure davantage qu'un salaire, il est vecteur d'intégration sociale, d'un statut social et de relations sociales.

2. Vouloir réduire les trappes à inactivité/chômage en diminuant les revenus de transfert présente aussi des risques ; outre le risque d'accroître la pauvreté, cela peut amplifier une situation de crise si les revenus de remplacement ne sont pas suffisants pour soutenir la consommation.

3. Si faire reculer les trappes à inactivité est souhaitable pour lutter contre le chômage, cela ne doit pas exclure d'agir sur d'autres variables de l'emploi dans la mesure où le chômage ne se réduit pas seulement à sa composante volontaire.

SUJET 21

La politique budgétaire doit-elle être soumise à des règles ?

Les règles budgétaires se sont considérablement développées au cours de ces dernières années partout dans le monde. Dans l'Union européenne, le traité de Maastricht a instauré des critères de convergence, relatifs notamment au déficit et à la dette publique, critères renforcés lors de l'entrée en vigueur du Traité sur la stabilité, la coordination et la gouvernance (TSCG) le 1er janvier 2013, entérinant l'adoption d'une « règle d'or » budgétaire pour les pays de l'UE. Ces règles sont pour certains un moyen de discipliner le budget des États, pour d'autres une contrainte qui limite les interventions budgétaires discrétionnaires.

Faut-il s'en remettre à une politique de règle qui encadre les interventions budgétaires des pouvoirs publics ou doit-on privilégier les interventions discrétionnaires pour agir efficacement sur l'activité économique ?

Tandis que pour les keynésiens la politique budgétaire doit être utilisée de manière discrétionnaire (1re partie), l'analyse libérale entend montrer la supériorité des politiques de règle (2e partie). Avec l'adoption du TSCG, l'UE consacre le recours à la règle budgétaire, laquelle fait l'objet d'un débat (3e partie).

I. Pour les keynésiens, la politique budgétaire doit être utilisée en fonction du contexte macroéconomique sans règle préétablie.

A. L'impulsion budgétaire est particulièrement efficace lorsqu'elle s'appuie sur un déficit budgétaire.

1. La politique budgétaire a acquis ses lettres de noblesses avec la théorie keynésienne. Dans la mesure où la propension à consommer d'une collectivité décroît au fur et à mesure que son revenu augmente (loi psychologique fondamentale), la demande en biens de consommation devient insuffisante pour accroître la production et l'emploi. Il en résulte un équilibre de sous-emploi.

2. L'État peut alors agir sur la demande globale en pratiquant une politique budgétaire de relance (la politique monétaire peut se révéler inefficace si les anticipations sont pessimistes et/ou en situation de trappe à liquidité).

3. Les effets d'une politique budgétaire sur la croissance reposent principalement sur l'effet multiplicateur. Ce dernier est d'autant plus efficace que la hausse des dépenses publiques est financée par emprunt (donc *via* un déficit budgétaire). Un prélèvement proportionnel affaiblit l'impulsion sans l'annuler (théorème d'Haavelmo).

B. Instituer une règle budgétaire contraignante peut conduire à des actions procycliques.

1. Vouloir respecter une règle d'or instituant l'équilibre budgétaire risquerait, en période de récession, de provoquer une baisse cumulative et auto-entretenue de l'activité économique, la baisse des dépenses publiques (pour rééquilibrer les finances publiques) alimentant la baisse de la demande globale et ainsi de suite.

2. L'exemple des politiques déflationnistes conduites dans les premières années ayant suivi la crise de 1929 montre les effets pervers d'une politique budgétaire reposant sur une règle intangible (en l'occurrence celle de l'équilibre budgétaire).

3. *A contrario*, la relance de 2009 a permis de mettre un terme à une phase récessive qui, sans une politique budgétaire de relance énergique, aurait pu conduire à une dépression. S'en remettre aux seuls stabilisateurs automatiques peut se révéler insuffisant en cas de choc de forte amplitude.

II. Les libéraux dénoncent les effets négatifs d'une politique budgétaire discrétionnaire.

A. Les impulsions budgétaires discrétionnaires sont inefficaces.

1. Les économistes libéraux ont depuis longtemps marqué leur préférence pour des politiques de règle. Cette posture s'explique par le déni d'efficacité que ces auteurs attribuent aux politiques budgétaires discrétionnaires. Ils considèrent qu'une hausse des dépenses publiques est neutre sur l'activité économique. Tout déficit budgétaire se traduit par un effet d'éviction direct (théorème d'équivalence Ricardo-Barro) ou indirect (effet Friedman).

2. Les nouveaux économistes classiques F. Kydland et E. Prescott (« Rules rather than discretion : the inconsistency of optimal plans », 1977) ont montré que les politiques discrétionnaires optimales ne sont pas temporellement cohérentes. Les agents privés, capables d'anticipations rationnelles, n'accorderont aucun crédit aux politiques annoncées s'ils savent qu'elles peuvent être remises en cause à tout moment ; cela annulera tous les effets attendus de ces politiques.

3. Pour convaincre les agents privés que les pouvoirs publics ne reviendront pas sur leurs promesses, ces derniers doivent se « lier les mains », c'est-à-dire s'attacher à suivre des règles fixes qui les empêcheront de violer leurs engagements dans le futur, par « des arrangements institutionnels qui rendent difficile et long de changer ces règles ».

B. Les impulsions budgétaires discrétionnaires peuvent être contre-productives.

1. Les politiques budgétaires discrétionnaires sont généralement mises en œuvre dans un contexte d'information imparfaite sur la situation économique réelle (nature, intensité, réversibilité… du choc), ce qui peut conduire l'État à prendre des décisions inadéquates.

- La hausse des dépenses et/ou la baisse des impôts peuvent se révéler difficilement réversibles avec pour conséquence des déficits structurels.
- La mise en œuvre de mesures budgétaires peut se révéler relativement longue (faire voter de nouvelles dépenses…) si bien que la politique budgétaire peut devenir procyclique.
- Enfin, l'économie politique montre que les gouvernements utilisent la politique budgétaire de manière discrétionnaire à des fins électoralistes. Pour maximiser leur chance de réélection, ils peuvent donner satisfaction aux revendications des groupes de pressions puisque l'avantage perçu par ces derniers sera élevé tandis que le coût, largement dilué sur l'ensemble des contribuables, suscitera peu de réactions. Les gouvernants peuvent aussi être enclins à augmenter les dépenses publiques avant les échéances électorales afin de relancer l'activité et diminuer le chômage, mais au mépris des équilibres macroéconomiques (William Nordhaus, *The Political Business Cycle*, 1970) ; cela donne naissance à un cycle politico-économique qui accroît l'instabilité de l'activité.

2. Pour éviter les dérives budgétaires, il faut interdire, par un pouvoir supérieur à celui du gouvernement, par exemple la Constitution, les déficits budgétaires et fixer des seuils maximaux de prélèvements obligatoires. Les politiques de règle doivent se substituer aux politiques discrétionnaires.

III. En Europe, la souveraineté budgétaire est de plus en plus soumise à un cadre réglementaire.

A. En Europe, les règles budgétaires ont pour double objectif d'assurer la convergence et de faciliter la coordination du policy mix.

1. En Europe, la volonté de substituer la règle à la discrétion en matière budgétaire a trouvé un premier écho en 1992 lors de la signature du traité de Maastricht ; l'objectif est alors d'assurer la convergence macroéconomique des pays membres de l'UE dans la perspective du passage à la monnaie unique en 1999. Les deux principaux critères adoptés sont la limitation des déficits publics à 3 % du PIB et de la dette publique à 60 % du PIB.

2. Le Pacte de stabilité et de croissance signé en 1997 introduit un mécanisme de sanctions financières en cas de non-respect de ces engagements.

3. La signature le 2 mars 2012 du Traité sur la stabilité, la coordination et la gouvernance (TSCG) conduit à instaurer une règle d'or (inscrite dans la Constitution des pays membres ou dans un texte juridique difficile à remettre en cause) visant à fixer un déficit structurel ne pouvant dépasser 0,5 % du PIB. Le suivi de ces règles doit permettre de coordonner les politiques budgétaires et de mettre en œuvre un *policy mix* cohérent pour l'ensemble des pays membres.

B. Des règles actives aux effets discutables.

1. La volonté de se conformer aux règles budgétaires a eu pour conséquence de déformer la structure des dépenses des États : les dépenses d'investissements ont parfois été sacrifiées au profit des dépenses de fonctionnement, plus difficiles à comprimer.

2. L'application des critères de Maastricht a conduit à une orientation globalement restrictive et procyclique de la politique budgétaire pendant les années 1990. Reste que les règles prévues par le PSC et le TSCG sont actives puisqu'elles permettent un dépassement des plafonds autorisés en période de basse conjoncture et *a fortiori* de crise généralisée. La « clause de crise générale », activée depuis mars 2020 pour faire face à la pandémie de COVID-19, permet de suspendre temporairement les obligations budgétaires et assouplit les règles en matière d'aide d'État, en particulier aux entreprises.

3. Les marges de manœuvre des gouvernements dépendent en grande partie de la situation financière initiale des pays : un pays qui est proche du déficit maximum autorisé devra conduire une politique de rigueur procyclique pour tenir ses engagements. L'empressement de la Commission pour que les pays membres de l'UE réduisent leur déficit et leur dette dès 2010 a fortement pesé sur la reprise économique.

Il semble bien que la règle s'impose face à la discrétion en matière de politique budgétaire (après la politique monétaire). D'un point de vue théorique, cela marque la victoire de l'analyse libérale pour laquelle les politiques discrétionnaires sont au mieux inefficaces, au pire contre-productives. Pourtant, limiter l'action budgétaire aux seuls stabilisateurs économiques semble peu réaliste, la crise de 2008-2009 ou la crise sanitaire de 2020-2021 sont là pour le rappeler. Dès lors, la règle doit être assez flexible pour laisser suffisamment de marge de manœuvre aux États pour intervenir de manière discrétionnaire en situation de choc négatif de grande ampleur.

SUJET 22

Croissance et inégalités économiques depuis le XIXe siècle

Depuis le XIXe siècle, la croissance économique n'étant pas chose la mieux partagée sur terre, le développement économique des uns provoque également le sous-développement des autres, donc la hausse des inégalités internationales, c'est-à-dire la divergence des PIB/hab. Néanmoins, depuis les années 1980, la croissance économique rapide des pays émergents a eu pour effet d'inverser la dynamique des inégalités internationales de PIB/hab., contribuant à les diminuer significativement.

S'agissant des inégalités économiques internes à une économie, la courbe de Kuznets offre une première approche : la croissance économique s'accompagne de la hausse puis de la baisse des inégalités économiques. Le développement économique depuis le XIXe siècle s'accompagne ainsi jusqu'aux années 1970 d'une évolution des inégalités internes non monotone.

La courbe de Kuznets a été critiquée par Piketty et Milanovič du fait de la réouverture des inégalités économiques internes dans les PDEM depuis les années 1980, ce dernier préférant parler de « vagues ou cycles de Kuznets » des inégalités économiques. De quoi discuter la thèse du ruissellement, c'est-à-dire du rôle *a priori* favorable à la croissance économique de la réouverture des inégalités économiques dans les PDEM depuis les années 1980.

Conformément à la courbe de Kuznets, le rattrapage économique des émergents à partir de niveaux très faibles de PIB/hab. s'est néanmoins accompagné de la hausse des inégalités internes dans ces pays.

I. De la révolution industrielle jusqu'aux années 1970, la croissance économique s'accompagne d'une hausse des inégalités internationales, mais d'une évolution des inégalités internes plus complexe.

A. Du tournant du XIXe siècle jusqu'à la crise de 1929, les industrialisations de certaines économies ont alimenté à la fois la hausse des inégalités internationales et celle des inégalités internes dans ces économies.

1. L'inégale diffusion de la croissance moderne à travers le monde (K. Pomeranz, *The Great Divergence*, 2000 ; A. Maddison, *L'Économie mondiale : une perspective millénaire*, 2001) conduit à une hausse des inégalités internationales au sens de la divergence des PIB/hab. Les États-Unis, l'Allemagne, les pays scandinaves, mais aussi le Japon, ont néanmoins connu une croissance plus forte que le Royaume-Uni ou la France dans le dernier tiers du XIXe siècle, contribuant à une convergence des PIB/hab. entre nations industrialisées avant 1914.

2. L'élévation du niveau technique et la hausse de la productivité dans les secteurs industriels ont contribué à la hausse des inégalités dans les pays qui s'industrialisent, selon la logique analysée par S. Kuznets (« Economic growth and income inequality », *American Economic Review*, 1955) d'un développement des secteurs modernes profitant d'abord à une petite minorité.

B. Après la Seconde Guerre mondiale jusqu'aux années 1970, la croissance des économies développées s'est en revanche accompagnée d'une réduction des inégalités économiques en leur sein, même si par ailleurs les inégalités internationales poursuivaient leur hausse.

1. La diffusion du compromis fordien, le développement de l'État-providence et du keynésianisme ont largement contribué à la réduction des inégalités internes dans le contexte de l'après-Seconde Guerre mondiale. La réduction des inégalités internes est vue comme un moyen de favoriser la croissance économique en soutenant la demande effective par la redistribution et en favorisant l'accumulation de capital humain, notamment par la prise en charge collective de l'éducation et de la santé.

2. La hausse des inégalités internationales s'est poursuivie pendant cette période, à la fois à la faveur du rattrapage économique et de la poursuite de la croissance dans les PDEM, mais également du fait des échecs des stratégies autocentrées ISI (industrialisation par substitution aux importations) ou III (industrialisation par les industries industrialisantes) suivies par de nombreux PED dans les années 1950-1970.

II. Depuis le tournant des années 1980, la croissance économique est associée à une hausse des inégalités internes dans les pays émergents comme dans les PDEM et à une baisse des inégalités internationales.

A. La croissance économique mondiale est associée à la hausse des inégalités internes depuis les années 1980…

1. Conformément à la courbe de Kuznets, le rattrapage des économies émergentes s'est accompagné de la hausse des inégalités économiques internes dans ces économies. Depuis les années 1980, tout particulièrement en Chine – où le coefficient de Gini est passé de 0,31 en 1981 à 0,42 en 2005 – mais également en Inde.

2. En revanche, la courbe de Kuznets est remise en cause dans les économies développées : de négative, la corrélation serait redevenue positive selon l'économie de l'offre à la faveur de l'essoufflement de la croissance fordiste associée à la redistribution, c'est-à-dire à la baisse des inégalités. La réouverture des inégalités internes dans les pays développés est quasi générale (OCDE, *Tous concernés : pourquoi moins d'inégalité profite à tous*, 2015).

B. … mais elle est aussi associée à la baisse des inégalités internationales dans un contexte de polarisation de la croissance économique dans le monde.

1. La diffusion de la croissance aux émergents et le ralentissement de la croissance des PDEM désormais menacés potentiellement de stagnation séculaire (Summers, 2014) réduisent les inégalités internationales. Les premiers bénéficient de transferts de technologie qui alimentent leurs croissances…

2. … quand les seconds doivent faire face tant à un excès d'épargne (Summers, 2014), en partie produit par la hausse des inégalités internes, qu'à la stagnation de la productivité globale des facteurs (Gordon, 2012). L'ouverture des inégalités internes dans les PDEM n'est donc pas associée à une croissance forcément plus forte.

III. Mais le haut niveau des inégalités internes dans les émergents comme dans les PDEM semble désormais être un obstacle à la poursuite de la croissance, ce qui plaide pour des politiques publiques renouvelées.

A. L'ampleur des inégalités internes semble désormais être un obstacle à la poursuite de la croissance mondiale.

1. Dans les économies émergentes, le passage à la seconde partie de la courbe de Kuznets se

dessine, en Chine notamment, où la croissance économique ralentit et pourrait trouver dans la réduction des inégalités internes par la redistribution le soutien d'une demande intérieure plus dynamique (« la mondialisation de la redistribution » de F. Bourguignon, 2012).

2. Le haut niveau des inégalités internes dans les PDEM aurait également ralenti la croissance par excès d'épargne (*cf.* ci-dessus) et même déstabilisé celle-ci du fait de la dynamique de l'endettement privé (crise des *subprimes* de 2007) dans un contexte de décrochage des salaires réels par rapport à la productivité, surtout aux États-Unis.

3. Dans une perspective d'offre, le haut niveau des inégalités internes fragiliserait désormais la croissance, en freinant l'accumulation du capital humain (OCDE, *Tous concernés : pourquoi moins d'inégalité profite à tous,* 2015) et en conduisant à une mauvaise allocation des ressources (J. Stiglitz, *Le Prix de l'inégalité*, 2012).

B. Des politiques publiques de réduction des inégalités internes au service de la croissance mondiale.

1. Des politiques publiques renouvelées apparaissent donc légitimes pour réduire les inégalités internes et soutenir la croissance tant effective que potentielle dans les pays émergents comme les PDEM : une redistribution accrue, notamment par des impôts progressifs, permettrait de soutenir la demande effective (T. Piketty, *Le Capital au XXIe siècle*, 2013), mais également par le développement de la protection sociale dans les émergents, comme une hausse des salaires minimums sinon leur instauration – projet de salaire minimum européen (M. Aglietta, *Le Temps des ruptures*, 2019)...

2. ... quand une action contre les défaillances de marché soutenant la dynamique des inégalités favoriserait une meilleure allocation des ressources (J. Stiglitz, *Le Prix de l'inégalité*, 2012), et que des investissements publics dans l'éducation et la santé pourraient soutenir l'accumulation de capital humain et contribuer à écarter le risque de stagnation séculaire (A. B. Atkinson, *Inégalités*, 2016).

Si les relations entre croissance et inégalités apparaissent historiquement complexes, ne serait-ce que parce qu'il faut distinguer inégalités internationales et inégalités internes, force est de constater que le temps des révisions semble venu s'agissant de ces dernières, notamment dans les PDEM : des inégalités accrues ne semblent plus, comme on pouvait le penser encore dans les années 1990 et 2000, gages de croissance forte, de sorte que la priorité à la croissance passerait désormais par la réduction des inégalités internes.

SUJET 23

L'État providence est-il toujours un instrument de justice sociale ?

L'État-providence date en France de l'après-Seconde Guerre mondiale. Il instaure un système de protection sociale organisant une redistribution horizontale et contributive à laquelle s'articule une redistribution monétaire verticale : des services publics (éducation notamment), le droit du travail et les réglementations sociales (comme le SMIG/C). Fragilisé par la crise économique des années 1970, il est progressivement réformé et, à bien des égards, même complété à partir des années 1980 par un filet de sécurités supplémentaires, notamment composé de minimas sociaux. L'assistance n'étant pas l'assurance, mais rendue nécessaire par l'abandon de l'objectif du plein-emploi, l'État-providence change en partie de justification, donc de forme. Si répondre à une demande croissante de reconnaissance échappe largement à l'État-providence historique, il a pu néanmoins en partie contribuer à la demande croissante d'égalité des chances dans la société par une démocratisation scolaire, certes limitée. On le voit, au-delà des retraits de l'État-providence (en matière de santé par exemple avec une privatisation croissante), il y a aussi des avancées (en matière de santé toujours, la CMU et la CMU-C), de sorte que l'État-providence demeure un instrument d'une justice sociale qui tend à changer de nature : il doit désormais aider (ou pousser) chacun à participer activement au marché.

I. Favoriser l'équité plutôt que l'égalité remet en cause l'État-providence historique dans sa capacité à être l'instrument de la justice sociale.

A. Les redistributions horizontale et verticale contribuent à réduire les inégalités.

1. Faire de chaque citoyen un semblable : derrière la protection sociale, il y a un projet d'égalisation entre propriétaires et non-propriétaires (R. Castel, *Les Métamorphoses de la question sociale*, 1995), notamment en France (G. Esping-Andersen, *Les Trois Mondes de l'État-providence : essai sur le capitalisme moderne*, 1990).

2. La Sécurité sociale de 1945 en France instaure des assurances sociales qui organisent une redistribution horizontale entre égaux : les assurés sont tour à tour bénéficiaires et contributeurs au gré de la réalisation ou non des risques sociaux (vieillesse, maladie, famille).

3. La redistribution monétaire est aussi verticale et réduit considérablement les inégalités de niveaux de vie (impôts progressifs, prestations sociales) entre riches et pauvres.

B. L'équité rawlsienne s'affirme progressivement avec l'essoufflement de l'État-providence redistributif depuis les années 1980.

1. La crise financière (le ralentissement de la croissance, la montée du chômage depuis les années 1970 pèsent sur les recettes et les dépenses du système de protection sociale) et d'efficacité (depuis les années 1990 la protection sociale est de plus en plus perçue comme contre-productive du fait de l'exigence de compétitivité de l'offre) de l'État-providence (P. Rosanvallon, 1981).

2. Le caractère désincitatif de l'impôt (notamment progressif sur le revenu) et des prestations sociales remet en cause la redistribution verticale au nom de l'efficacité économique (économie de l'offre).

3. À l'égalité se substituent progressivement l'équité (« les inégalités justes ») et le principe de différence (compatible avec la théorie du ruissellement), conformément à la *Théorie de la justice* de Rawls (1971), dans les PDEM comme critère légitime de justice sociale.

C. L'État-providence historique redistributif est remis en cause depuis les années 1990.

1. La crise de légitimité (la propension à cotiser en fonction de ses revenus et non pas en fonction de son risque a fortement baissé) de l'État-providence s'accompagne d'une politique d'activation des bénéficiaires en référence au modèle du *workfare* anglo-américain.

2. Le recentrage de l'État-providence sur l'assistance conduit en même temps à mettre en avant la responsabilité individuelle dans la crise : le chômage est de plus en plus identifié à un problème de retour à l'emploi des chômeurs et des inactifs (le RSA a remplacé le RMI en juin 2009 en France par exemple).

3. Tout ceci vient remettre en cause le projet initial d'une « société de semblables » (L. Bourgeois, *Solidarité*, 1896) au profit d'une société de « méritants » et « d'assistés ».

II. Favoriser l'égalité des chances et des identités (lutte contre la discrimination) plutôt que l'égalité économique et sociale fragilise l'État-providence historique dans sa capacité à être l'instrument de la justice sociale.

A. Le droit du travail et les services publics contribuent à un projet égalitaire.

1. Faire de chaque citoyen un semblable : derrière le droit du travail, un projet de consolidation du salariat (A. Supiot, *L'Esprit de Philadelphie. La justice sociale face au marché total*, 2010). Progressivement, le salarié acquiert un statut auquel sont attachés des droits sociaux, que les indépendants, pourtant propriétaires, vont même finir par envier (*cf.* le poujadisme dans les années 1960).
2. Les services publics, dont l'école républicaine, participent également de ce projet égalitaire.

B. La promotion de l'égalité des chances passe par la libéralisation des positions.

1. Le droit du travail et la réglementation sont remis en question par la quête de compétitivité, de la destruction créatrice, du ruissellement, et par la jurisprudence de la CJUE. Ils constituent désormais des obstacles à la flexibilité des marchés, présentée comme nécessaire.
2. En matière de justice sociale, au mieux, la priorité est donnée à l'égalité des chances et au principe de différence rawlsiens, et sinon au libertarisme (F. Hayek, *Droit, Législation et Liberté*, 1976).
3. La massification scolaire est une démocratisation ségrégative (P. Merle, *La Démocratisation de l'enseignement*, 2009) : l'égalité d'accès à l'enseignement secondaire ne fait pas mécaniquement l'égalité des chances scolaires.

C. La lutte contre les discriminations déplace l'enjeu juridique en matière de justice sociale, loin de celui valorisé historiquement par l'État-providence.

1. L'égalité par le droit pour les groupes minorisés (lutte pour la reconnaissance et contre les discriminations) s'affirme alors que l'égalité économique et sociale par le droit du travail et la réglementation déclinent (N. Fraser, *Qu'est-ce que la justice sociale ? Reconnaissance et redistribution*, 2011).
2. L'exemple des femmes : elles doivent pouvoir également participer au marché. La course à la reconnaissance marchande doit être juste et passe par le respect du droit qui consacre l'égalité femmes-hommes (les débats autour de l'égalité salariale notamment).

III. L'État-providence historique résiste dans certains pays européens, même si la tendance est de le mettre au service de la participation au marché.

A. L'État-providence au service du marché.

1. L'équité nécessite l'*empowerment* de l'individu pour qu'il puisse réellement choisir sa vie (A. Sen, *L'Idée de justice*, 2009). La politique sociale doit être active (OCDE, 2005) en mettant « l'accent sur l'investissement dans les individus pour qu'ils soient le plus à même de devenir des membres autonomes de la société qui subviennent à leurs propres besoins ».
2. L'État-providence doit moins se retirer que devenir un État-providence stratège, investisseur dans le social (G. Esping-Andersen, B. Palier, *Trois leçons sur l'État-providence*, 2008), qui ne laisse pas l'individu seul face au marché, mais peut l'aider (le pousser aussi) à y participer.

B. Mais la promotion de l'égalité des chances et des identités est freinée par la hausse des inégalités économiques dans les PDEM.

1. La recherche de l'égalité des chances ne remplace pas l'égalisation des conditions mais peut au contraire y prendre appui : c'est ce que montrent les travaux de l'OCDE et du FMI sur l'impact négatif des inégalités économiques sur l'accumulation du capital humain (*cf.* l'école notamment) : la redistribution en faveur des 40 % qui gagnent le moins est juste et efficace économiquement.

2. La recherche de l'égalité des identités ne remplace pas l'égalisation des conditions mais peut au contraire y prendre appui également : sur le genre (N. Fraser, 2011), sur l'ethnicité (R. Castel, *La Discrimination négative*, 2007).

C. La résilience relative des États-providence historiques en Europe.

1. Malgré les altérations, l'État-providence est une spécificité historique européenne qui néanmoins résiste, certes davantage dans certains pays européens (Europe du Nord) que dans d'autres (RU, PECO). La démarchandisation (Esping-Andersen, 1990) comme la redistribution monétaire demeurent fortes par exemple au Danemark : c'est l'exemple de la flexicurité danoise s'agissant du travail.

2. En France, les réformes de *retrenchment* (B. Palier, 2006), s'agissant de l'assurance maladie par exemple, ont provoqué en revanche une dualisation (B. Palier, 2007) avec une privatisation et un recentrage sur l'assistance (CMU en 1999).

La capacité à participer au marché comme critère de justice sociale s'est-elle définitivement imposée ? La lutte contre les discriminations, l'activation et l'*empowerment* conjuguent en tout cas de plus en plus l'État-providence, même s'il existe encore des cohérences héritées du passé (G. Esping-Andersen, 1990). La démarchandisation initiale qu'opérait l'État-providence a reculé depuis trente ans. L'État-providence historique s'adapte ainsi de plus en plus à une conception plus commutative (l'égale participation au marché favorisée par le modèle danois), voire franchement hayékienne (la liberté individuelle de participation au marché dans le modèle libéral), de la justice sociale.

HEC

1999 Innovation et emploi dans les pays industrialisés depuis le début du XIXe siècle.

2000 En vous aidant de l'analyse économique et historique, vous apprécierez le rôle de la concentration des entreprises dans le développement économique depuis le milieu du XIXe siècle.

2001 Les rôles respectifs de l'État et du marché dans la répartition et la redistribution des revenus depuis la fin du XIXe siècle.

2002 En quoi les crises économiques et financières majeures marquent-elles une étape dans le développement économique et social ? (On se placera dans une double perspective historique, depuis le début du XIXe siècle, et économique.)

2003 La mondialisation économique est-elle irréversible ? Vous analyserez la question en faisant appel à la théorie économique et à l'évolution historique depuis le début du XIXe siècle.

2004 Causes et conséquences de la tertiarisation des économies avancées.

2005 En vous aidant de l'analyse économique et historique, étudiez l'efficacité des modes de financement des économies des pays avancés.

2006 L'émergence des nouveaux pays industriels est-elle un frein à la croissance des pays avancés ?

2007 La lutte contre la pauvreté depuis le début du XIXe siècle dans les pays développés.

2008 Les ressources naturelles : obstacle ou moteur pour la croissance économique ?

2009 Peut-on parler d'un apprentissage des politiques économiques de la part des gouvernements depuis le début du XXe siècle ?

2010 Le rôle de l'or dans l'économie mondiale depuis le début du XIXe siècle dans une perspective historique.

2011 Sorties de crise.

2012 La crédibilité des accords monétaires.

2013 Administrations publiques et compétitivité depuis le début du XIXe siècle.

2014 Équité et libre-échange depuis le début du XIXe siècle.

2015 Institutions et développement depuis le début du XIXe siècle.

2016 Les États ont-ils encore à arbitrer entre le chômage et l'inflation ?

2017 L'entreprise (depuis le XIXe siècle) peut-elle se passer de l'entrepreneur ?

2018 En vous plaçant dans une perspective historique (depuis le XIXe siècle), vous répondrez à la question suivante : peut-on affirmer comme Paul Michael Romer en 1986 que « Les taux de croissance semblent être croissants non seulement en fonction du temps mais aussi en fonction du degré de développement ? ».

2019 Performances économiques et justice sociale.

2020 Le capitalisme est-il soutenable ?

2021 Toute destruction est-elle créatrice ?

ESSEC

1999 Pourquoi la croissance ? La croissance pour quoi ?

2000 Dans quelle mesure la hausse progressive du taux de chômage observé après 1970 résulte-t-elle d'une hausse du taux de chômage d'équilibre ou de la lenteur et de la complexité des dynamiques d'ajustement enclenchées par une succession de chocs négatifs ?

2001 Le GATT et la montée des protectionnismes.

2002 Analyser l'évolution du système monétaire international, des accords de Bretton Woods au flottement des monnaies.

2003 Les conséquences économiques des guerres. (Vous examinerez cette question en faisant appel à la théorie économique et en faisant référence aux événements historiques depuis 1900.)

2004 La croissance des pays en développement nuit-elle à la prospérité des pays industrialisés ?

2005 Unité et diversité du capitalisme.

2006 Intérêt et limites de l'intervention de l'État.

2007 L'évolution de l'organisation du travail et ses liens avec la croissance économique.

2008 L'État-nation est-il en crise ?

2009 Progrès technique et emploi.

2010 Le libre-échange est-il un facteur de croissance ?

2011 Faut-il combattre les monopoles ?

2012 « L'Europe sera monétaire ou ne sera pas. » Qu'en pensez-vous ?

2013 La France face aux mondialisations.

2014 Le protectionnisme a-t-il de l'avenir dans une économie de plus en plus internationalisée ?

2015 Croissance et inégalités.

2016 La guerre des monnaies.

2017 « Gagnant en extension, l'Europe perd en intensité. » Que pensez-vous de cette affirmation de François Perroux (1974) ?

2018 La mondialisation est-elle irréversible ?

2019 Les prélèvements obligatoires nuisent-ils à la croissance et à la compétitivité ?

2020 Le modèle social français est-il à bout de souffle ?

2021 La désindustrialisation une fatalité ? La réindustrialisation une utopie ?

ESCP

1999 Processus d'intégration économique et monétaire et croissance économique des États membres de la Communauté puis de l'Union européenne, de 1957 à nos jours. NB : on pourra privilégier dans les exemples les cas allemand et français.

2000 La protection sociale est-elle un obstacle à la compétitivité d'une nation ?

2001 Pour favoriser le développement, faut-il plus ou moins d'État ? (Prendre l'exemple des PED depuis 1945.)

2002 Les changements démographiques conditionnent-ils le changement social ?

2003 Les rythmes de l'innovation expliquent-ils fondamentalement les rythmes de l'économie ?

2004 Ouverture commerciale à l'international et croissance économique.

2005 Les phénomènes de pauvreté peuvent-ils s'expliquer par le développement du libre-échange ?

2006 La concentration industrielle est-elle toujours un obstacle à la concurrence ? (Vous appuierez vos assertions sur des exemples tirés de l'histoire économique depuis 1850.)

2007 L'inflation est-elle toujours et partout un frein à la croissance ?

2008 L'ouverture internationale a-t-elle modifié fondamentalement la nature des crises financières ?

2009 Les banques centrales ont-elles eu et ont-elles aujourd'hui une influence décisive sur l'activité économique ?

2010 Les unions économiques régionales ont-elles été et sont-elles encore un moyen de contourner le libre-échange ?

2011 La mondialisation explique-t-elle principalement le rattrapage des pays émergents ?

2012 L'inflation est-elle la meilleure des solutions pour résoudre les crises de la dette publique ?

2013 Le taux de change est-il encore aujourd'hui un bon facteur de compétitivité ?

2014 Existe-t-il une fiscalité optimale pour assurer la croissance économique ?

2015 Peut-on considérer que la concurrence constitue le véritable moteur de la croissance économique ?

2016 La mondialisation peut-elle expliquer les mauvaises performances économiques et sociales des pays ?

2017 Le bon fonctionnement d'un marché justifie-t-il l'intervention de l'État ?

2018 Doit-on considérer que la désindustrialisation constitue un processus inéluctable dans un pays développé ?

2019 Dans quelle mesure la contrainte environnementale peut-elle modifier les conditions de la croissance ?

2020 Faut-il craindre le retour de la concentration industrielle ?

2021 Un monde sans inflation

ECRICOME

1999 L'entrepreneur dans l'invention et dans le développement du capitalisme.
Alors que pendant les quarante années qui ont suivi la Seconde Guerre mondiale, la plupart des pays capitalistes développés (PCD) ont connu de fortes tendances inflationnistes, à l'heure actuelle la déflation paraît de nouveau possible. Comment expliquez-vous cette évolution ?

2000 La recherche de la grande dimension est-elle inéluctable pour l'entreprise dans le système capitaliste ?
Existe-t-il une spécificité économique et sociale française depuis le début de l'industrialisation ?

2001 L'euro : étape ou aboutissement ?
Mobilité sociale et croissance économique en France depuis 1945.

2002 Les déséquilibres démographiques mondiaux et leurs conséquences sur le développement.
À la lumière de l'expérience historique, pensez-vous que l'équilibre budgétaire doive être un objectif des politiques économiques ?

2003 Le financement des économies émergentes depuis le début du XIXe siècle.
Le modèle social européen est-il compatible avec la mondialisation ?

2004 Préserver la concurrence : un facteur essentiel de régulation du capitalisme ?
Le libre-échange, tel qu'il est conçu par l'Accord général sur les tarifs et le commerce (GATT), est-il un facteur de croissance économique depuis 1947 ?

2005 Système de change et croissance économique au XXe siècle.
La déréglementation des marchés du travail a-t-elle des effets sur l'emploi ?

2006 À quels changements les grandes entreprises capitalistes ont-elles dû procéder pour se développer dans l'économie mondiale ?
L'internationalisation financière a-t-elle accru les inégalités de développement ?

2007 La dotation en facteurs explique-t-elle l'évolution de la spécialisation internationale des nations ?
Les prélèvements obligatoires représentent-ils un frein à la croissance économique dans les PDEM ?

2008 Quel rôle les institutions doivent-elles jouer dans le développement des pays ?
Concurrence monétaire et compétitivité des nations.

2009 Depuis 1945, dans quelle mesure l'endettement des agents économiques a-t-il été facteur de croissance dans les PDEM ?
Le progrès économique a-t-il fait reculer l'insécurité sociale depuis la fin du XIXe siècle dans les pays capitalistes ?

2010 Qu'est-ce qu'un partage équitable des fruits de la croissance ?
Commerce international et crises économiques : les enseignements de l'histoire.

2011 Les nations ont-elles intérêt à faire appel aux investisseurs étrangers ?
Le chômage est-il dû à la mise en œuvre de politiques inappropriées ?

2012 Peut-on toujours parler des classes moyennes ?
Le progrès technique peut-il être orienté et conduit par la puissance publique ?

2013 Depuis le début du XXe siècle, qu'est-ce qu'un bon taux de change ?
Faut-il souhaiter, ainsi que le soutenait J. M. Keynes, « l'euthanasie des rentiers » ?

2014 À la lumière de l'histoire et de l'analyse économiques, vous vous demanderez s'il est possible d'évaluer l'efficacité des dépenses publiques.
Depuis le XIXe siècle, la réussite des pays émergents s'explique-t-elle principalement par leurs dotations factorielles ?

2015 L'euro : d'où vient-il ? Où mène-t-il ?
La globalisation financière a-t-elle amélioré l'allocation du capital depuis les années 1980 ?

2016 Qu'est-ce qu'une bonne gouvernance d'entreprise ?
Depuis les années 1980, la mondialisation est-elle responsable du chômage dans les pays avancés ?

2017 Un État doit-il s'inquiéter de l'augmentation de sa dette publique ?
Faut-il lutter contre les inégalités économiques ?

2018 L'industrialisation est-elle la clé du développement économique ?
À la lumière de l'histoire, un pays doit-il toujours lutter contre son déficit de la balance des opérations courantes ?

2019 Qu'est-ce qui a fait et fait du dollar une monnaie internationale ?
Protection sociale et croissance depuis le XIXe siècle.

2020 Les politiques économiques peuvent-elles éviter les crises économiques ?
Peut-on réguler le commerce international ?

2021 La Division Internationale des Processus Productifs fragilise-t-elle les économies nationales ?
Les assurances chômage ont-elles de l'influence sur le niveau de chômage ?

Index des noms propres

Index des notions

Achevé d'imprimer en juin 2021
dans les ateliers d'Evoluprint
31150 Bruguières